Ausgewählt und
zusammengestellt von
Michael-A. Beisecker

Das Lexikon der PC-Fachbegriffe

Jetzt mit richtiger Aussprache

Impressum

ISBN 978-3-8125-1813-0

Das Lexikon der PC-Fachbegriffe mit richtiger Aussprache

Autor
Michael-Alexander Beisecker,
Oberhausen

Herausgeber
Computerwissen, ein Bereich der
Verlag für die Deutsche Wirtschaft AG

Layout
Sandra Kramhöller, Bodenkirchen/Aich

Druck
CPI books GmbH, Leck

Vervielfältigungen jeder Art sind nur mit Genehmigung des Verlags gestattet. Die Inhaltsseiten werden auf Papier gedruckt, das im wesentlichen aus Holzschliff besteht.

Besucheradresse:
Verlag für die Deutsche Wirtschaft AG, Theodor-Heuss-Str. 2-4, 53177 Bonn,

Großkundenpostleitzahl: 53095
Tel.: 02 28 / 9 55 01 90; Fax: 02 28 / 36 96 350
Internet: www.vnr.de; www.computerwissen.de; E-Mail: info@vnr.de

Amtsgericht Bonn, HRB 8165
Vorstand: Richard Rentrop

Alle technischen Angaben und Programme in diesem Lexikon wurden mit größtmöglicher Sorgfalt erarbeitet bzw. zusammengestellt und durch das mehrstufige Gutachtersystem genauestens kontrolliert. Dennoch sind Fehler nicht ganz auszuschließen. Auch kann sich durch die schnelle technische Entwicklung in diesem Fachbereich die Bedeutung eines Begriffs in der Zwischenzeit erweitert oder verändert haben. Daher können Autor und Verlag keinerlei Garantie oder Haftung für Folgen übernehmen, die auf fehlerhaften Angaben beruhen könnten. Autor und Verlag haben auch keinen Einfluss auf die Erreichbarkeit oder die Inhalte in diesem Lexikon genannter Internetseiten und übernehmen für die Erreichbarkeit und die Inhalte solcher Webseiten keine Haftung. Verlag und Autor sind aber dankbar für jeden Hinweis auf fehlerhafte Webseiten, fehlende Einträge oder sonstige eventuelle Fehler, die Ihnen auffallen sollten.

© Copyright 2019 by Verlag für die Deutsche Wirtschaft AG, Bonn, Bukarest, Manchester, Warschau

Vorwort

Liebe Leserin,
lieber Leser,

Sie werden von jetzt an vor keinem PC-Begriff mehr kapitulieren müssen. Dieses Lexikon enthält rund 7.500 der wichtigsten aktuellen PC-Fachbegriffe. Ich habe diese Begriffe in den letzten 40 Jahren für Sie zusammengetragen. Alles ist für Sie kurz und leicht verständlich erklärt.

Michael-Alexander Beisecker, Autor

Fachbegriffe mit fremdsprachlicher Herkunft sind mit einer direkt nachvollziehbaren Lautschrift versehen. Sie erlernen daher beim Lesen mühelos die korrekte Aussprache.

Kenntnisse der englischen Sprache und insbesondere des speziellen technischen Englisch sind dafür nicht erforderlich.

Diese 6. Ausgabe von 2018 ist auf dem neuesten Stand:

500 neue Fachbegriffe wurden ergänzt, 50 veraltete Fachbegriffe entfernt, jeder einzelne Eintrag und Link wurde auf Änderungen überprüft und über 700 Fachbegriffe aktualisiert. Jeder zehnte bisherige Eintrag wurde also geändert.

Ganz neu berücksichtigt wurden die Kryptowährungen wie Bitcoin, Ethereum und Ripple. Die neuen digitalen Münzen ermöglichen einen blitzschnellen Geldtransfer rund um den Globus zu minimalen Gebühren.

Kryptowährungen sind bei Anlegern weltweit sehr beliebt und erlebten im Jahr 2017 einen beispiellosen Wertzuwachs. So kostete etwa ein Bitcoin im Januar 2017 rund 1.000 $ und im Dezember 2017 bis zu 20.000 $. Der Wert eines Ripple stieg von 0,65 Cent auf 3,50 $ und damit über das 500fache.

Lernen Sie die führenden Kryptowährungen kennen und erfahren Sie, wie Sie durch minen quasi Ihr eigenes „Geld drucken" - und das völlig legal. Dazu lernen Sie die verschiedenen Formen der Wallets, also der digitalen Geldbörsen kennen und wo Ihr Geld am sichersten ist.

Der wichtige Bereich Sicherheit im Lexikon wurde deutlich erweitert und auf den neuesten Stand gebracht. Neben den aktuellen Erpresser-Trojanern sind die neuen Wiper berücksichtigt. Diese Schadprogramme stellen Ihre Daten auch dann nicht mehr wieder her, wenn Sie die horrend hohe Lösegeldsumme bezahlen.

bitte umblättern ...

Vorwort

Die Einträge zu den Betriebssystemen Android, iOS und Windows 10 wurden auf den neuesten Stand gebracht. Berücksichtigt sind die neuesten technischen Entwicklungen wie 3D-Druck, 4K-Auflösung, Augmented Reality und Datenbrillen, Holographie, Internet der Dinge, SmartHome, SmartWatches und andere Wearables.

Immer wichtiger werden neben den Notebooks und Tablets die Smartphones, die mittlerweile wie ein Desktop-PC Prozessoren mit mehreren Kernen enthalten und mit Speicher von bis zu 256 GB und 4K-Auflösung ältere PCs sogar von der Leistung her übertreffen.

Konkurrenz macht den Smartphones die neueste Generation der Smartwatches, die mittlerweile auch telefonieren und dank Apps universell wie ein PC genutzt werden kann. Ihr PC wird aber auch die nächsten Jahre das wichtigste Werkzeug sein, allein schon wegen dem größeren Display.

Mit diesem Lexikon verstehen Sie die technische Sprache, die mit der rasanten Entwicklung von PC, Smartphone und Smartwatch immer wichtiger und auch umfangreicher wird.

Ich nehme seit über 10 Jahren bei jeder Aktualisierung dieses Lexikons die wichtigsten neuen Fachbegriffe auf. Sollten Sie dennoch einen gesuchten Begriff nicht finden oder eine Frage zu einem Fachbegriff haben, hilft Ihnen mein kostenloser Leser-Service weiter.

Schreiben Sie mir eine E-Mail an pc-lexikon@computerwissen.de oder schreiben Sie mir über den Computerwissen Club: https://club.computerwissen.de/. Ich freue mich über jede Zuschrift und beantworte sie persönlich.

Haben Sie Fragen zu Kryptowährungen und Social Trading, wenden Sie sich über eToro an mich. Folgen Sie meinen News und kopieren Sie auch gerne meine Trades: https://www.etoro.com/ar/people/mikeeagle

Möchten Sie gerne mehr über mich oder meine Bücher und anderen Werke erfahren, empfehle ich Ihnen den neuen Wikipedia-Eintrag zu meiner Person: https://de.wikipedia.org/wiki/Michael-Alexander_Beisecker

Mit vielen herzlichen Grüßen,

Michael-Alexander Beisecker

Inhaltsverzeichnis

Vorwort **3**

Danksagung **6**

Wichtige Hinweise zur Lexikonbenutzung **8**

Fachbegriffe von A–Z

    0–9 11

    ABC 26

    DEF 163

    GHI 264

    JKL 330

    MNO 365

    PQR 422

    STU 479

    VW 590

    XYZ 644

Sonderzeichen **657**

Anhang A: Dateiendungen **660**

Anhang B: Top Level Domains **676**

Anhang C: Netlingo **692**

Anhang D: Multi-Coin-Wallets **707**

Danksagung

Ein Werk wie „Das Lexikon der PC-Fachbegriffe mit richtiger Aussprache" ist ohne die Hilfe vieler Menschen und die Unterstützung durch Firmen und Institutionen nicht oder zumindest nicht in diesem Umfang und dieser Qualität realisierbar. Dafür möchte ich allen Beteiligten herzlich danken und sie hier ausdrücklich beim Namen nennen.

Beginnen möchte ich mit Dipl.-Ing. (FH) Markus Hahner, ehemaliger Chefredakteur von „PC-Wissen für Senioren", der die Idee zur Einführung der Lautschrift in seinem Werk hatte. Diese Anregung haben wir dankbar aufgegriffen und jetzt auch im vorliegenden Lexikon umgesetzt.

Danken möchte ich den Lesern, die sich teilweise sehr viel Zeit genommen haben, um mir ihre Wünsche und Verbesserungsvorschläge zu schicken: Hans-Jürgen Barth, N. Baukrowitz, Peter Kolada, Günter Pischel, Helmut Rüssmann, Friedrich Schneeweiss, Dr. Goswin Spreckelmeyer und Dr. Helfrid Trommer.

Besonders danken möchte ich Professor Dr.-Ing. habil. Horst Zuse, der mir den Abdruck von Bildern aus seinem Privatarchiv zu Konrad Zuse zur Verfügung gestellt hat. Interessieren Sie sich für Konrad Zuse, den Schöpfer des ersten frei programmierbaren Rechners, empfehle ich Ihnen die Web-seite http://www.konrad-zuse.de/.

Für das Bereitstellen des übrigen Bildmaterials danke ich den Firmen und Institutionen AMD, Apple, Compact Stick Digital Media, Fitbit, Fraunhofer Institut, Fuji Film, Hewlett-Packard, Hitachi, Intel, Qivicon, Kingston, Microsoft, OCX, Panasonic, Reiner SCT, RIAA, SanDisk, Sony, TCO Development und Wikipedia.

Sandra Kramhöller danke ich als Setzerin dieses Werks, das mit seinen vielen Symbolen, Tabellen und Formatierungen sicherlich viel Arbeit gemacht hat.

Danksagung

Und auch wenn ich sie hier an letzter Stelle nenne, sind es doch an erster Stelle die Mitarbeiter der Verlag für die Deutsche Wirtschaft AG und des Fachverlags für Computerwissen, die dieses Lexikon erst ermöglicht haben. Stellvertretend möchte ich Frau Heike Körbs dafür danken, dass sie sich für dieses Projekt so eingesetzt haben.

Michael-Alexander Beisecker

Wichtige Hinweise zur Lexikonbenutzung

Damit Sie in diesem Lexikon sicher und schnell die gewünschten Informationen finden, lesen Sie bitte diese kurze Beschreibung des Aufbaus der Einträge, der verwendeten Symbole und Formatierungen.

Fett sind die Fachbegriffe gekennzeichnet, damit Sie diese schnell auffinden. Handelt es sich bei dem Begriff um eine Abkürzung oder ein Akronym, werden die Buchstaben fett formatiert, aus denen die Abkürzung gebildet wurde. Beispiel:

> **MAC**, [sprich „mäck"] die Abkürzung für **M**edia **A**ccess **C**ontrol [sprich „midia äksess kontrol"], wird meist im Sinn von ⇨ **MAC-Adresse** verwendet.

Hinter fremdsprachigen Einträgen, v. a. englischer Herkunft, die in der deutschen Sprache nicht der Schreibweise entsprechend ausgesprochen werden, ist in eckigen Klammern die richtige Aussprache angegeben. Beispiel: **MAC** [sprich „mäck"].

Der Pfeil ⇨ verweist innerhalb einer Beschreibung auf einen anderen Eintrag mit zusätzlichen Informationen; in diesem Beispiel wird auf den Eintrag **MAC-Adresse** verwiesen.

Mit dieser **grauen Formatierung** sind alle wichtigen Fachbegriffe in einer Beschreibung gekennzeichnet, zu denen es einen eigenen Eintrag im Lexikon gibt. Steht kein Pfeil ⇨ davor, ist die Beschreibung des Fachbegriffs aber bereits in der aktuellen Definition enthalten, und es macht keinen Sinn, den grau formatierten Begriff zusätzlich nachzuschlagen!

Das Symbol 📱 kennzeichnet Begriffe aus der Mobilfunktechnik. Beispiel:

> **D-Netz** 📱, das; *Subst.*,

Wichtige Hinweise zur Lexikonbenutzung

Im Unterschied dazu kennzeichnet das Symbol ☎ einen Begriff aus der Telekommunikationstechnik. Beispiel:

> **D-Kanal** ☎, der; *Subst.*

Zur besseren Darstellung von Tasten der PC-Tastatur werden diese mit speziellen Tastensymbolen dargestellt. Beispiel:

> **AltGr-Taste** [AltGr], die;

Adj. ist die Abkürzung für Adjektiv und steht daher vor Begriffen, die eine Eigenschaft beschreiben, wie etwa bei „digital".

Subst. ist die Abkürzung für ein Substantiv wie etwa „Diskette". Davor wird der entsprechende Artikel angegeben in der Form „die; *Subst.*".

Verb steht bei einer Tätigkeit wie „downloaden".

Sollten Sie ein „eingedeutschtes" Substantiv oder Verb mit englischem Wortstamm hier nicht finden, ist es eine Abkürzung wie etwa „loaden" (von „downloaden") oder lässt sich ableiten, wie etwa „printen" von „Printer".

Es ist leider üblich, nahezu jeden englischen Begriff aus der IT-Sprache auch als deutschen Fachbegriff zu verwenden, also etwa statt „Datei" von „File" oder statt „Drucker" von „Printer" zu sprechen. Daher sind in diesem Lexikon auch viele englische Begriffe aufgeführt und ihre deutsche Übersetzung mit „dt." gekennzeichnet. Die englische Bezeichnung ist am Zusatz „engl." zu erkennen. Beispiele:

> **dot**, dt. Punkt,

> **Disklaufwerk**, das; *Subst.*, engl.
> ⇨ **disc drive**, ist eine andere Bezeichnung für ⇨ **Plattenlaufwerk**.

Wichtige Hinweise zur Lexikonbenutzung

Abkürzungen und Fachbegriffe haben in der IT-Fachsprache wie in allen Fachsprachen oft mehrere Bedeutungen. Diese sind, soweit sie bekannt waren, in der Form (1.), (2.), (3.) ... im Beschreibungstext aufgeführt. Beispiel:

> **DRM** ist (1.) die Abkürzung für **D**igital **R**ights **M**anagement [sprich „ditschitäll raihts mänedschment"], also die digitale Rechteverwaltung, von Kritikern (2.) auch als **D**igital **R**estriction **M**anagement [sprich „ditschitäll ristrikdschen mänedschment"], also digitale Restriktionenverwaltung bezeichnet. Es ist (3.) auch die Abkürzung für **D**igital **R**adio **M**ondiale [sprich „ditschitäll räidio mondial"].

Damit Beschreibungen nicht mehrfach gedruckt werden, was dieses Lexikon unhandlich machen würde, erfolgt bei Synonymen und englischen Wörtern ein Verweis auf den deutschen oder gebräuchlicheren Haupteintrag. Dieses Lexikon beinhaltet somit auch ein Wörterbuch der englischen Fachbegriffe in den Sprachrichtungen dt. -> engl. und engl. -> dt.

Bei vielen Einträgen finden Sie Links zu weiterführenden Informationen im Internet. Ein Beispiel: http://www.cinefreaks.com/articles/dts/.

0 – 9

00800 📱, Vorwahl für kostenlose Rufnummern von Anbietern außerhalb Deutschlands.

0137 📱 📱, Telefon-Vorwahl für einen speziellen Mehrwertdienst, der für Abstimmungen im Fernsehen und ähnliche Veranstaltungen sowie für Gewinnspiele verwendet wird (⇨ **MABEZ**, Abkürzung für **Ma**ssenverkehr zu **be**stimmten **Z**eiten) Kriminelle missbrauchen diese Vorwahlen für Lockanrufe auf Mobiltelefone. Dabei wird die kostenpflichtige Rufnummer durch die vorangestellte Auslandsvorwahl 0049 oder +49 getarnt. Es besteht bei 0137 jedoch eine Preisansagepflicht. Der Preis einer 0137-Verbindung muss unmittelbar nach dem Zustandekommen der Verbindung genannt werden (§ 66b ⇨ **TKG**). Unterlassen Anbieter eine solche Preisansage, sind Sie nicht zur Zahlung verpflichtet. Zeigen Sie 0137-Betrug bei der örtlichen Polizei an und melden Sie Verstöße gegen die Preisansagepflicht bei der Bundesnetzagentur über das Meldeformular; http://bit.ly/2itadae (siehe Tabelle in der nächsten Spalte).

0151 📱, Vorwahl für Handynummern der Telekom. Weitere Vorwahlnummern der Telekom sind ⇨ **0160**, **0170, 0171, 0175**.

0137-Vorwahl	Gebühr
0137-1	0,14 € pro Anruf
0137-2	0,14 € pro angefangene Minute
0137-3	0,14 € pro angefangene Minute
0137-4	0,14 € pro angefangene Minute
0137-5	0,14 € pro Anruf
0137-6	0,25 € pro Anruf
0137-7	1,00 € pro Anruf
0137-8	0,50 € pro Anruf
0137-9	0,50 € pro Anruf

Gebühren der 0137-Rufnummern bei der Deutschen Telekom, an denen sich die anderen Festnetzanbieter meist orientieren

Hinweis: Die Vorwahl ⇨ **0151** sowie alle weiteren nachfolgenden vorgestellten Vorwahlen von Mobilfunkanbietern lassen nur Rückschlüsse auf den jeweiligen Anbieter zu, sofern der Teilnehmer mit seiner Rufnummer nicht zu einem anderen Anbieter gewechselt ist. Es lässt sich über die Vorwahl also nicht zuverlässig sagen, über welches Netz die Verbindung mit dem Teilnehmer hergestellt wird und welche Kosten dabei entstehen. Jemand kann zum Beispiel eine 0172-Rufnummer von Vodafone haben und trotzdem mit dem Mobilfunknetz ⇨ **D1** der Deutschen Telekom oder E-Plus telefonieren.

0152 📱, Vorwahl für Handynummern von Vodafone. Weitere Vorwahlnummern von Vodafone sind ⇨ **0162, 0172, 0173, 0174**.

0155 📱, Vorwahl für Handynummern des Mobilfunkanbieters Telefónica, die jedoch derzeit nicht genutzt wird. Weitere Vorwahlnummern von Telefónica sind ⇨**0159, 01573, 01575, 015779, 0161, 0163, 0164, 0176, 0177, 0178, 0179**.

01573, 01575, 015779 📱, Vorwahlen des Mobilfunkanbieters O2 (früher E-Plus), der zu Telefónica gehört. Weitere Vorwahlnummern von O2 sind ⇨ **0155, 0159, 0163, 0176, 0177, 0178, 0179**.

01579 📱, Vorwahlen des VoIP- und Mobilfunkanbieters sipgate.

0159 📱, Vorwahl für Handynummern des Mobilfunkanbieters O2, der zu Telefónica gehört. Weitere Vorwahlnummern von O2 sind ⇨ **0155, 01573, 01575, 015779, 0163, 0176, 0177, 0178, 0179**.

0160 📱, Vorwahl für Handynummern der Telekom. Weitere Vorwahlnummern der Telekom sind ⇨ **0151, 0170, 0171, 0175**.

0162 📱, Vorwahl für Handynummern von Vodafone. Weitere Vorwahlnummern von Vodafone sind ⇨ **0152, 0172, 0173, 0174**.

0163 📱, Vorwahl des Mobilfunkanbieters O2 (früher E-Plus), der zu Telefónica gehört. Weitere Vorwahlnummern von E-Plus sind ⇨ **0155, 0159, 01573, 01575, 015779, 0176, 0177, 0178, 0179**.

0164, 0168 📱, Vorwahlen für Pagernummern von e*message (Cityruf).

0170, 0171 📱, Vorwahlen für Handynummern der Telekom. Weitere Vorwahlnummern der Telekom sind ⇨ **0151, 0160, 0175**.

0172, 0173, 0174 📱, Vorwahlen für Handynummern von Vodafone. Weitere Vorwahlnummern von Vodafone sind **0152, 0162**.

0175 📱, Vorwahl für Handynummern der Telekom. Weitere Vorwahlnummern der Telekom sind ⇨ **0151, 0160, 0170, 0171**.

0176 📱, Vorwahl für Handynummern des Mobilfunkanbieters O2, der zu Telefónica gehört. Weitere Vorwahlnummern von O2 sind ⇨ **0155, 0159, 01573, 01575, 015779, 0163, 0177, 0178, 0179**.

0177, 0178 📱, Vorwahlen des Mobilfunkanbieters O2 (früher E-Plus), der zu Telefónica gehört. Weitere Vorwahlnummern von O2 sind ⇨ **0155, 0159, 01573, 01575, 015779, 0163, 0176, 0179**.

0179 📱, Vorwahl für Handynummern des Mobilfunkanbieters O2, der zu Telefónica gehört. Weitere Vorwahlnummern von O2 sind ⇨ **0155, 0159, 01573, 01575, 015779, 0163, 0176, 0177, 0178**.

0180 ☎ 📱, Rufnummern, bei denen sich Anrufer und Betreiber der Rufnummer die Gebühren teilen (shared cost [sprich „schärd kost"]). Im Festnetz sind die Gebühren für Sie als Anrufer über die Kennzahl nach 0180 klar ersichtlich. Dagegen sind die Gebühren beim Anruf aus einem Mobilfunknetz deutlich höher und abhängig vom Betreiber des Mobilfunknetzes. Teilweise sind die 0180-Rufnummern aus dem Mobilfunknetz gar nicht erreichbar.

0180-Vorwahl	Gebühr
0180-1	Ortstarif (0,039 € pro Minute), max. 0,42 € pro Minute bei Anruf vom Mobiltelefon
0180-2	0,06 € pro Anruf, max. 0,42 € pro Minute bei Anruf vom Mobiltelefon
0180-3	0,09 € pro Minute, max. 0,42 € pro Minute bei Anruf vom Mobiltelefon
0180-4	0,20 € pro Anruf, max. 0,42 € pro Minute bei Anruf vom Mobiltelefon
0180-5	0,14 € pro Minute, max. 0,42 € pro Minute bei Anruf vom Mobiltelefon
0180-6	0,20 € pro Anruf, max. 0,60 € pro Anruf vom Mobiltelefon
0180-7	30 Sekunden kostenlos, dann 0,14 € pro Minute im 30-Sekunden-Takt, max. 0,42 € bei Anruf vom Mobiltelefon

Gebühren der 0180-Rufnummern bei der Deutschen Telekom, an denen sich die anderen Festnetzanbieter meist orientieren

032 ☎ ist seit Frühjahr 2005 die Vorwahl für ortsunabhängige Rufnummern, die als Nationale Teilnehmerrufnummern NTR bezeichnet werden. Diese Rufnummern wurden anfangs vor allem für die Internet-Telefonie (⇨ **VoIP**) verwendet, heute kann VoIP jedoch auch mit der

0700

Vorwahl des Ortsnetzes betrieben werden, in dem der Teilnehmer seinen Wohnsitz hat.

Der Vorteil einer 032-Rufnummer ist die Ortsunabhängigkeit, sie kann also auch wie eine Mobilfunknummer bei einem Umzug in ein anderes Ortsnetz beibehalten werden. Für Firmen, Behörden oder andere Institutionen mit räumlicher Verteilung über das Bundesgebiet sind 032-Rufnummern günstiger als ⇨ **0180-**, **0700-** und **0800-**Rufnummern.

0700 ☎, Vorwahl für eine persönliche Rufnummer, die zum Beispiel dem Namen entsprechen kann (⇨ **Vanity-Nummer**). Hierbei werden den Buchstaben die entsprechenden Ziffern auf der Tastatur zugeordnet. Für das Einrichten einer 0700-Nummer wird eine Gebühr erhoben, dafür bleibt die Rufnummer auf Lebenszeit erhalten, unabhängig von Wohnort oder Telekommunikationsanbieter. Technisch wird die 0700-Nummer auf einen Anschluss weitergeleitet, wobei sich der Anschluss frei festlegen und auch eine Rufverfolgung programmieren lässt. In den üblichen Bürozeiten von Montag bis Freitag von 9 bis 18 Uhr kostet der Anruf 0,063 € je angefangene 30 Sekunden, in der übrigen Zeit und am Wochenende 0,063 € pro angefangene 60 Sekunden. Die Preise gelten für Anrufe aus dem Festnetz der Deutschen Telekom.

0800 ☎ sind kostenlose Rufnummern, wobei die Kosten vom Betreiber der Rufnummer übernommen werden. Ein Anruf aus dem Mobilfunknetz ist oft nicht möglich.

0900 ☎, Nachfolger der seit 2006 nicht mehr angebotenen 0190-Rufnummern. Die meisten dieser Nummern werden für „Erotik-Dienste" verwendet. Wer der nächtlichen Einladung leicht bekleideter Mädchen folgt, kann ein teures Erwachen erleben. Denn im Vergleich zu den Gebühren normaler Telefongespräche sind die bei 0900-Nummern erhobenen Gebühren von bis zu 3 € pro Minute oder 10 € pro Anruf unverhältnismäßig hoch.

0900-Rufnummer	Preis
0900-1	Preis laut Ansage, maximal 3 € pro Minute oder 10 € pro Anruf, gedacht für Informationen und Faxabruf
0900-3	Preis laut Ansage, maximal 3 € pro Minute oder 10 € pro Anruf, gedacht für Unterhaltung ohne Erwachsenenunterhaltung und Faxabruf

0900-Ruf-nummer	Preis
0900-5	Preis laut Ansage, maximal 3 € pro Minute oder 10 € pro Anruf, gedacht für Erwachsenenunterhaltung und Faxabruf
0900-9 (Dialer!)	Preis laut Dialerinformation

Gebühren für 0900-Rufnummern

0x ist ein offenes, erlaubnisfreies Protokoll für den Handel von ⇨ **ERC20**-Token in der ⇨ **Ethereum** ⇨ **Blockchain**; https://0xproject.com/.

10Base2 [sprich „ten bäis tuh"] ist eine Variante des ⇨ **Ethernet** und der IEEE **802.3**-Standard mit einer ⇨ **Datenübertragungsrate** von maximal 10 MBit/s. Die Verbindung der Rechner erfolgt über ein maximal 185 m langes ⇨ **Koaxialkabel**. Ein solches Segment kann mit einem ⇨ **Repeater** bis zu 4-mal verlängert werden.

10BaseT [sprich „ten bäis ti"] ist eine Variante des ⇨ **Ethernet** mit einer ⇨ **Datenübertragungsrate** von maximal 10 MBit/s. Die Verbindung der Rechner erfolgt per Twisted-Pair-Kabel.

100BaseT4 [sprich „won handred bäis ti for"] ist eine Variante des ⇨ **Ethernet** mit einer ⇨ **Datenübertragungsrate** von maximal 100 MBit/s, die alle vier Adernpaare der Kategorien 3, 4 und 5 nutzt und bei der eine sternförmige Verkabelung mit STP/UTP-Kabeln vorgenommen wird.

100BaseTX [sprich „won handred bäis ti eks"] ist eine Variante des ⇨ **Ethernet** mit einer ⇨ **Datenübertragungsrate** von maximal 100 MBit/s, bei der die Verkabelung über Kategorie 5 (Cat. 5)-UTP-Kabel oder Typ 1-STP-Kabel erfolgt.

110 📱 ☎, Rufnummer der Polizei in Deutschland und damit wie die ⇨ **112** eine Notrufnummer, jedoch nicht europaweit oder international gültig. Zwar lässt sich mit der 110 auch in China und Japan die Polizei erreichen, etwa in Österreich gilt aber die 133 oder 112 und in den USA die 911.

112 📱 ☎, Euronotruf, eine in ganz Europa gültige Notrufnummer. Darüber wird in Deutschland die Polizei, die Feuerwehr und der Rettungsdienst erreicht. Der Anruf bei der Polizei sollte in einem Notfall nicht mehr über die ⇨ **110** erfolgen, da bei der 112 die Rettungsmaßnahmen direkt koordiniert, also Polizei, Feuerwehr und Notarzt sofort gemeinsam informiert werden.

1 115

Die Notrufnummer gilt international auch bei Mobilfunknetz-Betreibern, wobei der Notdienst aber nicht von jedem Betreiber zur Verfügung gestellt wird.

Die Eingabe der Notrufnummer ist theoretisch ohne Telefonkarte möglich, in vielen Ländern ist eine eingelegte SIM-Karte jedoch gesetzlich vorgeschrieben, um einen Missbrauch des Notrufs strafrechtlich verfolgen zu können. Das ist seit dem 1. Juli 2009 auch in Deutschland der Fall.

Für den Notruf muss die SIM-Karte entsperrt sein, jedoch kein PIN-Code oder Code zum Aufheben der Tastensperre eingegeben werden. Zum Beispiel enthält die Bildschirmtastatur des ⇨ **iPhone** zur Eingabe des Codes eine spezielle Schaltfläche mit der Bezeichnung „Notfall". Sofern eine Internetverbindung besteht, kann auch ⇨ **Siri** aktiviert und Notruf gerufen werden. Siri startet dann automatisch den Notruf, der innerhalb von 5 Sekunden noch abgebrochen werden kann.

Der Notruf per Stimmeingabe kann in dem Fall erforderlich sein, wenn das Telefon nicht mehr greifbar oder ein Tippen der Telefonnummer nicht mehr möglich ist. Das kann etwa bei einem Autounfall, einem Schwächeanfall oder eingeschränkter Bewegung nach einem Sturz sehr hilfreich sein.

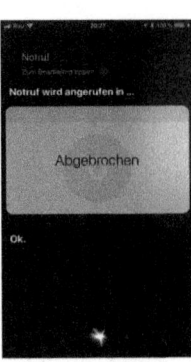

Im Fall eines aktuellen iPhone oder der Apple Watch lässt sich der Notruf auch ohne Eingabe der PIN über Siri aktivieren. Probieren Sie es ruhig aus, aber vergessen Sie nicht, den Notruf innerhalb der ersten 5 Sekunden auch wieder abzubrechen (siehe Bild links), damit Sie die Notrufzentrale nicht unnötig kontaktieren

115 📞 ist eine bundesweit einheitliche Rufnummer für Behörden. Hier erreichen Sie montags bis freitags von 8:00 Uhr bis 18:00 Uhr Ansprechpartner von Kommunen, Landes- und Bundesbehörden. Außerhalb der Sprechzeiten läuft eine kostenlose Ansage. Während der Sprechzeiten richten sich die Gebühren nach dem Anbieter und liegen im Festnetz bei 0,07 € bis 0,14 € pro Minute, in einem Mobilfunknetz bei 0,17 € bis 0,20 € pro Minute. Weitere Informationen finden Sie im Internet unter http://www.115.de/.

116117 📞, deutschlandweit einheitliche Rufnummer für den ärztlichen

1TR6

Bereitschaftsdienst der Kassenärztlichen Vereinigungen. In dringenden Notfällen wie lebensbedrohenden Erkrankungen oder Unfällen mit Schwerverletzten sollte statt 116117 direkt der Rettungsdienst über die Notrufnummer ⇨ **112** angewählt werden; http://www.116117info.de/html/.

123 ist (1.) die Abkürzung für das heute nicht mehr gebräuchliche Tabellenkalkulationsprogramm Lotus 1-2-3, das vom Hersteller IBM seit dem 30. September 2014 nicht mehr unterstützt wird, und (2.) eine ⇨ **Dateinamenerweiterung** einer Tabelle im Format der Tabellenkalkulation Lotus 1-2-3.

1:1-Kopie, die; *Subst.*, bezeichnet das Kopieren eines Datenträgers wie einer ⇨ **Diskette**, ⇨ **CD** oder ⇨ **DVD**. Dabei werden nicht nur die Daten kopiert, sondern alle Informationen auf dem Datenträger. Das umfasst auch die Daten zur Organisation, Fehler oder zum Kopierschutz darauf enthaltener Daten.

1-Cent-Überweisung, die; *Subst.*, wird von Online-Shop-Betreibern und Online-Banken, aber auch von Betrügern zur Prüfung von Konten verwendet. Dazu wird 1 Cent oder ein anderer kleinerer Betrag auf das betreffende Konto überwiesen. Erfolgt keine Fehlermeldung, ist das Konto verifiziert. Zur Sicherheit fordern Online-Shops und Online-Banken häufig die Eingabe des Betrags (⇨ **2-Faktor-Authentifizierung**), bevor ein Konto freigegeben wird. Betrüger überweisen zunächst einen kleinen Betrag und buchen dann von dem betreffenden Konto ab.

1&1-Support-Betrug, *Subst.*, ist Telefonbetrug. Die Anrufer geben sich als Support-Mitarbeiter des Internetanbieters 1&1 aus. Unter dem Vorwand, es befände sich ein ⇨**Schadprogramm** auf dem PC, bieten die Anrufer an, die angebliche Schadprogramm-Infektion per Fernwartung zu entfernen.

Stattdessen wird jedoch durch die Betrüger ein Schadprogramm installiert, oder es wird eine Zahlung für den angeblichen Service oder ein angebliches Schutzprogramm gefordert. Eine ähnliche Betrugsmethode verwenden Anrufer, die sich als Microsoft-Support-Mitarbeiter ausgeben ⇨ **Microsoft-Support-Betrug.**

1st, Abkürzung für **first** [sprich „först"] in der Bedeutung „zuerst lesen", ist eine ⇨ **Dateinamenerweiterung** einer Textdatei mit Informationen zu einem Programm, den letzten Änderungen an der vorliegenden Programmversion und/oder zur Installation des Programms. Eine solche Datei heißt meist README.1ST.

1TR6, die; *Subst.*, Abkürzung für **1**. **T**echnische **R**ichtlinie Nr. **6**, na-

2 2,5"-HDD

tionales Vermittlungsprotokoll der Deutschen Telekom für ⇨ **ISDN**, inzwischen abgelöst durch ⇨ **DSS1** des ⇨ **Euro-ISDN**.

2,5"-HDD, die; *Subst.*, ⇨ **2,5-Zoll-Festplatte**, ⇨ **Festplatte**.

2,5-Zoll-Festplatte, die; *Subst.*, ist eine bei ⇨ **Notebooks** eingesetzte Festplatte mit einer Baugröße von 2,5 Zoll, also 6,4 cm. Diese Festplatten sind kompatibel mit den Festplatten in Desktop-PCs, ⇨ **Festplatte**.

2160p ⇨ **4K UHD**.

2FA, Abkürzung für ⇨ **2-Faktor-Authentifizierung**.

2-Faktor-Authentifizierung, die; *Subst.*, erhöht den Schutz eines Online-Kontos. Dazu werden bei der Anmeldung (⇨ **Login**) zwei Erkennungsmerkmale – die Faktoren – abgefragt. Der erste Faktor ist das ⇨ **Passwort** oder im Fall eines Geldautomaten, ⇨ **Online-Banking** oder ⇨ **Online-Shopping**, auch die ⇨ **Bankkarte**. Als zweiter Faktor können eine vorher übersandte oder generierte PIN oder Ziffern daraus, der jeweils verwendete Rechner, ein elektronisch lesbarer Personalausweis, eine nur dem Benutzer bekannte und vorher hinterlegte Information oder körperliche Erkennungsmerkmale wie Fingerabdruck, Iris oder Sprache dienen.

3,5"-Diskette [sprich „dreieinhalb zoll diskette"], die; *Subst.*, ⇨ **3,5-Zoll-Diskette**, ⇨ **Diskette**.

3,5-Zoll-Diskette, die; *Subst.*, oder ⇨ **Mikrodiskette** ist ein Diskettentyp mit 720 KB, DD = Double Density [sprich „dabbel densiti"], dt. doppelte Schreibdichte, oder 1,44 MB, HD = High Density [sprich „hei densiti"], dt. hohe Schreibdichte, Speicherkapazität. Die Bezeichnung kommt vom Durchmesser des Mediums von 3,5 Zoll, also 8,9 cm. Heute noch verwendete Disketten sind alles HD-Disketten mit 1,44 MB Speicherkapazität. Die DD-Disketten sind ebenso ausgestorben wie 5,25-Zoll-Disketten oder 8-Zoll-Disketten aus den ⇨ **DOS**- und CP/M-Zeiten in den 1980er- und 1990er Jahren.

35-in-1-Kartenlesegerät, engl. **35 in 1 reader** [sprich „sörti faif in won riehder"], das; *Subst.*, ist ein ⇨ **Card Reader**, der 35 verschiedene ⇨ **Speicherkartentypen** und somit alle gängigen Speicherkarten lesen kann. Ältere Geräte sind nicht in der Lage, so viele verschiedene Speicherkarten zu lesen. Sie erkennen dies an der Bezeichnung wie zum Beispiel 31-1-Kartenlesegerät, 19-1-Kartenlesegerät oder 9-1-Kartenlesegerät. Neuere Geräte erlauben auch das Lesen von mehr Formaten, wie etwa beim **56-in-1-Kartenlesegerät**. Kartenleser werden für unter 10 € angeboten.

3D-Drucker, der; *Subst.*, erzeugt ein dreidimensionales Objekt durch schichtweises Auftragen eines Stoffs. Das kann je nach Drucker und Anwendungszweck Biomaterial wie Biotinte, Gold und andere Metalle, Keramik, Kunststoff, Lebensmittel, Stein, Zement und weitere Materialien sein. Die Anwendungszwecke sind vielseitig. Einige Beispiele: Brillengestelle, Ersatzteile aus Kunststoff, Lebensmittel wie Fruchtgummis und Verzierungen für Torten, Modellbau und Modellbahn, Prototypen-Druck für Forschung und Entwicklung, Fertigung von zum Beispiel Autoteilen, Human- und Tiermedizin für Prothesen.

Die für den privaten Einsatz im Handel angebotenen Drucker verwenden Kunststoffdraht (Filament) auf einer Spule. Der Draht wird in einer Düse durch Erwärmung verflüssigt und so in der ersten Schicht auf eine Trägerplatte aufgetragen. Darauf bauen sich dann die weiteren Schichten auf bis zum fertigen 3D-Objekt. Sollen verschiedene Farben verwendet werden, sind dazu die Filamente manuell zu wechseln, sofern der 3D-Drucker dies nicht automatisch durchführen kann.

Einen guten Überblick des Angebots an 3D-Druckern liefert diese 3D-Drucker-Liste: https://3druck.com/3d-drucker-liste / Hier führen Links an der rechten Seite auch zu einem elfteiligen Grundkurs, der als Einstieg in das Thema viele wichtige Informationen liefert.

3DNow [sprich „thrii di nau"] ist eine Befehlserweiterung zum 80x86-Befehlssatz mit 21 zusätzlichen Befehlen für Multimedia-Anwendungen, mit denen ⇨ **Prozessoren** von ⇨ **AMD** bis zur zweiten Hälfte 2010 ausgestattet waren. AMD empfiehlt den Einsatz von 3DNow nicht mehr.

3GIO [sprich „srii dschi ai o"], Abkürzung von **3**rd **G**eneration **I**nput/**O**utput [sprich „sörd dscheneräischen input autput"], also Ein-/Ausgabe der 3. Generation, und eine andere Bezeichnung für **PCIe, PCI-E** bzw. ⇨ **PCI-Express**.

3GP [sprich „srii dschi pi"], ⇨ **Dateinamenerweiterung** einer Multimedia-Datei mit nach dem ⇨ **3GPP**-Standard komprimierten Daten. Eine Datei kann verschiedene Medientypen wie Video, Audio und Text in sich vereinen und wegen der Skalierbarkeit von 3GPP auch verschiedene Bandbreiten bedienen. Das Abspielen ist mit dem ⇨ **QuickTime**-Player ab Version 6.3 möglich.

3GPP [sprich „srii dschi pi pi"], Abkürzung für **3**rd **G**eneration **P**artnership **P**roject [sprich „sörd dscheneräischen partnerschip proschegt"], ist ein neuer internationaler Multimedia-Standard für die drahtlose Übermittlung von Multimediadaten, der auf ⇨ **MPEG-4** basiert und von ⇨ **QuickTime** unterstützt wird. Weitere Informationen finden Sie auf der offiziellen 3GPP-Website: www.3gpp.org.

3-TB-Festplatte, die; *Subst.*, ist eine Festplatte mit einer Speicherkapazität von über 2 TB, die sich mit der 32-Bit-Tabelle des von ⇨ **Windows XP** verwendeten ⇨ **Master Boot Records** (**MBR**) nicht vollständig ansprechen lässt. Das Problem besteht bei den 64-Bit-Versionen von ⇨ **Windows 10**, ⇨ **Windows 8.1**, ⇨ **Windows 8**, ⇨ **Windows 7** und ⇨ **Windows Vista** nicht, denn hier lässt sich statt MBR eine ⇨ **GUID Partition Table** (**GPT**) verwenden und darüber lassen sich Festplatten mit Speicherkapazitäten in ⇨ **Pentabyte**-Größe (**PB**) verwalten. Booten lässt sich mit Windows eine 3-TB-Festplatte, wenn der PC mit **EFI** (siehe ⇨ **Extensible Firmware Interface**) statt BIOS ausgestattet ist. Das ist bei PCs und Mainboards ab Baujahr 2012 überwiegend der Fall.

GIGABYTE [sprich „gigabeit"] bietet für Mainboards der GA-Serie die Software „3TB+ Unlock" an (https://www.gigabyte.com/microsite/276/3tb.html), ASUS für eigene Mainboards die Software Disk Unlocker [sprich „disk an-locker"] (siehe https://event.asus.com/mb/2010/Disk_Unlocker/). Mit solchen Tools der Mainboard-Hersteller lassen sich 3-TB-Festplatten auch unter Windows XP und den 32-Bit-Versionen von Windows 7 und Windows Vista verwenden, sowie von ihnen booten. Bietet der Hersteller des Mainboards oder der Festplatte keine entsprechende Software an, bleibt als Ausweg neben dem Austausch des Mainboards der Ersatz der 3-TB-Festplatte durch kleinere Festplatten, also etwa zwei mal 1,5 TB statt 2,5 TB oder zwei mal 2 TB statt 3 TB.

4320p ⇨ **8K UHD**.

4GL [sprich „for dschi el"], Abkürzung für **4**th **G**eneration **L**anguage [sprich „fors dscheneräischen länguidsch"], dt. „Programmiersprache der 4. Generation"; eine solche Programmiersprache ist zum Beispiel ⇨ **SQL**.

4K bezeichnet (1.) einen Kinofilm (⇨ **DCI 4K**) (2.) einen Fernseher oder (3.) einen ⇨ **Bildschirm** mit einer etwa doppelt so hohen horizontalen Auflösung wie bei **FullHD** (⇨ **1080p**). Da die horizontale Auflösung bei FullHD mit 1.980 Pixel definiert ist, hat 4K horizontal rund 4.000 Pixel. Im Fall der 4K-Fernseher (**UHDTV**) und der Videos bei ⇨ **YouTube** liegt die Auflösung entsprechend dem ⇨ **UHD**-Standard UHD-1 bei 3.840x2.160 Pixel. 4K-Videos lassen sich heute bereits mit dem ➪ **Smartphone** aufnehmen und dann in der hohen Auflösung am UHDTV betrachten. Im deutschsprachigen Raum gibt es bisher nur HD-Fernsehsender, so dass sich Fernsehsendungen auch mit einem 4K-Fernseher bislang nicht in der ultrahohen Auflösung betrachten lassen. Anders sieht es bei Streaming-Sendern wie Amazon und Netflix aus, die bereits seit 2014 einzelne Sendungen in 4K anbieten, zum Beispiel die Erfolgsserien Breaking Bad und House of Cards im Fall von Netflix.

4K UHD, **4K UHD-1** [sprich „for kei ultra hai definischen telewischen] oder **2160p**, Standard für ultrahochauflösendes Fernsehen entsprechend dem UHD-1-Standard mit 3.840x2.160 Pixel. Dieser Standard gilt auch meist für 4K-Displays und 4K-Videos bei ➪ **YouTube**.

51 Attack [sprich „fifti wan ätek"], der; *Subst.*, sinngemäß übersetzt der 51-Prozent-Angriff, ist ein theoretisch möglicher Hacker-Angriff auf das ➪ **Bitcoin**-Netzwerk. Dazu muss eine Organisation über die Hälfte der Netzwerk-➪ **Mining**-Leistung kontrollieren, um allein darüber entscheiden zu können, welche Transaktionen genehmigt werden. Diese Kontrolle kann dann dazu missbraucht werden, um Bitcoins mehrfach auszugeben und dann entsprechend daran zu verdienen. Eine so große Rechenleistung, um 51 Prozent der Hashrate des Bitcoin-Netzwerks zu kontrollieren, erfordert jedoch eine sehr hohe Investition, die selbst von der Regierung eines größeren Landes nicht aufgebracht werden kann. Da die erforderliche Rechenleistung für einen Block mit der Zeit zunimmt, wird der erforderliche Betrag auch immer höher und die Wahrscheinlichkeit eines 51-Prozent-Angriffs nimmt ab.

56-in-1-Kartenlesegerät, das; *Subst.*, ist ein ➪ **Card Reader**, der 56 verschiedene ➪ **Speicherkartentypen** lesen kann. Häufiger werden ➪ **35-in-1-Kartenleser** angeboten, die zum Lesen der gängigen Speicherkartenformate ebenfalls reichen.

5GL [sprich „feif dschi el"], Abkürzung für **5**th **G**eneration **L**anguage [sprich „fifft dscheneräischen länguidsch"], dt. „Programmiersprache der 5. Generation" ermöglicht das Programmieren, ohne zuvor eine Programmiersprache zu erlernen. Programme werden über visuelle Hilfsmittel und Grafiken erstellt. In der Praxis wählt der Entwickler die benötigten Symbole aus und fügt diese durch Ziehen mit der Maus in die gewünschte Reihenfolge und Anordnung. Diese visuelle Programmierung erleichtert das Erstellen objektorientierter Programme. Das Ergebnis wird mit einem Compiler in eine ➪ **3GL**- oder ➪ **4GL**-Sprache umgewandelt, zum Beispiel in ➪**Java**. Produkte zur visuellen

5K

Programmentwicklung werden zum Beispiel von ➪ **Apple**, ➪ **IBM** und ➪ **Microsoft** angeboten. Apple bietet die Entwicklungsumgebung zur ➪ **App**-Entwicklung kostenlos an.

5K bezeichnet einen ➪ **Bildschirm** mit einer horizontalen Auflösung von rund 5.000 Pixel und liegt damit zwischen ➪ **4K** und ➪ **8K**. Derzeit ist das Angebot solcher Displays noch gering und es wird eine Grafikkarte benötigt, die auch eine Auflösung von zum Beispiel 5.120x2.880 Pixel bei 16:9 mit einer Bildwiederholrate von 60 Hz bewältigt. Selbst hochpreisige Grafikkarten für Computerspieler sind derzeit jedoch nur für 4K ausgelegt. Ebenso wie 8K ist also derzeit auch 5K für den privaten PC-Anwender nicht interessant.

700-MB-Rohling, der; *Subst.*, (80 Minuten) ist das aktuelle Standard-Format für ➪ **CD-R**. Zwar sind gemäß Normierung nur 650 MB Speicherkapazität vorgesehen, da aber alle CD-Brenner und Brennprogramme auch 700 MB unterstützen, hat sich diese Kapazität als Quasi-Standard etabliert.

720p, geringste Auflösung für HD-Fernsehen mit 1.280 x 720 Pixeln im Seitenverhältnis 16:9. Üblich ist heute jedoch für ➪ **HDTV** die Full-HD-Auflösung **1080p** mit 1.920x1.080 Pixel, die heute schon auf dem relativ kleinen Display eines ➪ **Smartphone** oder ➪ **Tablet** darstellbar sind oder sogar deutlich überschritten werden.

7-Bit-Datenmodus 📱, der; *Subst.*, ist ein Übertragungsmodus im Mobilfunk für Text-➪ **SMS**, wobei maximal 160 Byte bzw. 160 Zeichen übertragen werden.

80 PLUS ist ein Logo und Warenzeichen auf zertifizierten ➪ **Netzteilen**, die bei einer Last von 20 %, 50 % und 100 % mindestens einen Wirkungsgrad von 80 % erreichen. Dabei muss der Leistungsfaktor bei 50 % Last mindestens 0,9 betragen. Die Anforderungen steigen mit der Zertifizierung. Hierbei wird zwischen **80 PLUS**, **80 PLUS BRONZE**, **80 PLUS SILVER**, **80 PLUS GOLD**, **80 PLUS PLATINUM** und **80 PLUS TITANIUM** unterschieden. Netzteile mit der reinen Angabe 80 PLUS oder 80 PLUS White sind für eine Eingangsspannung von 230 V nicht zertifiziert, sondern ausschließlich für 115 V. Im europäischen Raum sollte daher auf den Zusatz 230V EU ➊ geachtet werden.

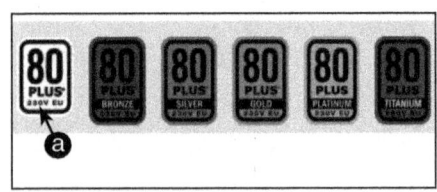

Übersicht der 80 PLUS-Logos für PC-Netzteile

Der Vorteil der zertifizierten Netzteile gegenüber Netzteilen mit geringerem Wirkungsgrad ist der geringere Energieverbrauch bei gleicher Last. Am 21. November 2017 wurden in Europa insgesamt 320 nach 80 PLUS zertifizierte Netzteile angeboten, von denen der größte Anteil von 249 Modellen die ersten Stufen 80 PLUS und 80 PLUS Bronze erreichten, deutlich weniger 80 PLUS SILVER (22) und GOLD (46).

Von den Netzteilen mit Zertifizierung 80 PLUS PLATINUM gab es 2017 nur 2 Modelle und nur ein Netzteil mit TITANIUM-Zertifizierung. Eine 80 PLUS-Zertifizierung ist vor allem bei Netzteilen mit höherer Leistung zu finden. Vereinzelt gibt es jedoch auch schon zertifizierte Modelle mit 350 Watt zu Preisen von unter 50 €. Ein Beispiel ist das „be quiet! Pure Power 10 350W".

80 PLUS GOLD- oder 80 PLUS PLATINUM-zertifizierte Netzteile liefern eine Gesamtleistung von über 500 Watt und liegen mit deutlich über 100 € in der oberen Preisregion. Liste der 230-V-zertifizierten 80 PLUS-Netzteile: https://plugloadsolutions.com/80PlusPowerSupplies.aspx im Register 230V EU Internal. Weitere Informationen: https://www.plugloadsolutions.com/ (siehe Tabelle unten)

802.3 ist ein ⇨ **IEEE**-Standard für ⇨ **10Base2**.

802.11 ist ein ⇨ **IEEE**-Standard für Funknetzwerke (⇨ **WLAN**), der

80 PLUS-Zertifzierung	230 V Eingangsspannung			
Mindestwirkungsgrad bei	10 % Last	20 % Last	50 % Last	100 % Last
80 PLUS	–	82 %	85 %	82 %
80 PLUS BRONZE	–	85 %	88 %	85 %
80 PLUS SILVER	–	87 %	90 %	87 %
80 PLUS GOLD	–	90 %	92 %	89 %
80 PLUS PLATINUM	–	92 %	94 %	90 %
80 PLUS TITANIUM	90 %	94 %	96 %	94 %

Tabelle der Mindestanforderungen an den Wirkungsgrad für die 80 PLUS-Zertifizierungen bei 230 V Eingangsspannung (Quelle: Wikipedia)

802.11

mehrfach erweitert wurde. Die Erweiterungen sind durch Buchstaben gekennzeichnet: 802.11a, 802.11b bis 802.11ah. In der nachfolgenden Tabelle finden Sie eine Übersicht der wichtigsten 802.11-Normen mit den genutzten Frequenzbändern und dem Datendurchsatz.

Norm (Jahr)	Frequenzband	Datendurchsatz
802.11 (1997)	2,400 bis 2,485 GHz	brutto 1 oder 2 MBit/s
802.11a (1999)	5 GHz	brutto 54 MBit/s (netto max. 50%)
802.11b (1999)	2,400 bis 2,485 GHz	brutto 11 MBit/s (netto max. 50%)
802.11g (2003)	2,400 bis 2,4835 GHz	brutto 54 MBit/s (netto max. 40%)
802.11n (2009)	2,400 bis 2,4835 GHz, optional zus. 5 GHz	brutto 600 MBit/s
802.11p (2010)	5,850 bis 5,925 GHz geplant für die Kommunikation zwischen Fahrzeugen	brutto 27 MBit/s
802.11ac (2013)	5 GHz	Bündelung mehrerer Kanäle, theoretisch bis 1.299 MBit/s
802.11ad (2013)	60 GHz	bis 6.930 MBit/s max. 10 m Reichweiter
802.11ah (2016) Wi-Fi HaLow	900 MHz	keine Angabe max. 1 km Reichweiter

Übersicht der für WLAN-Geräte verwendeten 802.11-Normen

8K, 8K UHD

802.16 📱, Broadband Wireless Access [sprich „broudbänd weierless äksess"], ist ein ⇨ **IEEE**-Standard für ⇨ **WiMAX** und soll bei Datenraten von mehreren Megabit pro Sektor bis zu 50 km von einer Basisstation überbrücken. Auch der mobile Zugriff ist möglich, aber für höhere Geschwindigkeiten wurde der Standard ⇨ **802.20** entwickelt.

802.20 📱, Mobile Broadband Wireless Access [sprich „mobeil broudbänd weierless äksess"], ist ein ⇨ **IEEE**-Standard für ⇨ **WiMAX** und soll den mobilen Zugriff auch bei höheren Geschwindigkeiten ermöglichen. Für den stationären Zugriff oder den mobilen Zugriff bei niedriger Geschwindigkeit wurde der Standard ⇨ **802.16** entwickelt.

8-Bit-Binärdatenmodus 📱, der; *Subst.*, ist ein Übertragungsmodus im Mobilfunk für E-Mail-SMS und Betreiberlogos, wobei maximal 140 Byte übertragen werden.

8K, 8K UHD bezeichnet (1.) einen Kinofilm (2.) einen Fernseher oder (3.) einen ⇨ **Bildschirm** mit einer etwa viermal so hohen horizontalen Auflösung wie bei **Full-HD** (⇨ **1080p**). Da die horizontale Auflösung bei FullHD mit 1.980 Pixel definiert ist, hat 8K horizontal rund 8.000 Pixel. Die Auflösung ist bei 8K UHD auf 7.680x4.320 Pixel festgelegt. Da ein Bild somit unkomprimiert 33,2 MB erfordert, sind zur Darstellung und vor allem im Fall von Streaming zur Datenübertragung sehr hohe Datenmengen zu bewegen. Die Technik ist daher noch weit von der Alltagstauglichkeit entfernt, auch wenn auf Messen wie der ⇨ **CES** oder ⇨ **IFA** Fernseher mit 8K UHD zu Preisen von deutlich über 100.000 € gezeigt werden und es auch schon Displays und Videokameras dafür gibt.

Bevor jedoch nicht alle Fernsehsender wenigstens Filme in 4K UHD senden und 4K-Displays für den PC der Normalfall sind, macht es wenig Sinn, sich mit 8K zu beschäftigen und dafür die jetzt noch sehr hohen Gerätepreise in Kauf zu nehmen. In Deutschland sind 8K-Fernseher frühestens ab 2024 im Fachhandel zu erwarten.

A a

A

a, Abkürzung für atta, das Präfix für ein Trillionstel, also 10-12.

A, Abkürzung für (1.) Ampère [sprich „ampär"], Maßeinheit für die Stromstärke und (2.) die Abkürzung für adress bit, dt. Adressbit.

A:, Laufwerksbuchstabe für das erste ⇨ **Diskettenlaufwerk**. Jedes weitere Laufwerk wird mit einem nachfolgenden Buchstaben des Alphabets bezeichnet (B:, C:, ...). Ein Diskettenlaufwerk ist bei den meisten aktuellen Rechnern nicht mehr enthalten. Der Laufwerksbuchstabe A: daher kaum noch in Gebrauch.

a2a oder **A2A** [sprich „äi tu äi"], Abkürzung für **A**dministration to **A**dministration [sprich „äminisdraischion tu äminisdraischion"], ist ein Ausdruck aus dem ⇨ **eBusiness** für die elektronische Kommunikation und den elektronischen Datenaustausch zwischen Behörden.

a2b oder **A2B** [sprich „äi tu bieh"], Abkürzung für **A**dministration to **B**usiness [sprich „äminisdraischion tu bissness"], ist ein Ausdruck aus dem ⇨ **eBusiness** für die elektronische Kommunikation und den elektronischen Datenaustausch zwischen Behörden und Unternehmen.

a2c oder **A2C** [sprich „äi tu sieh"], Abkürzung für **A**dministration to **C**ustomer [sprich „äminisdraischion tu kastomer"], ist ein Ausdruck aus dem ⇨ **eBusiness** für die elektronische Kommunikation und den elektronischen Datenaustausch zwischen Behörden und Bürgern (wörtlich „Kunden").

AA, Abkürzung (1.) für ⇨ **Auto-Answer** und (2.) für ⇨ **Anti-Aliasing**.

AAC [sprich „äi äi sieh"], Abkürzung für **A**dvanced **A**udio **C**oding [sprich „ädwanst audio kohding"], früher als **MPEG-2 NBC** (non backwards compatible = nicht rückwärtskompatibel) bezeichnet, komprimiert mehrkanalige Audio-Daten in hoher Qualität im MPEG-2-Standard. Dieses Format wird zum Beispiel von ⇨ **Apple** verwendet. AAC wird daher häufig irrtümlich für die Abkürzung von **A**pple **A**udio **C**odec gehalten. AAC ist jedoch keine Apple-Erfindung und auch kein proprietäres Format.

AAC-LC [sprich „äi äi sieh el sieh"], Abkürzung für **A**dvanced **A**udio **C**oding **L**ow **C**omplexity, komprimiert mehrkanalige Audio-Daten ohne ⇨ **LTP**.

a/b ist eine Schnittstelle für analoge Endgeräte wie Fax oder Modem im ⇨ **ISDN**. Nebenstellenanlagen für ISDN und ISDN-Adapter besitzen häufig einen integrierten Wandler und bieten neben einem digitalen s0-Busanschluss auch eine oder mehrere a/b-Schnittstellen. Außerdem sind a/b-Schnittstellenwandler als externe Geräte erhältlich.

Abandonware [sprich „äbändonwär"], die; *Subst.*, ist ältere Software, die vom Programmierer oder Hersteller nicht mehr weiterentwickelt und vertrieben wird. Dazu gehören zum Beispiel Programme für Heimcomputer wie Atari, Amiga und C64, aber auch ➪ **DOS**-Programme für den PC sind darunter. Im Internet werden solche Programme von Liebhabern der alten Computer zum kostenlosen Download angeboten, allerdings nicht immer mit Zustimmung der Rechteinhaber! Zur Nutzung der Programme ist entweder ein ➪ **Emulator** für den PC oder die entsprechend alte Hardware erforderlich.

abbrechen, *Verb*, engl. **abort** oder **cancel**, bezeichnet das Beenden einer Programmfunktion oder der ➪ **Anwendung** selbst.

Abbrechentaste, die; *Subst.*, deutsche Bezeichnung für die ➪ **ESC-Taste**. Mit der oben links auf der Tastatur befindlichen ESC-Taste brechen Sie laufende Programmfunktionen ab.

abdocken, *Verb*, bezeichnet das Trennen eines ➪ **Notebooks** von einer ➪ **Andockstation** oder einem ➪ **Port Replicator**.

Abenteuerspiel, das; *Subst.*, auch als ➪ **Adventure** bezeichnet, engl. ➪ **adventure game**, ist ein Computerspiel, bei dem der Spieler in der Rolle einer Spielfigur eine spannende Handlung durchläuft.

Der Spieler kann die Figur mit den Pfeiltasten steuern, per Befehl Gegenstände aufheben oder anwenden und andere Spielfiguren ansprechen. Die Spielfigur kann je nach Spiel auch Türen, Schränke oder Schubladen öffnen, das Licht ein- und ausschalten und ähnliche realitätsnahe Aktionen vornehmen.

Durch seine Aktionen bestimmt der Spieler den Spielverlauf und kann so bei einigen Spielen auch auf recht unterschiedlichen Wegen zum Ziel kommen. Bei einfacheren Spielen ist der Spielverlauf dagegen genau vorgegeben, was teilweise zu merkwürdigen Effekten führt: Dann müssen Handlungen wiederholt werden, wenn die programmierte Handlungsfolge zuvor nicht genau eingehalten wurde. In modernen Adventures laufen zur Einführung oder zum Übergang zwischen den Spielebenen Videos oder Trickfilme ab. Die Umgebung ist in 3D, und die Spielfiguren sowie die Umgebung wirken immer realistischer bis hin zu Spiegelungen, Wasserkräuseln und Mimik auf den Gesichtern der Spielfiguren. Sind Kampfhandlungen enthalten, ist der Übergang zwischen Adventure und ➪ **Ego-Shooter** fließend.

A   Abgesicherter Modus

Abgesicherter Modus, der; *Subst.*, ist eine Betriebsart von ⇨ **Windows**, die zur Fehlersuche und -behebung verwendet wird. Der abgesicherte Modus ist eine große Hilfe, wenn Windows in der normalen Betriebsart nicht mehr fehlerfrei oder überhaupt nicht mehr startet. Im abgesicherten Modus arbeitet Windows mit Standardtreibern und -einstellungen. Es werden keine zusätzlichen Programme gestartet, der Autostart ist hier also nicht aktiv.

Im abgesicherten Modus sind im ⇨ **Geräte-Manager** alle installierten ⇨ **Treiber** sichtbar; so lassen sich ältere, doppelt installierte Treiber erkennen und löschen. Fehler lassen sich über die ⇨ **Systemwiederherstellung** beheben, indem ein vor dem Auftreten eines Fehlers abgespeicherter Systemzustand abgerufen wird.

Zum abgesicherten Modus gelangen Sie über eine der folgenden fünf Startarten, die von der installierten Windows-Version abhängen und davon, ob Windows noch im normalen Modus startet oder nicht:

1. Starten Sie Ihren PC neu und drücken Sie sofort mehrfach die Taste [F8]. Diese Methode wenden Sie bei ⇨ **Windows 7** an, wenn Windows im normalen Modus nicht mehr startet. Sie erhalten die Startmöglichkeiten zur Auswahl und wählen *Abgesicherter Modus* oder *Abgesicherter Modus mit Netzwerktreibern*.

2. Starten Sie Ihren PC neu und drücken Sie sofort mehrfach die Tastenkombination [⇧]+[F8]. Diese Methode wenden Sie bei ⇨ **Windows 10**, ⇨ **Windows 8.1** und ⇨ **Windows 8** an, wenn Windows im normalen Modus nicht mehr startet.

3. Rufen Sie die Systemkonfiguration auf, indem Sie im laufenden Windows-Betrieb mit [⊞]+[R] das Ausführen-Fenster öffnen, *msconfig* eingeben, das Register *Start* öffnen und dort Kontrollfeld *Abgesicherter Start* und die Option *Netzwerk* per Mausklick aktivieren. Dann klicken Sie auf *OK*. Diese Methode funktioniert bei allen aktuellen Windows-Versionen, wenn Windows im normalen Modus noch startet.

4. Suchen Sie bei laufendem Windows nach *erweitert* und klicken Sie im Suchergebnis auf *Optionen für den erweiterten Start ändern*. Klicken Sie in der rechten Bildschirmhälfte unter *Erweiterter Start* auf *Jetzt neu starten*. Im blauen Bildschirm wählen Sie *Problembehandlung* und im nächsten Bildschirm *Erweiterte Optionen*. Im Bildschirm *Erweiterte Optionen* klicken Sie auf *Starteinstellungen* und dann auf *Neu starten*. Jetzt wählen

Sie *Abgesicherter Modus* oder *Abgesicherter Modus mit Netzwerktreibern*. Diese Methode wenden Sie bei ⇨ **Windows 10**, ⇨ **Windows 8.1** und ⇨ **Windows 8** an, wenn Windows im normalen Modus noch startet.

5. Fahren Sie Windows über *Neu starten* herunter und halten Sie dabei die ⇧-Taste gedrückt. Im blauen Bildschirm wählen Sie *Problembehandlung* und im nächsten Bildschirm *Erweiterte Optionen*. Im Bildschirm *Erweiterte Optionen* klicken Sie auf *Starteinstellungen* und dann auf *Neu starten*. Jetzt wählen Sie *Abgesicherter Modus* oder *Abgesicherter Modus mit Netzwerktreibern*. Diese Methode wenden Sie bei ⇨ **Windows 10**, ⇨ **Windows 8.1** und ⇨ **Windows 8** an, wenn Windows im normalen Modus noch startet.

Abkürzungstaste, die; *Subst.*, engl. ⇨ **short cut**, ⇨ **Tastenkombination**.

A-Blogger, **Alpha-Blogger** oder **Alphablogger**, der; *Subst.*, ist ein ⇨ **Blogger**, der sich unter den anderen Bloggern positiv heraushebt. Er kann ein „Leittier" sein, der die anderen mitreißt, oder sich einfach sehr gut in der ⇨ **Blogosphere** auskennt. Die Beiträge von A-Bloggern verbreiten sich schnell und werden ausgiebig diskutiert. Es gibt aber auch Blogger, die eine Unterscheidung zwischen A-Bloggern und den übrigen Bloggern für nicht sinnvoll halten.

abmelden, *Verb*, oder ⇨ **ausloggen**, engl. to log out, bedeutet, dass ein Benutzer das Betriebssystem oder eine Anwendung verlässt, die Verbindung mit einem entfernten Computer beendet, die Internet-Verbindung beendet oder einen Dienst im Internet verlässt.

Abmessung, die; *Subst.*, gibt die Maße eines Geräts an, in der Regel in der Form „Höhe x Breite x Tiefe" oder „Breite x Höhe x Tiefe".

abort [sprich „äbohrd"] oder **cancel**, dt. ⇨ **abbrechen**.

ABPS, Abkürzung für ⇨ **Advanced Branch Prediction**.

Abrechnungstakt, der; *Subst.*, bestimmt bei Mobilfunktarifen, wie präzise die vertelefonierte Zeit abgerechnet wird. Hier gibt es eine weite Bandbreite von sekundengenauer Abrechnung (1/60), über 10-Sekunden-Takt (10/10), 30-Sekunden-Takt, bis zu sekundengenauer Abrechnung nach der 1. Minute (60/1) oder minutengenauer Abrechnung. Die genaueste Abrechnung erfolgt mit dem sekundengenauen Takt.

Abschlusswiderstand, der; *Subst.*, ist ein Widerstand oder Ter-

A abspeichern

minator am Ende einer ➪ **Netzwerk**- oder SCSII-Leitung, der verhindern soll, dass elektrische Signale reflektiert werden. Zum Terminieren von ➪ **Koaxialkabeln** wird beim ➪ **Ethernet** ein 50-Ohm-Widerstand verwendet. Der Widerstand ist bei SCSII-Geräten auf die SCSII-Buchse aufsteckbar oder bereits im Gerät integriert und muss dann nur eingeschaltet werden.

abspeichern, *Verb*, bezeichnet den Vorgang, bei dem der gesamte Inhalt einer Datei oder die Änderungen zum vorherigen Stand aus dem flüchtigen Arbeitsspeicher auf einem Datenträger gesichert werden, worauf das ➪ **Schließen** der Datei auf dem Datenträger erfolgt. Beenden Sie eine ➪ **Anwendung** ohne die geöffneten Dokumente zuvor abzuspeichern, gehen der Inhalt oder die letzten Änderungen verloren. Der Verlust der Daten erfolgt auch, wenn ein Stromausfall, ein technischer Defekt am Computer, ein Programm- oder ein Bedienungsfehler das Abspeichern nicht mehr ermöglichen.

Absturz, der; *Subst.*, ist ein umgangssprachlicher Ausdruck für einen durch ➪ **Hardware** oder ➪ **Software** verursachten Fehler, bei dem eine Anwendung oder das ➪ **Betriebssystem** nicht mehr auf Eingaben des Benutzers oder andere Anfragen reagiert oder der Rechner unvermittelt neu hochfährt.

Ein ➪ **Systemabsturz** kann mit oder ohne ➪ **Blue Screen** auftreten. Hier hilft nur ein Neustart des PCs per ➪ **Reset-Taste** oder Ein/Ausschalter. Eine abgestürzte Anwendung lässt sich unter Windows meist durch den ➪ **Task-Manager** beenden, wobei Datenverluste nicht ausgeschlossen sind.

Abtastrate, die; *Subst.*, engl. **sample rate**, gibt an, wie oft ein analoges Signal pro Sekunde abgetastet wird, um es im Rahmen einer ➪ **Digitalisierung** in einen digitalen Wert umzuwandeln. Typisch für Soundkarten ist eine Abtastrate von 44,1 kHz. Das analoge Signal wird dabei 44.100-mal pro Sekunde abgetastet. Je höher die Abtastrate, umso besser ist das Ergebnis, aber umso größer wird auch die erzeugte Datenmenge.

Für die Wiedergabe der digitalisierten Audiodaten muss das Wiedergabegerät dieselbe Abtastrate unterstützen. Beispielsweise unterstützen Audio-CD-Player ausschließlich die Norm von 44,1 kHz.

Abtasttiefe, die; *Subst.*, bezeichnet die Anzahl der für die Digitalisierung analoger Signale zur Verfügung stehenden ➪ **Bits**. Je größer die Abtasttiefe, umso höher ist die Detailtreue, aber umso größer wird auch die erzeugte Datenmenge.

abwärts kompatibel, *Adj.*, ist eine ➪ **Hardware** (zum Beispiel ➪ **Pro-**

zessor) oder ⇨ **Software**, wenn alle Funktionen des Vorgängers beherrscht werden und damit Kompatibilität zu diesem besteht. Damit lässt sich auf einem abwärts kompatiblen Prozessor auch die Software für dessen Vorgänger nutzen. Ist eine Software abwärts kompatibel, lassen sich damit zum Beispiel Dateien von Vorgängerversionen lesen und Daten in deren Format schreiben.

AC [sprich „äi sieh"], Abkürzung für **A**lternating **C**urrent, dt. Wechselstrom.

AC3 ⇨ **Dolby Digital**. Ein kostenloser DirectShow-Filter zum Decodieren von AC3-Tonspuren kann von dieser Webseite heruntergeladen werden: http://bit.ly/4aRL4R.

AC97, Abkürzung für **A**udio **C**odec **97**, ist eine ⇨ **Onboard**-Soundschnittstelle von ⇨ **Intel**, bei der vom ⇨ **Prozessor** neben den sonstigen Aufgaben auch noch die analogen Daten von ⇨ **Audio** und ⇨ **Modem** berechnet werden. Dies belastet zwar den Prozessor, ist dafür aber eine sehr preisgünstige, integrierte Audio-Lösung. Es lassen sich bis zu sechs Kanäle nutzen bei maximal 48 kHz und einer Auflösung von 20 Bit. Der Nachfolger von AC97 ist ⇨ **HD-Audio**.

ACAD weist in einer Schadprogramm-Bezeichnung wie zum Beispiel ⇨ **ACAD/Medre.A** darauf hin, dass das Schadprogramm auf AutoCAD basiert, einem Programm zum Erstellen technischer Zeichnungen (⇨ **CAD**). Es kann also nur einen Schaden anrichten, wenn AutoCAD installiert ist oder AutoCAD-Dateien auf dem PC vorhanden sind.

ACAD/Medre.A ist ein ⇨ **Spionageprogramm**, das technische Zeichnungen im AutoCAD-Format (.CAD) stiehlt und an eine E-Mail-Adresse in China versendet. Aktiviert wird das ⇨ **Trojanische Pferd** durch das Öffnen einer infizierten AutoCAD-Datei. Das Schadprogramm infiziert weitere AutoCAD-Dateien.

Acceptable Use Policy [sprich „äkseptäbel jus polissi"] ⇨ **AUP**.

Access [sprich „äksess"], der; *Subst.*, dt. Zugang, bezeichnet (1.) den Zugang oder die Zugangsberechtigung zu einem Computer oder Netzwerk und ist (2.) ein Markenname der Firma ⇨ **Microsoft** für das gleichnamige relationale Datenbankprogramm aus der Office-Reihe.

Access Control List [sprich „äksess kontrohl list"] ⇨ **ACL**.

Access Token [sprich „äksess touken"], das; *Subst.*, dt. Zugangs-Token wird für den Zugang zu einer Online-Plattform oder ⇨ **API**s verwendet.

A Account

Account [sprich „äkaunt"], der; *Subst.*, dt. Rechnung, Konto, bezeichnet (1.) das „Konto" bei einem Internet-Provider oder Dienstleister im Internet. Beispiele sind die Zugangsberechtigung zum Internet oder ein E-Mail-Account. Zu einem Account werden meist persönliche Daten wie Vor- und Zuname, Anschrift, Telefon und Bankverbindung sowie ein Kennwort gespeichert. Als Account werden auch (2.) das Benutzerkonto bei einem ⇨ **Betriebssystem** oder ein Netzwerkzugang bezeichnet. Hier sind an Angaben nur Benutzername und Passwort erforderlich. Der ⇨ **Systemadministrator** legt die Benutzerrechte fest.

ACK [sprich „äk"], Abkürzung für **ack**nowledge, ist ein ⇨ **ASCII-Steuerzeichen** zur positiven Bestätigung bei der Daten(fern)übertragung.

ACL [sprich „äi sieh el"], Abkürzung für **A**ccess **C**ontrol **L**ist [sprich „äcksess kontrohl list"], dt. ⇨ **Zugangskontrollliste** oder ⇨ **Zugriffsliste**, ist eine Liste der Rechner, die in einem Netzwerk auf bestimmte Dienste eines ⇨ **Servers** zugreifen dürfen.

ACPI, Abkürzung für **A**dvanced **C**onfiguration and **P**ower Interface, ist eine Power-Management-Spezifikation, die gemeinsam von ⇨ **Intel**, Toshiba und ⇨ **Microsoft** entwickelt wurde und in aktuellen PCs Standard ist. Damit ACPI funktioniert, muss das ⇨ **BIOS** des PCs diese Funktionen anbieten und diese müssen vom Betriebssystem unterstützt und bei der ⇨ **Installation** eingerichtet werden; ⇨ **APM**.

Acronym [sprich „äkronüm"] ⇨ **Akronym**.

Active Server Pages [sprich „äktif sörwer paidsches"], Abkürzung: ⇨ **ASP**, sind durch ⇨ **Scripts** auf einem ⇨ **Web-Server** dynamisch generierte ⇨ **Webseiten**.

ActiveX [sprich „äktif iks"] ist ein von ⇨ **Microsoft** entwickelter Standard für dynamische Internet-Anwendungen, der nur zusammen mit dem ⇨ **Internet Explorer** sowie ⇨ **Browsern**, die auf dem Internet Explorer basieren, funktionieren. Aus Sicherheitsgründen sollte ActiveX beim Internet Explorer nicht oder nur bei vertrauenswürdigen Webseiten zugelassen werden, da es erhebliche Sicherheitsrisiken birgt. Überprüfen Sie daher die ActiveX-Einstellung Ihres Internet Explorers. Dazu klicken Sie das *Zahnrad-Symbol* an, wählen *Internetoptionen*, das Register *Sicherheit* und die Zone *Internet*. Klicken Sie bei der eingestellten Stufe auf *Stufe anpassen*. Blättern Sie nach unten bis zu *ActiveX-Steuerelemente* und *Plug-Ins*. Ändern Sie alle zugeordneten Einstellungen von *Aktivieren* in *Deaktivieren*. So kann ActiveX nicht unbeabsichtigt ausgeführt werden; ⇨ **Java**, ⇨ **Shockwave**.

Activity Tracker [sprich „äktifiti träcker"], **Aktivitätstracker**, der; *Subst.*, ⇨ **Fitness-Armband**.

Ad [sprich „ähd"], Abkürzung für **Ad**vertisement, dt. Anzeige, (1.) steht im Internet für Werbung in Form von ⇨ **Bannern** und ⇨ **Pop-Ups**. (2.) **ad** als eine Kennzeichnung für Werbung in ⇨ **Updates** bzw. ⇨ **Tweets** bei ⇨ **Twitter**, die vor oder hinter der Werbebotschaft steht und auch bei deutschsprachigen Tweets verwendet wird.

AD [sprich „äi die"] bedeutet (1.) **A**dministrative **D**omain, ist also ein Zusammenschluss von Rechnern, Routern und zugehörigen Netzwerken, die von einem Rechner (**Domain** bzw. ⇨ **Domäne**) verwaltet werden. Es kann aber (2.) auch eine ⇨ **Dateinamenerweiterung** eines ⇨ **Bildschirmschoners** im Format von After Dark sein.

ADA ist eine ⇨ **Programmiersprache**, die nach Augusta Ada Countess of Lovelace benannt ist, der Freundin und Gönnerin von Charles Babbage.

Adapter, der; *Subst.*, ermöglicht die Verbindung von Geräten, wenn das vorhandene Kabel nicht den passenden Stecker oder die passende Buchse aufweist (⇨ **Gender-Changer**) oder die Signale angepasst oder umgesetzt werden müssen wie zum Beispiel bei einer Maus mit USB-Schnittstelle, wenn diese an eine ⇨ **PS/2-Schnittstelle** angeschlossen werden soll.

Adaptive Antenne, die; *Subst.*, ist eine Sendeantenne, bei der sich die Richtung der abgestrahlten elektromagnetischen Energie verändern lässt. Eine andere Bezeichnung ist **Smart Antenne**, **Smart Antenna** oder das Kürzel **SA**. Damit sind aber auch Antennen-Arrays gemeint, bei denen die gerade für den jeweiligen Nutzer optimale Antenne verwendet wird. Diese Technik wird zum Beispiel bei ⇨ **WLAN**-Routern verwendet. Als Smart Antenna werden auch Antennen bezeichnet, die mehrere Frequenzen empfangen und/oder senden können (⇨ **SIMO**; ⇨ **MISO**, ⇨ **MIMO**).

Ad Banner/AdBanner [sprich „ädd bänner"], der; *Subst.*, dt. Werbebanner, ist ein für die Werbung benutztes ⇨ **Banner**, ⇨ **Ad**.

Ad-Blocker [sprich „ädd blocker"], der; *Subst.*, ist ein Programm, das die Anzeige von Werbebannern und anderer Werbung auf einer Webseite unterdrückt. Eine andere Bezeichnung ist ⇨ **Popup-Blocker**.

ADC [sprich „äi die sieh"], der; *Subst.*, Abkürzung für **A**nalog-**D**igital-**C**onverter, ist ein Gerät zur Um-

A   AdClick Rate

wandlung analoger Eingangssignale in digitale Werte.

AdClick Rate [sprich „ähdklick räiht"], die; *Subst.*, Verhältnis zwischen der Anzahl der Klicks auf einen ⇨ **Banner** (⇨ **AdClicks**) und der Zahl der mit diesem Banner eingeblendeten Seiten; ⇨ **Pageviews**.

AdClicks [sprich „ähdklicks"] gibt an, wie oft ein ⇨ **Banner** auf einer ⇨ **Webseite** angeklickt wurde; ⇨ **AdClick Rate**, ⇨ **Pageviews**.

adden [sprich „ädden"], *Verb*, vom engl. to add, dt. hinzufügen, bezeichnet das Hinzufügen von Freunden bei ⇨ **Facebook**, ⇨ **Followern** bei ⇨ **Twitter** oder allgemein von Kontakten in sozialen Netzwerken ⇨ **Social Network**.

Add-In [sprich „ädd in"], das; *Subst.*, ist eine andere Bezeichnung für ⇨ **Add-On**.

Add-On [sprich „ädd on"], das; *Subst.*, ist (1.) ein Software-Modul, das zu einem Programm eine bestimmte Fähigkeit hinzufügt. Ein Beispiel sind die Add-Ons zu ⇨ **Browsern** wie beispielsweise dem Mozilla Firefox. Es werden aber auch (2.) Hardware-Komponenten zur Aufrüstung und Erweiterung eines PCs als Add-Ons bezeichnet.

ADF [sprich „ey di eff" oder deutsch „a de eff], der; *Subst.*, Abkürzung für **A**utomatic **D**ocument **F**eeder [sprich „ohtomätik dokjument fieder"], ist ein automatischer Einzelblatteinzug eines Druckers, Scanners oder Faxes.

Ad Impressions [sprich „ädd impreschöns"] geben an, wie oft Werbung eingeblendet wurde. Diese Art der Erfassung empfiehlt der Deutsche Direktmarketing Verband (ddmv). Die Einblendungen werden über ⇨ **Redirects** erfasst.

Admin, der; *Subst.*, ist (1.) eine Abkürzung für ⇨ **Administrator** und (2.) auch ein gebräuchlicher ⇨ **Benutzername** für den Administrator.

admin-c [sprich „ädmin sieh"], der; *Subst.*, Abkürzung für **admin**istrative **c**ontact, ist bei der Registrierung einer Domain als administrativer Ansprechpartner eingetragen.

Administrative Domain [sprich „ädministraitif domäin "] ⇨ **AD**.

Administrator [sprich „ädministräitor"], der; *Subst.*, Verwalter eines PC-Systems bei einem ⇨ **Betriebssystem** mit aktivierter Benutzerverwaltung oder der Verwalter eines Netzwerks. Der Name für den Administrator bei der Anmeldung lautet meistens „Admin" oder „Administrator", bei ⇨ **Linux** auch ⇨ **root**.

AdMob [sprich „ädmob"] 📱, der Name kommt von **ad**vertising on **mob**ile und ist ein 2006 von Omar

Adobe Acrobat Reader DC

Hamoui gegründetes Unternehmen für Werbung auf Mobilgeräten, das 2009 von ⇨ **Google** für 750 Millionen US-Dollar übernommen wurde. Anbieter von Webseiten, die zum Erzielen von Werbeeinnahmen AdSense von Google (https://www.google.com/adsense/) nutzen, erzielen über AdMob Einnahmen, sofern ihre mobilen Webseiten besucht und darauf befindliche Werbeeinblendungen angeklickt werden. Weitere Informationen: http://www.admob.com/.

Adobe [sprich „ädohbi"] ist ein Hersteller von Software wie ⇨ **DTP-** und ⇨ **Bildbearbeitungsprogrammen**. Bekannte Produkte sind zum Beispiel ⇨ **Adobe Reader**, Acrobat, PhotoShop, PageMaker, PageMill, Premiere und SiteMill.

Adobe Acrobat Reader DC [sprich „ädohbi äkrobat riehder di si"], der; *Subst.*, ist ein kostenlos von Adobe zum Download angebotener ⇨ **Viewer** für Dokumente im ⇨ **PDF**-Format. Weitere Informationen: https://acrobat.adobe.com/de/de/acrobat/pdf-reader.html. Ältere Versionen von Adobe Acrobat Reader bis 2015 und Version 11

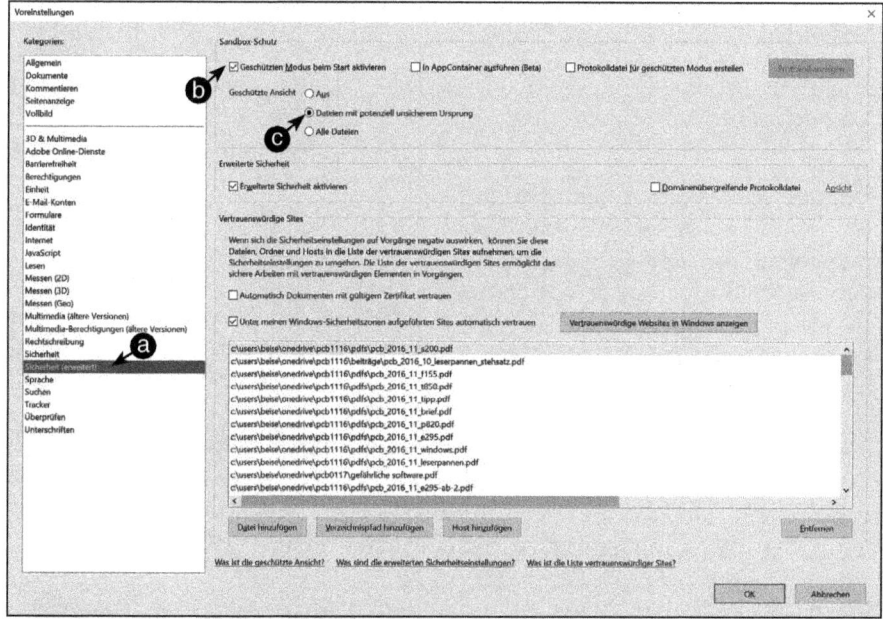

Mit der Einstellung ⓒ senken Sie das Risiko beim Öffnen von PDF-Dokumenten aus potenziell unsicheren Quellen wie dem Internet oder aus E-Mail-Anhängen

A Adobe AIR

bzw. XI tragen die Bezeichnung **Adobe Reader**. Davor wurde das Programm bis 2003 und Version 5 als Acrobat Reader bezeichnet.

Im Jahr 2017 war der Adobe Acrobat Reader wie auch in den Vorjahren unter den Top 10 der Programme mit den meisten Sicherheitslücken auf dem PC. Vielfach sind die früheren Versionen Adobe Reader und Adobe Acrobat Reader noch auf älteren PCs zu finden. Das ist sehr gefährlich, denn diese Programme werden nicht mehr gepflegt. Daher sollte nur die neueste Version Adobe Acrobat Reader DC installiert und über *Bearbeiten* und *Voreinstellungen* im Register *Sicherheit (erweitert)* ⓐ der geschützte Modus ⓑ aktiviert werden (siehe Bild auf der Vorseite).

Adobe AIR [sprich „ädohbi är"] ist eine Laufzeitumgebung von ⇨ **Adobe**, mit der sich auf Basis von ActionScript, ⇨ **JavaScript**, ⇨ **Flash**, Flex und ⇨ **HTML** Anwendungen erstellen lassen, die auf mehreren Plattformen lauffähig sind. Solche Adobe-AIR-Anwendungen laufen dann zum Beispiel auf ⇨ **Smartphones** und ⇨ **Tablets** mit ⇨ **Android**, ⇨ **BlackBerry** und ⇨ **iOS**, PCs mit Windows und sogar Fernsehern mit ⇨ **SmartTV**-Funktion. Die benötigte Adobe AIR-Version muss für diese Anwendungen daher installiert sein, damit diese lauffähig sind.

Sofern erforderlich, installieren die Anwendungen Adobe AIR automatisch oder weisen darauf hin, welche Version installiert werden muss. Weitere Informationen: https://www.adobe.com/de/products/air.html. Eine andere Laufzeitumgebung ist .NET Framework.

Adobe Flash [sprich „ädohbi fläsch"] ⇨ **Flash**.

Adobe Reader [sprich „ädohbi riehder"], der; *Subst.*, Bezeichnung der älteren Versionen von Adobe Acrobat Reader bis Version 11 bzw. römisch XI. Die Versionszählung wurde bei Adobe Acrobat Reader nicht fortgeführt. Aufgrund der Vielzahl bekannter und immer wieder neu entdeckter Sicherheitslücken sollte immer nur die neueste Version des PDF-Viewers verwendet werden. Das ist aktuell ⇨ **Adobe Acrobat Reader DC**.

ADPCM, die; *Subst.*, Abkürzung für **A**daptive **D**elta **P**ulse **C**ode **M**odulation, ist ein Verfahren zur Kompression von Audiodaten um mindestens 50 %, durch das sich bis zu 19 Stunden Audio-Wiedergabe auf eine ⇨ **CD** speichern lassen. Die ⇨ **Abtastung** erfolgt mit 8 kHz.

Adressbus, der; *Subst.*, Leitungen, mit deren Hilfe ein ⇨ **Prozessor** auf den ⇨ **Arbeitsspeicher** zugreift.

ADSL   A

Adresse, die; *Subst.*, ist (1.) die „Anschrift" eines Geräts oder Anwenders im elektronischen Datenaustausch. Beispiele sind die ⇨ **E-Mail-Adresse** oder die ⇨ **IP-Adresse**. Eine weitere Bedeutung ist (2.) die Adresse einer Speicherstelle.

Adressenverwaltung, die; *Subst.*, ist eine spezialisierte Datenbank oder spezielle Anwendung zur Verwaltung von Personen- und Adressdaten.

Adresszeile, die; *Subst.*, engl. **Location bar**, bezeichnet im Internet-Browser das Textfeld zur Eingabe der aktuellen ⇨ **Webseite** oder der Seite, die aufgerufen werden soll. Zusätzlich kann die Adresszeile zur Navigation innerhalb einer ⇨ **Website** eingesetzt werden.

Ads [sprich „äds"], Abkürzung für advertisements [sprich „ädwörtisments"], das englische Wort für Werbeanzeigen. Gemeint ist damit Werbung im Internet wie ⇨ **Banner**, ⇨ **Pop-Ups**, ⇨ **Newsletter** und Ähnliches; ⇨ **Spam**.

ADS [sprich „äi di es"], Abkürzung für **A**lternative **D**ata **S**treams, dt. Alternative Datenströme, ist eine vom Windows-Dateisystem ⇨ **NTFS** und den Dateisystemen der Firma Apple (HFS, HFS+, MFS) unterstützte Datenstruktur zum unsichtbaren Speichern zusätzlicher Daten innerhalb einer Datei. ⇨ **Schadprogramme** nutzen ADS zur Tarnung, da nicht alle Virenscanner per ADS gespeicherte Daten durchsuchen. Die Daten in ADS sind wie eine Programmdatei ausführbar, und so kann ein Schadprogramm gestartet werden.

Die führenden Antivirenprogramme erkennen heute Schadprogrammdaten in ADS. In einem aktuellen Windows 10, 8.1 und 7 sind die Datenströme von Schadprogrammen zudem nicht mehr uneingeschränkt nutzbar und daher nicht mehr so gefährlich. Windows XP hat diese Einschränkung jedoch nicht und ist daher mit ADS angreifbar.

Ad-Server [sprich „äd sörwer"], der; *Subst.*, ist ein ⇨ **Server** im ⇨ **Internet**, auf dem ⇨ **Banner** und sonstige elektronische Werbemittel gespeichert und verwaltet werden. Der Ad-Server registriert auch ⇨ **Pageimpressions** und ⇨ **AdClicks** und führt darüber Statistiken.

ADSL, das; *Subst.*, Abkürzung für **A**symmetric **D**igital **S**ubscriber **L**ine [sprich „asümetrick ditschitäll sabskreiber leihn"], ist eine Technologie, bei der eine herkömmliche Kupfertelefonleitung in zwei Datenbereiche und einen Telefonbereich (inkl. ⇨ **ISDN**) aufgeteilt wird, die gleichzeitig benutzt werden können. Da in der Regel nur geringe Datenmengen über den Internet-Provider an den ⇨ **Web-Server** zu senden sind, jedoch größere Datenmengen (Bilder, Animationen, Dateien) zu empfangen sind, erfolgt die Aufteilung der Datenkanäle asymmetrisch, sodass theoretisch 768 bis 1.024 kbit/s hoch- (⇨ **Upstream**) und bis zu 8 Mbit/s heruntergeladen (⇨ **Downstream**) werden können; ⇨ **DSL**, ⇨ **SDSL**, ⇨ **Full-Rate ADSL**.

ADSL2+, das; *Subst.*, ist ein verbessertes ⇨ **ADSL** mit Datenübertragungsraten von bis zu 25 Mbit/s im ⇨ **Downstream** und bis zu 3,5 Mbit/s im ⇨ **Upstream**.

Adultwebmaster [sprich „ähdaltwebmaster"], der; *Subst.*, Abkürzung ⇨ **AWM**, übersetzt „Webmaster für Erwachsene", Betreiber einer Erotik-Webseite; ⇨ **Webmaster**.

Advanced Branch Prediction [sprich „ädwansd branch pridikdschön"], englische Bezeichnung für eine fortgeschrittene Form der ⇨ **Sprungvorhersage**.

Advanced Optical Disc [sprich „ädwanst optikäl disk"], die; *Subst.*, war die erste Bezeichnung für die ⇨ **HD-DVD**, ein Konkurrenzformat zur ⇨ **Blu-ray-Disc** um die Nachfolge der heutigen DVDs.

Advanced Packaging Tool, das; *Subst.*, Abkürzung **APT**, ist ein Paketverwaltungssystem von Linux, das auch bei ⇨ **Mac OS X** und

zum Beispiel in Form des Cydia Packager auf einem ⇨ **iPhone** mit ⇨ **Jailbreak** nutzbar ist.

APT erleichtert das Installieren von Programmen, die beim Einsatz von Paketen nicht mehr einzeln mit .tar.gz kompiliert werden müssen. Zunächst wurde dazu dpkg entwickelt, dann als Erweiterung APT. Ein Paket ist bei Linux die Sammlung aller Dateien, die für ein ausführbares Programm erforderlich sind, und liegt im Dateiformat .deb vor (Debian-Paketformat).

Neben den Dateien enthält ein Paket Angaben über zusätzlich erforderliche Bibliotheksdateien und woher diese geladen werden sollen. Die Dateien in einem Paket sind, soweit es sich um Programme handelt, bereits kompiliert und es sind Konfigurationsdaten für eine Standardeinstellung vorhanden. Die Pakete lassen sich nun mit Hilfe von APT durch Befehle wie apt-get oder einfacher durch ein Frontend mit grafischer Benutzeroberfläche wie aptitude verwalten. Das Installieren und Deinstallieren der Programme über APT kann auch automatisiert erfolgen.

Advanced Persistent Threat [sprich „ädwanst pörsistent sred"], abgekürzt **APT**, dt. fortgeschrittene, andauernde Bedrohung, sind gezielte, über einen längeren Zeitraum ausgeführte Angriffe auf Netzwerke.

Adware

In erster Linie sind Behörden sowie Groß- und Mittelstandsunternehmen aller Branchen betroffen.

adventure [sprich „ädwenndscher"], das; *Subst.*, Abkürzung für **adventure game**, also ⇨ **Abenteuerspiel**.

adventure game [sprich „ädwenndscher gäjm"], dt. ⇨ **Abenteuerspiel**.

Adventuritter [sprich „ädwenndscheritter"], Kunstwort aus den engl. Wörtern **adventur**e und tw**itter**er, ist ein(e) ⇨ **Twitter**-NutzerIn, der oder die abenteuerliches erlebt und darüber berichtet, wie die bei Twitter als Adventure Girl bekannte Stefanie Michaels: http://adventuregirl.com/.

AdView [sprich „ädviuh"], Einblenden eines ⇨ **Banners** auf einer ⇨ **Webseite**; ⇨ **AdClick**.

A/D-Wandler, der; *Subst.*, Abkürzung für **A**nalog-/**D**igital-**Wandler**, wandelt analoge Signale (Spannungswerte) über eine Quantisierung in digitale Daten (Bits) um, die der Computer verarbeiten kann.

Adware [sprich „ähdwer"], dt. Werbeprogramm oder Spionageprogramm, ist ein meist unerwünschtes Programm (⇨ **PUP**), das Informationen über den PC-Anwender sammelt, um zu dessen Interessen passende Werbung einzublenden. Ein solches Werbeprogramm kann Bestandteil eines anderen, erwünschten Programms sein. Der Programmautor verwendet dann die Werbeeinblendung zur Finanzierung des Angebots. Besonders häufig ist dies bei kostenlosen Programmen (⇨ **Freeware**) anzutreffen. Ein Werbeprogramm kann jedoch auch unbemerkt zusammen mit anderen Programmen installiert werden (⇨ **Drive-by-Download**) oder ein ⇨ **Trojanisches Pferd** sein, der sich als nützliches Programm ausgibt. Antiviren-Programme erkennen und beseitigen Adware häufig nicht, da diese nicht immer Schadprogramme sind. Mit Hilfe spezieller Tools wie Malwarebytes AdwCleaner https://www.malwarebytes.com/adwcleaner/ und Malwarebytes Anti-Malware https://de.malwarebytes.com/ finden und entfernen Sie Adware.

Seit der Übernahme von AdwCleaner durch das Konkurrenzunternehmen Malwarebytes im Jahr 2016 wird das beliebte, kostenlose Tool unter der Bezeichnung Malwarebytes AdwCleaner angeboten

A Adwords

Adwords [sprich „ädwöhrds"], Partnersystem der Suchmaschine ⇨ **Google** und deren Partnerseiten. Die Abrechnung erfolgt pro Klick.

AEG, Abkürzung für eine einfache Methode zur Fehlerbehebung, die sehr häufig bei Rechnern funktioniert, insbesondere bei PCs mit Windows: „**A**usschalten – **E**inschalten – **G**eht wieder."

Aero Peek [sprich „äro piehk"], Bezeichnung einer Schaltfläche am rechten oder unteren Ende der ⇨ **Taskleiste** ab ⇨ **Windows 7**, die alle geöffneten Fenster durchsichtig werden lässt und so einen direkten Zugriff auf den Desktop erlaubt. Der Aufruf erfolgt mit [Alt][⊞].

Aero Shake [sprich „äro schäik"] ist eine Funktion von ⇨ **Windows 7**, mit der Sie durch ein schnelles „Schütteln" mit der Maus alle Fenster minimieren, um den Desktop zu sehen. Dazu bewegen Sie den Mauszeiger schnell hin- und her.

Aero Snap [sprich „äro snäpp"] ist eine Funktion ab ⇨ **Windows 7**, mit der sich Fenster auf dem Desktop per ⇨ **Drag & Drop** anordnen lassen. Ein Fenster wird über die Titelleiste mit „Schwung" an einen Seitenrand gezogen, um es zu **snappen**, oder an den oberen Rand, um es zu maximieren. Stattdessen lässt sich das Anheften der Fenster auch mit der Windows-Taste durchführen, indem diese zusammen mit der Pfeiltaste nach links, rechts oder oben gedrückt wird. Um die vorherige Größe eines Fensters zurückzuerhalten, wird es vom Desktop-Rand weggezogen. Dies funktioniert auch, wenn die Fenster auf mehrere Monitore verteilt sind.

Das sehr nützliche Aero Snap wurde mit ⇨ **Windows 10** erweitert zum 2x2 Snap. Es lassen sich nun auf jeder Bildschirmhälfte zwei Fenster übereinander anordnen, insgesamt also 2x2 bzw. 4 Fenster pro Bildschirm.

Affengriff, der; *Subst.*, bezeichnet das gleichzeitige Drücken der Tasten [Strg], [Alt] und [Entf], um den Rechner im Fall eines Systemabsturzes neu (warm) zu starten oder den ⇨ **Task-Manager** aufzurufen, um eine abgestürzte oder aus anderen Gründen nicht reagierende Anwendung zu schließen. Diese Tastenkombination wurde von David Bradley erfunden, der 1980 bei IBM mit an der Entwicklung des PCs beteiligt war. Er wählte absichtlich eine schwer zu betätigende Tastenkombination, damit sie nicht zufällig und unabsichtlich gedrückt wird. Anfangs war der Affengriff nur für Techniker vorgesehen, wurde aber später auch in Entwickler- und Anwenderkreisen bekannt und gehört mittlerweile für jeden PC-Anwender zum Grundwissen.

AirPort A

Affiliates [sprich „äfilijäits"] sind Partnerschaften mit kommerziellen ➪ **Website**-Betreibern, deren ➪ **Banner** und sonstige Werbung auf der eigenen Website gegen Entgelt eingeblendet bzw. abgebildet werden.

AFH, Abkürzung für **A**daptive **F**requency **H**opping, ist eine Technologie, die per ➪ **Software** bei ➪ **Bluetooth**-Geräten störende Interferenzen durch andere Funkwellen unterbinden soll.

Afilias, Unternehmen, das für die Verwaltung und Vergabe der info-Domain-Namen (➪ **Domain-Name**) zuständig ist. Weitere Informationen: https://www.afilias.info/.

AFTP ➪ **Anonymous FTP**.

AGB, Abkürzung für **A**llgemeine **G**eschäfts**b**edingungen; diese müssen gemäß dem Fernabsatzgesetz auch in ➪ **Web-Shops** angegeben sein.

Agent [sprich „äidschent"], der; *Subst.*, ist ein Hilfsprogramm, das eine übertragene Aufgabe entsprechend der Konfiguration und Programmierung selbstständig ausführt, zum Beispiel ➪ **Backup Agent**.

AGP, Abkürzung für **A**ccelerated **G**raphics **P**ort, dt. „beschleunigter Grafikanschluss", ist ein erweiterter PCI-Bus-Standard für den Anschluss von Grafikkarten (➪ **PCI**). Die maximale ➪ **Datenübertragungsrate** wird als Faktor im Vergleich zum ersten AGP-Standard angegeben: AGP 2x, 4x oder 8x. Bei aktuellen PCs wird die Grafikkarte jedoch meist per ➪ **PCI-Express** angeschlossen.

A-GPS, Abkürzung für **A**ssisted **G**lobal **P**ositioning **S**ystem.

AI, Abkürzung für **A**rtificial **I**ntelligence und **A**rtificial **I**ntelligence Technology, ist (1.) allgemein die Bezeichnung für künstliche Intelligenz und (2.) eine Technologie des Mainboard-Herstellers Asus, die durch automatische und intelligente Installationshilfen den Umgang mit dem PC erleichtern soll. So meldet sich etwa der Asus POST Reporter beim Systemtest mit einer englischen Sprachmeldung, wenn er einen Fehler erkannt hat.

AIR, Abkürzung für (1.) **A**dobe **I**ntegrated **R**untime, ➪ **Adobe AIR** und (2.) für **A**utomatic **I**mage **R**efinement, eine Technologie der Firma Canon, die in Druckern die physikalische Auflösung verfeinern soll.

AirPort [sprich „ärport"] ist ein Funknetzwerk der Firma ➪ **Apple** für deren Macintosh-Computer. Es ist zum Standard ➪ **IEEE 802.11** kompatibel.

A Airtime

Airtime [sprich „ärteim"] 📱, die; *Subst.*, die für Verbindungen über ein Mobilfunknetz vom jeweiligen Betreiber in Rechnung gestellte Zeit.

AJAX, Akronym für **A**synchronous **J**avaScript **a**nd **X**ML ist eine Technologie für Anwendungen, die mit Hilfe einer AJAX-Engine im ⇨ **Browser** ausgeführt werden und auf einen Webserver und/oder XML-Server mit der Datenbank zugreifen. Die Datenverarbeitung erfolgt auf dem Server; die Anwendung erscheint für den Benutzer jedoch so, als würde sie auf seinem PC ausgeführt. Mit AJAX lassen sich Webseiten verändern, ohne sie komplett neu zu laden – dadurch sinken die zu übertragende Datenmenge und die Reaktionszeit des Systems. Es lässt sich mit AJAX auch vermeiden, dass ein Benutzer ein Formular auf einer Webseite nach einem Eingabefehler komplett neu ausfüllen muss. Weitere Informationen finden Sie im Handbuch „JavaScript und AJAX" von Christian Wenz, das Sie kostenlos im Internet lesen können: http://openbook.rheinwerk-verlag.de/javascript_ajax/index.htm.

Akku, der; *Subst.*, Kurzform von ⇨ **Akkumulator**.

Akkumulator, der; *Subst.*, Abkürzung **Akku**, ist (1.) die Bezeichnung für eine wiederaufladbare Batterie, wobei im PC- und Handy-Bereich zwischen NiCD-, NiMH-, Lithium-Ionen- und Lithium-Polymer-Akkus unterschieden wird; ⇨ **Memory-Effekt**. Der Begriff Akkumulator steht aber auch für (2.) ein Arbeitsregister in Rechenwerken und Prozessoren.

Akronym, das; *Subst.*, engl. Acronym bezeichnet immer wiederkehrende, abgekürzte Formulierungen, die bei ⇨ **E-Mails**, ⇨ **Foren** und ⇨ **Chats** im Internet gebräuchlich sind. Es sind Abkürzungen meist englischer Ausdrücke wie zum Beispiel CU, IMHO oder RTFM. Im Anhang C „Netlingo" finden Sie eine Übersicht solcher Akronyme mit deren Bedeutung.

Aktivboxen, die; *Subst.*, sind Lautsprecherboxen mit eingebautem Endverstärker und eigener Spannungsversorgung per internem oder externem Netzteil, meist über ein Steckernetzteil. Zum Anschluss an ⇨ **Soundkarten** werden Aktivboxen verwendet, da Soundkarten meist keinen oder einen nur sehr schwachen Verstärker enthalten, sodass die Sound-Ausgabe auf Lautsprechern ohne Verstärker zu leise wäre; ⇨ **Subwoofer**, ⇨ **Satelliten**.

Aktive Antenne 📱, die; *Subst.*, ist eine Antenne mit integriertem ⇨ **HF**-Verstärker im Gegensatz zu einer passiven Antenne ohne Verstärker. Eine Autoantenne ist zum Beispiel häufig eine aktive Antenne, die mehrere Frequenzbänder abdeckt und so zum Beispiel zum Empfang von UKW, Verkehrsfunk (TMC) und ⇨ **GPS** ebenso verwendet werden kann wie zum Senden und Empfangen von Mobilfunk.

Aktivhalterung 📱, die; *Subst.*, ist eine Halterung für ein Navigationsgerät oder ⇨ **Smartphone** mit integriertem Stromanschluss und teilweise auch integrierter Antenne oder integriertem Antennenanschluss. Der Vorteil für den Anwender besteht darin, dass nach dem Einlegen des Mobilgeräts in die Halterung ein separates Anbringen des Stromkabels und teilweise auch der Antenne entfällt.

aktivieren, *Verb*, wird (1.) das Freischalten einer Software genannt. Die Aktivierung ist zum Beispiel Bestandteil des Kopierschutzes bei neueren Microsoft-Programmen wie ⇨ **Windows 10** und ⇨ **Office 2016**. Als aktivieren wird (2.) auch das Einschalten eines Geräts im ⇨ **Geräte-Manager** oder einer Option bezeichnet. Auch Konten werden (3.) bei Windows aktiviert wie etwa das voreingestellt deaktivierte Administrator-Konto. (4.) Konten bei Anbietern im Internet werden durch Anklicken eines Links in einer E-Mail zur Bestätigung der Kontoeinrichtung aktiviert.

Aktivierungscode, der; *Subst.*, ist eine Zeichenfolge, die als Kopierschutz bei einer Software nach der Installation einzugeben ist, damit die Software überhaupt oder uneingeschränkt nutzbar wird. Der Aktivierungscode ist erst nach einer Registrierung oder Anforderung vom Software-Hersteller erhältlich.

ALF, Abkürzung für ⇨ **Application Layer Firewall**.

ALG, Abkürzung für **A**pplication **L**evel **G**ateway [sprich „äpplikäischn lewell gäitwäi"] auch **A**pplication **L**ayer **G**ateway [sprich „äpplikäischn läier gäitwäi"].

algorithm, dt. ⇨ **Algorithmus**.

algorithmisch, *Adj.*, bezeichnet eine nach mathematischen Regeln erfolgende Vorgehensweise.

Algorithmus, der; *Subst.*, ist eine Sammlung von Regeln, durch deren schrittweise Befolgung eine vorgegebene Aufgabe gelöst wird. Die Regeln können mathematische, organisatorische oder auch andere logisch nachvollziehbare Inhalte aufweisen. In der ⇨ **EDV** bezeichnet der Algorithmus die Anleitung zur Lösung einer Aufgabe (auch nicht mathematischer Art) mithilfe eines Computers.

Alias, das (laut Duden) oder der (im Sinne von „der Ersatzname"); *Subst.*, ist eine (weitere) elektronische Adresse eines E-Mail-Nutzers oder Teilnehmers an ⇨ **Chats** oder

A Aliasing

⇨ **Newsgroups**, die dessen Identität verbergen oder diesen anonymisieren soll. Technisch dient ein Alias auch der Abkürzung umständlicher Adressen; so basieren T-Online-Adressen aus der Rufnummer oder internen Abrechnungsnummer des T-Online-Kunden. Als Alias kann stattdessen ein einprägsamerer Name verwendet werden.

Aliasing [sprich „älaising"], das; *Subst.*, dt. ⇨ **Treppeneffekt**, tritt bei Bildern an Farbübergängen und Kanten als Versprung oder treppenförmige Unsauberkeit auf. Dieser Effekt lässt sich teilweise durch ⇨ **Anti-Aliasing** ausgleichen.

Alignment-Test [sprich „älainmenttest"], der; *Subst.*, überprüft bei einem ⇨ **Tintenstrahldrucker** die Ausrichtung der Farbdruckköpfe zueinander und zum Schwarz-Druckkopf. Dieser Test sollte nach jedem Wechsel der Druckköpfe bzw. Druckkopfpatronen durchgeführt werden, da sich durch den Austausch der Druckköpfe die Ausrichtung der Druckdüsen zueinander leicht verändern kann, was Unschärfen beim Ausdruck zur Folge haben kann.

A-List-Blogger, der; *Subst.*, ist ein ⇨ **Blog** mit sehr großer Zugriffszahl; dies ist bei deutschen Bloggern eher selten der Fall, zumindest im internationalen Vergleich.

All-In-One Cartridge [sprich „oll in wan kartridsch"], die; *Subst.*, ist eine Druckerkassette für einen ⇨ **Laserdrucker**, in der Toner, Trommel und Reinigungseinheit vereint sind. Der Vorteil liegt in der bequemen Handhabung beim Austausch, und es ist nur ein Artikel als Verbrauchsmaterial zu bestellen und zu bevorraten. Doch verursachen diese Art Kassetten meist höhere Druckkosten als separat austauschbare Trommeln und Tonerkartuschen.

All-In-One-Gerät [sprich „oll in wan gerät"], das; *Subst.*, vereint die Funktionen mehrerer Geräte wie Drucker, Fax, Kopierer und Scanner in einem Gerät und spart damit Platz im Büro und auf dem Schreibtisch. Achten Sie bei einem All-In-One-Gerät auf den Preis pro Druckseite und auf eine ausreichende Leistung, denn Sie werden es erheblich mehr nutzen als ein Einzelgerät.

Alphakanal, der; *Subst.*, ist ein bei ⇨ **Bildbearbeitungsprogrammen** angebotener ⇨ **Kanal** mit einer Datentiefe von meist 8 Bit (256 Farben) bei einer Pixeldarstellung mit 32 Bit zum ⇨ **Maskieren** von Bildausschnitten oder zur Manipulation von Farben.

alphanumeric, dt. ⇨ **alphanumerisch**.

alphanumerisch, *Adj.*, bezeichnet eine Zeichenfolge, die Buchstaben

Alt-Taste A

und Ziffern enthält, ⇨ **alphanumerische Zeichen**.

alphanumerische Zeichen, Gesamtmenge von Buchstaben und Ziffern und ein Teil des Zeichensatzes eines PCs.

Alphatest, der; *Subst.*, interne Testphase einer neuen ⇨ **Software** im Haus des Entwicklers. Erst der nachfolgende ⇨ **Betatest** erfolgt meist unter Mitwirkung von ausgewählten Privat- und/oder Firmenkunden und Journalisten.

Alphazeichen, das; *Subst.*, ⇨ @ (Sonderzeichen).

Altcoin [sprich „altkeun"], entstanden aus **alt**ernative **coin**, sind alternative ⇨**Kryptowährungen** zu ⇨**Bitcoin** wie ⇨**Litecoin**.

Algo, Kurzform von **Algo**rithmus, ist eine Bezeichnung für auf Algorithmen basierende Handels-Roboter; ⇨**Trading Bots**.

AltGr-Taste [AltGr], die; *Subst.*, wird zur Eingabe der Sonderzeichen auf dreifach belegten Tasten benötigt. Ein Beispiel ist das Eurozeichen €, das mit [AltGr]+[E] erzeugt wird. Die nachfolgende Tabelle enthält Sonderzeichen, die Sie in vielen Programmen mit der [AltGr]-Taste erzeugen können.

Sonderzeichen	[AltGr]-Tastenkombination
@	[AltGr]+[Q]
^{2} (z. B. x^2)	[AltGr]+[2]
$_2$ (z. B. H_2O)	[AltGr]+[2], dann die hochgestellte 2 als „Tiefgestellt" formatieren
^{3} (z. B. m^3)	[AltGr]+[3]
$_3$ (z. B. O_3)	[AltGr]+[3], dann die hochgestellte 3 als „Tiefgestellt" formatieren
{ }	[AltGr]+[7] bzw. [AltGr]+[0]
[ ]	[AltGr]+[8] bzw. [AltGr]+[9]
\	[AltGr]+[ß]
~	[AltGr]+[+]
|	[AltGr]+[<]
µ	[AltGr]+[M]

Diese Sonderzeichen lassen sich mit [AltGr] *erzeugen.*

Alt-Taste [Alt], die; *Subst.*, wechselt auf eine alternative Tastaturebene und dient damit beispielsweise zusammen mit dem numerischen Ziffernblock zur Eingabe von Sonderzeichen aus dem ⇨ **ASCII**-Code oder bei Systemen und Programmen zum Wechsel in die ⇨ **Menüleiste** und zum Aufruf von Kurzbefehlen.

A ALWIL-Software

ALWIL-Software, die; *Subst.*, ist (1.) ein Sammelbegriff für verschiedene Programme der Firma ⇨**AVAST** und kommt vom (2.) ursprünglichen Namen ALWIL Software Gesellschaft des in Prag, Tschechien im Jahr 1988 gegründeten Unternehmens; https://www.avast.com/de-de/home.

AM [sprich „äi em"], Abkürzung für Android Malware in Schadprogramm-Bezeichnungen, siehe ⇨**Android**, ⇨**Malware**.

Amazon-Toolbar, die; *Subst.*, ist eine Browser-Erweiterung des Online-Versandhändlers Amazon, die eine Such- und Navigationsfunktion anbietet. Die Amazon-Toolbar wird teilweise unbemerkt zusammen mit kostenloser Software installiert und ist dann ein potenziell unerwünschtes Programm (⇨**PUP**). Das Tool wird als ⇨**Browser-Entführer** eingestuft, denn es nimmt selbstständig Veränderungen an den Browser-Einstellungen vor. Zusätzlich spioniert die Toolbar die Internetaktivitäten der Benutzer aus. Es werden Informationen über Webseiten, Suchanfragen, Downloads und IP-Adressen gesammelt.

AMD, Abkürzung für die Firma **A**dvanced **M**icro **D**evices, die unter anderem Hersteller von Chipsätzen und PC-Mikroprozessoren ist. Die aktuellen Prozessoren stehen in Konkurrenz zu den entsprechenden Prozessoren von ⇨**Intel**.

America Online ⇨ **AOL**.

AML, Abkürzung für **A**nti **M**oney **L**aundering, dt. Geldwäschebekämpfung, bezieht sich im Internet vor allem auf amerikanische Vorschriften zur Verhinderung von Geldwäsche, die Finanzdienstleister und Online-Shops beachten müssen. Die Abkürzung findet auch im deutschen Sprachraum Verwendung.

AMP, Abkürzung für **A**udio **M**PEG **P**layer, Kürzel für einen MP3-Player, der Audiodateien abspielt (⇨ **WinAMP**).

amper, Abkürzung für **Amper**sand, das Zeichen &.

Ampersand, das; *Subst.*, Zeichen &.

AMR, Abkürzung für **A**daptive **M**ulti-**R**ate, ist ein Audio-Encoder für niedrige ⇨ **Bandbreiten**, der speziell für Sprache entwickelt wurde. Das Ergebnis ist vergleichbar mit dem Klang bei einem High-End-Telefon.

AMSI, Abkürzung für **A**ntimalware **S**can **I**nterface [sprich „ey em si ei, äntimälwer skän interfeys"], dt. Schnittstelle für Antivirenprogramm-Scans, ist eine neue Funktion von ⇨ **Windows 10**, die es

Android

Herstellern von Schutzprogrammen erleichtern soll, Arbeitsspeicher, Dateien, Streams auf Schadprogramme zu scannen und Inhalte von Internetinhalten zu überprüfen. Anwendungsprogramme können über diese Schnittstelle auch auf installierte Antiviren-Programme zugreifen, um Daten überprüfen zu lassen. Damit sich die Sicherheit durch AMSI verbessert, müssen die Programmhersteller jedoch zunächst ihre Programme daran anpassen und die Funktion integrieren. Die genutzten Programme sollten regelmäßig aktualisiert werden, damit eine etwaige AMSI-Anpassung auch übernommen wird.

Anacronym, das; *Subst.*, ist eine scherzhafte Bezeichnung für ein älteres ⇨ **Akronym** wie ⇨ **ASCII**, weil „das so alt ist, dass es keiner mehr kennt". Sie finden außer ASCII noch etliche weitere Anacronyme in diesem Lexikon, denn sie sind für das Verständnis moderner PC-Systeme und bei der Suche nach der Ursache auftretender Fehler mitunter wichtig.

analog, *Adj.*, bezeichnet eine stufenlos oder kontinuierlich veränderliche Größe, die innerhalb einer bestimmten ⇨ **Bandbreite** beliebig viele Zwischenwerte annehmen kann; ⇨ **digital**.

Analogschleifentest, der; *Subst.*, ist ein Testverfahren zur Überprüfung von Modemfunktionen ⇨ **Modem**.

andocken, *Verb*, bezeichnet das Anschließen eines ⇨ **Notebooks** an eine ⇨ **Andockstation** oder einen ⇨ **Port Replicator**.

Andockstation, die; *Subst.*, auch ⇨ **Docking-Station**, ist ein Adapter, in den ein Notebook oder anderer Mobilrechner eingeschoben wird, damit er sich als Desktop-PC betreiben und an externe Geräte wie Tastatur und Monitor anschließen lässt. Docking-Stationen bieten meist auch zusätzliche Anschlüsse für den Betrieb weiterer Peripheriegeräte und teilweise sogar PCI-Schnittstellen, um entsprechende PC-Karten einbauen zu können.

Android [sprich „ändreud", deutsche Aussprache „android" ebenfalls gebräuchlich] mit dem Symbol eines Androiden (Roboter) ist ein auf ⇨ **Linux** basierendes Betriebssystem der Open Headset Alliance [sprich „oupen hedset äliens"], die von ⇨ **Google** am 5. November 2007 mit 33 Partnern gegründet wurde und mittlerweile 84 Firmen umfasst.

Im Unterschied zu ⇨ **iOS** und ⇨ **Windows** handelt es sich um freie Software. Der Quellcode ist offengelegt, und es ist von den Nutzern theoretisch keine Lizenzgebühr oder Preis für die Nutzung zu zah-

A Android

len. Microsoft erhebt jedoch von den meisten Herstellern Android-basierter Smartphones wie LG oder Samsung Lizenzgebühren, da Android Microsoft-Patente verletzten soll. Die Lizenzeinnahmen sollen pro Geschäftsjahr bei 2 Milliarden US-Dollar liegen.

Zunächst war Android nur ein Betriebssystem für ⇨ **Smartphones**, dann wurden auch ⇨ **Tablet**s und andere mobile Geräte wie ⇨ **Netbooks** unterstützt. Es gibt auch Portierungen für den PC wie **Live Android** [sprich „laif ändreud"] und **Android x86** [sprich „ändreud icks sechsundachtzig" oder englisch „ändreud äcks äiti sicks"]. Die Entwicklung von Android verläuft sehr schnell, wie die Tabelle auf der Folgeseite zeigt. Seit Version 1.5 werden die Versionen mit Namen bezeichnet, die ebenfalls in der Tabelle angegeben sind.

Die Zahl der Android-Apps lag im Oktober 2017 bei rund 3,3 Millionen und wächst um rund 100.000 pro Monat oder 1 Million Apps pro Jahr. Der Marktanteil von Android bei Smartphones liegt bei rund 90 Prozent.

Android-Smartphones und Tablets werden jedoch verhältnismäßig selten für die Internet-Nutzung verwendet, denn der Anteil lag laut Statista im Juli 2017 bei gerade einmal 3,64 % also noch unter dem des kaum noch verwendeten Windows XP (3,73 %) und weit unter dem von iPhone und iPad (iOS, 6,67 %). Internet-Nutzer verwenden hauptsächlich PCs mit Windows 7 (34,5 %) oder Windows 10 (27,86 %).

Im Jahr 2017 wurden rund 1,5 Milliarden Rechner mit Android verkauft, das sind 4 Millionen neue Android-Rechner pro Tag. Es werden mehr Android-Rechner verkauft, wie alle Rechner mit Windows, iOS, Mac OS und sonstige Betriebssysteme zusammengenommen.

Nur auf rund jedem fünfhundertsten Android-Rechner (0,2 %) war laut Wikipedia USA am 2. Oktober 2017 das aktuelle Betriebssystem Oreo installiert. Der Anteil der älteren Versionen Nougat (17,8 %), Marshmallow (32,0 %), Lollipop (27,7 %), KitKat (14,5 %) sowie Jelly Bean (6,6 %), Ice Cream Sandwich (0,6 %) und Gingerbread (0,6 %) war um ein Vielfaches höher, obwohl diese bis zu sechs Jahre alt sind.

Im Unterschied zu den aktuellen Windows-Versionen 10, 8.1 und 7 und dem Konkurrenzbetriebssystem iOS von Apple erfolgen die Android-Updates vielfach nicht automatisch, oder es werden sogar für die älteren Android-Versionen und eine Vielzahl von Android-Geräten überhaupt keine Updates mehr angeboten.

Android

Android ist wegen der über 3 Milliarden Geräte auf dem Markt, des hohen Anteils an Geräten mit veraltetem Betriebssystem und der großen Anzahl Sicherheitslücken (523 im Jahr 2016 im Vergleich zu 172 Sicherheitslücken bei Windows 10 und 161 Sicherheitslücken bei iOS) für Internet-Kriminelle höchst interessant. Es werden schon seit Jahren mehr neue Schadprogramme für Android als für Windows entwickelt.

Im November 2016 hackte das Schadprogramm ⇨ **Gooligan** über 1 Million Google-Konten und gefährdete drei von vier Android-Geräten, die damals ein veraltetes Android 4 oder 5 installiert hatten. Das chinesische Schadprogramm ⇨ **HummingBad** soll sogar 85 Millionen Android-Geräte mit veralteter Android-Version infiziert haben.

Die Hersteller kommen mit der Anpassung ihrer Geräte an neue Android-Versionen dem Entwicklungstempo der Android-Entwickler anscheinend nicht hinterher. Zudem entscheidet sich der Markt vor allem für Android-Geräte der unteren Preisklasse, die in der Regel älter sind und bei denen die Hersteller keinen Entwicklungsaufwand in die Anpassung an ein neueres Android mehr stecken.

Neben den Vorteilen von Android als freies und quelloffenes System, hat das ⇨ **Betriebssystem** bislang in der Praxis folgende Nachteile:

- Die Hersteller von Android-Geräten bieten im Gegensatz zu Apple meist keine Unterstützung für das Update auf eine neuere Android-Version an. Das Update muss daher auf eigene Gefahr erfolgen oder ein neues Gerät gekauft werden. Letzteres macht den Preisvorteil gegenüber Apple-Produkten zunichte.

- Google überprüft die Android-Apps nicht. Es besteht daher die Gefahr von gefährlichen Android-Apps bei ⇨ **Google Play**. Die Gefahr von Schadprogrammen besteht jedoch auch bei iOS und Windows und der Anteil der aus Google Play stammenden Schadprogramme an der Gesamtzahl der Schadprogramme liegt im Promille-Bereich.

- Die Gesamtzahl der Schadprogramme für Android und die tägliche Zunahme sind jedoch erschreckend und auf einem ähnlich hohen Niveau wie bei Windows, ohne dass Android-Rechner jedoch gleich gut geschützt sind.

- Google hat die Möglichkeit, Apps von Android-Geräten zu löschen. Betrifft dies kostenpflichtige Apps, soll der Kaufpreis erstattet werden.

Android

- Google hat für ein freies System sehr starken Einfluss auf die Hersteller. So wurden diese zum Beispiel mit dem Erscheinen von Marshmallow 6.0 im Oktober 2015 verpflichtet, den neuen Doze-Modus unverändert zu integrieren. Doze senkt den Stromverbrauch, bewirkt jedoch auch das Einstellen von Hintergrundaktivitäten.

Das starke Wachstum von Android bei der Anzahl der Geräte und Apps sowie die schnelle Entwicklung des Betriebssystems lassen jedoch derzeit keinen Zweifel daran aufkommen, dass Android neben Windows 10 das zukunftssicherste Betriebssystem ist. Während der PC-Markt langsam schrumpft, wächst der Smartphone- und Tablet-Markt mit Android-Betriebssystem weiter stark. Da Android jedoch bislang das PC-Segment nicht abdeckt, wird die Vorherrschaft von Windows im PC-Segment durch Android aktuell nicht gefährdet.

Versionsbezeichnung	Version	Veröffentlichung
Base	1.0 1.1	23. September 2008 10. Februar 2009
Cupcake	1.5	30. April 2009
Donut	1.6	15. September 2009
Eclair	2.0 2.1	26. Oktober 2009 12. Januar 2010
Froyo	2.2	20. Mai 2010
Gingerbread	2.3	06. Dezember 2010
Honeycomb	3.0 3.1 3.2	23. Februar 2011 10. Mai 2011 16. Juli 2011
Ice Cream Sandwich	4.0	19. Oktober 2011
Jelly Bean	4.1 4.2 4.3	09. Juli 2012 13. November 2012 24. Juli 2013
KitKat	4.4	31. Oktober 2013

anhängen A

Versionsbezeichnung	Version	Veröffentlichung
Lollipop	5.0 5.1	3. November 2014 9. März 2015
Marshmallow	6.0 6.0.1	5. Oktober 2015 22. November 2015
Nougat	7.0 7.1 7.1.1	22. August 2016 4. Oktober 2016 5. Dezember 2016
Oreo	8.0 8.1	21. August 2017 25. Oktober 2017

Die Versionen von Android werden nach Süßigkeiten benannt. Wer eine veraltete Version auf seinem Smartphone oder Tablet verwendet, geht ein hohes Risiko ein, das insbesondere bei Ice Cream Sandwich, Jelly Bean und KitKat, also den Versionen 4.0 bis 4.3, besonders hoch ist.

ANGA, Logo und Kurzbezeichnung des im Jahr 1974 als „**A**rbeitsgemeinschaft für Betrieb und **N**utzung von **G**emeinschafts**a**ntennen- und -verteileranlagen" gegründeten „ANGA Verband Deutscher Kabelnetzbetreiber".

ANGA
Verband Deutscher Kabelnetzbetreiber e.V.

Logo der Arbeitsgemeinschaft für Betrieb und Nutzung von Gemeinschaftsantennen und Verteileranlagen

Zu den Mitgliedern der ANGA gehören Deutsche Telekabel, Kabel Baden-Württemberg, Kabel Deutschland, NetCologne, Pepcom, PrimaCom, Tele Columbus, Unitymedia und wilhelm tel sowie eine Vielzahl mittelständischer Unternehmen. Hinzu kommen führende Systemhersteller wie Alcatel-Lucent, Astro, Kathrein, Motorola, Nokia-SiemensNetworks, Teleste, Triax und Wisi. Die 190 Mitgliedsunternehmen versorgen knapp 18 Mio. der ca. 36 Mio. Kabelkunden in Deutschland. Weitere Informationen zum Verband: http://anga.de/. Über eine Tochtergesellschaft ist der Verband Veranstalter der **ANGA COM**, der Fachmesse für Kabel, Breitband und Satellit: www.angacom.de.

anhängen, *Verb*, engl. attach, Hinzufügen eines Dateianhangs an eine

A Anhang

⇨ **E-Mail** (⇨ **Attachment**) oder das Hinzufügen eines neuen Datensatzes zu einer Datei oder ⇨ **Datenbank**.

Anhang, der; *Subst.*, engl. Attachment, ist eine Datei, die mit einer ⇨ **E-Mail** gesendet wird, deren Inhalt aber nicht unmittelbar angezeigt wird. Sie können an E-Mails beliebige Dateien anhängen, sofern nicht die Dateigröße die Kapazität des Empfänger-Briefkastens oder die Höchstgrenzen für Ihren E-Mail-Account übersteigt. Gängige E-Mail-Anhänge sind Bilder, ⇨ **Word**-, ⇨ **PDF**- oder Excel-Dokumente. Anhänge werden häufig von Viren-Programmierern benutzt, um einen ⇨ **Computer Virus**, ein ⇨ **Trojanisches Pferd** oder einen ⇨ **Wurm** zu verbreiten. Öffnen Sie unbekannte E-Mail-Anhänge nicht, insbesondere, wenn sie englischsprachig sind, erotische Motive oder angebliche Virenwarnungen versprechen.

Animated GIF [sprich „änimäited gif"], das; *Subst.*, ist (1.) ein ⇨ **GIF**-Format oder (2.) eine GIF-Datei, die mehrere GIF-Bilder enthält, die als Animation hintereinander abgespielt werden können.

Animation [sprich „änimäischn"], die; *Subst.*, ist eine Folge von Computergrafiken in 2D- oder 3D-Darstellung, mit der eine Bewegung erzeugt wird. Eine Animation wirkt dadurch wie ein Zeichentrickfilm. Oft wird eine Animation mit Klängen untermalt.

Animoji [sprich „änimouschi"], das; *Subst.*, ist ein animiertes Bildzeichen, das den über eine ⇨ **Gesichtserkennung** erkannten Gefühlszustand des Benutzers eines ⇨ **Smartphone** wiedergibt. Diese Funktion wird seit Ende 2017 beim ⇨ **iPhone X** der Firma ⇨ **Apple** angeboten; ⇨ **Emoticon**, ⇨ Smiley.

Anklopfen, das; *Subst.*, ist eine Funktion bei Mobilfunktelefonen und ⇨ **ISDN**, bei der durch einen Signalton mitgeteilt wird, dass ein weiteres Gespräch über den zweiten Nutzdatenkanal (B-Kanal) ankommt.

anmelden, *Verb*, oder **einloggen**, engl. to login, bedeutet, dass ein Benutzer seinen Benutzernamen und sein Kennwort eingibt, um Zugang zu einem Rechner (auch entfernt oder im lokalen Netzwerk), dem Betriebssystem, einer Anwendung, dem Internet oder einem Dienst im Internet zu erhalten.

Anniversary Update, [sprich „enniwörseri appdäiht"], abgekürzt **AU**, deutsch **Jubiläums-Update**, Code-Bezeichnung **Redstone 1 (RS1)** ist ein im August 2016 veröffentlichtes kumulatives Update ohne Sicherheitsfunktion für ⇨ **Windows 10** Version 1607.

Anonymisierer A

Anonym im Internet surfen bedeutet die Nutzung des Internets, ohne über die ⇨ **IP-Adresse**, einen ⇨ **Browser-Fingerabdruck** oder andere Merkmale wie die ⇨ **MAC-Adresse**, die Windows-ID oder die Prozessor-ID identifizierbar zu sein und Spuren wie ⇨ **Cookies** zu hinterlassen.

Jeder Internet-Nutzer verwendet eine IP-Adresse, die ihm von seinem Internetanbieter zur Verfügung gestellt wird. Darüber lässt sich genau ermitteln, wann welcher Anschluss, also nicht unbedingt welche Person Zugang zum Internet hatte. Der Internetanbieter erteilt Behörden unter bestimmten Umständen Auskunft darüber, wer die jeweilige IP verwendet hat.

Durch Anonymisieren der IP-Adresse lassen sich die Betreiber besuchter Internetseiten täuschen. Dazu wird ein ⇨ **Anonymisierer** wie der TOR-Browser verwendet. Die Verbindung zu einer Internetseite wird über mehrere Server aufgebaut und der Internetseite nur die letzte IP-Adresse übermittelt. Das erschwert die Rückverfolgung einer IP-Adresse erheblich, macht sie jedoch nicht unmöglich.

Der Privatmodus im Browser ermöglicht ein Surfen im Internet, ohne nach der Sitzung Spuren auf dem PC zu hinterlassen. Cookies und Browser-Verlauf werden unmittelbar nach dem Schließen des Browsers gelöscht. Sofern jedoch unsichere, also nicht verschlüsselte Verbindungen im Privatmodus aufgebaut werden, lässt sich die betreffende Person jedoch dennoch ermitteln und die Kommunikation mit der jeweiligen Internetseite abfangen, ausspionieren und auch manipulieren.

Anonymisierender Proxy-Server kurz **Proxy**, der, *Subst.*, verbirgt die wahre ⇨ **IP-Adresse**, indem der Server als Vermittler zwischen dem auf dem PC laufenden Browser und dem Server der aufgerufenen Internetseite auftritt. Der Betreiber der Internetseite kommuniziert also ausschließlich mit dem Proxy-Server und erhält dessen IP-Adresse. Der Datenschutz ist gegenüber dem Internetanbieter gewahrt, der lediglich die Verbindung zu dem Proxy-Server protokollieren kann, jedoch nicht, zu welchen Seiten der Proxy eine Verbindung aufbaut. Ein Proxy dient dem Datenschutz, wird aber auch für illegale Zwecke verwendet, etwa für den illegalen Download und Tausch urheberrechtlich geschützter Musik, Videos und Software.

Anonymisierer, der; *Subst.*, ist ein Dienst im Internet zum Surfen ohne rückverfolgbare Spuren. Dabei werden die persönlichen Daten des Benutzers wie seine ⇨ **IP-Adresse** oder der verwendete ⇨ **Browser** durch Daten des Anonymisierers ersetzt.

A Anonymisierungsdienst

Anonymisierungsdienst, der; *Subst.*, ist ein Programm, das seinen Nutzern ein anonymes Surfen im Internet ermöglicht. Zusätzlich wird auf Grund der verschlüsselten Kommunikation das Belauschen durch mitlesende Dritte verhindert. Siehe auch ⇨ **Anonymisierer** und ⇨ **Anonymisierender Proxy-Server** sowie meinen dazugehörigen Sicherheits-Tipp.

Anonymous [sprich „anonemess"], dt. anonym, wird meist in Zusammenhang mit einem ⇨ **Anonymous Login** verwendet.

Anonymous FTP [sprich „anonemess ef ti pi"] ist ein ⇨ **FTP-Server**, der es einem Benutzer erlaubt, Daten herunterzuladen, ohne eine benutzerbezogene Kennung oder ein Passwort eingeben zu müssen. Als Benutzerkennung wird „anonymous" eingegeben.

Anonymous Login [sprich „anonemess logg in"], der; *Subst.*, ist eine Anmeldung bei einem ⇨ **FTP-Server**, die keine spezielle Benutzerkennung oder Passwort erfordert.

Anschlagdrucker, der; *Subst.*, ist ein Drucker wie ein ⇨ **Matrixdrucker** oder ⇨ **Typenraddrucker**, der die Buchstaben durch das Anschlagen eines Farbbands mit Nadeln oder einer Type erzeugt. Dadurch gelangt der Abdruck des Zeichens vom Farbband auf das Papier. Durch den Anschlag lassen sich Durchschläge erzeugen, was bei anschlagfreien Druckern wie Tintenstrahl- oder Laserdruckern nicht möglich ist.

Anschlagverzögerung, die; *Subst.*, ist eine Tastaturfunktion von Windows, über die sich kurze oder wiederholte Tastendrücke ignorieren lassen. Die Anschlagverzögerung wird über die Eingabehilfen aus der Systemsteuerung ein- und ausgeschaltet.

Anschlusskennung, die; *Subst.*, Kennummer eines T-Online-Nutzers, die zur eindeutigen Identifizierung dient.

ANSI, Abkürzung für **A**merican **N**ational **S**tandards **I**nstitute, ist (1.) die Abkürzung für den Namen der amerikanischen, nicht gewinnorientierten, regierungsunabhängigen Gesellschaft, die als Mitglied der ⇨ **ISO** Standards entwickelt und publiziert, um Produkte untereinander ⇨ **kompatibel** zu machen. ANSI ist vergleichbar mit der Deutschen Industrie-Norm (⇨ **DIN**). Außerdem ist ANSI (2.) die Kurzbezeichnung für den ⇨ **ANSI-Code**.

ANSI-Code, der; *Subst.*, ist ein 8-Bit-Zeichensatz mit 256 Zeichen, der bei Windows verwendet wird und vom American National Standards Institute (⇨ **ANSI**) definiert wurde. Die ersten 128 Zeichen stimmen mit dem ⇨ **7-Bit-US-ASCII-**

Code überein. Jedem Zeichen ist eine Zahl von 0 bis 255 zugewiesen.

Die Zeichen lassen sich durch Eingabe der Zahl über den numerischen Ziffernblock der Tastatur erzeugen. Dazu wird die Taste [Alt] mit der linken Hand gedrückt und nicht losgelassen, während mit der rechten Hand auf dem numerischen Ziffernblock die dreistellige Zahl des gewünschten ANSI-Zeichens eingegeben wird.

Antennagate ist ein in Anspielung an den Watergate-Skandal von Apple-Kunden im Jahr 2010 geprägter Begriff für einen Konstruktionsmangel beim iPhone 4: Hält ein Benutzer das iPhone 4 so, dass seine Hand die untere linke Ecke des Mobiltelefons verdeckt, geht die Signalstärkeanzeige um mehrere Balken zurück. Die Antenne des iPhone 4 ist hinter dieser Ecke verbaut und wird durch die Hand abgeschirmt. Apple stritt das Problem ab, lieferte betroffenen Kunden jedoch kostenlos eine Schutzhülle (⇨ **Bumper**). Dazu wurde empfohlen, die Trennungsstreifen beim Halten des iPhone 4 nicht abzudecken. Im Jahr 2011 wurde im Zusammenhang mit der wiederholt erforderlichen Aktivierung von Micro-SIM-Karten beim iPhone 4S ebenfalls von Antennagate gesprochen.

Durch Deaktivieren der PIN-Abfrage für die Micro-SIM-Karte oder Austausch der Karte kann dieses Problem beseitigt werden. Im Zusammenhang mit Displayfehlern bei Apple-Geräten wurde auch der Begriff ⇨ **Displaygate** geprägt, der sich jedoch zumindest im deutschen Sprachraum nicht weit verbreitete. Siehe auch ⇨ **Bendgate**.

Antennenkabel, das; *Subst.*, ⇨ **Koaxialkabel** von der TV-Anschlussdose zur ⇨ **TV-Karte**. Solche Kabel sind vorkonfektioniert im Fernseh- und Rundfunk-Fachhandel sowie in großen Kauf- und Warenhäusern erhältlich. Die Kabel lassen sich auch als Meterware beziehen und selbst mit schraub- oder lötbarem Stecker und Buchse mit der gewünschten Länge fertig stellen.

Anti-Aliasing [sprich „anti älaising"], abgekürzt ⇨ **AA**, dt. ⇨ **Treppeneffektglättung**, findet sich als Funktion in Grafikkarten und dient dazu, den Treppeneffekt an Farbübergängen und Kanten zu verringern.

Es gibt dazu verschiedene Verfahren wie ⇨ **Multisampling**, ⇨ **Super Sampling Anti-Aliasing** (abgekürzt ⇨ **SSAA**), **Fragment Anti-Aliasing** (abgekürzt ⇨ **FAA**), ⇨ **Ordered Grid Anti-Aliasing** (abgekürzt ⇨ **OGAA**), und ⇨ **Rotated Grid Anti-Aliasing** (abgekürzt ⇨ **RGAA**).

A Anti-Malware

Anti-Malware [sprich „anti mälwär"], wörtlich übersetzt „gegen Schadprogramme", ist eine andere Bezeichnung für ein ⇨ **Antivirenprogramm**.

Anti-Phishing-Software [sprich „anti fisching softwähr"], wörtlich übersetzt „Software gegen Betrügereien", ist ein Schutzprogramm gegen ⇨ **Phishing**-Angriffe.

Anti-Spam [sprich „anti spähm"] sind Schutzprogramme und Filter, die unerwünschte E-Mails (⇨ **Spam**) erkennen und aussortieren oder das Herunterladen solcher Werbe- und Betrugs-Mails vom E-Mail-Server verhindern und diese dort auch sofort optional löschen.

Anti-Spionage-Programm oder ⇨ **Anti-Spyware** ist ein für das Erkennen und Entfernen von Spionageprogrammen geeignetes oder darauf spezialisiertes Tool.

Anti-Spyware [sprich „anti speiwähr"] ⇨ **Anti-Spionage-Programm**

Anti-Telemetrie-Tool, das; *Subst.*, ist ein Schutzprogramm vor dem Ausspionieren durch Windows 10 und andere Software durch Übertragen der Telemetriedaten; Beispiele sind O&O ShutUp 10 (https://www.oo-software.com/de/shutup10) und Spybot Anti-Beacon (https://www.safer-networking.org/de/spybot-anti-beacon/).

Antivirenprogramm, das; *Subst.*, ist ein Schutz gegen ⇨ **Computerviren**, die mit einem ⇨ **Virenscanner** anhand von ⇨ **Virensignaturen** oder mit heuristischen Verfahren erkannt und gemeldet oder nach Möglichkeit auch unschädlich gemacht und entfernt werden.

Antriebsknopf, der; *Subst.*, in der Mitte einer ⇨ **3,5-Zoll-Diskette** befindliche und durch Metall verstärkte, rechteckige Öffnung zur Aufnahme des Mitnehmers eines Diskettenlaufwerks.

Anwender, der; *Subst.*, engl. **user**, Benutzer eines Computers, Betriebssystems, Computerprogramms oder Internetdienstes.

Anwendung, die; *Subst.*, engl. **application**, ist ein bei Windows gebräuchlicher Begriff für ein Anwendungsprogramm wie zum Beispiel Word oder Excel. Eine andere Bezeichnung ist **Applikation**.

Anwendungsschnelltaste, die; *Subst.*, engl. **application shortcut key**, bezeichnet eine ⇨ **Taste** oder ⇨ **Tastenkombination** zum direkten Aufruf der zugeordneten Funktion einer ⇨ **Anwendung**.

Any key, dt. beliebige Taste, Bestandteil englischer Meldungen wie „press any key to continue", dt. „Drücken Sie eine beliebige Taste, um fortzufahren". Da Anwender aufgrund fehlender Englischkenntnisse und/oder Computerkenntnisse häufiger nach der „Any-Taste" fragen oder diese suchen, gibt es im Internet zahlreiche mit Photoshop manipulierte Scherzbilder von Tastaturen mit Any-Key-Taste. Der Online-Shop getDigital bietet auch eine aufklebbare Any-Key-Taste für 3,90 € an und auch Austauschtasten für mechanische Tastaturen mit Cherry-Schaltern. Im Angebot sind hier Any Key, Esc (Abbrechentaste in Rot), Panic (Paniktaste in Rot) und eine Fragezeichentaste zu je 2,95 €; https://www.getdigital.de/Tasten-fuer-Mechanische-Tastaturen-Einzeltasten.html.

Eine solche Any-Taste ❺ oder Panic-Taste ❹ finden Sie auf keiner handelsüblichen Tastatur, sie lassen sich jedoch zu Spaßzwecken nachrüsten (Quelle: getDigital).

AOD, Abkürzung für **A**udio **O**n **D**emand, ein Projekt der Deutschen Telekom zum legalen Download von MP3-Dateien gegen Bezahlung.

AOL, Abkürzung für **A**merica **O**nline oder in Deutschland früher auch „Alles OnLine", war einmal der größte Internetprovider weltweit, in Deutschland der zweitgrößte hinter ⇨ **T-Online**, ist mittlerweile als Internetprovider aber nicht mehr aktiv. Das Unternehmen gehört seit der Fusion mit Warner zum Medienkonzern Time Warner, von 2005 bis 2009 war Google mit 1 Milliarde US-Dollar an AOL beteiligt. Zu AOL gehörte das 2009 eingestellte Compuserve und das 2010 verkaufte ICQ. Von den früheren Angeboten wie AOL-Browser, AOL-Chaträume, AOL-Seiten und Usenet existieren nur noch AOL-Mail und der Instant Messenger AIM. Dafür verstärkte AOL sein Angebot frei zugänglicher, auf Basis von Werbeeinnahmen finanzierter Angebote im Internet über https://www.aol.de/ sowie weiterer Websites des Unternehmens. Im Februar 2011 kaufte AOL das Medienunternehmen „The Huffington Post" (http://www.huffingtonpost.de/).

Apache Server [sprich „äpetschie sörwer"] ist eine kostenlose ⇨ **Linux**-Software zum Einrichten eines Webservers auf Basis von ⇨ **OpenSource**; ⇨ **LAMP**.

ape [sprich „äip"], dt. Affe ⇨ @ (Sonderzeichen).

A API

API, Abkürzung für **A**pplication **P**rogramming **I**nterface, Schnittstelle zwischen Programm und ⇨ **Betriebssystem**, über die ein Anwendungsprogramm auf die Funktionen eines Betriebssystems zugreifen kann.

APIC, Abkürzung für **A**dvanced **P**rogrammable **I**nterrupt **C**ontroller, wird dazu benötigt, um in einem Mehrprozessorsystem die Interrupt-Anfragen für die einzelnen CPUs zu organisieren.

APL, Abkürzung für **A** **P**rogramming **L**anguage, ist eine höhere ⇨ **Programmiersprache** für mathematische Anwendungen. Programme in APL benötigen zur Ausführung einen ⇨ **Interpreter**.

APM, das; *Subst.*, Abkürzung für **A**dvanced **P**ower **M**anagement, ist eine von ⇨ **Intel** und ⇨ **Microsoft** entwickelte Schnittstelle für Anwendungen (⇨ **API**), die von Windows bis zur Version XP und Linux unterstützt wird. Der Nachfolger ist ⇨ **ACPI**. Über APM oder ACPI erhalten die Anwendungen Informationen über den Stromverbrauch, um dann aktuell nicht benutzte Hardware-Komponenten abzuschalten und somit Strom zu sparen. Dies ist vor allem bei Notebooks im Akkubetrieb wichtig, um die netzunabhängige Laufzeit zu verlängern.

App [sprich „äpp"], die auch das; *Subst.*, Abkürzung für **app**lication program, dt. ⇨ **Anwendung**. Als **Apps** hat zuerst ⇨ **Apple** die Programme für das ⇨ **iPhone** und später ⇨ **iPad** bezeichnet, die im ⇨ **AppStore** angeboten werden. Weitere Hersteller wie Google (⇨ **Android**), Microsoft, Netgear, Nokia, RIM (⇨ **BlackBerry**) und Samsung bieten mittlerweile ebenfalls als Apps bezeichnete Programme an. Derzeit werden unter Apps vor allem Programme für ⇨ **Smartphones** und ⇨ **Tablets** verstanden. Die von Microsoft mittlerweile auch als Apps bezeichneten Programme für ⇨ **Windows 10**, ⇨ **Windows 8.1** und ⇨ **Windows 8** werden hauptsächlich in der bisherigen Form als Windows-Anwendungen (jetzige Bezeichnung Desktop-Apps) verwendet. Apple bietet ebenfalls Apps für den ⇨ **Mac** und Apple TV der 4. Generation an. Eine Gemeinsamkeit aller Apps ist, dass sie hauptsächlich oder ausschließlich über einen speziellen Web-Shop angeboten werden, statt allgemein verfügbar zu sein. Die Installation erfolgt nach dem Download automatisch, ohne dass der Anwender einen Datenträger einlegen und Eingaben vornehmen muss. Fehler bei der Installation von Apps sind im Gegensatz zu PC-Programmen äußerst selten. Apps werden zudem meist für mehrere Sprachen weltweit angeboten und kosten im Vergleich zu PC-Programmen nur einen Bruchteil, wenn sie nicht ohnehin kostenlos angeboten werden, was für die Mehrzahl der Apps für iPhone und iPad sowie Android-Apps der Fall ist. Das Angebot an Apps ist für Android-Geräte (3,4 Millionen) und iPhone/iPad (2,2 Millionen) sehr hoch, wobei die meisten Apps aus der Sparte Unterhaltung stammen, also vor allem Spiele sind. Apple überprüft die über seinen Shop angebotenen Apps und garantiert daher für deren Sicherheit und die Einhaltung von Standards. Das ist bei Apps für Android nicht der Fall, sodass über Google Play ybereits mehrfach Schadprogramme verbreitet wurden. Doch auch den Apple-Schutz konnten Hacker umgehen und es sind auch im Windows Store bereits erste Schadprogramme gefunden worden.

Appcoin [sprich „äppkeun"], der; *Subst.*, ist eine digitale Münze, die zum Bezahlen von Produkten und Dienstleistungen verwendet wird. Das kann im Prinzip jeder ⇨ **Coin** einer ⇨ **Kryptowährung** sein. Eine andere Bezeichnung für Appcoin ist ⇨ **Token**.

Apple [sprich „äppl"] ist eine amerikanische Computerfirma, die 1977 von Stephen Wozniak und dem am 5. Oktober 2011 verstorbenen Steve Jobs gegründet wurde. Der 1978 erschienene **Apple II** war etliche Jahre vor dem ⇨ **IBM PC** ein vollwertiger Personal Computer mit Tastatur und 8-Zoll-Diskettenlaufwerken. Die späteren Mac-Computer waren zunächst nicht kompatibel zum x86-Standard und preislich höher angesiedelt. Trotz der innovativen Technologie von Apple, schönem Design und der einfach zu bedienenden grafischen Oberfläche setzte sich nicht der Mac, sondern die PC-Technologie auf dem Massenmarkt durch. Mit der Einführung des iPhone im Jahr 2006 und der Einführung des iPad im Frühjahr 2010 und des iPad 2 im Frühjahr 2011 wurde Apple zunächst der Marktführer bei ⇨ **Smartphones** und bei ⇨ **Tablets**. Das beflügelte auch den Absatz der Desktop-Rechner und Notebooks mit ⇨ **Mac OS X**, so dass sich der Marktanteil von Mac OS X von 2009 bis 2017 auf jetzt 10,11 % mehr als verdoppelte. Android hat mittlerweile die Marktführerschaft bei mobilen Geräten und die iPhone-Verkäufe gingen 2016 zum ersten Mal leicht zurück. Apple hat aber mit der 2015 neu eingeführten ⇨ **Apple Watch** ein neues Produkt und arbeitet an Software für selbstfahrende Autos mit Elektroantrieb (Projekt „Titan"). Dazu kooperiert Apple mit Kfz-Herstellern und bietet diesen die Schnittstelle Apple Carplay an. Darüber lässt sich ein neueres iPhone mit dem Bordrechner des Autos verbinden und Apps über das Bord-Display nutzen.

Applet [sprich „äpplet"], das; *Subst.*, Kunstwort aus **Appl**ication und Snipp**et**, dt. etwa Anwendungs-

A   Apple-Taste

schnipsel, ist ein kleines Programm oder ein Programmbaustein, das bzw. der meist als Objekt in ein HTML-Dokument bzw. dem HTML-Code einer Webseite eingebunden wird. Beim Aufruf der Webseite wird das Applet auf den lokalen Computer heruntergeladen und dort im Browser ausgeführt. Dadurch kann von einem Applet eine Gefahr für die Betriebssicherheit des Systems und die Datensicherheit der mit dem System verarbeiteten Daten ausgehen. Die Verarbeitung von Applets lässt sich zur Erhöhung der Sicherheit sperren, dann werden auf mithilfe von Applets erstellten Webseiten Funktions- und Komforteinbußen auftreten; ⇨ **Java Applet**.

Apple-Taste [sprich „äppl taste"], die; *Subst.*, ist eine besondere Funktionstaste bei Apple-Tastaturen, die mit einem Apfel-Symbol bedruckt ist. Die Taste kann wie die [Strg]-Taste von IBM-Tastaturen zu Steuerungsaufgaben sowie für den Aufruf von Shortcuts verwendet werden. Eine vergleichbare Taste für PC-Anwender ist die ⇨ **Windows-Taste**.

Apple Watch [sprich „äppl wotsch"], die; *Subst.*, ist eine ⇨ **Smartwatch** der Firma ⇨ **Apple**, die seit dem 24. April 2015 auf dem Markt ist. Das Betriebssystem ist ⇨ **watchOS**, aktuell in der Version watchOS 4. Viele Funktionen der Apple Watch funktionieren erst ab dem ⇨ **iPhone** 5 sowie Nachfol-

gemodellen. Es sind Sensoren zum Messen der Herzfrequenz, Lage und Beschleunigung integriert, ein barometrischer Höhenmesser (Serie 3), dazu ein NFC-Chip zum kontaktlosen Bezahlen per Apple Pay. Zur Positionsbestimmung ist bei der Apple Watch Series 3 ein GPS-Empfänger enthalten, bei den Vorgängern wird der GPS-Empfänger des iPhone verwendet. Wahlweise lässt sich die Apple Watch per Sprachsteuerung (⇨ **Siri**), dem druckempfindlichen Touchscreen und der Krone bedienen. Kunden haben die Wahl zwischen verschiedenen Modellen: **Apple Watch**, **Apple Watch Nike+**, **Apple Watch Edition** aus Keramik mit Saphirglas und bei den Vorgängermodellen aus Gold (18 Karat) sowie der Luxus-Version **Apple Watch Hermès**. Die Uhr wird bei allen Modellen in den zwei Größen 38 mm und 42 mm angeboten. Das Armband ist auswechselbar, Apple bietet hier eine breite Auswahl an Armbändern zum Austausch an. Im Vergleich zu einer Fitness-Uhr mit integriertem Herzfrequenz-Sensor und GPS ist die Apple Watch mit Preisen ab 369 € bis zu 1.499 € recht teuer. Dafür allerdings lassen sich Apps direkt auf der Uhr ausführen und die Funktionen des iPhone stehen am Handgelenk zur Verfügung. Die Apple Watch 3 kann auch mit integrierter SIM zum Telefonieren ohne iPhone verwendet werden und ist bis zu 50 Meter wasserdicht. Die Batterielaufzeit beträgt bis zu

18 Stunden, die Apple Watch muss also täglich aufgeladen werden.

Die AppleWatch zeigt nicht nur die Uhrzeit an, sondern auch Termine, Temperatur, eingehende Nachrichten, weist den Weg und misst den Puls (Bild: Apple)

Application [sprich „äpplikäischn"], dt. ⇨ **Anwendung**.

Application Control [sprich „äpplikäischn kontrol"], wörtlich übersetzt Anwendungs-Überwachung, soll Sicherheit und Schutz der zwischen Anwendungen übertragenen Daten sicherstellen. Der Begriff wird in Software-Bezeichnungen wie zum Beispiel „McAfee Application Control" verwendet. Zur Anwendungs-Überwachung gehören die Identifikation der Benutzer und Authentifizierung der Anwendungen, die Authorisierung von Benutzern für Anwendungen, die Kontrolle eingehender Daten und die Überwachung der Vollständigkeit der Daten während der gesamten Bearbeitung und Übertragung.

Application Layer [sprich „äpplikäischn läier"], dt. Anwendungsschicht, 7. Schicht des ⇨ **OSI**-Referenzmodells.

Application Layer Firewall [sprich „äpplikäischn läier feierwoahl"], abgekürzt **ALF**, oder **Proxy Firewall** ist ein Filter in Form eines ⇨ **Proxy-Servers**, der den Datenstrom zwischen Client und Server überwacht und dabei nicht nur Quelle, Ziel und Dienst berücksichtigt, sondern auch die übertragenen Nutzerdaten.

Application Service Provider [sprich „äpplikäischn sörwis proweider"], der; *Subst.*, steht für **ASP**, ist ein Anbieter von Dienstleistungen und Anwendungen, die über das Internet bereitgestellt werden. Die Programme selbst werden nicht auf den lokalen Rechner heruntergeladen. Für die Bedienung reicht ein ⇨ **Browser**.

application shortcut key [sprich äpplikäischen schortkatt kieh"], dt., ⇨ **Anwendungsschnelltaste**; ⇨ **Tastenkombination**.

Applikation, die; *Subst.*, ⇨ **Anwendung**.

A AppLocker

AppLocker ist eine mit ⇨ **Windows 7** und ⇨ **Windows Server 2008 R2** neu eingeführte Funktion, mit der sich über Regeln festlegen lässt, welche Benutzer oder Benutzergruppen welche Apps nutzen dürfen.

approx [sprich „äproks"] ist (1.) die Abkürzung für approximate, dt. ungefähr, und (2.) eine Bezeichnung für die Tilde (~).

App Store [sprich „äppstor"], der; *Subst.*, von den engl. Wörtern **ap**plication und **store**, also wörtlich übersetzt „Laden für Anwendungen", Bezeichnung von ⇨ **Apple** für den eigenen Web-Shop, über den die ⇨ **Apps** für ⇨ **iPhone** und ⇨ **iPad** angeboten werden. Zusätzlich gibt es einen **Mac App Store**, in dem Apps für den ⇨ **Mac** angeboten werden. Im Oktober 2017 wurden im App Store 2,2 Millionen verschiedene Apps angeboten. Die Bezeichnung App Store hat sich Apple schützen lassen, wobei Konkurrenzunternehmen diesen Namen nicht als schutzwürdig erachten und gegen den Markenschutz klagen. Eine Übersicht der Bezeichnungen der Web-Shops der Mitbewerber von Apple finden Sie in der nachfolgenden Tabelle.

Anbieter	Name des Shops	Betriebssystem/Geräte
Amazon	Amazon Appstore	Apps für Android-Smartphones und -Tablets
Cydia	Cydia	Apps für iPhone und iPad mit Jailbreak
Google	Google Play	Apps für Android-Smartphones und -Tablets
	Chrome Web Store	Apps für Google Chrome auf dem PC
LG	LG smartWorld	Apps für LG Smart TV
Microsoft	Windows Store	Apps für Windows 10, 8.1, 8 und 7
Netgear	Smart Network Cloud Application Platform	Apps für Netgear-Geräte wie Mediaplayer, NAS und Router
RIM	Blackberry App World	Apps für Blackberrys
Samsung	Samsung Apps	Apps für Samsung-Smartphones

Übersicht von Online-Shops, über die Apps angeboten werden

Appz ist (1.) die allgemeine Bezeichnung für illegal im Internet angebotene Anwendungsprogramme ⇨ (**Warez**), wobei hier Urheberrechte verletzt werden, also der Bezug dieser Programme und insbesondere das Anbieten gesetzeswidrig sind. Es werden aber (2.) auch nicht von der Firma ⇨ **Apple** freigegebene Apps als Appz bezeichnet. Solche Apps sind von Apple nicht zertifiziert und daher ist ein ⇨ **Jailbreak** erforderlich, um diese über ⇨ **Cydia** zu installieren und nutzen zu können. Diese Art von Apps können aber müssen nicht zwangsweise gegen Urheberrechte verstoßen. Ein Jailbreak ist legal, führt allerdings zum Verlust der Garantie und dem Support von Apple. Appz sind von Apple nicht überprüft und bergen somit ein nicht unerhebliches Sicherheitsrisiko.

APT [sprich „äi pi ti"], Abkürzung für ⇨ **Advanced Packaging Tool**.

AR, Abkürzung für ⇨ **Augmented Reality**.

Arbeitsmappe, die; *Subst.*, bezeichnet eine Excel-Datei mit voreingestellt 3 Arbeitsblättern, wobei die Anzahl und Größe laut Microsoft nur durch den vorhandenen Speicher und die verfügbaren Systemressourcen begrenzt sind; Informationen zu Aufbau und Größe von Arbeitsmappen: http://bit.ly/yZzUMU.

Arbeitsplatz, der; *Subst.*, ist ein Symbol auf dem ⇨ **Desktop** von ⇨ **Windows XP**, das als Systemordner einen Zugriff auf die Laufwerke und die ⇨ **Systemsteuerung** ermöglicht. Das entsprechende Symbol wurde bei ⇨ **Windows 7** in ⇨ **Computer** umbenannt.

Arbeitsplatzrechner, der; *Subst.*, auch als **Arbeitsstation** oder **Workstation** bezeichnet, ist ein Computer in einem ⇨ **Netzwerk**, der mit einem oder mehreren ⇨ **Servern** verbunden ist. Der Arbeitsplatzrechner kann je nach Anforderung recht einfach ausgestattet sein, da er Ressourcen der Server wie ⇨ **Netzwerkdrucker** oder Festplattenplatz nutzen kann. Aus Kosten- und/oder Sicherheitsgründen enthält ein Arbeitsplatzrechner oft kein ⇨ **Diskettenlaufwerk** und/oder ⇨ **CD-Laufwerk**. Die Installation von Software und die Software-Wartung erfolgen zentral über den Server. Daher sind Arbeitsplatzrechner in größeren Netzwerken meist mit Zusatzfunktionen ausgestattet, die eine zentrale Überwachung, Fernsteuerung und ein ferngesteuertes Booten ermöglichen.

Arbeitsspeicher, der; *Subst.*, **Hauptspeicher** oder ⇨ **RAM** bezeichnet den Speicher, in dem Programme ablaufen und in den Daten zur Verarbeitung von den Massenspeichern wie ⇨ **Festplatte** oder

A Arbeitsstation

CD-ROM-Laufwerk kopiert werden. Da der Zugriff auf den Arbeitsspeicher um ein Vielfaches schneller möglich ist als auf die Festplatte, erhöht das erheblich die Arbeitsgeschwindigkeit. Allerdings ist die ⇨ **Speicherkapazität** gegenüber ⇨ **Massenspeichern** aus Kostengründen deutlich eingeschränkt.

Arbeitsstation, die; *Subst.*, ⇨ **Arbeitsplatzrechner**.

arc, Abkürzung für archive, dt. ⇨ **Archiv**.

Archiv, das; *Subst.*, ist eine Datei, die eine oder mehrere komprimierte Dateien enthält. Das heute gebräuchlichste Format für Archive ist ⇨ **ZIP**.

Archiv-Attribut, das; *Subst.*, ist ein Kennzeichen von Dateien, das vom Betriebssystem automatisch gesetzt wird, wenn Dateien verändert werden. Dadurch lässt sich eine Datensicherung auf die seit der letzten Sicherung geänderten Dateien beschränken, wenn das Archiv-Attribut nach der Sicherung vom Backup-Programm wieder zurückgesetzt wird.

Archivdatei, die; *Subst.*, oder ⇨ **Archiv** ist eine Datei, die eine oder mehrere komprimierte Dateien enthält. Das heute gebräuchlichste Format für Archive unter Windows ist ⇨ **ZIP**, bei ⇨ **Linux** sind RAR-Archive weit verbreitet.

archive [sprich „arkeif"], dt. ⇨ **Archiv**.

Archive Site [sprich „arkeif seid"] ist ein Rechner, der Zugang zu Dateien aus dem gesamten Internet ermöglicht. Der Zugang erfolgt über ⇨ **Anonymous FTP**.

Archivprogramm, das; *Subst.*, ist eine Windows-Anwendung wie WinZIP, mit der sich Dateien in einer ⇨ **Archivdatei** komprimiert abspeichern lassen. Entsprechende Programme für ⇨ **DOS** werden als ⇨ **Packer** bezeichnet.

Arctic Silver ist (1.) ein Hersteller von ⇨ **Wärmeleitpaste** und ⇨ **Wärmeleitkleber** und (2.) die Bezeichnung für Produkte dieses Herstellers wie die Wärmeleitpaste „Arctic Silver 5". Die Wärmeleitpasten und Wärmeleitkleber enthalten Silberoxyd, wodurch sich die Wärmeleitfähigkeit verbessern soll. Neuere Produkte enthalten stattdessen Keramikpartikel. Die Arctic-Silver-Produkte sind insbesondere bei ⇨ **Overclockern** beliebt; ⇨ **Wärmeleitpaste**. Weitere Infos: www.arcticsilver.com/.

Arial ist eine Helvetica-ähnliche Proportionalschrift, die als ⇨ **True Type Font** zum Lieferumfang aktueller Windows-Versionen gehört.

ARQ

ARP, Abkürzung für **A**ddress **R**esolution **P**rotocol, wird (1.) von Windows verwendet, um die IP-Adressen mithilfe einer Übersetzungstabelle den zugehörigen MAC-Adressen der Netzwerkkomponenten zuzuordnen. (2.) Der Befehl ARP zeigt Ihnen an der ⇨ **Eingabeaufforderung** von Windows die physikalische Adresse zur eingegebenen IP-Adresse an. Die Steuerung des Befehls erfolgt über Parameter. Eine Übersicht der Befehlssyntax erhalten Sie über den Befehl: `arp /?` ⏎ .

ARLL, Abkürzung für **A**dvanced **R**un **L**ength **L**imited, ist ein erweitertes ⇨ **RLL-Verfahren** zum Aufzeichnen von Daten auf ⇨ **Festplatten**.

ARM ist ein von ⇨ **Intel** übernommener Hersteller von Embedded ⇨ **RISC-Prozessoren**, die in mobilen Geräten wie ⇨ **Netbooks**, ⇨ **Smartphones** und ⇨ **Tablets** Verwendung finden.

ARM-Prozessor, der; *Subst.*, ist ein Embedded ⇨ **RISC-Prozessor** der Firma ⇨ **ARM**. Ein solcher Prozessor ist nicht ⇨ **x86**-kompatibel und daher ⇨ **Windows 10** auf PCs mit ARM-Prozessor nicht lauffähig, sondern nur das zusammen mit ⇨ **Windows 8** erschienene ⇨ **Windows RT**. Dagegen werden ARM-Prozessoren für das ⇨ **iPhone** und ⇨ **iPad** mit ⇨ **iOS** und ⇨ **Smart**phones und ⇨ **Tablets** mit ⇨ **Android** verwendet.

ARPA, Abkürzung für **A**dvanced **R**esearch **P**rojects **A**gency, ist eine 1958 vom Verteidigungsministerium der USA gegründete Forschungseinrichtung, die in den 70er Jahren mit dem ⇨ **ARPAnet** den Vorgänger des Internets entwickelt hat.

ARPAnet, das; *Subst.*, Abkürzung für **A**dvanced **R**esearch **P**rojects **A**gency **Net**work, war das erste paket-vermittelnde Netzwerk auf TCP/IP-Basis, das im Auftrag der Advanced Research Projects Agency (⇨ **ARPA**), einer Forschungsinstitution unter der Federführung des amerikanischen Verteidigungsministeriums in den 70er Jahren von BBN (Bolt, Beranek and Newman) erstellt wurde, um zu untersuchen, wie Netzwerke im Fall eines atomaren Kriegs sicher betrieben werden könnten. Das erarbeitete Prinzip sieht so aus, dass kein spezieller ⇨ **Server** eingesetzt wird, sondern prinzipiell jeder am Netzwerk teilnehmende Rechner sowohl Server als auch ⇨ **Client** ist. Die Steuerung und Weiterleitung der Datenpakete organisiert das Protokoll TCP/IP. Aus diesen Grundlagen entwickelte sich das ⇨ **Internet**, das ab 1980 eigenständig im zivilen Bereich weiterbetrieben wurde.

ARQ, Abkürzung für **A**utomatic **R**etransmission re**q**uest, dt. auto-

A arrow keys

matische Anforderung zur erneuten Datenübertragung, ist ein Signal bei Datenübertragungsprotokollen, wodurch fehlerhafte oder fehlende Datenpakete erneut angefordert werden.

arrow keys [sprich „ärroh kiehs"], dt. ⇨ **Pfeiltasten**, Tasten zur Steuerung des Cursors.

ARS, Abkürzung für ⇨ **Augmented Reality System** bzw. **AR**-System.

Artefakt, das; *Subst.*, bezeichnet (1.) in der Elektrotechnik ein Störsignal und (2.) bei komprimierten Videos und Bildern Bildfehler, die sich meist als unifarbene Blöcke zeigen und bei Videos auch wie Schlieren aussehen. Durch ⇨ **Postprocessing-Filter** lassen sich Artefakte teilweise entfernen, indem zum Beispiel die Übergänge durch Farbübergänge weicher gezeichnet werden.

Artificial Intelligence [sprich „artifischel intellidschens"] abgekürzt ⇨ **AI**, dt. ⇨ **Künstliche Intelligenz**.

ASCII, Abkürzung für **A**merican **S**tandard **C**ode for **I**nformation **I**nterchange, ist (1.) ein standardisierter Zeichencode aus 128 Zeichen (7-Bit-Code). Gebräuchlich wurde jedoch der von ⇨ **IBM** erweiterte 8-Bit-ASCII-Code mit 256 Zeichen, auch PC-8-Code genannt. Dessen erste 128 Zeichen stimmen mit dem 7-Bit-Code überein, während die „oberen" 128 Zeichen für nationale Zeichen und Semigrafiksymbole genutzt werden. Diese wurden unter DOS durch ⇨ **Zeichensatztabellen** (**Code Pages**) standardisiert, während Windows 9x und ME den ⇨ **ANSI-Code** und Windows NT, 2000, XP, Vista, 7, 8, 8.1 und 10 den ⇨ **Unicode** verwenden.

Bei ASCII handelt es sich aber auch (2.) um ein Protokoll für die Datenfernübertragung von ASCII-Textdaten. Das Protokoll enthält keine Fehlerkontrolle, verwendet jedoch teilweise ein 8. Bit als ⇨ **Parity-Bit**.

ASCII-Animation, die; *Subst.*, engl. **ASCII animation**, ist eine Animation aus Bildern, die nur aus ASCII-Zeichen bestehen. Beispiele finden sie unter www.ascii-art.de.

ASCII art, dt. ⇨ **ASCII-Grafik**.

ASCII-Datei, die; *Subst.*, ist eine ⇨ **alphanumerische** ⇨ **Textdatei** mit Satzzeichen. Die Zeilen sind mit ⇨ **Carriage Return** abgeschlossen, das Ende der Datei mit einem ⇨ **Dateiendezeichen** gekennzeichnet. Eine Formatierung ist nur über Carriage Return und Tabulatoren möglich.

ASCII-Film, der; *Subst.*, engl. **ASCII movie**, ist ein Film aus ⇨ **ASCII-Grafiken**. Dazu werden Bilder einzeln in ASCII-Grafiken umgewandelt und dann über ein Programm ausgeführt. Oder es wird die Bildschirmausgabe eines Films direkt in ASCII-Grafiken umgewandelt. Wie so etwas aussieht, ist hier am Beispiel von „ASCII Star Wars" zu sehen: http://www.asciimation.co.nz/.

ASCII-Grafik, die; *Subst.*, engl. **ASCII art**, sind Grafiken aus ASCII-Zeichen, die ursprünglich in den 70er Jahren des vorigen Jahrhunderts auf Großrechnern und Rechnern der mittleren Datentechnik erstellt und auf Endlosformularen ausgedruckt waren. Damals waren es hauptsächlich Darstellungen von Comic-Figuren, Tieren und Frauen). Mit dem Einzug der PCs wurden ASCII-Grafiken auch am Bildschirm angezeigt oder per Textdatei weitergegeben.

Eine große Auswahl schöner ASCII-Grafiken und sogar ASCII-Animationen finden Sie im Internet auf der Webseite www.ascii-art.de; hier als Beispiel das Bild „Santa" von Andreas Freise

Heute gibt es Galerien davon im Internet als Zeugnis der Vergangenheit, aber auch mit modernen Neuschöpfungen. Die einfachste und kleinste Form der ASCII-Grafiken sind die ⇨ **Emoticons**, die in ⇨ **E-Mails** und ⇨ **Chats** sowie in ⇨ **Newslettern** verwendet werden. Weitere Informationen und Beispiele unter www.ascii-art.de und http://www.chris.com/ascii/

ASCII movie, dt. ⇨ **ASCII-Film**.

ASCII-Steuerzeichen, das; *Subst.*, ist ein nicht druckbares Zeichen aus dem ⇨ **ASCII-Zeichensatz**. Es dient zur Steuerung der Bildschirm- und Druckausgabe sowie der ⇨ **Datenfernübertragung** per ⇨ **Modem**. Ein ASCII-Steuerzeichen ist zum Beispiel ⇨ **CR** oder **Wagenrücklauf**, mit dem der ⇨ **Cursor** unter ⇨ **DOS** eine Bildschirmzeile nach unten bewegt wird oder bei der Ausgabe auf einem Drucker ein ⇨ **Zeilenvorschub** bewirkt wird.

ASCII-Zeichensatz, der; *Subst.*, Summe aller durch ⇨ **ASCII** definierten Zeichen; ⇨ **ANSI**.

ASF, Abkürzung für **A**dvanced **S**treaming **F**ormat, ist (1.) ein komprimiertes Datenformat für das ⇨ **Streaming** im Internet und (2.) wie **WMV** die ⇨ **Dateinamenerweiterung** von ⇨ **Windows Media Video**.

A ASIC

ASIC, Abkürzung für **A**pplication **S**pecific **I**ntegrated **C**ircuit, ist ein integrierter Schaltkreis, der speziell für eine bestimmte Anwendung entwickelt wird, da sich die Aufgabe mit Standard-Chips nicht oder nicht optimal lösen lässt.

ASIC-Miner ist ein speziell zur Berechnung der Blöcke einer bestimmten ⇨ **Kryptowährung** entwickelter Rechner bzw. Schaltkreis; siehe ⇨ **ASIC**.

Ask-Toolbar [sprich „ahsk tuhlbar"], die; *Subst.*, ist ein ⇨ **Browser-Entführer**, der früher zusammen mit Adobe Reader und Oracle Java SE unbemerkt installiert wurde und nicht über die normale Deinstallationsroutine von Windows entfernt werden konnte. Die Ask-Toolbar ändert die Startseite und die Suchmaschine in www.ask.com. Der Anbieter der Ask-Toolbar verdient an Werbeeinnahmen auf der Seite und den erhobenen Daten. Mittlerweile ist es ruhig um die Ask-Toolbar geworden, da der Anbieter das Programm entschärft hat und es sich normal deinstallieren lässt.

ASP, (1.) ⇨ **Active Server Pages**, (2.) ⇨ **Application Service Provider** oder (3.) ⇨ **Dateinamenserweiterung** eines Scripts zur Generierung von Active Server Pages. Es gibt aber (4.) auch die **As**sociation of **S**hareware **P**rofessionals, eine Vereinigung von Shareware-Autoren und -Herstellern, die (5.) in Dateien mit der Dateinamenerweiterung ASP einen Text zur Information über Shareware, deren lizenzrechtliche Bestimmungen und Registrierung enthält. (6.) Ferner ist ASP die Abkürzung für **A**dvanced **S**imple **P**rofile, ein Video-Format.

ASPI, Abkürzung für **A**dvanced **S**CSI **P**rotocol **I**nterface, ist eine Treiber-Schnittstelle, die von der Firma Adaptec zur vereinheitlichten Ansteuerung von Geräten mit ⇨ **SCSI-Schnittstelle** entwickelt wurde. Brenn-/Kopierprogramme und Ripper nutzen diese Schnittstelle aber auch zum Zugriff auf Laufwerke am Standard-ATAPI-Host-adapter, installieren den ASPI-Treiber aber nicht immer automatisch, sodass dieser häufig nachinstalliert werden muss, wenn ein ASPI-Fehler auftritt.

a-squared war der Nachfolger von **YAW** und ist eine Kombination aus ⇨ **Antivirenprogramm** und ⇨ **Anti-Spyware**, die jedoch nicht weiterentwickelt wird. Der Nachfolger von a-squared ist Emsisoft Anti-Malware. Die veralteten Programme a-squared und YAW werden auf Download-Seiten noch angeboten, sollten aus Sicherheitsgründen jedoch nicht mehr verwendet werden.

ASR ist (1.) die Abkürzung für **A**utomatic **S**peech **R**ecognition, also die automatische Spracherkennung. Eine weitere Bedeutung ist (2.) **A**utomatic **S**ystem **R**econfiguration, also die automatische Neukonfiguration eines Systems, zum Beispiel per Tastendruck wie bei einigen Notebooks oder per Datenträger zur Wiederherstellung des Auslieferungszustands. ASR ist (3.) auch ein Akronym für **A**utomatic **S**erver **R**estart, also einen automatischen Neustart eines abgestürzten Servers.

Assembler [sprich „ässembler"], der; *Subst.*, bezeichnet (1.) eine maschinenspezifische Programmiersprache, die eng an den Befehlssatz und die Möglichkeiten eines Prozessors angelehnt ist. (2.) Das Programm, mit dem ein in einer Assemblersprache formuliertes Programm in eine ⇨ **Maschinensprache** umgewandelt wird.

assemblieren, *Verb.*, bezeichnet das Umwandeln eines Programms aus einer Assemblersprache in die jeweilige ⇨ **Maschinensprache**.

Assemblierung, die; *Subst.*, engl. ⇨ **Assembly**.

Assembly [sprich „ässemblie"], dt. **Assemblierung**, ist ein Ausdruck aus .NET Framework und bezeichnet eine .NET-Anwendung oder eine Funktionseinheit aus einem Modul (**Single-File-Assembly**) oder einem Modul mit weiteren Dateien (**Multi-File-Assembly**).

Assistent, der; *Subst.*, oder ⇨ **Wizard** wird die Funktion eines Programms genannt, die Einsteigern die Bedienung komplexer Funktionen erleichtert. Statt einzelne Menüs bedienen zu müssen, klickt der Benutzer lediglich in einer Folge von Dialogfenstern die gewünschten Optionen an, und der Assistent erstellt daraus zum Beispiel eine Formatvorlage für ein Faxformular oder eine neue Datenbank.

Asterisk, das; *Subst.*, Sternchen, ⇨ * (Sonderzeichen).

ASX, ⇨ **Dateinamenerweiterung** für Active Stream-Dateien zum Abspielen von Videos über das Internet oder Intranet. Die Dateien können Befehle enthalten und stellen daher ein potenzielles Sicherheitsrisiko dar.

Asymmetrische Verschlüsselung, die; *Subst.*, ist ein bei E-Mails angewendetes Verschlüsselungsverfahren, das auf einem Schlüsselpaar basiert. Ein Schlüssel wird für das Verschlüsseln und der andere Schlüssel für das Entschlüsseln genutzt.

Asynchrone Übertragung, die; *Subst.*, ist ein Übertragungsverfahren, bei dem die zeitliche Folge der einzelnen Operationen nicht durch einen zentralen Takt gesteuert wird. Man spricht in diesem Zusammenhang auch vom Start-Stop-Betrieb, da zusätzlich zu den Datenbits jedes Zeichens noch ein Start- und ein oder mehrere Stopbits gesendet werden. Zusätzlich kann das Zeichenende auch noch ein ⇨ **Paritätsbit** enthalten. Dadurch kann die empfangende ⇨ **DEE** Anfang, Ende und Korrektheit eines übertragenen Zeichens erkennen.

AT, Abkürzung für (1.) das Computerspiel **A**irline **T**ycoon und (2.) für **A**dvanced **T**echnology, die Bezeichnung für das Nachfolgemodell des ⇨ **IBM** PC/XT mit 80286-Prozessor. Die Nachfolger des IBM AT waren die PS/2-Modelle.

AT-API, Abkürzung für **AT**-**A**ttachment **P**acket **I**nterface, ist ein Kommunikationsstandard für ⇨ **Enhanced IDE**-Controller.

AT-Befehl, der; *Subst.*, ist ein Befehl zum Steuern eines Modems über ein Terminalprogramm oder einen Einwahl-String. Die Bezeichnung soll daher rühren, dass die Befehlszeilen immer mit AT, der Abkürzung für „Attention", also „Achtung", beginnen. Über AT-Befehle können auch Hacker und Dialer das Modem steuern. So haben Hacker früher beispielsweise ein Modem angerufen und einen Rückruf befohlen, um die Telefonkosten dem Modembetreiber anzulasten. Dialer schalten über einen AT-Befehl die Tonausgabe aus oder sehr leise, damit der PC-Benutzer nicht merken soll, wenn er heimlich die teuren Nummern anruft.

AT-Befehlssatz, der; *Subst.*, ist ein Standardbefehlssatz für ⇨ **Modems**, der ursprünglich von der Firma Hayes für die eigenen Modems entwickelt wurde. Jede Kommandozeile beginnt mit AT, daher die Bezeichnung ⇨ **AT-Befehl**.

AT-Bus, der; *Subst.*, Abkürzung für **A**dvanced **T**echnology **Bus**, ist ein Bussystem zur Datenübertragung bei AT-PCs; ⇨ **ISA-Bus**, ⇨ **IDE**.

AT-Bus-Controller, der; *Subst.*, ist ein Controller für ⇨ **Festplatten**, wobei die Festplatten einen Teil der Steuerung durch eigene Elektronik selbst übernehmen.

Athlon, der; *Subst.*, ist ein eingetragener Markenname für Prozessoren der Firma ⇨ **AMD**.

ATIP-Code, der; *Subst.*, Abkürzung für **A**bsolute **T**ime **I**n **P**regroove, befindet sich auf einem ⇨ **CD-Rohling** und enthält Informationen über dessen Hersteller, die nutzbare Kapazität, die empfohlene Laserleistung zum Beschreiben und ggf. Löschen bei wiederbeschreibbaren Rohlingen. Den ATIP-Code können Sie beispielsweise mit „CD Speed" aus dem Lieferumfang von Nero auslesen. Der ATIP-Code ist hilfreich, um die Herkunft preiswerter No-Name-Rohlinge herauszufinden

Attribut

und so beim Kauf erheblich sparen zu können. Der ATIP-Code verrät Ihnen auch, wie viele Daten wirklich auf einen Rohling passen, und ist daher beim Überbrennen sehr nützlich.

AT-kompatibel, *Adj.*, ist ein PC, wenn er zu der PC/AT-Baureihe von ⇨ **IBM** kompatibel ist.

ATM ist (1.) die Abkürzung für **A**synchronous **T**ransfer **M**ode, dt. asynchroner Übertragungsmodus, einen internationalen, standardisierten Übertragungsmodus mit 2 bis 155 Megabit/s, (2.) die Abkürzung für **A**dobe **T**ype **M**anager, ein Windows-Schriftenverwaltungsprogramm von Adobe, das bereits vor der Einführung von TrueType-Schriften unter Windows 3.0 die Verwendung von skalierbaren (PostScript-)Vektorschriften zuließ, (3.) das Währungssymbol für die ⇨ **Kryptowährung** ATMChain, die Ende 2017 von Marktanteil (0,0%) und Marktkapitalisierung (72 Millionen US-Dollar) her auf Platz 71 der 1.500 Kryptowährungen stand.

ATOM ist ein plattformunabhängiges, auf XML basierendes Format und tritt als Nachfolger der verschiedenen ⇨ **RSS**-Formate an, ist jedoch noch in einem sehr frühen Entwicklungsstadium. Zum Lesen der ATOM-Dokumente wird ein ⇨ **RSS-Reader** benötigt, der auch ATOM lesen kann. Eine Liste solcher RSS-Reader finden Sie unter: https://www.rss-readers.org/.

AT-Sign [sprich „ät sein"] ⇨ @.

attach [sprich „ätetch"], dt. ⇨ **anhängen**.

Attachment [sprich „ätedschmend"], das; *Subst.*, dt. **Anhang**, bezeichnet den Dateianhang einer ⇨ **E-Mail**.

Attack [sprich „äteck"], dt. Angriff, dient dem Ausspionieren, dem Anrichten von Schaden bei Betriebssystem, Programmen und/oder Dateien oder der Sabotage, um zum Beispiel Web-Server zu überlasten. Es wird zwischen aktiven und passiven Angriffen unterschieden. Im Fall von aktiven Angriffen werden Daten verändert oder Server angegriffen, bei passiven Angriffen die Daten möglichst unbemerkt abgegriffen, ohne einen Schaden am System zu hinterlassen. Passive Angriffe durch Spionageprogramme sind dennoch nicht weniger gefährlich, wenn zum Beispiel Kontodaten ausgespäht werden, um anschließend auf Kosten des Opfers in Online-Shops einzukaufen oder Geld auf eigene Konten umzuleiten.

AT-Tastatur, die; *Subst.*, andere Bezeichnung für eine MF-II-Tastatur.

Attribut, das; *Subst.*, wie ⇨ **Read-Only** (Nur-Lesen), System, Hid-

A ATX

den (Verborgen) und Archiv lässt sich jeder Datei unter ➪ **DOS** und ➪ **Windows** zuweisen. Bei Server-Betriebssystemen gibt es noch weitere Dateiattribute wegen der dort aufwändigeren Rechteverwaltung.

ATX, Abkürzung für **A**dvanced **T**echnology **Ex**tended, ist ein Formfaktor für Mainboards, die 4 bis 6 ➪ **Layer** und eine Größe von 30,5 x 24,5 cm haben. Der Nachfolger ist ➪ **BTX**.

AT-Zeichen [sprich „ätzeichen"], das; *Subst.*, ➪ **@**.

AU, Abkürzung für **Anniversary Update**, der Marketing-Name von Microsoft für die Version 1607 von Windows 10, die im August 2016 erschien.

Auction ➪ **Auktion**.

Audio, das; *Subst.*, bezeichnet Daten oder Verfahren zur Wiedergabe von Klängen.

Audio-Codec, der; *Subst.*, ist ein ➪ **Codec**, der benötigt wird, um bei einem MPEG-Video nicht nur das Bild zu sehen, sondern auch den zugehörigen Ton zu hören. Ein solcher Codec für ➪ **MP3** ist zum Beispiel der LAME-Codec.

Audiostream, der; *Subst.*, ist eine Musikwiedergabe über das Internet, die während des ➪ **Downloads** abgespielt wird, ohne die Musik dabei in einer Datei auf dem lokalen Rechner zu speichern.

Audio-Track [sprich „audiotreck"], der; *Subst.*, dt. Audio-Spur, ist ein einzelnes Musikstück auf einer CD/CD-R, das meist auf einer eigenen Spur liegt. Je nach eingesetztem Herstellungsverfahren und Typ der CD kann ein Audio-Track aber auch Teil eines größeren Datenbestandteils des Mediums sein.

Auflösung, die; *Subst.*, engl. **resolution**, gibt an, mit welcher Qualität die Darstellung von Daten durch ein Gerät erfolgen kann. Abhängig vom Gerät werden dabei unterschiedliche Maßeinheiten verwendet. Die Druckerauflösung gibt die Anzahl darstellbarer Punkte auf einer definierten Linie an (in der Regel der Zeile), wobei als Einheit Inch, dt. Zoll verwendet wird (1 Zoll = 2,54 cm) beispielsweise 600, 1.200, 2.400 oder 4.800 dpi (dots per inch, Punkte pro Zoll).

Das vergleichbare Maß ➪ **Ppi** hat sich bei Bildschirmauflösungen nicht durchgesetzt, denn diese werden üblicherweise in Pixeln (z. B. 1.920 x 1.080) angegeben, da die Anzahl der darstellbaren Punkte in der Horizontalen und Vertikalen maßgeblich von der Grafikkarte vorgegeben wird und nicht ausschließlich von der Darstellungsfläche abhängt. Die Auflösung eines Analog-

Digital-Wandlers, beispielsweise in einer Soundkarte, wird hingegen in ⇨ **Bits** angegeben.

aufwärts kompatibel, *Adj.*, ist eine Hardware oder Software, wenn sich damit auch die Daten aus einer Nachfolgeversion bearbeiten lassen. So ist eine Textverarbeitung aufwärts kompatibel, wenn sich damit auch Dokumente bearbeiten lassen, die mit einer jüngeren Version derselben Textverarbeitung erstellt wurden.

Augmented Reality [sprich „ohgmentid rieäliti"], Abkürzung **AR**, oder **erweiterte Realität**, Hinzufügen von Computer-generierten Informationen zu Bildern und Videos, um damit die Wahrnehmung zu erweitern. Diese Technik wird zum Beispiel bei ⇨ **Apps** für ⇨ **Smartphones** mit ⇨ **iOS**- (⇨ **iPhone**) oder ⇨ **Android**-Betriebssystem angewendet. Beispiele sind Reiseführer, die zu mit der Kamera anvisierten Sehenswürdigkeiten Informationen anzeigen, oder Navigationssysteme, die zu nahegelegenen Geschäften, Restaurants oder Terminals in einem Flughafen führen. Zu AR gehört auch die Fernsteuerung eines Modells, während der Spieler dabei Aufgaben löst, wie etwa durch virtuelle Tore zu fliegen oder Punkte zu sammeln. Andere Alltagsanwendungen sind das Anzeigen von Entfernungen zum nächsten Loch auf einem Golfplatz oder die Entfernung zum Tor bei einem übertragenen Fußballspiel.

Im Bereich der Kraftfahrzeug- und Luftfahrttechnik gehören Head-Up-Displays und Nachtsichtsysteme mit Hinderniserkennung zu AR. Für PCs werden durch ⇨ **Windows 10** und die ⇨ **Datenbrille** ⇨ **HoloLens** neue AR-Anwendungen erwartet.

Auktion, die; *Subst.*, ist eine Handelsform im Internet, bei der Privatpersonen untereinander oder auch Händler an Privatpersonen oder untereinander Waren ab einem Preis von 1 € versteigern. Das bekannteste internationale Internet-Auktionshaus ist eBay; ⇨ https://www.ebay.de/.

AUP, Abkürzung für **A**cceptable **U**se **P**olicy, dt. etwa „Richtlinien zur erlaubten Nutzung", sind im Gegensatz zur ⇨ **Netiquette** verbindliche Richtlinien für die Nutzung von Netzwerken, die teilweise Bestandteil der ⇨ **AGB** sind. Neben den „Benimmregeln" und kommerziellen Regularien sind auch technische Regularien zur Nutzung des Netzwerks enthalten.

Ausgabegerät, das; *Subst.*, ist eine Sammelbezeichnung für alle an einen ⇨ **Desktop-PC** angeschlossenen Geräte zur Ausgabe von Daten: ⇨ **Drucker**, ⇨ **Monitor**, ⇨ **TFT-Display**, ⇨ **Beamer**, Lautsprecher und weitere.

A ausgrauen

ausgrauen, *Verb*, Kennzeichnen nicht auswählbarer Menüoptionen oder Schaltflächen durch Graufärbung und/oder Herabsetzen des Hell-Dunkel-Kontrasts. Es ist eine übliche Methode bei Benutzeroberflächen, bei der ein Benutzer alle vorhandenen Menüoptionen zur Orientierung angezeigt bekommt und trotzdem sofort erkennt, welche Optionen gerade sinnvoll oder zulässig sind. Die Schwierigkeit aus Sicht des Benutzers besteht allerdings darin, auf ausgegraute Optionen zugreifen zu wollen und nicht zu wissen, wie er diese aktivieren soll. Das Gegenteil ist ⇨ **Highlighting**.

aushängen, *Verb*, deutsche Bezeichnung für **unmount**, das Enfernen eines Laufwerks aus dem Verzeichnisbaum, ⇨ **mount**.

Auslagerungsdatei, die; *Subst.*, wird von ⇨ **Windows** angelegt, wenn der physikalische Arbeitsspeicher nicht mehr ausreicht. In der Auslagerungsdatei (**Swapfile**) werden gerade nicht benötigte Inhalte des Arbeitsspeichers auf der ⇨ **Festplatte** gespeichert und bei Bedarf wieder zurück geladen. Dieser zusätzliche Arbeitsspeicher wird als ⇨ **virtueller Speicher** bezeichnet. Auch Anwendungen wie Textverarbeitungen oder Tabellenkalkulationen legen Auslagerungsdateien an, wenn der gesamte Inhalt eines Dokuments oder benötigte Tabellen nicht in den Arbeitsspeicher passen.

ausloggen, *Verb*, ⇨ **abmelden**.

ausschießen, *Verb*, ist ein Fachbegriff aus dem ⇨ **Desktop Publishing** und bezeichnet das Anordnen der Druckseiten auf einem Druckbogen in der Art, dass die Druckseiten nach dem Falzen und Schneiden in der Druckerei in der gewünschten Reihenfolge sind.

ausschneiden, *Verb*, bezeichnet das Kopieren markierter Daten wie Text oder Bilder in die ⇨ **Zwischenablage** und das anschließende Löschen an der ursprünglichen Position. In den meisten Anwendungen lautet der Menübefehl dazu *Bearbeiten/Ausschneiden*. Das entsprechende Tastaturkürzel ist [Strg]+[X]. Der entgegengesetzte Vorgang wird als ⇨ **Einfügen** bezeichnet.

Auswurftaste ist (1.) allgemein ein ⇨ **Taster** oder eine mechanische Taste an elektronischen Geräten zum Auswurf von Medien. Eine Auswurftaste ist zum Beispiel am PC bei optischen Laufwerken wie CD-/DVD- und Blu-ray-Laufwerken, bei Autoradios und Geräten der Unterhaltungselektronik zum Auswurf von Kassette oder CD (⇨ **Eject-Taste**), bei Camcordern zum Auswurf der Kassette oder des sonstigen Speichermediums vorhanden. Es gibt **mechanische Auswurftasten**, bei denen der Bediener durch seine Kraft über eine mechanische Verbindung eine Sperre löst und dann über eine Feder der Auswurf ausgelöst wird. Dagegen lösen Taster bei einer **elektronischen Auswurftaste** ein Signal aus und der Auswurf erfolgt über einen Elektromotor, der eine Schublade oder andere Aufnahme des Mediums herausfährt. Ist eine Auswurftaste als ⇨ **Schaltfläche** in einem Programm vorhanden, löst diese ebenso wie der Taster einen elektronischen Auswurf per Elektromotor aus, wobei dies hier digital über einen Befehl bzw. einen bestimmten Wert erfolgt. Solche **Software-Auswurftasten** finden sich bei Media-Playern wie ⇨ **iTunes** und Nero. (2.) Tastaturen der Firma ⇨ **Apple** für ⇨ **iPhone**, ⇨ **iPad** und ⇨ **Mac** haben eine spezielle Taste, mit der sich bei einem Mac die Schublade des optischen Laufwerks ausfahren lässt. Stattdessen kann das Laufwerkssymbol auch auf den Papierkorb gezogen werden, um den Auswurf zu erreichen.

Ein iPhone oder iPad hat kein optisches Laufwerk, doch auch hier hat die Auswurftaste eine Bedeutung, denn damit lässt sich zwischen ⇨ **Bildschirmtastatur** und externer ⇨ **Bluetooth**-Tastatur umschalten. Das ist erforderlich, um Zeichen einzugeben, die über die Bluetooth-Tastatur nicht erreichbar sind, das sind etwa Zeichensätze anderer Sprachen und ⇨ **Emoticons**.

Authentifikation, die; *Subst.*, ⇨ **Authentifizierung**.

Authentifizierung, die; *Subst.*, Nachweis der Zugangsberechtigung, der meist per Benutzername und Kennwort erfolgt.

Authoring [sprich „oahsoring"], das; *Subst.*, bedeutet, dass zum Erstellen einer CD/DVD die dafür benötigten unterschiedlichen Multimedia-Daten (Audio, Video, Bilder, Daten) zusammengeführt werden. Das Ergebnis ist eine Image-Datei, die auf CD oder DVD gebrannt wird. Beim Authoring kann ein Menü zur Auswahl der Daten erstellt werden sowie das Menü bei einer gekauften DVD.

Authoring-Tool [sprich „oahsoring tuhl"], das; *Subst.*, dt. Autorensystem, ist ein Programm mit dem sich unterschiedliche Multimedia-Daten zu einer Multimedia-Anwendung wie einer Präsentation, einem Katalog, einem Lernprogramm oder einem Spiel verbinden lassen. Der Benutzer kann über Menüs und Schaltflächen den Programmablauf bestimmen.

Auto-Answer-Mode [sprich „auto änser mod"], der; *Subst.*, dt. Antwort-Modus, Wartestellung eines ⇨ **Modems** auf einen eingehenden Anruf.

Autodialer [sprich „autodailer"], der; *Subst.*, ist ein ⇨ **Dialer**, der sich (1.) selbsttätig ohne Nachfrage herunterlädt und installiert, wenn ein

A Auto-DM

Besucher auf die Webseite mit dem Autodialer surft. Dies erfolgt meist über ⇨ **ActiveX-Controls**. Daher besteht eine Schutzmöglichkeit darin, ⇨ **ActiveX** in den Browser-Einstellungen zu deaktivieren. Als Autodialer werden aber (2.) auch Dialer bezeichnet, die nach der Installation selbstständig und ohne Rückfrage beim PC-Benutzer eine teure ⇨ **0900**-Rufnummer (früher 0190) oder Rufnummer im Ausland anwählen.

Auto-DM ist eine automatisch über ⇨ **Twitter** verschickte Direktnachricht (**DM**). Das erfolgt zur Begrüßung neuer ⇨ **Follower**, zum automatischen Versand von ⇨ **Tweets** bei Änderungen auf der eigenen Webseite und zu Werbezwecken.

Auto-DM-Killer ist ein Tool oder ein Dienst, der ⇨ **Auto-DMs** löscht. ⇨ **Twitter** erlaubt nur ein manuelles Löschen von jeweils einer ⇨ **DM**, was bei einem größeren Twitter-Konto mit Hunderten von DMs nicht praktikabel ist. Mit einem Auto-DM-Killer lassen sich dagegen automatisch alle DMs löschen oder nur solche, die einen ⇨ **Link** enthalten.

AUTOEXEC.BAT, die; *Subst.*, ist eine ⇨ **Systemdatei** und ⇨ **Stapeldatei**, die beim Systemstart von ⇨ **DOS** und Windows 9x automatisch ausgeführt wird. Diese Datei enthält DOS-Befehle zur Organisation der Arbeitsumgebung und gegebenenfalls Programmaufrufe aus der ⇨ **SYSTEM.INI**. Änderungen an der AUTOEXEC.BAT können Sie von Windows aus mit ⇨ **Sysedit** ausführen. In aktuellen Windows-Versionen erfolgt der Autostart von Programmen über die ⇨ **Registrierungsdatenbank**.

Autoloader [sprich „autolohder"], der; *Subst.*, ist eine kleine ActiveX-Komponente, die sich unbemerkt beim Besuch von Webseiten installieren kann. Der Autoloader lädt dann einen ⇨ **Dialer** von der Webseite herunter.

Automatische Wiedergabe, die; *Subst.*, ist ein Windows-Dienstprogramm zur Einstellung des ⇨ **Autostart**, das über die Systemsteuerung aufgerufen wird. Hierüber wird festgelegt, welche Aktionen beim Einlegen eines Wechseldatenträgers (Diskette, Speicherkarte, USB-Stick, USB-Festplatte, austauschbare Festplatte in einem Einschub), einer Blu-ray, CD, DVD oder dem Anschluss einer Kamera erfolgen sollen. Die Aktionen sind teilweise nach Medientyp (Bilder, Videos, Musik, leere Blu-ray/CD/DVD oder solche mit Film oder Musik) einstellbar.

automatische Worterkennung 📱, die; *Subst.*, hilft bei Mobilfunktelefonen bei der Eingabe von SMS. Es werden entsprechend den gedrückten Tasten Wortvorschläge

AutoRun-Wurm A

aus dem integrierten Wörterbuch gemacht. Bei Siemens wird diese Technologie ⇨ **T9**-Modus genannt.

AutoPlay [sprich „autopläj"], das; *Subst.*, bezeichnet bei ⇨ **Windows** den automatischen Start von eingelegten CDs/DVDs sowie automatische Aktionen beim Anstecken oder Einlegen anderer Speichermedien wie USB-Sticks oder Speicherkarten. Diese Funktion wird bei ⇨ **Windows XP** über den ⇨ **Geräte-Manager** und die Option ⇨ **Eigenschaften** aus dem ⇨ **Kontextmenü** des entsprechenden Geräts ein- bzw. ausgeschaltet. In aktuellen Windows-Versionen ist AutoPlay aus Sicherheitsgründen voreingestellt deaktiviert. Über die ⇨ **Systemsteuerung** und ⇨ **Automatische Wiedergabe** werden die Einstellungen in Abhängigkeit vom Speichermedium und Medientyp (Bilder, Videos, Musik, Gemischte Inhalte) vorgenommen.

Autorensystem, das; *Subst.*, ist eine Software mit der sich multimediale Präsentationen und Lernprogramme erstellen lassen.

Autoresponder, der; *Subst.*, beantwortet eingehende ⇨ **E-Mails** automatisch, um zum Beispiel im Urlaub auf die Abwesenheit hinzuweisen oder dem Absender eine Rückmeldung zu geben, dass seine E-Mail angekommen ist und bearbeitet wird. Die Autoresponder-Funktion

kann über einen ⇨ **E-Mail-Client** oder einen ⇨ **Mail-Server** bereitgestellt werden.

Autorun [sprich „autorann"] ⇨ **Autostart**

autorun.inf ist eine Textdatei, die bei Windows zum Starten von Programmen von einem neu eingelegten oder angeschlossenen Datenträger verwendet wird. Es handelt sich um eine spezielle ⇨ **Stapeldatei** mit der Endung .inf statt .bat. Die in der Datei aufgeführten Programme werden nacheinander ausgeführt. Schadprogramme verwenden autorun.inf zum automatischen Start. Die eigentliche Bestimmung ist der automatische Start von Installationsprogrammen oder Anwendungsprogrammen nach dem Einlegen einer CD oder DVD. Microsoft hat diese Autostart-Funktion bei den aktuellen Windows-Versionen 10, 8.1 und 7 voreingestellt deaktiviert.

AutoRun-Wurm, der; *Subst.*, ist ein ⇨ **Wurm**, der die AutoRun-Funktion von Windows (⇨ **Autostart**) ausnutzt. Sobald ein Gerät wie eine Digitalkamera, ein USB-Stick, eine USB-Festplatte angeschlossen oder eine Blu-ray, CD oder DVD oder ein anderer Wechseldatenträger mit AutoRun-Wurm eingelegt wird, startet dieser bei älteren Windows-Versionen automatisch. In den aktuellen Windows-Versionen 10, 8.1 und 7 hat Microsoft die ⇨ **Automa-**

A Autostart

tische **Wiedergabe** voreingestellt deaktiviert, sodass die Gefahr durch AutoRun-Würmer oder andere AutoRun-Schadprogramme nicht mehr so groß wie vor einigen Jahren ist.

Autostart, der; *Subst.*, ist (1.) ein Systemordner im ⇨ **Startmenü**, der bei ⇨ **Windows 7** über *Start/Programme* zu erreichen ist. In ⇨ **Windows 10**, ⇨ **Windows 8.1** und ⇨ **Windows 8** ist der Autostart-Ordner versteckt, lässt sich jedoch noch über das **Ausführen**-Fenster ⊞+R und die Eingabe von *shell:startup* aufrufen. Dort eingetragene Programme werden beim Systemstart von Windows automatisch gestartet. Dies kann zu erheblichen Verzögerungen beim Start von Windows führen und die Performance des Systems beeinträchtigen, da die geladenen Programme Ressourcen, insbesondere Arbeitsspeicher verbrauchen. Windows-Programme werden jedoch nicht nur über den Autostart-Ordner automatisch gestartet, sondern auch über Einträge in der ⇨ **Registrierungsdatenbank**. Eine Übersicht dieser Programme erhalten Sie je nach Windows-Version mit ⇨ **Msconfig** im Register *Systemstart* oder dem ⇨ **Task-Manager** im Register *Autostart*.

AutoVorschau, die; *Subst.*, ist eine Funktion von Outlook, die zu jeder E-Mail in der Übersicht optional mehrere Zeilen anzeigt, sodass schon hier besser zu erkennen ist, welche Mail wichtig ist und welche direkt gelöscht werden kann. Die AutoVorschau-Funktion lässt sich über das Menü *Ansicht* ein- bzw. ausschalten.

Avast, ist (1.) der Name des tschechischen Software-Herstellers AVAST Software s.r.o., der Antivirenprogramme unter (2.) dem Markennamen Avast sowie ⇨ **AVG** entwickelt und vertreibt; https://www.avast.com/de-de/index und https://www.avg.com/de-de/homepage

Avatar, der; *Subst.*, ist (1.) eine grafische Figur in 2D- oder 3D-Darstellung als virtuelles Abbild eines Benutzers eines Internet-Dienstes. Ein Teilnehmer an einem Internet-Chat kann sich beispielsweise durch einen solchen grafischen Stellvertreter repräsentieren lassen. Als Avatar wird bei (2.) ⇨ **Twitter** aber auch das Bild des Benutzers bezeichnet.

AVCHD ist (1.) die Abkürzung für **A**dvanced **V**ideo **C**odec **H**igh Definition und (2.) ein digitales, hochauflösendes Aufnahmeformat, das von den Firmen Matsushita (Panasonic) und Sony entwickelt und am 11. Mai 2006 vorgestellt wurde. Dieses Format verwenden Camcorder, Digitalkameras und ⇨ **Windows 7** zur Aufzeichnung von High-Definition-Videos. Als ⇨ **Codec** wird der ⇨ **H.264**/MPEG-4 AVC verwendet. Ferner ist AVCHD auch (3.) ein

Markenzeichen der Firmen Matsushita und Sony.

AVCHD Lite ist ein seit dem 27. Januar 2009 existierender Standard für digitale Videoaufnahmen. Er entspricht dem Standard ⇨ **AVCHD**, wobei in der „Lite-Version" nur HD-Videoaufnahmen mit 720p (720 Zeilen) möglich sind. Es ist daher beim Kauf eines Camcorders oder einer Digitalkamera darauf zu achten, ob diese AVCHD oder AVCHD Lite unterstützt.

AVG ist ein Markenname des Software-Herstellers ⇨ **Avast** für ⇨ **Antivirenprogramme**.

AVI, Abkürzung für **A**udio-**V**ideo-**I**nterleaved, ist (1.) die ⇨ **Dateinamenerweiterung** für Audio- und Vi-deodaten im (2.) AVI-Dateiformat, das nur als Container für diese Daten dient. Es handelt sich dabei nicht um ein festgelegtes Format, sodass eine AVI-Datei sehr unterschiedlich Daten enthalten kann, die unterschiedliche ⇨ **Codecs** benötigen, um abgespielt werden zu können.

Eine AVI-Datei kann zum Beispiel einen Film im ⇨ **DivX**-Format und Audiodaten im ⇨ **MP3**-Format enthalten, also verhältnismäßig klein sein. Ebenso können je nach Codec darin auch weniger komprimierte Daten abgespeichert werden, sodass die resultierende AVI-Datei eine 40-GB-Festplatte mit nur einem Spielfilm füllen kann. Demzufolge ist die Qualität einer AVI-Wiedergabe sehr unterschiedlich.

AV Line-In ist ein Anschluss für Videogeräte wie ⇨ **Camcorder** oder ⇨ **DVD-Player** wie er zum Beispiel bei einer ⇨ **TV-Karte** zu finden ist.

AVP, Abkürzung für ⇨ **Antivirenprogramm**.

AVS, das; *Subst.*, Abkürzung für (1.) **A**nti-**V**irus-**S**oftware, (2.) **A**dult **V**erification **S**ystem [sprich „ädalt werifikayschn system"] oder **A**ge **V**erification **S**ystem [sprich „aytsch werifikayschn system"], dt. „Altersnachweissystem". Ein AVS ist in Deutschland für alle jugendgefährdenden Webseiten vorgeschrieben. Es gibt unterschiedlichste Verfahren dazu wie Personalausweis prüfen, Datenbankcheck und Einschreiben, Post-Ident-Verfahren und Geldkarte. Eine gute Übersicht gibt der folgende Eintrag bei Wikipedia: https://de.wikipedia.org/wiki/Altersnachweissystem. Ein deutsches AVS ist zum Beispiel www.ueber18.de. (3.) Abkürzung für **A**dress **V**erification **S**ystem [sprich „ädress werifikayschn system"], dt. „Adressenüberprüfung", ein Verfahren zur Prüfung der Identität einer Person bei der Bezahlung per Kreditkarte im ⇨ **Internet**. (4.) Abkürzung für **A**dvanced **V**isualization **S**tudio, ein ⇨ **PlugIn** für ⇨ **Winamp** zur Visualisierung

A | Award

der mit diesem ⇨ **Player** abgespielten Musik. Zudem gibt es auch (5.) einen chinesischen **A**udio **V**ideo Coding **S**tandard, der abgekürzt als AVS bezeichnet wird. In der ⇨ **Informatik** steht die Abkürzung AVS zudem für (6.) **A**rchitektur **v**erteilter **S**ysteme.

Award [sprich „äwoard"], der; *Subst.*, ist eine Preisvergabe oder Auszeichnung für eine besondere Hardware, Software oder ⇨ **Website**; ⇨ **WebAward**.

AWM, Abkürzung für ⇨ **Adultwebmaster**.

B

B steht für ⇨ **Byte**.

b2b oder **B2B** [sprich „bieh tu bieh"], Abkürzung für **B**usiness **to B**usiness [sprich „bissness tu bissness"], ist ein Ausdruck aus dem ⇨ **eBusiness** und ⇨ **eCommerce** für Geschäftsbeziehungen von Firmen untereinander und entsprechende Internet-Portale und Marktplätze.

b2c oder **B2C** [sprich „bieh tu sieh"], Abkürzung für **B**usiness **to C**ustomer [sprich „bissness tu kastaemer"], ist ein Ausdruck aus dem ⇨ **eBusiness** und ⇨ **eCommerce** für die Geschäftsbeziehungen zwischen Firmen und (privaten) Kunden.

b2e oder **B2E** [sprich „bieh tu bieh"], Abkürzung für **B**usiness **to E**mployee [sprich „bissness empleuih"], ist ein Ausdruck aus dem ⇨ **eBusiness** für die Geschäftsbeziehung und Kommunikation zwischen Firma und deren Angestellten.

Baby Bells ☎ [sprich „behbi bells"] ist eine umgangssprachliche Bezeichnung für kleine, regionale Telefongesellschaften in den USA.

Backbone [sprich „bäckbohn"], das; *Subst.*, dt. Rückgrat, ist eine Hochgeschwindigkeitsverbindung zwischen Netzwerken, wie sie etwa im Internet eingesetzt wird.

Backdoor [sprich „bäckdohr"] oder **Trapdoor**, die; *Subst.*, dt. Hintertür, ist (1.) eine Sicherheitslücke für ⇨ **Hacker**, (2.) ein anderer Begriff für ⇨ **Trojanisches Pferd**, (3.) eine Hintertür, die ein Programmierer einer Software einbaut, um diese warten, fernsteuern oder die damit verarbeiteten Daten manipulieren oder ausspähen zu können.

Backdoor-Trojaner, [sprich „bäckdohr"], der; *Subst.*, ist ein ⇨ **Trojanisches Pferd**, das sich als legitime Software ausgibt, um PC-Anwender dazu zu verleiten, die Software ohne Bedenken zu starten. Sobald der Trojaner ausgeführt wird, kann ein Angreifer den PC über das Internet fernsteuern, auf die Daten darauf zugreifen und weitere ⇨ **Schadprogramme** ausführen. Die bekanntesten Backdoor-Trojaner sind ⇨ **Back Orifice**, ⇨ **Netbus**, ⇨ **Optix Pro**, ⇨ **Subseven**, ⇨ **Zbot** und ⇨ **ZeuS**.

Backend [sprich „bäckend"], das; *Subst.*, ist ein Programm zur Datenhaltung.

background program [sprich „bäckgraund proahgräm"], dt. ⇨ **Hintergrundprogramm**.

Backlink [sprich „bäcklink"], der; *Subst.*, ist eine Gefälligkeit oder auch eine Maßnahme zur Optimierung für das Suchmaschinen-Ranking. Ein Webseiten-Betreiber verweist mit einem Link „zurück" auf eine Seite, die auch mit einem Link auf seine Webseite verweist.

Back Orifice [sprich „bäck orifeis"], Abkürzung **BO**, und **Back Orifice 2000** [sprich „bäck orifeis tu sausend"], Abkürzung **BO2**, sind ⇨ **Backdoor-Trojaner**; siehe auch ⇨ **Netbus**, ⇨ **Optix Pro**, ⇨ **Subseven**, ⇨ **Zbot** und ⇨ **ZeuS**.

Backscatter [sprich „bäckscetter"], auch als **Outscatter** bezeichnet, ist nutzloser E-Mail-Verkehr, der durch ⇨ **Spam** verursacht wird, wenn der Spam-Versender zur Tarnung real existierende E-Mail-Adressen als Absender verwendet. Denn ist eine solche Spam-Mail nicht zustellbar, etwa weil der Empfänger wegen Urlaub oder Dienstreise außer Haus oder seine Mailbox überfüllt ist, so geht die Benachrichtigung darüber (Unzustellbarkeitsnachricht, ⇨ **NDN**) an den vermeintlichen Absender. So verursacht die Spam-Mail zusätzlichen Spam.

Backslash (\) [sprich „bäcksläsch"], der; *Subst.*, dt. Rückwärtsschrägstrich, ist ein inverser Schrägstrich und ein Zeichen aus dem ⇨ **ASCII**-Zeichensatz, das bei ⇨ **DOS** und Windows für die Pfadangabe und innerhalb diverser Programmiersprachen als Operator verwendet wird. Ein Backslash lässt sich durch [Alt] und die Eingabe von [9] und [2] auf dem numerischen Ziffernblock oder mit [AltGr]+[ß] eingeben ⇨ **Slash**.

Backspace [sprich „bäckspäis"], der; *Subst.*, abgekürzt **BS**, dt. Rückschritt, ist ein Steuerzeichen, das den ⇨ **Cursor** ein Zeichen nach links setzt und dadurch das dort stehende Zeichen löscht.

Backspace-Taste [⬅] [sprich „bäckspäis taste"], die; *Subst.*, ⇨ **Rückschritt-Taste**.

Backup [sprich „bäckabb"], das; *Subst.*, ist eine Bezeichnung für eine ⇨ **Datensicherung** oder ⇨ **Sicherheitskopie**.

Backup Agent [sprich „bäckabb äidschent"], der; *Subst.*, ist ein Programm, das entsprechend den Einstellungen automatisch eine Datensicherung ausführt. Es lassen sich darüber auch die Festplatteninhalte von Arbeitsstationen im Netzwerk servergesteuert sichern.

Backup-Server [sprich „bäckabb sörwer"], der; *Subst.*, ist ein zur Datensicherung und als Ersatz für den Hauptrechner betriebener ⇨ **Server**. Bei größeren IT-Systemen ist der Backup-Server örtlich ausgelagert, um auch im Fall größerer Schäden an der Rechenzentrumsabteilung bzw. den dort betriebenen Rechnern (zum Beispiel durch Brand, Erdbeben, Terroranschlag, Krieg) möglichst schnell weiterarbeiten bzw. das IT-System mit den ursprünglichen Daten, Konfigurationen und Programmen wiederherstellen zu können.

Bad Cluster [sprich „bähd klaster"], der; *Subst.*, ist eine beschädigte ⇨ **Zuordnungseinheit** auf einem Datenträger wie einer ⇨ **Diskette** oder ⇨ **Festplatte**.

Bad Link [sprich „bähd link"], der; *Subst.*, ist ein ⇨ **Link**, der nicht zum erwarteten Ziel führt, weil die Webseite nicht mehr vorhanden oder gesperrt ist.

BAIC, Abkürzung für **Ba**rring of **I**ncoming **C**alls und eine Sperre für alle eingehenden Anrufe, um zum Beispiel im Ausland Gebühren zu sparen.

BAK, ⇨ **Dateinamenerweiterung** einer ⇨ **Datensicherung** in Form einer ⇨ **Sicherungskopie** einer ⇨ **Datei**.

Balkencode ⇨ **Barcode**.

Ball Bearing [sprich „bohl biehring"], abgekürzt ⇨ **BB**, engl. Bezeichnung für Kugellager. Leider werden bei PCs und Peripheriegeräten häufig Billiglüfter ohne Kugellager verwendet, die nach wenigen Monaten lautstark darauf hinweisen, dass sie ausgetauscht werden müssen.

Ballerspiel, das; *Subst.*, engl. **Shoot 'em up**, dt. „Knall sie ab", abgekürzt **Shmup** ist ein ⇨ **Computerspiel** wie Space Invaders oder Moorhuhn, bei dem es im Wesentlichen um das Abschießen von Gegnern oder Zielen geht. Im Unterschied zu einem ⇨ **Ego-Shooter** ist der Spieler dabei in seiner Bewegung eingeschränkt und kann sich zum Beispiel nur nach rechts und links bewegen. Zudem sind Ballerspiele meist 2D-Spiele, während Ego-Shooter den Spieler durch ein 3D-Labyrinth oder eine ganze Spiellandschaft führen. Wikipedia führt als Unterscheidung noch die unbegrenzte Munition auf, die zum Beispiel Space Invaders zu den Ballerspielen zählen würde, jedoch Moorhuhn streng genommen nicht, da hier nachzuladen ist. Im allgemeinen Sprachgebrauch werden jedoch alle Spiele als Ballerspiele bezeichnet, bei denen das Spielgeschehen überwiegend durch Schießen beeinflusst wird oder fast ausschließlich daraus besteht. Da das Schießen in vielen Computerspielen eine zentrale Aufgabe des Spielers ist, werden also auch ⇨ **Abenteuerspiele** wie Lara Croft, Ego-Shooter, Kriegsspiele, gewisse Rennspiele, Rettungsspiele, Rollenspiele, Röhrenshooter und hier nicht weitere aufgeführte Spielarten als Ballerspiele bezeichnet.

Bandbreite, die; *Subst.*, engl. ⇨ **bandwith**, gibt die maximale Anzahl Daten an, die in einer be-

B Bandlaufwerk

stimmten Zeit übertragen werden können. Die Angabe erfolgt in bit, kbit, mbit oder gbit; ⇨ **Bit**.

Bandlaufwerk, das; *Subst.*, ⇨ **Streamer**.

bandwith, dt. ⇨ **Bandbreite**.

Bank, die; *Subst.*, ist eine logische Gruppe von Speicherbausteinen.

Banking-Trojaner, [sprich „bänking-trojaner"], ist ein ⇨ **Trojanisches Pferd**, das versucht, das ⇨ **Online-Banking** zu manipulieren. Dazu werden die Zugangsdaten ausspioniert und, falls möglich, die Überweisungsdaten manipuliert, bevor diese zur Bank gesendet werden. In anderen Fällen wird der Benutzer durch Einblenden falscher Meldungen und einen gefälschten Kontoauszug so manipuliert, dass er eine vermeintlich erforderliche Rücküberweisung durchführt.

Damit das installierte ⇨ **Antivirenprogramm** die Banking-Trojaner nicht erkennt, werden ständig neue Variationen dieser ⇨ **Schadprogramme** entwickelt. Bis der Hersteller eine neue ⇨ **Virensignatur** entwickelt und der Anwender sein Schutzprogramm damit aktualisiert hat, ist schon wieder eine neue Schadprogrammvariante aktiv, und die alte hat sich längst vom PC gelöscht, damit der Angriff nicht erkannt wird.

Bankkarte ist eine Kunststoffkarte mit Magnetstreifen oder Chip, die zum bargeldlosen Bezahlen oder ⇨ **Online-Banking** verwendet wird.

Banner [sprich „bänner"], der; *Subst.*, wird zu Werbezwecken auf Webseiten eingeblendet. Es handelt sich um teilweise auch animierte Bilder im GIF- oder JPG-Format, die den Betrachter zum Anklicken verführen sollen, um ihn dann auf die Webseite des Anbieters weiterzuleiten. Der Betreiber einer Webseite bekommt die **Werbebanner** vergütet nach Anzahl der Anzeigen, der Klickrate oder der darüber tatsächlich erfolgten Verkäufe oder abhängig von der Interessentengewinnung.

Bannerdesign [sprich „bännerdesein"], das; *Subst.*, Gestaltung eines Banners, wozu Grafikprogramme verwendet werden. Das Aussehen des Banners ist dabei weniger wichtig als seine Effizienz, also wie oft es angeklickt wird und wie hoch der Anteil der Abschlüsse an den Klicks ist.

BAOC 📱, Abkürzung für **Ba**rring of **O**utgoing **C**alls und eine Sperre für alle ausgehenden Anrufe, um Gebühren zu sparen und zum Beispiel eine bestimmte monatliche Summe nicht zu überschreiten.

bar, Pipe-Zeichen ⇨ **|**.

Base Resolution

Barcode, der; *Subst.*, dt. Strichcode, **Balkencode** ist ein Code aus schwarzen Streifen unterschiedlicher Dicke, der besonders zur Kennzeichnung von Waren verwendet wird. Der Code wird mittels eines ⇨ **Barcode-Lesers** (⇨ **Scanner**) in den Computer eingelesen. Durch Zuordnung von Warenbezeichnung und Preis zu einem Barcode entfällt die Notwendigkeit für den Kassierer zur Eingabe dieser Werte. Es existieren unterschiedliche Normen für den Aufbau von Barcodes. Der bekannteste in Europa ist der EAN-Code.

Barcode-Leser, der; *Subst.*, ist ein Gerät zum Lesen von ⇨ **Barcode**s.

Barebone [sprich „bärbohn"], der; *Subst.*, dt. etwa „nackter Knochen", ist ein Bausatz für PC oder Notebook mit mindestens Gehäuse und Mainboard. Der Kunde kann selbst wählen, welchen Prozessor, Kühler, Speicher und welche Laufwerke er einsetzt und muss den PC oder das Notebook dann wie einen Bausatz zusammenbauen.

barrierefrei, *Adj.*, ist ein Webdesign oder eine ⇨ **Webseite**, wenn sich diese auch von blinden oder sehbehinderten Menschen problemlos mit Hilfsmitteln wie einem ⇨ **Screenreader** nutzen lässt. Öffentliche Einrichtungen sind in Deutschland durch die „Verordnung zur Schaffung barrierefreier Informationstechnik" vom Juli 2002 dazu verpflichtet, die eigenen Webseiten barrierefrei zu gestalten.

Barring ist im Mobilfunk die Bezeichnung für das Sperren von eingehenden (⇨ **BAIC**) oder ausgehenden Anrufen (⇨ **BAOC**).

Base [sprich „bais"], Bezeichnung der ersten Version 1.0 von ⇨ **Android** aus Oktober 2008 und dem ersten Android-Update von Februar 2009, der Version 1.1.

Baseband [sprich „bais bänd"], Bezeichnung von ⇨ **Apple**-Nutzern für die Modem-Firmware (⇨ **Modem**, ⇨ **Firmware**) des ⇨ **iPhone**. Die Version des Baseband ist bei ⇨ **Unlock**-Lösungen angegeben und wird daher benötigt. Zur Anzeige wird *Einstellungen*, *Allgemein* und *Info* gewählt und bis zum Eintrag *Modem-Firmware* geblättert. Dann ist die dahinterstehende Versionsnummer abzulesen, zum Beispiel 1.23.00 beim ⇨ **iPhone** 6S Plus. Steht eine Null am Anfang der Versionsnummer, dann wird diese beim Baseband nicht berücksichtigt, also bei 04.11.08 ist die Baseband-Version 4.11.08.

Base Resolution [sprich „bais resoluschen"], Standard-Format einer ⇨ **Photo-CD** mit einer Auflösung von 768 x 512 Bildpunkten.

B BASIC

BASIC [sprich „bäisik"], Abkürzung für **B**eginners **A**ll **P**urpose **S**ymbol **I**nstruction **C**ode, etwa Allzweck-Programmiersprache für Anfänger, ist eine Programmiersprache, die 1965 am Dartmouth College als Lehr- und Lernsprache entwickelt und 1981 auf den ersten IBM PCs mitgeliefert wurde, und seither in verschiedensten Varianten auf den Markt gekommen ist. Die moderne Form von BASIC findet sich in ⇨ **Visual Basic** und ⇨ **VBA** (Visual Basic for Applications), der Makro-Programmiersprache für Office-Anwendungen. Programme werden jedoch heute meist in C und C++ geschrieben.

Basisstation, die; *Subst.*, ist (1.) ein Sender, der die Mobilfunktelefone in seinem Sendegebiet, der ⇨ **Funkzelle**, bedient. Die Reichweite ist abhängig vom Mobilfunknetz, der Art des Senders und der Bebauung bzw. sonstigen Hindernissen, die bei der Übertragung der Funkwellen stören können. Es kann aber (2.) auch eine Station für ⇨ **DECT**-Geräte sein wie Mobiltelefone oder ⇨ **Dualmode-Handys**.

BAT, ⇨ **Dateinamenerweiterung** einer ⇨ **Stapeldatei**.

Batch [sprich „bätsch"], der; *Subst.*, dt. Stapel, Abkürzung für Batchdatei bzw. ⇨ **Stapeldatei**.

Batchdatei [sprich „bätsch datei"], die; *Subst.*, ⇨ **Stapeldatei**.

batch file [sprich „bätsch feil"], die; *Subst.*, dt. ⇨ **Stapeldatei**.

batch mode [sprich „bätsch mod"], der; *Subst.*, dt. Stapelverarbeitung von Befehlen.

Baud, das; *Subst.*, Maßeinheit für die Schrittgeschwindigkeit einer Nachrichtenübermittlung, Abkürzung **Bd**. Unter einem Schritt versteht man ein Signal von festgelegter Dauer, zum Beispiel 1 Bit oder 1 Zeichen. Die Geschwindigkeit ist dann die Anzahl der Signalereignisse pro Sekunde (1 Bd. = 1 Signalwechsel pro Sekunde).

Die maximal mögliche Anzahl der Signalwechsel wird durch die Bandbreite der Leitung nach oben begrenzt. Wenn jedes Signalereignis nur ein einziges Bit repräsentiert, ist die Baudrate gleich der Anzahl Bit pro Sekunde. Daher wird 1 Baud häufig fälschlicherweise mit 1 bit/s gleichgesetzt.

Baudrate, die; *Subst.*, Anzahl der Zustandsänderungen auf einer analogen Datenleitung pro Sekunde (Bd/s). Die Baudrate ist nicht die Maßeinheit der ⇨ **Datentransferrate**, die in Bit/s angegeben wird, auch wenn das ein verbreiteter Irrglaube ist.

BB, Abkürzung für (1.) **Ball Bearing**, ein Hinweis auf Lüfter, die kugelgelagert sind, und (2.) **B**lack-

Berry in ⇨ **Tweets.**

BBAE 🗎, die; *Subst.*, Abkürzung für **B**reit**b**and**a**nschluss**e**inheit, Bezeichnung der Deutschen Telekom für einen ⇨ **Splitter.**

bboard ⇨ **Bulletin Board.**

BBS [sprich „bieh bieh es"], Abkürzung für **B**ulletin **B**oard **S**ystem, ist (1.) die amerikanische Bezeichnung für ⇨ **Mailbox**, übersetzt „Nachrichtenbrett" oder „schwarzes Brett". Das „schwarze Brett" wird heute eher als ⇨ **Newsgroup** oder ⇨ **Forum** bezeichnet, auch wenn dies nicht exakt dasselbe ist. Es ist (2.) die ⇨ **Dateinamenerweiterung** von Dateien mit Mailbox-Listen.

Bcc, Abkürzung für **B**lind **c**arbon **c**opy [sprich „blaind karbon koppi"] = Blinddurchschlag, ermöglicht den Versand einer ⇨ **E-Mail** in Kopie an weitere Empfänger, ohne dass der Hauptempfänger dies sofort erkennen kann (vergleiche ⇨ **Cc**).

BCC, Währungssymbol der ⇨ **Kryptowährung** ⇨**BitConnect Coin.**

BCH, Währungssymbol der ⇨ **Kryptowährung** ⇨**Bitcoin Cash.**

BCI, Abkürzung für ⇨ **Brain Computer Interface.**

Bd, ⇨ **Baud** bzw. Bit/s, die Einheit für die Übertragungsrate.

BD, Abkürzung für ⇨ **Blu-ray Disc.**

BDA, Abkürzung für ⇨ **Blu-ray Disc Association.**

BDF, Abkürzung für ⇨ **Blu-ray Disc Founders.**

beamen [sprich „biehmen"], *Verb*, dt. senden, Datenübertragung zwischen ⇨ **Smartphone**s per ⇨ **Bluetooth**. Statt eine Visitenkarte zu übergeben, wird zum Beispiel eine Adresse von einem ⇨ **iPhone** auf ein anderes „gebeamt". Das Verb leitet sich vom populärsprachlichen „Beam me up, Scotty!" ab, einem Zitat aus der Star-Trek-Fernsehserie.

Beamer [sprich „biehmer"], der; *Subst.*, dt. Strahler, ist ein Projektor, der an den Monitorausgang eines PCs oder Notebooks angeschlossen wird und das Monitorbild auf eine geeignete Fläche projiziert. Die ersten Beamer waren sehr schwer und hatten als Lichtquelle drei Strahler in den Farben Rot, Grün und Blau, so wie es auch bei Rückprojektions-Fernsehern der Fall war. Aktuelle Geräte arbeiten mit LED-Technologie und werden neben dem Einsatz für Präsentationen mit dem Notebook vor allem für Heimkino-Anlagen eingesetzt.

B | beep

beep [sprich „biehp"], dt. Piep, Signalton eines PCs zum Beispiel im Fehlerfall oder als Rückbestätigung.

Beep Code [sprich „biehp kod"], der; *Subst.*, dt. ⇨ **Piepcode**.

Behavioural Blocking [sprich „bihäiwijurel bloking"], dt. Verhaltensblockierung, bezeichnet das Melden und Blockieren eines ⇨ **Schadprogramms** durch ein ⇨ **Antivirenprogramm**, wenn das Schadprogramm aufgrund verdächtiger Aktionen als solches erkannt wird.

bell ist ein ⇨ **ASCII-Steuerzeichen**, das ASCII-Zeichen 7.

Bell ist ein Standard für Datenkommunikation der amerikanischen Telefongesellschaft AT&T.

Benachrichtigungsfeld, auch als **Infobereich**, **System Tray**, **Systray**, **Taskbar Notification Area** oder kurz **TNA** und **Tray** bezeichnet, Bereich der Taskleiste zwischen den geöffneten Programmen und der Uhr.

Benchmark-Test, der; *Subst.*, ist ein Test zur Ermittlung der Leistungsfähigkeit eines PCs oder seiner Komponenten. Je nach verwendetem Benchmark-Programm, Test-Szenario und Auftraggeber weichen die Ergebnisse oft stark voneinander ab. Es kommt auch immer wieder vor, dass Hardware-Hersteller auf Benchmark-Tests hin optimierte Geräte und/oder Treiber für die Tests liefern und die Serienprodukte diese Werte nicht erreichen. Das sollte bei der eigenen Bewertung der Tests berücksichtigt werden.

Bendgate ist ein in Anspielung an den Watergate-Skandal von Apple-Kunden im Jahr 2014 geprägter Begriff für einen Konstruktionsmangel beim ⇨ **iPhone** 6 und 6 Plus: Die Smartphones bogen sich bei Kunden ab einem gewissen Druck durch. Der Fehler wurde beim iPhone 6s und 6s Plus durch die Verwendung von verwindungssteifem Flugzeugaluminium und Verstärken des Gehäuses behoben. Siehe auch ⇨ **Antennagate**, ⇨ **Displaygate**.

Benefit, der; *Subst.*, oder Bonusmaterial bezeichnet bei ⇨ **DVD**s ein Zusatzangebot zum reinen Film, wie etwa Interviews mit den Schauspielern, Filmmaterial über die Dreharbeiten, Datenbanken oder enthaltene PC-Programme. Dies soll einen zusätzlichen Kaufanreiz schaffen sowie einen höheren Preis rechtfertigen. Aus Platzgründen werden die Benefits beim Kopieren von DVDs auf CD- oder DVD-Rohling meist weggelassen.

Benutzer, der; *Subst.*, engl. **user**, ist ein anderer Ausdruck für ⇨ **Anwender**.

Betatest B

Benutzerkontensteuerung, die; *Subst.*, engl. **User Account Control** bzw. **UAC**, ist eine Schutzmaßnahme, die mit ⇨ **Windows Vista** eingeführt und bei ⇨ **Windows 7** in modifizierter Weise übernommen wurde. Die Benutzerkontensteuerung fordert den Benutzer zum Bestätigen bestimmter Aktionen auf, die Administratorrechte erfordern.

Das ist zum Beispiel beim Starten von Programmen der Fall und soll verhindern, dass Programme ohne Wissen und Zustimmung des Benutzers ausgeführt werden. Ab Windows 7 lässt sich die Häufigkeit der Benutzerkonten-Meldungen über die ⇨ **Systemsteuerung**, *Benutzerkonten* und *Einstellung der Benutzerkontensteuerung* ändern beeinflussen.

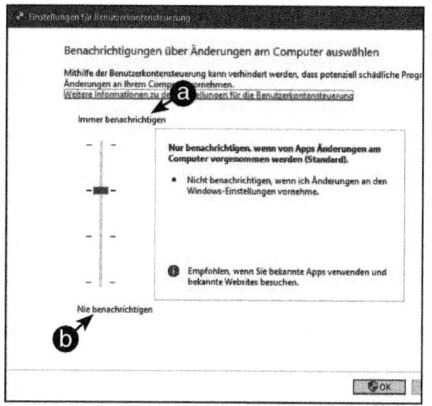

Über den **ⓐ** *Schieberegler wird eingestellt, ob die Meldungen immer erfolgen oder auch völlig unterbunden* **ⓑ** *werden sollen*

Benutzeroberfläche, die; *Subst.*, engl. **user interface**, Abkürzung **UI**, Schnittstelle eines ⇨ **Programms** oder ⇨ **Betriebssystems** zum Anwender. Die Bedienung kann wie bei ⇨ **DOS** über Befehle an der ⇨ **Eingabeaufforderung** erfolgen oder wie bei ⇨ **Windows** über eine grafische Oberfläche mit Fenstern und Symbolen. Eingaben und Steuerung erfolgen per ⇨ **Tastatur**, ⇨ **Maus** und Tastatur oder mit anderen Eingabegeräten wie etwa einem Stift oder mit dem Finger auf einem ⇨ **Touchscreen**.

Benutzerverwaltung, die; *Subst.*, ermöglicht das Anlegen und Verwalten von Benutzern und deren Rechten auf dem Server eines Netzwerks oder einer von mehreren Anwendern genutzten Arbeitsstation. Windows ermöglicht das Aktivieren der Benutzerverwaltung über die ⇨ **Systemsteuerung**, sodass sich jeder Benutzer unter einem eigenen Namen und Kennwort anmelden kann und dann seinen eigenen ⇨ **Windows-Desktop** vorfindet.

Beschriftungsdrucker, der; *Subst.*, ist ein Drucker zur direkten Beschriftung von CD- und DVD-Rohlingen.

Betatest, der; *Subst.*, bezeichnet die dem ⇨ **Alphatest** folgende Testphase einer neuen Software oder neuen Software-Version, meist unter Mitwirkung von ausgewähl-

B Betatester

ten Privat- und/oder Firmenkunden sowie Journalisten. Breit angelegte Betatests von Shareware oder großen Software-Häusern bieten auch jedem interessierten Anwender die Möglichkeit an einem Betatest teilzunehmen. Dabei sind die Betatest-Versionen im Normalfall kostenlos, wobei einzelne Firmen wie ➪ **Microsoft** sie aber auch zum angeblichen Selbstkostenpreis verkaufen.

Betatester, der; *Subst.*, ist ein Teilnehmer an einem ➪ **Betatest**, der seine Tätigkeit im Normalfall unentgeltlich ausübt, sofern er nicht bei dem jeweiligen Software-Haus oder einer mit dem Test beauftragten Firma angestellt ist. Dabei ist der Betatester meist vollkommen auf sich allein gestellt, da für die Betaversionen überwiegend kein Support vom Hersteller gewährt wird. Der Betatester trägt auch laut Lizenzbedingungen allein das Risiko für mögliche Schäden durch die noch nicht fertig entwickelte Software.

Es wird daher immer zur Vorsicht und zur Datensicherung geraten. Viele Software-Hersteller empfehlen auch, dass Betaversionen nicht auf einem zur täglichen Arbeit verwendeten Rechner installiert werden sollen. Da die Software selbst meist noch nicht (vollständig) lokalisiert ist und die dazugehörige Dokumentation sowie die Kommunikation im Regelfall in englischer Sprache erfolgt, sollte ein Betatester sehr gute Kenntnisse in dieser Sprache besitzen.

Betaversion, die; *Subst.*, ist eine neue Version einer kommerziellen Software in der Entwicklung, die bereits so weit fortgeschritten ist, dass ein Praxistest erfolgen kann. Im Internet bieten Software-Hersteller Betaversionen oft kostenlos an, um vor der Veröffentlichung des endgültigen Produkts Fehler durch eine möglichst breite Testgruppe gemeldet zu bekommen. Teilweise erhalten die ➪ **Betatester** nur dann eine neue Betaversion, wenn sie sich aktiv am ➪ **Betatest** beteiligen, indem sie Fehler melden, Fragebögen ausfüllen und immer die neueste Betaversion installieren.

In vielen Fällen sind Betaversionen noch nicht lokalisiert, also nicht mit deutscher Oberfläche versehen. Außerdem sind die Programme noch nicht ausgereift und häufig wegen zusätzlichen Programmcodes zur Fehlersuche langsamer als die Endversion. Die Nutzung einer Betaversion ist zudem für den Anwender mit einem erheblichen Risiko verbunden, da enthaltene Fehler zu Datenverlusten und einem instabilen Betriebssystem führen können. Für Betaversionen gewährt der Hersteller auch selten einen Support. Meist ist die Nutzungsdauer zudem durch Zeitschalter (➪ **Time Bomb**) oder andere Maßnahmen eingeschränkt, sodass sich Betaversionen schon aus diesem Grund nicht als kostenlose Alternative eines kommerziellen Programms empfehlen. Es ist mehr eine Möglichkeit für engagierte Anwender, ein neues Produkt frühzeitig kennen zu lernen und sich bei dessen Entwicklung einzubringen. Denn die Anregungen der Anwender fließen teilweise in das fertige Produkt ein.

Ein weiterer Reiz von Betaversionen besteht darin, dass sie gelegentlich Funktionen, Tools und Zubehör wie ➪ **ClipArts** oder Schriften enthalten, die in der Endversion nicht mehr enthalten sind. Diese lassen sich dann auch oft nach Ende des Betatests zusammen mit der Endversion oder auch anderen Programmen weiterverwenden.

Betreiberlogo, das; *Subst.*, ist eine kleine Grafik des Betreibers eines Mobilfunknetzes, die auf dem Handy angezeigt wird, wenn es sich in dem Mobilfunknetz angemeldet hat. Dieses Logo kann auch durch ein individuelles Logo ersetzt werden, um zum Beispiel den Namen des Handy-Nutzers oder dessen Lieblingsmotiv anzuzeigen. Je nach Modell des Mobilfunktelefons ist das Logo monochrom oder farbig und variiert in Auflösung und Farbtiefe. Logos lassen sich im Internet von diversen Webseiten teilweise kostenlos herunterladen.

Betriebssystem, das; *Subst.*, ist eine Bezeichnung für die System-programme und -dateien, die den Betrieb eines Computers erst ermöglichen. Beispiele: MS-DOS, OS/2, ➪ **Linux**, ➪ **Mac OS X**, ➪ **Windows XP**, ➪ **Windows Vista**, ➪ **Windows 7**, ➪ **Windows 8**, ➪ **Windows 8.1** und ➪ **Windows 10**. Mittlerweile ebenso wichtig wie PC-Betriebssysteme sind die führenden Betriebssysteme für mobile Geräte wie ➪ **Android**, ➪ **iOS** oder ➪ **watchOS**.

Bezahlcoin, der; *Subst.*, ist ein ➪ **Coin** einer ➪ **Kryptowährung**, der zur Bezahlung einer Ware oder Dienstleistung verwendet werden kann.

Bezug, der; *Subst.*, kennzeichnet in Microsoft Excel eine Zelle oder einen Zellbereich in einem Arbeitsblatt. Microsoft Excel erfährt darüber, wo sich die benötigten Werte oder Daten befinden. Es lassen sich so Daten aus unterschiedlichen Teilen eines Arbeitsblatts oder auch aus Zellen anderer Arbeitsblätter in einer Formel verwenden. Gibt es auch in Verbindung mit Microsoft-Word-Tabellen.

BG, Abkürzung für das engl. Wort „**b**ack**g**round", steht in ➪ **Tweets** für das ➪ **Twitter**-Hintergrundbild.

BHO, Abkürzung für **B**rowser **H**elp **O**bjects, sind kleine Programme mit denen der ➪ **Internet Explorer** von ➪ **Microsoft** um neue Funktionen erweitert werden kann, etwa um eine ⇨ **Toolbar** zur direkten Suche in einer Suchmaschine.

BI, Abkürzung für ⇨ **Business Intelligence**.

Bibliotheksdateien, die; *Subst.*, ⇨ **DLL-Dateien**.

Big Blue ⇨ **IBM**.

Big Brother entstammt dem 1949 von George Orwell geschriebenen Roman „1984". Darin steht der Satz „Der große Bruder sieht alles" oder auf Englisch „Big Brother is watching you". Im Roman werden die Menschen von der Regierung laufend überwacht und abgehört; auch in den Wohnungen sind Videokameras und Mikrofone angebracht. Die heute Realität gewordene Form sind die Videokameras in vielen Städten, in Einkaufsstraßen und Plätzen, in Geschäften und Banken. Auch die Bewohner des Containers in der TV-Sendung „Big Brother" sowie Betreiber von ⇨ **Webcam**s in ihren Wohnungen leben schon sehr nah an der Orwellschen Vision.

Doch was George Orwell nicht beschrieben hat und was heute mit Big Brother in der Informationstechnologie gemeint ist, beruht weniger auf Video- und Tonaufnahmen. Über die ⇨ **GPS**-Funktion in ⇨ **Smartphones** lassen sich Bewegungsprotokolle von Menschen erstellen. Es werden ⇨ **E-Mails,** ⇨ **Chats** und Telefongespräche überwacht, das Konsumverhalten über Auswertung der Ausgaben per Kredit- und Kundenkarten sowie des Surfverhaltens im Internet ermitteln. Mit Mikrochips in den Etiketten von Waren lässt sich gar der Weg eines Verbrauchers in einem Supermarkt verfolgen und darüber hinaus, der Kunde gezielt per Videokameras bei seinem Weg durch den Supermarkt aufnehmen. Im Internet werden beim Besuch von Webseiten, dem Kauf von Waren, der Registrierung gekaufter Hard- und Software sowie der Beteiligung an Preisausschreiben und Umfragen eine Vielzahl an Informationen erhoben und daraus auch teilweise Kundenprofile zusammengestellt.

Im Unterschied zu der Gesellschaft im Roman 1984 ist die Erhebung der Daten jedoch durch das Datenschutzgesetz reglementiert, was allerdings keine Garantie dafür ist, dass dieses Gesetz auch immer eingehalten wird.

Big Data bezeichnet (1.) große Datenmengen, die zum Beispiel beim Mobilfunk, bei Online-Spieleplattformen, sozialen Netzwerken, der Verkehrsüberwachung, Video-Plattformen wie ⇨ **YouTube** und ⇨ **Foto-Communities** mit Milliarden von Fotos anfallen und häufig in der Größenordnung von ⇨ **Petabytes** oder ⇨ **Exabytes** liegen. (2.) Verfahren zur Verarbeitung großer Datenmengen werden ebenfalls als Big Data bezeichnet. Die Schwierigkeit besteht in der ausreichend schnellen und stabilen Verarbeitung der Daten oder auch schon in der Datenmenge. Zur Speicherung und Verarbeitung reichen die sonst zur Datenauswertung verwendeten ⇨ **Relationalen Datenbanken** nicht mehr aus. Die zu verarbeitende Datenmenge wird in der ⇨ **Cloud** auf Hunderte oder Tausende einzelner Rechner verteilt.

Big Endian ist ein Format zur Speicherung oder Übertragung von Binärdateien, wobei das signifikanteste ⇨ **Bit** oder ⇨ **Byte** an 1. Stelle steht.

Big-Tower [sprich „big tauer"], der; *Subst.*, ⇨ **Tower**.

Bildauflösung, die; *Subst.*, ⇨ **Auflösung**.

Bildbearbeitungsprogramm, das; *Subst.*, engl. ⇨ **image-editing software**, ist eine spezielle Anwendung zum Erstellen von Grafiken oder deren Nachbearbeitung. Zum Beispiel lassen sich mit einem Bildbearbeitungsprogramm rote Augen entfernen, digitale Fotofilter einsetzen, störende Bildelemente entfernen oder durch Fotomontage andere einsetzen. Bekannte Bildbearbeitungsprogramme sind ACDSee, Adobe PhotoShop CS, Adobe PhotoShop Elements, Corel AfterShot, GIMP, Lightroom, PaintShop Pro und Photodirector.

Bildcode, der; *Subst.*, ⇨ **Bild-Passwort**.

Bildlaufleiste, die; *Subst.*, engl. **scroll bar**, ist rechts oder unten an einem Fenster angebracht und ermöglicht es, den Fensterinhalt durch Anklicken der Pfeile am Ende der Bildlaufleiste zu verschieben.

Bildlaufpfeil, der; *Subst.*, engl. **scroll arrow**, ist einer der Pfeile am Ende der ⇨ **Bildlaufleiste**, mit dem sich Dokumente durchblättern lassen.

Bild-oben-Taste [Bild↑], die; *Subst.*, blättert um eine Bildschirmseite nach oben; ⇨ **Bild-unten-Taste**.

Bild-Passwort, das; *Subst.*, von Microsoft jetzt als **Bildcode** bezeichnet, ist eine neue Art des Zugangsschutzes, die Microsoft mit ⇨ **Windows 8** eingeführt hat und die auch bei ⇨ **Windows 8.1** und ⇨ **Windows 10** verfügbar ist. Die Benutzer markieren mit Gesten bestimmte Punkte auf einem Bild und müssen diese Gesten anschließend zur Anmeldung in der richtigen Reihenfolge wiederholen. Als Geste werden Punkte angeklickt oder mit dem Finger auf einem ⇨ **Touchscreen** angetippt, Punkte verbunden oder Bereiche auf dem Bild eingekreist. Es sind drei solche

B Bildpunkt

Gesten zu definieren. Anstelle des Bildcodes kann auch ein reguläres Passwort verwendet oder der Bildcode aus Sicherheitsgründen auch vollständig gesperrt werden.

Erinnert eher an ein Kinderspiel, ist jedoch ein Beispiel für die Definition eines neuen Bild-Passworts bei Windows 10, 8.1 und 8, so wie es Microsoft im eigenen Blog vorgestellt hat

Bildpunkt, der; *Subst.*, oder **Pixel** ist einer der einzelnen Punkte, aus denen ein Bild auf einem ⇨ **Display** (⇨ **Bildschirm**) aufgebaut wird. Die ⇨ **Auflösung** einer Digitalkamera wird zum Beispiel in ⇨ **Megapixeln** angegeben, dem Produkt der Bildpunkte in waagerechter und senkrechter Richtung.

Bildschirm, der; *Subst.*, engl. ⇨ **display**, **screen** oder **video screen**, ist ein Ausgabegerät zur visuellen Darstellung der Daten. Ein Bildschirm wird auch oft als **Monitor** bezeichnet.

Bildschirmkopie, die; *Subst.*, **Hardcopy** oder **Screenshot** ist ein Ausdruck des Bildschirminhalts oder das Kopieren des Bildschirminhalts in die Zwischenablage mit entsprechenden Programmen und die Ausgabe des Bildschirminhalts als Grafik in eine Datei (⇨ **Screendump**).

Bildschirmschoner, der; *Subst.*, oder **Screensaver** ist ein Bild oder eine Bilderfolge, eine Animation oder ein Film, der nach einem vom Anwender festgesetzten Zeitraum auf dem ⇨ **Bildschirm** angezeigt wird. Durch einen Tastendruck oder eine Mausbewegung wird der Bildschirmschoner wieder deaktiviert, falls er nicht zum Zugriffschutz mit einem Kennwort versehen ist, das dann zusätzlich einzugeben ist, um weiterarbeiten zu können. Früher wurden Bildschirmschoner zum Schutz des Bildschirms verwendet, damit sich der Kathodenstrahl eines stehenden Bilds (Bildschirmmaske) nicht in die innere Beschichtung der ⇨ **Kathodenstrahlröhre** einbrannte.

Bildschirmschoner waren vor einigen Jahren auch Bestandteil von Stromsparfunktionen. Dabei wurde die Stromsparschaltung aktiv, wenn der Bildschirmschoner den Bildschirm schwarz schaltete. Durch die technische Weiterentwicklung sind Bildschirmschoner heute weder zum Schutz des Monitors noch für Stromsparfunktionen erforderlich und dienen hauptsächlich der Unterhaltung. Eine große Auswahl kostenloser Bildschirmschoner zu verschiedensten Themenbereichen finden Sie im Internet unter www.bildschirmschoner.de.

Bildschirmspeicher, der; *Subst.*, auch als ➪ **Video Memory, Video-RAM** oder ➪ **VRAM** bezeichnet, war anfangs ein reservierter Bereich des Arbeitsspeichers, der für die Bildschirmausgabe benötigt wurde. Heutige Grafikkarten haben meist eigenen Speicher, der dann als Video-RAM oder VRAM bezeichnet wird.

Aus Kostengründen gibt es aber auch noch Onboard-Lösungen, die zum Betrieb einen Teil des Arbeitsspeichers benötigen. Der Bedarf an Bildschirmspeicher ist im Textmodus und beim Booten des Rechners am geringsten, bei hoch auflösenden 3D-Spielen mit Lichteffekten, Schatten und Spiegelungen am höchsten. Für Spieler kann daher eine Grafikkarte mit 4 GB VRAM sinnvoll sein, für den normalen Alltagsbetrieb reichen 1 GB vollkommen aus.

Bildschirmtastatur, die; *Subst.*, ist eine virtuelle Tastatur, die auf dem Display eines ➪ **Smartphone** wie dem ➪ **iPhone** oder eines ➪ **Tablet** wie dem ➪ **iPad** angezeigt wird, aber auch bei PCs mit ➪ **Windows 10**, ➪ **Windows 8.1** und ➪ **Windows 8**.

Online-Banking-Webseiten und -Programme sowie ➪ **Antiviren-Programme** bieten teilweise ebenfalls aus Sicherheitsgründen eine Bildschirmtastatur an, da diese von ➪ **Keyloggern** und bei ➪ **Man-in-the-Middle**-Angriffen auf Browser nicht ausgelesen werden kann.

Sofern vorhanden, bedient der Benutzer die Bildschirmtastatur über den ➪ **Touchscreen** des Displays mit den Fingern oder einem Stift (➪ **Stylus**). Ist kein berührungsempfindlicher Bildschirm vorhanden, erfolgt die Eingabe mit Hilfe eines ➪ **Touchpad**s oder einer ➪ **Maus**.

Der Vorteil der Bildschirmtastatur ist bei mobilen Geräten der geringere Platzbedarf und das geringere Gewicht durch den Wegfall einer realen Tastatur. Eine Bildschirmtastatur hat keine beweglichen Teile und verschleißt somit auch nicht. Es fehlt dafür die haptische Rückmeldung und die Tasten liegen bei Smartphones nah beieinander und sind recht klein, was das Schreiben behindert.

Die Eingabe über eine Bildschirmtastatur kann jedoch bei einem sauberen und gut reagierenden Touchscreen ebenso schnell wie bei einer realen Tastatur von statten gehen. Zur Eingabe umfangreicher Tex-

B Bild-unten-Taste

te ist jedoch eine externe Tastatur empfehlenswert, die zum Beispiel per Bluetooth angeschlossen wird. Eine Alternative stellt das Diktat per Spracherkennung dar.

Bild-unten-Taste [Bild↓], die; *Subst.*, blättert um eine Bildschirmseite nach unten; ⇨ **Bild-oben-Taste**.

Bildwiederholfrequenz, die; *Subst.*, Häufigkeit des Bildaufbaus pro Sekunde (in ⇨ **Hertz**, Hz) bei einem ⇨ **Bildschirm**. Wichtig: Für eine flimmerfreie Bilddarstellung sollte die Bildwiederholfrequenz bei Monitoren mit Bildröhre bei mindestens 72 Hz liegen. Bei ⇨ **TFT-Bildschirmen** reichen bereits 60 Hz.

BIN, Abkürzung für **Bin**ary File, dt. ⇨ **Binärdatei**, ⇨ **Dateinamenerweiterung** einer Datei mit binärem Inhalt.

Binärdatei, die; *Subst.*, engl. **binary** oder **binary file**, besteht im Gegensatz zu einer Textdatei nicht oder nur teilweise aus lesbarem oder druckbarem Text. Eine Binärdatei kann zum Beispiel ein direkt ausführbares Programm, ein Bild, ein Musikstück, ein Video oder andere Daten enthalten. Über die ⇨ **Dateinamenerweiterung** lässt sich oft die Herkunft und/oder der Inhalt der Binärdatei ermitteln. Binärdateien lassen sich auch mit einem ⇨ **Hexeditor** nach enthaltenen Texten durchsuchen. So steht etwa bei Programmen oft am Anfang der Datei ein Hinweis auf den ⇨ **Compiler**, mit dem das Programm erstellt wurde.

Binärsystem, das; *Subst.*, oder **Dualsystem** ist ein Zahlensystem das anders als das ⇨ **Dezimalsystem** nicht auf der Basis 10 sondern auf der Basis 2 aufgebaut ist. Da alle gängigen Computer intern nur mit zwei Werten rechnen (Zustand Aus und Zustand Ein, ⇨ **Bit**), eignet sich das Binärsystem hervorragend zur Programmierung von Computern. Die Zustände Aus und Ein werden im Zahlensystem durch die Ziffern 0 und 1 repräsentiert. Oft wird die 1 auch als vertikaler Strich oder in der Logik als „W" und „F" für Wahr/Falsch oder „T" und „F" für True/False dargestellt. Dabei entspricht W der Ziffer 1 und F der Ziffer 0. Um die Lesbarkeit der im Binärsystem recht schnell lang werdenden Zahlen zu erhöhen, erfolgt die Darstellung von binären Werten häufig auch im ⇨ **Oktalsystem** oder ⇨ **Hexadezimalsystem**, in denen die eine schnelle Umrechung möglich ist, da diese Zahlensysteme auf Potenzen der Basis 2 (Oktal = 8 = 2^3, Hexadezimal = 16 = 2^4 beruhen).

binary file [sprich „beinähri feil"], dt. ⇨ **Binärdatei**.

Bing, ⇨ **Suchmaschine** von ⇨ **Microsoft**, die unter https://www.bing.com/ erreichbar ist. Es gibt eine Suche nach Bildern, Videos, Karten und News. Eine Besonderheit ist das täglich wechselnde Bild auf der Startseite. In ⇨ **Windows 10** ist Bing die voreingestellte Standard-Suchmaschine für ⇨ **Microsoft Edge** und ⇨ **Internet Explorer 11**. ⇨ **Cortana** liefert die Suchergebnisse aus dem Internet immer über Bing. Hier lässt sich bislang keine andere Suchmaschine einstellen. Bing ist weltweit mit seinem Marktanteil von rund 5,5 % auf dem zweiten Platz hinter Google (87,16 %) und vor Yahoo! (3,7 %, Quelle Statista, Stand Oktober 2017).

Binkiland ist ein ⇨ **Browser-Entführer**, der Suchmaschine und Startseite in www.binkiland.com ändert. Der Anbieter verdient an Werbeeinnahmen auf der Seite und den erhobenen Daten.

Bio-Feedback, das; *Subst.*, ist eine Technologie zur Steuerung von Spielen über Sensoren, die zum Beispiel auf Herzschlag oder Feuchtigkeit (Schweiß) reagieren. Oder die Bewegungen des Spielers werden über Kameras aufgenommen und ausgewertet.

Biometrie, die; *Subst.*, dient der eindeutigen Identifikation eines Benutzers anhand von typischen Merkmalen wie zum Beispiel Fingerabdruck, Gesicht, Iris oder Stimme. Laptops und Smartphones enthalten teilweise integrierte Fingerabdruck-Scanner, Windows 10 unterstützt die Anmeldung per Fingerabdruck und bei Verwendung spezieller Intel-Kameras auch per Gesichtserkennung.

BIOS [sprich „beios"], das; *Subst.*, Abkürzung für **B**asic **I**nput/**O**utput **S**ystem, das; *Subst.*, steuert die Basisfunktionen der Kommunikation zwischen Prozessor und Peripheriegeräten. Enthält außerdem die Urladesoftware zum ⇨ **Booten** des PCs, die gleich nach dem Starten aktiv wird und das ⇨ **Betriebssystem** lädt. Das BIOS führt beim Starten des Rechners eine Systemüberprüfung durch, die als ⇨ **POST** bezeichnet wird; ⇨ **UEFI**.

BIOS-Kompendium [sprich „beios kompendium"], das; *Subst.*, ist eine einzigartige Informationssammlung zu den verschiedenen BIOS-Versionen mit über 3.000 erläuterten Optionen sowie einer Übersicht der BIOS-Fehlercodes; www.bios-info.de.

bit, das; *Subst.*, Zeichen für ⇨ **Bit**.

Bit, das; *Subst.*, Abkürzung für **bi**nary digi**t** [sprich „beihnäri didschid"], ist (1.) ein Binärwert (⇨ **Binärsystem**), damit ⇨ **digital** und definiert die kleinste Informationseinheit, die von einem Computer verarbeitet werden kann. Ein Bit kann nur zwei Zustände annehmen: 0 (aus, Strom fließt nicht) oder

1 (ein, Strom fließt). Ein Bit ist (2.) auch eine Einheit für die Angabe der Datenmenge in Bits und der Datenbreite, zum Beispiel bei 64-Bit-Prozessoren. Mehrere Bits werden zu größeren Informationseinheiten zusammengefasst, beispielsweise 8 Bits zu 1 ⇨ **Byte**.

bit/s, Abkürzung für **B**its pro **S**ekunde, Maßeinheit für die Geschwindigkeit bei der Datenübertragung. Die amerikanische Schreibweise lautet ⇨ **bps**.

BitBox, Abkürzung von **B**rowser **in the B**ox, ist ein vom Bundesamt für die Sicherheit in der Informationstechnik (⇨ **BSI**) empfohlener Browser, der in einer virtuellen Linux-Umgebung (⇨ **Sandbox**) ausgeführt wird. Als Browser kann wahlweise ⇨ **Firefox ESR** oder Chrome verwendet werden. Die private Nutzung von BitBox ist kostenlos.

Bitcoin [sprich „bitkeun"], wörtlich übersetzt „Bit-Münze" im Sinne von „digitale Münze", ist die 2009 eingeführte erste (1.) ⇨ **Kryptowährung**, die auf dem Paper „Bitcoin: A Peer-to-Peer Electronic Cash System" aus dem Jahr 2008 basiert (https://bitcoin.org/bitcoin.pdf). Der oder die Autoren des Papers und damit Erfinder von Bitcoin sind bis heute nicht bekannt. Das Paper wurde unter dem Pseudonym **Satoshi Nakamoto** verfasst. Durch eine Begrenzung auf rund 21 Millionen Bitcoin soll die Kryptowährung vor Inflation geschützt werden. Bitcoin werden durch das Berechnen von Blöcken erzeugt, wobei der Schwierigkeitsgrad mit der Zeit zunimmt. Der Wert eines Bitcoin ist von unter 1 US-Dollar im Jahr 2009 auf über 8.000 US-Dollar im November 2017 extrem stark gestiegen. Der Kurs unterliegt jedoch starken Schwankungen. Die Schätzungen für die weitere Entwicklung reichen von totalem Wertverlust bis rund 40.000 US-Dollar. Zur Verwaltung eigener Bitcoin gibt es für PC und Mobilgeräte spezielle Software, die als ⇨ **Bitcoin-Wallet** bezeichnet wird.

Mit Bitcoin kann bei über 6.000 Geschäften, Hotels und anderen Unternehmen bezahlt werden. Wegen der Anonymität und fehlender staatlicher Kontrolle verwenden Kriminelle Bitcoin zur Bezahlung von Drogen- und Waffengeschäften oder fordern Erpressertrojaner das Lösegeld für verschlüsselte Dateien in Bitcoin. Zusätzlich ist Bitcoin auch das (2.) dezentrale Buchungssystem für die Bitcoin-Transaktionen auf Basis der ⇨ **Blockchain**-Technologie. Der Wert eines Bitcoin stieg von anfangs unter einem US-Dollar auf Ende 2017 rund 8.000 US-Dollar an, wobei der Kurs starken Schwankungen unterliegt.

Bitcoin-Adresse, die; *Subst.*, ist eine Folge von 27 bis 34 alphanumerischen Zeichen, die mit einer 1 oder 3 beginnen. Ein Beispiel: 1P82rB jJMDFSay2RqKx1bydDRVh 5QnGkkZ. Eine solche Adresse wird benötigt, um Bitcoins zu empfangen oder zu versenden.

Bitcoin Cash, auch **Bcash**, Währungskürzel **BCH**, ist eine am 1. August 2017 durch Abspaltung vom ⇨**Bitcoin**-Netzwerk entstandene ⇨ **Kryptowährung**. Die Grenze für die Blockgröße liegt bei 8 MB und damit achtmal höher als bei Bitcoin. Das ermöglicht auch achtmal so viel Transaktionen pro Zeiteinheit als bei Bitcoin. Die ⇨**Blockchain** von Bitcoin und Bitcoin Cash stimmt bis zum Block 478558 überein. Wer bis zur Abspaltung Besitzer von Bitcoin war, besitzt auch die gleiche Anzahl Bitcoin Cash. Ende 2017 waren rund 17 Millionen Bitcoin Cash mit einer Marktkapitalisierung von 26,4 Milliarden US-Dollar im Umlauf. Damit ist Bitcoin Cash hinter ⇨ **Ether** die drittstärkste Kryptowährung.

Bitcoin-Wallet ist ein Programm für das Bitcoin-System wie Bitcoin Core für den PC oder Bitcoin Wallet für Android-Geräte. Verwaltet ein Bitcoin-Wallet wie Bitcoin Core die gesamte ⇨**Blockchain**, besteht ein Speicherbedarf von rund 150 GB und es ist ein schneller Internetzugang erforderlich, um diese Datenmenge aus dem Internet herunterzuladen.

BitConnect Coin, Währungskürzel **BCC**, ist eine seit November 2016 vermarktete ⇨ **Kryptowährung**. Ende 2017 lag die Marktkapitalisierung bei 1,8 Milliarden US-Dollar. Damit liegt bitconnect auf Platz 7 der Top 100 Kryptowährungen.

Bitcryptor [sprich „bitkrüptor"] ist ein ⇨ **Erpressertrojaner**, der die Dateien auf infizierten Windows-PCs verschlüsselt. Die Dateien lassen sich mit dem Kaspersky CoinVault Decryptor entschlüsseln; http://bit.ly/2awhL8w.

Bitdefender [sprich „bitdifender"] ist ein Hersteller von Antivirenprogrammen aus Rumänien, der sowohl für den privaten Anwender als auch für Unternehmen zugeschnittene Sicherheitslösungen anbietet; https://www.bitdefender.de/

BITKOM, der; *Subst.*, Abkürzung für den Bundesverband Informationswirtschaft, Telekommunikation und neue Medien e. V.

Bitmap-Bild [sprich „bittmepp bild"], das; *Subst.*, oder kurz **Bitmap**, aus einer Ansammlung von Punkten (Pixeln) aufgebaut, wobei jeder Punkt durch 1 ⇨ **Bit** oder bei Farbbildern auch durch mehrere Bits dargestellt wird. Die Pixel eines Bitmap-Bilds lassen sich einzeln bearbeiten. Ein Bitmap belegt wesentlich mehr Platz als eine ⇨ **Vektor-Gra-**

B BKA-Trojaner

fik, lässt sich aber gut komprimieren (auf 1 bis 2 Prozent).

Das Verkleinern einer Bitmap-Grafik führt zu Informationsverlusten, da dabei Pixel entfernt werden. Das Vergrößern bewirkt Treppeneffekte bei schrägen Linien und ein gröberes Raster bei Grauflächen, da die einzelnen Bildpunkte entsprechend der Vergrößerung nur durch Extrapolation ermittelt werden können.

BKA-Trojaner, der; *Subst.*, ist ein ⇨ **Schadprogramm**, das ⇨ **Windows** sperrt, die Datendateien auf dem Rechner und angeschlossener Laufwerke einschließlich Netzlaufwerke verschlüsselt und eine Lösegeldforderung für die Freigabe der Daten bzw. das Entschlüsseln verlangt. Dabei wird behauptet, die Sperrung sei durch das **B**undes**k**riminal**a**mt oder die GEMA (Gebühreneinzugszentrale) veranlasst, da der PC-Anwender eine Straftat begangen hätte. Teilweise ist auf dem Sperrbildschirm auch Bundeskanzlerin Angela Merkel zu sehen. Anfangs ließen sich diese Programme einfach über den ⇨ **Abgesicherten Modus** entfernen. Übersicht der bisher bekannten Sperrbildschirme: https://bka-trojaner.de/.

Die angekündigte Verschlüsselung war nur eine leere Drohung oder es wurden die Schlüssel zur Entschlüsselung ermittelt. Mittlerweile führen die Erpresser-Trojaner die Verschlüsselung immer durch und verwenden sehr sichere Verschlüsselungsverfahren, die praktisch nicht zu knacken sind. Daher sollten die Daten regelmäßig gesichert werden, um diese im Fall einer Verschlüsselung wieder herstellen zu können.

B-Kanal, der; *Subst.*, bezeichnet die beiden unabhängig voneinander für die Datenübertragung mit maximal 64 Kbps bei einem ⇨ **ISDN**-Anschluss nutzbaren Kanäle. Für die Übermittlung der Steuersignale ist der ⇨ **D-Kanal** zuständig.

BkSp-Taste ⬅, Abkürzung für **B**ack**sp**ace-Taste [sprich „bäckspäis taste"], dt. Rückschritt-Taste, versetzt den ⇨ **Cursor** ein Zeichen nach links und löscht dabei das dort stehende Zeichen.

Blackbox [sprich „bläck bocks"], die; *Subst.*, dt. „schwarzer Kasten", ist eine Modellvorstellung für ein System, dessen genauen inneren Aufbau man nicht kennt. Definierte Eingaben und das Protokollieren des Ergebnisses erlauben dabei Rückschlüsse auf die Arbeitsweise des Systems.

Blackcomb [sprich „bläckkomb"] war der erste Codename für ⇨ **Windows 7**; der zweite Codename lautete ⇨ **Vienna**.

Black-Hat [sprich „bläk hät"], wörtlich übersetzt Schwarz-Hüte,

Blinkenlights, Blinken Lights   B

sind ⇨ **Hacker** mit krimineller Energie, die zum Beispiel Daten stehlen, das Zielsystem zerstören oder manipulieren. Dagegen sind **White-Hats** gute Hacker, die nicht gegen geltendes Recht und die Gesetze der Hackerethik verstoßen, sondern zum Beispiel durch Einbruchsversuche die Sicherheit von Systemen testen. Ein Zwischending sind die **Grey-Hats**, die zwar Gesetze brechen, jedoch zu hehren Zwecken.

Blackhat SEO, [sprich „bläk hät es i oh"], ist eine Methode für die Suchmaschinenoptimierung, die nicht zu den Richtlinien der Suchmaschinenbetreiber konform ist.

Blätterleiste, die; *Subst.*, ⇨ **Bildlaufleiste**.

blank [sprich „blänk"], das; *Subst.*; dt. ⇨ **Leerzeichen**.

Blaster ist ein ⇨ **Wurm**.

Bleg, der; *Subst.*, kommt von ⇨ **Blog** und „to beg", dt. betteln und ist eine Form des Bettelns über einen eigenen Blog, indem dort für Unterstützung zum Beispiel in Form von Geldspenden gebeten wird.

blegging, *Verb*, Betteln über einen ⇨ **Blog**, um Spenden zu erhalten.

Blended Learning [sprich „blendid lörning"], das; *Subst.*, ist ein Fernunterricht, der ⇨ **E-Learning**

und Präsenzunterricht verbindet. Dies ist zum Beispiel bei allen Angeboten mit staatlich anerkanntem Abschluss der Fall. So etwa bei einem Studium an der Fernuniversität Hagen: https://www.fernuni-hagen.de/.

Blinkenlights, Blinken Lights, [sprich „blinken laits"], die; *Subst.*, dt. „blinkende Lichter", entstammen einem Scherz an der Stanford University. Dort wurde der auf der Folgeseite abgedruckte Text an ein schwarzes Brett gehängt. Danach war Blinkenlights dann ein Fachbegriff, der ursprünglich (1.) die Leuchten an der Vorderseite (**Front**) eines ⇨ **Dinosauriers** bezeichnete. Früher waren dies Glühlampen, der moderne Nachfolger sind die ⇨ **LEDs**.

Die Rechner der Computer-Steinzeit beeindruckten vor allem bei Dunkelheit durch eindrucksvolle Lichtspiele. Heutige PCs verfügen nur noch über eine ⇨ **Power-LED** und eine ⇨ **HDD-LED**. Dennoch lässt sich auch hier über die LEDs eines angeschlossenen ⇨ **USB-Hubs** und/oder ⇨ **Modems** ein kleiner Blinkenlights-Effekt erzielen. Der Ausdruck wird (2.) auch in Zusammenhang mit Lichteffekten verwendet, bei denen die Leuchtanzeigen (LEDs) der Tasten [Num], [⇩] und [Rollen] in Blinken versetzt werden. Dies ist in Linux mit dem Daemon „tleds" möglich. Das Blinken wird zum Bei-

B Blip

spiel erzeugt, indem der Traffic eines Netzwerks, zum Beispiel der ISDN-Traffic, darauf abgebildet wird. Als Blinkenlights wurde (3.) auch eine Aktion des ➪ **Chaos Computer Clubs** bezeichnet, der in den Fenstern eines Hochhauses Beleuchtungen installierte, die sich per Internet ein- und ausschalten ließen. So konnten die Fenster als ➪ **Display** verwendet und darauf Zeichen und Symbole dargestellt werden.

ACHTUNG! ALLES LOOKENSPEEPERS!

Das computermachine ist nicht fuer gefingerpoken und mittengrabben. Ist easy schnappen der springenwerk, blowenfusen und poppencorken mit spitzensparken. Ist nicht fuer gewerken bei das dumpkopfen. Das rubbernecken sichtseeren keepen das cotten-pickenen hans in das pockets muss; relaxen und watchen das blinkenlichten.

Der Originaltext der Stanford University aus dem Jahr 1959, der ab 1960 in der ganzen Welt in Rechenzentren mit englischsprachiger Belegschaft anzutreffen ist. Die deutsche Antwort ließ nicht lange auf sich warten und führte zu Dutzenden unterschiedlicher Versionen.

Blip ist eine bis zu 150 Zeichen lange Textnachricht mit der Angabe eines von „Blip.FM" bereitgestellten Liedes, das man selbst hören möchte oder das einem Freund vorgeschlagen werden soll. So kann bei ➪ **Twitter** anderen Nutzern mitgeteilt werden, was man gerade hört und diese das Lied ebenfalls hören lassen; https://blip.fm/.

Blipping, *Verb*, Versenden eines ➪ **Blip** über ➪ **Twitter**.

BLOB, Abkürzung für **B**inary **L**arge **Ob**ject, Container-Datentyp einer Datenbank, in dem sich große binäre Datenmengen wie ➪ **Bitmap-Bilder** oder sogar Videos speichern lassen.

Blockchain, die; *Subst.*, ist ein verteiltes Datenbanksystem, das eine über Verschlüsselungsverfahren miteinander verkettete Liste von Datensätzen verwaltet. Die als Blöcke bezeichneten Datensätze enthalten einen Prüfwert (➪ **Hash-Wert**) des vorherigen Blocks und die Transaktionsdaten mit Zeitstempel. Die Blockchain-Technologie bildet die Grundlage für ➪ **Kryptowährungen**, da diese eine dezentrale Buchführung der Transaktionen ohne übergeordnete Instanz ermöglicht.

Blockgröße, englisch **Blocksize**, **Block size** [sprich „block seis"], die; *Subst.*, Größe eines Blocks einer ➪ **Blockchain**. Bei ➪ **Bitcoin** beträgt die maximale Blockgröße 1 MB. Beim vom Bitcoin durch ei-

Block Reward

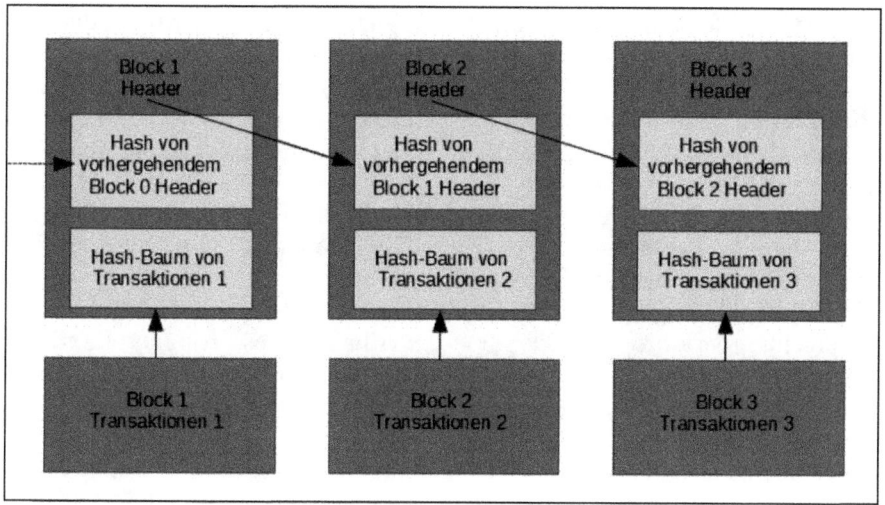

Vereinfachte Darstellung der Blockchain am Beispiel von Bitcoin (Quelle: The Bitcoin Foundation / C rail (Diskussion)

nen ⇨ **Hard Fork** abgespaltenen ⇨ **Bitcoin Cash** wurde die Blockgröße auf 8 MB erhöht. Keine absolute Obergrenze für die Blockgröße hat ⇨ **Monero**. Die Blockgröße darf maximal doppelt so groß sein wie der Mittelwert der letzten 100 Monero-Blöcke.

Block Reward [sprich „block riword"], der; *Subst.*, ist ein Anreiz für die ⇨ **Miner**, die dem ⇨ **Blockchain**-Netzwerk einer ⇨ **Kryptowährung** Rechenleistung (⇨**Hashrate**) für das Verwalten der Blöcke zur Verfügung stellen. Das ⇨ **Bitcoin**-Netzwerk zahlte zum Beispiel ab dem ersten Block zuerst 50 **BTC**. Diese Bezahlung halbiert sich jedoch alle 210.000 Blocks, so dass ab Block 210.001 nur noch 25 BTC bezahlt werden. Pro Tag werden etwa 144 Blocks gemined.

Es dauert somit rund 4 Jahre, bis 210.000 Blocks erzeugt sind und sich der Block Reward halbiert. Bei dem Ende 2017 hohen Kurs von rund 16.000 $ für ein Bitcoin erscheint eine Bezahlung von 50 BTC, also umgerechnet 800.000 $ sehr hoch. Davon müssen jedoch die Kosten für die Anschaffung der ⇨ **ASIC-Miner** oder anderen verwendeten Rechner, die Raum- und Personalkosten und vor allem die Stromkosten bezahlt werden. Eine Rendite lässt sich nur mit den effizientesten Rechnern, niedrigen Stromkosten und niedrigen Personalkosten erzielen, weswegen die meisten Miner in China stehen.

B Blocksize

Blocksize, Block size [sprich „block seis"], die; *Subst.*, ⇨ **Blockgröße**.

Blocktime, Block time [sprich „block teim"], die; *Subst.*, wörtlich übersetzt Blockzeit, die zum Berechnen eines Blocks einer Blockchain benötigte Zeit oder die für die Berechnung festgelegte Zeit. Ist die Blockzeit nicht festgelegt, ist sie abhängig von der zur Verfügung stehenden Rechenleistung und dem Schwierigkeitsgrad. Bei zunehmendem Schwierigkeitsgrad nimmt die Blockzeit daher bei einem gegebenen Rechnersystem zu.

Blog, das; *Subst.*, Abkürzung für **Weblog** und ein ⇨ **Web-Tagebuch**.

Blogger, der; *Subst.*, ist jemand, der einen ⇨ **Blog** betreibt, also der Öffentlichkeit über sein Leben oder bestimmte Themen in so einem Webtagebuch berichtet. Das kann ein Hobby, aber auch eine interessante Nebeneinnahme sein. So veröffentlicht etwa www.selbstaendig-im-netz.de monatlich das Einkommen einiger deutscher Blogger, wobei die Einnahmen von unter 10 € bis rund 1.000 € liegen.

Dagegen zeigen Einnahmereports englischsprachiger Blogs, dass sich der Beruf des Bloggers durchaus lohnen kann. In den USA erzielen die 30 führenden Blogs demnach monatliche Einnahmen von 9.000 US-Dollar bis 2,3 Millionen US-Dollar; https://www.incomediary.com/top-earning-blogs. Wer einen solchen Blog verkauft, kann zudem über Nacht Millionär werden. Das zeigt etwa das Beispiel des 22-jährigen Johns Wu, der seinen Blog für 15 Millionen US-Dollar verkaufte.

Laut amerikanischen Untersuchungen haben diese Blogger allerdings selten eine 40-Stunden-Woche. Fulltime-Blogger betreiben ihre Online-Informationsquelle tagtäglich rund um die Uhr, denn interessante Informationen müssen möglichst schnell nach Bekanntwerden auf der eigenen Seite veröffentlicht werden, um damit optimal Geld zu verdienen.

Zum Einrichten eines Blogs gibt es verschiedene Online-Dienste wie Google Blogger oder Programme wie WordPress (http://wpde.org/). Wer eine Software verwendet, benötigt eine Domain und Serverplatz. Die Kosten betragen pro Jahr für einen kleinen Blog weniger als 100 €, sodass eine „Existenzgründung" als Blogger mit minimalen Mitteln möglich ist.

blogging, *Verb*, Verfassen von Einträgen in einem ⇨ **Blog** oder der Versand einer Nachricht beim ⇨ **Microblogging**.

Bloglingo, die; *Subst.*; dt. Blogsprache, besteht aus Abkürzungen der **Netlingo** (siehe Anhang „Netlingo") sowie vielen neuen Begriffen, oft mit der Vorsilbe „Blog". Die meisten dieser Begriffe sind aus englischen Worten gebildete Kunstworte wie ⇨ **Blogosphere** oder ⇨ **Bleg**. Langsam entsteht aber auch eine „deutsche" Blogsprache mit Wortschöpfungen wie zum Beispiel ⇨ **Blogwart**; ⇨ **Blog**, ⇨ **Blogger**.

Blogosphere, „Welt der Blogs", in der ⇨ **Bloglingo**, also eine eigene ⇨ **Blog**-Sprache verwendet wird, die allerdings zum größten Teil mit den in ⇨ **Chats**, ⇨ **Foren** und im ⇨ **Usenet** verwendeten Abkürzungen des Netlingo übereinstimmt (siehe Anhang „Netlingo").

Blog Spam [sprich „blogg späm"], der; *Subst.*, ist eine unerwünschte kommerzielle Werbung, die automatisch im Kommentarbereich eines ⇨ **Blogs** gepostet wird.

Blogwart, der; *Subst.*, ist (1.) eine ironische, umgangssprachliche Bezeichnung für den Administrator eines ⇨ **Blogs**. (2.) Als Blogwart werden in Blogs auch „Überall-Einmischer", „Ewig-Rumnörgler" und „Alles-Besserwisser" bezeichnet, also eine Art ⇨ **Troll**.

Blook [sprich „bluck"], das; *Subst.*, Kunstwort aus dem engl. Wörtern **book** und weblog, ist (1.) ein Buch, das aus Inhalten eines Blogs oder Micro-Blogs entstanden ist, (2.) ein Buch über ein Blog und (3.) ein Buch, das in Fortsetzungen über ein Blog veröffentlicht wird. Ein Beispiel für ein Blook in deutscher Sprache gemäß Definition 1 ist die Sammlung von 480 Kurznachrichten von über 230 Twitterern im Buch „PONS Twitter – Das Leben in 140 Zeichen. Wahre und kuriose Tweets aus dem Web". Gemäß Definition 2 gehören zu den Blooks zudem alle Bücher über Facebook, Twitter oder Wordpress.

Blooper [sprich „bluhper"] oder **Web Blooper** sind Design-Fehler bei der Gestaltung von Webseiten.

Blowhole [sprich „blouhouhl"], das; *Subst.*, dt. wörtlich „Blasloch", ist eine zusätzliche Lüfteröffnung im Gehäuse eines PCs, die entweder serienmäßig vorhanden ist oder von PC-Anwendern zusätzlich in das Gehäuse geschnitten und meist mit einem Lüfter und einer Lüfterblende versehen wird.

Bluejacker [sprich „bluh dschäcker"] senden per ⇨ **Bluetooth** Nachrichten an unbekannte Passanten, bei deren Handy Bluetooth nicht deaktiviert ist; ⇨ **Bluejacking**.

Bluejacking [sprich „bluh dschäking"], das; *Subst.*, ist (1.) das Versenden von Nachrichten per Bluetooth, um die Kosten für ⇨ **SMS** zu sparen oder durch den

B Blue Screen

Versand einer Nachricht wie „You have been hijacked by Bluetooth" jemanden zu erschrecken; ⇨ **Bluesnarfing**, ⇨ **Bluespamming** und ⇨ **Toothing**.

Blue Screen [sprich „bluh skriehn"], der; *Subst.*, ist eine Fehlermeldung von Windows mit weißer Schrift auf blauem Hintergrund (daher der Name), die meist bei schweren Fehlern („schwerer Ausnahmefehler") oder Überlastung des Systems auftritt.

Bluesnarfing [sprich „bluh snarfing"], das; *Subst.*, Übernahme eines fremden ⇨ **Handys** per ⇨ **Bluetooth** zum Diebstahl von Daten wie Adresseinträgen oder Termindaten oder um auf Kosten des Besitzers zu telefonieren, ⇨ **SMS** und ⇨ **MMS** zu versenden, teure Spiele, Bilder und Klingeltöne herunterzuladen, im Internet zu surfen oder Daten zu übertragen.

Das Bluesnarfing erfolgt mit Hilfe eines ⇨ **Notebooks** mit Bluetooth-Schnittstelle, einem anderen Mobiltelefon und einem speziellen Programm wie Blooover, das Sicherheitslücken einiger Mobiltelefone ausnutzen kann, um eine Verbindung herzustellen, ohne dass dazu eine Bestätigung oder Code-Eingabe erforderlich ist. Anschließend werden die Daten vom Mobiltelefon heruntergeladen, ohne dass der Benutzer es merkt. Als Schutz wird empfohlen, die Bluetooth-Funktion zu deaktivieren, solange man diese nicht benötigt. Ebenfalls hilfreich ist es, das Telefon so einzustellen, dass es über Bluetooth nicht öffentlich sichtbar ist; ⇨ **Bluejacking**, ⇨ **Bluespamming** und ⇨ **Toothing**.

Bluespamming [sprich „bluh spämming"], das; *Subst.*, Versand von unerwünschter Werbung per ⇨ **Bluetooth** auf ein fremdes ⇨ **Handy**; ⇨ **Bluejacking** und ⇨ **Toothing**.

Bluetooth [sprich „bluh tuhs"] ist eine Funktechnik für ein kleinräumiges Funknetzwerk auf 2,45-Gigahertz-Basis. Es dient vorrangig dazu, digitale Geräte (Handy, Organizer, Drucker) per Funkverbindungen untereinander und mit Laptops, PCs sowie Tablets zu verbinden. Die Reichweite kann bis zu 100 Meter betragen, Bluetooth wird aber hauptsächlich für Übertragungen im Bereich bis zu 10 Meter verwendet. Aus Sicherheitsgründen wird bei Handys empfohlen, das Bluetooth nur bei Bedarf eingeschaltet wird, da Hacker per Bluetooth Zugang zum Mobiltelefon erhalten und darüber auf Kosten des Benutzers telefonieren oder ⇨ **SMS** verschicken könnten. Zudem ist darüber ein Ausspionieren der Daten auf dem Handy wie Adressen, Termine und empfangene SMS möglich. Weitere Gefahren sind ⇨ **Bluejacking**, ⇨ **Bluesnar-**

Blu-ray Disc   B

fing, ⇨ **Bluespamming**, ⇨ **Elektrosmog** und ⇨ **Toothing**.

Bluetooth-Virus [sprich „bluh tuhs virus"], der; *Subst.*, ist ein ⇨ **Computervirus**, der sich per ⇨ **Bluetooth** von einem ⇨ **Smartphone** zum nächsten verbreiten kann. Es empfiehlt sich daher, Bluetooth abzuschalten und nur bei Bedarf zu aktivieren, denn damit ist auch ein Schutz vor ⇨ **Bluejacking**, ⇨ **Bluesnarfing**, ⇨ **Bluespamming** und ⇨ **Toothing** gegeben.

Bluetooth-Wurm [sprich „bluh tuhs wurm"], der; *Subst.*, ist ein ⇨ **Wurm**, der sich bei Mobilfunktelefonen über ⇨ **Bluetooth** verbreitet. Der erste Bluetooth-Wurm wurde im Jahr 2003 entdeckt und hieß **Cabir**. Ein damit infiziertes Handy suchte nach weiteren per Bluetooth erreichbaren Mobilfunkgeräten, installierte sich dort und verbreitete sich über die infizierten Geräte weiter.

Blu-ray Disc [sprich „bluh räi disk"], die; *Subst.*, abgekürzt **BD**, ist ein Format für optische Datenträger, das von einer Gruppe führender PC- und Unterhaltungselektronik-Unternehmen wie Dell, Hitachi, HP, JVC, LG, Mitsubishi, Panasonic, Pioneer, Philips, Samsung, Sharp, Sony, TDK und Thomson sowie etlichen Filmstudios und Spieleanbietern entwickelt wurde und sich gegenüber den konkurrierenden Formaten ⇨ **HD DVD** und ⇨ **VMD** durchsetzen konnte. Das Format wird zur Aufzeichnung und Wiedergabe von hochauflösendem Video und zur Speicherung großer Datenmengen verwendet. Eine einseitige BD (Single-Layer) kann 25 GB Daten aufnehmen. Das reicht für 2 Stunden HDTV oder über 13 Stunden herkömmlicher TV-Aufzeichnung. Die Dual-Layer-Version hat mit 50 GB eine doppelt so große Datenkapazität. Daneben gibt es noch BDXL mit 3 oder 4 Layern und 100 bzw. 128 GB Datenkapazität. Weitaus größere Datenkapazitäten sind zukünftig zu erwarten, denn unter Laborbedingungen wurden auf einer BD bereits 20 Layer mit einer Datenkapazität von 500 GB untergebracht. Der Name des Formats kommt vom verwendeten blau-violetten Laser (405 nm), im Unterschied zum roten Laser (650 nm) der DVD-Formate. Die kürzere Wellenlänge des blau-violetten Lasers ermöglicht eine genauere Fokusierung des Laserpunkts, sodass die Daten auf einer Blu-ray Disc enger gepackt und auf weniger Platz gespeichert werden können. So ist eine wesentlich größere Datenkapazität möglich, obwohl BDs mit einem Durchmesser von 12 cm dasselbe Format wie CDs und DVDs haben. Ein BD-Rekorder kann durch einen speziellen Pickup mit 3 Lasern (infrarot, rot und blau) auch CDs und DVDs lesen.

B Blu-ray Disc Association

Blu-ray Disc Association [sprich „bluh räi disk ässosiäischen"], die; *Subst.*, abgekürzt **BDA**, Nachfolgeorganisation der ⇨ **Blu-ray Disc Founders**, deren Gründung 2005 bekannt gegeben wurde. Die Neugründung wurde zur Aufnahme weiterer Mitglieder vorgenommen. Weitere Informationen: http://bluraydisc.com/en/global-sites.aspx.

BMP, ⇨ **Dateinamenerweiterung** einer Datei im Windows Bitmap-Format. Es handelt sich um unkomprimierte Pixel-Grafiken. In diesem Format sind zum Beispiel die Hintergrundbilder von Windows abgelegt.

BNC, Abkürzung für (1.) **B**aby-**N**-**C**onnector, **B**ayonet-**N**eill-**C**oncelmann, **B**ayonet **N**avy Connector, **B**ayonet **N**ut **C**onnection und **B**ritish **N**aval **C**onnector, ist ein Verbindungsstandard für Ethernet-Kabel und Fernseh- sowie Video-Koaxialkabel. Der BNC-Stecker hat einen Bajonett-Verschluss, wird also aufgesteckt und mit einer Drehbewegung eingerastet. In der Monitortechnik steht BNC (2.) für einen Anschluss bei dem die 3 Grundfarben Rot, Grün und Blau sowie die Signale zur vertikalen und horizontalen Synchronisation auf jeweils einer eigenen, abgeschirmten Leitung liegen. Eine weitere Bedeutung ist die Abkürzung für (3.) ⇨ **Bouncer**.

BO, Abkürzung für ⇨ **Back Orifice**.

BO2K, Abkürzung für ⇨ **Back Orifice 2000**.

BOL, Abkürzung für ⇨ **Business Offer Language**.

Booklet [sprich „bucklet"], das; *Subst.*, dt. Heftchen, ist ein quadratisches Heftchen, das in die obere Klappe eines ⇨ **Jewelcase** oder ⇨ **Slimcase** eingesteckt wird. Es wird bei kommerziellen CDs oder DVDs mitgeliefert und enthält bei Computerprogrammen Angaben zur Installation und Bedienung. Bei Musik-CDs enthält das Booklet oft die Songtexte. Außerdem beinhaltet ein Booklet auch meist Werbung für weitere Produkte des Herstellers.

Bookmark [sprich „buckmark"], das; *Subst.*, Bezeichnung für ein ⇨ **Lesezeichen** in einem ⇨ **Browser**.

Booster [sprich „buhster"] 📱, der; *Subst.*, bezeichnet (1.) einen Signalverstärker für ⇨ **3G**/⇨ **UMTS** oder ⇨ **WLAN**, um den Empfang für ein ⇨ **Smartphone** oder auch andere mobile Geräte zu verbessern. (2.) Das Wort „Booster" wird auch in der Werbung und in Produktbezeichnungen verwendet und soll dort ähnlich wie „Turbo" eine besondere Leistungsfähigkeit vermitteln oder (3.) darauf hinweisen, dass dieses Produkt die Leistung verstärken oder verbessern soll.

Der „Android Booster" verlängert zum Beispiel angeblich die Laufzeit im Akkubetrieb, indem das Tool auf Energiesparmaßnahmen hinweist. Das Tool „Game Booster" soll Spiele beschleunigen, indem es alle dafür nicht benötigten Anwendungen schließt und so Ressourcen freigibt.

bootable [sprich „buhtäbl"], *Adj.*, dt. ⇨ **bootfähig**.

Boot-CD [sprich „buht ce de"], die; *Subst.*, ⇨ **bootfähige CD**.

Bootdiskette [sprich „buht diskette"], die; *Subst.*, ⇨ **Startdiskette**.

booten [sprich „buhten"], *Verb*, Tätigkeit, den PC neu zu starten. Ein Anwender sagt „Ich boote" oder „Ich boote meinen PC".

Booten [sprich „buhten"], das; *Subst.*, ⇨ **Systemstart**.

bootfähig [sprich „buhtfähig"], *Adj.*, engl. **bootable**, ist ein Speichermedium dann, wenn sich mit seiner Hilfe ein Rechner hochfahren lässt. Gebootet werden kann zum Beispiel von ⇨ **Diskette**, ⇨ **CD**, ⇨ **DVD**, ⇨ **Festplatte** oder ⇨ **USB-Stick**.

Bootfähige CD [sprich „buhtfähige ce de"], die; *Subst.*, besteht nach ⇨ **ISO 9660** aus einer ⇨ **Boot-Partition** sowie einem ISO-Track und kann nur von einer vorhandenen bootfähigen Partition erstellt werden. Durch die CD-Größe ist die Partition auf 650 bzw. 700 MB begrenzt. Es wird grundsätzlich zwischen **Floppy-Boot-CD, Festplatten-Boot-CD** und **Boot-CD** ohne festgelegte Laufwerksemulation unterschieden.

Bootleg [sprich „buhtleg"] ist ein Begriff, der aus der amerikanischen Prohibitionszeit stammt und das damals illegale Brennen und Verkaufen alkoholischer, meist selbst gebrannter Getränke bezeichnete. Heute geht es (1.) um illegale Raubpressungen von Musik, die von ⇨ **Bootleggern** vertrieben werden. Es handelt sich hier um illegal gepresste CDs, die teilweise unter eigenen Labeln erscheinen. Die im Internet illegal angebotenen Downloads von Original-Musikstücken sind daher keine Bootlegs. Als Bootleg wird aber (2.) auch ein Musikstück bezeichnet, das aus zwei oder mehr Titeln zusammengemixt wurde. Solche Bootlegs werden auch in Internet-Tauschbörsen angeboten. Ferner werden (3.) auch illegale Nachbauten von elektronischen Geräten oder elektronischen Bauteilen als Bootlegs bezeichnet. Es gibt hier zahlreiche Fälle von illegal kopierten Spielekonsolen (zum Beispiel GameBoy-Nachbauten) oder in der Anfangszeit der PC-Entwicklung auch von Pro-

B Bootlegger

zessoren wie dem Zilog Z80 oder den Intel-Prozessoren 80x86.

Bootlegger [sprich „buhtlegger"], der; *Subst.*, ist jemand, der raubkopierte Musik aufnimmt, auf Tonträger presst und/oder vertreibt; ⇨ **Bootleg**.

Bootloader [sprich „buht louder"], der; *Subst.*, Kurzform von ⇨ **Bootstrap Loader** und der Urlader oder das Startprogramm für ein ⇨ **Betriebssystem** wie ⇨ **Windows**. Dieses Programm wird vom ⇨ **BIOS**/⇨ **UEFI** oder der ⇨ **Firmware** aufgerufen und lädt dann das eigentliche Betriebssystem, sofern nicht noch ein ⇨ **Boot-Manager** mit einem ⇨ **Bootmenü** vorgeschaltet ist. Der Bootloader befindet sich im ⇨ **Bootsektor**, der wiederum meist im ersten Sektor des ⇨ **Bootmediums**, also etwa der Festplatte mit dem Betriebssystem, angelegt wird.

Bootlogo [sprich „buht logo"], das; *Subst.*, Logo des Herstellers eines Rechners oder einer Komponente, das während des Systemstarts erscheint. Ein Bootlogo kann schon im ⇨ **BIOS** enthalten sein und/oder auch später im ⇨ **Betriebssystem** wie der ⇨ **Bootscreen** von ⇨ **Windows**. Es gibt Anleitungen im Internet für den Austausch des Bootlogos bzw. Bootscreen. Änderungen am BIOS können schwere Fehler verursachen und lassen die Herstellergarantie erlöschen, sind daher nicht zu empfehlen.

Boot loop, Bootloop [sprich „buht luhp"], dt. ⇨ **Bootschleife**.

Boot-Manager [sprich „buht mänädscher"], der; *Subst.*, ist ein Programm, mit dessen Hilfe ein Anwender beim Systemstart aus mehreren installierten Betriebssystemen das gewünschte für die aktuelle Arbeitssitzung auswählen kann.

Bootmedium [sprich „buht medium"], das; *Subst.*, bezeichnet den Datenträger von dem aus der PC gestartet wird, also zum Beispiel ⇨ **Diskette**, ⇨ **CD**, ⇨ **Festplatte** oder ⇨ **USB-Stick**. Die Einstellung, von welchem Datenträger gebootet wird, erfolgt in den ⇨**BIOS**/⇨**UEFI**-Einstellungen eines PCs.

Bootmenü [sprich „buhtmenü"], das; *Subst.*, ist ein Menü zur Auswahl verschiedener ⇨ **Betriebssysteme**, das sich mit einem ⇨ **Boot-Manager** einrichten lässt, der Teil des Betriebssystems ist.

Boot-Partition [sprich „buht partition"], die; *Subst.*, ⇨ **Partition** auf einer Festplatte von der aus das ⇨ **Betriebssystem** gebootet wird. Dies ist in den meisten Fällen die primäre Partition, die als Laufwerk C: angesprochen wird.

Bootschleife [sprich „buhtschleife"], die; *Subst.*, ist ein Hochfahren des Rechners mit anschließendem Absturz, der dann wieder zu einem erneuten Hochfahren führt. Dieser Vorgang wiederholt sich endlos, wenn keine Gegenmaßnahmen ergriffen werden. Die Ursache ist meist ein fehlerhaftes ⇨ **BIOS-**/⇨ **Firmware**-Update oder ein ⇨ **Schadprogramm**.

Bootscreen [sprich „buhtskrien"], der; *Subst.*, ist eine Form eines ⇨ **Bootlogos**, das vom Hersteller eines ⇨ **Betriebssystems** stammt. Teilweise handelt es sich dabei um ein Bild, es kann jedoch wie bei ⇨ **Windows 7** zusätzlich eine Animation enthalten sein. In beiden Fällen gibt es Lösungen für das Ändern des Bootscreen, die jedoch nur für fortgeschrittene Anwender zu empfehlen sind. Anleitung für Windows 7 mit einem Angebot anderer Animationen: http://bit.ly/ArMjzS.

Hinweis: Bootscreen und Anmeldebildschirm (Logon Screen oder Login-Hintergrund) werden häufig verwechselt. Der Anmeldebildschirm von Windows lässt sich mit einem kostenlosen Tool wie „Logon Screen for Windows 7" oder auch manuell recht einfach ändern. Das ist bei dem vorher angezeigten Bootscreen und direkt zu Anfang des Bootens gezeigten **Bootlogo** nicht der Fall.

Bootsektor [sprich „buhtsektor"], der; *Subst.*, Bereich eines Speichermediums, der physikalische Daten über den Datenträger und Ladeinformationen für ein ⇨ **Betriebssystem** enthält.

Bootsektor-Malware [sprich „buhtsektor mälwär"], die; *Subst.*, ist ein ⇨ **Schadprogramm**, das die zum Starten des Rechners benötigten Booksektoren am Anfang des Datenträgers ändert. Beim Neustart des Rechners werden infizierte Bootsektoren verwendet und damit das Schadprogramm aktiviert.

Bootstrap Loader [sprich „buhtsträp loder"], der; *Subst.*, vom engl. bootstrap, einer Schlaufe an der Rückseite eines Stiefels, an der sich der Schuh hochziehen lässt, um das Anziehen zu erleichtern. Der Bootstrap Loader erleichtert bzw. ermöglicht überhaupt erst das Hochfahren des Betriebssystems eines Rechners; ⇨ **Bootloader**.

Boot-Virus, **Bootvirus** [sprich „buht wirus"], der; *Subst.*, ist ein sich selbst vervielfältigendes ⇨ **Schadprogramm**, das sich im ⇨ **Bootsektor** eines startfähigen Speichermediums wie einer ⇨ **Diskette**, ⇨ **CD**, ⇨ **DVD**, ⇨ **Festplatte** oder eines ⇨ **USB-Stick** befindet und den PC beim Starten von diesen Speichermedien infiziert. Der Virus verbreitet sich anschließend dadurch, dass er wiederum andere

B BOPS

Speichermedien mit Bootsektor infiziert. Windows 10, 8.1 und 8 bieten in Verbindung mit ⇨ **UEFI** als wirksamen Schutz vor Bootviren den sicheren Start mit ⇨ **Secure Boot**. Hier werden nur zertifizierte Betriebssysteme zum Start zugelassen und Bootviren somit am Start gehindert.

BOPS, Abkürzung für ⇨ **Buffer Overflow Prevention System**.

Bot, der; *Subst.*, Abkürzung für ⇨ **Robot**. Damit wird zum Beispiel ein ⇨ **Twitter**-Konto bezeichnet, das ausschließlich oder zu einem sehr großen Teil automatisch verwaltet wird. Auch Tools und Dienste zum automatischen Folgen und Entfolgen von ⇨ **Friends** oder zur Auswertung von Tweets mit automatischem ⇨ **Retweet** werden als Bots bezeichnet.

Botnet, engl. Bezeichnung für ⇨ **Botnetz**.

Botnetz, das; *Subst.*, engl. **Botnet**, ist ein Zusammenschluss mehrerer ferngesteuerter PCs, die als ⇨ **Bots** (Robots) ohne Wissen des Besitzers für kriminelle Zwecke verwendet werden. Ein Synonym dafür ist ⇨ **Zombiefarm**, ein Zusammenschluss von ⇨ **Zombies**.

Bounce Message oder kurz **Bounce** [sprich „bauns"] ist eine Meldung, die ein ⇨ **E-Mail-Server** verschickt, wenn eine ⇨ **E-Mail** nicht zugestellt werden kann, etwa weil der Empfänger nicht bekannt, die ⇨ **Domain** nicht existent, das Postfach des Empfängers voll ist oder dieser die Annahme verweigert. Andere Bezeichnungen dafür sind ⇨ **DSN** sowie ⇨ **NDN**; ⇨ **Hardbounce** und ⇨ **Softbounce**.

Bouncer [sprich „baunser"], abgekürzt **BNC**, ist ein IRC-Proxy Server.

Bowlingual, von bow = bellen und lingual = Sprache, ist ein Übersetzungsprogramm für Hundegebell; ⇨ **Meowlingual**.

Boxed, vom engl. box = Schachtel, ist wie ⇨ **Retail** eine Bezeichnung für Ware, die in der Originalverpackung mit allem Zubehör geliefert wird. Dagegen erhalten Sie bei ⇨ **Bulk-Ware** nur das reine Gerät, meist ohne Treiber und Installations- und/oder Bedienungsanleitung.

bpi, Abkürzung für **b**its **p**er **i**nch, Bits pro Zoll, ist eine Maßeinheit für die Speicherdichte auf magnetisierbaren Datenträgern (⇨ **Diskette**, ⇨ **Festplatte**).

bpp, Abkürzung für **b**its **p**er **p**ixel, Bits pro Pixel, Farbtiefe bei Grafikdarstellungen.

BPP, Abkürzung für **B**asic **P**rinting **P**rofile, ein Bluetooth-Profil für Ge-

Branding B

räte, die beim Ausdruck ohne Druckertreiber arbeiten. Damit das funktioniert, wurde ein gemeinsames Format definiert, das den Ausdruck auf jedem Bluetooth-Drucker ermöglicht, unabhängig vom sendenden Bluetooth-Gerät und der zum Ausdruck verwendeten Software.

bps, Abkürzung für **b**its **p**er **s**econd, Bits pro Sekunde, Maßeinheit für die Geschwindigkeit bei der Datenübertragung (⇨ **Datenübertragungsrate**).

Braille-Tastatur, die; *Subst.*, ist eine ⇨ **Tastatur**, deren Tastenkappen in Braille-Schrift bezeichnet sind, um sehbehinderten und blinden Menschen die Eingabe am PC zu erleichtern.

Brain Computer Interface [sprich „bräin compjuter interfais"], abgekürzt **BCI**, ist eine Schnittstelle vom Gehirn zum Computer. Eine solche Schnittstelle hat das Fraunhofer Institut First entwickelt. Hier werden die Hirnströme gemessen und interpretiert. Daraus lässt sich zum Beispiel ermitteln, welchen Arm der Nutzer verwenden möchte.

Brain Wallet [sprich „bräin wollet"], die; *Subst.*, wörtlich übersetzt „Gehirn-Geldbörse", ist eine Merkhilfe für den ⇨ **Seed Key**, um diesen aus Sicherheitsgründen nicht aufschreiben zu müssen.

Branch-Predictor ist ein ⇨ **Algorithmus** zur Sprungvorhersage, mit dem zur Leistungssteigerung von Prozessoren ein ausgeführtes Programm analysiert wird, um die nächsten auszuführenden Operationen vorherzusagen und bereits im Voraus auszuführen; siehe auch ⇨ **Advanced Branch Prediction**.

Branding , das; *Subst.*, abgeleitet vom engl. Wort für Brandzeichen, Anpassung eines ⇨ **Smartphones** oder anderen ⇨ **Mobiltelefons** an einen Mobilfunk-Provider, der dazu Änderungen an der ⇨ **Firmware** durchführt, spezielle ⇨ **Apps** installiert und die Geräte vom Hersteller auch teilweise in veränderter Form bestellt, etwa mit einer Zusatztaste zur Herstellung einer Internetverbindung. Ein Handy mit einem Branding hat meist erhebliche Nachteile. So gibt es Einschränkungen bei der Installation neuer Software, es lassen sich Updates der Firmware selbst bei schweren Fehlern erst mit monatelanger Verzögerung nach Freigabe des Providers durchführen oder gar nicht, wenn der Provider inzwischen den Support für das Gerät eingestellt hat. Außerdem funktioniert die Software mit anderen SIM-Karten nur eingeschränkt, auch nachdem das Telefon entsperrt wurde. Es ist daher ratsam, kein subventioniertes Handy mit Branding zu erwerben und stattdessen besser ein freies Gerät zu kaufen und die Mehrkosten über ei-

B Break

nen günstigeren Mobilfunk-Provider wieder auszugleichen.

Break [sprich „bräik"], dt. Unterbrechung.

Brenner, der; *Subst.*, engl **Rewriter**, ist ein Gerät zum Lesen und Schreiben von CD-, DVD- oder Blu-ray-Rohlingen. Die Leistungsfähigkeit wird mit der Geschwindigkeitsangabe für das Schreiben sowie Lesen der unterstützten Datenträger angegeben, also zum Beispiel im Fall des Brenners LG BH16NS55 bei einer Amazon-Anzeige mit: 6x2x12xBDRW 16x12x16xDVD+RW 16x6xDVD-. Eine solche Kurzangabe ist jedoch nicht umfassend. Es fehlen meist die Angaben zu CD-Rohlingen und es wird nicht auf alle unterstützten Rohlinge eingegangen. Daher sollte vor einer Kaufentscheidung immer überlegt werden, welche Rohlinge voraussichtlich verwendet werden. Dann sollte auf der Herstellerseite die Beschreibung für den Brenner angesehen und die Angaben für die benötigten Rohlinge abgelesen werden. Die nachfolgende Tabelle zeigt, wie viele unterschiedliche Rohlinge

Rohling	Schreiben			Lesen		
	DVD	CD	BD	DVD	CD	BD
- R	16x	48x	16x	16x	48x	12x
- R DL	8x	–	12x	12x	–	8x
- RW	6x	24x	–	16x	40x	–
- ROM	–	–	–	5x	48x	12x
- RAM	5x	–	–	16x	–	–
+ R	16x	–	–	12x	–	–
+ R DL	8x	–	–	12x	–	–
+ RW	8x	–	–	12x	–	–
+ RE (SL)	–	–	2x	–	–	8x
BDXL	–	–	6x	–	–	6x
M-Disc	4x	–	4x	12x	–	12x

Die Schreib- und Lesegeschwindigkeiten reichen von 2x (BD) bis 48x (CD) und dieses Laufwerk unterstützt auch die für Archivierungszwecke besonders geeigneten, langlebigen M-Discs.

Bring your own Device

ein aktueller Blu-ray-Brenner unterstützt und wie stark die Schreib- und Lesegeschwindigkeiten in Abhängigkeit vom Rohling.

Brennprogramm, das; *Subst.*, bezeichnet ein Programm zum Brennen von Daten auf einen optischen Datenträger wie einen CD- oder DVD-Rohling. Ein Beispiel für ein Brennprogramm ist Nero.

Brettspiel, das; *Subst.*, elektronische Variante bekannter Spiele wie Schach oder Dame, die in der ⇨ **Real World** mit einem Spielbrett und Spielfiguren gespielt werden.

Bridge [sprich „bridsch"], die; *Subst.*, dt. Brücke, ist eine Hardware-Netzwerkkomponente. Sie stellt eine permanente Verbindung zwischen zwei gleichartigen Netzwerken her, die gleiche oder auch unterschiedliche Protokolle verwenden; ⇨ **Router** und ⇨ **Switch**. Der Zweck der Bridge ist ein Auftrennen eines Netzwerks und somit eine Aufteilung des Datenverkehrs. Daher ist eine Bridge der Sicherungsschicht zuzuordnen.

Bridge-Disk [sprich „bridsch disk"], die; *Subst.*, ist eine CD, die von einem normalen CD-ROM-Laufwerk und einem ⇨ **CD-I**-Player gelesen werden kann (zum Beispiel ⇨ **Photo-CD**).

Bring your own Computer [sprich „bring jur ouwn kompjuter"], abgekürzt **ByoC** oder **BYOC**, ⇨ **Bring your own Device**.

Bring your own Device [sprich „bring jur ouwn diweis"], abgekürzt **ByoD** oder **BYOD**, bedeutet, dass die Mitarbeiter eines Unternehmens ihr eigenes **Smartphone**, ⇨ **Notebook** oder ⇨ **Netbook** mit zum Arbeitsplatz nehmen und mit diesen Geräten sowie mit Ihrem privaten Desktop-PC von zu Hause arbeiten. Arbeitgeber subventionieren die Geräte teilweise, so zahlen etwa die Firmen Citrix, EMC und Kraft Foods für die Anschaffung privater Geräte bis zu 1.500 €. Laut der Unternehmensberatung Gartner sollen die Unternehmen durch privat angeschaffte Notebooks bis zu 40 Prozent der sonst üblichen Kosten sparen. So richtet der Mitarbeiter beispielsweise seinen Rechner in der Freizeit ein.

Dafür haben die Mitarbeiter jedoch auch privat nutzbare, leistungsfähige Rechner und Smartphones zur Verfügung, die sie sonst ganz oder teilweise selbst zahlen müssten. ByoD bietet den Mitarbeitern zudem Freiheiten, die sonst möglicherweise nicht gegeben wären.

So ist etwa in Betrieben ohne ByoD teilweise die Verwendung privater Smartphones verboten. Aus ByoD erwachsen für ein Unternehmen

B Browser

neben steuerlichen und rechtlichen Fragen auch Sicherheitsrisiken. Mitarbeiter könnten Schadprogramme in das Unternehmensnetzwerk einbringen, Daten entwenden oder mit der Digitalkamera im Smartphone wichtige Unterlagen des Unternehmens fotografieren oder Arbeitsabläufe filmen und anschließend meistbietend verkaufen. Dazu besteht die Gefahr, dass Firmeninterna über Nachrichten der Mitarbeiter in sozialen Netzwerken wie Facebook und Twitter an die Öffentlichkeit gelangen und Mitarbeiter sich einen beträchtlichen Teil ihrer Arbeitszeit mit ihren sozialen Kontakten beschäftigen, statt mit ihrer eigentlichen Aufgabe im Unternehmen. Schließlich kann der IT-Support durch die Vielzahl unterschiedlicher Geräte stärker in Anspruch genommen werden als das bei einer Vereinheitlichung und wenigen geprüften Geräten der Fall wäre.

Browser [sprich „brauser"], der; *Subst.*, ist ein Programm, mit dem Sie Internet-Seiten im HTML-Format darstellen und im Internet surfen können. Die meisten Browser unterstützen auch die Internetdienste ⇨ **FTP** und HTTPS sowie E-Mail über einen integrierten Mail-Client. Viele Browser sind über ⇨ **Plug-Ins** erweiterbar.

Den größten Marktanteil in Deutschland hatte zur Drucklegung ⇨ **Google Chrome** (52,47 %), gefolgt von Safari (26,79 %), Firefox (12,09 %), Internet Explorer (6,58 %) und Edge (2,07 %). Die Angaben entstammen der Browser-Statistik von stetic.com am 26. November 2017; https://www.stetic.com/de/market-share/browser/. Hier ist zu berücksichtigen, dass diese Zahlen die gesamte Internetnutzung berücksichtigen, also von Desktop-PCs und Mobilgeräten.

Die Marktanteile von Safari stammen im Wesentlichen von ⇨ **iPhone** und ⇨ **iPad**, die von Google Chrome zu einem hohen Prozentsatz von ⇨ **Android-Smartphones**. Mobilgeräte tragen mittlerweile mehr zur Internetnutzung bei als Desktop-PCs.

Daher sind die Marktanteile der Browser bei PCs in Deutschland anders verteilt, obwohl auch hier Google Chrome führt: Google Chrome (32,9 %), Firefox (31,95 %), Safari (12,74 % von ⇨ **iPad** und ⇨ **Macs**), Internet Explorer (10,37 %), Edge (5,64 %) und Opera (4,1 %). Die Angaben stammen von Statista für September 2017. Für die Browser-Marktanteile bei Windows-PCs sind die Anteile von Safari den anderen Browsern anteilig hinzuzurechnen.

Browser-Entführer, der; *Subst.*, ist ein ⇨ **Schadprogramm**, das die Einstellungen des Browsers manipuliert und zum Beispiel die Startseite und Suchmaschine ändert, penetrant Werbung anzeigt oder die Favoriten ändert. Diese Art von Schadprogrammen wird in den meisten Fällen durch Installation von freier Software oder durch Downloads von dubiosen Webseiten eingefangen.

Browser-Fingerabdruck, der; *Subst.*, engl. **Browser-Fingerprint**, bezeichnet Erkennungsmerkmale, an denen man einen Nutzer auch bei veränderter IP-Adresse und sogar dem Wechsel des Browsers erkennen kann. Dazu sind keine ⇨ **Cookies** erforderlich und auch keine Browser-Id wie die von Chrome. Die Erkennung erfolgt über eine Kombination der vom Browser übermittelten Daten wie Akkustand, eingestellte Auflösung, Betriebssystem, Ort, Schriftarten, installierte Erweiterungen und Zeitzone.

Browser-Hijacker ⇨ **Browser-Entführer**.

Brute Force [sprich „brut forss"], dt. „rohe Gewalt", ist eine einfache Form des Hackens eines Kennworts, indem mithilfe eines ⇨ **Password Crackers** alle möglichen Kombinationen aus Sonderzeichen, Ziffern und Buchstaben generiert und nacheinander ausprobiert werden. Das braucht erheblich Zeit, die von mehreren Stunden bis zu Jahren dauern kann, falls das Kennwort recht ausgefallen und vor allem sehr lang ist.

Damit der Zeitraum verkürzt wird, enthalten die Password-Cracker-Wortlisten häufig verwendeter Kennwörter, die zuerst ausprobiert werden. Ist das gesuchte Kennwort gebräuchlich, wird eine Brute-Force-Attacke auf diese Weise zur Minutensache. Schon durch eine Ziffern-Buchstabenkombination und die Wahl eines Kennworts mit deutlich mehr als vier Zeichen erhöht sich daher die Sicherheit des Kennworts erheblich.

BS, Abkürzung für **B**ack**s**pace [sprich „bäckspäis"], dt. Rückschritt, ist ein Steuerzeichen, das die aktive Schreibposition ein Zeichen nach links setzt und dadurch das dort stehende Zeichen löscht.

BSA | The Software Alliance (BSA), die; *Subst.*, bis 2012 **B**usiness **S**oftware **A**lliance (BSA) ist eine Vereinigung der Software-Hersteller ⇨ **Adobe**, ⇨ **Apple**, Autodesk, AttachmateWRQ, Avid, Bentley Systems, Borland, Cisco Systems, Corel, CNC Software/Mastercam, HP, ⇨ **IBM**, ⇨ **Intel**, Internet Security Systems, Intuit, Macromedia, ⇨ **Microsoft**, Nemetschek, Network Associates, O&O Software, PeopleSoft, RSA Security, SolidWorks, SAP, Sybase, Symantec, Trend Micro, Parametric Technology Corporation, UGS PLM Solutions und Veritas Software. Das Ziel ist der Schutz der Urheberrechte und das Ermitteln von unlizenzierter Software in Unternehmen, aber auch bei privaten Anwendern. Laut Angabe der Vereinigung sollen in Deutschland 22 Prozent der verwendeten Software unlizenziert sein; www.bsa.org.

BSC, Abkürzung für **b**ase **s**tation **c**ontroller, leitet die Informationen von mehreren ⇨ **Basisstationen** an die Vermittlungsstelle des Providers weiter.

BSI, das; *Subst.*, Abkürzung für das ⇨ **Bundesamt für Sicherheit in der Informationstechnik**.

BSS, Abkürzung für **b**ase **s**tation **s**ystem, dt. ⇨ **Basisstation**.

BTC, Abkürzung für die ⇨ **Kryptowährung** ⇨ **Bitcoin**.

BTO, Abkürzung für ⇨ **Build to Order**.

bubblejet printer ⇨ **Tintenstrahldrucker**.

Buchstabentasten, die; *Subst.*, Tasten Ⓐ bis Ⓩ (inkl. Umlaute und ẞ) auf der ⇨ **Tastatur**.

Bürgerportale ⇨ **De-Mail**.

Buffer [sprich „baffer"], der; *Subst.*, oder **Pufferspeicher, Zwischenspeicher** ist ein Teil des Speichers, der beispielsweise verwendet wird, um Geschwindigkeitsunterschiede bei der Datenübertragung zwischen zwei Hardware-Komponenten auszugleichen oder den mehrfachen Zugriff auf eine Gruppe von Daten zu ermöglichen.

Buffer Overflow [sprich „baffer owerflou"], dt. Pufferüberläufe, Überladen des Speicherbereichs für ein vorgesehenes Programm mit Daten, sodass der nachfolgende Speicherbereich dadurch überschrieben wird. Das führt zum Absturz des Programms. Die Software-Hersteller arbeiten kontinuierlich daran, Pufferüberläufe in der eigenen Software zu vermeiden.

Buffer Overflow Prevention System, [sprich „baffer owerflou priwendschn süstem"], Abkürzung **BOPS**, ist eine Schutzfunktion der Antivirenprogramme von Sophos vor Angriffen, bei denen ein Pufferspeicher von Windows oder einer Anwendung zum Überlauf gebracht wird. Dadurch soll verhindert werden, dass Programme durch solche Pufferüberläufe zum Absturz gebracht oder Schadprogramme darüber gestartet werden.

Buffer Underrun [sprich „baffer ander rann"], der; *Subst.*, ist eine Fehlermeldung bzw. ein Fehler, der auftritt, wenn der Pufferspeicher (Buffer) mit Daten zum Beschreiben einer ⇨ **CD** leer wird. Dann war bei den ⇨ **CD-Brennern** der ersten Generationen der Datenstrom

Bulk   B

unterbrochen und der Rohling „zerschossen", also nicht mehr zu verwenden. Ein Buffer Underrun tritt auf, wenn der CD-Brenner schneller schreibt, als der PC die Daten liefert.

Ein solches Abreißen des Datenstroms kann durch ein zu langsames ⇨ **CD-Laufwerk** bzw. ⇨ **DVD-Laufwerk**, Lesefehler durch eine defekte oder verunreinigte CD oder ein defektes CD- oder DVD-Laufwerk, ein nicht optimal für das CD-Brennen eingerichtetes PC-System oder eine zu hoch gewählte Brenngeschwindigkeit verursacht werden. Neuere CD-/DVD-Brenner enthalten 2 MB oder mehr Pufferspeicher, wodurch in Verbindung mit geeigneter Firmware und Brennsoftware ein Rohling auch bei einem Dutzend und mehr Buffer Underruns nicht mehr zerstört wird. Dennoch sind Buffer Underruns sehr störend, denn sie verlängern die Brennzeit erheblich.

Bug [sprich „bag"], der; *Subst.*, dt. „Käfer/Wanze", allgemein für Fehler in einem Programm.

Bug-fix, **Bugfix** [sprich „bag fix"], der; *Subst.*, ⇨ **Patch** oder ⇨ **Hotfix** oder **Hotfix** ist ein meist kleines Programm, das zur Fehlerbereinigung in einem großen Programm eingespielt wird (⇨ **Fresh-up**). Große Softwarehersteller wie ⇨ **Microsoft** bieten die Patches eines bestimmten Zeitraums auch in Form von Sammelpatches an, um das Installieren zu erleichtern. Sie finden Patches zu einem Programm in aller Regel kostenlos zum Herunterladen auf der Supportseite des Herstellers zu dem betreffenden Programm.

built-in oder **builtin** [sprich „bilt in"], *Adj.*, dt. intern, integriert oder eingebaut.

Build to Order [sprich „bild tu order"], Abkürzung für **BTO**, bedeutet, dass ein Computer erst nach Auftragsstellung gefertigt wird. So lassen sich PCs und Server im Rahmen der angebotenen Komponenten individuell nach Kundenwunsch anfertigen. Dies schließt auch Serviceleistungen ein wie etwa spezielle ⇨ **Burn-in-Tests**. Dafür muss bei BTOs mit einer längeren Lieferzeit von in der Regel etwa fünf Arbeitstagen gerechnet werden, während vorgefertigte Geräte direkt lieferbar sind.

Bulk [sprich „balk"], **Bulk-Version** [sprich „balk version"] oder **Bulk-Ware** [sprich „balk wär"], bezeichnet eine Hardware-Komponente ohne Verpackung, Software, Treiber, sonstiges Zubehör und meist auch ohne Installations- und Bedienungsanleitung. Es gibt auch Software, die als Bulk-Version geliefert wird und dann meist nur zusammen mit Hardware vertrieben werden darf (⇨ **OEM**-Versionen). Bulk-Versionen sind preiswerter als

Das Lexikon der PC-Fachbegriffe mit richtiger Aussprache   119

B Bumper

⇨ **Retail** oder ⇨ **Boxed**, aber nicht für den Direktverkauf an Endkunden gedacht. Diese Komponenten verwenden Hersteller, Händler und Werkstätten für den Bau bzw. die Reparatur und Aufrüstung von PCs.

Solche Bulk-Ware ist aber auch im Handel für Endkunden erhältlich und wird meist von Internet-Shops sowie in Internet-Auktionshäusern wie eBay preisgünstig angeboten.

Bumper [sprich „bamper"] 📱, ist eine Schutzhülle für das ⇨ **iPhone** aus dehnbarem Material wie Kautschuk, Kunststoff und Silikon oder harten Materialien wie Aluminium. Diese Hülle soll einen Kantenschutz bieten, damit das Glas bei einem Herunterfallen des Geräts nicht bricht. Ein Bumper dient beim ⇨ **iPhone** 4 auch dazu, ein Abschirmen der Antenne beim Halten des Mobiltelefons zu verhindern (⇨ **Antennagate**).

Bundesamt für Sicherheit in der Informationstechnik, das; *Subst.*, abgekürzt **BSI**, zentraler IT-Sicherheitsdienstleister des Bundes in der Bundesrepublik Deutschland, soll als nationale Sicherheitsbehörde dazu beitragen, dass sich die IT-Sicherheit in Deutschland verbessert. Das Angebot des BSI wendet sich an die Nutzer und Hersteller von Informationstechnik. Damit sind in erster Linie die öffentlichen Verwaltungen in Bund, Ländern und Kommunen gemeint, aber die Informationen des BSI sind auch für Unternehmen und Privatanwender sehr interessant. Weitere Informationen: https://www.bsi.de/, https://www.bsi-fuer-buerger.de/.

Bundestrojaner, der; *Subst.*, ist ein von Polizei, Verfassungsschutz und Zoll zur ⇨ **Online-Durchsuchung** eingesetztes Schadprogramm. In einem durch den ⇨ **Chaos Computer Club** bekannt gewordenen Fall wurde ein Bundestrojaner auf dem Münchner Flughafen unter dem Vorwand einer Routinekontrolle vom Zoll auf ein Notebook aufgespielt. In diesem Fall speicherte das Programm unter anderem 60.000 Bildschirmkopien und dürfte damit über den Zeitraum der Durchsuchung nahezu alle Eingaben und Aktivitäten der betroffenen Person ausspioniert haben. Der bekannt gewordene Bundestrojaner wird von allen führenden Antiviren-Programmen erkannt und ist nur auf 32-Bit-Versionen von Windows lauffähig. Nach einer im Januar 2016 erfolgten Erklärung des Bundeskriminalamts (BKA) kann der Bundestrojaner aktuell nur auf Windows 8.1, 8 und 7 eingesetzt werden; an einer Version für Windows 10 werde gearbeitet. Ein Einsatz auf Smartphones und Tablets wurde bereits Mitte 2016 angekündigt, war aber 2017 noch nicht möglich.

bullet, dt. Aufzählungszeichen.

Busmaster-Treiber   B

Bus, der; *Subst.*, ist eine Verbindung zwischen einzelnen Hardware-Komponenten in einem PC und dient zur Übertragung von Daten (⇨ **Datenbus**) oder Steuersignalen (⇨ **Systembus**). Technisch besteht ein Bus aus mehreren parallelen Leitungen. Durch die Definition verschiedener Standards gibt es mehrere Bus-Systeme (⇨ **ISA-**, ⇨ **VESA-Local-**, ⇨ **PCI-**, ⇨ **EISA-Bus**).

Business Intelligence, die; *Subst.*, ist eine Analyse der Unternehmensdaten, um die Vorgänge im Unternehmen besser zu verstehen. Dazu wird das Berichtswesen automatisiert und analytische Informationssysteme eingesetzt.

Business Offer Language [sprich „bissness offer längwitsch"], abgekürzt **BOL**, ist ein von ⇨ **XML** abgeleitetes System zum Schutz von Videos und Musikstücken. Dazu werden darin digitale Wasserzeichen integriert und über BOL zur Abrechnung erforderliche Daten eingebettet.

Businesstarif, der; *Subst.*, ist ein spezieller Mobilfunktarif für Firmen und Geschäftskunden, der deren Anforderungen berücksichtigt. Das können ⇨ **Flatrate**-Tarife oder Tarife mit einer am Bedarf der Geschäftskunden orientierten Anzahl enthaltener Gesprächsminuten und SMS sein. Dazu gibt es Rahmenverträge, deren Konditionen von der Anzahl der abgenommenen SIM-Karten abhängen.

Busmaster, der; *Subst.*, ist ein Controller, der die Datenübertragung zwischen ⇨ **Festplatten-Controller** und ⇨ **Arbeitsspeicher** ohne Inanspruchnahme der ⇨ **CPU** bewältigt.

Busmaster-Treiber, der; *Subst.*, ist ein ⇨ **Treiber**, der die direkte Übertragung der Daten von der ⇨ **Festplatte** zum ⇨ **Arbeitsspeicher** und umgekehrt ermöglicht, ohne die ⇨ **CPU** damit zu belasten. Die CPU, also bei einem PC dessen ⇨ **Prozessor**, hat dann die volle Leistung für andere anstehende Aufgaben wie etwa das Decodieren eines Videofilms.

Eine ruckelnde Wiedergabe von DVDs auf dem DVD-Laufwerk des PC deutet daher auf einen fehlenden Busmaster-Treiber hin, oder der direkte Speicherzugriff (⇨ **DMA**) ist nicht aktiviert. Der Treiber ist bei Mainboards auf der mitgelieferten CD-ROM enthalten, kann aber oft auch von der Webseite des Mainboard-Herstellers heruntergeladen werden. Die Installation erfolgt normalerweise direkt bei der Installation von Windows. Treten bei einer nachträglichen Installation Kompatibilitätsprobleme auf, ist daher meist Windows vollständig neu zu installieren. Aus diesem Grund ist Windows auch oft nach einem Mainboardtausch neu zu installieren.

B Button

Button [sprich „battn"], der; *Subst.*, bezeichnet (1.) bei Geräten eine ⇨ **Taste** oder (2.) einen Taster und (3.) bei Windows und Windows-Anwendungen eine ⇨ **Schaltfläche**.

ByoC oder **BYOC**, Abkürzung für ⇨ **Bring your own Computer**.

ByoD oder **BYOD**, Abkürzung für (1.) ⇨ **Bring your own Device** oder (2.) scherzhaft **B**ring **y**our **o**wn **D**esaster [sprich „bring jur ouwn disast'r"], dt. „Bringe dein eigenes Verderben mit".

Byte [sprich „beit"], das; *Subst.*, ist eine Maßeinheit für digitale Daten und besteht aus 8 Bit (⇨ **Bit**).

C

C ist (1.) die Bezeichnung einer höheren Programmiersprache von Kernighan/Ritchie, (2.) die ⇨ **Dateinamenerweiterung** von Dateien mit Programmen in C oder ⇨ **C++** und (3.) die Abkürzung für ⇨ **Carry bit**, also das Übertragungsbit.

C:, Laufwerksbuchstabe für das erste logische Festplattenlaufwerk mit dem Betriebssystem. Das ⇨ **Diskettenlaufwerk** hat den Laufwerksbuchstaben **A:**. Die nach C: folgenden Laufwerke werden mit einem nachfolgenden Buchstaben des Alphabets bezeichnet (D:, E: ...).

C++ ist eine objektorientierte ⇨ **Programmiersprache**, die auf ⇨ **C** basiert.

C & C, Abkürzung für Command and Control Center, ist ein Computer, der ein Netzwerk aus manipulierten Computern steuert. Die Hacker nutzen C & C für ⇨ **DDoS**-Angriffe, um eine große Zahl von Computern zu steuern, damit diese gleichzeitig eine bestimmte Aktion durchführen.

CA, Abkürzung für Computer Associates, ist ein großer US-amerikanischer Hersteller von Management-**Software** mit den Schwerpunkten Netzwerk-Überwachung, Sicherheits- und Projektmanagement; https://www.ca.com/de.html

CAB, ⇨ **Dateinamenerweiterung** von Archiven mit Programmdateien zur Installation von Windows, Office-Anwendungen oder anderen Microsoft-Programmen. ⇨ **Hacker** und ⇨ **Schadprogramme** können CAB-Dateien verwenden, zum Beispiel zur Tarnung. Leistungsfähige ⇨ **Antivirenprogramme** durchsuchen jedoch auch CAB-Dateien.

cabbage ⇨ @.

Cabir ist ein gefährlicher ⇨ **Bluetooth-Wurm**.

Cache [sprich „käitsch"], der; *Subst.*, ist (1.) ein schneller ⇨ **Pufferspeicher**, der bei ⇨ **Prozessoren** und ⇨ **Laufwerken** zur Leistungssteigerung eingesetzt wird. Als Cache wird (2.) auch das beim ⇨ **Geo-Caching** verwendete Gefäß bezeichnet.

Cacher [sprich „käitscher"], der; *Subst.*, Bezeichnung für einen Mitspieler beim ⇨ **Geo-Caching**, einer modernen Schnitzeljagd mit GPS und Internet.

CAD [sprich „käd"], Abkürzung für **C**omputer **A**ided **D**esign, Methoden und Programme, technische Zeichnungen mithilfe des Computers zu erstellen.

CAE, Abkürzung für **C**omputer **A**ided **E**ngineering, bezeichnet Me-

C Café net

thoden und Programme zum computerunterstützten Konstruieren.

Café net [sprich „kaffee net"] ist eine im englischen Sprachraum verbreitete Bezeichnung für ein ⇨ **Internetcafé**.

CAI, Abkürzung für **C**omputer **A**ssisted **I**nstruction, bezeichnet Methoden und Programme zum computerunterstützten Lernen.

Cakebox [sprich „käikbocks"], die; *Subst.*, wörtlich übersetzt „Kuchenschachtel" oder „Keksdose", dt. ⇨ **Spindeldose**.

CAL, Abkürzung für **C**lient **A**ccess **L**icense, ist eine Server-Zugriffslizenz von Microsoft, wobei zwischen ⇨ **Device CAL** und ⇨ **User CAL** unterschieden wird.

Callback [sprich „kollbeck"], der; *Subst.*, dt. Rückruf, ist (1.) eine Funktion von Modems, damit der Anrufende die Gebühren der Datenfernübertragung nicht zahlen muss und durch den Rückruf die Zugangsberechtigung geprüft werden kann, denn es kann hinterlegt werden, wer für den Rückruf berechtigt ist. Eine weitere Verwendung ist (2.) im Mobilfunk, wo der Rückruf dazu dient, Verbindungen kostengünstig über einen anderen, meist ausländischen Mobilfunkbetreiber abwickeln zu können. Eine entsprechendes Callback gibt es auch für Festnetzverbindungen.

Call by Call fürs Handy [sprich „koll bei koll fürs händi"], das; *Subst.*, auch als **Handy-Call-by-Call** bezeichnet, ist kein technisches Verfahren sondern ein Marketingausdruck zum Verkauf von ⇨ **Calling Cards**. Denn ein Call by Call wie bei Internetzugängen oder Festnetztelefonie gibt es bei der Mobilfunktechnologie nicht. Technisch handelt es sich um ein **Callthrough**. Für den Kunden hat das „Handy-Call-by-Call" aber den Vorteil, dass die Calling Card meist automatisch erkannt wird und keine ⇨ **PIN** mehr eingegeben werden muss. Dafür bergen Calling Cards reichlich finanzielle Fallen wie täglich erhobene „Administrationsgebühren", wechselnde Tarife, plötzlich nicht mehr gültige Karten und nicht mehr vorhandene Anbieter.

Callthrough [sprich „kollsrouh"], das; *Subst.*, für den Mobilfunk teilweise als **Handy-Call-by-Call** oder ⇨ **Call by Call fürs Handy** vermarktet, ist ein Verfahren, um über einen anderen Provider zu telefonieren. Dazu wird der ausländische Telekommunikationsanbieter angerufen, der dann eine Leitung für das Telefongespräch freischaltet. Die Abrechnung erfolgt per ⇨ **Calling Card**, teilweise ist zur Freischaltung des Gesprächs eine ⇨ **PIN** einzugeben. Nach Herstellen der Verbindung wird die Rufnummer des gewünschten Teilnehmers mit Landeskennung und Ortsvorwahl eingegeben. Eine Alternative ist ⇨ **Callback**.

Cam [sprich „käm"], die; *Subst.*, Abkürzung für ⇨ **Webcam**.

CAM ist (1.) die Abkürzung für **C**omputer **A**ided **M**anufacturing und bezeichnet Methoden und Programme zur computerunterstützten Fertigung oder Herstellung. Es ist auch (2.) die Abkürzung für **C**ommon **A**ccess **M**ethod, den ANSI-Schnittstellenstandard für SCSI-Controller (⇨ **ASPI**).

Camcorder, der; *Subst.*, Kunstwort aus engl. **cam**era und re**corder**, ist eine Videokamera, die das Video direkt ohne zusätzlichen Recorder aufzeichnen kann. Das ist heute selbst bei einem kleinen ⇨ **Smartphone** der Fall, in den Anfängen der Filmtechnik war die Trennung jedoch technisch erforderlich. Camcorder zeichneten die Videos zunächst analog auf Kassetten (Betamax, Hi8, ⇨ **VHS** und ⇨ **S-VHS**, Video8) auf, später dann digital auf Kassetten (⇨ **DV**), ⇨ **DVD**, Microdrive und ⇨ **Flash**-⇨ **Speicherkarten**.

Camera Connection Kit, abgekürzt **CCK**, Bezeichnung eines wichtigen Zubehörs für ein ⇨ **iPad**, das beim Original von Apple aus zwei Adaptern für die 30-polige Dock-Schnittstelle besteht und sich daher nur für iPad und iPad 2 verwenden lässt. Einer der Adapter liefert eine Schnittstelle für ⇨ **SD-Karten**, der andere einen ⇨ **USB**-Anschluss für eine Digitalkamera. Der USB-Anschluss lässt sich auch zum Anschluss eines USB-Sticks oder einer USB-Festplatte verwenden, jedoch sind darüber ohne ⇨ **Jailbreak** nur Fotos herunterzuladen und es gibt etliche Einschränkungen zu beachten. Unter der Bezeichnung Camera Connection Kit werden auch Kartenlesegeräte mit ⇨ **Lightning**-Schnittstelle für die aktuellen iPads angeboten.

Cam-Whores [sprich „käm houhrs"], dt. Kamerahuren, Internet-Jargon für Frauen, die gegen Geld auf ihrer ⇨ **Webcam** nackte Tatsachen zeigen. Abgerechnet wird dies über ⇨ **Dialer** oder Kreditkarte.

Cancel [sprich „känzel"] ⇨ **Abbruch**.

canceln [sprich „känzeln"], *Verb*, ⇨ **abbrechen**.

Canon Direct Print ist ein proprietärer Standard der Firma Canon und ermöglicht den Direktausdruck von Canon-Digitalkameras auf Canon-Druckern. Ein Hersteller übergreifender Standard für Direktdruck ist ⇨ **PictBridge**.

CAP, Abkürzung für **C**omputer **A**ided **P**lanning, bezeichnet Methoden und Programme zur computerunterstützten Planung.

C CAPI

CAPI, die; *Subst.*, Abkürzung für **C**ommon **I**SDN **A**pplication **P**rogramming **I**nterface, ist eine Schnittstelle zwischen ⇨ **ISDN**-⇨ **Hardware** und -⇨ **Software**, die eine einheitliche Kommunikation zwischen der Hard- und Software verschiedener Hersteller ermöglicht; ⇨ **API**.

CapsLock oder **Caps-Lock-Taste** [sprich „käpitel lock taste"] ist eine von der früheren englischen Beschriftung herrührende Bezeichnung für die Feststelltaste ⇩ mit der die Umschaltung auf Großschreibung (engl. Capitals) fest eingestellt wird.

Captcha [sprich „käptcha"], Abkürzung für **C**ompletely **A**utomated **P**ublic **T**est to tell **C**omputers and **H**umans **A**part, ist eine Technologie mit der Webseiten-Betreiber zwischen Menschen und ⇨ **Bots** unterscheiden. Dies soll verhindern, dass zum Beispiel bei einem ⇨ **Freemail**-Anbieter automatisiert Konten angelegt und dann für ungesetzliche Zwecke wie zum Beispiel den Versand von ⇨ **Spam** verwendet werden. Zur Unterscheidung wird dem Benutzer ein Bild einer stark verfremdeten Buchstabenreihenfolge angezeigt, die ein Mensch dennoch leicht erkennen und richtig eingeben kann. Bots ist dies aber nicht möglich. Der Captcha-Schutz wird aber teilweise umgangen, indem die Bilder kopiert und auf anderen Seiten, meist Pornoseiten, für den Zugang verwendet werden. Die Besucher der Seiten werden somit zur Übersetzung der Informationen benutzt. Mit den Informationen erfolgt dann wieder ein automatisches Einrichten des Kontos per Bot.

Captcha-Löser, der; *Subst.*, ist ein Programm, mit dem man die Eingabe der Zahlen- und Buchstabenkombination, die durch ⇨ **Captcha** angezeigt werden, umgehen kann.

CAQ, Abkürzung für **C**omputer **A**ided **Q**uality Assurance, sind Methoden und Verfahren zur computerunterstützten Qualitätskontrolle.

CardBus, der; *Subst.*, Bezeichnung des vom ⇨ **PCMCIA**-Gremium standardisierten PC-Card-Bus vom PCMCIA-Steckplatz zum ⇨ **Prozessor** und ⇨ **Arbeitsspeicher** eines ⇨ **Notebooks**. Der 32-Bit-Bus kann Daten mit bis zu 132 MByte/s übertragen.

Card Reader [sprich „kard riehder"], der; *Subst.*, eigentlich **Card Reader Writer**, dt. Kartenleser oder Kartenlesegerät, ist ein Lese- und Schreibgerät für Speicherkarten, das meistens per USB angeschlossen wird oder auch bereits integriert ist wie etwa in einen Drucker.

cardTAN ⇨ **Flicker-TAN**.

Cardware [sprich „kardwähr"], die; *Subst.*, ist eine Variante der ⇨ **Free-**

ware. Das Programm darf wie Freeware ohne Entgelt frei genutzt und auch beliebig verteilt werden. Der Autor bittet jedoch als Dank um die Zusendung einer Postkarte von den Programmnutzern. Soll stattdessen eine Mail gesendet werden, handelt es sich um ⇨ **Mailware**.

Caret [sprich „käret"], das; *Subst.*, Zeichen ^ (Sonderzeichen).

Careware [sprich „kärwähr"], die; *Subst.*, oder ⇨ **Charityware** ist eine Variante der ⇨ **Freeware**. Das Programm darf wie Freeware ohne Entgelt frei genutzt und auch beliebig verteilt werden. Der Autor wünscht jedoch, dass Sie bei ernsthafter Nutzung des Programms eine Spende an eine genannte gemeinnützige Organisation leisten; ⇨ **Donationware**, ⇨ **Ideaware**.

Car-Kit , das; *Subst.*, ist (1.) eine Halterung, mit der ein ⇨ **Smartphone** im Auto sicher befestigt und/oder geladen werden kann. (2.) Die Bezeichnung wurde ursprünglich ausschließlich für Einbausätze verwendet, die Ladeschale, Antennenanschluss und Freisprecheinrichtung oder anfangs auch Telefonhörer für Mobiltelefone umfassten und von einem KFZ-Elektroniker eingebaut werden müssen, sofern nicht bereits ab Werk entsprechende Vorbereitungen mit Steckverbindungen vorhanden sind, die auch ein Laie problem- und gefahrlos nutzen kann.

Teilweise wird die Freisprechfunktion dabei vom vorhandenen Navigationssystem übernommen, wobei das Mobiltelefon dann per ⇨ **Bluetooth** oder Bussystem an dieses angebunden wird. Da ein modernes Smartphone nicht mehr zwingend einen Anschluss an die KFZ-Antenne benötigt und teilweise auch eine Freisprecheinrichtung integriert hat oder sich diese einfach und kostengünstig per Bluetooth-Headset realisieren lässt, reichen die nach Definition 1 als Car-Kit angebotenen Halterungen meist aus und ein deutlich teurer Einbausatz der Definition 2 ist nicht erforderlich, auch wenn er komfortabler und meist betriebssicherer ist.

Carriage Return [sprich „kärriätsch ritörn"], dt. ⇨ **Wagenrücklauf** ist (1.) ein ⇨ **ASCII-Steuerzeichen** und (2.) eine Bezeichnung für die Tasten [Enter] und [↵], also die ⇨ **Enter-Taste** und ⇨ **Eingabetaste**, mit der in einer Textverarbeitung die Zeile abgeschlossen wird, wenn ein harter Zeilenumbruch erwünscht ist.

Carrier [sprich „kärrier"], der; *Subst.*, ist ein analoges Trägersignal bei einer Datenübertragung, dem Nutzsignale hinzugefügt (aufmoduliert) werden.

Carry bit [sprich „kärri bit"], das; *Subst.*, dt. Übertragungsbit.

C Cartridge

Cartridge [sprich „kartridsch"], die; *Subst.*, ist (1.) eine Schutzhülle für CDs und ⇨ **DVD-RAM**. Aktuelle CD-Player und -Brenner erfordern keine Cartridge mehr. Diese war nur bei der ersten Gerätegeneration erforderlich. Als Cartridge wird (2.) auch ein Steckmodul mit einem Programm in einem nicht flüchtigen Speicher bezeichnet, zum Beispiel für Spielekonsolen und ⇨ **GPS**-Geräte. Neben Software kann ein Cartridge auch Hardware enthalten wie etwa eine Speichererweiterung oder ein GPS-Modul. So kann ein Navigationsgerät für die Straßennavigation zum Beispiel per Cartridge auch für die Schifffahrt nutzbar werden.

CAS, Abkürzung für (1.) **C**omputer **A**ided **S**elling, also computerunterstützten Verkauf und (2.) für **C**omputer **A**ided **S**urgery, also die computerunterstützte Operationsplanung und -durchführung.

Case-Modding [sprich „käis modding"], das; *Subst.*, ist (1.) ein Sammelbegriff für Gehäusemodifikationen von Standard-PC-Gehäusen. In einem oder beiden Seitenteilen wird beispielsweise eine Plexiglasscheibe eingebaut, die Einblick in das Innere des PCs ermöglicht. Solche ⇨ **Sidepanels** mit ⇨ **Windows** gibt es bereits fertig zu kaufen, oder sie werden mit dem Trennjäger, Scheiben aus dem Baumarkt und Dichtmaterial selbst gefertigt. Durch die Scheibe sind meist eindrucksvolle Kühler und ein Farbspiel durch ⇨ **Kaltlichtkathodenröhren**, Leuchtdioden im Lüfter oder an anderen Stellen im Gehäuse zu sehen. Durch fluoreszierende oder phosphorisierende Farben oder solcherart leuchtende Flüssigkeiten in einer Wasserkühlung wird der Effekt des individuellen PCs verstärkt.

Zusätzlich eingebaute Temperaturpanels mit LCD-Anzeige verbreiten einen coolen Technik-Look. Das Gehäuse ist oft schwarz oder mit Airbrush-Gemälde verziert. In den edlen Varianten scheint das Gehäuse durch die Lackierung aus einem anderen Material zu bestehen, etwa Holz oder Marmor. Es gibt auch PCs, bei denen Tastatur, Maus, PC und Monitor in echtes Holz passend zur Einrichtung eingefasst sind.

Oder der PC wird zum Aquarium, indem statt der Plexiglasscheibe gleich ein entsprechender, allerdings recht dünner Behälter seitlich in der Gehäusewand eingesetzt wird. Für echte Fische zu ungemütlich, tummeln sich darin Plastikfische.

Neben solchen mehr oder weniger ausgefallenen Gehäusemodifikationen ist unter Case-Modding aber (2.) auch der Einbau von PC-Komponenten in ein völlig anderes PC-Gehäuse als ein Standardgehäuse zu verstehen. Es gibt spezielle Designer- und Case-Modding-Gehäuse, zum Beispiel aus Acryl und damit durchsichtig. Doch das ist kein echtes Case-Modding. Vielmehr werden bei der zweiten Art von Case-Modding Alltagsgegenstände in einen PC verwandelt, vom Mini-PC in einem (vormals ferngesteuerten) Modellauto über einen Bierkasten, in den noch 6 Flaschen passen, bis hin zum Metallkoffer mit einem Ein-/Ausschalter, der 50 A verträgt.

Im Internet sind viele Beispiele mit Bildmaterial zu sehen. Zur Suche reicht die Eingabe von „Case Modding" in einer Suchmaschine wie www.google.de. Bilder der besten Case-Moddings der letzten Jahre zeigt diese Galerie der Deutschen Casemod Meisterschaft: http://www.dcmm.de/dcmm_gallery.htm.

case-sensitive [sprich „käis sensitiv"], *Adj.*, ist ein Vorgang, bei dem auf die Groß-/Kleinschreibung geachtet wird. So ist es etwa bei der Suche in Dokumenten oder Suchmaschinen und bei der Eingabe von Benutzernamen und Kennwörtern wichtig, ob bei deren Auswertung nur die Buchstaben oder auch deren Schreibweise eine Rolle spielen.

cat [sprich „kät"], dt. Katze ⇨ **@**.

CAV, Abkürzung für **C**onstant **A**ngular **V**elocity, ist ein Verfahren für ⇨ **Festplatten**, bei dem die Daten bei konstanter Umdrehungsgeschwindigkeit mit einer variablen Datentransferrate geschrieben und gelesen werden (⇨ **CLV**). Findet auch in Verbindung mit CD- und DVD-Laufwerken Verwendung.

Allerdings kommen immer mehr Sonderformen wie Partial CAV oder Zoned CAV zum Einsatz, um die Auslesegeschwindigkeit durch eine konstante Drehgeschwindigkeit bei unterschiedlichen Zonengeschwindigkeiten weiter zu erhöhen.

CBB, Abkürzung für ⇨ **Common Building Block**.

CBT, das; *Subst.*, Abkürzung für **C**omputer **B**ased **T**raining [sprich „compjuter bäisd träining"], Schulung am Computer.

Cc, Abkürzung für **C**arbon **c**opy [sprich „karbon kopie"], dt. Durchschlag, ermöglicht den Versand einer ⇨ **E-Mail** in Kopie an weitere Empfänger, wobei jeder die anderen Empfänger kennt (vergleiche ⇨ **Bcc**).

CC, Abkürzung für ⇨ **Common Criteria**.

CCC ⇨ **Chaos Computer Club**.

CCD, Abkürzung für **C**harge **C**ouple **D**evice [sprich „tschartsch kappl dieweis"], ist ein elektronischer Baustein, der vor allem bei ⇨ **Scannern** und ⇨ **Digitalkameras** Verwendung findet. Bei Scannern sind die CCD-Sensoren in einer Zeile nebeneinander angeordnet und tasten das einzuscannende Bild ab.

CCIT 🕿, Abkürzung für **C**omité **C**onsultatif **I**nternational **T**éléphonique, ist ein internationaler Ausschuss im Bereich der Telegrafie, der seit 1956 ein Bestandteil des ⇨ **CCITT** ist.

CCITT, 🕿, Abkürzung für **C**omité **C**onsultatif **I**nternational **T**éléphonique et **T**élégraphique, ist ein Gremium für internationale Normen in der Telekommunikation, das mittlerweile als ITU-T bezeichnet wird (⇨ **ITU**).

CCK, Abkürzung für ⇨ **Camera Connection Kit**.

CCP, Abkürzung für **C**ompliance **C**hecking **P**rogram [sprich „kompleiens tschekking prögrämm"], ist ein ⇨ **Algorithmus** von ⇨ **Microsoft** in ⇨ **Updates**, der die Einhaltung von Update-Bestimmungen überwachen soll, jedoch gelegentlich „übereifrig" reagiert und auch rechtmäßige Anwender an der Installation hindert.

CCT, Abkürzung für **C**omputerized **C**ommunications **T**erminal, ist ein computergesteuertes Kommunikationsendgerät. CCT-Fax bezeichnet zum Beispiel mit Computern verschickte Faxe.

ccTLD, Abkürzung für **c**ountry **c**ode **T**op **L**evel **D**omain, ⇨ **Län-** **dercode** und ⇨ **Top Level Domain**.

CD, die; *Subst.*, Abkürzung für **C**ompact **D**isc, ist ein Datenträger mit einem Durchmesser von 8 oder 12 Zentimetern, der nach Norm 74 Minuten Musik oder 650 MB beziehungsweise 700 MB oder 80 Minuten Musik fasst. Größere Kapazitäten wie beispielsweise 800 MB gibt es auch, sie sind allerdings nicht normgerecht. Es existieren verschiedene CD-Datenformate wie ⇨ **CD-DA**, ⇨ **CD-I**, ⇨ **CD-R**, ⇨ **CD-ROM**, ⇨ **CD-ROM/XA** und ⇨ **CD-RW**.

CDA ist im Windows-Explorer scheinbar die ⇨ **Dateinamenerweiterung** von Audio-Tracks auf Musik-CDs. Es sind aber keine Dateien, somit ist CDA auch keine Dateinamenerweiterung. Windows kann keine CDA-Dateien von einer Audio-CD kopieren. Das ist nur mit zusätzlichen Tools möglich.

CD-DA, die; *Subst.*, Abkürzung für **C**ompact **D**isc **D**igital **A**udio, ist eine ⇨ **CD**, die für herkömmliche Audio-CD-Spieler gedacht ist und maximal 80 Minuten Wiedergabedauer ermöglicht.

CDDB, Abkürzung für **C**ompact **D**isc **Dat**a**b**ase, dt. CD-Datenbank, ist eine Datenbank im Internet mit Informationen zu Audio-CDs wie Titeln und Interpreten, die sich mit einem geeigneten Tool automatisch suchen und herunterladen lassen.

CD-I, die; *Subst.*, Abkürzung für **C**ompact **D**isc **I**nteractive, Standard von Philips und Sony für ein Multimedia-Format. Der Anwender kann in einen Multimedia-Film „interaktiv" eingreifen und die Handlung innerhalb der Vorgaben verändern. CD-Is lassen sich nur mit speziellen CD-I-Playern oder über eine spezielle Erweiterungskarte und ein CD-ROM-Laufwerk mit dem PC lesen.

CD-Key [sprich „ce de kieh"], der; *Subst.*, dt. „CD-Schlüssel", ist eine längere Kombination aus Zahlen und Buchstaben als Kopierschutz für Programme. Nur nach Eingabe des CD-Keys, der auf der CD selbst, der CD-Verpackung oder im Handbuch abgedruckt ist, kann das so geschützte Programm installiert und genutzt werden.

CD-MRW, die; *Subst.*, Abkürzung für **C**ompact **D**isc **M**ount **R**ainier Re**w**ritable; ⇨ **Mount Rainier**.

CD-Plus, die; *Subst.*, Vorläufer des Formats ⇨ **CD-Extra** für eine Audio-CD mit einer zusätzlichen Datenspur für Texte und Bilder. Da die Datenspur am Anfang der CD angeordnet ist, kann es bei CD-Playern zu Kompatibilitätsproblemen kommen. Dann versucht der CD-Player die Datenspur als Musik wiederzugeben und verursacht damit unangenehme Geräusche, die sogar zu Beschädigungen an den Lautsprechern der Stereoanlage führen können.

CD-R, die; *Subst.*, Abkürzung für **C**ompact **D**isc **R**ecordable, ist in CD-Brennern einmal beschreibbar und dann wie eine normale CD-ROM einsetzbar. Je nach Aufzeichnungsverfahren lassen sich später Daten hinzufügen, wenn die CD-R beim ersten Brennvorgang nicht vollständig beschrieben wurde.

CD-Ripper, der; *Subst.*, ist ein Tool zum Kopieren der digitalen Daten einer Audio-CD auf die Festplatte, die dort als ⇨ **WAV**-Dateien gespeichert werden.

CD-Rohling, der; *Subst.*, ⇨ **CD-R** ⇨ **CD-RW**.

CD-ROM, die; *Subst.*, Abkürzung für **C**ompact **D**isc **R**ead **O**nly **M**emory. Optisches Speichermedium, das in zwei verschiedenen Durchmessern (8 und 12 cm) verfügbar ist. Die Informationen werden in Form winziger Vertiefungen (⇨ **Pits**) und Erhöhungen (⇨ **Lands**) gespeichert, die mit einem Laserstrahl abgetastet werden.

CD-ROM-Laufwerk, das; *Subst.*, wird zum Lesen des Inhalts einer CD-ROM benötigt, ersatzweise kann auch ein ⇨ **DVD-Laufwerk** oder ein ⇨ **Brenner** verwendet werden.

CD-ROM/XA

CD-ROM/XA, die; *Subst.*, Abkürzung für **C**ompact **D**isc **R**ead **O**nly **M**emory e**X**tended **A**rchitecture. Erweiterung des CD-ROM-Standards, die hauptsächlich die Komprimierung von Audio-Daten (⇨ **ADPCM**) und die parallele Ausgabe von Audio- und Computerdaten umfasst.

CD-RW, die; *Subst.*, Abkürzung für **C**ompact **D**isc **Re**writable, ist ein ⇨ **CD-Rohling**, der in einem entsprechenden ⇨ **Brenner** laut Herstellerangaben bis zu 1.000-mal neu beschrieben werden kann. In der Praxis ergeben sich aber meistens drastisch niedrigere Werte (siehe auch ⇨ **CD**, ⇨ **CD-R**). Als sicheres Backup-Medium sind CD-RWs daher nicht zu empfehlen.

CD-Writer [sprich „ce de wreiter"], der; *Subst.*, dt. ⇨ **CD-Brenner**.

CE, Abkürzung für **C**onsumer **E**lectronics, also Elektronikartikel für den Verbraucher oder anders ausgedrückt für den Massenmarkt.

CE-Gerät, das; *Subst.*, ist ein Elektronikartikel für den Verbraucher oder anders ausgedrückt ein elektronischer Massenartikel wie ein Mobilfunktelefon.

Celebritytweet, von engl. Celebrity = berühmte Person und ⇨ **Tweet**, ist ein berühmter Nutzer von ⇨ **Twitter** wie Britney Spears, Justin Bieber, Lady Gaga, Katy Perry, Rihanna oder Taylor Swift, die rund 60 bis über 100 Millionen ⇨ **Follower** haben. Berühmtheiten wird bei Twitter massenweise gefolgt. Beispiele für erfolgreiche deutsche Twitterer sind Heidi Klum mit rund 5,1 Millionen Follower und Joko Winterscheidt (Circus HalliGalli) mit rund 2,2 Millionen Follower (alle Follower-Angaben Stand November 2017).

Cell Broadcast , Übermitteln von Informationen über einen Mobilfunkteilnehmer an alle in der jeweiligen Mobilfunkzelle befindlichen Teilnehmer.

Centronics, Quasi-Standard für die parallele Schnittstelle des amerikanischen Herstellers Centronics.

Centronics-Schnittstelle, die; *Subst.*, ist eine für den Anschluss von Druckern verwendete ⇨ **Parallel-Port-Schnittstelle**.

CEPT , Abkürzung für **C**ommission **E**uropéenne **P**ostale et **T**éléphonique, ist ein europäisches Gremium, das unter anderem Normen für Datenkommunikation festlegt.

CERBER, Cerber ist ein ⇨ **Erpressertrojaner**, der die Dateien auf infizierten Windows-PCs verschlüsselt und dann mit der Dateiendung .cerber oder .cerber2 abspeichert. Die Dateien lassen sich mit dem TrendMicro Ransomware Removal Tool entschlüsseln; https://success.trendmicro.com/solution/1114221.

Certified Wireless USB [sprich „sörtifeid weierless juh es bie"], Abkürzung **CWUSB** ist die offizielle Bezeichnung des umgangssprachlich als ⇨ **Wireless USB** bekannten Standards zur drahtlosen Übertragung von Daten per ⇨ **WLAN** von Wireless-USB-Geräten wie ⇨ **Wireless-LAN-SD**-Karten.

CES, Abkürzung für **C**onsumer **E**lectronic **S**how, ist eine seit 1967 bestehende Messe für Unterhaltungselektronik, die jedes Jahr im Januar in Las Vegas stattfindet und vier Tage dauert. Hier werden die Trends der nächsten Jahre gezeigt wie ⇨ **Curved Display**, selbstfahrende Autos und ⇨ **Smartwatch**. In den Anfangsjahren waren das zum Beispiel der Videorecorder (VCR), Camcorder, die DVD, die Heimcomputer Atari ST und Commodore 64 sowie 128 oder die Spieleklassiker Pong (damals auf dem Fernseher) und Tetris. Doch die Messe hat wie die CeBIT in Hannover an Bedeutung verloren. So nimmt etwa Microsoft seit 2013 an der CES nicht mehr teil und die anfangs zwei CES-Termine im Jahr wurden auf den Termin im Januar reduziert. Da die CES jedoch zu Beginn des Jahres und damit zwei Monate vor der „Handy-Messe" ⇨ **MWC** in Barcelona, sechs Monate vor der CeBIT

und neun Monate vor der ⇨ **IFA** in Berlin stattfindet, werden dort sehr häufig die neuen Produkte des Jahres präsentiert. Es lohnt sich daher, im Januar ein Auge auf die Neuerscheinungen von der CES zu werfen oder dort auch einmal persönlich zu erscheinen; http://www.ces.tech/.

CE-Zeichen, das; *Subst.*, Abkürzung für **C**ommunauté **E**uropéenne = Europäische Gemeinschaft, soll dem Käufer eines elektronischen Geräts signalisieren, dass der Hersteller des Geräts alle relevanten Richtlinien der Europäischen Union eingehalten hat. Damit soll eine Gefährdung des Anwenders ausgeschlossen sein, keine elektromagnetische Störung vom Gerät ausgehen und das Gerät selbst störfest sein (siehe ⇨ **EMV**). Der Hersteller bescheinigt dies durch eine Konformitätserklärung, die dem Kunden auf Verlangen auszuhändigen ist. Das CE-Zeichen hat aber keinerlei Aussagekraft, wenn es von einem Hersteller außerhalb der EU angebracht wird.

CF ⇨ **CompactFlash**.

CFA ⇨ **CompactFlash Association**.

CGA, Abkürzung für **C**olor **G**raphics **A**daptor und ein nicht mehr gebräuchlicher Grafikstandard, der von ⇨ **IBM** für die ersten Farbgrafikkarten entwickelt wurde. Die Auflösung beträgt 320 x 200 Pixel bei 4 Farben

C CGI

oder 640 x 200 Pixel bei 2 Farben (Monochromdarstellung). ⇨ **CGA**, ⇨ **EGA**, ⇨ **MDA**, ⇨ **QVGA**, ⇨ **VGA**, ⇨ **SVGA**, ⇨ **XGA**, ⇨ **WXGA**, ⇨ **WXGA+**, ⇨ **SXGA**, ⇨ **WSXGA**, ⇨ **SXGA+**, ⇨ **WSXGA+**, ⇨ **UXGA**, ⇨ **WUXGA**, ⇨ **SUXGA**, ⇨ **QXGA**, ⇨ **WQXGA**, ⇨ **QUXGA**, ⇨ **WQUXGA** und ⇨ **QWUXGA**.

CGI, Abkürzung für **C**ommon **G**ate Interface, ist eine Schnittstelle eines Webservers zu anderen Programmen. Zum Programmieren dieser Schnittstelle werden meist die Programmiersprachen ⇨ **C** oder ⇨ **Perl** eingesetzt.

Chain letter [sprich „tschäin lätter"], ⇨ **Kettenbrief**.

Channel [sprich „tschennel"], der; *Subst.*, dt. Kanal, bezeichnet den Übertragungsweg von Nachrichten oder anderen Informationen an einen Internet-Nutzer. Diese Informationen werden multimedial übermittelt, also auch mit Ton, Bildern und sogar Filmen. Der Benutzer ruft die Informationen nicht ab, sondern erhält diese als Push-Dienst automatisch übermittelt, sofern er online ist.

Channel Bits [sprich „tschennel bits"] ist eine Bezeichnung für die Information auf einer ⇨ **CD**.

Chaos Computer Club, der; *Subst.*, Abkürzung **CCC**, ist ein 1981 gegründeter und 1986 eingetragener Verein mit Sitz in Hamburg. Es gibt Ortsvereine in vielen deutschen Großstädten. Der Verein versteht sich laut eigener Aussage „als ein Forum der Hackerszene, eine Instanz zwischen ⇨ **Hackern**, Systembetreibern und der Öffentlichkeit". Er vermittelt den Mitgliedern und der Öffentlichkeit Informationen über Schwachstellen in der Telekommunikation.

So warnte CCC zum Beispiel durch eine spektakuläre Aktion vor den Gefahren des Missbrauchs von ⇨ **Homebanking** per ⇨ **BTX**. Heute wird Aufklärung über die Gefahren des Internets und der Telekommunikation betrieben. Die Mitglieder erhalten die Zeitschrift ⇨**Datenschleuder**. Zum Gedankenaustausch gibt es Erfa-Kreise (Kreise zum Erfahrungsaustausch), Chaostreffs bis hin zu Camps und Aktionen wie ⇨ **Blinken Lights**. Zur Chaos-Family zählen weiterhin Clubs, die nicht dem CCC angehören, aber sinnverwandt sind. Der CCC verkauft die Chaos CD-Blue mit der ⇨ **Hackerbibel**; https://www.hamburg.ccc.de.

character set, dt. ⇨ **Zeichensatz**.

Charityware [sprich „tschäritiewähr"], die; *Subst.*, oder **Careware** ist eine Variante der ⇨ **Freeware**. Das Programm darf wie Freeware ohne Entgelt frei genutzt und auch

Checkbox C

beliebig verteilt werden. Der Autor möchte jedoch, dass Sie bei dauerhafter Nutzung des Programms eine Spende an eine genannte gemeinnützige Organisation leisten (⇨ **Donationware**, ⇨ **Ideaware**).

Charms, dt. „Zauber" oder „Zaubersprüche" sind die Symbole auf der ⇨**Charms-Leiste** von ⇨**Windows 8** und ⇨**Windows 8.1**, die bei ⇨**Windows 10** nicht mehr vorhanden sind. Die Charms rufen die Suche nach Apps und Dateien, das Teilen von Inhalten, die Startseite, die Geräteübersicht und die Einstellungen auf. Die Einstellungen enthalten den Ein-/Ausschalter, um die Windows-Sitzung zu beenden, der ansonsten in Ermangelung des Start-Menüs bei Windows 8 nicht zugänglich ist.

Charms-Bar ⇨ **Charms-Leiste**.

Charms-Leiste oder **Charms-Bar**, die; *Subst.*, ist eine mit Windows 8 eingeführte, verborgene Symbolleiste an der rechten Bildschirmseite. Über das Tastenkürzel ⊞+C, ein Klicken mit der Maus in die obere, rechte Bildschirmecke oder bei einem Touchscreen eine Wischbewegung mit dem Finger vom rechten Rand zur Bildschirmmitte wird die Charms-Leiste eingeblendet und ermöglicht den Zugriff auf die ⇨ **Charms**. Da die Charms-Leiste unbeabsichtigt aktiviert werden kann und dann einen Teil des Bildschirms verdeckt, geriet die Funktion in die Kritik. Bei ⇨ **Windows 10** ist die Charms-Leiste nicht mehr vorhanden.

Chart [sprich „tschart"], der; *Subst.*, ist eine Präsentationsgrafik, in der die Beziehungen und Größenunterschiede verschiedener Zahlen dargestellt werden (zum Beispiel Balken- oder Kreisdiagramm).

Chat [sprich „tschätt"], der; *Subst.*, ist eine online geführte „Unterhaltung" per Tastatur zwischen einer Gruppe von Internet-Nutzern, wobei sich ⇨ **Chatter** auch mit ihrem Gesprächspartner in einen privaten ⇨ **Chatroom** zurückziehen können.

chatten [sprich „tschätten"], *Verb*, Unterhalten per Tastatureingabe, Sprache oder Videotelefonie. Das kann per ⇨ **SMS**, einen Webbrowser-Dienst oder ⇨ **Instant Messaging** erfolgen.

Chatter [sprich „tschätter"], der; *Subst.*, ist eine Person, die ⇨ **chattet**. Es gibt keine weibliche Form, obwohl es mehr weibliche als männliche Chatter gibt.

Chatroom [sprich „tschätt ruhm"], der; *Subst.*, ist ein virtueller Raum, in dem sich ⇨ **Chatter** treffen.

Checkbox, dt. ⇨ **Kontrollkästchen**.

C checksum

checksum, dt. Prüfsumme.

Checksum Error, dt. Prüfsummenfehler.

Checksum failure, dt. Prüfsummenfehler.

Checksumme, die; *Subst.*, ist eine andere Bezeichnung für ⇨ **Prüfsumme**.

Chernobyl-Virus, der; *Subst.*, auch bekannt als **CIH** oder **Spacefiller**, ist ein zuerst 1998 aufgetretener und extrem gefährlicher ⇨ **Computervirus**, da er (1.) die Partitionstabelle auf der Festplatte mit Nullen überschreibt und somit zum Verlust der Daten auf der Festplatte führt. Zusätzlich versucht Chernobyl, (2.) das Flash-BIOS zu überschreiben. Gelingt dies, startet der PC nicht mehr.

Entwickelt wurde Chernobyl für die älteren Windows-Versionen 98 und ME; er funktioniert nicht bei Windows 3.x oder den aktuellen Windows-Versionen 10 und 7. Während andere Computerviren ihren Programmcode an das Ende der infizierten Dateien schreiben, versteckt sich Chernobyl in den Dateien in freiem Speicherplatz, füllt also die Lücken. Daher der Name Spacefiller.

Chernobyl wurde unter anderem mit einem Software-Update verteilt, das Yamaha für seine CD-R400-Laufwerke anbot. IBM lieferte PCs mit Chernobyl in der vorinstallierten Software aus. Die Bezeichnung Chernobyl kommt vom Auslösedatum der Schadfunktion, dem 26. April 1999, denn der Chernobyl-Kernkraftwerks-Unfall war ebenfalls am 26. April, allerdings 1986.

Im LoveLetter-Wurm von 2001 war Chernobyl enthalten, und 2002 erschien mit CIH.1106 noch eine Modifikation. Gefährlich kann Chernobyl heute nur noch auf älteren Rechnern mit Windows 9.x sein, sofern die Schadroutinen nicht in neuere Computerviren übernommen werden.

Chipkarte, die; *Subst.*, bezeichnet eine meist scheckkartengroße Karte mit integriertem Speicher, teilweise sogar mit eigenem Prozessor.

Chipsatz, der; *Subst.*, bezeichnet die integrierten Schaltkreise (Chips) auf der ⇨ **Hauptplatine** eines PCs zur Steuerung der PC-Bauteile.

chipTAN, **chipTAN comfort** ist ein Verfahren zum sicheren Online-Banking, das mit einem **chipTAN-Generator** arbeitet. Die Überweisungsdaten werden auf der Webseite des Geldinstituts eingegeben und der Link zur ⇨ **TAN**-Eingabe angeklickt. Dann wird die Chipkarte in den TAN-Generator eingelegt und dieser für die Übernahme der Überweisungsdaten aktiviert. Dazu wird der chipTAN-Generator vor eine blinkende, schwarz-weiße Animation auf dem Bildschirm gehalten. Über die Animation erhält der TAN-Generator die eingegebenen Überweisungsdaten, die der Bankkunde auf dem Display des Generators zur Überprüfung angezeigt bekommt. Bestätigt der Kunde die Eingaben, wird eine TAN generiert, die der Bankkunde im Formular einträgt und dann die Überweisung abschickt.

Das Verfahren gilt als sicher, da die TAN für jede Überweisung speziell generiert wird und nur einmal verwendbar ist. Es gibt keine TAN-Liste, die in den falschen Händen mehrere unberechtigte Überweisungen ermöglichen würde. Allerdings könnte ein Dieb chipTAN-Generator und Chipkarte entwenden, die Zugangsdaten zum Online-Banking ermitteln und dann mehrere Überweisungen auf Kosten seines Opfers vornehmen. Dazu könnte ein Online-Krimineller die Zugangsdaten mit einem ⇨ **Keylogger** aufzeichnen und Generator und Chipkarte anschließend durch einen Einbruch entwenden. Dies ist allerdings wesentlich aufwändiger als der einfache Diebstahl einer TAN-Liste.

Der chipTAN-Generator wird von den Geldinstituten, die dieses Verfahren anwenden, für rund 10 € zum Kauf angeboten.

CHK, Abkürzung für **ch**ec**k**, dt. Prüfung, prüfen, ⇨ **Dateinamenerweiterung** von nicht zugeordneten ⇨ **Clustern**, die durch den Befehl CHKDSK /F in diesen Dateien gespeichert werden.

CHKDSK ist ein DOS-Programm, mit dem eine Festplatte auf logische und physikalische Fehler überprüft werden kann. Es ist auch bei Windows noch einsetzbar, wobei je nach Windows-Version ⇨ **SCANDISK** der Vorzug gegeben werden sollte.

Chronik, die; *Subst.*, ist (1.) eine andere Bezeichnung für ⇨ **Verlaufsprotokoll** oder ⇨ **History** und (2.) die deutsche Bezeichnung der ⇨ **Timeline** von ⇨ **Facebook**.

Chunks [sprich „chanks"], dt. Blöcke (Datenblöcke), sind (1.) die einzelnen Stücke eines ⇨ **Streams**, in die eine Multimedia-Datei beim Streaming aufgeteilt wird, (2.) Byte-Ketten, die beim Einlesen von ⇨ **MIDI**-Dateien verwendet werden, (3.) die Bezeichnung der Datenblöcke von Dateiformaten und (4.) in der Lehre von der künstlichen Intelligenz die Bezeichnung für ein Wissensstück.

CIH, Abkürzung für **C**heng **I**ng-**h**au, den Namen des Programmierers, ist eine andere Bezeichnung für den ⇨ **Chernobyl-Virus**.

CIM, Abkürzung für **C**omputer **I**ntegrated **M**anufactoring, computerunterstützte Fertigung, ist ein Oberbegriff für den gesamten computerunterstützten Fertigungsprozess von der Entwicklung und Konstruktion mit ⇨ **CAP** und ⇨ **CAD** über die Fertigung mit ⇨ **CAM** und die Dokumentation mit ⇨ **DTP** bis hin zur Qualitätsprüfung mit ⇨ **CAQ**.

CIO, Abkürzung für **C**hief **I**nformation **O**fficer, der IT-Leiter oder Leiter Informationstechnologie.

circuit, dt. elektronischer Schaltkreis.

CIS, Abkürzung für **C**ompact **I**mage **S**ensor, ist eine Kombination aus Lichtquelle, Sensor und Optik, die bei ⇨ **LiDE** verwendet wird, einer Scanner-Technologie der Firma Canon.

CISC, Abkürzung für **C**omplex **I**nstruction **S**et **C**omputer, sind ⇨ **Prozessoren** mit komplexem Befehlssatz im Gegensatz zu ⇨ **RISC**-Prozessoren, die einen kleinen Befehlssatz haben, diesen aber besonders schnell abarbeiten können.

Claria Corporation lautet seit 2003 der neue Name der ⇨ **Gator Corporation**. Das Unternehmen verteilte bis 2006 kostenlose Programme mit ⇨ **Adware** und ⇨ **Spyware** an rund 40 Millionen PC-Anwender und verdiente an der eingeblendeten Werbung. Dazu wurden, wenn die Nutzer der Gator-Programme im Internet surften, die Werbebanner der aufgerufenen Webseiten durch eigene Werbebanner ersetzt. Die Betreiber der Webseiten verloren dadurch die betreffenden Werbeeinnahmen und verklagten die Claria Corporation, die im Jahr 2008 aufgelöst wurde. Die Programme sollen noch auf Millionen PCs vorhanden sein, von aktuellen Antiviren-Programmen jedoch erkannt werden.

Claro Search ist ein ⇨ **Browser-Entführer**, der Suchmaschine und Startseite in www.claro-search.com ändert. Der Anbieter verdient an Werbeeinnahmen auf der Seite und den erhobenen Daten.

Class 2 ☎ ist ein Übertragungsstandard für den Faxdienst, wodurch Übertragungsraten bis 14.400 bit/s erreicht werden. Dieser Übertragungsstandard wird sowohl von ⇨ **Modems** wie auch ⇨ **ISDN-Karten** beherrscht.

Clean Boot [sprich „kliehn buht"], der; *Subst.*, ist ein „sauberer Neustart", der nach einem Virenbefall über das ⇨ **Diskettenlaufwerk** oder ⇨ **CD-/DVD-Laufwerk** mit einem sauberen ⇨ **Betriebssystem** erfolgt, um den ⇨ **Virus** mit einem Antivirusprogramm beseitigen zu können, ohne einen Neubefall oder ein Ausschalten des Antivirusprogramms zu riskieren.

Ein weiterer Grund für einen Clean Boot ist ein Fehler im Betriebssys-

Clip C

tem, der sich auf diese Weise reparieren lässt, indem danach zum Beispiel die ⇨ **Datensicherung** eingespielt oder eine Systemwiederherstellung durchgeführt wird. Für einen Clean Boot können die Startdisketten zu Ihrem Windows oder die Notfalldiskette eines Antivirenprogramms verwendet werden.

CLI, Abkürzung für **C**ommand **L**ine **I**nterface, Bezeichnung für eine befehlsorientierte Benutzeroberfläche mit einer Kommandozeile wie bei ⇨ **DOS** oder der ⇨ **Eingabeaufforderung**; ⇨ **GUI**.

Clickjacking-Attacke [sprich „klick dschäcking"], die; *Subst.*, ist eine Angriffsart von Internet-Kriminellen, die den Klick eines Webseiten-Besuchers auf einer speziell präparierten ⇨ **Webseite** zu einer anderen Funktion „entführen". Das Kunstwort Clickjacking wurde aus den englischen Wörtern „to **click**", also „klicken" und „hi**jacking**", auf deutsch „Entführung" gebildet. Der Benutzer erhält eine falsche Angabe, was durch den Klick bewirkt wird. So startet er scheinbar eine Umfrage oder einen Download und aktiviert in Wirklichkeit zum Beispiel sein Mikrofon und/oder seine ⇨ **Webcam**, sodass der Angreifer alles im Büro hören und sehen kann.

Click Wheel [sprich „klick wiehl"], das; *Subst.*, ist ein berührungsempfindliches Rädchen, das zum Beispiel beim Musik-Player iPod der Firma ⇨ **Apple** die einhändige Menübedienung ermöglicht.

Client [sprich „kleient"], der; *Subst.*, ist (1.) ein Computer in einem Netzwerk, der Daten von einem ⇨ **Server** erhält und (2.) eine Windows-Anwendung (⇨ **OLE**-Client), die von einer anderen Anwendung (OLE-Server) oder einem Server Daten bezieht.

Client Firewall [sprich „kleient feierwoahl"], ist ein **Client**, der mit eigener ⇨ **Firewall** ausgestattet wird, die im Falle eines ⇨ **Hacker**-Angriffs proaktiv Zugriffsbeschränkungen für den befallenen Computer vornehmen kann.

Client-Server-Architektur [sprich „kleient sörwer architektur"], die; *Subst.*, ist ein Datenbank-Konzept, bei dem die Daten zentral auf einem ⇨ **Server** verwaltet werden. Die ⇨ **Clients** (⇨ **Arbeitsstationen**) fordern Daten beim Server an und speichern Daten wieder dort ab.

Clip [sprich „klipp"], der; *Subst.*, ist (1.) ein kurzes Video (Video-Clip) oder (2.) beim Videoschnitt die Bezeichnung für die einzelnen Szenen, in die der Film automatisch oder manuell aufgeteilt wird. Es ist aber (3.) auch die Abkürzung für **Cl**assic-**IP**, das älteste und einfachste Internet-Protokoll. Eine weitere Bedeutung ist (4.) **C**alling **L**ine **I**dentification

C ClipArt

Presentation. Das ist die Rufnummernübermittlung und Anzeige der Rufnummer beim Empfänger eines Telefongesprächs, wie sie bei ⇨ **ISDN** und im Mobilfunk möglich ist.

ClipArt [sprich „klippart"], die; *Subst.*, ist eine Sammlung von Grafiken bzw. eine einzelne Grafik, die sich in Textverarbeitungen, Grafik- und ⇨ **DTP**-Programmen einsetzen lassen bzw. lässt.

Clipboard [sprich „klippbohrd"], das; *Subst.*, dt. „Klemmbrett", bezeichnet die ⇨ **Zwischenablage** einer grafischen Benutzeroberfläche. Über das Clipboard können Sie Daten zwischen unterschiedlichen Anwendungen direkt tauschen, ohne einen umständlichen Export und Import der Daten vornehmen zu müssen.

Clir, Abkürzung für **C**alling **L**ine **I**dentification **R**estriction, Unterdrückung der Rufnummernanzeige bei Telefongesprächen, die bei ⇨ **ISDN** und im Mobilfunk möglich ist.

CLK, Abkürzung für **cl**oc**k**, also den Taktgeber (zum Beispiel für den ⇨ **Prozessor**).

Clone [sprich „kloun"], der; *Subst.*, bezeichnet (1.) einen Nachbau eines Markengeräts (⇨ **Clone-PC**) oder (2.) eine identische Kopie wie etwa eine 1:1-Kopie eines Datenträgers.

Clone-PC [sprich „kloun pe ce"], der; *Subst.*, Nachbau eines Marken-PCs.

Close-Box [sprich „klos bocks"], dt. **Schließfeld**, dient zum Schließen eines Fensters per Mausklick. Bei Windows findet sich das Schließfeld als kleines graues Symbol mit einem Kreuz darin in der rechten oberen Ecke jedes Fensters. Wurden Anwendungen ursprünglich nicht für Windows geschrieben, kann das Schließfeld auch ein anderes Aussehen und eine andere Position haben.

Closed User Group [sprich „klosd juser gruhp"], auch als ⇨ **GBG** für ⇨ **G**eschlossene **B**enutzer**g**ruppe bezeichnet, beschränkt ein Angebot einer ⇨ **Website** ausschließlich auf einen bestimmten Teilnehmerkreis. Die Inhalte sind nicht für andere Besucher der Website einsehbar.

Cloud [sprich „klaut"], **Cloud Computing** [sprich „klaut kompjuting"], die; *Subst.*, bildhafte Vorstellung eines Rechnernetzes in Form einer Wolke, die den Blick auf die einzelnen Rechner verhüllt. Der Anwender der „Rechnerwolke" muss über Aufbau und Zusammensetzung dieses Netzwerkes jedoch nicht Bescheid wissen, denn er greift beim Cloud Computing über Schnittstellen auf angebotene Leistungen der Rechner- und/oder Softwareanbieter zu. Ob der Nutzer einen kleinen Bruchteil der Leistung eines Servers nutzt oder mehrere Server bis hin zu mehreren Hundert oder Tausend, hängt von seinem Bedarf ab und lässt sich flexibel handhaben, solange der Anbieter ausreichend Rechen- und Speicherkapazität zur Verfügung stellt. Unterschieden wird zwischen öffentlich zugänglichen Rechnerwolken (**Public Cloud** [sprich „pablick klaut"]), Intranets (**Private Cloud** [sprich „preiväit klaut"]), hybriden Clouds mit Verbindungen zu Public Clouds und Private Clouds und gemeinschaftlich genutzten Clouds (**Community Cloud** [sprich „kommjuniti klaut"]). Angeboten über die Cloud werden virtualisierte Hardware (**IaaS** = **I**nfrastructure **a**s **a S**ervice [sprich „infrastraktscher äs ä sörwis"]), Programmierungs- und Laufzeitumgebungen mit skalierbaren Rechner und Speicherkapazitäten (**PaaS** = **P**latform **a**s **a S**ervice [sprich „platform äs ä sörwis"]) und die Nutzung von Anwendungen und Software-Paketen (**SaaS** = **S**oftware **a**s **a S**ervice [sprich „softwähr äs ä sörwis"]).

Nicht nur Firmen auch sehr viele Privatanwender nutzen Cloud-Lösungen, oftmals ohne dass es ihnen bewusst ist. Beispiele sind soziale Netzwerke und Online-Communities wie Facebook, Flickr und Twitter, Spieleplattformen und Online-Speicher wie die TelekomCloud.

Cloud Router [sprich „klaut ruhter"], der; *Subst.*, ist ein ⇨ **Router**, der sich mobil per ⇨ **iPhone** oder Android-Smartphone (⇨ **Android**, ⇨ **Smartphone**) über die ⇨ **Cloud** fernsteuern lässt, um zum Beispiel den Netzwerkstatus abzufragen, den Internetzugang zu sperren oder freizuschalten, Push-Nachrichten und ⇨ **E-Mail**-Benachrichtigungen einzurichten.

Cloud-Services [sprich „klaut sörwissis"], über die ⇨ **Cloud** angebotene Dienste.

Cloud-Speicher [sprich „klaut speicher"], auch als ⇨ **Online-Speicher** bezeichnet, ist Speicherplatz, der über die ⇨ **Cloud** angeboten wird. Dieses Angebot ist je nach Anbieter für 2 GB bis zu 50 GB frei und kostet darüber hinaus eine monatliche Gebühr. Bekannte Cloud-Speicher sind zum Beispiel iCloud [sprich „eiklaut"] von Apple, ⇨ **Dropbox** und TelekomCloud.

CLP, ⇨ **Dateinamenerweiterung** für Dateien, in denen der Inhalt der ⇨ **Zwischenablage** gespeichert wird.

Cluster [sprich „klaster"], der; *Subst.*, (1.) dt. **Zuordnungseinheit**, bezeichnet eine Gruppe von Sektoren eines Massenspeichers, die als Einheit adressiert wird, um den Verwaltungsaufwand zu reduzieren. Es wird aber (2.) auch eine Gruppe von ⇨ **Servern**, die wie ein Server agieren, als Cluster bezeichnet.

Dieses **Clustering** ermöglicht es, die Last der Anfragen aus dem Netzwerk gleichmäßig auf die Server zu verteilen, um so die Netzwerkkapazität zu erhöhen und die Gefahr von Serverausfällen wegen Überlastung zu verringern. Die Ausfallsicherheit lässt sich auch dadurch erhöhen, dass die Anfragen an einen ausgefallenen Server automatisch von einem anderen Server im Cluster übernommen werden. Als Cluster wird (3.) auch ein Server mit den angeschlossenen Terminals bezeichnet.

CLV, Abkürzung für **C**onstant **Li**near **V**elocity, ist ein Verfahren, bei dem eine ⇨ **CD-ROM** sich in Abhängigkeit von der Position der Leseköpfe mit veränderlicher Geschwindigkeit dreht: schneller, wenn sich die Köpfe außen befinden, und langsamer, je weiter die Köpfe zum Zentrum der CD-ROM bewegt werden. Damit wird eine nahezu konstante Schreib-/Lesegeschwindigkeit und damit Datentransferrate erreicht. Das CLV-Verfahren wird heute meist nur zum Lesen der äußeren Spuren einer CD-ROM verwendet, während auf den inneren Spuren das ⇨ **CAV**-Verfahren angewendet wird.

cm, Abkürzung der Längenmaßeinheit Zentimeter.

CMGS ⇨ **CMYK**.

CMOS, Abkürzung für **C**omplementary **M**etal **O**xid **S**emiconductor, elektronischer Baustein (z. B. Speicher), der sehr wenig Strom verbraucht, dafür aber auch relativ langsam ist. Wird in PCs eingesetzt, um die Daten des BIOS-Setups auch nach dem Ausschalten des Rechners zu erhalten. Dazu wird der CMOS-Speicher batteriegepuffert.

CMS [sprich „konntent mänedschment sisstem"], das; *Subst.*, Abkürzung für **C**ontent **M**anagement **S**ystem, auch als Redaktionssystem bezeichnet, ist eine Software mit der sich digitale Informationen von der Entstehung bis zur Distribution und Verwendung verwalten und bearbeiten lassen.

Die Informationen können dabei aus unterschiedlichen Quellen stammen und in unterschiedlicher Form verwertet werden. So lassen sich unterschiedlichste Daten aus Textdokumenten und Tabellen mit selbst erstellten Grafiken sowie eingescannten und per Digitalkamera aufgenommenen Bildern in einer Datenbank verwalten und dann in Printmedien, Webseiten und Multimedia-Software verwenden. Dabei ist ein CMS funktional unterteilt in Erfassung (Editor, Scanner usw.),

Codec

Verwaltung (Datenbankfunktionen und Management der Daten und Arbeitsabläufe) sowie Erstellung von Publikationen.

CMYK ist ein Vierfarbsystem der Druckindustrie, das auf subtraktiver Farbmischung der Farben Cyan (Blau-Grün), Magenta (Rot-Blau), Yellow (Gelb) und Schwarz für den Kontrast besteht. Das System wird auch als **CMGS** bezeichnet, wobei G für Gelb und S für Schwarz stehen. Alle anderen Farben werden aus diesen 4 Grundfarben gemischt. Es findet Verwendung bei Farblaser- und Tintenstrahldruckern.

COA, Abkürzung für **C**ertificate **o**f **A**uthencity, dt. Echtheitszertifikat, ist ein Nachweis der Authentizität einer Software wie ⇨ **Windows**. Das Echtheitszertifikat ermöglicht den Nachweis, dass es sich nicht um eine ⇨ **Raubkopie** handelt. Zum Echtheitsnachweis bei Windows dienen **COA-Aufkleber** am PC, auf einem dünnen Begleitheft oder einer Lizenzurkunde. Hologramme, Wasserzeichen, Mehrfarbdruck und andere aufwändige Druckverfahren erschweren das Fälschen dieser Aufkleber. Dazu enthalten sie Lizenzschlüssel, die nicht mehrfach zur Freischaltung verwendet werden können. Neuere Rechner haben im Regelfall keine COA-Aufkleber für Windows mehr und es werden auch keine mehr mit Begleitheften oder Lizenzurkunden mitgeliefert. Die Lizenzschlüssel sind im ⇨ **BIOS**/⇨ **UEFI** abgespeichert. Zu anderen Programmen werden solche Echtheitszertifikate jedoch noch in gedruckter Form mitgeliefert.

COBOL, Abkürzung für **Co**mmon **B**usiness **O**riented **L**anguage, eine Ende der 50er Jahre in den USA entwickelte höhere ⇨ **Programmiersprache**, deren Sprachumfang und Syntax von der ⇨ **ANSI** national und der ISA international genormt wird. Es handelt sich um eine ⇨ **Compiler**-Sprache. Früher wurde COBOL viel für die Programmierung kaufmännischer Anwendungen im Bereich der Großrechner, mittleren Datentechnik und PCs eingesetzt. Die Bedeutung von COBOL hat jedoch durch modernere Sprachen wie ⇨ **C**, ⇨ **C++**, ⇨ **Visual Basic** und Delphi stark abgenommen.

Codec, der; *Subst.*, Abkürzung für **Co**der/**Dec**oder, stellt eine Kombination aus einem ⇨ **Coder** und einem ⇨ **Decoder** dar. Ein Codec wird zum Kodieren und in der Regel auch Komprimieren von Video- bzw. Audio-Daten in ein Videoformat und umgekehrt zum Decodieren und ggf. Dekomprimieren des Videoformats für die Bildschirmausgabe verwendet.

Es gibt reine Software-Codecs und solche, die nur mit spezieller Hardware funktionieren. Beispiele für

C Code Page

Codecs sind ⇨ **DivX**, ⇨ **OpenDivX** und ⇨ **XviD**.

Code Page, die; *Subst.*, dt. ⇨ **Zeichensatztabelle**.

Coder, der; *Subst.*, Anteil eines ⇨ **Codecs**, der die Video- bzw. Audio-Daten in ein Videoformat kodiert und dabei in der Regel auch komprimiert. Der Decoder sorgt dafür, dass die Daten decodiert und falls nötig auch dekomprimiert werden, um diese dann wieder für die Bildschirmausgabe aufzubereiten.

Coffee net ist eine im englischen Sprachraum verbreitete Bezeichnung für ein ⇨ **Internetcafé**.

Coin [sprich „keun"], dt. Münze, bezeichnet virtuelle Münzen wie zum Beispiel ⇨ **Bitcoin**.

Coin Trading [sprich „keun träiding"], dt. Münzhandel, bezeichnet den Handel mit ⇨**Coins**, also virtuellen Münzen wie zum Beispiel ⇨ **Bitcoin**. An digitalen Börsen wie Coinbase (https://www.coinbase.com/) und ⇨**etoro** (http://etoro.tw/2AcE9zq) werden über 100 verschiedene ⇨ **Kryptowährungen** gehandelt.

Cold Wallet [sprich „kould wollet"] oder **Offline-Wallet**, die; *Subst.*, ist eine digitale Geldbörse (⇨ **Wallet**), die zur Sicherheit nicht mit dem Internet verbunden ist. Das kann ein spezielles Gerät, also eine ⇨ **Hardware-Wallet** sein. Oder es wird ein nicht mit dem Internet verbundenen Computer zum Signieren der Transaktionen verwendet. In jedem Fall läuft eine ⇨ **Software-Wallet** auf einem Rechner mit Online-Verbindung. Jede Transaktion wird jedoch über den privaten Schlüssel auf der Hardware-Wallet signiert oder die Transaktion wird per ⇨ **USB-Stick** an den Offline-Rechner übertragen, dort signiert und dann wieder per USB-Stick an den mit dem Internet verbundenen Rechner zum Ausführen der Transaktion zurück übertragen.

COM ist (1.) die Bezeichnung für eine serielle Schnittstelle, wobei die einzelnen Schnittstellen durchnummeriert werden (zum Beispiel COM4). Es ist (2.) die ⇨ **Dateinamenerweiterung** für unter ⇨ **DOS** lauffähige Programme, die auf 64 KB Größe begrenzt sind.

Combo-Laufwerk, das; *Subst.*, ist ein meist bei ⇨ **Notebooks** zum Einsatz kommendes optisches Laufwerk, bei dem die Funktionen eines Blu-ray-Players und CD-/DVD-Brenners kombiniert sind.

Command and Control Center ⇨ **C & C**.

Command Queue, die; *Subst.*, dt. Befehlswarteschlange, enthält Befehle zur Abarbeitung, die für eine möglichst schnelle Verarbeitung durch einen ⇨ **Prozessor** oder eine ⇨ **Festplatte** (Ein-/Ausgabe-Befehle) im Voraus gelesen werden.

Command Queuing ⇨ **Native Command Queuing**.

Comment Spam [sprich „komment späm"], der; *Subst.*, ist eine unerwünschte kommerzielle Werbung, die automatisch im Kommentarbereich eines ⇨ **Blogs** gepostet wird. Ein Schutz davor kann ein ⇨ **Captcha** sein, oder alle Blogeinträge werden erst nach einer Kontrolle freigegeben. Häufig werden Blogeinträge auch vor der Freigabe mit einem Spamfilter auf Begriffe durchsucht, die auf Werbung hindeuten.

commercial at, ⇨ **@**.

Common Building Block, abgekürzt **CBB**, dt. „gebräuchlicher Baustein" ist eine Bezeichnung für standardisierte ⇨ **Notebook**-Komponenten, die allgemein verwendbar sind und keine proprietäre Eigenentwicklung eines Herstellers darstellen. Durch CBBs lassen sich Notebooks günstiger herstellen und es besteht weniger die Gefahr von Treiberproblemen bei einem Wechsel des Betriebssystems oder Schwierigkeiten bei der Lieferung von Komponenten, wenn der Hersteller des Notebooks nicht mehr existiert oder Vertrieb und Support

für das betreffende Gerät oder Geräte dieser Art generell eingestellt hat.

Common Criteria oder **Common Criteria for Information Technology Security Evaluation**, abgekürzt **CC**, die; *Subst.*, dt. „Allgemeine Kriterien für die Bewertung der Sicherheit von Informationstechnologien" sind ein internationaler Standard (DIN ISO/IEC 15408-1...3) zur Sicherheitsbewertung von Funktionalität und Vertrauenswürdigkeit der bewerteten Produkte. Nach dem Vier-Augen-Prinzip wird ein Produkt zuerst von einer akkreditierten Prüfstelle geprüft und dann von einer Zertifizierungsstelle wie dem ⇨ **BSI** zertifiziert.

Community [sprich „kommjunitie"], die; *Subst.*, dt. Gemeinde, ist eine virtuelle Gemeinschaft, die gleiche Interessen hat und über ⇨ **E-Mail**, ⇨ **Foren**, ⇨ **Newsgroups** oder ⇨ **Chats** Gedankenaustausch betreibt und sich teilweise auch in der realen Welt trifft. Die wahrscheinlich größte Community bilden die Nutzer von ⇨ **eBay**.

Community Cloud [sprich „kommjunitie klaut"] ⇨ **Cloud**.

CompactFlash [sprich „kompekt flesch"] sind Speichermodule, deren Inhalt auch ohne permanente Stromversorgung erhalten bleibt, also ⇨ **nicht flüchtige Speicher**.

C CompactFlash Association

Mit seiner Größe von nur 43 x 36 x 3.3 mm ist ein CompactFlash-Speicher halb so dick wie eine PCMCIA Type II-Karte bei nur 1/4 von deren Größe.

Während eine PCMCIA-Karte 68 Anschlüsse hat, sind es bei CompactFlash nur 50. Über einen Adapter können die Karten jedoch in PCMCIA II-Slots gesteckt werden, denn sie sind voll PCMCIA-kompatibel und können sowohl mit 3,3 als auch mit 5 V betrieben werden. Im Format CF+ II gibt es auch die Mini-Festplatte IBM Micro-Drive mit einer Kapazität bis zu 4 GB. CompactFlash-Speicher ist für die Verwendung in mobilen Geräten wie Digitalkameras, Handys, PDAs, PocketPCs und MP3-Playern gedacht; www.compactflash.org/.

CompactFlash Association [sprich „kompekt flesch ässosiäischen"], die; *Subst.*, abgekürzt ⇨ **CFA**, ist eine im Oktober 1995 gegründete, nicht gewinnorientierte Organisation mit Sitz in Palo Alto, Kalifornien, die den CompactFlash-Standard entwickelt und die weltweite Verbreitung der kleinen Wechselspeicher betreibt. Der CFA gehören große Firmen wie Canon, Kodak, ⇨ **HP** und ⇨ **IBM** an; www.compactflash.org/.

Compilation-CD [sprich „kompiläischen ce de"], die; *Subst.*, ist eine Zusammenstellung verschiedener Software unterschiedlicher Hersteller auf einer CD. Es handelt sich hier nahezu immer um ⇨ **Raubkopien**.

Compiler [sprich „kompailer"], der; *Subst.*, bezeichnet ein Übersetzungsprogramm, mit dem ein Programm aus einer höheren Programmiersprache wie zum Beispiel ⇨ **C++**, ⇨ **Visual Basic** oder ⇨ **COBOL** in eine vom ⇨ **Prozessor** ausführbare ⇨ **Maschinensprache** umgewandelt wird, damit der Computer es (ohne ⇨ **Interpreter**) ausführen kann.

Compliance, etwa mit Regeltreue zu übersetzen, umfasst das Einhalten aller gesetzlichen, vertraglichen und vom Unternehmen selbst festgelegten Regeln.

COM-Port, der; *Subst.*, ist eine andere Bezeichnung für die ⇨ **serielle Schnittstelle**.

Composite Video [sprich „komposit wiedeo"], das; *Subst.*, ist ein Video-Mischsignal, bei dem Helligkeit und Farbe, teilweise auch noch ein Tonsignal zusammen auf einer Leitung übertragen werden und sich daher gegenseitig störend beeinflussen können; ⇨ **S-Video**.

Computer [sprich „kompjuter"], der; *Subst.*, dt. Rechner, ist (1.) die allgemeine Bezeichnung für eine elektrische oder elektronische Rechenmaschine. Der Begriff kommt ursprünglich aus dem Lateinischen (computare = berechnen, kalkulieren) und hat über die englische Sprache Eingang in die deutsche Umgangssprache gefunden. (2.) Das Symbol für den Arbeitsplatz auf dem ⇨ **Desktop** von ⇨ **Windows 7**, ⇨ **Windows 8**, ⇨ **Windows 8.1** und ⇨ **Windows 10** heißt ebenfalls Computer.

Computer Aided Selling [sprich „kompjuter ähdid selling"], das; *Subst.*, ⇨ **CAS**.

Computer-Freak [sprich „compjuter friek"], der; *Subst.*, auch als ⇨ **Geek**, Kook oder ⇨ **Nerd** bezeichnet, ist eine Bezeichnung für jemanden, der den Computer nicht (nur) als Werkzeug, sondern (auch) als Selbstzweck ansieht.

Computersabotage, die; *Subst.*, ist eine absichtliche Zerstörung und Veränderung einer fremden Datenverarbeitungsanlage, die „für einen anderen von wesentlicher Bedeutung" ist. Dieses Vergehen wird entweder mit Geldstrafen, Freiheitsstrafen bis zu drei Jahren oder bei besonders schweren Fällen bis zu zehn Jahren Haft bestraft (§ 303b StGB).

computer science [sprich „compjuter seiens"], dt. ⇨ **Informatik**, Computerwissenschaften.

Computervirus [sprich „compjuterwierus"], der; *Subst.*, ist ein Programm, das sich – ähnlich wie biologische Viren auch – vermehrt. Fast alle Computerviren besitzen eine weitere Funktion, die Schäden an den gespeicherten Daten anrichtet (Formatieren der ⇨ **Festplatte**, Beschädigung der **Dateizuordnungstabelle** (⇨ **FAT**), Änderungen an Dateien) sowie Bildschirmmeldungen und -effekte bewirken kann.

CON ist ein Gerätename für die ⇨ **Konsole**, ein bei Großrechnern verwendeter Ausdruck für die Ein-/Ausgabeeinheit von Tastatur und Bildschirm. Unter ⇨ **DOS** bezeichnet der Gerätename ein Eingabegerät, also zumeist die Tastatur.

Conficker ist ein gefährlicher ⇨ **Wurm**, der sich durch verschiedene Methoden wie zum Beispiel Netzwerkfreigaben oder ⇨ **Autoplay** verbreiten kann.

CONNECT, Meldung eines ⇨ **Modems** über einen erfolgreichen Verbindungsaufbau zu einem anderen Modem.

Connectivity, die; *Subst.*, bedeutet Vernetzung; ⇨ **Netzwerk**.

Constructor, [sprich „konstrakter"], ist ein Programm zum Erstellen von neuen ⇨ **Computerviren**, ⇨ **Würmern** und **Trojanern**.

Content, der; *Subst.*, dt. Inhalt, redaktionell aufbereiteter Inhalt eines Online-Angebots.

Content-Farm

Content-Farm, auch **Content-Mill**, die; *Subst.*, ist eine ⇨ **Website**, deren Texte und ggf. Videos von freien Autoren erstellt werden. Die Autoren erhalten dafür entweder einen festen Betrag pro Artikel/Video oder sind am Umsatz beteiligt. Teilweise wird für feste Autoren auch eine Kombination aus einer monatlichen Pauschale und einer Umsatzbeteiligung bezahlt. Dafür verpflichten sich diese Autoren zu einer Mindestanzahl Artikel in einem bestimmten Zeitraum oder übernehmen Redaktionsaufgaben.

Die Content-Farm bietet die Artikel und Videos der Autoren kostenlos an und erzielt Einnahmen aus Werbung auf den Webseiten. Eine Content-Farm ist auf Besucher von Suchmaschinen angewiesen, wobei Google über 90 Prozent der Suchanfragen bedient. Daher versuchen alle Content-Farmen in den Suchergebnissen von Google bei häufig nachgefragten Themen und Begriffen weit oben zu erscheinen. Dazu werden Optimierungstechniken (⇨ **SEO**) angewendet. Zudem sollen die Artikel möglichst lange für die Content-Farm und die Autoren Einnahmen generieren und sind daher eher zeitlos gehalten. Der Schwerpunkt liegt daher auf Anleitungen und Beratung, weniger auf News.

In der Kritik sind Content-Farmen wegen der häufig oberflächlichen und unter dem Druck schlechter Bezahlung wenig tiefschürfenden Texte. Es sind auch nicht immer ausgewiesene Experten am Werk, sondern häufig orientieren sich Autoren an gerade populären Themen, ohne in diesem Fachgebiet unbedingt umfassende Kenntnisse zu besitzen. Das führt zur ungeprüften Übernahme von Informationen von anderen Webseiten und Fehlern in den Artikeln.

Content Mill, Content-Mill, die; *Subst.*, dt. sinngemäß „Inhalte produzierende Mühle", ein anderes Wort für ⇨ **Content Farm**.

Content-Provider [sprich „kontent proweider"], der; *Subst.*, Lieferant des ⇨ **Content** wie aktueller Nachrichten, Artikel oder Newsletter. Ein Content-Provider ist meist ein Verlag oder eine Redaktion.

Continuum ist eine Funktion von ⇨**Windows 10**, durch die das Betriebssystem automatisch erkennt, ob die Bedienung per ⇨**Tastatur** oder ⇨**Touchscreen** erfolgt. Während auf einem Desktop-PC und Notebook der Desktop die Standard-Oberfläche ist, stellt Windows 10 bei einem Smartphone oder Tablet automatisch auf die Startseite mit den Kacheln um, ähnlich der Oberfläche von ⇨**Windows 8**. Die ⇨**Universal-Apps** ermöglichen das Ausführen eines Programms auf allen Geräten. Über ⇨**OneDrive** und das Microsoft-Konto werden die Dateien synchronisiert und der Benutzer kann auf einem anderen Gerät genau da weiterarbeiten, wo er zuvor bei einem anderen Gerät aufgehört hat.

Controller, der; *Subst.*, ist ein Baustein zum Steuern von Computerkomponenten wie Disketten-, Festplatten- oder CD-ROM-Laufwerk. Dieser Baustein ist entweder auf der ⇨ **Hauptplatine** integriert oder befindet sich auf einer ⇨ **Erweiterungskarte**. Über einen zusätzlichen Controller werden häufig auch externe Peripheriegeräte wie Scanner oder Laufwerke gesteuert.

Control Panel [sprich „kontrol pänel"], englische Bezeichnung für die ⇨ **Systemsteuerung**.

Control-Taste [sprich „kontrohl taste"] die; *Subst.*, ⇨ **CTRL-Taste**, ⇨ **STRG-Taste**.

Convertible [sprich „konwörtibl"], das; *Subst.*, ist ein ⇨ **Notebook**, das sich durch Drehen des ⇨ **TFT-Displays** und Zusammenklappen des Notebooks mit dem umgedrehten Display in einen ⇨ **Tablet-PC** verwandeln lässt. Das Display wird nun mit einem Stift oder einem Touchscreen bedient. Wie alle Tablet-PCs sind auch Convertibles im Vergleich zu reinen Notebooks deutlich teurer, was die Verbreitung hemmt.

Cookie [sprich „kucki"], das; *Subst.*, dt. wörtlich Keks, ist eine kleine Textdatei, die von einer ⇨ **Webseite** übermittelt und auf der ⇨ **Festplatte** gespeichert wird. Mit Cookies sammeln die Betreiber von Webseiten Informationen zum Surf- und Einkaufsverhalten der Besucher sowie den von diesem verwendeten Browsern. Persönliche Einstellungen lassen sich in Cookies speichern, sodass eine Webseite beim nächsten Besuch wieder personalisiert angezeigt wird.

Cookies können Hackern aber auch zum Datendiebstahl und Datenmissbrauch dienen. Die Annahme von Cookies kann verweigert werden, und erhaltene Cookies lassen sich nach der Internet-Sitzung automatisch löschen (Browser-Einstellung). Dann lassen sich manche Webseiten aber ganz oder teilweise nicht nutzen. Auch auf Komfort durch persönliche Einstellungen muss man dann verzichten, da diese mit den Cookies gelöscht werden.

cooler [sprich „kuhler"], dt. ⇨ **Kühler**.

Co-Prozessor, der; *Subst.*, ist ein zusätzlicher ⇨ **Prozessor** neben oder in der ⇨ **CPU** des Computers. In aktuellen PC-Prozessoren ist die Funktion eines früheren arithmetischen Co-Prozessors integriert. Darüber hinaus verfügen etliche PC-Steckkarten wie Grafik-, Fax- und

C Core War

ISDN-Karten über einen eigenen Prozessor, um die CPU zu entlasten. Im Fall der Grafikkarten ist dies der ⇨ **Grafikprozessor** (**GPU**), bei Fax- und ISDN-Karten ist ein Prozessor nur bei „aktiven" Karten vorhanden.

Core War [sprich „kor wohr"], dt. Krieg der Kerne, ist ein je nach Quelle seit 1984 (⇨**Wikipedia**) oder bereits seit den 1970er Jahren (G DATA) bekannter Wettkampf für Programmierer, bei dem sich zwei oder mehr in Redcode (⇨**Assembler**) geschriebene Programme im Speicher bekriegen und Adressen löschen. Sieger ist das überlebende Programm bzw. dessen Programmierer. Die Programme führen abwechselnd jeweils einen Befehl aus, ähnlich wie bei Schach. Zur Technik gehören auch das Aufsplitten eines Programms oder das Kopieren, also Techniken, die auch bei ⇨ **Computerviren** anzutreffen sind.

Corona-Draht, der; *Subst.*, ist ein dünner Draht in ⇨ **Laserdruckern** und Kopierern, der die Trommel statisch entlädt und bei deren Wechsel gereinigt werden muss.

Cortana, sprachgesteuerte Assistentin von ⇨ **Windows 10**, die auf Fragen wie „Welche chinesischen Restaurants gibt es in meinem Wohnort?" oder Anweisungen wie „Stelle meinen Wecker auf 6 Uhr" reagiert. Es werden entweder passende lokale Daten oder Informationen aus dem Internet gesucht oder die gewünschte Aktion ausgeführt.

Das reicht vom Einrichten von Terminen und dem Stellen des Weckers über Routenbeschreibungen bis hin zu Einkaufserinnerungen und Unterhaltung. Cortana singt auf Wunsch ein Lied, erzählt einen Witz oder stellt Denksportaufgaben. Es werden auch Radiosender im Internet herausgesucht oder das aktuelle Kinoprogramm am Wohnort.

Cortana sammelt Informationen im eigenen Notizbuch, die bei der Suche verwendet werden. Dabei lernt Cortana ständig hinzu. Die Vorschläge werden mit der Zeit immer besser. Dann kennt Cortana alle Familienmitglieder, die Arbeitsstelle, die Vorlieben bei Film und Fernsehen, Sport und Nachrichten, kann Routen ausarbeiten unter Berücksichtigung der aktuellen Verkehrslage oder Tipps für das Abendprogramm geben.

Datenschützer bemängeln, dass alle an Cortana gestellten Fragen auf einem Server von Microsoft bearbeitet werden und Microsoft somit Zugriff auf diese Informationen hat. Die Informationen aus dem Notizbuch werden jedoch lokal gespeichert, sind vom Benutzer einseh- und editierbar. Hier ist Microsoft vom Datenschutz her vorbildlich, denn bei ⇨ **Siri** von ⇨ **Apple** lassen sich die gespeicherten Informationen nicht einsehen, geschweige denn löschen.

Core War

Die Spracheingabe funktioniert nach kurzem Training sehr gut. Die Anweisungen und Fragen lassen sich zudem auch eintippen. Cortana ruft bei Internetsuchen voreingestellt ⇨**Microsoft Edge** auf, ein anderer Standard-Browser ist jedoch einstellbar.

Besonders hilfreich ist Cortana auf Mobilgeräten, insbesondere bei einem Smartphone. Hierzu lässt sich Cortana auch als ⇨**App** auf dem ⇨**iPhone**, einem ⇨**Android**-Smartphone oder Tablet installieren, wenn die dortigen Assistenten nicht genutzt werden sollen. Sofern ein Smartphone mit ⇨**Windows 10 mobile** verwendet wird, ist Cortana bereits enthalten. Diese Fragen und Anweisungen geben einen Überblick der Funktionen, die Cortana bislang beherrscht, sie werden durch Updates von Windows 10 erweitert.

Frage	Gebiet
Wie heißt der älteste Mensch der Welt?	Wissen
Wer ist der Präsident von Urugay?	Wissen
Zeige mir die neuesten Ergebnisse der Bundesliga	Sport
Brauche ich heute einen Regenschirm?	Wetter
Wie ist das Wetter in Magdeburg?	Wetter
Wie ist der Verkehr auf dem Weg zur Arbeit?	Navigation, Zeitersparnis
Erinnere mich beim nächsten Einkauf daran, Milch zu kaufen	Erinnerungen
Erinnere mich daran, ein Regal zu kaufen, wenn ich Ikea erreiche	Erinnerungen
Lege einen Termin an	Termine
Trage den Geburtstag von Hans in den Kalender ein	Geburtstage
Rechne 100 Euro in Dollar um	Finanzen
Wie ist der Kurs der Microsoft Aktie?	Finanzen
Gib mir ein Rätsel	Denksportaufgaben
Sing mir ein Lied	Unterhaltung
Erzähle mir einen Witz	Unterhaltung

C Cosysop

Cosysop, der; *Subst.*, helfende Hand des Betreibers einer ⇨ **Mailbox**; ⇨ **Sysop**.

Co-twitterer ist eine zweite Person, die ein Twitter-Konto nutzt und darüber Updates schreibt, siehe auch ⇨ **Ghost Tweeting**.

Counter-Strike, abgekürzt **CS**, ist ein Computerspiel, das als ⇨ **Ego-Shooter** in die öffentliche Kritik geraten ist und eine Diskussion um den Verbot eines solchen „Killerspiels" ausgelöst hat, da es auf den PCs von Amokläufern gefunden wurde. Insbesondere das Vorgehen des Täters beim Amoklauf von Erfurt erinnerte stark an die Vorgehensweise eines Spielers bei einem Ego-Shooter. In diesem Fall soll der Täter jedoch keine Vorliebe für Counter-Strike gehabt haben, wohl jedoch für andere Spiele des Genres. Spieler weisen die Kritik an Counter-Strike und anderen Ego-Shootern zurück und verweisen darauf, dass es Millionen von Spielern gibt, die nicht durch gewalttätige Handlungen in der Öffentlichkeit auffallen. Counter-Strike wurde mehrfach mit Preisen ausgezeichnet als Online-Spiel des Jahres, bestes Action-Spiel und bestes Multiplayer-Spiel.

country code [sprich „kantrie kohd"], der; *Subst.*, dt. **Ländercode** bzw. **Länderkode** oder ⇨ **Länderkürzel**; ⇨ **Anhang B**.

Courier New ist eine der Schreibmaschinenschrift ähnliche Schrift (alle Zeichen haben die gleiche Breite), die als ⇨ **True Type Font** zum Lieferumfang aktueller Windows-Versionen gehört.

CPC, Abkürzung für **c**ost **p**er **c**lick, gibt an, wie viel bei einem ⇨ **Partnersystem** pro Klick auf ein ⇨ **Banner** bezahlt wird.

cpi, Abkürzung für **c**haracters **p**er **i**nch, Zeichen pro Zoll, gibt hauptsächlich bei Druckern die Zeichendichte an.

cps, Abkürzung für **c**haracters **p**er **s**econd, Zeichen pro Sekunde, gibt die Datenübertragungs- oder Druckgeschwindigkeit an.

CPS, ⇨ **Dateinamenerweiterung** von Dateien mit Check-summen (Prüfsummen) der Dateien im aktuellen Verzeichnis. Mit solchen Dateien prüfen Antivirenprogramme, ob Veränderungen an den gespeicherten Dateien aufgetreten sind.

CPU, die; *Subst.*, Abkürzung für **C**entral **P**rocessing **U**nit, dt. **Zentraleinheit**, elektronische Schaltung zur Befehlsverarbeitung und -ausführung in einem ⇨ **Computer**. Die CPU ist das zentrale Rechenelement des Computers. Als Leistungsmerkmale werden die Zahl der gleichzeitig in einem Re-

Crack intro

chenschritt verarbeiteten Bits (8, 16, 32, 64 Bit) und der Takt der Rechenoperationen herangezogen. Bei PCs stellt die CPU den Hauptprozessor auf der ⇨ **Hauptplatine** dar; ⇨ **Prozessor**. Bekannte PC-Prozessoren werden von ⇨ **Intel**, Motorola, ⇨ **AMD**, VIA/Cyrix und Transmeta hergestellt. Zum Steigern der Rechenleistung können auf speziellen PC-Mainboards 2 oder 4 CPUs zusammengeschaltet werden. Allerdings sind für solche PC-Systeme spezielle Betriebssystem-Versionen erforderlich.

CR, Abkürzung für ⇨ **Carriage Return**, also **Wagenrücklauf**, ein ⇨ **ASCII-Steuerzeichen**, das die aktive Schreibposition auf das erste Zeichen der nächsten Zeile setzt; entspricht der **Zeilenschaltung** einer Schreibmaschine.

Crack [sprich „kräck"], **Crackz** [sprich „kräcks"], sind im Internet angebotene und in Deutschland gegen das ⇨ **Urheberrecht** verstoßende Programme oder Dateien, mit denen sich der Kopierschutz kommerzieller Software entfernen oder umgehen lässt. Es gibt dazu ⇨ **Seriennummerngeneratoren**, die über einen Algorithmus Lizenznummern erzeugen, oder Sammlungen von Lizenznummern, die als ⇨ **Serialz** bezeichnet werden. Oder es wird eine manipulierte Programmdatei angeboten, die gegen die Originaldatei des Programms ausgetauscht wird.

Ein Crack-Programm kann auch automatisch Änderungen an einer Programmdatei durchführen. Es wird auch (2.) das Knacken eines Kopierschutzes als Crack, der; *Subst.*, bezeichnet oder (3.) das Hacken eines Computers oder Netzwerkes, im Sinne von Einbruch. (4.) Als Crack wird auch ein Computerexperte oder ein anderer Experte bezeichnet.

cracken [sprich „kräcken"], *Verb*, Knacken eines Zugangs zu einem ⇨ **Computer** oder ⇨ **Netzwerk**, eines ⇨ **Passworts** oder eines Schutzmechanismus einer ⇨ **Software**.

Cracker [sprich „kräcker"], der; *Subst.*, weiblich **Cräckse** [sprich „kräckse"], die; *Subst.*, knackt Kopierschutzverfahren und andere Schutzverfahren für Software und betreibt Spionage aller Art. Es handelt sich um eine spezielle Form der ⇨ **Hacker**, wobei die Motivation meist materieller Art ist.

Crack intro [sprich „kräck intro"], Kurzform **Cracktro** [sprich „kräcktro"], ist eine kurze Einführungsanimation vor raubkopierten Programmen, in der sich der Hacker oder die Gruppe vorstellt; „historische" Cracktros für den ⇨ **Amiga**, die in ⇨ **Flash** umgewandelt wurden, damit sie auf dem PC abspielbar sind:

Crackz

http://www.flashtro.com/; Sammlung von rund 700 Flashs mit Cracktros: https://www.defacto2.net/file/list/intro.

Crackz ⇨ **Crack**.

Crash [sprich „kräsch"], der; *Subst.*, ist eine andere Bezeichnung für (1.) ⇨ **Absturz**. Im Zusammenhang mit (2.) Festplattendefekten wird auch von ⇨ **Headcrash** gesprochen.

crashen [sprich „kräschen"], *Verb*, bezeichnet (1.) das Abstürzen einer Anwendung oder eines Betriebssystems. Es kann auch (2.) das Auftreten eines Hardware-Defekts sein, etwa eines ⇨ **Headcrashs**.

Crawler [sprich „kroaler"], der; *Subst.*, ist eine spezialisierte Form eines ⇨ **Robot**, die Informationen für Suchmaschinen zusammenträgt.

CRC, Abkürzung für **C**yclic **R**edundancy **C**heck [sprich „züklik redandensi tcheck"], ist ein Prüfsummen-Verfahren, das in Protokollverfahren zum Erkennen von Übertragungsfehlern und Antivirenprogrammen zum Prüfen der Unversehrtheit von Dateien verwendet wird.

Creators Update, [sprich „kriäiters appdäiht"], im Sinne von Gestalter-Update, bezeichnet die halbjährlichen, großen Updates für ⇨ **Windows 10** seit Version 1703 bzw. **Redstone 1** (**RS1**) vom April 2017. Erscheint ein Creators Update im Frühjahr wird es als Spring Creators Update und beim Erscheinen im Herbst als Autumn Creators Update (englischer Sprachraum) bzw. **Fall Creators Update** bezeichnet.

Credential Manager [sprich „kridenschiel mänedscher"], englische Bezeichnung des zentralen Verwaltungsprogramms für Passwörter bzw. Kennwörter und Sicherheits-Zertifikate in ⇨ **Windows 7**.

Crippleware [sprich „krippelwähr"], die; *Subst.*, dt. „verkrüppelte Software", ist eine Demo- oder Testversion einer ⇨ **Shareware** mit stark eingeschränktem Funktionsumfang, sodass ein echtes Arbeiten damit während der Testphase kaum möglich ist.

CRM, Abkürzung für **C**ustomer **R**elationship **M**anagement, ist eine Software zur Dokumentation und Verwaltung der Kundenbeziehungen. Ein CRM liefert einen Überblick der gesamten Kommunikation eines Unternehmens mit seinen Kunden, also wann, welcher Mitarbeiter per Telefon, E-Mail oder Post mit einem Kunden kommuniziert hat und was dabei besprochen und vereinbart wurde.

Cross-Over-Kabel, das; *Subst.*, ist ein spezielles Netzwerkkabel, mit dem Sie zwei Netzwerkkarten mit RJ-45-Buchsen direkt koppeln können, ohne einen ⇨ **Hub** oder ⇨ **Switch** als Netzwerk-Knotenpunkt zu benutzen. Bei diesen Kabel sind Sende- und Empfangsleitungen gekreuzt, sodass sie sich nicht zum Anschluss an einen Hub eignen.

Cross-Site-Scripting [sprich „kross seit skripting"], auch **XSS** oder **CSS**, dt. Webseiten übergreifendes Skripting, Angriff auf eine Webseite über das Skript einer anderen, gefährlichen Webseite. Ist zum Beispiel in einem Register eines Browsers die Webseite einer Online-Bank oder eines Online-Shops geöffnet, erkennt dies ein Skript einer gleichzeitig geöffneten Webseite in einem anderen Register oder Browser. Das Skript verändert dann die angegriffene Webseite, indem zum Beispiel Teile der Webseite durch eigene Inhalte des Angreifers überlagert werden. Der Betrachter kann nicht erkennen, woher diese Inhalte stammen, und hält diese für einen Bestandteil der Bank- oder Shop-Seite. Betrüger zeigen zum Beispiel eine gefälschte Meldung oder auch gefälschte Kontostände an, um den Betrachter zu Überweisungen zu bewegen oder Änderungen an der Überweisung des Opfers zu verbergen. Um sich vor XSS-Angriffen zu schützen, kann der Browser so konfiguriert werden, dass Skripte nicht ausgeführt werden. Dies führt jedoch zu starken Einschränkungen, da die meisten Webseiten ohne Skripte nur eingeschränkt funktionieren.

Crowdfunding [sprich „krautfanding"], das; *Subst.*, Gewinnen von Internetnutzern als Kapitalgeber für ein Projekt wie eine ⇨ **Website**.

Crowdsourcer [sprich „krautsohrsehr"], der; *Subst.*, ist ein „Freizeitarbeiter", der sich unentgeltlich an einem ⇨ **Crowdsourcing**-Projekt beteiligt, um dabei zu helfen, ein bestimmtes Ziel zu erreichen, Anerkennung durch Auszeichnungen zu bekommen oder sonstige Vorteile zu erlangen wie zum Beispiel Werbung für sich durch die von ihm gemachte Arbeit.

Crowdsourcing [sprich „krautsohrsing"], das; *Subst.*, Auslagern von Arbeiten an meist unentgeltlich arbeitende Freiwillige. Dabei kann es sich zum Beispiel um Ideenfindung, Inhalte (⇨ **Wikipedia**), grafische Gestaltung (⇨ **FailWhale**) oder das Übersetzen der Oberfläche handeln, wie es bei ⇨ **Facebook** und ⇨ **Twitter** unter Mithilfe der Nutzer erfolgte.

Cry ist ein ⇨ **Erpressertrojaner**, der die Dateien auf infizierten Windows-PCs nach militärischen Standards für Hochsicherheitsdokumente verschlüsselt ❶, eine Frist zum Retten der Daten setzt ❷, 300 US-Dollar Lösegeld fordert ❸ und mit dem Veröffentlichen der verschlüsselten Daten im Internet droht (siehe Abbildung auf der nächsten Seite).

C Crypt

Der Erpresser-Trojaner Cry verschlüsselt die Daten nicht nur, sondern droht auch noch mit deren Veröffentlichung im Internet, wodurch eine erhebliche Missbrauchsgefahr besteht

Crypt [sprich „kript"], deutet beim Namen eines Trojaners oder der Schadprogramm-Bezeichnung eines Antivirenprogramms darauf hin, dass es sich hier um einen der sehr gefährlichen ⇨ **Verschlüsselungstrojaner** handelt. Beispiele sind ⇨ **TeslaCrypt** und Trojan.Crypt.S.

Cryptocoin [sprich „kripptokeun"] auch **Kryptocoin**, der; *Subst.*, dt. **Kryptomünze**, Einheit einer ⇨ **Kryptowährung**. Ein Beispiel für einen Cryptocoin ist ein ⇨ **Satoshi**, die Einheit von ⇨ **Bitcoin**.

Cryptocurrency, englische Bezeichnung für ⇨ **Kryptowährung**.

Cryptofond [sprich „kripptofond"] auch Cryptofund [sprich „kripptofand"], der; *Subst.*, ein Fonds auf Basis von ⇨ **Kryptowährungen** wie ⇨ **Bitcoin**, ⇨ **Litecoin**, ⇨ **Monero** oder ⇨ **Ripple**. Im Laufe des Jahres 2018 soll der erste Cryptofond am Markt zugelassen werden. Eine Alternative ist der Handel über ⇨ **etoro**, wo als CryptoFund (Name des Derivats) ein CopyFunds auf Basis der wichtigsten Kryptowährungen angeboten wird, http://etoro.tw/2AcE9zq.

CryptoLocker, Cryptolocker [sprich „kripptolocker"] ist ein zum ersten Mal am 5. September Jahr 2013 in Erscheinung getretener

⇨ **Erpressertrojaner**, der die Dateien auf infizierten Windows-PCs verschlüsselt und dann mit der Dateiendung .cryptolocker oder .ecc abspeichert. Verteilt wird Cryptolocker über den Anhang von ⇨ **Spam-Mails** und ein ⇨ **Botnetz**. Im Jahr 2016 wurde zum Beispiel vor Cryptolocker im Anhang von E-Mails mit einer angeblichen Stromrechnung gewarnt.

Cryptowall [sprich „kripptowol"] ist ein ⇨ **Erpressertrojaner**, der die Dateien auf infizierten Windows-PCs verschlüsselt und dann mit der Dateiendung .ccc abspeichert. Diese Endungen verwendet auch ⇨ **Tesla-Crypt**.

CS, Abkürzung für ⇨ **Counter-Strike**.

CSS, Abkürzung für (1.) ⇨ **Cross-Site-Scripting** und (2.) **C**ascading **S**tyle **S**heets [sprich „käskäiding steil schiets"]. Es handelt sich um kaskadierbare Formatvorlagen für HTML-Seiten. Die Kaskadierung wird durch die verschiedenen Möglichkeiten zum Formatieren einer Seite über zentrale Seiten, den Kopfbereich einer Seite und die diversen ⇨ **Tags** bis hin zur Font-Formatierung erreicht. Dies soll Webdesignern unter anderem ermöglichen, die Seiten so zu entwickeln, dass sie auch mit unterschiedlichen Browsern möglichst identisch dargestellt werden. (3.) ist CSS auch die Abkürzung für **C**ontent **S**crambling **S**ystem und bezeichnet das Verschlüsselungssystem für Filme auf ⇨ **DVDs**.

CSV, Abkürzung für **C**omma **S**eparated **V**alues, ⇨ **Dateinamenerweiterung** einer ASCII-Textdatei, die zum Datenaustausch durch Kommata getrennte Datenfelder enthält. Neuerdings verwendet ⇨ **Microsoft** nicht mehr das Komma, sondern das als Trennzeichen in der Systemsteuerung definierte Zeichen, in der Regel das Semikolon. Das führt beispielsweise dazu, dass neue Excel-Versionen nicht mehr ohne weiteres alte CSV-Dateien lesen können, in denen die Felder tatsächlich durch Kommata getrennt sind. In einem solchen Fall müssen die Trennzeichen zuvor durch Suchen und Ersetzen in einer Textverarbeitung wie Word ausgetauscht werden und können dann wieder eingelesen werden.

CTP, Abkürzung für **C**ommunity **T**echnology **P**review, ist ein Ausdruck von Microsoft für eine Beta-Version, die als Vorschau (Preview) an einen ausgewählten Kreis von Microsoft-Kunden verteilt wird.

CTRL-Taste, die; *Subst.*, oder **Control-Taste** [sprich „kontrohl taste"], Taste ⌈Ctrl⌉, die bei deutschen Tastaturen mit ⌈Strg⌉ beschriftet ist. Durch gleichzeitiges Drücken von ⌈Ctrl⌉ mit einer der Funktionstasten ⌈F1⌉ bis ⌈F12⌉ oder einer anderen Taste

C CTS

können weitere Funktionen, Makros oder Programme abgerufen werden.

Außerdem dient ⌈Ctrl⌉ zusammen mit einer oder mehreren weiteren Tasten gedrückt als ⇨ **Tastenkombination** zum Aufruf eines Makros oder Programms. Die CTRL-Taste wird in Programmdokumentationen auch häufig in Form des Circumflex-Zeichens (⇨ ^) dargestellt.

CTS, Abkürzung für **C**lear **T**o **S**end, dt. bereit zum Senden, ist ein festgelegtes Signal bei seriellen Schnittstellen (⇨ **RS 232-C**, ⇨ **V.24**) zum Realisieren einer hardwaremäßigen Datenfluss-Steuerung (⇨ **Handshake-Verfahren**).

CU [sprich „sie ju"], Abkürzung für **see you**, dt. „Man sieht sich", ist ein ⇨ **Akronym**, das häufig am Ende einer ⇨ **E-Mail** oder ⇨ **SMS** als Ersatz für das bei Briefen gebräuchliche „Mit freundlichen Grüßen" oder dessen Abkürzung MfG verwendet wird.

Cupcake, Bezeichnung der Version 1.5 von ⇨ **Android**.

Cursor [sprich „köhrser"], der; *Subst.*, ist (1.) die Schreibmarke auf dem Bildschirm, die Ihnen anzeigt, an welcher Stelle die einzugebenden Daten eingetragen werden; ⇨ **Mauspfeil**. Aussehen, Form und Blinkrhythmus können Sie in grafischen Betriebssystemen wie Windows frei gestalten. Der Begriff Cursor wird (2.) auch in der Datenbankwelt verwendet. Er bezeichnet dort eine Positionsmarke auf einer Zeile (einem Datensatz) in einer Datenbanktabelle.

Cursorblock [sprich „köhrser block"], der; *Subst.*, bezeichnet die Tasten zur Cursorsteuerung. Diese umfassen die ⇨ **Richtungs-** oder ⇨ **Pfeiltasten**, die ⇨ **Pos1-Taste**, die ⇨ **Ende-Taste**, die ⇨ **Bild-oben-Taste**, die ⇨ **Bild-unten-Taste**, die ⇨ **Einfg-Taste** sowie die ⇨ **Entf-Taste**.

Cursortasten [sprich „köhrser tasten"], die; *Subst.*, ⇨ **Richtungstasten**.

Curved Display [sprich „köhrfd display], das; *Subst.*, dt. gebogener Bildschirm im englischen Sprachraum auch **Curved Screen**, ist ein seit 2014 bei Fernsehern (**Curved TV**) angebotener, leicht nach innen gewölbter ⇨ **Bildschirm**. Die Vorreiter waren LG und Samsung. Seit 2015 werden auch **Curved Monitore** angeboten, also gewölbte Bildschirme für den PC, statt der bisher gewohnten Flachbildschirme. Die Wölbung ist der des menschlichen Auges angepasst und soll dadurch eine breitere und tiefere räumliche Wahrnehmung bewirken. Der Betrachter soll sich in das Geschehen einbezogen fühlen, was bei einem Fernseher oder auch Computerspielen von Vorteil sein kann. Sinnvoll kann der Einsatz jedoch auch für PC-Anwender sein, die jeden Tag mehrere Stunden am PC sitzen. Durch die Wölbung wird der Sichtabstand zum Auge auf dem gesamten Bildschirm in etwa gleich gehalten. Das soll das Auge schonen. Ein Nachteil der Curved Monitore im Büroeinsatz ist jedoch die fehlende Pivot-Funktion. Sie lassen sich nicht um 90 Grad drehen, um sie vertikal ausgerichtet zu betreiben. Das jedoch erleichtert das Schreiben von Briefen oder anderen Schriftstücken für DIN-A4-Seiten. Ein weiterer Nachteil von Curved Monitoren ist der höhere Preis im Vergleich zu von Größe und Ausstattung her gleichen Flachbildschirmen.

Cut and Paste [sprich „kat änd päist"], das; *Subst.*, ⇨ **Ausschneiden** und Wiedereinfügen von Text, Grafiken und anderen Objekten, um diese zu kopieren, verschieben oder in eine andere Anwendung zu übertragen (⇨ **Zwischenablage**).

CWUSB, Abkürzung für ⇨ **Certified Wireless USB**, das umgangssprachlich auch als **Wireless USB** bezeichnet wird.

Cyber- [sprich „seiber"] ist eine vom griechischen Wort Kyvernitiki (Kybernetik) abgeleitete Vorsilbe für neue Phänomene oder Techniken, die mit dem Internet in Zusammenhang stehen. Beispiele sind etwa **Cybercrime** für Internetkriminalität oder **Cybercafe**.

Cyberbullying [sprich „seiberbulliing"], das; *Subst.*, ist ein überwiegend von Schülern und Jugendlichen betriebenes Mobben per ⇨ **Mobiltelefon**, ⇨ **E-Mail**, ⇨ **Messengern**, ⇨ **sozialen Netzwerken** und anderen modernen Medien und Techniken. Dazu werden ⇨ **SMS** oder E-Mails verschickt, peinliche Bilder hochgeladen und Einträge in sozialen Netzwerken veröffentlicht. Die Folgen können bis hin zum Selbstmord des Opfers aus Scham über den Rufmord reichen; Broschüre zu Cyberbullying im PDF-Format: http://bit.ly/2iYdHjx ⇨ **Cybermobbing**.

Cybercafe [sprich „seiberkaffee"] das; *Subst.*, ⇨ **Internetcafé**.

Cyberchurch [sprich „seibertschörtsch"], die; *Subst.*, Bezeichnung für Internetauftritte der Kirchen und Ihrer Vertreter mit eigenen Webseiten, Videos bei ⇨ **YouTube** und Konten bei sozialen Netzwerken wie ⇨ **Facebook** und ⇨ **Twitter**.

Cybercrime [sprich „seiberkreim"] ist eine andere Bezeichnung für ⇨ **Internetkriminalität**.

Cyberkrieg [sprich „seiberkrieg"], der; *Subst.*, auch **Cyberwar**, **Cyberwarefare** bezeichnet hauptsächlich das Austragen von Konflikten

C Cyberkrieg

mit den Waffen des Informationszeitalters. Die **Cyberkrieger** führen ⇨ **DoS**-Angriffe auf ⇨ **Server** durch. Sie ⇨ **hacken** Server, ⇨ **E-Mail-** und ⇨ **Social-Media-**Konten sowie Webauftritte.

Zu den Kriegshandlungen gehört auch die Sabotage, etwa von Anlagen zur Urananreicherung oder Kraftwerken, die Spionage und Überwachung. Ein Mittel dieser Kriegsführung ist der Versand von E-Mails mit ⇨ **Schadprogramm**en, um etwa über einen ⇨**Trojaner** im Anhang dieser E-Mails Zugriff auf einen Rechner zu erlangen und daraus Informationen zu entwenden oder diesen als ⇨ **Zombie** in ein ⇨**Bot-Netz** einzubinden.

Zum Cyberkrieg zählen auch hochentwickelte Waffen, mit denen gegnerische Computernetze und computergesteuerte Waffen gestört oder zerstört werden sollen. Dies sind zum Beispiel EMP-Waffen, die durch einen elektromagnetischen Impuls elektronische Geräte beschädigen.

Im Falle der Anwendung einer EMP-Waffe sind sämtliche elektronischen Geräte im Wirkungsraum betroffen, auch die heimische Unterhaltungselektronik wie Fernseher, PC, Tablet, Smartphone und Router. Das Internet ist dann nicht mehr zugänglich, aber auch Flugzeuge und Kraftfahrzeuge, Heizungsanlagen, Industriebetriebe, Kraftwerke, Krankenhäuser und Verwaltungen sind nicht mehr funktionsfähig.

Nach dem Einsatz einer leistungsstarken EMP-Waffe ist das betroffene Gebiet technisch auf dem Stand von vor 100 Jahren. Die Versorgung mit Lebensmitteln, Trinkwasser, Energie und Wärme ist nicht mehr gewährleistet, die Krankenversorgung auf ein Minimum eingeschränkt, viele moderne Diagnose- und Behandlungsmethoden sind nicht mehr einsetzbar.

Für die Zivilbevölkerung zunächst weniger belastend sind andere Kriegswaffen für den Cyberkrieg wie etwa taktische Laserwaffen zum Ausschalten gegnerischer Satelliten. Jedoch auch hier sind die Folgen für die Zivilbevölkerung weitreichend. Ein Beispiel ist der Ausfall des GPS-Systems, das auf Satellitenortung basiert. Ohne ⇨ **GPS** funktionieren zum Beispiel die Navigationssysteme von Kraftfahrzeugen und Schiffen nicht mehr. Zu den Cyberwaffen sind auch Lenkwaffen und Drohnen zu zählen, die häufig auf Koordinaten gerichtet werden, die sich durch ⇨**Handy**-Ortungen ergeben.

In Europa sind bislang die wesentlichen Auswirkungen der seit Jahrzehnten geführten Cyberkriege das gelegentlichen Verfälschen des GPS-Signals im Kriegsfall wie zum Beispiel während des Golf-Kriegs, Ha-

Cybersquatting

cker-Angriffe auf Großunternehmen und Banken (siehe Wirtschaftswoche, „Die größten Hacker-Angriffe aller Zeiten" http://bit.ly/1k3a4VI) und die Überwachung aller Internetaktivitäten sowie Spionage durch Geheimdienste.

Cyberkrieger [sprich „seiberkrieger"], Teilnehmer an einem ⇨ **Cyberkrieg**, meist werden ⇨ **Hacker** so bezeichnet, zum Beispiel solche der Hackergruppe Anonymous oder der Terrororganisation Islamischer Staat (IS).

Cyberkriminalität [sprich „seiberkriminalität"], engl. **Cybercrime**, die; *Subst.*; Kriminalität, die in Zusammenhang mit Computern und Internet steht. Diese reicht von Betrug über Datenmissbrauch und Erpressung bis hin zu Urheberrechtsverletzungen; ⇨ **Cybermobbing**, ⇨ **Erpressertrojaner**, ⇨ **Hacker** und ⇨ **Phishing**.

Cybermobbing [sprich „seibermobbing"], das; *Subst.*, ist ein Mobben per ⇨ **Mobiltelefon**, ⇨ **E-Mail**, ⇨ **Messenger**, ⇨ **Sozialen Netzwerken** und anderen modernen Medien und Techniken. Dazu werden ⇨ **SMS** oder E-Mails verschickt, peinliche Bilder hochgeladen und Einträge in sozialen Netzwerken veröffentlicht. Laut einer Studie des Bündnisses gegen Cybermobbing vom Mai 2017 ist jeder achte Jugendliche zwischen 10 und 21 Jahren von Cybermobbing betroffen; ⇨ **Cyberbullying**, ⇨ **Cyberstalking**.

Cybernaut [sprich „seibernaut"], der; *Subst.*, der „Reisende" im ⇨ **Cyberspace** bzw. Internet, auch als **Internaut** oder **Surfer** bezeichnet.

Cyberschutz [sprich „seiberschutz"], der; *Subst.*, Schutz gegen ⇨ **Cyberkriminalität**.

Cyberspace [sprich „seiberspäis"], der; *Subst.*, Umschreibung für die virtuelle „Computerwelt" und die Gemeinschaft, die dieses Medium nutzt. Der Ausdruck entstammt dem Roman „Neuromancer" von William Gibson.

Cyberspionage [sprich „seiberspionage"], die; *Subst.*, ist ein elektronischer Angriff, der dem Zweck der Informationsbeschaffung, Schädigung bzw. Sabotage von IT-Systemen dient.

Cybersquatting [sprich „seiberskwätting"], Versuch, von einem bekannten Unternehmen oder einer berühmten Persönlichkeit zu profitieren, indem ein ähnlich klingender oder aussehender Domain-Name eingerichtet wird.

Dies führt zum Beispiel Personen, die sich vertippt haben, auf die Webseite. Oft wird aber mithilfe von

C Cyberstalking

⇨ **Spam** auf die Seite verwiesen, so zum Beispiel beim ⇨ **Phishing**, wo der Domain-Name dann dem eines Geldinstituts ähnelt. Zwar ist Cybersquatting selbst nicht strafbar, kann aber Urheberrechte verletzen. So wurde ein Amerikaner verurteilt, der mit Domains wie www.hottmail.com, www.microsoftc.com oder www.wwmsn.com versucht hatte, vom Bekanntheitsgrad Microsofts zu profitieren.

Cyberstalking [sprich „seiberstouking"], das; *Subst.*, ist eine Form des Stalking über neue Medien wie ⇨ **SMS**, ⇨ **E-Mail**, ⇨ **Messenger** und ⇨ **soziale Netzwerke**; ⇨ **Cyberbullying**, ⇨ **Cybermobbing**.

Cyberwarfare ⇨ **Cyberkrieg**.

cyclone ⇨ **@**.

Cydia [sprich „zeidia"] ist ein ⇨ **App-Shop** für ⇨ **iPhone** und ⇨ **iPad**, der nur mit ⇨ **Jailbreak** genutzt werden kann. Die dort angebotenen Apps werden von Apple nicht auf Sicherheit untersucht. Die Gefahr, über Cydia ein Schadprogramm zu installieren ist daher recht hoch.

daddeln D

D

D1 📱, digitales Funktelefonnetz der Deutschen Telekom. Über das ⇨ **D-Netz** sind auch Daten- und Faxübertragungen möglich.

D2 📱, digitales Funktelefonnetz von Vodafone. Über das ⇨ **D-Netz** sind auch Daten- und Faxübertragungen möglich.

D/A ⇨ **Digital-Analog-Wandler.**

DAB, Abkürzung für **D**igital **A**udio **B**roadcasting [sprich „ditschitäll audio broudkasting"] ist ein Standard für terrestrische, digitale Übertragung und Empfang von Hörfunkprogrammen, bei denen Zusatzinformationen wie Musiktitel, Wetter oder Stauinformationen in Textform übermittelt und auf einem Display angezeigt werden können. Zwar ist DAB in ganz Deutschland verfügbar, wird aber recht wenig genutzt. In der Werbung wird DAB auch als ⇨ **Digital Radio** bezeichnet; Hintergrund, Verbreitung, Geräte, Anbieter: www.digitalradio.de/, Sendertabelle: www.ukwtv.de/cms/sender-tabelle.html, DAB weltweit: https://www.worlddab.org/.

DAC ist (1.) die Abkürzung für **D**igital **T**o **A**nalog **C**onverter [sprich „ditschitäll tu änelog konverter"] und bezeichnet ein Gerät zum Umwandeln digitaler in analoge Signale. Eine weitere Bedeutung ist (2.) **D**igital

Audio **C**opy [sprich „ditschitäll audio koppi"], dt. digitale Audio-Kopie, das Kopieren von ⇨ **Tracks** auf einer **Audio-CD** auf die ⇨ **Festplatte** als ⇨ **WAV**-Dateien mithilfe eines ⇨ **CD-Ripper**-Tools.

DAG, Abkürzung von **d**irected **a**cyclic **g**raph, dt. gerichteter azyklischer Graphen, ist die technologische Grundlage der ⇨ **Kryptowährung** ⇨ **IOTA**, deren Transaktionen nicht über eine ⇨ **Blockchain** wie bei ⇨ **Bitcoin** sondern über einen gerichteten Graphen abgebildet werden. Ein Graph bildet eine Menge von Objekten und deren Verbindungen ab.

daddeln, *Verb*, bezeichnet (1.) das Spielen eines Computerspiels. Das Spielen kann dabei an einem PC, einer Spielekonsole oder einem Automaten erfolgen. Teilweise ist auch (2.) das schnelle, wiederholte Drücken der Tasten der Tastatur oder auf dem Gamepad gemeint. Laut Wikipedia steht daddeln für (3.) „dumpfes, sinnloses Spielen" und für (4.) Spiele, „bei denen der Spieler viel und schnell mit dem Eingabegerät agieren muss und die Bewegungen nicht mehr bewusst vom Spieler ausgeführt werden, sondern reflexartig oder kognitiv".

Der Spieler soll dabei durch Stresshormone „den Bezug zur realen Welt vergessen". Dabei wird auf die plattdeutsche Bedeutung „etwas unsinniges tun, herumspielen" verwiesen. Das Verb wird jedoch nicht nur in diesem negativen Kontext verwendet. Denn der Beobachtung des Autors nach wird daddeln mittlerweile vor allem wertfrei allgemein für Spielen verwendet, etwa in der Art „Ich gehe eine Runde daddeln". Dies sowohl im Internet als auch in der ⇨ **Real World**.

DAO, Abkürzung für (1.) ⇨ **Disc-at-Once** und (2.) **D**ecentralized **A**utonomous **O**rganisation, dt. dezentrale autonome Organisation, ist die Organisation der das ⇨ **Bitcoin**-Protokoll verwendenden ⇨ **Kryptowährung** ⇨ **Dash**, die derzeit als die einzige existierende DAO gilt.

DApp, Abkürzung für ⇨ **dezentrale App**.

Darkcoin [sprich „dark keun"], wörtlich übersetzt dunkle Münze, frühere Bezeichnung der heute als ⇨**Dash** bezeichneten ⇨ **Kryptowährung**.

Darknet ⇨Hidden Web.

DAS, ⇨ Dateinamenerweiterung der Datei LIES.DAS, einer Textdatei mit Informationen zu einem Programm oder dem Inhalt eines Datenträgers. Es handelt sich dabei allerdings nicht um einen verknüpften Standard-Datentyp von Windows, sodass eine solche Datei nicht automatisch mit einem Texteditor angezeigt wird.

Dash, Währungskürzel **DASH**, ist eine zunächst unter der Bezeichnung **Darkcoin** und **XCoin** in den Jahren 2014 bis 2015 in Umlauf gebrachte **Kryptowährung**. Im September 2017 betrug die Marktkapitalisierung rund 2,3 Milliarden US-Dollar. Damit gehört Dash zu den fünf größten ⇨ **Altcoins** und wird noch höher als ⇨ **Litecoin**, ⇨ **Monero** und ⇨ **Ripple** bewertet.

DASH, Währungskürzel der ⇨ **Kryptowährung** ⇨ **Dash**.

DAT ist (1.) die ⇨ **Dateinamenerweiterung** von Datendateien. Zum Beispiel haben die ⇨ **MPEG**-Dateien auf ⇨ **VCDs** und ⇨ **SVCDs** den Dateityp DAT. (2.) Die Dateien der Registrierungsdatenbank von Windows (SYSTEM.DAT, USER.DAT und POLICIES.DAT) haben ebenfalls diese Endung. Es ist (3.) auch die Abkürzung für ⇨ **Digital Audio Tape** und ein Band für die digitale Aufzeichnung von Daten in entsprechenden ⇨ **Streamerlaufwerken**. Es gibt für DAT-Bänder mit ⇨ **DDS-1** bis ⇨ **DDS-7** derzeit 8 Standards.

DAT72 ⇨ **DDS-5**.

DAT160 ⇨ **DDS-6**.

DAT320 ⇨ **DDS-7**.

data [sprich „däita"], dt. Daten.

data base [sprich „däita bäis"], dt. ⇨ **Datenbank**.

Data Execution Prevention [sprich „däita ecksekjuschen privendschen"], abgekürzt **DEP**, dt. „Schutz vor der Datenausführung", soll bei ⇨ **Windows** vor Hackerangriffen per ⇨ **Buffer Overflow** schützen.

Data Link Layer [sprich „däita link läier"] dt. Sicherungsschicht, zweite Schicht des ⇨ **OSI**-Referenzmodells.

Data Loss Prevention [sprich „däita loss privendschen"], abgekürzt **DLP**, soll sensible und kritische Informationen mittels Sicherheitstechniken- und Maßnahmen schützen. Diese Schutzmaßnahmen können sowohl aus Software- als auch aus Hardwarelösungen bestehen.

Data Mining [sprich „däita meining"], das; *Subst.*, dt. Datenschürfung, gewinnen gesuchter Informationen aus großen Datenbeständen unter Verwendung statistischer Methoden und künstlicher Intelligenz (KI) sowie Visualisierung zur Darstellung der Ergebnisse.

Data Privacy Day [sprich „däita preiwesi däi"] auch Data Privacy & Protection Day [sprich „däita preiwesi end protekdschen däi"], der seit 2008 in den USA und Kanada am 28. Februar jedes Jahr begangene Tag des privaten Datenschutzes, der dem ⇨ **Europäischen Datenschutztag** entspricht.

Data Protection Day [sprich „däita protekdschen däi"] ⇨ **Europäischer Datenschutztag**.

Dateivirus, der; *Subst.*, ist ein ⇨ **Computervirus**, der sich an Programmdateien anhängt. Sobald das Programm gestartet wird, führt das zum Ausführen des Computervirus, der sich in weitere Programmdateien schreibt und sich so immer weiter verbreitet. Im Unterschied dazu verbreitet sich ⇨ **Fileless Malware** nur über den Arbeitsspeicher (RAM).

Data Warehouse [sprich „däita währhaus"], das; *Subst.*, dt. Datenwarenhaus, ist ein Datenbanksystem in Unternehmen, das die Datenbasis für Entscheidungen liefern soll. Dazu werden Daten aus allen Unternehmensbereichen gesammelt, verdichtet und vereinheitlicht. Die Daten werden dabei so aufbereitet, dass sie über einen größeren Zeitraum hinweg vergleichbar bleiben.

Datei, die; *Subst.*, engl. **file**, ist ein Kunstwort aus **Da**ten und Kar**tei**. Eine Datei kann Daten jeder Art wie Text, Bilder, Musik, Filme oder Programme enthalten. Sie entspricht in

D Dateiattribute

einem konventionellen Büro einem Brief, einer Akte, einem Dokumentenstapel, einer Ablagemappe, einem Foto oder einer Kassette.

Dateiattribute sind Eigenschaften von Dateien, die je nach ⇨ **Betriebssystem** unterschiedlich sind. Unter ⇨ **Windows** gibt es zum Beispiel folgende Dateiattribute: Read-Only [sprich „riehd ounlie"] (Nur-Lesen), System, Hidden (verborgen) und Archiv.

Dateiendezeichen, das; *Subst.*, Steuerzeichen ^Z (gesprochen: Control Z) für das Ende einer Textdatei bei ⇨ **DOS**, das sich über F6 erzeugen lässt.

Dateiendung, die; *Subst.*, ⇨ **Dateinamenerweiterung**.

Dateiformat, das; *Subst.*, gibt an, von welchem Programm die Datei erstellt wurde, welchem Zweck der Inhalt der Datei dient und in welcher Form und in welchem Aufbau die Daten abgespeichert wurden. So gibt das Dateiformat zum Beispiel an, ob es sich um eine Text-, Programm- oder Multimediadatei handelt.

Dateikopf, der; *Subst.*, engl. ⇨ **Header**. Im Dateikopf finden sich meist Verwaltungs- und Steuerinformationen über die enthaltenen Daten.

Dateiname, der; *Subst.*, Bezeichnung einer Datei und kann bei einem aktuellen ⇨ **Windows** bis zu 255 Zeichen lang sein (unter ⇨ **DOS** bis zu 12 Zeichen). Der Dateiname besteht aus dem Namen, einem Punkt und der ⇨ **Dateinamenerweiterung**. Bei der Datei Brief.doc lautet der Name also „Brief" und die Dateinamenerweiterung ist ⇨ **doc**, was auf ein Word-Dokument hinweist.

Dateinamenerweiterung, die; *Subst.*, **Dateiendung**, **Extension** oder **Suffix** ist ein Teil des ⇨ **Dateinamens**, über den Sie auf den ⇨ **Dateityp** schließen können. Sie erfahren dadurch, von welchem Programm eine Datei erzeugt wurde und/oder mit welchem Programm oder Programmen sie sich öffnen und bearbeiten lässt.

Eine Dateinamenerweiterung ist bei DOS und älteren Windows-Versionen bis zu drei Zeichen lang. In den aktuellen Windows-Versionen kann die Dateinamenerweiterung auch mehr als drei Zeichen haben wie bei html oder divx. Es gibt tausende verschiedene Dateinamenendungen. Da die Dateinamenerweiterungen nicht normiert sind und jeder Programmierer einer Anwendung somit die Endung seiner Dateien beliebig festlegen kann, sind etliche Dateinamenerweiterungen mehrfach vergeben.

Eine Übersicht der wichtigsten Dateinamenerweiterungen finden Sie im Anhang dieses Lexikons. Sollten Sie hier nicht fündig werden, helfen Ihnen Datenbanken im Internet weiter, zum Beispiel www.endungen.de.

Datei-Server [sprich „datei sörwer"], der; *Subst.*, engl. **file server**, ist ein Rechner, der anderen Rechnern in einem ⇨ **Netzwerk Dateien** bereitstellt. Das kann in einem Windows-Netzwerk als ⇨ **Peer-to-Peer-Netzwerk** jeder PC im Netzwerk sein, auf dem Laufwerke und/oder ⇨ **Ordner** freigegeben sind.

Früher war ein Datei-Server ein speziell für diese Aufgabe im Netzwerk bereitgestellter Rechner (dedizierter Server) mit einem Server-Betriebssystem, der neben dem Bereitstellen der Dateien auch Verwaltungsaufgaben übernahm wie etwa die Benutzerverwaltung und die Zugangskontrolle.

Ein solcher Datei-Server wird auch heute noch in größeren Netzwerken ab fünf ⇨ **Clients** eingesetzt und arbeitet dann mit ⇨ **Linux** oder ⇨ **Windows** in einer Server-Version. Zu den Datei-Servern gehören auch die ⇨ **FTP-Server** im Internet.

Dateisystem, das; *Subst.*, wird von einem ⇨ **Betriebssystem** zum Verwalten der Daten auf einem Datenträger benötigt. Es gibt verschiedene Dateisysteme, die inkompatibel zueinander sind und

Daten unterschiedlich effizient verwalten. Verbreitete Dateisysteme bei Windows-PCs sind ⇨ **exFAT**, ⇨ **FAT16**, ⇨ **FAT32** und ⇨ **NTFS**. Linux verwendet die Dateisysteme btrfs, ⇨ **ext2**, ⇨ **ext3** und ⇨ **ext4**.

Dateizuordnungstabelle, die; *Subst.*, engl. **file allocation table** oder abgekürzt **FAT**, bezeichnet (1.) die Tabelle zur Verwaltung der Dateien und Ordner auf einer ⇨ **Diskette**, ⇨ **Festplatte** oder einem ⇨ **Flash-Speicher** und ist (2.) die Bezeichnung für die FAT-Dateisysteme ⇨ **FAT12**, ⇨ **FAT16** und ⇨ **FAT32**.

Datenbank, die; *Subst.*, ist eine Sammlung inhaltlich zusammenhängender Daten, die in mehreren, miteinander über ⇨ **Indexdateien** verknüpften ⇨ **Dateien** gespeichert sein können.

Datenbits, ⇨ **Bits** für die Darstellung von (zu übertragenden) Daten.

Datenbrille, die; *Subst.*, ist ein am Kopf getragenes ⇨ **Display**, teilweise mit integriertem Mikrofon und Lautsprechern (⇨ **Headset**) sowie Sensoren. Eine Datenbrille wird zur 3D-Darstellung vor allem in ⇨ **Computerspielen** sowie für ⇨ **Augmented Reality** und ⇨ **Virtual Reality** verwendet; siehe Tabelle VR-Headsets ab Seite 599.

Datenbus

Datenbus, der; *Subst.*, überträgt die Daten von einer PC-Komponente zu einer anderen, also zum Beispiel vom ⇨ **Prozessor** zum ⇨ **Speicher** oder auch von einem ⇨ **Peripheriegerät** wie einem ⇨ **CD-Laufwerk** auf die ⇨ **Festplatte**.

Datendiebstahl, der; *Subst.*, absichtliches Stehlen von Daten. Der Datendiebstahl kann sowohl von Kriminellen außerhalb eines Unternehmens (⇨ **Trojanischen Pferd**) als auch von den eigenen Mitarbeitern eines Unternehmens begangen werden. Mitarbeiter können beispielsweise wichtige Unternehmensdaten auf einen USB-Stick kopieren und mitnehmen.

Datenfernübertragung, die; *Subst.*, ⇨ **DFÜ**.

Datenflusskontrolle, die; *Subst.*, ⇨ **Flusskontrolle**.

Datenkompression, die; *Subst.*, ist ein Verfahren zur Verringerung der gespeicherten oder übertragenen Daten. Redundante Informationen werden nach mathematischen Verfahren mit entsprechenden Algorithmen entfernt und bei der Dekompression wieder hinzugefügt. Während Kompressionsverfahren für Daten verlustfrei arbeiten, werden bei der Kompression von Bild- und Audio-Daten auch Datenverluste in Kauf genommen, die zu Qualitätsverlusten führen; ⇨ **ZIP**, ⇨ **MP3**.

Datenleck, das; *Subst.*, unbefugtes Offenlegen wichtiger Daten; kann durch ⇨ **Datendiebstahl** oder ⇨ **Datenverlust** entstehen.

Daten-Nirwana, das; *Subst.*, ist ein umgangssprachlicher Ausdruck für den Verlust von Daten oder das Senden von Daten an ein ⇨ **Nullgerät**. Es ist vom Sanskrit-Wort „nirvâna" abgeleitet, das wörtlich „auswehen" und laut Wikipedia das „Auslöschen aller an die Vorstellung vom Dasein bindenden Faktoren" meint. Es handelt sich hier also um eine ironische Bezeichnung, da Daten nicht an das Dasein gebunden sind, sondern eher der Benutzer eine gewisse irdische Bindung zu seinen Daten hat.

Datensatz, der; *Subst.*, ist ein Eintrag einer ⇨ **Datenbank** mit fester oder variabler Länge. Zum Beispiel wird ein Adresseintrag in einer Adressdatenbank in einem Datensatz gespeichert.

Datenschleuder, die; *Subst.*, vereinseigene Zeitschrift des ⇨ **Chaos Computer Clubs** mit Informationen zu den Schwachstellen in Telekommunikation und Internet. Die Zeitschrift erhalten Mitglieder, sie ist aber auch für Nicht-Mitglieder bis zur Ausgabe 96 kostenlos herunterzuladen; http://ds.ccc.de.

Datenschürfung, die; *Subst.*, ⇨ **Data Mining**.

Datenträgerbereinigung D

Datenschutz, der; *Subst.*, Schutz vor dem Missbrauch personenbezogener Daten, der in Deutschland im Bundesdatenschutzgesetz (BDSG, http://www.gesetze-im-internet.de/bdsg_1990/index.html) geregelt ist und dessen Einhaltung durch **D**aten**s**chutz**b**eauftragte (⇨ **DSB**) in Behörden und Unternehmen überwacht wird.

Datensicherheit, die; *Subst.*, umfasst alle Maßnahmen, die zum Schutz der Daten erforderlich sind, damit diese nicht unbefugt verändert oder zerstört werden und nicht verloren gehen. Da es hier um den Schutz der Daten geht, wird Datensicherheit häufig mit ⇨ **Datenschutz** verwechselt oder gleichgesetzt. Die Zielsetzung ist jedoch eine völlig andere, woraus auch andere Maßnahmen resultieren.

Die wichtigste Maßnahme ist die regelmäßige Datensicherung (⇨ **Backup**), wobei die gesicherten Daten auszulagern sind, um diese vor Katastrophen wie vor allem Brand, Erdbeben, Feuer, Sabotage und terroristischen Anschlägen zu schützen. Zusätzlich ist ein Schutz vor Diebstahl und Computerkriminalität erforderlich. Während die erforderlichen Maßnahmen in Großbetrieben mit Zugangskontrollen für Besucher des Rechenzentrums, parallelem Rechenzentrum oder verteilten Servern in einer Cloud erheblich sind, lässt sich Datenschutz für private Anwender und kleine Firmen recht einfach und mit geringen Kosten realisieren. Neben der regelmäßigen Datensicherung und der Auslagerung der gesicherten Daten zum Beispiel in ein Bankschließfach oder ein Online-Laufwerk, sind ein Ersatzrechner, ein zweiter Internet-Zugang für den Notfall (zum Beispiel über das Mobilfunknetz) und ein leistungsfähiges ⇨ **Antivirenprogramm** sowie immer auf dem aktuellen Stand befindliche Programme einschließlich des Betriebssystems ausreichend.

Datensicherung, die; *Subst.*, ⇨ **Backup**.

Datenträger, der; *Subst.*, ist eine allgemeine Bezeichnung für Speichermedien wie ⇨ **Diskette**, ⇨ **CD**, ⇨ **DVD**, ⇨ **Blu-ray**, ⇨ **HD-DVD**, ⇨ **USB-Stick**, ⇨ **Flash-Speicher** usw.

Datenträgerbereinigung, die; *Subst.*, ist (1.) eine allgemeine Bezeichnung für das Aufräumen eines Datenträgers, indem nicht mehr benötigte Dateien wie zum Beispiel Installationsdateien, Temporärdateien, alte Treiber, nicht mehr benötigte Programme, alte Dokumente und alte Login- oder Fehlerberichte gesucht und gelöscht werden. Außerdem ist (2.) Datenträgerbereinigung der Name eines Zubehörprogramms von ⇨ **Windows**.

D Datentransferrate

Datentransferrate, die; *Subst.*, gibt die Geschwindigkeit an, mit der Daten zwischen zwei Datenendeinrichtungen, zwischen Laufwerken untereinander oder zum ⇨ **Prozessor** oder vom Prozessor zum ⇨ **Arbeitsspeicher** und vice versa übertragen werden. Dabei wird die durchschnittliche Anzahl von Bits (bit/s, kbit/s, Mbit/s, Gbit/s), Zeichen (cps) oder Datenblöcken (KB/s, MB/s) angegeben, die innerhalb eines definierten Zeitraums von meist einer Sekunde oder Millisekunde übertragen werden (siehe auch ⇨ **Baudrate**).

Datentresor, der; *Subst.*, ist technisch ein verschlüsseltes Archiv oder Laufwerk, in dem Daten vor unbefugtem Zugriff sicher sind. Eingerichtet wird ein Datentresor mit einem speziellen Programm wie etwa der Freeware Steganos Safe One oder dem kostenpflichtigen Steganos Safe. Auch einige Antivirenprogramme ermöglichen in der Premium-Version das Einrichten eines Datentresors. Kostenlos angebotene Programme sind zum Beispiel Truecrypt und Veracrypt. Windows 10, 8.1 und 7 enthalten in den Professional-Versionen mit Bitdefender ebenfalls eine Verschlüsselungsfunktion.

Datenübertragungsrate, die; *Subst.*, ⇨ **Datentransferrate**.

Datenverlust, der; *Subst.*, bezeichnet das Abhandenkommen von Daten, zum Beispiel durch Verlust eines USB-Sticks oder einer externen Festplatte mit Firmendaten, Beschädigung einer Festplatte, ein ⇨ **Schadprogramm** wie einen ⇨ **Erpressertrojaner**, Sabotage oder Anwendungsfehler.

Datenwarenhaus, das; *Subst.*, ⇨ **Data Warehouse**.

Dating-Seite [sprich „däiting seite"], die; *Subst.*, **Datingportal** [sprich „däiting portal"], das; *Subst.*, Single- oder Partnerbörse, ist eine Webseite für die rund 16 Millionen Singles in Deutschland, um diesen bei der Partnersuche zu helfen. Der Umsatz in der Branche in Deutschland liegt laut Prognose für 2017 bei rund 225 Millionen € und soll bis 2021 auf 265 Millionen ansteigen (Quelle: Statista).

DAU, der; *Subst.*, Abkürzung für **d**ümmster **a**nzunehmender **U**ser, bezeichnet im ⇨ **Internet**- und Programmierer-Slang einen Anwender, der alle denkbaren und unvorstellbaren Fehler macht, also eine Art Tollpatsch.

Day-Zero-Angriffe [sprich „däi siro angriffe"], Bezeichnung für Angriffe bisher unbekannter neuer ⇨ **Viren**, ⇨ **Würmer** und ⇨ **Trojaner** in der Zeitspanne, bis diese entdeckt werden und der Schutz vor ihnen in die Updates der Antivirenprogramme aufgenommen wird. In dieser Anfangszeit ist ein Anwender trotz aktuellem Antivirenprogramm durch diese Schädlinge gefährdet.

DB, ⇨ **Dateinamenerweiterung** einer Paradox-Datenbank.

dB(A), Abkürzung für das logarithmische Maß ⇨ **Dezibel** mit der Angabe der Bewertungskurve in Klammern. Diese Kurven berücksichtigen die Empfindlichkeit des menschlichen Ohrs in Abhängigkeit von unterschiedlichen Frequenzen. Dabei ist A die am häufigsten verwendete Bewertungskurve. 3 dB entsprechen in etwa der subjektiven Verdoppelung der Lautstärke.

dBASE [sprich „diehbäis"] ist (1.) der Markenname für ein von der Firma Ashton Tate entwickeltes relationales Datenbankprogramm für die Betriebssysteme CP/M und ⇨ **DOS**, das mit der Version dBASE IV von der Firma Borland übernommen und für Windows weiterentwickelt wurde. Einstmals der Marktführer unter DOS, konnte dBASE für Windows jedoch nicht gegen ⇨ **Access** von ⇨ **Microsoft** bestehen und verschwand vom Markt.

(2.) Das dBASE-Datenbankformat findet jedoch bis heute Verwendung unter anderem in Access, aber auch in vielen anderen Datenbankprogrammen. Es ist auch hervorragend zum Datenaustausch geeignet, da es von ⇨ **Word**, Excel und den meisten Datenbankprogrammen im- und exportiert werden kann. (3.) Auch die dBASE-Programmiersprache hat als ⇨ **XBASE** überlebt und kann mit dem Freeware-Programm WinDBF32 unter Windows XP verwendet werden.

DC, Abkürzung für **D**irect **C**urrent [sprich „dairekt karrent"], dt. Gleichstrom. Alle PC-Komponenten werden mit Gleichstrom betrieben, der vom PC-Netzteil aus dem Wechselstrom des Stromnetzes gleichgerichtet wird.

DCD, Abkürzung für **D**ata **C**arrier **D**etect [sprich „däita kärrier diteckt"], Datenträgersignal erkannt, ist ein Modemsignal über die serielle Schnittstelle an den PC oder Signal zwischen zwei ⇨ **DEE**, ⇨ **CTS**.

DCE, Abkürzung für **D**ata **C**ommunication **E**quipment [sprich „däita komjunikäischen iquipment"], ist eine Einrichtung zur Datenübertragung (zum Beispiel ein ⇨ **Modem**).

DCOM, Abkürzung für **D**istributed **C**omponent **O**bject **M**odel [sprich „distribjutid kompohnend moddel"], definiert die Kommunikation von Objekten in einem Netzwerk und ist seit Windows NT Bestandteil von Windows.

DDC ist (1.) die Abkürzung für **D**evelopment **D**ocument **C**ontrol [sprich „diwelopment dokjument kontrohl"], also die Dokumentati-

DDE

on über eine Softwareentwicklung, und (2.) von **D**isplay **D**ata **C**hannel, einem Standard zur automatischen Erkennung und Abstimmung zwischen Monitor und Grafikkarte bei ⇨ **Plug & Play**-fähigen Systemen.

DDE, Abkürzung für **D**ynamic **D**ata **E**xchange [sprich „dainämik däita iksschäinsch"], Dynamischer Datenaustausch, ist eine Methode zum Austausch von Daten zwischen Anwendungen unter Windows.

DDoS, Abkürzung für ⇨ **Distributed Denial of Service**.

DDoS Raid ist ein durch mehrere Personen gemeinsam ausgeführter DDoS-Angriff zur Überlastung eines Systems; ⇨ **Distributed Denial of Service**.

DDR, **DDR-Speicher**, der; *Subst.*, Abkürzung für **D**ouble **D**ata **R**ate [sprich „dabbl däita räit"], doppelte Datenrate, engl. **DDR-RAM**, ist eine Form eines ⇨ **SDRAM-Speichers** mit 184 Kontakten. Daneben gibt es noch die Weiterentwicklungen ⇨ **DDR2**, ⇨ **DDR3**, ⇨ **DDR4** und ⇨ **DDR5**. Der Zugriff ist durch die doppelte Datenrate schneller als der von ⇨ **DRAM**. Es wird nicht nur wie bei DRAM bei der aufsteigenden Flanke gelesen und geschrieben, sondern auch bei der absteigenden Flanke.

Damit verdoppelt sich die Zugriffsgeschwindigkeit des ⇨ **Prozessors** auf den ⇨ **Arbeitsspeicher** und damit auch die maximal mögliche ⇨ **Datenübertragungsrate**, die bei ⇨ **DDR-400** im Modul **PC-3200** bis zu 6,4 GB/s beträgt. Der Speichertakt beträgt 100 MHz, 133 MHz, 166 MHz und 200 MHz, der effektive Takt ist jeweils doppelt so hoch, also maximal 400 MHz und wird in der Bezeichnung **DDR-200**, **DDR-266**, **DDR-333** und **DDR-400** angegeben.

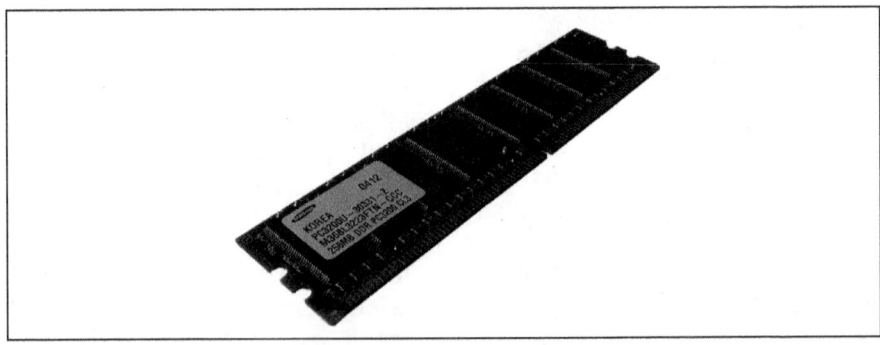

DDR-400-Speicher auf einem Modul PC3200 (Quelle: Wikipedia)

DDR3

DDR2 ist eine Weiterentwicklung des ⇨ **DDR-Speichers** mit 240 statt 184 Kontakten, höherem Speichertakt bis 266 MHz statt 200 MHz und effektivem Takt von 1.066 MHz statt 400 MHz im Speichermodul bei einer Übertragungsrate von bis zu 17 GB/s bei DDR2-1066 im Modul PC2-8500. Der effektive Takt ist wie bei DDR-RAM jeweils doppelt so hoch wie der Speichertakt und wird in der Bezeichnung **DDR2-400**, **DDR2-533**, **DDR2-667**, **DDR2-800** und **DDR2-1066** angegeben.

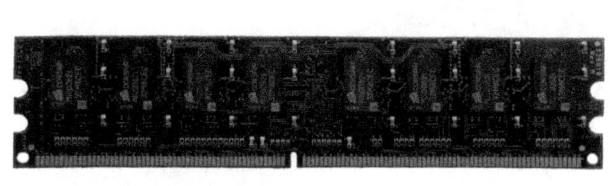

DDR2-533-Speicher im P2-4200-Speichermodul mit 512 MB (Quelle: Wikipedia)

DDR2-RAM	Speichermodul	Effektiver Takt	Datenrate Dual Channel
DDR2-400	PC2-3200	800 MHz	12,8 GB/s
DDR2-533	PC2-4200	1.066 MHz	17,0 GB/s
DDR2-667	PC2-5300	1.333 MHz	21,2 GB/s
DDR2-800	PC2-6400	1.600 MHz	25,6 GB/s
DDR2-1066	PC2-8500	1.866 MHz	29,8 GB/s

Übersicht der DDR2-RAMs und der daraus hergestellten PC2-Speichermodule

DDR3 ist eine Weiterentwicklung des ⇨ **DDR2**-Speichers mit ebenfalls 240 Kontakten, gleichem Speichertakt bis 266 MHz und effektivem Takt von bis zu 2.133 MHz statt 1.066 MHz bei einer Übertragungsrate von bis zu 34 GB/s beim allerdings nicht gebräuchlichen DDR3-2133 im Modul PC3-17000. Der Zugewinn beim effektiven Speichertakt ist beim hauptsächlich verbauten DDR3-1333 mit 1.333 MHz deutlich geringer, auch die Datenrate ist hier mit 21,2 GB/s nur etwa 20 %

DDR4

höher als beim schnellsten DDR2-Speicher. Der effektive Takt ist wie bei DDR2-RAM jeweils doppelt so hoch wie der Speichertakt und wird in der Bezeichnung **DDR3-800**, **DDR3-1066**, **DDR3-1600**, **DDR3-1866** und **DDR3-2133** angegeben.

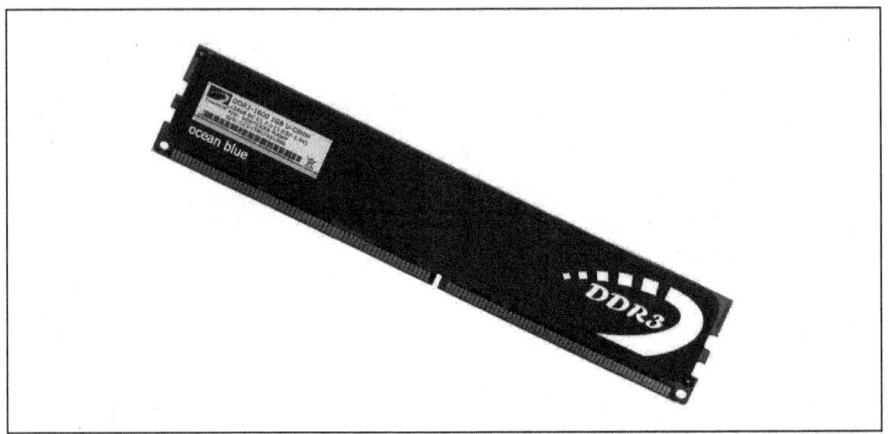

DDR3-1600-Speicher im P3-12800-Speichermodul mit 1 GB (Quelle: Wikipedia)

DDR3-RAM	Speicher-modul	Effektiver Takt	Datenrate Dual Channel
DDR3-800	PC3-6400	800 MHz	12,8 GB/s
DDR3-1066	PC3-8500	1.066 MHz	17,0 GB/s
DDR3-1333	PC3-10600	1.333 MHz	21,2 GB/s
DDR3-1600	PC3-12800	1.600 MHz	25,6 GB/s
DDR3-1866	PC3-14900	1.866 MHz	29,8 GB/s
DDR3-2166	PC3-17000	2.166 MHz	34,0 GB/s

DDR3-RAMs werden seit 2016 zunehmend durch DDR4-RAMs ersetzt

DDR4 ist eine Weiterentwicklung des ⇨ **DDR3**-Speichers mit 288 Kontakten, in der Notebook-Fassung SO-DIMM sind es 260 Kontakte. Der Speichertakt liegt bei 200 MHz bis 400 MHz, der effektive Takt bei

DDS

bis zu 3.200 MHz statt 2.166 MHz bei DDR3-2166. Die Übertragungsrate erreicht bis 25,6 GB/s pro Channel.

DDR4-RAM	Speichermodul	Effektiver Takt	Datenrate pro Channel
DDR4-1600	PC4-12800	1.600 MHz	12,8 GB/s
DDR4-2133	PC4-17000	2.133 MHz	17,0 GB/s
DDR4-2666	PC4-21300	2.666 MHz	21,4 GB/s
DDR4-3200	PC4-25600	3.200 MHz	25,6 GB/s

DDR4 spart durch die niedrigere Spannung von 1,2 V im Vergleich zu 1,5 V bei DDR 3 Strom und kann durch höhere Taktfrequenzen auch höhere Datenübertragungsraten erreichen

DDR5 ist eine Weiterentwicklung des ⇨ **DDR4**-Speichers, die 2019 auf dem Markt kommen soll. Der effektive Takt soll 4.800 MHz statt 3.200 MHz bei DDR4-3200 betragen und die Spannung von 1,2 V auf 1,1 V gesenkt werden.

DDR-RAM, das; *Subst.*, Abkürzung für **D**ouble **D**ata **R**ate **R**andom **A**ccess **M**emory, dt. ⇨ **DDR**.

DDS ist ein Standard für ⇨ **DAT**-Bänder.

Standard	Bandlänge	Datenkapazität unkomprimiert
DDS-1	60 m	1,2 GB
DDS-DC	90 m	2 GB
DDS-2	120 m	4 GB
DDS-3	125 m	12 GB
DDS-4	150 m	20 GB
DDS-5, DAT72	170 m	36 GB
DDS-6, DAT160	170 m	80 GB
DDS-7, DAT320	170 m	160 GB

Übersicht der Standards für DAT-Bänder

D DDV

DDV, Abkürzung für **D**eutscher **Di**alogmarketing **V**erband, früher Deutscher Direktmarketing Verband.

Dead Key [sprich „dedd kie"], der; *Subst.*, dt. „tote Taste", ist eine Taste wie ⌈^⌉, die allein gedrückt keine Zeicheneingabe bewirkt. Erst als Tastenkombination mit einer Buchstabentaste wie ⌈A⌉ wird das Akzentzeichen über dem Buchstaben angezeigt, also in diesem Fall „â" erzeugt. Diese Tasten werden auch als ⇨ **Vorwahltasten** bezeichnet, da sie im Gegensatz zu einer richtigen Tastenkombination nicht festgehalten werden müssen.

Dead Link [sprich „dedd link"], der; *Subst.*, dt. „toter Link", ist ein ⇨ **Link** auf einer ⇨ **Webseite**, der nirgendwo hinführt, weil die betreffende Seite nicht mehr vorhanden ist. Oft hilft es dann, die entsprechende ⇨ **Homepage** aufzurufen und dort manuell nach der Webseite mit den benötigten Informationen zu suchen.

In vielen Fällen ist diese durch Neuorganisation der Webseite einfach unter einer anderen ⇨ **URL** zu erreichen.

Deadlock [sprich „dedd lock"], der; *Subst.*, gegenseitiges Blockieren zweier oder mehrerer gleichzeitig ablaufender Programme in einer Netzwerkumgebung, die je nach Zugriffsschutz auf dieselbe Datei, denselben Datensatz oder dasselbe Feld zugreifen möchten. Ein Programm hat die Daten im Zugriff, und die anderen warten darauf, dass die Daten freigegeben werden.

Deadly Embrace [sprich „dedli embräis"], wörtlich übersetzt „tödliche Umarmung", gegenseitiges Blockieren zweier installierter ⇨ **Antivirenprogramme**, sodass diese Schadprogramme nicht mehr oder nur noch eingeschränkt abwehren. Die Grundregel lautet daher, dass niemals zwei Antivirenprogramme installiert werden sollten. Es gibt jedoch Antivirenprogramme, die sich zusätzlich installieren oder anwenden lassen wie etwa Windows Defender von Windows 10, ⇨ **Anti-Spyware** wie ⇨ **AdwCleaner** oder Online-Virenscanner.

Dead On Arrival [sprich „dedd on äreiwel"], abgekürzt **DOA**, ist ursprünglich ein medizinischer Begriff und bedeutet bei amerikanischen Kliniken die Ankunft eines Patienten, der beim Eintreffen bereits tot ist. Dieser Ausdruck wird im Elektronikhandel, bei Distributoren und Herstellern auch für elektronische Geräte verwendet, die bei der Lieferung defekt oder überhaupt nicht funktionstüchtig sind. Solche Geräte werden im Normalfall direkt umgetauscht. Tritt der Defekt später auf, erfolgt dagegen oft ein Reparaturversuch, wozu das Gerät möglicherweise eingesendet wird und wochenlang nicht zur Verfügung steht.

Daher sollte im Gewährleistungsfall immer explizit auf ein DOA hingewiesen werden.

Dead-Tree Media [sprich „dedd trieh midia"], ist eine in amerikanischen ⇨ **Blogs** häufig verwendete Bezeichnung für gedruckte Presseerzeugnisse aus Papier, wie Zeitungen und Zeitschriften, aber auch Bücher. Diese aus „toten Bäumen" hergestellten Produkte gelten in der modernen Internet-Welt als so antiquiert wie die ⇨ **Snail-Mail**. Allerdings wird ja auch die Post noch im Internet-Zeitalter benötigt – und so ist es auch mit Druckerzeugnissen, denn die Leute, die diesen Ausdruck verwenden, erzählen in Blogs, was sie aus den „toten Baummedien" an Neuigkeiten erfahren haben!

debuggen [sprich „dibaggen"], *Verb.*, bezeichnet die Tätigkeit des Suchens und Beseitigens von Programmfehlern. Siehe auch ⇨ **Bug** und ⇨ **Debugging**.

Debugger [sprich „dibagger"], der; *Subst.*, ist ein Programm zur Fehlersuche (⇨ **Bug**).

Debugging [sprich „dibagging"], das; *Subst.*, dt. Fehlersuche.

Decoder [sprich „dikouder" aber auch deutsch „dekoder"], der; *Subst.*, dt. Dekodierer, ist (1.) der Anteil eines ⇨ **Codec**, der die Daten decodiert und falls nötig auch dekomprimiert, um diese dann wieder für die Bildschirmausgabe aufzubereiten. Als Decoder wird (2.) auch ein Gerät bezeichnet, das digitale Daten in analoge umwandelt (Beispiel: Decoder zur Umwandlung von ⇨ **DVB-T** in analoge Daten für den Fernseher) und/oder Daten entschlüsselt (Beispiel: Premiere- oder anderer Pay-TV-Decoder).

Decryptor-Tool [sprich „dikrpter tuhl"] ist ein Hilfsprogramm, mit dem sich von einem ⇨ **Erpressertrojaner** verschlüsselte Dateien wieder entschlüsseln lassen. Das funktioniert jedoch nicht bei jedem Erpressertrojaner und ist teilweise recht aufwändig und schwierig.

DECT ☎, Abkürzung für **D**igital **E**nhanced **C**ordless **T**elecommunications [sprich „ditschitäll enhähnsd kordless telekommjunikäischens"], auch **D**igital **E**uropean **C**ordless **T**elephone [sprich „ditschitäll juropien kordless telephoun"], ist seit 1992 ein europäischer Standard für die digitale, schnurlose Telefonie im Festnetz, der auch zur Datenübertragung bzw. Anbindung per ISDN an das Internet verwendet wird. Die Vorteile von DECT sind die gute Sprachqualität, die erhöhte Abhörsicherheit und die Möglichkeit, kostenfreie Gespräche zwischen den an die DECT-Basisstation angeschlossenen Telefonen führen zu können. Gedacht ist DECT für den innerhäuslichen Einsatz und Distanzen bis zu

D Deduplizierung

300 Meter, die sich allerdings in der Praxis vor allem im Haus nicht ergeben. In der Bandbreite von 20 MHz des Frequenzbandes von 1,88 GHz bis 1,90 GHz stehen 120 Duplex-Kanäle zur Verfügung.

Deduplizierung, das Erkennen und Entfernen doppelter Daten, um die Datenmenge verlustfrei zu komprimieren, bevor die Daten auf ein Speichermedium geschrieben werden.

DEE 🖻, die; *Subst.*, Abkürzung für **Datenende**einrichtung. Typische Datenendeinrichtungen sind PCs, Bildschirme, Telefone und auch Faxgeräte (siehe auch ⇨ **DTE**).

Deep Link [sprich „diep link"], der; *Subst.*, dt. „tiefer Link", ist ein gezielter ⇨ **Link** auf eine ⇨ **Webseite** eines Anbieters, wie es etwa bei Suchmaschinen häufig erfolgt. Einige Anbieter verbieten dies, sodass dann statt der gewünschten Seite eine Fehlerseite oder die Homepage angezeigt wird.

Deep Web [sprich „diep web"] ⇨ **Hidden Web**.

Default [sprich „difoult"], der; *Subst.*, vom Hersteller vorgenommene Voreinstellung oder die Standardeinstellung.

Defragmentierprogramm, das; *Subst.*, ist ein Programm, das die Dateien eines Speichermediums so sortiert, dass sie in hintereinanderliegenden ⇨ **Datenzuordnungseinheiten** (⇨ **Clustern**) gespeichert sind. Defragmentieren ist in bestimmten Zeitabständen bei Windows erforderlich, um die optimale ⇨ **Zugriffs**geschwindigkeit auf die gespeicherten Dateien zu erhalten.

Defragmentierung, die; *Subst.*, Beseitigung der ⇨ **Fragmentierung** mithilfe eines geeigneten Hilfsprogramms wie Defrag von ⇨ **DOS**/⇨ **Windows**.

deinstallieren, das; *Verb*, bezeichnet das Entfernen einer ⇨ **Anwendung** von einem ⇨ **Datenträger** und aus einem ⇨ **Betriebssystem** wie ⇨ **Windows**. Bei einer ⇨ **Green Installation** reicht es dazu aus, den für die Anwendung angelegten Ordner und die Programmdatei(en) vom Datenträger zu löschen sowie etwaig angelegte ⇨ **Verknüpfungen**. Windows-Anwendungen nehmen jedoch meist zusätzlich Eintragungen in der ⇨ **Registrierungsdatenbank** vor, kopieren Bibliotheksdateien (⇨ **DLL-Datei**) sowie weitere benötigte Dateien in Systemordner, tragen sich im Startmenü ein usw. Daher sollten Windows-Anwendungen grundsätzlich über *Systemsteuerung/Programme und Funktionen* (Windows 7) oder *Programme und Features* (Windows 10 und 8.1) entfernt werden.

De-Mail

Deinterlace-Modus [sprich „deinterläis modus"], der; *Subst.*, bezeichnet das Mischen der Halbbilder (Fields) aus Fernseher oder Camcorder zu Vollbildern (⇨ **Frames**). Das erzeugt flimmerfreie Videos, senkt die Datenmenge und beugt Treppcheneffekten beim Überblenden vor.

DEL, Abkürzung für **del**ete [sprich „dilieht"], dt. löschen, ist ein ⇨ **Windows**-Befehl für die Eingabeaufforderung zum Löschen von Dateien und Verzeichnissen. Die Syntax wird mit del /? angezeigt.

Delta Search ist ein ⇨ **Browser-Entführer**, der Suchmaschine und Startseite in www.delta-search.com ändert. Der Anbieter verdient an Werbeeinnahmen auf der Seite und den erhobenen Daten.

De-Mail [sprich „di mäil"] ist ein ⇨ **E-Mail**-Dienst, der durch das **B**undes**m**inisterium des **I**nnern (BMI), das **B**undesamt für **S**icherheit in der **I**nformationstechnologie (BSI) und die Privatwirtschaft aufgebaut wurde und seit 2012 angeboten wird. Anbieter sind zum Beispiel 1&1, Deutsche Post AG, Web.de und Deutsche Telekom AG.

De-Mail kann von Privatpersonen, Behörden und Unternehmen für die E-Mail-Kommunikation genutzt werden. Dazu ist eine vorherige Anmeldung erforderlich, bei der sich der Nutzer zweifelsfrei identifizieren muss. Die sicherste Methode dazu ist der Nachweis über den elektronischen Personalausweis, alternativ ist auch eine wenig sichere Anmeldung per Benutzername und Kennwort möglich. Absender und Empfänger sind somit bekannt, eine mit De-Mail versandte E-Mail hat daher Beweiskraft und kann den Abschluss von Rechtsgeschäften ermöglichen.

Daher kann De-Mail die Kommunikation mit Behörden erheblich erleichtern und allen Beteiligten Kosten und Zeit einsparen. Die Sicherheit ist dadurch gewährleistet, dass nur vom BSI zertifizierte und akkreditierte Provider für De-Mail zugelassen werden. Diese werden zudem vom BSI laufend überprüft. Die Übertragung der Daten erfolgt über authentifizierte und verschlüsselte Kommunikationskanäle. Vom Nutzer zur Übertragung bereitgestellte Daten werden unmittelbar chiffriert und integritätsgeschützt.

Es gibt dafür die drei Authentisierungsniveaus „normal", „hoch" und „sehr hoch". Dabei ist „normal" mit einem Schutz durch Benutzername und Passwort vergleichbar. Das höchste Authentifizierungsniveau erfordert einen speziellen Nachweis wie etwa den elektronischen Personalausweis. Eine De-Mail-Adresse hat das Format: „Vorname.Nachname [.Nummer]@Diensteanbieter.zertIT.de".

D Demoüberweisung

Beispielsweise kann eine solche Adresse also lauten: „Michael.Mustermann2217@web.zertIT.de".

Folgende Vorteile hat De-Mail gegenüber einer E-Mail mit oder ohne Signatur:

- Elektronische Form eines Einschreibens, also eine E-Mail mit Beweiskraft.

- Eine Signatur ist nicht generell erforderlich, sondern nur in bestimmten Fällen wie etwa beim Testieren eines Jahresabschlusses durch einen Steuerberater oder bei notariellen Beglaubigungen.

- Persönliche Besuche im Amt, Briefe oder Faxe sind weitestgehend nicht mehr erforderlich, das spart Zeit und Geld.

- Fristenversäumnisse lassen sich auch kurz vor Ablauf des Termins mit einer De-Mail vermeiden.

- Sicherheit durch Zertifizierung, Akkreditierung und laufende Überprüfung der E-Mail-Provider durch das BSI.

- Verschlüsselte Übertragung der Daten.

Demoüberweisung, die; *Subst.*, ist eine Betrugsmasche von Internetkriminellen. Beim Anmelden auf einer Bankseite erhält der Anwender einen gefälschten Hinweis, dass ein neues Sicherheitsverfahren getestet werde und der Anwender eine Demo- oder Musterüberweisung durchführen solle. Diese Überweisung bewirkt jedoch einen echten Geldtransfer auf ein Konto der Kriminellen, oder es wird eine TAN abgefragt und dann später für eine Überweisung der Kriminellen missbraucht. Möglich wird dies durch einen ⇨ **Mann-in-der-Mitte-Angriff** auf den Browser oder ⇨ **Cross-Site-Scripting.**

Demultiplexer, der; *Subst.*, abgekürzt **Demux**, ist allgemein ein Gerät oder Programm, das ein Eingangssignal eines Kanals mit einem Ausgangssignal verbindet. PC-Anwender verstehen darunter jedoch meist ein Programm, das die unterschiedlichen Informationen in einem Datenstrom trennt und in verschiedene Dateien ausgibt. So lässt sich etwa der Ton und das Bild eines Videos in unterschiedlichen Dateien abspeichern und so kopieren, ohne einen Kopierschutz zu knacken und damit bei rein privater Anwendung gegen das Urheberrecht zu verstoßen.

demultiplexen, ⇨ **demuxen.**

Demux ⇨ **Demultiplexer.**

demuxen, *Verb*, Trennen der Audio- und Videodaten aus einem Datenstrom oder einer MPEG-Datei, um diese jeweils in einer eigenen

Datei abzuspeichern. So lässt sich zum Beispiel die Musik aus einem ⇨ **YouTube**-Video extrahieren und als MP3-Datei abspeichern.

Denial of Service [sprich „deniäl of sörwis"], abgekürzt **DoS**, übersetzt „Verweigerung des Dienstes" im Sinne von „nicht verfügbarer Internetdienst", wird durch einen DoS-Angriff hervorgerufen. Der Dienst wird durch eine Vielzahl von Anfragen überlastet, der Server womöglich zum Absturz gebracht. Erreicht wird dies über ein ⇨ **Botnetz**; siehe auch ⇨ **Distributed Denial of Service**.

DeNIC, Abkürzung für **D**eutsches **N**etwork **I**nformation **C**enter, das; *Subst.*, Auskunftsstelle für das Registrieren deutscher Internet-Domänen wie etwa „computerwissen.de". Der Sitz ist im Rechenzentrum der Universität Karlsruhe. Der Host-Name einer de-Domäne ist dann beispielsweise „www.computerwissen.de".

DEP, Abkürzung für ⇨ **Data Execution Prevention**.

Desktop [sprich „däsktopp"], der; *Subst.*, dt. Schreibtischoberfläche, Bezeichnung für die Arbeitsoberfläche von Windows mit ⇨ **Wallpaper**, System-Symbolen wie Arbeitsplatz oder Papierkorb und der ⇨ **Taskleiste**. Sie können darauf Dateien, Verknüpfungen oder ⇨ **Ordner** ablegen.

Desktop-PC [sprich „däsktopp pe ce"], der; *Subst.*, bezeichnet (1.) heute meist einen stationären PC im Unterschied zu einem mobilen Gerät wie einem ⇨ **Notebook**. Dagegen wurde der Begriff (2.) früher zur Abgrenzung von PCs mit Desktop-Gehäuse zu solchen mit ⇨ **Tower**-Gehäuse verwendet. Die größeren und schwereren PCs mit Tower-Gehäuse stehen üblicherweise unter dem Schreibtisch, während Desktop-PCs damals wie heute auf dem Schreibtisch stehen. Desktop ist die englische Bezeichnung für Schreibtisch, daher diese Unterteilung.

Desktop-Replacement-Notebook [sprich „däsktopp ripläismnt nohd buck"], das; *Subst.*, ist ein ⇨ **Notebook**, das von der Leistung her ausreicht, um einen ⇨ **Desktop-PC** vollständig zu ersetzen.

Desktop Search [sprich „däsktopp sörtsch"], dt. ⇨ **Desktop-Suche**, war (1.) die Bezeichnung eines kostenlos angebotenen Tools der Firma ⇨ **Google** zur Suche nach Daten auf dem lokalen PC, dessen Entwicklung mittlerweile eingestellt ist, sowie (2.) die allgemeine Bezeichnung für Tools dieser Art.

Desktop-Suche [sprich „däsktopp suche"], die; *Subj.*, engl. ⇨ **Desktop Search**, ist die Suche nach

D Developer

Daten auf dem lokalen PC mit einem speziellen Suchprogramm. Microsoft hat seit 2008 ein Tool zur Desktop-Suche in Windows integriert. Die Bedeutung von Fremdprogrammen zur Desktopsuche hat daher stark abgenommen und sie werden bei Privatanwendern kaum noch verwendet.

Developer [sprich „diweloper"], der; *Subst.*, ist ein Entwickler von ⇨ **Hardware** oder ⇨ **Software**.

Device [sprich „diweis"], das; *Subst.*, ist (1.) die englische Bezeichnung für ein Gerät und (2.) ein ⇨ **DOS**-Befehl, um über die Datei ⇨ **CONFIG.SYS** Gerätetreiber an das Betriebssystem anzubinden.

Device 0 [sprich „diweis null"], das; *Subst.*, ⇨ **Master**.

Device 1 [sprich „diweis eins"], das; *Subst.*, ⇨ **Slave**.

Device CAL [sprich „diweis käl"], Abkürzung für **C**lient **A**ccess **Li**cense, ist eine Server-Zugriffslizenz von Microsoft, wobei nach Zahl der Geräte abgerechnet wird, von denen aus zugegriffen wird. Siehe auch ⇨ **CAL** und ⇨ **User CAL**.

Device Control [sprich „diweis kontrol"], dt. Schnittstellenkontrolle, ist eine Kontrollmöglichkeit, die Anbindung von mobilen Geräten wie zum Beispiel Smartphones an das firmeneigene Netzwerk zu überwachen. Zusätzlich wird ermöglicht, die angeschlossenen Geräte an Computer-USB-Schnittstellen zu verwalten.

Device Guard [sprich „diweis gard"], der; *Subst.*, ist eine Sicherheitsfunktion von ⇨ **Windows 10** Enterprise, die durch eine Kombination aus Hardware und Software sicherstellen soll, dass nur vertrauenswürdige Anwendungen bzw. Apps ausgeführt werden; https://technet.microsoft.com/library/dn986865.aspx.

Device-Manager [sprich „diweis mänedscher"], der; *Subst.*, dt. ⇨ **Geräte-Manager**.

devmgmt.msc, Programmdatei des ⇨ **Geräte-Managers** von Windows.

Dezentrale App, abgekürzt **DApp**, die; *Subst.*, ist ein Programm, das auf der ⇨ **Blockchain** und allen angeschlossenen Netzwerkknoten parallel ausgeführt wird.

Dezibel, abgekürzt **dB**, wird zur Angabe des Schalldruckpegels von Geräuschen und in der Elektroakustik für den Abstand zwischen zwei Signalen, z. B. dem Rauschabstand oder Signalabstand, verwendet (siehe auch ⇨ **dB(A)**, ⇨ **Rauschabstand**).

Dialer   D

Dezimalsystem, das; *Subst.*, ist ein Zahlensystem, das auf der Basis 10 aufgebaut ist (siehe auch ⇨ **Binärsystem**, ⇨ **Oktalsystem**, ⇨ **Hexadezimalsystem**).

DFÜ, die; *Subst.*, Abkürzung für **D**aten**f**ern**ü**bertragung, bezeichnet den Datenaustausch zwischen zwei Rechnern, und kann z. B. per Wählleitung mit Modem oder ISDN-Karte erfolgen.

DFU Mode, der; *Subst.*, Abkürzung für **D**evice **F**irmware **U**pdate **M**ode [sprich „diweis firmwähr apdäit moud"], dt. „Modus zur Aktualisierung der ⇨ **Firmware** des Geräts", ist der Zustand des ⇨ **iPads** oder ⇨ **iPhones** in dem dessen ⇨ **Betriebssystem** ⇨ **iOS** aktualisiert wird. Die Anwendung beschränkt sich nicht nur auf ein ⇨ **Update**, also eine Aktualisierung der Firmware, auch ein ⇨ **Downgrade**, also das Wiederherstellen einer älteren iOS-Version, ist damit möglich.

Dialer [sprich „deiler"], der; *Subst.*, dt. Einwahlprogramm, ist ein früher hauptsächlich über das Internet verbreitetes Programm zum Anwählen einer 0190/0900-Mehrwertdienstenummer über das ⇨ **DFÜ-Netzwerk** von Windows per ⇨ **Modem** oder ⇨ **ISDN-Karte**. Ein Dialer diente zur Abrechnung von Leistungen wie der Nutzung eines Internet-Zugangs oder auch der Darstellung von Erotik-Inhalten.

Durch betrügerische Machenschaften einzelner Anbieter wie die Tarnung von Dialern als Programme für ganz andere Aufgaben, das automatisierte Installieren und Ausführen von Dialern ohne Zustimmung des PC-Anwenders und horrend hohe Forderungen pro Einwahl von bis zu 700 € gerieten Dialer ähnlich Viren zur Plage und konnten im Einzelfall sogar die finanzielle Existenz betroffener PC-Anwender bedrohen.

Zum Schutz des Verbrauchers gegen solche Machenschaften wurde in Deutschland am 15. August 2003 das „Gesetz zur Bekämpfung des Missbrauchs von 0190/0900-Mehrwertdiensterufnummern" erlassen. Die Bedrohung durch Dialer-Missbrauch bestand dennoch einige Zeit fort und daher mussten Schutzmaßnahmen wie die Installation eines speziellen Dialer-Schutzprogramms oder eines Antivirenprogramms mit Dialer-Schutzfunktion ergriffen werden.

Heute sind Dialer bei PCs nicht mehr als Bedrohung anzusehen, da kaum noch ein PC mit ISDN-Karte oder Modem ausgestattet ist. Anders sieht dies im Bereich des Mobilfunks aus: So gibt es für Mobiltelefone eine neue Art von Dialern, die jedoch noch nicht so massiv in Erscheinung treten, wie dies bis etwa 2004 im Bereich des Festnetzes vorkam. Die Entwicklung der Dialer im Mobilfunk sollte jedoch beobachtet

D Dialog

werden und bei großer Verbreitung ein Schutzprogramm installiert werden.

Dialog, der; *Subst.*, verkürzte Form von ➪ **Dialogfenster**.

Dialogfenster, das; *Subst.*, ist ein Fenster einer Windows-Anwendung, das Sie zu einer Eingabe, Einstellung oder Auswahl von Optionen auffordert.

Dial-Up Networking [sprich „dail app netwörk"], abgekürzt ➪ **DUN**, Protokoll von ➪ **Bluetooth**, das benötigt wird, wenn Mobiltelefone als ➪ **Modem** eingesetzt werden sollen.

DIB ist (1.) die ➪ **Dateinamenerweiterung** für Dateien im DIB-Grafikformat von Windows, das auf ➪ **BMP** basiert und ebenfalls 24 Bit Farbtiefe aufweist. Es ist (2.) auch die Abkürzung für **D**ual **I**ndependent **B**us [sprich „duel indipendent bass"], einer Technologie mit zwei unabhängigen Bus-Systemen, einem zum Cache und einem zum Speicher. Intel verwendet DIB bei einem Teil seiner Pentium-Prozessoren.

Die, der; *Subst.*, Teil des Prozessors auf den der Kühler direkt aufgesetzt wird, der Prozessor ist an dieser Stelle nicht durch das Gehäuse ummantelt.

Dienstprogramm, das; *Subst.*, oder engl. ➪ **Utility** ist wie ein ➪ **Tool** ein Hilfsprogramm, das vor allem dazu dient, „vergessene" Funktionen eines Betriebssystems oder einer Anwendung zu übernehmen bzw. dessen Bedienung oder Administration zu erleichtern.

DIF, Abkürzung für **D**ata **I**nterchange **F**ormat [sprich „däita interschäinsch formet"], ➪ **Dateinamenerweiterung** einer Datei zum Datenaustausch, die in diesem Format nur Zahlen und Texte ohne Formatierungen enthält.

Difficulty [sprich „diffiekelti"], die; *Subst.*, dt. Schwierigkeitsgrad, ist ein Maß für die Schwierigkeit, einen Block einer auf einer ➪ **Blockchain** basierenden ➪ **Kryptowährung** wie ➪ **Bitcoin** zu erzeugen. Die Difficulty steigt bei Bitcoin mit der Zeit an, was immer höhere Rechenleistung erfordert, um einen Block zu erzeugen.

digital [sprich „ditschitäll"], *Adj.*, bezeichnet eine Größe, die ausschließlich genau definierte Werte annehmen kann. Zwischenwerte sind nicht definiert (siehe zum Vergleich ➪ **analog**). Die Verarbeitung von Informationen in Computersystemen erfolgt grundsätzlich in dieser Form, wobei sich alle Informationen aus den Grundwerten 0 (Strom aus) und 1 (Strom an) zusammensetzen ➪ **Bit**.

Digital-Analog-Wandler, der; *Subst.*, abgekürzt **D/A**, ist ein Gerät, das digitale in analoge Signale umwandelt.

Digital Audio Tape [sprich „ditschitäll audio täip"], das; *Subst.*, ⇨ **DAT**.

Digitale Grabmale sind Hightech-Grabsteine mit einem in Edelstahl eingelassenen, bruchsicheren ⇨ **Display** mit internem Speicher für digitale Bilddaten. Die Bilddaten können per ⇨ **USB-Stick** importiert werden, die Stromversorgung erfolgt per Akku und/oder Solarenergie. Eine andere Methode sind codierte Grabsteine. Hier wird ein ⇨ **QR-Code** auf den Grabstein geklebt oder per Laser eingraviert. Die Besucher scannen den QR-Code mit dem ⇨ **Smartphone** ein und werden dann zu einer Webseite mit Informationen, Fotos und Videos zum Verstorbenen geführt. Es kann auch ein ⇨ **RFID-Chip** in den Grabstein eingelassen werden, der dann denselben Zweck erfüllt; Artikel „Flatscreens auf dem Friedhof": http://bit.ly/wJgGwT, Artikel „Virtuelle Grabsteine und Virtuelles für Grabsteine": http://www.srf.ch/wissen/digital/virtuelle-grabsteine-und-virtuelles-fuer-grabsteine.

Digitale Religion ist eine Bezeichnung für die in virtuellen Welten praktizierte Religion in ⇨ **Foren**, ⇨ **Blogs**, ⇨ **Chats**, ⇨ **News-groups** oder 3D-Welten. Hier sind die etablierten Kirchen mittlerweile präsent, Teilnehmer an virtuellen Welten können jedoch auch eigene Glaubensstätten einrichten und Religionen gründen. Online-Spiele haben hypothetische Religionen und Götter darstellende Spielfiguren. Das kann bei den Nutzern zum Effekt von Patchwork-Religionen führen. Die Altersfreigabe von Spielen wird bei erkannter Blasphemie zum Schutz der Jugend auf FSK 16 gesetzt; Artikel zu Glaubensfragen in virtuellen Welten: http://bit.ly/wHXvF4.

Digitale Reputation, die; *Subst.*, Ansehen einer Person oder eines Unternehmens in sozialen Netzwerken wie ⇨ **Facebook** und ⇨ **Twitter**, ⇨ **Blogs**, Bewertungsplattformen und in Artikeln. Ein Weg zur Ermittlung der digitalen Reputation ist die **Googlability**, also die Auffindbarkeit in der Suchmaschine ⇨ **Google** und was sich dort zu einer Person finden lässt. Für ⇨ **soziale Netzwerke** gibt es Bewertungsplattformen, die nach Anzahl der ⇨ **Follower** oder ⇨ **Freunde**, der ⇨ **Likes** oder ⇨ **Favs**, der ⇨ **Retweets** und Kommentare, der Empfehlungen und sonstigen messbaren Größen eine Beurteilung abgeben. Wichtig ist die digitale Reputation bei Bewerbungen, denn nahezu die Hälfte der Personalverantwortlichen schaut sich die persönlichen Webseiten von Bewerbern an, über 60 %

D — Digitaler Videorecorder

sucht nach Informationen zu Bewerbern in sozialen Netzwerken.

Digitaler Videorecorder, der; *Subst.*, abgekürzt **DVR**, ist ein Videorecorder, der Filme digital auf einer ⇨ **Festplatte** oder ⇨ **DVD** aufzeichnet. Dies ermöglicht ein zeitlich versetztes Fernsehen und das Überspringen von Werbepausen.

Digitales Erbe ist (1.) der Übergang von digitalen Daten eines Verstorbenen auf seine Erben. Solche Daten können zum Beispiel Passwörter, Konten bei sozialen Netzwerken, persönliche Daten auf der Festplatte des Computers und auf anderen Datenträgern sein. Der digitale Nachlass sollte daher zu Lebzeiten geregelt und für die Hinterbliebenen eine Aufstellung der Passwörter und angelegten Konten angefertigt werden. Dabei ist zu berücksichtigen, dass Datenträger altern und möglicherweise in einigen Jahren oder Jahrzehnten nicht mehr zu lesen sind. Das trifft auf veraltete Datenträger wie Disketten schon heute zu, da aktuelle PCs nicht mehr mit einem Diskettenlaufwerk ausgestattet sind.

(2.) Die Weitergabe aller digitalen Daten der Menschheit an die Nachwelt stellt aus diesem Grund ebenfalls ein großes Problem dar. Während die Daten früherer Kulturen wie die Hieroglyphen der Pharaonen auf Wandmalereien, in Stein gehauen und auf Papyrus geschrieben Jahrtausende überdauert haben, hat die Menschheit wichtige Daten wie zum Beispiel die Videoaufnahmen der ersten Mondlandung nicht einmal über wenige Jahrzehnte retten können.

Das digitale Erbe der Menschheit muss in einem Format und auf einem Medium erhalten bleiben, das spätere Generationen noch in vielen Jahrhunderten lesen können. Heutige Datenträger wie Magnetbänder, Disketten und optische Datenträger halten jedoch höchstens 100 Jahre, die Rechner zum Lesen der Daten oder Abspielgeräte für Videos überleben selten mehr als 10 Jahre.

Das betrifft Daten aus allen Bereichen unseres Lebens. Die EU erforscht derzeit sogar, wie Computerspiele erhalten bleiben können. Hier reicht es nicht, die Bilder, Texte und Videos aus dem Spiel zu bewahren, die Programme müssen lauffähig bleiben. Nur hat schon jetzt so gut wie niemand mehr einen alten Heimcomputer oder einen DOS-PC zum Abspielen der alten Computerspiele, in 3.000 Jahren wird wahrscheinlich kaum noch jemand wissen, dass wir früher überhaupt Computer hatten, geschweige denn mit welchem Betriebssystem diese funktionierten und wie man es installiert. Welche Ansätze es heute für die Langzeitarchivierung gibt und was weltweit dazu unternommen wird, hat das nestor Kompetenzzentrum Langzeitarchivierung im Handbuch „Eine kleine Enzyklopädie der digitalen Langzeitarchivierung" beschrieben: http://bit.ly/yQsle2.

Digitale Signatur, die; *Subst.*, ist eine elektronische Unterschrift, über die sich eine Person eindeutig identifizieren lässt, beispielsweise bei Vertragsabschlüssen oder Bankgeschäften. Erzeugt wird die Zeichenfolge der digitalen Signatur durch ein mathematisches Verfahren aus einer Nachricht und einem privaten Schlüssel.

Digital Graffiti Service [sprich „ditschitäll gräffiti sörwis"] 📱, der; *Subst.*, ist ein von der Firma Siemens entwickelter Dienst über den sich Nachrichten für Handys mit Text, Bildern und Musik an einem gewünschten Ort hinterlegen lassen. Diese Nachrichten werden also nicht wie ⇨ **SMS** oder ⇨ **MMS** direkt an ein Handy gesendet, sondern liegen am Ort bereit, bis der Empfänger dort eintrifft. Das kann für vielerlei Zwecke verwendet werden. So kann zum Beispiel jeder potenzielle Kunde eine Werbenachricht mit den aktuellen Angeboten erhalten, der vor dem Schaufenster eines Ladens steht. Oder das Handy wird zum Reiseführer und liefert an interessanten Stellen der Stadt Informationen.

Aber auch privat ist der Dienst interessant, denn an einem vereinbarten Treffpunkt lässt sich darüber eine Information hinterlassen, die nur ein bestimmter Empfänger bekommt. Damit Digital Graffiti funktioniert, müssen die Empfänger-Handys aber mit einem integrierten ⇨ **GPS**-Modul ausgerüstet sein, da sie ansonsten nicht geortet werden können.

Digitalisierer, der; *Subst.*, engl. **digitizer**, ist Hardware zur Umwandlung analoger Signale in digitale Daten.

Digitalisiertablett, das; *Subst.*, ist ein hauptsächlich für das Erstellen von Zeichnungen im ⇨ **CAD** verwendetes Eingabegerät, das auf Anforderung die aktuellen Koordinaten der Position einer Fadenkreuzlupe, die über das Tablett bewegt wird, an ein entsprechendes Zeichenprogramm im Rechner überträgt.

Digitalisierung, die; *Subst.*, bezeichnet die Umwandlung von analogen Signalen in digitale Daten in der Regel mit dem Ziel, diese im Computer weiterzuverarbeiten oder zu speichern. Gängig ist die Digitalisierung von Sounds, Videos, Grafiken und Messwerten.

Digitalkamera, die; *Subst.*, ist eine Kamera, die keinen Film mehr benötigt. Stattdessen werden die Bilder auf einem integrierten Speicherbaustein oder einer ⇨ **Speicherkarte** abgelegt und können zur Archivierung, Nachbearbeitung oder zum

D Digital Radio

Ausdruck auf den PC oder direkt zu einem entsprechenden Drucker übertragen werden.

Dazu wird die Speicherkarte in ein passendes Lesegerät (⇨ **Card Reader**) am PC oder im Drucker eingelegt oder die Kamera an den PC angeschlossen. Es gibt auch Drucker, bei denen sich die Bilder direkt durch Anschluss der Kamera oder Einstecken der Speicherkarte ausdrucken und teilweise auch über ein Display am Drucker bearbeiten lassen (siehe ⇨ **PictBridge**, ⇨ **Canon Direct Print**). Der Weg über einen Fotoservice ist jedoch preiswerter und wegen des dort verwendeten Fotopapiers meistens auch besser.

Technisch funktionieren Digitalkameras, indem das einfallende Licht über einen ⇨ **CCD-Sensor** in elektrische Signale umgewandelt und dann über einen ⇨ **A/D-Wandler** digitalisiert wird.

Die Qualität des Bildes wird kameraseitig von der Optik (Objektiv), der Leistungsfähigkeit der CCD-Sensors und der dadurch bedingten maximalen Auflösung in ⇨ **Megapixel** sowie die Elektronik bestimmt. Hier gibt es große Unterschiede, die sich auch im Preis deutlich zeigen. Für den Heimgebrauch reicht eine Digitalkamera mit 8 bis 16 Megapixel vollkommen aus. Blitz, Zoom, Speicherkarte statt internen Speichers und ein Display zur Anzeige des aufgenommenen Bildes sind heute Standard.

Für professionelle Anforderungen gibt es digitale Spiegelreflexkameras mit 20 Megapixel und mehr Auflösung im oberen bis obersten Preissegment.

Digital Radio [sprich „ditschitäll räidio"] ist eine hauptsächlich in der Werbung verwendete andere Bezeichnung für ⇨ **DAB**. Weitere Informationen: www.digitalradio.de/.

Digital Versatile Disc [sprich „ditschitäll wörsaitel disk"], die; *Subst.*, ⇨ **DVD**.

Digital Video Disc [sprich „ditschitäll wiedeo disk"], die; *Subst.*, ⇨ **DVD**.

digitizer [sprich „ditschitaiser"], der; *Subst.*, dt. ⇨ **Digitalisierer**, ⇨ **Grafiktablett**.

DIMM, Abkürzung für **D**ual **I**nline **M**emory **M**odules, ist meist ⇨ **SDRAM**-Speicher mit 2 Kontaktreihen und insgesamt 128 Anschlüssen. Daher wird umgangssprachlich auch von **DIMM-Speicher** gesprochen, wenn SDRAM gemeint ist. Da DIMM aber keine Bezeichnung für den Speicher selbst, sondern nur für dessen Bauform ist, kann DIMM auch für andere Speicher als SDRAM Verwendung finden.

DIMM-Speicher, der; *Subst.*, ⇨ **DIMM**.

DIN ist (1.) die Abkürzung für **D**eutsches **I**nstitut für **N**ormung e. V., das (2.) die DIN-Normen herausbringt.

DIN A4 ist ein genormtes Papierformat mit den Abmessungen 297 x 210 Millimeter.

Dinosaurier, der; *Subst.*, ist (1.) die umgangssprachige Bezeichnung für einen Großrechner aus der Anfangszeit der Computerei. Es werden (2.) aber auch **Mainframes** bzw. **Großrechner** generell abschätzig als Dinosaurier bezeichnet. Dies war allerdings viel stärker in den 80er Jahren der Fall, als Großrechner zunehmend durch Rechner der mittleren Datentechnik und später durch PC-Netzwerke ersetzt wurden, also „ausstarben".

DIP, Abkürzung für **D**ual **I**nline **P**ackage, ist ein Standard-Gehäuse für ⇨ **ICs** mit zwei Reihen von Anschlussstiften.

Dip-Schalter, der; *Subst.*, engl. **Dip switch**, ist ein kleiner Schalter auf einer Erweiterungskarte, einer Hauptplatine oder an einem Gerät, über den sich Einstellungen vornehmen lassen. Es sind meist mehrere Dip-Schalter nebeneinander angeordnet, die dann auch als ⇨ **Mäuseklavier** bezeichnet werden. Die Dip-Schalter werden vorsichtig mit einem kleinen Schraubendreher, einem Kugelschreiber, einer aufgebogenen Büroklammer oder einem ähnlichen Werkzeug umgeschaltet.

Über einen Aufdruck wie ON und OFF, 0 und 1 sowie die Dokumentation zum jeweiligen Gerät kann die benötigte Einstellung ermittelt werden. Sind Zahlenwerte einzustellen, zum Beispiel für eine SCSI-Geräte-ID, so erfolgt dies meist im ⇨ **Binärsystem**. Die Schalter 1 bis 3 ergeben in der Einstellung 001 also zum Beispiel die Dezimalzahl 2, in der Form 110 die Zahl 6.

Dip switch [sprich „dipp switsch"], der; *Subst.*, dt. ⇨ **Dip-Schalter**.

DIR, die Abkürzung für ⇨ **Directory**, ist ein ⇨ **DOS**-Befehl, der den Inhalt eines Verzeichnisses, also die darin befindlichen Dateien und Unterverzeichnisse anzeigt. Der Befehl kann unter ⇨ **Windows** auch in der ⇨ **Eingabeaufforderung** ausgeführt werden. Durch die Eingabe von dir /? ⏎ wird die Befehlssyntax des Befehls DIR angezeigt.

Direct Burn [sprich „deirekt börn"], dt. „direktes Brennen", ist eine Funktion von Videorecorder-Software, mit der sich Fernsehsendungen oder Videos aus externen Videoquellen direkt als ⇨ **VCD**, ⇨ **SVCD** oder ⇨ **DVD** brennen lassen.

D Directory

Directory [sprich „deirekdtorie"], das; *Subst.*, dt. ⇨ **Inhaltsverzeichnis**.

Direct Sound [sprich „deirekt saund"] ist eine Multimedia-Schnittstelle von DirectX, über die sich bis zu 64 Stereokanäle über einen PC wiedergeben lassen.

DirectX ist eine in Windows integrierte Sammlung von Schnittstellen für Multimedia-Anwendungen wie Computerspiele; ⇨ **API**. Dabei umfasst DirectX Schnittstellen für 2D- und 3D-Grafik, Audio, Eingabegeräte wie ⇨ **Joystick**, ⇨ **Maus** und ⇨ **Tastatur** sowie Kommunikation über ein Netzwerk. Die verwendete ⇨ **Grafikkarte** muss die jeweilige DirectX-Version unterstützen, damit alle Funktionen von DirectX genutzt werden können. Ansonsten wird die Darstellungsqualität in einem Computerspiel beeinträchtigt, das eine höhere DirectX-Version als die Grafikkarte oder das Betriebssystem unterstützt. Es sollte die neueste DirectX-Version für das vorhandene Windows installiert sein und die Grafikkarte diese nach Möglichkeit unterstützen, zumindest jedoch für ein aktuelles Windows DirectX 10 (siehe Tabelle unten).

Direkte Adressierung, die; *Subst.*, direktes Adressieren einer Speicher- oder Geräteadresse, wie es bei ⇨ **DOS** möglich aber bei **Windows** unzulässig ist. Dies kann zu Zugriffsverletzungen führen, wenn zwei Anwendungen auf dieselben Speicheradressen zugreifen und sich dadurch stören.

DirectX-Version	Windows-Version und sonstige Hinweise
DirectX 9.29	Eingeführt am 7. Juni 2010 für Windows XP
DirectX 10	Eingeführt am 20. November 2006 für Windows Vista
DirectX 10.1	Eingeführt am 4. Februar 2008 mit dem Service Pack 1 für Windows Vista und Windows Server 2008
DirectX 11	Eingeführt am 22. Oktober 2009 für Windows Vista SP 2 und Windows 7
DirectX 11.1	Einführung am 26. Oktober 2012 mit Windows 8
DirectX 11.2	Einführung am 18. Oktober 2013 mit Windows 8.1
DirectX 12	Einführung am 29. Juli 2015 mit Windows 10

Die heute noch relevanten DirectX-Versionen für Windows

Direktnachricht, die; *Subst.*, engl. **Direct Message**, abgekürzt **DM**. Solche Nachrichten werden bei ⇨ **Twitter** versendet und sind nur für einen bestimmten Empfänger bestimmt. DMs können daher von der Gesamtheit der Twitter-Nutzer nicht gelesen werden. Doch Vorsicht: Durch Sicherheitslücken können Direktnachrichten auch in Google auftauchen oder nicht-autorisierte Twitter-Nutzer darauf zugreifen.

disabled [sprich „disäibeld"], *Adj.*, dt. inaktiv, abgeschaltet; siehe auch ⇨ **enabled**.

disablen [sprich „disäibeln"], *Verb*, Deaktivieren einer Komponente wie etwa einer Onboard-Grafikkarte, einer Funktion wie etwa einer BIOS-Funktion oder einer Option des Betriebssystems oder einer Anwendung.

Disaster Recovery [sprich „disaster rikaweri"], dt. Notfall-Wiederherstellung.

disc, dt. ⇨ **Platte**, ist ebenso wie ⇨ **disk** die englische Bezeichnung für Datenträger wie eine ⇨ **Diskette**, aber auch ⇨ **Festplatte**.

Disc-at-Once [sprich „disk ätt woans"], abgekürzt **DAO**, bezeichnet in Software zum Brennen von CD/DVD-Rohlingen und Kopieren von CDs und DVDs eine Betriebsart eines ⇨ **CD-Brenners**, bei der das gesamte Medium inklusive ⇨ **Lead-In** und ⇨ **Lead-Out** (Start- und Endbereich) auf einmal beschrieben wird, ohne dass der Schreiblaser dabei auszuschalten. Das ist zum Beispiel bei überlangen CDs und dem Schreiben von Kopierschutzverfahren erforderlich. Im Gegensatz dazu wird bei ⇨ **Track-at-Once** jede Spur einzeln beschrieben, wobei der Schreiblaser nach jeder Spur abgeschaltet wird. Achtung: Beherrscht Ihr CD-Brenner das Disc-at-Once-Verfahren nicht, erfolgt das Kopieren der CD automatisch im Track-at-Once-Verfahren.

disc drive, dt. ⇨ **Plattenlaufwerk**.

Discless Workstation [sprich „diskless wöhrkstäischen"], die; *Subst.*, ist ein ⇨ **PC** ohne Disketten- oder CD-Laufwerk, der in einem Netzwerk als Arbeitsstation eingesetzt wird. Der Systemstart erfolgt mit einem Boot-PROM über das Netzwerk oder per ⇨ **WOL**.

disk, dt. Platte, ist ebenso wie ⇨ **disc** die englische Bezeichnung für Datenträger wie eine ⇨ **Diskette**, aber auch ⇨ **Festplatte**.

Disk, die; *Subst.*, Abkürzung für ⇨ **Diskette**.

Diskette, die; *Subst.*, ⇨ **Floppy Disk** oder ⇨ **Floppy** ist ein magnetisches Speichermedium zur Auf-

D Diskettenlaufwerk

nahme von kleineren Datenmengen; gängige Bauform ist 3,5 Zoll, früher auch 5,25 und 8 Zoll; siehe ⇨ **3,5-Zoll-Diskette**.

Diskettenlaufwerk, das; *Subst.*, ist heute ein Laufwerk zum Schreiben auf und Lesen von ⇨ **3,5-Zoll-Disketten**. Diskettenlaufwerke gehören bei aktuellen PCs nicht mehr zur Serienausstattung, da Disketten durch CDs, USB-Speichersticks und den Datenaustausch per Internet kaum noch benötigt werden.

Disklaufwerk, das; *Subst.*, engl. ⇨ **disc drive**, ist eine andere Bezeichnung für ⇨ **Plattenlaufwerk**.

Diskussionsfaden, der; *Subst.* ⇨ **Thread**.

Dislike [sprich „dissleik"], dt. „Gefällt mir nicht", Gegenstück zur **Like**- oder „**Gefällt mir**"-Schaltfläche von ⇨ **Facebook**, das jedoch nicht vom sozialen Netzwerk selbst stammt, sondern über eine zusätzliche ⇨ **App** installiert wird. Es gibt auch **Dislike-Stempel**, mit dem man im ⇨ **Real Life** seine Meinung zu Dingen kund tun kann.

Display [sprich „disspläih"], das; *Subst.*, dt. Anzeige, bezeichnet (1.) die Anzeige eines Geräts wie zum Beispiel eines ⇨ **Smartphone** und wird (2.) auch umgangssprachlich für ⇨ **TFT-Display** verwendet.

Display Driver [sprich „disspläih draiver"], dt. Bildschirmtreiber.

DisplayPort ist eine genormte, universelle ⇨ **Schnittstelle** für die Übertragung von Bild- und Tonsignalen zwischen PCs oder Notebooks und TFT-Displays sowie Geräten der Unterhaltungselektronik wie DVD-Spielern und Fernsehern.

DisplayPort an einem Apple MacBook und DisplayPort-Stecker (Quelle: Wikipedia, Aurélien Selle, Belkin+Abisys)

Distributed Denial of Service [sprich „distribjuhtid deniäl of sörwis"], abgekürzt **DDoS**, ist ein Angriff auf Server im Internet. Durch eine Vielzahl von Anfragen durch mehrere koordinierte Systeme (⇨ **Botnet**) sollen die Server überlastet und dadurch verlangsamt oder zum Absturz gebracht werden; siehe auch ⇨ **Denial of Service**.

DivX ist ein auf der MPEG-4-Kompression basierender Video-Codec, dessen erste Version auf einem gehackten MPEG-4-Codec von ⇨ **Microsoft** basierte. Die komprimierten DivX-Filme werden in der Regel zusammen mit im MP3-Format komprimierten Ton in einer als

Container dienenden ⇨ **AVI-Datei** abgespeichert. Seit DivX 7 werden auch ⇨ **H.264** sowie der Matroska-Container unterstützt; http://www.divx.com/.

DIZ, ⇨ **Dateinamenerweiterung** einer Datei mit einer Kurzbeschreibung des Inhalts eines Programmarchivs. Diese Dateien sind häufig bei ⇨ **Shareware** zu finden.

D-Kanal 📱, der; *Subst.*, Kanal für die Übermittlung der Steuersignale zwischen Vermittlungsstelle und ISDN-Basisanschluss. Die Daten werden über die zwei ⇨ **B-Kanäle** übertragen. Für den D-Kanal wird das nationale Protokoll ⇨ **1TR6** oder ⇨ **DSS1** verwendet.

DL, der, *Subst.*, Abkürzung für **D**ienst**l**eister, bezieht sich bei ⇨ **De-Mail** auf einen Dienstleister im Rahmen der EU-Dienstleistungsrichtlinie.

DLL, die; *Subst.*, Abkürzung für **D**ynamic **L**ink **L**ibrary, wird umgangssprachlich als Kurzform für ⇨ **DLL-Datei** verwendet.

DLL-Datei, die; *Subst.*, abgekürzt ⇨ **DLL**, ist eine ⇨ **Bibliotheksdatei** mit Programmbestandteilen, die zur Laufzeit des Programms eingebunden wird. Die DLLs können von mehreren Anwendungen gemeinsam genutzt werden („geshared"). Windows stellt Anwendungen eine Vielzahl von DLLs zur Verfügung. Die Anwendungen können die DLL-Dateien von Windows jedoch austauschen oder ändern, was die Stabilität und Funktionalität von Windows und anderen Anwendungen beinträchtigen kann. DLL-Dateien belegen beträchtlichen Platz auf der ⇨ **Festplatte**, sollten aber nur gelöscht werden, wenn man sich ganz sicher über deren Herkunft und Bedeutung ist. Das Löschen einer falschen DLL-Datei kann dazu führen, dass Windows oder Windows-Anwendungen nicht mehr starten und/oder schwere Fehler bis hin zu Datenverlusten auftreten.

DLNA, Abkürzung für **D**igital **L**iving **N**etwork **A**lliance, eine internationale Vereinigung von Hardware-Herstellern, die eine einfache Vernetzung von Geräten der Unterhaltungselektronik erreichen möchte und dazu solche Geräte zertifiziert.

In der Praxis allerdings kommt es durch die unterschiedlichen Audio- und Videoformate sowie Auflösungen der Geräte zu Verständigungsproblemen, die sich dann in Fehlermeldungen wie „falsches Format", „nicht unterstütztes Format" oder „falsche Auflösung" äußern. Nicht kompatible Formate lassen sich von einem leistungsstarken Server umwandeln (**Transcoding**) und per ⇨ **DLNA**-Stream senden. Diese Funktion ist aus Leistungsgründen jedoch bei einem ⇨ **NAS** oft nicht

D DLP

vorhanden oder die Leistung reicht nicht aus und es kommt zu einer ruckelnden Bildwiedergabe.

Wer DLNA fehlerfrei und in hoher Wiedergabequalität nutzen möchte, sollte sich daher vor der Anschaffung von DLNA-zertifizierten Geräten genau darüber informieren, welche Formate sie unterstützen. Das gilt insbesondere für den Fernseher, da dieser meistens das Ausgabegerät der Wahl ist, um vom ⇨ **NAS**, ⇨ **Notebook** oder ⇨ **PC** Daten abzuspielen; Webseite der DLNA: https://www.dlna.org; Artikel zu bei DLNA auftretenden Fehlern: http://bit.ly/yk9FuY.

DLP, Abkürzung für ⇨**Data Loss Prevention**.

DM, Abkürzung für **D**irect **M**essage, ⇨ **Direktnachricht**.

DMA, Abkürzung für **D**irect **M**emory **A**ccess, ist eine Übertragungstechnik, bei der die Daten eines Peripheriegeräts wie zum Beispiel eines ⇨ **CD-Laufwerks** oder einer ⇨ **Festplatte** direkt in den ⇨ **Speicher** geleitet werden, ohne die ⇨ **CPU** damit zu belasten.

DM me, dt. „Sende mir eine Nachricht per Direct Mail", jemand wird bei ⇨ **Twitter** dazu aufgefordert, dem Absender eine ⇨ **Direktnachricht** zu schicken, um etwas mitzuteilen, das die Öffentlichkeit nicht erfahren soll, etwa die E-Mail-Adresse oder Anschrift.

DMP, Abkürzung für ⇨ **Dump**, ⇨ **Dateinamenerweiterung** einer Datei, die den Speicherinhalt zu einem bestimmten Zeitpunkt enthält.

DMS, Abkürzung für **D**ocument **Ma**nagement **S**ystem.

D-Netz 📱, das; *Subst.*, ist ein digitales Mobilfunknetz im 900 MHz-Bereich; siehe ⇨ **D1**, ⇨ **D2**.

DNS, Abkürzung für **D**omain **N**ame **S**ystem oder auch ⇨ **Domain-Name-Server**, ordnet den IP-Adressen von Internet-Servern einen ⇨ **Do**main-Namen zu, wie zum Beispiel computerwissen.de.

DNS-Changer, der; *Subst.*, ist ein Schadprogramm, das durch Manipulation des ⇨ **DNS** die Anwender von PCs auf andere Ziele im Internet umleitet. Dazu werden in der hosts-Datei von Windows andere Ziele eingetragen, der Internetzugang wird durch das Eintragen eines ⇨ **Proxies** geändert oder ⇨ **Hacker** ändern die DNS-Einträge im WLAN-Router, wenn der Betreiber das vom Hersteller voreingestellte Passwort nicht geändert hat.

Es werden auch „böse" DNS-Server eingerichtet, die eine falsche Zuweisung zu IP-Adressen vornehmen. Ein DNS-Changer bewirkt dadurch eine Entführung auf Phishing-Seiten, auf Webseiten mit Schadprogrammen oder kommerziellen Angeboten, zum Beispiel angeblichen Schutzprogrammen.

DNS-Hijacking [sprich „de en es heidschäcking"], ist eine Entführung des PC-Nutzers über das Domain-Namenssystem (⇨ **DNS**) auf gefährliche Betrugsseiten. Dabei werden die DNS-Einträge in Windows oder der Eintrag des Domain-Name-Servers in den Router-Einstellungen geändert.

Die IP-Adressen zu den eingegebenen Domains werden nun von einem gehackten DNS-Server geliefert. Die Angreifer leiten die Kommunikation zu betrügerischen Seiten weiter.

DNS-Server [sprich „de en es sörwer"], der; *Subst.*, ist ein ⇨ **Server** im ⇨ **Internet**, der die Adressen aller im Internet erreichbaren Rechner bereitstellt.

DOA, Abkürzung für ⇨ **Dead On Arrival**.

DOC, ⇨ **Dateinamenerweiterung** (1.) eines Word-Dokuments oder (2.) einer Datei mit ASCII-Text von einem älteren DOS-Programm.

Dock, das; *Subst.*, ist eine virtuelle Ablagefläche für häufig genutzte Programme bei ⇨ **iOS**, ⇨ **Linux**, ⇨ **Mac OS** X und ⇨ **Unix**.

Die ⇨ **Taskleiste** von ⇨ **Windows** ist ebenfalls ein Dock. Eine Nachbildung des Docks von Mac OS X lässt sich zudem bei Windows mit einem Zusatztool installieren. Nutzer von iPhone und iPad kennen das Dock als graue, spiegelnde, virtuelle Fläche unten auf dem Display, auf der vier oder fünf häufig genutzte Programme abgelegt sind, die darüber direkt aufgerufen werden können.

Dock-Connector, der; *Subst.*, 30-polige Anschlussstecker für das ⇨ **iPhone**, den iPod Touch und das ⇨ **iPad** von ⇨ **Apple**. Zubehör lässt sich mechanisch nur darüber oder über die Lautsprecherbuchse anschließen, da Apple bei den mobilen Geräten keinen USB-Anschluss eingebaut hat. Ein **Dock-Connector-zu-USB-Kabel** wird als Ladekabel mitgeliefert, mit dem sich die Apple-Geräte über einen ⇨ **PC** oder ⇨ **Mac**, über das mitgelieferte Netzteil oder einen Autoadapter aufladen lassen.

Docking-Station [sprich „docking sstäischn"], die; *Subst.*, ⇨**Andockstation**.

Document malware [sprich „dokjument mälwär"], sind ⇨ **Schadprogramme**, die insbesondere in Dateien von Office-Anwendungen wie Word-, Excel- oder PDF-Dokumenten eingebettet werden. Beim Öffnen der Anwendungen wird die darin enthaltene Malware ausgeführt.

Dolby Digital

Dolby Digital, auch als ⇨ **AC3** bezeichnet, ist wie ⇨ **DTS** ein komprimiertes Digital-Audio-Format mit 5.1 Kanälen (fünf Hauptkanäle und ein Subwoofer-Kanal) für Raumklang im Kino, Fernsehen und DVD (⇨ **Heimkinoton**). Der Zuhörer bekommt dadurch die Illusion vermittelt, mitten im Geschehen zu sein.

Dolby Digital EX ist eine Erweiterung von ⇨ **Dolby Digital** mit 6.1 Kanälen als **Dolby Digital EX 6.1** oder 7.1 Kanälen als **Dolby Digital EX 7.1**; Vergleich der Dolby-Digital-Formate: http://www.cinefreaks.com/articles/Dolby/.

Dolby ProLogic ist eine Raumklang-Codierung für Kinoton mit 3.1 Kanälen bzw. 4.1 und 6.1 bei **Dolby ProLogic II** bzw. **Dolby ProLogic IIx**.

Dolby Surround [sprich „dollbi sseraund"] oder DS 4.0 ist eine Bezeichnung für Raumklang bzw. Kinoton mit 4 Kanälen (3 Kanäle für die Lautsprecher vorn und einen Kanal für rückwärtige Lautsprecher).

Domäne, die; *Subst.*, oder **Domain** bezeichnet eine Menge von Internetadressen (⇨ **URL**) und wird bei der Adressierung im Internet verwendet, um Adresshierarchien zu bilden. Dabei wird die Domain ausgehend von einer Top-Level-Domain (⇨ **TLD**) von rechts nach links aufgebaut (⇨ **Domain-Name**).

Domain [sprich „dohmejn"], die; *Subst.*, ⇨ **Domäne**.

Domain-Highlighting auch **Domain Highlighting** [sprich „dohmejn heileihting"], das; *Subst.*, Hervorheben der ⇨ **Domain** in einer Internet-Adresse (⇨ **URL**), die im Adressfeld eines ⇨ **Browsers** eingegeben wird. Dies ist eine Schutzmaßnahme vor ⇨ **Phishing**, bei dem Internetkriminelle die wahre Identität einer Adresse verschleiern. Ein unerfahrener oder gerade unaufmerksamer Anwender kann dadurch leicht in die Falle gehen und eine Seite mit ⇨ **Malware** aufrufen oder seine Daten auf einer gefälschten ⇨ **Webseite** eingeben, die einem Online-Shop, einem Online-Auktionshaus oder einem Geldinstitut nachgebildet ist.

Domain-Inhaber [sprich „dohmejn inhaber"], der; *Subst.*, derjenige, der eine ⇨ **Domain** bzw. ⇨ **Domäne** registriert hat.

Domain-Kidnapping [sprich „dohmejn kidnäpping"], das; *Subst.*, unberechtigte Übernahme einer fremden ⇨ **Domäne**. Einer der bekanntesten Fälle aus dem Jahr 2004 war die kurzfristige Übernahme von eBay.de durch einen 19-jährigen Schüler. Die eBay-Nutzer wurden auf die private Webseite des Schülers umgeleitet. Der Schüler hatte unter fremden Namen einen Antrag auf Übernahme der Domain bei der

⇨ **DeNic** gestellt. Weil der amerikanische Server von eBay auf eine ⇨ **E-Mail** von der DeNic nicht antwortete, bekam der Schüler tatsächlich die Domain zugeteilt.

Domain-Name [sprich „dohmejn name"], der; *Subst.*, identifiziert eine Organisation oder eine andere Einheit im Internet und ist immer auch Bestandteil einer ⇨ **E-Mail**-Adresse (der Teil rechts vom ⇨ **@-Zeichen**), etwa computerwissen.de in der Adresse redaktion@computerwissen.de.

Domain-Name-Server [sprich „dohmejn näim sörwer"], der; *Subst.*, abgekürzt ⇨ **DNS**, verwaltet die Adressen der Computer in einem Netzwerk.

domain parking [sprich „dohmejn parking"], das; *Subst.*, dt. Domäne parken oder Domänenparken, ist ein Service von Webhostern, die eine angemeldete Domain so lange auf einem Server parken, bis sie vom Besitzer aktiviert oder verkauft wird. So können die Rechte an der Domain nicht von einer anderen Person beantragt werden.

Domain-Piraterie [sprich „dohmejn piraterie"], die; *Subst.*, unberechtigte Übernahme einer fremden Domain; ⇨ **Domain Kidnapping**.

Domain-Slamming [sprich „dohmejn slämming"], das; *Subst.*, ist eine andere Bezeichnung für ⇨ **Domain-Kidnapping** bzw. ⇨ **Domain-Piraterie**.

Donationware [sprich „dohnäischenwähr"], der; *Subst.*, ist eine Variante der ⇨ **Freeware**. Das Programm darf wie Freeware ohne Entgelt frei genutzt und auch beliebig verteilt werden. Der Autor möchte jedoch, dass Sie bei ernsthafter Nutzung des Programms eine Spende an ihn leisten; ⇨ **Careware**, ⇨ **Charityware**, ⇨ **Ideaware**.

Dongle [sprich „dongel"], der; *Subst.*, ist ein Software-Schutz-Stecker für die serielle, parallele oder ⇨ **USB**-Schnittstelle. Ein Dongle soll verhindern, dass jemand eine Software „schwarz" nutzt, also ohne Lizenzgebühren dafür zu entrichten. Findet das Programm beim Start den Dongle nicht, bricht es mit einer Fehlermeldung ab oder ist nur eingeschränkt nutzbar.

Dongleabfrage [sprich „dongelabfrage"], die; *Subst.*, einmalige oder fortlaufende Prüfung eines kopiergeschützten Programms, ob der zum Schutz vorgesehene ⇨ **Dongle** noch im Zugriff ist.

Donut, Bezeichnung der Version 1.6 von ⇨ **Android**.

dooced [sprich „duhsd"], bedeutet „gekündigt wegen Äußerungen in einem ⇨ **Blog** oder auf einer an-

D Doppelkernprozessor

deren ➪ **Webseite**"; bislang nur in englischsprachigen Blogs verwendeter Begriff.

Doppelkernprozessor ist ein ➪ **Prozessor** mit zwei Kernen.

Doppelklick, der; *Subst.*, bedeutet, zweimal schnell hintereinander die linke Maustaste zu betätigen, um etwa eine Anwendung zu starten oder spezielle Funktionen des ➪ **Betriebssystems** aufzurufen.

DoS, Abkürzung für ➪ **Denial of Service**.

DOS, das; *Subst.*, Abkürzung für **D**isk **O**perating **S**ystem, Plattenbetriebssystem, ist ein bis zur Mitte der 90er Jahre des vorigen Jahrhunderts gebräuchliches ➪ **Betriebssystem**, auf dessen Kern ➪ **Windows** bis zur Version Windows Me als grafische Oberfläche aufsetzt. Windows NT, 2000 und XP haben keinen DOS-Kern, bieten jedoch auch eingeschränkte DOS-Kompatibilität. Die Bedienung erfolgt bei DOS über eine Kommandozeile mit DOS-Befehlen. Es gab folgende DOS-Varianten: DR-DOS (Digital Research), MS-DOS (Microsoft), Novell-DOS (Novell), PC-DOS (IBM) und PTS-DOS. Aktuell können Sie DOS-Programme auf einem PC mit dem kostenlosen ➪ **FreeDOS** laufen lassen. Als Betriebssystem ist DOS heute noch notwendig, um beispielsweise Emulator-Software laufen zu lassen, die direkte Zugriffe auf die PC-Hardware durchführt. Auch bei der Wiederherstellung und Reparatur von älteren, heute schon lange nicht mehr gebräuchlichen Windows-Versionen kann DOS hilfreich sein.

D. O. T. ➪ **Dynamic Overclocking Technology**.

dot, dt. Punkt, Bezeichnung für den kleinsten erzeugbaren Punkt bei ➪ **Matrixdruckern** und ➪ **Tintenstrahldruckern**.

DOT, ➪ **Dateinamenerweiterung** einer ➪ **Formatvorlage** von ➪ **Word**. Diese wird als Vorlage für ein neues Dokument verwendet.

double density, dt. doppelte (Schreib-)Dichte, ➪ **DD**, ➪ **DD-Diskette**.

DoubleLayer [sprich „dabbl läjer"], **DVD+R9** oder **DVD+R DL**, Bezeichnung für einen DVD-Rohling bei dem die Daten in zwei Layern (Ebenen) gebrannt werden, die nur 55 μm auseinander liegen. Darauf lässt sich mit 8,5 GByte nahezu die doppelte Datenmenge normaler DVD+-Rohlinge brennen, auf die nur 4,7 GByte passen. Damit lässt sich darauf auch der Inhalt handelsüblicher Video-DVDs komplett kopieren oder 240 Minuten MPEG2-Video mit einer Datenrate von 4,8 MBit/s. Entwickelt wurde DoubleLayer von der Firma Philips zusammen mit der Firma Mitsubishi Kagaku Media, die unter ihrem Markennamen Verbatim besser bekannt ist.

Downgrade [sprich „daungräid"], Ersetzen einer neueren Version einer ⇨ **Software** durch eine ältere Version, also das Gegenteil von Upgrade. ⇨ **Microsoft** bot ⇨ **Windows 8** zum Beispiel eine Zeitlang mit einer Downgrade-Möglichkeit auf ⇨ **Windows 7** an.

Download [sprich „daunlohd"], der; *Subst.*, bezeichnet das Übertragen einer Datei von einem Server aus dem Internet oder einer ⇨ **Mailbox** auf den eigenen PC. Der umgekehrte Vorgang wird als ⇨ **Upload** bezeichnet.

downloaden [sprich „daunlohden"], *Verb*, Herunterladen einer Datei von einem Server.

Downsizing [sprich „daunsaißing"], das; *Subst.*, Ersatz eines Großrechners (⇨ **Host**) oder auch Rechner der mittleren Datentechnik durch PC-Netzwerke oder Client-Server-Lösungen.

Downstream [sprich „daunstriehm"], der; *Subst.*, dt. „mit dem Strom", „flussabwärts", bezeichnet die Richtung der Datenübertragung vom Server zum lokalen Rechner, also beim ⇨ **Download**. Die umgekehrte Datenübertragung wird als ⇨ **Upstream** bezeichnet. Downstream und Upstream können gleiche oder auch unterschiedliche ⇨ **Bandbreiten** (⇨ **ADSL**) haben.

dpi, Abkürzung für **d**ots **p**er **i**nch, Punkte pro ⇨ **Zoll**, gibt die Auflösung einer Darstellung an. Am ⇨ **PC** werden die Druckauflösung und die Bildschirmdarstellung in dpi beschrieben.

DQM, Abkürzung für **D**aten**q**ualitäts**m**anagement.

DR, Abkürzung für die Firma ⇨ **Digital Research**.

draft quality, Schnellschriftmodus in Entwurfqualität bei ⇨ **Matrixdruckern**.

Drag & Drop [sprich „drägg änd dropp"], das; *Subst.*, dt. Ziehen und Ablegen, ist eine Grundtechnik der Windows-Bedienung. Objekte wie Dateien oder Ordner werden mit der Maus markiert und bei festgehaltener Maustaste unter Bewegung der Maus an eine andere Stelle kopiert oder verschoben.

Drailing, Abkürzung für **dr**unken m**ailing**, Versenden von ⇨ **E-Mails** im betrunkenen Zustand.

DRAM, das; *Subst.*, Abkürzung für **D**ynamic **R**andom **A**ccess **M**emory, ist eine Bauform eines Speichermoduls für ⇨ **Arbeitsspeicher**. Die

D Dregol

⇨ **Datenübertragungsrate** beträgt 1,1 GB/s.

Dregol ist ein ⇨ **Browser-Entführer**, der Suchmaschine und Startseite in www.dregol.com ändert. Der Anbieter verdient an Werbeeinnahmen auf der Seite und den erhobenen Daten.

Dritte Hand ist ein Hilfsmittel beim Löten und der Reparatur von elektronischen Schaltungen. Über justierbare Krokodilklemmen lässt sich ein Bauteil oder eine Platine festklemmen. Durch diese „dritte Hand" sind die eigenen beiden Hände frei, um einen Kontakt mit dem Lötkolben zu erhitzen und das Lötzinn daran zu halten oder beim Ausbau abzusaugen.

Drive-by-Android-Malware [sprich „dreiw bei ändroid mälwär"], ist ein ⇨ **Schadprogramm**, das beim Besuch von bestimmten Webseiten mit einem Android-Smartphone automatisch im Hintergrund heruntergeladen wird. Es erscheint ein Hinweis, dass die App installiert werden kann. Die heruntergeladene Malware tarnt sich unter dem Namen Update.apk und wird als „Not-Compatible", also nicht kompatibel, bezeichnet.

Drive-by-Download [sprich „dreif bei daunlohd"], der; *Subst.*, unbeabsichtigtes und meist zu diesem Zeitpunkt auch unbemerktes Herunterladen von Software, während eine Webseite aufgerufen oder betrachtet wird. Die Programme werden also praktisch „im Vorbeifahren" heruntergeladen, daher die Bezeichnung (engl. „drive-by"). Möglich wird das durch Sicherheitslücken und aktivierte dynamische Funktionen wie ⇨ **ActiveX**, ⇨ **JavaScript** oder Adobe Flash. Die Angreifer verwenden dazu eigene Webseiten, manipulieren aber auch andere Webseiten, wodurch auch von einer seriösen Webseite plötzlich Gefahr ausgehen kann. Mittlerweile sollen auf diese Weise mehr Rechner infiziert werden als durch ⇨ **E-Mails**. Sie können sich davor schützen, indem Sie die neueste Version Ihres Browsers verwenden, Updates immer zeitnah installieren und eventuell zusätzlich die Script-Ausführung deaktivieren und auf ⇨ **Plug-Ins** wie Adobe Flash verzichten.

Drive-by-tweet [sprich „dreif bei twiht"] ist ein schnell bei ⇨ **Twitter** zwischen zwei Aufgaben abgesendeter ⇨ **Tweet**, sozusagen im „Vorbeifahren".

DRM ist (1.) die Abkürzung für **Di**gital **R**ights **M**anagement [sprich „ditschitäll raihts mänedschment"], also die digitale Rechteverwaltung, von Kritikern (2.) auch als **Di**gital **R**estriction **M**anagement [sprich „ditschitäll ristrikdschen mänedschment"], also digitale Restriktionenverwaltung bezeichnet. Es ist

(3.) auch die Abkürzung für **D**igital **R**adio **M**ondiale [sprich „ditschitäll räidio mondial"], einem weltweiten Standard für digitales Radio in Kurz-, Mittel- und Langwelle. In den Standard wurde die Audiokompressionstechnologie ⇨ **aacPlus** von Coding Technologies integriert, was eine hervorragende Klangqualität bei 30 Prozent weniger Datenmenge als bei ⇨ **MP3** bewirken soll. Neben Klang werden auch Texte übertragen, die im Display des Empfängers angezeigt werden. DRM-Empfänger kosten etwa 130 bis 380 € und bieten auch ⇨ **DAB**-Empfang. Bislang ist die Nutzung von DRM aber noch gering.

Drohne ⇨ **Bot**, ⇨ **Zombie**.

Dropbox ist ein Anbieter von Online-Speicher in der ⇨ **Cloud**, der 2 GB Speicherplatz kostenlos zur Verfügung stellt (**Dropbox Basic**). Sofern mehr Online-Speicher benötigt wird, kann für 9,99 €/Monat 1 TB (**Dropbox Plus**) gemietet werden, für 19,99 €/Monat wird weiterer Speicherplatz, Volltextsuche und ein 120-Tage-Versionsverlauf zum Wiederherstellen von Daten sowie Chat-Support mit hoher Prioritätsstufe angeboten (**Dropbox Professional**).

Der Online-Speicher kann zur Datensicherung genutzt werden und um auf Dateien gemeinsam oder von überall in der Welt zugreifen zu können. Gespeicherte Bilder lassen sich auch als Diashow anzeigen. Die Besonderheit von Dropbox ist die sehr einfache Bedienung und die Apps für ⇨ **Android**, ⇨ **iPhone**, ⇨ **iPad**, und Kindle Fire. Dadurch wird der Datenaustausch über Dropbox zwischen diesen mobilen Geräten und dem PC sowie das Synchronisieren der Daten auf mehreren Rechnern ermöglicht; https://www.dropbox.com/.

Dropdown-Menü [sprich „droppdaun menü"], das; *Subst.*, dt. wörtlich „nach unten fallendes Menü", ist ein Menü einer Anwendung, das nach unten aufklappt, wenn es mit der Maus angeklickt wird. Eine andere Bezeichnung ist ⇨ **Pulldown-Menü**.

Dropper, ist ein ⇨ **Trojanisches Pferd**, das eine Vielzahl von Schadprogrammen einrichtet, die dann den PC gleichzeitig infizieren. Die Bezeichnung eines Droppers lautet in einem ⇨ **Antivirenprogramm** zum Beispiel TR/Dropper.Gen, wobei TR für Trojaner und Gen für Generic steht, der Dropper in diesem Beispiel also nicht näher beschrieben wird.

Druckdatei, die; *Subst.*, ist eine Datei, die von einer Anwendung wie einer Textverarbeitung erzeugt wird und den auszugebenden Inhalt so aufbereitet enthält, dass der Drucker diesen direkt ausdrucken kann.

Druckerserver

Je nach Art des Druckers werden die Informationen in einer Druckersprache wie zum Beispiel ⇨ **PostScript** oder ⇨ **HP-PCL** beschrieben oder der Text mit Steuerzeichen formatiert.

Druckerserver [sprich „drucker sörwer"], der; *Subst.*, oder **Print-Server** ist ein Computer in einem ⇨ **Netzwerk**, der anderen angeschlossenen Rechnern den oder die an ihm angeschlossenen Drucker bereitstellt, die Druckaufträge verwaltet und in einer Druckerwarteschlange abarbeitet. In einem Windows-Netzwerk (⇨ **Peer-to-Peer-Netzwerk**) kann das jeder angeschlossene PC sein. In größeren Netzwerken sind es spezielle Server, die meist teure und sehr leistungsfähige Hochleistungsdrucker bereitstellen. Ein Großrechner (⇨ **Host**, ⇨ **Mainframe**) kann die Aufgabe des Druckerservers auch mit übernehmen. Auch über das Internet lassen sich Druckaufträge an Druckerserver bzw. angeschlossene Drucker oder Belichter erteilen.

Drumkit [sprich „drammkit"], das; *Subst.*, ist eine andere Bezeichnung für die ⇨ **Bildtrommel** eines ⇨ **Laserdruckers**.

DSB, Abkürzung für **D**aten**s**chutz**b**eauftragter.

DSL, Abkürzung für **D**igital **S**ubscriber **L**ine [sprich „ditschitäll sabskreiber leihn], bietet die Technologie, um Daten theoretisch mit bis zu 210 Mbit/s über Telefon-Kupferleitungen zu übertragen (⇨ **VDSL** bzw. ⇨ **VDSL2**); ⇨ **ADSL**, ⇨ **HDSL**.

DSL lite, auch **G.lite** genannt, ist ein langsameres ⇨ **ADSL**-Verfahren für längere Strecken, das ohne ⇨ **Splitter** auskommt.

DSL-Modem, das; *Subst.*, wird für einen Internetzugang per ⇨ **DSL** benötigt und entweder per USB oder ⇨ **Ethernet**-Schnittstelle mit dem PC verbunden. Das DSL-Modem funktioniert nicht wie ein analoges ⇨ **Modem**, wählt also zum Beispiel keine Rufnummer an. Vielmehr synchronisiert es sich mit der Gegenstelle beim DSL-Provider und wird auch als ⇨ **NTBBA** bezeichnet.

DSN, die; *Subst.*, Abkürzung für **D**elivery **S**tatus **N**otification, dt. Unzustellbarkeitsnachricht, ist eine Meldung, die ein ⇨ **E-Mail-Server** verschickt, wenn eine ⇨ **E-Mail** nicht zugestellt werden konnte, etwa weil der Empfänger nicht bekannt ist, die ⇨ **Domain** nicht existent, das Postfach des Empfängers voll ist oder dieser die Annahme verweigert. Andere Bezeichnungen dafür sind **Bounce**, **Bounce Message** oder **NDN**; ⇨ **Hardbounce** und ⇨ **Softbounce**.

DSP, Abkürzung für **D**igital **S**ignal **P**rocessor, **D**igital **S**ound **P**rocessor,

Digitaler **S**ignal**p**rozessor, ist ein spezialisierter ⇨ **Prozessor** zur ⇨ **Digitalisierung** analoger Signale und hauptsächlich in ⇨ **Modems** und auf ⇨ **Soundkarten** zu finden. Dort ist der DSP für die Signalbearbeitung und -aufbereitung zuständig.

Durch den Einsatz standardisierter und frei programmierbarer DSPs ist es auch möglich, dass ein solcher Baustein mehrere Aufgaben übernimmt. Ein DSP kann zum Beispiel auf einem ⇨ **Mainboard** mit integrierter Modem- und Soundkartenfunktion für diese beiden Funktionen verwendet werden.

DSR, Abkürzung für **D**ata **S**et **R**eady, Sendebereitschaft, ist ein Signal von ⇨ **DCE** oder ⇨ **DTE** an den PC.

DSS1 ☎, Abkürzung für **D**igital **S**ubscriber **S**ystem No. **1**, ist ein europäisches ⇨ **ISDN-Protokoll** für den ⇨ **D-Kanal** des paneuropäischen ⇨ **Euro-ISDN**. Es löst das von der Deutschen Telekom verwendete ISDN-Protokoll ⇨ **1TR6** ab. 1TR6 und DSS1 stimmen in den Schichten 1 und 2 völlig überein. Der Protokollaufbau ist weitestgehend gleich. Es gibt aber Unterschiede in der Signalisierung und in den Leistungsmerkmalen. So ist die ⇨ **Rufnummernübermittlung** bei DSS1 im Gegensatz zu 1TR6 in beiden Richtungen möglich (Anrufer → Angerufener, Angerufener → Anrufer). Es können für einen Basisanschluss ⇨ **Mehrfachnummern** vergeben werden, aber es gibt keine ⇨ **Endgeräte-Auswahlziffern** mehr.

DSTN, Abkürzung für **D**ual **S**uper **T**wisted **N**ematics, ist ein Passiv-Display-Standard, der bei ⇨ **Notebooks** anzutreffen ist. DSTN ist in der Herstellung billiger, die Darstellung ist aber schlechter als bei ⇨ **TFT**.

DTE ☎, Abkürzung für **D**ata **T**erminal **E**quipment, dt. Datenendeinrichtung, ⇨ **DEE** (zum Beispiel Computer).

DTMF ☎, Abkürzung für **D**ual **T**one **M**ultiple **F**requency, ⇨ **Tonwahl**.

DTP, das; *Subst.*, Abkürzung für **D**esk**t**op **P**ublishing, ist (1.) eine Bezeichnung für einen Programmtyp, mit dem sich Seiten für Bücher, Zeitschriften, Kataloge usw. gestalten lassen. Grafik- und Layoutprogramme zählen zur DTP-Software. Außerdem wird als DTP (2.) auch die Tätigkeit als solche bezeichnet.

DTR ☎, Abkürzung für **D**ata **T**erminal **R**eady, Datenendeinrichtung empfangsbereit, ist ein Signal vom PC an ⇨ **DCE** oder ⇨ **DTE**.

DTS, Abkürzung für **D**igital **T**heatre **S**ystems [sprich „ditschitäll siäter süstems"], Markenname eines Raumklang-Verfahrens wie ⇨ **Dol-**

D   Dualband

by **Digital** für Kinoton und DVDs. Es gibt mehrere Formate, die an ihren unterschiedlichen Logos zu erkennen sind. **DTS Digital Surround** hat 5.1 Kanäle, das rückwärtskompatible **DTS-ES Discrete** 6.1 voneinander unabhängige Kanäle. Bei **DTS-ES Matrix** wird der Kanal für den hinteren, mittleren Lautsprecher aus den Kanälen für die beiden vorderen Lautsprecher links und rechts berechnet. **DTS Neo:6** steht für bis zu 6 Kanäle, die aus dem Stereosignal berechnet werden; http://www.cinefreaks.com/articles/dts/.

Dualband, das; *Subst.*, ist ein Leistungsmerkmal eines Mobiltelefons, das mit den zwei in Europa verwendeten Frequenzbändern 900 MHz und 1.800 MHz betrieben werden kann. Das sind die Frequenzbänder, der früher als D-Netz und E-Netz bezeichneten Mobilfunknetze.

Dual Boot ist eine Funktion von ⇨ **Windows** sowie ⇨ **Linux**, die ein wahlweises Booten mit einem vorher bereits installierten Betriebssystem erlaubt.

Dual-Core ist (1.) ein Markenzeichen von Intel und (2.) ein Gattungsbegriff für einen ⇨ **Prozessor** mit zwei Kernen, also ein **Doppelkernprozessor**. Üblich sind mittlerweile für ⇨ **PC** und ⇨ **Smartphone** ⇨ **Quad-Core-Prozessor**en mit vier Kernen oder solche mit 6 und mehr Kernen.

DualDisc ist eine doppelseitige ⇨ **DVD** mit einem Audio-Layer wie bei einer ⇨ **CD** auf der einen und einem Standard-DVD-Layer auf der anderen Seite. Die DualDisc wurde von einigen führenden Herstellern aus der Musikindustrie (EMI, Sony/BMG, Universal, Warner und andere) entwickelt und dann an die ⇨ **RIAA** übergeben. Der DVD-Layer soll Bonusmaterial enthalten. In der Praxis gibt es mit DualDisc-Medien laut der amerikanischen Wikipedia einige Probleme:

- Die 1,5 mm dicken DualDiscs verklemmen sich teilweise bei CD-Playern und DVD-Playern mit Schlitzeinzug statt Lade.

- Auch CD-Player sollen Schwierigkeiten mit dem Lesen haben.

- Die Musik lässt sich auf DVD-Playern nicht abspielen.

- Der gesamte Inhalt einer 60-Minuten-DualDisc lässt sich nicht auf eine herkömmliche CD-R brennen.

- PC-Laufwerke können die Audio-Seite teilweise nicht rippen.

- Da beide Seiten der DualDisc unbedruckt sind – denn sie würden sich sonst ja nicht lesen lassen – treten bei der Anwendung Zweifel auf, mit welcher Seite nach unten die Disc nun einzulegen ist. Die

Duplex D

Beschriftung der Seiten ist nur auf der Innenseite am Zentrierring möglich.

Das Warenzeichen „DualDisc" der RIAA kennzeichnet die optischen Datenträger mit Audio-CD- und DVD-Layer; außerdem ist auffällig, dass beide Seiten unbedruckt sind

Wegen der teilweise bestehenden Schwierigkeiten beim Abspielen, haben laut Wikipedia etliche Hersteller von Unterhaltungselektronik von der Verwendung von DualDiscs in ihren Playern gewarnt. Dazu gehören unter anderen Marantz, Onkyo, Panasonic, Pioneer und Sony. Nicht nur diese Schwierigkeiten, sondern auch Urheberrechtsstreitigkeiten haben die Einführung der DualDisc in Europa beeinträchtigt.

Dual LAN bedeutet, dass ein Gerät mit zwei Netzwerk-Schnittstellen ausgestattet ist.

Dualmode-Handy [sprich „dualmod handie"] 📱, das; *Subst.*, ist ein Handy, das sich über ⇨ **DECT** zu Hause oder in der näheren Umgebung der Wohnung über eine Basisstation in das günstige Festnetz und unterwegs in ein Mobilfunknetz einwählt.

Dualsystem, das; *Subst.*, ⇨ **Binärsystem**.

Duftrechner, der; *Subst.*, ist ein Rechner mit einer Zusatzfunktion als Luftverbesserer. Derzeit gibt es so etwas nicht serienmäßig, es ist aber über ⇨ **Case Modding** recht einfach zu realisieren: http://www.mods4you.de/2004/01/11/modding/duftrechner.

Dump [sprich „damp"], der; *Subst.*, auch als ⇨ **Speicherauszug** oder ⇨ **Speicherabbild** bezeichnet, ist eine Kopie des Speicherinhalts, die bei Windows in einer Datei mit der ⇨ **Dateinamenerweiterung** ⇨ **DMP** gespeichert wird.

DUN, Abkürzung für ⇨ **Dial-Up Networking**.

Dungeon [sprich „danschen"], der; *Subst.*, dt. „Verlies" oder „Keller", ist in ⇨ **Computerspielen**, vor allem bei ⇨ **Ego-Shootern**, ein unterirdisches wie ein Irrgarten angelegtes Gewölbe, durch das sich der Spieler bewegt, benötigte Gegenstände einsammelt, Aufgaben löst und Gegner sowie Endgegner kampfunfähig macht oder eliminiert. Es gibt auch (2.) Computerspiele mit Dungeon als Name oder Namensbestandteil.

Duplex ist eine Datenübertragung, die während der Verbindung in beide

D | Durchlichteinheit

Richtungen möglich ist. Beispielsweise sind moderne Soundkarten duplexfähig, können also zeitgleich aufnehmen und abspielen.

Durchlichteinheit, die; *Subst.*, ist ein Zubehör für einen ⇨ **Flachbettscanner**, das meist anstelle des Deckels eingesetzt wird, um Filmnegative und Dias zu scannen. Die Durchlichteinheit enthält eine starke Lichtquelle, mit der die Negative und Dias von oben durchleuchtet werden, um ein ausreichend helles Scanergebnis zu erzielen.

DV ist (1.) die Abkürzung für **D**aten**v**erarbeitung und (2.) ein digitales Aufzeichnungsformat von Kassetten.

DVB, Abkürzung für **D**igital **V**ideo **B**roadcasting [sprich „ditschitäll wiedeo brohdcasting"], ist ein europäischer Standard für die digitale Fernsehübertragung. Dabei wird digitales Fernsehen per Satellit (**DVB-S**), Kabel (**DVB-C**) oder terrestrisch (**DVB-T**) übertragen. Ein weiterer terrestrisch übertragener Standard ist ⇨ **DVB-H**.

DVB-C, Abkürzung für **D**igital **V**ideo **B**roadcasting-**C**able [sprich „ditschitäll wiedeo brohdcasting käi-bel"], ist ein europäischer Standard für die digitale Fernsehübertragung per Kabel.

DVB-S, Abkürzung für **D**igital **V**ideo **B**roadcasting-**S**atellite [sprich „ditschitäll wiedeo brohdkasting sätelaitt"], ist ein europäischer Standard für die digitale Fernsehübertragung per Satellit. Im März 2005 wurde mit **DVB-S2** eine Weiterentwicklung des Standards mit bis zu 30 % höherer Datenrate veröffentlicht.

DVB-T, Abkürzung für **D**igital **V**ideo **B**roadcasting-**T**errestrian [sprich „ditschitäll wiedeo brohdkasting terrestrien"], ist ein europäischer Standard für die terrestrische, digitale Fernsehübertragung.

DVD, die; *Subst.*, Abkürzung für **D**igital **V**ersatile **D**isc [sprich „ditschitäll wörseteil disk"] oder **D**igital **V**ideo **D**isc [sprich „ditschitäll wiedeo disk"], ist ein nicht wiederbeschreibbares Speichermedium für wesentlich größere Datenmengen, als auf CDs speicherbar sind. Der Einsatz der DVD erfolgt daher vor allem für Multimedia-Daten wie Bilder, Musik und Videofilme. Kinofilme auf ⇨ **DVD-ROM** haben eine deutlich bessere Bild- und Tonqualität als auf Videokassetten.

Von der Normierung her kann eine DVD einseitig oder zweiseitig und als Single- oder Double-Layer-Medium ausgeführt sein. Die Kapazität kann auf diesem Weg bis zu 17 GByte betragen. Das entspricht in etwa 480 Minuten MPEG-II-Video.

DVD-Laufwerk

Die heute gängigen DVDs sind allerdings praktisch alle nur einseitig bespielt, was nur der halben möglichen Kapazität entspricht.

DVD-5, die; *Subst.*, Spezifikation für eine ⇨ **DVD** mit einer Schicht auf einer Seite und einer Speicherkapazität von 4,7 GB.

DVD-9, die; *Subst.*, Spezifikation für eine ⇨ **DVD** mit zwei Schichten auf einer Seite und einer Speicherkapazität von 8,5 GB.

DVD-10, die; *Subst.*, Spezifikation für eine ⇨ **DVD** mit jeweils einer Schicht auf den beiden Seiten und einer Speicherkapazität von 9,4 GB.

DVD-18, die; *Subst.*, Spezifikation für eine ⇨ **DVD** mit jeweils zwei Schichten auf den beiden Seiten der DVD und einer Speicherkapazität von 17 GB.

DVD-Audio, die; *Subst.*, Abkürzung für **D**igital **V**ersatile **D**isc **Audio** [sprich „ditschitäll wörseteil disk audio"], ist eine Sonderform der ⇨ **DVD** zur ausschließlichen Musikwiedergabe in höchster Qualität. Dafür ist die Auflösung von 16 bit und die Abtastrate von 44,1 kHz wie bei der Audio-Norm von CD auf bis zu 24 bit und 192 kHz mehr als vervierfacht worden. Das allein garantiert allerdings noch keinen guten Klang, und so sind insbesondere viele DVDs mit Konzertmaterial auf dem Markt, deren Klangqualität weit unter den technischen Möglichkeiten bleibt.

DVD-Brenner, der; *Subst.*, ist ein optisches Laufwerk, das DVDs in einem oder mehreren der folgenden Formate lesen und schreiben kann: ⇨ **DVD-RAM**, ⇨ **DVD-R**, ⇨ **DVD-RW**, ⇨ **DVD+R**, ⇨ **DVD+RW**. Aktuelle DVD-Brenner unterstützen das Plus- und Minus-Format, selten jedoch DVD-RAM.

Die Kapazität der beschreibbaren Medien beträgt einlagig maximal 4,7 Gigabyte, eine 1:1-Kopie von Film-DVDs, die meist eine Kapazität von bis zu 9 GB enthalten, ist nur mit zweilagigen DVD-Rohlingen anzufertigen. Diese Rohlinge können aber nur neuere DVD-Brenner erzeugen und nicht jeder DVD-Player kann sie abspielen.

DVD-Hybrid, die; *Subst.*, beinhaltet sowohl Videos als auch sonstige Daten. Das kann für Schulungen, die Werbung oder einen Bonus wie ein Computerspiel genutzt werden. Auf einem DVD-Player sind nur die Videos zu sehen, die Programme lassen sich nur über ein DVD-Laufwerk in einem PC nutzen.

DVD-Laufwerk, das; *Subst.*, wird zum Lesen des Inhalts einer ⇨ **DVD** benötigt. Ersatzweise kann auch ein ⇨ **DVD-Brenner** oder ein ⇨ **CD-**

DVD-R

Brenner mit DVD-Laufwerksfunktion (sehr selten) verwendet werden.

DVD-R, die; *Subst.*, Abkürzung für **D**igital **V**ersatile **D**isc **R**ecordable [sprich „ditschitäll wörseteil disk riekordibl"], ist ein Format von Pioneer für eine einmal beschreibbare DVD mit einer Speicherkapazität von 3,95 GB in der 1. Generation und 4,7 GB in der 2. Generation (ab 1999). Es wird zwischen DVD-R(A) und DVD-R(G) unterschieden. Die Variante A für „Authoring" enthält keinen Kopierschutz, ist aber im Handel für Endverbraucher nicht erhältlich. Alle im Handel erhältlichen DVD-Rs sind also DVD-R(G), wobei G für „General" im Sinne von allgemein verwendbar steht.

Nach dem neuesten Standard des DVD-Forums lässt sich eine DVD-R mit 24facher Geschwindigkeit brennen und wird auch zweilagig angeboten (Kennzeichnung DS für double sided); siehe auch ⇨ **DVD**, ⇨ **DVD-RW**, ⇨ **DVD+R**.

DVD+R, die; *Subst.*, die Abkürzung für **DVD plus R**ecordable [sprich „ditschitäll wörseteil disk plass riekordibbl"], wurde von Sony und Philips als Konkurrenz zur ⇨ **DVD-R** entwickelt. Die Speicherkapazität beträgt wie bei der DVD-R 4,7 GB. Nach dem neuesten Standard des DVD-Forums lässt sich eine DVD+R mit 24facher Geschwindigkeit brennen.

DVD+R9, die; *Subst.*, oder **DVD+R DL** ist ein DVD-Rohling mit ⇨ **Double Layer** und einer Speicherkapazität von 8,5 GB.

DVD-RAM, die; *Subst.*, die Abkürzung für **D**igital **V**ersatile **D**isc **R**andom **A**ccess **M**emory [sprich „ditschitäll wörseteil disk rändom äcksess memmori"], ist eine theoretisch bis zu 100.000-mal wiederbeschreibbare DVD mit einer Speicherkapazität von bis zu 9,46 GByte (beidseitig) und einer Video-Aufnahmezeit von bis zu 720 Minuten. Für Videoaufzeichnungen bietet DVD-RAM einige Funktionen, die bei anderen DVD-Formaten nicht vorhanden sind. So erlaubt beispielsweise Time Slip [sprich „teim slip"] die zeitversetzte Wiedergabe einer noch laufenden Aufzeichnung, und es ist während der Aufnahme möglich, einen Film kurz anzuhalten oder vor- und zurückzuspulen.

Gleichzeitig ist DVD-RAM ein wichtiges Format für die professionelle Datensicherung, da es einen gewissen Schutz vor Datenverlusten bei Kratzern, Staub oder Fingerabdrücken bietet. Laut Herstellerangaben soll eine DVD-RAM auch bei Flecken von bis zu 1,2 mm noch beschreibbar sein. Die integrierte Schreib-/Leseprüfung registriert Schreibfehler automatisch und korrigiert sie, indem sie Daten automatisch in einen anderen ⇨ **Sektor**

DVD-Video

umlagert. Das macht DVD-RAM zu einem sehr sicheren Speichermedium. Dazu trägt auch die abnehmbare Schutzhülle (⇨ **Cartridge**) bei, die aber bei häufigem Wechsel des Speichermediums hinderlich ist.

Ansonsten ist die Handhabung sehr einfach: Nach einer nur wenige Sekunden dauernden Formatierung verhält sich eine DVD-RAM wie eine ⇨ **Festplatte**. Die Daten können darauf einfach per ⇨ **Drag & Drop** gesichert, verschoben oder gelöscht werden. Bei allen Vorteilen ist ein großer Nachteil des Formats, dass es nur von wenigen Herstellern unterstützt wird. Die Auswahl an DVD-Recordern und DVD-Brennern, die auch DVD-RAM brennen, ist daher nicht groß.

DVD+R DL, die; *Subst.*, oder **DVD+R9** ist ein DVD-Rohling mit ⇨ **Double Layer**.

DVD-R DS, die, *Subst.*, ist ein DVD-Rohling mit Layern auf beiden Seiten (DS = double sided) und als Single Layer (SL) einer Speicherkapazität von 9,4 GB. Im Fall eines Dual Layer (DL) auf beiden Seiten beträgt die Speicherkapazität 17 GB.

DVD+R DS, die, *Subst.*, ist ein DVD-Rohling mit Layern auf beiden Seiten (DS = double sided) und als Single Layer (SL) einer Speicherkapazität von 9,4 GB. Im Fall eines Dual Layer (DL) auf beiden Seiten beträgt die Speicherkapazität 17 GB.

DVD-ROM, die; *Subst.*, die Abkürzung für **D**igital **V**ersatile **D**isc **R**ead **O**nly **M**emory [sprich „ditschitäll wörseteil disk riehd ohnlie memmori"], ist eine nur lesbare DVD für beliebige Daten; ⇨ **DVD-Video**.

DVD-RW, die; *Subst.*, die Abkürzung für **D**igital **V**ersatile **D**isc **Re**writable [sprich „ditschitäll wörseteil disk riehwraitebbl"], ist eine wiederbeschreibbare ⇨ **DVD** (siehe auch ⇨ **DVD-R**, ⇨ **DVD+R**, ⇨ **DVD+RW**). Als DVD-RW beträgt die Speicherkapazität 4,7 GB und als **DVD-RW DS** mit Single Layer sind es 9,4 GB. Nach dem neuesten Standard des DVD-Forums lässt sich eine DVD-RW mit 24facher Geschwindigkeit brennen.

DVD+RW, die; *Subst.*, ist ein wiederbeschreibbares DVD-Format, das von Sony und Philips als Konkurrenz zu DVD-RAM entwickelt wurde. Als DVD+RW beträgt die Speicherkapazität 4,7 GB, als **DVD+RW DS** mit Single Layer sind es 9,4 GB. Nach dem neuesten Standard des DVD-Forums lässt sich eine DVD+RW mit 24facher Geschwindigkeit brennen.

DVD-Video, die; *Subst.*, ist eine nur lesbare DVD zur Wiedergabe von Filmen ⇨ **DVD-ROM**.

D — DVD writer

DVD writer [sprich „dieh wie dieh wraiter"], der; *Subst.*, dt. ⇨ **DVD-Brenner**.

DVI, Abkürzung für **D**igital **V**isual **I**nterface, dt. digitale Bildschnittstelle, ist eine Schnittstelle zur direkten Übertragung von Daten von der Grafikkarte zum ⇨ **TFT-Bildschirm**. Es gibt DVI als analoge Schnittstelle, beispielsweise für analoge TFT-Displays oder ⇨ **Beamer**, und auch eine digitale Variante dieser Schnittstelle für Endgeräte wie ein TFT-Display mit digitaler Schnittstelle.

DVR, Abkürzung für ⇨ **D**igitaler **V**ideo **R**ecorder.

DW ⇨ **Data Warehouse**.

Dweet, Dweets, Abkürzung für **d**runken **tweet** bzw. **d**runken **tweets**, also bei ⇨ **Twitter** in betrunkenem Zustand versendete ⇨ **Tweets**.

DXDIAG, ⇨ **DirectX-Diagnoseprogramm**, zur Suche von Fehlern im Multimedia-Bereich von Windows sowie zum Einstellen und Testen von DirectPlay im Netzwerk, DirectMusic und DirectSound. Es werden auch die DirectX-Dateien mit ihren jeweiligen Versionen angezeigt. Der Aufruf von DXDIAG erfolgt durch die Eingabe des Namens unter *Start/Ausführen*.

E

E/A-Port, der; *Subst.*, Abkürzung für **E**ingabe/**A**usgabe-**Port**, ist eine Schnittstelle für den Datenaustausch zwischen Computer und Peripheriegeräten.

Easter Egg [sprich „iester egg"], das; *Subst.*, dt. Osterei, ist eine versteckte Funktion auf einer Webseite, Musik-CD, DVD, in ⇨ **Software** und ⇨ **Hardware** wie Handys oder DVD-Spielen. Es handelt sich meist um kleine Spiele, Grafiken oder Listen mit Nennung aller Mitwirkenden. Diese Funktionen lassen sich durch versteckte Menüs, bestimmte Eingaben, Tastenkombinationen und/oder Mausklicks aktivieren. Eine Übersicht bekannter Easter Eggs finden Sie auf der englischsprachigen Webseite www.eeggs.com/ und der deutschen Webseite www.mogelpower.de/easter/.

EAZ, Abkürzung für ⇨ **Endgeräteauswahlziffer**.

eBook, E-Book [sprich „i buck"], das; *Subst.*, dt. elektronisches Buch, bezeichnet allgemein eine elektronische Publikation in einem verbreiteten Dateiformat, wobei meist das PDF-Dokumentenformat verwendet wird. Auch eBooks in ⇨ **HTML** sind verbreitet; daneben versucht ⇨ **Microsoft** das Format des eigenen Readers zu etablieren; siehe auch ⇨ **Electronic Book**.

eBook Reader, E-Book-Reader [sprich „i buck riehder"], der; *Subst.*, ist (1.) ein spezielles Lesegerät für ⇨ **E-Books**, das meist ⇨ **elektronisches Papier** als Display verwendet, dadurch lesefreundlich ist und eine lange Akkubetriebsdauer mit Standby-Zeiten bis zu einem Monat hat. Der Preis ist deutlich niedriger als bei einem ⇨ **Notebook** und den meisten ⇨ **Tablets**. Leistung und Funktionsumfang sind allerdings ebenfalls deutlich geringer und orientieren sich am Notwendigsten für den Bezug und das Darstellen der E-Books. Es ist meist kein Touchscreen vorhanden und oft auch keine Tastatur. Die Eingaben erfolgen über Cursortasten, mit denen die gewünschten Buchstaben nacheinander ausgewählt werden. Zur Auswahl des gewünschten E-Books und zum Blättern innerhalb des Buchs sind separate Tasten vorhanden. Bei der Anschaffung ist darauf zu achten, welche Formate der jeweilige E-Book-Reader versteht und wie gut die Darstellung von ⇨ **PDFs** ist, sofern diese auf dem Reader gelesen werden sollen. Ein E-Book-Reader kann auch (2.) eine ⇨ **Software** für ⇨ **PC**, ⇨ **Tablet** und ⇨ **Smartphone** sein. Es gibt neben PC-Software auch ⇨ **Apps** für ⇨ **Android** und ⇨ **iOS** sowie E-Book-Reader, die über einen ⇨ **Browser** als Cloud-Dienst bedient werden. Universell einsetzbar sowohl als eigenständiges Gerät als auch als Software sind die Kindle-

E eBookz, E-Bookz

E-Book-Reader von Amazon. Weitere bekannte E-Book-Reader werden von Acer, Archos, BeBook, Hanvon, iRiver, Jay-tech, Kobo, Odys, Sony, Thalia und TrekStor angeboten. Daneben werden häufig Tablets wie das ⇨ **iPad** als E-Book-Reader verwendet, die zusätzliche Funktionen wie Internetzugang und eine große Auswahl an Apps bieten. Die Vorteile solcher Geräte sind ein hochauflösendes Display mit Vollfarbdarstellung und mögliche Multimediaelemente in den E-Books wie Animationen, Sprache und Video. Dafür sind die spiegelnden Displays schlechter abzulesen, die Augen ermüden schneller beim Lesen und der netzunabhängige Betrieb ist auf maximal 10 Stunden begrenzt, was allerdings für die meisten Anwendungen ausreichen dürfte.

eBookz, **E-Bookz** [sprich „i bucks"] ist eine Bezeichnung für raubkopierte Bücher, die im Internet zum Download angeboten werden. Es handelt sich dabei meist um Scans gedruckter Bücher im PDF-Format; ⇨ **Warez**.

eBusiness [sprich „i bissness"], das; *Subst.*, Abkürzung für **e**lectronic **Business**, ist ein Sammelbegriff für elektronisch getätigte Geschäfte, meist per ⇨ **Internet**.

eCall [sprich „i koll"] 📱, der; *Subst.*, Abkürzung für **e**mergency **call**, dt. Notruf, ist ein Notrufsystem auf Mobilfunkbasis, das ab dem 31. März 2018 in allen innerhalb Europas verkauften neuen PKWs und leichten Nutzfahrzeugen eingebaut sein muss und derzeit auch schon in vielen Neufahrzeugen verbaut ist. Bei eCall wird der Standort des Wagens nach einem Unfall per Funk an die Rettungskräfte gesendet. Das System funkt dazu automatisch den Notruf 112 an. Der Notruf kann aber auch manuell von einem Fahrzeuginsassen ausgelöst werden; http://ec.europa.eu/information_society/doc/factsheets/049-ecall-de.pdf.

ECC, Abkürzung für **E**rror **C**hekking and **C**orrecting [sprich „error tschecking änd korrekting"], bezeichnet die Möglichkeit eines Speichermoduls Fehler zu erkennen und zu korrigieren. Im Fehlerfall kann der PC auch angehalten werden.

ECC-Chip, der; *Subst.*, ist häufig bei Beschreibungen zu Speicherbausteinen zu finden und gibt an, ob dieser ⇨**ECC** unterstützt („ECC-Chip: ja") oder nicht („ECC-Chip: nein").

E-CD, die; *Subst.*, Abkürzung für ⇨**Enhanced CD**.

Echo ist (1.) die Funktion eines ⇨**Modem**s, das alle abgehenden Daten zur Kontrolle zurücksendet, sodass Eingaben sowohl auf dem Monitor der Gegenstelle als auch auf dem eigenen Monitor sichtbar

editieren E

sind, und (2.) ein ⇨ **DOS**-Befehl zur Textausgabe.

Echtzeit bezeichnet eine Datenverarbeitung oder Datenübertragung mit geringer Zeitverzögerung, sodass dadurch laufende Prozesse nicht beeinträchtigt werden oder der Anwender die Zeitverzögerung nicht bemerkt oder nicht als störend empfindet.

Echtzeiterkennung, die; *Subst.*, ist ein Leistungsmerkmal von ⇨ **Antivirenprogrammen** mit ⇨ **Hintergrundscanner**. Sobald ein schädliches Programm ausgeführt oder bei leistungsstarken Antivirenprogrammen auch heruntergeladen wird, schlägt die Echtzeiterkennung Alarm. Das gilt auch für Schadprogramme in E-Mail-Anhängen, wenn der Scanner E-Mail-Anhänge überwacht.

Eclair, Bezeichnung der Versionen 2.0 und 2.1 von ⇨ **Android**.

E-Commerce [sprich „i kommörs"], der; *Subst.*, engl. **e-commerce**, bezeichnet das elektronische Einkaufen.

E-Credit [sprich „i kredit"], der; *Subst.*, engl. **e-credit**, bezeichnet das elektronische Einkaufen per Kreditkarte.

ED, Abkürzung für ⇨ **Extended Density**.

Edge, Nachfolger des ⇨ **Browsers** ⇨ **Internet Explorer**, der mit ⇨ **Windows 10** geliefert wird; ⇨ **Microsoft Edge**.

EDGE [sprich „inhänsd däita räit for dschi es em ewoluschn"], Abkürzung für **E**nhanced **D**ata Rate for **GS**M **E**volution und eine Erweiterung von ⇨ **GSM**, die in Deutschland im Gegensatz zum schnelleren ⇨ **UMTS** flächendeckend zur Verfügung steht und Übertragungsraten von 150 bis 200 kbit/s zur Verfügung stellt.

EdgeHTML, Layout-Engine von ⇨ **Microsoft Edge** und der Nachfolger der Layout-Engine **Trident** des ⇨ **Internet Explorer**.

Edit ist ein zum Lieferumfang von ⇨ **DOS** und Windows bis ⇨ **Windows 7** gehörender 32-Bit-Editor, der schon als kleine Textverarbeitung bezeichnet werden kann. Unter Windows starten Sie Edit über *Start/ Ausführen*. Beachten Sie, dass Edit mit dem ⇨ **ASCII-Zeichensatz** von DOS arbeitet, Windows jedoch mit dem ⇨ **ANSI-Zeichensatz**. Daher werden Zeichen wie Umlaute nicht richtig dargestellt, wenn Sie Texte aus Edit mit einer Windows-Textverarbeitung oder dem ⇨ **Notizblock** bearbeiten und umgekehrt.

editieren, *Verb*, Bearbeiten von Texten, also Korrekturen wie Einfügungen und Löschungen durchfüh-

E Editor

ren oder auch das Formatieren des Textes.

Editor, der; *Subst.*, ist (1.) eine einfache Textverarbeitung mit teilweise nur zeilenweiser Eingabemöglichkeit (⇨ **Zeileneditor**) zum Erstellen und Bearbeiten von Systemdateien oder Programmcodes. Zum Lieferumfang aktueller Windows-Versionen gehören der ⇨ **Notizblock** und das undokumentierte Programm ⇨ **Sysedit**. (2.) Bei ⇨ **Windows 8**, ⇨ **Windows 8.1** und ⇨ **Windows 10** wird der Notizblock als Editor bezeichnet und lässt sich über die Suche nach *editor* und das Anklicken im Suchergebnis aufrufen.

EDP, Abkürzung für **E**nterprise **D**ata **P**rotection, dt. Unternehmensdatenschutz und ein Schutz für Unternehmensdaten von ⇨ **Windows 10**; http://bit.ly/1PGMGXK.

Edublog, der; *Subst.*, ist ein ⇨ **Blog**, der sich der Weiterbildung verschrieben hat. Der Name kommt vom englischen Wort „education".

EDV, die; *Subst.*, Abkürzung für **e**lektronische **D**aten**v**erarbeitung, heute meist ersetzt durch den Begriff ⇨ **IT**.

EEPROM, das; *Subst.*, Abkürzung für **E**lectrically **E**rasable **P**rogrammable **R**ead **O**nly **M**emory [sprich „ilektrikälli iräisäbl programmabl riehd ounli memmori"], ist ein Speicher, der nach Freischaltung einer zusätzlichen Programmierspannung ein direktes Löschen und Programmieren ermöglicht und sich ansonsten wie ein ⇨ **EPROM** verhält.

EEROM, das; *Subst.*, Abkürzung für **E**lectrically **E**rasable **R**ead **O**nly **M**emory [sprich „ilektrikälli iräisäbl riehd ounli memmori"], dt. elektrisch löschbarer Nur-Lese-Speicher, ist ein Speicher, der im Normalfall wie ⇨ **ROM** nur gelesen wird. Der Inhalt kann jedoch elektrisch gelöscht und dann neu beschrieben werden.

EFI, Abkürzung für ⇨ **Extensible Firmware Interface**.

EFR, Abkürzung für ⇨ **Enhanced Full Rate**.

EFS, Abkürzung für **E**ncrypting **F**ile **S**ystem [sprich „enkrüpting feil süstem"], Verschlüsselungssystem aktueller Windows-Versionen, das nur zusammen mit dem Dateisystem ⇨ **NTFS** funktioniert.

EGA ist (1.) eine Abkürzung für die **e**lektronische **G**esundheits**a**kte, die alle bei der Behandlung eines Patienten anfallenden Daten erfassen und für Ärzte über das Internet zugänglich machen soll. Sie übernimmt Daten aus den ⇨ **EPAs** der Ärzte, die den jeweiligen Patienten behandeln. (2.) **EGA**, Abkürzung für **E**nhanced **C**olor **G**raphics **A**dapter, Nachfolger von ➪ **CGA** und ein nicht mehr gebräuchlicher Grafikstandard der Firma ➪ **IBM** mit einer Auflösung von 640 x 350 Pixeln bei 256 gleichzeitig darstellbaren Farben.

E-Gesundheit, die; *Subst.*, auch als **eHealth** und **E-Health** bezeichnet, umfasst die Techniken und Anwendungen der Telemedizin sowie die Maßnahmen im Gesundheitswesen zur Vernetzung der Ärzte, Krankenhäuser und Patienten, um den Datenaustausch zu verbessern und den Beteiligten mehr Informationen zur Verfügung zu stellen. Es soll dazu eine lebenslange elektronische Patientenakte (elektronische Gesundheitsakte, ➪ **EGA**) angelegt werden, die laut Kritikern zu „gläsernen Patienten" führt und erhebliche Datenschutzanforderungen stellt.

Ego-Googeln [sprich „ego guhgeln"], das; *Subst.*, Suche bei Google nach Einträgen zur eigenen Person, eigenen Produkten oder der eigenen Firma. Dies kann aus Eitelkeit erfolgen, dient aber mittlerweile häufig ➪ **SEO**-Zwecken und um Kopien eigener Bilder und Texte im Internet zu finden.

Ego-Googler [sprich „ego guhgler"], der; *Subst.*, ist jemand, der bei ➪ **Google** nach der eigenen Person sucht.

Ego-Shooter [sprich „ego schuhter"], das; *Subst.*, ist ein Computerspiel, bei dem der Spieler die Rolle des „Helden" übernimmt und vor allem durch den häufigen Gebrauch geeigneter Waffen zum Sieg gelangt. Dabei fließt reichlich (in den deutschen Versionen meist grünes) Blut, und die Szenen weisen oft derart viel Brutalität auf, dass die Spiele auf den Index gesetzt und somit nicht öffentlich beworben und nicht an Personen unter 18 Jahren verkauft werden dürfen. Kritiker fordern das Verbot solcher Spiele als jugendgefährdend und verweisen auf Kriminalfälle, bei denen die jugendlichen Täter eine Vorgehens- und Verhaltensweise zeigten, die mit der in Ego-Shootern deutliche Parallelen aufwies. Die Befürworter der Ego-Shooter halten dagegen, dass oft nicht auf Menschen, sondern auf irgendwelche Kreaturen geschossen würde. Zudem würden Ego-Shooter entspannend wirken und unschädlich Aggressionen abbauen, die ansonsten an der Umgebung abgelassen würden. Siehe zum Vergleich ➪ **Abenteuerspiel** und ➪ **Ballerspiel**.

eHealth, **E-Health** [sprich „i hälts"] ➪ **E-Gesundheit**.

EICAR, Abkürzung für **E**uropean **I**nstitute for **C**omputer **A**nti-Virus **R**esearch e. V., ist ein gemeinnütziger Verein, der das Ziel verfolgt, die Entwicklung von Antivirensoftware durch die Erforschung der ➪ **Com-**

E EICAR-Testdatei

puterviren zu verbessern; http://www.eicar.org/

EICAR-Testdatei, ist eine von ⇨**EICAR** entwickelte Text-Datei, die zum Testen von **Virenschutzsoftware** verwendet wird. Der Datei-Name lautet Eicar.com. Sie können diese Datei mit Ihrem ⇨**Antivirenprogramm** löschen; Download der Testdateien; http://www.eicar.org/86-0-Intended-use.html

E-IDE, **EIDE**, Abkürzung für ⇨ **Enhanced IDE**.

Einbuchen, Anmelden eines Mobilfunktelefons bei einem Funknetz. Dabei wird über die ⇨ **IMEI** die Berechtigung geprüft.

Einfügemarke, die; *Subst.*, oder ⇨ **Schreibmarke** ist eine hauptsächlich bei Textverarbeitungsprogrammen verwendete Bezeichnung für den ⇨ **Cursor** und gibt die Stelle an, wo bei einer Eingabe der Text eingefügt wird. Sie ist meist als Strich dargestellt. Im Unterschied dazu wird der ⇨ **Mauspfeil** für die neue Positionierung der Einfügemarke, zur Markierung von Text und Grafiken und zur Anwahl verschiedenster Funktionen verwendet.

einfügen, *Verb*, Kopieren des Inhalts der ⇨ **Zwischenablage** in ein Dokument einer Anwendung. In den meisten Anwendungen lautet der Menübefehl dazu *Bearbeiten/Einfügen*. Das entsprechende Tastaturkürzel ist [Strg]+[V]. Der umgekehrte Vorgang wird als ⇨ **ausschneiden** bezeichnet.

Eingabeaufforderung, die; *Subst.*, ist (1.) eine Windows-Funktion, um Befehle eingeben zu können. Der Aufruf der Eingabeaufforderung erfolgt bei ⇨ **Windows 7** über das Startmenü und *Programme/Zubehör*. In ⇨**Windows 10** lässt sich die Eingabeaufforderung über das Startmenü und *Windows-System* aufrufen oder über das Suchfeld in der Taskleiste. (2.) Bei ⇨ **DOS** wird die mit dem Größerzeichen versehene Laufwerks- und Pfadangabe am Anfang der Zeile (zum Beispiel „C:\Windows\>") als Eingabeaufforderung bezeichnet.

Eingabegerät, das; *Subst.*, ist eine Sammelbezeichnung für alle an einen PC angeschlossenen Geräte zur Erfassung von Daten: Tastatur, ⇨ **Maus**, ⇨ **Trackball**, ⇨ **Joystick**, ⇨ **Grafiktablett**, Digitalstift, Gamepad, aber auch ⇨ **Scanner**, ⇨ **Digitalkamera** und andere.

Eingabeschlitz, der; *Subst.*, ist (1.) eine Bezeichnung für den Schlitz an einem Automaten (z. B. einem Geldautomaten) oder einem Kartenleser an einem PC, der eine Bankkarte oder auch Speicherkarte aufnimmt. (2.) Auch ein Suchfeld wird als Eingabeschlitz bezeichnet. Übertragen wird (3.) Google auch „Eingabeschlitz für das Internet" genannt; ⇨ **Suchschlitz**.

Eingabetaste, die; *Subst.*, **Enter-Taste** oder **Return-Taste**, Taste ⏎ bzw. die mit „Enter" bezeichnete Taste im numerischen Ziffernblock der Tastatur.

Eingeschränkte Rechte, die; *Subst.*, wird im Zusammenhang mit der Nutzung eines Computers durch einen Anwender verwendet. Sind die Rechte durch das ⇨ **Betriebssystem** oder einen ⇨ **Administrator** eingeschränkt, darf der Anwender zum Beispiel nicht auf bestimmte Ordner oder Dateien zugreifen, bestimmte Programme nicht starten und keine Programme auf dem Computer installieren. Das soll Fehlern und Datenmissbrauch vorbeugen sowie die Installation von ⇨ **Schadprogrammen** auf dem Computer verhindern.

einhängen, *Verb*, ⇨ **mounten**.

einloggen, *Verb*, ⇨ **anmelden**.

Einrastfunktion, die; *Subst.*, engl. **StickyKeys**, ist eine Eingabehilfe von Windows, die Menschen mit einer Behinderung die Eingabe von Tastenkombinationen erleichtern soll. Die Tasten einer Tastenkombination wie [Alt]+[Strg]+[Entf] müssen bei aktivierter Einrastfunktion nicht mehr zusammen gedrückt werden,

sondern [Alt], [Strg] und [Entf] werden nacheinander gedrückt. Windows interpretiert das Drücken der Tasten dann so, als seien diese eingerastet und würden weiter gedrückt werden, obwohl der Anwender sie nicht mehr festhält. Die Einrastfunktion unterstützt die Windows-Taste, die Umschalttaste sowie [Alt] und [Strg]. Die Einrastfunktion wird durch fünfmaliges Drücken der Umschalttaste aktiviert und auch wieder deaktiviert.

Einwahlknoten, der; *Subst.*, Gegenstelle eines ⇨ **Internet-Providers** über die mit einem ⇨ **Modem** oder einer ⇨ **ISDN-Karte** die Einwahl ins Internet erfolgt.

Einweg-E-Mail-Adresse oder **Wegwerfadresse**, die; *Subst.*, ist eine temporär genutzte E-Mail-Adresse, die zum Anfordern einer Werbeprämie, zur Teilnahme an einem Gewinnspiel oder zu anderen Gelegenheiten verwendet wird, wo anschließend ein hohes Aufkommen nachfolgender Werbemails zu erwarten ist. Eine Wegwerfadresse schützt das E-Mail-Postfach vor solchen unerwünschten E-Mail-Sendungen. Wegwerfadressen werden kostenlos von Dienstleistern im Internet zur Verfügung gestellt, zum Beispiel von https://www.trash-mail.com/, http://www.wegwerfemail.de/ und https://spoofmail.de/.

Einzelblatteinzug, der; *Subst.*, dient bei modernen Druckern unabhängig von der Drucktechnologie (Laser-, Tintenstrahl- oder Nadeldruck) dazu, automatisch einzelne Blätter aus dem Papierfach zu entnehmen und für das Bedrucken bereitzustellen. Der Einzelblatteinzug spart das Auftrennen von Endlospapier in einzelne Blätter, zudem macht der Einzelblatteinzug meist auch das Bedrucken von Briefumschlägen und anderen Sondermedien möglich.

Einzelplatz, der; *Subst.*, ist ein einzelner, nicht vernetzter ➪ **Arbeitsplatz**.

Einzelplatzsystem, das; *Subst.*, ist ein einzelner Arbeitsplatzrechner, der nicht an ein ➪ **Netzwerk** angeschlossen bzw. mit den anderen Rechnern verbunden ist. Dabei gilt ein Computer auch dann als Einzelplatzsystem, wenn er eine Anbindung an das Telefonnetz oder Internet hat, mit anderen Computern im räumlichen Umfeld aber nicht verbunden ist.

Einzugscanner [sprich „einzugskänner"], der; *Subst.*, ist ein ➪ **Scanner**, der die zu scannenden Blätter an der Scaneinheit vorbeizieht. Daher lassen sich mit einem Einzugscanner keine Bücher, 3D-Objekte, Filme oder Dias scannen. Der Vorteil eines Einzugscanners ist die geringe Baugröße und der in Verbindung mit einem automatischen Vorlageneinzug mögliche hohe Durchsatz. Der Nachteil ist die gegenüber ➪ **Flachbettscannern** geringere Vielseitigkeit. Einzugscanner sind überwiegend in Fax- und Multifunktionsgeräten zu finden. Es gibt auch Spezialgeräte wie etwa zum Scannen von Visitenkarten.

EISA, Abkürzung für **E**xtended **I**ndustry **S**tandard **A**rchitecture [sprich „äckstendid indastri ständard arkitektscher"], ist ein 32-Bit-Bussystem als Erweiterung der ISA-Bus-Norm. EISA-Komponenten spielen am PC-Markt heute keine Rolle mehr.

Eject-Symbol [sprich „idschegt sümbol"], das; *Subst.*, ist (1.) ein Symbol in einer Software, mit dem das Ausfahren der Schublade beim CD/DVD-Laufwerk bewirkt wird. Dieses Symbol ist (2.) auch auf der ➪ **Auswurftaste** einer ➪ **Apple-** ➪ **Tastatur** abgebildet.

Eject-Taste [sprich „idschegt taste"], die; *Subst.*, dt. ➪ **Auswurftaste**, ist eine Taste zum Auswurf eines Datenspeichers wie einer CD oder DVD. Der Begriff wird allerdings meist bei Geräten der Unterhaltungselektronik verwendet wie zum Beispiel bei einem Autoradio oder einem DVD- oder Blu-ray-Player.

E-Learning [sprich „i lörning"], das; *Subst.*, ist ein Fernunterricht, der über das Internet erfolgt, wobei im

Elektronisches Papier | E

Fall des **Blended Learning** auch zusätzlich Präsenzunterricht erteilt wird. Die Lerninhalte sind teilweise multimedial aufbereitet. Neben Weiterbildung ist auch das Studium mittlerweile per E-Learning möglich, wie etwa bei der Fernuniversität Hagen; www.fernuni-hagen.de/.

Electronic Mail [sprich „ilektronik mäil"], die; *Subst.*, ⇨ **E-Mail**.

Elektromagnetisches Feld, das; *Subst.*, ist ein Feld aus Photonen, das sich um stromdurchflossene Leiter bildet. Die elektrischen Ladungen sind die Quelle des Feldes, das sich raumfüllend ausbreitet und Energie überträgt. Ein elektromagnetisches Feld kann zum Übertragen von Information verwendet werden, wie etwa beim ⇨ **Mobilfunknetz** oder ⇨ **WLAN**. Es ist aber bei jedem Elektrogerät vorhanden, also auch bei solchen Geräten, die nicht zum Empfangen oder Senden von Funkwellen gedacht sind. Die gesundheitlichen Auswirkungen elektromagnetischer Felder auf den Menschen sind noch nicht hinreichend erforscht, insbesondere in Bezug auf die Langzeitwirkung. Mit elektromagnetischen Feldern in Verbindung gebrachte gesundheitliche Beeinträchtigungen reichen von Angstzuständen, Depressionen, Kopfschmerzen und Schlafstörungen durch bereits relativ niedrige Feldstärken über schädliche Auswirkungen der Mikrowelle bis hin zu Krebs durch Mobiltelefone und Sendemasten. Laut der Weltgesundheitsorganisation WHO sind jedoch alle diese Auswirkungen noch nicht belegbar und ein etwaiges Risiko wäre sehr gering; PDF-Dokument der WHO zu elektromagnetischen Feldern und den gesundheitlichen Auswirkungen: http://www.who.int/peh-emf/about/en/whatareemfgerman.pdf.

Elektronisches Papier, das; *Subst.*, abgekürzt **e-paper**, **E-Paper**, **ePaper**, **E-Papier**, **EPD**, ist eine bei ⇨ **E-Book-Readern** verwendete Anzeige, die Papier nachempfunden ist, also schwarze Buchstaben auf hellem Untergrund zeigt. Im Unterschied zu TFT-Displays für PCs hat elektronisches Papier keine Hintergrundbeleuchtung. Das auftreffende Licht wird wie bei einer Buchseite reflektiert. Elektronisches Papier hat einige Vorteile: Es kann biegsam hergestellt werden, ist leicht, benötigt wenig Strom, ist lesefreundlich, lässt sich auch von der Seite ablesen und die Glasabdeckung spiegelt nur wenig. Die Nachteile sind die geringe Auflösung von maximal 212 dpi, die bis auf das farbige E-Paper Triton fehlende Farbe, nur 16 Graustufen, der vergleichsweise geringe Kontrast und der auf ein helles Grau beschränkte Hintergrund. Ein weißer Hintergrund ist technisch nicht machbar. Das von der Firma E Ink seit 2011 produzierte elektronische Papier Triton kann

E Elektronische Unterschrift

Tausende von Farben in 16 Graustufen darstellen. Die Bildschirmanzeige ist jedoch träge. E-Book-Reader mit elektronischem Papier werden daher in absehbarer Zeit keine Multimedia-Bücher abspielen können, wie sie etwa für das ⇨ **iPad** auf dem Markt sind. Zum Lesen von umfangreichen Druckwerken ist elektronisches Papier jedoch wesentlich besser geeignet als ein TFT-Display. Ein E-Book-Reader lässt sich auch ohne größere Schäden am Geräte fürchten zu müssen am Strand nutzen und erlaubt das Lesen im Sonnenschein. Zudem hält ein E-Book-Reader mit elektronischem Papier ein Urlaub lang ohne Aufladen durch, während ein ⇨ **Tablet** mit TFT-Display nach spätestens 13 Stunden Nutzungsdauer aufzuladen ist.

Elektronische Unterschrift, die; *Subst.*, ⇨ **Digitale Signatur**.

Elektrosensibilität, die; *Subst.*, ist eine noch wissenschaftlich ungeklärte angebliche besondere Empfindsamkeit gegenüber elektromagnetischen Feldern, die sich in Versuchen bei betroffenen Menschen nicht einheitlich zeigt. Es gibt eine Vielzahl von beobachteten oder von den Patienten genannten Symptomen wie Angstzustände, Bluthochdruck und Blutdruckschwankungen, Depressionen, Kopfschmerzen, Schlafstörungen, Sehstörungen und Tinnitus. Kritiker bezeichnen Elektrosensibilität dagegen als Hypochondrie, also Angstzustände, die durch eine psychische Störung ohne ernsthafte Erkrankung oder ernsthaften Anlass hervorgerufen werden; Information von Allergie, Umwelt, Gesundheit: https://www.allum.de/krankheiten/elektrosensibilitaet-elektrosensitivitaet.

Elektrosmog, der; *Subst.*, Verschmutzung der Umwelt durch ⇨ **Elektromagnetische Felder**.

Elk Cloner, der; *Subst.*, erster bekannter ⇨ **Computervirus**, der 1982 bei Apple II, einem Vorläufer der IBM-PCs in Erscheinung trat und von dem damals erst 15-jährigen Schüler Rich Skrenta geschrieben wurde. Der Virus wurde per Diskette übertragen und infizierte den Bootsektor eines Rechners. Einen Schaden richtete er nicht an, es trat lediglich eine Meldung auf dem Bildschirm auf.

Dieser Text des Elk Cloner zeigt sehr deutlich, dass Computerviren anfangs eher als Spaß und Zeitvertreib programmiert wurden, danach um einen großen Bekanntheitsgrad zu erlangen und vielleicht einen Job in der IT-Industrie. Heute sind Schadprogramme ein Geschäft von Internetkriminellen, und die Computerviren haben ihre anfängliche Unschuld verloren (siehe Tabelle auf der nächsten Seite).

E-Mail-Adresse

Meldung	Übersetzung
Elk Cloner: The program with a personality	Elk Cloner (wörtlich Elch-Klon): Das Programm mit einer Persönlichkeit.
It will get on all your disks It will infiltrate your chips Yes, it's Cloner!	Es wird auf all deine Disketten gelangen Es wird deine Chips infiltrieren Ja, es ist Cloner!
It will stick to you like glue It will modify RAM too	Er wird an dir wie Klebstoff hängen Er wird auch dein RAM verändern
Send in the Cloner!	Verteile den Cloner!

ELKO, der; *Subst.*, Elektrolyt-Kondensator, ein insbesondere bei ⇨ **Hauptplatinen** häufig eingesetztes elektronisches Bauteil. Da ein ELKO mit Flüssigkeit gefüllt ist, sollte er nicht übermäßiger Wärme ausgesetzt werden. Die Flüssigkeit könnte sonst verdampfen und durch den Überdruck den Kondensator verformen oder sogar explodieren lassen. Daher sind Schäden durch Hitzeeinwirkung, etwa beim Ausfall eines Kühlers, oft an einem beschädigten ELKO zu erkennen.

El Torito ist eine von den Firmen ⇨ **IBM** und Phoenix Technologies Mitte der 90er Jahre festgelegte Spezifikation für ⇨ **bootfähige CDs**. Der Name stammt angeblich vom Restaurant „El Torito Grill" in Irvine, Kalifornien, wo die Grundlagen der Spezifikation der Legende nach auf einer Serviette aufgeschrieben wurden. Bei El Torito handelt es sich um eine Erweiterung der ⇨ **ISO 9660**, bei der eine (weitere) bootfähige Session auf einer ⇨ **Multisession**-CD untergebracht wird.

eM, Em, EM, EML, Abkürzung bei ⇨ **Twitter** für ⇨ **E-Mail**.

eMail, E-Mail [sprich „i mäil"], die; *Subst.*, Abkürzung für **E**lectronic **M**ail, dt. elektronische Post, Versand von Nachrichten auf elektronischem Wege, meist über das Internet.

E-Mail-Adresse [sprich „i mäil adresse"], die; *Subst.*, „Anschrift" eines E-Mail-Nutzers, die den Namen und getrennt durch das Zeichen @ die ⇨ **Domain** des ⇨ **Internet Providers** oder E-Mail-Dienstleis-

E E-Mail-Client

ters enthält, also zum Beispiel Emil.Mustermann@epost.de.

E-Mail-Client [sprich „i mäil klaient"], der; *Subst.*, ist eine Anwendung zum Empfangen, Versenden und Verwalten von E-Mails und E-Mail-Kontakten. Beispiele sind Outlook und Thunderbird.

emailen [sprich „i mäilen"] oder **mailen**, *Verb*, das Versenden einer ⇨ **E-Mail**.

E-Mail made in Germany [sprich „i mäil mäid in dschörmäni"] ist eine Initiative der deutschen E-Mail-Anbieter 1&1, GMX, freenet, Telekom, Strato und Web.de, die einen hohen Sicherheits- und Datenschutzstandard versprechen. Die Daten werden verschlüsselt vom E-Mail-Versender zum Rechenzentrum der Anbieter übertragen und von dort auch wieder verschlüsselt zu einem Empfänger, der einen sicheren E-Mail-Anbieter hat. Zu dem Verbund gehörende Absender und Empfänger sind speziell gekennzeichnet, so dass direkt erkennbar ist, ob der E-Mail-Versand verschlüsselt erfolgt. Die Rechenzentren der Anbieter stehen in Deutschland, so dass die amerikanischen Geheimdienste darauf keinen Zugriff haben. Einige Anbieter wie Web.de erleichtern auch das Verschlüsseln der E-Mail-Inhalte, damit diese auch beim unverschlüsselten Versand an nicht der Initiative zugehörige Empfänger sicher sind.

Alle Anbieter ermöglichen zudem den Versand per ⇨ **De-Mail**; http://www.e-mail-made-in-germany.de.

E-Mail-Malware [sprich „ie-mail mälwär"], die; *Subst.*, sind per E-Mail-Anhang verbreitete ⇨ **Schadprogramme** wie Netsky oder SoBig sowie ⇨ **Erpressertrojaner**.

E-Mail-Server [sprich „i mäil sörwer"], der; *Subst.*, speichert und verwaltet die E-Mail-Konten der Benutzer und führt über einen Verbund den Datenaustausch der E-Mails durch. Dazu werden spezielle Protokolle verwendet. Für den Versand von E-Mails dient meist ein ⇨ **SMTP-Server** und für den Empfang ein ⇨ **POP3-Server**.

E-Mail-SMS [sprich „i mäil es em es"] 📱, ist ein Dienst zum Versand von ⇨ **SMS** als ⇨ **E-Mails**. Die Übertragung erfolgt im Mobilfunknetz über den ⇨ **8-Bit-Binärmodus**.

E-Mail-Spoofing [sprich „i mäil spuhfing"], ist eine Betrugsmethode, bei der die Absenderadresse einer E-Mail gefälscht wird, um den Empfänger auf Betrugsseiten zu locken. Häufig wird zum Beispiel PayPal als Absender angegeben. Der E-Mail-Empfänger klickt auf einen Link in der E-Mail und wird auf eine gefälschte Webseite weitergeleitet, wo er aufgefordert wird, sensible Daten einzugeben.

E-Mail-Tracking [sprich „i mäil träcking"], das; *Subst.*, Nachverfolgen einer ⇨ **E-Mail**, um herauszufinden, ob der Empfänger diese gelesen hat. Dazu werden die E-Mails mit einem Befehl versehen, damit beim Öffnen der E-Mail ein kleines Bild von einem Server aus dem Internet geladen wird. Über das Laden des Bildes wird erkannt, ob die E-Mail geöffnet wurde und wann dies geschehen ist. Zusätzlich erhält man weitere Informationen wie die IP-Adresse des Absenders, den verwendeten Browser und vieles mehr. Diesen Service übernehmen E-Mail-Tracking-Anbieter wie www.msgtag.com und verlangen dazu teilweise eine jährliche Gebühr.

In Deutschland ist das Sammeln und Speichern solcher Daten zwar durch das Datenschutzgesetz geregelt und darf nicht ohne Zustimmung des Betroffenen erfolgen. Es ist aber kaum zu erwarten, dass sich alle Tracking-Anbieter weltweit an das deutsche Datenschutzgesetz halten. Sie können sich aber selbst wirksam vor E-Mail-Tracking schützen, indem Sie in Ihrem E-Mail-Programm die Anzeige von Grafiken abschalten oder eine reine Text-Anzeige wählen.

Embedded Device, das; *Subst.*, ist ein auf einen speziellen Zweck zugeschnittenes Gerät, das nicht wie ein PC universell einsetzbar ist. Zum Beispiel ist der Kassenautomat in einer Automatenfiliale eines Geldinstituts ein Embedded Device, das mit einer speziellen Windows-Version für Embedded Devices läuft.

Embedded System, das; *Subst.*, abgekürzt **ES**, ist (1.) ein auf einen speziellen Zweck zugeschnittenes Computersystem oder (2.) ein Prozessor oder ein prozessorgesteuertes System, das fest in einer Maschine oder Anlage installiert ist.

EMF, Abkürzung für **E**nhanced **M**etafile [sprich „inhänsd metafeil"], ist (1.) ein auf ⇨ **WMF** basierendes Dateiformat und (2.) die ⇨ **Dateinamenerweiterung** einer Grafikdatei in diesem Format.

EML, Abkürzung bei ⇨ **Twitter** für ⇨ **E-Mail**.

Emoticon [sprich „imoutikon"], das; *Subst.*, ist ein Kunstwort aus Emotion, dt. Gefühl, und Icon, dt. Symbol. Mit Emoticons werden in ⇨ **E-Mails**, ⇨ **Chats**, ⇨ **Blogs** und ⇨ **Newsgroups** über Symbole Gefühle ausgedrückt, was ansonsten in der Schriftsprache nicht so einfach möglich ist.

Mittlerweile gibt es aber nicht nur für Gefühle Symbole. Ursprünglich wurden Emoticons aus ⇨ **ASCII**-Zeichen erstellt. Die Bedeutung erschließt sich mit ein wenig Fantasie und schräg gelegtem Kopf. So ist zum Beispiel <:*) das Emoticon

EMS

für Clown. Die Bedeutung einiger Emoticons ist aber auch mehrdeutig; so kann :-x Kuss aber auch „ich schweige wie ein Grab" bedeuten. Es gibt mittlerweile hunderte, wenn nicht tausende von Emoticons. Es handelt sich um die einfachste Form der ASCII art, wobei in Wettbewerben besonders einfallsreiche Emoticons prämiert werden.

Die Tabelle auf der nächsten Seite enthält eine kleine Übersicht; mehr bekommen Sie durch Eingabe des Suchbegriffs Emoticon in einer Suchmaschine wie www.google.de angezeigt. Es ist allerdings zu erwarten, dass die Bedeutung der ASCII-Zeichen abnimmt, da Emoticons mittlerweile auch als grafische Symbole für Mail-Clients und von Internet-Providern angeboten werden.

Ein Symbol wie ☺ sieht besser aus und ist aussagekräftiger als :-).

EMS, Abkürzung für **E**nhanced **M**essaging **S**ervice [sprich „enhahnsd mässedsching sörwis"], ist eine Erweiterung des Kurznachrichtendienstes ⇨ **SMS**, über die sich auch Bilder und Töne verschicken lassen.

Emulator, der; *Subst.*, ist ein Programm, das einen anderen Rechner emuliert, also nachahmt. Mit dem passenden Emulator lassen sich auf einem PC Programme für den Apple Macintosh, einen ⇨ **Heimcomputer**, wie den Commodore 64, PDAs wie den Palm oder ⇨ **Android**-Smartphones ausführen.

EMV, die; *Subst.*, Abkürzung für **E**lektro**m**agnetische **V**erträglichkeit, ist in Deutschland für elektronische Geräte vorgeschrieben, damit diese nicht die Funktion anderer Geräte oder den Benutzer (⇨ **Elektrosmog**) beeinträchtigen.

enabled [sprich „enäibeld"], *Adj.*, dt. aktiv, eingeschaltet; siehe auch ⇨ **disabled**.

enablen [sprich „enäibeln"], *Verb*, Aktivieren einer Komponente wie etwa einer Onboard-Grafikkarte, einer Funktion wie etwa einer BIOS-Funktion oder einer Option des Betriebssystems oder einer Anwendung.

Encoder, der; *Subst.*, ⇨ **Kodierer**.

Encryption [sprich „inkripdschen"], dt. ⇨ **Verschlüsselung**.

Ende-Taste [Ende], die; *Subst.*, bewegt den ⇨ **Cursor** je nach Anwendung und Anwendungssituation an das Ende der Zeile oder in die rechte untere Bildschirmecke. Wird die Ende-Taste zusammen mit der ⇨ **Strg**-**Taste** [Strg] gedrückt, wird der Cursor an das Ende des Dokuments bewegt; siehe auch ⇨ **Pos-1-Taste**.

E-Netz

Symbol	Bedeutung
:-)	lustig, fröhlich, auch als :-)), :))) usw. möglich
:-]	grinsend, aber auch „Dummkopf"
:-[	Vampir
;-)	Augenzwinkern, Ironie
:-D	lautes Lachen
:-P	Zunge rausstrecken (mit ganz unterschiedlicher Bedeutung)
:-*	Kuss
:-X	Kuss, aber auch „Ich schweige wie ein Grab"
:-(	traurig, mit weiteren Verstärkungen als :-((oder :-(((möglich
:-|	darüber kann ich nicht lachen
:-/ oder :-\	Skeptisch
:-O	Erstaunen
:-o	Erschrecken
<:*)	Clown
@>:-|	Vulkanier
>^..^>	Katze
==^=O=^==	Flugzeug

Einige Beispiele für gängige Emoticons und die Vielfalt der damit ausdrückbaren Begriffe und Gefühle

Endgeräteauswahlziffer ☏, die, *Subst.*, abgekürzt **EAZ**, erlaubt die gezielte Anwahl von Endgeräten an einem ⇨ **ISDN**-Hauptanschluss durch die Ziffern 1 bis 9. Über die Ziffer 0 werden alle angeschlossenen Geräte angesprochen.

E-Netz ✆, das; *Subst.*, ist ein seit 1994 bestehendes, digitales Mobilfunknetz im 1.800-MHz-Bereich, dessen Reichweite geringer als im ⇨ **D-Netz** ist. Daher sind zur Versorgung mehr Sendestationen erforderlich. Im Vergleich zum D-Netz

Enhanced Audio CD

ist die Netzabdeckung jedoch nicht deswegen schlechter, sondern weil das D-Netz in Deutschland besser ausgebaut ist. Nachfolger für die Datenübertragung sind seit 2004 ⇨ **UMTS** und seit 2010 ⇨ **LTE**.

Enhanced Audio CD [sprich „inhänsd ohdio si di"] oder **Enhanced CD** [sprich „inhänsd si di"], die; *Subst.*, ist eine Musik-CD mit erweiterten Inhalten, die mit einem CD- oder DVD-Laufwerk eines PCs angezeigt oder abgespielt werden. CD-Player im Auto oder von Geräten der Unterhaltungselektronik spielen nur die Musik ab.

Enhanced Full Rate 🕿 [sprich „ihänsd ful räit"], abgekürzt **EFR**, ist ein Verfahren in der Sprachtelefonie, das durch eine spezielle Codierung eine bessere Übertragungsqualität ermöglicht.

Enhanced IDE [sprich „inhänsd ih de eh" bei der üblichen deutschen Aussprache von IDE] abgekürzt **E-IDE**, Nachfolger des IDE-Standards mit erhöhter Datentransferrate, Überwindung der Grenze von 504 MB für Festplatten, Anschluss von bis zu vier Geräten an einen E-IDE-Controller, Anschluss anderer Geräte als Festplatten wie zum Beispiel IDE-CD-ROM-Laufwerken.

Enkodierer, der; *Subst.*, ⇨ **Kodierer**.

Enter-Taste, die; *Subst.*, ist eine Bezeichnung für die Tasten [Enter] und [⏎] auf der PC-Tastatur, die der **Wagenrücklauftaste** bei einer konventionellen Schreibmaschine entsprechen. Andere Bezeichnungen sind ⇨ **Return** bzw. ⇨ **Return-Taste**, ⇨ **Carriage Return** (**CR**) und ⇨ **Eingabetaste**. Die Enter-Taste wird beim Abschluss einer Befehlseingabe eingesetzt und ist unter Windows meist gleichbedeutend mit einem Klick auf eine Schaltfläche *OK*.

Entf-Taste [Entf], die; *Subst.*, auf englischen Tastaturen mit ⇨ **Del** beschriftet, löscht das Zeichen an der Cursorposition. Der ⇨ **Cursor** wird dabei nicht bewegt. Die Taste [Entf] löscht auch mehrere Zeichen oder Objekte, die gerade markiert sind.

Environment ⇨ **Umgebungsspeicher**.

EOF, Abkürzung für **E**nd **o**f **F**ile [sprich „end off feil"] = Dateiende oder **E**nd **o**f **F**rame [sprich „end off fräim"] = Rahmenende, Blockende, ist (1.) eine Kennzeichnung für das Dateiende, (2.) ein Steuerzeichen aus dem ⇨ **ASCII-Code** und (3.) die Bezeichnung für das Ende eines ⇨ **Frames** oder ⇨ **Blocks**.

EOL, Abkürzung für **E**nd **o**f **L**ine [sprich „end off lehn"] = Zeilenende, ist (1.) ein Steuerzeichen in einer Textdatei und (2.) eine Kennzeich-

EPS

nung für das Ende einer übertragenen Datenzeile in einem Kommunikationsprotokoll einer ⇨ **Datenfernübertragung**.

EPA, Abkürzung für **e**lektronische **P**atienten**a**kte und die Speicherung der Patientendaten eines niedergelassenen Arztes in dessen Praxis, in einem Krankenhaus oder in einem Praxis-Netz, zu dem sich mehrere niedergelassene Ärzte und ggf. Krankenhäuser zusammengeschlossen haben.

e-paper [sprich „i päiper"], **E-Paper, ePaper, E-Papier** ⇨ dt. **elektronisches Papier**.

EPC, Abkürzung für **E**lectronic **P**roduct **C**ode [sprich „ilektronik proudakt kohd"], ist ein Nummerierungssystem, dessen Nummern mit einer Länge von 96 Bit aufgebaut sind. Darüber kann jedem Produkt eine eindeutige Kennung zugewiesen werden. Es soll die Codierung mit ⇨ **Barcodes** ablösen.

EPD, Abkürzung für **E**lectronic **P**aper **D**isplay [sprich „ilektronik päiper disspläi"]; ⇨ **elektronisches Papier**.

EPG, Abkürzung für **E**lectronic **P**rogram **G**uide [sprich „ilektronik prougräm gaid"], ist ein elektronischer Programmführer beim digitalen Fernsehen.

ePIPO ⇨ **Zango**

Episode auch TV-Serie, Bezeichnung für einen einzelnen Beitrag eines ⇨ **Podcasts**. Siehe auch ⇨ **Podcaster** und ⇨ **Podcasting**.

EPROM, das; *Subst.*, Abkürzung für **E**rasable **P**rogrammable **R**ead **O**nly **M**emory [sprich „iräisebl progrämmebl riehd ounli memmori"], ist ein lösch- und programmierbarer Lesespeicher, der früher für ⇨ **BIOS** oder ⇨ **Firmware** eingesetzt wurde, und durch ultraviolettes Licht gelöscht und mit einem ⇨ **EPROM-Brenner** wieder neu programmiert werden kann. Heute werden zu diesem Zweck ⇨ **EEPROMs** eingesetzt, die sich ohne Ausbau und Bestrahlung elektrisch sekundenschnell neu programmieren lassen. Dies ermöglicht ein BIOS- bzw. Firmware-Update ohne EPROM-Brenner.

EPROM-Brenner, der; *Subst.*, ist ein Gerät zum Beschreiben von EPROMs, das zum jeweiligen EPROM kompatibel sein muss (passender ⇨ **Sockel**, richtige Spannung und Stromstärke).

EPS, Abkürzung für **E**ncapsulated **P**ost**S**cript [sprich „enkäpsuläitid poustskript"], ⇨ **Dateinamenerweiterung** einer PostScript-Datei, die als Bild in Satzdateien eingefügt werden kann. EPS-Dateien lassen sich nicht editieren und werden vom Layoutprogramm 1:1 an den Drucker geschickt. Zur Ausgabe von EPS-Dateien muss der Drucker PostScript-fähig sein oder ein PostScript-Emulator verwendet werden.

EQ, Abkürzung für **Equalizer**, eine Funktion in einem ⇨ **Player**, mit der sich die Frequenzen erhöhen oder erniedrigen lassen. Beispielsweise verfügt der bekannte Audio-Player ⇨ **WinAMP** über eine solche Equalizer-Funktion.

equal, dt. ⇨ **gleich**.

Equalizer [sprich „iekweleisa"], der; *Subst.*, ist eine Funktion in einem ⇨ **Player**, mit der sich die Frequenzen erhöhen oder erniedrigen lassen.

ERC20 ist ein Ende 2015 veröffentlicher ⇨ **Token**-Standard für die ⇨ **Ethereum** ⇨ **Blockchain**, der von der Mehrzahl der ⇨ **Kryptowährungen** verwendet wird; https://bitcoinblog.de/2017/10/03/erc20-die-basis-der-meisten-ico/

Erdungsarmband, das; *Subst.*, ist ein Armband aus leitendem Material, das mit einem Klettverschluss am Handgelenk befestigt und über ein Spiralkabel mit einer Krokodilklemme an einer geerdeten Metallfläche angeschlossen wird. Damit wird bei Arbeiten am PC vermieden, dass PC-Bausteine durch elektrostatische Aufladung beschädigt werden. Ein Erdungsarmband ist im Elektronikfachhandel für ca. 10 € erhältlich.

eReader, E-Reader [sprich „i riehder"] ⇨ **E-Book-Reader**.

Ereignisprotokoll, das; *Subst.*, ist eine Art Tagebuch von ⇨ **Windows**, in dem das Betriebssystem vom Hochfahren bis zum Herunterfahren des Rechners alle Ereignisse protokolliert. Dies ist sehr wichtig bei der Fehlersuche, denn es sind darin alle auftretenden Fehler und Warnungen festgehalten. Auch die Meldungen von ⇨ **Antivirenprogrammen** über gefundene Viren werden aufgezeichnet.

Erpressertrojaner, der; *Subst.*, ist ein ⇨ **Schadprogramm** wie ⇨ **Locky**, das ⇨ **Windows** sperrt, die Datendateien auf dem Rechner und angeschlossener Laufwerke einschließlich Netzlaufwerke verschlüsselt und eine Lösegeldforderung für die Freigabe der Daten bzw. das Entschlüsseln verlangt.

Dabei wurde anfangs behauptet, die Sperrung sei durch das **B**undeskriminalamt (**BKA-Trojaner**) oder die GEMA (**Ge**sellschaft für **m**usikalische **A**ufführungs- und mechanische Vervielfältigungsrechte) veranlasst, da der PC-Anwender eine Straftat begangen hätte. Teilweise ist auf dem Sperrbildschirm auch Bundeskanzlerin Angela Merkel zu sehen. Übersicht der bisher bekannten

Erpressertrojaner

Sperrbildschirme: https://www.bka-trojaner.de/.

Anfangs ließen sich diese Programme einfach über den ⇨ **Abgesicherten Modus** entfernen. Die angekündigte Verschlüsselung war nur eine leere Drohung oder es wurden die Schlüssel zur Entschlüsselung ermittelt. Mittlerweile führen die Erpresser-Trojaner die Verschlüsselung immer durch und verwenden sehr sichere Verschlüsselungsverfahren, die praktisch nicht zu knacken sind. Daher sollten die Daten regelmäßig gesichert werden, um diese im Fall einer Verschlüsselung wieder herstellen zu können.

Welcher Erpressertrojaner am Werk war, lässt sich häufig an der Dateiendung erkennen (siehe Tabelle). Mit dieser Information kann ermittelt werden, ob Schlüssel für die Verschlüsselung dieses Erpressertrojaner bekannt sind, es ⇨ **Decryptor-Tools** dafür gibt und Anleitungen zur Entschlüsselung, um die Daten zu retten.

Dateiendung	Erpressertrojaner
.axx	AxCrypt
.breaking_bad	Shade
.ccc	Cryptowall, TeslaCrypt
.cerber, cerber2	Cerber
.cry	Crylocker
.cryp1	CryptXXX
.crypt	Scatter
.crypted	Nemucod
.cryptolocker	Cryptolocker
.cryptowall	Cryptowall
.crypz	CryptXXX
.ecc	Cryptolocker, TeslaCrypt
.exx	Alpha Crypt
.ezz	Alpha Crypt
.heisenberg	Shade

E error-level

Dateiendung	Erpressertrojaner
.locked	KimcilWare
.locky	Locky
.lol!	GPCode
.micro	TeslaCrypt 3.0
.mp3	TeslaCrypt 3.0 oder harmlose MP3-Audiodatei
.r5a	7ev3n
.wlfx	Wildfire
.xtbl	Shade
.ytbl	Shade
.zepto	Locky

Übersicht der Dateiendungen von durch Erpressertrojaner verschlüsselten Dateien

error-level, dt. Fehlerstufe.

Erweiterte Partition, die; *Subst.*, ist eine ⇨ **Partition**, die sich in maximal 23 logische Laufwerke unterteilen lässt, die jeweils einen Laufwerksbuchstaben zugewiesen bekommen. Bei den DOS- und Windows-Dateisystemen ⇨ **FAT16**, ⇨ **FAT32** und ⇨ **NTFS** lassen sich beim ⇨ **Partitionieren** einer ⇨ **Festplatte** eine ⇨ **primäre Partition** und wahlweise eine erweiterte Partition anlegen.

Erweiterung, die; *Subst.*, ⇨ **Dateinamenerweiterung**.

Erweiterungskarte, die; *Subst.*, oder ⇨ **Steckkarte** ist eine Hardware-Erweiterung (zum Beispiel Grafik-, Sound- oder Netzwerkkarte) eines Rechners, die in einen ⇨ **Steckplatz** (⇨ **Slot**) der ⇨ **Hauptplatine** gesteckt wird.

ES, das; *Subst.*, die Abkürzung für ⇨ **Embedded System**.

eSATA, Abkürzung für **e**xternal Serial **ATA**, ist ein Standard für den externen Anschluss von SATA-Geräten. Der Unterschied besteht in der stärkeren Abschirmung der Kabel und in anderen Steckern und Buchsen, damit Kabel für internes SATA nicht mit solchen für externes SATA verwechselt werden. Die maximale Kabellänge beträgt 2 Meter. Stecker und Buchsen sollen sich mindestens

Ethernet   E

5.000-mal stecken lassen, ohne dass ein Defekt auftritt, während interne SATA-Kabel laut Vorgabe nur 50 Steckvorgänge überleben müssen; ⇨ **SATA**.

eSATAp ist eine Erweiterung von ⇨ **eSATA**, wobei das **p** für **p**ower und die zusätzliche Stromversorgung des angeschlossenen externen SATA-Geräts mit 5 V oder bei **eSATApD** mit 5 V und 12 V steht; ⇨ **SATA**.

ESC, Abkürzung für **Esc**ape [sprich „iskäip"], Abkürzung für **Esc**ape, dt. entfliehen, abbrechen, ist ein Steuerzeichen mit folgenden Bedeutungen: (1.) eine Escape-Sequenz zur Bildschirmsteuerung in der VT100/ANSI-Darstellung bei der ⇨ **Datenfernübertragung** mit einem ⇨ **Modem**, (2.) Codeumschaltung und Steuerung von Tastatur- und Bildschirmverhalten (Funktionstastenbelegung, Farbinformationen) in Verbindung mit geladenem ANSI. SYS-Treiber bei ⇨ **DOS** und (3.) Abbruch einer bereits eingeleiteten Funktion oder Beenden eines Programms.

escape key [sprich „iskäip ki"], ⇨ **ESC-Taste**, also die Taste ⌨Esc⌨.

ESC-Taste [sprich „iskäip taste"] oder **Abbrechentaste**, die; *Subst.*, Taste ⌨Esc⌨, deren Aufschrift die Abkürzung des englischen Worts **esc**ape, dt. flüchten ist. Diese Taste wird verwendet, um Programmfunktionen abzubrechen.

ESET ist ein slowakisches Unternehmen, das Sicherheitssoftware sowohl für die Privat- als auch für Geschäftskunden entwickelt; https://www.eset.com/de/.

ESurf ist ein ⇨ **Browser-Entführer**, der Startseite und Suchmaschine in www.esurf.biz ändert. Der Anbieter verdient an Werbeeinnahmen auf der Seite und den erhobenen Daten.

ETH, Währungssymbol für die ⇨ **Kryptowährung** ⇨ **Ethereum**.

Ether, Währungskürzel **ETH**, ⇨ **Kryptowährung** des ⇨**Ethereum**-Netzwerkes, wobei Ethereum über Tokens auch weitere Währungen erzeugen kann. Ende 2017 waren rund 96 Millionen Ether mit einer Marktkapitalisierung von 29 Milliarden Euro im Umlauf. Damit ist Ether hinter ⇨ **Bitcoin** die zweitstärkste Kryptowährung.

Ethereum ist ein dezentrales System zum Anlegen, Verwalten und Ausführen von ⇨**DApps** bzw. ⇨**Smart Contracts** in der eigenen ⇨**Blockchain**, wobei die ⇨**Kryptowährung** ⇨**Ether** als Zahlungsmittel verwendet wird.

Ethernet [sprich „essernet"], das; *Subst.*, ist (1.) die Bezeichnung für ein genormtes, lokales Netzwerk

E eToro

(IEEE 802.3) mit einer Übertragungsrate von 10 Megabit/s (Mbps), 100 Megabit/s (Mbps) bei Fast Ethernet (IEEE 802.3u), 1.000 Megabit/s (Mbps) bei Gigabit Ethernet (IEEE 802.3z/802.3ab) sowie 10.000 Megabit/s (Mbps) bei 10 Gigabit Ethernet (IEEE 802.3ae). Es wurde Ende 1972 im Xerox Parc für die Verbindung der ➪ **Workstations** Xerox Alto untereinander und mit Servern und Laserdruckern entwickelt und daher zunächst als „Alto Aloha"-Netzwerk bezeichnet. 1973 wurde es von einem der Entwickler, Bob Metcalfe, in Ethernet umbenannt, um deutlich zu machen, dass dieses Netzwerk nicht nur auf die Alto-Computer beschränkt ist. Der Name rührt vom Äther her, dem legendären Übertragungsmedium für Funkwellen.

Die Firmen Digital Equipment, ➪ **Intel** und Xerox (kurz **DIX**) entwickelten in einem gemeinsamen Projekt das Ethernet zum Ethernet V1.0 weiter, das 1980 beim ➪ **IEEE** als Norm angemeldet und im Oktober 1982 als IEEE 802 veröffentlicht wurde.

Eine umfassende Darstellung des Ethernet findet sich auf der Website von Charles Spurgeon, dem Autor des Buchs „Ethernet: The Definitive Guide", in englischer Sprache: www.ethermanage.com/ethernet/ethernet.html.

eToro, benannt nach einem kleinen Volksstamm aus Papua-Neuguinea, ist eine soziale Handelsplattform (Social Trading), auf der sich über CFDs mit den Kursunterschieden von Aktien, Devisen, Indizes und Rohstoffen handeln lässt. Besonders beliebt ist der Handel mit ➪ **Kryptowährungen** wie ➪ **Bitcoin**, ➪ **Dash**, ➪ **Ethereum**, ➪ **Litecoin** und ➪ **Ripple**, da sich damit ein jährlicher Wertzuwachs von mehreren Hundert oder gar Tausend Prozent realisieren lässt. Der Kryptowährungs-Fonds CryptoFund stieg zum Beispiel von Juli 2017 bis Dezember 2017 um rund 1.000 Prozent, so dass eine Einlage von 10.000 € zu einem Wert von über 100.000 € führte. Das mit solchen hohen Gewinnen einhergehende Risiko bis zum Totalverlust kann durch das Kopieren erfahrener und von eToro ausgewählter Händler und CopyFunds minimiert werden. Bevor echtes Geld investiert wird, kann über ein virtuelles Konto mit 100.000 € Einsatz geübt werden. Die Händler helfen sich gegenseitig und eToro führt Schulungen durch. Wer durch einen anderen Händler empfohlen wird, erhält bei einer Einzahlung von 1.000 $ zusätzliche 20 $. Ein Händlerkonto kann schon mit einer Einlage von 1.000 $ eröffnet und damit einem anderen Händler gefolgt werden, Kryptowährungen sind ab 200 $ und Aktien ohne Hebel ab 500 $ handelbar. Der Kryptofonds und andere CopyFunds sind ab einer

Einlage von 5.000 $ nutzbar. Auszahlungen kosten 25 $, ansonsten fallen keine Kontoführungsgebühren an, bei Verwendung von Hebeln sind die jeweiligen Tages- und Wochenendgebühren angegeben. Erfahrene Händler können von eToro mit 500 $ monatlich, einer jährlichen Werbeprämie von 5.000 $, Schulungen im Wert von 5.000 $ jährlich und einer Beteiligung am Kopiervolumen gefördert werden. Top-Trader verdienen bei eToro bis zu mehreren hunderttausend Euro pro Jahr. Anmeldung mit 20 $ Bonus über http://etoro.tw/2AcE9zq.

ETSI, Abkürzung für **E**uropean **T**elecommunications **S**tandards **I**nstitute [sprich „juropiän telekomjunikäischn ständards institjut"], ist ein Institut, das europäische Standards für die Telekommunikation entwickelt; http://www.etsi.org.

EULA, Abkürzung von Microsoft für **E**nd **U**ser **L**icense **A**greement [sprich „end juser leisens ägriehment"], bezeichnet die Endbenutzer-Lizenzvereinbarungen, also den Vertrag, den Sie als Benutzer beim Erwerb der Nutzungsrechte für Windows oder einer anderen Microsoft-Software mit dem Unternehmen eingehen.

Euro-ISDN 🔖, das; *Subst.*, Europäischer Standard für ⇨ **ISDN**, der ⇨ **DSS1** als ⇨ **Protokoll** verwendet.

Europäischer Datenschutztag, der; *Subst.*, engl. **Data Protection Day**, ist ein internationaler Feiertag, der seit 2007 jedes Jahr am 28. Januar in 47 europäischen Ländern, Indien, Kanda und den USA begangen wird, da am 28. Januar 1981 die Europäische Datenschutzkonvention unterzeichnet wurde.

Euro-Taste, die; *Subst.*, Taste [E], auf der bei Euro-Tastaturen zusätzlich unten rechts das Euro-Zeichen € aufgedruckt ist. Das Eurozeichen wird über [AltGr]+[E] erzeugt, was meistens auch dann funktioniert, wenn es bei einer älteren Tastatur noch nicht auf der Tastenkappe abgebildet ist.

EU-US-Privacy Shield, Nachfolger des „Safe-Harbor"-Abkommens und eine Regelung zum Datenaustausch zwischen der EU und den USA.

Evaluation version [sprich „ewaluäischen wörschn"], dt. ⇨ **Evaluierungsversion**.

Evaluierungsversion, die; *Subst.*, engl. **Evaluation version**, bezeichnet eine Software, die zu Erprobungszwecken nur für einen bestimmten Zeitraum oder nur in eingeschränktem Umfang benutzt werden kann; ⇨ **Shareware**.

even [sprich „iwen"], dt. gerade, wird zum Beispiel im Zusammen-

E Eventblog

hang mit einer geraden Anzahl Bits oder einer geraden Quersumme verwendet; ⇨ **odd**.

Eventblog [sprich „iwentblogg"], der; *Subst.*, ist ein ⇨ **Blog**, der speziell für ein bestimmtes Ereignis (Event) erstellt wurde.

Evilware [sprich „ivelwähr"], die; *Subst.*, ist eine andere Bezeichnung für **Malware** oder deutsch ⇨ **Schadprogramme**.

Ex2FS ist ein ⇨ **Dateisystem** von Linux; siehe auch ⇨ **Ex3FS**, ⇨ **ext2**, ⇨ **ext3**, ⇨ **ext4**.

Ex3FS ist ein ⇨ **Dateisystem** von Linux und eine Erweiterung gegenüber **Ex2FS**; siehe auch ⇨ **ext2**, ⇨ **ext3**, ⇨ **ext4**.

Exbi, Abkürzung für **Ex**a **bi**nary [sprich „äcksabeinäri"], Ei, entspricht 260 = 1.152.921.504.606.846.976 und ist ein Standard des ⇨ **IEC**, der bei binären Größen zur genaueren Angabe statt Exa verwendet werden soll. Bislang ist Exbi jedoch noch recht unbekannt, und auch Exa wird in Zusammenhang mit PCs selten verwendet.

Exchange [sprich „icksschäinsch"], Basisprogramm für die Kommunikationsdienste von Windows. In der Server-Version läuft Exchange auf einem PC im Netzwerk, der die Kommunikation aller PCs für Online-Dienste und Fax übernimmt.

EXE, ⇨ **Dateinamenerweiterung** für ausführbare Programme unter ⇨ **DOS** und ⇨ **Windows**.

exFAT, Abkürzung für **Ex**tended **F**ile **A**llocation **T**able, also erweiterte Dateizuordnungstabelle, ist ein ⇨ **Dateisystem** der Firma Microsoft, das im Unterschied zu ⇨ **FAT32** auch Dateien mit einer Größe von über 4 GB verwalten kann.

EXIF, Abkürzung für **Ex**changeable **I**mage **F**ile Format for Digital Still Cameras [sprich „icksschäinschebl imidsch feil formät for ditschitäl still kämeres"], sind Informationen zu technischen Daten bei der Aufnahme eines Bildes mit einer Digitalkamera wie Datum, Brennweite und Belichtungszeit. Diese Informationen werden in einem Anhang zu der Bilddatei gespeichert und können von Bildverwaltungsprogrammen und Belichtungsprogrammen verwendet werden.

Exploit [sprich „äckspleut"], das; *Subst.*, ist (1.) ein Schadprogramm, das Sicherheitslücken in einem System ausnutzt, (2.) ein Namensbestandteil vieler Computerviren und (3.) ein Testprogramm, um Sicherheitslücken zu finden und zu dokumentieren.

Extensible Firmware Interface

Explorer [sprich „äcksplorer"], der; *Subst.*, umgangssprachliche Kurzform für ⇨ **Windows-Explorer**, aber auch für ⇨ **Internet Explorer**, was zu Verwechslungen führen kann. Der Windows-Explorer ist zur Verwaltung der Dateien und Ordner auf den lokalen oder über ein lokales ⇨ **Netzwerk** erreichbaren Laufwerke. Dagegen ist der Internet Explorer hauptsächlich ein ⇨ **Browser** zum Surfen im ⇨ **Internet**.

ExpressCard, Nachfolger von ⇨ **PC-Card** und besser als PCMCIA-Karte bekannt, da der Standard von der **P**ersonal **C**omputer **M**emory **C**ard **I**nternational **A**ssociation [sprich „pörsenäl kompjuter memmori kard internäschenäl assosiäischn"] (⇨ **PCMCIA**) entwickelt wurde. Eine ExpressCard kann Daten über PCI-Express oder USB 2.0 austauschen, je nachdem, wofür der Hersteller sie entwickelt hat. Notebooks lassen sich per ExpressCard mit einer leistungsstärkeren Soundkarte oder sogar 3D-Grafikkarte aufrüsten, daneben gibt es Schnittstellen wie USB 3.0 oder SATA als Erweiterung.

expression [sprich „ickspreschen"], dt. Ausdruck.

ext2 oder **2nd Extended Filesystem** [sprich „seckend äckstendid feil süstm"] ist ein Dateisystem von ⇨ **Linux**, das mittlerweile weitestgehend durch neuere Dateisysteme wie ⇨ **ext3** abgelöst wurde.

ext3 oder **3rd Extended Filesystem** [sprich „sörd äckstendid feil süstm"] ist ein Dateisystem von ⇨ **Linux**, das früher bei den meisten Linux-Distributionen als Standard-Dateisystem verwendet wurde und heute durch ⇨ **ext4** abgelöst ist. Der Vorgänger ist ⇨ **ext2**. Bei ext3 handelt es sich um ext2, das um eine Journaling-Funktion erweitert wurde. Diese Funktion dient der Datensicherheit, denn sie soll verhindern, dass bei einem Rechnerabsturz die Metadaten beschädigt werden.

ext4 oder **4th Extended Filesystem** [sprich „forss äckstendid feil süstm"] ist ein Journaling-Dateisystem von ⇨ **Linux**, dessen Hauptentwicklung seit dem 24. Dezember 2008 beendet ist. Es weist etliche Verbesserungen gegenüber ext3 auf. Da vorhandene ext3-Partitionen ohne Neuformatierung in ext4 umgewandelt werden können und ext4 als stabil gilt, ist es das Standard-Betriebssystem für Linux.

Extensible Firmware Interface [sprich „ickstensibl firmwähr interfäis"], abgekürzt **EFI**, ersetzt in aktuellen PCs das über 40 Jahre alte ⇨ **BIOS**. Es handelt sich um eine Schnittstelle zwischen der Firmware der Rechner-Komponenten und dem Betriebssystem. Alle aktuellen Windows-Versionen unterstützen EFI.

E extension

Aus Herstellersicht hat EFI einige Vorteile wie die einfache Erweiterbarkeit, ein integriertes Netzwerkmodul zur Fernwartung, die Unterstützung hochauflösender Grafikkarten schon während des Bootens und die Programmiersprache C statt Assembler wie beim BIOS. Die Vorteile für Sie als Anwender sind die grafische Oberfläche für die Einstellungen und dass diese Einstellungen auch über Windows abrufbar und einstellbar sind.

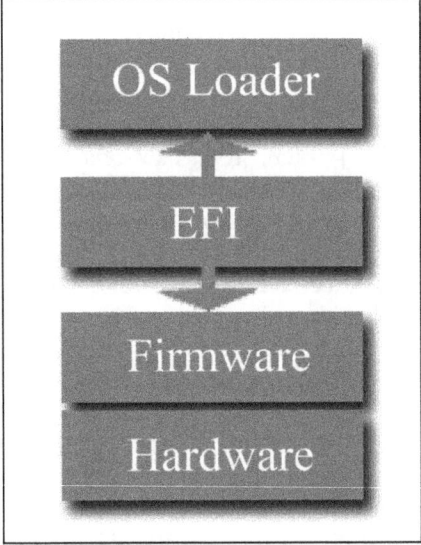

Das EFI-Funktionsprinzip als Schnittstelle zwischen Hardware und Betriebssystem

extension [sprich „äckstännschn" oder „ickstännschn"], dt. ⇨ **Dateinamenerweiterung**, auch als **Extension** eingedeutscht.

extern, *Adj.*, ist ein Hinweis darauf, dass ein Gerät von außen über eine Schnittstelle an einen PC angeschlossen wird, zum Beispiel externe statt interne Festplatte. Im Vergleich zu internen Geräten sind externe meist deutlich teurer, da das Gehäuse aufwändiger ist und meist eine eigene Spannungsversorgung und oft auch Kühlung vorhanden sein muss. Zudem sind die verkauften Stückzahlen externer Geräte geringer, was sich ebenfalls im Preis niederschlägt.

Dafür haben externe Geräte den Vorteil, dass sie sich leicht an andere PCs anschließen lassen und so zum Beispiel zur Datenübertragung und -sicherung eingesetzt werden können. Teure Geräte lassen sich so auch für mehrere Arbeitsplätze nutzen.

external [sprich „äckstörnl"], dt. extern.

External Case [sprich „äckstörnl käis"] ist ein externes Gehäuse zum Einbau von Laufwerken wie ⇨ **Festplatte**, ⇨ **MO**, oder ⇨ **CD-** oder **DVD-Brenner**. Der Anschluss erfolgt per ⇨ **USB**, ⇨ **FireWire**, ⇨ **SCSII** oder ⇨ **parallele Schnittstelle**. Teilweise hat das externe Gehäuse eine eigene Spannungsversorgung.

Extreme FFS, Abkürzung für **Extreme Flash File System** [sprich

„äckstriehm fläsch feil süstm"], ist ein neues Dateisystem der Firma Sandisk, das die Schreibgeschwindigkeit von ⇨ **SSDs** im Vergleich zu herkömmlichen Flash-Dateisystemen wie TrueFFS um bis zu 100 x erhöhen soll.

Gleichzeitig soll Extreme FFS auch die Lebensdauer der SSDs verlängern, sodass diese zum Beispiel selbst dann 11 Jahre fehlerfrei arbeiten, wenn der Benutzer täglich 10 GByte darauf schreibt. Im Unterschied zu heute auf Festplatten verwendeten Dateisystemen wie ⇨ **NTFS** soll Extreme FSS als Managementsystem die Daten im Speicher beliebig nach Zugriff optimiert anordnen können. Dabei werden häufiger benötigte Daten so abgelegt, dass auf sie sehr schnell zugegriffen werden kann.

Eye-Tracking [sprich „ei träcking"], dt. Blickerfassung, ist (1.) eine Technologie für 3D ohne Brille, die von LG vorgestellt wurde. Ein Kamerasensor am Display erkennt Veränderungen der Augenstellung des Nutzers in Echtzeit und berechnet daraus dessen Sichtwinkel und Position. Das Bild wird dann so justiert, dass der 3D-Effekt entsteht. Die Blickerfassung wird (2.) auch zur Optimierung von Arbeitsabläufen, zur Optimierung von Produkten und Werbemaßnahmen sowie für wissenschaftliche Forschung verwendet.

F

F1 ⌈F1⌉, erste der 12 Funktionstasten einer PC-Tastatur, mit der Hilfe-Funktion vorbelegt. Es wird immer die Hilfe des gerade ausgewählten Programms angezeigt. Ist der Windows-Desktop aktiv, wird die Hilfe zu Windows aufgerufen.

F2 ⌈F2⌉, zweite der 12 Funktionstasten einer PC-Tastatur, mit der Umbenennen-Funktion vorbelegt. Zur Anwendung wird ein Dateiname im ⇨ **Windows-Explorer** markiert und ⌈F2⌉ gedrückt.

F2F, Abkürzung für (1.) **F**riend-**to**-**F**riend-Netzwerk [sprich „frend tu frend netzwerk"], ein ⇨ **Peer-to-Peer-Netzwerk**, bei dem sich nur Personen direkt verbinden, die sich persönlich kennen, und (2.) **F**ace **to F**ace [sprich „fäis tu fäis"], dt. von Angesicht zu Angesicht.

F3 ⌈F3⌉, dritte der 12 Funktionstasten einer PC-Tastatur, öffnet bei ⇨ **Windows 10** das Startmenü und ruft im Windows-Explorer sowie einem Browser die Suche auf.

F4 ⌈F4⌉, vierte der 12 Funktionstasten einer PC-Tastatur, führt bei den ⇨ **Browsern** ⇨ **Internet Explorer** und ⇨ **Microsoft Edge** direkt ins Adressfeld zur Eingabe einer Internetadresse.

F5 ⌈F5⌉, fünfte der 12 Funktionstasten einer PC-Tastatur, aktualisiert beim ⇨ **Windows-Explorer** die Anzeige. Es werden dabei die Dateien oder Ordner neu angezeigt.

F6 ⌈F6⌉, sechste der 12 Funktionstasten einer PC-Tastatur, ermöglicht den Wechsel innerhalb der Bedienungsebenen eines Programms. So kann etwa bei Word zwischen der Texteingabe und dem Menü hin- und hergesprungen werden oder beim ⇨ **Browser** zwischen Adressfeld und Registern.

F7 ⌈F7⌉, siebte der 12 Funktionstasten einer PC-Tastatur, hat bei Windows keine Vorbelegung, kann jedoch durch Apps oder Windows-Anwendungen belegt werden.

F8 ⌈F8⌉, achte der 12 Funktionstasten einer PC-Tastatur, wird beim PC-Start zum Wechsel in den ⇨ **Abgesicherten Modus** von ⇨ **Windows 7** verwendet. Bei ⇨ **Windows 10**, 8.1 und 8 wird dazu ⌈⇧⌉+⌈F8⌉ gedrückt. Im Windows-Betrieb hat ⌈F8⌉ keine Vorbelegung, kann jedoch durch Apps oder Windows-Anwendungen belegt werden.

F9 ⌈F9⌉, neunte der 12 Funktionstasten einer PC-Tastatur, hat bei Windows keine Vorbelegung, kann jedoch durch Apps oder Windows-Anwendungen belegt werden.

Fahrradcomputer   F

F10 F10, zehnte der 12 Funktionstasten einer PC-Tastatur, öffnet die Menüleiste eines ⇨ **Browser**s oder einer Anwendung. Teilweise werden zur Auswahl der Menüs Buchstaben angezeigt, um diese auch ohne Maus bedienen zu können.

F11 F11, elfte der 12 Funktionstasten einer PC-Tastatur, wechselt im ⇨ **Browser** in den Vollbildmodus ohne Anzeige der Browserleisten und wieder zurück.

F12 F12, zwölfte der 12 Funktionstasten einer PC-Tastatur, hat bei Windows keine Vorbelegung, kann jedoch durch Apps oder Windows-Anwendungen belegt werden.

FAA, Abkürzung für **Fragment Anti-Aliasing**, ist ein Verfahren zum ⇨ **Anti-Aliasing**.

Facebook [sprich „fäis buck"], dt. sinngemäß „Studenten-Jahrbuch", ist ein von Mark Zuckerberg im Jahr 2004 zusammen mit Partnern gegründetes soziales Netzwerk, das mit seinen 2,1 Milliarden Nutzern weltweit (Stand November 2017) mit weitem Abstand vor ⇨ **Twitter** (330 Millionen monatliche Nutzer im 3. Quartal 2017) Marktführer ist. Die Anzahl der deutschen Nutzer lag im September 2017 bei 31 Millionen. Facebook wird in über 80 Sprachen angeboten und ist praktisch in jedem Land präsent. Datenschützer kritisieren den Umgang des Unternehmens mit persönlichen Daten. Durch unter Facebook nutzbare Apps und die ⇨ **Timeline** (in Deutschland ⇨ **Chronik**) werden Daten der Benutzer erhoben, teilweise ohne deren Wissen (Daten von Freunden). Die Nutzung von Facebook ist kostenlos, das börsennotierte Unternehmen mit einer Marktbewertung von 539 Mrd. US-Dollar (Stand Juni 28. November 2017, Bewertung nach Börsenwert zum Stichtag) lebt von Werbeeinnahmen.

Face ID, Bezeichnung von ⇨ **Apple** für die ⇨ **Gesichtserkennung** des ⇨ **iPhone X**.

Fahrradcomputer, der; *Subst.*, sind leistungsfähiger als Fahrradtachos und zeigen zusätzlich zu Geschwindigkeit, Tageskilometern, Gesamtfahrstrecke und Uhrzeit weitere Daten an, die sie über Sensoren zur Messung der Trittfrequenz, der Herzfrequenz und/oder ein integriertes GPS erhalten. Teilweise kann die Fahrstrecke aufgezeichnet und am PC wiedergeben werden. Es sind Auswertungen wie gefahrene Höhenmeter und Etappenzeiten vorhanden. Weitere Funktionen von Fahrradcomputern sind Temperatur-anzeige, Höhenanzeige, EKG-genaue Herzfrequenzmessung (Pulsmessung) und Kalorienverbrauch. Smartphones wie das ⇨ **iPhone** lassen sich mit speziellen Apps, optionalen Sensoren und einer Fahrradhalterung als leistungs-

F Fake

fähige Fahrradcomputer verwenden. Ein Fahrradcomputer lässt sich auch durch eine ⇨ **Fitness-Uhr** mit Multisport-Funktion oder eine ⇨ **Smartwatch** wie die ⇨ **AppleWatch** ersetzen, da auch diese Geräte teilweise den Puls sowie die Entfernung messen, die Geschwindigkeit anzeigen und die Fahrtstrecke aufzeichnen.

Fake [sprich „fäik"], dt. Schwindel oder Fälschung, ist eine Fälschung einer ⇨ **E-Mail**, eines ⇨ **Newsgroup**-Beitrags, Bilds, Musikstücks, Online-Shops (⇨ **Fake-Shop**) oder Videos. E-Mails und Nachrichten werden unter anderem Namen verschickt, zum Beispiel mit erfundenen Pressemitteilungen. Musikstücke und Videos werden beim ⇨ **Filesharing** zum Beispiel von der Musikindustrie „gefaked", statt des gewünschten Songs oder Videos kommt eine Warnung zu Raubkopien.

Die meisten Bilder-Fakes sind im Erotikbereich anzutreffen. Der Kopf einer bekannten Persönlichkeit wird per Bildbearbeitung auf den nackten Körper einer anderen Person montiert und dann im Internet zum Download angeboten. Glaubt man eine Aussage nicht, wird auch gesagt „Das ist ein Fake" statt „Das stimmt nicht".

Fake AV, ist ein ⇨ **Trojanisches Pferd**, das einem echten ⇨ **Antivirenprogramm** nachempfunden ist, jedoch keine wirkliche Schutzwirkung bietet. Durch falsche Meldungen zu angeblich gefundenen Schadprogrammen soll der Nutzer zum Kauf der Vollversion bewegt werden. Dadurch wird nicht nur unnötig Geld ausgegeben, sondern in einigen Fällen gelangen auch weitere Schadprogramme auf den Rechner.

faken [sprich „fäiken"], *Verb*, Anfertigen einer Fälschung, etwa das Verbreiten von E-Mails unter falscher Absenderadresse oder das Ändern von Bildern mittels Bildbearbeitung; ⇨ **Fake**.

Fake-Shop, [sprich „fäik schop"], der; *Subst.*, dt. gefälschtes Geschäft, ist ein im Internet von Betrügern eingerichteter ⇨ **Online-Shop**, der durch Preise weit unter den üblichen Marktpreisen Kunden anlockt. Nach der Bezahlung werden die Waren nicht geliefert und der Fake-Shop nach ein paar Wochen geschlossen. Die Opfer verlieren ihr Geld; siehe auch ⇨ **Fake**.

Fall Creators Update, [sprich „Fohl kriäiters appdäiht"], das; *Subst.*, im Herbst stattfindendes ⇨ **Creators Update** für ⇨ **Windows 10**. Das erste Fall Creators Update (**Redstone 3**) vom 17. Oktober 2017 aktualisierte Windows 10 auf Version 1709. Im englischen Sprachraum wird das Fall Creators Update auch als Autumn Creators Update bezeichnet.

Favicon | **F**

False Positives [sprich „fohls positifs"] sind von Spam-Filtern irrtümlich aussortierte E-Mails.

fan [sprich „fän"], dt. Lüfter.

fanless [sprich „fänless"], dt. ohne Lüfter, verwendet in lautlosen PC-Systemen, die auf aktive Lüfter verzichten; ⇨ **Silent PC**.

FAQ [sprich „ef äi kju"], Abkürzung für **F**requently **A**sked **Q**uestions, ist eine Zusammenstellung der am häufigsten gestellten Fragen. Bevor Sie an den Support eines Unternehmens eine Frage stellen, sollten Sie erst einmal in den FAQ nachsehen, ob Sie hier nicht sofort die Antwort finden.

Farbtiefe, die; *Subst.*, gibt in ⇨ **Bit** die Anzahl der darstellbaren Farben an von 1 Bit (monochrom) bis 48 Bit (Deep Color mit 281 Billionen Farben) bei hochwertigen Flachbettscannern; ⇨ **Farbwiedergabe**.

Farbwiedergabe, die; *Subst.*, gibt die Zahl maximal darstellbarer Farben an; das sind bei aktuellen ⇨ **PC**s bei einer ⇨ **Farbtiefe** von 24 Bit (⇨ **True Color**) über 16 Millionen Farben.

FAT, Abkürzung für **F**ile **A**llocation **T**able, dt. ⇨ **Dateizuordnungstabelle**.

FAT12 ist ein ⇨ **Dateisystem** für Flash-Karten, das bei Digitalkameras verwendet wird.

FAT16 ist ein ⇨ **Dateisystem** für Flash-Karten, ⇨ **Disketten** und ⇨ **Festplatten**, das bei Festplatten Partitionsgrößen bis 2 GB erlaubt.

FAT32 ist ein ⇨ **Dateisystem** für Flash-Karten, ⇨ **Disketten** und ⇨ **Festplatten**, das bei Festplatten Partitionsgrößen bis maximal 2 Terabyte erlaubt.

FAT64 gibt es nicht. Dieser „Fachbegriff" wird von PC-Anwendern irrtümlich für das ⇨ **Dateisystem** ⇨ **exFAT** verwendet.

fav [sprich „fäf"], der; *Subst.*, **faven**, *Verb*, **gefavt**, *Adj.*, vom engl. favorite, also Favorit (siehe ⇨ **Favoriten**), favorisieren oder favorisiert. Verwendung finden diese Begriffe bei ⇨ **Twitter** in Tweets. Ein Beispiel: „Gefavt werden ist ja echt schön. Aber dass man sich dafür immer erst die Mühe machen muss, etwas zu schreiben!"

Favicon [sprich „fafeikon"], das; *Subst.*, Kunstwort aus engl. favorite und icon, dt. sinngemäß „Lieblingssymbol", ist ein Symbol für eine Internet-Adresse. Es erschien früher links neben der ⇨ **URL** in der Adresszeile des Browsers, wo heute die Sicherheitsinformationen wie das Schloss-Symbol einer verschlüssel-

Favoriten

ten Verbindung zu sehen ist. In Lesezeichen und an anderen Stellen, an denen Internet-Adressen in einem Browser angezeigt werden, ist das Favicon jedoch nicht zu sehen. Das Favicon kann ein Logo sein oder ein anderes Bild, das für den Inhalt an der Adresse steht. Die Größe eines Favicons beträgt 16 x 16 oder 32 x 32 Pixel. Ein Favicon wird als Datei favicon.ico im Root-Verzeichnis der Domain abgelegt oder der Pfad im Head der HTML-Datei angegeben.

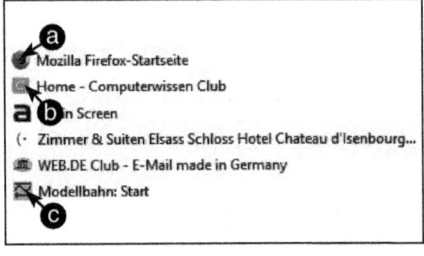

Lesezeichen mit Favicons aus dem Browser Firefox, dessen Logo am Anfang zu sehen ist ⓐ*, gefolgt vom dem des Computerwissen Clubs* ⓑ*, am Ende das Favicon der Seite Modellbahntechnik aktuell* ⓒ *des Autors*

Favoriten sind ⇨ **Tweets**, die ein Twitter-Nutzer über das Stern-Symbol kennzeichnet, damit diese speziell abgespeichert werden und schnell wieder zu finden sind. Dieses **Faven** lässt sich statistisch erfassen und Tweets danach bewerten, wie häufig diese ⇨ **gefavt** wurden.

Fax 📠, das; *Subst.*, Abkürzung für **Fa**ksimile e**x**change, auch ⇨ **Tele-fax**, ist (1.) die Bezeichnung für ein Faxgerät, (2.) für die damit versendete „Fernkopie" und (3.) die ⇨ **Dateinamenerweiterung** einer Datei mit dem Pixelbild eines mit dem PC empfangenen Faxes.

Fax over IP [sprich „facks ohwer ai pi"] 📠, abgekürzt **FoIP**, bezeichnet einen Dienst für den Versand und Empfang eines Faxes über das Internet. Ein Fax wird zum Versand eingescannt und dann als Bild oder PDF-Datei auf einen Server geladen. Liegt das Fax bereits elektronisch vor, kann es entweder über eine Software direkt verschickt werden oder wird zunächst über einen PDF-Drucker in eine PDF-Datei umgewandelt. Der Empfang eingehender Faxe erfolgt als E-Mail-Anhang und die Faxdatei lässt sich ebenfalls über den Server des Dienstes herunterladen.

Die Vorteile von Fax over IP sind das eingesparte Faxgerät und wegfallende Betriebskosten (Strom, Verbrauchsmaterial wie Toner oder Tinte, Kosten für Wartung und Reparatur), die geringere Störanfälligkeit, die Ortsunabhängigkeit, die Möglichkeit des gleichzeitigen Zugriffs durch mehrere Mitarbeiter und die Zeitersparnis. Sind häufiger Papiere und insbesondere mehrseitige Papiere zu versenden, kann ein herkömmliches Faxgerät komfortabler sein, ist jedoch bei FoIP nicht einsetzbar.

Festplatten-Boot-CD   F

Fax to Mail [sprich „facks tu mäil"], **Fax-to-Mail-Gateway** [sprich „facks tu mäil gäitwäi"], das; *Subst.*, ist eine angebotene Dienstleistung, bei der eine Telefonnummer für den Empfang von Faxsendungen bereitgestellt wird. Eintreffende Faxe werden dem Empfänger im Anhang einer E-Mail als Bild im Format GIF oder TIF oder PDF-Datei weitergeleitet; ⇨ **FoIP**.

FB, Abkürzung für ⇨ **Facebook**.

FD, Abkürzung für **Floppy Disk**, ⇨ **Diskette**.

FDD, Abkürzung für **Floppy Disk Drive** ⇨ **Diskettenlaufwerk**.

Feature [sprich „viehtscher"], dt. ⇨ **Leistungsmerkmal**.

Fehlerkorrektur, die; *Subst.*, ist ein Verfahren, um Fehler beim Lesen von Daten oder dem Schreiben auf ein Laufwerk, bei der Übertragung von Daten in einem Netzwerk oder dem Komprimieren/Dekomprimieren von Daten zu korrigieren.

Feld, das; *Subst.*, ist ein Teil eines ⇨ **Datensatzes** in einer ⇨ **Datenbank**.

Feldfunktion, die; *Subst.*, ist in Microsoft Word ein ⇨ **Platzhalter** (Variable) für sich ändernde Daten in einem Dokument wie Datum oder Seitenzahl.

female hackers [sprich „fimäil häckers"], dt. ⇨ **Häcksen**.

Fernbedienung, die; *Subst.*, ist ein bei TV-Karten mitgeliefertes Eingabegerät, über das sich der PC im Fernsehmodus einschalten und zwischen den Kanälen zappen lässt. Auch für das Einstellen der Lautstärke, das Aufnehmen von Fernsehprogrammen oder ⇨ **Timeshift** sind weder ⇨ **Maus** noch ⇨ **Tastatur** nötig.

Fernsehblogger, der; *Subst.*, auch **A-List-Blogger** ist ein ⇨ **Blog** mit sehr großer Zugriffszahl. Der Reichweite von Fernsehsendern vergleichbare Zugriffszahlen erreichen aber deutsche Blogs tatsächlich nicht. Nicht verwechselt werden sollte Fernsehblogger mit ⇨ **TV-Blogger**, denn das sind Blogs zum Thema Fernsehen.

Festplatte, die; *Subst.*, ist ein Speichermedium, das aus einer oder mehreren magnetisch beschichteten Aluminiumplatten besteht, die über Schreib-/Leseköpfe abgetastet werden. Zum Schutz vor Beschädigungen durch Staub oder Verschmutzung der Platten sind diese gekapselt und dürfen nur in Reinräumen zur Reparatur geöffnet werden.

Festplatten-Boot-CD [sprich „festplatten buht ce de"], die; *Subst.*, ist eine ⇨ **bootfähige CD**, die eine ⇨ **Festplatte** emuliert.

F Festplatten-Controller

Festplatten-Controller [sprich „festplatten kontrohler"], der; *Subst.*, ⇨ **IDE-Controller**.

Feststelltaste, die; *Subst.*, oder **Caps-Lock-Taste**, Taste ⇩ ganz links auf der Tastatur zwischen Tabulator- und Umschalttaste, mit der die Umschaltung auf Großschreibung fest eingestellt wird.

FF, Abkürzung für (1.) **F**orm **F**eed [sprich „form fiehd"], ein Steuerzeichen für den Seitenvorschub beim Drucker, (2.) den Browser Mozilla **F**ire**F**ox und (3.) ⇨ **F**ollow**F**riday bei ⇨ **Twitter**.

Ffdshow ist ein DirectShow-Filter, der alle ⇨ **DivX**-Varianten dekomprimieren kann, indem er zwei verschiedene Open-Source-Codecs zur Wiedergabe der Videos nutzt. Ffdshow ist aber nicht nur ein ⇨ **Decoder**, sondern beinhaltet auch eine große Auswahl an ⇨ **Postprocessing-Filtern**, mit denen Sie die Bildqualität von Videos während des Abspielens erhöhen können.

fibre optic [sprich „feiber optik"], dt. Glasfaser.

fibre optic cable [sprich „feiber optik käibl"], dt. Glasfaserkabel.

Fibu, die; *Subst.*, Abkürzung für **Fi**nanz**bu**chhaltung, ist ein Programm zur Buchführung und Bilanzerstellung auf dem Rechner.

field, dt. ⇨ **Feld**.

file [sprich „feil"], dt. ⇨ **Datei**, auch eingedeutscht **File**.

file allocation table [sprich „feil állokäischen täibel"], abgekürzt **FAT**, dt. ⇨ **Dateizuordnungstabelle**.

Filehoster [sprich „feilhohster"], der; *Subst.*, ein Dienstleistungsanbieter im Internet, der Datenspeicher zum Abspeichern von Dateien auf Servern im Internet (⇨ **Online-Speicher**) bereitstellt. Microsoft ist zum Beispiel der Filehoster für den OneDrive-Speicherdienst.

Filehosting [sprich „feilhohster"], das; *Subst.*, ist die Dienstleistung eines ⇨ **Filehosters**, der Datenspeicher zum Abspeichern von Dateien auf Servern im Internet (⇨ **Online-Speicher**) zur Verfügung stellt. Dient das Filehosting vor allem der Datensicherung, wird es als Online-Datensicherung oder Cloud-Backup bezeichnet. Lassen sich die gespeicherten Dateien für andere Nutzer zur Verfügung stellen, wie bei einer Fotocommunity oder einem Videoportal, wird diese Dienstleistung als ⇨ **Filesharing** bezeichnet.

Fileless Malware [sprich „feilless mälwähr"] sind ⇨**Schadprogramme**, die keine Datei zur Ausführung benötigen, also allein im Arbeitsspeicher und Netzwerk vorkommen.

file management [sprich „feil mänedschment"], dt. Dateiverwaltung.

file management system [sprich „feil mänedschment süstm"], dt. Dateiverwaltungssystem.

file name [sprich „feil näim"], dt. ⇨ **Dateiname**.

Filer [sprich „feiler"], der; *Subst.*, ist eine andere Bezeichnung für ⇨ **Datei-Server** oder ⇨ **NAS**.

file server [sprich „feil sörwer"], dt. ⇨ **Datei-Server**.

Filesharing [sprich „feil schäring"], das; *Subst.*, Tausch von Multimedia-Dateien und Programmen über Internet-Tauschbörsen. Sofern es sich um lizenzrechtlich geschützte Inhalte handelt und der Datentauscher nicht zum Vertrieb berechtigt ist, verstößt er gegen das Urheberrecht. Dies kann mit einer hohen Geldbuße oder einer Gefängnisstrafe bis zu drei Jahren geahndet werden. Für das Filesharing wird ein ⇨ **Filesharing-Tool** benötigt.

Filesharing-Tool [sprich „feil schäring tuhl"], das; *Subst.*, ist ein Programm wie ⇨ **KaZaa**, eDonkey oder eMule, mit dem sich über das Internet Dateien tauschen lassen.

File Transfer [sprich „feil transfer"], der; *Subst.*, Kopieren einer Datei von einem Computer auf einen anderen über ein Netzwerk wie das Internet oder per ⇨ **DFÜ**.

File Transfer Protocol [sprich „feil transfer protokol"] ⇨ **FTP**.

filter:links ist ein Suchoperator von ⇨ **Twitter**, mit dem sich nach Tweets suchen lässt, die Links enthalten.

Finalisierung, die; *Subst.*, erfolgt als Abschluss des Brennens eines CD- oder DVD-Rohlings, damit dieser auf einem CD- oder DVD-Player der Unterhaltungselektronik und im Auto gelesen bzw. abgespielt werden kann. Solange die Finalisierung nicht erfolgt ist, können über weitere Sessions zusätzliche Daten auf den Rohling geschrieben werden. Das Lesen der Daten ist jedoch nur mit einem Brenner möglich.

Finger ist ein Programm, das Informationen über Benutzer eines Systems liefert, die lokal oder auf einem Remote-Rechner arbeiten. Diese Informationen umfassen den Namen, die Zeit des letzten Logins und wie lange der Benutzer nicht mehr aktiv war (**Idle Time**).

Fingerprint-Sensor, der; *Subst.*, ist ein Sensor zur Fingerabdruckerkennung als Zugangskontrolle und Ersatz oder Ergänzung für ein Passwort.

F FinTS

FinTS oder **Fin**ancial **T**ransaction **S**ervices ist ein deutscher Standard für Online-Banking, der ⇨ **HBCI** im Jahr 2002 als FinTS Version 3.0 abgelöst hat. Seit 2004 gibt es mit FinTS Version 4.0 einen neuen Standard auf ⇨ **XML**-Basis. Weitere Informationen im FinTS V4.0 Kompendium: http://www.hbci-zka.de/dokumente/diverse/fints40_kompendium.pdf.

Firefox [sprich „feierfocks"], der in Deutschland am zweithäufigsten verwendete ⇨ **Browser**, knapp hinter ⇨ **Google Chrome**; https://www.mozilla.org/de/firefox/.

Firefox ESR [sprich „feierfocks ih es er"], ist eine spezielle ⇨ **Firefox**-Edition für Firmen, die Privatanwendern jedoch ebenfalls kostenlos zur Verfügung steht. ESR ist die Abkürzung für **E**xtended **S**upport **R**elease oder übersetzt „Version mit verlängerten Support-Zeiten". Die am 7. März 2017 neu erschienene Version Firefox ESR 52 bleibt so lange aktuell, bis das normale Firefox im März 2018 Version 59 erreicht hat. Die Anzahl der Sicherheitslücken war im Jahr 2016 um rund 50 Prozent niedriger als bei Firefox; https://www.mozilla.org/en-US/firefox/organizations/faq/.

Firewall [sprich „feierwoahl"], die; *Subst.*, dt. „Brandschutzmauer", ist eine spezielle Hardware oder ein Programm, das einen unzulässigen Zugriff auf Ihren PC oder den unerwünschten Versand von Daten von Ihrem PC unterbindet. Eine Firewall kontrolliert die Sender und Empfänger des gesamten Datentransfers. Gestattet werden nur die Transfers, die gemäß der standardmäßig erlaubten oder trainierten Regeln zugelassen sind.

FireWire [sprich „feierweier"] oder **IEEE 1394** ist ein von ⇨ **Apple** entwickelter, schneller externer ⇨ **Bus**, dessen maximale Geschwindigkeit im Fall von **FireWire 400** (IEEE 1394a) bei 400 Mbit/s, bei **FireWire 800** (IEEE 1394b) bei 800 Mbit/s und bei **FireWire S1600** (IEEE 1394b) bei 1.600 Mbit/s liegt. **FireWire S3200** wurde im Jahr 2011 eingestellt. Diese ⇨ **Schnittstelle** wird primär für den Anschluss von digitalen Kameras oder Festplatten verwendet. FireWire wird von Sony als ⇨ **i.LINK** bezeichnet. FireWire-Karten werden auch je nach Anbieter als ⇨ **Lynx** FireWire bezeichnet. Da bei FireWire die volle Geschwindigkeit einem Endgerät zur Verfügung steht und der Datenoverhead geringer ist, liegt die praktische Geschwindigkeit von FireWire 400 über der von USB 2.0, das bis zu 480 Mbit/s an Bandbreite bietet. Der Vergleich zwischen FireWire 800/1600 und USB 3.0 mit 5 GBit/s und USB 3.1 mit 10 GBit/s zeigt jedoch, dass FireWire mittlerweile nicht mehr auf dem aktuellen Leistungsstand ist.

Firmware [sprich „firmwähr"], die; *Subst.*, bezeichnet die Betriebssoftware eines PC-Peripheriegeräts wie eines CD-Brenners, Modems oder auch von ⇨ **Stand-alone-Geräten** wie einer Telefonanlage oder einem DVD-Player. Ist die Firmware in einem Flash-ROM untergebracht, lassen sich durch ein ⇨ **Update** der Firmware Fehler des Geräts beheben und/oder neue Funktionen hinzufügen.

First come, first served [sprich „först kamm först sörwed"] ist ein Verfahren, bei dem die Bearbeitung in der Reihenfolge der Anmeldungen erfolgt. Dieses Verfahren wird zum Beispiel bei der Vergabe von Domain-Namen angewandt, sofern dieser keine Urheberrechte entgegenstehen.

First Level Cache [sprich „först level käsch"], der; *Subst.*, ⇨ **Level-1-Cache**.

Fitness-Armband, das; *Subst.*, **Fitness Activity Tracker**, der; *Subst.*, **Aktivitätstracker** oder

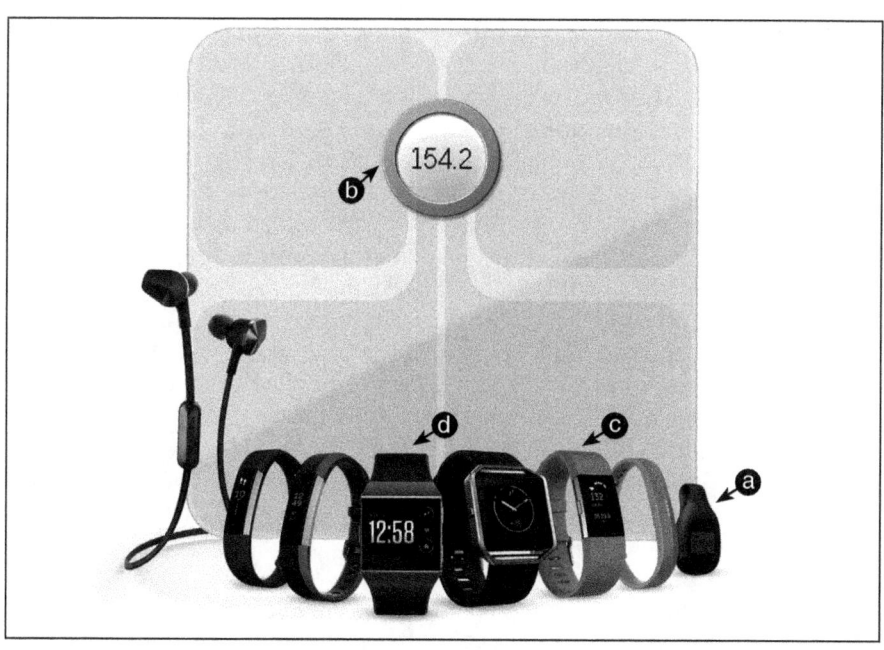

Die Familie der ⇨**Wearables** *von Fitbit, die von reinen Aktivitätstrackern wie One* ❶ *über eine WLAN-Waage* ❷ *und Fitness-Armbänder wie Charge* ❸ *bis hin zur 2017 neu eingeführten Fitness-Smartwatch Ionic* ❹ *reicht (Bild: Fitbit)*

F Fitness-Uhr

Smart Band zeigt häufig die Uhrzeit an und erfasst über Sensoren die Herzfrequenz (Puls), Bewegungen zur Schlafanalyse und die Anzahl der zurückgelegten Schritte (Pedometer). Die erfassten Daten werden gespeichert und per ⇨ **Bluetooth** an ein ⇨ **Smartphone** zur Auswertung in einer App übertragen. Nicht alle Aktivitätstracker bzw. Fitness Activity Tracker sind Armbänder und haben ein Display zur Zeitanzeige. Es gibt auch reine Sensoren zur Schrittmessung, die in Sportschuhen getragen (Nike) oder als Clip außen am Schuh oder am Körper befestigt werden. Im Vergleich zu einer ⇨ **Fitness-Uhr** oder ⇨ **Smartwatch** hat ein Fitness-Armband weniger Funktionen, misst also zum Beispiel die Entfernung nicht per ⇨ **GPS**, hat keine Trainingsprogramme und kann keine Apps ausführen wie die ⇨ **AppleWatch**.

Fitness-Uhr, **Pulsuhr**, die; *Subst.*, misst die Herzfrequenz (Puls) über einen integrierten Sensor oder einen per Funk verbundenen Sensor an einem Brustgurt. Es gibt Modelle für das Lauftraining und Multisport-Uhren, die sich auch beim Fahrradfahren, Schwimmen und dem Kraftsport einsetzen lassen. Dazu werden teilweise zusätzliche Sensoren angeboten, um etwa die Schritte durch einen Sensor im Schuh genauer zu erfassen oder die Trittfrequenz beim Fahrradfahren. Über ein integriertes GPS lässt sich die Laufstrecke messen und aufzeichnen, um sie später an ein Internetportal zur Auswertung zu übertragen. Bei neueren Fitness-Uhren wie der Fitbit Ionic sind auch Funktionen eines ⇨ **Fitness-Armbands**, einer ⇨ **Smartwatch** und eines ⇨ **Smartphone** enthalten. So wird der Schlaf analysiert, ist ein Speicher für Musik integriert, das Display farbig und es werden Anrufe, SMS und Kalendereinträge angezeigt. Über einen NFC-Chip lassen sich Zahlungen durchführen. Im Unterschied zu Smartwatches ermöglichen Fitness-Uhren einen längeren Akkubetrieb von zum Beispiel 4 Tagen bei der Fitbit Ionic gegenüber 1 Tag bei der ⇨ **AppleWatch**. Fitness-Uhren erlauben kein Installieren und Ausführen zusätzlicher Apps oder die Anzahl der Apps ist gering. Es lässt sich mit Fitness-Uhren auch nicht telefonieren, wie es bei einigen Smartwatches möglich ist. Hier ist jedoch eine ähnlich schnelle Entwicklung wie bei Smartphones zu erwarten und die Grenzen zwischen diesen Geräten werden immer mehr verschwimmen.

Fixed Mobile Convergence [sprich „ficksd mobeil konwergens"], abgekürzt **FMC**, ist ein Ausdruck für die Annäherung von Fest- und Mobilfunknetzen durch die wachsende Mobilität der Nutzer, Telefone und Dienste.

fixen, *Verb*, von engl. „to fix", dt. „befestigen, beheben, reparieren",

Flame-War

Beseitigen eines Fehlers oder Schadprogramms. Siehe auch ⇨ **Bug**, ⇨ **Bug-fix**, ⇨ **Debugging**, ⇨ **debuggen**.

Fix it, das; *Subst.*, ist eine automatisierte Problemlösung von ⇨ **Microsoft**, die über ein Skript oder Programm Fehler in ⇨ **Windows** behebt. Dazu werden meist Änderungen an der Registrierungsdatenbank vorgenommen. Zum Ausführen eines Fix it wird die entsprechende Microsoft-Support-Seite aufgerufen und die Schaltfläche des zur installierten Windows-Version passenden Fix it angeklickt. Microsoft verhindert dabei Fehler, indem die Windows-Version zuvor überprüft wird. Zur Suche nach Problemlösungen bot Microsoft 2011 ein **Fix it Center** an, das nicht über das Beta-Stadium hinauskam und später ein **Fix-it-Supportcenter** (Webportal), das 2015 eingestellt wurde. Problemlösungen sollen jetzt über diese zentrale Supportseite von Microsoft gesucht werden: https://support.microsoft.com/de-de#tab0. Sofern Fix its verfügbar sind, werden diese dann in den Lösungen angezeigt.

Flachbandkabel, das; *Subst.*, ist ein flaches, mehradriges Kabel, zum Beispiel das 40- oder 80-polige Kabel zum Verbinden von Festplatte und Controller.

Flachbettscanner [sprich „flachbettskänner"], der; *Subst.*, ist ein ⇨ **Scanner**, bei dem eine Vorlage wie beim Kopierer flach aufgelegt werden kann, womit im Gegensatz zum ⇨ **Einzugscanner** auch das Einscannen von Buchseiten ohne vorherige Kopie möglich wird. Es lassen sich auch kleinere 3D-Objekte (zum Beispiel Platinen, Schmuckstücke, Modelle, kleine Figuren) und mit dem entsprechenden Vorlagenhalter und ⇨ **Durchlichteinheit** auch Filmnegative und Dias einscannen.

Flame-War [sprich „fläim woar"], der; *Subst.*, kommt von den englischen Wörtern **Flame**, also Flamme, und **War**, also Krieg. Damit wird im Netlingo (siehe Anhang) eine hitzige Diskussion bezeichnet, bei der das eigentliche Thema längst verlassen wurde und auf allen möglichen „Nebenkriegsschauplätzen" gekämpft wird. Die ⇨ **Netiquette** wird in „der Hitze des Gefechts" bedauerlicherweise nicht immer beachtet.

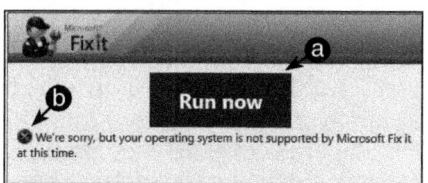

Zur Pannenlösung reicht ein Mausklick auf die Schaltfläche **ⓐ**, *wenn das Fix it für die installierte Windows-Version nicht geeignet ist, wird die Ausführung zur Vermeidung von Fehlern verweigert* **ⓑ**

F Flash

Flash [sprich „fläsch"] bezeichnet (1.) ⇨ **nicht flüchtige Speicher** wie ⇨ **CF** und ⇨ **SSD** und ist (2.) die Abkürzung von **Adobe Flash**, früher Macromedia Flash (⇨ **Macromedia Flash Player**), einer Plattform zur Entwicklung von interaktiven und animierten Inhalten. Flash-Animationen und -Videos in SWF-Dateien werden in Webseiten eingebettet und über den **Adobe Flash Player**, einem ⇨ **Browser**-Zusatz, abgespielt.

Im mobilen Bereich und mittelfristig für Webseiten allgemein ist Flash nicht mehr von großer Bedeutung. Gründe sind die zunehmende Abkehr der Entwickler und Nutzer von dieser Plattform wegen einer Vielzahl festgestellter Sicherheitslücken sowie hoher Ressourcenanforderungen, die bei mobilen Geräten zu kurzen Akkulaufzeiten führen. Apple hat damit auch begründet, dass das Unternehmen Flash nicht für mobile Geräte mit iOS unterstützt. Das war der Auslöser dafür, dass größere Webseiten-Anbieter wie YouTube ihre Videos nicht nur mit Hilfe von Flash, sondern auch per HTML5 zugänglich machen. HTML5 macht Flash überflüssig, aber es haben noch nicht alle Webseiten-Betreiber darauf umgestellt.

flashen [sprich „fläschen"], *Verb*, bezeichnet das Aufspielen eines neuen ⇨ **BIOS** für eine ⇨ **Hauptplatine** oder ⇨ **Firmware** bei einem Gerät wie einem ⇨ **CD-Brenner** oder einem ⇨ **Modem** in einen ⇨ **Flash-Speicher**, also einen wiederbeschreibbaren Speicher. Das Flashen dient der Aktualisierung und Fehlerbehebung des BIOS bzw. der Firmware. Entsprechende Programme waren in der PC-Welt anfangs nur für ⇨ **DOS** erhältlich. Mittlerweile gibt es auch schon ⇨ **Flash-Programme** für Windows, sodass das Flashen bei neueren Geräten recht einfach geworden ist. Das erforderliche Programm mit dem neuen BIOS bzw. der neuen Firmware ist auf den Support-Seiten der Hersteller des Geräts oder Chipsatzes erhältlich.

Flash-Memory [sprich „fläsch memmori"] ⇨ **Flash-Speicher**.

Flashmob, **Flash-Mob** [sprich „fläsch mob"], Kunstwort aus engl. **flash**, dt. Blitz und **mob**, dt. Volksmenge, bezeichnet Aktionen einer Gruppe, deren Mitglieder sich überwiegend vorher nicht kennen und über ein ⇨ **soziales Netzwerk** und ⇨ **Smartphones** an einem bestimmten Ort zu einer bestimmten Zeit zusammenfinden, um dort gleichzeitig etwas vorher Vereinbartes zu tun. Zum Beispiel treten die Teilnehmer plötzlich in Spiderman-Kostümen verkleidet an einem öffentlichen Platz auf; YouTube-Video eines Spiderman Flash-Mobs: https://youtu.be/o61fbnPCYqI.

Flatscreen F

FlashPix [sprich „fläsch picks"] ist ein Dateiformat für Bilder, das von Eastman Kodak, ⇨ **Hewlett-Packard**, ⇨ **Microsoft** und Live Picture Inc. gemeinsam festgelegt wurde. Die Dateinamenserweiterung ist **FPX**. Die Besonderheit dieses Bildformates ist, dass die Bilder in verschiedenen Auflösungen abgespeichert werden. Dadurch wächst zwar der Dateiumfang, doch die Bilder lassen sich in der gerade benötigten Auflösung abrufen. Das bietet zum Beispiel bei einer Webseite Vorteile, wenn verschiedene Auflösungen angeboten werden.

Flash-Programm [sprich „fläsch programm"], das; *Subst.*, ist ein Tool zum ⇨ **Flashen** des ⇨ **BIOS** des ⇨ **Mainboards** oder der ⇨ **Firmware** eines Geräts wie eines CD- oder DVD-Brenners, eines externen DVD-Players oder einer Telefonanlage. Beachten Sie die Anweisungen des Herstellers zur Anwendung. Nicht alle diese Programme sind unter Windows auszuführen, es wird teilweise ein Startmedium wie ein USB-Stick benötigt.

Flash-SMS [sprich „fläsch es em es"] 📱 sind ⇨ **SMS**, die sofort nach dem Empfang auf dem Display des Handys angezeigt werden, sofern es diese Funktion unterstützt.

Flash-Speicher [sprich „fläsch speicher"], der; *Subst.*, oder **Flash-Memory** besteht aus Speicherchips, die nach dem Ausschalten des Geräts die zuletzt geschriebenen Daten auch ohne weitere Spannungsversorgung behalten. Sehr bekannt sind Flash-Speicher in den ⇨ **USB-Sticks**, die als Nachfolger der Diskette angesehen werden.

Flash-Werbung [sprich „fläsch werbung"], die; *Subst.*, ist Werbung auf Webseiten, die auf Adobe ⇨ **Flash** basiert. Auf Grund von zahlreichen Sicherheitslücken und hohen Ressourcenanforderungen bei mobilen Endgeräten wird Flash zunehmend durch HTML5 abgelöst. Seit 2017 unterstützen die Werbenetzwerke von Google keine ⇨ **Banner** auf Flash-Basis mehr.

Flat [sprich „flät"], Abkürzung für ⇨ **Flatrate**.

Flatrate [sprich „flät räit"], die; *Subst.*, ist ein Pauschaltarif eines ⇨ **Internet-Providers**, der einen zeitunabhängigen Zugang zum Internet für einen festen, monatlichen Betrag gewährt. Das enthaltene ⇨ **Download-Volumen** ist beim mobilen Internet oft eingeschränkt. Zusätzlich unterbrechen einige Internet-Provider die Verbindung nach jeweils zwölf oder 24 Stunden Nutzung. Daher ist eine Internetverbindung per Flatrate nicht mit einer Standleitung gleich zu setzen.

Flatscreen [sprich „flät skriehn"], der; *Subst.*, dt. Flachbildschirm.

F Flex

Flex, Abkürzung für Adobe Flex, ein Entwicklungsframework für Rich-Internet-Anwendungen auf ⇨ **Adobe Flash**-Basis für mobile Geräte mit den Betriebssystemen ⇨ **Android**, ⇨ **BlackBerry** und ⇨ **iOS** sowie auf Desktop-Systemen eingesetzte Browser; Adobe-Information zu Flex: http://www.adobe.com/de/products/flex.html.

Flickering, **Flicker-TAN**, die; *Subst.*, auch als **cardTAN** (in Österreich), **chipTAN comfort** (bei der Postbank und Sparkassen), **Sm@rt TAN plus** oder **SmartTAN optic** (bei Volksbanken) bezeichnet, ist ein Sicherheitsverfahren des Online-Bankings, bei dem eine TAN nicht von einer Liste abgelesen, sondern über einen für jede Transaktion neu generierten Barcode aus fünf schnell blinkenden, weißen Balken berechnet wird. Dazu wird der Bildschirm über die Kamera eines Smartphones oder einen TAN-Generator ausgelesen und dann über eine App oder den Generator daraus die TAN erzeugt, die der Bankkunde dann bei seinem Bankauftrag zur Bestätigung eingibt. Der Einsatz eines zweiten Geräts schützt vor Manipulationen durch Phishing- und Mann-in-der-Mitte-Angriffen. Die flackernden Balken können jedoch zu epileptischen Anfällen führen, so dass dieses Verfahren für entsprechend anfällige Personen nicht geeignet erscheint.

Fließkommaeinheit, die; *Subst.*, der Teil eines ⇨ **Prozessors**, der komplexe mathematische Berechnungen übernimmt.

Flip ‚n' Grip ist eine andere Bezeichnung für eine ⇨ **Kickout-Box**, also eine flache Verpackung für CDs oder DVDs.

Flop, Abkürzung für **Fl**oating **P**oint **O**perations, Einheit für die Zahl der verarbeiteten Fließkommaoperationen.

Floppy [sprich „floppie"], die; *Subst.*, Kurzform von ⇨ **Floppy Disk**.

Floppy-Boot-CD [sprich „floppie buht ce de"], die; *Subst.*, bezeichnet eine ⇨ **bootfähige CD**, von der wie mit einer bootfähigen Diskette oder einem bootfähigen USB-Stick gebootet werden kann, sofern das ⇨ **BIOS** entsprechend eingestellt ist und das Booten von einer CD unterstützt.

Floppy Disk [sprich „floppie disk"], die; *Subst.*, oder kurz **Floppy** (wörtlich: wabbelige Scheibe, gemeint ist das eigentliche Speichermedium in der starren Hülle) ist eine andere Bezeichnung für ⇨ **Diskette**.

Flops, Abkürzung für **Fl**oating **P**oint **O**perations per **S**econd, Einheit für die Zahl der verarbeiteten Fließkommaoperationen pro Sekunde.

FLOSS, Abkürzung für **F**ree/**L**ibre **O**pen **S**ource **S**oftware, Bezeichnung für freie Software mit offengelegtem Quellcode, eine andere Bezeichnung ist ⇨ **FOSS**.

flow control [sprich „flou kontrohl"] ⇨ **Flusskontrolle**.

Flusskontrolle, die; *Subst.*, engl. **Handshake** oder **flow control**, bezeichnet die Steuerung des Datenflusses durch Unterbrechung und Wiederaufnahme der Datenübertragung zur Fehlervermeidung, wenn Sender oder Empfänger kurzzeitig keine Daten senden oder empfangen können. In Verbindung mit einer seriellen Übertragung stehen Hardware-Handshake- (RTS/CTS) oder Software-Handshake-Verfahren (XON/XOFF) zur Auswahl. Sofern möglich, sollte immer dem Hardware-Handshake-Verfahren der Vorzug gegeben werden, da das Software-Handshake-Verfahren nicht in allen Fällen vollständig datentransparent arbeitet und zudem die Geschwindigkeit höher ist. Die Einstellung wird zumeist im Terminalprogramm vorgenommen. Während eine Datenverbindung mit Software-Handshake prinzipiell mit drei Leitungen auskommt, sind für den Hardware-Handshake zusätzliche Steuerleitungen erforderlich.

FMC, Abkürzung von ⇨ **Fixed Mobile Convergence**.

FM-Tuner [sprich „ef em tjuner"], der; *Subst.*, **FM** = **F**requency **Mo**dulation, dt. Frequenzmodulation, dt. UKW-Radio-Empfänger.

FoD, Abkürzung für **F**ax **o**n **D**emand, dt. Fax auf Abruf. Ein Faxserver hält Dokumente bereit, die sich im ⇨ **Polling-Verfahren** oder sprachgesteuert über ⇨ **Tonwahl** auf das eigene Faxgerät abrufen lassen.

FoIP, Abkürzung für ⇨ **Fax over IP**.

Foistware [sprich „feustwähr"], die; *Subst.*, vom engl. to foist, dt. andrehen, unterschieben, ist eine Bezeichnung für Programme, die bei der Installation von Software einfach mit heruntergeladen und installiert werden, obwohl sie nicht erforderlich sind und der Benutzer nicht darüber informiert oder unzureichend darauf hingewiesen wird. Auf diese Weise gelangen häufig Browser-Toolbars auf den Rechner, die sonst wahrscheinlich nicht installiert würden und die sich als ausgesprochen lästig erweisen und auch Fehler verursachen können.

Diese Maßnahmen sind zum Schutz vor Foistware empfehlenswert:

1. Vor jeder Installation sollten die Informationen dazu genau gelesen werden, häufig finden sich hier Hinweise auf Foistware.

F Folder

Schon beim Download entscheidet sich teilweise, ob ein Installationsprogramm mit oder ohne Foistware heruntergeladen wird.

2. Während der Installation sollten alle Optionen überprüft werden. Insbesondere ist auf voreingestellt aktivierte Schaltkästchen zu achten, hinter der andere Programmbezeichnungen stehen.

3. Statt der Standard- oder Schnell-Installation sollte eine individuelle Installation gewählt werden, um unerwünschte Bestandteile auszunehmen.

4. Der Download von Paketangeboten sollte vermieden werden, ebenso ist Vorsicht bei Downloadern geboten. Jedes Programm sollte einzeln geladen und installiert werden, am besten von der Webseite des Programmautors oder von dort angegebenen vertrauenswürdigen Partnerseiten.

5. Sind Download-Seite und Dokumentation in englischer Sprache, sollte bei Verständnisschwierigkeiten eine andere Download-Quelle mit deutscher Oberfläche gesucht werden.

6. Hat sich dennoch Foistware eingeschlichen, sollte diese über die Add-On-Verwaltung des Browsers oder die Systemsteuerung deinstalliert werden. In hartnäckigen Fällen hilft auch eine Systemwiederherstellung.

Folder, dt. ⇨ **Ordner**.

Folksonomy, die; *Subst.*, oder **Social Tagging** ist eine Form der Datenverwaltung, die auf der gemeinsamen Vergabe und Verwaltung von Tags basiert. Ein Beispiel ist **Social Bookmarking**, bei dem eine Sammlung von Lesezeichen als **Folksonomie**, so wird eine Sammlung von Tags bezeichnet, erstellt und durch die Anzahl der Nennungen gewichtet wird. Das kann etwa als **Tag Cloud** dargestellt werden, bei der häufige Schlagwörter durch größere Schrift und fett geschrieben hervorgehoben sind; Diplomarbeit zu Folksonomy von Christine Albrecht: http://www.cheesy.at/download/Folksonomy.pdf.

followen [sprich „follohen"], *Verb*, von engl. „to follow", Abonnieren der Nachrichten eines ⇨ **Twitter**-Nutzers. Folgt man einem Nutzer, ist man sein ⇨**Follower** und kann ihm Direktnachrichten (⇨ **DM**) senden, sofern er zurück folgt (⇨ **Refollow**, ⇨ **refollowen**).

Follower [sprich „folloher"], der, *Subst.*, Bezeichnung bei ⇨ **Twitter** für jemand, der den ⇨ **Tweets** eines Twitter-Nutzers folgt. Anzahl und Qualität der Follower kommen bei Twitter eine besondere Bedeutung zu. Eine sehr große Anzahl an Fol-

formatieren F

lowern weist auf eine bekannte oder sehr interessante Persönlichkeit hin, sofern es sich nicht um das Konto einer Firma handelt (internationale Konzerne oder bekannte Marken, Verlage, TV-Sender usw.).

Es kann aber auch ein ⇨ **Internet Marketer** sein, der durch gezielte Anwendung von speziellen Techniken und Tools seine Follower-Zahl in kurzer Zeit wachsen lässt, um den Followern zum Beispiel ⇨ **eBooks** zu verkaufen oder diese als Mitarbeiter für Multi-Level-Marketing zu gewinnen.

FollowFriday [sprich „folloh freidäi"] ist ein an Freitagen übliches Empfehlungsmarketing bei ⇨ **Twitter**, bei dem Nutzer andere mit dem ⇨ **Hashtag** #FollowFriday oder dessen Abkürzung #FF empfehlen. Solche Empfehlungen führen im Allgemeinen zu Gegenempfehlungen und so gewinnen die Nutzer neue ⇨ **Follower**. Viele Twitter-Nutzer legen auch eine Liste mit den Followern an, die sie empfohlen oder retweetet haben. Das erleichtert am Freitag die Entscheidung, wer alles empfohlen werden sollte – und es wird niemand vergessen und ärgert sich.

Following [sprich „follohing"] gibt bei ⇨ **Twitter** die Anzahl der Nutzer an, denen man folgt; ⇨ **Friends**.

FollowUp [sprich „folloh app"], Antwort auf ein ⇨ **Posting**, die zum Beispiel in einem ⇨ **Forum** unter dem zugehörigen Posting eingerückt angezeigt wird, um den Bezug zu verdeutlichen.

Font, der; *Subst.*, dt. Schriftsatz.

footnote, dt. Fußnote.

Fork, dt. Verzweigung, ist eine Abspaltung von einem Software-Projekt und tritt zum Beispiel bei der Abspaltung von ⇨ **Kryptowährungen** auf, wie etwa der Abspaltung von Bitcoin Cash von ⇨ **Bitcoin** durch einen ⇨ **Hard Fork** der ⇨ **Blockchain**; siehe auch ⇨ **Soft Fork**.

formatieren, *Verb*, ist ein Vorgang, bei dem auf magnetischen Datenträgern wie ⇨ **Disketten**, ⇨ **Festplatten**, ⇨ **Speicherkarten** aber auch auf einigen wieder beschreibbaren, optischen Datenträgern wie der ⇨ **DVD-RAM** eine Grundstruktur angelegt wird, die einen geordneten Zugriff des ⇨ **Betriebssystems** auf den jeweiligen Datenträger erlaubt. Zum Formatieren unter ⇨ **Windows** klicken Sie im ⇨ **Windows-Explorer** mit der rechten Maustaste auf das gewünschte Laufwerkssymbol und wählen aus dem Kontextmenü den Befehl *Formatieren* aus.

Formatvorlage

> **Achtung:** Beim Formatieren gehen alle Daten auf dem jeweiligen Datenträger verloren. Der Begriff wird heute auch für Flash-Speichermedien und Medien in Digitalkameras verwendet, auch wenn diese keine magnetischen Datenspeicher darstellen.

Formatvorlage, die; *Subst.*, oder engl. **Template** ist eine wiederverwertbare Schablone für ein Word- oder HTML-Dokument. Die Formatvorlagen von Word sind an der Dateiendung .DOT zu erkennen. Sie werden nicht überschrieben, sondern nur als Vorlage für ein neues Dokument verwendet.

form feed, dt. (1.) Seitenvorschub bei einem Drucker und (2.) Steuerzeichen ⇨ **FF**.

Fortran, FORTRAN, entstanden aus **FOR**mula **TRAN**slation, ist eine höhere Programmiersprache für schwerpunktmäßig numerische Berechnungen, die vor allem zur Ausbildung an Universitäten und im wissenschaftlichen Bereich verwendet wird. Die Schreibweise in Großbuchstaben wird bei den älteren Fortran-Versionen bis FORTRAN 77 verwendet, spätere Versionen werden gemischt geschrieben. Bislang gibt es **FORTRAN I, FORTRAN II, FORTRAN IV, FORTRAN-66, FORTRAN-77,** Fortran 90, Fortran 95, Fortran 2000, **Fortran 2003, Fortran 2008** und **Fortran 2010**. Weitere Informationen: www.fortran.de/.

Forum, das; *Subst.*, ist (1.) die deutsche Bezeichnung für ⇨ **Newsgroup** und (2.) eine Diskussionsplattform einer Interessengruppe zu einem bestimmten Thema oder Themenbereich. Foren werden auch häufig beim Support von Hard- und Software eingesetzt, damit sich die Anwender gegenseitig helfen. Dabei werden Beiträge (⇨ **Postings**) und deren ⇨ **FollowUps** oft grafisch durch Fäden (Diskussionsfäden, ⇨ **Thread**) verbunden dargestellt. Durch die Anordnung (untereinander, eingerückt) lässt sich die Hierarchie der Antworten schnell ermitteln.

FOSS, Abkürzung für **F**ree and **O**pen **S**ource **S**oftware, Bezeichnung für freie Software mit offengelegtem Quellcode, eine andere Bezeichnung ist ⇨ **FLOSS**.

Foto-Community, die; *Subst.*, ist eine kommerzielle Plattform im Internet für eine Gemeinschaft von Foto-Interessierten, die diese als Fotoalbum, Online-Speicher, Marktplatz zum Verkauf ihrer Bilder, soziales Netzwerk und zur Werbung für ihre Dienste als semiprofessionelle oder professionelle Fotografen nutzen.

Die größte Foto-Community weltweit ist Instagram (https://www.ins

Fragmentierung

tagram.com/) mit 800 Millionen aktiven mobilen Nutzern, gefolgt von Flickr mit etwa 90 Millionen aktiven Nutzern und 13 Milliarden eingestellten Bildern (https://www.flickr.com/). Die Mitgliedschaft ist kostenlos, gegen Bezahlung wird teilweise eine Mehrleistung geboten. Flickr bietet zum Beispiel jedem Nutzer 1 TB Speicherplatz kostenlos. Es gibt Einschränkungen bei der Bild- und Videogröße. So darf ein Bild bei Flickr bis zu 200 MB groß sein ohne Begrenzung bei den Abmessungen und der Auflösung. Videos dürfen bis zu 3 Minuten lang sein, 1 GB groß und HD (1080p) nicht 4K.

Die Konditionen und das Angebot an Leistungen richten sich nach der Zielsetzung des Unternehmens. Bei einigen steht der Gedankenaustausch im Vordergrund, andere wiederum sind reine Online-Fotoalben oder Marktplätze. Das Einstellen von Fotos in Marktplätze ist kostenlos, hier gibt es keine Volumenbeschränkungen, dafür werden nicht alle Fotos akzeptiert und es gibt keine Diaschau-Funktion oder soziale Interaktion. Eine klare Trennung ist jedoch nicht immer möglich, so lässt etwa auch Flickr ihre Nutzer Bilder verkaufen und verlangt dennoch eine monatliche Gebühr bei Überschreitung der gesteckten Grenzen für das kostenlose Konto.

FPS, Abkürzung für (1.) **F**rames **P**er **S**econd [sprich „fräims pör seckend"], die Darstellungsgeschwindigkeit einzelner ⇨ **Frames** in einem digital gespeicherten Videofilm. Gängig sind 25 FPS. (2.) Abkürzung für **F**irst **P**erson **S**hooter, der englischen Bezeichnung für ⇨ **Ego-Shooter**.

FPU, Abkürzung für **F**loating **P**oint **U**nit, ⇨ **Fließkommaeinheit**.

FPX, ⇨ **Dateinamenerweiterung** des Dateiformats ⇨ **FlashPix** für Bilder.

FR 📱, Abkürzung für **F**ull **R**ate, ist ein Sprachcodierungsverfahren bei Mobilfunktelefonen.

Fragment Anti-Aliasing, abgekürzt **FAA**, ist ein Verfahren zum ⇨ **Anti-Aliasing**.

fragmentation, dt. ⇨ **Fragmentierung**.

Fragmentierung, die; *Subst.*, bezeichnet die verteilte Speicherung (Zerstückelung) von Dateien auf der ⇨ **Festplatte** in nicht zusammenhängenden Sektoren. Die Fragmentierung der Dateien auf der Festplatte ist im fortgeschrittenen Stadium ein Hauptgrund für spürbare Leistungseinbußen. Durch die recht großen Speicherkapazitäten heutiger Festplatten tritt jedoch erst spät eine nennenswerte Fragmentierung ein, so dass die Leistungseinbußen meist vernachlässigbar sind. Mithilfe der

F Frakturschrift

Defragmentierung werden die Daten auf einer Festplatte so umorganisiert, dass wieder möglichst viele zusammenhängende Bereiche entstehen. Eine Geschwindigkeitssteigerung ist die Folge. ⇨ **Windows 10**, ⇨ **Windows 8.1** und ⇨ **Windows 7** führen die Defragmentierung automatisch durch, bei einer ⇨ **SSD** tritt keine Fragmentierung auf. Früher gebräuchliche Defragger, also spezielle Tools zur Defragmentierung sind bei aktuellen Windows-Versionen nicht mehr erforderlich.

Frakturschrift, die; *Subst.*, wird mit Windows nicht mitgeliefert, kann jedoch über kostenlos verfügbare Schriften (Fonts) nachinstalliert werden; http://www.fontspace.com/category/fraktur.

FRAM, Abkürzung für ⇨ **Ferroelectric Random Access Memory**.

Frame [sprich „fräim"], der; *Subst.*, dt. Rahmen, ist (1.) in der Fernseh- und Videotechnik eine Bezeichnung für ein Halbbild, (2.) bei der Datenfernübertragung ein Datenpaket für die serielle Datenübertragung inkl. Start- und Stopbits und ggf. ⇨ **Parity-Bit**, (3.) die Informationseinheit einer CD, die aus 24 Bytes besteht, (4.) der EMS-Seitenrahmen oder (5.) ein Einbaurahmen beispielsweise für eine ⇨ **Festplatte**.

Frame-Grabber [sprich „fräim gräbber"], der; *Subst.*, ist eine ⇨ **Erweiterungskarte**, die analoge Videobilder zur Weiterverarbeitung im PC digitalisiert. Teilweise wird der Ausdruck auch für externe ⇨ **USB-Geräte** zu diesem Zweck verwendet, dann zum Beispiel als Frame-Grabber-Box.

Free2Play [sprich „frieh tu pläi"] ist eine Bezeichnung für kostenlos angebotene Browser-Spiele, bei denen optional Spielelemente oder eine virtuelle Währung käuflich erworben werden können. Darüber finanziert der Anbieter das Angebot. Ein Beispiel sind die Spiele von ⇨ **Zynga**, die u. a. über ⇨ **Facebook** angeboten werden. Microsoft setzt das Free2Play-Konzept auch ein; ⇨ **Free2Stay**.

Free2Stay [sprich „frieh tu stäi"] ist eine Bezeichnung für Computerspiele, die käuflich erworben werden und zu denen es noch kostenlose Zusätze gibt, die jedoch in der jeweiligen Spielwährung bezahlt werden müssen; ⇨ **Free2Play**.

freedb [sprich „frieh di bi"] ist eine Datenbank im Internet mit Informationen zu Audio-CDs wie Titel, Interpret, Genre und Jahr, die sich mit einem geeigneten Tool automatisch suchen und herunterladen lassen (siehe auch ⇨ **CDDB**).

Freigabe F

FreeDOS [sprich „frieh doss"], das; *Subst.*, ist ein ⇨ **Public Domain**-Projekt zur Entwicklung eines freien ⇨ **DOS**, das der damalige Physik-Student Jim Hall startete, als Microsoft 1994 ankündigte, dass der Support für MS-DOS wegen des damals neuen Windows 95 eingestellt würde. Zunächst nannte Hall sein neues Betriebssystem PD-DOS, später Free-DOS; daraus wurde dann FreeDOS, das als Markenname von Jim Hall geschützt ist. Mehr zu FreeDOS und den kostenlosen Download finden Sie unter www.freedos.org/ (in englischer Sprache).

Freelancer [sprich „friehlänzer"], der; *Subst.*, ist ein Freiberufler in der Datenverarbeitung oder einem beliebigen anderen Arbeitsgebiet.

Freemail [sprich „friehmäil"], die; *Subst.*, kostenloses Angebot von E-Mail-Adressen und E-Mail-Postfach, wobei im Vergleich zu kostenpflichtigen Angeboten Einschränkungen zum Beispiel hinsichtlich Speicherplatz (2 GB), verwendbarer Anzahl Adressen, der Anzahl anlegbarer Ordner und der Anhang-Größe bestehen. Hier lohnt sich ein Vergleich, da erhebliche Unterschiede bei den Freemail-Angeboten bestehen. So kann etwa beim einen Anbieter ein Anhang mit 60 MB versendet und empfangen werden, bei anderen Anbietern jedoch nur 70 MB; aktueller Vergleich von Freemail-Anbietern http://www.emailtester.de/freemail/vergleich.php.

Freemailer [sprich „friehmäil"], der; *Subst.*, ist ein Anbieter eines kostenlosen E-Mail-Postfachs und einer oder mehrerer E-Mail-Adressen; ⇨ **Freemail**.

Free Software Foundation [sprich „frieh softwähr faundäischen"], die; *Subst.*, abgekürzt **FSF**, ist eine 1985 von Richard Matthew Stallmann in New York City gegründete gemeinnützige Organisation, die sich der Förderung und Produktion freier Software verschrieben hat. 2001 wurde die Free Software Foundation Europe (FSFE) für die europäischen Belange der freien Software gegründet. Mehr zu FSF finden Sie unter www.fsf.org/ (in englischer Sprache).

Freeware [sprich „friehwähr"], die; *Subst.*, ist Software, die ohne Bedingungen kopiert und weitergegeben werden darf, solange dies nicht kommerziell erfolgt. Das Urheberrecht liegt weiterhin beim Programmautor. Nicht zu verwechseln mit ⇨ **Public Domain** und ⇨ **Shareware**.

Freigabe, die; *Subst.*, Erlaubnis zum Ausführen von bestimmten Anwendungen oder Zugriff auf bestimmte Ordner oder Dateien. Die Freigabe kann im Fall von Dateien und Ordnern eingeschränkt sein auf Nur Lesen (⇨ **Read only**, Schreib-

F Freigabecode

schutz) oder Nur schreiben (⇨ **Write only**).

Freigabecode, der; *Subst.*, ist eine Zeichenfolge, mit der sich eine ⇨ **Shareware** in eine Vollversion verwandeln oder eine kopiergeschützte Software installieren oder uneingeschränkt nutzen lässt. Ein solcher Freigabecode kann eine ⇨ **Seriennummer** oder ein ⇨ **Aktivierungscode** sein. Beim Start einiger Computerspiele ist auch eine Zeichenfolge von einer bestimmten Seite des gedruckten Handbuchs einzugeben. Da mittlerweile aber kaum noch Programme mit gedruckten Handbüchern ausgeliefert werden, ist diese Form des Freigabecodes nicht mehr gebräuchlich.

freischalten, *Verb*, bezeichnet das Entfernen einer Sperre oder Beschränkung. So lassen sich (1.) ⇨ **Prepaidhandys** freischalten, damit sie auch mit Karten anderer Mobilfunkanbieter nutzbar sind. Und es lässt sich (2.) die Sperre in ⇨ **DVD-Playern** entfernen, damit sich DVDs mit beliebigem Regionalcode abspielen lassen. Auch im Zusammenhang mit dem (3.) Entfernen von Kopierschutzsperren wird vom Freischalten gesprochen.

Freisprecheinrichtung ☎, die; *Subst.*, ermöglicht das Telefonieren ohne Hörer oder eine Sprechgarnitur. Die Freisprecheinrichtung wird im Auto für Handys verwendet sowie bei Telefonen und zum Telefonieren mit PC und Mikrofon, wobei hier die Verbindungsqualität meist sehr schlecht ist. Das Telefonieren mit einer Freisprecheinrichtung erzeugt aber auch bei guten Geräten einen Nachhall, an dem die Freisprecheinrichtung von geübten Hörern sofort zu erkennen ist.

frequency, dt. Frequenz.

Fresh-up [sprich „fresch app"], das; *Subst.*, dt. wörtlich „Auffrischung", Bezeichnung von ⇨ **Microsoft** für ein ⇨ **Bugfix**.

Freunde, die; *Subst.*, Bezeichnung von ⇨ **Facebook** für die Kontakte eines Nutzers, die im Unterschied zu anderen Besuchern auch geschützte und nur für Freunde freigegebene Profildaten und Statusmeldungen sehen können. Das können wirkliche Freunde und Familienangehörige, aber auch Bekannte, Geschäftsfreunde oder Wildfremde sein, je nachdem, wie freizügig ein Facebook-Nutzer angebotenen „Facebook-Freundschaften" zustimmt und welche Interessen er hat. Es wird daher zur Unterscheidung von echten Freunden auch häufiger der Begriff „Facebook-Freunde" verwendet.

Freundefinder, der; *Subst.*, ist eine laut BGH (Aktenzeichen I ZR 65/14 vom 14.1.2016) in der ursprünglichen Form von 2010 wettbewerbsrechtlich unzulässige, belästigende

Frontkamera F

Werbung von ⇨ **Facebook**. Wer diese Funktion nutzt und darüber nach Freunden bei Facebook sucht, gibt den Zugriff auf seine E-Mail- und bei einem Smartphone auch Telefonkontakte frei. Facebook speichert die Daten längere Zeit und versendet Einladungen an alle Kontakte, die bei Facebook Mitglied sind. Der E-Mail-Versand erfolgte ursprünglich bei der vom BGH beanstandeten Version des Freundefinders auch an Kontakte, die kein Mitglied bei Facebook waren. Die Angeschriebenen erhielten also ohne vorherige Zustimmung unverlangte Werbung. Das automatische Sammeln von E-Mail-Adressen über die Kontakte von Facebook-Nutzern und der Werbeversand führte zu Protesten von Datenschützern und Verbraucherverbänden, die zu einer Umgestaltung des Freundefinders führten. Der Freundefinder wurde in Abstimmung mit dem hamburgischen Datenschutzbeauftragten Johannes Caspar schon ab 2011 dem deutschen Datenschutzrecht angepasst.

Friends [sprich „frends"], dt. ⇨ **Freunde**, ist (1.) die internationale Bezeichnung der ⇨ **Freunde** bei ⇨ **Facebook** und (2.) die Bezeichnung für ⇨ **Twitter**-Nutzer, denen bei diesem sozialen Netzwerk gefolgt wird. Die Anzahl erscheint im Twitter-Konto unter ⇨ **Following**. Twitter unterscheidet zwischen Friends und ⇨ **Follower**.

Nach den ersten 2.000 Followern darf das Verhältnis Friends zu Follower die Quote 1,10:1 nicht übersteigen.

from:Kontoname ist ein Suchbefehl, der bei der Suche auf ⇨ **Twitter** eingesetzt werden kann und ⇨ **Tweets** des angegebenen Twitter-Nutzers findet. Ein Beispiel: „from:Modellbahn"

Front-Audio, das; *Subst.*, bedeutet, dass die Audio-Anschlüsse über die Gehäusevorderseite eines PCs oder Geräts der Unterhaltungsindustrie zugänglich sind. Die Anschlüsse sind meist unter einer Klappe verborgen und ermöglichen den Anschluss von Mikrofon, Headset oder Audiokabeln und zu externen Geräten. Für den Anschluss der Lautsprecher ist dagegen der rückwärtige Anschluss besser geeignet. Hier ist zu beachten, dass die Audio-Anschlüsse bei aktivem Front-Audio nicht bei jedem Gerät auch an der Rückseite zusätzlich zur Verfügung stehen. Die Umschaltung zwischen Front-Audio und rückwärtigen Anschlüssen erfolgt über einen Umschalter oder einfach per Steckverbindung innerhalb des Gehäuses.

Frontend, das; *Subst.*, ist ein Programm zur Dateneingabe und -pflege.

Frontkamera, die; *Subst.*, ist (1.) bei einem ⇨ **Smartphone** mit

F Front Side Bus, Frontsidebus

zwei Kameras vorhanden und hat eine geringere Auflösung als die für Aufnahmen gedachte ⇨ **Rückseitenkamera**. Die Frontkamera ist zur Verwendung als ⇨ **Webcam** gedacht, also für Videotelefonie und Chats. Es ist jedoch meist eine Umschaltung zwischen Front- und Rückseitenkamera möglich, etwa um ein hochauflösendes Bild des Benutzers aufzunehmen oder ein Motiv, das sich hinter dem Benutzer befindet. Als Frontkamera wird (2.) jedoch auch eine an der Front (Vorderseite) eines Kraftfahrzeugs angebrachte Kamera eines Parkassistenzsystems oder Navigationssystems bezeichnet. Es kann auch eine Actioncam so genannt werden, die an der Front zur Aufnahme der Fahrt montiert wird. Im Kraftfahrzeugbereich wird unterschieden zwischen Front-, Seiten- und Rückfahrkameras.

Front Side Bus, **Frontsidebus**, der; *Subst.*, abgekürzt **FSB**, verbindet die ⇨ **CPU** mit dem ⇨ **Arbeitsspeicher**. Daher entscheidet die ⇨ **Taktfrequenz** des FSB wesentlich über die Performance des Gesamtsystems. Die volle Leistung wird auch nur erzielt, wenn die Speichermodule die höchste vom FSB unterstützte Taktfrequenz unterstützen.

Front-USB, das; *Subst.*, besteht aus mehreren USB-Anschlüssen an der Gehäusevorderseite des PCs. Die Anschlüsse sind meist unter einer Klappe verborgen und erleichtern den Anschluss von USB-Geräten, die nur vorübergehend angeschlossen werden, das Einlegen von Datenträgern (zum Beispiel ⇨ **Card Reader**) oder die Bedienung des angeschlossenen USB-Geräts (zum Beispiel ⇨ **Camcorder** oder Digitalkamera).

Bei aktivem Front-USB ist zu beachten, dass die USB-Anschlüsse nicht bei jedem Gerät auch an der Rückseite zusätzlich zur Verfügung stehen. Die Umschaltung zwischen Front-USB und rückwärtigen Anschlüssen erfolgt über einen Umschalter oder einfach per Steckverbindung innerhalb des Gehäuses.

Froyo, Bezeichnung der Version 2.2 von ⇨ **Android**.

FSB, der; *Subst.*, ⇨ **Front Side Bus**.

FSF, Abkürzung der ⇨ **Free Software Foundation**.

ft, Abkürzung für foot, der Längeneinheit Fuß, die 0,3084 m beträgt.

FTP [sprich „ef ti pi"], Abkürzung für **F**ile **T**ransfer **P**rotocol [sprich „feil transfer protokoll"], dt. Datei Transfer Protokoll, ist ein von ⇨ **FTP-Servern** verwendetes Protokoll für den ⇨ **Download** von Dateien. Dazu wird beim Login

Funkzelle   F

„anonymous" und als Passwort die eigene E-Mail-Adresse angegeben. FTP basiert auf dem Übertragungsprotokoll ⇨ **TCP** und dem interaktiven Terminalprotokoll ⇨ **Telnet** und erlaubt sowohl die Übertragung zeichencodierter als auch binärer Informationen zwischen verschiedenen (offenen) Systemen.

FTP-Server [sprich „ef ti pi sörwer" oder deutsch „ef te pe sörwer"], der; *Subst.*, ist ein ⇨ **Server** im Internet, der als ⇨ **Internetdienst** Dateien zum ⇨ **Download** per ⇨ **FTP** bereitstellt. Dem Namen des Servers wird das Protokoll vorangestellt: ftp://beispiel.de.

Full HD, Abkürzung für **Full High Definition**, steht für eine Auflösung von 1.920 x 1.080 Pixel (**1080p**) im Unterschied zu **HD ready** oder **Half HD** mit 1.280 x 720 Pixel (**720p**).

Full Node ist ein Netzwerkknoten im ⇨ **Ethereum**-Netzwerk, der eine vollständige Kopie der ⇨ **Blockchain** enthält und ständig fortschreibt.

Full-Rate ADSL bezeichnet eine ⇨ **ADSL**-Variante, mit der Daten mit 8 Mbit/s in beide Richtungen übertragen werden können.

Funkloch, das; *Subst.*, ist ein Bereich, in dem hohe Gebäude, Tunnel, Berge oder andere Umweltgegebenheiten den Empfang von Funkwellen beeinträchtigen und daher kein Telefonieren mit dem Handy oder Betrieb eines WLAN-Anschlusses möglich sind.

Funkmodem, das; *Subst.*, ist ein Gerät zur Übertragung von Daten zwischen Computern über Funk; ⇨ **Modem**.

Funkzelle, die; *Subst.*, das von einer ⇨ **Basisstation** abgedeckte Sendegebiet, wobei sich die Funkzellen überlappen, um ⇨ **Funklöcher** zu vermeiden.

G

G, Abkürzung von ⇨ **Giga**.

G3, Abkürzung von ⇨ **Gruppe-3-Fax**.

G4, Abkürzung von ⇨ **Gruppe-4-Fax**.

Gadgets [sprich „gädschets"], die; *Subst.*, sind (1.) technische Spielzeuge für Technikfreaks, die teils sinnvolle Werkzeuge, aber meist nur eine Spielerei sind wie ein USB-Aquarium. Auch ⇨**Smartphone**s wie das ⇨ **iPhone** zählen zu den Gadgets und dienen seinem Besitzer unter Gleichgesinnten ⇨ **Geeks** als Statussymbol. Als Gadgets werden (2.) aber auch kleine Anwendungen für ⇨ **Smartphones**, die ⇨ **Sidebar** von ⇨ **Windows Vista** und den ⇨ **Desktop** von ⇨ **Windows 7** (die Sidebar fehlt dort) bezeichnet.

Game Cheater [sprich „gäim schiehter"], der; *Subst.*, dt. etwa „Spiele-Betrüger", sind Programme, die in Spielen nach den Stellen suchen, wo die Geldbeträge, die Menge der Munition oder Waffen, die Gesundheit, die Leben oder andere für den Spieler wichtige Variablen abgespeichert sind. Dazu wird etwa der derzeitige Stand des Kontos eingegeben und das Game-Cheater-Programm zeigt daraufhin alle Speicherstellen in hexadezimaler Schreibweise an, an denen dieser Betrag im Spiel abgespeichert ist. Die richtige Adresse kann durch Ausprobieren ermittelt werden. Ein solcher Game Cheater ist ArtMoney: http://www.artmoney.ru/.

Gamepad [sprich „gäimpäd"], das; *Subst.*, auch **Joypad**, ist ein ⇨ **Eingabegerät** für ⇨ **Computerspiele** zur Steuerung der Spielfigur über analoge Sticks, einen Steuerkranz und vier Aktionstasten zum Auslösen von Funktionen.

Ein drahtloses Gamepad mit zwei präzisen Analogsticks ⓐ *, einem digitalen 8-Wege-Steuerkranz* ⓑ *und vier frei konfigurierbaren Aktionstasten* ⓒ *für die Xbox, das per Adapter auch am PC verwendbar ist (Bild: Microsoft)*

Teilweise ist eine Vibrationsfunktion enthalten, die dem Spieler eine Rückmeldung geben soll, etwa über die Fahrbahnbeschaffenheit bei einem Rennspiel oder wenn ein Treffer erfolgt (Forceback Feedback). Der Anschluss eines Gamepads er-

Geek G

folgt per USB und Kabel oder Funk (Wireless). Gamepads für die Xbox lassen sich teilweise über Adapter auch für den PC nutzen. Die Kompatibilität sollte jedoch vor dem Kauf überprüft werden.

Gameport [sprich „gäimport"], der; *Subst.*, ist ein veralteter Anschluss für ⇨ **Peripheriegeräte** wie ⇨ **Joystick**, ⇨ **Gamepad**, Lenkrad oder Steuerhorn, die zur Eingabe bei Computerspielen verwendet werden. Der Gameport ist als DB-15-Buchse ausgeführt und mittlerweile durch ⇨ **USB** ersetzt worden. Ältere Geräte für den Gameport lassen sich teilweise durch Adapter am USB weiter verwenden.

Gamez [sprich „gäims"] sind raubkopierte Computerspiele.

GAP 🖀, Abkürzung für **G**eneric **A**ccess **P**rofile [sprich „dschenerik äcksess profeil"], Funkprotokoll, über das die Kommunikation zwischen den Endgeräten und der Basisstation bei ⇨ **DECT** mit einer ⇨ **Datenübertragungsrate** von 9.600 bit/s erfolgt.

Gateway [sprich „gäitwäi"], das; *Subst.*, dt. wörtlich: „Eingang", „Tor", bezeichnet (1.) eine Verbindungs- und Übergangsstelle zwischen unterschiedlichen Netzen oder Rechnersystemen. Ein Gateway ist ein spezialisierter Rechner mit entsprechender Software, der unterschiedliche Verfahren und Protokolle versteht und für den Kommunikationspartner „übersetzt". Es handelt sich (2.) aber auch um den Namen und das geschützte Warenzeichen eines Computer-Herstellers, der 2007 von Acer übernommen wurde.

GB ⇨ **Gigabyte**.

GBG, die; *Subst.*, Abkürzung für ⇨ **Geschlossene Benutzergruppe**. Eine andere Bezeichnung ist ⇨ **Closed User Group**.

GByte, Abkürzung von ⇨ **Gigabyte**.

GCD, Abkürzung von ⇨ **Grand Central Dispatch**.

GDI, Abkürzung für **G**raphic **D**evice **I**nterface [sprich „gräfik diweis interfäis"], ist eine Schnittstelle zu grafischen Geräten wie ⇨ **Grafikkarte**, ⇨ **Bildschirm** oder auch ⇨ **Drucker**.

GDI-Drucker, der; *Subst.*, ist ein spezieller Drucker, der meist nur unter Windows einsetzbar ist, und den Arbeitsspeicher des PCs mitnutzt, daher selbst mit verhältnismäßig wenig Speicher ausgestattet ist.

GE, Abkürzung von **G**igabit-**E**thernet; ⇨ **Ethernet**.

Geek [sprich „giehk"], der; *Subst.*, ⇨ **Computer-Freak**.

G   Gefällt mir

Gefällt mir, dt. Bezeichnung auf den **Like**-Schaltflächen von ⇨ **Facebook**, die unter den Statusmeldungen der Benutzer und auf Webseiten erscheinen. Durch das Anklicken einer Schaltfläche zeigt der Benutzer, dass ihm die Information gefällt und informiert über eine Statusmeldung auch seine Freunde. Die Anzahl der Likes wird innerhalb von Facebook und bei Google als Maßstab dafür verwendet, wie interessant eine Information ist. Es gibt daher auch Missbrauch dieser Funktion wie gekaufte Likes oder automatische Likes beim Klicken auf ein Bild, ohne dass der Benutzer darüber informiert wird.

Gefälschte Sicherheitssoftware, die; *Subst.*, engl. **Fake AV**, sind ⇨ **Trojanische Pferde**, die falsche Schadprogramm- und Fehlermeldungen anzeigen, um den Benutzer dadurch zum Kauf einer unnötigen Software zu bewegen. Der Benutzer verliert dadurch nicht nur Geld, sondern erhält meist ein weiteres Schadprogramm auf seinen PC, und die Nötigung und Erpressung geht weiter; ⇨ **Rogueware**.

geflashed [sprich „geflāschd"] ⇨ **flashen**.

Geheimtext, der; *Subst.*, wird im Zusammenhang mit ⇨ **Verschlüsselung** verwendet und bezeichnet den unleserlichen transformierten Text, der bei der Verschlüsselung entsteht.

gejailbreaked [sprich „gedschailbräikd"] ⇨ **Jailbreak**.

Gelbe Post, die; *Subst.*, ist ein im Internet umgangssprachlich verwendeter Ausdruck für die Deutsche Post AG. Ein anderer, weniger freundlicher Ausdruck ist **Snail-Mail** bzw. ⇨ **Schneckenpost**.

GeldKarte, die; *Subst.*, ist eine „elektronische Geldbörse" in Form eines gespeicherten Geldbetrags auf dem Chip einer Girocard, die besser unter ihrem alten Namen EC-Karte bekannt ist, sowie der Kundenkarten von Banken und Sparkassen. Statistisch verfügt jeder Bundesbürger über mindestens eine GeldKarte, denn es sind über 89 Millionen davon im Umlauf. Eine GeldKarte ist auf der Vorderseite am goldenen Chip und dem rot-blauen GeldKarte-Symbol zu erkennen. Es kann damit an Automaten, in Geschäften und bei Web-Shops bezahlt werden. Die GeldKarte ist dazu in ein Lesegerät einzuführen. Neben der Geldkarte gibt es auch die **GeldKarte kontaktlos**, deren Symbol zur Unterscheidung einen entsprechenden Zusatz und oben rechts drei schwarze Bögen als Symbol für elektromagnetische Wellen enthält. Mit dieser Karte kann bezahlt werden, indem sie in einem Abstand von 1 bis 10 cm über das Bezahlterminal gehalten wird. Vorteile der GeldKarte sind die schnelle und einfache Bezahlmöglichkeit ohne Bargeld und insbesondere Kleingeld mit sich zu führen oder eine ⇨ **PIN** eingeben zu müssen. Die GeldKarte funktioniert außerdem auch offline, also auch, wenn gerade wegen Überlastung keine Verbindung zum Bankserver aufgebaut werden kann. Es handelt sich bei der GeldKarte um eine ⇨ **Prepaidkarte**, der Geldbetrag ist also zunächst aufzuladen, bevor damit bezahlt werden kann. Kommt es zum Verlust der GeldKarte oder einer Beschädigung des Chips, ist der darauf gespeicherte Betrag verloren. Reicht der gespeicherte Betrag auf der GeldKarte nicht zum Bezahlen aus, muss der Rest auf anderem Weg ausgeglichen werden. Eine GeldKarte ist keine Kreditkarte, kann jedoch mit einer solchen auf einer Karte kombiniert sein.

kontaktlos

Das Logo der „GeldKarte" und der „GeldKarte kontaktlos"

GEMA, die; *Subst.*, Abkürzung für **Ge**sellschaft für **m**usikalische **A**ufführungs- und mechanische Vervielfältigungsrechte, ist eine deutsche Organisation, die gegen Entgelt Lizenzen zur Aufführung von Musik vergibt und unberechtigtes Aufführen oder unberechtigten Vertrieb von Musik rechtlich verfolgt. Die GEMA verlangt auch Lizenzgebühren, wenn Musik über das Internet verbreitet wird. Das kann zum Beispiel schon der Fall sein, wenn eine Melodie auf der eigenen Homepage oder dem eBay-Angebot abgespielt wird, sofern die Musik nicht GEMA-frei ist; https://www.gema.de/.

Gender-Changer [sprich „dschender tschäinscher"], der; *Subst.*, ist ein ⇨ **Adapter** mit einer 1:1-Durchkontaktierung, mit dem sich eine Buchse in einen Stecker oder ein Stecker in eine Buchse verwandeln lässt.

General MIDI [sprich „dschenerell midi"], Abkürzung **GM**, war jahrelang Standard für den ⇨ **MIDI**-Klang bei Soundkarten, bevor er zunehmend durch ⇨ **Wavetable** abgelöst wurde. Im Gegensatz zu Wavetable werden die Töne bei ⇨ **MIDI** durch die Soundkarte selbst mit 128 gespeicherten Instrumenten sowie den Angaben zu Tonhöhe, Länge des Tons und Wiedergabedauer direkt aus der MIDI-Datei erzeugt. Die Qualität der Klangwiedergabe ist deutlich schlechter als bei Wavetable und variiert je nach Qualität der gespeicherten Instrumente auf der Soundkarte stark. Unabhängig von der Art der Sounderzeugung auf der

G General Packet Radio Services

Soundkarte sind MIDI-Dateien sehr klein, da sie nicht die eigentlichen Klänge, sondern nur Steuerinformationen enthalten. Die MIDI-Steuerinformationen werden größtenteils auch von Handys verstanden, und so können mit MIDI individuelle Ruftöne entwickelt werden.

General Packet Radio Services [sprich „dschenerell päckett räidio sörwis"] ist bekannter unter der Abkürzung ➪ **GPRS**.

Generation, die; *Subst.*, gibt den Entwicklungsstand einer Programmiersprache an, wobei ➪ **5GL** die neueste Entwicklungsstufe darstellt.

generic Top Level Domain [sprich „dschenerik topp lewell domejhn"], Abkürzung **gTLD**, ist ein ➪ **generischer Code** für eine ➪ **Top Level Domain** wie zum Beispiel .com oder .info (➪ **Ländercode**).

Geoblocker, der; *Subst.*, ist eine im Internet eingesetzte Technik, die es ermöglicht, in bestimmten Regionen Inhalte einer Webseite zu sperren.

Geo-Caching [sprich „geo käsching" oder „dschio käsching"], das; *Subst.*, ist eine Art moderne Schnitzeljagd mit ➪ **GPS** und Internet. Der Ursprung wurde am 3. Mai 2000 von Dave Ulmer gelegt, der in den Wäldern von Portland in Oregon, USA, einen Topf mit nicht mehr benötigten Kleinigkeiten versteckte und die GPS-Position des Verstecks in einer ➪ **Newsgroup** veröffentlichte. Dazu beschrieb Dave Ulmer die Regeln des Spiels: Ein Gefäß mit Kleinigkeiten ist zusammen mit einem Logbuch zu verstecken und die Position im Internet zu veröffentlichen. Dabei wird allerdings nur der Startpunkt für die Suche angegeben. Das genaue Versteck ergibt sich aus Hinweisen und Berechnungen. Für den Zeitaufwand ist ohne Anreise ein bis zwei Stunden einzukalkulieren. Zudem sind einige Kilometer zu Fuß zurückzulegen. Der Schwierigkeitsgrad der Suche wird mit eins bis fünf angegeben. Wer das Gefäß findet, nimmt etwas heraus, legt etwas anderes hinein und nimmt einen Eintrag im Logbuch vor.

Die Bezeichnung Geo-Caching wurde dafür am 30. Mai 2000 vergeben. Das Gefäß wird als **Cache** bezeichnet, die Mitspieler als **Cacher**. Die Caches werden vorzugsweise an ungewöhnlichen Orten versteckt, müssen aber mindestens 600 Meter voneinander entfernt versteckt werden. In Deutschland gibt es bereits tausende Anhänger dieses ungewöhnlichen Zeitvertreibs und hunderte von Caches überall im Bundesgebiet; www.geocaching.de/.

Geodaten, die, *Subst.*, sind Metadaten, die Ort und teilweise Datum und Uhrzeit enthalten, um zum Beispiel Aufnahmeort und -zeit eines Fotos anzugeben, den Ort oder einen zurückgelegten Weg in einer Karte wie Google Maps aufzuzeigen.

Geografische Suche, die; *Subst.*, ist eine Suche bei einer Suchmaschine, bei der außer dem Suchbegriff auch die Postleitzahl eingegeben wird, um nur regionale Angebote zu finden.

geotaggen [sprich „geotäggen"], *Verb,* Hinzufügen von Ortsdaten (⇨ **Geodaten**) zu Fotos oder Positionen auf Karten, zum Beispiel als ⇨ **POIs** für Navigationssysteme.

gepackt, *Adj.*, bedeutet bei einer Datei, dass diese Datei in einer ⇨ **Archivdatei** komprimiert abgespeichert ist; ⇨ **ZIP**.

GER, ⇨ **Dateinamenerweiterung** der deutschen Konfiguration eines amerikanischen Programms.

Geräte-Manager, der; *Subst.*, ist ein Bestandteil von ⇨ **Windows** und liefert einen Überblick der vorhandenen Geräte, der von diesen belegten Ressourcen (⇨ **IRQs**, ⇨ **DMAs** und Adressbereiche) und der für die Geräte installierten Treiber. Der Geräte-Manager zeigt Fehler wie nicht erkannte Geräte oder Ressourcenkonflikte an. Über den Geräte-Manager lassen sich solche Fehler beheben, indem zum Beispiel neue Treiber installiert oder Ressourcen-Zuweisungen geändert werden. Bei den aktuellen Windows-Versionen heißt die Programmdatei des Geräte-Managers **devmgmt.msc**. Der Geräte-Manager kann durch Eingabe dieses Programmnamens unter *Start/Ausführen* (⇨ **Windows 7**) direkt gestartet oder über die ⇨ **Systemsteuerung** und *Geräte-Manager* aufgerufen werden.

Geschlossene Benutzergruppe, die; *Subst.*, abgekürzt **GBG**, ⇨ **Closed User Group**.

Gesichtserkennung, die; *Subst.*, engl. face detection [sprich „fäis ditekdschen"], ist ein biometrisches Verfahren, um Personen auf einem Foto oder Video zu erkennen. Es wird bei ⇨ **Digitalkameras** eingesetzt, um Kinder und Erwachsene zu unterscheiden und auf den entsprechenden Porträtmodus umzuschalten, den Auslöser automatisch zu betätigen, wenn jemand lächelt, oder nicht zu betätigen, wenn jemand die Augen geschlossen hat, und rote Augen noch während der Aufnahme zu korrigieren.

Dazu wird Gesichtserkennung bei der Fotoverwaltung verwendet, um Personen in den Aufnahmen zu erkennen und nach diesen zu sortieren oder bestimmte Personen zu finden. Soziale Netzwerke wie ⇨ **Facebook** und ⇨ **Google+** verwenden eine Gesichtserkennung, um bereits bekannte Personen auf hochgeladenen Bildern automatisch zu erkennen. Die Gesichtserkennung wird

G Gesprächszeit

zur Gefahrenabwehr in Flughäfen eingesetzt, bei Kameras an öffentlichen Plätzen und bei der Verkehrsüberwachung, um gesuchte Personen zu erkennen.

Ferner wird die Gesichtserkennung als alleinige oder zusätzliche Zugangskontrolle verwendet. Das soll bei ⇨ **Windows Hello** von ⇨ **Windows 10** durch eine spezielle ⇨ **RealSense**-Tiefenkamera von ⇨ **Intel** sicher möglich sein, ohne dass die Gesichtserkennung über ein Foto oder eine Maske zu überlisten ist.

Es gibt auch entsprechende Programme für den ⇨ **PC**, bei denen über die ⇨ **Webcam** das Bild des Nutzers überprüft wird. Solche einfachen Systeme, die es auch für ⇨ **Android** gibt, lassen sich aber teilweise bereits mit einem Foto überlisten.

Apple hat mit dem ⇨ **iPhone X** im Jahr 2017 die Gesichtserkennung **Face ID** eingeführt. Das aufwändige System heißt Apple TrueDepth und besteht aus einer Beleuchtung, der ⇨ **Frontkamera**, einem Näherungssensor, einem Punktprojektor und einem Umgebungslichtsensor. Das iPhone X erkennt selbsttätig, wenn sich ein berechtigter Benutzer nähert, und schaltet das Telefon frei.

Die Erkennung basiert auf einer 3D-Vermessung des Gesichts über 30.000 Höhen-Messpunkte, die vom Punktprojektor auf das Gesicht gestrahlt werden. Laut Apple ist die Wahrscheinlichkeit 1 zu 1 Million, dass eine unbefugte Person mit einem ähnlichen Gesicht die Gesichtserkennung des iPhone X überlisten kann. In einem Versuch des Wallstreet Journals gelang das jedoch bei Zwillingen, wie dieses englischsprachige Video zeigt: https://youtu.be/FhbMLmsCax0.

Mit einem Foto lässt sich dieses System nicht hacken, da der Erkennung ein 3D-Modell zugrunde liegt. Sicherheitsexperten aus Vietnam haben Face ID jedoch angeblich mit einer Maske überlistet. Das Wallstreet Journal hat die Gesichtserkennung mit einer professionell erstellten Silikon-Maske getestet und das iPhone X wurde nicht geöffnet. Im November 2017 war noch nicht geklärt, ob ein solcher Masken-Hack möglich ist oder nicht.

Gesprächszeit, die; *Subst.*, ist (1.) die Dauer einer Telefonverbindung und (2.) eine Angabe bei Mobil- und Mobilfunktelefonen für die maximale Gesprächszeit, bevor ein erneutes Aufladen des Akkus erfolgen muss.

Geste, die; *Subst.*, ist eine bestimmte Hand-, Finger- oder auch Körperbewegung, die bei einem ⇨ **Touchscreen**, einer ⇨ **Touch-Maus** oder einer Bewegungssteuerung wie

⇨ **Kinnect** bei einem Rechner eine Handlung auslöst. So kann etwa bei einem ⇨ **iPhone** mit zwei Fingern gezoomt, durch das Ziehen eines Fingers über den Bildschirm geblättert oder durch ein Tippen ein Menü eingeblendet werden.

gezipt, *Adj.*, bedeutet bei einer Datei, dass diese in einer ⇨ **Archivdatei** im ⇨ **ZIP**-Format komprimiert abgespeichert ist.

Ghost Tweeting, das; *Subst.*, bezeichnet das Tweeten mehrerer Personen über ein ⇨ **Twitter**-Konto, wie es bei Firmen häufig üblich ist, aber auch bei Konten berühmter Persönlichkeiten und Twitter-Konten mit sehr hohen Follower-Zahlen wie dem von @GuyKawasaki.

Firmen kennzeichnen den jeweiligen Absender teilweise durch die Anfangsbuchstaben seines Namens am Ende des Tweets zusammen mit einem Accent grave, z. B.: ^MB für „geschrieben von Michael Beisecker". Ein Beispiel ist das Konto von @Cinemaxx. Damit die Leser der Tweets auch wissen, wer sich hinter dem Kürzel verbirgt, werden die betreffenden Mitarbeiter im Idealfall auf dem Hintergrundbild gezeigt. Das ist jedoch keinesfalls die Regel, außerdem erwarten die Follower bei persönlich erscheinenden Konten wie @GuyKawasaki auch persönliche Tweets. Daher ist das Ghost Tweeting umstritten und wird von

einem Teil der Twitter-Nutzer abgelehnt.

GHz ⇨ **Hertz**.

Gi, Abkürzung von ⇨ **Gibi**.

Gibi, Abkürzung für **gi**ga-**bi**nary, abgekürzt **Gi**, entspricht 2^{30} = 1.073.741.824 und wird zur genauen Angabe in ⇨ **GibiByte** verwendet. Gibi ist jedoch bisher kaum bekannt; ⇨ **Giga** und ⇨ **Gigabyte**.

GibiByte ist ein Maß für die Speicherkapazität von Speichermedien, das 2^{30} = 1.073.741.824 Byte entspricht; ⇨ **Giga** und ⇨ **Gigabyte**.

GIF [sprich „dschif", üblich jedoch „gif"], Abkürzung für **G**raphics **I**nterchange **F**ormat, ist (1.) die ⇨ **Dateinamenerweiterung** eines (2.) Dateiformats, bei dem durch Reduktion auf 256 Farben eine starke Kompression erreicht wird. Bilder mit einer hohen ⇨ **Farbtiefe** wirken im GIF-Format jedoch grobkörnig. Technisch sind auch (3.) True-Color-GIFs möglich, da sich in einer GIF-Datei mehrere Einzelbilder speichern lassen. Das ursprüngliche Bild wird in rechteckige Einzelbilder aufgeteilt und diese dann jeweils mit ihrer eigenen Farbpalette und 256 Farben abgespeichert. Das geht allerdings zu Lasten der Dateigröße und findet daher kaum Anwendung. Verbreitet sind dagegen (4.) ⇨ **Animated GIF** mit aufeinander folgen-

G Giga

den Bildern in einer Datei. Diese werden schnell hintereinander angezeigt und dadurch zu einem Clip bzw. einer Animation. Eine weitere Anwendung von GIF ist das (5.) Interlacing. Dabei werden die Bilder in einer GIF-Datei in vier Durchläufen mit steigender Auflösung abgespeichert. Bei der Wiedergabe wird erst die grobe Darstellung sichtbar und das Bild verfeinert sich dann mit der weiteren Übertragung. Das ist sinnvoll bei der Anzeige von Bildern auf Webseiten, da das GIF-Bild auch bei einer langsamen Internetverbindung schon sehr früh nach dem Beginn der Übertragung in groben Zügen sichtbar wird. Die bessere Wahl ist jedoch das ⇨ **PNG**-Format, da es ein verlustfreies Bitmap-Grafikformat ist und sowohl Graustufen- als auch Farbbilder mit einer Farbtiefe von 16 Bit darstellen kann.

Giga entspricht $10^9 = 1.000.000.000$ und wird zur Angabe von Speichergrößen in ⇨ **GigaByte** verwendet; hier entsteht jedoch eine Ungenauigkeit, da Speichergrößen auf dem Binärsystem basieren. Daher wurde für die genaue Angabe ⇨ **Gibi** eingeführt; ⇨ **Gigabyte**.

Gigabyte [sprich „giga beit"] ist ein Maß für die Speicherkapazität von Speichermedien, das 10^9 = 1.000.000.000 Byte entspricht, wodurch eine Ungenauigkeit zu der über das Binärsystem ermittelten genauen Größe 1.073.741.824 Byte entsteht. Daher ist die genauere Angabe ⇨ **GigiByte**; ⇨ **Giga** und ⇨ **Gibi**.

Gigahertz ⇨ **Hertz**.

GigaRec ist eine Bezeichnung der Firma Plextor für eine Funktion des CD-RW-Brenners PlexWriter Premium. Durch das Brennen deutlich kleinerer ⇨ **Pits** auf der ⇨ **CD-R** als bisher üblich, sollen sich damit auf einem 700-MB-Rohling (80 Minuten) rund 1 GB an Daten speichern lassen. Auf einen 880-MB-Rohling (99 Minuten) sollen gar 1,2 GB passen. Siehe auch ⇨ **HD-Burn**. Die Kompatibilität dieses Verfahrens zu anderen Laufwerken ist jedoch eingeschränkt.

Gingerbread, Bezeichnung der Version 2.3 von ⇨ **Android**.

Glare-Display, Glare-Type-Display, das; *Subst.*, ist ein Display mit stark reflektierender Oberfläche, das bei Sonnenlicht und teilweise auch schon bei Kunstlicht nur schwer abzulesen ist. Der Grund ist die fehlende Mattierung. Dafür haben Glare-Displays nach Angaben der Hersteller bessere Kontrastwerte. Durch Folien lassen sich Glare-Displays entspiegeln, was bei einem ⇨ **Touchscreen** jedoch zu Lasten der Gestenerkennung geht. ⇨ **Notebooks,** ⇨ **Netbooks** und ⇨ **Tablets** mit Glare-Display sind nicht als ⇨ **E-Book-Reader** ge-

GND

eignet, auch wenn sie dafür dennoch häufig eingesetzt werden. Ebenso gehören Glare-Displays eigentlich nicht an einen Arbeitsplatz, da der Bildschirm frei von störenden Reflexionen und Blendungen sein sollte.

Glasfaserkabel, das; *Subst.*, ist ein optisches Übertragungsmedium (Lichtwellenleiter) für digitale Daten in Form einer 0,1 mm dünnen ⇨ **Glasfaser**. Die Daten werden mit hochfrequenten Lichtimpulsen weitergeleitet. Das Glasfaserkabel hat gegenüber dem stromleitenden Kupferkabel Vorteile durch das geringere Gewicht, die Abhörsicherheit und die höhere Bandbreite.

gleich (=), engl. **equal**, ist ein relationaler Operator zum Vergleich zweier Werte. Das Ergebnis ist wahr, wenn der Wert links vom Operator gleich dem rechts angegebenen Wert ist.

G.lite ⇨ **DSL lite**.

Glossar, das; *Subst.*, ist eine Zusammenstellung von Fachbegriffen mit kurzer Erläuterung, vergleichbar mit einem Fachlexikon wie diesem.

GM ⇨ **General MIDI**.

GMT, die; *Subst.*, Abkürzung von **G**reenwich **M**ean **T**ime und entspricht ⇨ **UTC**. Es handelt sich um die Weltzeit und ist daher die Zeitbasis für ⇨ **Windows**-PCs und Linux- bzw. Unix-Rechner. GMT bzw. UTC entspricht während der Winterzeit der deutschen Zeit minus 1 Stunde, während der Sommerzeit der deutschen Zeit minus 2 Stunden. Sie können sich über die Uhr in der Taskleiste bis zu drei Weltzeiten anzeigen lassen. Dazu klicken Sie mit der rechten Maustaste auf die Uhrzeit und stellen zwei zusätzliche Uhren über das Register *Zusätzliche Uhren* ein. Über die App Alarm & Uhr erhalten Sie auf Wunsch auch mehr als drei Weltzeiten vor einer Weltkarte angezeigt.

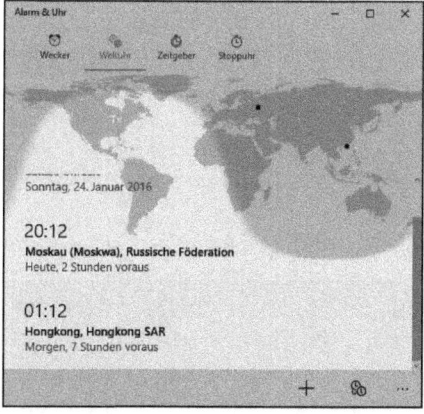

Wie spät ist es gerade in Hongkong oder Moskau? Die App Alarm & Uhr von Windows 10 und 8.1 zeigt es Ihnen auf einer Weltkarte an, ohne dass Sie über die Stundendifferenz zu GMT umständlich umrechnen müssen

GND, Abkürzung für **G**rou**nd**, die Erde oder Erdleitung.

G   Goldener Schnitt

Goldener Schnitt, der; *Subst.*, ist ein Begriff aus dem Desktop Publishing und bezeichnet ein Verhältnis zwischen Breite und Höhe von 5:8 oder 8:13 für den Satzspiegel von Büchern, was als besonders schön und/oder harmonisch empfunden werden soll und auf Überlieferungen aus dem alten Griechenland und Bestrebungen der Renaissance zurückgeht. Buch- und Satzspiegel, ja sogar Schriften und Zeichen werden daher mit diesen Proportionen entworfen.

Golf-Launchpad [sprich „golf loanschpäd"], das; *Subst.*, ist ein Eingabegerät für Golf-Simulationen. Es besteht aus einem kleinen Green zum Putten, einem fest installierten Ball und optischen Sensoren. Die Software berechnet dabei Ballgeschwindigkeit und Bahnkurve und erfasst statistische Daten.

googeln [sprich „guhgeln"], *Verb*, bezeichnete ursprünglich das Suchen mit der Suchmaschine ⇨ **Google**, kann aber mittlerweile laut Duden auch generell für das Suchen im Internet verwendet werden. Als eingedeutschtes Verb kann es auch gebeugt werden: „ich goog(e)le", „du goog(e)lst", „er/sie/es googelt" usw.

Googlability, die; *Subst.*, Auffindbarkeit in der Suchmaschine ⇨ **Google** und daraus ablesbare ⇨ **digitale Reputation**. Von der Googlability kann sehr viel abhängen, zum Beispiel bei einer Bewerbung oder der Anbahnung von Geschäftskontakten.

Google [sprich „guhgel"], beliebteste ⇨ **Suchmaschine**, die in Deutschland über https://www.google.de/ zu erreichen ist. Die Bewertung der Seiten nach dem ⇨ **PageRank**-System von Google liefert eine hohe Übereinstimmung mit den gesuchten Inhalten. Dafür erhält der Suchmaschinen-Betreiber jedoch über die Suchanfragen Informationen über den Anwender. Zum Schutz der Privatsphäre ist daher zu empfehlen, die Suche im Internet über eine diskrete Suchmaschine wie Startpage alias Ixquick durchzuführen; https://www.startpage.com/deu/.

Google+, Google Plus [sprich „guhgel plus"], ist ein ⇨ **soziales Netzwerk** von ⇨ **Google**, das in Konkurrenz zu ⇨ **Facebook** und ⇨ **Twitter** steht und am 28. Juni 2011 erschienen ist.

Google+ hatte im November 2017 über 3 Mrd. registrierte Nutzer und ist von dieser Zahl her das größte soziale Netzwerk der Welt. Dabei handelt es sich jedoch einfach um die Google-Nutzer, da Google+ in die Google-Dienste integriert ist.

Die Anzahl der monatlich aktiven Nutzer liegt mit 300 Millionen weit unter der Zahl der registrierten Nutzer, noch geringer ist die Zahl von

Googlebombing

20 Millionen monatlich aktiver Mobilnutzer. Das größte soziale Netzwerk von der Zahl der aktiven Nutzer her ist daher Facebook.

Google+ ist bislang in 44 Sprachen erschienen. Die Besonderheit von Google+ ist das Einteilen der Freunde in Kreise (Circles), der Gruppen-Video-Chat Hangout für bis zu 10 Teilnehmer und Sparks, das zu einem eingegebenen Stichwort passende Beiträge findet, die sich auch abspeichern lassen. Sparks verwendet die Google-Suche, sodass die dort nutzbaren Suchoperatoren auch bei Google+ funktionieren.

Google+ bietet wie Facebook Spiele an. Unternehmen haben unter der Bezeichnung +Pages spezielle Seiten, in der auch bei Facebook – im Gegensatz zu Twitter – Seiten von Personen und Unternehmen getrennt werden. Ebenso wie Facebook verlangt Google+ von den Anwendern eine Anmeldung unter dem richtigen Namen und nicht unter Pseudonym, wie es bei Twitter üblich ist.

Ebenso wie bei Twitter gibt es jedoch ein „Folgen", also eine einseitige Freundschaftsbeziehung, die nicht erwidert werden muss, wie es bei Facebook der Fall ist. Bei Google+ werden jedoch Kontakte in einen Circle aufgenommen. Die Nutzer von Google+ können über +1-Schaltflächen Webseiten und Inhalte positiv bewerten und ihre Freunde darüber informieren, ähnlich wie bei den „Gefällt mir"-Schaltflächen von Facebook.

Abgesehen von den Circles, dem Gruppen-Chat Hangout und dem Einbeziehen bereits früher vorhandener Google-Dienste, ist Google+ eine Mischung aus Facebook und Twitter.

Von Datenschützern wird Google+ deutlich besser bewertet als Facebook und wurde von der Verbraucherministerin Ilse Aigner beim Start 2011 sogar als „Gewinn für den Datenschutz bei Online-Netzwerken" gelobt. Durch die Circles haben die Nutzer von Google+ einen einfacheren Schutz für ihre Daten als es bei Facebook mit dessen vielen Einstellungen der Fall ist, die zudem vom Unternehmen in der Vergangenheit schon mehrfach ohne vorherige Information der Benutzer geändert wurden.

Googlebombing [sprich „guhgelbommbing"], das; *Subst.*, ist das Einrichten einer großen Zahl von Webseiten, die alle auf eine Webseite verlinken, damit diese weit oben in der Trefferliste bei ⇨ **Google** erscheint. In dem Link wird als Ankertext das Suchwort angegeben, unter dem der Eintrag erscheinen soll. Das wird als Scherz gemacht, um zum Beispiel die Webseite eines Bekannten unter dem Sucheintrag „Taube Nuss" erscheinen zu lassen.

G Google Chrome

Oder jemand steigert die Position seiner eigenen Webseite zur Selbstbestätigung oder aus kommerziellen Gründen; ⇨ **Linkfarmen**.

Google Chrome [sprich „guhgel chroum"] ist ein auf Mozilla ⇨ **Firefox** basierender ⇨ **Browser** von ⇨ **Google**, dessen erste Version am 2. September 2008 erschien und den das Unternehmen sehr schnell weiterentwickelt, sodass im November 2017 schon Version 62 herauskam. Aktuell ist Google Chrome international der führende Browser und hat auch in Deutschland im Jahr 2017 ⇨ **Firefox** von Platz 1 verdrängt.

Der mit ⇨ **C++** entwickelte Browser läuft unter allen aktuellen Windows-Versionen sowie Linux und Mac OS X. Es gibt Chrome auch für Smartphones und Tablets mit ⇨ **Android** und ⇨ **iOS**. Google Chrome lässt sich mit ⇨ **Apps** erweitern und geht in Vergleichstests nahezu immer als schnellster Browser hervor. Dazu hat Google Chrome eine gute Speicherverwaltung, während dies eine Schwäche von Firefox ist.

Nach dem Erscheinen von Google Chrome meldeten sich Datenschützer und das ⇨ **BSI** zu Wort, da die Nutzer über eine eindeutige Identifikationsnummer im Browser identifizierbar waren. Google entfernte die Identifikationsnummer mit Version 4.1 aus dem Browser, übermittelt jedoch noch Informationen bei Programmfehlern, sofern der Benutzer zustimmt. Diese Informationen sollen das Unternehmen beim Beheben von Programmfehlern unterstützen.

Google Chrome OS [sprich „guhgel chroum oh es"] das; *Subst.*, ist ein ⇨ **Betriebssystem** für ⇨ **Netbooks**, die sich nur mit Internetanschluss nutzen lassen. ⇨ **Google Chrome** ist zentraler Bestandteil; http://www.chromium.org/chromium-os.

Google-Cloaking [sprich „guhgelkloking"], das; *Subst.*, wird angewendet, um bei Suchmaschinen möglichst weit vorne in den Ergebnislisten zu erscheinen. Dazu wird auf der Webseite geprüft, ob ein normaler Anwender oder ein Suchrobot die Seite aufruft. Ein Anwender wird auf eine kommerzielle Seite eines Online-Shops geleitet, ein Suchrobot jedoch auf eine andere Seite, wo ihm interessante Inhalte wie etwa Testberichte vorgegaukelt werden. So bewertet der Suchrobot das Angebot als nicht kommerziell, und in Verbindung mit hohen Seitenaufrufen durch ⇨ **Linkfarmen** wird es als interessant beurteilt und daher, wie von den Anbietern gewünscht, direkt am Anfang der Suchergebnisliste angezeigt.

Google Dance [sprich „guhgel dänss"], der; *Subst.*, ist eine Bezeichnung für die monatliche Aktualisierung des Webseitenindexes der

Suchmaschine ⇨ **Google**. Dabei werden nicht mehr vorhandene Seiten aussortiert und neue einsortiert. Auch Änderungen am ⇨ **PageRank**-Verfahren oder neue Suchhilfen werden dann eingeführt. Für den normalen Google-Anwender ist das kaum von Bedeutung, aber für Firmen kann eine Änderung bei der Suche oder dem ⇨ **Ranking** sehr wichtig sein. Daher werden die Änderungen beim Google Dance entsprechend aufmerksam verfolgt.

Google Drive [sprich „guhgel dreif"], das; *Subst.*, seit April 2012 angebotener ⇨ **Online-Speicher** von Google, der im Jahr 2017 über 800 Millionen aktive Nutzer hatte. Der kostenlose Speicher ist auf 15 GB begrenzt, die für Gmail (E-Mail), Google Drive und Goog-

Gesamter Speicherplatz	Monatliche Gebühr
15 GB	Kostenlos
100 GB	1,99 $
1 TB	9,99 $
2 TB	19,99 $
10 TB	99,99 $
20 TB	199,99 $
30 TB	299,99 $

Die Preise des Google-Drive-Speicherplatz-Abos (Stand November 2017)

le Fotos verwendet werden können. Mehr Speicherplatz wird im Abonnement angeboten.

Googlefight [sprich „guhgelfaiht"], der; *Subst.*, ist eines der Spiele rund um ⇨ **Google**. Dabei werden die Ergebnisse von zwei Suchbegriffen verglichen. Das Wort mit den meisten Treffern gewinnt. Durchführen lässt sich ein Googlefight am einfachsten auf der Webseite https://www.googlefight.com/. Dort werden die zwei Suchbegriffe in die beiden Textfelder eingegeben und nach einem Klick auf die Schaltfläche *FIGHT !* wird das Ergebnis angezeigt.

Google Gravity [sprich „guhgel gräwitie"], dt. „Google Schwerkraft", ist eine der ⇨ **Google**-Suchmaschinenmaske täuschend echt nachgemachte ⇨ **Webseite**, die bei einer Mausbewegung in ihre Bestandteile zerfällt. Die Teile fallen dann wie von der Schwerkraft angezogen an den unteren Bildschirmrand und der Besucher kann sie anschließend mit der Maus hochwerfen. Diese Webseite wird oft für Scherze unter Freunden und Kollegen verwendet: http://mrdoob.com/projects/chromeexperiments/google_gravity/.

Google Play [sprich „gugel pläi"], zentrale Einkaufsplattform von Google für Apps, Bücher, Filme und Musik, die für die Verwendung auf

G Google Streetview

einem Mobilgerät mit dem Betriebssystem ⇨ **Android** bestimmt sind. Google Play ist auf den Android-Geräten bereits vorinstalliert, sodass Anwender mit einem Google-Konto einen direkten Zugriff darauf haben. Google überprüft die angebotenen Apps zwar auf Schadprogramme, ist dabei jedoch nicht gründlich genug. In der Vergangenheit wurden immer wieder gefährliche Apps in Google Play entdeckt.

Google Streetview [sprich „guhgel striehtwjuh"] ist ein Teil von Google Maps, der nicht nur die Erdoberfläche zeigt, sondern mit dem man sich virtuell durch die Straßen einer Stadt bewegen kann und die Umgebung so sieht, als würde man sich in der Straße befinden. Es ist sogar teilweise möglich, sich das Innere von Häusern oder der Modellbahnwelt in Hamburg anzusehen.

Für Google Streetview sind Fahrzeuge des Unternehmens mit 360-Grad-Kameras durch die Welt gefahren und haben alles aufgezeichnet, was ihnen auf dem Weg begegnet ist. Das bietet zwar Einblick in das Leben der Menschen am jeweiligen Ort, verletzt jedoch auch deren Privatsphäre, sodass Gesichter automatisch unkenntlich gemacht werden. Hausbesitzer und Mieter können auch verlangen, dass Hausfronten von Google Streetview ausgenommen werden. Google Streetview hat viele Gegner, aber auch Befürworter, wie Bilder zeigen, in denen Menschen die Kamerawagen mit selbstgemalten Plakaten begrüßen; http://maps.google.de/intl/de/help/maps/streetview/ (siehe Abbildung nächste Seite).

Googlewashing [sprich „guhgelwosching"], das; *Subst.*, bezeichnet das Phänomen, wenn sich als Ergebnisse eines Suchworts plötzlich Treffer mit einer völlig anderen Bedeutung zeigen. Das ist zum Beispiel durch Manipulationen der Fall, wenn kommerzielle Anbieter zu allen möglichen Begriffen ihre Online-Angebote in den Suchlisten nach vorne bringen. Das passiert aber auch durch eine veränderte Interessenlage der Internet-Nutzer, die sich mit einer gewissen Zeitverzögerung über die Neubewertung der entsprechend bevorzugten Seiten dann auch in den Suchergebnissen niederschlägt. Und auch Änderungen an der Bewertung von Webseiten oder den Suchalgorithmen können einen solchen Bedeutungswandel bewirken.

Googlewhacking [sprich „guhgel wäcking"], das; *Subst.*, ist eines der Spiele rund um ⇨ **Google**. Es geht darum, mit zwei Suchwörtern genau einen Treffer in der Suchanfrage zu erzielen. Dazu sind die zwei Wörter ohne Anführungszeichen einzugeben. Beide Wörter müssen in einem Wörterbuch zu finden sein. Gefundene Wortkombinatio-

Gooligan

Google Streetview vermittelt den Eindruck, als würde man sich selbst die Straße entlang bewegen und lässt einen kompletten Rundumblick zu

nen wurden früher auf der Webseite Whack Stack veröffentlicht, die jedoch nicht mehr online ist.

Gooligan ist ein Ende 2015 zum ersten Mal entdecktes Schadprogramm für ⇨**Android** 4 (**Jelly Bean, KitKat**) und 5 (**Lollipop**), das im Dezember 2016 schon 1 Million Mobilgeräte infiziert hatte und täglich 13.000 neue Geräte infizierte. Die Infektion erfolgt über Dutzende seriös aussehende Apps, die nicht von ⇨**Google Play**, sondern von Drittanbieter-Plattformen stammen, oder über Links in ⇨**Phishing**-Mails. Die infizierte App sendet nach der Installation Daten an einen Command-and-Control-Server und lädt von dort ein ⇨**Rootkit** wie VROOT oder Towelroot herunter. Diese Rootkits nutzen Sicherheitslücken des veralteten Android 4 und 5, um den Rootzugriff zu erhalten und das Mobilgerät darüber vollständig zu kontrollieren. Anschließend wird Schadcode vom ⇨**C&C**-Server geladen, um das Google-Konto des

G Gorilla Glass

Mobilgeräte-Benutzers über Google-Autorisierungs-Token zu hacken, Apps aus Google Play zu installieren und positiv zu bewerten und ⇨ **Adware** zu installieren, über die dann Einnahmen generiert werden; siehe auch ⇨ **HummingBad**, ⇨ **HummingWhale**.

Gorilla Glass, in der deutschen Bezeichnung auch **Gorillaglas** oder **Gorilla-Glas** ist (1.) im englischen Original ein Markenname der amerikanischen Firma Corning, Inc. und (2.) ein besonders festes, widerstandsfähiges Abdeckglas für ⇨ **Smartphones**, ⇨ **Netbooks** und ⇨ **Tablet**-PCs. Der Vorteil von Gorilla Glass ist seine hohe Bruch- und Kratzfestigkeit im Vergleich zu anderen Abdeckgläsern, ohne ein höheres Gewicht zu haben. Bekannt wurde Gorilla Glass vor allem durch das erste ⇨ **iPhone**. Mittlerweile setzen jedoch über 30 Hersteller bei rund 600 Mobilgeräten auf Gorilla Glass. Das seit Ende 2014 verfügbare Gorilla Glass 4 soll in 80 Prozent der Fälle auch einen Fall aus 1 Meter Höhe überstehen. Wie gut das aktuelle Gorilla Glass 5 schützt zeigt dieses Video in deutscher Sprache: https://youtu.be/eGM4r27iteQ. Seit 2011 gibt es mit Dragontrail von Asahi Glass und seit 2012 mit Xensation Cover von Schott auch andere extrem harte Abdeckgläser.

GPL, Abkürzung für **G**eneral **P**ublic **L**icense [sprich „dschenerell pablik leisens"], ist eine Lizenz der ⇨ **Free Software Foundation** für Linux und viele freie Programme. Die Lizenz erlaubt die kostenlose Nutzung, die Weitergabe und die Veränderung der Software. Für die Software dürfen keine Lizenzgebühren erhoben werden. Die Berechnung der Vertriebskosten ist aber erlaubt; deutsche Übersetzung der GPL mit Link zum Original: http://www.gnu.de/documents/gpl.de.html.

GPRS, Abkürzung für **G**eneralised **P**acket **R**adio **S**ervices [sprich „dschenerell päckett räidio sörwis"] = allgemeiner Datenpaket-Funkdienst, ist ein Datenübertragungsverfahren für Mobilfunknetze, dessen Nutzung nach übertragener Datenmenge abgerechnet wird (siehe auch ⇨ **UMTS**).

GPS [sprich „dschi pi es"], das; *Subst.*, Abkürzung für **G**lobal **P**ositioning **S**ystem [sprich „glohbell posischenning süstm"], ist ein für das amerikanische Militär entwickeltes, satellitengestütztes System zur Positionsbestimmung. Durch Peilung von bis zu 12 Satelliten lässt sich die Position dreidimensional (geografische Länge, Breite und Höhe über dem Meeresspiegel) bis auf eine Genauigkeit von 5 bis 10 m bestimmen und bei komfortableren GPS-Empfängern auf einer ⇨ **Moving Map** ausgeben. In Verbindung mit einem geeigneten ⇨ **Routenplaner** und elektronischen Karten auf

Graumarkt

einem ⇨ **Smartphone**, ⇨ **Tablet** oder ⇨ **Notebook** entsteht so ein Navigationssystem für Auto, Boot oder Flugzeug.

GPS-Tracker [sprich „dschi pi es träcker"], der; *Subst.*, bestimmt mit Hilfe des amerikanischen Satellitennavigationssystems ⇨ **GPS** die Position und ermöglicht das Aufzeichnen des zurückgelegten Wegs (engl. track). Eingesetzt werden GPS-Tracker zur Überwachung von Fahrzeugen jeglicher Art (Autos, Motorräder, LKWs, Boote, Baumaschinen, Landmaschinen, Anhänger und Wohnmobile), Menschen (Kinder, Sportler, ältere Menschen) und Tieren (Haus- und Nutztiere, Wildtiere.

GPT, Abkürzung für ⇨ **GUID Partition Table**.

GPU, Abkürzung für **G**raphics **P**rocessing **U**nit [sprich „gräfiks prosessing junit"], ⇨ **Grafikprozessor**.

Grafikkarte, die; *Subst.*, ist eine Erweiterungskarte, die den ⇨ **Monitor** ansteuert. Grafikkarten verfügen über einen spezialisierten Grafikprozessor (⇨ **GPU**), ein eigenes Bussystem sowie einen eigenen Grafikspeicher (Video-RAM) von 256 MB bis 4 GB bei sehr leistungsfähigen Grafikkarten für Spieler. Der Anschluss der Grafikkarte an den PC findet über den ⇨ **PCI-E**- oder bei älteren Grafikkarten über den **AGP**-Steckplatz statt. Noch ältere Grafikkarten sind über einen ⇨ **PCI**-Steckplatz angeschlossen.

Grafikprogramm, das; *Subst.*, ist eine spezielle ⇨ **Windows**-Anwendung zum Erstellen und Bearbeiten von Zeichnungen und Bildern. Das zum Windows-Zubehör gehörende Programm Paint ist ein solches Programm. Bekannte, professionelle Grafikprogramme sind Corel DRAW und Adobe Photoshop.

Grafikprozessor, der; *Subst.*, oder ⇨ **GPU** ist ein spezieller ⇨ **Prozessor** auf ⇨ **Grafikkarten**, der weitestgehend unabhängig vom Prozessor des PCs Grafikdaten zu einem Bild aufbereitet.

Grafiktablett, das; *Subst.*, engl. ⇨ **digitizer**, ist ein Eingabegerät zum Erfassen von Grafikdaten. Auf dem Grafiktablett etwa in der Größe des Bildschirms übermittelt der Anwender über einen speziellen Stift Zeichnungen direkt an das zugehörige PC-Programm. Hochwertige Grafiktabletts erreichen eine Auflösung bis zu 1.000 dpi und werden daher insbesondere in der Konstruktion eingesetzt.

Graumarkt, der; *Subst.*, ist ein Markt abseits der vom Hersteller vorgesehenen Vertriebswege. Die Ware stammt nicht wie vorgesehen vom offiziellen Distributor des jeweiligen Landes, sondern wird aus

G Gravatar

anderen Ländern bezogen, wo diese trotz Transportkosten günstiger sind. Im Graumarkt sind auch Reimporte, B-Ware (nicht mehr original verpackte Ware, Ware mit kleinen Mängeln oder Warenrückläufer), **Refurbish** (Garantiefälle, die vom Hersteller fachgerecht repariert oder überholt wurden), Komponenten aus ⇨ **Unbundling** (zum Beispiel Toner aus einem Komplettpaket, Software-Lizenzen von Komplettrechnern, Teile eines zerlegten Komplettgeräts) und Insolvenzmasse enthalten. Ware aus dem Graumarkt hat unter Umständen keine Herstellergarantie. Es haftet dann ausschließlich der Händler oder Importeur im Rahmen der gesetzlichen Gewährleistung für Mängelfreiheit. Der Graumarkt macht bei PC-Komponenten und Unterhaltungselektronik einen recht großen Anteil aus. Die Hersteller benötigen diesen Absatzmarkt einerseits, gehen andererseits aber auch teilweise rigoros dagegen vor, um die Margen hoch zu halten und ihre Vertriebspartner zu unterstützen. Zur Sicherheit sollte daher generell vor einem Kauf die Frage der Hersteller-/Werksgarantie zweifelsfrei geklärt und in den Kaufvertrag übernommen werden. Es ist auch empfehlenswert, die Garantiebedingungen aufmerksam zu lesen, wenn Geräte aus zweiter Hand erworben werden. Teilweise ist die Herstellergarantie auf den Erstkäufer beschränkt und erlischt, wenn dieser das Gerät weiter verkauft.

Gravatar, der; *Subst.*, Abkürzung für **g**lobally **r**ecognized **avatar**, ist ein global anerkannter und einzigartiger ⇨ **Avatar**, also ein Bild als Vertreter der Person. Ein Gravatar ist ein quadratisches Bild mit 512 x 512 oder 80 x 80 Pixel. Dieses Bild wird auf Blogs angezeigt, wenn dort Kommentare geschrieben oder Blogeinträge vorgenommen werden.

Zum Anlegen eines Gravatars registriert sich ein Benutzer bei der Gravatar-Webseite: http://de.gravatar.com/. Dann lädt er das gewünschte Avatar-Bild in das neue Konto hoch. Damit das Anzeigen des Bildes auch funktioniert, bietet Gravatar für Webmaster von Blogs verschiedene ⇨ **Plug-Ins** an. Hat ein Webmaster das passende Plug-In installiert und jemand mit Gravatar schreibt bei ihm einen Kommentar und gibt dazu seine E-Mail-Adresse an, prüft das Plug-In, ob zu der E-Mail-Adresse ein Gravatar registriert ist und zeigt diesen dann links neben dem Kommentar an.

Grayware [sprich „gräiwähr"], wörtlich übersetzt „graue Software", sind Programme in einer Grauzone zwischen legalen Programmen und ⇨**Schadprogrammen**. Dazu gehören unerwünschte Programme (⇨ **PUP**) wie ⇨ **Adware** und ⇨ **Spyware**.

greater than, dt. ⇨ **größer als**.

greater than or equal, dt. ⇨ **größer gleich**.

Green Installation [sprich „griehn instelläischen"], die; *Subst.*, umgangssprachliche Bezeichnung für eine „umweltschonende" (daher „green", dt. „grün") Installation einer Software, die ohne Einträge in der ⇨ **Registrierungsdatenbank** von ⇨ **Windows**, ohne Schreiben auf einen Datenträger und ohne weitere Änderungen am installierten Windows oder allgemein am ⇨ **Betriebssystem** auskommt. Die entsprechende Anwendung bzw. das ⇨ **Programm** wird einfach in ein Verzeichnis auf dem ⇨ **Datenträger** kopiert und ist dann direkt lauffähig. Da Green-Installation-Anwendungen ohne Registry-Einträge usw. auskommen, eignen sie sich zum portablen Betrieb, indem sie auf einen ⇨ **USB-Stick** kopiert werden. Zum rückstandslosen ⇨ **Deinstallieren** wird die Programmdatei einfach wieder vom Datenträger entfernt. Diesen Vorteilen einer Green Installation steht der Nachteil gegenüber, dass alle Programmbestandteile in einer Datei abgelegt sind. Die modulare Nutzung von Programmbibliotheken durch mehrere Anwendungen ist dabei nicht möglich; es werden zum Beispiel auch keine ⇨ **DLLs** in den Systemordner von Windows kopiert. Dennoch sind Green-Installation-Anwendungen im Vergleich von zum Beispiel Microsoft-Anwendungen mit dem modularen Konzept deutlich kleiner. Sonst wäre bei den anfangs in Relation zu einer Festplatte recht geringen Speicherkapazitäten von USB-Sticks eine mobile Nutzung auch nicht möglich gewesen. Portable Programme in deutscher Sprache für den USB-Stick finden Sie zum Beispiel auf der Seite https://portableapps.com/de/suite.

grepen, *Verb*, bedeutet „eine Textsuche durchführen". Der Begriff kommt vom ⇨ **UNIX**- und damit auch von dem ⇨ **Linux**-Befehl grep.

Grey-Hat [sprich „gräihät"], wörtlich übersetzt Grau-Hut, sind zwischen **White-Hats** und ⇨ **Black-Hats** einzustufende ⇨ **Hacker**; sie brechen zwar Gesetze, jedoch zu hehren Zwecken.

größer als (>), engl. **greater than**, ist ein relationaler Operator zum Vergleich zweier Werte. Das Ergebnis ist wahr, wenn der Wert links vom Operator größer als der rechts angegebene Wert ist.

größer gleich (>=), engl. **greater than or equal**, ist ein relationaler Operator zum Vergleich zweier Werte. Das Ergebnis ist wahr, wenn der Wert links vom Operator größer oder gleich dem rechts angegebenen Wert ist.

Groovorio ist ein ⇨ **Browser-Entführer**, der Suchmaschine und

G Großstadtlegende

Startseite in www.groovorio.com ändert. Der Anbieter verdient an Werbeeinnahmen auf der Seite und den erhobenen Daten.

Großstadtlegende, die; *Subst.*, engl. **urban legend** [sprich „öhrben lidschend"], ist eine moderne Legende, die durch ⇨ **Kettenbriefe**, ⇨ **Hoaxes**, ⇨ **Foren**, ⇨ **Chats** usw. elektronisch Verbreitung findet. So werden Warnungen vor dem (nicht existenten) ⇨ **Teddybär-Virus** verbreitet, es gibt Spendenaufrufe für angeblich unheilbar erkrankte Kinder oder Mitteilungen, dass die Deutsche Telekom oder die GEZ angeblich zu viel bezahlte Gebühren auf Antrag rückerstattet. Diese Geschichten kommen immer wieder in neuen Formen auf und verbreiten sich dann rasend schnell durch das Internet.

Mit der Zeit glauben dann immer mehr Menschen daran, dass die Geschichte auf Wahrheit oder einer wahren Begebenheit beruht und tragen dann selbst zu deren Verbreitung bei. Dabei verändert sich die ursprüngliche Meldung mit der Zeit und Zahl der weiterreichenden Leser, so wie es vom Spiel „Stille Post" her bekannt ist.

Groupware [sprich „gruhpwähr"], die; *Subst.*, ist Software, die optimale Voraussetzungen für Teamarbeit (Workgroup Computing) schaffen soll.

Grundgebühr, die; *Subst.*, ist eine bei vielen Mobilfunkverträgen zu zahlende feste monatliche Gebühr, die unabhängig von der Anzahl der Gesprächsminuten, SMS und des Datenvolumens zu entrichten ist.

Grundplatine, die; *Subst.*, ist eine andere Bezeichnung für ⇨ **Hauptplatine, Mainboard**, oder **Motherboard**.

Gruppe-3-Fax, die; *Subst.*, abgekürzt **G3**, ist eine Übertragungsnorm für den Faxdienst mit einer Übertragungsrate von 9.600 bps und Datenkomprimierung ⇨ **Class 2**.

Gruppe-4-Fax, die; *Subst.*, abgekürzt **G4**, Übertragungsnorm für den Faxdienst im ISDN mit höheren Übertragungsraten und besserer Auflösung ⇨ **Class 2**.

GSM, Abkürzung für **G**lobal **S**ystem for **M**obile Telecommunications [sprich „glohbell süstemm vor mohbeil kommjunikäischens"], ist ein internationaler Mobilfunkstandard mit 900 (**GSM 900**), 1.800 (**GSM 1800**) und 1.900 MHz (**GSM 1900**).

gTLD, Abkürzung für **g**eneric **T**op **L**evel **D**omain [sprich „dschenerik topp lewel dohmejn"], identifiziert die oberste Adresshierarchie einer Internetadresse und ist entweder

Gummibandlinie   G

ein generischer Code (gTLD) wie .com oder .info oder ein Ländercode (⇨ **ccTLD**) wie .de oder .ru.

GUI, Abkürzung für **G**raphical **U**ser **I**nterface [sprich „gräfikel juser interfäis"], Bezeichnung für die grafische Benutzeroberfläche eines Betriebssystems. Die GUI für ⇨ **Windows 7** ist Windows Aero und die GUI für ⇨ **Windows 8** und 8.1 heißt ⇨ **Modern UI**. Bei Windows 10 bezeichnet Microsoft die neueste GUI als **NEON**.

GUID Partition Table, abgekürzt **GPT**, dt. **GUID-Partitionstabelle**, Nachfolger der ⇨ **MBR**-Partitionstabelle und Bestandteil von ⇨ **UEFI**, kann jedoch auch bei einem ⇨ **PC** mit ⇨ **BIOS** verwendet werden. Eine GPT wird per ⇨ **LBA** mit 64 Bit adressiert und kann daher bei 512 Byte Sektorgröße Datenträger mit bis zu 8.192 ⇨ **Exabyte** adressieren. Dagegen lassen sich über eine mit 32 Bit adressierte MBR-Partitionstabelle und das BIOS nur Partitionen mit maximal 2,2 TB ansprechen; ⇨ **3-TB-Festplatte**.

Gulden, Währungssymbol **NLG**, die ⇨ Kryptowährung der Niederlande. Die Gesamtzahl der Gulden beträgt 1,68 Milliarden, die Blockzeit 150 Sekunden und der Block Reward 100 Gulden. Weitere Informationen über die Gulden-Webseite, wo sich für bis zu 50 € wöchentlich auch Gulden kaufen lassen: https://gulden.com/de/.

Gummibandlinie, die; *Subst.*, ist eine gepunktete, graue Linie in Rechteckform, mit der sich mehrere Objekte wie Dateien oder Ordner auf einmal markieren lassen. Die Gummibandlinie wird erzeugt, indem auf eine freie Stelle auf dem Desktop geklickt und die Linie dann mit gedrückter linker Maustaste durch Bewegen der Maus aufgezogen wird. Alle Dateien oder Ordner im aufgezogenen Rechteck werden markiert. In Verbindung mit der Taste [Strg] lassen sich auch mehrere Gummibandlinien aufziehen, um auch nicht aneinander grenzende Dateien in einem Arbeitsgang markieren zu können.

H

H.264, **MPEG-4 AVC** ist ein Standard zur Videokompression, der unter anderem von ⇨ **Blu-ray**, ⇨ **HD-DVD**, Mobilgeräten wie dem ⇨ **iPhone** und ⇨ **iPod Touch**, Digitalkameras sowie ⇨ **QuickTime** ab Version 7 und ⇨ **Windows 7**, ⇨ **Windows 8** und ⇨ **Windows 10** unterstützt wird.

H.265 ist ein Standard zur Videokompression, der eine doppelt so starke Kompression wie ⇨ **H.264** ermöglicht und daher für ⇨ **4K** verwendet wird; Weitere Informationen ⇨ **High Efficiency Video Coding**.

hacken [sprich „häcken"], *Verb*, bedeutet, sich ohne Genehmigung Zugang zu einem fremden Computer und den darauf gespeicherten Daten zu verschaffen. Das schließt das Hacken von Kennwörtern (⇨ **Brute Force**, ⇨ **Password Cracker**) sowie das Ausnutzen von Sicherheitslücken in Betriebssystemen und Anwendungen ein; ⇨ **Hacker**.

Hacker [sprich „häcker"], der; *Subst.*, ist jemand, der per Internet oder auf andere Weise unerlaubt in fremde Rechnersysteme und/oder Netzwerke eindringt. Das Hacken ist strafbar. Hacker rechtfertigen ihr Tun teilweise damit, dass sie andere Anwender vor Schaden bewahren wollen, indem sie Sicherheitslücken aufdecken und die Betreiber der Systeme zum Handeln zwingen; ⇨ **hacken**, ⇨ **Chaos Computer Club**.

Hacktivation [sprich „häcktiwäischen"], Aktivieren eines ⇨ **iPhone** mit einer nicht-offiziellen ⇨ **SIM-Karte**. Dies ist erforderlich, um bei einem ⇨ **Jailbreak** von den ⇨ **Apple**-Fesseln befreiten iPhone den Werkszustand wiederherzustellen.

Hacktivismus, der; *Subst.*, Mischwort aus ⇨ **hacken** und Aktivismus, steht für die Verwendung von Computern als Mittel zum politischen oder gesellschaftlichen Protest.

HackTool [sprich „häck tuhl"], generiert auf illegalem Wege Registrierungsschlüssel für kostenpflichtige Programme und ist ein ⇨ **Schadprogramm**, das Antivirenprogramme zum Beispiel als HackTool:Win32/Keygen melden.

Häcksen, engl. **female hackers** [sprich „fiemäil häckers"], ist (1.) eine Frauengruppe, die nach eigener Aussage aus dem Umfeld des ⇨ **Chaos Computer Clubs** entstanden ist; http://www.haecksen.org/. Es ist (2.) aber auch eine allgemeine Bezeichnung für weibliche ⇨ **Hacker**.

Hardbounce H

Halbduplex ist eine Datenübertragungsart, bei der zu einem Zeitpunkt nur eine Übertragungsrichtung möglich ist; ⇨ **duplex**.

Halten 🕾, ist eine Funktion bei ⇨ **ISDN**, bei der das Gespräch in einer Warteschleife „geparkt" werden kann, um ein anderes Gespräch anzunehmen; ⇨ **Makeln**.

Handover [sprich „händohwer"] 🕾, dt. Verbindungsübergabe, der Vorgang, wenn ein ⇨ **Mobiltelefon** von einer Funkzelle eines Mobilfunknetzes in die Nächste wechselt und die Verbindung dabei unterbrechungsfrei übergeben wird.

Handscanner [sprich „handskänner"], der; *Subst.*, ist ein kleiner ⇨ **Scanner**, der zum Scannen in der Hand gehalten wird. Ein Handscanner wird über die Vorlage geführt oder in einigem Abstand davor gehalten, wie es bei Barcode-Scannern möglich ist. Die auch zu den Handscannern gehörenden Stiftscanner können nur kleine Texte erfassen und werden über die gewünschte Textzeile geführt. Größere Handscanner ermöglichen auch ein spaltenweises Einlesen eines Fotos oder einer Textseite. Über eine spezielle Software werden die gescannten Spalten anschließend auf dem PC lückenlos und ohne Überlappungen wieder zusammengesetzt. Solche Scanner waren aber nur am Anfang der Scannertechnologie gebräuchlich und sind mittlerweile durch ⇨ **Einzugscanner** und ⇨ **Flachbettscanner** abgelöst worden.

Handshake [sprich „händschäik"] ⇨ **Flusskontrolle**.

Handy [sprich „händie"] 🕾, das; *Subst.*, ist ein Kunstwort für ein mobiles Funktelefon.

Handy-Call-by-Call [sprich „händie kohl bei kohl"] 🕾 ⇨ **Call by Call fürs Handy**.

Handydisplay [sprich „händi disspläih"] 🕾, das; *Subst.*, farbige oder monochrome Anzeige eines Handys, wobei einige Handys über zwei ⇨ **Displays** verfügen; ⇨ **TFT-Display**.

Handymalware [sprich „händi mälwär"], ist ein Sammelbegriff für ⇨ **Schadprogramme**, die heute vor allem Smartphones mit den Betriebssystemen ⇨ **Android** und **iOS** betreffen. Es kann sich um ⇨ **Computerviren**, ⇨ **Trojanische Pferde** oder ⇨ **Würmer** handeln.

Hardbounce [sprich „hardbauns"] bezeichnet die Unzustellbarkeit einer ⇨ **E-Mail** wegen eines permanenten Fehlers. Es wird dann vom ⇨ **E-Mail-Server** eine ⇨ **Bounce Message** verschickt; ⇨ **Softbounce**.

H Hardcopy

Hardcopy, die; *Subst.*, ⇨ **Bildschirmkopie**.

Hard Copy Replacement Profile [sprich „hardkopi ripläisment profeil"], abgekürzt **HCRP**, Protokoll von ⇨ **Bluetooth** für das Drucken.

Harddisk, die; *Subst.*, ⇨ **Festplatte**.

Hard Fork, der; *Subst.*, ist eine Abspaltung in der ⇨ **Blockchain**, um zum Beispiel die Blockgröße zu erhöhen, Sicherheitslücken zu schließen, neue Funktionen einzuführen oder auch um Transaktionen rückgängig zu machen (siehe Abbildung unten).

Hardlink, der; *Subst.*, ist ein Dateiname, der einer Datei physikalisch zugeordnet ist. Das ermöglicht den Zugriff auf eine Datei mit unterschiedlichen Namen. Ein solcher Hardlink ist nur innerhalb eines Dateisystems möglich und kann daher nicht auf eine Datei eines anderen Dateisystems erfolgen. Bei ⇨ **Linux** ist eine Datei erst dann nicht mehr im Zugriff, wenn alle Hardlinks darauf gelöscht sind. Das ist bei den Verknüpfungen von Windows nicht der Fall. Zwar lassen sich auch hier mehrere Verknüpfungen mit unterschiedlichen Namen auf eine Datei erstellen, doch wenn die Datei gelöscht wird, kann über die Verknüpfungen kein Zugriff mehr darauf erfolgen. Umgekehrt bleibt die Datei auch dann erhalten, wenn sämtliche Verknüpfungen gelöscht werden.

Hardware [sprich „hardwähr"], die; *Subst.*, bezeichnet den Computer selbst, Peripheriegeräte, Speichermedien sowie Bestandteile von Computern oder Peripheriegeräten. Als Merksatz gilt alles als Hardware,

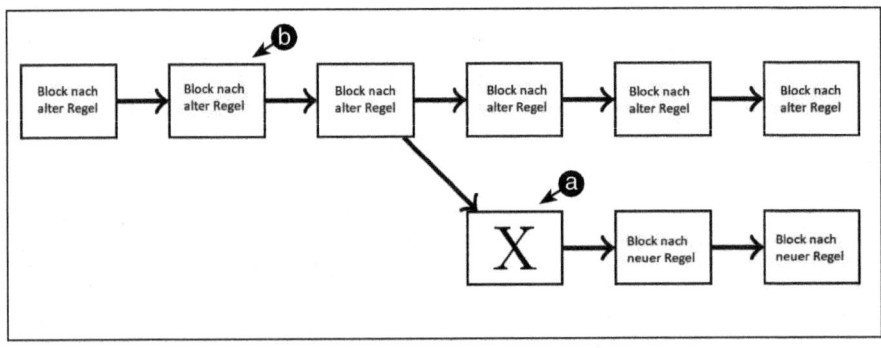

Bei einem Hard Fork befolgen die aktualisierten ⇨ **Miner** *ab dem festgelegten Block X* ⓐ *neue Regeln, während die* ⇨ **Blockchain** *parallel dazu weiter nach alten Regeln gebildet wird* ⓑ

Hashtag H

was sich anfassen lässt. Eine Festplatte ist zum Beispiel Hardware, die darauf gespeicherten Daten sind jedoch ⇨ **Software**.

Hardware-Cursor [sprich „hardwähr köhrser"], der; *Subst.*, Teil des Speichers einer ⇨ **Grafikkarte**, der unter Windows für den ⇨ **Cursor** reserviert ist, damit dieser bei der Bildveränderung nicht flackert.

Hardware-Interrupt [sprich „hardwähr interrappt"], der; *Subst.*, ist ein ⇨ **Interrupt**, der durch ein Gerät verursacht wurde, etwa wenn das CD-Laufwerk zur Datenübertragung Prozessorleistung anfordert. Beansprucht dagegen eine Anwendung den ⇨ **Prozessor**, ist das ein ⇨ **Software-Interrupt**.

Hardware-MPEG-Encoder, der; *Subst.*, ist eine Hardware-Lösung zum Komprimieren von Filmdateien in ein ⇨ **MPEG**-Format.

Hardwareproblem [sprich „hardwährproblem"] der; *Subst.*, ist (1.) ein Fehler, der auf der ⇨ **Hardware**, also einem Gerät oder Gerätebestandteil beruht, wird (2.) jedoch von Jugendlichen in einer völlig anderen Bedeutung verwendet, nämlich als anderer Ausdruck für eine Potenzstörung.

Hardware-Wallet [sprich „hardwähr wollet"], die; *Subst.*, ist ein kleines USB-Gerät, teilweise mit Display, zumindest mit Taste. In einer Hardware-Wallet werden die privaten Schlüssel von ⇨**Bitcoins** und je nach Modell auch ⇨**Altcoins** sicher gespeichert. Zusätzlich ist eine dazu kompatible ⇨**Software-Wallet** erforderlich, also ein Programm zum Verwalten der digitalen Coins und der Transaktionen. Die Hardware-Wallet wird zum Signieren einer Transaktion mit einem privaten Schlüssel verwendet. Die Transaktion ist dazu per Taste oder auf dem Bildschirm der Hardware-Wallet zu bestätigen. Bekannte Anbieter bzw. Marken von Hardware-Wallets sind Keepkey, Lezor, und Trezor. Die Preise für Hardware-Wallets reichen von 60 € bis 300 €; Übersicht und Testberichte ⇨**https://www.hardware-wallets.de/**.

Hashtag [sprich „häschtägg"], das; *Subst.*, ist (1.) ein ⇨ **Tag** (Schlagwort), dem eine Raute (#) vorangestellt ist. Hash ist das englische Wort für Raute, wodurch sich der Begriff selbst erklärt. Tags dienen dem Verschlagworten von Daten, wie etwa die Metatags bei Webseiten oder MP3-Dateien. Sie werden dazu üblicherweise separat abgespeichert oder durch spezielle Befehle kenntlich gemacht. Die Hashtags werden dagegen mitten in den Text geschrieben – und zwar vor allem mitten in die Texte bei ⇨ **Twitter**. Jedes Wort mit einer vorangestellten Raute wird bei Twitter und anderen Systemen,

H   Hash-Wert

die Hashtags interpretieren können, als Tag erkannt.

Die Hashtags wurden laut Wikipedia im August 2007 von Chris Messina, einem amerikanischen Film- und Fernsehschauspieler, vorgeschlagen. Durch die mittlerweile implementierte Suchfunktion von Twitter sind sie nicht mehr unbedingt erforderlich. Doch die Nutzer von Twitter verwenden Hashtags (2.) auch zum Kommentieren eines Textes, indem Sie über das Schlagwort Begriffe einbringen, die nicht unbedingt in direktem Zusammenhang mit dem ⇨ **Tweet** stehen. Das kann ironisch gemeint sein, aber auch andere Intentionen haben.

Hash-Wert [sprich „häschwert"] der; *Subst.*, ist ein durch einen Algorithmus (Hash-funktion) berechneter Wert, der zur Prüfung eines Dokuments, einer Datei oder bei der ⇨ **Blockchain** auch einer Transaktion verwendet wird. So ist es zum Beispiel üblich, den korrekten ⇨ **Download** einer Datei über einen MD4-Wert (Prüfsumme) zu prüfen.

Hauptindex, der; *Subst.*, gerade aktive Index einer ⇨ **Mehrfachindexdatei**.

Hauptplatine, die; *Subst.*, enthält die Bauteile des eigentlichen Computers im PC-Gehäuse. Darauf befinden sich ⇨ **Prozessor**, ⇨ **Bus**, ⇨ **Arbeitsspeicher**, Laufwerks- und Schnittstellencontroller, ⇨ **Steckplätze** für ⇨ **Erweiterungskarten** sowie die Anschlüsse, beispielsweise für ⇨ **Maus** und ⇨ **Tastatur**. Es können ferner die Funktionen einer ⇨ **Grafikkarte**, ⇨ **Soundkarte**, eines ⇨ **Modems** und einer ⇨ **Netzwerkkarte** integriert sein. Andere Bezeichnungen für Hauptplatine sind **Mainboard**, **Motherboard** und **Mutterplatine**.

Hauptspeicher, der; *Subst.*, ⇨ **Arbeitsspeicher**.

Hauptverzeichnis, das; *Subst.*, ⇨ **Wurzelverzeichnis**.

HbbTV, Abkürzung für **H**ybrid **B**roadcast **B**roadband **Tele**vision, auch als ⇨ **Smart TV** bezeichnet, ist eine vom ⇨ **Institut für Rundfunktechnik** (**IRT**) entwickelte Technologie, mit der sich auf dem Fernsehen Internetseiten betrachten und ⇨ **Apps** ausführen lassen. Die Fernsteuerung solcher Fernseher hat dazu eine rote Taste Red Button. Unterstützt ein Fernseher kein HbbTV, lässt es sich per HbbTV-Empfänger um diese Funktion erweitern. Es gibt Satelliten-Receiver mit HbbTV und ⇨ **Settop-Boxen**. Zusätzlich ist ein Breitbandanschluss zum Internet mit mindestens 2.000 KBit/s erforderlich; http://www.hbbtv-infos.de/.

HDCP H

HBCI, das; *Subst.*, Abkürzung für **H**ome **B**anking **C**omputer **I**nterface, ist eine multibankfähige Schnittstelle zwischen Homebanking-Software und Kreditinstitut, die im Jahr 2004 durch den Online-Banking-Standard ⇨ **FinTS** auf XML-Basis ersetzt wurde. Informationen zu FinTS finden Sie unter http://www.hbci-zka.de/.

HCL, Abkürzung für **H**ardware **C**ompatibility **L**ist, ist eine Liste von ⇨ **Microsoft**, die kompatible Geräte für das gerade aktuelle Microsoft-Betriebssystem enthält, also derzeit für ⇨ **Windows 10**.

HCRP, Abkürzung für ⇨ **H**ard **C**opy **R**eplacement **P**rofile.

HD, Abkürzung (1.) für **H**igh **D**ensity, ⇨ **HD-Diskette**, (2.) Kennzeichnung von Spielen für das ⇨ **iPad**.

HD-App, die; *Subst.*, ist eine für das ⇨ **iPad** geschriebene ⇨ **App**, die dessen höhere Auflösung nutzt. Dafür steht ⇨ **HD**. Eine solche App füllt den Bildschirm vollständig aus und nicht erst, wenn die Anzeige mit der Schaltfläche 2x in Länge und Breite verdoppelt wird, wie es bei Apps für das iPhone der Fall ist. Eine HD-App läuft daher im Unterschied zur ⇨ **Universal-App** nur auf dem iPad. Benötigen Sie die App auf iPhone und iPad, müssen Sie diese daher zweimal kaufen, sofern sie nicht ohnehin kostenlos ist.

HD-Audio, Abkürzung für **H**igh **D**efinition **A**udio [sprich „hei definischen ohdio"], ist eine Onboard-Soundschnittstelle, mit der sich bis zu 8 Kanäle mit jeweils maximal 192 kHz und 32-Bit-Auflösung gleichzeitig abspielen lassen. Die Raumklang-Formate ⇨ **Dolby-Digital** (⇨ **AC3**) und ⇨ **DTS** werden unterstützt. Dank Dolby Pro Logic IIx soll aus jeder 2-Kanal-Tonquelle ein 7.1-Raumklangerlebnis hörbar sein. Es lassen sich auch mehrere Stereospuren parallel abspielen, um zum Beispiel in mehreren Räumen unterschiedliche Musik laufen zu lassen oder Stücke vorzuhören, während ein anderes Musikstück abgespielt wird; ⇨ **AC97**.

HDCP, Abkürzung für **H**igh-band**w**idth **D**igital **C**ontent **P**rotection, ist ein von ⇨ **Intel** entwickeltes Verfahren zum verschlüsselten Übertragen von Audio- und Videodaten per ⇨ **DisplayPort**, ⇨ **DVI** und ⇨ **HDMI**. Es beinhaltet einen Kopierschutz, der sich vor allem beim Abspielen von ⇨ **Blu-ray** und ⇨ **HD-DVDs** auswirkt. Dabei lässt sich der Kopierschutz umgehen, da der Hauptschlüssel seit 2010 bekannt ist und es Sicherheitslücken in ⇨ **AACS** gibt. Während professionelle Raubkopierer durch HDCP nicht von Urheberrechtsverletzungen abgehalten werden können, straft dieser Kopierschutz ehrliche Kunden, denn er sperrt auch das Abspielen auf nicht lizenzierten Gerä-

HDD

ten und führt daher häufig zu einem schwarzen Bildschirm. Es kommt sogar zu Fehlern bei der Verbindung von Geräten über deren HDCP-Ausgang und HDCP-Eingang. Daher ist HDCP aus Verbrauchersicht eine ärgerliche Fehlerquelle. Während beim Abspielen von Blu-ray über neuere Player und Fernseher kaum Probleme auftreten, ist ein störungsfreies Abspielen bei älteren Geräten, am PC und auf mobilen Geräten nicht gewährleistet. Für den PC wird eine neuere Grafikkarte mit HDCP-Unterstützung benötigt. Ein verwendeter Fernseher muss HD-ready sein. Das Abspielen über analoge Ausgänge von DVD-Playern oder anderen Geräten ist nicht oder nicht in voller Auflösung möglich.

HDD, Abkürzung für **H**ard **D**isk **D**rive, ⇨ **Festplatte**.

HDLC, Abkürzung für **H**ighlevel **D**ata **L**ink **C**ontrol, ist ein Protokoll für eine spezielle synchrone Datenübertragung.

HDMI, Abkürzung für **H**igh **D**efinition **M**ultimedia **I**nterface, ist eine Schnittstelle für die digitale Übertragung von Audio- und Videodaten, die für die Unterhaltungselektronik entwickelt wurde und auch bei ⇨ **Grafikkarten** Einzug gehalten hat; https://www.hdmi.org/learningcenter/adopters_founders.aspx (in englischer Sprache).

HDMI-PC, der; *Subst.*, im Format einer Kaugummi-Packung ist ein Mini-PC wie der Intel Compute Stick, der in der neuesten Generation mit Prozessor Intel Core m3 oder m5, 4 GB Arbeitsspeicher, 64 GB eMMC-Speicher, WLAN, Bluetooth 4.1, drei USB-Ports bis hin zu USB 3.1 und vorinstalliertem ⇨**Windows 10** ausgestattet ist. Ältere Modelle sind mit weniger leistungsfähigen Atom-Prozessoren ausgestattet, die Speicherkapazität lässt sich teilweise durch SD-Speicherkarten auf bis zu 128 GB erweitern. Als weitere Betriebssysteme neben Windows 10 sind ⇨**Android** oder ⇨**Linux** vorinstalliert. Der Mini-PC wird an die HDMI-Buchse eines Displays oder Fernsehers angesteckt. Tastatur und Maus werden über Bluetooth mit dem Mini-PC verbunden. Die Internetanbindung erfolgt per WLAN (802.11n). Leis-

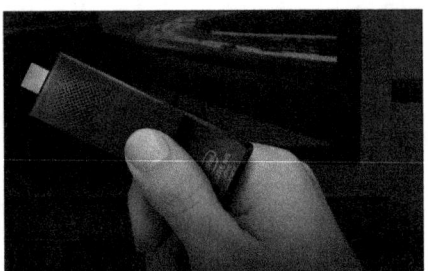

Der Intel Compute Stick mit Windows 10 hat die Maße einer Kaugummi-Packung und verwandelt einen Fernseher mit HDMI-Anschluss in einen vollwertigen PC mit Betriebssystem Windows 10 (Bild: Intel)

tungsschwächere Modelle kommen ohne Lüfter aus, in stärkeren Modellen wie dem Intel Compute Stick ist ein Lüfter verbaut, der sich bei stärkerer Belastung des PCs durch deutlich wahrnehmbare Geräusche bemerkbar macht. Die Preise einfacher HDMI-PCs mit Atom-Prozessor, 2 GB Arbeitsspeicher und 32 GB eMMC beginnen bei rund 90 €, die Top-Modelle kosten rund 400 €.

HDR, Abkürzung von **H**igh **D**ynamic **R**ange [sprich „hei deinämik reynsch"], deutsch Hochkontrast, wird im Zusammenhang mit HDR-Bildern (**HDRI**) verwendet, die trotz starker Helligkeitsunterschiede bei der Aufnahme sehr deutlich und detailliert wirken. Das wird durch mehrere Aufnahmen unterschiedlicher Belichtung erreicht, aus denen dann ein HDR-Bild errechnet wird. Dies ist mit jeder Digitalkamera und einem geeigneten Bildbearbeitungsprogramm oder einem Smartphone und einer geeigneten App möglich. Es gibt auch spezielle HDR-Kameras, die das Bild automatisch erzeugen.

HDRI, Abkürzung von **H**igh **D**ynamic **R**ange **I**mage [sprich „hei deinämik reynsch imidsch"], deutsch Hochkontrastbild, ⇨**HDR**-Bild.

HDSL, Abkürzung für **H**igh **D**ata **R**ate **D**igital **S**ubscriber **L**ine [sprich „hei däita räitt ditschitäll sabskreiber lein"], eine ⇨ **DSL**-Technologie,

die auf normalen Telefonleitungen bis zu 2 Mbit/s in beide Richtungen ermöglicht.

HD Traffic, **H**igh **D**efinition **Traffic** [sprich „hei definischen träffik"], ist ein kostenpflichtiger Verkehrsinformationsdienst der Firma TomTom, der für Navigationsgeräte dieses Herstellers in Deutschland und 20 weiteren europäischen Ländern sowie den USA angeboten wird. Die anonymisierten Daten stammen aus:

- für das deutsche Straßennetz aus 36 Millionen im Mobilfunknetz von Vodafone aktiven Mobiltelefonen (Handys)

- TomTom-LIVE-Navigationsgeräten mit aktiviertem Live-Service

Durch die Übermittlung der Daten per Mobilfunk sollen nahezu 100 Prozent aller deutschen Straßen abgedeckt sein. Die Aktualisierung der Daten bei dazu fähigen und dafür aktivierten TomTom-Navigationsgeräten erfolgt alle drei Minuten über das Mobilfunknetz. Das erlaubt die Übertragung größerer Datenmengen als bei der Radioübertragung im UKW-Band.

Das zur Nutzung von HD Traffic erforderliche Abonnement der „LIVE-Services" der Firma TomTom ist je nach Modell für eine bestimmte Zeit im Kaufpreis inbegriffen und wird dann mit einer Gebühr von 49,95 € jährlich für Deutschland oder 59 € jährlich für Europa berechnet. Die Kosten der Datenübertragung im Mobilfunknetz von Vodafone sind in dieser Gebühr enthalten. Weitere Informationen: https://www.tomtom.com/.

HDTV, das; *Subst.*, Abkürzung für **H**igh-**D**efinition **T**ele**v**ision [sprich „hei definischen tellewischen"] in Deutschland mit den zwei Formaten ➪**720p** und ➪**1080p**. Dabei steht die Zahl für die Anzahl der Zeilen, p für progressiv. Dahinter wird oft noch die Bildwiederholfrequenz angegeben, also 1080p50 (50 Hz) oder 1080p60 (60 Hz). In Europa wird HD auch 1080i/50 (i=Interlaced, also Halbbilder) gesendet, das 1080p25 entspricht. Europäische Fernseher mit HD-TV-Logo unterstützen 1080p/50/60, 1080i/50/60, und 720p/50/60.

HD Wallet [sprich „eytsch di wollet"], Abkürzung für **h**ierarchische **d**eterministischer **Wallet**, die; *Subst.*, eine ➪**Wallet** mit einem ➪**Seed Key**, der zum Wiederherstellen der in der Wallet gespeicherten ➪**Coins** dient, wenn die Wallet durch Diebstahl, technischen Defekt oder aus anderen Gründen nicht mehr verfügbar ist.

HE, die; *Subst.*, Abkürzung für ➪ **Höheneinheit**.

Headcrash [sprich „hähd kräsch"], der; *Subst.*, wird (1.) umgangssprachlich allgemein für einen Hardware-Fehler an einer Festplatte verwendet, bezeichnet (2.) aber eigentlich nur den speziellen Fall, wenn ein ➪ **Schreib-Lesekopf** eines Laufwerks den Datenträger berührt und dabei ein Fehler am Datenträger und/oder Schreib-/Lesekopf entsteht. Zum Schutz vor einem Headcrash wird der Schreib-/Lesekopf automatisch in die Parkposition gefahren und dort arretiert, wenn die Festplatte abgeschaltet wird. Erschütterungen durch Anstoßen des PCs etwa beim Staubsaugen oder Bauarbeiten in der Umgebung können die Festplatte beschädigen. Festplatten halten jedoch in dieser Hinsicht sehr hohe Belastungen aus. Ein Headcrash erfolgt daher meist aufgrund eines Designfehlers oder des natürlichen Alterungsprozesses durch Abnutzung.

Die Lebensdauer einer Festplatte kann sich durch zu hohe Umgebungstemperatur bei unzureichender Kühlung deutlich verkürzen. Festplatten dürfen nur in einem bestimmten Höhenbereich verwendet werden, der meist zwischen 200 Meter unter dem Meeresspiegel (-200 Meter) und 2.500 oder 3.000 Meter darüber liegt. Die genaue Angabe finden Sie in den technischen Spezifikationen zur Festplatte und im Benutzerhandbuch zum PC. Festplatten sollten daher nicht auf Höhen über

Heatpipe H

2.500 Meter gebracht werden und im Flugzeug in einer Kabine mit Druckausgleich befördert werden.

Eine geöffnete Festplatte mit dem Datenträger und dem darüber befindlichen Arm, an dessen Ende der Schreib-/Lesekopf befestigt ist. Der Schreib-/Lesekopf schwebt so nah über der Festplatte, dass schon ein Staubkorn zu einem Headcrash führen würde. Daher ist der Innenraum einer Festplatte hermetisch von der Außenwelt abgekapselt. Eine Festplatte darf zur Reparatur nur von spezialisierten Werkstätten in einem Reinraum geöffnet werden

Header [sprich „häder"], der; *Subst.*, ist (1.) der **Dateikopf**, also der Anfang einer Datei mit wichtigen Informationen über den Dateiinhalt, die von Anwendungen oder dem Betriebssystem zur Verarbeitung benötigt werden. Er kann auch (2.) der Anfang eines Datenpakets oder einer E-Mail sein und enthält dann Daten wie die Versand- und Zieladresse sowie Werte zur Fehlerprüfung.

Headset [sprich „hedset"], das; *Subst.*, ist ein Kopfhörer mit integriertem Mikrofon, der für die Sprachsteuerung, das Telefonieren und Mannschafts-Computerspiele verwendet wird.

Heatpipe [sprich „hiehtpeipp"], die; *Subst.*, ist ein Kühlsystem für PCs, das ohne Lüfter auskommt und daher geräuschlos arbeitet. Das Prinzip einer Heatpipe beruht auf der Verdampfung des flüssigen Kühlmittels. Die für die Verdampfung erforderliche Wärme wird dabei der Umgebung entzogen. Das verdampfte Kühlmittel dehnt sich um ein Vielfaches seines Volumens aus und gelangt über Röhrchen zu einem höher angebrachten Kühlkörper.

Der Kühler nimmt die vorher aufgenommene Wärmeenergie auf und leitet sie an die Umgebung außerhalb des PC-Gehäuses ab. Das dadurch abgekühlte Kühlmittel kondensiert und fließt zurück, woraufhin der Kühlkreislauf erneut beginnt. Neben dem geräuschlosen Betrieb ist die völlige Wartungsfreiheit ein Vorteil der Heatpipe. Aufgrund der hohen Kosten und baulicher Probleme spielen Heatpipes beim PC aber nach der Luft- und der Wasserkühlung nur eine geringe Rolle.

H HEIF

HEIF, Abkürzung für **H**igh **E**ffiency **I**mage **F**ile Format [sprich „hai efiensi imidsch feil formet"], dt. hocheffizientes Bild-Dateiformat, flexibles Container-Dateiformat für Bilder, das von der Moving Picture Experts Group (⇨ **MPEG**) definiert wurde. Das Dateiformat kann bei den aktuellen Versionen der Betriebssysteme MacOS X und ⇨ **iOS** genutzt werden.

Heiliger Antonius, der; *Subst.*, wird von Gläubigen gebeten, ihnen bei der Suche nach verlorenen Gegenständen zu helfen. Die Hilfe des heiligen Antonius soll auch bei der Suche nach verloren gegangenen Dateien funktionieren; Webseite, über die Gebete an den Heiligen Antonius übermittelt werden können, die von der Gemeinschaft der Brüder der Basilika des Heiligen Antonius auf sein Grab gelegt werden: http://www.santantonio.org/de/schicke-dem-heiligen-antonius-dein-anliegen.

Heiliger Isidor, der; *Subst.*, ist seit dem 7. Februar 2001 der Schutzheilige des Internets und der Programmierer. Er wurde von Papst Johannes Paul II. dazu ernannt. Der heilige Isidor versuchte im 6. Jahrhundert in einer 20-bändigen Enzyklopädie mit der Bezeichnung „Etymologiae" das gesamte weltliche und geistliche Wissen seiner Zeit zu vereinen. Damit entspricht die Etymologiae dem Internet, denn es beinhaltet das gesamte frei zugängliche Wissen der heutigen Welt. Zudem weist die Etymologiae eine baumartige Struktur auf, über die sich die Informationen erschließen lassen. Auch dies ist eine Analogie zum Internet und der Baumstruktur der Verwaltung von Dateien und Ordnern bei einem PC.

heraufladen, *Verb*, engl. to **upload**, Übertragen von Daten von einem ⇨ **Smartphone**, ⇨ **Tablet** oder ⇨ **PC** auf einen anderen Rechner. Früher wurde das Heraufladen nur auf ⇨ **Server** bezogen. Dabei wurde die Richtung der Datenübertragung vom ⇨ **Client** zum Server als ⇨ **Upload** und umgekehrt als ⇨ **Download** bezeichnet.

Eine solche Hierarchie gibt es heute nur noch beim Datenaustausch mit Servern im Internet oder Netzwerken, ansonsten wechseln sich Desktop-PCs und mobile Geräte als Server und Client ab. Ein Gerät, das Daten bereitstellt, ist in diesem Moment der Peer-to-Peer-Server (⇨ **Peer-to-Peer-Netzwerk**), von dem die Daten heruntergeladen werden, umgekehrt lädt man Daten darauf; ⇨ **herunterladen**.

Hertz ist eine Maßeinheit für die Anzahl von Ereignissen pro Sekunde, wobei 1 Hz ein Ereignis pro Sekunde bedeutet. Entsprechend steht 1 ⇨ **kHz** für 1.000 Ereignisse pro Sekunde, 1 ⇨ **MHz** für 1 Million Ereignisse pro Sekunde und 1 ⇨ **GHz**

für 1 Milliarde Ereignisse pro Sekunde.

herunterladen, *Verb*, engl. to **download**, Tätigkeit des Kopierens von Daten von einem Rechner „herunter" auf ein ⇨ **Smartphone**, ⇨ **Tablet** oder einen ⇨ **PC**. Früher wurde das Herunterladen nur auf ⇨ **Server** bezogen, doch heute werden Daten zwischen unterschiedlichen Geräten übertragen, von denen jedes als Server und ⇨ **Client** fungieren kann; ⇨ **heraufladen**.

Heterogenes System, das; *Subst.*, ist ein Computersystem, das den Betrieb mehrerer Betriebssysteme nebeneinander erlaubt, wie es beispielsweise im Netzbetrieb möglich ist.

Heuristik, die; *Subst.*, Lehre von Methoden zum Auffinden neuer Erkenntnisse. Heuristische Methoden werden unter anderem zum Aufspüren neuer ⇨ **Schadprogramme** angewendet, die von ⇨ **Antivirenprogrammen** nicht anhand von Signaturen erkannt werden.

HEVC ⇨ High Efficiency Video Coding.

Hewlett-Packard, abgekürzt **HP**, ist ein amerikanischer Hersteller von Druckern, Computern, Digitalkameras und Scannern.

Hexacore, Hexacore CPU ist ein ⇨ **Prozessor** mit sechs Prozessorkernen wie der Intel Core i7 8700 oder der AMD FX 6300; ⇨ **Dual-Core**, ⇨ **Quad-Core**.

Hexadezimalsystem, das; *Subst.*, ist ein Zahlensystem auf der Basis 16. Zur Präsentation werden die Ziffern 0 bis 9 und die Buchstaben A (10) bis F (15) verwendet. Da 16 eine Potenz von 2 darstellt (16 = 2⁴) kann eine ⇨ **Hexadezimalzahl** sehr leicht durch Gruppierung von jeweils vier ⇨ **Bits** aus einer ⇨ **Dualzahl** umgewandelt werden. So wird aus „0010 1101" z. B. „2D".

Ebenso einfach ist die ⇨ **Konvertierung** einer Hexadezimalzahl zurück in eine Dualzahl möglich, in dem jeweils eine Hexadezimalziffer in vier Binärziffern umgewandelt wird; ⇨ **Binärsystem**, ⇨ **Oktalsystem**.

Hexadezimalzahl, die; *Subst.*, ist eine Zahl aus den 16 Ziffern 0 bis F des ⇨ **Hexadezimalsystems**, wobei A im Dezimalsystem gleich 10, B gleich 11 usw. ist. Eine Hexadezimalzahl wird meist durch den tiefgestellten, kleinen Buchstaben H gekennzeichnet: 1AFh.

Hexdump [sprich „hexdamp"], der; *Subst.*, bezeichnet den Ausdruck einer Liste, die Daten oder Programmcode in hexadezimaler Darstellung zeigt. Der Hexdump wird eingesetzt,

H Hexeditor

um neben den Textinformationen auch Steuerzeichen korrekt darzustellen.

Hexeditor, der; *Subst.*, ist ein ⇨ **Editor** zum Bearbeiten von Systemdateien oder Programmcode, mit dem sich auch direkte Änderungen an Programmdateien durchführen lassen (⇨ **patchen**). Die Anzeige kann hexadezimal erfolgen, daher der Name.

HF kann die Abkürzung für (1.) das engl. „**h**ave **f**un", also „viel Spaß", (2.) das Computerspiel **H**alf **L**ife, (3.) **H**arrison **F**ord, (4.) **H**igh **F**idelity, (5.) **H**eart **F**requency = Herzfrequenz (Puls), (6.) **H**igh **F**requency = Hochfrequenz, (7.) **H**ot **F**ix oder (8.) **H**uman **F**actors in Chats, Statusmeldungen, aber auch in Produktbeschreibungen zu technischen Geräten, wie etwa für die Hertzfrequenz bei Pulsmessern sein.

HGC, (1.) Abkürzung für **H**ercules **G**raphics **C**ard, eine 1982 von der Firma Herkules entwickelte Grafikkarte für PCs. Die Firma Herkules wurde 1999 von der Firma Guillemot übernommen und die Grafikkarten sind heute Museumsstücke. Der Ausdruck HGC bezeichnet (2.) auch eine Bildauflösung von 720 x 348 Pixeln; ⇨ **CGA**, ⇨ **EGA**, ⇨ **MDA**, ⇨ **QVGA**, ⇨ **VGA**, ⇨ **SVGA**, ⇨ **XGA**, ⇨ **WXGA**, ⇨ **WXGA+**, ⇨ **SXGA**, ⇨ **WSXGA**, ⇨ **SXGA+**, ⇨ **WSXGA+**, ⇨ **UXGA**, ⇨ **WUXGA**, ⇨ **SUXGA**, ⇨ **WQXGA**, ⇨ **QUXGA**, ⇨ **WQUXGA** und ⇨ **QWUXGA**.

HGL, Abkürzung für **H**arvard **G**raphics **L**anguage, ⇨ **Dateinamenerweiterung** einer in der Harvard Graphics Language beschriebenen Vektorgrafik.

HID, Abkürzung für ⇨ **Host Interface Device**.

Hidden Web, **Deep Web** oder **Invisible Web**, das; *Subst.*, dt. „versteckes Web", Teil des Internets, der über Suchmaschinen nicht gefunden wird. Es handelt sich dabei teilweise um Inhalte, die durch einen Zugangsschutz nur bestimmten Personen zugänglich sind. Auch ein Teil der frei zugänglichen Daten sind für Suchmaschinen schwer zugänglich, etwa wenn sich diese in Bildern, PDF-Dokumenten oder Datenbanken befinden. Die Größe des Hidden Web soll ein Hundertfaches des sichtbaren Internets betragen; Arten des Deep Web mit Unterteilung in Invisible Web, Opaque Web, Private Web, Proprietary Web und Truly Invisible Web: https://de.wikipedia.org/wiki/Deep_Web.

Highcolor [sprich „hei kolor"], Darstellung mit einer Auflösung der Farben auf 16 Bit, das ergibt maximal 65.536 Farben (vergleiche ⇨ **True Color**).

High density [sprich „hei dennsiti"] ⇨ **HD**.

High Efficiency Video Coding [sprich „hei äffisiensi wideo koding"], H.265 oder MPEG-H Teil 2, abgekürzt ⇨ **HEVC** komprimiert doppelt so stark wie H.264/MPEG-4 AVC und kann von einer Auflösung von 320x240 Pixel bis 8.192x4.320 Pixel skalieren. Daher soll der H.265-Codec bei Blu-ray 4K, DVB-T2, UHDTV und 4K-Video-Aufzeichnung sowie -Streaming zum Einsatz kommen.

Highlighten [sprich „heileiten"], *Verb*, Hervorheben von Textstellen, zum Beispiel durch Markieren mit der Maus. Ein Programmierer kann Menüoptionen highlighten und ein Benutzer, indem er Menüoptionen anwählt.

High-Sierra-Standard, der; *Subst.*, war die erste Definition des Datenaufzeichnungsformats für CD-ROMs und ist heute Bestandteil der ISO-9660.

High-Speed CompactFlash-Karte oder **High-Speed CF-Karte**, die; *Subst.*, ist eine CompactFlash-Karte, auf die im Vergleich zu den normalen CF-Karten mehrfach schneller zugegriffen werden kann. Die Speicherkapazität reicht derzeit bis 64 GB. Die High-Speed CF-Karten lohnen sich für High-End-Digitalkameras oder den Einsatz bei anderen Geräten mit hohem Datenaufkommen.

Hijacker ⇨ **Browser-Hijacker**.

Hintergrundprogramm, das; *Subst.*, engl. background program, ist bei ⇨ **Multitaskingfähigen** ⇨ **Betriebssystemen** ein Programm, das ohne Benutzereingaben weiterarbeitet. Hintergrundprogramme haben eine niedrigere Priorität als das Programm im Vordergrund und werden nur dann abgearbeitet, wenn Rechenzeit frei ist. Ein Hintergrundprogramm kann beispielsweise einen Datentransfer durchführen, eine Sicherungskopie erstellen oder die Festplatte aufräumen.

Hintergrundscanner, der; *Subst.*, wird im Zusammenhang mit ⇨ **Antivirenprogrammen** verwendet und steht für eine dauerhafte System-Überwachung, die als Dienst oder Anwendung im Hintergrund läuft. Es wird in diesem Zusammenhang auch von **Echtzeiterkennung** gesprochen.

Hintertür, die; *Subst.*, deutsche Bezeichnung für ⇨ **Backdoor**; siehe auch ⇨ **Trapdoor**.

HIPS, Abkürzung für ⇨ **Host-based Intrusion Prevention System**.

History

History [sprich „histori"], die; *Subst.*, ist ein **Verlaufsprotokoll** oder eine ⇨ **Chronik** der besuchten ⇨ **Webseiten** oder auch der zuletzt mit einer Anwendung aufgerufenen ⇨ **Dokumente** oder der Dateien, auf die Sie unter ⇨ **Windows** zugegriffen haben. Darüber lassen sich somit gesuchte Webseiten oder Dateien mit einem Mausklick wieder erreichen. Der Nachteil besteht aus Sicht des Datenschutzes darin, dass auch andere Personen mit Zugriff auf den PC sehen können, auf welche Dateien und Webangebote der Nutzer des PCs zugegriffen hat.

Hives [sprich „heifs"] oder **Registry Hives** sind laut Microsoft logisch zusammengefasste Gruppen von Schlüsseln, Unterschlüsseln und Werten der ⇨ **Registrierungsdatenbank**, von denen Sicherungskopien in zugeordneten Dateien abgelegt werden. Für jeden neu angemeldeten Besucher wird ein neuer Benutzerprofil-Hive (engl. „user profile hive") in der **Registry** und der dem Benutzer zugeordneten Datei „user.dat" angelegt. Dieser Hive enthält die Einstellungen des Benutzers für den Desktop, die Anwendungen, die Umgebung, die Netzwerkverbindungen und Drucker. Benutzerspezifische Einstellungen werden in der **Registry** im Schlüssel HKEY-USERS abgelegt. Es gibt Standard-Hives, die mit Windows 2000 eingeführt wurden, und die ab Windows XP verwendeten Latest-Hives. Standard-Hives werden aus Kompatibilitätsgründen jedoch noch unterstützt. Folgende Hives verwenden das Standard-Format:

HKEY_CURRENT_USER

HKEY_LOCAL_MACHINE\SAM

HKEY_LOCAL_MACHINE\Security

HKEY_USERS\.DEFAULT

Alle anderen Hives verwenden das Latest-Format. Die den Hives zugeordneten Dateien finden sich überwiegend im Ordner *Windows\System32\Config*, wobei „Windows" hier für den jeweiligen Systemordner steht. Diese Dateien werden bei jeder Anmeldung des jeweiligen Benutzers aktualisiert. Aus der Dateinamenerweiterung lassen sich Rückschlüsse auf den Inhalt ableiten. Microsoft macht hier folgende Angaben:

Das Setup hat einen Text- und einen Grafikmodus. Der Hive wird nach dem Textmodus in eine .sav-Datei kopiert. Tritt beim Setup im Grafikmodus ein Fehler auf, wird beim Neustart des Rechners nur der Grafikmodus erneut ausgeführt, während die .sav-Datei dazu dient, die Hive-Daten aus dem Textmodus wiederherzustellen.

HLP, Abkürzung für **Help**, ist (1.) die ⇨ **Dateinamenerweiterung**

einer Hilfedatei zu ⇨ **Windows** oder einer Windows-Anwendung und (2.) die Hilfedatei eines DOS-Programms, die nicht zum Windows-Hilfe-Format kompatibel ist und daher auch nicht mit der Windows-Hilfe betrachtet werden kann.

HNF, das; *Subst.*, Abkürzung für das **H**einz **N**ixdorf Museums**F**orum, ist laut Guinness-Buch der Rekorde das größte Computermuseum der Welt mit antiken Schrifttafeln, historischen Schreib- und Rechenmaschinen, den ersten PCs und den neuesten Entwicklungen zur künstlichen Intelligenz. Auf 6.000 Quadratmetern Ausstellungsfläche werden Geschichte, Gegenwart und Zukunft der Informationstechnik gezeigt – von der Entstehung der Zahlen und Schrift 3.000 v. Chr. bis ins Computerzeitalter des 21. Jahrhunderts. Weitere Informationen: http://www.hnf.de.

Hoax [sprich „houx" aber auch „hoax"], der; *Subst.*, ist eine Falschmeldung, die per ⇨ **E-Mail** über das Internet verbreitet wird. Es kann sich dabei um aktuelle Gerüchte, angebliche Hilfeersuchen oder Virenwarnungen handeln. Die Empfänger werden dabei aufgefordert, die E-Mail an alle Freunde und Bekannte weiterzusenden, damit diese z. B. ebenfalls vor einem angeblichen Virus gewarnt werden. Eine Hoax-Übersicht finden Sie im Internet unter http://symc.ly/2Afet51.

hochladen, *Verb*, ist (1.) die dt. Bezeichnung für ⇨ **uploaden**, also das Übertragen von Daten an einen ⇨ **Server** (Host) und (2.) als *Subst.* die Tätigkeit als solche. (3.) Der Anwender lädt etwas hoch. Der Begriff bezeichnet aber auch (4.) ein bei ⇨ **DOS** verwendetes Verfahren (*Subst.*), bei dem residente Programme und Treiber in den oberen Speicherbereich zwischen 640 KB und 1 MB geladen werden, um konventionellen Arbeitsspeicher freizumachen. Dazu werden die Befehle DEVICEHIGH und LOADHIGH verwendet.

Höheneinheit, die; *Subst.*, abgekürzt **HE**, Maßeinheit für die vertikale Höhe einer Einschub-einheit für ein 19-Zoll-Gehäuse (⇨ **Rack**) und entspricht 1 ¾ Zoll, also umgerechnet 44,45 mm.

HoloLens, die; *Subst.*, ist eine **Datenbrille** zur Darstellung von 3D-Inhalten und ⇨ **Augmented Reality**, die von ⇨ **Microsoft** zusammen mit der Präsentation von ⇨ **Windows 10** am 21. Januar 2015 vorgestellt wurde. Die Besonderheit im Vergleich zu anderen Datenbrillen wie Samsung Gear VR oder Oculus Rift sind die transparenten Bildschirme, durch die nicht nur das Bild der Datenbrille zu sehen ist, sondern auch weiter die Umgebung. Das Bild wird durch Lichtpunkte erzeugt. Für die Berechnung der Projektion ist ein spezieller Prozessor (**HPU**,

H — Holo Processing Unit

⇨ **Holo Processing Unit**) zuständig. Die HoloLens-Datenbrille lässt sich zusammen mit PC oder Smartphone nutzen, aber auch ohne angeschlossenen Rechner. Die Steuerung erfolgt über Augenbewegungen, Gesten, Kopfbewegungen und Sprache. Vor der Nutzung der HoloLens ist das Gehäuse über zwei Ringe an die Kopfform anzupassen und das Sichtfeld für optimale Präsentationen einzustellen. Die ersten Tester lobten die hohe Qualität der Projektionen und den Raumklang, kritisierten jedoch das enge Blickfeld von 30 bis 40 Grad, in dem die Projektionen sichtbar sind. Dies kann sich bis zur Marktreife der HoloLens jedoch noch verbessern.

Holo Processing Unit, abgekürzt **HPU**, neuartiger Prozessor für die ⇨ **HoloLens**, der zur Berechnungen der Lichtprojektionen verwendet wird.

Homebanking [sprich „hohmbänking"], das; *Subst.*, Abwickeln von Bankgeschäften von zu Hause aus über den PC. Früher erfolgte dies über DATEX-J bzw. dessen Vorgänger Btx, heute über das Internet. Das Homebanking über das Internet wird auch als **Online-Banking** bezeichnet.

Homebrew [sprich „hohm bruh"], dt. „selbst gebraut", ist eine Bezeichnung für selbst erstellte ⇨ **Software** für Spielkonsolen und Handhelds. Ein populäres Beispiel ist Winten DOS für Nintendo DS. Weitere Informationen: https://de.wikipedia.org/wiki/Homebrew, PDF-Datei „Console-Hacking 2006", kostenlos angeboten unter: http://bit.ly/1StADlH, Video „Console Hacking the 3DS [32c3]", das über das Hacken der im Jahr 2011 vorgestellten Nintendo DS-Spielekonsole handelt: https://youtu.be/eHunRQS3uAo.

Home Button [sprich „hohm battn"] ⇨ **Home-Taste**.

Homecomputer [sprich „hohmkompjuter"], der; *Subst.*, dt. ⇨ **Heimcomputer**.

Home Group [sprich „hohm gruhpp"] ⇨ **Heimnetzgruppe**.

HomeMatic ist ein umfassendes ⇨ **SmartHome**-System zur Steuerung von Geräten und Vorgängen im Haus. Die Steuerung von Heizkörpern über Thermostate, Geräten über Funkstecker inkl. Leistungsmessung, das Öffnen und Schließen von Fenstern über Fensterantriebe und Türen über Schlossantriebe, das Ein- und Ausschalten von Licht inkl. Dimmen sowie das Steuern von Rolläden ist per Fernsteuerung, Smartphone und PC möglich. Die angesteuerten Antriebe, Sensoren, Thermostate und Schalter sind über Funk mit der Zentrale verbunden. Über Fingerabdrucksensoren, Be-

Host

wegungsmelder, Rauchmelder und Regensensoren lassen sich Aktivitäten auslösen und je nach Tageszeit, Wochentag und eingestelltem Profil unterschiedliche Aktivitäten durchführen. Durch die Kombination mehrerer Sensoren wie Bewegungsmelder, Fenstersensoren und Rauchmelder wird das System auch zur Alarmanlage. Ein auf HomeMatic basierendes, jedoch dazu nicht kompatibles System ist ⇨ **innogy SmartHome**.

Homepage [sprich „hohm päidsch"], die; *Subst.*, ist (1.) die Startseite eines Internet-Angebots. Der Begriff wird aber (2.) auch umgangssprachlich für das gesamte Angebot eines Anbieters verwendet (⇨ **Website**).

HomePlug [sprich „hohm plag"] ist (1.) ein geschütztes Warenzeichen und (2.) eine Technologie zur Vernetzung von Rechnern untereinander und mit Geräten der Unterhaltungselektronik über die Stromleitung mit Übertragungsraten von bis zu 600 Mbit/s bei **HomePlug AV2** und 200 Mbit/s bei **HomePlug AV**. Weitere Informationen: http://www.homeplug.org/ (in englischer Sprache).

Home Screen der; *Subst.*, [sprich „hohm skriehn"], dt. Heim-Bildschirm, dem Desktop von Windows entsprechender Bildschirm mit Hintergrundbild bei einem ⇨ **Apple** ⇨ **iPhone** oder ⇨ **iPad**.

Home-Taste [sprich „hohmtaste"], die; *Subst.*, engl. **Home Button**, ist eine runde Taste unterhalb des Displays von ⇨ **iPhone** und ⇨ **iPad**, die zum Verlassen von Apps oder Abbruch von Funktionen und per doppeltem Drücken zur Auswahl geöffneter Apps und zusammen mit der Einschalttaste zum ⇨ **Booten** und zur Aufnahme einer ⇨ **Bildschirmkopie** verwendet wird. Da die Home-Taste sehr häufig gedrückt wird, ist sie entsprechend verschleißanfällig und eine virtuelle Taste mit dieser Funktion schon länger in der Diskussion.

Honeycomb [sprich „hanikamp"], Bezeichnung der Versionen 3.0, 3.1 und 3.2 von ⇨ **Android**.

Honeypot [sprich „hanipot"], ist eine Falle für ⇨ **Hacker** und wird durch Sicherheitsexperten eingesetzt, um Hackerangriffe zu analysieren.

Host [sprich „houst"], der; *Subst.*, ist ein Computer, der in einem Netzwerk Arbeitsstationen Verarbeitungsleistungen und/oder Daten zur Verfügung stellt (vergleiche ⇨ **Server**). Im Internet ist eine Hostadresse beispielsweise http://www.meinehomepage.de.

H Host-based Intrusion Prevention System

Host-based Intrusion Prevention System, [sprich „houst baisd intruschen priwendschen sistem"], Abkürzung **HIPS**, ist ein System zum Abwehr von Angriffen, das auf dem zu schützenden Computer läuft.

Host Interface Device [sprich „houst interfäis diweis"], abgekürzt **HID**, Protokoll von ⇨ **Bluetooth** für Bluetooth-Eingabegeräte.

Hotbilling, das; *Subst.*, direktes Abbuchen der Gesprächskosten von einer Prepaid-Karte.

Hot-fix, der; *Subst.*, ⇨ **Bug-fix**.

Hotline [sprich „hottlein"], die; *Subst.*, dt. „heißer Draht", ist ein Service von Hardware- und Software-Firmen, die Fragen zur Anwendung ihrer Produkte per Telefon, Fax oder E-Mail beantworten.

Hot Spare, Hotspare, ist eine Reserve-Festplatte in einem ⇨ **RAID**-System oder bei ⇨ **Windows**, die bei einem Defekt einer Festplatte automatisch verwendet wird und diese ersetzt.

HotSpot, Hotspot, der; *Subst.*, ist (1.) ein öffentlicher, drahtloser Zugangspunkt für ein ⇨ **WLAN** und ist vor allem an belebten Plätzen, in Hotels, Tagungshallen, öffentlichen Einrichtungen, Bahnhöfen und Flughäfen zu finden. Eine Anleitung zur HotSpot-Suche mit vielen Links zu Verzeichnissen: http://www.apfelwiki.de/Main/HotSpot#toc2. **Hotspot** ist aber (2.) auch die Bezeichnung für einen heißen Punkt auf dem ⇨ **Prozessor**.

Hot Swap [sprich „hott swäp"], der; *Subst.*, bezeichnet bei ⇨ **USB** die Möglichkeit, USB-Geräte im laufenden Windows-Betrieb anzustecken und wieder zu entfernen, ohne dass das Betriebssystem dazu heruntergefahren werden muss.

hot swapable [sprich „hott swäpebel"], *Adj.*, ist ein Gerät, das bei laufendem Betrieb ausgetauscht oder angeschlossen bzw. entfernt werden kann, ohne dass der PC dazu heruntergefahren werden muss. ⇨ **USB-Geräte** sind zum Beispiel überwiegend hot swapable, ebenfalls Festplatten in RAID-Systemen von Servern. Voraussetzung für hot swapable ist, dass der Gerätetreiber in das Betriebssystem integriert ist oder vor dem Erstanschluss installiert wurde.

Howey-Test, der; *Subst.*, dient der Entscheidungsfindung, ob eine Transaktion als Kapitalanlagevertrag oder Wertpapier anzusehen ist (US Supreme Court, Securities Act von 1933, Securities Exchange Act von 1934). Das ist rechtlich relevant bei der Einführung digitaler Coins (⇨ **ICO**).

Ein Wertpapier ist zu registrieren und der interessierte Anleger vor der Transaktion über wichtige Informationen zum Unternehmen und dem angebotenen Wertpapier zu unterrichten. Das müsste daher auch bei der Transaktion einer digitalen Währung erfolgen, wenn diese als Wertpapier eingestuft wird.

Dazu muss eine Transaktion nach dem Howey-Test folgende 4 Bedingungen erfüllen:

1. Es wird Geld investiert.
2. Der Anleger tätigt seine Investition in Gewinnabsicht.
3. Es wird Geld in ein gemeinschaftliches Unternehmen investiert.
4. Der Gewinn wird durch die Leistung eines Projektträgers oder eine Drittpartie erzielt.

Der Howey-Test entstammt dem amerikanischen Rechtswesen, wird aber auch von Gerichten in anderen Ländern angewendet.

Howtos [sprich „hau tuhs"], die (nur Mehrzahl); *Subst.*, dt. „so geht's", sind Anleitungen in Textdateien oder auf Webseiten, die Arbeitsabläufe beschreiben.

HP ⇨ **Hewlett-Packard**.

HPFS, Abkürzung für **H**igh **P**erformance **F**ile **S**ystem [sprich „hei performäns feil süstem"], ist ein ⇨ **Dateisystem** von OS/2 und Windows NT, das nicht zum ⇨ **FAT**-System von DOS und Windows 95, 98 und Me bzw. ⇨ **NTFS** von Windows NT, 2000, XP, Vista, 7, 8, 8.1 und 10 kompatibel ist.

HPGL, Abkürzung für **H**ewlett **P**ackard **G**raphics **L**anguage, Plottersprache von ⇨ **Hewlett-Packard**, die in ⇨ **HP-PCL** integriert ist.

HPI, Abkürzung für **H**asso-**P**lattner-**I**nstitut, ein universitäres Exzellenz-Center für IT-Systems Engineering in Potsdam.

HPI Identity Leak Checker [sprich „ha pe i aidentiti liehk tschecker" oder englisch „äitsch pi ei eidentiti liehk tschecker"], ist ein Online-Dienst des ⇨ **HPI**. Nach der Eingabe der persönlichen E-Mail-Adresse wird über eine Datenbank überprüft, ob die E-Mail-Adresse in Verbindung mit den persönlichen Daten im Internet veröffentlicht wurde und so die Gefahr eines Missbrauchs besteht.

HP-PCL ist eine Druckersprache für HP-Laserdrucker. Die aktuelle Version ist HP-PCL5. Die Sprache ist nicht zu ⇨ **PostScript** kompatibel.

HPU, Abkürzung für ⇨ **Holo Processing Unit**.

H HSCSD

HSCSD 🕮, Abkürzung für **H**igh **S**peed **C**ircuit **S**witched **D**ata [sprich „hei spiet sörkuit switschd däita"], ist eine Erweiterung des CSD-Verfahrens (Circuit Switched Data) auf dem alle GSM-Mobilfunknetze basieren. HSCSD erhöht zunächst die Geschwindigkeit für den Datentransfer von 9,6 auf 14,4 kbit/s. Darüber hinaus können bis zu vier GSM-Kanäle zum Datentransfer gebündelt werden, sodass sich durch Bündelung von bis zu 4 GSM-Kanälen eine ⇨ **Datenübertragungsrate** von bis zu 57,6 kbit/s erzielen lässt.

HSDPA 🕮, Abkürzung für **H**igh **S**peed **D**ownlink **P**acket **A**ccess, auch als 3.5G, 3G+ oder ⇨ **UMTS**-Broadband bezeichnet, ist ein Datenübertragungsverfahren im Mobilfunknetz für das Herunterladen der Daten, bei dem die Daten mit bis zu 42,2 Mbit/s (⇨ **HSPA+**) übertragen werden, meist jedoch mit 21,6 Mbit/s, 14,4 Mbit/s oder auch nur 7,2 Mbit/s. Dies hängt vom aktuellen Standort und dem Netzausbau des Netzwerkanbieters ab.

HSPA 🕮, Abkürzung für **H**igh **S**peed **P**acket **A**ccess, ist eine Erweiterung von ⇨ **UMTS**, die ⇨ **HSDPA** für das Herunterladen und ⇨ **HSUPA** für das Herauflanden umfasst. Mit **HSPA+**, Abkürzung für **H**igh **S**peed **P**acket **A**ccess **P**lus, sind Geschwindigkeiten bis zu 42 Mbit/s verfügbar.

HSUPA 🕮, Abkürzung für **H**igh **S**peed **U**plink **P**acket **A**ccess, ist ein Datenübertragungsverfahren im Mobilfunknetz für das Heraufladen der Daten mit bis zu 5,76 Mbit/s. Die Datenübertragungsrate hängt vom Netzwerkanbieter ab und ob eine Prepaid-Karte verwendet wird oder ein Abonnement besteht. So soll Vodafone etwa für Prepaid-Kunden nur bis zu 384 kbit/s anbieten.

HT, das; *Subst.*, Abkürzung für ⇨ **Hyperthreading**.

HTM und ⇨ **HTML** sind ⇨ **Dateinamenerweiterungen** von Dateien im ⇨ **HTML**-Format.

HTML, Abkürzung für **H**yper**t**ext **M**arkup **L**anguage [sprich „haipertext markapp längwidsch"], ist (1.) eine Seitenbeschreibungssprache, mit der Inhalt und Aussehen von ⇨ **Webseiten** definiert wird und (2.) die ⇨ **Dateinamenerweiterung** einer HTML-Datei.

HTML5 ist eine auf ⇨ **HTML** basierende Auszeichnungssprache für Texte, Bilder und Videos, die von den aktuellen Versionen der Browser Edge, Internet Explorer, Firefox, Google Chrome und Safari unterstützt wird. Mit HTML5 lassen sich Videos abspielen, so dass Adobe ⇨ **Flash** nicht mehr benötigt wird. Große Webseiten-Anbieter wie ⇨ **YouTube** haben ihr Angebot daher auf HTML5 umgestellt.

HTTP/2

HTMLHelp, das 1997 eingeführte, 2. Hilfeformat von ⇨ **Windows** und der Nachfolger von ⇨ **WinHelp**. Die Dateien haben die Dateinamenerweiterung ⇨ **CHM**. Wie der Name schon ausdrückt, sind HTMLHelp-Dateien aus ⇨ **HTML**-Dokumenten aufgebaut und können daher auch Bilder enthalten. Auch ⇨ **JavaScript**-Programme lassen sich integrieren.

Vorteile gegenüber WinHelp sind ferner ein Inhaltsverzeichnis, die Suche nach Schlüsselworten und die Volltext-Suche. HTMLHelp erfordert den ⇨ **Internet Explorer** ⇨ **Help2** und ⇨ **Help3**.

HTTP, Abkürzung für **H**ypertext **T**ransport **P**rotocol [sprich „haipertext tränsport protokoll"], ermöglicht das Blättern über Verzweigungen (⇨ **Hypertext**-Prinzip) im World Wide Web. Der Benutzer klickt auf einen ⇨ **Hyperlink** und erhält dadurch ein anderes Dokument angezeigt, selbst wenn sich dieses auf einem anderen weit entfernten Computer befindet.

HTTP/2 ist eine Weiterentwicklung von ⇨ **HTTP** bzw. HTTP/1.1, die ein deutliche Geschwindigkeitssteigerung beim Abruf von Webseiten bewirken kann. Aktuelle Browser unterstützen das HTTP/2-Protokoll.

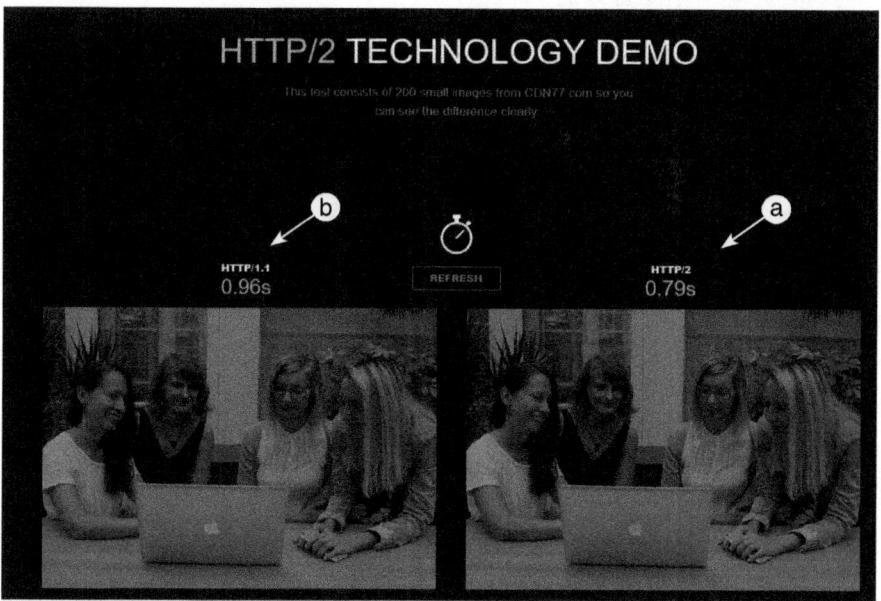

Die HTTP/2-Technologiedemo auf der Webseite http://www.http2demo.io/ zeigt den Zeitvorteil bei http/2 **ⓐ** *gegenüber http/1.1* **ⓑ**.

HTTPS

HTTPS, Abkürzung für **H**ypertext **T**ransport **P**rotocol **S**ecure [sprich „haipertext tränsport protokoll sekjur"], dt. „sicheres Hypertext-Übertragungsprotokoll" ermöglicht ein abhörsicheres Übertragen der Daten zu und von Servern im Internet.

HTTPS-Scanning [sprich „ha te te pe es skänning"], dient der Überprüfung des verschlüsselten Datenverkehrs auf ⇨ **Schadprogramme**. Dazu werden die Daten entschlüsselt, gescannt, gefährliche Daten entfernt und die restlichen Daten wieder verschlüsselt.

Hub [sprich „habb"], der; *Subst.*, ist ein zentraler Verteilerpunkt in einem Netzwerk mit Stern-Topologie. Hubs verbinden beispielsweise einen ⇨ **Server** mit einer größeren Anzahl von ⇨ **Client**-PCs. Zu unterscheiden ist zwischen passiven Hubs, die keine Auswertung der Daten vornehmen, und aktiven Hubs, die Daten auswerten und das Signal neu erzeugen.

HummingBad ist ein aus China stammendes ⇨ **Schadprogramm** für ⇨ **Android**, das 2016 weltweit 85 Millionen Mobilgeräte infizierte, davon 40.000 in Deutschland. Die Infektion erfolgte über rund 200 infizierte Apps in ⇨ **Google Play**. Das Schadprogramm leitet Klicks auf Werbebanner um, eine Form von Klickbetrug. Bei infizierten Android-Geräten hilft nur ein vollständiger

⇨ **Reset**. ⇨ **Antivirenprogramme** erkennen HummingBad nicht und schützen daher auch nicht davor; siehe auch ⇨ **Gooligan**.

HummingWhale ist eine im Januar 2017 entdeckte Variante von ⇨**HummingBad**.

Hurenkind, das; *Subst.*, ⇨ **Witwe**, engl. **widow**, ist ein Fachbegriff aus dem Desktop Publishing für einen Umbruchfehler, bei dem der letzte Satz eines Absatzes allein am Anfang einer neuen Seite steht.

HW, Abkürzung für ⇨ **Hardware**.

Hybrid Cloud ⇨ **Cloud**

Hybrid-Fernseher oder **Hybrid-TV**; der; *Subst.*, enthält neben einem oder mehreren Empfängern für das Fernsehprogramm zusätzlich eine Schnittstelle zum Internet; ⇨ **SmartTV**.

Hybrid-Festplatte, die; *Subst.*, ist eine ⇨ **Festplatte** mit integriertem ⇨ **Flash**-Speicher als ⇨ **Cache**. Dadurch wird die Zugriffsgeschwindigkeit gesteigert, ohne die Festplatte durch eine wesentlich teurere ⇨ **SSD** ersetzen zu müssen.

Hybrid-TV ⇨ **Hybrid-Fernseher**

Hybrid-Virus, der; *Subst.*, ist ein ⇨ **Virus**, der eine zweifache Gefahr birgt. Neben dem Viruscode ist eine

⇨ **Backdoor** für einen Hackerangriff enthalten.

Hyperlink [sprich „haiperlink"], der; *Subst.*, oder abgekürzt **Link** ist eine Verknüpfung von ⇨ **HTML**-Seiten untereinander und in Dokumenten, wie Word-Dokumenten, Excel-Tabellen oder PDF-Dateien, die nur angeklickt werden müssen, um auf die entsprechende Textstelle, Tabelle oder Abbildung zu gelangen. Ein Hyperlink wird durch eine spezielle Formatierung (andere Farbe, Schrift, Schriftgröße, Auszeichnung) kenntlich gemacht. Die Sicherheit von Links ist nicht garantiert. Ein Link kann zu einer Betrugs-Seite oder zum direkten Download eines gefährlichen Schadprogramms führen. Insbesondere bei E-Mails (⇨ **Spam**) und Social Media (⇨ **Facebook**, ⇨ **Twitter**) ist daher bei Links Vorsicht geboten.

Hypertext [sprich „haipertext"], der; *Subst.*, ist ein Text, der über einen ⇨ **Hyperlink**, also eine Verknüpfung, direkt zu erreichen ist.

Hyphenation [sprich „haiffenäischen"], dt. Silbentrennung.

Hz ⇨ **Hertz**, Einheit der Frequenz (1/s), also der Anzahl Schwingungen (oder auch Taktzyklen) pro Sekunde.

I

IAD, Abkürzung für ⇨ **Internet Addiction Disorder**.

IBM, Abkürzung für **I**nternational **B**usiness **M**achines, scherzhaft auch „**I**mmer **b**esser **m**anuell", auch **Big Blue** genannt, wurde 1929 in den USA gegründet und ist der weltweit größte Hersteller von Computern, allerdings nicht (mehr) von PCs. Dabei hat IBM sowohl den PC als auch dessen Bezeichnung Personal Computer erfunden und diese Bezeichnungen gesetzlich schützen lassen.

IBM-kompatibel, *Adj.*, bedeutet kompatibel zum IBM-PC-Standard. Auch die Prozessoren heutiger PCs sind noch zum 8088-Prozessor des ⇨ **IBM-PCs** kompatibel, weshalb auch auf einem modernen PC mit gewissen Einschränkungen noch alte Software läuft. Doch IBM hat die PC-Produktion aufgegeben und ist daher in Sachen PC und dessen Weiterentwicklung kein Maßstab mehr. Viel wichtiger ist heute die Kompatibilität der ⇨ **Hardware** zu ⇨ **Windows 7**, ⇨ **Windows 8.1** und ⇨ **Windows 10** sowie aktuellen technischen Standards wie ⇨ **USB 3.0**.

IBM PC, wobei **PC** für **P**ersonal **C**omputer steht, kam 1981 auf den Markt, war anfangs mit dem Prozessor 8088, 32 KByte RAM sowie zwei 5,25-Zoll-Diskettenlaufwerken ausgestattet und konnte zur Datensicherung mit einem Kassettenrecorder erweitert werden. Der IBM PC konnte weder Farben darstellen noch hatte er eine ⇨ **Soundkarte**. Der Vergleich zu heutigen PCs zeigt die gewaltige Entwicklung der letzten rund 40 Jahre in diesem Bereich.

iBoot, Bezeichnung des Boot-ROMs von ⇨ **Apple** für ⇨ **iPhone**, ⇨ **iPad** und andere Geräte mit ⇨ **iOS**.

IC, Abkürzung für **i**ntegrated **c**ircuit [sprich „intigräitid sörkuit"], dt. integrierte Schaltung, integrierter Schaltkreis.

ICANN, Abkürzung für **I**nternet **C**orporation for **A**ssigned **N**ames and **N**umbers, ist eine Organisation, die international IP-Adress-Bereiche und den ⇨ **Name-Server** des ⇨ **DNS** verwaltet und den internationalen Standard für die Vergabe von ⇨ **Domain-Namen** erstellt.

ICE, Abkürzung für **I**n **C**ase of **E**mergency, dt. „im Notfall" oder **IN** sind Einträge in den Adressbüchern von Mobiltelefonen für die Personen, die in einem Notfall benachrichtigt werden sollen. Dazu wird als Kontakt ein Name nach dem Schema ICE+Leerzeichen+Name mit der Telefonnummer abgespeichert, also etwa „ICE Eltern" oder „ICE Ehefrau". Die deutsche Variante ist IN+Leerzeichen+Name, also

Ideaware

im Beispiel „IN Eltern" oder „IN Ehefrau". Die internationale Norm E.123 empfiehlt dagegen Ziffern zur Kennzeichnung wichtiger Telefonummern, die ohne Leerzeichen vor den Namen gesetzt werden, also Zahl+Name oder im Beispiel „01Eltern" und „02Ehefrau". Im deutschen Sprachraum kommt die Empfehlung zu ICE nicht von offizieller Seite oder Rettungsdiensten, sondern wurden durch Kettenbriefe (⇨ **Hoax**) bekannt. Eine sprechende Benennung der Telefonnummern sollte ausreichen, um eine Benachrichtigung zu ermöglichen, sofern diese durch ein Krankenhaus, Polizei oder Rettungsdienst überhaupt aufgrund eines Telefonbucheintrags erfolgt. Ein Zettel mit den Notrufnummern in der Brieftasche garantiert dies eher.

Ice Cream Sandwich, Bezeichnung der Version 4.0 von ⇨ **Android**.

ICH, Abkürzung für ⇨ **I/O Controller Hub**.

ICM ⇨ **Indicator Control Message**.

ICO, (1.) Abkürzung für **Ico**n, ⇨ **Dateinamenerweiterung** einer Symboldatei mit einem ⇨ **Symbol** für eine Windows-Anwendung. (2.) Abkürzung für **I**nitial **C**oin **O**ffering [sprich „inischiel keun offering"], ist die Erstausgabe eines ⇨ **Crypto-**

coin für digitale Währung, die nicht durch ⇨ **Mining** erzeugt wird oder zur Finanzierung eines Unternehmens.

Icon [sprich „aiken"], das; *Subst.*, ist ein ⇨ **Symbol** für eine Anwendung, eine Datei, einen Ordner oder eine Verknüpfung. Über einen ⇨ **Doppelklick** auf das Symbol lässt sich das entsprechende Programm aufrufen oder die entsprechende Datei oder der Ordner öffnen.

ICT, Abkürzung von **I**nformation and **C**ommunications **T**echnology, dt. Informations- und Kommunikationstechnologie.

ID3 ist eine Erweiterung des ursprünglichen ⇨ **MP3-ID-Tag**. Es werden dabei die letzten beiden Bytes des Kommentarfeldes genutzt, um zusätzlich anzugeben, aus welchem Track einer Audio-CD das Musikstück stammt; www.id3.org.

IDE, Abkürzung für **I**ntelligent **D**rive **E**lectronics [sprich „intellidschent dreif ilektroniks"], ist ein Kommunikationsstandard bei Festplatten. ⇨ **IDE-Controller** stellen die Verbindung zwischen ⇨ **Bus** und ⇨ **Festplatte**, Diskettenlaufwerk oder CD-ROM/DVD-Laufwerk her.

Ideaware [sprich „eidierwähr"], die; *Subst.*, ist eine kostenlose Vollversion einer ⇨ **Software**, die Sie vom Programmautor für einen guten

IDE-Controller

Verbesserungsvorschlag oder eine Fehlermeldung erhalten.

IDE-Controller, der; *Subst.*, ist ein elektronisches Bauteil zum Steuern von ⇨ **Festplatten**, CD-ROM/DVD-Laufwerken und -Brennern, das bis etwa 2005 in PCs eingesetzt wurde. In der Regel sind zwei solcher Controller für jeweils zwei Laufwerke auf der Hauptplatine integriert, teilweise auch vier. Ein ⇨ **Controller** lässt sich aber auch über eine Erweiterungskarte nachrüsten, etwa um eine neue Festplatte in einen älteren PC einbauen zu können.

IDF ⇨ **Intel Developer Forum.**

Idle Time [sprich „aidel taim"], die; *Subst.*, dt. Wartezeit oder Leerlaufzeit, Zeitspanne in der ein Benutzer, der Prozessor eines Computers oder ein Kern eine Mehrkernprozessors nicht aktiv ist.

IDN, Abkürzung für **I**nternationalized **D**omain **N**ame [sprich „internäschionäleisd domehjn näim"], dt. internationaler ⇨ **Domain-Name** und ein ⇨ **ICANN**-Standard für Domain-Namen.

IDN-Domain, die; *Subst.*, ist eine ⇨ **Domäne** mit Umlauten oder anderen Sonderzeichen einer Sprache; ⇨ **IDN**.

IDX ist eine ⇨ **Dateinamenerweiterung** für eine Indexdatei einer ⇨ **Datenbank**.

IE ⇨ **Internet Explorer.**

IEC ⇨ **I**nternationale **E**lektrotechnische **K**ommission.

IECEE, Abkürzung für **IEC** System for Conformity testing and Certification of **E**lectrical **E**quipment, eine Einrichtung des ⇨ **IEC** zum Testen und Zertifizieren elektrischer und elektronischer Geräte.

IEEE, Abkürzung für **I**nstitute of **E**lectrical and **E**lectronics **E**ngineers, ist ein weltweiter Berufsverband von Elektrotechnik- und IT-Ingenieuren; https://www.ieee.org.

IEEE 802.11, der; *Subst.*, ist ein Standard für Funknetzwerke (⇨ **WLAN**) ⇨ **802.11**.

IEEE 1394, der; *Subst.*, Bezeichnung für den Standard ⇨ **Firewire**.

IEEE 1394-Port, der; *Subst.*, Bezeichnung für eine ⇨ **Firewire**-Schnittstelle.

IFA, Abkürzung für **I**nternationale **F**unk**a**usstellung, ist eine seit 1924 in Berlin stattfindende Fachmesse. Die weltgrößte Messe für Unterhaltungselektronik findet jährlich im September statt und ist für private PC-Anwender deutlich interessanter als die CeBIT in Hannover. Hier ist zum Beispiel seit 2010 die Themenwelt iZone rund um Smartphones und Tablets von ⇨**Apple**

(⇨**iPhone**, ⇨**iPad**), ⇨**Android**-Mobilgeräte sowie dafür entwickelte ⇨**Apps** und Geräte zu sehen. Es geht jedoch hauptsächlich um Fernseher, Heim-3D und Musikanlagen, auch im Kraftfahrzeug. Hochauflösendes Fernsehen mit ⇨**4K** war auf der IFA zum Beispiel schon ein heißes Thema als in den Fachmärkten noch 3D-TVs als Neuerung verkauft wurden. Die IFA zeigt die Trends der Unterhaltungselektronik. Wobei die neuesten Unterhaltungsgeräte des jeweiligen Jahrs häufig schon ein halbes Jahr zuvor auf der ⇨**CES** zu sehen sind. Diese Zeitverzögerung ist jedoch für den deutschen Markt unerheblich, da viele neue Geräte erst etliche Wochen oder auch Monate nach der IFA in den Läden stehen. Weitere Informationen: http://b2c.ifa-berlin.de/.

IFP, Abkürzung für **I**nternet **F**acsimilé **P**rotocol, ist ein empfohlenes Protokoll (T.38) zum Übertragen eines Faxes über das Internet; ⇨ **FoIP**.

IIS, das; *Subst.*, Abkürzung für das ⇨ **Fraunhofer Institut für Integrierte Schaltungen**.

i.LINK ist seit etwa 1997 die Bezeichnung von Sony für die ⇨ **Firewire**-Schnittstellen der eigenen Produkte. Die andere Bezeichnung hat – laut Sony – Marketing-Gründe, da der Name Firewire durch den Namensbestandteil Fire bzw. Feuer beim Kunden den Eindruck von Gefahr vermitteln könnte.

image, dt. Bild.

Image [sprich „immidsch"], das; *Subst.*, bezeichnet ein Abbild einer ⇨ **Festplatte**, ⇨ **CD** oder ⇨ **DVD** in einer Datei. Ein solches Image kann zum Wiederherstellen oder Kopieren eines Festplatteninhalts verwendet werden. Dies ist bei der Datensicherung oder beim Wechsel einer Festplatte praktisch. Mit Brennprogrammen lässt sich auch ein Image einer CD oder DVD erstellen, das zum Kopieren des Datenträgers verwendet wird. Ein Image lässt sich auch als virtuelles Laufwerk auf der Festplatte nutzen. Häufig werden Images aus dem Internet geladen, um dann damit eine CD oder DVD für die Installation eines Betriebssystems oder Programms zu brennen oder eine CD zum Überprüfen des PCs, etwa eine Rettungs-CD wie die von Kaspersky.

image-editing software, dt. ⇨ **Bildbearbeitungsprogramm**.

IMAP4, Abkürzung für **I**nternet **M**essage **A**ccess **P**rotocol **4**, ist ein Protokoll für die Kommunikation zwischen ⇨ **Mail-Clients** und Mail-Server und wurde als Nachfolger von ⇨ **POP3** entwickelt.

IMEI, Abkürzung für **I**nternational **M**obile **E**quipment **I**dentity, ist eine 15-stellige Seriennummer eines Mobiltelefons, mit der sich das Gerät international eindeutig identifizieren lässt und die bei einem Diebstahl oder zum Entsperren benötigt wird. Die ersten acht Zeichen der IMEI sind der ⇨ **TAC**, wobei die ersten zwei Stellen das Unternehmen bezeichnen, das den TAC ausgegeben hat. In den weiteren sechs Zeichen wird der Zulassungscode angegeben, also zum Beispiel 328407 für ein ⇨ **iPhone** 6s Plus. Nach dem TAC folgen die sechs Ziffern der eigentlichen Seriennummer, die pro Zulassungscode maximal eine Million Geräte mit 000000 bis 999999 kennzeichnen kann. Für jede weitere Million wird ein neuer Zulassungscode benötigt.

Die letzte Ziffer der 15-stelligen IMEI-Seriennummer ist eine Prüfziffer, die am Mobiltelefon angezeigt, jedoch bei einer Übertragung nicht übermittelt wird. Die Abfrage der IMEI funktioniert bei allen ⇨ **Smartphones** mit derselben Tastenkombination, einem GSM-Code aus Stern (*), Raute (#) und Ziffern: *#06#.

IMG, ⇨ Dateinamenerweiterung (1.) einer unkomprimierten Pixelgrafik im Format von ⇨ **GEM** Paint oder (2.) eines Binär-Images eines Speicherbereichs.

Impulswahlverfahren, das; *Subst.*, abgekürzt **IWV**, früher bei Telefonen, Faxen und Modems im analogen Telefonnetz gebräuchliche Übermittlung einer Rufnummer durch Impulse. Erkennbar am „Knacken" in der Leitung, das während des Wählens zu hören ist. Das heutige Verfahren ist ⇨ **Tonwahl**.

IN , Abkürzung für **Im Notfall**, oder ⇨ **ICE** sind Einträge in den Adressbüchern von Mobiltelefonen für die Personen, die in einem Notfall benachrichtigt werden sollen. Dazu wird als Kontakt ein Name nach dem Schema IN+Leerzeichen+Name mit der Telefonnummer abgespeichert, also etwa „IN Eltern" oder „IN Ehefrau".

Inch, dt. ⇨ **Zoll**.

Indicator Control Message , abgekürzt **ICM**, ist eine Bezeichnung für die Symbole im Display eines Handys, die eingehende Nachrichten, Faxe oder ⇨ **E-Mails** anzeigen.

INF, ⇨ **Dateinamenerweiterung** einer Infodatei mit ⇨ **Setup**-Informationen oder einer Script-Datei für Windows und Windows-Anwendungen.

Infobereich ⇨ **Benachrichtigungsfeld**.

InfoPath ist das frühere **X-Docs** und ermöglicht bei ⇨ **Office 2003**, ⇨ **Office 2010** und ⇨ **Office 2013** das Erstellen und Ausfüllen von Formularen. Es muss bei Office 2010 zusätzlich erworben werden mit der Microsoft Office Professional Plus-Suite. Zum Erstellen der Formulare sind keine Programmierkenntnisse erforderlich. Zahlreiche Hilfsfunktionen wie ein Kalender zur Auswahl von Datumsangaben oder hinterlegbare Auswahllisten erleichtern dem Anwender die Arbeit. Für Office 2016 sowie Office 365 wird InfoPath nicht mehr angeboten. Die Universität Heidelberg hat eine Anleitung für InfoPatch veröffentlicht: http://archive.is/qK5SJ.

Informatik, die; *Subst.*, engl. **computer science**, Lehre von den Computerwissenschaften.

Infrarotmodul, das; *Subst.*, dient zur Datenübertragung per Infrarotlicht vom PC zu einem mobilen Gerät oder auf einen Drucker oder auch zwischen Computern in einem Netzwerk. Das Verfahren entspricht dem der Infrarotfernsteuerung bei Fernseher oder Stereoanlage; ⇨ **IrDA**. Die Geschwindigkeit dieser seriellen Kommunikation ist aber relativ gering, viele Geräte erlauben maximal 19.400 bit/s statt der möglichen 115 Kbps. Heute wird für die Datenübertragung zwischen mobilen Geräten ⇨ **Bluetooth** oder ⇨ **WLAN** genutzt, eine Infrarot-Schnittstelle ist bei Notebooks, Smartphones und Tablets nicht vorhanden.

Inhaltsverzeichnis, das; *Subst.*, engl. ⇨ **directory**, ist ein Verzeichnis aller Dateien und Ordner mit Angabe von Dateiname und Dateinamenerweiterung, Dateigröße, Dateiattributen, Datum und Uhrzeit des ersten Erstellens sowie der letzten Änderung der jeweiligen Datei und dem ⇨ **Cluster** mit dem Dateianfang.

innogy SmartHome, früher RWE SmartHome, ist ein Angebot des aus dem Energieunternehmen RWE abgespaltenen Unternehmens innogy SE, das sich mit dem Erzeugen erneuerbarer Energien, dem Angebot von grünem Strom und Systemen zur Energieeinsparung und Hausautomatisierung beschäftigt. Das System innogy SmartHome basiert auf ⇨ **HomeMatic**, ohne dazu kompatibel zu sein.

Die SmartHome-Geräte werden per Funk an die SmartHome-Zentrale angebunden. Die Zentrale zeigt über ein kleines Display Meldungen an, bei Störungen informiert innogy per E-Mail. Das Einrichten der Geräte erfolgt über eine Windows-Anwendung auf dem PC.

Steuern lassen sich Licht, Raumtemperatur, Rolläden und alle über die Funksteckdosen angeschlossenen Geräte. Durch Kombination der Rauchmelder und Bewegungsmelder lässt sich eine Alarmanlage konstruieren. Im Vergleich zu HomeMatic oder Qivivon ist die Auswahl je-

Install

doch deutlich geringer. Es fehlt auch die ⇨ **ZigBee-Unterstützung**.

Mit dem Erwerb der SmartHome-Zentrale ist für einen Zeitraum von 24 Monaten ein Zugriff von unterwegs über das Internet und das innogy-Portal auf die eigenen SmartHome-Geräte möglich. Anschließend wird eine Gebühr von 14,95 € pro Jahr erhoben. Wird der Dienst nicht kostenpflichtig verlängert, kann das innogy SmartHome nur noch zu Hause über das eigene Netzwerk gesteuert werden. Weitere Informationen: https://service.start smarthome.de/de/. Siehe auch ⇨ **Qivicon**.

Install ist ein Programm zum Installieren einer Anwendung und liegt in der Form Install.exe vor. Gebräuchlicher ist für Windows-Anwendungen jedoch mittlerweile ⇨ **Setup.exe** für ein Installationsprogramm.

Installation, die; *Subst.*, bezeichnet (1.) das Einrichten von Hard- und Software eines Computersystems und (2.) das Einrichten eines neuen Programms auf einem Rechner. Das erfolgt meist automatisch mit einem Installationsprogramm.

Installer, der; *Subst.*, ist eine Bezeichnung für ein Installationsprogramm.

Instant Messenger ⇨ **Messenger**.

Institut für Rundfunktechnik, Abkürzung **IRT**, Forschungsinstitut der öffentlich-rechtlichen Rundfunkanstalten Deutschlands, Österreichs und der Schweiz; https://www.irt.de/.

Intel, Abkürzung für **Int**egrated **El**ectronics und ein 1968 von Andrew S. Groove, Gordon Moore und Robert Noyce in den USA gegründetes Unternehmen, das nach eigenen Angaben heute der größte Chip-Hersteller der Welt sowie ein führender Hersteller von Computer-, Netzwerk- und Kommunikationsprodukten ist; https://www.intel.de/.

Intel Core i3, **Intel Core i5**, **Intel Core i7**, **Intel Core i9** sind eine Prozessorfamilie von Intel, die in vier Klassen eingeteilt ist:

- H-Serie für leistungsstarke Notebooks und mobile Workstations

- U-Serie für dünne und leichte Netbooks, 2-in1-Computer, Convertibles und Mini-Computer.

- S-Serie für Desktop-PCs, All-in-One-PCs und Mini-PCs

- Y-Serie für dünne, lüfterlose PCs, die stationär betrieben werden

i3, i5, i7 und i9 sind Leistungsklassen, wobei für die private Anwendung der i9 mit 18 Kernen nicht zur Anwendung kommt. Die Bezeichnung des Prozessors wie i7-8700K sagt nichts direkt über den benötigten ⇨ **Sockel**, die Kernanzahl oder den Prozessortakt aus. Es lässt sich daraus die Generation (die 8 aus 8700 steht für 8. Generation oder Coffee Lake) und die Serie ableiten (im Beispiel K-Serie).

Die Auswahl des Prozessors sollte nach Testergebnissen und über Leistungstabellen erfolgen. Es ist aus Kostengründen empfehlenswert, auf ein gutes Preis-/Leistungsverhältnis zu achten. Die durchschnittliche Leistungsaufnahme in Watt (**Verlustleistung** oder ⇨ **TDP**) ist für mobile Geräte wichtig und hat bei leistungsstarken Prozessoren auch erhebliche Auswirkung auf die Stromrechnung.

Einsteiger-Prozessoren der i3-Klasse wie der i3-7100 mit 3 MB Smart-Cache, 2 Kernen, 3,9 GHz Taktfrequenz für den ⇨ **Sockel 1151** kosten rund 100 € und brauchen mit 51 W etwa 100 W pro Stunde weniger als ein leistungsstärkerer i7-Prozessor.

Intel Developer Forum, das; *Subst.*, abgekürzt **IDF**, ist ⇨ **Intels** führendes technisches Forum und zieht Tausende Hardware- und Softwareentwickler aus der ganzen Welt an. Die halbjährliche Konferenz bietet tief gehende Informationen über Technologien und Initiativen von Intel in den Bereichen Kommunikation, Server, PC und Mobile Computing.

Interface [sprich „interfäis"], das; *Subst.*, dt. ⇨ **Schnittstelle**.

Interlace [sprich „interläis"] ist ein Zeilensprungverfahren, bei dem die Abbildung eines Bildes auf einem Computerbildschirm wie beim Fernsehbild in zwei Schritten erfolgt. Zuerst werden alle ungeraden Bildschirmzeilen, dann alle geraden Bildschirmzeilen abgebildet. Das Interlace-Verfahren wurde früher bei billigen Monitoren verwendet und dürfte heute bei PC-Monitoren keine Anwendung mehr finden.

Interleave-Faktor [sprich „interliev faktor"], der; *Subst.*, gibt an, um wie viele Sektoren zwei logisch zusammengehörende Abschnitte einer Festplatte zueinander versetzt sind.

Internationale Elektrotechnische Kommission, die; *Subst.*, abgekürzt **IEC**, ist eine weltweite Organisation, die Standards für alle elektrischen, elektronischen und verwandten Technologien vorbereitet und veröffentlicht. Unter anderem hat IEC die Vorsilben ⇨ **Gibi**, ⇨ **Exbi**, ⇨ **Kibi**, ⇨ **Mebi**, ⇨ **Pebi** und ⇨ **Tebi** auf Binärbasis eingeführt; http://www.iec.ch.

Internaut, der; *Subst.*, „Reisender" im Internet, auch als **Cybernaut** oder **Surfer** bezeichnet.

Internet

Internet, das; *Subst.*, ist ein weltweites Netzwerk, über das sich Daten von Millionen von angeschlossenen Rechnern unterschiedlicher technischer Plattformen abrufen und austauschen lassen. Im Internet werden ⇨ **Internetdienste** wie ⇨ **E-Mail** und ⇨ **WWW** angeboten.

Internet Addiction Disorder, abgekürzt **IAD**, amerikanische Bezeichnung für die Krankheit ⇨ **Internetsucht**.

Internet Browser [sprich „internet brauser"], der; *Subst.*, ⇨ **Browser**.

Internet-by-Call [sprich „internet bei kohl"], das; *Subst.*, ist ein Internet-Zugang vom Festnetz (⇨ **Modem**, ⇨ **ISDN** und ⇨ **DSL**) oder ⇨ **Handy** aus. Abgesehen von den DSL-Angeboten ist in der Regel keine Anmeldung und keine monatliche Grundgebühr oder Mindestabnahme von Stunden erforderlich. Das Angebot der Internet-by-Call-Provider eignet sich daher vor allem für Gelegenheitssurfer mit einem geringen monatlichen Stundenaufkommen und Datenvolumen.

Es kann bei Internet-by-Call sein, dass einige Dienste nicht genutzt oder Webseiten nicht angezeigt werden können. Dies hängt mit der verwendeten ⇨ **IP-Adresse** und Zugangsart zusammen. Die Verbindung wird außer bei ⇨ **DSL** über eine ⇨ **DFÜ**-Wählverbindung hergestellt, und die Abrechnung erfolgt über eine kostenpflichtige Rufnummer mit der Telefonrechnung.

Internet-by-Call-Provider [sprich „internet bei kohl proweider"], der; *Subst.*, ist ein Anbieter eines Internet-Zugangs per ⇨ **Internet-by-Call**.

Internetcafe, Internetcafé [sprich „internetkaffee"] oder **Cybercafe**, das; *Subst.*, international auch **Coffee net** oder **Café net** ist ein öffentlicher Internetzugang in einem Ladengeschäft, meist mit Gastronomie und dem Angebot von Getränken und Snacks, teilweise mit dem Angebot internationaler Telefonkarten und Anrufe. Der Internetzugang wird überwiegend als bezahlte Dienstleistung angeboten und stundenweise abgerechnet. In einigen Ländern wie etwa Italien muss für die Nutzung der Ausweis vorgezeigt werden. Der Nutzer wird registriert und die Daten werden längere Zeit gespeichert.

Für Deutschland ist der Jugendschutz zu beachten. Es sollte daher ein Kinderschutz für Benutzer unter 18 Jahren eingerichtet sein. Wie bei allen öffentlichen Internetzugängen ist bei der Benutzung eines Internetcafes die Sicherheit zu beachten. Es sollten keine Passwörter im Browser gespeichert werden, der Privatmodus des Browsers sollte genutzt oder Browser-Cache und Cookies nach der Benutzung gelöscht werden. Wird der Internetzugang per ⇨ **WLAN** angeboten (⇨ **Hotspot**), ist ein ⇨ **VPN** zu empfehlen. Die PCs für den Internetzugang sind häufig in Gehäusen untergebracht, die den Zugang zu den PC-Anschlüssen verwehren. Somit sind USB-Sticks oder anderes USB-Geräte sowie Datenträger wie CDs, DVDs oder Speicherkarten nicht verwendbar. Programme lassen sich meist nicht installieren. Die benötigten Anwendungen sollten daher als ⇨ **portable Programme** auf einem USB-Stick mitgeführt oder über einen Online-Dienst genutzt werden.

Internet-Cookie [sprich „internet kucki"], das; *Subst.*, ⇨ **Cookies**.

Internet der Dinge, Abkürzung IoT von engl. Internet **o**f **T**hings, Internet der nächsten Generation, das nicht mehr allein aus verbundenen PCs und Servern besteht. Die Industrie verwendet das Internet für Logistikaufgaben, etwa mit ⇨ **RFID** oder durch den Anschluss von Warenautomaten an das Internet. Geldinstitute verwenden Automaten, die über das Internet überwacht und verwaltet werden. Webcams überwachen Verkehrsknotenpunkte und öffentliche Plätze oder sind in Firmen und auch bei Privatanwendern installiert und übertragen die Bilder per Internet oder lassen sich auch über das Internet steuern.

Die für das ⇨ **SmartHome** verwendeten Geräte wie Fensterkontakte und -antriebe, Funksteckdosen, Lichtschalter, Garagentorantriebe, Rolladenantriebe, Schlossantriebe, Thermostate oder Wetterwarten werden direkt oder über eine Zentrale mit dem Internet verbunden. Die Unterhaltungselektronik ist zunehmend mit dem Internet verbunden, vom ⇨ **Router** über ⇨ **Blu-ray**-Player, Fernseher, Internetradio bis hin zu ⇨ **WLAN**-Lautsprechern, die Musik in jeden Raum bringen.

Haushaltsgeräte wie Kaffeemaschine, Kühlschrank oder Waschmaschine sind an das Internet angebunden. Immer mehr Kraftfahrzeuge sind mit dem Internet und untereinander sowie mit dem Hersteller und der Werkstatt verbunden. Datenschützer und Sicherheitsexperten warnen vor den Konsequenzen. Die befürchteten Folgen reichen vom Verlust der Privatsphäre durch grenzenlose Überwachung bis hin zur Gefährdung des Eigentums oder auch Lebens.

Im Jahr 2017 haben Mitarbeiter des Sicherheitsunternehmens Keen Security Labs zu Demonstrationszwecken ein Tesla Modell S während der Fahrt und beim Parken gehackt. Die Hacker konnten zum Beispiel während der Fahrt des Autos die Bremsen auslösen, die Kofferraumklappe öffnen, die Scheibenwischer anstellen und die Seitenspiegel verstellen.

Internetdienst

Beim parkenden Tesla konnten das Dachfenster und die Türen geöffnet, der Blinker angestellt und die Vordersitze verstellt werden.

Laut einem FBI-Bericht soll die Bordelektronik von Flugzeugen der Hersteller Airbus und Boing mehrfach durch einen Passagier gehackt worden sein, der dabei sogar die Triebwerkssteuerung übernommen haben will. Schon länger bekannt ist zudem, dass Hacker versuchen, die Steuerung von Kraftwerken zu übernehmen. Das zeigt, dass die Sicherheit der Internetdinge sicherzustellen ist, damit aus solchen ersten Demonstrationen keine ernste Gefährdung wird.

Internetdienst, der; *Subst.*, ist einer der Dienste, die über unterschiedliche Protokolle den Datenaustausch zwischen den am Dienst beteiligten ⇨ **Servern** sowie diesen Servern und den ⇨ **Clients**, die den jeweiligen Dienst nutzen, steuern. Solche Dienste sind ⇨ **WWW** (⇨ **World Wide Web**), ⇨ **E-Mail** und ⇨ **Usenet**.

Internet Explorer, der; *Subst.*, abgekürzt **IE**, ist einer der beiden ⇨ **Browser** der Firma ⇨ **Microsoft** zum ⇨ **Surfen** im ⇨ **Internet**, dessen aktuelle Version 11 ist. Der Nachfolger ist ⇨ **Microsoft Edge** von ⇨ **Windows 10**. Der Internet Explorer wird nicht mehr weiterentwickelt. Microsoft liefert aber noch Sicherheitsupdates für den Internet Explorer Version 11.

Internet Marketer der; *Subst.*, ist eine häufig anzutreffende Berufsbezeichnung bei kommerziell genutzten ⇨ **Twitter**-Konten. Diese verbreiten über Twitter Affiliate-Werbung, werben freie Mitarbeiter für Multi-Level-Marketing oder für Franchise-Angebote. Spitzen-Marketer haben sechsstellige Follower-Zahlen und können für Selbstständige interessant sein, um mehr über Twitter zu lernen oder mit deren Hilfe mehr Follower für eigene Marketing-Aktionen zu gewinnen. Wer soziale Netzwerke rein privat nutzt, sollte sich dagegen von Internet Marketern eher fern halten, da die andauernde Werbung bei privater Nutzung stören kann.

Internet-Provider [sprich „internet proweider"], der; *Subst.*, oder **Internet-Zugangs-Provider** ist ein Diensteanbieter wie die Deutsche Telekom, der einen Internet-Zugang bereitstellt.

Internet Service Provider [sprich „internet sörwis proweider"], der; *Subst.*, abgekürzt **ISP**, ist ein Diensteanbieter im Internet wie die Deutsche Telekom.

Internetsucht, die; *Subst.*, engl. **Internet Addiction Disorder**, abgekürzt **IAD**, ist eine Krankheit, die sich in der Sucht nach Cyber-

Beziehungen, Pornoseiten, Online-Shopping, Gewinn- oder Computerspielen sowie dem zwanghaften Sammeln von Informationen im Internet äußern kann.

Internet-TV, **Internet Television**, **Internetfernsehen** oder **Web TV**, das; *Subst.*, ist ein Sammelbegriff für die Übertragung von Fernsehprogrammen und Videos über das Internet. Beispiele für Internet-TV sind ⇨ **Zattoo** oder Videoangebote von Fernsehsendern wie ARD und ZDF. In Deutschland soll es laut Wikipedia über 1.400 Web-TV-Sender geben, weltweit über 10.000 Internet-TV-Sendungen. Technisch werden unter Internet-TV nur Angebote verstanden, bei denen der Anbieter nicht für die Datenübertragung verantwortlich ist, also lediglich die Daten als ⇨ **Stream** oder als Peer-to-Peer-Dienst zur Verfügung stellt. Das Angebot der Deutschen Telekom zum Fernsehempfang über das Internet ist dagegen ⇨ **IPTV**.

Internetwurm, der; *Subst.*, ist ein ⇨ **Schadprogramm**, das sich über das Internet und lokale Netzwerke selbst kopieren und verbreiten kann. Ein Beispiel ist der weit verbreitete Internetwurm **Conficker**, der eine Sicherheitslücke im System ausnutzt und somit Computer infiziert. Der erste Internetwurm war 1998 der **Morris-Wurm** von Robert Tappan Morris. Der damalige Student wollte mit dem Wurm die Rechner mit Internetzugang zählen. Dazu sollte der Wurm die Rechner infizieren, damit diese einen Zählwert senden. Die Zählung war jedoch sehr ungenau, da die meisten Rechner gar nicht, dafür andere Rechner mehrfach infiziert wurden. Heutige Internetwürmer dienen anderen Zwecken und werden zum Beispiel für ⇨ **DoS**-Angriffe eingesetzt.

Interpolation, die; *Subst.*, ist ein mathematisches Verfahren zur Berechnung von Zwischenwerten, das bei Bildverarbeitungsprogrammen verwendet wird, wenn zum Vergrößern von Bildern ⇨ **Pixel** benötigt werden. Auch bei Druckertreibern kommt die Interpolation zum Einsatz, um eine bessere Druckdarstellung zu erzielen. Hier werden Farbübergänge berechnet. Die Berechnung der „fehlenden" Pixel erfolgt in beiden Fällen aus den Farb- und Helligkeitswerten der physikalisch vorhandenen Pixel.

Interpreter, der; *Subst.*, ist ein Übersetzungsprogramm, das eingegebene Befehle oder ein Quellprogramm vor jeder Ausführung schrittweise in ⇨ **Maschinensprache** übersetzt und erst dann ausführt; ⇨ **BASIC**.

Interrupt [sprich „interrappt"], der; *Subst.*, ist eine Unterbrechung, die ein Gerät hervorruft, damit der ⇨ **Prozessor** seine Anfrage bearbeitet; ⇨ **IRQ**.

In-the-Cloud-Erkennung

In-the-Cloud-Erkennung, ist ein von ⇨ **Antivirenprogrammen** genutztes Verfahren zur Schadprogrammerkennung. Die Daten werden in Echtzeit online überprüft, um mögliche Bedrohungen ausfindig zu machen. Somit können Antivirenprogramme schnell auf neu erkannte Schadprogramme reagieren.

In-the-wild, wörtlich übersetzt „in freier Wildbahn", werden Schadprogramme bezeichnet, die tatsächlich auf Rechnern gefunden wurden und nicht nur in Forschungslabors vorkommen oder in theoretischen Abhandlungen erwähnt werden. Die WildList Organization International veröffentlicht eine Liste mit allen bekannten Computerviren, die je im Umlauf waren oder immer noch im Umlauf sind; http://www.wildlist.org/CurrentList.txt.

Intranet ist ein internes, also nichtöffentliches Netzwerk, das wie das ⇨ **Internet** mit dem ⇨ **TCP/IP**- und ⇨ **HTTP**-Protokoll arbeitet. Ebenso wie im Internet werden ⇨ **HTML**-Seiten mit Links angezeigt, über die der Nutzer zu anderen Seiten gelangt. Teilweise lassen sich auch Verzeichnisdienste nutzen.

Intrusion Prevention System [sprich „intruschen priwendschen sistem"], Abkürzung **IPS**, ist ein System zur Abwehr von Angriffen.

invertieren, *Verb*, ist (1.) das Umwandeln der Farb- und Helligkeitswerte eines Bildes. Das Ergebnis sieht wie das Negativ eines Films aus. Es kann aber (2.) auch eine Auswahl invertiert werden. Danach sind alle vorher nicht ausgewählten Objekte markiert und umgekehrt.

Invisible Web ⇨ **Hidden Web**.

I/O Controller Hub [sprich „ei oh kontroler habb"], abgekürzt **ICH**, ist eine von ⇨ **Intel** mit dem 810er-Chipsatz neu eingeführte Bezeichnung für die ⇨ **Southbridge**.

I/O-Port [sprich „ei oh port"], der; *Subst.*, Abkürzung für **I**nput/**O**utput-**P**ort ⇨ **E/A-Port**.

iOS [sprich „ei oh es"] ist (1.) ein ⇨ **Betriebssystem** von ⇨ **Apple** für ⇨ **iPhone**, iPod Touch, ⇨ **iPad** und iPad mini. Das Betriebssystem ist ein für den ⇨ **Touchscreen** angepasstes Mac OS X, basiert also letztendlich auf ⇨ **Linux**. Es sind 2,2 Millionen ⇨ **Apps** für iOS verfügbar. Auf iOS basieren wiederum das Betriebssystem für AppleTV sowie **watchOS** für die Apple Watch. Ferner ist (2.) **IOS** die Abkürzung für **I**nternetworking **O**perating **S**ystem und ein Betriebssystem für ⇨ **Router** und Switches der Firma Cisco.

IoT, Abkürzung für ⇨ **Internet der Dinge**.

iPad

IOTA ist eine ⇨ **Kryptowährung**, die nicht wie Bitcoin auf einer ⇨ **Blockchain** basiert, sondern auf dem Tangle-Konzept. Statt einer aufeinanderfolgenden Kette von Blöcken wie bei Blockchain wird bei Tangle ein gerichteter azyklischer Graphen (**DAG**, directed acyclic graph) verwendet. Dies ermöglicht das parallele Validieren von Transaktionen, während die Transaktionen bei einer Blockchain immer nacheinander validiert werden und ein solcher Vorgang bei Bitcoin zum Beispiel 7 Sekunden dauert. Jeder Nutzer von IOTA ist an der Validierung beteiligt und validiert zunächst zwei andere Transaktionen bevor er seine eigene Transaktion durchführt, die dann von einem anderen IOTA-Nutzer validiert wird. Dieses dezentrale Netzwerk führt zu einer mit der Anzahl der ⇨ **Knoten** wachsenden Transaktionsgeschwindigkeit, während diese bei Bitcoin und anderen auf Blockchain basierenden Systemen mit der Anzahl der Transaktionen abnimmt. Da die Nutzer des Systems dieses validieren, sind auch keine Transaktionsgebühren zu zahlen, wie dies etwa bei Bitcoin vorgesehen ist.

IP [sprich „ei pie"], das; *Subst.*, Abkürzung für **I**nternet **P**rotocol und ist eines der beiden im ⇨ **TCP/IP-Protokoll** vereinten Protokolle.

iPad [sprich „eipäd"] ist ein ⇨ **Tablet** der Firma ⇨ **Apple**, das beim Erscheinen 2010 mit seinem 9,7 Zoll großen Display mit einer Auflösung von 1024 x 768 Pixel und 132 ppi noch als „großes iPhone" verspottet wurde, jedoch innerhalb kürzester Zeit den PC-Markt veränderte und ⇨ **Netbooks** praktisch verdrängte.

Das ⇨ **Betriebssystem** ist ⇨ **iOS**. Die Bedienung erfolgt per ⇨ **Touchscreen** und ist so einfach, dass schon Kleinkinder das iPad durch Ausprobieren bedienen können. Die lange Akkulaufzeit von bis zu 10 Stunden, die geringe Höhe von anfangs 13,4 mm (aktuell 6,1 mm bis 7.5 mm) und das Gewicht von 304 Gramm bis knapp 700 Gramm machen das iPad wesentlich handlicher und mobiler als ein Notebook oder Netbook.

Die aktuelle iPad Generation hat ein wesentlich verbessertes Display mit 2.048 x 1.536 Pixel und 264 ppi (Retina-Display). Die Speicherkapazität erhöhte sich auf maximal 128 GB. Durch die höhere Auflösung der Kamera mit 12 MP kann das iPad als Digitalkamera und HD-Videokamera (1080p) Verwendung finden. Die Prozessorleistung des A9-64-Bit-Prozessors mit drei Kernen und einer Taktfrequenz von 1,6 GHz ist deutlich höher als beim ersten iPad (ein Prozessorkern, 1 GHz) und der Arbeitsspeicher wurde von 256 MB auf 2 GB erhöht.

IP-Adresse

Neben dem iPad wird seit Herbst 2012 das kleinere **iPad mini** mit 7,9-Zoll-Bildschirm angeboten. Trotz des kleineren Bildschirms hat das aktuelle **iPad mini 4** vom Herbst 2015 ein Retina-Display mit 2.048 x 1.536 Pixel und 326 ppi, 2 GB Arbeitsspeicher und 128 GB Speicher, eine Kamera mit 8 MP und eine Frontkamera mit 1,2 MP, wiegt jedoch mit rund 300 g deutlich weniger und ist deutlich handlicher.

Im Herbst 2015 erschien mit dem **iPad Pro** ein „Riesen-iPad" mit 12,9-Zoll-Bildschirm, einer höheren Auflösung von 2.732 x 2.048 Pixel und 264 ppi und einem Arbeitsspeicher von 4 GB. Hierzu wird ein Stift angeboten. Das Gewicht des iPad Pro liegt mit rund 700 g wieder in der Größenordnung des ersten iPad.

Trotz der drei Bildschirmgrößen und der deutlichen Leistungssteigerung bei iPad Air, iPad mini und iPad Pro im Vergleich zum ersten iPad hat das iPad seinen Zenit überschritten. Die Konkurrenz der wesentlich preiswerteren Android-Tablets, die Surface-Modelle von Microsoft sowie die Windows-Tablets und 2-1-Geräte machen dem iPad beträchtlich Konkurrenz. Zudem lässt sich ein iPhone 8 Plus mit seinem 5,5-Zoll-Display und einer HD-Auflösung von 1.920 x 1.080 Pixel anstelle eines iPad mini verwenden. Apple macht sich hier selbst Konkurrenz, wird jedoch auch bedrängt durch die Android-Smartphones anderer Hersteller mit Display-Größen von 5,5 bis 5,7 Zoll und teilweise besseren Auflösungen als beim iPad Air und iPad mini.

Die Auswahl des geeigneten iPads aus dem aktuellen Angebot wird durch die Übersichts- und Vergleichsseite von Apple erleichtert: https://www.apple.com/de/ipad/compare/. In der Praxis werden iPads meist im WLAN bzw. an Hotspots verwendet, so dass die Mehrkosten für ein Cellular-Modell für schnellen Internetzugang per Mobilfunk (UMTS/HPSA/HSPA+/DC-HSDPA/LTE) sich nur lohnen, wenn diese Zugangsart auch wirklich häufig genutzt wird.

Senioren lernen den Umgang mit einem iPad sehr schnell und ziehen es häufig sogar einem Buch vor, denn das Gewicht ist niedriger und es erschließt das Internet auf einfache und relativ sichere Weise (Bild: Seniorensiegel)

IP-Adresse [sprich „ei pie adresse"], die; *Subst.*, Abkürzung für **I**nternet **P**rotocol **A**dresse und die

iPhone

Adresse eines Netzwerk-Teilnehmers im ⇨ **TCP/IP-Protokoll**. Eine IP-Adresse ist numerisch und besteht aus vier durch Punkte getrennte Zahlen im Wertebereich 0 bis 255. Ein Beispiel für eine IP-Adresse: 123.123.123.001.

Den Arbeitsplätzen in einem lokalen Netzwerk und Webservern werden normalerweise feste IP-Adressen zugewiesen. Für die Einwahl ins ⇨ **Internet** vergibt ein ⇨ **Internet-Zugangs-Provider** aber meist dynamische IP-Adressen, die bei jeder Einwahl neu vergeben werden.

IP-Cloaking [sprich „ei pie kloking"], das; *Subst.*, ist ein Trick, der Suchmaschinen-Robots täuschen soll, um möglichst oft und an optimaler Position bei Suchanfragen aufgelistet zu werden, also das ⇨ **Ranking** zu verbessern. Dazu wird ein erkannter Suchmaschinen-Robot auf eine andere Seite mit für Suchmaschinen optimiertem Inhalt geleitet.

iPhone [sprich „ei phohn"], das; *Subst.*, ist ein ⇨ **Smartphone** der Firma ⇨ **Apple**, mit dem ⇨ **Betriebssystem** ⇨ **iOS**, das per ⇨ **Touchscreen** bedient wird und durch seine Multitouch-Oberfläche und Gestensteuerung eine besonders einfache Bedienung ermöglicht.

Für das iPhone werden rund 2,2 Millionen ⇨ **Apps** angeboten, die sich über den App Store herunterladen lassen. Zusammen mit einem reichhaltigen Zubehörangebot lässt sich das iPhone für vielerlei Zwecke einsetzen, etwa als E-Book-Reader, Fernsteuerung, Geigerzähler, Lupe, Navigationsgerät, Pulsmesser, Radarwarner oder Visitenkartenscanner.

Die Sicherheit von iOS ist deutlich größer als bei ⇨ **Android**, da die Anzahl der Schadprogramme gering ist und das Betriebssystem eines iPhone laufend aktualisiert wird. Über einen Zeitraum von etwa 4 Jahren nach dem Kauf sind die neusten iOS-Versionen verfügbar und per Fingerdruck „over the air" per WLAN installierbar. Offene Sicherheitslücken oder gar stark veraltete Versionen wie bei Android-Smartphones sind bei einem iPhone nicht anzutreffen, wenn die Updates zeitnah ausgeführt werden.

Aktuell sind die Modelle **iPhone 8**, also das iPhone der 8. Generation. Zusätzlich wird das innovative **iPhone X** mit einem größeren 5,8-Zoll-Display angeboten, das Apple als Super Retina Display bezeichnet. Der von den Vorgängermodellen her bekannte ⇨ **Home Button** ist nicht mehr vorhanden. Er ist ersetzt durch eine Wischgeste. Statt über einen Fingerabdrucksensor wie bisher wird das iPhone X über eine 3D-Gesichtserkennung entsperrt (Face ID). Eine als TrueDepth (wahre Tiefe) bezeichnete Kamera projiziert per Infrarot 30.000 unsichtbare Punkte auf das Gesicht des Benutzers und vergleicht diese mit der gespeicherten Tiefenkarte.

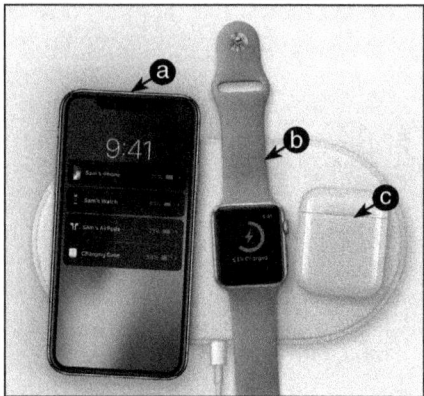

Das iPhone X **ⓐ**, *die AppleWatch* **ⓑ** *und die kabellosen Kopfhörer AirPods werden gemeinsam mit der induktiven Ladestation* **ⓒ** *aufgeladen*

ips, Abkürzung für **i**nches **p**er **s**econd, ⇨ **Zoll** pro Sekunde, gibt die Zeichengeschwindigkeit von ⇨ **Plottern** an und ist eine Maßeinheit für die Geschwindigkeit der Bewegung des Datenträgermaterials bei zum Beispiel einem Bandlaufwerk am Schreib-/Lesekopf vorbei.

IPS, (1.) Abkürzung für **i**nstructions **p**er **s**econd, Instruktionen pro Sekunde, gibt die Verarbeitungsgeschwindigkeit von Prozessoren an. Durch die unterschiedliche Taktung und teilweise Parallelisierung von Prozessen ist IPS zum Vergleich der Leistung unterschiedlicher ⇨ **CPUs** aber nur sehr begrenzt einsetzbar. (2.) Abkürzung für ⇨ **Intrusion Prevention System**.

IPsec, Abkürzung für **I**nternet **P**rotocol **S**ecurity, ist ein sicherer und geschützter Datenaustausch mittels des IP-Protokolls, indem jedes IP-Datenpaket authentifiziert und verschlüsselt wird.

IP-Spoofing [sprich „ei pie spufing"], das; *Subst.*, Fälschen einer ⇨ **IP-Adresse**.

IPTC, Abkürzung für **I**nternational **P**ress and **T**elecommunication **C**ouncil ist ein Standard für das Speichern von Angaben zu einem Bild wie Copyright, Fotograf, Bildtext und Schlüsselworte innerhalb der Bilddatei. Diese Daten können von Bildverwaltungsprogrammen ausgelesen und in eine Datenbank übernommen werden.

IPTV oder **IP-TV**, Abkürzung für **I**nternet **P**rotocol **Tele**vision; deutsch: Internet-Protokoll-Fernsehen, also die Übertragung von Fernsehprogrammen und Filmen über das Internet.

Im Gegensatz zum ⇨ **Web TV** wird bei IPTV von den Anbietern eine gute bzw. sehr gute (⇨ **HDTV**)-Bildqualität bereitgestellt, denn sie liefern auch den Internetanschluss. IPTV-Anbieter sind momentan die

IRQ

Deutsche Telekom mit Zuhause Entertain, Vodafone mit Vodafone TV und 1und1 mit 1und1 Digital TV.

Das größte Angebot mit 85 HD-Sendern, 2.500 Radiosender und 50.000 Videos on demand hat die Deutsche Telekom. Weitere Informationen und Übersicht der Angebote: http://www.iptv-anbieter.info/.

IR, Abkürzung für Infrarot.

IR-Verbindung, Datenaustausch per Infrarot, ⇨ **IrDA**.

IRC, der; *Subst.*, die Abkürzung für **I**nternet **R**elay **C**hat, wurde Ende der 80er-Jahre vom finnischen Studenten Jarkko Oikarinen erschaffen, als es zwar das ⇨ **Internet** aber noch kein ⇨ **WWW** mit tausenden von Chat-Angeboten gab. Oikarinen schrieb daher ein Programm, um mit seinen Freunden ⇨ **chatten** zu können.

Eine Verbindung zwischen zwei Chat-Teilnehmern per IRC wird als ⇨ **Kanal** oder ⇨ **Channel** bezeichnet, über mehrere Channels ist das gleichzeitige Chatten mit mehreren Teilnehmern möglich. Das ursprüngliche IRC wird oft als eine Art CB-Funk des Internets bezeichnet. Heute wird der Begriff IRC aber nicht mehr nur dafür, sondern allgemein für Kanäle im Internet verwendet, über die mehrere Teilnehmer chatten können.

IrDA, Abkürzung für **I**nfra**r**ed **D**ata **A**ssociation und ein Standard für ⇨ **Hardware** und ⇨ **Software** zur Datenübertragung per Infrarot über eine Entfernung bis zu zwei Metern. Dabei erreicht IrDA 1.0 eine ⇨ **Datenübertragungsrate** von 115 kbit/s, IrDA 1.1 bzw. FastIrDA (FIR) bis zu 4 MBit/s. Darüber gibt es noch VFIR mit bis zu 16 MBit/s, UFIR mit 96 MBit/s, GigaIR mit 512 MBit/s und in der Vorbereitung ist ein neuer Standard mit 5 oder sogar 10 GBit/s. Infrarot-Schnittstellen waren bei ⇨ **Notebooks**, Notebook-Druckern und ⇨ **Handys** Standard, jedoch wird heute zur Datenübertragung meist ⇨ **Bluetooth** verwendet.

IRL, Abkürzung für das engl. „**i**n **r**eal **l**ife", also im wirklichen Leben, die in ⇨ **Chats** und bei ⇨ **Twitter** verwendet wird.

IRQ, der; *Subst.*, Abkürzung für **i**nterrupt **req**uest und die Unterbrechungsanforderung oder Unterbrechungsleitung bzw. -funktion des ⇨ **Prozessors**. Durch Hardware-Signale oder einen Prozessorbefehl kann ein Programm einen ⇨ **Interrupt** auslösen und damit das laufende Programm unterbrechen, um eine entsprechende Interrupt-Service-Routine auszuführen. Typische Auslöser für Interrupts sind die Systemuhr und die seriellen Schnittstellen.

IRT, Abkürzung für ▷ **Institut für Rundfunktechnik**.

ISA-Bus, der; *Subst.*, Abkürzung für **I**ndustry **S**tandard **A**rchitecture **Bus**, auch als **AT-Bus** bezeichnet. Es handelt sich um einen veralteten Standard für einen PC-Systembus mit einer Datenbreite von 8 oder 16 Bit. Die Taktrate lag zwischen 8 und 10 MHz. Die Nachfolger sind ▷ **PCI**, ▷ **MCA**, ▷ **VLB** und ▷ **EISA**.

ISDN, das; *Subst.*, Abkürzung für **I**ntegrated **S**ervices **D**igital **N**etwork, also „digitales Netzwerk mit Zusatzdiensten", und ein digitales, kabelbasiertes Netzwerk zur Übertragung von Daten mit bis zu 64 ▷ **Kbps** pro Kanal.

ISDN-Controller, der; *Subst.*, ist eine ▷ **Steckkarte** für den Anschluss des PCs an das ▷ **ISDN**.

ISDN-Karte, die; *Subst.*, ist eine ▷ **Steckkarte** für den Anschluss des PCs an das ▷ **ISDN**. Die gebräuchlichste ISDN-Karte ist die AVM Fritz!Card.

ISO, die; *Subst.*, ist (1.) die Abkürzung für **I**nternational **S**tandards **O**rganisation und (2.) der Name einer 1946 in Genf gegründeten Organisation, die internationale Standards zum Ziel hat, aber deren Beschlüsse nicht international verbindlich sind. An der ISO sind 89 Staaten beteiligt. Weitere Informationen zur ISO finden Sie unter https://www.iso.org. An der Zeichenfolge ISO sind (3.) auch die von der ISO herausgegebenen Normen zu erkennen, wie zum Beispiel ▷ **ISO 9660**.

ISO 9660, die; *Subst.*, Abkürzung für **I**nternational **S**tandards **O**rganisation **9660** und eine Norm, die Art und Aufbau der Daten einer Datenspur auf einer ▷ **CD** beschreibt. Wichtig dabei ist, dass ISO 9660 nur kurze 8.3-Dateinamen unterstützt. Darauf basieren verschiedene weitere Formate wie ▷ **El Torito** oder ▷ **Joliet**.

ISO-konform, *Adj.*, bedeutet, mit den jeweils zutreffenden Beschlüssen der ▷ **ISO** übereinstimmend; ▷ **ISO 9660**.

ISP, der; *Subst.*, Abkürzung für ▷ **Internet Service Provider**.

IT, die; *Subst.*, Abkürzung für **I**nforma**t**ionstechnologie; ▷ **EDV**.

italic, dt. ▷ **kursiv**, ▷ **Kursivschrift**.

iTAN, indizierte ▷ **TAN**, bietet beim Online-Banking gegenüber TAN-Listen, bei denen die TANs in der Reihenfolge des Aufdrucks verwendet werden, eine zusätzliche Sicherheit, da der Kunde vom Geldinstitut eine bestimmte TAN aus der Liste vorgegeben bekommt, die er eingeben soll. Das iTAN-Verfahren wird jedoch nicht mehr empfohlen, da es sicherere Verfahren wie ⇨ **chipTAN**, ⇨ **mTAN** und ⇨ **smsTAN** gibt. Die Sparkassen haben iTAN bereits 2011 abgeschaltet.

iTunes Plus [sprich „ei tjunes plass"], ist (1.) ein geschütztes Warenzeichen der Firma ⇨ **Apple** und (2.) ein ⇨ **DRM**-freies, also ohne digitalen Kopierschutz ausgestattetes Audio-Format mit einer Bitrate von 256 KBit/s, das in ⇨ **AAC** enkodiert ist.

Die Audioqualität ist sehr hoch und von der Originalaufnahme praktisch nicht mehr zu unterscheiden. Apple bietet die Songs im eigenen iTunes Store im Format iTunesPlus zum Download an.

ITU-T, die; *Subst.*, Abkürzung für International Telecommunication Union, ist eine internationale Organisation für Telekommunikation, die eng mit der ⇨ **ISO** zusammenarbeitet und auch technische Empfehlungen zu Telefonie und Datenkommunikation gibt; ⇨ **CCITT**.

IVNM, der; *Subst.*, ⇨ **Interessen-Verband Neue Medien**.

IWV ☏, das; *Subst.*, ⇨ **Impulswahlverfahren**.

J

Jack Retasking [sprich „dschäck ritasking"], das; *Subst.*, ist eine Funktion von ⇨ **HD-Audio**, die Bedienungsfehler beim Anschluss von Geräten verhindern soll. Das angeschlossene Gerät wie Kopfhörer, Lautsprecher, Mikrofon, Headset oder Line-in-Kabel wird automatisch erkannt und richtig zugeordnet.

Jailbreak [sprich „dschail breik"], der; *Subst.*, dt. „Gefängnisausbruch", Bezeichnung für Hacker-Techniken, mit denen sich beim ⇨ **iPhone**, iPod Touch, ⇨ **iPad** und AppleTV die Nutzungsbeschränkungen durch ⇨ **Apple** aufheben lassen. Nach einem Jailbreak lassen sich ⇨ **Apps** auch von anderen Quellen als vom ⇨ **App Store** (⇨ **Cydia**) installieren und es gibt wie beim ⇨ **PC** und ⇨ **Windows** einen freien Zugriff auf die gespeicherten Dateien und Ordner. Ein Jailbreak ist auch erforderlich, um beliebige Daten per ⇨ **USB-Stick** oder ⇨ **USB-Festplatte** und ⇨ **Camera Connection Kit** (⇨ **CCK**) auf ein ⇨ **iPad** zu kopieren oder von diesen Geräten auf ein USB-Gerät zu übertragen. Es wird zwischen **tethered Jailbreak** [sprich „tässerd dschail breik"] und **untethered Jailbreak** [sprich „antässerd dschail breik"] unterschieden, je nachdem ob das gejailbreakte Gerät nur mit Hilfe eines Programms booten kann oder wie beim unveränderten Gerät selbst hochfährt. Schätzungen zufolge verwenden trotz der massiven Einschränkungen durch Apple nur 9 Prozent der Nutzer Geräte mit Jailbreak. Das liegt sicher vor allem daran, dass Apple nach einem Jailbreak die Garantieleistung verweigert, sofern dieser erkannt wird. Apps aus anderen Quellen als dem App Store werden zudem nicht von Apple überprüft und es besteht daher die Gefahr einer Infektion mit Schadprogrammen sowie eines instabilen Betriebs. Dazu erschwert ein tethered Jailbreak die Bedienung erheblich, wenn das Apple-Gerät neu gestartet werden muss. Nach einem ⇨ **iOS**-Update vergeht immer erst einige Zeit, bis ein Jailbreak erscheint.

Ein vorhandener Jailbreak muss vor einem Update rückgängig gemacht werden. Zumindest ein Teil der Jailbreaks erfordert fortgeschrittene Kenntnisse und kann reine Anwender überfordern. Das gilt auch für die Behandlung von Fehlern, die nach einem Jailbreak auftreten, oder die Rückkehr zum Original-Betriebssystem. Solange Apple die Nutzungsbeschränkungen jedoch nicht lockert, bleibt für viele Anwendungen kein anderer Weg als ein Jailbreak. In einigen Fällen kann man durch den Kauf von Zubehör oder die Inanspruchnahme von Cloud-Dienstleistungen das „Apple-Gefängnis" erträglicher gestalten.

Jamenize ist ein ⇨ **Browser-Entführer**, der Suchmaschine und Startseite in www.jamenize.com ändert. Der Anbieter verdient an Werbeeinnahmen auf der Seite und den erhobenen Daten.

JAR, Abkürzung für **J**ava **ar**chive [sprich „dschawa arkeif"] und (1.) eine ⇨ **Dateinamenerweiterung** sowie (2.) die Bezeichnung des plattformunabhängigen JAR-Dateiformats von ⇨ **Java**.

Java [sprich „dschawa"] ist eine ⇨ **C++** verwandte, ⇨ **plattformunabhängige** ⇨ **Programmiersprache** der Firma Sun, die ursprünglich für den ⇨ **Netzcomputer** entwickelt wurde. Zur Ausführung von Java muss die Java Virtual Machine Java-Interpreter installiert sein.

Java3D [sprich „dschawa drei de" oder „dschawa srie di"] ist eine Erweiterung von ⇨ **Java** mit ⇨ **VRML**-Funktionalität.

Java-Applet [sprich „dschawa äpplet"], das; *Subst.*, ist ein kleines Java-Programm, das in ⇨ **HTML-Seiten** wie ⇨ **Webseiten** integriert werden kann, um dort dynamische Anzeigen zu ermöglichen (zum Beispiel Anzeige der Uhrzeit, kleine Animationen, Eingabe von Daten).

JavaBeans [sprich „dschawa biehns"] ist ein portables, plattformunabhängiges, wiederverwendbares Komponentenmodell.

Java Blend [sprich „dschawa blend"] ist ein ⇨ **Toolset** zur Entwicklung von Datenbank-Anwendungen.

JavaMail [sprich „dschawa mäil"], E-Mail-API (⇨ **API**) für ⇨ **Java**.

JavaOS [sprich „dschawa ou es"], das; *Subst.*, ist ein auf ⇨ **Java** basierendes ⇨ **Betriebssystem**.

Java-Plattform [sprich „dschawa plättform"], die; *Subst.*, besteht aus ⇨ **Java**, ⇨ **APIs** und Entwicklungstools.

JavaScript [sprich „dschawa skript"] ist eine javaähnliche ⇨ **Scriptsprache** der Firma ⇨ **Netscape**, die sich wie ⇨ **Java-Applets** in ⇨ **HTML-Seiten** integrieren lässt. JavaScript wird zum Programmieren dynamischer Effekte auf Webseiten verwendet.

JBOD [sprich „dschaibod"], Abkürzung für **J**ust **a** **B**unch **o**f **D**isks [sprich „dschast ä banch of disks"], dt. „Nur ein Haufen Festplatten", ist (1.) die Bezeichnung für mehrere an einen PC angeschlossene Festplatten, ohne Berücksichtigung des Controllers oder der Controller, (2.) solche Festplatten an einem RAID-Controller, die nicht als Verbund konfiguriert sind und (3.) mehrere

J Jelly Bean

Festplatten an einem RAID-Controller, die aneinandergereiht wie ein Laufwerk erscheinen.

Jelly Bean [sprich „dschelli biehn"], Bezeichnung der Version 4.1 von ⇨ **Android**.

Jesus Tablet [sprich „dschieses täblet"] das; *Subst.*, ist eine scherzhafte oder von fanatischen Apple-Anhängern auch anerkennend gemeinte Bezeichnung für das ⇨ **iPad**. Steve Jobs soll laut seiner Biographie in jungen Jahren als Jesus verkleidet auf einer Halloween-Party erschienen sein, er wurde von Anhängern als Messias betrachtet. Da Steve Jobs das iPad als erstes Tablet selbst vorgestellt hat, wird es als Jesus Tablet bezeichnet.

Jewelcase [sprich „dschuäl käis"], das; *Subst.*, Bezeichnung für eine Verpackung für CDs und DVDs aus meist durchsichtigem Kunststoff, die aufgeklappt wird und ein oder zwei Datenträger plus ein ⇨ **Booklet** aufnehmen kann. Siehe auch ⇨ **Cakebox**, ⇨ **Kickout-Box** und ⇨ **Slimcase** als weitere Verpackungsarten.

JIC, Abkürzung für **J**ust **i**n Time **C**ompiler [sprich „dschast in taim kompailer"], also ein ⇨ **Compiler**, der ein Programm zur ⇨ **Laufzeit** übersetzt. Programme für Just-in-Time-Kompilierung sind demnach noch nicht in ⇨ **Maschinensprache** übersetzt; ⇨ **Interpreter**.

Jitter [sprich „dschitter"] sind (1.) Aussetzer im Datenstrom beim Auslesen einer Audio-CD mit einem CD-ROM- oder DVD-Laufwerk, die Knackser bei der Wiedergabe bewirken können. Der Begriff bezeichnet (2.) aber auch bei einem ⇨ **RTOS** die Zeitspanne innerhalb der das ⇨ **Echtzeit**-Betriebssystem reagieren muss.

Jitter Correction [sprich „dschitter korreckdschen"], die; *Subst.*, ist eine Fehlerkorrektur, die durch ⇨ **Jitter** bedingte Knackgeräusche bei der Wiedergabe von Audio-CDs verhindern soll. Damit es nicht zu Aussetzern beim blockweisen Lesen der Sektoren von der Audio-CD kommt, überlappt die Jitter Correction softwaremäßig jeden Sektor mit dem nächsten. Dadurch soll der Datenstrom synchronisiert und ein einwandfreies Leseergebnis ohne Aussetzer erzielt werden.

Joe Job [sprich „dscho dschobb"], dt. etwa „Joes Auftrag", Versand von ⇨ **Spam** unter falschem Absender, um einem anderen zu schaden, der dann den Ärger wegen den Spam-Mails hat.

Joker [sprich „dschoker"], der; *Subst.*, engl. **Wildcard** [sprich „weildkard"], ist ein Platzhalterzeichen für ein oder mehrere Zeichen in einem Namen. Solche Joker können in Windows bei der Suche nach Dateien und in DOS bei vielen Befehlen verwendet werden. Das Zeichen * steht für eine beliebige Anzahl von Zeichen. Zum Beispiel lässt sich mit *.doc nach allen Dateien mit der ⇨ **Dateinamenerweiterung** .doc suchen, also nach Word-Dokumenten. Oder mit Brief.* werden alle Dateien mit dem Namen Brief, aber unterschiedlicher Endung gefunden. Das Ergebnis könnte hier zum Beispiel lauten: Brief.doc, Brief.dot, Brief.rtf und Brief.txt. Das Sternchen ist auch mitten im Namen einsetzbar, wie bei Rechnung*.doc.

Damit würden zum Beispiel Dateien wie RechnungMaier.doc, RechnungSchulz.doc usw. gefunden. Neben dem Stern (*) gibt es mit dem Fragezeichen (?) noch einen Joker. Das ? steht dabei nur für ein Zeichen, also werden zum Beispiel durch Bild00?.JPG die Dateien Bild001.JPG bis Bild009.JPG gefunden, aber auch Bild00A.JPG oder Bild00~.JPG, falls vorhanden.

Joliet [sprich „dscholjeh"], ist ein Format von ⇨ **Microsoft** und eine Erweiterung der ⇨ **ISO 9660**. Dateinamen dürfen im Joliet-Format Sonderzeichen enthalten und länger als 8.3 Zeichen sein. Daher lassen sich im Joliet-Format gebrannte CD-Rs nur mit ⇨ **Betriebssystemen** lesen, die diese langen Dateinamen unterstützen.

Joyboard [sprich „dschoibord"], das; *Subst.*, ist eine Kombination aus ⇨ **Joystick** und ⇨ **Joypad** und wird als Eingabegerät für Computerspiele verwendet.

Joypad [sprich „dschoipäd"], das; *Subst.*, ist ein Eingabegerät für Computerspiele. ⇨ **Gamepad**.

Joystick [sprich „dschoistick"], der; *Subst.*, dt. **Steuerknüppel**, umgangssprachlich auch Freudenknüppel ist ein Eingabegerät für Computerspiele mit dem sich Figuren bewegen und Funktionen über Tasten abrufen lassen. Der Anschluss erfolgte früher per ⇨ **Gameport** und heute über den ⇨ **USB**. Es gibt analoge Joysticks, die aus der X- und Y-Richtung der Bewegung unterschiedliche Widerstandswerte an den PC liefern und kalibriert werden müssen. Bessere Joysticks für den PC arbeiten digital, verfügen teilweise über eine 3. Bewegungsachse und haben frei beleg- und programmierbare Tasten. Ein Kalibrieren der digitalen Joysticks ist für Windows-Anwendungen nicht erforderlich.

JPE, ⇨ **Dateinamenerweiterung** für Bilder im Format JPEG-Extended; ⇨ **JPEG** und auch ⇨ **JPG**.

JPEG [sprich „dschäi pegg"], Abkürzung für **J**oint **P**hotographics **E**xpert **G**roup [sprich „dschoint fotogräficks äkspört gruhp"], ist (1.) eine Expertengruppe, die unter an-

J JPG

derem Normierungsvorschläge zur Bildkompression ausgearbeitet hat. Das ⇨ **MPEG**-Verfahren basiert auf diesen Vorschlägen. Es ist (2.) ein verlustbehaftetes Kompressionsverfahren für Bilder, das Kompressionsraten von 1:10 bis über 1:100 ermöglicht, was jedoch zu Artefakten führen kann. Eine Komprimierung von 15 bis 20 % liefert aber meist noch qualitativ hochwertige Ergebnisse. Das JPEG-Format kann 16,7 Millionen Farben darstellen.

JPG [sprich „dschäi pegg"], ⇨ **Dateinamenerweiterung** für im JPEG-Verfahren komprimierte Bilder. Es gibt allerdings unterschiedliche JPEG-Formate. Es kommt daher vor, dass ein Bildbearbeitungsprogramm ein ⇨ **JPEG** nicht öffnen oder korrekt anzeigen kann, wohingegen es mit anderen „JPEGs" problemlos funktioniert. Abhilfe schafft die Verwendung eines anderen Bildbearbeitungsprogramms für das betreffende Bild oder die Umwandlung des JPEG-Bildes in ein anderes Standard-Format wie ⇨ **BMP**.

JRT, Abkürzung für ⇨ **Junkware Removal Tool**.

JS, Abkürzung für ⇨ **JavaScript**.

Jscript [sprich „dschäi skript"], ist Microsofts Version von ⇨ **JavaScript**, die allerdings nicht hundertprozentig kompatibel zur JavaScript-Sprache ist.

JTF, ⇨ **Dateinamenerweiterung** für Bilder im TIFF-Format mit JPEG-Kompression; ⇨ **TIF**, ⇨ **JPEG** und auch ⇨ **JPG**.

Juicejacking [sprich „dschus jäcking"], das; *Subst.*, Kunstwort aus engl. „juice" für Saft oder Strom und „jacking" für Entführung wie in „hijacking", Datendiebstahl beim Aufladen eines Smartphones an einer öffentlichen Ladestation. Solche Ladestationen sind an Flughäfen, in Geschäften und auf Messen als Serviceangebot und zu Werbezwecken aufgestellt.

Jukebox [sprich „dschuhkbocks"], die; *Subst.*, ursprünglich die Bezeichnung für einen Musikautomaten, der ausgewählte Platten auflegte und abspielte, bezeichnet ein Gerät mit ähnlicher Aufgabenstellung im IT-Sektor: Auf Anfrage wird automatisch ein gewünschter Datenträger wie eine Magnetbandkassette oder CD über einen Roboterarm eingelegt, sodass darauf zugegriffen werden kann.

Der Zugriff dauert naturgemäß deutlich länger, als wenn sich die Daten direkt auf der Festplatte oder gar im Arbeitsspeicher befinden. Der Einsatz einer Jukebox erfolgt daher an einem ⇨ **Server**, wenn sehr große Datenmengen im Terabyte-Bereich zu verwalten sind, wobei archivierte Daten über die Jukebox abgerufen werden.

Junction Points J

Jumpdrive [sprich „dschamp draif"], ist eine Sammelbezeichnung für unterschiedlichste mobile, kleine Speichergeräte wie ➪ **Pen Card Reader,** ➪ **Pen Drives** oder ➪ **USB-Sticks.**

Jumper [sprich „dschamper"], der; *Subst.*, dt. ➪ **Steckbrücke.**

jumperless [sprich „dschamperless"], *Adj.*, ist ein ➪ **Mainboard** oder eine ➪ **Steckkarte,** das bzw. die sich ohne Jumper, also Steckbrücken konfigurieren lässt. Das kann durch automatisches Erkennen von Komponenten oder eine Software erfolgen.

jumpern [sprich „dschampern"], *Verb*, ist (1.) eine umgangssprachliche Bezeichnung für das Umstecken oder Setzen einer ➪ **Steckbrücke** (➪ **Jumper**) zum Konfigurieren eines ➪ **Mainboards,** eines Laufwerks, einer Steckkarte oder eines externen Geräts wie eines Druckers. Der Begriff wird (2.) auch für das Einstellen von ➪ **Dip-Switches** verwendet.

Jumpliste [sprich „dschamplis-te"] oder **Jump List** [sprich „dschamplist"], die; *Subst.*, dt. **Sprungliste,** ist ein Auswahlmenü ab ➪ **Windows 7**, mit dem auf die zehn am häufigsten genutzten Funktionen einer Anwendung zugegriffen werden kann. Im Fall des Media-Players kann darüber z. B. direkt das Abspielen von Alben, Musikstücken oder Wiedergabelisten sowie die Wiedergabe in zufälliger Reihenfolge gestartet werden.

Jump'n run [sprich „dschamp änd rann"], das; *Subst.*, ist ein Computerspiel wie Super Mario, bei dem die Handlung hauptsächlich darin besteht, durch die Level zu laufen (**run**) und Hindernissen bzw. Gegnern durch Sprünge (**jumps**) auszuweichen oder diese durch einen Sprung unschädlich zu machen.

Daneben lassen sich Gegner auch durch Werfen mit Gegenständen oder eher harmlosen Waffen ausschalten. Das Ziel des Spiels besteht darin, alle Level zu durchlaufen und dabei möglichst viele Punkte zu erreichen, die durch das Sammeln von Gegenständen und Ausschalten von Gegnern erzielt werden. Siehe auch ➪ **Abenteuerspiel,** ➪ **Ballerspiel** und ➪ **Ego Shooter.**

Junction Points [sprich „dschankdschen peunts"] bieten bei ➪ **NTFS** die Möglichkeit, Laufwerke als ➪ **Ordner** in ein anderes Laufwerk zu ➪ **mounten.** Anwendungen erkennen keinen Unterschied zwischen diesen gemounteten Ordnern und den Ordnern auf dem betreffenden Laufwerk. Da Windows jedoch keine Junction Points unterstützt, lässt sich diese Möglichkeit nur über ein Zusatzprogramm wie die Freeware „Link Shell Extension" nutzen:

J Junk-E-Mail

http://schinagl.priv.at/nt/hardlinkshellext/hardlinkshellext.html.

Junk-E-Mail, die; *Subst.*, vom engl. junk = Müll, ist ein umgangssprachlicher Ausdruck für unerwünscht zugesendete Werbe- und Betrugs-Mails; ⇨ **Spam-Mail**.

Junkmail [sprich „dschank mäil"], die; *Subst.*, ⇨ **Junk-E-Mail**.

Junkware [sprich „dschank währ"], die; *Subst.*, wörtlich übersetzt „Müll-Software", ist eine andere Bezeichnung für **Malware** oder deutsch ⇨ **Schadprogramme**, die vor allem in Zusammenhang mit vorinstallierten Testprogrammen und Werbeprogrammen auf neuen PCs verwendet wird; ⇨ **Adware**,

⇨ **Spyware** und ⇨ **Junkware Removal Tool**.

Junkware Removal Tool [sprich „dschank währ rimuwel tuhl"], das; *Subst.*, abgekürzt **JRT**, von Malwarebytes ist ein ⇨ **Antivirenprogramm**, das unerwünschte Programme erkennt und entfernt: https://de.malwarebytes.com/junkwareremovaltool/; ⇨ **Adware**, ⇨ **PUP**, Toolbar.

JURIS, das; *Subst.*, ist eine Abkürzung für **JUR**istisches **I**nformationssystem. Es handelt sich um ein Datenbanksystem aus Saarbrücken, dessen Inhalt für Juristen ⇨ **online**, auf ⇨ **CD-ROM** und ⇨ **DVD** verfügbar ist.

justification [sprich „dschastifikäischen"], dt. Zeilenausrichtung.

Kategorieansicht K

K

kalibrieren, *Verb*, Einstellen eines Displays aus ergonomischen Gründen oder für die Bildbearbeitung, damit die Farben auf dem Bildschirm den Fotomotiven so weit wie möglich entsprechen.

Kaltstart, der; *Subst.*, Systemstart durch Aus-/Einschalten des Computers oder Drücken des ⇨ **Reset-Tasters** am PC-Gehäuse. Beim Kaltstart führt das ⇨ **BIOS** zusätzlich einen Selbsttest aus (⇨ **POST**).

Kanal, der; *Subst.*, oder Leitung bezeichnet den Übertragungsweg einer Signal- oder Datenübertragung.

Kapitälchen ist eine Schriftauszeichnung, bei der alle Buchstaben als Großbuchstaben dargestellt werden, wobei der erste Buchstabe von Hauptwörtern größer als die anderen ist. Ein Beispiel: Kapitälchen.

Kartenlesegerät, das; *Subst.*, liest Magnet- und Speicherkarten (⇨ **Card Reader**). Ein Kartenlesegerät wird zum ⇨ **HBCI**-Banking, der Zugangskontrolle, dem elektronischen Bezahlen per Kreditkarte und für ⇨ **Speicherkarten** verwendet.

Kaspersky Rescue Disk, die; *Subst.*, ist eine bootfähige Notfall-CD auf Linux-Basis, mit der sich der PC auch ohne lauffähiges Windows starten und die Festplatte auf Schadprogramme überprüfen lässt. Es lassen sich damit auch gut getarnte und hartnäckige Schädlinge finden und beseitigen.

Kategorieansicht, die; *Subst.*, voreingestellte Ansicht der ⇨ **Systemsteuerung**. Die Einteilung in verschiedene Gruppen soll die Orientierung erleichtern, Für erfahrene Anwendern eignet sich jedoch meist die Symbolansicht besser. Über das Listenfeld *Anzeige* und *Große Symbole* ❶, oder *Kleine Symbole* kann von der Kategorieansicht ❷ zur Symbolansicht ❸ umgeschaltet werden. In der Symbolansicht werden die Symbole der Programme aus

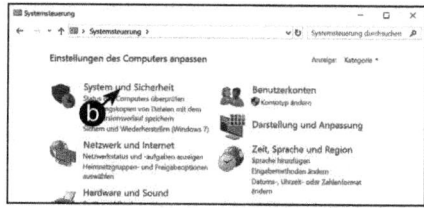 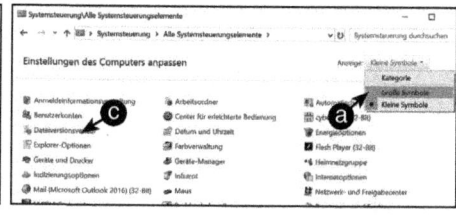

Die Systemsteuerung einmal in der Kategorieansicht (links) und der Symbolansicht (rechts)

K Kb

der Systemsteuerung in alphabetischer Reihenfolge der Namen angezeigt (siehe Bild auf der Vorseite).

Kb [sprich „kilo bitt"], das; *Subst.*, ist wie **Kbit** die Abkürzung für ➪ **Kilobit**.

KB [sprich „kilo bait"], das; *Subst.*, Abkürzung für ➪ **KByte**.

KBD, Abkürzung von **k**ey**b**oar**d**, dt. Tastatur, ➪ **Dateinamenerweiterung** eines Tastaturbelegungs-Moduls.

Kbit [sprich „kilo bitt"], das; *Subst.*, ist wie **Kb** die Abkürzung für ➪ **Kilobit**.

kbit/s [sprich „kilo bitt pro sekunde"], das; *Subst.*, ist wie **Kbps** die Abkürzung für ➪ **Kilobit pro Sekunde**.

Kbps [sprich „kilo bitt pör säkkend" bzw. „kilo bit pro sekunde"], das; *Subst.*, ist wie ➪ **kbit/s** die Abkürzung für ➪ **Kilobit pro Sekunde**.

KByte [sprich „kilo bait"], das; *Subst.*, abgekürzt **KB**, ist eine Maßeinheit für die Menge digitaler Daten. 1 KByte enthält 1.024 ➪ **Byte**.

kc, die; *Subst.*, Abkürzung für ➪ **Kilozyklen**.

KDE [sprich „ka de e"], Abkürzung für **K D**esktop **E**nvironment [sprich „käi desktopp enweiernment"], dt. Schreibtischumgebung K, ist eine grafische Benutzeroberfläche für das Betriebssystem ➪ **Linux**. Oberfläche und Bedienung von KDE ähneln der von Windows, sodass Windows-Anwender ohne große Probleme damit arbeiten können.

Kennwort, ➪ **Passwort**.

Kermit [sprich „körmit"] ist ein Übertragungsprotokoll mit Fehlerkorrektur, das am besten zur Datenübertragung zwischen verschiedenen Computersystemen wie PC und Linux-Rechner geeignet ist, sich jedoch für Hochgeschwindigkeitsübertragungen nicht eignet.

Kernel [sprich „körnell"], der; *Subst.*, ist eine Bezeichnung für den Kern eines ➪ **Betriebssystems** mit dessen elementaren Routinen. Fehler am Kernel führen in der Regel zum Absturz des Systems.

Kernel32.dll ist eine Systemdatei von Windows, deren Inhalt zum ➪ **Kernel** von Windows gehört.

Kettenbrief, engl. **Chain letter**, ist ein Schneeballsystem. Die Empfänger von unverlangt zugesendeten E-Mails werden unter einem Vorwand dazu animiert, die empfangene E-Mail an möglichst viele Empfänger weiterzuleiten; ➪ **Hoax**, ➪ **Phishing**.

key [sprich „kie"], dt. (1.) Taste, (2.) Schlüssel (⇨ **Registry**-Schlüssel, ⇨ **Datenbank**-Schlüssel).

Keyboard [sprich „kiebohrd"], das; *Subst.*, ist (1.) ein elektronisches Tasteninstrument, das sich meist über die integrierte MIDI-Schnittstelle oder USB an den PC anschliessen lässt. Einige Keyboards enthalten auch ein Diskettenlaufwerk, sodass auch hierüber ein Datenaustausch mit dem PC möglich ist. Eine weitere Bedeutung von Keyboard ist (2.) ⇨ **Tastatur**.

key cap [sprich „kie käpp"], dt. ⇨ **Tastenkappe**.

Keylogger [sprich „kie logger"], der; *Subst.*, ist ein ⇨ **Trojanisches Pferd**, das jede Tasteneingabe an einem PC heimlich aufzeichnet. Solche Programme werden von ⇨ **Hackern** verwendet, um Passwörter und Kontodaten auszuspähen.

Keyword Stuffing [sprich „kiewörd stuffing"], dt. „vollstopfen mit Suchbegriffen", ist eine ⇨ **SEO**-Technik, bei der eine Webseite mit den Suchbegriffen überfrachtet wird, mit denen diese bei Google gefunden werden soll. Dazu werden die Suchbegriffe auch teilweise für den Besucher unsichtbar in derselben Farbe wie der Hintergrund am Ende der Webseite untergebracht. Es handelt sich hier nicht um eine saubere Suchmaschinenoptimierung und kann daher zur Abstrafung führen, wenn Google den Trick bemerkt.

kHz [sprich „kilohertz"], das; *Subst.*, Abkürzung für ⇨ **Kilohertz**.

Ki ⇨ **Kibi**.

KI, die; *Subst.*, Abkürzung für ⇨ **Künstliche Intelligenz**.

Kibi [sprich „kilo baineri"], das; *Subst.*, für **ki**lo-**bi**nary abgekürzt **Ki**, entspricht $2^{10} = 1.024$ und wird zur genauen Angabe in ⇨ **KibiByte** verwendet. Kibi ist jedoch bisher kaum bekannt; ⇨ **Kilo** und ⇨ **Kilobyte**.

KibiByte [sprich „ki bi bait"], das; *Subst.*, ist ein Maß für die Speicherkapazität von Speichermedien und dem Arbeitsspeicher, das exakt 1.024 Byte entspricht; ⇨ **Kilo** und ⇨ **Kilobyte**.

Kickout-Box [sprich „kick aut bocks"], die; *Subst.*, oder **Flip ‚n' Grip** ist eine flache, meist durchsichtige Verpackung in der Größe eines ⇨ **Slimcase** für eine CD oder DVD. Das Einlegen und die Entnahme der Datenträger erfolgt von vorne, da die Kickout-Box nicht aufklappbar ist wie bei anderen Hüllen üblich. Der Datenträger wird eingelegt und über einen Federwiderstand nach hinten gedrückt. Über einen Hebelmechanismus wird die CD oder DVD ausgeworfen.

K killen

killen, *Verb,* bezeichnet (1.) das Abbrechen eines ⇨ **Programms** oder einer Programmroutine oder (2.) das (endgültige) Löschen einer ⇨ **Datei** oder von ⇨ **Daten** (meist in einer Datenbank).

Killfile [sprich „killfeil"], die; *Subst.,* ist eine ⇨ **Datei,** in der Regeln zum Herausfiltern nicht erwünschter ⇨ **Postings** oder Personen (⇨ **Trolle**) gespeichert sind.

Kill Switch [sprich „kill switsch"], der; *Subst.,* ist eine Funktion über die ein Hersteller Dateien von einem Rechner löschen kann, also zum Beispiel ⇨ **Microsoft** ⇨ **Apps** von einem Rechner mit ⇨ **Windows 10.** Eine solche Funktion hat auch Amazon bei ⇨ **Kindle,** ⇨ **Apple** bei ⇨ **iOS** und ⇨ **Google** bei ⇨ **Android.** Die Bezeichnung kommt von einem Notaus-Schalter, wie er an Maschinen wie etwa Laufbändern vorhanden ist, um das Gerät in einem Notfall sofort abschalten zu können.

Kilo entspricht $10^3 = 1.000$ und wird zum Beispiel in ⇨ **Kilobyte** verwendet, aber hier fälschlicherweise als 1.024. Die richtige Vorsilbe wäre ⇨ **Kibi,** die jedoch bisher kaum bekannt ist.

Kilobaud, das; *Subst.,* ist eine Maßeinheit für die Kapazität eines Kommunikationskanals und entspricht 1.024 ⇨ **Baud.**

Kilobit, das; *Subst.,* abgekürzt **Kb** oder **Kbit,** sind 1.024 ⇨ **Bit.**

Kilobit pro Sekunde, das; *Subst.,* abgekürzt **kbit/s** oder **Kbps,** engl. **kilobits per second,** ist eine Maßeinheit für die digitale Übertragungsgeschwindigkeit von Daten, wobei 1 Kbps 1.024 **Bits pro Sekunde (bit/s)** entspricht.

kilobits per second [sprich „kilo bitts pör säkkend"], dt. ⇨ **Kilobit pro Sekunde.**

Kilobyte [sprich „kilo bait"], das; *Subst.,* ist ein Maß für die Speicherkapazität von Speichermedien und dem Arbeitsspeicher, das 1.024 Byte entspricht.

Kilohertz (kHz), das; *Subst.;* 1 Kilohertz sind 1.000 ⇨ **Hertz.**

Kilozyklen, der; *Subst.,* abgekürzt **kc,** ist eine Maßeinheit für 1.000 Zyklen (Durchläufe), wobei meist 1.000 Zyklen pro Sekunde gemeint sind.

Kinect ist eine für die ⇨ **Xbox 360** entwickelte und seit November 2010 für diese Spielekonsole und später auch für die ⇨ **Xbox One** verkaufte Bewegungssteuerung.

In den Jahren 2012 bis 2015 wurde auch **Kinect für Windows** angeboten. Seit 2014 gibt es einen Adapter für den PC mit dessen Hilfe sich die

Xbox-Version von Kinect auch weiter mit Windows nutzen lässt.

Im November 2017 hat Microsoft die Entwicklung der Xbox-Version von Kinect eingestellt. Daher dürfte auch der Vertrieb der Xbox-Version von Kinect in der nächsten Zeit eingestellt werden.

Kinect erkennt die Bewegung und Anweisungen des Benutzers über ein 3D-Mikrofon, eine ⇨ **RGB-Kamera** und eine Infrarot-Kamera (PrimeSense-Tiefensensor) mit jeweils der Auflösung von 640 x 480 Pixel bei 30 Hz sowie speziell dafür entwickelter ⇨ **Software**.

Die Firmen Apple und PrimeSense haben ein Patent für ein Gerät mit Kinect-Funktionalität angemeldet. Die israelische Firma PrimeSense hat Kinect entwickelt und wurde im Jahr 2013 von Apple aufgekauft. Die Gesichtserkennung ⇨ **Face ID** des ⇨ **iPhone X** ist im Prinzip eine Kinect-Anwendung.

KitKat, Bezeichnung der Versionen 4.2, 4.3 und 4.4 von ⇨ **Android**.

Klammeraffe, der; *Subst.*, ⇨ **@**.

kleiner als (<), engl. **less than** [sprich „less sän"], ist ein relationaler Operator zum Vergleich zweier Werte. Das Ergebnis ist wahr, wenn der Wert links vom Operator kleiner als der rechts angegebene Wert ist.

kleiner gleich (<=), engl. **less than or equal to** [sprich „less sän or iekwell tu"], ist ein relationaler Operator zum Vergleich zweier Werte. Das Ergebnis ist wahr, wenn der Wert links vom Operator kleiner oder gleich dem rechts angegebenen Wert ist.

Kleinweich ist eine scherzhafte Bezeichnung für die Firma ⇨ **Microsoft**, die aus der direkten Übersetzung der englischen Wörter „micro" und „soft" entstanden ist.

Klinkenstecker, der; *Subst.*, ist ein zum Beispiel zum Anschluss von Lautsprechern, Kopfhörern und Headsets am PC verwendeter Stecker mit verschiedenen Durchmessern. Zum Anschluss bei ⇨ **Mobiltelefonen** findet meist die Variante mit 2,5 mm Verwendung, an der ⇨ **Soundkarte** eines PCs ein Klinkenstecker mit 3,5 mm.

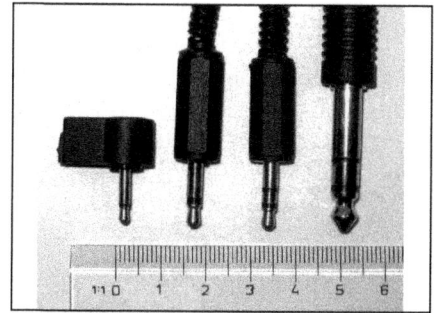

Klinkenstecker mit dem Durchmesser 2,5 mm für Mono, 3,5 mm für Mono, 3,5 mm für Stereo und 6,35 mm für Stereo (Bild: Wikipedia)

K Klog

Klog, in der Mehrzahl **Klogs**, Abkürzung von **K**nowledge **log** [sprich „nollidsch logg"], also „Logbuch des Wissens", wird überwiegend in ⇨ **Intranets** von Unternehmen verwendet und enthält wichtige Informationen für die Mitarbeiter, zu denen diese auch Informationen beisteuern können.

knacken, *Verb*, Überwinden eines ⇨ **Zugangsschutzes** oder Kopierschutzes durch einen ⇨ **Hakker** oder ⇨ **Raubkopierer**.

Koaxialkabel, abgekürzt **Koaxkabel**, das; *Subst.*, wird als Antennenkabel und für ⇨ **Ethernet**-Netzwerke verwendet. Im Inneren des Kabels ist eine Kupferleitung, die als Innenleiter (Seele) bezeichnet wird. Darauf folgt eine Kunststoffschicht (meist Polyurethan), die dem Kabel mehr Stabilität gibt und zur Isolation vom Außenleiter (Mantel) dient. Der Außenleiter ist bei einem Koaxkabel als Drahtgeflecht ausgeführt, das auch als Schirmgeflecht bezeichnet wird. Bei doppelt geschirmten Kabeln ist noch eine weitere Abschirmung zum Beispiel in Form einer dünnen Aluminiumfolie vorhanden.

Zum Schutz vor Beschädigungen und zur Isolation nach außen ist das Koaxkabel mit einer Kunststoffhülle ummantelt, die aus Polyvinylchlorid, Polyethylen oder Teflon besteht. Ein Koaxkabel ist gegen äußere Feldeinwirkungen gut geschützt und erzeugt selbst keine magnetischen Störfelder, sofern es unbeschädigt ist, Stecker und Buchse ordnungsgemäß montiert wurden und die Abschirmung geerdet ist.

Koaxkabel sind aber knickempfindlich, da der innere Leiter schnell bricht. Zudem ändern sich die elektrischen Eigenschaften mit der Biegung, sodass schon beim Verlegen darauf geachtet werden muss, dass der vom Hersteller angegebene minimale Biegeradius nicht unterschritten wird. Es kann sonst zu Störungen bei der Datenübertragung kommen.

Die Montage von Stecker/Buchse gestaltet sich durch das Schirmgeflecht kniffelig. Für die Montage der Stecker/Buchsen ist bei einem ⇨ **Ethernet**-Kabel eine spezielle Zange erforderlich (Crimp-Zange). Wichtig bei der Auswahl des geeigneten Koaxkabels ist der Wellenwiderstand, der in Ohm (Ω) angegeben wird. Für Ethernet (Yellow Cable nach IEEE 802.3; ⇨ **10Base-2**) oder Thin Ethernet (RG 58-Kabel) werden Kabel mit 50 Ω verwendet, bei Kabeln für Fernsehen, Token Bus und Hochgeschwindigkeitsnetze (RG 6-Kabel) sind es 75 Ω, für Ein-Ausgabeterminals und ARCnet (RG 62-Kabel) werden Kabel mit 93 Ω, bei Twinax-Kabeln für ansynchrone TCP/IP-Netze mit 105 Ω benötigt.

Kontextmenü

Daneben gibt es für Antennenleitungen im Funkbereich auch noch Koaxkabel mit anderen Wellenwiderständen.

Kodierer, der; *Subst.*, ist ein Programm zum Verschlüsseln von Daten oder Nachrichten. Das Gegenstück ist der ⇨ **Decoder**.

kompatibel, *Adj.*, sind Software- oder Hardware-Komponenten, wenn sie sich miteinander vertragen oder aufeinander abgestimmt sind.

Kompatibilität, die; *Subst.*, bezeichnet die Verträglichkeit von Hardware- und Software-Systemkomponenten untereinander.

Kompilieren, das; *Subst.*, bezeichnet den Vorgang, mit dem ein Programm aus einer höheren Programmiersprache in einen ausführbaren ⇨ **Maschinencode** übersetzt wird.

Komprimierung, die; *Subst.*, ist ein Verfahren, mit dem das Datenvolumen reduziert wird. Dabei werden bei Daten und bei Bildern Flächen gleichen Aussehens zur gleichartigen Bitfolgen zusammengefasst. Die Komprimierung von Bildern, Audio- und Videodaten kann zu Qualitätsverlusten führen. Im Durchschnitt lassen sich Daten auf die Hälfte des ursprünglichen Volumens komprimieren. ⇨ **Bitmap-Bilder** auch um 90 % und mehr.

Sehr bekannt sind zum Beispiel das ⇨ **ZIP**-Format für komprimierte Daten beliebiger Art, die Formate ⇨ **JPG** und ⇨ **GIF** für Bilder, ⇨ **MP3** für Audiodaten und ⇨ **DivX** für Videos.

Konferenzschaltung 📞, die; *Subst.*, ist ein Gespräch mit mehreren Telefonteilnehmern.

Konsole, die; *Subst.*, engl. Console [sprich „konsol"], bezeichnet (1.) in der Großrechner-Welt eine Einheit aus ⇨ **Bildschirm** und ⇨ **Tastatur**. Von der englischen Bezeichnung her rührt der Gerätename ⇨ **CON** des Betriebssystems ⇨ **DOS**. Daher ist CON bei ⇨ **Windows** auch ein verbotener Name für Dateinamen und Ordner. Ferner ist Konsole (2.) auch die Abkürzung für eine Spielkonsole.

Kontextmenü, das; *Subst.*, ist ein Menü, das Sie in Windows und Win-

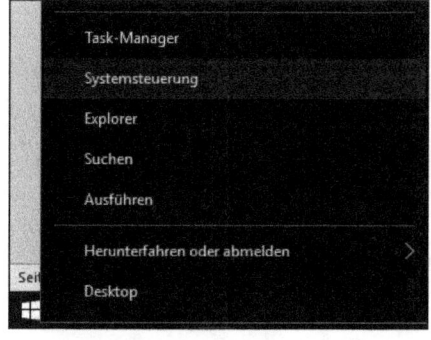

Das Kontextmenü zum Startmenü von Windows 10

K Kontrollkästchen

dows-Anwendungen über die rechte Maustaste aufrufen. Das Kontextmenü enthält nur Funktionen, die im aktuellen Umfeld (Kontext) benötigt werden.

Kontrollkästchen, das; *Subst.*, engl. **Checkbox** [sprich „tscheckbocks"], sind Optionen in ⇨ **Dialogfenstern**, die Sie per Mausklick aktivieren oder deaktivieren. Ein Häkchen zeigt ein aktiviertes Kontrollkästchen an.

Konvertieren ist das Umwandeln von Dateiformaten, zum Beispiel bei Grafik- und Textformaten.

Konvertierung, die; *Subst.*, bezeichnet die Umwandlung von einem System in ein anderes, in der ⇨ **EDV** beispielsweise vom ⇨ **Dualsystem** in das ⇨ **Hexadezimalsystem**.

Kooperatives Multitasking, das; *Subst.*, ist eine Form des ⇨ **Multitasking**, bei dem das Betriebssystem darauf vertraut, dass die Programme den ⇨ **Prozessor** nach einer bestimmten Zeit wieder freigeben. Eine Anwendung kann den PC daher durch einen Programmfehler oder absichtlich für andere Anwendungen zeitweise blockieren, was in der Praxis bei Windows häufig vorkommt.

kopieren, *Verb.*, ist (1.) das Duplizieren einer Datei oder eines Ord-

ners unter einem anderen Namen innerhalb desselben Verzeichnisses/ Ordners, von einem logischen oder physikalischen Laufwerk zu einem anderen oder zur Sicherung auf einen anderen Datenträger. Das Kopieren kann auch in die ⇨ **Zwischenablage** erfolgen. Es kann aber (2.) auch ein Datenträger wie eine Diskette, CD oder DVD kopiert werden. Sind die Inhalte des Datenträgers urheberrechtlich geschützt und erfolgt das Kopieren nicht als gesetzlich zulässige Sicherheitskopie, wird dies als ⇨ **Raubkopieren** bezeichnet.

Kopierprogramm, das; *Subst.*, ist eine Anwendung mit der sich ein Datenträger wie eine ⇨ **Diskette**, ⇨ **CD** oder ⇨ **DVD** kopieren lässt. Diese Programme dürfen in Deutschland nach dem neuen Urheberrecht nicht mehr beworben, vertrieben, installiert und angewendet werden, wenn sich damit ein Kopierschutz überlisten lässt und/oder sie vornehmlich zu diesem Zweck hergestellt und mit dieser Funktion beworben werden; ⇨ **Raubkopien**, ⇨ **WareZ**.

Kreise, deutsche Bezeichnung von Circles aus ⇨ **Google Plus**.

Kryptomünze, **Krypto-Münze**, die; *Subst.*, engl. ⇨ **Coin**, ist eine Einheit einer Kryptowährung. Zum Beispiel ist ein ⇨ **Satoshi** die Kryptomünze von ⇨ **Bitcoin**.

Kurzlink

Kryptowährung ist ein auf Verschlüsselungsalgorithmen und ⇨**Blockchain** basierendes Zahlungsmittel. Mitte 2017 waren rund 1.500 Kryptowährungen bekannt, wobei die Anzahl pro Jahr um rund 350 ansteigt. Laut der Studie „Bitcoin ist nicht allein" der Ausgabe Mai 2017 des SSRN Electronic Journals liegt die Zahl der gehandelten Kryptowährungen bei rund 600. Jede Woche entstehen 7 neue Kryptowährungen und ebenso viele verlassen den Markt wieder. Die erste Kryptowährung ⇨**Bitcoin** ist Marktführer, daneben gibt es die ⇨**Altcoins**; http://bit.ly/2zkUlLB.

Kühler, der; *Subst.*, engl. **Cooler** [sprich „kuhler"], ist bei einem PC meist ein metallischer Kühlkörper, der bei entsprechendem Kühlbedarf mit einem aktiven Lüfter kombiniert wird. Kühler finden sich insbesondere auf ⇨ **Prozessor** und ⇨ **Grafikprozessor**.

Künstliche Intelligenz, die; *Subst.*, abgekürzt **KI**, engl. **Artificial Intelligence** [sprich „artifischel intellidschens"] ein Forschungsgebiet, das sich mit der Erforschung und Entwicklung von Rechensystemen beschäftigt, die sich „intelligent" verhalten. Bislang sind nur Expertensysteme in eng eingegrenzten Wissensbereichen (Rechtswissenschaften, Medizin) mit relativem Erfolg entwickelt worden. Der Weg zu einem wirklich lernfähigen, „intelligenten" System, das ohne konkrete Programmierung aufgrund von Erfahrungen arbeitet, ist aber noch sehr weit.

Kupferspacer, der; *Subst.*, oder **Spacer** [sprich „späizer"] ist ein Abstandshalter aus Kupferblech für ⇨ **Prozessoren**, der den empfindlichen bei der Montage des ⇨ **Kühlers** schützen, für den sicheren Halt des Kühlers sorgen und die Wärmeableitung verbessern soll.

kursiv, engl. **italic**, Hervorheben einer Textstelle durch schräg gestellte Buchstaben. Dies wird technisch durch einen eigenen Schriftschnitt realisiert.

Kursivschrift, die; *Subst.*, engl. **italics**, ist ein ⇨ **Schriftschnitt** mit schräg gestellten Zeichen.

Kurzlink, **Kurz-URL**, engl. **Short Link**, **short URL**, **URL alias**, ist eine Kurzfassung einer Internetadresse (URL), die über einen **Kurz-URL-Dienst** (engl. **URL Shortener**) erzeugt wird. Aus der Adresse https://www.pc-sicherheitsberater.de/ macht der Kurz-URL-Dienst Bitly zum Beispiel die Alias-Adresse http://bit.ly/2kqg9xu. Die Gefahr dabei: Dem kryptischen Kurzlink ist nicht mehr anzusehen, zu welcher Domain er gehört. Internetkriminelle verwenden Kurzlinks daher, um ihre Opfer über ⇨ **Spam**-Mails und Nachrichten in sozialen Medien auf Betrugsseiten zu locken.

K Kurzmitteilung

Kurzmitteilung 📱, die; *Subst.*, ist eine andere Bezeichnung für ⇨ **SMS**.

Kurz-URL ⇨ **Kurzlink**

Kurz-URL-Dienst, der; *Subst.*, ist ein Internetanbieter, der als kostenlose Dienstleistung das Verkürzen von Internetadressen zu einem ⇨ **Kurzlink** anbietet.

L

L1-Cache [sprich „level wan käsch"], der; *Subst.*, Abkürzung für ⇨ **Level-1-Cache**.

L2-Cache [sprich „level tu käsch"], der; *Subst.*, Abkürzung für ⇨ **Level-2-Cache**.

L3-Cache [sprich „level srie käsch"], der; *Subst.*, Abkürzung für ⇨ **Level-3-Cache**.

Label [sprich „läibel"], das; *Subst.*, dt. (1.) Marke, (2.) Etikett.

laden, *Verb*, Übertragen von Daten aus dem ⇨ **Massenspeicher** in den ⇨ **Arbeitsspeicher**. So werden etwa Daten in ein Programm geladen, in einem Programm werden Daten in einen Zwischenspeicher geladen. Auch das Starten einer Anwendung wird als das Laden der Anwendung bezeichnet.

Ländercode oder **Länderkode**, der; *Subst.*, engl. **country code** [sprich „kantrie kohd"], ⇨ **Länderkürzel**, abgekürzt **ccTLD**, ist eine ⇨ **Top-Level Domain (TLD)**, die Rückschlüsse auf den Wohn- oder Firmensitz des Domain-Inhabers zulässt. Dabei kann der Ländercode teilweise missverstanden werden wie bei .tv, dem Ländercode für Tuvalu, der auch von Fernsehanstalten verwendet wird. Weitere Beispiele für Ländercodes sind .de für Deutschland, .at für Österreich, .ch für die Schweiz, .ru für Russland. Eine Liste der Ländercodes finden Sie im ⇨ **Anhang** des vorliegenden Lexikons.

Lame MP3 [sprich „läim em pi srie"], ist ein seit 1998 weiterentwickelter Open-Source-Codec zum Komprimieren von Audiodaten in hervorragender Qualität mit der Möglichkeit, über Presets unterschiedliche Qualitätsstufen einzustellen.

Lamer [sprich „läimer"], englische Entsprechung für ⇨ **DAU**.

LAMP [sprich „lämp"], Abkürzung für **L**inux **A**pache **M**ySQL **P**HP, ist eine Bezeichnung für die Kombination von ⇨ **Linux**, ⇨ **Apache Server**, der SQL-Datenbank MySQL und der Programmiersprache ⇨ **PHP** auf einem Webserver.

LAN [sprich „län" oder deutsch „lan"], Abkürzung für **L**ocal **A**rea **N**etwork, dt. lokales Netzwerk, ist ein Rechnerverbund zur gemeinsamen Nutzung von Hardware (zum Beispiel Netzdrucker), Software und Daten (zum Beispiel Adressdatei oder Fakturierung).

Land-Attacke, ist ein ⇨ **DDoS-Tool**, das 1997 veröffentlicht wurde und insbesondere unter Windows 95 Sicherheitslücken ausnutzte. Später wurden auch Windows XP und Win-

L Landingpage, Landing Page

dows 2003 von diesem Tool befallen. Die aktuellen Windows-Versionen sind nicht betroffen.

Landingpage oder **Landing Page** [sprich „länding päidsch"], die; *Subst.*, dt. „Landeseite" ist eine speziell für die Werbung im ⇨ **Internet** optimierte ⇨ **Webseite**, deren Text sowohl auf die Zielgruppe als auch auf ⇨ **Suchmaschinen**, vor allem auf ⇨ **Google**, optimiert ist.

Lands [sprich „länds"] sind Erhebungen auf der Oberfläche einer ⇨ **CD-ROM**, über die zusammen mit den ⇨ **Pits** die Codierung erfolgt.

Landscape [sprich „ländskäip"], dt. Querformat, der Ausdruck quer auf einem DIN-A4-Blatt.

LAN-Party, die; *Subst.*, ist eine meist über das Wochenende gehende Veranstaltung, bei der die Teilnehmer ihre PCs untereinander vernetzen, um Computerspiele zu spielen.

LAPM, Abkürzung für **L**ink **A**ccess **P**rocedure **M** [sprich „link äksess prosiedscher em"], ist ein ⇨ **Protokoll** zur Fehlerkorrektur bei einer ⇨ **Modem**-Verbindung.

Laptop [sprich „läpptopp"], das; *Subst.*, leitet sich vom engl. Wort „lap", dt. Schoß ab, ist also ein Computer, den man auf den Schoß nehmen kann. Die ersten so bezeichneten mobilen Computer waren noch recht schwer. Daher kommt der scherzhafte Ausdruck **Schlepptop**. Heute werden mobile PCs als ⇨ **Notebook**, ⇨ **Netbook** oder ⇨ **Tablet** bezeichnet und sind mit einem Gewicht von unter einem bis drei Kilogramm, bis zu 14 Stunden netzunabhängigem Betrieb und der Leistungsfähigkeit eines Desktop-PCs nicht mehr mit den früheren Laptops vergleichbar.

Laserdrucker, der; *Subst.*, ist ein Seitendrucker mit sehr guter Druckqualität und hoher Druckerleistung, bei dem ein Laserstrahl auf einer elektrisch geladenen ⇨ **Bildtrommel** dort die Ladung entfernt, wo der Tonerstaub anhaften soll. Der Toner auf der Trommel wird auf das elektrostatisch aufgeladene Papier übertragen und durch Wärmeeinwirkung darauf fixiert. Im Vergleich zu einem ⇨ **Tintenstrahldrucker** sind die Materialkosten pro Seite bei den meisten Laserdruckern deutlich niedriger. Laserdrucker werden schon für unter 100 € angeboten. Damit rechnet sich die Anschaffung auch für Privatpersonen mit geringem Druckaufkommen. Anfangs waren Laserdrucker auf den Schwarzweiß-Druck beschränkt. Heute gibt es jedoch ein großes Angebot an Farb-Laserdruckern, die auch preislich für kleinere Unternehmen, Organisationen und private Vielschreiber interessant sind.

Als Nachteile dieser Drucktechnik sind zu nennen, dass ein Laserdrucker keine Durchschläge erzeugen kann und Laserdrucker teilweise Ozon freisetzen. In Tests wurden zudem in einigen Tonern krebsfördernde Inhaltsstoffe gefunden.

Lasermaus [sprich „läisermaus"], die; *Subst.*, ist eine optische Maus, die statt eines Lichtstrahls aus einer LED einen Laserstrahl zum Abtasten des Untergrunds verwendet. Der Vorteil besteht in einer potenziell höheren Auflösung, die eine präzisere Steuerung der Maus ermöglicht.

laser printer [sprich „läiser printer"], dt. ⇨ **Laserdrucker**.

Laufzeitschutz, der; *Subst.*, ist ein von Antivirenprogrammen angewendeter Schutz. Der Laufzeitschutz analysiert das Verhalten aller auf dem PC ablaufenden Programme und blockiert potenziell schädliche Aktivitäten wie etwa den Versuch eines Pufferüberlaufs; ⇨ **BOPS**, ⇨ **HIPS**.

Lautheit, die; *Subst.*, das subjektive Empfinden von Lärm, so wie er vom Benutzer eines Geräts empfunden wird. Die Lautheit ist nicht direkt von der Lautstärke abhängig, sondern wird auch von der Art und Intensität des Geräusches bestimmt. Gemessen wird die Lautheit in ⇨ **Sone**.

Layer [sprich „läier"], der; *Subst.*, bezeichnet (1.) eine Schicht in einem ⇨ **Netzwerk**protokoll (⇨ **OSI**-Referenzmodell) und (2.) eine Zeichnungs- oder Bildebene in einem ⇨ **CAD**-, ⇨ **DTP**-, ⇨ **Textverarbeitungs-** oder ⇨ **Bildbearbeitungsprogramm**. Zum Beispiel lassen sich bei Word Grafiken und Texte in verschiedenen Ebenen übereinander anordnen; so lässt sich eine Grafik hinter den Text legen oder auch darüber.

Layout [sprich „läiaut"], das; *Subst.*, Bezeichnung für (1.) einen Entwurf oder (2.) zum Beispiel bei Word für die Darstellung des Textes auf dem Bildschirm so, wie er gedruckt wird (Seitenlayout).

lazy battery effect [sprich „läizi bätterie iffekt"] ⇨ **Memory-Effekt**.

LBG, ⇨ **Dateinamenerweiterung** der Daten des Etikettengenerators von ⇨ **dBASE IV**.

LCD, Abkürzung für **L**iquid **C**rystal **D**isplay [sprich „likwid kristel disspläih"], ist eine Anzeige auf Basis von Flüssigkristallen. Diese Anzeige wird durch das Anlegen einer Spannung an die spezielle kristalline Substanz erzeugt, wodurch diese das Licht verändert reflektiert und damit dunkler erscheint. Durch ein kleines Birnchen oder Leuchtdioden (⇨ **LED**) erfolgt eine Hintergrundbeleuchtung, damit die dunkleren

L LCD-Monitor

Kristalle durch den verbesserten Kontrast besser sichtbar werden.

LCD-Monitor, der; *Subst.*, ist ein ⇨ **Bildschirm**, dessen Anzeige durch eine Kristallschicht, die zwischen zwei Folien eingefügt ist, erzeugt wird. Die Kristalle verändern beim Anlegen einer Spannung den Lichtbrechungsindex und damit die nach außen sichtbare Farbe. Durch eine Hintergrundbeleuchtung wird dieser Effekt meist verstärkt; ⇨ **TFT-Monitor**.

LCK, ⇨ **Dateinamenerweiterung** einer Lock-Datei, also einer Datei für die Steuerung des Datenbankzugriffs.

LCR, der; *Subst.*, Abkürzung für ⇨ **Least-Cost-Router**.

LDA, ⇨ **Dateinamenerweiterung** einer Datei von MS ⇨ **Access** mit systemspezifischen Informationen.

LDB, ⇨ **Dateinamenerweiterung** einer MS ⇨ **Access**-Datenbank.

Lead-In [sprich „liehd in"] steht am Anfang einer ⇨ **Session** im Inhaltsverzeichnis einer CD auf den innersten 4 mm des Datenbereichs; ⇨ **Lead-Out**.

Lead-Out [sprich „liehd aut"] bildet den Abschluss des Programmbereichs und damit das Ende einer ⇨ **Session** und ist der äußerste, 1 mm breite Bereich der CD.

learning curve [sprich „lörning körf"], dt. Lernkurve.

Least-Cost-Router [sprich „liest kost ruhter"]; der; *Subst.*, abgekürzt **LCR**, ist (1.) ein Gerät zum Anschluss an eine ⇨ **TAE**-Dose, die ⇨ **a/b**-Schnittstellen einer Telefonanlage oder einen ⇨ **ISDN**-Basisanschluss, das selbsttätig aufgrund einer Tariftabelle, Datum und Uhrzeit den für ein Telefongespräch günstigsten Provider auswählt, oder (2.) eine Software, die denselben Zweck erfüllt. Die Tariftabelle muss laufend an die Änderungen der Preismodelle der Anbieter angepasst werden, um ein optimales Ergebnis zu erzielen. Es gibt auch (3.) Software-LCRs, mit denen sich die Kosten für den Internetzugang senken lassen. Hier wählt der LCR je nach Datum, Uhrzeit und Zugangsart den günstigsten Anbieter für ⇨ **Internet-by-Call** an.

least significant bit [sprich „liest signifikänt bitt"], abgekürzt **LSB**, dt. niederwertigstes ⇨ **Bit**.

LED, Abkürzung für **L**ight **E**mitting **D**iode [sprich „leiht emitting deiod"], dt. Leuchtdiode, ist ein als Signallampe oder in zunehmender Zahl auch zur Beleuchtung eingesetztes elektronisches Bauteil mit geringer Stromaufnahme und langer Lebens-

Leetspeak

dauer. Es gibt grüne, rote, blaue und weiße LEDs, die mittlerweile eine so hohe Leistung erreichen, dass sie auch zur Raumbeleuchtung oder als Hauptscheinwerfer von Fahrzeugen einsetzbar sind. Die Kombination von grünen, roten und blauen LEDs zum Erzeugen von weißem Licht ist daher nicht mehr zwingend erforderlich. Bei LCD-Displays und LCD-Fernsehern werden die Farben jedoch weiterhin durch Kombination unterschiedlich farbiger LEDs erzeugt.

LED-Backlight, dt. **LED-Hintergrundbeleuchtung**, seltener **LED-Unterlicht**, ist eine Technik, die bei Fernsehern und ⇨ **TFT-Displays** für PCs die Ausleuchtung verbessert, bei lokalem Dimmen (local dimming) zusätzlich den Kontrast verbessert, den Stromverbrauch senkt, die Bautiefe verringert und die Lebensdauer verlängert. Zur Hintergrundbeleuchtung werden weiße LEDs oder farbige LEDs verwendet. Bei farbigen LEDs ergibt die Farbaddition weißes Licht. Farbige LEDs eignen sich jedoch nicht für local dimming. Geräte mit farbigen LEDs haben also einen geringeren Kontrast. Die LEDs sind hinter den Flüssigkeitskristallen des Displays angebracht, daher die Bezeichnung Hintergrundbeleuchtung. Fernseher und TFT-Displays ohne LED-Backlight verwenden stattdessen Leuchtröhren zur Beleuchtung, die den Hintergrund nicht so gleich- mäßig ausleuchten und anfälliger sind.

Die gleichmäßige Ausleuchtung bei LED-Backlight hängt von der Anzahl der verwendeten LEDs ab. Der hohe Preis von High-End-Fernsehern und TFT-Displays beruht daher zum einen auf der höheren Anzahl an weißen LEDs und der aufwändigeren Steuerungselektronik sowie den höheren Entwicklungskosten, liegt jedoch zum anderen an der kleineren Produktionsmenge solcher Geräte und der kaufmännischen Kalkulation mit einem in der Regel hohen Aufschlag bei technischen Neuerungen und neu erschienenen Geräten.

Leerschlag, der; *Subst.*, ist eine andere, wenn auch nicht mehr sehr gebräuchliche Bezeichnung für die ⇨ **Leertaste**.

Leertaste, die; *Subst.*, engl. **space key** [sprich „späiz kie"] oder **space bar** [sprich „späiz bar"], auch als **Leerschlag** oder **Space-Taste** bezeichnet, ist die breite Taste unten auf der Tastatur, mit der sich ⇨ **Leerzeichen** eingeben lassen.

Leetspeak [sprich „Lietspihk"], leitet sich vom engl. elite und speak her, dt. „Elitesprache", wobei elite über die phonetische Schreibweise eleet zu leet verkürzt wurde. Bei diesem schwer lesbaren Internetslang werden die Buchstaben der englischen Sprache ganz oder teil-

L Leistungsmerkmale

weise durch Ziffern und manchmal auch Sonderzeichen ersetzt. Leet wird so zu 1337 und Leetspeak zu 1337 5P34K. Es gibt aber auch andere Schreibweisen für Leetspeak wie 31337 bzw. 313373. Verwendet wird Leetspeak zur Abgrenzung, zum Angeben oder auch für den ⇨ **Spam**-Versand, um Spamfilter zu täuschen (z. B. Vlágrà statt Viagra). Zwar ist Leetspeak ein Geheimcode, die meisten Schlüssel sind jedoch bekannt und wären ansonsten für Kryptologen auch keine große Herausforderung. Denn da Buchstaben durch Ziffern oder Sonderzeichen ausgetauscht werden, lässt sich über die statistische Verteilung der Buchstaben in der jeweiligen Sprache schnell der passende Buchstabe finden. Allerdings gibt es mehrere alternativ verwendete Ziffern und teilweise werden auch zwei Ziffern für einen Buchstaben verwendet. Teilweise bleiben Buchstaben in der Leetspeak bestehen oder werden zusammen mit Ziffern als neuer Code verwendet. Die Tabelle auf der vorherigen Seite zeigt einige Zuordnungen von Ziffern zu Buchstaben.

Leetspeak	Buchstabe
1	l (kleines L) oder I
2	Z
3	E oder e
4	A oder h
5	S

Leetspeak	Buchstabe
6	G
7	T oder t
8	B
9	g
13	B
I2	R
I3	B

Übersetzung von Leetspeak-Ziffern

Leistungsmerkmale, engl. **Features**, Funktionen und technischen Daten eines PCs oder Peripheriegeräts.

Leitung, die; *Subst.*, ist (1.) eine Bezeichnung für eine Kabelverbindung oder (2.) für einen ⇨ **Kanal**.

Lesefehler, der; *Subst.*, tritt auf, wenn eine Anwendung oder das ⇨ **Betriebssystem** nicht auf ein Speichermedium oder den ⇨ **Arbeitsspeicher** zugreifen kann. Die Ursache des Fehlers kann ein Hardware-Defekt wie eine defekte ⇨ **Festplatte** oder ein defekter Datenträger, eine defekte oder fehlende Datei, fehlende Zugriffsberechtigung oder auch ein Programmfehler sein.

Lesezeichen, das; *Subst.*, oder **Bookmark** ist ein gespeicherter Link, der in einem elektronischen Buch oder einem ⇨ **Internet**

Browser dazu verwendet wird, eine besuchte Seite wiederzufinden. Die Funktion entspricht dem Lesezeichen, das bei gedruckten Büchern Verwendung findet.

less than [sprich „less sän"], dt. ⇨ **kleiner als**.

letter quality [sprich „letter kwoliti"], abgekürzt **LQ**, dt. Briefqualität.

Letzte Meile 🕿, bezeichnet bei der Festnetztelefonie und Internetanbindung den letzten Abschnitt der Leitung zum Hausanschluss des Teilnehmers. Meile ist hier keine Längenangabe, denn die Länge des letzten Leitungsabschnitts variiert. Die Leitungen sind in diesem Abschnitt meist als Kupferkabel ausgeführt und in Deutschland überwiegend im Besitz der deutschen Telekom oder eines der Kabelanbieter. Im Vergleich zu den Glasfaserkabeln der ⇨ **Backbones** durch Deutschland und der Leitungen von den Vermittlungsstellen ist die Datenübertragungsrate über die Kupferkabel der letzten Meile sehr gering und daher der Flaschenhals bei einem schnellen Internetzugang.

Level-1-Cache [sprich „lewell eins kachee" oder „lewell wan käsch"], der; *Subst.*, abgekürzt **L1-Cache**, engl. **First Level Cache**, ist ein in den ⇨ **Prozessor** integrierter, sehr schneller ⇨ **Zwischenspeicher** (⇨ **Cache**-Speicher), der die Daten für den weitaus langsameren ⇨ **Arbeitsspeicher** puffert.

Level-2-Cache [sprich „lewell zwei kachee" oder „lewell tu käsch"], der; *Subst.*, abgekürzt ⇨ **L2-Cache**, engl. ⇨ **Second Level Cache**, war früher ein Cache-Speicher zwischen ⇨ **Prozessor** und ⇨ **Arbeitsspeicher**, wird jedoch wie der ⇨ **Level-1-Cache** zunehmend in den Prozessor integriert, wo er mit der viel höheren ⇨ **Taktfrequenz** des Prozessors arbeiten kann, statt mit der des ⇨ **Front Side Bus**. Es kann dann auch mit dem ⇨ **Level-3-Cache** ein zusätzlicher Zwischenspeicher auf dem ⇨ **Mainboard** eingerichtet werden.

Level-3-Cache [sprich „lewell drei kachee" oder „lewell srie käsch"], der; *Subst.*, abgekürzt **L3-Cache**, engl. **Third Level Cache**, befindet sich zwischen ⇨ **Prozessor** und ⇨ **Arbeitsspeicher** und kann verwendet werden, wenn der ⇨ **Level-2-Cache** in den Prozessor integriert ist. Er arbeitet dann so wie früher der L2-Cache. Es gibt mittlerweile auch Prozessoren mit integriertem Level-3-Cache.

LEX, ⇨ **Dateinamenerweiterung** für das Lexikon oder Wörterbuch einer Anwendung.

LF, Abkürzung für (1.) ⇨ **Labelflash**, (2.) für line feed [sprich „leihn fiehd"], dt. ⇨ **Zeilenvor-**

LGA

schub und (3.) das ⇨ **Steuerzeichen**, das bei einem Drucker einen Zeilenvorschub bewirkt.

LGA, Abkürzung für **l**and **g**rid **a**rray; ⇨ **Sockel**. Die Art des Sockels wird dahinter angegeben, also zum Beispiel **LGA1151** für den Sockel 1151, der für die Intel-Prozessoren der 6. Generation (⇨ **Skylake**) entwickelt wurde.

LHA, ⇨ **Dateinamenerweiterung** eines im LHA-Format komprimierten Dateiarchivs; ⇨ **LZH**.

LibO ⇨ **LibreOffice**.

Libraries [sprich „laiberies"], dt. Bibliotheken, eine Funktion des ⇨ **Windows-Explorers** von ⇨ **Windows 7**, bei der mehrere Ordner zu einer Bibliothek zusammengefasst und dann auf einmal durchsucht werden können. Auf diese Weise lassen sich zum Beispiel alle ⇨ **MP3**-Songs, alle Bilder oder Videos zusammen durchsuchen, obwohl diese in verschiedenen Ordnern abgespeichert sind. Bibliotheken sind auch in ⇨ **Windows 10**, ⇨ **Windows 8.1** und ⇨ **Windows 8** nutzbar.

LibreOffice, Abkürzung **LibO**, vom spanischen und französischen libre und engl. office, dt. „freies Office", ist ein kostenlos angebotenes ⇨ **Office-Paket** auf ⇨ **Open-Source**-Basis, also mit offengelegtem ⇨ **Quellcode**. Entstanden ist LibreOffice aus einer 2010 erfolgten Abspaltung von OpenOffice.org-Entwicklern, die zur Förderung und Koordination von LibreOffice die Stiftung „The Document Foundation" mit Sitz in Berlin gegründet haben. LibreOffice läuft unter Windows, Linux, Mac OS X, Solaris, FreeBSD und anderen Unix-Varianten. Enthalten sind die Programme Writer, Calc, Impress, Draw, Base und Math für die Anwendungen ⇨ **Textverarbeitung**, ⇨ **Tabellenkalkulation**, Präsentation, Zeichnen, ⇨ **Datenbank** und Formeleditor; http//:de.libreoffice.org/.

LiDE, Abkürzung für **L**ED **in**direct **E**xposure [sprich „led indairekt iksposcher"], ist eine bei ⇨ **Scannern** der Firma Canon eingesetzte Technologie: Lichtquelle, Sensor und Optik sind in einem Modul zusammen untergebracht, das als ⇨ **CIS** bezeichnet wird.

Der Sensor ist so breit wie die Vorlagenplatte. Das Modul wird einmal unter der Vorlage hindurch gezogen. Herkömmliche Scanner arbeiten mit einer separaten Lichtquelle, deren Licht vom Objektiv über zwei oder drei Spiegel auf einen ⇨ **CCD**-Sensor umgeleitet wird. Hier sind mehr bewegliche Teile, und bei den Spiegeln besteht die Gefahr der Dejustage. Die LiDE-Technologie schließt eine Dejustage aus und verringert den Verschleiß.

Liebesbetrug

Liebesbetrug, der; *Subst.*, engl. **Love Scam** oder **Romance Scam**, ist eine bei Online-Partnerbörsen anzutreffende Betrugsmethode. Die Betrüger verwenden gefälschte Profile und gaukeln den Opfern Verliebtheit vor, um finanzielle Hilfe zu erschleichen. Im Hintergrund agieren organisierte Banden. Die folgenden Merkmale deuten auf einen potenziellen Liebesbetrug hin, wobei vor allem bei Punkt 6 äußerste Vorsicht geboten ist:

1. Das Benutzerkonto ist erst seit kurzer Zeit, häufig erst seit wenigen Tagen aktiv.

2. Die Profilbeschreibung und Kommunikation erfolgen meist in englischer Sprache.

3. Wird die deutsche Sprache verwendet, sind auffällige sprachliche und Rechtschreibfehler festzustellen. Sätze wie „Ist eigentlich Schnurz ob mir der Wind durchs Haar bläst, die sind nämlich rasiert" sollten stutzig machen.

4. Es ist im Profil nur ein Bild zu sehen, das dann auch noch unscharf ist und eine geringe Auflösung hat.

5. Gedichte und Liebesschwüre im Übermaß und direkt schon bei der ersten Nachricht sind typisch. Die Betrüger verlieren keine Zeit.

6. Es wird um Geld gebeten für zum Beispiel Telefonate, ein Visum oder ein Flugticket.

Secretly you have taken each broken piece of my heart from all those before you and put it together like a puzzle. Our troubled times were those of which my heart was not put completely together, but once the last piece was placed, that was when I realized I can't live without you.

Nachricht eines Betrügers aus Ghana, veröffentlicht auf ScamSpamProtect.de

---

Heimlich hast Du alle Bruchstücke meines Herzens, die von allen Deinen Vorgängerinnen stammen, genommen und wie ein Puzzle zusammengesetzt. Wir hatten unruhige Zeiten, als mein Herz noch nicht vollständig zusammengesetzt war, aber sobald das letzte Stück platziert war, war der Augenblick gekommen, an dem ich erkannt habe, dass ich ohne Dich nicht leben kann.

Übersetzung des „Love Poems" durch den Autor dieses Lexikons

LIES.DAS

Der arme Betrüger: Sein Herz wurde von vielen Verflossenen in Stücke gerissen. Jetzt endlich hat er seine Liebe gefunden, die ihm sein Herz wieder zusammengepuzzelt hat. Allerdings wird die Liebe schnell enden, wenn das Opfer nicht oder nicht mehr zahlt – und ein neues Opfer erhält dieses „Liebesgedicht" der afrikanischen Art.

LIES.DAS ist eine Textdatei mit Informationen zu einem Programm oder dem Inhalt eines Datenträgers; ⇨ **README-Datei**.

Light Client ist ein Netzwerkknoten im ⇨ **Ethereum**-Netzwerk, der eine oberflächliche Kopie der ⇨ **Blockchain** speichert; ⇨**Full Node**.

Lightning [sprich „leihtning"] bzw. **Lightning-Dock-Connector** ist ein Anschluss von ⇨ **Apple** für ⇨ **iPhone**, ⇨ **iPad** und iPod Touch, der mit dem iPhone 5 eingeführt wurde und der Nachfolger des 30-poligen ⇨ **Dock-Connector** ist.

Die Vorteile sind die geringere Größe, die höhere Datenübertragungsrate und die Möglichkeit zum Übertragen von Audio- und Videosignalen. Zubehör mit Dock-Connector-Anschluss lässt sich über einen Lightning-Adapter (**Lightning auf 30-polig Adapter**) weiter verwenden, den Apple für 29 € und Mitbewerber ab etwa 8 € anbieten. Apple bietet ferner einen **Lightning auf Micro USB Adapter** für 19 € an.

LightScribe [sprich „leiht skraib"], ist eine Technologie der Firma Hewlett-Packard, mit der sich spezielle CD/DVD-Rohlinge mithilfe eines LightScribe-fähigen CD- oder DVD-Brenners und eines Brennprogramms, das diese Technologie unterstützt, auf der Oberseite (Etikettenseite) beschriften lassen. Die LightScribe-Technologie beruht auf einem speziellen Laser, der Lichtenergie in die dünne Farbschicht auf der Oberfläche der Rohlinge abgibt. Diese Lichtenergie bewirkt eine chemische Veränderung der Farbpigmente, wobei die resultierende Farbe von der Intensität des Laserstrahls abhängt.

Auf diese Weise wird das vorher am Rechner entworfene Text- und Bilddesign Punkt für Punkt auf die Oberseite des Rohlings übertragen. Das Ergebnis ist eine professionell aussehende, nicht abkratzbare, glitzernde Beschriftung bzw. Bebilderung. Dazu wird der Rohling zuerst mit den Daten gebrannt, dann wird er umgedreht und in einem 2. Schritt die Beschriftung vorgenommen.

Li-Ion, Abkürzung für Lithium-Ionen und ein ⇨ **Akkumulator**.

Linkfarm L

Like [sprich „laik"], der; *Subst.*, Bezeichnung für eine positive Bewertung einer Webseite oder Nachricht bei ⇨ **Facebook**.

liken [sprich „laiken"], *Verb*, das positive Bewerten einer Webseite oder Nachricht über ein ⇨ **Facebook**-Symbol.

line [sprich „leihn"], dt. (1.) Zeile in einem Text, (2.) Programmzeile, (3.) (elektrische) Leitung, Telefonleitung bzw. ⇨ **Kanal**.

line editor [sprich „leihn edditor"], dt. ⇨ **Zeileneditor**.

line feed [sprich „leihn fiehd"], dt. (1.) ⇨ **Zeilenvorschub** und (2.) das ⇨ **Steuerzeichen** ⇨ **LF**.

Line-in [sprich „leihn in"], Bezeichnung des Eingangs an einer ⇨ **Soundkarte** oder HiFi-Anlage zum Anschluss externer analoger Klangquellen wie Radio, Video- oder Camcorder.

Line-out [sprich „leihn aut"], Bezeichnung des analogen Ausgangs an einer ⇨ **Soundkarte** oder Hi-Fi-Anlage zum Anschluss eines externen Geräts wie eines Recorders, Verstärkers, Fernsehers oder aktiver Lautsprecherboxen. Für den Kopfhörer ist dieser Ausgang meist ungeeignet, auch wenn der ⇨ **Klinkenstecker** passt. Denn das Signal für den Kopfhörerausgang wird verstärkt, das Line-out-Signal nicht.

line printer [sprich „leihn printer"], dt. ⇨ **Zeilendrucker**.

Link, der; *Subst.*, ist (1.) ein Verweis auf eine andere Stelle in einem Dokument (zum Beispiel in der Windows-Hilfe oder einer PDF-Datei) oder auf einer Internet-Seite. Ein Klick auf den Link bringt Sie zu der entsprechenden Textstelle. Link wird aber auch (2.) als Abkürzung von ⇨ **Hyperlink** verwendet.

linken, *Verb*, bezeichnet das Verbinden von Programm-Modulen und Programmbibliotheken mit einem ⇨ **Linker**.

Linker, der; *Subst.*, ist ein Programm oder Bestandteil eines ⇨ **Compilers**, das Programm-Module und Bibliotheken zu einem lauffähigen Programm verbindet.

Linkfarm ist ein Netzwerk aus gegenseitig miteinander vernetzten Webseiten, die sich gegenseitig aufrufen, um die Zahl der Aufrufe künstlich zu erhöhen. In Verbindung mit ⇨ **Google-Cloaking** verbessert dies die Einstufung der Angebote durch Suchmaschinen wie ⇨ **Google**, sodass diese bei Suchanfragen direkt am Anfang angezeigt werden.

L Linkwheel

Linkwheel [sprich „link wiehl"], das; *Subst.*, dt. Linkrad, ist eine ⇨ **SEO**-Technik, um die Anzahl der Besucher der beteiligten Webseiten zu erhöhen und die Bewertung der Links bzw. Webseiten durch Google und andere Suchmaschinen. Die Webseiten sind zwar alle untereinander verlinkt, jedoch verlinkt keine Webseite direkt zurück, sondern auf eine andere Webseite in diesem Linkrad.

Linux, ein Kunstwort aus **Linu**s, dem Vornamen des Programmierers, und UNI**X**, ist ein ⇨ **UNIX**-Derivat von Linus Torvalds, das als ⇨ **OpenSource** weltweit von einer großen Entwicklergemeinde weiterentwickelt wird. Für Linux selbst darf keine Lizenzgebühr erhoben werden; es sind durch die ⇨ **GPL** geregelt lediglich die Vertriebskosten zu bezahlen.

Es gibt verschiedene Linux-Distributionen, bei denen eine Linux-Variante mit Linux-Anwendungen und -Tools als Software-Paket auf einer oder mehreren CDs oder auch auf DVD verkauft werden. Obwohl die meisten Linux-Varianten mittlerweile recht komfortabel zu installieren und mit einer grafischen Oberfläche wie ⇨ **KDE** auch zu bedienen sind, konnte sich Linux auf Arbeitsplatzrechnern noch nicht weit verbreiten. Der Marktanteil bei ⇨ **Servern** wächst jedoch stetig. ⇨ **Android** und ⇨ **iOS** basieren auf einem Linux-Kernel.

LiPo, Abkürzung von **Li**thium **Po**lymer und wird bei entsprechenden ⇨ **Akkumulatoren** verwendet.

liquid crystal display [sprich „lickwidd kristel disspläih"], abgekürzt ⇨ **LCD**, dt. Flüssigkeitskristallanzeige.

Litecoin [sprich „laitkoin"], wörtlich übersetzt „leichte Münze", Währungskürzel **LTC**, ist (1.) eine von Charlie Lee am 7. Oktober 2011 veröffentlichte Software für die (2.) ⇨ **Kryptowährung** Litecoin, die auf dem ⇨ **Bitcoin**-Programmcode basiert. Die maximale Anzahl der Litecoins ist mit 84 Millionen viermal so hoch wie bei Bitcoin. Der Wert eines Litecoin liegt mit rund 200 $ weit unter dem eines Bitcoin (über 10.000 $), ebenso verhält es sich mit der Marktkapitalisierung von 4,6 Milliarden $ im Vergleich zu 167 Milliarden $ bei Bitcoin (Stand 1. Dezember 2017, durch die hohe Volatilität bei Kryptowährungen treten starke Schwankungen auf). Seit Januar 2016 steigt jedoch auch der Wert von Litecoin im Schatten der Bitcoin-Welle beträchtlich an. Litecoins lassen sich durch Mining selbst am PC generieren, was sich jedoch ebenso wie bei Bitcoin durch die hohen Strompreise in Deutschland und die Konkurrenz durch Mining-Serverfarmen nicht lohnt.

Little Endian [sprich „littel endiän"] ist ein Format für die Speicherung und Übertragung von Binärdaten, dessen niedrigwertigstes Bit oder Byte zuerst kommt; ⇨ **Big Endian**.

Live-CD [sprich „laif ce de"], die; *Subst.*, Bezeichnung für eine bootfähige ⇨ **CD** mit überwiegend ⇨ **Linux** als darauf befindlichem ⇨ **Betriebssystem**. Eine Live-CD ermöglicht den Betrieb eines ⇨ **PCs** ohne Installation des betreffenden Betriebssystems sowie ohne Zugriff auf die Festplatte und ein etwaig dort installiertes Betriebssystem. Daher kann zum Beispiel Linux mit einer Live-CD gefahrlos getestet werden oder die Live-CD wird zur Datenrettung und für Reparaturen am installierten Betriebssystem verwendet.

Einige Live-CDs enthalten einen Virenscanner und werden dazu genutzt, um Computerviren zu entfernen, die sich bei laufendem Windows-Betrieb wegen Dateisperren oder Schutzmechanismen der Schadprogramme nicht entfernen lassen. Wikipedia bezeichnet eine Live-CD auch als **Live-System**, im entsprechenden Eintrag ist eine Übersicht von Quellen für Live-CDs enthalten: https://de.wikipedia.org/wiki/Live-System.

Live Drive [sprich „laif dreif"] ist (1.) die Bezeichnung für ein bootfähiges USB-Speichergerät wie eine USB-Platte, einen ⇨ **USB-Stick**, ein ⇨ **Pen Drive** oder andere an den USB anschließbare und bootfähige Speicher. Das Gerät muss eine Boot-Partition mit Betriebssystem enthalten, das ⇨ **BIOS** des betreffenden PCs oder Notebooks muss das Booten von USB unterstützen und diese Funktion muss aktiviert sein. (2.) Ein amerikanischer Anbieter von ⇨ **Online-Speicher** und Online-Backup bezeichnet seinen Dienst als ⇨ **Livedrive**; https://www2.livedrive.com/.

Live-DVD [sprich „laif de vau de"] ist eine bootfähige ⇨ **DVD**; ⇨ **Live-CD**.

Live-Hacking [sprich „laif häcking"], ist eine Vor-Ort-Demonstration eines ⇨ **Hacker**-Angriffs, mit dem Ziel, Anwendern zu zeigen, wie einfach es ist, an die Daten von Dritten zu gelangen. Dabei wird beispielsweise ein WLAN-Zugang zur Verfügung gestellt, über den sich die Anwender vor Ort einwählen können. Die eingewählten Geräte werden dann von einem IT-Spezialisten gehackt.

Live-System [sprich „laif süstem"] ⇨ **Live-CD**.

Live Tile [sprich „laif teil"], die; *Subst.*, Bezeichnung für die als Kacheln bezeichneten interaktiven Symbole von ⇨ **Windows 10**,

LNK

⇨ **Windows 8.1** und ⇨ **Windows 8**. Diese Symbole dienen zum Aufruf der jeweiligen ⇨ **App**, liefern zusätzlich jedoch auch Informationen über das jeweilige Programm. So kann eine Live Tile bei einer Wetter-App die aktuelle Temperatur anzeigen, eine Mail-App die Anzahl neu eingegangener E-Mails oder eine News-App gerade aktuelle News.

Die Übermittlung der Informationen erfolgt beim ⇨ **Smartphone** mit Hilfe von Push-Technologie und wird beim ⇨ **Desktop-PC** per Internet übertragen.

LNK, ⇨ **Dateinamenerweiterung** eines Links mit einer Verknüpfung zu einem Programm oder einer Datei.

loader [sprich „louder"], dt. Lader.

local dimming [sprich „lohkel dimming"], dt. lokales Dimmen, ist eine bei ⇨ **LED-Backlight** angewendete Technik, bei der einzelne LEDs der Hintergrundbeleuchtung abgeschaltet oder gedimmt werden. Das erhöht den Kontrast, da hierbei Schwarz besser dargestellt werden kann als bei Fernsehern bzw. ⇨ **TFT-Displays**, bei denen der Hintergrund gleichmäßig beleuchtet wird.

Location bar [sprich „lokäischen bar"], dt. ⇨ **Adresszeile**.

Lock Screen, Lockscreen [sprich „lockskrien"], der; *Subst.*, ⇨ **Sperrbildschirm**.

Locky, ist ein gefährlicher ⇨ **Erpressertrojaner**, der die Daten auf dem Rechner verschlüsselt und anschließend zur Wiederherstellung der Daten Lösegeld fordert. Dabei werden die verschlüsselten Dateien mit einer bestimmten Namenserweiterung gekennzeichnet. Da die Antivirenprogramm-Hersteller mit Updates auf den Trojaner reagieren, werden verschiedene Dateiendung wie .locky, .zepto und zuletzt .zzzzz verwendet.

löten, *Verb.*, das Befestigen elektrischer Bauteile auf einer Platine mit heißem ⇨ **Lötzinn**. Manuell erfolgt das Löten mit einem ⇨ **Lötkolben** oder einer ⇨ **Lötstation**.

Lötkolben, der; *Subst.*, ist ein Gerät mit dem ⇨ **Lötzinn** erwärmt wird, um ein elektronisches Bauteil leitend mit Leiterbahnen zu verbinden. Es ist dabei darauf zu achten, dass der verwendete Lötkolben nicht zu viel Hitze entwickelt, die das zu lötende Bauteil oder Bauteile in der Umgebung beschädigen könnte.

Für elektronische Bauteile wird daher ein Feinlötkolben mit niedriger Leistung oder eine regelbare ⇨ **Lötstation** verwendet. Die Spitze des Lötkolbens nutzt sich mit der Zeit ab, sodass sie austauschbar sein sollte. Es stehen dann auch meist unterschiedliche Spitzen zur Auswahl, die je nach Art der auszuführenden Lötarbeit getauscht werden können; 4 Praxistipps zum Löten finden Sie unter https://www.modellbahntechnik-aktuell.de/tipp/loeten/.

Lötstation, die; *Subst.*, wird zum ⇨ **Löten** temperaturempfindlicher elektronischer Bauteile verwendet und besteht aus einer heute meist digitalen Temperaturregelung und einem ⇨ **Lötkolben** mit Temperaturfühler. An der Lötstation wird die gewünschte Temperatur eingestellt, worauf das Gerät den Lötkolben bis zum Erreichen dieser Temperatur erhitzt und die Temperatur dann konstant hält. Meist sind Soll- und Ist-Temperatur über ein Display ablesbar. Oft gehört eine Ablage für den Lötkolben und ein Reinigungsschwamm für die Lötkolbenspitze zum Lieferumfang. Einige Modelle verfügen über eine Reinigung der Lötdämpfe per Aktivkohlefilter oder im professionellen Bereich auch über eine Absaugvorrichtung.

Lötzinn, das; *Subst.*, der „Klebstoff" zur Verbindung elektronischer Bauteile mit einer Platine. Dazu wird das Lötzinn mit einem ⇨ **Lötkolben** oder einer ⇨ **Lötstation** erhitzt, bis das flüssige Lötzinn den Anschluss des Bauteils auf der Platine umschließt. Anfangs wurde als Lötzinn hauptsächlich eine Legierung aus etwa 60 % Zinn und 40 % Blei verwendet, die einen Schmelzpunkt von etwa 183° C hat.

Durch eine EG-Verordnung zum Umweltschutz ist Blei seit 2006 in elektronischen Geräten verboten. Daher wird als Lötzinn das deutlich teurere ⇨ **Silberlot** eingesetzt, eine Legierung aus Zinn, Silber und Kupfer mit einem Schmelzpunkt von 220° C. Der höhere Schmelzpunkt verteuert die industrielle Fertigung mit ⇨ **Schwallbädern** und gefährdet hitzeempfindliche Bauteile wie ⇨ **CPUs** oder ⇨ **ELKOs**. Ebenfalls verwendet werden Zinn-Wismut-Legierungen, die preiswerter vom Material her sind und mit dem niedrigen Schmelzpunkt von 148° C eine günstigere Fertigung erlauben. Dafür sind diese Verbindungen thermisch nicht belastbar, was die Lebensdauer der damit gefertigten Geräte verringern kann und die Anwendung einschränkt.

Als Lötzinn kann ferner eine Zinn-Zink-Legierung verwendet werden, die mit ihrem Schmelzpunkt von 199° C und dem deutlich günstigeren Preis als Silberlot dem früheren Lötzinn am nächsten kommt. Im industriellen Einsatz ist dieses Lötzinn aber für die Montage von ⇨ **SMD**-Bauteilen weniger geeignet, da es sehr schnell trocknet.

LOG, ⇨ **Dateinamenerweiterung** für (1.) eine Protokolldatei einer Anwendung oder (2.) ein

L Login

Logbuch von Windows bei einer versuchten Installation oder einem fehlgeschlagenen Systemstart oder mit Fehleraufzeichnung bei Systemabstürzen (Dr. Watson, Winspector).

Login [sprich „logg in"], Anmeldung des Benutzers bei einem ⇨ **Einzelplatzsystem**, einer ⇨ **Arbeitsstation**, einem ⇨ **Server**, einer ⇨ **Anwendung** oder einem ⇨ **Internet-Zugang**.

Logische Operatoren sind Operatoren wie AND oder Und, OR oder Oder, NOT oder Nicht, EQV oder Äqv und Imp. Sie finden in der Programmierung oder auch beim Suchen in einer Suchmaschine Verwendung.

Logisches Laufwerk, das; *Subst.*, ist (1.) ein Laufwerk in einer ⇨ **erweiterten Partition** oder (2.) ein ⇨ **Image** einer CD auf der ⇨ **Festplatte**, das wie ein ⇨ **CD-Laufwerk** angesprochen werden kann.

Logoff [sprich „logg off"], Abmeldung eines Benutzers von einem ⇨ **Einzelplatzsystem**, einer ⇨ **Arbeitsstation**, einem ⇨ **Server**, einer ⇨ **Anwendung** oder einem ⇨ **Internet-Zugang**.

Logon [sprich „logg on"] ⇨ **Login**.

Lokalisation, die; *Subst.*, Übersetzung und Anpassung einer Software von der Quellsprache in die Zielsprache. Das umfasst die Übersetzung der Oberfläche, von Fehlermeldungen und Beispielen sowie die Übersetzung der Online-Hilfe und der gedruckten Hilfe. Dabei ist auch eine Anpassung an die Unterschiede des Ziellandes zum Herkunftsland vorzunehmen, wobei kulturelle Unterschiede ebenso wie eine unterschiedliche Gesetzgebung und Rechtsprechung zu beachten sind. Das führt regelmäßig auch zu Änderungen am Programmcode.

lokalisieren, *Verb*, bezeichnet das Übersetzen und Anpassen einer Software an die Sprache und die Gegebenheiten im Zielland; ⇨ **Lokalisation**.

Lollipop, Bezeichnung der Versionen 5.0 und 5.1 von ⇨ **Android**.

loop [sprich „luhp"], dt. ⇨ **Schleife**.

Love Scam [sprich „laff skäm"], dt. ⇨ **Liebesbetrug**.

low byte [sprich „loh bait"], dt. niederwertiges ⇨ **Byte**.

Low-Level-Formatierung [sprich „loh lewell formatierung"], die; *Subst.*, ist ein physikalisches ⇨ **Formatieren** von ⇨ **Festplatten**, das direkt beim Hersteller erfolgt und bei Festplatten-Defekten teilweise erforderlich ist. Einige Hersteller bieten Programme zur Low-Level-

Formatierung auf ihren Service-Seiten im Internet zum Download an. Davon zu unterscheiden ist die softwaremäßige Formatierung durch ein Tool oder ein Betriebssystem.

low pass [sprich „loh pass"], dt. Tiefpass, meist ist ein Filter in der Akustik gemeint.

Low-Power CPU [sprich „loh pauer ce pe uh"], die; *Subst.*, ist ein Prozessor mit vergleichsweise geringer Leistung, der dafür aber auch eine geringe Stromaufnahme hat und ohne aktiven Lüfter auskommt. Solche Prozessoren sind daher insbesondere für den mobilen Betrieb und für den Bau möglichst leiser Rechner geeignet.

lpi, Abkürzung für **l**ines **p**er **i**nch [sprich „leihns pör insch"], Linien pro Zoll. Maßeinheit für die Auflösung von Halbtonbildern.

LPT, Abkürzung für **L**ine **P**rinter [sprich „leihn printer"], dt. Zeilendrucker; ⇨ **Parallel-Port-Schnittstelle**.

LPT-Port, der; *Subst.*, ist eine andere Bezeichnung für die parallele Schnittstelle (⇨ **Parallel-Port-Schnittstelle**).

LSB, Abkürzung für **l**east **s**ignificant **b**it [sprich „liehst signifikänt bitt"], dt. niederwertigstes ⇨ **Bit**.

LTC, Währungssymbol für die ⇨ **Kryptowährung** ⇨**Litecoin**.

LTE 📱, Abkürzung für **L**ong **T**erm **E**valuation [sprich „long törm ewaluäischen"] auch als **4G** bezeichnet, ist ein Mobilfunkstandard und Nachfolger von ⇨ **UMTS** für den Internetzugang per Funk, bei dem die Anbieter Datenübertragungsraten von bis zu 100 Mbit/s in Aussicht stellen und damit ein Vielfaches von UMTS (bis zu 7,2 Mbit/s) und den meisten DSL-Anschlüssen (üblich ist DSL 16000, in ländlichen Regionen oft nur DSL 1000). Der Empfang erfolgt über ein LTE-Modem und der Anschluss der Rechner per WLAN-Router. Anfang 2012 wurden die ersten Smartphones mit LTE vorgestellt. Angeboten wird LTE von der Deutschen Telekom, Vodafone, E-Plus und O2. Der große Vorteil von LTE ist, dass es auch in ländlichen Gebieten einen schnellen Internetzugang ermöglicht, daher wurde gerade hier auch mit dem Ausbau begonnen. Doch die Anbieter begrenzen die Datenmenge auf zum Beispiel 500 MB, 1 GB, 5 GB, 10 GB oder 15 GB. Die Deutsche Telekom reduziert stattdessen die Geschwindigkeit ab einem Datenvolumen von 10 GB pro Monat auf 384 kBit/s. Dagegen ist das Datenvolumen bei DSL- und VDSL-Flatrates nicht beschränkt, weswegen ein solcher Anschluss in Ballungsgebieten gegenüber LTE von Vorteil ist.

Lüfterdämpfung

Lüfterdämpfung, die; *Subst.*, Entkoppeln des Lüfters vom Gehäuse, damit die Vibrationen des Lüfters sich nicht oder in geringerem Umfang auf das Gehäuse übertragen. Dazu dienen auf die Auflagen des Lüfters zugeschnittene Gummimatten, die zwischen den Lüfter und das Gehäuse oder auch einen Kühlkörper gelegt und dann durch das Festschrauben des Lüfters befestigt werden.

Lynx ist eine Bezeichnung für Firewire-Karten; ⇨ **Firewire**.

LZH, ⇨ **Dateinamenerweiterung** für mit dem ⇨ **Packer** LHA oder LHARC komprimierte Dateien, die sich damit auch wieder entpacken lassen; ⇨ **LHA**.

M

M2M [sprich „em tu em"], Abkürzung für **machine-to-machine** [sprich „mäschin tu mäschin"], **mobile-to-machine** [sprich „mobeil tu mäschin"] und **machine-to-mobile** [sprich „mäschin tu mobeil"] und bezeichnet einerseits die direkte Kommunikation von Computern untereinander und andererseits Computern mit anderen (meist mobilen) Geräten. Es geht hierbei insbesondere um die drahtlose Verbindung zu einem **Netzwerk,** was in naher Zukunft alle Bereiche unseres Lebens umfassen könnte. Die Anzahl potenzieller Geräte wächst derzeit rapide und umfasst bereits solche alltäglichen Geräte wie Heizungsthermostate, Kaffeemaschinen, Leuchten, Lichtschalter, Navigationssysteme von Kraftfahrzeugen, ⇨ **Smartphones,** ⇨ **SmartTVs,** Waschmaschinen oder Kühlschränke; ⇨ **Internet der Dinge.**

MABEZ 🕿, Abkürzung für **Ma**ssenverkehr zu **be**stimmten **Z**ielen, ist ein ⇨ **Mehrwertdienst,** der für Gewinnspiele, Abstimmungen im Fernsehen und ähnliche Veranstaltungen verwendet wird. Die Anwahl erfolgt über spezielle Rufnummern wie die ⇨ **0137**-Rufnummern.

Mac [sprich „mäck"], der; *Subst.*, umgangssprachliche Kurzbezeichnung für einen ⇨ **Apple**-Macintosh-Computer.

MAC [sprich „mäck"], die Abkürzung für **M**edia **A**ccess **C**ontrol [sprich „midia äksess kontrol"], wird meist im Sinne von ⇨ **MAC-Adresse** verwendet.

MAC-Adresse [sprich „mäck adresse"], die; *Subst.*, Adresse eines Netzwerkgeräts wie einer ⇨ **Netzwerkkarte** oder eines ⇨ **Switch.** Es handelt sich um eine 6 Byte bzw. 48 Bit lange ⇨ **Hexadezimalzahl** in der Form 00-50-8b-01-20-33. Die ersten 24 Bit können den Herstellercode enthalten. Die MAC-Adresse ist bei einigen Netzwerkkarten auf der Karte aufgedruckt. Ansonsten lässt sie sich über den Befehl ipconfig /all ermitteln, der in der ⇨ **Eingabeaufforderung** eingegeben wird. In der Bildschirmausgabe wird die MAC-Adresse als „physikalische Adresse" bezeichnet.

Sind in einem PC mehrere Netzwerkkarten eingebaut, so sind auch mehrere MAC-Adressen vorhanden. Da die MAC-Adresse eindeutig ist, also nur einmal weltweit vergeben wird, lässt sich darüber bei Netzwerken ein wirksamer Zugriffsschutz aufbauen, indem die MAC-Adressen der zugelassenen Netzwerkgeräte in einer ⇨ **Zugriffsliste** eingetragen werden. Dies ist vor allem bei ⇨ **WLAN**s zum Schutz vor ⇨ **Wardriver**n gebräuchlich.

Trotz des Nutzens besteht aus Datenschutzgründen eine Gefahr bei

Macro

den MAC-Adressen, denn ein PC lässt sich darüber identifizieren, wenn er im Internet ist. Durch Hinzufügen der persönlichen Daten des Benutzers lassen sich dessen Aktivitäten im Internet genauestens verfolgen. Die persönlichen Daten sind beispielsweise bei der Bestellung von Ware über einen Online-Shop oder über Preisausschreiben leicht zu erhalten und können mit der ausgelesenen MAC-Adresse verknüpft werden. Eine solche Auswertung lässt das deutsche und europäische Datenschutzrecht allerdings nicht zu.

Zum Schutz kann die MAC-Adresse mit speziellen Tools geändert werden. Über die ursprüngliche MAC-Adresse lässt sich auch der Hersteller eines Netzwerkgeräts ermitteln, da große Hersteller einen speziellen Herstellercode für die MAC-Adressen der eigenen Produkte verwenden (siehe Tabelle in der nächsten Spalte).

Macro, das; *Subst.*, ⇨ **Makro**.

Mäuseklavier, das; *Subst.*, umgangssprachliche Bezeichnung für ⇨ **DIP-Schalter**.

MagicGate Memory Stick [sprich „mädschik gäit memmori stick], der; *Subst.*, ist ein ⇨ **Memory Stick** mit MagicGate-Kopierschutz zum Übertragen und Speichern lizenzrechtlich geschützter Musikdateien. Dieser Memory Stick ist für Audiodaten konzipiert, ermöglicht aber auch das Speichern beliebiger anderer Daten.

Hersteller	Herstellercode für MAC-Adressen
3COM	00-30-67-xx-xx-xx
Compaq	00-50-8b-xx-xx-xx
Hewlett-Packard	08-00-09-xx-xx-xx
Realtek	00-02-44-xx-xx-xx
Sun Microsystems	08-00-20-xx-xx-xx
Toshiba	00-00-39-xx-xx-xx

Herstellercodes für MAC-Adressen

Mail [sprich „mäil"], die; *Subst.*, ist elektronische Post, hauptsächlich als ⇨ **E-Mail**.

Mailbomber [sprich „mäilbommber"], der; *Subst.*, ist ein Programm, mit dem ⇨ **Hacker** einen Massenversand von E-Mails auf ⇨ **Mail-Servern** durchführen, um diese zu blockieren oder auch zum Absturz zu bringen.

Mailbot [sprich „mäilbott"], der; *Subst.*, ist eine spezialisierte Form eines ⇨ **Robot**, der die E-Mail-Adressen der durchsuchten Webseiten sammelt. Die Absender der Mailbots verkaufen die E-Mail-Adressen oder verwenden diese selbst zum Versand

Mailingliste

von ⇨ **Spam-Mail**. Zum Schutz vor Mailbots setzen viele Webseiten-Betreiber die eigene E-Mail-Adresse als Grafik auf die Seite. PC-Anwender sollten wegen der Mailbots möglichst keine Mail-Adressen in ⇨ **Chats**, ⇨ **Newsgroups**, Kontakt- oder Verkaufsanzeigen usw. angeben.

Mailbox [sprich „mäilbocks"], die; *Subst.*, meint heutzutage meistens (1.) den Anrufbeantworter eines Mobilfunkbetreibers für ein Handy oder auf einem PC und (2.) den elektronischen Briefkasten für E-Mail. Mailbox war (3.) aber auch die Bezeichnung für einen ⇨ **Server**, der automatisch Anrufe entgegennimmt und den Benutzern Dateien zum Download bereitstellt oder eine Benutzeroberfläche und weitere Dienste wie Foren (schwarze Bretter), Informationssammlungen und Online-Spiele anbietet.

In den USA ist hierfür der Begriff ⇨ **BBS** üblich. Mailboxen boten eine Plattform für den weltweiten Austausch von Daten und Nachrichten, wurden jedoch durch das ⇨ **Internet** abgelöst. Vereinzelte Mailboxen sind jedoch noch aktiv und meist auch über das Internet zu erreichen.

Mail-Client [sprich „mäil kleient"], der; *Subst.*, ist ein Programm, mit dem sich ⇨ **E-Mails** von einem ⇨ **Mail-Server** abholen und an diesen senden lassen. Je nachdem, welchen Mail-Client Sie verwenden, stehen Ihnen unterschiedliche Funktionen zur Verfügung wie ⇨ **Out-of-Office**, Spamfilter, automatisierte Weiterleitung und Sortierung. Einige Internet-Provider wie ⇨**T-Online** haben in ihrer Zugangssoftware einen Mail-Client integriert, der sich aber im Fall von T-Online durch einen externen Mail-Client ersetzen lässt. Bekannte Mail-Clients sind zum Beispiel Outlook und Thunderbird.

mailen [sprich „mäilen"], *Verb*, oder **emailen** [sprich „imäilen"], Versenden einer ⇨ **E-Mail**.

Mailer [sprich „mäiler"], der; *Subst.*, ist ein Programm zum Empfang und Versand von Daten.

Mailingliste [sprich „mäilingliste"], die; *Subst.*, ist eine Form der Kommunikation einer geschlossenen Gruppe über das ⇨ **Internet** per ⇨ **E-Mail**. Die Teilnehmer tragen sich dazu in der Mailingliste ein und erhalten dann alle Nachrichten, die sie selbst oder andere Gruppenmitglieder versenden. Zum Versand von Nachrichten werden diese an die E-Mail-Adresse der Mailingliste gesendet. Der Empfang wird über die Angabe der eigenen E-Mail-Adresse ermöglicht. Nachteil der Mailingliste ist die Gefahr von Spam und die bei einer größeren Anzahl Mitglieder womöglich sehr große Anzahl erhaltener E-Mails. Vorteil ist der

M Mailserver

Gedankenaustausch der Mitglieder zum Thema der Mailingliste.

Mailserver [sprich „mäil sörwer"] ist eine andere Bezeichnung für ⇨ **E-Mail-Server**.

Mail-to-Fax-Gateway [sprich „mäil tu fax gäitwäi"] ist ein Dienst, der eine eingehende ⇨ **E-Mail** in ein Fax umwandelt und über das Internet versendet.

Mailware [sprich „mäilwär"], die; *Subst.*, ist eine Variante der ⇨ **Freeware**. Das Programm darf wie Freeware ohne Entgelt frei genutzt und auch beliebig verteilt werden. Der Autor bittet jedoch um die Zusendung einer Mail als Dank. Soll stattdessen eine Postkarte gesendet werden, handelt es sich um ⇨ **Cardware**.

Mainboard [sprich „mäinbord"], das; *Subst.*, ⇨ **Hauptplatine**.

main directory [sprich „mäin deirekdschori"], das; *Subst.*, dt. **Hauptverzeichnis** ⇨ **Wurzelverzeichnis**.

Mainframe [sprich „mäin fräim"], der; *Subst.*, dt. Großrechner.

Maintainer [sprich „mäin täiner"], der; *Subst.*, von engl. to maintain, dt. „pflegen", „instandhalten", ist jemand, der sich um die Betreuung und Pflege einer ⇨ **Software** küm-

mert, meist bei ⇨ **Open-Source**-Projekten. Das können eine oder mehrere Personen sein. Ein Maintainer ist nicht notwendigerweise auch an der Programmierung der Software beteiligt, sondern übernimmt beispielsweise die Moderation oder das Zusammenstellen von Update-Paketen. Die Aufgaben können jedoch umfassend sein, wie bei Linus Torvalds, der ⇨ **Linux** ins Leben gerufen und anfangs allein entwickelt hat. Er ist der Maintainer für den Linux-Kernel.

Makeln, das; *Subst.*, ist eine Funktion bei einem ⇨ **ISDN**-Anschluss durch die ein hereinkommender Anruf angenommen werden kann, während der aktuelle Anruf gehalten wird. Außerdem lässt sich durch Makeln zwischen zwei Anrufern hin und her wechseln.

Makro, das; *Subst.*, ist eine in einer Makrodatei aufgezeichnete Folge von Tasteneingaben, Mausbewegungen und Mausklicks zur Optimierung von wiederholten Arbeitsabläufen, die sich über das Makro, einer dem Makro zugeordneten Tastenkombination oder ein zugeordnetes Symbol aufrufen lassen. Ein Makro kann auch über eine Makrosprache programmiert werden. Ein Beispiel für eine Makrosprache ist ⇨ **VBA** (**V**isual **B**ASIC für **A**nwendungen). In der Praxis werden Makros beispielsweise zur automatischen Textformatierung in Word eingesetzt.

Makrovirus, der; *Subst.*, ist ein ⇨ **Schadprogramm** in einer Makrodatei oder einem Dokument, das ⇨ **Makros** enthält. Bis zum Erscheinen von Office 2007 waren Makroviren in Word-Dokumenten eine große Gefahr, da diese beim Öffnen des Dokuments automatisch ausgeführt wurden. Die Makroviren verbreiten sich durch die Weitergabe der Dokumente und über die Standardvorlage normal.dot. Ist die Standardvorlage infiziert, werden darüber auch alle damit erstellten Dokumente infiziert. Die Einführung des XML-Dateiformats mit Office 2007, das spezielle Dateiformat für Word-Dateien mit Makros (DOCM) haben die Gefahr durch Makroviren deutlich verringert. Zudem ist das Ausführen von Makros bei Office 2007, 2010, 2013 und 2016 voreingestellt deaktiviert. Neben Word-Dateien werden auch Excel- und PowerPoint-Dateien mit Makroviren infiziert. Auch hier wird ab Office 2007 ein spezielles Dateiformat für Makros verwendet (XLSM und PPTM). Siehe auch ⇨ **VBA**.

Malvertising [sprich „mälwerteising"], Kunstwort aus ⇨ **Malware** oder **mal**icious und Ad**vertising**, Verbreiten von Schadprogrammen per Online-Werbung, wodurch auch eine Gefahr vor der Infektion bei ansonsten vertrauenswürdigen Webseiten besteht. Bei ⇨ **Flash**-Werbung kann ein Skript direkt ein Schadprogramm auf den Rechner des Besuchers laden oder diesen auf eine andere Webseite leiten, wo ⇨ **Drive-by**-Software heruntergeladen wird. Dem Besucher der Webseite kann auch eine vermeintlich nützliche Software angeboten werden, bei der es sich jedoch um ein ⇨ **Trojanisches Pferd** handelt. Schutz bietet das Deinstallieren von Adobe Flash, das Deaktivieren von Adobe Flash, Werbeblocker, die Flash-Anzeigen unterdrücken, sowie Schutzprogramme, die vor gefährlichen Webseiten warnen und Downloads scannen.

Malware [sprich „mälwär"], englische Bezeichnung für ⇨ **Schadprogramme** und ein Oberbegriff für **Computerviren, Spyware,** ⇨ **Trojanische Pferde,** ⇨ **Würmer** und alle weiteren schädlichen Programme.

Man-in-the-Middle-Angriff, dt. ⇨ Mann-in-der-Mitte-Angriff.

Mann-in-der-Mitte-Angriff, der; *Subst.*, engl. **Man-in-the-Middle-Angriff**, ist ein Angriff auf den Kommunikationskanal zwischen ⇨Browser und Webserver. Dabei täuscht der Angreifer den beiden Parteien die Identität des jeweils anderen vor, um somit eine sichere Verschlüsselung auszuhebeln. Die Daten der beiden Kommunikationspartner werden zwar verschlüsselt, aber so, dass der in der Mitte sitzen-

M Manpage

de Angreifer diese Daten entschlüsseln und weiterleiten kann.

Manpage [sprich „männpäidsch"], Abkürzung für **Man**ual **Page** [sprich „mänjuäl päidsch"], dt. „Handbuchseite". Es handelt sich dabei um meist englischsprachige Handbuchseiten im Internet, die ⇨ **UNIX**- oder ⇨ **Linux**-Kommandos oder Programme für diese Betriebssysteme erläutern.

Ein Hinweis auf eine Manpage wird meist über den Namen des Programms mit einer Zahl in Klammern gegeben, also zum Beispiel „file (1)" für die Handbuchseite zum Unix-Kommando file. Die Zahl gibt die Nummer des jeweils relevanten Abschnitts auf der Manpage an. Häufig besteht die Manpage jedoch nur aus einem Abschnitt, sodass der Zusatz (1) der Normalfall ist.

MAML, Abkürzung von **M**icrosoft **A**ssistance **M**arkup **L**anguage [sprich „meikrosoft ässistänz markapp längwitsch"], ist eine auf ⇨ **XML** basierende Sprache von Microsoft, die im Hilfeformat Help3 verwendet wird.

Marathon-Tintenpatrone ist eine werbliche Bezeichnung für Tintenpatronen von Fremdherstellern, wobei Marathon bei potenziellen Kunden eine große Anzahl von Druckseiten assoziieren soll. In der Praxis ist hier Vorsicht geboten, denn es handelt sich nicht um ein Originalzubehör des Druckerherstellers. Die Verwendung kann daher die Garantie des Druckerherstellers erlöschen lassen und zu Schäden beim Drucker führen. Bei der Tintenauswahl sollten Testergebnisse ausschlaggebend sein und nicht die fragwürdige Marketingbezeichnung Marathon.

Marathon-Toner ist eine werbliche Bezeichnung für Toner von Fremdherstellern, wobei Marathon bei potenziellen Kunden eine große Anzahl von Druckseiten assoziieren soll. In der Praxis ist hier Vorsicht geboten, denn es handelt sich nicht um ein Originalzubehör des Druckerherstellers. Die Verwendung kann daher die Garantie des Druckerherstellers erlöschen lassen und zu Schäden beim Drucker führen. Bei der Tonerauswahl sollten Testergebnisse ausschlaggebend sein und nicht die fragwürdige Marketingbezeichnung Marathon-Toner.

markieren, *Verb,* Hervorheben eines Listeneintrags, Menüs, Menübefehls oder einer Schaltfläche, eines Kontrollkastens, Textes oder eines Objektes z. B. ein Bild mit der ⇨ **Maus**. Dies erfolgt entweder durch Ansteuern des entsprechenden Elements mit der Maus oder bei einem Text durch das Drücken der linken Maustaste zu Beginn des Textes. Die Maus wird dann mit gedrückter Maustaste bis zum Ende des Textabschnitts gezogen, der markiert werden soll. Der markierte Text kann nun bearbeitet, zum Beispiel anders formatiert, ausgeschnitten, verschoben oder kopiert werden.

Marshmallow, Bezeichnung der Version 6.0 und 6.0.1 von ⇨ **Android**.

MAS, Abkürzung für **M**ouse **A**rm **S**yndrom [sprich „maus arm sündrom"], dt. ⇨ **Mausarmsyndrom**.

Maschinencode, der; *Subst.*, ⇨ **Maschinensprache**.

Maschinensprache, die; *Subst.*, bezeichnet die Darstellung von Befehlen und Daten im binären Format, die vom ⇨ **Prozessor** direkt verarbeitet werden kann. Das Erzeugen der für den Menschen schwer lesbaren Maschinensprache erfolgt automatisch durch einen ⇨ **Compiler** oder ⇨ **Assembler**.

MASF, Abkürzung für **m**iner **a**ctivated **s**oft**f**ork [sprich „meiner aktiväitid softfork"], ist eine durch die ⇨ **Miner** einer ⇨ **Kryptowährung** veranlasste Abspaltung von der ⇨ **Blockchain**; ⇨ **Soft Fork**.

Mashup [sprich „mäschapp"] ist eine Zusammenstellung bereits im Internet vorhandener Inhalte auf einer ⇨ **Webseite**. Das können beispielsweise ⇨ **Tweets**, News, Bilder oder Videos zu einem bestimmten Thema sein. Der Betreiber der Webseite lädt diese Daten über die Programmierschnittstelle (⇨ **API**) eines Dienstes wie ⇨ **Twitter** oder ⇨ **YouTube**. Ein bekanntes Mashup für Social-Media-Nachrichten ist **Mashable** http://mashable.com/, das nach eigener Aussage 93 Millionen Besucher pro Monat hat und 30 Millionen ⇨ **Follower** in sozialen Netzwerken wie ⇨ **Twitter**.

Massenspeicher, der; *Subst.*, Sammelbegriff für alle Speichermedien, auf denen größere Datenmengen dauerhaft gespeichert werden können. Typische Massenspeicher sind Diskette, Fest-/Wechselplatte, Band/Streamer-Tape, CD, DVD sowie ⇨ **Chipkarten**, ⇨ **Speicherkarten** und ⇨ **Memory Sticks**.

Master, der; *Subst.*, ist (1.) die Bezeichnung für eine Vorlage zum Herstellen einer CD oder DVD in einem Presswerk und (2.) die Abkürzung für ⇨ **Master-Laufwerk**.

Master Boot Record [sprich „master buht rekord"], der; *Subst.*, abgekürzt ⇨ **MBR**, ist ein im ⇨ **Bootsektor** einer Festplatte gespeichertes Programm. Der MBR wird beim Start ausgelesen und die dortigen Startinformationen werden ausgeführt, beispielsweise zum Starten eines Betriebssystems.

Master-Laufwerk, das; *Subst.*, oder kurz **Master** ist ein Laufwerk in einer ⇨ **Master-/Slave-Konfiguration**, das mithilfe eines ⇨ **Jum-**

M Masternode

pers als Master definiert wurde. Die Bezeichnungen Master (Herr) und ⇨ **Slave** (Sklave) sind irreführend, denn das Master-Laufwerk steuert das Slave-Laufwerk nicht und sollte es auch nicht beeinflussen. Es gibt daher auch die Bezeichnung ⇨ **Device 0** für Master und ⇨ **Device 1** für Slave.

Masternode, der; *Subst.*, ist ein Knoten in einem ⇨ **Dash**-⇨ **Blockchain**-Netzwerk, der ein Dash-Wallet betreibt, eine feste IP-Adresse hat und rund um die Uhr betrieben wird. Ein Betreiber eines Masternodes muss eine Sicherheit von mindestens 1.000 Dash (760.000 $, Stand 1.12.2017) hinterlegen und ist damit quasi wie ein Aktionär finanziell am System beteiligt. Für diese Beteiligung hat der Masternode ein Stimmrecht, das von der Höhe seiner Dash-Einlage abhängt. Masternodes erhalten eine Ausschüttung von 45 Prozent der neuen Dash-Coins, die rund 2 Dash pro Woche beträgt.

Master-/Slave-Konfiguration [sprich „master släif konfiguräschen" oder deutsch „master släif konfiguration"], die; *Subst.*, die Konfiguration mit einem ⇨ **Master-Laufwerk** und einem ⇨ **Slave-Laufwerk** an einem ⇨ **IDE**-Kanal. Eine typische Konfiguration ist zum Beispiel eine ⇨ **Festplatte** als Master und ein ⇨ **CD-Laufwerk** als Slave oder ein ⇨ **CD-Brenner** als Master und ein CD- oder DVD-Laufwerk als Slave.

Matchcode [sprich „mätschkohd"], der; *Subst.*, ist ein Sortierfeld bei ⇨ **Adressenverwaltung** und kaufmännischer Software, das oft automatisch generiert wird. Es soll die eindeutige Zuordnung in der Datenbank sicherstellen und/oder dem Anwender zum Beispiel die Suche nach einem Kunden erleichtern. Dazu wird zum beispielsweise der Name des Kunden mit dem Ort oder der Postleitzahl verbunden, etwa zu „MaierDortmund" oder „Maier 44145".

Maus, die; *Subst.*, ist ein Eingabegerät, dessen Bewegungen auf den **Mauspfeil**, einen ⇨ **Cursor**, auf dem Bildschirm übertragen werden.

Mausarmsyndrom, das; *Subst.*, abgekürzt ⇨ **MAS**, ist eine schmerzhafte Erkrankung durch ständig wiederholte Bewegungen mit der Maus, zu denen nicht zuletzt das Klicken mit den Maustasten zählt.

Maus-Geste, die; *Subst.*, ist eine Form der Steuerung einer Anwendung bei der Funktionen über eine bestimmte Mausbewegung aktiviert werden. So lässt sich etwa beim Browser Opera eine Seite zurückblättern, indem links geklickt und gleichzeitig die Maus nach links bewegt wird.

Maus-LED, die; *Subst.*, Leuchtdiode bei optischen Mäusen.

Mausmatte, die; *Subst.*, auch **Mauspad** [sprich „maus pätt"] oder **Mousepad** ist eine Unterlage für mechanische Mäuse, die von der Oberflächenbeschaffenheit her eine optimale Übertragung der Mausbewegung über die Mauskugel ermöglichen soll. Der Mauspfeil lässt sich somit exakter steuern. Für optische Mäuse ist nicht jede Mausmatte verwendbar, denn das verwendete rote oder blaue Licht wird von gleichfarbigen Unterlagen zu stark gefiltert und unzureichend reflektiert. Auch „Mausmatten" aus Glas sind für optische Mäuse ungeeignet.

Mauspfeil, der; *Subst.*, ⇨ **Cursor** von Windows, der voreingestellt die Form eines Pfeils hat und mit der Maus gesteuert wird. Je nach Tätigkeit mit der Maus verändert der Mauspfeil seine Form in zum Beispiel einen Doppelpfeil oder eine Hand. Die Grafiken für den Mauszeiger lassen sich austauschen. Je nach eingestelltem Windows-Thema kann der Mauszeiger auch die Form eines Tieres oder irgendwelcher Objekte annehmen.

Mausrad, das; *Subst.*, auch **Scrollrad**, ist ein drehbares Rad auf einer Maus, mit dem man durch ein Dokument blättern bzw. scrollen kann. Das Mausrad ersetzt die dritte Taste. Ein Teil der Mausräder lässt sich nicht nur drehen, sondern durch einen Schalter unter der Achse auch klicken und/oder durch eine zweite Achse seitwärts drücken. Letzteres ermöglicht ein seitenweises Blättern vor und zurück oder ein waagerechtes Verschieben des sichtbaren Textausschnitts in einer Textverarbeitung oder des Ausschnitts einer Tabelle.

Maustreiber der; *Subst.*, ist ein ⇨ **Treiber**, der die Funktion der Maus ermöglicht. Windows richtet den Maustreiber automatisch ein, für Sonderfunktionen wie zusätzliche Tasten kann jedoch ein spezieller Maustreiber des Herstellers der Maus erforderlich sein.

maximieren, *Verb*, Vergrößern eines Windows-Fensters, sodass es den gesamten verfügbaren Bildschirm einnimmt (⇨ **Vollbild**). Dies erfolgt mithilfe der ⇨ **Maximieren-Schaltfläche**, einer ⇨ **Tastenkombination** oder einem Menübefehl.

Maximieren-Schaltfläche, die; *Subst.*, engl. Maximize button, mittlere Schaltfläche in der oberen rechten Ecke eines Windows-Fenster, die mit einem Rechteck gekennzeichnet ist. Klicken Sie darauf, nimmt das Windows-Fenster die gesamte Größe des verfügbaren Bildschirmplatzes ein; ⇨ **maximieren**.

MB ⇨ **Megabyte**.

MBR, der; *Subst.*, Abkürzung für ⇨ **Master Boot Record**.

M MBSA

MBSA, Abkürzung für **M**icrosoft **B**aseline **S**ecurity **A**nalyzer [sprich „meikrosoft bäisleihn sekjuriti änäleiser"], ist ein Tool von Microsoft mit dem sich Sicherheitslücken bei einem Windows-PC finden und per Online-Update schließen lassen. Weitere Infos und Download: http://bit.ly/QMI6ek.

MByte ⇨ Megabyte.

MCA, der; *Subst.*, Abkürzung für **M**icrosoft **C**ertified **A**rchitect [sprich „meikrosoft sörtifeid arkitekt"], eine Microsoft-Zertifizierung für IT-Architekten in Unternehmensumgebungen; Informationen zu den Microsoft-Zertifizierungen finden Sie unter http://bit.ly/ygzsHD.

MCE, Abkürzung für das Windows **M**edia **Ce**nter.

MCH, Abkürzung für ⇨ **M**emory **C**ontrol **H**ub.

MCI, Abkürzung für **M**edia **C**ontrol **I**nterface [sprich „midia kontrohl interfäis"], eine hersteller-unabhängige Programmierschnittstelle unter Windows.

MDA ist (1.) die ⇨ **D**ateinamenerweiterung einer ⇨ **A**ccess-systemspezifischen Tabelle. Es ist aber auch (2.) die Abkürzung für **M**onochrome **D**isplay **A**dapter, einem veralteten Grafikstandard aus den Anfangszeiten der PCs, mit dem Textdarstellung mit 25 Zeilen und 80 Spalten, jedoch keine Grafikwiedergabe möglich ist.

MDB, Abkürzung für **M**icrosoft **D**ata**B**ase, ⇨ **D**ateinamenerweiterung einer Microsoft ⇨ **A**ccess-Datenbank.

MDI ist (1.) die Abkürzung für ⇨ **m**ultiple **d**ocument **i**nferface, dt. ⇨ **M**ehrfachdokumentenschnittstelle, (2.) ⇨ **M**icrosoft **D**ocument **I**maging, (3.) ⇨ **Me**dium **D**ependent **I**nterface, (4.) **M**obile **D**ata **I**nternational und (5.) für die Firma **M**icro **D**esign **I**nternational, die sich auf Massenspeicher für ⇨ **LANs** spezialisiert hat (⇨ **NAS**).

M-DISC, die; *Subst.*, früher M-ARC disc, ist ein zur Datensicherung und Archivierung gedachter optischer Datenträger der Firma Millenniata, der angeblich „für immer" hält. Das Polycarbonat des Trägers löst sich laut Angaben der Firma erst nach 1.000 Jahren auf, die reflektierende Schicht nach 10.000 Jahren. In Tests zeigte sich der Datenträger beständiger als alle Vergleichs-DVDs. Beschrieben wird eine M-DISC mit einem M-WRITER-Laufwerk. Solche Laufwerke bietet LG an. Lesen lässt sich der Inhalt einer M-DISC mit einem handelsüblichen DVD-Player und DVD-Laufwerk für den PC und im Fall der M-DISC BDR mit einer Speicherkapazität von 25 GB,

Megabyte M

50 GB oder 100 GB von einem handelsüblichen Blu-ray-Player; http://www.mdisc.com/.

MDM, Abkürzung für **M**obile **D**evice **M**anagement [sprich „mobeil diweis mänedschment"], die Verwaltung mobiler Geräte in einem Unternehmen.

MDS, Abkürzung für ⇨ **Multi Display Support**.

Meantime between Failure [sprich „mienteim bittwien fäiler"], die, *Subst.*, dt. „durchschnittliche Zeit zwischen dem Auftreten eines Fehlers"; ⇨ **MTBF**.

Mebi, Abkürzung für **me**ga-**bi**nary, abgekürzt **Mi**, entspricht 2^{20} = 1.048.576 und wird zur genauen Angabe einer Speicherkapazität in ⇨ **MebiByte** verwendet. Mebi ist jedoch kaum bekannt; ⇨ **Mega** und ⇨ **MegaByte**.

MebiByte, das; *Subst.*, abgekürzt **MiB** [sprich „mega bainäri"], ist eine Maßeinheit für die Speicherkapazität und bedeutet 2^{20} Byte, also 1.048.576 Byte. Diese Angabe ist genauer als ⇨ **Mega**, da Mebi auf dem ⇨ **Binärsystem** und Mega auf dem ⇨ **Dezimalsystem** basiert und Speichergrößen binär berechnet werden, siehe auch ⇨ **Megabyte**.

Media Creation Tool [sprich „midia krieyschen tuhl"], das; *Subst.*, ⇨ **Medienerstellungstool**.

Mediaplayer [sprich „midiapläjer"], der; *Subst.*, ist allgemein ein Programm zum Abspielen von Multimediadateien, die zum Beispiel Musik oder Videos enthalten können. Der Name entsprechender Programme enthält häufig diesen Begriff, wenn auch teilweise in abweichender Schreibweise wie etwa beim ⇨ **Windows Media Player**.

Medienerstellungstool, engl. **Media Creation Tool**, ist ein Programm von Microsoft, mit dem sich ⇨ **DVD**s und ⇨ **USB-Stick**s für die Installation von ⇨ **Windows 10** und ⇨ **Windows 8.1** erstellen lassen; Download für Windows 10: https://www.microsoft.com/de-de/software-download/windows10, Download für Windows 8.1: http://bit.ly/N9idIU.

Medium Dependent Interface [sprich „midium dependent interfäis"], abgekürzt **MDI**, bezeichnet beim Standard ⇨ **802.3** die physikalische und mechanische Schnittstelle zum Medium.

Megabyte [sprich „mega beit"], das; *Subst.*, abgekürzt **MB**, ist eine Einheit für die Speichergröße. Im Computerbereich wird 1 MB in der Regel als 2^{20} ⇨ **Byte**s = 1.048.576 Bytes aufgefasst, allerdings gibt es

M Megahertz

dafür keine Norm. Daher wird oft auch mit 1 MB = 10^6 = 1.000.000 Bytes gerechnet. Auf diese Weise wird aus einem werbewirksam mit 1 GB angegebenen Speicher in der Regel nur eine reale Speichergröße von 954 MB.

Megahertz, abgekürzt **MHz**, ist ein Maß für die ⇨ **Taktfrequenz** zum Beispiel von ⇨ **CPU** oder Arbeitsspeicher. Entspricht 1 Million ⇨ **Hertz**.

Megapixel, das; *Subst.*, abgekürzt **MP**, entspricht 10^6 = 1.000.000 Pixel und gibt bei Digitalkameras die Auflösung an, wobei die Angaben stark variieren. Teilweise beziehen sich diese auf die Kapazität des CCD-Chips, dann wiederum auf eine interpolierte Pixelanzahl des Bildes. Heute erreichen schon die Kameras von ⇨ **Smartphone**s ein Auflösung von 12 MP und mehr. Dabei reicht schon 4 MP für Bilder bis DIN A4 aus. Spiegelreflexkameras mit 20 MP bis über 50 MP sind nur für sehr große Bildformate erforderlich. Zum Vergleich: Die Auflösung eines Kleinbildfilms entspricht 30 MP und wird von Spitzen-Spiegelreflexkameras mittlerweile weit übertroffen.

Mehrfachdokumentenschnittstelle, die; *Subst.*, engl. **multiple document interface** oder **MDI**, ist eine Schnittstelle von Windows, über die eine Anwendung gleichzeitig mehrere Dokumente/Dateien in eigenen Fenstern anzeigen kann. Es ist auch möglich, mehrere Ansichten eines Dokuments in mehreren Fenstern zu sehen. Eine Anwendung von MDI ist das ⇨ **Tabbed Browsing**.

Mehrfachindexdatei, die; *Subst.*, ist eine Indexdatei von dBASE IV, die bis zu 47 Indizes enthalten kann, wobei immer nur einer dieser Indizes aktiv sein kann und als ⇨ **Hauptindex** bezeichnet wird. Die Mehrfachindexdateien ersparen die Verwaltung mehrerer einzelner Indexdateien und haben die Dateinamenerweiterung MDX.

Mehrkernprozessor, der; *Subst.*, ist ein heute üblicher ⇨ **Prozessor** mit mehreren Prozessorkernen. Dieses Konzept steigert die Leistung durch paralleles Abarbeiten von Aufgaben und reduziert die Wärmeabgabe im Vergleich zu einem Prozessor mit nur einem Kern, aber höherer Taktfrequenz, um dieselbe Verarbeitungsgeschwindigkeit zu erzielen. Das Problem stellt dabei die Auslastung der Kerne dar, denn nur ein kleiner Teil der heutigen ⇨ **Software** ist für parallele Verarbeitung entwickelt und optimiert. Daher werden in der Praxis nicht alle Kerne gleichmäßig ausgelastet und der Mehrkernprozessor bringt nicht die theoretisch mögliche Geschwindigkeitsverbesserung. Mehrkernprozessoren mit vier Kernen und mehr sind dennoch für Power-User interessant, die ständig mit einer Vielzahl offener Anwendungen parallel arbeiten. Hier bringen sie einen deutlich spürbaren Geschwindigkeitsvorteil.

Mehrwertdienst, der; *Subst.*, ist ein Telefondienst, der kostenpflichtig über spezielle Rufnummern abgerechnet wird. Neben seriösen Angeboten wie der Telefonauskunft oder Beratungsleistungen werden Mehrwertdienste auch für zwielichtige Angebote wie Telefonsex und Betrügereien missbraucht. Die Deutsche Telekom hat daher im Juli 2011 alle eigenen 0900-Produkte und Rufnummern eingestellt, es gibt jedoch noch andere Anbieter. Zudem gibt es neben 0900-Rufnummern noch andere Mehrwertdienste-Rufnummern, deren Wert mehr als zweifelhaft ist. Das sind etwa Rufnummern für Gewinnspiele, über die sich Privatsender teilweise finanzieren, oder die Telefonauskunft, für die teilweise 1,99 € pro Minute und somit ein Stundensatz von rund 120 € abgerechnet wird. Es empfiehlt sich daher, solche hochpreisigen Dienste zu meiden und stattdessen die kostenlosen Auskunftsmöglichkeiten des Internets zu nutzen.

Melissa ist ein ⇨ **Wurm**, der 1999 zum ersten Mal in Erscheinung getreten ist. Der Wurm war in einer Word-Datei namens list.doc verborgen und wurde von einigen Outlook-Versionen automatisch geöffnet. Das vereinfachte die Verbreitung für den Wurm. Die Sicherheitslücke wurde von Microsoft in Word und Outlook geschlossen. Melissa war der Wegbereiter für gefährliche Würmer wie **Blaster**, ⇨ **Conficker, Iloveyou, Sasser, Slammer** und viele weitere.

Memory [sprich „memmori"], dt. Speicher.

Memory Control Hub [sprich „memmori kontrohl happ"], abgekürzt **MCH**, ist eine Bezeichnung von ⇨ **Intel** für die ⇨ **Northbridge**.

Memory-Effekt [sprich „memmori effekt"], der; *Subst.*, kann bei Nickel-Cadmium- und Metall-Hydrid-Akkus auftreten, wenn diese ständig neu aufgeladen werden, ohne zuvor völlig entladen zu sein. Die Akkus haben dann nicht mehr die volle Kapazität. Der Memory-Effekt tritt bei Lithium-Ionen- und Lithium-Polymer Akkus nicht auf.

Memory Select [sprich „memmori sileckt"] bezeichnet eine Funktion des ⇨ **Memory Stick Pro**, mit der sich die Speicherkapazität in zwei Teilbereiche unterteilen lässt, die unabhängig voneinander genutzt werden können. Die Umschaltung zwischen den Teilbereichen erfolgt mit einem kleinen Schalter, wobei der ⇨ **Memory Stick** dazu dem Steckplatz entnommen werden muss.

M Memory Stick

Memory Stick [sprich „memmori stick"], der; *Subst.*, ist ein veralteter Wechselspeicher der Firma Sony in den Maßen 50 x 21,5 x 2,8 mm (Form und Größe etwa eines Kaugummistreifens) und einem Gewicht von 4 Gramm mit einer seriellen Schnittstelle, einem Datendurchsatz bis zu 2,5 MB/s und einer Kapazität von 32 MB, 64 MB oder 128 MB. Die aktuelle, leistungsfähigere Variante ist der ⇨ **Memory Stick PRO**.

Memory Stick Duo [sprich „memmori stick duo"], der; *Subst.*, ist ein kleiner ⇨ **Memory Stick**, der ohne Adapter 20 x 31 x 1,6 mm groß ist und 2 Gramm wiegt. Er wird für sehr kompakte und portable Geräte genutzt und ist über den Adapter an jedem Standard-Memory-Stick-Steckplatz anschließbar. Die Kapazität beträgt 64 MB. Eine neuere, leistungsfähigere Variante ist der ⇨ **Memory Stick PRO Duo**.

Memory Stick PRO [sprich „memmori stick pro"], der; *Subst.*, ist eine Weiterentwicklung des ⇨ **Memory Stick** und verfügt über eine parallele Übertragungstechnik mit einem 8fach höheren Datendurchsatz von theoretisch bis zu 20 MB/s, in der Praxis eher 2 MB/s. Die maximale Schreibgeschwindigkeit liegt bei 15 MB/s. Die Modellreihe **Memory Stick PRO-HG** hat einen theoretischen Datendurchsatz von bis zu 30 MB/s. Der Memory Stick PRO hat eine Speicherkapazität von bis zu 32 GB.

Der Memory Stick PRO-HG Duo HX mit 16 GB Speicherplatz (Foto: Sony)

Memory Stick PRO Duo [sprich „memmori stick pro duo"], der; *Subst.*, ist eine Weiterentwicklung des ⇨ **Memory Stick Duo** mit einer Speicherkapazität von bis zu 32 GB. Mit dem **Memory Stick PRO-HG Duo** gibt es noch eine schnellere Version des Memory Stick PRO.

menu bar, dt. ⇨ **Menüleiste**.

Menüleiste, die; *Subst.*, engl. **menu bar**, bezeichnet den meist direkt unter der ⇨ **Titelleiste** befindlichen, horizontal angeordneten Bereich einer Windows-Anwendung, in der die ⇨ **Menüs** zu finden sind. Ein Menü wird durch Anklicken des gewünschten Menünamens oder durch die Kombination der Taste [Alt] mit dem im betreffenden Menünamen unterstrichenen Buchstaben geöffnet. In einigen Anwendungen lässt sich die Menüleiste mit der linken Maustaste anklicken und bei gedrückter linker Maustaste an eine neue Position in- oder auch außerhalb des Anwendungsfensters ziehen. An der gewünschten neuen Position wird die linke Maustaste losgelassen, woraufhin die Menüleiste dort verbleibt. Weiterhin ist es möglich, die Länge und Breite der Menüleiste zu verändern, diese ein- und auszublenden, neue ⇨ **Symbole** hinzuzufügen oder Symbole daraus zu entfernen.

Meowlingual, von meow = miauen und lingual = sprachlich, ist ein Übersetzungsprogramm für das Miauen von Katzen. Katzenfreunde zahlen in Japan dafür umgerechnet 75 €; ⇨ **Bowlingual**.

Messenger [sprich „messendscher"] oder **Instant Messenger** [sprich „instänt messendscher"] (IM), der; *Subst.*, ist ein Programm für den Versand von Nachrichten über das Internet oder Mobilfunk, die der Empfänger sofort erhält. Beispiele sind der Facebook Messenger, Skype Messenger, WhatsApp und der Yahoo Messenger. Während Messenger früher auf dem Desktop PC verwendet wurden, dienen sie heute hauptsächlich der Kommunikation mit ⇨ **Smartphones** als höherwertiger Ersatz der teuren ⇨ **SMS**- und ⇨ **MMS**-Dienste.

Meta-Suchmaschine, die; *Subst.*, gibt eine Suchanfrage an mehrere andere Suchmaschinen weiter und fasst die Antworten in einer Trefferliste zusammen (zum Beispiel www.metacrawler.de).

Metro oder **Metro UI**, Abkürzung für **Metro U**ser **I**nterface, dt. Metro-Benutzeroberfläche, war die Bezeichnung der Benutzeroberfläche von ⇨ **Windows 8** während dessen Entwicklungs- und Testphase. Wegen der Namensrechte der Firma Metro wurde die Bezeichnung geändert in Windows 8 UI und dann **Modern UI**. Die ursprünglich als **Metro Style Apps** oder **Metro-Apps** bezeichneten ⇨ **Apps** von Windows 8 wurden in Windows-8-Apps umbenannt. Die Apps und Windows-Anwendungen werden bei der Modern UI über Kachel-Symbole aufgerufen, die als ⇨ **Live Tiles** auch Informationen liefern. Die Modern UI hat sich bei Desktop-PCs nicht durchgesetzt und wird bei ⇨ **Windows 10** nur noch bei Mobilgeräten wie ⇨ **Smartphone**s und ⇨ **Tablet**s eingesetzt.

MF-II-Tastatur, die; *Subst.*, oder **AT-Tastatur** ist eine Tastatur mit 102 Tasten und 12 Funktionstasten, die oberhalb der alphanumerischen Tasten angebracht sind.

MFV ☎, Abkürzung für **M**ehr**f**requenz**v**erfahren beim Telefonieren; ⇨ **Tonwahl**.

MHP, Abkürzung für ⇨ **M**ultimedia **H**ome **P**latform.

MHz, Abkürzung für ⇨ **Megahertz**.

Mi, Abkürzung für ⇨ **Mebi**.

Michelangelo-Virus ist ein Anfang der 1990er Jahre zum ersten Mal in Erscheinung getretener ⇨ **Computervirus**, der in erster Linie Bootsektoren infizierte. Aktuelle PC-Systeme sind gegen diesen Virus nicht mehr anfällig.

Micro-ATX [sprich „meikro äi ti äcks" oder deutsch „mikro a te icks", ist ein Formfaktor für Mainboards, die eine Größe von 24,5 x 20,5 cm haben. Diese Mainboards erlauben den Bau besonders kleiner PCs, sind aber in der Anzahl der Erweiterungssteckplätze (PCI-Slots) meist auf zwei Stück beschränkt.

Microblogging [sprich „meikro blogging"] ist eine Form des ⇨ **Blogs**, also eines Internet-Tagebuchs, bei dem die Einträge auf eine bestimmte Länge begrenzt sind. Im Fall von ⇨ **Twitter** sind das 140 Zeichen, im Fall von ⇨ **Retweets** und Texten mit Links reduziert sich die Anzahl der Zeichen für die eigentliche Nachricht noch entsprechend.

Microbrowser [sprich „meikro brauser"] 📖, der; *Subst.*, ist der in einem Handy für die Anzeige von ⇨ **WAP**-Seiten verwendete ⇨ **Browser**.

Micro-Ops-Fusion ist eine Technologie der Firma ⇨ **Intel** für Prozessoren, bei der mehrere Operationen zu einem Befehl zusammengefasst werden, um die Leistung des Prozessors zu steigern und dessen Stromverbrauch zu senken.

microSD [sprich „meikro es di"] ist mit den Abmessungen von 11 x 15 x 0,7 mm derzeit die kleinste Form einer ⇨ **Secure Digital Card**, also einer SD-Speicherkarte. Das Gewicht beträgt 0,4 g. Es werden microSD-Speicherkarten mit bis zu 128 GB Speicherkapazität angeboten (**microSDXC**), wobei die theoretische Obergrenze bei 2 TB liegt. Die Zugriffsgeschwindigkeit wird über Zugriffsklassen angegeben: Class 2 mit 16 Mbit/s (2 MB/s), Class 4 mit 32 Mbit/s (4 MB/s), Class 6 mit 48 Mbit/s (6 MB/s) und Class 10 mit 80 Mbit/s (10 MB/s). microSD lässt sich über Adapter in einen SD-Steckplatz einschieben. Die Verwendung ist vor allem für ⇨ **Smartphone**s gedacht. Zur Verwendung von microSD muss das jeweilige Gerät ⇨ **SDHC**-kompatibel sein.

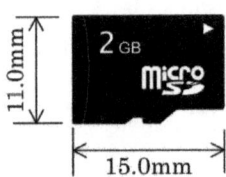 

Maße und Aussehen einer micro SD-Speicherkarte (Foto: Wikipedia)

Micro-SIM [sprich „meikro sim"] 🔋, die; *Subst.*, ist eine verkleinerte SIM-Karte mit den Maßen 15 x 12 mm, die beim ⇨ **iPhone** und ⇨ **iPad** verwendet wird. Es gibt Stanzgeräte, mit denen sich aus einer SIM-Karte eine Micro-SIM ausstanzen lässt. Das Ausschneiden ist mit Hilfe einer Schablone möglich. Stanzen und Ausschneiden können jedoch zu einer Beschädigung der SIM-Karte führen, außerdem hat eine Original-Micro-SIM mehr internen Speicher; Bastelanleitung für Micro-SIM http://bit.ly/23DRZBu.

Microsoft [sprich „meikrosoft"] wurde 1975 von Paul Allen und Bill Gates gegründet und ist der weltweite Marktführer für PC-Betriebssysteme (Windows), Office-Programme (Office, Word, Excel, PowerPoint, Access usw.) und das größte Software-Haus der Welt.

Microsoft Document Imaging [sprich „meikrosoft dogjument imedsching"] abgekürzt **MDI**, ist ein Dokumentenformat der Firma ⇨ **Microsoft**, das wie das ⇨ **PDF**-Format von Adobe auf dem Bildschirm eine Darstellung wie gedruckt ermöglicht (⇨ **WYSIWYG**). Das Format basiert auf ⇨ **TIFF**, bietet jedoch eine höhere Darstellungsqualität und eine bessere Komprimierung. Die Dateien haben die Endung .MDI und können über einen Druckertreiber aus jeder Windows-Anwendung erzeugt werden. Sie lassen sich auch durch Einscannen über eine ⇨ **MODI-Anwendung** erstellen.

Microsoft Edge, häufig als **Edge** abgekürzt, Projektname **Spartan**, ist ein zusammen mit **Windows 10** im Juli 2015 erschienener neuer **Browser** von **Microsoft**, der Nachfolger des ⇨ **Internet Explorer**.

Als Neuerung lässt sich mit Edge auf angezeigten Webseiten im Notiz-Modus schreiben und zeichnen. Diese Änderungen lassen sich mit anderen teilen. PDF-Dateien werden ohne Zusatzprogramm direkt angezeigt.

Microsoft verzichtet bei Microsoft Edge auf proprietäre und sicherheitstechnisch bedenkliche Techniken wie ⇨ **ActiveX**, VML und VBScript. ⇨ **JavaScript** wurde um Funktionen von ⇨ **Firefox** und ⇨ **Chrome** erweitert. Seit 2017 werden Erweiterungen (**Add-In**) unterstützt.

Microsoft Hello ist eine neue biometrische Zugangserkennung von ⇨ **Windows 10**, bei der eine Anmeldung per Fingerabdruck oder wahlweise ⇨ **Gesichtserkennung** möglich ist. Für die Gesichtserkennung reicht eine ⇨ **Webcam** nicht aus, hier ist aus Sicherheitsgründen eine ⇨ **RealSense**-Kamera von ⇨ **Intel** erforderlich.

Microsoft Help [sprich „meikrosoft help"], Oberbegriff für die

M Microsoft Passport

Online-Hilfe von ⇨ **Windows** und ihre Anwendungen. Es gibt mit Win-Help, HTMLHelp, Help2 und Help3 verschiedene Versionen.

Microsoft Passport, Anmelde-Dienst von Windows. Statt der Abfrage eines Kennworts erfolgt mit ⇨ **Windows 10** eine zweistufige Authentifizierung (⇨ **Zwei-Faktor-Authentifizierung**). Hierbei wird zuerst überprüft, ob die Anmeldung über ein registriertes Gerät erfolgt. Zusätzlich wird eine biometrische Überprüfung des Fingerabdrucks oder Gesichts durch ⇨ **Windows Hello** vorgenommen. Ersatzweise wird eine ⇨ **PIN** abgefragt. Über ein Microsoft-Konto und Microsoft Passport ist die Anmeldung bei ⇨ **Windows 10,** ⇨ **Windows 8.1** und ⇨ **Windows 8,** Microsoft-Angeboten wie Expedia, MSN, Windows Live oder Xbox Live und den Webseiten von Partnern möglich.

Microsoft Kinect [sprich „meikrosoft kinnect"] ⇨ **Kinect.**

Microsoft-Support-Betrug, *Subst.*, ist Telefonbetrug. Die Anrufer geben sich als Support-Mitarbeiter von Microsoft aus. Unter dem Vorwand, es befinde sich ein ⇨**Schadprogramm** auf dem PC, bieten die Anrufer an, die angebliche Schadprogramm-Infektion per Fernwartung zu entfernen. Stattdessen wird jedoch durch die Betrüger ein Schadprogramm installiert, oder es wird eine Zahlung für den angeblichen Service oder ein angebliches Schutzprogramm gefordert. Eine ähnliche Betrugsmethode verwenden Anrufer, die sich als 1&1-Mitarbeiter ausgeben, ⇨ **1&1-Support-Betrug.**

Microsoft Word [sprich „meikrosoft wöhrt"] ⇨ **Word.**

MID (1.) ⇨ **Dateinamenerweiterung** von ⇨ **MIDI**-Geräten; (2.) Abkürzung für **M**obile **I**nternet **D**evice, eine Bezeichnung für mobile Internetgeräte.

MIDI, Abkürzung für **M**usical **I**nstruments **D**igital **I**nterface [sprich „mjusikäl instruments didschitäl interfäis"], ist eine digitale Schnittstelle für Musikinstrumente. Einheitliches Datenübertragungssystem zwischen Computern und kompatiblen Musikinstrumenten wie Keyboards; ⇨ **General MIDI.**

MIDI-Anschlüsse werden als **MIDI-IN** (Eingang) und **MIDI-OUT** (Ausgang) bezeichnet. Einen Sonderfall stellt **MIDI-THRU** dar, denn hier werden sämtliche MIDI-Signale unverändert mit einer Verzögerung von ca. 5 ms „durchgeleitet". Der MIDI-Anschluss am PC erfolgt für eingehende Signale, beispielsweise von einem Keyboard kommend, an einer MIDI-IN-Buchse und für ausgehende Signale, etwa zu einem Klangzeuger-Modul oder zu ei-

Migration

nem Synthesizer, über die MIDI-OUT- oder MIDI-THRU-Buchse. Über MIDI-Anschlüsse werden Befehle und Steuerungsdaten zur Klangerzeugung übertragen, nicht die Musik selbst.

MIDI-fähig, *Adj.*, ist ein Gerät, wenn es über eine eingebaute ➪ **MIDI-Schnittstelle** verfügt. Dies ist normalerweise bei allen PCs mit ➪ **Soundkarte** der Fall sowie bei vielen elektronischen Musikinstrumenten wie Synthesizern oder Keyboards.

MIDI-IN, Eingang einer ➪ **MIDI-Schnittstelle**.

MIDI-OUT, Ausgang einer ➪ **MIDI-Schnittstelle**.

MIDI-Schnittstelle, die; *Subst.*, ist eine bei PCs üblicherweise in Kombination mit dem Joystick-Anschluss realisierte Schnittstelle auf der Soundkarte für den Anschluss ➪ **MIDI-fähiger**-Geräte wie Synthesizer oder Keyboard über einen 5-poligen DIN-Anschluss. Es gibt jedoch auch separate MIDI-Module und mittlerweile sogar externe, über ➪ **USB** anschließbare MIDI-Schnittstellen (zum Beispiel für Laptops). Bei der MIDI-Schnittstelle handelt es sich um eine serielle Schnittstelle, die mit 31.250 bit/s arbeitet. Der etwas seltsame Wert kommt dadurch zustande, dass man ein Taktsignal von 1 MHz 5-mal halbiert (106/25 = 1.000.000/32 = 31.250) oder in Verbindung mit einem MC6850-UART, der mit einem 2-MHz-Taktsignal arbeitet, dieses 6-mal halbiert.

MIDI-THRU ist ein ➪ **MIDI-Anschluss**, bei dem sämtliche MIDI-Signale unverändert mit einer Verzögerung von ca. 5 ms „durchgeleitet" werden.

Midi-Tower [sprich „midi tauer"] ist eine etwas kleinere Ausführung eines **Big-Towers** (➪ **Tower**) mit meist ein oder zwei 5,25-Zoll-Einbauschächten weniger und oft nur einem 3,5-Zoll-Einbauschacht. Ein anderer Ausdruck dafür ist ➪ **Mini-Tower**, wobei diese PC-Gehäuse meist noch etwas kleiner und mit weniger Einbauschächten versehen sind.

MIDlet, ist eine in der Programmiersprache ➪ **Java** geschriebene Software für ein ➪ **MID**, also ein mobiles Internetgerät wie ein ➪ **Smartphone** oder ➪ **Tablet**.

Migration, Wechsel des ➪ **Betriebssystems**, also zum Beispiel von ➪ **Windows 8.1** zu ➪ **Windows 10** oder von ➪ **Windows** zu ➪ **Linux**. Daneben gibt es noch die Datenmigration, zum Beispiel den Umzug der Daten von einer Rechnerplattform auf eine andere (Hardware-Migration) oder die Übernahme von Daten von einer Datenbank

M Mikro-Blogging, Microblogging

in eine andere. Wikipedia nennt noch zusätzlich die Live-Migration für den Umzug einer virtuellen Maschine und die Anwendungsmigration für den Wechsel einer Anwendung. Sofern mit einem solchen Umzug Software-Entwicklung verbunden ist, wird statt Migration von Portierung (⇨ **portieren**) gesprochen.

Mikro-Blogging oder **Microblogging**, das; *Subst.*, Versand von kurzen, SMS-ähnlichen Textnachrichten, die beim bekanntesten Anbieter ⇨ **Twitter** bis zu 280 Zeichen lang sein können. Die Nachrichten lassen sich entweder öffentlich oder privat und auf verschiedenen Wegen wie ⇨ **E-Mail**, ⇨ **SMS** oder per ⇨ **Messenger** versenden.

Mikrodiskette, die; *Subst.*, ist eine andere Bezeichnung für eine ⇨ **3,5-Zoll-Diskette**.

Mikro-PC ist wie ⇨ **Mini-PC** eine Bezeichnung für einen sehr kleinen ⇨ **PC**.

Mikropost, der; *Subst.*, ist eine beim ⇨ **Microblogging** versendete Kurznachricht, deren Zeichenanzahl wie bei ⇨ **Twitter** begrenzt ist. Dort wird ein Mikropost als ⇨ **Tweet** bezeichnet.

MIME, Abkürzung für **M**ultipurpose **I**nternet **M**ail **E**xtensions [sprich „malti pörpes internet mäil ickstenschens"], ermöglicht das Einbinden binärer Daten in ⇨ **E-Mails** in Form eines binären Anhangs, einer Multipart-Mail oder ⇨ **HTML**-Mail.

MIMO, Abkürzung für **m**ultiple **i**nput **m**ultiple **o**utput [sprich „maltipl input maltipl autput"], ist eine Technologie zur Fehlerreduzierung bei der Funkübertragung, bei der Sender und Empfänger mehrere Antennen haben.

Mindspark ist ein ⇨ **Browser-Entführer**, der Suchmaschine und Startseite in www.mindspark.com ändert. Der Anbieter verdient an Werbeeinnahmen auf der Seite und den erhobenen Daten.

minen, *Verb*, Tätigkeit des ⇨**Coin** „schürfens", also des Erzeugens und Verwalten von Blöcken einer ⇨**Blockchain** zur Einnahmenerzielung.

Miner, der; *Subst.*, „schürft" eine ⇨ **Kryptowährung** wie ⇨ **Bitcoin**, indem er Blöcke einer ⇨ **Bitchain** mit Hilfe einer für den jeweiligen ⇨ **Coin** passenden Software auf einem ⇨ **ASIC-Miner**, ⇨ **PC** oder ⇨ **Smartphone** erzeugt. Da erhebliche Rechenleistung benötigt wird, schließen sich Miner häufig einem **Mining-Pool** an oder mieten über ⇨ **Mining-Verträge** Rechenzeit bei auf Mining spezialisierten Rechnerfarmen.

Mini-ITX ist ein Formfaktor für ⇨ **Mainboards**, die 4 ⇨ **Layer** und eine Größe von 17 x 17 cm haben.

minimieren, *Verb*, Verkleinern eines Windows-Fensters auf Symbolgröße mit der ⇨ **Minimieren-Schaltfläche**, einer ⇨ **Tastenkombination** oder einem Menübefehl.

Minimieren-Schaltfläche, engl. **Minimize button**, die; *Subst.*, erste der drei Schaltflächen in der oberen rechten Ecke eines Windows-Fensters, die mit einem Strich gekennzeichnet ist. Klicken Sie darauf, wird das Windows-Fenster zu einem Symbol in der ⇨ **Taskleiste** verkleinert.

Minimize button, dt. ⇨ **Minimieren-Schaltfläche**.

Mining [sprich „maining"], das; *Subst.*, bezeichnet die Tätigkeit des „Schürfens" von digitalen Geldeinheiten (**Coins**) einer ⇨ **Kryptowährung** wie ⇨ **Bitcoin**. Dazu werden mit einem ⇨ **ASIC-Miner**, ⇨ **PC** oder ⇨ **Smartphone** die Blöcke einer ⇨ **Blockchain** aktualisiert, überprüft und verwaltet. Neben der zum Mining meist erforderlichen sehr hohen Rechenleistung wird beträchtlicher Speicherplatz benötigt, da eine Blockchain zum Beispiel bei Bitcoin rund 120 GB umfasst. Das Mining verursacht hohe Stromkosten. Dazu sind die Abschreibungen für die Rechner, die Raumkosten und bei größeren Rechneranlagen die Lohn- und Lohnnebenkosten zu berücksichtigen. Daher ist Mining wegen der hohen Lohn- und Stromkosten in Europa hier nur selten wirtschaftlich durchzuführen. Die größten Rechneranlagen zum Minen stehen daher in China.

Mining-Node ist ein Netzwerkknoten im ⇨ **Ethereum**-Netzwerk, der die durch das ⇨ **Minen** erzeugten Transaktionen bestätigt; ⇨**Full Node**, ⇨**Light Client**.

Mining-Pool, der; *Subst.*, ist ein wirtschaftlicher Zweckverband von ⇨**Minern**, die ihre Rechenleistung gemeinsam nutzen, um neue Blöcke zu generieren. Die Einnahmen werden unter den Teilnehmern des Mining-Pools entsprechend der eingebrachten Rechenleistung aufgeteilt.

Mining-Vertrag, der; *Subst.*, ist ein Vertrag mit einem Anbieter eines ⇨**Mining-Pools** oder von Rechnern, die zum **minen** eines ⇨**Coin** bestimmt

Mini-Notebook [sprich „mini nohtbuck"] ist eine andere Bezeichnung für kleinere mobile Rechner als ein Notebook, also ⇨ **Netbook**, ⇨ **Nettop** oder **ULCPC**, d. h. PCs der untersten Preiskategorie mit entsprechend niedriger Leistung und Ausstattung. Es ist häufig ein werblich verwendeter Begriff, der dem

Mini-PC

Leser die Wertigkeit eines Notebooks vermitteln soll, obwohl das angebotene Gerät nicht als Notebook-Ersatz eingesetzt werden kann. Es sollte daher bei Angeboten von Mini-Notebooks nicht nur auf den Preis, sondern sehr kritisch auf die Komponenten geschaut werden.

Mini-PC der; *Subst.*, ist ein sehr kleiner PC, so klein wie eine Handfläche oder sogar im Format einer Kaugummi-Packung (⇨ **HDMI-PC**). Es handelt sich dennoch um einen vollwertigen PC, teilweise sogar für den Büroeinsatz.

Mini-PCs verwendeten früher als ⇨ **Betriebssystem** ⇨ **Android** oder waren als ⇨ **Linux**-Client an ein Netzwerk angeschlossen. Aktuelle Mini-PCs sind für ⇨ **Windows 10** leistungsstark genug und können als ⇨ **Einzelplatzsystem** betrieben werden.

Der Vorteil ist der geringe Platzbedarf. Kommt ein solcher Mini-PC ohne Lüfter aus, ist er im Betrieb sehr leise. Mini-PCs haben einen geringen Stromverbrauch und tragen daher zur Einsparung von Stromkosten bei.

Nachteile sind die im Vergleich zu einem HighEnd-PC relativ geringe Leistung, die fehlende Erweiterbarkeit und die Verwendung nicht handelsüblicher Bauteile, die im Reparaturfall teuer werden oder nicht mehr erhältlich sind. Preislich sind Mini-PCs kaum günstiger als Einsteiger-PCs, teilweise sogar erheblich teurer.

mini-SATA ist ein verkleinerter ⇨ **SATA**-Anschluss.

miniSD, die; *Subst.*, ist eine verkleinerte Form (21,5 x 20 x 1,4 mm) der ⇨ **SD-Card** und wurde von der ⇨ **SD Card Association** für die Verwendung in ⇨ **Handys** entwickelt. Da sie auf der SD-Card basieren, lassen sich miniSD-Speicherkarten über einen ⇨ **Adapter** auch in Steckplätzen für SD-Cards nutzen. Die miniSD-Speicherkarten wurden mit Speicherkapazitäten bis 16 GByte angeboten, die Produktion 2009 eingestellt. Statt einer miniSD-Speicherkarte lässt sich eine microSD-Speicherkarte mit einem Adapter verwenden.

miniSD-Card mit 1 GB von SanDisk (Foto: SanDisk)

Mini-Tower [sprich „mini tauer"], der; *Subst.*, ist meist eine etwas kleinere Ausführung eines ⇨ **Midi-Towers**, mit ein oder zwei 5,25-Zoll-Einbauschächten weniger und nur einem 3,5-Zoll-Einbauschacht. Die

MM-CD

Begriffe Mini- und Midi-Tower werden aber umgangssprachlich auch gleichbedeutend verwendet, sodass sich mancher Mini-Tower größer als ein Midi-Tower herausstellt; ⇨ **Tower**.

Minuskel, die; *Subst.*, ist eine veraltete Bezeichnung für Kleinbuchstaben.

MIPS, Abkürzung für **M**illion **I**nstructions **P**er **S**econd, Millionen Instruktionen pro Sekunde, ist eine Maßeinheit zur Bestimmung der ⇨ **CPU**-Leistung.

Miracast ist ein von der Wi-Fi Alliance definierter Standard zur Übertragung von Videos mit bis zu ⇨ **1080p** (⇨ **Full HD**) bzw. dem Bildschirminhalt von einem ⇨ **Smartphone**, ⇨ **Tablet** oder Windows-PC auf einen Fernseher, Monitor oder Videoprojektor zu übertragen. Es ist ein offener Standard für AirPlay von Apple, Screen Mirroring von Samsung, Wireless Display (WiDi) von Intel und die Tegra-3-Plattform von nVidia. Die Hardware-Hersteller Apple, Broadcom, Google, Intel, LG, Marvell, MediaTek, nVidia, Philipps, Qualcomm, Ralink, Realtek, Samsung, Sony und Texas Instruments unterstützen Miracast in ihren Produkten.

MISO, Abkürzung für **m**ultiple **i**nput **s**ingle **o**utput [sprich „maltipel input singel autput"], ist eine Technologie zur Fehlerreduzierung bei der Funkübertragung, wobei der Sender mehrere Antennen und der Empfänger eine Antenne hat.

Mistweet ist ein versehentlicher oder fehlerhafter ⇨ **Tweet**. Sie können diesen löschen, es wird jedoch empfohlen, einen solchen Fehler durch einen neuen Tweet zu korrigieren. In jedem Fall ist ein Mistweet ärgerlich, denn wenn er bereits retweetet oder in Google aufgenommen wurde, ist er durch das Löschen im Internet noch sichtbar und es ist bei einem Korrektur-Tweet nicht sicher, ob dieser auch die ⇨ **Twitter**-Nutzer erreicht, die den fehlerhaften Tweet erhalten haben. Tweets sollten daher vor dem Versenden noch einmal Korrektur gelesen und veröffentlichte Fakten sauber recherchiert werden.

MIT, das; *Subst.*, Abkürzung für das **M**assachusetts **I**nstitute of **T**echnology.

Mixed Mode CD, die; *Subst.*, oder **MM-CD** enthält sowohl Audio-Tracks als auch Daten-Tracks, wobei die Audio-Tracks vor den Daten-Tracks liegen.

MMC ist (1.) die Abkürzung für ⇨ **MultiMediaCard** und (2.) ⇨ **MultiMedia Command**.

MM-CD, die; *Subst.*, Abkürzung für ⇨ **Mixed Mode-CD**.

M   MMS

MMS, Abkürzung für **M**ultimedia **M**essaging **S**ervice [sprich „maltimidia messänsching sörwis"] und ein Mobilfunkdienst mit dem sich eigene Farbbilder und Klänge per Handy verschicken lassen. Der MMS-Versand ist auch über das Festnetz per MMS-fähigem Festnetztelefon oder PC möglich. Das Datenvolumen ist dabei auf maximal 500 Kilobyte beschränkt. Der Empfang von MMS ist kostenfrei und ohne MMS-fähiges Endgerät möglich. Der Empfänger erhält dazu eine ⇨ **SMS** mit einer Internet-Adresse, wo er den Inhalt der MMS einsehen kann.

MMX, Abkürzung für **M**ulti**m**edia E**x**tension [sprich „maltimidia ickstenschen"], ist eine Befehlserweiterung für Multimedia-Anwendungen, die 57 Befehle umfasst. Intel führte MMX mit den Prozessoren ⇨ **Pentium** und Pentium Pro ein. Später wurde MMX auch von anderen Prozessorherstellern übernommen. Microsoft hat MMX in DirectX integriert.

MNG ist (1.) die Abkürzung für **M**ultiple **I**mage **N**etwork **G**raphics [sprich „maltipel imidsch netwörk gräfiks"], gesprochen „Ming-Format", und (2.) eine Erweiterung von ⇨ **PNG**, die Animationen mit Bildern im PNG-Format ermöglicht, so wie es auch bei ⇨ **GIF** möglich ist. Die Dateien haben (3.) die ⇨ **Dateinamenerweiterung** MNG.

MNP, Abkürzung für **M**icrocom **N**etworking **P**rotocol [sprich „meikrokom netwörking protokoll"] und ein Fehlerkorrekturverfahren, das von der Firma Microcom für Modems und ⇨ **DFÜ** entwickelt wurde. In den Versionen 2 bis 4 werden Übertragungsfehler automatisch erkannt und korrigiert. Zusätzlich werden ab Version 5 aus- und eingehende Daten vor der Übertragung (maximal 2fach) komprimiert/dekomprimiert.

MO, Abkürzung für **M**agnetical **O**ptical Disk, eine wiederbeschreibbare CD.

Mobile Computing [sprich „mobeil compjuting"], das; *Subst.*, ist ein Oberbegriff für den Einsatz mobiler Rechner wie ⇨ **Notebook** und ⇨ **Tablets** sowie entsprechender Peripheriegeräte und abgestimmter Software.

Mobile Malware [sprich „mobeil mälwär"] sind ⇨ **Schadprogramme**, die zur Ausführung auf mobilen Geräten wie ⇨ **Smartphone** und ⇨ **Tablet** entwickelt werden.

mobile phone [sprich „mobeil fohn"], dt. Mobilfunktelefon, ⇨ **Handy**.

Mobile Security [sprich „mobeil sekjuriti"] bezeichnet die Absicherung von ⇨ **Smartphones** und anderer mobiler Geräte wie ⇨ **Tablets**

mit Hilfe spezieller, für solche Mobiltelefone entwickelter Antivirenprogramme.

Mobile-Security-Software ⇨ **Mobile Security**.

Mobilfunknetz 📱, das; *Subst.*, ist ein Funknetz für Mobilfunkgeräte. In Deutschland gibt es zu diesem Zweck die digitalen ⇨ **D-** und ⇨ **E-Netze**. Früher wurde dazu das analoge ⇨ **C-Netz** verwendet.

Moblogs sind ⇨ **Blogs**, deren Betreiber die Einträge mit Hilfe mobiler ⇨ **Eingabegeräte** wie ⇨ **Smartphones**, ⇨ **PDAs** und ⇨ **Netbooks** erstellen.

MOD, Abkürzung für **M**usic **o**n **D**emand, also Musik auf Abruf. Vertriebsform für den Verkauf von Musikstücken über das Internet.

Modem, das; *Subst.*, ist ein Kunstwort aus **Mo**dulator/**Dem**odulator und ein Gerät zur analogen Übertragung von Bitfolgen als akustische Signale über die Telefonleitung. Insbesondere bei ⇨ **Notebooks** häufig bereits auf dem ⇨ **Mainboard** integriert.

Moderator, der; *Subst.*, Koordinator des Nachrichteninhalts einer ⇨ **Newsgroup** bzw. eines Forums.

MODI, Abkürzung für **M**icrosoft **O**ffice **D**ocument **I**maging, ein Bestandteil von Microsoft Office XP und 2003. Über MODI-Anwendungen lassen sich per Einscannen MDI-Dateien im Format ⇨ **Microsoft Document Imaging** erzeugen.

Moe, die; *Subst.*, ein japanischer Slang-Ausdruck für niedliche, meist weibliche Charaktere von Videospielen, der durch die Fernsehserie „The Big Bang Theory" und die Manga-Figuren in Deutschland bekannt wurde.

Mole-VCD ⇨ **MVCD**.

MonaRonaDona ist ein ⇨ **Trojanisches Pferd**, das 2008 mit der ⇨ **gefälschten Sicherheitssoftware** RegistryCleaner 2008 ausgeliefert wurde. Nach dem Infizieren des PCs stellte sich MonaRonaDona mit einer englischen Meldung als Virus vor, der zum Beispiel Programmfenster „verschwinden" lassen sollte. Der Benutzer sollte dadurch dazu gebracht werden, ein empfohlenes angebliches Antiviren-Programm für 40 US-Dollar zu kaufen. Heute ist dieser ⇨ **Erpressertrojaner** nicht mehr aktiv, aber das Prinzip wird weiter durch andere ⇨ **Rogueware** verwendet; ⇨ **Fake AV**.

Monero, *Plural* **Moneroj**, Währungskürzel **XMR**, der Name Monero bedeutet Münze oder Währung in der Weltsprache Esperanto. Monero ist eine im Jahr 2014 durch eine größtenteils unbekannte Entwick-

M Money-Mule

lergruppe geschaffen ⇨ **Kryptowährung**. Seit Januar 2017 arbeitet Monero mit Ring-Strukturen, die eine höhere Anonymität als bei ⇨ **Bitcoin** garantieren. Monero kann Transaktionen auch fünfmal schneller als Bitcoin durchführen. Die ⇨ **Difficulty** zum Berechnen eines Blocks wird von Block zu Block erhöht und nicht wie bei Bitcoin nach einer bestimmten Zeit. Bis zum Jahr 2022 werden 18 Millionen Moneroj in Umlauf gebracht, danach wird pro Block 0,6 Monero erzeugt. Die Monero-Menge steigt ab 2022 pro Jahr um 157.788 Coins und bewirkt damit rechnerisch eine Inflation von rund 0,9 Prozent. Im Dezember 2017 lag die Anzahl der Moneroj bei 15,4 Millionen Coins mit einer Marktkapitalisierung von rund 3 Milliarden US-Dollar. Damit ist Monero ist Platz 11 der größten Kryptowährungen knapp hinter ⇨ **Ethereum Classic**.

Money-Mule [sprich „mani mjuhll"], der; *Subst.*, dt. „Geld-Esel", Bezeichnung für einen meist per ⇨ **Spam** von Internetkriminellen angeworbenen Geldwäscher. Ein Money-Mule stellt sein Konto für eingehende Überweisungen zur Verfügung. Das Geld überweist er anschließend weiter, wobei er einen vorher mit seinen Auftraggebern ausgehandelten Prozentsatz einbehält. Das vermeintlich leicht verdiente Geld kann zum Bumerang werden: Stammen die eingehenden Überweisungen von betrogenen Käufern bei einem ⇨ **Fake-Shop**, können diese ihr Geld zurückfordern. Der Money-Mule haftet für den gesamten Betrag und nicht nur für seinen Provisionsanteil. Zudem macht sich ein Money-Mule strafbar (§ 261 Strafgesetzbuch) und muss mit Strafverfolgung und den damit verbundenen Anwalts- und Gerichtskosten sowie einer empfindlichen Strafe rechnen.

Monitor, der; *Subst.*, ⇨ **Bildschirm**.

Monitoring-Tool, [sprich „monnitoring tuhl"], ist eine Form der ⇨ **Riskware**, die alle Aktivitäten eines Benutzers an einem Gerät überwacht und aufzeichnet, also Tastatureingaben, Mausbewegungen, aufgerufene Internetseiten, Bildschirmkopien; das Mikrofon am PC wird abgerufen und die Bilder/Videos von der Webcam.

Monitor-Rückspiegel, der; *Subst.*, ist ein kleiner Spiegel, der zum Beispiel per Klettverschluss am Monitor befestigt wird und so die Übersicht ermöglicht, was sich hinter dem Arbeitsplatz im Büro tut. Außerdem dient er als effiziente Waffe gegen „Schultergucker" und auch als Schminkspiegel. Monitor-Rückspiegel wurden als ⇨ **Gadget** kommerziell angeboten, scheinen jedoch nicht mehr im Handel zu sein. Es bietet sich daher bei Interesse eine Bastellösung an.

Monkey's Audio [sprich „mankis audio"], ist ein Dateiformat für Audio-Daten. Die Dateien haben die ⇨ **Dateinamenerweiterung** APE. Im Gegensatz zu ⇨ **MP3** oder anderen stark komprimierten Dateiformaten, die verlustbehaftet komprimieren, werden mit Monkey's Audio genaue Bit-für-Bit-Kopien der Musik erstellt, die völlig verlustfrei komprimiert werden. Dadurch ist immer eine optimale Klangqualität garantiert. Darüber hinaus lassen sich die APE-Dateien auch jederzeit wieder in die ursprüngliche Musikdatei entpacken. Damit eignet sich das APE-Format auch hervorragend dazu, platzsparende Sicherheitskopien Ihrer hochwertigen Original-Wave-Dateien zu erzeugen.

monochrom, *Adj.*, ist eine einfarbige Zeichendarstellung. Meist im Zusammenhang mit Monitoren gebraucht.

Mooresches Gesetz, das; *Subst.*, engl. **Moore's Law**, ist eine These des Chemikers Gordon Moore, einer der Gründer der Firma ⇨ **Intel**, die er 1965 in einem Artikel der Fachzeitschrift „Electronics" veröffentlicht hat. Damals schrieb er, die Kosten für Halbleiter würden sich bei gleichbleibender Leistung jedes Jahr halbieren, da die Integrationsdichte exponentiell zunehmen würde. Damals war Elektronik noch sehr viel teurer als heute und der Kostenfaktor daher ein sehr wichtiger Aspekt. 1975 korrigierte Moore den Zeitabstand, denn nicht jedes Jahr sondern jedes zweite Jahr verdoppelte sich über einen längeren Zeitraum gesehen die Integrationsdichte. Die Verdoppelung erfolgt seit 1971 tatsächlich alle 1,96 Jahre. Daher lautet die jetzt veröffentlichte Version des Mooreschen Gesetzes sinngemäß: „Alle zwei Jahre verdoppelt sich die Transistorenanzahl der Prozessoren bei gleichbleibendem Preis." Dies ist nicht direkt mit der Leistung der Prozessoren gleichzusetzen, auch wenn das häufiger zu lesen ist.

Seit 1965 bekamen die Computer-Käufer aber jedes Jahr 30 % mehr Leistung zum gleichen Preis. Eine Verdoppelung der Leistung erfolgt statistisch alle 2,64 Jahre. Somit lohnt sich die Neuanschaffung eines PCs technisch gesehen etwa alle drei Jahre. Denn erst eine Verdoppelung der Leistung macht sich im normalen PC-Alltag durch Zeitersparnis signifikant bemerkbar. So lässt sich über das Mooresche Gesetz auch der technisch optimale Zeitpunkt für den PC-Kauf ermitteln.

morphen, *Verb*, ist (1.) ein Begriff aus der Bildbearbeitung und bezeichnet das Verschmelzen zweier Bilder zu einem, etwa das Bild einer Frau und das einer Katze zu einem Bild einer Katze mit den Gesichts-

Morris-Wurm

zügen der Frau. In der Videobearbeitung ist damit aber auch (2.) ein stufenloses Überblenden von einem Bild zu einem anderen gemeint. Zum Morphen kann zum Beispiel das kostenlos angebotene Programm WinMorph verwendet werden, zu dem Sie unter www.debugmode.com/winmorph/download.php weitere Informationen finden.

Morris-Wurm war der erste öffentlich bekannt gewordene ⇨ **Internetwurm**.

Motherboard [sprich „masserbord"], das; *Subst.*, ⇨ **Hauptplatine**.

Motion Tracking, dt. Bewegungsmessung, ist (1.) ein aus der Filmtechnik stammender Begriff. Hier werden Bewegungen real gefilmt, um daraus Bewegungskoordinaten für Animationen und Trickfilme zu gewinnen. Eine andere Anwendung von Motion Tracking wird (2.) bei ⇨ **Kinect** angewendet. Hier wird Motion Tracking genutzt, um Gesten oder die Bewegung des Bedieners zur Steuerung von Rechnern und Spielekonsolen zu erkennen.

mounten [sprich „maunten"], *Verb*, kommt vom ⇨ **Unix**- bzw. ⇨ **Linux**-Programm mount, mit dem ein Laufwerk in den hierarchischen Verzeichnisbaum eingehängt wird, damit darauf zugegriffen werden kann. Das ist bei Unix/Linux für Wechsellaufwerke wie Disketten und CD-Laufwerke sowie Festplatten erforderlich. Bei Windows lassen sich Laufwerke als ⇨ **Ordner** in ein anderes Laufwerk einhängen (siehe ⇨ **Junction Point**). Der umgekehrte Vorgang, das **Aushängen**, wird auch als **unmounten** bezeichnet. Der entsprechende Linux/Unix-Befehl heißt umount.

Mount Rainier oder **CD-MRW** ist ein Brennformat für ⇨ **CD-RW** und ⇨ **DVD**, das den Vorteil bietet, dass sich Daten damit so einfach auf eine CD-RW kopieren lassen wie auf eine Diskette. Die Daten müssen dazu lediglich im Windows-Explorer mit der Maus auf das betreffende Laufwerkssymbol gezogen werden. Das war auch früher mit speziellen Zusatzprogrammen wie Direct-CD von Roxio oder InCD von Ahead möglich, doch waren diese Programme untereinander nicht kompatibel.

Daher ließ sich eine mit Direct-CD erstellte CD-RW nicht auf einem PC mit InCD lesen und umgekehrt. Im Gegensatz dazu lässt sich eine mit Mount Rainer beschriebene CD-RW oder DVD auf jedem Mount-Rainier-fähigen ⇨ **CD-Brenner** lesen. Es ist aber immer noch ein Zusatzprogramm wie Direct-CD oder InCD erforderlich, das zudem Mount Rainier unterstützen muss. Windows XP soll ab Service Pack 2 Mount Rainier direkt unterstützen.

MPEG

mouse button [sprich „maus battn"], dt. Maustaste.

Mousepad [sprich „maus pätt"], das; *Subst.*, ⇨ **Mausmatte**.

Mousepadbeleuchtung, die; *Subst.*, ist eine für das ⇨ **Case Modding** beliebte Beleuchtung der Mausmatte mit LEDs.

MOV, ⇨ **Dateinamenerweiterung** eines Videos im Format Apple ⇨ **Quicktime**.

Moviez [sprich „muhwies"] sind raubkopierte Spielfilme. Die Nutzung ist aus Urheberrechtsgründen nicht gestattet und kann strafrechtlich verfolgt werden, wie im Fall der früheren Abonnenten von „kino.to". Webseiten mit Moviez-Angeboten sind zudem häufig mit ⇨ **Schadprogrammen** verseucht, sodass der Besuch von daher schon gefährlich ist; ⇨ **WareZ**.

Moving Picture Experts Group [sprich „muhwing piktschör äckspärts gruhp] ⇨ **MPEG**.

Mozilla Firefox ⇨ **Firefox**.

MP ⇨ **Megapixel**.

MP3, Abkürzung für **MPEG1** Audio Layer **3**, ist (1.) ein Verfahren zur komprimierten Speicherung und Wiedergabe von Musik sowie (2.) die ⇨ **Dateinamenerweiterung** der MP3-Dateien, die auf dem PC, vielen DVD-Playern, einigen Auto-CD-Playern und speziellen, auch mobilen MP3-Abspielgeräten wiedergegeben werden können.

MP3-ID-Tag ist ein aus 128 Zeichen bestehender ⇨ **Tag** am Ende einer MP3-Audio-Datei, der Textinformationen wie Musiktitel, Künstler, Album, Erscheinungsjahr, Musik, Genre und einen Kommentar enthalten kann. Eine Erweiterung ist ⇨ **ID3**.

MP3 Surround [sprich „em pi sri söraund"] ist ein MP3-Format des Fraunhofer-Instituts für integrierte Schaltungen, das auch den Raumklang beherrscht. Damit ist Mehrkanalton bei komprimierten Filmen oder Musikstücken und der Tonwiedergabe im Internet möglich. Die Datenrate ist gegenüber MP3 mit Stereosound nur unwesentlich höher, im Vergleich zu anderen Surround-Formaten sogar um 50 % geringer. MP3-Surround-Titel lassen sich mit DivX (www.divx.com/de), Winamp (http://www.winamp.com/) und der PlayStation wiedergeben.

MPA, ⇨ **Dateinamenerweiterung** einer ⇨ **MPEG**-Audio-Datei.

MPEG, (1.) Abkürzung für **M**oving **P**ictures **E**xpert **G**roup [sprich „muhwing piktschörs äckspärts gruhp], Bezeichnung der Entwicklergruppe, die dieses verlustbehaftete Kompressionsverfahren für

M   MPEG-1

Audio und bewegte Bilder (Videos, Animationen) entwickelt hat. MPEG basiert auf ⇨ **JPEG**. (2.) ⇨ **Dateinamenerweiterung** von Videodateien.

MPEG-1 wurde 1992 entwickelt, um Videos auf einer Video-CD zu speichern. Es ist qualitativ bei einer VHS-Aufnahme anzusiedeln (⇨ **MPEG-1-Video**). **MPEG-1 Layer 3** ⇨ **MP3**.

MPEG-2 erschien 1994, also zwei Jahre nach ⇨ **MPEG-1**, und ist das Format von Filmen auf ⇨ **DVD**. Zur Wiedergabe wird ein ⇨ **Decoder** wie der kostenlose VLC media player benötigt; www.videolan.org.

MPEG-2 NBC, wobei NBC für non backwards compatible = nicht rückwärts kompatibel steht, ist eine andere Bezeichnung für ⇨ **AAC**.

MPEG-4 AVC ⇨ **H.264**.

MPEG-4 TwinVQ mit der ⇨ **Dateinamenerweiterung** .vqf ist ein von Yamaha zeitweise als Alternative zu ⇨ **MP3** vermarktetes proprietäres Format, das heute kaum noch Verwendung findet.

MPEG-Encoder, der; *Subst.*, ist eine Soft- oder Hardware zur Umwandlung eines Films in ein komprimiertes ⇨ **MPEG-Format**.

MPG, ⇨ **Dateinamenerweiterung** eines ⇨ **MPEG**-Videos.

MPRII ist eine schwedische Norm, die Grenzwerte zur elektromagnetischen Strahlung von Monitoren festlegt.

MRAM, das; *Subst.*, Abkürzung für ⇨ **Magnetic Random Access Memory**.

MS, Abkürzung für ⇨ **Microsoft**.

mSATA, Abkürzung für **mini-SATA**, ein verkleinerter ⇨ **SATA**-Anschluss.

MSCONFIG ist ein von ⇨ **Microsoft** undokumentiertes Systemkonfigurationsprogramm von ⇨ **Windows**, mit dem Einblicke in und Änderungen an den ⇨ **Systemdateien** möglich sind, sich die Startoptionen von Windows ändern sowie Dienste aktivieren und deaktivieren lassen. Der Aufruf von MSCONFIG erfolgt durch die Eingabe des Namens unter *Start/Ausführen* oder durch das Suchen nach dem Dateinamen bei ⇨ **Windows 8.1** und ⇨ **Windows 10**.

MS-DOS, das; *Subst.*, ⇨ **DOS**.

MSE, Abkürzung für **M**icrosoft **S**ecurity **E**ssentials [sprich „meikrosoft sekjuriti essenschels"], ein kostenlos von Microsoft angebotenes Antiviren-Programm für ältere Windows-

Versionen, das bei ⇨ **Windows 10**, ⇨ **Windows 8.1** und ⇨ **Windows 8** durch ⇨ **Windows Defender** ersetzt wurde; http://bit.ly/rQD7RD.

MSG, Abkürzung für **Me**s**sage** [sprich „mässetsch"], ⇨ **Dateinamenerweiterung** einer ⇨ **E-Mail** oder allgemein einer Nachrichtendatei für Netzwerk und Anwendungen.

MSN TV, das; *Subst.*, ist eine andere Bezeichnung für ⇨ **WebTV**.

M-SVCD ⇨ **Maxi-Super-Video-CD**.

mTAN, mobilTAN, mobile TAN oder **SMS-TAN** ist eine Sicherheitsfunktion beim ⇨ **Online-Banking**, bei dem ein Geldinstitut eine einmal verwendbare ⇨ **TAN** per ⇨ **SMS** an das Mobiltelefon seiner Kunden schickt. Dieses Verfahren ist laut Anbieter sicher. Seit 2010 gibt es jedoch immer wieder Meldungen über Opfer, die als Anwender des mTAN-Verfahrens hohe Summen von 30.000 € bis rund 200.000 € verloren. Betrüger fordern dazu eine zweite SIM-Karte für die Mobilfunknummer der Opfer über deren Mobilfunkanbieter an.

Dazu gaben sie sich in 2015 gegenüber der Deutschen Telekom als Mitarbeiter eines Mobilfunk-Shops aus, was anscheinend vom Unternehmen nicht überprüft wurde. Über ein ⇨ **Trojanisches Pferd** auf dem Smartphone oder PC der Opfer wurden die Zugangsdaten ermittelt. Anschließend wurden mehrere Überweisung an unterschiedliche Konten ausgeführt.

Die erforderliche TAN erhalten die Täter jeweils über ihre angeforderte SIM-Karte. Insbesondere Postbank-Nutzer verloren auf diese Weise viel Geld, da die Hacker auf die Depotkonten der Opfer zugreifen konnten. Zudem wurde zunächst eine größere Summe wie zum Beispiel 30.000 € auf die Konten der Opfer überwiesen, dann Geld transferiert und anschließend die Überweisung storniert. So ließen sich höhere Beträge vom Konto abbuchen, als dort vor der Manipulation vorhanden und durch den Kontokorrentkredit abgedeckt waren.

Im Mai 2017 gelangten Kriminelle über eine Sicherheitslücke im Mobilfunknetzwerk an die Zugangsdaten von mTAN-Nutzern und leiteten die per SMS verschickten TANs auf eine andere Rufnummer um.

MTBF, die; *Subst.*, Abkürzung für **Meantime between Failure**, durchschnittliche Zeitspanne zwischen dem Auftreten einer Funktionsstörung. Diese Angabe findet sich in technischen Beschreibungen zu Markengeräten, insbesondere solchen für den gewerblichen Einsatz. Je höher der MTBF-Wert ist, umso geringer ist die Wahrscheinlichkeit

M Multi-Coin-Wallet

eines Gerätedefekts und umso größer ist die Eignung des Geräts für den Dauerbetrieb und gewerblichen Einsatz.

Multi-Coin-Wallet, die; *Subst.*, ist eine digitale Geldbörse (⇨ **Wallet**), über die sich ⇨ **Coins** von mehreren ⇨ **Kryptowährungen** verwalten lassen; siehe ⇨ **Anhang D Übersicht der Multi-Coin-Wallets**, ab Seite 707.

Multicore-Prozessor ⇨ **Mehrkernprozessor**.

Multi-Display Support, der; *Subst.*, abgekürzt **MDS**, ermöglicht das Ansteuern von mehreren Monitoren.

Multi-File-Assembly [sprich „malti feil ässemblie"] ist bei .NET Framework ein Modul mit weiteren Dateien; ⇨ **Assembly**.

Multikernprozessor ⇨ **Mehrkernprozessor**.

Multimedia [sprich „maltimidia"], Einsatz von Text, Grafik, Animation, Sprache, Musik und Video in Programmen.

MultiMediaCard [sprich „maltimidia kard"], die; *Subst.*, abgekürzt **MMC**, ist eine Speicherkarte für mobile Endgeräte wie Digitalkameras, Handys oder PDAs mit einer Speicherkapazität bis 16 GByte.

Eine MMC passt auch in einen SD-Steckplatz; ⇨ **Memory Stick PRO**, ⇨ **SD-Card** und ⇨ **xD Picture Card**.

MultiMedia Command [sprich „maltimidia kommand"], abgekürzt **MMC**, ist ein ⇨ **ANSI**-Standard für die Befehle zur Ansteuerung von CD-Brennern. Dadurch lässt sich ein MMC-kompatibler Brenner mit jeder MMC-kompatiblen Brennsoftware ansteuern.

multiple document interface [sprich „maltipl dokjument interfäis"], abgekürzt **MDI**, dt. ⇨ **Mehrfachdokumentenschnittstelle**.

Multisampling [sprich „maltisämpling"], das; *Subst.*, abgekürzt **SSAA**, ist ein Verfahren zum ⇨ **Anti-Aliasing**.

Multiscan-Monitor [sprich „maltiskänn monitor"], der; *Subst.*, ist ein Monitor, der verschiedene Grafikstandards mit den jeweils geeigneten Frequenzen und Auflösungen darstellt.

Multisession [sprich „maltisäschen"] ist ein Leistungsmerkmal von optischen Laufwerken, die auch CDs und DVDs lesen können, die in mehreren Durchgängen beschrieben wurden.

Multisignature [sprich „malti signidscher"], Abkürzung **Multisig**, ist eine Transaktion einer ⇨ **Kryptowährung**, die von mehreren privaten Schlüsseln bestätigt werden muss, bevor sie ausgeführt wird. Dazu ist eine spezielle Wallet erforderlich, die das Signieren durch verschiedene Personen bzw. Schlüssel erlaubt. Solche Wallets sind zum Beispiel Copay und Green Address; siehe ⇨ **Anhang D Übersicht der Multi-Coin-Wallets**, ab Seite 707.

Multisync-Monitor, der; *Subst.*, ist ein Monitor, der mit unterschiedlichen Frequenzen angesteuert und daher an verschiedene Ausgabegeräte (Grafikkarten) angeschlossen werden kann.

Multitasking, das; *Subst.*, Fähigkeit eines ⇨ **Betriebssystems**, mehrere verschiedene oder auch gleiche Programme parallel ablaufen zu lassen. Dies ist zum Beispiel bei ⇨ **Windows**, ⇨ **Linux** und ⇨ **UNIX** möglich.

Multithreaded Printing [sprich „maltisredded printing"], das; *Subst.*, ist ein Drucken im Hintergrund, parallel zu anderen Aufgaben.

Multithreading [sprich „maltisredding"], das; *Subst.*, bedeutet, dass mehrere Programmteile (Threads) parallel verarbeitet werden können.

Multitouch [sprich „maltitadsch"] ist eine Steuerung über ein berührungsempfindliches Display, das mehrere Berührungen gleichzeitig erkennen kann. Eine solche Steuerung wurde zum ersten Mal beim ⇨ **iPhone** verwendet, ist mittlerweile auch bei ⇨ **Android**-Smartphones und -Tablets sowie Rechnern mit ⇨ **Windows 7**, ⇨ **Windows 8** und ⇨ **Windows 10** zusammen mit entsprechenden Displays nutzbar.

Multi-TT-Hub [sprich „malti ti ti habb"], der; *Subst.*, ist ein ⇨ **USB** 2.0-⇨ **Hub**, der pro Port einen ⇨ **Transaction Translator** (TT) aufweist; ⇨ **Single-TT-Hub**, ⇨ **USB**.

Musterüberweisung, ⇨ **Demoüberweisung**.

Mutterplatine, die; *Subst.*, ⇨ **Hauptplatine**.

M-WRITER das; *Subst.*, ist ein optisches Laufwerk zum Beschreiben einer ⇨ **M-DISC**.

Mycelium Entropy ist eine besondere ⇨ **Hardware-Wallet**, die den direkten Ausdruck von Papier-Wallets (⇨ **Paper Wallet**) für ⇨ **Bitcoin** ermöglicht. Dies ist sicherer als ein Ausdruck über den PC, da einem Hacken durch die direkte Verbindung von Drucker und Mycelium Entropy wirksam vorgebeugt wird. Für den Ausdruck ist keine Internet-Verbindung erforderlich. Mycelium Entropy wird in den USB-Anschluss des Druckers gesteckt,

M My Services

so als wollte man Fotos direkt von einem USB-Stick ausdrucken kann. Die gewünschte Druckoption wird über das Display des Druckers ausgewählt und der Ausdruck gestartet. Die Verfügbarkeit von Mycelium Entropy ist eingeschränkt, das Gerät kann über Amazon USA bezogen werden; Webseite des Herstellers: https://mycelium.com/myceliumentropy.html

My Services [sprich „mei sörwisses"] ⇨ **Windows Azure**.

N

NAC, Abkürzung für Network Access Control [sprich „netwörk äksess kontrohl"], dt. Netzwerkzugangskontrolle, fordert zunächst die Autorisierung eines Endgeräts, bevor es auf Ressourcen zugreifen kann. Das erhöht die Netzwerksicherheit.

Nachrichtendienst, der; *Subst.*, dient bei Windows dazu, innerhalb eines Netzwerks Nachrichten an andere Benutzer zu schicken. Dazu wird das ⇨ **TCP/IP-Protokoll** genutzt, das auch für den Internet-Zugang Verwendung findet. Daher kann der Nachrichtendienst auch für ⇨ **Netspam** missbraucht werden.

Nagscreen [sprich „näg skrien"], der; *Subst.*, bezeichnet einen der bei ⇨ **Nagware** und ⇨ **Shareware** eingeblendeten „Meckerbildschirme", die den Anwender durch Informationen, lästige Eingaben oder Zeitschleifen zur kostenpflichtigen Registrierung bewegen sollen.

Nagware [sprich „näg währ"], die; *Subst.*, bezeichnet eine kostenlose Testversion einer Software, bei der die Anwender durch Infofenster, Zeitschleifen und Pop-up-Fenster zur kostenpflichtigen Registrierung bewegt werden sollen. Der Name rührt von der nervenden Wirkung auf den Anwender her; ⇨ **Nagscreen**.

Name-Server [sprich „näim sörwer"], der; *Subst.*, Bezeichnung für (1.) ein Programm oder (2.) einen Server, der die Informationen des Domain Name Service (⇨ **DNS**) verwaltet und auf Anfrage ⇨ **Resolvern** zur Verfügung stellt.

Nano ITX ist ein Formfaktor für Mainboards mit 12 x 12 cm. Trotz der geringen Größe verfügt ein Rechner mit Nano ITX über volle PC-Funktionalität.

NAPT, Abkürzung für **N**etwork **A**ddress **P**ort **T**ranslation [sprich „nätwörk adress port tränslaischen"], Übersetzung privater ⇨ **IP**- und ⇨ **Port-Adressen** in öffentliche IP- und Port-Adressen. Dies erfolgt aus Sicherheitsgründen und wird auch als Maskieren bezeichnet; ⇨ **NAT**.

NAS, Abkürzung für ⇨ **N**etwork **A**ttached **S**torage.

NAT, Abkürzung für **N**etwork **A**ddress **T**ranslation [sprich „nätwörk adress tränsläischen"], Übersetzung privater ⇨ **IP-Adressen** in öffentliche IP-Adressen. Dies erfolgt aus Sicherheitsgründen und weil öffentliche IP-Adressen nur begrenzt verfügbar sind.

Native Command Queuing [sprich „näitiv kommand kjuhing"], abgekürzt **NCQ**, dt. „integrierte Befehlsreihung", dient der Optimie-

N NC

rung von Festplattenzugriffen. Die Festplatte ordnet die vom ⇨ **Betriebssystem** eintreffenden Lese- und Schreibbefehle neu an, sodass der Schreib-Lese-Kopf insgesamt kürzere Wege zurücklegen muss und die Gesamtperformance steigt. Besonders wichtige Befehle können aber auch außer der Reihe vorrangig abgewickelt werden, was die Performance einzelner Vorgänge erhöht.

NC, der; *Subst.*, Abkürzung für **N**et **C**omputer, dt. ⇨ **Netzcomputer**.

NCQ, Abkürzung für ⇨ **Native Command Queuing**.

NDN, die; *Subst.*, Abkürzung für **N**on **D**elivery **N**otification [sprich „non deliweri notifikäischen"] oder **N**on **D**elivery **N**otice [sprich „non deliweri notis"], dt. Unzustellbarkeitsnachricht, ist eine Meldung, die ein ⇨ **E-Mail-Server** verschickt, wenn eine ⇨ **E-Mail** nicht zugestellt werden konnte, etwa weil der Empfänger nicht bekannt, die ⇨ **Domain** nicht existent, das Postfach des Empfängers voll ist oder dieser die Annahme verweigert.

NDR, Abkürzung für **n**on **d**eliverable **r**eceipt [sprich „nonn deliweräbl riziet"], Rückmeldung eines ⇨ **E-Mail-Servers** an den Absender einer Mail, dass seine Mail nicht zustellbar war.

NDR-SPAM ist eine Form der ⇨ **SPAM**-Mail, bei der ein fremder ⇨ **E-Mail-Server** als ⇨ **Relay** verwendet wird. Der ⇨ **Spammer** versendet seine Mails an eine nicht vorhandene Adresse des E-Mail-Servers, woraufhin der E-Mail-Server diese nicht zustellen kann und mit einem ⇨ **NDR** antwortet. Der Trick besteht nun darin, dass der Spammer bei jeder Mail die ⇨ **Reply-to-Adresse** ändert, also die Adresse, an die die Antworten gesendet werden sollen. Der Mail-Server sendet seine Antworten daher an immer andere Adressen und verbreitet die Spam-Mail somit im NDR an die vom Spammer angegebenen Empfänger.

Der Vorteil für den Spammer besteht darin, dass die Mails weniger durch Spam-Filter abgefangen werden und er selbst von seinem Internet-Provider nicht gesperrt wird. Der Verdacht des Spam-Versands fällt ja zunächst auf den Betreiber des E-Mail-Servers, der dann möglicherweise von den großen Internet-Providern gesperrt wird und seine eigene Mail nicht mehr verteilen kann.

Neon, interne Bezeichnung von ⇨ **Microsoft** für das neue Oberflächen-Design von ⇨ **Windows 10**, das mit dem ⇨ **Fall-Creators-Update** 2017 (⇨ **Redstone 3**) eingeführt wurde.

Nerd [sprich „nörd"], der; *Subst.*, ⇨ **Computer-Freak**.

Netiquette

Netbook [sprich „nett buck"], das; *Subst.*, Kunstwort aus ⇨ **Internet** und ⇨ **Notebook**, ist ein im Vergleich zum Notebook kleinerer, leichterer und kostengünstigerer mobiler Rechner (unter 300 €), der hauptsächlich für das Surfen im Internet sowie Internet-Anwendungen gedacht ist. Als ⇨ **Betriebssystem** wird neben ⇨ **Windows** häufig auch ⇨ **Linux** verwendet. Eine Alternative zum Netbook ist ein ⇨ **Tablet** oder im oberen Preisbereich ein ⇨ **Ultrabook**.

NetBus ist ein gefährliches ⇨ **Trojanisches Pferd**, über das ein PC von Hackern ferngesteuert werden kann; ⇨ **Backdoor**, ⇨ **RAT**.

Netiquette [sprich „nettikett"], die; *Subst.*, ist ein Kunstwort aus **Net**, engl. Netzwerk, und Et**iquette**, stellt also die „Benimmregeln" für die Nutzung des Netzwerks dar. Wichtig ist die Netiquette beim Verfassen von E-Mails („Du" oder „Sie", Rechtschreibung, Gruß) von Foren und Chats, wobei diese stark variieren können. Zum Beispiel gilt in einigen Foren die Regel „Benutze deinen wirklichen Namen, kein Pseudonym", wobei der Real-Name in den meisten Foren völlig verpönt ist und ein Zeichen für einen absoluten Anfänger.

Es gibt auch große Unterschiede darin, wie in Foren auf ⇨ **Postings** reagiert wird, die nicht zum Thema gehören: Teilweise ist es völlig egal, dann wieder wird freundlich auf ein anderes Forum verwiesen oder der Absender des Postings wird auf übelste Weise beschimpft und vielleicht sogar aus dem Forum ausgeschlossen. Sehr wichtig auch: Viele Chats haben ihre eigenen Regeln zur Begrüßung und eine eigene Sprache.

Es macht daher Sinn, zuerst einmal nach Angaben zur Netiquette zu suchen und bei Chats ein wenig „reinzuhören" bzw. sich bei Foren einige Postings durchzulesen (vor allem die der Betreuer), bevor man sich aktiv beteiligt oder es zumindest versucht.

Netiquette für E-Mail

1. Verwenden Sie eine korrekte und höfliche Anrede („Sehr geehrter Herr Maier", „Liebe Marianne" statt „Hi").

2. Schreiben Sie nicht nur in Kleinbuchstaben, so als wäre die Umschalttaste an Ihrer Tastatur defekt.

3. Achten Sie auf Rechtschreibung, Grammatik und Schreibstil.

4. Vermeiden Sie Akronyme wie „asap", „IMHO", „CU" usw., wenn der Empfänger diese nicht gewöhnt ist.

5. Verzichten Sie auf farbigen Hintergrund bzw. aufwändige HTML-Mail.

N Netmail

6. Verwenden Sie keine deutschen Umlaute, sie könnten beim Empfänger falsch dargestellt werden.

7. Seien Sie vorsichtig mit großen Anhängen, denn nicht jeder hat den Platz in der Mailbox und ⇨ **DSL** zum Herunterladen.

8. Versenden Sie kein ⇨ **Spam**.

9. Schicken Sie keine Kettenbriefe weiter, insbesondere keinen ⇨ **Hoax**.

10. Fassen Sie sich kurz, oder verschicken Sie längere Texte als ⇨ **RTF**- oder ⇨ **PDF**-Datei.

11. Prüfen Sie Ihre Mail-Anhänge vor dem Versand mit einem aktuellen ⇨ **Virenscanner** auf Viren. Verwenden Sie nach Möglichkeit Formate, die für Viren praktisch nicht anfällig sind wie RTF oder PDF statt DOC.

Netmail [sprich „nett mäil"], die; *Subst.*, ist eine persönliche Nachricht (⇨ **E-Mail**).

Netsky ist ein am 16. Februar 2004 erstmals in Erscheinung getretener ⇨ **Wurm**, den der damals erst 18-jährige Deutsche Sven Jaschan programmiert hat, der auch für **Sasser** verantwortlich ist. Erkennungsmerkmal von Netsky-Würmern sind zu bestimmten Zeiten verursachte Pieptöne, die vor allem morgens auftreten. Es finden sich zudem charakteristische Textnachrichten im Quellcode, die eine klare Zuordnung ermöglichen.

Netspam [sprich „netspähm"] ist eine Form von ⇨ **Spam** bzw. ⇨ **Spam-Mail**, wobei die unerwünschte Werbung hier nicht per E-Mail versendet wird, sondern als eingeblendetes Werbefenster erscheint. Der Versand erfolgt über den ⇨ **Nachrichtendienst** von Windows, lässt sich daher durch Ausschalten des Nachrichtendienstes unterbinden.

Nettop, der; *Subst.*, ist ein kostengünstiger ⇨ **Mini-PC** für grundlegende, einfache PC-Aufgaben wie das Surfen im Internet. Neben dem günstigen Anschaffungspreis spart ein Nettop-Anwender im Vergleich zu einem ⇨ **Desktop-PC** oder auch ⇨ **Notebook** erheblich an Stromkosten. Ein Nettop benötigt auch sehr wenig Stellplatz. Eine Alternative zum Nettop ist ein ⇨ **Tablet**.

network [sprich „network"], dt. ⇨ **Netzwerk**.

Network Access Control [sprich „network äksess kontrohl"], ⇨ **NAC**.

Network Attached Storage [sprich „network ättettschd storäge"], abgekürzt **NAS**, ist ein ⇨ **Massenspeicher**, der an ein lokales

Netzwerk angeschlossen wird, um die Speicherkapazität des Servers zu erweitern. Die Funktionsweise ist wie bei einem ⇨ **Datei-Server**.

Network Interface Card [sprich „netwörk interfäis kard"], dt. Netzwerkkarte, siehe ⇨ **NIC**.

Network Layer [sprich „netwörk läjer"], dt. Vermittlungsschicht, 3. Schicht des ⇨ **OSI**-Referenzmodells.

Netzcomputer, der; *Subst.*, abgekürzt **NC**, ist ein ⇨ **PC** ohne ⇨ **Festplatte**, der auf Daten im Internet zugreift. Der PC wird über einen ⇨ **Browser** bedient und führt ⇨ **Java**-Programme aus, die von ⇨ **Servern** im ⇨ **Internet** angeboten werden. Dieses Konzept wurde zum ersten Mal in den 90er Jahren von der Firma Sun vorgestellt und sollte damals die hohen Kosten für einen PC senken und den Benutzer von Installation und Wartung von Anwendungen entlasten. Die Netzcomputer wurden jedoch vom Markt nicht angenommen, da die Gebühren für den Internetzugang damals noch sehr hoch waren und die Abhängigkeit vom Internet störte. Die für den Netzcomputer entwickelte Programmiersprache Java dagegen setzte sich am Markt durch.

⇨ **Google** hat mit dem Chromebook und dem Betriebssystem Chrome OS den Gedanken des Netzcomputers wieder aufgegriffen. Chromebooks setzen sich jedoch bislang nicht am Markt durch. Mit einem ⇨ **Netbook**, ⇨ **Notebook** oder ⇨ **Tablet** mit integrierter Festplatte oder ⇨ **Flash-Speicher** und darauf installierten Anwendungen und gespeicherten Daten ist ein Anwender auch ohne Internet handlungsfähig.

Netzteil, das; *Subst.*, übernimmt die Spannungsversorgung des PCs, für aktuelle Rechner werden Netzteile verwendet mit einer Spitzenleistung ab 300 bis 1.200 W, einer Eingangsspannung von 220/235 Volt und positiven Ausgangsspannungen von 3,3, 5 und 12 V. Insgesamt stellen moderne Netzteile sechs Spannungen zur Verfügung. Wichtig sind die bei den Ausgangsspannungen angegebenen Stromstärken. Moderne Grafikkarten stellen hier hohe Ansprüche an die 5-V-Spannungsversorgung.

Das Netzteil ist ein nicht wartbares Gerät, das bei einem Defekt vollständig ausgetauscht wird. Der Austausch des Netzteils ist leicht durchführbar. Dazu werden die Steckverbindungen zur Stromversorgung von Mainboard und Laufwerken gelöst und das Netzteil vom PC-Gehäuse abgeschraubt. Dann wird das neue Netzteil mit den Schrauben des alten Netzteils am PC-Gehäuse befestigt und die Stromversorgungsstecker werden wieder angesteckt.

Netzteil-Reset, der; *Subst.*, ist eine Reparaturmaßnahme, wenn es

N Netzwerk

beim Erkennen von per ⇨ **USB** angeschlossenen Geräten zu Fehlern kommt oder sich der Rechner nicht sauber herunterfahren lässt. In vielen Fällen liegt die Ursache dann an Rest- oder Überspannungen in den Kondensatoren des PC-Netzteils oder des Mainboards. Zum Entladen der Kondensatoren ist Windows zunächst über den Taster an der PC-Front herunterzufahren. Der Taster wird dazu so lange festgehalten, bis sich der PC nach einigen Sekunden abschaltet. Dann wird das Netzkabel an der Rückseite des PCs vom Netzteil abgezogen und der Taster noch einmal für eine Minute festgehalten.

Dieses Einschalten ohne Netzspannung entlädt die Kondensatoren und beseitigt damit die Restspannungen in Netzteil und Mainboard. Anschließend wird das Netzkabel wieder am Netzteil angeschlossen und der PC wie gewohnt hochgefahren.

Netzwerk, das; *Subst.*, ist ein Verbund von Computern, die über Kabel, Infrarot oder Funk untereinander und/oder mit einem ⇨ **Server** verbunden sind. Dadurch können die einzelnen ⇨ **Arbeitsstationen** gemeinsam auf dieselbe Hardware (zum Beispiel Drucker oder Modem) und gemeinsame Datenbestände zugreifen.

Netzwerkdrucker, der; *Subst.*, ist ein Drucker, auf den im ⇨ **Netzwerk** von ⇨ **Arbeitsstationen** aus zugegriffen werden kann. Der Drucker ist entweder lokal an einen Windows-Rechner, am ⇨ **Server** oder einem ⇨ **Router** wie der Fritz!Box angeschlossen. Es gibt auch Netzwerkdrucker, die selbst als ⇨ **Print-Server** agieren und im Netzwerk über ihre ⇨ **IP-Adresse** angesprochen werden. Das kann Strom sparen, denn beim Anschluss an einen PC muss dieser immer zusätzlich zum Drucker eingeschaltet sein, damit gedruckt werden kann.

Ist der PC mit dem angeschlossenen Drucker gerade ausgeschaltet, muss er zudem zuvor zeitaufwändig hochgefahren werden. Der Nachteil ist der deutlich höhere Preis solcher Netzwerkdrucker bzw. der hohe Preis des für diese Netzwerkfunktionalität erforderlichen Moduls.

News [sprich „njuhs"] sind (1.) Nachrichten und (2.) eine andere Bezeichnung für ⇨ **Postings** von ⇨ **Newsgroups** bzw. Foren (⇨ **Forum**).

Newsfeed [sprich „njuhsfiehd"], das; *Subst.*, oder **RSS-Feed** ist ein Nachrichtenangebot im Format ⇨ **RSS**. Solche Angebote sind auf Webseiten durch einen orangenen ⇨ **Button** mit der Beschriftung RSS oder ⇨ **XML** gekennzeichnet. Zum Lesen benötigen Sie einen ⇨ **RSS-Reader**. Newsfeeds haben die ⇨ **Dateiendung** .rdf, .rss oder

.xml. Eine Übersicht von Newsfeeds finden Sie unter https://rss-scout.de/.

Newsgroup [sprich „njuhsgruhp"], die; *Subst.*, ist ein Diskussionsforum im Internet, in dem die angemeldeten Teilnehmer Informationen austauschen.

Newsletter [sprich „njuhslätter"], der; *Subst.*, ist ein elektronisches Rundschreiben per ⇨ **E-Mail**.

News-Server [sprich „njuhs sörwer"], der; *Subst.*, ist ein Server, der ⇨ **Newsgroups** und die darin enthaltenen ⇨ **Postings** bereitstellt und über das ⇨ **Protokoll** ⇨ **NNTP** mit anderen ⇨ **News-Servern** austauscht, die in ihrer Gesamtheit das ⇨ **Usenet** bilden.

Next-Generation Firewall [sprich „näckst dscheneräischen feierwoahl"], abgekürzt **NGFW**, gehört zu den ⇨ **Security-Appliances**, also speziell für die Sicherheit entwickelten Geräten. Diese ⇨ **Firewall** der dritten Generation kombiniert eine klassische Firewall mit weiteren Sicherheitsfunktionen wie ⇨ **Anwendungs-Firewall** oder ⇨ **IPS**.

NFC, Abkürzung für **N**ear **F**ield **C**ommunication, dt. „Nahfeld-Kommunikation", eine Technologie zur kontaktlosen Datenübertragung bis zu einer Entfernung von 4 Zentimetern, die zum bargeldlosen Zahlen und zur Datenübertragung zwischen Mobiltelefonen verwendet wird. Per Smartphone und NFC kann bei einigen Supermärkten und Warenhäusern bezahlt werden.

NFR, Abkürzung für **N**ot **f**or **R**esale und bezeichnet Software, die nicht weiterverkauft werden darf. Das sind überwiegend Rezensionsexemplare für Journalisten oder Muster für Händler.

NFS, Abkürzung für **N**etwork **F**ile **S**ystem [sprich „netwörk feil system"], ist ein ⇨ **Protokoll** für den Zugang zu Dateien auf fremden Rechnern, das De-facto-Standard im Internet ist.

NGFW, Abkürzung für ⇨ **Next-Generation Firewall**.

Nibble, Tetrade oder Halbbyte ist eine Gruppe von 4 Bit.

NIC ist (1.) die Abkürzung für **N**etwork **I**nformation **C**enter, den Verwalter einer Top-Level-Domain wie ⇨ **DeNIC** für die de-TLDs und InterNIC für internationale TLDs wie com, net oder org. Das Kürzel steht (2.) auch für **N**etwork **I**nterface **C**ard, also eine Netzwerkkarte für den PC.

nicht flüchtiger Speicher, der; *Subst.*, benötigt im Gegensatz zum Arbeitsspeicher eines PCs keine Stromversorgung, damit die gespeicherten Daten erhalten bleiben. Die

Nigeria-Connection

Daten gehen somit auch nicht nach dem Ausschalten eines mit diesem Speicher ausgestatteten Geräts verloren.

Das gilt auch bei leeren Batterien/ Akkus oder dem Wechsel, Transport oder der Lagerung solcher Speichermedien ohne Stromzufuhr. Die Daten sind somit nicht flüchtig. Diese Art Speicher eignet sich daher hervorragend für ⇨ **Digitalkamera**s, ⇨ **Smartphone**s und ⇨ **Tablet**s oder den Datenaustausch zwischen PCs. Beispiele für nicht flüchtigen Speicher sind ⇨ **CompactFlash** und ⇨ **Memory Sticks** sowie ⇨ **USB-Sticks**.

Nigeria-Connection ist mittlerweile eine Sammelbezeichnung für Betrugsversuche per ⇨ **Spam**-Mails, in denen Betrüger als Anwälte, Bankangestellte, hochrangige Militärangehörige und Regierungsmitglieder auftreten. Den Empfängern wird ein erheblicher Geldbetrag in Aussicht gestellt, wenn sie beim Transfer hoher Dollar-Beträge aus dem Ausland behilflich sind. Die ersten E-Mails dieser Art kamen vom afrikanischen Kontinent und insbesondere aus Nigeria, daher der Name dieser Betrugsart. Heute wird dieser Betrug auch von Absendern aus anderen Ländern betrieben. Rechtlich handelt es sich um Vorschuss-Betrug. Die Betrüger verlangen unter einem Vorwand Anzahlungen für angeblich zum Abschließen eines Geschäfts notwendige Ausgaben wie Anwaltskosten, Bankgebühren oder Bestechungsgeldern. Wer hier nicht misstrauisch wird und zahlt, verliert sein Geld, statt etwas zu erhalten.

Nimda, der Name kommt von der umgekehrten Schreibweise von admin, war im Jahr 2001 der erste ⇨ **Computervirus**, der schon beim Aufruf einer Webseite einen Computer infizierte. Die Verbreitung des ⇨ **Wurms** erfolgte jedoch auch per E-Mail, freigegebene Netzwerk-Ressourcen und ⇨ **Backdoors**, die von anderen Würmern wie Code Red hinterlassen wurden.

NLG, Währungssymbol der ⇨ **Kryptowährung** ⇨ **Gulden** der Niederlande.

NNTP, Abkürzung für **N**etwork **N**ews **T**ransport **P**rotocol [sprich „netwörk njuhs trensport protokoll"], ist das im ⇨ **Usenet** zum Abgleichen der ⇨ **News-Server** verwendete ⇨ **Protokoll**, das durch RFC 977 definiert ist. Weitere Informationen: www.willemer.de/informatik/unix/tcpnntp.htm#nntp.

No-CD ist ein gehacktes Programm, bei dem die Kopierschutzabfrage nach der Original-CD entfernt wurde; ⇨ **WareZ**.

No-CD-Crack ist ein Programm, mit dem sich die Kopierschutz-

Notebook N

abfrage einer Software nach der Original-CD entfernen lässt. Dieses Programm wird als Ersatz der Original-Programmdatei verwendet; ⇨ **WareZ**.

Node ist ein Netzwerkknoten, also ein Computer in einem Netzwerk.

No-DVD ist eine gehackte Software, bei der die Kopierschutzabfrage nach der Original-DVD entfernt wurde; ⇨ **WareZ**.

No-DVD-Crack ist ein Programm, mit dem sich die Kopierschutzabfrage einer Software nach der Original-DVD entfernen lässt. Dieses Programm wird als Ersatz der Original-Programmdatei verwendet; ⇨ **WareZ**.

Nonce, Abkürzung von **n**umber used **once** und zurückzuführen auf die mittelalterliche englische Redewendung „for the nonce", dt. „für dieses eine Mal" bezeichnet in der ⇨ **Kryptographie** eine Ziffern- oder Buchstabenkombination, die nur ein einziges Mal verwendet wird. Sollte ein Nonce ein zweites Mal verwendet werden, schwächt dies die Verschlüsselung und die Sicherheit des Verfahrens ist gefährdet.

Non-Interlaced [sprich „non interläist"] ist das Gegenteil von ⇨ **Interlaced**. Bei dieser Darstellungsart werden alle Bildschirmzeilen nacheinander von oben nach unten aufgebaut.

non lossy [sprich „non lossi"], *Adj.*, wird im Zusammenhang mit Komprimierverfahren verwendet und bedeutet verlustfrei.

Normalisieren, *Verb,* Abgleichen der Lautstärke aller Stücke in einer Gruppe von ⇨ **WAV**- oder ⇨ **MP3**-Dateien. Dazu wird die lauteste Stelle in einem Musikstück gesucht, und die restlichen Pegel werden dann entsprechend prozentual angeglichen. Nach dem Normalisieren werden alle Stücke beim Abspielen in derselben Lautstärke wiedergegeben, und es ist kein andauerndes Nachregeln erforderlich.

Norton [sprich „nort´n"], Markenbezeichnung der Firma Symantec für Sicherheitsprogramme und -dienste. Der Name kommt von Peter Norton, dem Entwickler der zu DOS-Zeiten bekannten Norton Utilities; https://de.norton.com/.

Notebook [sprich „noht buck"], das; *Subst.*, ist ein kleiner, tragbarer Computer, der mit einem Gewicht von 1,2 bis etwa 3 kg und externem Netzteil leichter als die früher gebräuchlichen ⇨ **Laptops** ist, die meist mit eingebautem 220-Volt-Netzteil versehen waren. Die Anzeige erfolgt über einen integrierten ⇨ **TFT-Bildschirm**, optional ist ein externer Monitor anschließbar. Eine

N Notentriegelung

Tastatur und als Ersatz der Maus ein ⇨ **Touchpad** oder ein kleiner Steuerknüppel sind ebenfalls im Notebook vorhanden, aber wahlweise auch zusätzlich anschließbar.

Die Stromversorgung erfolgt über Lithium-Ionen-Akkus und ermöglicht je nach Gerät und Arbeitsweise einen netzunabhängigen Betrieb von etwas über 1 Stunde bis 6 Stunden und in Ausnahmefällen auch an die 10 Stunden. Heutige Notebooks stehen stationären ⇨ **Desktop-PCs** leistungsmäßig kaum noch nach und lösen diese zunehmend ab. Dem Vorteil der Mobilität steht jedoch der Nachteil höherer Reparaturkosten gegenüber, da bei einem Notebook nur wenige Ersatzteile selbst ausgetauscht werden können. Ein technischer Defekt bei einem älteren Notebook ist daher häufig ein wirtschaftlicher Totalschaden. Notebooks konkurrieren zudem mittlerweile mit ⇨ **Tablet**s.

Notentriegelung, die; *Subst.*, ist ein Mechanismus, mit dem sich die Schublade eines optischen Laufwerks entriegeln und öffnen lässt, wenn das Laufwerk die Schublade wegen eines Defekts nicht mehr selbst ausfahren kann.

Die Notentriegelung kann auch verwendet werden, wenn der PC ausgeschaltet wurde und man erst hinterher feststellt, dass im Laufwerk noch eine CD oder DVD liegt. Dies ist aber nicht zu empfehlen, da mit der Anwendung der Notentriegelung auch immer die Gefahr verbunden ist, das Laufwerk zu beschädigen.

Zum Entriegeln wird ein teilweise mitgeliefertes Entriegelungstool oder alternativ eine aufgebogene Büroklammer verwendet. Das Werkzeug wird in das kleine Loch der Notentriegelung eingeführt und dann gefühlvoll die Sperre der Schublade entriegelt. Jetzt kommt die Schublade etwas heraus und lässt sich manuell ganz aufziehen. Informationen zur Notentriegelung finden Sie in der Betriebsanleitung zu Ihrem Laufwerk.

Notepad [sprich „noht pätt"], das; *Subst.*, ursprüngliche Bezeichnung des ⇨ **Editors** von ⇨ **Windows**, in den deutschen Versionen ⇨ **Notizblock**. In ⇨ **Windows 10** wird der Notizblock als Editor bezeichnet. Die Programmdatei heißt notepad.exe und findet sich im Windows-Ordner. Eine Spezialversion ist ⇨ **Sysedit**. Hier werden direkt ⇨ **Systemdateien** zur Bearbeitung geöffnet.

Notizblock, der; *Subst.*, ⇨ **Notepad**.

Nougat, Bezeichnung der Versionen 7.0, 7.1 und 7.1.1 von ⇨ **Android**.

NTBA, der; *Subst.*, Abkürzung für **N**etwork **T**ermination for **B**asic **A**ccess [sprich „netwörk törminäischen vor bäisick äcksess"], ist ein Netzabschlussgerät zum ⇨ **ISDN** und im Normalfall Eigentum des Netzbetreibers, also zum Beispiel der Deutschen Telekom. Der NTBA stellt bis zu zwei ISDN-S0-Bus-Strecken zur Verfügung, an die ISDN-Endgeräte wie ISDN-Telefone, ISDN-Faxgeräte, PCs mit ISDN-Karte oder auch eine ISDN-Telefonanlage angeschlossen werden können.

NTBBA, das; *Subst.*, Abkürzung für **N**etz**t**ermination **B**reit**b**and-**a**ngebot, Bezeichnung der Deutschen Telekom für ein ⇨ **DSL-Modem**.

NTFS, Abkürzung für **N**ew **T**echnology **F**ile**s**ystem [sprich „njuh tecknolledschie feilsüstem"], ein ⇨ **Dateisystem** mit neuer Technologie, das mit Windows NT eingeführt wurde und in veränderter Form auch von den aktuellen Windows-Versionen weiter verwendet wird. NTFS unterstützt 256 Zeichen lange Dateinamen, erweiterte ⇨ **Dateiattribute** und Speicherkapazitäten bis 264 Bit, also etwa 17 Milliarden ⇨ **GByte**.

Null-Byte-Datei [sprich „null beit datei"], die; *Subst.*, ist eine Datei, deren Größe im Windows-Explorer mit 0 Byte angegeben wird. Diese Dateien sind teilweise tatsächlich leer, da sie zum Beispiel als Platzhalter im Inhaltsverzeichnis dienen, um bei Bedarf Daten aufzunehmen. Teilweise enthalten die Dateien jedoch auch Daten, wobei die tatsächliche Dateigröße durch einen manipulierten Eintrag in der ⇨ **Dateizuordnungstabelle** verschleiert wird.

Dieser Trick wird von ⇨ **Computerviren**, ⇨ **Dialern** und ⇨ **Hackern** angewandt. Das Löschen von Null-Byte-Dateien kann zu Folgefehlern führen, da auch Windows oder Windows-Anwendungen solche Dateien teilweise benötigen.

Nulldevice [sprich „null diweis"], das; *Subst.*, englische Bezeichnung für ein ⇨ **Nullgerät**.

Nullgerät, das; *Subst.*, englisch ⇨ **Nulldevice**, ist ein virtuelles ⇨ **Ausgabegerät**. Dorthin geschickte Daten enden im ⇨ **Daten-Nirwana**, also im Nichts.

Nullmodemkabel, das; *Subst.*, ist ein Kabel, das die direkte Verbindung von zwei PCs über die serielle Schnittstelle ermöglicht. Die Leitungen Senden (TxD) und Empfangen (RxD) werden dabei gekreuzt. Für andere Schnittstellen wie ⇨ **USB** oder die ⇨ **Parallelschnittstelle** gibt es Spezialkabel mit derselben Funktionalität, ein so genanntes ⇨ **Cross-Over-Kabel**.

Numerische Tastatur, die; *Subst.*, ⇨ **Zehnerblock**.

N Num Lock

Num Lock [sprich „namm lock"], Umschalttaste zwischen der Doppelfunktion der Tasten des numerischen Tastenfelds („Ziffernblock"), die einmal zur Eingabe von Ziffern und mathematischen Zeichen sowie zur Cursorsteuerung verwendet werden.

O

OBJ, Abkürzung für **Obj**ect, ⇨ **Da**teinamenerweiterung des ⇨ **Objektcodes** eines Programms.

Object Push Profile, abgekürzt **OPP**, Protokoll von ⇨ **Bluetooth**, das für Dateiübertragungen benötigt wird.

Objektcode, der; *Subst.*, ist eine andere Bezeichnung für Anweisungen in ⇨ **Maschinensprache**.

OC, Abkürzung für **o**ver **c**locked/ **O**ver**c**locking, dt. übertaktet/übertakten wird für ⇨**Grafikkarten** und ⇨**Prozessor**en verwendet, die schon vom Hersteller her mit höheren Taktfrequenzen als bei den Referenzmodellen ausgeliefert werden. Diese OC-Modelle dürfen somit mit der angegebenen Taktfrequenz betrieben werden, ohne die Garantie zu riskieren. OC-Modelle sind auch nicht immer teurer. Für Computerspieler sind die OC-Modelle daher interessant, wer ein stabiles System sucht, sollte dagegen zu den Referenzmodellen greifen.

Occasionitter [sprich „okäischionitter"], der; *Subst.*, von engl. occasional, ist ein nur gelegentlich in Erscheinung tretender ⇨ **Twitterer**.

OCR, Abkürzung für **O**ptical **C**haracter **R**ecognition, dt. optische Zeichenerkennung, englische Bezeichnung für Texterkennung.

OCX, ⇨ **Dateinamenerweiterung** einer ⇨ **DLL**, die speziell für ⇨ **Visual Basic** entwickelt wurde.

odd, dt. ungerade, wird zum Beispiel im Zusammenhang mit einer ungeraden Zahl, einer ungeraden Anzahl Bits oder einer ungeraden Quersumme verwendet; ⇨ **even**.

ODM, Abkürzung für **O**riginal **D**esign **M**anufacturer, dt. Auftragsfertiger.

Öffentlicher Schlüssel, der; *Subst.*, ist erforderlich, um jemand eine asymmetrisch verschlüsselte E-Mail oder eine Überweisung einer ⇨ **Kryptowährung** an eine Adresse zu senden. Dieser öffentliche Schlüssel ist frei zugänglich, da ohne ihn keine Kommunikation bzw. keine Überweisung stattfinden kann. Jeder Teilnehmer an einem verschlüsselten System hat noch einen privaten Schlüssel, der nicht in unbefugte Hände gelangen darf. Denn mit dem privaten Schlüssel lassen sich verschlüsselte E-Mails der betreffenden Person lesen oder in dessen Namen Überweisungen tätigen.

OEM, Abkürzung für **O**riginal **E**quipment **M**anufacturer [sprich „oritschinell ekwipment mähnjufäktschärer"], dt. Originalgerätehersteller, ist ein Hersteller, der die

off-chain

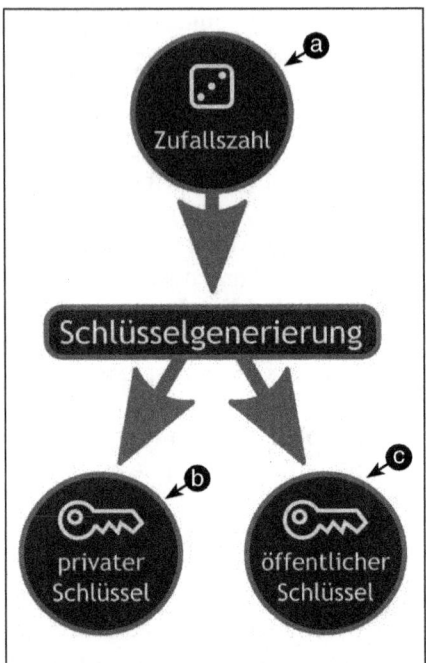

Das Prinzip der asymmetrischen Verschlüsselung: Über eine Zufallszahl **a** *wird ein privater Schlüssel* **b** *und ein öffentlicher Schlüssel* **c** *erzeugt, wobei der private Schlüssel zum Entschlüsseln oder Authentifizieren der verschlüsselten Daten dient (Quelle: Bananenfalter, Wikipedia)*

Hard- oder Software anderer Hersteller unverändert in seine Produkte integriert und mitverkauft. Viele PC-Hersteller liefern ihre PCs mit OEM-Betriebssystemen aus.

off-chain [sprich „off chäin"], *Adj.*, bezeichnet Transaktionen, die nicht über die ⇨ **Blockchain** erfolgen, also „außerhalb der Kette" bzw. off-chain sind; siehe ⇨ **Segregated Witness**.

off hook [sprich „off huhk"] 📞, *Adj.*, Zustand der Telefonleitung, der dem Abheben eines konventionellen Hörers entspricht. Ein Modem, das eine Telefonleitung benutzt, ist „off hook".

Office, gebräuchliche Abkürzung für Microsoft Office, ein Programmpaket aus ⇨ **Textverarbeitung**, ⇨ **Tabellenkalkulation**, Präsentationsprogramm, Personal Information Manager (E-Mail-Client, Kalender und Adressverwaltung), Datenbankverwaltung, ⇨ **DTP**-Programm sowie weiteren Programmen, das seit 1989 von Microsoft vertrieben und weiterentwickelt wird. Die Tabelle auf der nächsten Seite gibt einen Überblick der zusammen mit ⇨ **Windows 7**, ⇨ **Windows 8** und ⇨ **Windows 10** verwendbaren Versionen.

Office-Paket oder **Office-Suite** ist ein Programmpaket aus ⇨ **Textverarbeitung**, ⇨ **Tabellenkalkulation**, Präsentationsprogramm, Datenbankverwaltung, E-Mail-Client und möglicherweise weiteren Programmen, die in einem Büro benötigt werden. Unter den kommerziellen Programmen ist Microsoft ⇨ **Office** der Marktführer, es gibt jedoch noch weitere wie Ashampoo Office

Offshoring

oder RagTime. Wesentlich verbreiteter sind jedoch Open-Source-Office-Pakete wie Apache OpenOffice und LibreOffice; Übersicht von Office-Paketen bei Wikipedia; https://de.wikipedia.org/wiki/Office-Paket.

offline [sprich „offlein"], *Adj.*, Gegenteil von ⇨ **online**. Die Verbindung zu einem Drucker oder Faxgerät, dem Internet oder allgemein einer ⇨ **DFÜ**-Verbindung ist unterbrochen. Drucker und Faxgeräte haben häufig eine Taste, um zwischen offline und online umzuschalten.

Offline-Wallet [sprich „offlein wollet"], die; *Subst.*, ist eine digitale Geldbörse zum Ablegen und Verwalten der privaten Schlüssel von ⇨ **Coins** einer oder mehrerer ⇨ **Kryptowährungen**, die aus Sicherheitsgründen nicht mit dem Internet verbunden ist. Es kann sich dabei um ein spezielles Gerät (⇨ **Hardware-Wallet**) oder eine ⇨ **Software** auf einem nicht mit dem Internet verbundenen PC handeln, also um, eine ⇨ **Software-Wallet**. Eine ⇨ **Paper-Wallet** kann technisch ebenso zu den Offline-Wallets gezählt werden, da Papier keine Verbindung zum Internet hat.

offshoren [sprich „offschohren"], *Verb*, bezeichnet das Auslagern von Arbeitsplätzen durch ⇨ **Offshoring**. Die Stellen bzw. das Personal werden **offgeshort** oder **geoffshort**.

Offshoring [sprich „offschohring"], das; *Subst.*, bezeichnet das Verlagern von HighTech-Arbeitsplätzen in der Informationsindustrie und anderen Unternehmensbereichen in Niedriglohnländer wie China, Indien, die Philippinen oder Osteuropa. Dort werden eigene Tochterunternehmen gegründet oder Fremdfirmen beauftragt. Die damit verbundene Form der Kostensenkung soll laut Argumentation der Unternehmen im Inland Arbeitsplätze sichern, führt jedoch zu massivem Stellenabbau in den betroffenen Bereichen.

Office-Version	Office-Bezeichnung	Bemerkungen	Windows-Kompatibilität
Office 11	Office 2003	Die Bezeichnungen der zu Office 2003 gehörenden Programme beginnen bei dieser Version mit dem Wort Office, also zum Beispiel „Office Word 2003".	Windows 7

Offshoring

Office-Version	Office-Bezeichnung	Bemerkungen	Windows-Kompatibilität
Office 12	Office 2007	Design und Funktionen von Office 2007 wurden an Windows Vista angepasst, eine völlig neu gestaltete Oberfläche mit ⇨ **Ribbon**, einer speziellen ⇨ **Multifunktionsleiste** eingeführt.	Windows 7, 8, 8.1, 10
Die Version Office 13 wurde wegen dem mit der Zahl 13 verbundenen Aberglauben übersprungen.			
Office 14	Office 2010	Design und Funktionen von Office 2010 wurden an Windows 7 angepasst, die Ribbons überarbeitet und die Start-Schaltfläche um eine Seitenansicht und neue Seitenleiste erweitert. Zu Office 2010 gehören die Programme Access 2010, Excel 2010, InfoPath 2010, OneNote 2010, Outlook 2010, PowerPoint 2010, Project 2010, Publisher 2010, SharePoint Designer 2010, SharePoint Workspace 2010, Visio 2010 und Word 2010.	Windows 7, 8, 8.1, 10
Office 15	Office 2013	Design und Funktionen von Office 2013 wurden an Windows 8 angepasst, Word hat einen neuen Cursor, Outlook 15 den neuen Modern-Look. Mit dem neuen Programm Moorea lässt sich eine virtuelle Pinnwand für Fotos, Texte und Dokumente anlegen.	Windows 7, 8, 8.1, 10

OLE

Office-Version	Office-Bezeichnung	Bemerkungen	Windows-Kompatibilität
Office 16	Office 2016 oder Office 365	Mobile Office-Programme (Apps) für Android- und iOS-Smartphones und -Tablets	Windows 7, 8, 8.1, 10 die Apps funktionieren nur zusammen mit Windows 10

Übersicht der aktuell noch genutzten Office-Versionen

OGAA, Abkürzung für ⇨ **Ordered Grid Anti-Aliasing**, ist ein Verfahren zum ⇨ **Anti-Aliasing**.

OGG, Dateiendung von Audiodateien im ⇨ **OGG-Vorbis**-Format.

OGG Vorbis ist ein Audio-Kompressionsformat ähnlich wie MP3 mit der Dateiendung **OGG**. Da OGG Vorbis nicht patentiert ist, darf es uneingeschränkt genutzt werden; offizielle Webseite zu OGG Vorbis: http://www.vorbis.com/.

ohmigod, phonetische Schreibweise von „Oh my god", dt. „Oh mein Gott!", eine weitere Abkürzung ist **OMG**.

Oktalsystem, das; *Subst.*, ist ein Zahlensystem, das auf der Basis 8 basiert. Zur Präsentation werden nur die Ziffern 0 bis 7 verwendet. Da 8 eine Potenz von 2 darstellt ($16 = 2^3$) kann eine ⇨ **Oktalzahl** sehr leicht durch Gruppierung von jeweils 3 Bits aus einer ⇨ **Dualzahl** umgewandelt werden. So wird aus „010 101 111" zum Beispiel „257". Ebenso einfach ist die ⇨ **Konvertierung** einer Oktalzahl zurück in eine Dualzahl möglich, in dem jeweils eine Oktal- in 3 Binärziffern umgewandelt wird (⇨ **Hexadezimalsystem**).

Oktalzahl, die; *Subst.*, ist eine Zahl, die aus den 16 Ziffern 0 bis F des ⇨ **Oktalsystems** besteht, wobei A im Dezimalsystem gleich 10, B gleich 11 ist usw.

OLE, Abkürzung für **O**bject **L**inking and **E**mbedding, Objekt-Verknüpfung und -Einbettung, ist eine von ⇨ **Microsoft** für Windows entwickelte Technik, mit der sich Objekte (Daten) einer Anwendung in eine andere Anwendung einbinden oder dieser zur Verfügung stellen lassen. Zur Änderung der Objekte werden automatisch Teile der Anwendung oder auch die gesamte Anwendung gestartet, mit der die Objekte erstellt wurden.

OMG, Abkürzung für das engl. „**oh my god**", also „Oh mein Gott"; ⇨ **ohmigod**.

On-Access [sprich „on äckses"], ist eine Funktion eines Virenscanners, der sich in die Systemfunktionen zum Lesen und Schreiben von Dateien einklinkt und die Daten überprüft, die sich auf dem Weg zwischen Datenträger und Arbeitsspeicher befinden.

onboard, *Adj.*, bedeutet, eine Komponente ist in das **Mainboard**, also die ⇨ **Hauptplatine** des PCs, integriert.

On-Demand [sprich „on dimand"], bezeichnet einen Virenscanner, der nicht automatisch im Hintergrund alle Daten überprüft, sondern nur auf Anweisung des Benutzers aktiv wird.

On-Demand-Scanner [sprich „on dimand skänner"], ⇨ **On-Demand**.

OneCore ⇨ **Windows OneCore**.

OneDrive ist ein von Microsoft 2007 gestarteter ⇨ **Online-Speicher**-Dienst, der zunächst **SkyDrive** hieß und ab 19. Februar 2014 in OneDrive umbenannt wurde. In ⇨ **Windows 10** und ⇨ **Windows 8.1** ist OneDrive im Windows-Explorer integriert. Bei ⇨ **Windows 8** und ⇨ **Windows 7** kann One Drive über eine Microsoft-Anwendung installiert werden. Es gibt eine ⇨ **App** für ⇨ **Android** und ⇨ **iOS**. Microsoft stellt aktuell 15 GB Online-Speicher kostenlos zur Verfügung. Abonnenten von **Office 365** erhalten 1 TB Speicherplatz. Eine hochgeladene Datei darf maximal 10 GB groß sein. Aus technischen Gründen ist die Dateigröße bei Verwendung eines älteren Browsers auf 300 MB beschränkt. Die Daten werden auf amerikanischen Servern abgelegt. Daher haben amerikanische Geheimdienste optional auf die gespeicherten Daten Zugriff. Microsoft behält sich laut seiner Geschäftsbedingungen das Recht vor, die gespeicherten Dateien zu durchsuchen. Das erfolgt offiziell, um Kinderpornographie, Revenge-Porn (Rache-Porno, Nacktbilder von Exfreund(in)) und Raubkopien zu finden. Solche Inhalte werden gelöscht und die Nutzer unter Umständen strafrechtlich verfolgt.

OneNote ist ein Notizzettelprogramm von ⇨ **Office** ab Office 2003, das nicht in allen Office-Editionen enthalten ist. In Verbindung mit einem ⇨ **Tablet PC** lassen sich die Einträge mit einem Stift über einen auf Berührung reagierenden Bildschirm (⇨ **Touchscreen**) vornehmen.

Onion Routing ist eine Anonymisierungstechnik, bei der die Daten im Internet über wechselnde Routen und ⇨ **Proxy-Server** geleitet und dabei mehrfach verschlüsselt werden; Wikipedia zu Onion Routing https://de.wikipedia.org/wiki/Onion-Routing.

online [sprich „onlein"], *Adj.*, bedeutet, die Verbindung zu einem Drucker oder Faxgerät, dem Internet oder allgemein einer ⇨ **DFÜ**-Verbindung ist aktiv (⇨ **offline**). Drucker und Faxgeräte haben häufig eine Taste, um zwischen offline und online umzuschalten.

Online-Banking [sprich „onlein bänking"], bezeichnet das Abwickeln von Bankgeschäften über das Internet. Für das Online-Banking muss sich der Kontoinhaber bei seiner Hausbank freischalten lassen. Die persönlichen Zugangsdaten werden per Post zugesandt. Als elektronische Unterschrift wird bei jeder Transaktion eine ⇨ **TAN** verwendet, die früher von einer TAN-Liste abgelesen wurde. Heute sind sicherere Verfahren üblich, bei denen die TAN für jede Transaktion von der Bank generiert und per SMS (smsTAN), ein Bild auf der Bankseite (photoTAN) oder per Chip (chipTAN, smartTAN) übermittelt wird.

Online-Banking-Malware [sprich „onlein bänking mälwär"], ⇨ **Schadprogramme** wie ⇨ **Banking-Trojaner**, die darauf abzielen, ⇨ **Online-Banking**-Nutzer zu betrügen und auszurauben.

Online-Counter [sprich „onlein kaunter"], der; *Subst.*, ⇨ **Online-Gebührenzähler**.

Online-Gebührenzähler [sprich „onlein gebührenzähler"], der; *Subst.*, ist ein kleines Hilfsprogramm, das beim Systemstart automatisch geladen wird und anschließend im Hintergrund läuft und genau protokolliert, wie lange Sie online waren beziehungsweise welches Datenvolumen Sie in dieser Zeit heruntergeladen haben. Anschließend berechnet die Software anhand von Tariftabellen, welche tatsächlichen Kosten für die jeweilige Online-Verbindung angefallen sind.

Online-Log [sprich „onlein logg"], das; *Subst.*, ist ein Protokoll der Online-Zeit durch ⇨ **Internet-Provider** für ihre Kunden, die daraus Nutzungszeit und angefallene Gebühren bzw. bei Volumentarifen auch das bewegte Datenvolumen entnehmen können.

Online-Speicher [sprich „onlein speicher"], der; *Subst.*, ist von einem Dienstleister in der ⇨ **Cloud** bereitgestellter Speicherplatz. Es wird meist eine gewisse Speichermenge kostenlos bereitgestellt, die je nach Anbieter von 2 GB bis 50 GB reicht. Wer mehr Speicher benötigt, kombiniert die kostenlosen Angebote unterschiedlicher Anbieter oder kauft eine kostenpflichtige Erweiterung.

O Online-Wallet

Der Vorteil von Online-Speicher ist die Verfügbarkeit von jedem Punkt der Erde mit Internetzugang, der optionale Zugriff durch mehrere Personen, die Einsparung eigener Hardware wie ⇨ **NAS** oder ⇨ **Server** und der Betriebs- und Wartungskosten. Die Datensicherung mit einem Online-Speicher hat den Vorteil, dass die Daten nicht am selben Ort gespeichert werden und so auch nach einem Brand, Einbruchdiebstahl oder dem Defekt lokaler Hardware noch zur Verfügung stehen.

Nachteile sind die Gefahr eines Zugriffs durch unbefugte Dritte wie Hacker und Geheimdienste, die Abhängigkeit von einem Dienstleister und dessen Preispolitik sowie die noch recht langsame Übertragung der Daten zu einem Internetserver, sofern kein schneller Internetzugang zum Beispiel per Kabel oder VDSL zur Verfügung steht.

Online-Wallet [sprich „onlein wollet"], die; *Subst.*, ist eine digitale Geldbörse zum Ablegen und Verwalten der privaten Schlüssel von Coins einer oder mehrerer ⇨ **Kryptowährungen**, die als Online-Dienst auf einer Webseite angeboten wird. Da Online-Wallets für Bitcoin bereits mehrfach in der Vergangenheit gehackt wurden, ist diese Form der Coin-Aufbewahrung aus Sicherheitsgründen nicht zu empfehlen. Sicherer ist eine ⇨ **Paper-Wallet** oder ⇨ **Hardware-Wallet**.

OOB ist (1.) die Abkürzung für **O**ut **o**f the **B**ox [sprich „aut off tse bocks"], damit ist bei einer Software gemeint, dass sich das Programm nach der Installation direkt nutzen lässt, ohne weiteren Aufwand für Konfigurationen. Entsprechend gilt dies für Hardware, die direkt nach der Entnahme aus der Verpackung und dem Anschluss nutzbar sein soll. (2.) Eine weitere gebräuchliche Bedeutung ist **O**ut **o**f **B**and, das ermöglicht bei ⇨ **TCP** das Übertragen von Daten außerhalb eines ⇨ **Streams**. Das dient zum Beispiel Steuerungszwecken, kann aber auch von ⇨ **Hackern** missbraucht werden.

Opaque Web, das; *Subst.*, dt. undurchsichtiges Web, ist ein Bestandteil des unerschlossenen oder nicht zugänglichen ⇨ **Deep Web**. Im Fall des undurchsichtigen Webs sind die Webseiten zwar zugänglich, werden jedoch nicht indexiert, da das Indexieren aufgrund von fehlenden Vernetzungen, geringer Besucherzahlen oder einer höheren Suchtiefe als fünf oder sechs Verzeichnisebenen nicht wirtschaftlich erscheint. Es werden auch nicht alle Dateiinhalte auf einer Webseite indexiert, so erfasst Google etwa nur einen Teil einer PDF-Dateien.

OpenGL [sprich „open dschi el"], Abkürzung für **Open G**raphics **L**ibrary [sprich „open gräfiks leibrärie"], ist eine quelloffene, platt-

Ordner O

form- und programmiersprachenunabhängige Schnittstelle für 2D- und 3D-Grafik. Damit Programme mit OpenGL genutzt werden können, muss der Grafikadapter eine OpenGL-Unterstützung bieten und dazu ein entsprechender Treiber auf dem PC installiert sein.

In der Praxis kommt es beim Einsatz von OpenGL-Programmen auf Windows-Rechnern häufiger zu Problemen, da die Treiberunterstützung der Hersteller von Grafikadaptern für OpenGL nicht oder nicht in vollem Umfang vorhanden ist. Microsoft hat mit ➪ **DirectX** eine eigene Grafikschnittstelle und die meisten Windows-Anwendungen verwenden daher auch diesen Standard und nicht OpenGL.

OpenSource [sprich „open sours"], dt. öffentlicher ➪ **Quellcode**, bezeichnet Quellcode und Software, die wie bei ➪ **Freeware** oder ➪ **Public Domain** kostenlos genutzt und kopiert werden darf, wobei aber Lizenzbedingungen zu beachten sind. Die häufigste Lizenzart ist ➪ **GPL**.

openSUSE, Bezeichnung einer ➪ **Linux**-Distribution, die in Version 13 als 4,7 GB große ISO-Datei kostenlos zum Download angeboten wird. Damit wird die Setup-DVD zur Installation von openSUSE auf dem PC gebrannt oder über einen USB-Stick installiert. Daneben gibt es eine Verkaufsversion mit gedrucktem Handbuch für 49,95 € oder im Abonnement für 39,95 €. Die Distribution umfasst das Betriebssystem für PCs mit 64-Bit-CPU, über 1.000 Linux- ➪ **Open-Source**-Anwendungen sowie Bonus-Angebote wie Gutscheine und ein E-Book. Die frühere Bezeichnung von openSUSE lautete **SUSE LINUX**; deutsche Webseite für openSUSE: https://de.opensuse.org/Hauptseite, openSUSE Shop: https://de.opensuse.org/OpenSUSE_kaufen.

operating system [sprich „operäiting süstem"], dt. ➪ **Betriebssystem**.

OPP, Abkürzung für ➪ **Object Push Profile**.

OPU, Abkürzung für **O**ptical **P**ick-**U**p-Unit, ist eine Lasereinheit in einem optischen Laufwerk zum Beschreiben und Lesen der optischen Medien mit einem oder mehreren Lasern.

Ordered Grid Anti-Aliasing, abgekürzt **OGAA**, ist ein Verfahren zum ➪ **Anti-Aliasing**.

Ordner, der; *Subst.*, engl. folder, Bezeichnung von Windows für ein ➪ **Verzeichnis** und dient zur übersichtlichen Ablage von Dateien auf einem Datenträger, so wie ein Aktenordner in einem Aktenschrank. Ein Ordner kann Dateien oder Un-

Oreo

terordner (Unterverzeichnisse) enthalten.

Oreo, Bezeichnung der Versionen 8.0 von ⇨ **Android**.

Orgware [sprich „orgwähr"], die; *Subst.*, ist Software zur Optimierung organisatorischer Abläufe.

Originate, Sendebetrieb eines ⇨ **Modems**. Zur Datenübermittlung muss die Gegenstelle im Empfangsbetrieb sein.

OS ist eine Abkürzung für **O**perating **S**ystem, also für ⇨ **Betriebssystem**.

OS/2, ist ein nicht mehr gebräuchliches ⇨ **Betriebssystem** und die Sammelbezeichnung für Schadprogramme, die für OS/2 entwickelt wurden.

OSD, das; *Subst.*, die Abkürzung für **O**n**s**creen **D**isplay, bezeichnet das Bildschirmmenü bei zum Beispiel Flachbildschirmen und Fernsehern.

OSI, die Abkürzung für **O**pen **S**ystem **I**nterconnection, ist ein internationaler Standard und eine Richtlinie für die Kommunikation in Netzwerken. Als Referenzmodell zeigt OSI in 7 Schichten die Vorgänge bei Versand und Empfang eines Datenpaketes auf:

1. Bitübertragungsschicht
   ⇨ **Physical Layer**

2. Sicherungsschicht
   ⇨ **Data Link Layer**

3. Vermittlungsschicht
   ⇨ **Network Layer**

4. Transportschicht
   ⇨ **Transport Layer**

5. Kommunikationssteuerungsschicht
   ⇨ **Session Layer**

6. Darstellungsschicht
   ⇨ **Presentation Layer**

7. Anwendungsschicht
   ⇨ **Application Layer**

OSX, Abkürzung für MacOS X, steht zu Beginn einer Schadprogramm-Bezeichnung wie zum Beispiel bei OSX/Sapbap.A, wenn das Schadprogramm für MacOS X geschrieben wurde, also unter Windows nicht lauffähig ist.

OTA, Abkürzung für „**O**ver **t**he **a**ir", Fernkonfiguration, Programminstallation oder ein Firmware-Update (Firmware over the air = FOTA), das per Funk „durch die Luft" ohne Kabel vorgenommen wird. Das erfolgt zum Beispiel bei ⇨ **Smartphones**.

OTB, Abkürzung für **O**ut **o**f the **B**ox; ⇨ **OOB**.

Out-of-Office-Funktion [sprich „aut off offis funktion"], die; *Subst.*, ermöglicht bei Abwesenheit vom Büro eintreffende ⇨ **E-Mails** automatisch zu beantworten, um so zum Beispiel die Dauer der Abwesenheit anzugeben.

Outscatter ⇨ **Backscatter**.

Outsourcing [sprich „autsurssing"], das; *Subst.*, Kunstwort aus **out**side re**sourc**e us**ing**, bezeichnet die Vergabe von Unternehmensaufgaben an Dritte, um deren Ressourcen zu nutzen und sich auf seine eigenen Kernaufgaben zu konzentrieren.

Ein Unternehmen kann zum Beispiel die gesamte IT-Abteilung ausgliedern oder auch nur bestimmte Dienstleistungen wie etwa die Datenerfassung oder die Durchführung von IT-Schulungen an Fremdfirmen oder eigene Tochterunternehmen vergeben. Das wird dann als **selektives Outsourcing** bezeichnet.

Outtasking, das; *Subst.*, Kunstwort aus **out**side und **tasking**, Vergabe von einzelnen Aufgaben an externe Dienstleister und nicht wie beim ⇨ **Outsourcing** von einem ganzen Unternehmensbereich oder einem ganzen Projekt.

overclocken [sprich „owerklocken"], *Verb*, bezeichnet das Übertakten von ⇨ **CPU**, ⇨ **Grafikprozessor** oder Speicherbausteinen mit ⇨ **Software** oder Hardware-Modifikationen. Die Systemstabilität nimmt beim Betrieb außerhalb der Herstellerspezifikationen allerdings erheblich ab, der Stromverbrauch und der Verschleiß nehmen zu. Insbesondere ist beim Overclocking auf eine sehr gute Kühlung zu achten; ⇨ **Overclocker**.

Overclocker [sprich „owerklocker"], der; *Subst.*, dt. Übertakter, ist eine Bezeichnung für Hardware-Freaks, die durch geeignete leistungssteigernde Maßnahmen wie ⇨ **Wasserkühlung**, ⇨ **Wärmeleitpaste** mit Silberanteil, leistungsstärkeres ⇨ **Netzteil** und vor allem dem Übertakten von ⇨ **Grafikprozessor** und ⇨ **Prozessor** mehr Leistung aus ihrem PC herausholen. Dies dient teilweise der Kostenersparnis, wird aber oft auch mit topaktuellen und damit sehr teuren Hochleistungskomponenten betrieben, um vor allem für Computerspiele noch mehr Leistung aus dem PC herauszukitzeln.

P

P2P, Abkürzung für **P**eer-**to**-**P**eer [sprich „pier tu pier"], ein ⇨ **Peer-to-Peer-Netzwerk**.

P2PTV, Abkürzung für **P**eer-**to**-**P**eer-**TV** [sprich „pier tu pier ti wie"], ein ⇨ **Peer-to-Peer-Netzwerk** im Internet zum Empfang von Fernsehprogrammen als Video-Streams, die von den Empfängern gleichzeitig wieder anderen Teilnehmern im Peer-to-Peer-Netzwerk zur Verfügung gestellt werden.

P&D, Abkürzung für ⇨ **Pump-and-dump-Spam**.

PaaS, Abkürzung für **P**latform **a**s **a S**ervice [sprich „platform äs ä sörwis"]) bezeichnet das Angebot von Programmierungs- und Laufzeitumgebungen mit skalierbaren Rechner und Speicherkapazitäten in der ⇨ **Cloud**.

packen, *Verb*, bedeutet, Dateien in einer ⇨ **Archivdatei** komprimiert abzuspeichern; ⇨ **ZIP**.

Packer, der; *Subst.*, ist ein Programm, das Dateien in einer ⇨ **Archivdatei** komprimiert und bei Bedarf daraus dekomprimiert. Dadurch wird Platz auf der Festplatte und Zeit bei der ⇨ **Datenfernübertragung** eingespart. Eine andere Bezeichnung solcher Programme ist ⇨ **Archivprogramme**.

Packet Sniffer [sprich „päket sniffer"], der; *Subst.*, dt. „Datenpaketschnüffler", ist ein Programm, das ein ⇨ **Hacker** verwendet, um die Adresse in einem IP-Datenpaket zu ändern und die Daten somit an eine andere Adresse umzuleiten.

Palm-Virus, ein ⇨ **Computervirus** für das heute nicht mehr gebräuchliche Palm-Betriebssystem für die gleichnamigen PDAs, also die persönlichen digitalen Assistenten, die Vorläufer der Tablets.

Packprogramm, das; *Subst.*, ⇨ **Packer**.

PageRank [sprich „päidsch ränk"], abgekürzt **PR**, ist ein von Larry Page und Sergey Brin, den Gründern der Suchmaschine ⇨ **Google**, an der Universität Stanford entwickeltes Verfahren, um die Rangfolge der in einer Suchmaschine gelisteten Internetseiten herzustellen. Die Bewertung erfolgt nach unterschiedlichen Kriterien wie der Anzahl der Seitenaufrufe oder der Anzahl der Links auf diese Seite. Das Ergebnis ist ein Wert von 0 bis 10.

Paint [sprich „päint"] ist ein ⇨ **Bildbearbeitungsprogramm** aus dem Zubehör von Windows.

Paket Sniffer, der; *Subst.*, dt. „Datenpaketschnüffler", ist ein Programm, das ein ⇨ **Hacker** verwendet, um die Adresse in einem IP-

Parallel-Port-Schnittstelle P

Datenpaket zu ändern und die Daten somit an eine andere Adresse umzuleiten.

PAL, (1.) Abkürzung für **P**hase **A**lternation **L**ine [sprich „fäis ohlternäischen leihn"], ist eine der in Europa gebräuchlichen Normen für Fernsehbilder. Die Auflösung beträgt 625 Zeilen (siehe auch ⇨ **HDTV**, ⇨ **SDTV** und ⇨ **Secam**). Es ist (2.) ferner die Abkürzung für **P**rotocol **A**daption **L**ayer [sprich „protokol ädäptschen läier"].

Palette, die; *Subst.*, ist eine Vorauswahl von Farben, die in einem Programm oder auf dem Bildschirm gleichzeitig dargestellt werden können.

PAN, Abkürzung für ⇨ **Personal Area Networking**.

Paper-Wallet, [sprich „päiper wollet"], die; *Subst.*, Ausdruck der ⇨ **privaten Schlüssel** der eigenen ⇨ **Coins** (⇨ **Kryptowährung**) auf Papier; siehe auch ⇨ **Wallet** und ⇨ **Hardware-Wallet**.

Papierkorb, der; *Subst.*, ist ein Symbol auf dem ⇨ **Desktop**, mit dem Sie Dateien löschen können, indem Sie diese einfach mit der Maus dorthin ziehen und dann darüber fallen lassen. Windows schiebt die „gelöschten" Dateien aber zunächst in den Systemordner \$RECYCLE.BIN oder bei einem älteren Windows \RECYCLER auf dem jeweiligen Laufwerk. Daher lassen sich gelöschte Dateien aus dem Papierkorb auch einfach wiederherstellen, solange der Papierkorb und somit der Systemordner nicht geleert worden ist. Übersteigt die Datenmenge der gelöschten Dateien aber den dafür vorgesehenen Speicherbereich, werden automatisch die ältesten Dateien gelöscht und lassen sich dann nicht mehr mit Windows-Bordmitteln wiederherstellen.

Parallel-Port-Schnittstelle, die; *Subst.*, ist eine aus der ⇨ **Centronics-Schnittstelle** hervorgegangene Schnittstelle, die im Gegensatz zur ⇨ **seriellen Schnittstelle** die Übertragung von Datenbits auf mehreren Leitungen parallel unterstützt.

Die Schnittstelle wird hauptsächlich mit einer Breite von 8 Bits für Drucker verwendet und daher auch als Printer-Port bezeichnet und systemintern bei Windows ⇨ **LPT** genannt. Diese Schnittstelle lässt sich aber auch für Scanner, Software-Schutz-Stecker (⇨ **Dongle**) und andere Geräte verwenden. Heutzutage durch die ⇨ **USB-Schnittstelle** nur noch für ältere PCs und/oder ältere Peripheriegeräte von Bedeutung. Es gibt jedoch auch 16, 32, oder sogar 64 Bit breite Parallelschnittstellen, beispielsweise für die Verbindung mit Steuerungsgeräten oder Messcomputern.

P Parallelschnittstelle

Parallelschnittstelle, die; *Subst.*, ⇨ **Parallel-Port-Schnittstelle**.

Parameter, der; *Subst.*, ist eine Information, die einem Befehl oder einer Befehlszeile angehängt wird, um bestimmte Optionen oder Unterfunktionen des Befehls zu aktivieren.

Parasitenvirus ⇨ **Dateivirus**.

Parental Control [sprich „pärentell kontrohl"], die; *Subst.*, dt. Kindersicherung, ermöglicht es bei DVDs, einzelne Filmsequenzen oder auch die gesamte DVD (bei Freigabe ab 18 Jahren) für Kinder zu sperren. Dazu müssen die DVD und der DVD-Player diese Funktion unterstützen.

Parität, die; *Subst.*, dt. Geradzahligkeit, kann die Werte gerade (even), ungerade (odd) oder keine (none) annehmen und ist wie ⇨ **ECC** eine Technik zur Fehlererkennung, die zur Kontrolle bei Datenübertragungen und der Prüfung des Arbeitsspeichers eingesetzt wird. Dazu wird jedem Byte mit Daten ein zusätzliches ⇨ **Paritätsbit** hinzugefügt, das bei der Einstellung gerade (even) auf 1 gesetzt wird, wenn die Anzahl der 1er-Bits im Byte gerade ist. Es ist aber auch die umgekehrte Einstellung ungerade (odd) möglich, bei der das Paritätsbit bei einer ungeraden Anzahl 1er-Bits gesetzt wird. Ändert sich die Anzahl der 1er-Bits innerhalb eines Daten-Bytes durch einen Übertragungsfehler derart, dass diese von gerade zu ungerade wechselt oder umgekehrt, lässt sich dies durch das Paritätsbit feststellen. Treten jedoch innerhalb eines Bytes mehrere Übertragungsfehler auf, funktioniert die Fehlererkennung nicht zuverlässig. Stimmt die Parität der Daten nicht mit der des Paritätsbits überein, kann ein DFÜ-Programm darauf reagieren und die Datenübertragung des Bytes wiederholen. Stimmt das Paritätsbit im ⇨ **RAM** nicht mit den gespeicherten Daten überein, erscheint der BIOS-Fehler „Parity error" [sprich „päritie error"] auf dem Bildschirm.

Paritätsbit, das; *Subst.*, ist ein zusätzlich zu den Datenbits übertragenes Bit, das zur Fehlerkontrolle verwendet wird. Es ergänzt die Anzahl der 1er-Bits auf einen geraden oder ungeraden Wert – je nach gewählter ⇨ **Parität**. So lässt sich erkennen, ob sich die gerade oder ungerade Anzahl der 1er Bits in einem Byte geändert hat oder nicht.

Parity [sprich „päritie"], die; *Subst.*, dt. ⇨ **Parität**.

Parity-Bit [sprich „päritie bit"], das; *Subst.*, dt. ⇨ **Paritätsbit**.

Parity-Generation-Chip [sprich „päritie dscheneräischen tschipp"], der; *Subst.*, ist ein Ersatz für einen teuren ⇨ **DRAM**-Chip, der das

⇨ **Paritätsbit** einspart, indem er der ⇨ **CPU** bei der Speicherprüfung immer ein korrektes Paritätsergebnis liefert, obwohl überhaupt keine Paritätsprüfung erfolgt. Dazu berechnet dieser Chip das Paritätsbit der empfangenen Daten, was diese Art von Billig-Speicher verlangsamt und zu Timing-Problemen führen kann. Zudem werden Speicherfehler vom Rechner nicht mehr erkannt, was die Betriebssicherheit eines mit solchen Speichermodulen ausgerüsteten PCs stark beeinträchtigen kann.

Partial Retweet [sprich „parschiel ritwieht"], abgekürzt **PRT**, ist ein ⇨ **Retweet**, bei dem der Text gekürzt wurde; ⇨ **Twitter**.

Partition, die; *Subst.*, dient zur Aufteilung einer ⇨ **Festplatte** in ⇨ **logische Laufwerke** mit jeweils eigenen Laufwerksbuchstaben. Jede Partition kann ein anderes Dateisystem enthalten.

partitionieren, *Verb*, Unterteilen einer ⇨ **Festplatte** in ein oder mehrere logische Abschnitte. Eine Festplatte kann eine primäre und eine ⇨ **erweiterte Partition** enthalten. In einer erweiterten Partition lassen sich mehrere virtuelle Laufwerke anlegen, in einer ⇨ **primären Partition** nur eines.

Partitionstabelle, die; *Subst.*, ist ein Bereich am Anfang einer Festplatte, in dem die Informationen über deren ⇨ **Partitionen** gespeichert sind.

Partnerprogramm, das; *Subst.*, ist eine Möglichkeit, mit der eigenen Webseite Geld zu verdienen, indem darauf Werbung für eine andere Webseite bzw. einen anderen Webdienst gemacht wird. Die Werbung erfolgt meist über ⇨ **Banner**, aber auch über Werbeblöcke mit Links in Newslettern. Bezahlt wird bei Partnerprogrammen meist pro Klick auf das Banner, pro geworbenen Kunden oder umsatzabhängig; www.partnerprogramme.de.

Passphrase, die; *Subst.*, wird wie ein ⇨ **Passwort** für den sicheren Zugang zu Programmen verwendet, enthält jedoch oft zusätzlich zum Passwort weitere Informationen wie etwa den Schlüssel bei verschlüsselten Systemen. In jedem Fall ist eine Passphrase mit üblicherweise 20 bis 30 Zeichen deutlich sicherer als die üblichen Passwörter.

Password Cracker [sprich „passwöhrt kräcker"], der; *Subst.*, ist ein Programm, mit dem sich ein vergessenes oder fremdes Kennwort ermitteln lässt. Das Programm arbeitet meistens nach der ⇨ **Brute-Force**-Methode.

Passwort, sicheres, das; *Subst.*, sollte mindestens zwölf Zeichen lang sein, Klein- und Großbuchstaben sowie Sonderzeichen enthalten.

P Patch

Stattdessen sind die am häufigsten verwendeten Passwörter meist einfache Tastaturfolgen wie 1234, 123456 oder 12345678. Ebenfalls häufig verwendet werden Namen von Familienangehörigen, Haustieren, berühmten Persönlichkeiten oder Figuren aus Filmen und Romanen. Solche Passwörter sind sehr leicht zu erraten oder mit den Passwortlisten in Hackerprogrammen in Sekunden zu ermitteln. Das ist der Hauptgrund dafür, warum im Internet so viele Konten gehackt werden und jedes Jahr Millionen von E-Mail- und anderen Online-Konten samt den darüber zugänglichen Daten in unbefugte Hände gelangen.

Patch [sprich „pätsch"], der; *Subst.*, dt. „Flicken", ⇨ **Bug-fix**.

Patchday oder **Patch Day** [sprich „pätsch däi"], der; *Subst.*, ist ein im Oktober 2003 von Microsoft eingeführter und seit dieser Zeit beibehaltener fester Tag im Monat, an dem Microsoft die jeweils neuesten Sicherheitspatches veröffentlicht. Es ist immer der zweite Dienstag eines Monats. Die Sicherheitspatches werden für Windows, Office und Office-Anwendungen, Internet Explorer sowie weitere Microsoft-Software angeboten. Eine Übersicht der aktuellen Patches erhalten Sie in der Security Bulletin-Suche von Microsoft TechNet: https://technet.microsoft.com/de-de/security/bulletins.

patchen [sprich „pätschen"], *Verb*, dt. „flicken", Einspielen eines Patches oder das direkte Ändern einer Programmdatei, um Fehler zu beheben, einen ⇨ **Kopierschutz** wie eine Zeitbeschränkung aufzuheben, in Spielen den Level zu wechseln, neue Waffen und/oder unbegrenztes Leben und Munition zu haben, die Oberfläche zu verändern/zu übersetzen oder sogar das gesamte Programm zu verändern. Das Patchen erfolgt manuell mit einem ⇨ **Hexeditor** oder mit speziellen ⇨ **Patches** oder ⇨ **Cheats**.

patched [sprich „pätschd"], *Adj.*, bezeichnet ein Programm, bei dem Fehler und/oder Sicherheitslücken durch einen ⇨ **Patch**/ein ⇨ **Update** oder ⇨ ein **Bug-fix** entfernt wurden.

Patched, Name eines ⇨ **Trojanischen Pferds**.

Pay-per-Click-Betrug, steht für einen Klickbetrug, bei dem der Angreifer durch spezielle ⇨ **Schadprogramme** den Datenverkehr manipuliert und auf diese Weise die Mausklicks des Opfers auf Werbe-Anzeigen umleitet, über die der Angreifer Geld verdient.

PB ⇨ **Petabyte**.

PC, der; *Subst.*, (1.) Abkürzung für **P**ersonal **C**omputer [sprich „pörsonell kompjuter"], dt. „persönlicher

PCI-Express P

Rechner", ist ein Warenzeichen von ⇨ **IBM** und wurde ursprünglich auch nur für IBM-Computer verwendet, zum Beispiel beim IBM PC-XT oder IBM PC-AT. Später wurde die Bezeichnung PC (2.) im allgemeinen Sprachgebrauch zum Oberbegriff für alle IBM-PC-kompatiblen Rechner. Technisch wird (3.) unter einem PC ein Rechner verstanden, der x86-kompatibel ist. Aus einem April-Scherz stammt (4.) eine weitere Erklärung für PC als **P**igeon **C**luster, dt. „Tauben-Cluster"; siehe ⇨ **PigeonRank**.

PCA, Abkürzung für die ⇨ **P**ersonal Internet **C**lient **A**rchitecture [sprich „pörsenell internet kleient arkitektscher"] von ⇨ **Intel**.

PCB, Abkürzung für **P**rinted **C**ircuit **B**oard [sprich „printid sörkuit bord"], eine Leiterbahnplatine, die auch mehrere ⇨ **Layer** haben kann.

PC-Card [sprich „pi ci kard"], die; *Subst.*, ist ein Steckmodul für den ⇨ **PCMCIA**-Steckplatz von Notebooks. Über Adapter können PC-Cards auch am PC eingesetzt werden. Das erfolgt zum Beispiel bei Karten für Wireless LAN. PC-Cards des Typs I sind 3,3 mm, des Typs II 5,0 mm und des Typs III 10,3 mm dick. Es gibt PC-Cards für die Speichererweiterung, als Festplatte, Modemkarte, ISDN- und Handy-Karte u.v.a.m. Eine andere Bezeichnung ist ⇨ **PCMCIA**-Karte.

PCD, ⇨ **Dateinamenerweiterung** einer Bilddatei im Photo-CD-Format von Kodak.

PCI [sprich „pi ci ai"] ist in der neuesten Version 3.0 von 2004 ein Bussystem mit 64 Bit breiten Datenleitungen und einer maximalen Taktrate von 66 MHz für eine maximale Datenrate von 533 Mbyte/s. Der Nachfolger ist ⇨ **PCI-Express**.

PCIe oder **PCI-E** [sprich „pi ci ai e" oder „pi ci ai i" bei englischer Aussprache des **E**], Abkürzung von ⇨ **PCI-Express**. Teilweise werden die an der Schnittstelle zur Verfügung stehenden ⇨ **Lanes** mit angegeben, also zum Beispiel PCIe x1 oder PCIe x16.

PCI-Express [sprich „pi ci ai äckspress"], abgekürzt PCIe, PCI-E, PCIe x1 bis PCIe x32 oder ⇨ **3GIO**, ist eine Schnittstelle und der Nachfolger von ⇨ **PCI** und ⇨ **AGP**. Technisch bestehen trotz der Namensähnlichkeit keine Gemeinsamkeiten mit dem PCI-Bus. Während beim PCI-Bus alle angeschlossenen Erweiterungskarten über einen ⇨ **Bus** miteinander verbunden werden, erfolgt die Verbindung der einzelnen seriellen Hochgeschwindigkeitsverbindungen bei PCI-Express über aktive Schaltelemente direkt mit dem Chipsatz. Dadurch ergeben sich separate Anschlüsse zu jedem an PCI-Express angeschlossenen Peripheriegerät.

P PCI-Steckplatz

Die Übertragungsgeschwindigkeit beträgt pro **Lane**, also pro Kanal mit 2 Signalleitungen, bis zu 1.969 MB/s bei PCIe 4.0. Für das Jahr 2019 ist PCIe 5.0 mit vierfacher Bandbreite im Vergleich zu PCIe 3.0 angekündigt.

Durch eine Bündelung von bis zu 32 Kanälen kann die Übertragungsgeschwindigkeit theoretisch auf eine Bandbreite von 63.015 MB/s in beide Richtungen gesteigert werden, wobei die Bandbreite in der Praxis um 20 % niedriger liegt. Die Anzahl der zur Verfügung stehenden Lanes wird bei PCIe meist angegeben, so etwa als PCIe x1, PCIe x16 oder PCIe x32. Wichtig ist dies für Peripheriegeräte mit hohem Datendurchsatz, wie etwa ➪ **Grafikkarten**. PCIe x1 hat den PCI-Bus abgelöst und PCIe x16 sowie PCIe x32 den AGP-Steckplatz.

PCI-Steckplatz [sprich „pi si ai steckplatz"], der; *Subst.*, Abkürzung für **P**eripheral **C**omponent **I**nterconnect-**Steckplatz**, dient dem Anschluss einer Erweiterungskarte an den PCI-Bus.

PC James Bond 007, eine Überwachungssoftware, die darauf spezialisiert ist, Informationen über den Anwender zu sammeln. Betroffen sind ältere Versionen von ICQ, MSN, Skype und andere Messenger.

PCL, ➪ **Dateinamenerweiterung** einer Druckdatei im HP LaserJet-PCL-Format.

PCM ist (1.) die Abkürzung für ➪ **Portable Media Center** und (2.) für **P**ulse **C**ode **M**odulation. Letzteres ist eine ➪ **Sampling**-Technik, mit der aus analogen Audiosignalen digitale Werte errechnet werden.

PC-Malware [sprich „pi si mälwär"], engl. Schreibweise pc malware, ist ein Sammelbegriff für zur Ausführung auf PCs entwickelte ➪ **Schadprogramme**. Dabei ist zu unterscheiden, für welches Betriebssystem diese Schadprogramme geschrieben wurden, da etwa ein Schadprogramm für ein veraltetes Windows XP nicht unbedingt unter Windows 10 läuft und umgekehrt. Ebenfalls zu unterscheiden ist, ob das Schadprogramm für ein 32- oder 64-Bit-Betriebssystem geschrieben wurde.

PCMCIA [sprich „pi si em si ai äi"], Abkürzung für **P**ersonal **C**omputer **M**emory **C**ard **I**nternational **A**ssociation [sprich „pörsonell kompjuter memmori kard internäschionäl ässosiäischen"] ist eine Vereinigung zur Normierung von Speicherkarten, die Standards für ➪ **PC-Card**, ➪ **CardBus**, Miniature Card und ➪ **SmartMedia Card** definiert.

PCT, ➪ **Dateinamenerweiterung** einer Bilddatei im Grafikformat des Macintosh.

PCX, ⇨ **Dateinamenerweiterung** einer Datei im Pixelgrafik-Format von Paintbrush.

PDF ist (1.) die Abkürzung für **P**ortable **D**ocument **F**ormat, ein Datenaustauschformat der Firma ⇨ **Adobe**. Dateien in diesem Format haben (2.) die ⇨ **Dateinamenerweiterung** PDF. Solche PDF-Dokumente können mit dem kostenlos angebotenen ⇨ **Adobe Acrobat Reader** bzw. dessen Vorgänger ⇨ **Adobe Reader** angezeigt werden.

PDF-Scanner [sprich „pe de eff skänner"], der; *Subst.*, ist ein ⇨ **Scanner**, der die gescannten Dokumente per Knopfdruck in ⇨ **PDF**-Dateien und meist auch in andere Dokumentenformate wie Word- oder Excel-Dateien umwandelt.

Pearl [sprich „pörl"], (1.) Abkürzung für **P**rocess and **E**xperiment **A**utomation **R**eal Time **L**anguage, ist eine problemorientierte Prozessorsprache, die nicht mit ⇨ **Perl** oder (2.) der Firma **PEARL**, einem Online-Shop für Elektronikartikel aus Buggingen verwechselt werden sollte; https://www.pearl.de/.

Pebi, Abkürzung für **Pe**ta **bi**nary, abgekürzt **Pi**, entspricht 2^{50} = 1.125.899.906.842.624 und ist ein Standard des ⇨ **IEC**, der bei binären Größen zur genaueren Angabe statt ⇨ **Peta** verwendet werden soll. Bislang ist Pebi jedoch noch recht unbekannt.

Pebibyte ist ein Maß für die Speicherkapazität von Speichermedien, das 2^{50} = 1.125.899.906.842.624 entspricht, ⇨ **Peta**, ⇨ **Petabyte**.

Peek-Funktion [sprich „piek funktion"] ist eine Funktion des Desktops von ⇨ **Windows 7**. Sie können dadurch den Desktop sehen, obwohl die Sicht darauf durch geöffnete Fenster verdeckt ist. Die Peek-Funktion macht die geöffneten Fenster dazu durchsichtig.

Peeps [sprich „piehps"], Abkürzung für das engl. „peoples", dt. „Menschen" oder „Leute", eine weitere Abkürzung dafür ist **pps**; ⇨ **Twitter**.

Peer-to-Peer-Netzwerk [sprich „pier tu pier netzwerk"], das; *Subst.*, ist ein Netzwerk aus gleichberechtigten Rechnern. Jeder Rechner im Netzwerk kann ⇨ **Server** sein und Dateien, Drucker sowie Laufwerke zur Verfügung stellen. Die Ressourcen müssen aber zum Zugriff freigegeben werden. In ein Peer-to-Peer-Netzwerk lassen sich Rechner mit unterschiedlichen Windows-Versionen und auch Rechner mit anderen Betriebssystemen wie Mac OS X einbinden. Ein Peer-to-Peer-Netzwerk ist mit Windows ohne Mehrkosten für Server-Software aufzubauen. Jeder als Server

P Pen Card Reader

dienende Rechner kann gleichzeitig als ⇨ **Arbeitsstation** genutzt werden. Bei aktuellen Rechnern ist die Performance dabei kein Problem. Dennoch gilt für Peer-to-Peer-Netzwerke in der Praxis eine Obergrenze von etwa 11 angeschlossenen Rechnern.

Pen Card Reader [sprich „penn kard riehder"] ist ein kleines, mobiles Lesegerät für ⇨ **Flash-Speicher**-Karten, das am ⇨ **USB** angeschlossen wird. Der Pen Card Reader wird in Verbindung mit einem Flash-Speicher wie ein ⇨ **Pen Drive** oder ein ⇨ **USB-Stick** verwendet, ist aber meist deutlich kleiner.

Pen Drive [sprich „penn dreif"] ist ein kleiner, mobiler ⇨ **Flash-Speicher** für den Anschluss am ⇨ **USB**, ähnlich einem ⇨ **USB-Stick**, nur meist deutlich kleiner. Der Name rührt vom englischen Wort „pen", deutsch „Stift" her, da diese Speicher häufig der Form eines Bleistifts oder Kugelschreibers nachempfunden sind. Eine andere Bezeichnung ist ⇨ **Jumpdrive**.

Performance [sprich „performäns"], die; *Subst.*, ist ein umgangssprachlicher Ausdruck für Leistung oder Geschwindigkeit eines Computersystems oder dessen Komponenten.

Peripheriegerät, das; *Subst.*, ist ein Gerät, das den Funktionsumfang eines Computers erweitert (Drucker, Scanner, USB-Laufwerk usw.).

Perl oder **PERL**, Abkürzung für **P**ractical **E**xtraction and **R**eporting **L**anguage, ist eine 1987 von Larry Wall entwickelte Programmiersprache, die als plattformunabhängige ⇨ **Skriptsprache** heutzutage hauptsächlich zur Programmierung von ⇨ **CGI**-Anwendungen verwendet wird. Perl kommt aus der ⇨ **UNIX**-Welt, wo es hauptsächlich für die ⇨ **Batch**verarbeitung Verwendung fand. Es gibt aber kostenlose ⇨ **Interpreter** (Open Source Software) für andere Betriebssysteme. Durch die Namensgleichheit wird Perl häufig mit ⇨ **Pearl** verwechselt; Informationen zu Perl in englischer Sprache: www.perl.org/about.html.

Permalink oder **Permanentlink**, der; *Subst.*, ist eine vor allem in einem ⇨ **Blog** verwendete Art von ⇨ **Link**, die sicherstellen soll, dass ein Beitrag „für immer" über einen festen Link erreichbar ist. Das ist aber keinesfalls sichergestellt, da sich die Adressen von Webseiten häufig ändern. Die ⇨ **W3**-Organisation empfiehlt daher das Anlegen von ⇨ **URI**; https://www.w3.org/Provider/Style/URI.

Personal Area Networking [sprich „pörsenell äria networking"], das; *Subst.*, abgekürzt **PAN**, Protokoll von ⇨ **Bluetooth** für IP-Verbindungen.

Personal Firewall [sprich „pörsenell feierwoahl"], die; *Subst.*, ist eine Software-Firewall für den Schutz des lokalen PCs, wenn dieser mit dem Internet verbunden ist, siehe auch ⇨ **Firewall**. Bekannte Produkte und dazu auch kostenlos erhältliche Produkte sind zum Beispiel Agnitum Outpost oder Zonealarm.

Peta entspricht 10^{15} = 1.000.000.000.000.000 und wird zur Angabe von Speichergrößen in ⇨ **Petabyte** verwendet; hier entsteht jedoch eine Ungenauigkeit, da Speichergrößen auf dem Binärsystem basieren. Daher wurde für die genaue Angabe ⇨ **Pebi** eingeführt; ⇨ **Pebibyte**.

Pfad, der; *Subst.*, gibt die Lage einer Datei oder eines Verzeichnisses/Ordners über Laufwerk und übergeordnete Verzeichnisse bzw. Ordner an.

PFB, ⇨ **Dateinamenerweiterung** einer Adobe-⇨ **Font**-Datei zur Darstellung von Schriften für ⇨ **PostScript** mit dem Adobe Type Manager.

Pfeiltaste, die; *Subst.*, engl. **arrow key**, ist eine der vier Tasten mit Pfeilaufdruck zur Steuerung des ⇨ **Cursors** oder auch der Spielfiguren in Computerspielen. Die vier Pfeiltasten sind auf allen Tastaturen eine Zweitbelegung der Tasten 2, 4, 6 und 8 des numerischen Ziffernblocks, die nach Abschalten der numerischen Funktion des Ziffernblocks über die Umschalttaste [Num] zur Steuerung verwendet werden können. Auf den meisten Tastaturen sind zusätzlich separate Pfeiltasten vorhanden.

PGA, Abkürzung für **P**in **G**rid **A**rray [sprich „pinn grid ärrai"], dt. „Kontaktstift-Rasterfeld", ist ein Steckplatz für integrierte Schaltkreise wie Prozessoren, wobei ein PGA direkt in ein ⇨ **Mainboard** gelötet oder über einen ⇨ **Sockel** damit verbunden ist.

PGL, ⇨ **Dateinamenerweiterung** einer ⇨ **Plotter**-Datei mit einer Grafik, die mit HP Plotter PGL beschrieben ist.

Phantom Keystroker, der; *Subst.*, ist ein ⇨ **USB-Tastatur-Emulator** und Scherzartikel in Aussehen und Größe eines USB-Sticks. Das Gerät wird am USB-Anschluss eines PCs oder Notebooks angesteckt und löst dann irritierende Tasteneingaben und Pieptöne aus. Der Phantom Keystroker soll laut Anbieter keinen Schaden auf dem PC anrichten, da er weder die Eingabetaste noch Mausklicks auslöst.

Pharming [sprich „farming"], ist eine ⇨ **Spoofing**-Technik, die für betrügerische Absichten eingesetzt

Phase Change Random Access Memory

wird. Die eingegebene IP-Adresse wird manipuliert, sodass das Opfer statt auf die gewünschte Webseite auf eine Betrugsseite gelangt.

Phase Change Random Access Memory [sprich „fäis tschäinsch rändem äksess memmori"], abgekürzt **PRAM**, ist eine Speichertechnologie der Firma Samsung für nicht flüchtigen Speicher. Hier wird das unterschiedliche Verhalten des Speichermaterials beim Abkühlen zur Speicherung genutzt. Ein schnelles Abkühlen lässt das Material unstrukturiert amorph werden, jedoch bilden sich beim langsamen Abkühlen Kristalle. Durch kurzes Erhitzen lässt sich der amorphe Zustand wieder herstellen. Diese Materialeigenschaft wird auch bei der Speicherung auf CDs/DVDs genutzt, wobei hier die Erwärmung durch einen Laser erfolgt. Die Samsung-Speichertechnologie arbeitet dagegen mit Strom. Weitere Technologien für nicht flüchtigen Speicher sind ⇨ **FRAM** und ⇨ **MRAM**.

Phisher [sprich „fischer"], sind Betrüger, die Anwender zur Preisgabe vertraulicher Informationen verleiten.

Phishing [sprich „fisching"], das „Fischen" oder „Angeln" nach Daten, wobei als „Köder" eine gefälschte ⇨ **Webseite** eines bekannten Online-Shops, -Auktionshauses oder Geldinstituts dient. Die Opfer werden über gefälschte Benachrichtigungen und Links auf diese Seiten gelockt und durch die täuschend echt nachgemachten Seiten zur Eingabe ihrer Zugangsdaten verleitet. Die kriminellen Betreiber des Phishing verwenden diese Daten anschließend, um auf Kosten des Opfers einzukaufen oder Gelder zu transferieren.

Letzteres erfolgt zum Beispiel über ⇨ **Trojaner** (⇨ **Trojanisches Pferd**), die gefälschte Webseiten anzeigen und bei den Eingaben des Nutzers das Empfängerkonto verändern.

Anschließend werden die Daten an das Geldinstitut weitergeleitet. Das Opfer sieht die erfolgte Buchung mit seinem Kommentar dazu auf dem Kontoauszug und merkt daher erst spät (nach einer Mahnung durch den eigentlich beabsichtigten Empfänger), dass sein Geld gestohlen wurde.

Phishing mit Flash-Animationen [sprich „fisching mit fläsch animationen"], eine neue Methode der ⇨ **Phisher**, um an die Daten Ihrer Opfer zu gelangen. Dabei werden die Anmeldedaten über ⇨ **Flash**-Animationen abgefragt. Anti-Phishing-Programme können eine Flash-Seite nicht als Phishing-Formular identifizieren und damit den Anwender nicht vor dem Betrug warnen.

Photo-CD, die; *Subst.*, ⇨ **CD-ROM** zur Speicherung von Fotos mit einem von Kodak entwickelten Verfahren.

PHP, das; *Subst.*, Akronym für **P**HP: **H**ypertext **P**reprocessor früher **P**ersonal **H**ome **P**age Tools ist eine ⇨ **Scriptsprache** auf Webservern, mit der sich dynamische Webseiten erstellen lassen; offizielles Handbuch in die deutsche Sprache übersetzt unter http://php.net/manual/de/index.php.

Physical Layer [sprich „fühsikäl läier"], der; *Subst.*, dt. Bit-Übertragungsschicht, erste Schicht des ⇨ **OSI**-Referenzmodells.

Pi ⇨ **Pebi**.

PiB ⇨ **Pebibyte**.

PIC, ⇨ **Dateinamenerweiterung** einer ⇨ **Quicktime**-Bilddatei und sehr alter Bilddateien im Lotus-Picture-Format.

Pickup [sprich „pickapp"], Lasereinheit in einem CD- oder DVD-Laufwerk, die zum Auslesen der Daten verwendet wird. Es handelt sich um eine Kombination aus Laser und Linse.

PictBridge [sprich „picktbridsch"], Abkürzung für **Pic**ture **Bridge**, dt. Bilderbrücke, ist ein herstellerunabhängiger Standard für den Direktdruck, der den Ausdruck von Bildern aus Digitalkameras, digitalen Camcordern oder anderen kompatiblen Bildaufnahmegeräten ohne Umweg über einen PC ermöglicht. Der Anschluss erfolgt am Drucker über den ⇨ **PictBridge-Port**. Die Auswahl der Fotos sowie der Druckauftrag erfolgen über das Display der Kamera sowie deren Bedienelemente. Der PictBridge-Standard wurde offiziell durch die CIPA (Camera and Imaging Products Association), eine Herstellerkooperation für Kameras und Bildprodukte, im Februar 2003 angekündigt; http://www.cipa.jp/pictbridge/index_e.html.

Tragen Ihre Kamera und Ihr Drucker das PictBridge-Logo ist ein Direktausdruck gewährleistet

PictBridge-Port [sprich „picktbridsch port"], der; *Subst.*, ist ein spezieller ⇨ **USB-Anschluss** an einem PictBridge-kompatiblen Drucker über den eine Digitalkamera zum Direktausdruck ohne PC angeschlossen wird.

Picture in Picture [sprich „piktschar in piktschar"], abgekürzt **PiP**,

P Picture-Passwort

ist eine Bild-in-Bild-Funktion über die zum Beispiel eine Fernsehsendung und ein aufgezeichnetes Video auf einem Windows-PC parallel angesehen werden können. Zwischen den Bildern kann jederzeit schnell gewechselt werden. Die Größen von Hauptfenster und PiP-Fenster lassen sich je nach Belieben variieren.

Picture-Passwort das; *Subst.*, [sprich „piktschar passwort"], ⇨ **Bild-Passwort**, ist ein Zugangsschutz ab ⇨ **Windows 8**, bei dem auf einem Bild vorher definierte Punkte zu verbinden oder mit Gesten zu markieren sind. Der Benutzer kreist den betreffenden Punkt dazu zum Beispiel ein. Dies soll einfacher und schneller als die Eingabe eines Passwortes gehen und die Passworteingabe optional ersetzen.

Piepcode, der; *Subst.*, engl. **Beep Code**, ist eine akustische Fehlermeldung des ⇨ **POST**, des Einschalt-Selbsttests eines PCs. Es hängt vom jeweiligen ⇨ **BIOS** und der BIOS-Version ab, welche Bedeutung der Piepcode hat. Die nachfolgende Tabelle enthält einige gängige Piepcodes der wichtigsten BIOS-Hersteller. Die Piepcodes sind auch in der (meist englischsprachigen) Dokumentation zum ⇨ **Mainboard** des PCs, den Webseiten vieler Mainboard-Hersteller und auf der Webseite des BIOS-Kompendium (www.bios-info.de).

Piepcodes des AMI-BIOS	Beschreibung
1 x kurz	Speicherproblem
1 x lang	System arbeitet ohne Fehler
Dauerton	Netzteilfehler (eventuell zu schwach)
1 x lang, 1 x kurz	schwerwiegender Mainboard-Fehler
1 x lang, 2 x kurz	Paritätsfehler, Grafikkartenfehler: Video-ROM-BIOS-Checksumme falsch, keine Grafikkarte gefunden
1 x lang, 3 x kurz	Fehler in den ersten 64kB des Speichers, Videofehler: defekter-RAM-DAC (Digital Analog Converter), oder Monitorerkennungsprozess fehlerhaft, eventuell Monitor nicht angeschlossen/Kabel defekt.
1 x lang, 4 x kurz	Timer-Baustein fehlerhaft
1 x lang, 5 x kurz	Prozessorfehler

PiP

Piepcodes des Phoenix BIOS	Beschreibung
1 1 3	BIOS-Fehler (CMOS)
1 4 2	Paritätsfehler
1 2 1	Timer-Baustein defekt
2 1 1 bis 2 4 4	Fehler im RAM-Speicher
3 2 4	Tastatur-Controller
4 2 2	Shutdown/Restart defekt
4 3 1	RAM-Fehler oberhalb 64 kByte
4 3 4	Fehler in der Echtzeituhr
4 4 1	Fehler in serieller Schnittstelle
4 4 2	Fehler in paralleler Schnittstelle

PigeonRank [sprich „pihdschen ränk"] entstammt einem April-Scherz und erklärt die Funktionsweise des ⇨ **PageRank**-Verfahrens von ⇨ **Google** auf höchst unterhaltsame Weise. Demnach bewerten bei Google tausende von preiswert und blitzschnell arbeitenden, speziell dafür abgerichteten Haustauben (engl. pigeons) die Webseiten. Die Tauben sind organisatorisch zu Pigeon Clusters [sprich „pihdschen klasters"] (abgekürzt **PC**) zusammengefasst; https://archive.google.com/pigeonrank/.

PIM, der; *Subst.*, Abkürzung für **P**ersonal **I**nformation **M**anager, ist eine Anwendung mit Adressbuch und Terminkalender zur Verwaltung persönlicher Daten.

Pin, der; *Subst.*, ist ein Kontaktstift („Beinchen") an elektronischen Bauteilen oder Steckerleisten.

PIN, die; *Subst.*, Abkürzung für **P**ersonal **I**dentification **N**umber, ist eine vierstellige Nummer, die beim Homebanking, dem Geldabheben am Geldautomaten, der Bezahlung mit einer Kreditkarte und als Schutz für den Zugriff auf die ⇨ **SIM-Karte** des Handys Verwendung findet; siehe auch ⇨ **TAN**.

Pinsel, der; *Subst.*, ist ein Zeichenwerkzeug für Mal- und Fotobearbeitungsprogramme. Leistungsfähige Programme bieten mehrere Pinselformen an und ermöglichen eine Einstellung des Farbauftrags. In Verbindung mit einem druckempfindlichen ⇨ **Digitalisiertablett** und einer entsprechenden Software lässt sich der Pinsel auch mit einem Stift führen und der Farbauftrag durch stärkeres oder weicheres Aufdrücken des Stiftes variieren.

PiP ⇨ **Picture in Picture**.

P Pipe

Pipe [sprich „peip"], die; *Subst.*, ist eine Verbindung der Ausgabe eines Befehls mit der Eingabe des folgenden Befehls, sodass die Daten wie durch eine Röhre von einem Befehl in den nächsten „fließen". Diese aus ⇨ **UNIX** stammende Befehlsfunktion wurde bei ⇨ **DOS** übernommen und lässt sich an der ⇨ **Eingabeaufforderung** von Windows weiter nutzen. Über eine Pipe lässt sich beispielsweise die Ausgabe eines DIR-Befehls in eine Datei umleiten.

Pipe-Symbol [sprich „peip sümbol"], das; *Subst.*, Zeichen |, mit dem die Ausgabe eines Befehls an der Eingabeaufforderung von Windows als Eingabe zum nächsten Befehl geleitet werden, also eine ⇨ **Pipe** erstellt werden kann.

Pits sind Vertiefungen auf einer CD-ROM-Oberfläche, die zusammen mit den ⇨ **Lands** zum Codieren der Information verwendet werden.

Pivot-Funktion, die; *Subst.*, oder **Porträt-Modus** bezeichnet einen Bildschirm, der sich um 90 Grad drehen lässt, um die Breite in der Horizontalen zu nutzen. Das Bild wird dann ebenfalls gedreht. ⇨ **Smartphones** und ⇨ **Tablets** haben eine solche Funktion integriert, in Büros ist diese auch bei PC-Anwendern häufiger anzutreffen. Längere Texte und insbesondere DIN-A4-Seiten lassen sich so besser lesen. Für das Drehen der Grafik ist in den aktuellen Grafiktreibern meist eine Funktion vorhanden. Die Ständer der meisten Bildschirme erlauben jedoch die Drehung zur Seite nicht. Ein anderer Ständer oder eine Wandhalterung mit Pivot kann hier Abhilfe schaffen. Die Pivot-Funktion ist jedoch für aktuelle Breitbildschirme und die neuen Curved-Displays nicht vorgesehen und bei einem größeren Bildschirm (ab 22 Zoll) mit HD-Auflösung auch nicht vorgesehen, da dieser zwei DIN-A4-Seiten nebeneinander in voller Größe gut lesbar abbilden kann (siehe Abbildung auf der nächsten Seite).

Pix, Abkürzung für das engl. Wort „pictures", dt. „Bilder"; ⇨ **Twitter**.

Pixel, das; *Subst.*, ist eine Wortschöpfung aus „picture elements", dt. Bildelemente. Als Pixel werden die Bildpunkte eines ⇨ **Bitmap-Bilds** bezeichnet.

Pixel-Grafik, die; *Subst.*, ⇨ **Bitmap-Bild**.

Pizzabox, die; *Subst.*, ist eine umgangssprachliche Bezeichnung für einen sehr flachen Desktop-PC, der üblicherweise als ⇨ **Workstation** oder Terminal im Netzwerk eingesetzt wird. Auch flache ⇨ **Rack-Server** werden so bezeichnet.

Platte, die; *Subst.*, engl. **disc**, ist (1.) als Übersetzung aus dem Eng-

Platzhalter P

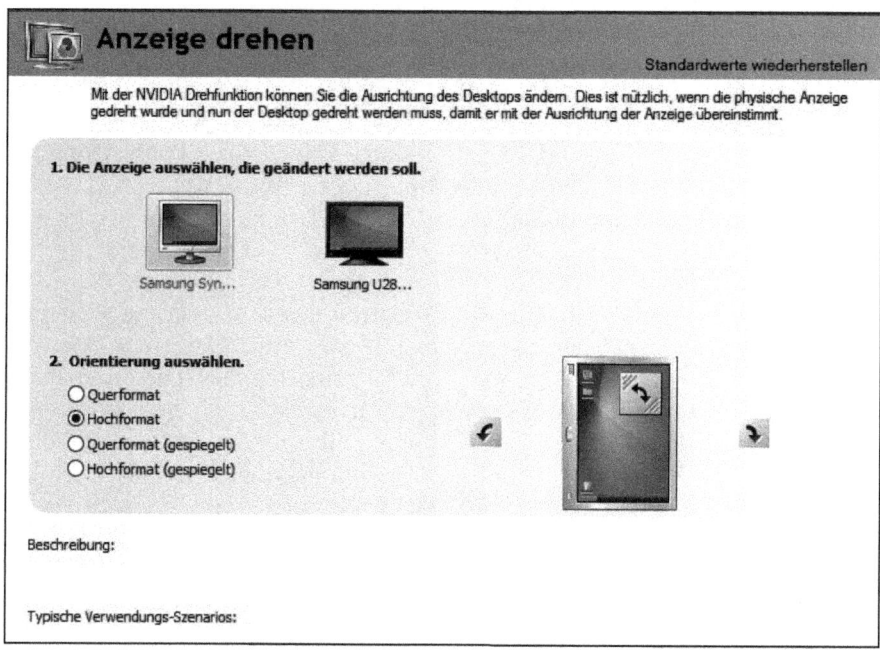

In der NVIDIA-Systemsteuerung für GeForce-Grafikkarten findet sich unter Anzeige diese Funktion zum Drehen der Bildschirmanzeige, so dass ein zusätzliches Pivot-Programm nicht erforderlich ist

lischen ein Oberbegriff für fast jede Art von PC-Laufwerk, wird aber (2.) umgangssprachlich meist als Abkürzung für ⇨ **Festplatte** verwendet.

Plattenlaufwerk, das; *Subst.*, oder **Disklaufwerk**, engl. **disk drive**, ist ein Sammelbegriff für alle Laufwerke mit einer rotierenden Speicherplatte wie ⇨ **Diskettenlaufwerk**, ⇨ **Festplattenlaufwerk** und ⇨ **optisches Laufwerk**.

plattformunabhängig, *Adj.*, bedeutet, dass ein Programm auf Computersystemen mit unterschiedlicher Hardware-Basis und unter unterschiedlichen Betriebssystemen lauffähig ist. Das trifft zum Beispiel auf ⇨ **Java**-Programme zu. Auch viele Audio-, Bild- und Filmformate sind plattformunabhängig. Das bekannteste plattformübergreifend einsetzbare Dokumentenformat sind die ⇨ **PDF**-Dateien.

Platzhalter, der; *Subst.*, engl. **Wildcard**, steht für ein oder mehrere Zeichen in einem Namen oder Suchbegriff. Es handelt sich dabei meist

P Plausibilitätskontrolle

um die Zeichen ⇨ * oder ⇨ ?; siehe auch ⇨ **Joker**.

Plausibilitätskontrolle, die; *Subst.*, ist eine automatische Überprüfung der Eingaben, ob diese plausibel sind, also den Vorgaben entsprechen und keine logischen Widersprüchlichkeiten aufweisen.

Player [sprich „pläjer"], der; *Subst.*, ist ein Abspielgerät für optische Datenträger wie ein CD- oder DVD-Player, für Musik wie ein ⇨ **MP3**-Player oder für Videos wie ein Video-Player. Auch ⇨ **Software** zum Abspielen von Musik oder Videos wird als Player bezeichnet.

Playlist [sprich „pläjlist"], die; *Subst.*, dt. „Abspielliste", bezeichnet die Liste der abzuspielenden Musikstücke in einem ⇨ **Player** wie einem ⇨ **MP3**-Player. Dabei kann durch Einstellung wieder am Anfang der Liste begonnen werden, wenn alle Titel daraus abgespielt wurden. Es gibt auch die Möglichkeit, die Titel aus der Playlist in zufälliger Reihenfolge abspielen zu lassen. Die entsprechende Funktion wird als ⇨ **Random** oder Shuffle bezeichnet.

Play to [sprich „pläj tu"], dt. „Abspielen mit", ist eine Funktion des ⇨ **Windows Media Player 12** von ⇨ **Windows 7**, über die sich Medien auf anderen Geräten abspielen lassen. Diese Geräte müssen den ⇨ **DLNA**-Standard unterstützen und über ein Netzwerk mit dem PC verbunden sein.

Plog, Abkürzung für **P**roject **log**, also ein Logbuch für ein bestimmtes Projekt. Es wird als ⇨ **Blog** speziell für dieses Projekt angelegt.

Plotter, der; *Subst.*, ist ein Ausgabegerät, das Zeichnungen mit Stiften auf Papier zeichnet und hauptsächlich in Architektur- und Ingenieurbüros eingesetzt wird. Eine weitere Ausführung sind ⇨ **Tintenstrahlplotter**, die wie ein ⇨ **Tintenstrahldrucker** arbeiten, jedoch wesentlich präziser sind und größere Papierformate verarbeiten können.

pls, Abkürzung für das engl. Wort „**ple**a**s**e" [sprich „pliehs"], dt. „bitte", eine weitere Abkürzung dafür ist **PLZ**; ⇨ **Twitter**.

PLT, ⇨ **Dateinamenerweiterung** einer Plotterdatei mit einer Beschreibung zum Plotten einer Grafik in der Druckersprache; ⇨ **HPGL**.

Plug & Play, Plug and Play, Plug ‚n' Play [sprich „plagg änd pläj"], das; *Subst.*, dt. etwa „Einstecken und Nutzen", bezeichnet eine Windows-Technologie, bei der nach dem Einstecken oder Anschließen einer Komponente die weitere Installation und Konfiguration weitestgehend selbstständig erfolgen sollen. Funktioniert dies einmal nicht, wird auch

Podcasting

scherzhaft von „**Plug and Pray**" [sprich „plagg änd präj"] („Einstecken und Beten") gesprochen.

PlugIn, **Plug-In** [sprich „plagg in"], das; *Subst.*, ist eine Programmerweiterung für ein Windows-Systemprogramm bzw. eine Windows-Anwendung. Es gibt zum Beispiel Plug-Ins für den Windows-Explorer, für die Office-Produkte Word, Excel und Outlook oder für ⇨ **Freeware** wie ⇨ **WinAMP**.

PLZ, phonetische Abkürzung für das engl. Wort „please", dt. „bitte", kann in deutschen Tweets natürlich auch die Postleitzahl sein; ⇨ **Twitter**.

PNG, Abkürzung für **P**ortable **N**etwork **G**raphics, gesprochen „Ping", ist (1.) ein Grafikformat, das wegen der lizenz- und patentrechtlichen Probleme mit dem ⇨ **GIF**-Format entwickelt wurde. Es ist frei von Urheberrechten zu verwenden und bietet verlustlose Komprimierung bei Farbtiefen von 48 oder 64 Bit. Damit ist es optimal für die Speicherung digitaler Bilder geeignet.

Darüber hinaus sind mit PNG auch Animationen über das darauf basierende ⇨ **MNG** möglich. (2.) Die ⇨ **Dateinamenerweiterung** von Grafiken in diesem Format lautet ebenfalls PNG.

PoC 📱, Abkürzung für **P**ush to **T**alk **o**ver **C**ellular; ⇨ **Push-to-Talk**.

Pod... ist eine Vorsilbe für eine Vielzahl von Begriffen, die mit dem Apple iPod in Verbindung gebracht werden oder sich aus der Verwendung dieser Geräte herleiten. Beispiele sind ⇨ **Podcast**, ⇨ **Podcaster**, ⇨ **Podcasting**, ⇨ **Podslurping**.

POD oder **PoD**, Abkürzung für (1.) **P**rint **O**n **D**emand, also das Drucken von Kleinstauflagen bis hin zu einem Einzelstück auf Anforderung, (2.) **P**roof **O**f **D**elivery, der Nachweis der Ablieferung, der zum Beispiel in der Form der digitalen Signatur realisiert sein kann, (3.) **Ping of Death, eine** ⇨ **DDoS**-Attacke, bei der die Angreifer absichtlich ein größeres Datenpaket als erlaubt senden und beim Empfänger dadurch einen ⇨ **Buffer Overflow** erzeugen.

Podcast [sprich „poddkast"], dt. etwa „Hörstück", „Hördatei" oder „Bewegtbilddatei", ist eine ⇨ **MP3**-Datei oder ein Video, das zum ⇨ **Download** oder Anhören bzw. Ansehen angeboten und so verbreitet wird.

Podcaster [sprich „poddkastr"], der; *Subst.*, Bezeichnung für jemanden, der ⇨ **Podcasts** erstellt und anbietet.

Podcasting [sprich „poddkasting"], ein Kunstwort aus i**Pod** und Broad**casting**, Verbreiten von Medien über das Internet, indem Klang-

P Podslurping

dateien und Videos selbst erstellt und zum ⇨ **Download** angeboten werden.

Podslurping [sprich „poddslörping"] ist eine Form des Datendiebstahls, die mit einfachsten Mitteln ohne große Hacker- oder Programmierkenntnisse mit einem Wechseldatenträger mit USB-Anschluss erfolgen kann.

Geeignet sind ein USB-Stick, ein iPod (daher der Name, dazu kommt noch das engl. „to slurp", übersetzt etwa „ausschlürfen" oder „aussaugen") oder ein anderer MP3-Player. Auf dem Wechseldatenträger wird eine Textdatei „autostart.inf" angelegt, die eine ⇨ **Stapeldatei** aufruft. Die Stapeldatei enthält einen XCOPY-Befehl zum Kopieren von Daten von einer Festplatte. Über den XCOPY-Befehl und die Angabe von Dateiendungen lassen sich die gewünschten Datentypen festlegen. Zum Beispiel kann jede Datei unterhalb des Benutzerverzeichnisses kopiert werden, die auf .DOC (Word-Dokument) oder .XLS (Excel-Tabelle) endet. Zum eigentlichen Diebstahl wird der Wechseldatenträger an den PC oder das Notebook über den USB-Port angeschlossen. Anschließend wird die Meldung am PC per Eingabetaste bestätigt und der PC kopiert die Daten auf den Wechselspeicher. Der Anschluss des Speichers kann in einem unbeobachteten Moment erfolgen oder mit dem Vorwand, seinen iPod aufladen zu wollen. Spuren hinterlässt der Datendiebstahl nicht, da die Daten ja kopiert werden. Als Schutz wird empfohlen, die Daten auf dem Rechner verschlüsselt abzulegen und diesen beim Verlassen des Arbeitsplatzes zu sperren. Microsoft hat eine Anleitung zum Schutz vor Datendiebstahl über den USB-Anschluss veröffentlicht: https://support.microsoft.com/de-de/kb/823732; ⇨ **Snarfing**, ⇨ **Bluesnarfing**, ⇨ **Bluejacking**.

POI, Abkürzung für **P**oint **o**f **I**nterest, ist ein interessanter Ort mit dessen Geodaten für ein Navigationssystem oder eine Karte wie Google Earth. Solche Daten lassen sich als POIs in Navigationssysteme laden. Dabei kann es sich um Sehenswürdigkeiten, Märkte, Hotels oder auch Anlagen zur Verkehrsüberwachung handeln.

Point [sprich „peunt"], dt. ⇨ **Punkt**, ist eine Maßeinheit für die Größe von Schriftzeichen und entspricht 1/72 Zoll oder 0,353 mm.

Policies sind Richtlinien zum Beispiel zur Datensicherheit oder zum Datenschutz.

Policy ist eine Sammlung von Richtlinien, ein Regelwerk, zum Beispiel zur Datensicherheit oder zum Datenschutz.

Popup

Polling, das; *Subst.*, ist ein Fernabruf von Faxen über die Polling-Einstellung des Geräts, bei Faxmodems nur mit wenigen Faxprogrammen möglich (siehe auch ⇨ **FoD**).

Polymorphe Viren, die; *Subst.*, sind ⇨ **Computerviren**, die Ihren Programmcode ständig ändern, indem sie veränderte Kopien erstellen. Das soll ⇨ **Antivirenprogramme** daran hindern, alle Varianten dieser Computerviren zu erkennen und vollständig zu entfernen.

Ponzi-Coin, der; *Subst.*, ist ein Betrug nach dem ⇨ **Ponzi-Schema**, bei dem potenziellen Investoren eine neue ⇨ **Kryptowährung** vorgegaukelt wird, die jedoch nicht existiert. Ein Beispiel ist der OneCoin, der durch die Offshore-Firma OneCoin Ltd. aus Dubai und die Firma OneLife Network Ltd. aus Belize beworben wird (siehe Abbildung auf der nächsten Seite).

Ponzi-Schema, das; *Subst.*, ist eine nach dem Italiener Charles Ponzi benannte Betrugsmethode, bei der sehr hohe Gewinne versprochen und teilweise auch ausbezahlt werden. Die Gewinne stammen jedoch nicht aus regulärer Geschäftstätigkeit, sondern aus den Einzahlungen anderer Teilnehmer am System. Durch das hohe Rendite-Versprechen, im Fall von Ponzi waren es 50 % Gewinn in 45 Tagen, investieren die Betrogenen ihre „Gewinne" erneut, so dass es

Die Webseite der Firma OneCoin Ltd. aus Dubai sieht professionell aus und wird in deutscher Sprache angeboten, hier ist die Gefahr sehr groß, dass Besucher auf den Betrug hereinfallen und durch den Kauf des wertlosen OneCoin ihr investiertes Geld verlieren

nur selten zu Auszahlungen kommt. Im Internet werden häufig Angebote mit sehr hohen Gewinnversprechen gemacht, die sich hinterher als Ponzi-Betrug herausstellen. Im Fall von Kryptowährungen passiert dies bei ⇨ **Ponzi-Coins**.

POP3, Abkürzung für **P**ost **O**ffice **P**rotocol **3**, ist ein ⇨ **Protokoll** für die Übertragung von Daten vom ⇨ **E-Mail-Server** zum ⇨ **E-Mail-Client**, der die ⇨ **E-Mails** abruft.

POP3-Server, der; *Subst.*, oder **Posteingangs-Server** ist ein ⇨ **E-Mail-Server**, der das Protokoll ⇨ **POP3** verwendet.

Popup [sprich „poppapp"], das; *Subst.*, Kurzform von ⇨ **Popup-**

P   Popup-Blocker

Fenster, ist ein Fenster mit Werbung, das beim Surfen im Internet bei vielen Webseiten automatisch eingeblendet wird. Ein Popup-Fenster kann über der gewünschten Seite dargestellt, unbemerkt im Hintergrund geladen werden oder minimiert in der Taskleiste erscheinen.

Popup-Fenster können zum Absturz des ⇨ **Browser**s führen, wenn sehr viele solcher Fenster geladen werden, wie es etwa bei Erotik-Anbietern häufig der Fall ist. Die störenden Popups können Sie mit aktuellen Browsern weitestgehend unterdrücken. In einigen Fällen bekommen Sie gewünschte Seiten aber nur (vollständig) zu sehen, wenn Sie die Popup-Fenster anzeigen lassen. Daher müssen Sie in diesen Fällen entweder die Werbung zulassen oder auf die Informationen der entsprechenden Webseite verzichten.

Popup-Blocker [sprich „poppapp blocker"], der; *Subst.*, ist (1.) eine Funktion eines Browsers oder (2.) ein spezielles Tool, mit dem sich das Einblenden von Werbefenstern im Internet unterdrücken lässt. Eine solche Funktion enthalten alle aktuellen ⇨ **Browser**, sie kann jedoch nicht alle Werbefenster unterdrücken. Das Blockieren von Popups kann dazu führen, dass eine Webseite nicht mehr vollständig ausgeführt wird und damit erwünschte Funktionen auch nicht mehr zur Verfügung stehen.

Popup-Fenster [sprich „poppapp fenster"] ⇨ **Popup**.

Popup-Killer [sprich „poppapp killer"] der; *Subst.*, ist ein Programm oder eine Funktion zum Unterdrücken von ⇨ **Popups**.

Popup-Menü [sprich „poppapp menü"], das; *Subst.*, dt. wörtlich „eingeblendetes Menü", ist ein Menü einer Anwendung, das nach dem Anklicken im Normalfall nach oben aufgeht. Dadurch unterscheidet es sich vom ⇨ **Pulldown-Menü** oder ⇨ **Dropdown-Menü**. Doch in der Praxis ist diese Unterscheidung immer weniger relevant, da die Symbolleisten in einer modernen Windows-Umgebung verschoben werden können. So geht zum Beispiel das Startmenü von Windows nach oben auf, wenn die Startleiste am unteren Bildschirmrand platziert ist. Es ist daher laut Definition ein Popup-Menü. Doch wenn die Startleiste an den oberen Bildschirmrand verschoben wird, öffnet sich das Startmenü nach unten, wird also zum Pulldown-Menü.

Port, der; *Subst.*, Bezeichnung für eine Anschluss- oder Schnittstelle. Es kann sich dabei (1.) um einen Anschluss für ein Peripheriegerät wie einen Drucker handeln, das am parallelen Port betrieben wird. Port meint (2.) auch einen logischen Anschluss in einem Netzwerk. So sind die Dienste im Internet eindeutigen Port-Nummern zugeordnet. Port 21 ist für die Dateiübertragung (⇨ **FTP**), Port 80 für das Anzeigen von Internetseiten (⇨ **HTTP**), Port 110 dient dem Abruf von E-Mails (⇨ **POP3**), Port 443 ist für die gesicherte Datenübertragung beispielsweise beim Internet-Banking (HTTPS) zuständig.

Portability [sprich „portebillitie"], die; *Subst.*, dt. ⇨ **Portierbarkeit**; ⇨ **portieren**.

Portable Programme, auch als **Portable Freeware** [sprich „portäble friewähr"] (wenn kostenlos und frei angeboten), **portable Anwendungen**, **portable Software** oder ⇨ **Stickware** bezeichnet, sind Programme bzw. Anwendungen, die sich von einem ⇨ **USB-Stick** oder einer Speicherkarte aus betreiben lassen, da sie zum Beispiel keine Einträge in der ⇨ **Registrierungsdatenbank** (Registry) von Windows benötigen, keine ⇨ **DLLs** in den Systemordner schreiben oder andere Änderungen an der Systemumgebung vornehmen. Die meisten solcher Programme sind für ⇨ **Windows**, es gibt aber auch portable Software für ⇨ **Linux** und ⇨ **Mac OS**. Es handelt sich meist um Anwendungen für eine ⇨ **Green Installation**. Gelegentlich sind kleine Modifikationen für den portablen Betrieb vorzunehmen wie zum Beispiel eine ⇨ **Stapeldatei** (.BAT) anzulegen, um Startparameter anzugeben. Die Deinstallation ist aber wie bei der reinen Green Installation sehr einfach, da lediglich die Programmdatei(en) zu löschen sind. Der Vorteil von portablen Programmen besteht darin, dass Sie Ihre gewohnte Programmumgebung und Ihre damit verwalteten bzw. bearbeiteten Daten überall mit hinnehmen und auf jedem Rechner bearbeiten können (sofern dieser nicht gegen die Nutzung von ⇨ **USB-Stick**s bzw. nicht freigegebenen Programmen geschützt ist und über einen freien USB-Anschluss verfügt). Zu den portablen Anwendungen gehören zum Beispiel FileZilla (⇨ **FTP**-Client), FoxitReader (⇨ **PDF**-Reader), freeCommander Portable (Dateiverwaltung), Mozilla Firefox Portable (⇨ **Browser**), Mozilla Thunderbird (⇨ **E-Mail-Client**), Skype Portable (Internet-Telefonie) und XnView Portable (Bilderverwaltung).

Portal das; *Subst.*, ist eine ⇨ **Webseite**, die dem Besucher den Zugang zu den angebotenen Diensten ermöglicht.

Portierbarkeit, die; *Subst.*, engl. „portability", Möglichkeit der Datenübertragung auf ein anderes System; es wird dann auch von einer „portierbaren Lösung" gesprochen.

portieren, *Verb*, bedeutet (1.) die Übernahme einer Software-Lösung und der Daten auf eine andere Anwendung und/oder ein anderes

Port Multiplier

Computersystem oder (2.) 🔋 beim Wechsel des Mobilfunk-Providers das Übertragen der eigenen Mobilfunknummer auf den neuen Provider.

Port Multiplier [sprich „port maltipleier"], der; *Subst.*, ermöglicht den gleichzeitigen Betrieb mehrerer Peripheriegeräte an einer PC-Schnittstelle. Es gibt beispielsweise Port Multiplier für SATA-Laufwerke, mit denen 15 solcher Laufwerke an einem Host-Controller des PCs anschließbar sind. Allen Laufwerken steht die Übertragungsbandbreite gemeinsam zur Verfügung, sodass sich der Datendurchsatz pro Laufwerk entsprechend der Anzahl der Laufwerke verringert.

Porträt-Modus, der; *Subst.*, ⇨ **Pivot-Funktion**.

Port Selector [sprich „port silekter"], der; *Subst.*, dt. „Port-Umschalter", ermöglicht den Anschluss mehrerer Geräte an eine Schnittstelle oder die Nutzung eines Geräts durch mehrere PCs. Über einen SATA-II-Port-Selector lassen sich zum Beispiel zwei PCs an eine externe SATA-Festplatte anschließen.

Ein USB-Port-Umschalter ermöglicht die Nutzung eines USB-Geräts durch mehrere PCs, dagegen ein VGA- oder HDMI-Port-Selector den Anschluss mehrerer Bildschirme an einen VGA- bzw. HDMI-Anschluss eines PCs. Die Nutzung mehrerer Geräte an einer Schnittstelle kann beim Port Selector nur abwechselnd erfolgen, dagegen beim ⇨ **Port Multiplier** gleichzeitig.

Pos 1-Taste [Pos 1], die; *Subst.*, bewegt den ⇨ **Cursor** je nach Anwendung/Anwendungssituation an den Anfang der Zeile oder in die linke, obere Bildschirmecke. Wird die Pos 1-Taste zusammen mit der ⇨ **Strg-Taste** [Strg] gedrückt, wird der Cursor an den Anfang des Dokuments bewegt; ⇨ **Ende-Taste**.

Post [sprich „poust"], der; *Subst.*, Bezeichnung für eine Nachricht, die in einem sozialen Netzwerk wie ⇨ **Facebook** oder ⇨ **Twitter** veröffentlicht wird.

POST, der; *Subst.*, Abkürzung von **P**ower **O**n **S**elf **T**est und der Selbsttest des PCs, der vom ⇨ **BIOS** beim Einschalten oder einem ⇨ **Kaltstart** ausgeführt wird.

Postausgang, der; *Subst.*, Bezeichnung für einen ⇨ **Server** oder ⇨ **Ordner** auf dem lokalen PC, in dem ausgehende ⇨ **E-Mails** (zwischen-)gespeichert werden.

Postausgangs-Server [sprich „postausgangs sörwer"], der; *Subst.*, ⇨ **SMTP-Server**.

Posteingang, der; *Subst.*, Bezeichnung für einen ⇨ **Server** oder

⇨ **Ordner** auf dem lokalen PC, in dem eingehende ⇨ **E-Mails** gespeichert werden.

Posteingangs-Server [sprich „posteingangs sörwer"], der; *Subst.*, ⇨ **POP3-Server**.

posten [sprich „pousten"], *Verb*, vom engl. „to post", Schreiben und Veröffentlichen einer Nachricht in einem sozialen Netzwerk wie ⇨ **Facebook** oder ⇨ **Twitter**.

Posting [sprich „pousting"], das; *Subst.*, ist eine Antwort auf einen ⇨ **Thread**. Es handelt sich also um einen Beitrag in einem ⇨ **Forum**, einer ⇨ **Newsgroup** oder im ⇨ **Usenet**.

Postprocessing-Filter [sprich „postprosesssing filter"], der; *Subst.*, wird zur Nachbehandlung der Ausgabe eines Video-Decoders verwendet, um die Wiedergabe eines Videos zu verbessern. Es werden zum Beispiel Tiefpassfilter verwendet, um die Darstellung weicher zu machen und ⇨ **Artefakte** zu entfernen.

PostScript [sprich „postskript"], das; *Subst.*, ist eine Seitenbeschreibungssprache der Firma ⇨ **Adobe**, die überwiegend zur Ansteuerung von Druckern (vor allem Laserdruckern) und Belichtern verwendet wird. PostScript-Dateien lassen sich nur von PostScript-fähigen Geräten interpretieren, sofern nicht ein spezielles Programm vorhanden ist, das die Übersetzung der PostScript-Sprache in die Sprache des jeweiligen Druckers vornimmt (PostScript-Emulator). PostScript-Drucker enthalten eine CPU und ein Betriebssystem, das die vom PC kommenden PostScript-Befehle interpretiert.

Potenziell unerwünschte Anwendung ⇨ **PUA**.

Power Button [sprich „pauer battn"], der; *Subst.*, ist eine andere Bezeichnung für ⇨ **Power-Taste**.

Power-LED [sprich „pauer el e de" oder „pauer led"], die; *Subst.*, ist eine meist grüne Leuchtdiode an einem Gerät. Die leuchtende Power-LED zeigt an, dass das Gerät mit Strom versorgt wird und eingeschaltet ist. Somit lässt sich die Power-LED zur Fehlerdiagnose nutzen. Brennt die Power-LED bei eingeschaltetem Gerät mit Netzspannung zur Stromversorgung nicht, ist das Netzteil des Geräts defekt, der Netzstecker nicht eingesteckt, der Strom ausgefallen oder der Fehler liegt an der verwendeten Steckdose. Bei Geräten mit Batterie- oder Akkubetrieb überprüfen Sie, ob die Batterien bzw. Akkus ausreichend geladen und richtig eingelegt sind.

Power Smart-Taste [sprich „pauer smart taste"], die; *Subst.*, ist eine spezielle Taste an neueren ⇨ **Notebooks** der Firma Acer, mit der sich

Power-Taste

der Stromverbrauch per Tastendruck minimieren lässt.

Power-Taste [sprich „pauer taste"], die; *Subst.*, ist allgemein die Taste zum Einschalten eines Rechners und wird sehr häufig von Anwendern eines ⇨ **iPhones** oder ⇨ **iPads** verwendet, da Apple die Taste zum Einschalten dieser Geräte als **Power Button** oder Power-Taste bezeichnet.

PP ⇨ **Partnerprogramm**.

PPP, Abkürzung für **P**oint-to-**P**oint **P**rotocol, ist ein Übertragungsprotokoll zum Versand von IP-Datenpaketen über serielle Leitungen. Das PPP wird im Internet verwendet.

PPS, Abkürzung von **P**roduktions**p**lanung und -**S**teuerung.

PPT, ⇨ **Dateinamenerweiterung** einer Präsentationsdatei von Microsoft PowerPoint.

PR, Abkürzung für ⇨ **PageRank**.

PRAM, Abkürzung von ⇨ **Phase Change Random Access Memory**.

Preemptives Multitasking, das; *Subst.*, ist eine Form des ⇨ **Multitasking**, bei dem das Betriebssystem den Programmen die Prozessorzeit zuteilt.

Preisdatenbank, die; *Subst.*, ist ein Dienstleister, der im Internet den Preisvergleich von Waren ermöglicht. Der Preisvergleich kann auf wenige Anbieter begrenzt sein, die im wirtschaftlichen Zweckverband mit dem Anbieter der Preisdatenbank stehen; empfehlenswerte Preisdatenbanken sind https://www.billiger.de/, https://www.idealo.de/, www.guenstiger.de und www.geizkragen.de.

Prepaid [sprich „prieh päid"] bedeutet, dass die Verbindungskosten für Mobilfunk vorab bezahlt werden. Dadurch erspart sich der Kunde den Abschluss eines Mobilfunkvertrags und die damit verbundenen monatlichen Kosten über die vertraglich vereinbarte Laufzeit. Ein weiterer Vorteil ist die Anonymität eines Prepaidanschlusses.

Prepaidhandy [sprich „prieh päid händie"], das; *Subst.*, ist ein ⇨ **Handy**, das mit einer ⇨ **Prepaidkarte** eines bestimmten Mobilfunkanbieters verkauft wird und nur mit Prepaidkarten dieses Anbieters funktioniert. Gegen eine Gebühr kann das Prepaidhandy freigeschaltet werden und ist dann auch mit Karten anderer Anbieter nutzbar.

Prepaidkarte [sprich „prieh päid karte"], die; *Subst.*, ist eine Guthabenkarte (⇨ **SIM-Karte**) für Handys, deren Guthaben meist nach ei-

Private Key

nem Jahr verfällt, wenn es in dieser Zeit nicht vertelefoniert wurde. Eine leere Prepaidkarte kann mit festen Beträgen aufgeladen werden. Ein Vertragsabschluss ist bei einer Prepaidkarte nicht erforderlich.

Presentation Layer [sprich „presentäischen läier"] der; *Subst.*, dt. Darstellungsschicht, sechste Schicht des ⇨ **OSI**-Referenzmodells.

Preview-Version [sprich „priewjuh wörschen" oder deutsch „priewjuh version"], die; *Subst.*, Bezeichnung von ⇨ **Microsoft** für eine Final-⇨ **Betaversion**. Zunächst erscheint meist eine Developer Preview für Entwickler und dann eine Consumer Preview für Endkunden.

Primäre Partition, die; *Subst.*, ist eine ⇨ **Partition**, die im Gegensatz zur ⇨ **erweiterten Partition** nur ein ⇨ **logisches Laufwerk** zulässt. Dafür kann von einer primären Partition gebootet werden. Windows erlaubt beim ⇨ **Partitionieren** einer ⇨ **Festplatte** maximal vier Partitionen, von denen nur eine primär sein kann.

Primary Host Adapter [sprich „preimärie host ädäpter"], der; *Subst.*, der erste der zwei ⇨ **IDE-Controller** auf einer ⇨ **Hauptplatine**.

Primary Master [sprich „preimärie master"], der; *Subst.*, das am ⇨ **Pri-**mary Host Adapter angeschlossene ⇨ **Master-Laufwerk**.

PRINT ist ein Befehl für die Eingabeaufforderung von Windows, der zu DOS-Zeiten zum Ausdruck von Dateien verwendet wurde. Das ist heute nicht mehr ohne Weiteres möglich, da die meisten Drucker einen solchen Ausdruck nicht mehr unterstützen. Durch die Eingabe von *print /?* ⏎ an der Eingabeaufforderung wird die Befehlssyntax des Befehls PRINT angezeigt.

Printer, der; *Subst.*, dt. Drucker.

Printer Port, der; *Subst.*, dt. Druckerschnittstelle, ⇨ **Parallel-Port-Schnittstelle**.

Print-Server [sprich „print sörwer"], der; *Subst.*, ⇨ **Druckerserver**.

Privacy Shield, ⇨ **EU-US-Privacy Shield**.

Private Cloud [sprich „preiwed klaud] ⇨ **Cloud**.

Private Key [sprich „breiwet kie"], englische Bezeichnung für (1.) ⇨ **privater Schlüssel** und (2.) ein Treffen zum Privatankauf und -verkauf von Cryptocoins, das früher als BXB bezeichnet wurde. Eine Übersicht solcher Treffen ist auf den Webseiten https://localbitcoins.com/ und http://bitcoin-treff.de/ zu fin-

Privater Schlüssel

den. Die Treffen gibt es weltweit in 248 Ländern und 14.000 Städten.

Privater Schlüssel, der; *Subst.*, ist erforderlich, um eine asymmetrisch verschlüsselte E-Mail zu entschlüsseln oder eine Überweisung einer ⇨ **Kryptowährung** an eine Adresse zu bestätigen. Der oder die privaten Schlüssel dürfen daher nicht in unbefugte Hände gelangen und sollten sicher aufbewahrt werden. Im Fall eines privaten Schlüssels für eine Kryptowährung empfiehlt sich das Speichern in einem sicheren ⇨ **Hardware-Wallet** (siehe Abbildung in der nächsten Spalte).

PRN ist (1.) der DOS-Gerätename für die Druckerschnittstelle und (2.) die ⇨ **Dateinamenerweiterung** für eine ⇨ **Druckdatei**.

Production Counter [sprich „prodakschn kaunter"], der; *Subst.*, ist ein Zähler in ⇨ **Tintenstrahldruckern** der Firma Epson, der verschiedene Ereignisse wie die Initialisierung des Druckers nach dem Einschalten, die Kopfreinigung und die Zahl der gedruckten Seiten mitzählt. Nach Erreichen eines vom Druckertyp abhängigen Grenzwerts wird vom Drucker die Fehlermeldung „Es ist ein unbekannter Fehler aufgetreten, ziehen Sie den Netzstecker und wenden Sie sich an einen Kundendienst oder Fachmann" ausgegeben. Laut der Firma Epson

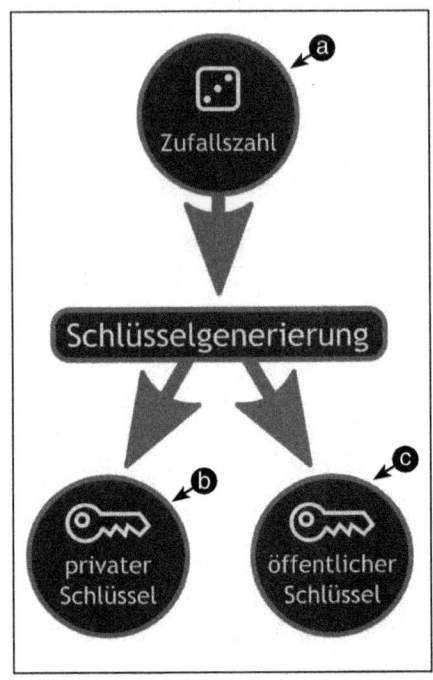

Das Prinzip der asymmetrischen Verschlüsselung: Über eine Zufallszahl **ⓐ** *wird ein privater Schlüssel* **ⓑ** *und ein öffentlicher Schlüssel* **ⓒ** *erzeugt, wobei der private Schlüssel zum Entschlüsseln oder Authentifizieren der verschlüsselten Daten dient (Quelle: Bananenfalter, Wikipedia)*

ist dies ein Schutz für den Drucker, der größeren Schaden verhüten soll. Denn in den Epson-Druckern nimmt ein Wattevlies überschüssige Tinte auf. Ist dieses Vlies voll, kann die überlaufende Tinte im Drucker Kurzschlüsse und andere Schäden verursachen.

Protected Mode

Doch ist bei heutigen Druckerpreisen ein Werkstattauftrag nicht mehr wirtschaftlich. Der Production Counter lässt sich stattdessen mit dem Tool SSC, einem Service Utility für Epson Stylus Printer, wieder zurücksetzen. Sie finden es im Internet unter http://www.ssclg.com/epsone.shtml. Das Wattevlies kann durch haushaltsübliche Watte aus dem Drogeriemarkt oder ein Watte-Pad, das üblicherweise zum Abschminken verwendet wird, ersetzt werden.

Programm, das; *Subst.*, ist eine Abfolge von Befehlen, die ein Computer automatisch ausführt, nachdem das Programm gestartet ist.

programmieren, *Verb*, Erstellen eines Programms.

Programmiersprache, die; *Subst.*, ist eine Sprache, in der ein Computerprogramm geschrieben wird. Beispiele für Programmiersprachen sind ⇨ **BASIC**, ⇨ **C**, ⇨ **C++**, ⇨ **COBOL**, ⇨ **FORTRAN** ⇨ **Java**, ⇨ **JavaScript**, ⇨ **Pearl**, ⇨ **PHP** und ⇨ **Python**.

Programmvirus, der; *Subst.*; ist ein ⇨ **Schadprogramm**, das zur Ausführung ein selbständig lauffähiges Programm mit der Dateiendung .com, .exe oder .msi für den Microsoft Installer benötigt. Das kann eine infizierte Programmdatei oder ein ⇨ **Trojanisches Pferd** sein. Im Unterschied dazu brauchen andere Schadprogramme wie ⇨ **Makroviren** keine Programmdatei, sondern verwenden Funktionen eines Anwendungsprogramms wie zum Beispiel eines der Office-Programme, das Makros unterstützt. Skripte verwenden zur Ausführung den Browser.

Progressive Scan [sprich „progressif skänn"] der; *Subst.*, ist ein Verfahren bei ⇨ **DVD-Playern**, bei dem pro Sekunde 50 Vollbilder übertragen werden. Das Ergebnis ist im Vergleich zum beim Fernsehen üblichen Zeilensprungverfahren mit 50 Halbbildern pro Sekunde ein deutlich schärferes Bild.

PROM, das; *Subst.*, Abkürzung für **P**rogrammable **R**ead **O**nly **M**emory, dt. programmierbarer Nur-Lese-Speicher, ist ein Speicher, der im Normalfall wie ⇨ **ROM** nur gelesen wird. Der Inhalt kann jedoch (einmalig) beschrieben werden. Oft wird jedoch PROM als Abkürzung von ⇨ **EPROM** verwendet und meint dann einen mehrfach beschreibbaren Speicher.

Protected Mode [sprich „protekted moud"], der; *Subst.*, bedeutet geschützter Modus, im Gegensatz zum ⇨ **Real Mode** und ist eine erstmals im 80286-Prozessor von ⇨ **Intel** ermöglichte Betriebsart des Prozessors. Geschützte Adressräume verhindern, dass ein abstürzendes Programm andere Programme gefähr-

P Protokoll

det. Erst dadurch wird auf einem PC echtes ➪ **Multitasking** möglich. Voraussetzung ist ein ➪ **Betriebssystem**, das diesen Modus vollständig nutzt. Das ist bei allen aktuellen Windows-Versionen der Fall.

Protokoll, das; *Subst.*, Steuerung der ➪ **Datenübertragung**.

Provider [sprich „proweider"], der; *Subst.*, ist (1.) ein Diensteanbieter im ➪ **Internet** oder (2.) jemand, der einen Internet-Zugang (➪ **Internet-Provider**) oder (3.) Mobilfunk-Zugang bereitstellt. Daneben gibt es im Internet und Mobilfunk (4.) Provider für Inhalte (➪ **Content-Provider**).

Provider-Sniffing [sprich „proweider sniffing"], das; *Subst.*, bedeutet, den ➪ **Internet Provider** von jemanden über dessen ➪ **IP-Adresse** zu ermitteln.

Proxy [sprich „proxi"], der; *Subst.*, ist eine gebräuchliche Abkürzung für ➪ **Proxy Server**.

Proxy-Server [sprich „proxi sörwer], der; *Subst.*, ist ein Zwischenspeicher für bereits besuchte Webseiten oder ein Server eines Internet-Providers, der Kopien der am häufigsten aufgerufenen Seiten puffert, um diese den Anwendern schneller bereitstellen zu können und Kosten für die Internetübertragung zu spa-

ren; ➪ **Anonymisierender Proxy-Server**.

Prozess, der; *Subst.*, ➪ **Thread**.

Prozessor, der; *Subst.*, oder ➪ **CPU** ist das „Herz" eines Computers, das die Rechenarbeit und Befehlsverarbeitung übernimmt. Auch Peripheriegeräte wie ➪ **Grafikkarten** sind mit Prozessoren ausgestattet.

Prüfsummenfehler, der; *Subst.*, engl. ➪ **Checksum Error** oder ➪ **Checksum failure**, deutet als ➪ **BIOS**-Fehlermeldung auf eine defekte oder entladene ➪ **CMOS**-Stützbatterie hin. Hier ist die entsprechende Knopfzelle auf dem Mainboard zu tauschen.

PS, die Abkürzung für ➪ **PostScript**, ➪ **Dateinamenerweiterung** einer Druckdatei mit PostScript-Anweisungen zum Ausdruck auf einem PostScript-Drucker.

PS2-Port, der; *Subst.*, ist eine andere Bezeichnung für die ➪ **PS2-Schnittstelle** zum Anschluss von Maus und/oder Tastatur.

PS2-Schnittstelle, die; *Subst.*, ➪ **PS2-Port**.

PTT, Abkürzung für ➪ **Push-to-Talk**.

Pump-and-Dump-Spam   P

PTToC, Abkürzung für **Push-to-Talk over Cellular**; ⇨ **Push-to-Talk**.

PUA, Abkürzung für Potenziell unerwünschte Anwendung; dazu gehören ⇨ **Adware** und ⇨ **Spyware**.

PUB, Abkürzung für **Pub**lisher, ⇨ **Dateinamenerweiterung** einer ⇨ **Satzdatei** im Format des Microsoft Publisher für Windows.

Public Cloud [sprich „pablick klaud"] ⇨ **Cloud**.

Public Domain [sprich „pablick domäihn"] ist Software, die Sie kostenlos nutzen und kopieren dürfen. Selbst der ⇨ **Quellcode** ist öffentlich und darf ohne Entgelt zur Anpassung und Weiterentwicklung der Software genutzt werden. Trotzdem sind auch bei dieser Art Software das Urheberrecht und die jeweiligen Lizenzbedingungen zu beachten. Darin steht meist, dass die Software nicht verkauft werden darf (nur das Kopieren darf in Rechnung gestellt werden, die Software oder deren Nutzung nicht) und der Quellcode sämtlicher Änderungen ebenfalls der Öffentlichkeit zugänglich gemacht werden muss.

Puffer, der; *Subst.*, ist ein Zwischenspeicher; ⇨ **Buffer**.

Pufferspeicher, der; *Subst.*, ist ein Zwischenspeicher, siehe ⇨ **Buffer**.

Pufferüberlauf, ⇨ **Buffer overflow**.

PUK, Abkürzung für **P**ersonal **U**nlocking **K**ey [sprich „pörsenell anloking kie"], ist eine Nummer, mit der sich ein Handy wieder freischalten lässt, nachdem mehrmals die falsche ⇨ **PIN** eingegeben wurde.

Pulldown-Menü [sprich „pulldaun menü"], das; *Subst.*, dt. wörtlich „Herunterzieh-Menü", ist ein Menü einer Anwendung, das durch Anklicken „heruntergeklappt" wird und die Menüoptionen anzeigt. Eine andere Bezeichnung ist ⇨ **Dropdown-Menü**.

Pump-and-Dump-Spam, ist ein Betrug mit Aktien, die einen geringen Kaufpreis von unter 1 € oder 5 US-Dollar (Pennystocks) haben und häufig wertlos sind. Aktien dieses Typs werden aufgekauft und dann über ⇨ **Spam**-Mails das Gerücht in Umlauf gebracht, sie seien ein Geheimtipp und würden bald im Kurs steigen. Fallen genug Adressaten auf diesen Betrug herein und kaufen die Aktien, geht deren Preis rapide in die Höhe. Die Betrüger verkaufen nun ihre gehaltenen Aktien zum höheren Preis, wonach sie einen hohen Gewinn haben und die betrogenen Anleger einen entsprechenden Verlust, denn der Kurs der Aktie fällt anschließend sehr schnell wieder auf den ursprünglichen Wert oder darunter.

P Punkt

Punkt, der; *Subst.*, ist (1.) ein Maß für die Auflösung eines ➪ **Bildschirms**, wobei ein Punkt einem ➪ **Pixel** auf dem Bildschirm entspricht. (2.) Auch die Auflösung von Druckern wird in Punkt angeben. Ferner wird (3.) die englische Maßeinheit ➪ **Point** immer mit Punkt übersetzt.

Hier kann es zu Verwechslungen zwischen dem angelsächsischen Point in der Größe von 0,353 mm und dem Didot-Punkt mit 0,376 mm kommen. Der Didot-Punkt wird aber nur von Satzbetrieben und Druckereien verwendet, während die DTP-Programme für den PC mit Point arbeiten.

Punnycode, der; *Subst.*, der zur Codierung von ➪ **Domains** mit Umlauten verwendete Zeichencode. Dieser enthält zwar die Umlaute ä, ö und ü, nicht jedoch das ß. Daher ist davon auszugehen, dass auch Domains mit Umlauten auf absehbare Zeit kein ß enthalten werden.

PUP, das; *Subst.*, Abkürzung für **p**otentially **u**nwanted **p**rogram, dt. potenziell unerwünschtes Programm, ist eine vom Sicherheitsunternehmen McAfee formulierte Abgrenzung von ➪ **Adware**, ➪ **Dialern** und ➪ **Spyware** gegenüber Schadprogrammen wie Computerviren, Trojanern und Würmern.

Es geht dabei um Programme, die als Teil erwünschter Anwendungen oder als ➪ **Drive-by-Download** unbemerkt zusammen mit erwünschten Programmen heruntergeladen werden. Solche Programme kosten Ressourcen und sammeln Daten, sind jedoch nicht eindeutig als Schadprogramme zu bezeichnen. Dennoch können PUP für einen Benutzer sehr ärgerlich sein, etwa wenn diese ohne zu fragen die voreingestellte Suchmaschine ändern oder beim Aufruf des Browsers plötzlich automatisch eine unbekannte Webseite geladen wird.

Da der Benutzer PUP oftmals nicht bewusst herunterlädt, sind solche Veränderungen für ihn unerklärlich und der alte Zustand schwer wiederherzustellen. PUP kosten daher Zeit für die Fehlersuche und mitunter auch erheblich Geld, wenn der Benutzer den Fehler nicht allein findet und einen Dienstleister beauftragen muss.

push button [sprich „pusch battn"], dt. ➪ **Taster**, genauer: Drucktaster.

Push-to-Talk [sprich „pusch tu toahk"] 🔊 oder **Push-to-Talk over Cellular**, abgekürzt **PTT**, **PTToC** und **PoC**, ist eine Funktion von ➪ **Handys**, mit der ohne Einwahl in das jeweilige Mobilfunknetz mit anderen erreichbaren Handy-Benutzern gesprochen werden kann. Dazu ist – wie von Sprechfunkgeräten (Walkie-Talkies) her bekannt – eine bestimmte Taste zu drücken (➪ **Push-to-Talk-Taste**). Während

Python

eine Person spricht, können die anderen nur hören. Da die Datenübermittlung per ⇨ **GPRS** über das Mobilfunknetz erfolgt, lassen sich alle angeschlossenen PTT-Nutzer erreichen.

Derzeit unterstützt in Deutschland jedoch kein Mobilfunkanbieter diese Technologie, es gibt allerdings darauf spezialisierte Unternehmen, die für Firmen teilweise weltweite PTT-Lösungen anbieten. Privatanwender müssen zur kostenlosen Kommunikation auf andere, auf dem Internet basierende Verfahren wie ⇨ **VoIP**, ⇨ **Messenger** oder soziale Medien wie ⇨ **Twitter** zurückgreifen.

Push-to-Talk-Taste [sprich „pusch tu toahk taste"] , die; *Subst.*, Taste, die beim Sprechen gedrückt werden muss, wenn Sie bei einem Handy über ⇨ **Push-to-Talk** kommunizieren.

Python ist eine interaktive, objektorientierte ⇨ **Programmiersprache**, die als ⇨ **Skriptsprache** zur Ausführung einen ⇨ **Interpreter** erfordert. Es sind Elemente aus ⇨ **C++**, Pascal und Modula-3 enthalten, und Python wird oft mit Tcl, ⇨ **Perl**, Scheme und ⇨ **Java** verglichen; Informationen zu Python: https://www.python.org/.

Q QA

Q

QA, Abkürzung für **Q**uality **A**ssurance, dt. Qualitätssicherung.

QBE, Abkürzung für **Q**uery **b**y **E**xample, dt. Abfrage durch Beispiel.

QC, Abkürzung für **Q**uality **C**ontrol, dt. Qualitätskontrolle.

QCIF, Abkürzung für **Q**uarter **C**ommon **I**ntermediate **F**ormat, ist ein Video mit einer Auflösung von 176 x 144 Pixel.

Qivicon ist eine von der Deutschen Telekom initiierte Allianz führender Industrieunternehmen in Deutschland, die zusammen ein umfassendes ⇨ **SmartHome**-Angebot bieten. Der Allianz gehören die Firmen und Partner 123 SmartEnergy (Heizungssteuerung für Büros, Hotels und öffentliche Gebäude), Contronics (Haussteuerung und Gebäudeautomation), Conrad Elektronik (Elektronik-Fachhändler), Deutsche Telekom, EnBW, eQ-3 (⇨ **HomeMatic**), ITC (SmartHome für White Label), Miele (Haushaltsgeräte) und

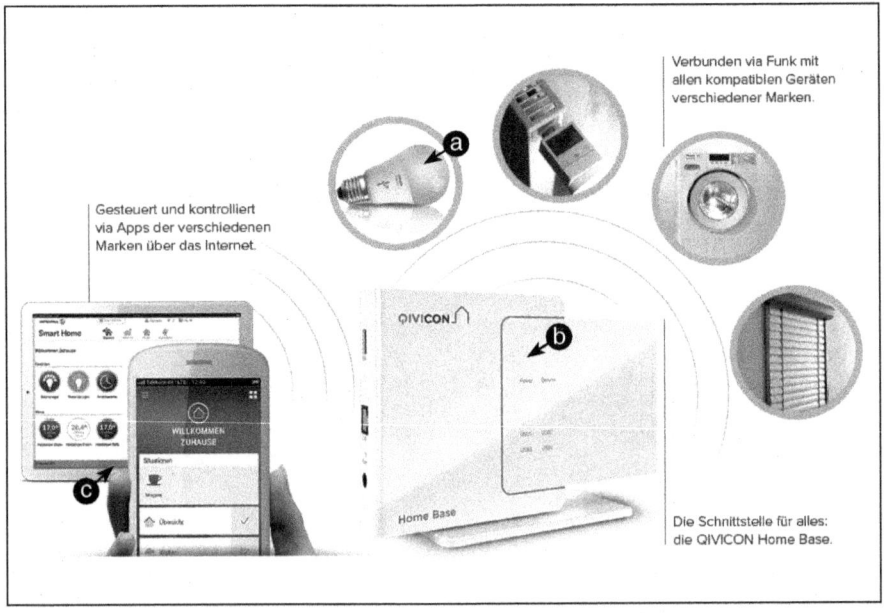

Nachdem die Geräte wie Hue-Leuchten von Philips ⓐ, Heizungsthermostate, die Waschmaschine und die Rollläden mit der Home Base-Zentrale ⓑ verbunden und die gewünschten Steuerungen eingerichtet sind, lässt sie sich per Smartphone und Tablet ⓒ überwachen und steuern (Bild: Qivicon)

QR-Code

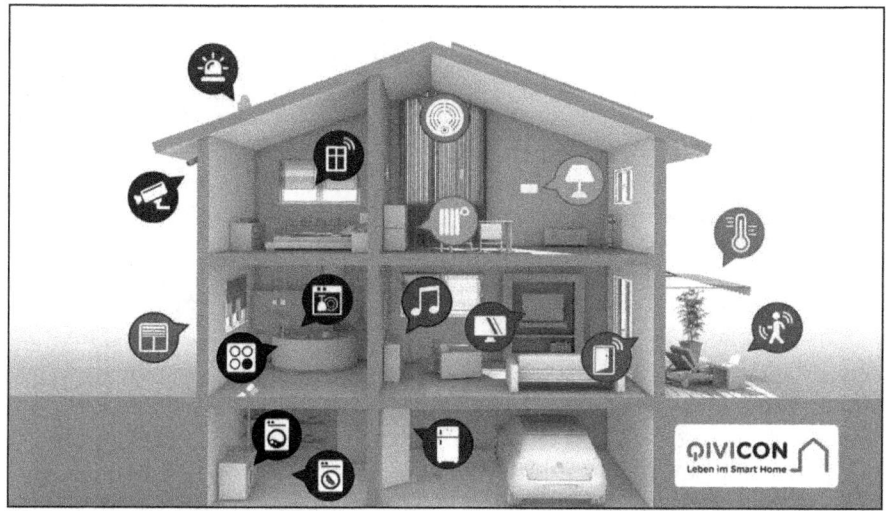

Diese Infografic von Qivicon zeigt, welche Bereiche im Haus und um das Haus herum das SmartHome-System abdeckt (Bild: Qivicon)

Samsung (Fernseher, Smartphones) an.

Die Steuerung erfolgt über die Qivicon Home Base als Zentrale und ⇨ **Gateway**. Die Geräte und Sensoren werden per Funk über die Frequenz 868,3 MHz angebunden. Die Zentrale ist zu HomeMatic kompatibel und kann durch Anstecken eines kleinen USB-Funksticks zusätzlich Geräte über den ⇨ **ZigBee**-Funkstandard anbinden.

Die Bedienung erfolgt per ⇨ **Android**- oder ⇨ **iOS**-App. Die Apps lassen sich kostenlos herunterladen. Zur Nutzung ist jedoch der SmartHome-Dienst erforderlich. Beim Kauf der Qivicon Home Base oder einem Paket ist der SmartHome-Dienst teilweise enthalten, sonst kostet er je nach Angebot 9,95 € monatlich oder 4,95 € monatlich. Die Telekom bietet Qivicon SmartHome als Magenta SmartHome an.

Das unabhängige Prüfinstitut AV-Test hat Qivicon im Januar 2015 mit dem Testurteil „sicher" bewertet, ein neuerer Test dieser Art ist nicht bekannt. Weitere Informationen: https://www.qivicon.com/de/. Siehe auch ⇨ **Innogy SmartHome**.

QR-Code, der; *Subst.*, Abkürzung für **Q**uick **R**esponse, also „schnelle Rückmeldung", ist ein mit dem Strichcode verwandter Scancode, quadratisch mit schwarzen Punkten

QSIF

auf einem weißen Hintergrund. Über die Punkte der QR-Codes lassen sich Daten kodieren, die dann mit einem ⇨ **Scanner** auslesbar sind. Als Scanner dient dazu heute meist die ⇨ **Digitalkamera** eines ⇨ **Smartphones** mit ⇨ **Android** oder ein ⇨ **iPhone** mit ⇨ **iOS** als ⇨ **Betriebssystem** und eine ⇨ **App** zur Auswertung des QR-Codes. Der QR-Code enthält in diesem Fall eine Internetadresse und ermöglicht so einen schnellen Aufruf der betreffenden ⇨ **Webseite**, ohne die Adresse manuell eingeben zu müssen. QR-Codes finden sich auf Werbeseiten in Zeitschriften und im Internet, auf Häusern und Reklametafeln. Ursprünglich hatten QR-Codes eine andere Aufgabe: Sie wurden 1994 zur Kennzeichnung von Bauteilen für die Automobilindustrie entwickelt.

Zum Erstellen eines QR-Codes tragen Sie auf der Webseite http://goqr.me/de/ die gewünschte Internetadresse ein und kopieren den QR-Code dann heraus oder lassen ihn zur Werbung auf Tassen oder T-Shirts drucken

QSIF, Abkürzung für **Q**uarter **S**ource **I**nput **F**ormat, ist ein Video mit einer Auflösung von 176 x 120 Pixel (NTSC) oder 176 x 144 Pixel (PAL); ⇨ **SIF**.

QTVR, Abkürzung für **Q**uick**T**ime **V**irtual **R**eality, ist eine Technologie der Firma Apple zur Darstellung virtueller Räume. Es handelt sich dabei, wie aus dem Namen schon ersichtlich, um einen Bestandteil der ⇨ **QuickTime**-Technologie von Apple; ⇨ **VRML**.

Quad bezeichnet einen der vier Zahlenblöcke in einer TCP/IP-Adresse.

Quad Core, **Quad-Core-CPU**, **Quad-Core-Prozessor** ist ein ⇨ **Prozessor** mit vier Kernen.

Quad Play ⇨ **Triple Play**.

Quantisierung, die; *Subst.*, ist ein Erfordernis bei der digitalen Übertragung von analogen Signalen. Beispielsweise muss Sprache zunächst quantisiert werden, bevor sie digital übertragen werden kann.

Dazu werden die analogen Signale in regelmäßigen Abständen abgetastet (⇨ **Sampling**), zu jedem dieser Abtastzeitpunkte ihr Spannungswert verglichen und einer von n Stufen zugeordnet. Die Anzahl der Stufen ergibt sich durch die ⇨ **Abtasttiefe**. Bei einer Abtasttiefe von 8 Bit ergeben sich $2^8 = 256$ Stufen.

Quellen-TKÜ

Das Signal besteht dann nicht mehr aus einer unendlich großen Anzahl von Werten, sondern ist auf 256 Werte beschränkt. Man nennt das Signal dann quantisiert.

Quantisierungsverzerrung, die; *Subst.*, tritt bei der Rückwandlung eines quantisierten Signals, also eines Digitalsignals in ein Analogsignal, auf. Die Quantisierungsverzerrungen sind abhängig von der Anzahl der Bits des Datensignals. Je weniger Bits für die digitale Darstellung verwendet wurden, desto größer sind die Verzerrungen.

Quebec, Codename von Microsoft für die Embedded-Version von ⇨ **Windows 7**.

Quelladresse, die; *Subst.*, engl. source address [sprich „sors ädres"], ursprüngliche Adresse; ⇨ **Zieladresse**.

Quellanwendung, die; *Subst.*, Anwendung aus der Daten in die ⇨ **Zielanwendung** übernommen werden oder von der auf die Zielanwendung ⇨ **portiert** wird.

Quellcode, der; *Subst.*, engl. source code, Programmcode einer höheren Programmiersprache vor der Umwandlung in die ⇨ **Maschinensprache** durch einen ⇨ **Interpreter** oder ⇨ **Compiler**, eventuell unter Hinzufügen von Programmbibliotheken; ⇨ **linken**.

Quellcodekompatibilität, die; *Subst.*, bedeutet, dass ein Programm auch auf einer anderen ⇨ **Plattform** oder einem anderen ⇨ **Betriebssystem** lauffähig ist, ohne dass der ⇨ **Quellcode** dafür verändert werden muss. Der Quellcode wird einfach auf dem Zielsystem mit einem entsprechenden ⇨ **Interpreter** ausgeführt oder mit einem ⇨ **Compiler** neu kompiliert.

Quellcode-Virus, der; *Subst.*, ist ein Computervirus, der den ⇨ **Quellcode** eines Programms oder Scripts verändert. Dies ist zum Beispiel bei Quellcode in Textdateien wie den ⇨ **HTML-Dateien** für die Darstellung von ⇨ **Webseiten** oder ⇨ **Makros** möglich.

Quelldatei, die; *Subst.*, engl. **source file**, Datei aus der Daten für eine Umwandlung, Komprimierung oder zum Vergleich entnommen werden; ⇨ **Zieldatei**.

Quelle, die; *Subst.*, engl. source, ist eine allgemeine Bezeichnung für die Herkunft von Daten oder Dateien.

Quellen-TKÜ, die; *Subst.*, Abkürzung für **Quellen-T**elekommunikations**ü**berwachung, eine Form der Überwachung von Telekommunikation zum Abhören verschlüsselter Botschaften, bei der von Ermittlungsbehörden wie Polizei und Zoll ein Spionageprogramm (⇨ **Troja-**

Q Quellkode

ner) auf dem zu überwachenden PC installiert wird. Das erfolgt zum Beispiel bei einer angeblichen Zollkontrolle am Flughafen oder durch vorgebliche Mitarbeiter eines Telekommunikationsunternehmens; ⇨ **Bundestrojaner**.

Quellkode, der; *Subst.*, ⇨ **Quellcode**.

Quelllaufwerk, das; *Subst.*, engl. source drive, das Laufwerk, von dem die Dateien gelesen werden sollen. Beispielsweise wird beim Kopieren einer CD wird meist vom Quelllaufwerk auf den CD-Brenner als ⇨ **Ziellaufwerk** kopiert.

Quellsprache, die; *Subst.*, engl. source language, Bezeichnung für die beim Programmieren verwendete Programmiersprache, die in die ⇨ **Zielsprache** umgewandelt wird. In aller Regel handelt es sich bei der Quellsprache um eine höhere Programmiersprache und bei der Zielsprache um eine maschinennahe Sprache.

Quelltext, der; *Subst.*, ist (1.) eine andere Bezeichnung für den ⇨ **Quellcode** von Programmen. Die Bezeichnung Quelltext wird (2.) auch speziell für den ⇨ **HTML**-Code einer ⇨ **Webseite** verwendet. Der ⇨ **Browser** interpretiert den Quelltext und stellt diesen entsprechend grafisch dar.

Querformat, das; *Subst.*, ⇨ **Landscape**, der Ausdruck auf einem DIN-A4-Blatt quer.

Query [sprich „kweri"], die; *Subst.*, ist eine Suchabfrage an eine ⇨ **Suchmaschine** oder ⇨ **Datenbank**.

Queue, die; *Subst.*, ⇨ **Warteschlange**, die insbesondere bei der Druckausgabe zum Zwischenspeichern der Druckdaten verwendet wird, damit der Anwender während des Druckens weiterarbeiten kann. Findet vor allem in ⇨ **Netzwerken** Verwendung.

QuickTime [sprich „kwick teim"], ist ein komprimiertes ⇨ **Multimedia**-Format der Firma Apple für Audio, Video und ⇨ **MIDI**. Der dafür erforderliche ⇨ **Player** ist Bestandteil des Mac OS. QuickTime 7 für Windows wird von Apple seit April 2016 nicht mehr unterstützt. Die aktuellen Windows-Versionen 10, 8.1 und 7 unterstützen die wichtigsten Medienformate standardmäßig. Dazu zählen die für QuickTime 7 empfohlenen Standards H.264 und AAC. Bei allen aktuellen Windows-Webbrowsern sind für die Videowiedergabe keine Browser-Erweiterungen mehr erforderlich.

Quote, das; *Subst.*, ist ein Zitat in einer ⇨ **E-Mail**, das meist durch ein vorangestelltes Größer-Zeichen gekennzeichnet ist; ⇨ **Quoting**.

QWUXGA

quoten, *Verb*, wird das Zitieren von Textstellen einer vorhergegangenen ⇨ **E-Mail** genannt, um darauf zu antworten. Es können auch andere Quellen gequotet werden, um diese dem Empfänger zur Kenntnis zu bringen.

Quoting, das; *Subst.*, ist zitierter Text in einer ⇨ **E-Mail**, der durch ein vorangestelltes Größer-Zeichen (> Zitat), einen farbigen Strich am linken Rand oder eine andere Farbe gekennzeichnet ist. Der Absender einer Mail verwendet diese Zitate, um sich auf Textstellen vorhergegangener E-Mails zu beziehen.

QUXGA, Abkürzung für **Q**uad **U**ltra E**x**tended **G**raphics **A**rray und gibt die Bildauflösung von ⇨ **TFT-Bildschirm** mit 3.200 x 2.400 Pixeln bei einem Seitenverhältnis von 4:3 an.

QVGA, Abkürzung für **Q**uarter **V**ideo **G**raphics **A**rray, also ein Viertel ⇨ **VGA** und bezeichnet eine Bildauflösung von 320 × 240 Pixeln (VGA 640 x 480 Pixel). Anzutreffen ist QVGA bei mobilen Geräten wie Handys oder Navigationsgeräten.

QWERTY bezeichnet die amerikanische Tastatur, bei der die Tasten in dieser Reihenfolge stehen, Y und Z sind gegenüber der deutschen Tastatur vertauscht; ⇨ **QWERTZ**.

QWERTZ bezeichnet die deutsche Tastatur, bei der die Tasten in dieser Reihenfolge stehen, Y und Z sind gegenüber der amerikanischen Tastatur vertauscht; ⇨ **QWUERTY**.

QWUXGA oder **WQUXGA**, Abkürzung für **Q**uad **W**ide **U**ltra E**x**tended **G**raphics **A**rray und gibt die Bildauflösung von ⇨ **TFT-Bildschirm** mit 3.820 x 2.400 Pixeln bei einem Seitenverhältnis von 16:10 an.

R Rack

R

Rack [sprich „räck"], das; *Subst.*, dt. Regal, Bezeichnung für ein Server-Gehäuse mit 19-Zoll-Einschüben für Rechner, ⇨ **Router** und weitere für Netzwerke erforderliche Komponenten. Ferner werden Racks auch von Musikern verwendet, die Keyboards, Harddisk-Recorder, Sampler, Synthesizer, Effektgeräte usw. in 19-Zoll-Bauweise darin verbauen.

Rack-Server [sprich „räck sörwer"], der; *Subst.*, ist ein ⇨ **Server** für ein oder zwei 19-Zoll-Rack-Einschübe. Solche Server werden für ⇨ **Cluster** verwendet.

rack unit [sprich „räck junit"], abgekürzt **U**, dt. ⇨ **Höheneinheit**.

Radiator, der; *Subst.*, ist ein Wärmetauscher in einer ⇨ **Wasserkühlung**, bei dem das erwärmte Wasser durch die Umgebungsluft gekühlt wird. Dazu wird das Wasser durch entsprechend großflächige Kühlkörper geleitet.

RADSL, Abkürzung für **R**ate **A**daptive **D**igital **S**ubscriber **L**ine, ist eine Variante der ⇨ **DSL**, bei der die Übertragungsgeschwindigkeiten dynamisch angepasst werden.

RAID [sprich „räid"], Abkürzung für **R**edundant **A**rray of **I**ndependent **D**isks, früher **R**edundant **A**rray of **I**nexpensive **D**isks, ist ein Festplattenverbund, der ein logisches Laufwerk bildet. Je nach Anzahl der Festplatten und RAID-Level wird dadurch ein schnellerer Datenzugriff und/oder höhere Datensicherheit erzielt.

Es werden die RAID-Level 0 bis 6 unterschieden. **RAID-Level 0** bietet durch Striping einen schnelleren Datenzugriff, indem die physikalischen Festplatten parallel beschrieben oder gelesen werden. **RAID-Level 1** spiegelt die auf der einen Festplatte geschriebenen Daten auf einer zweiten Festplatte. Das erhöht die Sicherheit, denn wenn eine Festplatte ausfällt, sind die Daten noch auf der zweiten Festplatte vorhanden. Die Zugriffsgeschwindigkeit lässt sich bei RAID 1 nur beim Lesen erhöhen, indem gleichzeitig auf beiden Festplatten gelesen wird. **RAID-Level 5** bietet sowohl den Vorteil einer höheren Geschwindigkeit durch Striping auf Blockebene als auch den Vorteil der Sicherheit durch redundant abgespeicherte Informationen. Dazu steht netto prozentual eine höhere Speichermenge zur Verfügung als bei RAID-Level 1, wo für die zur Sicherheit angelegten redundanten Informationen die Hälfte der Speicherkapazität belegt wird. Dafür werden allerdings für RAID 5 mindestens drei Festplatten benötigt, üblich sind auch fünf Festplatten. Zudem sind RAID-5-Controller deutlich teurer als solche für RAID 0 oder RAID 1.

Rankingseite R

Es gibt noch weitere RAID-Level, die jedoch mittlerweile wie RAID 3 nicht mehr genutzt werden oder zwar heute noch im Einsatz sind, jedoch relativ selten. RAID kann sowohl per Software als auch Hardware realisiert werden. Eine Hardware-Lösung ist schneller, kostet jedoch wegen des zusätzlich anzuschaffenden Controllers oder ⇨ **NAS** mehr.

Der Controller ist die Schwachstelle eines RAID-Systems, denn ist dieser defekt und es lässt sich kein baugleicher oder kompatibler Controller beschaffen, besteht die Gefahr, dass auf die im RAID-Verbund gespeicherten Daten nicht mehr zugegriffen werden kann. Diese Gefahr ist insbesondere bei Verwendung von RAID-Controllern gegeben, die in einem ⇨ **Mainboard** integriert sind. Ein Mainboard-Defekt kommt recht häufig vor und ein baugleiches Mainboard ist dann meist schwierig zu beschaffen; Informationen zu RAID bei Wikipedia http://de.wikipedia.org/wiki/RAID.

RAM, das; *Subst.*, Abkürzung für **R**andom **A**ccess **M**emory, dt. Speicher mit wahlfreiem Zugriff; ⇨ **Arbeitsspeicher**.

RAM-Disk, die; *Subst.*, nennt man ein virtuelles Laufwerk im Arbeitsspeicher des PCs. Alle Funktionen eines Laufwerks werden dabei softwaremäßig durch einen Treiber nachgebildet. Der Vorteil eines solchen Laufwerks ist die extrem hohe Geschwindigkeit, da keinerlei Mechanik benutzt wird. Die Geschwindigkeit der RAM-Disk ist also nur durch die Geschwindigkeit beim Lesen und Schreiben der Daten in den Arbeitsspeicher limitiert. Nachteile einer RAM-Disk sind, dass die darin enthaltenen Daten bei einem Systemabsturz und beim Abschalten des PCs wieder verloren gehen. Zudem nimmt die RAM-Disk einen Teil des ⇨ **Arbeitsspeichers** in Beschlag, der dann für Windows und Anwendungen nicht zur Verfügung steht. Eine RAM-Disk sollte daher nicht bei knappem Arbeitsspeicher von 1 GB oder 2 GB eingesetzt werden, sondern erst ab 4 GB und mehr.

Random [sprich „renndemm"], dt. Zufall, ist eine Funktion eines ⇨ **MP3-Players** oder CD-Players für das zufällige Abspielen der Songs aus der ⇨ **Playlist**.

Ranking [sprich „ränking"], das; *Subst.*, Position in der Ergebnisliste einer Suchanfrage an eine Suchmaschine.

Ranking-Algorithmus [sprich „ränking algorithmus"], der; *Subst.*, gibt die Wertigkeit einer Suchmaschine für eine bestimmte Suchanfrage an.

Rankingseite [sprich „ränkingseite"], die; *Subst.*, oder Brückenseite, ist eine speziell für Suchmaschinen-

Robots optimierte Webseite, die das ⇨ **Ranking** erhöhen soll.

RAS, Abkürzung für **R**emote **A**ccess **S**ervice, ist ein Dienst von Windows über den ein Windows-Rechner von außen zur Wartung oder Nutzung ferngesteuert werden kann. Durch Zugangsberechtigungen wird festgelegt, wie weit der Zugriff erfolgen darf.

Rastergrafik, die; *Subst.*, ⇨ **Bitmap-Bild**.

Rat [sprich „rätt"], Abkürzung für **R**emote-**A**ccess **T**rojan [sprich „rimoht äksess trouhjen"], sind zum Fernsteuern eines PC bestimmte ⇨ **Schadprogramme**.

Ratio, das; *Subst.*, dt. Verhältnis, wurde früher bei ⇨ **Mailboxen** und wird heute beim ⇨ **Filesharing** für das Verhältnis von ⇨ **Upload** zu ⇨ **Download** verwendet. Es gibt an, wie viele Dateien oder wie viel ⇨ **Byte** man für jede hochgeladene Datei bzw. jedes hochgeladene Byte herunterladen kann. Ein Ratio von 1 : 3 bedeutet also zum Beispiel, dass für jede hochgeladene Datei wieder drei Dateien heruntergeladen werden dürfen. Diese Beschränkung sollte früher erreichen, dass auf eine Mailbox immer wieder neue Dateien heraufgeladen werden. Dabei wurden bereits vorhandene Dateien abgelehnt, wobei sich dies durch Umbenennen der Dateien umgehen ließ. Beim Filesharing soll erreicht werden, dass die Teilnehmer nicht nur ⇨ **saugen**, sondern auch selbst Dateien bereitstellen.

Raubkopie, die; *Subst.*, ist eine unberechtigt angefertigte Kopie einer Software, eines Films oder eines Musikstücks. Privat angefertigte Raubkopien sind leicht zu erkennen, da sie überwiegend einfach mit einem Faserstift beschriftete Rohlinge sind. Es handelt sich auch oft um ⇨ **Compilation-CDs** mit mehreren geschützten Programmen oder Musikstücken.

Einige Raubkopierer versehen ihre Rohlinge aber auch mit passenden Covern und Labeln, die sie mit einem Tintenstrahldrucker erstellt haben. Hier ist eine Raubkopie nicht immer auf den ersten Blick erkennbar. Es muss dann auf fehlende Sicherheitsmerkmale wie etwa Hologramme oder Lizenzurkunden geachtet werden. Tintenstrahlausdrucke sind zudem meistens nicht wasserbeständig. Industriell hergestellte Software-Raubkopien sind dagegen mittlerweile selbst von Fachleuten kaum mehr vom Original zu unterscheiden. Selbst die Sicherheitsmerkmale wie Hologramme werden gefälscht. Hier ist ein auffällig niedriger Preis verdächtig. Daher ist auch beim Kauf von Software über Online-Auktionen mit äußerster Vorsicht zu agieren, denn hier werden häufiger Raubkopien angeboten. Teilweise wird in der Auktion das Original gezeigt, und der Kunde erhält dann eine billige Fälschung.

Raubkopierer, der; *Subst.*, ist jemand, der unberechtigt Programme kopiert und dadurch gegen das Urheberrecht verstößt.

Rauschabstand, der; *Subst.*, wird in ➪ **Dezibel (dB)** angegeben und bezeichnet das Verhältnis der Nutzspannung eines analogen Signals zur Rauschspannung. Je größer dieser Wert ist, umso ungestörter ist die Wiedergabe zum Beispiel bei einer Soundkarte. 100 dB sind beispielsweise ein sehr guter Wert.

RAW-Modus, der; *Subst.*, ist ein Modus eines ➪ **CD-Brenners**, bei dem dieser direkt statt über eine Windows-Schnittstelle gesteuert wird. Dazu muss der CD-Brenner den RAW-Modus beherrschen und auch das Brennprogramm diesen Modus unterstützen. Der RAW-Modus ist für das Erstellen von 1:1-Kopien einer CD besonders gut geeignet und Voraussetzung für eine Kopie von geschützten Formaten.

RC ➪ **Release Candidate**.

RDF, Abkürzung für **R**esource **D**escription **F**ramework und eine formale Sprache zur Bereitstellung von Metadaten im ➪ **Internet**; https://de.wikipedia.org/wiki/Resource_Description_Framework.

RE: ➪ **Reply**.

Reader [sprich „riehder"], der; *Subst.*, ist ein Lesegerät wie ein ➪ **Card Reader** oder ein Leseprogramm wie ➪ **Adobe Acrobat Reader**.

Read Error [sprich „ried error"], der; *Subst.*, dt. ➪ **Lesefehler**.

Readme-Datei [sprich „riedmi datei"], die; *Subst.*, ist eine Datei mit dem Namen READ.ME, README.1ST, README.DOC, README.TXT, ➪ **LIES.DAS**, LIESMICH.TXT oder LIESMICH.DOC, die Informationen zu einem Programm, den letzten Änderungen an der vorliegenden Programmversion und/oder zur Installation des Programms enthält. Die Datei kann mit dem ➪ **Notizblock** von Windows oder einer ➪ **Textverarbeitung** wie ➪ **Word** gelesen werden.

Read-only [sprich „ried ohnlie"], Nur-Lesen-Dateiattribut; ➪ **Attribute**.

Read Stealthing ist eine von ➪ **Stealth-Viren** angewendete ➪ **Stealthing-Methode**, um eine Entdeckung durch Antiviren-Programme zu verhindern. Das Schadprogramm entfernt sich beim Lesen einer Datei durch das Antiviren-Programm und fügt sich anschließend wieder in die infizierte Datei ein.

R | RealAudio

RealAudio [sprich „riel audio"] bezeichnet (1.) ein technisches Verfahren, mit dem sich Töne mit variabler Bandbreite über das Internet übertragen lassen, ohne dass vorher die komplette Audio-Datei heruntergeladen wird (⇨ **Streaming**), und ist (2.) ein früherer Name des dafür erforderlichen RealPlayer, der in RealTimes enthalten ist; http://www.real.com/de.

RealMedia [sprich „riel midia"] bezeichnet die Dateiformate der Firma RealNetworks, von dem ⇨ **RealAudio** und RealVideo stammt. Zum Abspielen benötigen Sie den RealPlayer, der in RealTimes enthalten ist; http://www.real.com/de.

Real Mode [sprich „riel moud"], der; *Subst.*, ist eine Betriebsart, in der sich alle ⇨ **Intel**-Prozessoren der 80er-Reihe nach dem Einschalten befinden. Im Real Mode ist der Arbeitsspeicher auf 1 MB beschränkt und es besteht Kompatibilität zum 8088-Prozessor (⇨ **Protected Mode**).

RealPlayer [sprich „rielpläjer"], der; *Subst.*, ⇨ **Player** von RealNetworks zum Abspielen von ⇨ **RealMedia**; http://www.real.com/de.

Real World [sprich „riel wörld"], die; *Subst.*, bezeichnet alles außerhalb des Computers, des Internets oder Cyberspace. Wer überwiegend mit dem Computer umgeht, all seine Einkäufe im Internet macht und seine Freunde nur im Chatroom trifft, vergisst schnell, dass es noch eine andere Welt „da draußen" außerhalb seines Büros oder seiner Wohnung bzw. des Internets oder seiner Computerspiele gibt. Es bedarf dann eines Hinweises, dass man sich nicht auf etwas in der virtuellen Cyberworld, sondern auf etwas im realen Leben der anderen Menschen bezieht.

Re-Authoring oder **Reauthoring** [sprich „ri oassoring"], das; *Subst.*, ist ein bei DVD-Kopierprogrammen verwendeter Begriff. Beim Re-Authoring wird die Kopie neu zusammengestellt, um aus Platzgründen nicht benötigte Teile der Original-DVD wegzulassen. Das betrifft vor allem die ⇨ **Benefits** und Werbe-Trailer für weitere ⇨ **DVDs** des Herstellers; ⇨ **Re-Encoding**.

Receiver [sprich „risiewer"], der; *Subst.*, ist (1.) eine andere Bezeichnung für Empfänger, in (2.) der Unterhaltungselektronik auch ein mit Verstärker kombinierter Radioempfänger.

Rechengeschwindigkeit, die; *Subst.*, Geschwindigkeit, mit der ein Computer Anweisungen ausführen kann. Ein Maß dafür ist die Anzahl der ausführbaren Gleitkommaoperationen pro Sekunde (⇨ **FLOPS**).

Rechner, der; *Subst.*, ist ein anderer Ausdruck für ⇨ **Computer**.

Redirect Checker

rechnergesteuert, *Adj.*, ist ein Verfahren, das ein ⇨ **Computer** steuert.

rechnergestützt, *Adj.*, ist eine mit Hilfe eines ⇨ **Computers** durchgeführte Tätigkeit.

Record [sprich „rikord"], der; *Subst.*, ist eine andere Bezeichnung für **Datensatz** und entspricht beim ⇨ „**Karteikasten**-Modell" einer Karteikarte.

Recording Industry Association of America, die; *Subst.*, ⇨ **RIAA**.

Recovery Mode, dt. Wiederherstellungsmodus, ist ein Modus bei ⇨ **iPhone** und ⇨ **iPad**, in dem der vorherige Zustand über ⇨ **iTunes** wiederhergestellt wird.

Redirect Checker, der; *Subst.*, ist ein Internet-Dienst, der eingegebene Internetadressen (URLs) daraufhin prüft, ob und wohin diese weiterleiten. So lassen sich ⇨ **Kurzlinks** gefahrlos überprüfen und auch Weiterleitungen auf Werbeseiten entdecken.

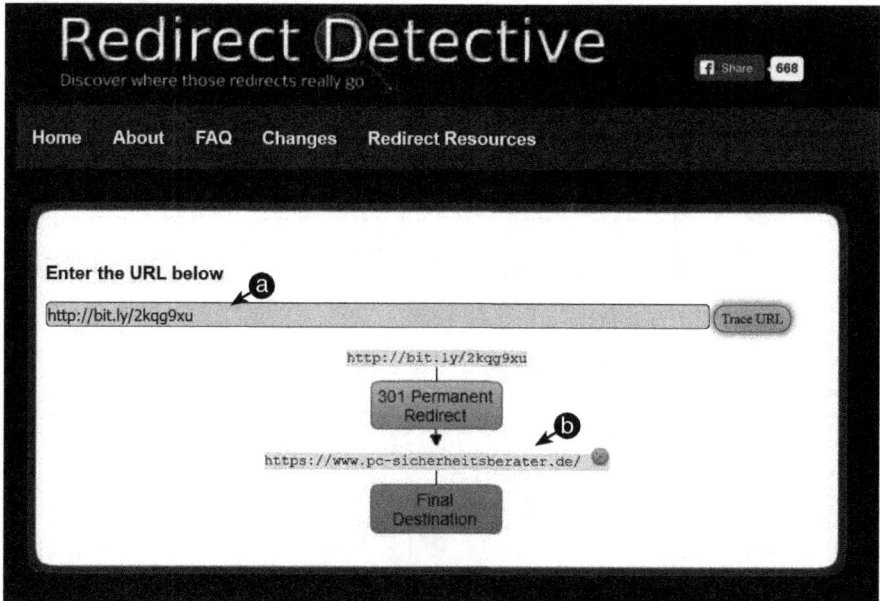

Der Dienst Redirect Detective zeigt hier an, wohin der eingegebene Kurzlink ⓐ *führt. In diesem Fall ist es die Website meines persönlichen Sicherheitsratgebers „Ihr PC-Sicherheits-Berater"* ⓑ*, die der Redirect Detective mit einem freundlichen Smiley als sicher markiert.*

R — Redstone 1 bis Redstone 4

Redstone 1 bis **Redstone 4**, Abkürzung **RS1** bis **RS4**, ist eine durchnummerierte Code-Bezeichnung von Microsoft für das ⇨ **Anniversary Update** für ⇨ **Windows 10** vom August 2016 und die nachfolgenden ⇨ **Creator-Updates** (siehe Tabelle unten).

Redundanz, die; *Subst.*, ist (1.) ein wiederholtes Auftreten gleicher Informationen. (2.) Technische Redundanz bietet beispielsweise ein ⇨ **RAID**-System, das automatisch eine defekte Festplatte durch eine Reserve-Festplatte ersetzt und so den Betrieb fortsetzt.

Re-Encoding oder **Reencoding** [sprich „ri enkoding"], das; *Subst.*, ist ein bei DVD-Kopierprogrammen verwendeter Begriff. Beim Re-Encoding wird ein Video in der Kopie aus Platzgründen komprimiert abgespeichert, was mit Qualitätsverlusten einhergeht. Zusätzlich wird das ⇨ **Re-Authoring** angewendet.

Referrer, der; *Subst.*, ⇨ **URL** der ⇨ **Webseite**, über die man auf eine andere Seite gelangt ist. Die URL wird oft in einer Logdatei abgespeichert und statistisch ausgewertet. Der ⇨ **Administrator** der Webseite kann so sehen, wo überall ein ⇨ **Link** auf seine Seite steht. Er kann aber auch erkennen, welche Seiten von seinem Angebot ein Besucher aufruft, denn auch davon erhält er die Referrer.

Referrer Spoofing [sprich „referrer spuhfing"], das; *Subst.*, Fälschen des ⇨ **Referrers**, also der Informationen darüber, wie man zu der betreffenden Seite gelangt ist.

Code-Bezeichnung	Threshold 1(TH1)	Threshold 2 (TH2)	Redstone 1 (RS1)	Redstone 2 (RS2)	Redstone 3 (RS3)
Veröffentlichung	Juli 2015	November 2015	August 2016	April 2017	Oktober 2017
Windows 10 Version	1507	1511	1607	1703	1709
Windows 10 Marketing-Name			Anniversary Update	Creators Update	Fall Creators Update
Build	10240.xxx	10586.xxx	14393.xxx	15063.xxx	16299.xxx

Die halbjährlichen großen Updates für Windows 10 in der Übersicht

ReFS, Abkürzung für **R**esilient **F**ile **S**ystem, dt. „robustes Dateisystem", ist ein von Microsoft neu entwickeltes ⇨ **Dateisystem**, das zu ⇨ **NTFS** kompatibel ist und mit ⇨ **Windows 8** eingeführt wurde.

Refurbished [sprich „rifõrbischd"] ist ein vom Hersteller oder autorisiertem Reparaturbetrieb überholtes und instandgesetztes Gerät, das aus einem Garantiefall oder einer Rücksendung stammt. Solche Geräte werden meist deutlich unter Neupreis und mit Hersteller- oder Händlergarantie angeboten.

REG, ⇨ **Dateinamenerweiterung** einer Registrierungsdatei, in der Windows installierte Programme registriert.

Regedit, Abkürzung für **Reg**istry **Edit**or [sprich „redschistri editer"] ist ein Programm von Windows zum Öffnen und Bearbeiten der ⇨ **Registrierungsdatenbank**. Der Aufruf erfolgt über das Ausführen-Fenster, das mit ⊞+R geöffnet wird. Durch die Eingabe des Programmnamens regedit und das Drücken der Eingabetaste wird der Registrierungseditor aufgerufen. Vor Änderungen an der Registrierungsdatenbank sollten Sie die gesamte Registry oder den entsprechenden Zweig mit *Datei exportieren* sichern und eine Datensicherung durchführen, denn Änderungen an der Registry können dazu führen, dass Windows instabil wird oder eventuell nicht mehr startet.

Registrierdatenbank, die; *Subst.*, ⇨ **Registrierungsdatenbank**.

Registrierungsdatenbank, die; *Subst.*, engl. **Registry**, ist eine Datenbank von Windows zum Speichern der Konfigurationsdaten sowie von Einstellungen und Daten der Anwendungen. Der Inhalt der Registrierungsdatenbank lässt sich mit dem zu Windows gehörenden Programm Regedit einsehen und ändern.

Achtung: Änderungen an der Registrierungsdatenbank können zu Fehlern in der Arbeitsweise von Windows oder Anwendungen führen. Es ist auch möglich, dass Windows überhaupt nicht mehr startet.

Registry [sprich „redschistri"], die; *Subst.*, ⇨ **Registrierungsdatenbank**.

Registry Hives [sprich „redschistri haivs"] ⇨ **Hives**.

RegTP, die; *Subst.*, Abkürzung der Regulierungsbehörde für Telekommunikation und Post.

Reinigungs-CD, Reinigungs-DVD, die; *Subst.*, ist eine CD/DVD mit Mikrobürsten, die bei der Abtastung der CD/DVD die optische Linse reinigen sollen. Die Wirkung ist

reinklicken

jedoch umstritten, denn die Bürsten können insbesondere bei den aktuellen Laufwerken mit sehr hohen Umdrehungszahlen kleine Kratzer und Riefen in die optische Linse schleifen und die Linse damit beschädigen. Das Laufwerk ist dann im Regelfall ein technischer und wirtschaftlicher Totalschaden.

Gelangt Fett aus der Laufwerksmechanik auf die Bürsten, verschmieren diese damit die Linse, was die Anzahl der ⇨ **Lesefehler** erhöht. Und zähe Ablagerungen wie ein Schmutzfilm aus Kondensat und Nikotin können die Bürsten nicht entfernen. Auch hier wird durch deren Einsatz eher eine Verschlechterung eintreten. Daher sollte eine Reinigungs-CD/DVD nur selten und dann auch nur bei leichten Verschmutzungen der Linse durch Staub eingesetzt werden.

reinklicken, *Verb*, bezeichnet das ⇨ **Klicken** in ein Dialogfenster oder Eingabefeld.

reinspielen, *Verb*, bezeichnet das Übertragen von Daten, zum Beispiel von Dateien in einen Ordner.

Relationale Datenbank, die; *Subst.*, ist eine Datenbank, in der die Daten tabellarisch gespeichert werden. Jede Zeile in einer Tabelle entspricht einem Datensatz (zum Beispiel einer Adresse). Die Spalten der Tabelle sind Felder mit einer definierten Feldlänge. Somit ist auch jeder Datensatz einer Tabelle gleich lang. Über Schlüsselfelder (zum Beispiel Kundennummer) können mehrere Datenbanktabellen relational verknüpft werden. Damit lässt sich zum Beispiel eine Liste erstellen, welcher Kunde im letzten Jahr welche Bestellungen getätigt hat, indem die Tabellen Adressen und Aufträge über die Kundennummer verknüpft werden. Das bekannteste Programm einer relationalen Datenbank ist ⇨ **dBASE**; auch MS ⇨ **Access** ist ein solches Programm.

Relaunch, [sprich „riehlontsch"], der; *Subst.*, Neugestaltung einer ⇨ **Webseite** mit geändertem Design und technischer Aktualisierung.

Relay [sprich „reläj"] steht für (1.) ein ⇨ **Relais**, (2.) die Weiterleitung von Daten, also die Tätigkeit eines Relais, und (3.) für Datenübertragungen per Kabel jeder Art.

Release Candidate [sprich „relies kändidät"], abgekürzt **RC**, ist noch keine endgültige, aber bereits recht stabile Version eines Programms, die kurz vor der Markteinführung für ⇨ **Betatester**, interessierte Anwender und Journalisten verfügbar ist. Die Abkürzung RC in Versionsbezeichnungen weist auf einen Release Candidate hin. Der RC ist auch die Version einer Software, die letztendlich von den Programmierern für die Kaufleute eines Unternehmens freigegeben wird, um das Marketing für das neue Produkt zu beginnen.

Remote [sprich „rimoht"], dt. entfernt oder ferngesteuert; ⇨ **Remote Control.**

Remote Control [sprich „rimoht kontrohl"], die; *Subst.*, bedeutet (1.) ein Gerät zur Fernsteuerung des Fernseh- oder Audio-Players und (2.) die Fernsteuerung eines Geräts oder Computers. Die Steuerung eines entfernten PCs kann über **Remotedesktop** von ⇨ **Windows 8.1** und ⇨ **Windows 10** oder ein spezielles Programm wie TeamViewer (https://www.teamviewer.com/de/) erfolgen.

Remote Entry [sprich „rimoht entrie"], der; *Subst.*, ist ein Zugang zu einem PC, über den sich dieser fernsteuern lässt.

Renamer [sprich „rinäimer"], der; *Subst.*, dt. „Umbenenner", ist ein Tool mit dem sich mehrere Dateien in einer Stapelverarbeitung automatisiert umbenennen lassen. Im einfachsten Fall wird dazu mit ⇨ **Jokern** bzw. ⇨ **Wildcards** eine Maske für die Zielnamen erstellt. Komfortablere Renamer ermöglichen es auch, Regeln für das Umbenennen festzulegen oder zu bestimmen, in welche Verzeichnisse die Dateien nach dem Umbenennen einsortiert werden sollen. Eingesetzt werden Renamer überwiegend für MP3-Sammlungen, um den ⇨ **MP3-ID-Tag** zu ändern, aber auch für Bilder oder andere Dateien.

Repeater [sprich „ripieter"], der; *Subst.*, ist ein elektrischer oder optischer Signalverstärker für Netzwerke, mit dessen Hilfe sich größere Entfernungen überbrücken lassen, da er der mit zunehmender Kabellänge auftretenden Signalabschwächung entgegenwirkt. Ein Repeater arbeitet auf dem Physical Layer, also der Ebene 1 des ⇨ **OSI**-Referenzmodells.

Reply [sprich „riplei"], abgekürzt **RE:**, dt. Antwort, gibt (1.) bei einer E-Mail eine Adresse an, an die eine Antwort geschickt werden kann (⇨ **Reply-to-Adresse**). Es ist (2.) auch eine Bezeichnung für eine Antwort, die zum Beispiel in einer Newsgroup auf eine Nachricht erfolgt.

Reply-to-Adresse [sprich „riplei tu adresse"], die; *Subst.*, ist eine ⇨ **E-Mail-Adresse**, an die eine Antwort erfolgen soll. Achtung: Dies muss nicht die Absenderadresse sein. Mailings, vor allem auch ⇨ **Spam**, werden häufig über Server geschickt, die unter der angegebenen Adresse nur versenden, aber keine Mails empfangen.

Reportwitters ist bei ⇨ **Twitter** eine Bezeichnung für Reporter-

R Reset

Twitterer, also Personen, die in journalistischer Art twittern.

Reset [sprich „risett"], der; *Subst.*, ist ein ⇨ **Kaltstart** eines PCs, hervorgerufen durch das Betätigen der ⇨ **Reset-Taste**.

Reset-Taste [sprich „risett taste"], die; *Subst.*, ist eine kleine ⇨ **Taste** an der Gehäusevorderseite eines PCs, deren Funktion teilweise durch die Bezeichnung „RESET" oder eine auffällige Farbgebung kenntlich gemacht wird. Damit die Reset-Taste nicht versehentlich betätigt wird, ist sie etwas versteckt oder vertieft in einer Mulde angebracht. Über sie kann der PC mit einem ⇨ **Kaltstart** neu gestartet werden, wobei aber die Gefahr eines Datenverlustes bei geöffneten Anwendungen bzw. Dateien besteht. Daher sollte eine Reset-Taste nur als letztes Mittel betätigt werden, wenn der PC nach einem Betriebssystemabsturz nicht mehr auf andere Eingaben reagiert.

resolution, dt. ⇨ **Auflösung**.

Resolver [sprich „risolwer"] bilden Host-Namen auf IP-Adressen ab und umgekehrt.

Restore [sprich „ristor"], der; *Subst.*, Wiederherstellen von Daten oder eines Betriebssystems.

restoren [sprich „ristoren"], *Verb*, Wiederherstellen eines vorherigen Rechnerzustands.

Retail-Ware [sprich „ritäil währ" oder deutsch „ritäil ware"], die; *Subst.*, bezeichnet eine Hardware oder Software für den Verkauf im Einzelhandel an Endkunden. Im Gegensatz zur ⇨ **Bulk-Ware** hat diese eine Umverpackung und wird komplett mit Software, Treiber, sonstigem Zubehör sowie Installations- und Bedienungsanleitung geliefert. Daher ist Retail-Ware regelmäßig deutlich teurer als Bulk-Ware. Berücksichtigt man jedoch den Wert der zusätzlich mitgelieferten Komponenten und Software, ist Retail-Ware oft günstiger.

Return [sprich „ritörn"] ⇨ **Eingabetaste**.

Return-Taste [sprich „ritörn taste"], die; *Subst.*, ⇨ **Eingabetaste**.

Retweet [sprich „ritwieht"], der; *Subst.*, ist ein ⇨ **Tweet** einer anderen Person, der von einem ⇨ **Twitter**-Nutzer unter Angabe der Quelle an seine ⇨ **Follower** gesendet wird. Der Erfolg von Twitter beruht unter anderem auf solchen Retweets, da sich dadurch Nachrichten wie bei der Mund-zu-Mund-Propaganda viral verbreiten. Weltbewegende Nachrichten erreichen so innerhalb eines Tages nahezu jeden täglich aktiven Twitter-Nutzer.

Durch Retweets vervielfacht sich die eigene Reichweite über die Zahl der eigenen Follower hinaus. Es wird allerdings längst nicht jeder Tweet retweetet, insbesondere nicht jeder deutsche Tweet und Werbetweets nur in Ausnahmefällen. Je größer die Followerzahl ist und je aktiver die Follower sind, um so höher ist die Retweet-Wahrscheinlichkeit und der dadurch erzielte Faktor der Reichweitenerhöhung. In der Praxis lässt sich die Anzahl der Klicks durch einen Retweet verdoppeln, entsprechend durch zwei Retweets verdreifachen usw.

retweeten [sprich „ritwiehten"], *Verb*, Senden eines fremden ⇨ **Tweets** an die eigenen ⇨ **Follower**, indem dieser kopiert und eingefügt wird. Durch ein vorangestelltes ⇨ **RT** und den Namen des vorherigen Versenders oder ein nachgestelltes ⇨ **via** mit dem Namen ist dieser Tweet als ⇨ **Retweet** gekennzeichnet.

RFID ist eine Technologie zum Erkennen von Gegenständen mit Hilfe von Radiowellen. Dazu wird der Gegenstand mit einem **RFID-Chip** als Transponder ausgestattet, der dem Lesegerät seine Daten übermittelt. Die erforderliche Energie beziehen passive RFID-Chips aus der Strahlung des Lesegeräts, aktive RFID-Chips haben eine eigene Energiequelle.

RFID-Maus, die; *Subst.*, ist eine Funkmaus, deren Position mit Hilfe der ⇨ **RFID**-Technologie übertragen wird.

RGAA, Abkürzung für **R**otated **G**rid **A**nti-**A**liasing, ist ein Verfahren zum ⇨ **Anti-Aliasing**.

RGB, Abkürzung für **R**ot **G**rün **B**lau, ist ein additives Farbmischsystem, bei dem die Farben selbst leuchten und sich alle Farben aus einem Mischungsverhältnis der drei Grundfarben ergeben. Die Farbdarstellung von Monitoren funktioniert nach diesem System.

RI, Abkürzung für **R**ing **I**ndicator, ist eine Modem-Steuerleitung, die dem PC und Terminalprogramm einen eingehenden Anruf (Ring) meldet.

RIAA, Abkürzung für **R**ecording **I**ndustry **A**ssociation of **A**merica [sprich „rikording indasstri ässosiäischen of ämerika"], ist ein Zusammenschluss von über 350 Firmen aus der US-Musikbranche, die nach eigenen Angaben etwa 85 % der aus den USA stammenden und legal in den USA vertriebenen Musikstücke produzieren.

Die RIAA geht weltweit gegen Urheberrechtsverletzungen bei Musikstücken vor und daher auch gegen illegale Internetangebote von MP3-Downloads und Filesharing-Nutzer. Es werden mittlerweile auf Betreiben der RIAA nicht nur MP3-Server geschlossen, sondern die RIAA geht

R   Ribbon-UI

auch mit Abmahnungen und gerichtlichen Schritten gegen private Musiknutzer vor. Weitere Informationen: https://www.riaa.com/.

Ribbon-UI, abgekürzt **Ribbon** [sprich „ribben"], die mit ⇨ **Office 2007** von Microsoft eingeführte ⇨ **Multifunktionsleiste**, die mit ⇨ **Windows 7** auch bei ⇨ **Paint** und ⇨ **WordPad** eingeführt wurde.

Richtungstasten, die; *Subst.*, die vier mit Pfeilen versehenen Tasten (⇨ **Pfeiltasten**) zur Steuerung des ⇨ **Cursors**, die daher auch als ⇨ **Cursortasten** bezeichnet werden.

RIP, Abkürzung für **R**emote **I**mage **P**rocessing, ist (1.) ein Grafikstandard bei der Datenübertragung. Es werden Steuerzeichen übertragen, die einen grafischen Bildschirmaufbau steuern. RIP arbeitet mit ⇨ **EGA** und ⇨ **VGA** zusammen. Im Internet-Slang bedeutet es (2.) auch **R**est **i**n **P**eace, dt. Ruhe in Frieden, und findet in Chats, E-Mails und Newsgroups Anwendung.

rippen, *Verb*, dt. wörtlich „aufreißen", „aufschlitzen", ist (1.) das Auslesen und Enkodieren von Audio-CDs und (2.) das Kopieren urheberrechtlich geschützter Musik oder Filme, wobei dabei häufig Bestandteile entfernt werden (etwa die ⇨ **Benefits** oder nicht benötigte Sprachen bei einer DVD) und das Datenvolumen durch ⇨ **Komprimierung** verringert wird. Dies gilt etwa für das Rippen einer DVD in das ⇨ **MPEG-4**-Format, z. B. als ⇨ **DivX**-Video mit ⇨ **MP3**-Ton.

Ripple, Währungskürzel **XRP**, ist eine ⇨ **Kryptowährung**, die keine Konkurrenz sondern Kooperation mit Banken und Koexistenz mit Fiat-Währungen wie Euro und US-Dollar anstrebt. Das zeigt sich an der Unterstützung durch große Namen wie American Express, Bill Gates, Ericsson und Huawei. Im Unterschied zu ⇨ **Bitcoin** und den meisten anderen Kryptowährungen wird Ripple nicht gemined, sondern alle 38,6 Milliarden XRP-Coins stehen bereits zur Verfügung. Das sind über 2.000 mal mehr Token als bei Bitcoin (aktuell 17 Millionen BTC). Von der Marktkapitalisierung her ist Ripples auf Platz 4 der Top 10 der Kryptowährungen.

Rips ist eine Bezeichnung für (1.) abgespeckte Programmversionen oder (2.) gerippte Musiktitel; ⇨ **rippen**, ⇨ **Warez**.

RISC, Abkürzung für **R**educed **I**nstruction **S**et **C**omputer, ist ein Prozessor mit reduziertem Befehlssatz. RISC-Prozessoren sind durch die interne Verwendung weniger Befehle schneller als ⇨ **CISC**-Prozessoren. Komplexe Befehle müssen jedoch erst aus mehreren RISC-Befehlen zusammengesetzt werden.

Riskware [sprich „riskwähr"], die; *Subst.*, sind Programme, bei denen ein Sicherheitsrisiko besteht. Es handelt sich hier nicht um ⇨ **Schadprogramme**, da die Software nicht entwickelt wurde, um Schaden anzurichten.

RJ45 oder **RJ-45**, Abkürzung für **R**egistered **J**ack **45**, dt. „genormte Steckverbindung 45", Bezeichnung für einen Stecker eines ⇨ **Ethernet**-Kabels und die zugehörige Buchse, wobei ein solches Kabel auch für ⇨ **ISDN**-Anschlüsse verwendet werden kann; Belegung des RJ45-Steckers, beschrieben im Elektronik-Kompendium http://www.elektronik-kompendium.de/sites/net/0510151.htm.

RLE, ⇨ **Dateinamenerweiterung** eines nach dem Lauflängenverfahren komprimierten ⇨ **BMP**-Bilds, das von vielen Windows-Anwendungen gelesen werden kann; ⇨ **RLLE**.

RLL ⇨ **RLLE**.

RLLE Abkürzung für **R**un **L**ength **L**imited **E**ncoding, Lauflängen-Codierung, auch als ⇨ **RLL** oder ⇨ **RLE** abgekürzt, ist ein schneller Kompressionsalgorithmus, der bei ⇨ **Festplatten** und ⇨ **Packern** zur Anwendung kommt und auf einer Lauflängenbestimmung basiert. Mit steigender Komplexität der Daten nimmt die Effizienz dieses ⇨ **Algorithmus** allerdings erheblich ab.

RM, Abkürzung für **R**eal**M**edia, ⇨ **Dateinamenerweiterung** für ⇨ **RealMedia**-Videos.

Roadmap [sprich „rohdmäpp"], die; *Subst.*, dt. wörtlich „Straßenkarte", Plan eines Hardware-Herstellers für die Entwicklungszeiten und den Erscheinungstermine von neuen Produkten. So gibt etwa ⇨ **Intel** meist zu Beginn eines Jahres in einer Roadmap vor, wann welche Prozessoren zu erwarten sind. Die Termine in den öffentlichen Roadmaps sind mehr durch Marketing bestimmt als durch technische Gegebenheiten. Daher werden sie durch äußere Einflüsse wie etwa das plötzliche Erscheinen eines wichtigen Konkurrenzproduktes oder den schleppenden Verkauf der aktuellen Produkte bedingt häufig plötzlich drastisch vorgezogen oder nach hinten verschoben.

Das Beobachten der Roadmap ist dennoch wichtig, da sie Hinweise zur Preisentwicklung und zum Entwicklungsstand von Produkten gibt. So ist beim drastischen Vorziehen eines Markteinführungstermins damit zu rechnen, dass das entsprechende Produkt noch nicht ausgereift ist und zudem nur relativ teuer und in geringer Stückzahl erhältlich ist. Oft sind die Produkte für den normalen Verbraucher dann überhaupt noch nicht verfügbar.

Roaming [sprich „rohming"] ☎, das; *Subst.*, Nutzen eines Telefon-

R Robot

dienstes durch einen ausländischen Anbieter.

Robot, der; *Subst.*, ist ein Hilfsprogramm, das eine übertragene Aufgabe entsprechend der Konfiguration und Programmierung selbstständig ausführt. Dies kann die Suche im Internet, das Versenden von Werbe-Mails oder auch das Simulieren eines ⇨ **Chatters** sein.

Im Zusammenhang mit ⇨ **Suchmaschinen** haben Robots die Aufgabe, Webseiten im Internet zu durchsuchen, zu analysieren und möglichst treffende Suchbegriffe für deren Inhalt zu ermitteln und sammeln, die dann zusammen mit der Adresse der Webseite in den Index der Suchmaschinen aufgenommen werden. Diese spezialisierten Robots werden auch ⇨ **Spider** oder ⇨ **Crawler** genannt.

Rogueware [sprich „rohgwähr"] oder **Rogue-Software** [sprich „rohg softwähr"], die; *Subst.*, kommt vom englischen Wort „rogue", deutsch „Schurke", und ⇨ **Software**. Es ist eine Bezeichnung für ⇨ **Schadprogramme**, die im Internet kostenlos angeboten werden und deren Namen denen von bekannten Sicherheitsprogrammen ähneln.

Installiert ein Anwender diese Programme, zeigen sie ihm falsche Warnungen vor ⇨ **Computerviren** und ⇨ **Spyware** an und fordern zum Kauf eines Programms auf, das den Virus angeblich beseitigen soll. Eine andere Bezeichnung für solche Programme ist ⇨ **Scareware**.

Rohling, der; *Subst.*, ist ein beschreibbarer, optischer Datenträger wie eine ⇨ **CD** oder ⇨ **DVD**.

RoHS, Abkürzung für **R**estriction **o**f **H**azardous **S**ubstances, dt. „Beschränkung gefährlicher Stoffe", ist eine Kurzbezeichnung für die EG-Richtlinie 2011/65/EU zur Beschränkung der Verwendung bestimmter gefährlicher Stoffe in Elektro- und Elektronikgeräten vom 8. Juni 2011, die in Deutschland durch das Elektro- und Elektronikgerätegesetz (ElektroG) in nationales Recht umgesetzt wurde.

Das ElektroG gilt seit dem 20. Oktober 2015 und hat für die Fertigung und den Vertrieb von Elektrogeräten weitreichende Folgen. So wurde zum Beispiel das Blei aus Lötzinn verbannt, auch der Vertrieb von Halbleitern mit Bleibestandteilen ist abgesehen von einigen Ausnahmen, etwa für die Entwicklung neuer Schaltungen, verboten; EG-Richtlinie 2011/65/EU als PDF-Dokument http://bit.ly/whVRCC.

Roland Sound Canvas ist ein weit verbreitetes Soundmodul nach dem ⇨ **GM-Standard** und somit

Quasi-Standard für ⇨ **MIDI**-Musik bei Computerspielen.

Rollbalken, der; *Subst.*, ⇨ **Bildlaufleiste**.

Roll-Leiste, die; *Subst.*, ⇨ **Bildlaufleiste**.

ROM, das; *Subst.*, Abkürzung für **R**ead **O**nly **M**emory, dt. Nur-Lese-Speicher, ist ein Speicher, der nicht beschrieben, sondern dessen Inhalt nur ausgelesen werden kann.

root ⇨ **Wurzelverzeichnis**.

Rootkit [sprich „ruht kit"], das; *Subst.*, dt. „Administratorenbaukasten", der Name leitet sich von der Bezeichnung root für Administratoren in Unix-Systemen ab. In den Anfangszeiten wurde darunter vor allem (1.) ein Satz an Programmen verstanden, die zur Fernsteuerung eines Systems installiert wurden. In der PC-Welt wird der Begriff Rootkit (2.) für eine seit über 20 Jahren bekannte Art von Schadprogrammen verwendet, die das Betriebssystem infizieren und sich teilweise in dessen Kern verstecken. Es wird unterschieden zwischen **User-Mode-Rootkits** und **Kernel-Mode-Rootkits**, wobei Kernel-Mode-Rootkits auf der untersten Ebene des Betriebssystems im Kern (Kernel) laufen und User-Mode-Rootkits wie alle anderen installierten Programme auch ausgeführt werden.

rose, dt. Rose, ⇨ @.

Rotated Grid Anti-Aliasing, abgekürzt **RGAA**, ist ein Verfahren zum ⇨ **Anti-Aliasing**.

Routenplaner, der; *Subst.*, ist eine Anwendung zur Planung von Fahrtrouten, die es für Autos, Fahrräder, Flugzeuge und LKWs (Speditionen) gibt. In Verbindung mit einem Notebook oder PDA und einem ⇨ **GPS**-Modul oder angeschlossenen GPS lässt sich mit einigen Routenplanern ein Navigationssystem herstellen. Andere Routenplaner liefern nur eine Liste der Wegstrecke.

Router [sprich „ruhter"], der; *Subst.*, ist ein Gerät oder eine ⇨ **Software**, das bzw. die ankommende Datenpakete eines Netzwerks über deren Zieladresse zum Empfänger weiterleitet. An einen Router lassen sich mehrere Rechner per Ethernet-Kabel anschließen und im Fall eines ⇨ **WLAN**-Routers auch per Funknetz anbinden.

RPC, Abkürzung von **R**emote **P**rocedure **C**all, ein Protokoll, mit dem ein Programm auf einem entfernten Rechner Funktionen eines lokalen Programms benutzen kann. Das RPC ist für die Fernwartung entwickelt worden. Sicherheitslücken in diesem Protokoll sind bereits mehrfach von Virenprogrammen, die über das Internet Zugriff auf PCs erlangt haben, ausgenutzt worden.

RS1, Abkürzung für **Redstone 1**, Code-Bezeichnung der Version 1607 von Windows 10, die im August 2016 erschien.

RS2, Abkürzung für **Redstone 2**, Code-Bezeichnung der Version 1703 von Windows 10, die im April 2017 erschien.

RS-232-C ist eine ⇨ **Schnittstelle** für die serielle Datenübertragung. Die amerikanische Industrienorm für serielle Schnittstellen. V.24 legt deren funktionale, V.28 deren elektrische Eigenschaften fest.

RS4, Abkürzung für **Redstone 4**, Code-Bezeichnung des für Frühjahr 2018 erwarteten Updates von Windows 10.

RS-485 ist eine Industrie-⇨ **Bus**-Schnittstelle, wobei der Bus mit 2- oder 4-Draht-Leitungen aufgebaut werden kann. Die Kabellänge beträgt laut ⇨ **ISO**-Norm 8482 maximal 500 m. Mit entsprechend hochwertigen Kabeln sind jedoch in der Praxis auch Entfernungen bis zu 1,2 km bei einer Datenübertragungsrate von bis zu 1 MBit/s realisierbar.

RSS, Abkürzung für **R**eally **S**imple **S**yndication, **R**ich **S**ite **S**ummary oder **RTF S**ite **S**ummary, ist ein plattformunabhängiges, auf ⇨ **XML** basierendes Austauschformat, das schon 1997 von der Firma UserLand eingesetzt und ab 1999 von Netscape weiterentwickelt wurde. Es findet derzeit in den Versionen 0.90 bis 0.94, 1.0 und 2.0 Verwendung, wobei die Versionen unterschiedliche ⇨ **Features** anbieten. Da RSS auf Design- und Layoutelemente verzichtet, lassen sich die Seiten bzw. Dokumente schneller herunterladen und auf Änderungen prüfen. Eine Auswertung der Inhalte durch Scripts in ⇨ **ASP**, ⇨ **PHP** oder einer anderen ⇨ **Scriptsprache** ist möglich; Informationen zu RSS und ⇨ **RSS-Readern**; http://rss-verzeichnis.de/was-ist-rss.php.

RSS-Feed [sprich „er es es fieht"], das; *Subst.*, oder **Newsfeed** ist ein Nachrichtenangebot im Format ⇨ **RSS**. Solche Angebote sind auf Webseiten durch einen orangenen ⇨ **Button** mit der Beschriftung RSS oder XML gekennzeichnet. Zum Lesen benötigen Sie einen ⇨ **RSS-Reader**. RSS-Feeds haben die ⇨ **Dateiendung** .rdf, .rss oder .xml. Eine Übersicht von RSS-Feeds finden Sie bei http://rss-scout.de/.

RSS-Reader [sprich „er es es riehder"], der; *Subst.*, ist ein Programm zum Lesen und Auswerten von Dokumenten im Format ⇨ **RSS**, also meist von ⇨ **Newsfeeds**. Eine Übersicht von RSS-Readern finden Sie unter http://rss-verzeichnis.de/rss-reader.php.

RT ist eine bei ⇨ **Twitter** gebräuchliche Abkürzung für ⇨ **Retweet**,

Rückschritt-Taste R

also die Weitergabe eines ➪ **Tweets** an die eigenen ➪ **Follower**, und wird Retweets vorangestellt.

RTC ist (1.) die Abkürzung für **R**eal **T**ime **C**lock [sprich „riehl teim klock"], also Echtzeituhr oder (2.) der RTC-Uhrenbaustein auf dem ➪ **Mainboard**, kann aber auch (3.) die Bedeutung von **R**eal **T**ime **C**omputer (Computersystem mit Echtzeitverarbeitung), (4.) **R**eal **T**ime **C**ontrol (Steuerung in Echtzeit) oder (5.) **R**eturn **t**o **C**ontrol, also die Wiederaufnahme der Steuerung, haben.

RTF, Abkürzung für **R**ich **T**ext **F**ormat, ist eine ➪ **Dateinamenerweiterung** und ein Dateiformat zum Datenaustausch von Text mit Formatierungen. Es ist das Grundformat für Hilfe-Dokumente unter Windows.

RTFM, Abkürzung für **r**ead **t**he **f**ucking **m**anual, engl. etwa „Lies das verdammte Handbuch", ist ein ➪ **Akronym**, das in ➪ **FAQs** und ➪ **Foren** gebräuchlich ist.

RTHX, Abkürzung für das engl. „thanks for the Retweet", [sprich „sänks for tse ritwieht"] bei ➪ **Twitter** zum Bedanken für die Weitergabe eines Tweets verwendet; ➪ **Retweet**.

RTOS, das; *Subst.*, Abkürzung für **R**eal **T**ime **O**perating **S**ystem, also ein ➪ **Echtzeit**-Betriebssystem.

RTS, Abkürzung für **R**equest **T**o **S**end, dt. Sendeanfrage, ist eine Steuerleitung der seriellen Schnittstelle, die für die ➪ **Flusskontrolle** benötigt wird. Ein PC sendet beispielsweise einem angeschlossenen Modem ein Signal, wenn er Daten senden möchte (Hardware-Handshake).

Ruby on Rails, OpenSource-Entwicklungsumgebung mit der ➪ **Twitter** erstellt wurde und auf der es basiert. Mehr zu Ruby on Rails erfahren Sie auf der Webseite des Projekts: http://rubyonrails.org/.

Rückschritt, die; *Subst.*, ist (1.) eine Bewegung des ➪ **Cursors** um ein Zeichen nach links, wobei das dort befindliche Zeichen gelöscht wird. Am Anfang einer Zeile wird der Cursor um eine Zeile nach oben bewegt. Der Rückschritt wird in der ➪ **Eingabeaufforderung** durch die Tastenkombination [Strg]+[H] bzw. ➪ ^H, die ➪ **Pfeiltaste** nach links oder die ➪ **Rückschritt-Taste** bewirkt. Bei Windows und Windows-Anwendungen ist die Tastenkombination [Strg]+[H] dagegen meist anderweitig belegt. Hier erfolgt der Rückschritt daher ausschließlich über die ➪ **Pfeiltaste** nach links oder die ➪ **Rückschritt-Taste**.

Rückschritt-Taste [←], die; *Subst.*, oder **Backspace-Taste** bewegt

R Rückwärtssuche

den ⇨ **Cursor** um ein Zeichen nach links und löscht das dort befindliche Zeichen. Am Anfang einer Zeile wird der Cursor um eine Zeile nach oben bewegt.

Rückwärtssuche 🔊, die; *Subst.*, ist eine Funktion einer Telefon-CD oder eines Online-Telefon-Verzeichnisses, über die sich zu einer bekannten Telefonnummer die abgespeicherte Adresse heraussuchen lässt. Die Rückwärtssuche war in Deutschland bis zum Jahr 2003 aus Datenschutzgründen verboten, ist mittlerweile aber zulässig. Daher ist sie in Online-Adressbüchern vorhanden. Auch die Telefonauskunftsdienste liefern auf Wunsch zu einer Telefonnummer die Adresse. Wer dies als Telefonteilnehmer nicht möchte, kann die Rückwärtssuche für seine Telefonnummer bei seinem Telefonanbieter sperren lassen.

Rufnummernbeschränkung 🔊, die; *Subst.*, ist ein Schutz gegen das versehentliche und/oder missbräuchliche (zum Beispiel ⇨ **Dialer**) Wählen bestimmter Nummern oder Rufnummerngruppen. So lässt sich eine Rufnummernbeschränkung zum Beispiel auf Ortsgespräche oder nationale Gespräche vornehmen oder auf alle Nummern außer Mehrwertedienstenummern wie 0900.

Rufnummernsperre 🔊, die; *Subst.*, ist ein Schutz gegen das versehentliche und/oder missbräuchliche Wählen bestimmter Nummern oder Rufnummerngruppen (zum Beispiel durch ⇨ **Dialer**). Über eine Rufnummernsperre lassen sich zum Beispiel 0900-Rufnummern sperren.

Rufumleitung 🔊, die; *Subst.*, bedeutet das Weiterleiten eingehender Telefonanrufe zu einem anderen Anschluss. Das kann zum Beispiel über den PC erfolgen, wenn dieser als Anrufbeantworter genutzt wird.

ruler, dt. Lineal, ⇨ **Zeilenlineal**.

RxD, Abkürzung für **R**eceive **D**ata, ist eine Datenleitung zwischen Modem und PC für die Empfangsdaten.

S

S0 ist ein ISDN-Anschluss mit einem ⇨ **D-** und zwei ⇨ **B-Kanälen**.

SA, Abkürzung für **S**mart **A**ntenna, dt. **S**mart **A**ntenne ⇨ **Adaptive Antenne**.

SaaS, Abkürzung für (1.) **S**oftware **a**s **a S**ervice, laut Marketing-Unterlagen von Microsoft aber eigentlich (2.) **S**oftware plus (**a**nd **a**) **S**ervice, (3.) **S**torage **a**s **a S**ervice oder (4.) **S**ecurity **a**s **a S**ervice.

SACD oder **SA-CD**, die; *Subst.*, Abkürzung für **S**uper **A**udio **C**ompact **D**isc, soll seit 1999 die Audio-CD (⇨ **CD-DA**) ablösen, wobei der SACD das bislang nicht gelungen ist, obwohl die dafür erforderlichen Player mittlerweile ab rund 200 € angeboten werden. Die Vorteile gegenüber der Audio-CD sind die höhere digitale Auflösung und der Mehrkanalton ohne Datenreduktion. Dafür lässt sich eine SACD aber bislang nicht in einem DVD-Player oder Audio-CD-Player abspielen, zum Beispiel dem im Autoradio. Zudem gibt es mit der ⇨ **DVD-Audio** noch ein Konkurrenzformat und die Preise für die SACD-Alben sind teilweise mit rund 50 € sehr hoch.

SAF, Abkürzung für **S**pouse **A**cceptance **F**actor, dt. „Partner-Akzeptanz-Faktor", geschlechtsneutrale Variante von ⇨ **WAF**.

Safari, Bezeichnung des ⇨ **Browsers** der Firma ⇨ **Apple**, der für die ⇨ **Betriebssysteme** ⇨ **iOS**, Mac OS X und Windows verfügbar ist, allerdings für Windows nicht weiterentwickelt wird. In Deutschland hat Safari einen Marktanteil von 20,3 % (Stand November 2017, Quelle: https://www.browser-statistik.de/) und ist damit auf Platz 3 hinter Firefox (23,2 %) und Chrome (35,6 %). Der relativ hohe Marktanteil kommt hauptsächlich von den Nutzern von ⇨ **iPhone** und ⇨ **iPad**, die das Internet stark nutzen.

Safer Internet Day [sprich „säifer internet däi"], der; *Subst.*, ist ein aus einer Initiative der Europäischen Union entstandener Aktionstag, der jedes Jahr seit 2004 am 2. Dienstag im Februar unter Mitwirkung zahlreicher Organisationen europaweit in 40 Ländern durchgeführt wird. Daran beteiligt ist das europäische Netzwerk der EU mit der Bezeichnung INSAFE. In Deutschland koordiniert das klicksafe Projektbüro die Aktionen; Informationen von klicksafe: http://www.klicksafe.de/ueber-klicksafe, Webseite zum Safer Internet Day: https://www.saferinternetday.org/.

sample rate [sprich „sämpel räit"] ⇨ **Abtastrate**.

Samples [sprich „sämpels"] sind digitale Aufnahmen realer Instru-

S Sampling

mente oder Stimmen, wie sie in einer ⇨ **Wavetable** Verwendung finden (⇨ **Soundkarte**, ⇨ **MIDI**).

Sampling [sprich „sämpling"], das; *Subst.*, Umsetzen analoger akustischer Signale in digitale Daten. Die Tätigkeit wird auch als „Sampeln" bezeichnet.

SAN, Abkürzung für **S**torage **A**rea **N**etwork.

Sandbox [sprich „sändbocks"], die; *Subst.*, ist eine geschützte Umgebung auf einem ⇨ **PC**, zum Beispiel einem virtuellen PC, in der Sie gefahrlos neue Programme und Änderungen am System ausprobieren können. Am Ende einer Sitzung gehen alle Änderungen verloren, sofern Sie diese nicht vor dem Beenden abspeichern.

Sanduhr, die; *Subst.*, ist eine Erscheinungsform des ⇨ **Cursors**, die bei einem laufenden Prozess von ⇨ **Windows** oder Windows-Anwendungen erscheint, wenn deren Ende abgewartet werden muss, bevor weitergearbeitet werden kann. Die Form des Cursors kann bei Windows verändert werden und dann völlig anders aussehen. Es gibt bei anderen Betriebssystemen eine vergleichbare Anzeige, so etwa beim ⇨ **Apple** Macintosh ein Uhrensymbol.

SAR, Abkürzung für **S**pezifische **A**bsorptions**r**ate, ist ein Maß für die Absorption elektromagnetischer Felder im Gewebe des Menschen oder auch anderer Lebewesen und wird hauptsächlich bei ⇨ **Mobiltelefonen** angegeben. Elektromagnetische Felder führen zu einer Erwärmung des Gewebes, wobei die „warmen Ohren" bei längeren Telefonaten mit Mobiltelefonen nicht darauf, sondern auf eine Erwärmung des Akkus zurückzuführen sind. Wissenschaftler bringen die elektromagnetischen Felder durch Sendemasten und die Antennen der Mobilfunktelefone jedoch in Verbindung mit einem empirisch ermittelten, erhöhten Aufkommen von Hirntumoren bei bestimmten Berufs- und Personengruppen.

Eine negative Auswirkung der „Handystrahlung" auf die Gesundheit wird dagegen von anderen Wissenschaftlern und der Industrie bestritten. Zur Sicherheit sollte beim Kauf eines Mobiltelefons auf einen niedrigen SAR-Wert geachtet werden, bei dessen Messung sich die Hersteller an die europäische Norm EN 50361 zu halten haben, sodass eine Vergleichbarkeit gewährleistet ist. Übliche Werte liegen bei 0,10 bis 1,00 W/kg, die empfohlene Obergrenze bei 2,0 W/kg. Mit dem blauen Engel ausgezeichnete Mobiltelefone haben einen SAR-Wert von maximal 0,6 W/kg, die Arbeitsschutznorm ➪ **TCO01** Mobile Phone erlaubt 0,8 W/kg. Die meisten Mobiltelefone auf dem Markt, darunter auch das iPhone ab der 2. Generation, überschreiten jedoch die Grenzwerte von blauer Engel und TCO01 beträchtlich. Der angegebene SAR-Wert wird allerdings auch bei maximaler Sendeleistung gemessen, liegt durchschnittlich also deutlich niedriger. Durch Verwendung einer Freisprecheinrichtung im Auto oder eines ➪ **Bluetooth**-Headsets kann die direkte Einwirkung der elektromagnetischen Felder auf den Kopf weiter verringert werden; SAR-Werte der von der deutschen Telekom vertriebenen Mobiltelefone unter: http://bit.ly/xecAjp, PDF-Datei „Krank durch Handystrahlung" des WDR www.wdr.de/tv/applications/fernsehen/wissen/quarks/pdf/Q_Handy.pdf, Wikipedia https://de.wikipedia.org/wiki/Spezifische_Absorptionsrate.

SAS, Abkürzung für **S**erial-**A**ttached-**S**CSI.

Sasser ist ein ➪ **Wurm**.

SATA ➪ **Serial ATA**.

SATA-150, SATA I, Serial ATA 1.5 Gbit/s, 1. Norm von ➪ **Serial ATA** mit ➪ **Datentransferraten** von bis zu 150 MB/s.

SATA-300, SATA II, SATA Revision 2.x oder **SATA 3.0 Gbit/s**, sind Bezeichnungen für die im Jahr 2005 eingeführte 2. Norm von ➪ **Serial ATA** mit ➪ **Datentransferraten** von bis zu 300 MB/s. SATA Revision 2.x unterstützt optional ➪ **eSATA**, ➪ **HotSwap**, ➪ **NCQ**, ➪ **Port Multiplier**, ➪ **Port Selector**, ➪ **Staggered Spinup** und ➪ **xSATA**. Es gibt einige ➪ **Festplatten**, bei denen beim Anschluss an SATA-300 ein geringer Geschwindigkeitsvorteil für das PC-System zu erzielen ist. Empfehlenswert zum Anschluss an SATA-300 ist jedoch eine ➪ **SSD**.

SATA-600, SATA III, SATA Revision 3.x oder **SATA 6.0 Gbit/s**, sind Bezeichnungen für die im Jahr 2009 fertiggestellte 3. Norm von ➪ **Serial ATA** mit ➪ **Datentransferraten** von bis zu 600 MB/s. Entsprechende Anschlüsse auf Hauptplatinen sind an der grauen Buchse zu erkennen, im Unterschied zu den blauen Buchsen für ➪ **SATA-300**. Zwar lassen sich Festplatten anschließen, da SATA-600 abwärtskompatibel ist, doch ein Geschwindigkeitsvorteil gegenüber SATA-300 wird nur zusammen mit einer SATA III SSD erreicht.

SATA Express 8 Gbit/s und **16 GBit/s**, das im August 2013 fertiggestellte SATA 3.2 für neuere, sehr leistungsstarke ➪ **SSD**, die eine höhere ➪ **Datentransferrate** benötigen, als **SATA 6.0 Gbit/s** bereitstellen kann.

S Satellit

Satellit, der; *Subst.*, ist (1.) ein künstlicher Himmelskörper, der die Erde umkreist und in seiner Umlaufbahn verschiedene Aufgaben erfüllt. Für die Informations- und Telekommunikationstechnologie sind vor allem die Kommunikationssatelliten für die Datenübertragung, die Übertragung von Fernsehsignalen und die Satelliten für das ⇨ **GPS**-System wichtig. Es werden aber (2.) auch die kleinen Lautsprecherboxen für die hohen und mittleren Töne in Raumklangsystemen als Satelliten bezeichnet (⇨ **Subwoofer**, ⇨ **Heimkinoton** und ⇨ **Dolby Digital**).

Satoshi [sprich „satoschi"], der; *Subst.*, kleinste Einheit der ⇨ **Kryptowährung** ⇨ **Bitcoin**, vergleichbar einem Cent der Währung Euro.

Satoshi Nakamoto, Pseudonym des Erfinders oder der Entwicklergruppe der ⇨**Kryptowährung** ⇨**Bitcoin**. Die Identität wurde bis heute nicht ermittelt.

Satzdatei, die; *Subst.*, alternative Ausgabe eines ⇨ **DTP**-Programms, wenn die gesetzten Seiten nicht direkt gedruckt, sondern an einen Belichter zum Verfilmen oder eine Druckerei zum Belichten und Drucken übergeben werden sollen.

saugen, *Verb*, ist ein umgangssprachlicher Ausdruck für ⇨ **Download** und wird meist verwendet, wenn der Download in großem Umfang erfolgt, wie es etwa beim Herunterladen von MP3-Dateien oder Videos über Filesharing der Fall ist.

SBC ⇨ **Single Board Computer**.

SBR, Abkürzung für **S**pectral **B**and **R**eplication, ist eine von Coding Technologies entwickelte Technologie, die mit einem Audio-Codec kombiniert dessen Effizienz nach Angaben des Entwicklers verdoppeln kann, wobei die Kompatibilität erhalten bleiben soll. Aus der Kombination von ⇨ **MP3** und SBR entstand MP3pro. Die Kombination von SBR und ⇨ **AAC** führte zu ⇨ **aacPlus**.

SCA, Abkürzung für **S**ingle **Co**nnector **A**ttachement, ist ein 80-poliger ⇨ **SCSI**-Anschluss mit der Besonderheit, dass Stromversorgung und Datenübertragung über einen Stecker erfolgen. Daher wird bei einem PC zum Anschluss einer SCSI-Festplatte mit SCA ein ⇨ **Adapter** benötigt, der Stromversorgung und Datenkabel für den SCA vereint.

Scam [sprich „skäm"], der; *Subst.*, ist eine Form von Betrug, der meist im Internet stattfindet. Die derzeit wohl häufigste Form ist der ⇨ **Phishing**-Scam, bei dem mit Hilfe von gefälschten E-Mail-Nachrichten und einer gefälschten Anmeldeseite eines Geldinstituts, eines Online-Shops oder eines Internet-Dienstes

Schadprogramme

versucht wird, an die Anmeldedaten der Kunden dieser Unternehmen zu gelangen.

Scammer [sprich „skämmer"], der; *Subst.*, ist ein Internet-Betrüger. Dabei treten derzeit vor allem Scammer aus Osteuropa und insbesondere Russland auf, die sich als junge, gutaussehende Frauen auf Partnersuche ausgeben (Romance Scammer). Es gibt jedoch viele Arten von Betrug im Internet, meist werden nicht vorhandene Waren zu besonders günstigen Preisen angeboten, um dann einen Vorschussbetrug zu begehen.

Das ist vor allem von Autoangeboten und bei eBay angebotenen Waren bekannt, kann jedoch auch in anderen Märkten auftreten, wie beispielsweise als Angebot nicht vorhandener Tiere in einem Forum für Terraristik. Daneben gibt es seit Jahren die Angebote der ⇨ **Nigeria-Connection**, bei denen man angeblich eine große Erbschaft oder großzügige Provision zu erwarten hat und dafür zuvor fällige Gebühren oder einen Investitionsbetrag entrichten soll.

SCANDISK [sprich „skändisk"] ist eine Windows-Anwendung, mit der eine Festplatte auf logische und physikalische Fehler überprüft werden kann.

Scanner [sprich „skänner"], der; *Subst.*, ist ein Gerät, mit dem Texte und Bilder in den Computer eingelesen werden. Gängig sind ⇨ **Flachbettscanner,** ⇨ **Handscanner,** ⇨ **Einzugscanner** und Trommelscanner. Es werden aber (2.) auch Maschinen zur Produktion von ⇨ **Wafern** als Scanner bezeichnet.

Scareware [sprich „skährwähr"], die; *Subst.*, ein Kunstwort aus dem englischen Wort scare, dt. Schrecken, und ⇨ **Software**; ist ein Oberbegriff für verschiedene ⇨ **Anwendungen**, die den Benutzer verunsichern oder ängstigen, um diesen zum Kauf eines angeblichen ⇨ **Antivirenprogramms** zu nötigen.

Im Internet werden kostenlos Hunderte von Programmen angeboten, deren Namen denen von bekannten Sicherheitsprogrammen ähneln. Installiert ein Anwender diese Programme, zeigen diese falsche Virenmeldungen an und fordern ihn zum Kauf eines Programms auf, das den Virus angeblich beseitigen soll.

Eine Abwandlung davon sind ⇨ **Werbebanner**, die wie eine Virenmeldung aussehen und den Benutzer zu einer ⇨ **Webseite** leiten, wo er dann ein angebliches Antivirenprogramm angeboten bekommt. Eine andere Bezeichnung für solche Programme ist ⇨ **Rogue-Software** oder ⇨ **Rogueware**.

Schadprogramme, englisch **Malware**, Oberbegriff für ⇨ **Computerviren,** ⇨ **Spyware,** ⇨ **Trojani-**

S Schärfe

sche Pferde, ⇨ Würmer und alle weiteren schädlichen Programme.

Schärfe, die; *Subst.*, ist eine andere Bezeichnung für ⇨ **Auflösung**.

Schaltfläche, die; *Subst.*, engl. button, grafische Darstellung einer ⇨ **Taste** in einer ⇨ **Anwendung** oder einem ⇨ **Betriebssystem** mit grafischer Oberfläche. Eine solche virtuelle Taste kann durch Anklicken oder eine Tastenkombination „gedrückt" werden. Es wird dann die mit der Schaltfläche verknüpfte Aktion ausgeführt.

Schichtenmodell, das; *Subst.*, ist ein ⇨ **ISO**-Standard, der den Aufbau jeglicher Datenkommunikation in sieben ⇨ **Layern** beschreibt.

Schieber, der; *Subst.*, bezeichnet den bei ⇨ **3,5-Zoll-Disketten** vorhandenen Schutz des Speichermediums vor Staub und anderen Verunreinigungen. Der rechteckige Schieber mit einer ovalen, eingestanzten Öffnung in Größe der ⇨ **Schreiböffnung** verdeckt diese, wenn die Diskette nicht im Laufwerk eingelegt ist. Die Öffnung im Schieber liegt dann über der Kunststoffhülle der Diskette.

Der Schieber wird beim Einlegen in das Diskettenlaufwerk zur Seite geschoben, sodass seine Öffnung über der Schreiböffnung liegt und der ⇨ **Schreib-/Lesekopf** auf die magnetische Schicht des Speichermediums zugreifen kann. Durch eine Feder wird der Schieber nach Gebrauch wieder zurückgezogen und verschließt die Schreiböffnung.

Schieberegister, das; *Subst.*, engl. shift register, ist ein ⇨ **Register**, dessen Inhalt nach links oder rechts um eine oder mehrere Stellen verschoben werden kann (**shiften**). Schieberegister haben bei der maschinennahen Programmierung eine große Bedeutung.

Schleife, die; *Subst.*, engl. loop, bezeichnet in der Programmierung eine wiederholte Ausführung von Programmanweisungen. Die Schleife kann in einer vorgegebenen Anzahl Schleifendurchläufe erfolgen oder bis eine vorgegebene Bedingung erfüllt ist (bedingter Abbruch).

Schlepptop, der; *Subst.*, scherzhafte umgangssprachliche Bezeichnung für ein ⇨ **Laptop**, das früher mehr wog als ein heutiger Desktop-PC. Der Ausdruck wird heute auch noch gelegentlich für ⇨ **Notebooks** verwendet, obwohl er bei dem heutigen, geringen Gewicht dieser Geräte nicht mehr angebracht ist.

schließen, *Verb*, bezeichnet entweder (1.) das Beenden einer Anwendung, (2.) das Schließen eines geöffneten Fensters oder (3.) einer geöffneten ⇨ **Datei** oder ⇨ **Datenbank** auf einem Datenträger. Unterbleibt das Schließen einer Datei zum Beispiel durch einen Programmfehler oder technischen Defekt, kann die Datei anschließend unter Umständen nicht mehr von der zugehörigen Anwendung geöffnet werden, oder es können Programmfehler auftreten, da das ⇨ **Dateiendezeichen** nicht an der richtigen Stelle ist. Dieser Fehler lässt sich mitunter durch das Öffnen der Datei mit einem ⇨ **Hexeditor** und anschließendes Schließen mit dem Hexeditor beheben.

Schließfeld, das; *Subst.*, engl. **close box**, ist ein Symbol, über das per Mausklick ein Fenster geschlossen werden kann. Bei Windows findet sich das Schließfeld als rechteckiges, rotes Symbol mit einem weißen Kreuz darin in der rechten oberen Ecke eines aktiven Fensters, bei inaktiven Fenstern hat das Symbol die Hintergrundfarbe oder ist grau.

Schlüssel, der; *Subst.*, engl. **key**, ist (1.) ein Ordnungsbegriff zum Auffinden von Informationen in einer Datenbank, (2.) die Bezeichnung für eine Zeichenfolge, die zum ⇨ **Freischalten** eines kopiergeschützten Programms verwendet wird, ein (3.) kryptografischer Schlüssel; siehe ⇨ **öffentlicher Schlüssel**, ⇨ **persönlicher Schlüssel**, ⇨ **Seed Key**.

Schlüsselgenerator, der; *Subst.*, engl. key generator, ist ein illegales Tool, das den ⇨ **Aktivierungscode** eines Programms angibt, sodass es sich auf mehreren Rechnern installieren lässt. Solche Schlüsselgeneratoren werden im Internet für viele bekannte Programme angeboten.

Ein solches Umgehen des ⇨ **Kopierschutzes** durch eine Seriennummer ist aber nach dem neuen Urheberrecht als illegal anzusehen, und die Software bleibt somit eine unlizenzierte ⇨ **Raubkopie**, deren Nutzung zivil- und strafrechtliche Folgen nach sich ziehen kann; ⇨ **Seriennummer-Generator**, ⇨ **WareZ**.

Schneckenpost, die; *Subst.*, engl. **snail mail**, ist eine im Internet und früher in Mailbox-Kreisen übliche Verballhornung der „gelben Post", die zur Zustellung der Briefe (mindestens) einen Tag benötigt, während sich elektronische Nachrichten sekundenschnell verschicken lassen.

Schnittstelle, die; *Subst.*, engl. **Interface**, ist (1.) eine Anschlussmöglichkeit für Peripheriegeräte oder (2.) eine Programmierschnittstelle für die Übergabe von Daten an ein Programm.

Schnüffelsoftware ⇨ **Spyware**.

Schrägstrich (/), der; *Subst.*, engl. **slash**, wird (1.) zur Trennung bei ⇨ **URLs**, (2.) bei ⇨ **UNIX**/⇨ **LINUX** zur Trennung

Schreib-/Lese-Kopf

von Verzeichnissen und Dateien in Pfadangaben, (3.) zu Beginn eines ⇨ **Parameters** zu einem DOS-Befehl (⇨ **/?**) und (4.) bei ⇨ **Chats** zu Beginn eines Befehls angegeben.

Schreib-/Lese-Kopf, der; *Subst.*, ist ein Teil eines magnetischen ⇨ **Plattenlaufwerks** wie eines ⇨ **Diskettenlaufwerks** oder einer ⇨ **Festplatte** und wird zum Schreiben bzw. Lesen der Daten von bzw. auf die ⇨ **Platte** verwendet.

Schreibmarke, die; *Subst.*, ist eine andere Bezeichnung für ⇨ **Cursor**.

Schreiböffnung, die; *Subst.*, ovale Öffnung im ⇨ **Schutzgehäuse** (⇨ **3,5-Zoll-Disketten**) von Disketten, über die der ⇨ **Schreib-/Lesekopf** auf die magnetische Schicht des Speichermediums zugreifen kann. Die Schreiböffnung ist bei 3,5-Zoll-Disketten und magneto-optischen Medien durch einen ⇨ **Schieber** vor Verschmutzung geschützt.

Schreibschutz, der; *Subst.*, ist (1.) eine mechanische Vorrichtung, die das versehentliche Überschreiben der Daten auf einem ⇨ **Speichermedium** verhindern soll. Dazu haben ⇨ **Disketten** eine ⇨ **Schreibschutzöffnung**, die mit einem Aufkleber oder einem kleinen Schieber (⇨ **Schreibschutzschieber**) verschlossen bzw. wieder geöffnet werden kann. Ein solcher Schreibschutz wird auch bei ⇨ **Speicherkarten** und ⇨ **USB-Sticks** über Aufkleber oder kleine Schieber realisiert. Es gibt aber auch (2.) per Software realisierten Schreibschutz, etwa durch das ⇨ **Dateiattribut** ⇨ **Read-only**.

Schreibschutzöffnung, die; *Subst.*, ist bei ⇨ **3,5-Zoll-Disketten** ein rechteckiges Fenster über das sich die Daten auf einer Diskette vor dem Überschreiben schützen lassen. Dazu wird ein ⇨ **Schreibschutzschieber** betätigt.

Schreibschutzschieber, der; *Subst.*, ist ein kleiner rechteckiger Schieber aus Kunststoff, mit dem die Schreibschutzöffnung verdeckt oder geöffnet werden kann, um die Daten auf der Diskette vor dem Überschreiben zu schützen oder den Schreibschutz aufzuheben.

Schusterjunge, der; *Subst.*, oder **Waisenkind** ist ein Fachbegriff aus dem ⇨ **Desktop Publishing** für eine Überschrift oder erste Zeile eines Absatzes, die ganz allein am Ende einer Seite steht; ⇨ **Hurenkind**.

Schutzgehäuse, das; *Subst.*, Kunststoffummantelung eines magnetischen Speichermediums, wie sie etwa bei ⇨ **3,5-Zoll-Disketten** Verwendung findet.

Schutzhülle, die; *Subst.*, bezeichnet die Papierhülle, in die CDs oder DVDs zum Schutz gesteckt werden. Ist der Schutz nicht flexibel, wird vom ⇨ **Schutzgehäuse** gesprochen.

Schwallbad, das; *Subst.*, ist ein Bad aus flüssigem ⇨ **Lötzinn** über das Leiterplatten zum ⇨ **Löten** geführt werden.

Screen [sprich „skrien"] ⇨ **Bildschirm**.

Screendump [sprich „skriendamp"], der; *Subst.*, Ausgabe des Bildschirminhalts in einer Datei oder auf den Drucker als ⇨ **Bildschirmkopie**.

Screenreader [sprich „skrien riehder"], der; *Subst.*, ist ein Programm, das den Inhalt des Bildschirms, einer E-Mail oder eines anderen Textdokuments vorliest. Ein Screenreader ist für sehbehinderte und blinde Menschen eine große Hilfe und zur Vorbereitung für Redner, zum Lernen oder für parallele Arbeiten einsetzbar.

Screensaver [sprich „skrien säifer"], der; *Subst.*, ⇨ **Bildschirmschoner**.

Screen Scraping [sprich „skrien skräping"], das; *Subst.*, dt. wörtlich „Bildschirm abschaben/abkratzen", bezeichnet die Analyse von Webseiten über deren ⇨ **HTML**-Programmcode; ⇨ **Webservices**.

Screenshot [sprich „skrien schott"], der; *Subst.*, ⇨ **Bildschirmkopie**.

Screenshot-Funktion [sprich „skrien schott funktion"], die; *Subst.*, bezeichnet bei einer TV-Karten- oder Videoschnitt-Software die Möglichkeit zum Anfertigen von ⇨ **Bildschirmkopien** einzelner Bilder aus einem Film per Mausklick.

Scriptsprache, die; *Subst.*, ist eine ⇨ **Programmiersprache** für Programme, die in HTML-Seiten eingebunden werden; ⇨ **JavaScript**.

scroll arrow [sprich „skroll ärouw"] ⇨ **Bildlaufpfeil**.

scroll bar, auch **scrollbar** [sprich „skroll bahr"] ⇨ **Bildlaufleiste**.

scroll down [sprich „skroll daun"], dt. zurückrollen.

scrollen [sprich „skrollen"], *Verb*, ist eine andere Bezeichnung für das Blättern durch Dokumente oder Webseiten.

Scroll Lock [sprich „skroll lock"], englische Bezeichnung für die Taste [Rollen].

S Scrollrad

Scrollrad [sprich „skrollrad"] ⇨ **Mausrad**.

SCSI [sprich „skasi"], Abkürzung für **S**mall **C**omputer **S**ystem **I**nterface, ist ein Schnittstellenstandard für Peripheriegeräte, der nicht auf PCs beschränkt ist (zum Beispiel auch für Apple Macintosh). An SCSI-Schnittstellen können bis zu 7, bei Standard Wide-SCSI bis zu 15 verschiedene Geräte hintereinander angeschlossen werden.

SD-Card, SD Card, die; *Subst.*, ⇨ **Secure Digital Card**.

SD Card Association [sprich „es dieh kard ässosiäischen"], die; *Subst.*, ist ein Zusammenschluss der Firmen Matsushita (Panasonic), SanDisk und Toshiba. Sie hat den Standard ⇨ **SD-Card** und darauf basierende neue Formate wie ⇨ **miniSD-Card** und ⇨ **Transflash** entwickelt.

SDHC für **SD H**igh **C**apacity, auch als **SD 2.0** bezeichnet, ist eine verbesserte Version des ⇨ **Secure-Digital-Card**-Formats. Die maximale ⇨ **Speicherkapazität** beträgt 32 GB und beim Nachfolgeformat ⇨ **SDXC** theoretisch 2 TB. SDHC-Karten sind mit ⇨ **FAT32** formatiert. Funktioniert eine SD-Karte bei einem alten Gerät nicht, ist sie mit ⇨ **FAT16** zu formatieren, wobei dann maximal 2 GB der vorhandenen Speicherkapazität genutzt werden kann. Die Datenübertragungsgeschwindigkeit ist mit Klassen von 2, 4, 6 oder 10 angegeben, die einer Datenübertragungsrate von maximal 2, 4, 6 oder mindestens 10 MByte/s entsprechen. Eine leistungsstarke Digitalkamera oder Videokamera sollte dagegen heutzutage mit einer SDXC-Karte, Klasse 10 und einer Schreibgeschwindigkeit bis zu 95 MB/s ausgestattet werden, um ein schnelles Abspeichern und eine schnelle Serienbilderfolge zu gewährleisten.

SDK, Abkürzung für (1.) **S**oftware **D**evelopment **K**it, besteht aus einer Anleitung, Tools, Treibern und teilweise einer ganzen Entwicklungsumgebung, die der Hersteller einer ⇨ **Hardware** oder ⇨ **Software** Entwicklern oder ⇨ **OEM**-Partnern zur Verfügung stellt, damit diese eigene Lösungen entwickeln. Eine weitere Bedeutung ist (2.) **S**ystem **D**esign **K**it, ein Entwicklungspaket aus Software und Hardware, das zum Beispiel für neue Prozessoren oder andere Hardware verfügbar ist.

Hier muss eine spezielle Platine mitgeliefert werden, die zum Beispiel einen bisher nicht auf dem Markt verfügbaren ⇨ **Sockel** und ⇨ **Chipsatz** für den neuen Prozessor enthält. Solche SDKs sind nur in geringer Anzahl verfügbar, bei Hardware-Entwicklern heiß begehrt und werden zu relativ hohen Preisen verkauft, da der Hersteller einen Teil

SDXC

der Entwicklungskosten umlegt und die bei der geringen Stückzahl hohen Fertigungskosten berücksichtigt.

SDL, Abkürzung für (1.) **S**ecurity **D**evelopment **L**ifecycle, eine Bezeichnung von ⇨ **Microsoft** für „sicherer Entwicklungszyklus". Microsoft hat SDL im Jahr 2004 eingeführt, um die Sicherheit, den Datenschutz und die Zuverlässigkeit der entwickelten ⇨ **Software** zu verbessern. Eine weitere Bedeutung von SDL ist (2.) **S**imple **D**irectMedia **L**ayer, eine plattformübergreifende Multimedia-Bibliothek, in der Programmiersprache ⇨ **C** geschrieben, die frei als ⇨ **OpenSource** Software verfügbar ist. SDL ist (3.) auch ein ⇨ **Akronym** für **S**pecification and **D**escription **L**anguage, eine Spezifikationssprache.

SDRAM, das; *Subst.*, Abkürzung für **S**ynchronous **D**ynamic **RAM**, ist ein ⇨ **Arbeitsspeicher**, der als Nachfolge von ⇨ **EDO** etwa 1996 auf den Markt kam, mit bis zu 133 MHz getaktet wird und eine Zugriffszeit von 6 bis 12 ns hat. Es sind ⇨ **DIMM**-Module mit 168 Anschlüssen. Heute wird ⇨ **DDR-Speicher** verwendet, dessen Name nichts mit den neuen Bundesländern zu tun hat, sondern die Abkürzung von Double Data Rate SDRAM ist. Gebräuchlich ist DDR3-1600 (PC3-12800) mit einem Speichertakt von 200 MHz und einem im Vergleich zum ursprünglichen SDRAM effektiven Takt von 1.600 MHz. Leistungsstarke Rechner werden aber auch mit DDR4-2133 (PC4-17000, siehe Bild unten) mit einem Speichertakt von 266 MHz und einem effektiven Takt von 2.133 MHz ausgestattet bis hin zu DDR4-3200 (PC4-25600) mit einem Speichertakt von 400 MHz und einem effektiven Takt von 3.200 MHz.

DDR4-RAM HyperX FURY von Kingston, das mit einer Speicherkapazität von 16 GB bis 64 GB und Taktfrequenzen von 2.133 MHz, 2.400 MHz, 2.666 MHz, 2.800 MHz und 3.000 MHz angeboten wird (Bild: Kingston)

SDSL, Abkürzung für **S**ingle **D**igital **S**ubscriber **L**ine; ⇨ **HDSL**.

SDTV, Abkürzung für **S**tandard **Di**gital **Tele**vision, ist eine Norm für das digitale Standardfernsehen. Mit seiner Auflösung von 704 x 480 und 640 x 480 Pixeln in den Bildformaten 3:4 und 16:9 ist es qualitativ mit ⇨ **PAL** vergleichbar; siehe auch ⇨ **HDTV**.

SDXC, Abkürzung für **SD** e**X**tended **C**apacity, ist eine Spezifikation für ⇨ **Flash-Speicher**karten, die von der SD Association (SDA) zum

S SE

ersten Mal auf der CES (Consumer Electronic Show) im Januar 2009 in Las Vegas vorgestellt wurde. SDXC-Flash-Speicherkarten sollen eine ⇨ **Speicherkapazität** von bis zu 2 TB erreichen. Derzeit werden sie mit 48 GB, 64 GB und 128 GB angeboten, wobei der Preis für 128 GB bei rund 40 € beginnt. Die Zugriffsgeschwindigkeiten sollen zunächst 104 MBps und in einigen Jahren bis zu 300 MBps (Megabyte pro Sekunde) betragen. Bei den angebotenen SDXC-Karten der Klasse 10 wird jedoch maximal rund 100 MB/s für Lesen und Schreiben angegeben, günstige SDXC-Karten liegen auch mit 20 MB/s für Lesen und 15 MB/s für Schreiben weit darunter; ⇨ **SDHC**, ⇨ **Secure Digital Card**.

SE [sprich „es i"], die; *Subst.*, Abkürzung für **s**earch **e**ngine [sprich „sörtsch enschin"], dt. ⇨ **Suchmaschine**.

Searchjacking [sprich „sörtch dschäcking"], *Verb*, aus **search** und hi**jacking**, dt. Suche und Entführung, bezeichnet das Beeinflussen der Ergebnisse von Suchmaschinen, indem in die Metatags der eigenen Webseiten populäre Begriffe aufgenommen werden, die nichts mit dem Inhalt zu tun haben.

Secam, Abkürzung für **Sé**quentielle **c**ouleur **à m**émoire, ist eine in Frankreich und Osteuropa eingesetzte Fernsehnorm, die wie ⇨ **PAL** eine ⇨ **Auflösung** von 625 Zeilen hat.

Secoder, der; *Subst.*, ist ein Chipkartenleser für das ⇨ **Online-Banking** mit ⇨ **HBCI**, der vom Zentralen Kreditausschuss (ZKA) zertifiziert ist. Der Secoder ist durch eine Firewall vor Angriffen geschützt und hat ein Display und eine Tastatur zur Eingabe der ⇨ **PIN**. Der Anschluss erfolgt per ⇨ **USB**.

Secoder der Firma Reiner SCT mit eingesteckter Chipkarte, der zur Eingabe der PIN über die integrierte Tastatur auffordert (Bild: Reiner SCT)

Second Level Cache [sprich „seckend lewel käsch"], der; *Subst.*, ⇨ **Level-2-Cache**.

Secure Digital Card

Second-Level Domain [sprich „seckend lewel dohmäjn"], die; *Subst.*, ist hierarchisch unterhalb der ⇨ **Top-Level Domain** und bezeichnet umgangssprachlich den Teil einer ⇨ **Internet-Adresse** links von der ⇨ **TLD**; zum Beispiel bei www.computerwissen.de ist „de" die TLD und links daneben „computerwissen" die Second-Level Domain.

Secure Boot [sprich „sekjur buht"] ist ein Bestandteil von ⇨ **UEFI** und soll die Sicherheit erhöhen, indem nur Programmcode mit ⇨ **Signatur** gestartet wird. Microsoft verlangt bei der Installation von ⇨ **Windows 10**, ⇨ **Windows 8.1** und ⇨ **Windows 8** auf ⇨ **OEM**-Geräten, dass diese Funktion aktiviert ist, was die Sicherheit erhöht. Ein anderes Betriebssystem wie etwa ein älteres Windows oder ⇨ **Linux** kann jedoch bei aktiviertem Secure Boot nur installiert werden, wenn es eine Signatur aufweist und diese im UEFI eingetragen wurde. Ansonsten ist Secure Boot abzuschalten, was die Sicherheit des Systems verringert. Zum Eintragen der Signaturen durch den Benutzer ist daher bei UEFI ein Custom Mode vorgesehen. Microsoft hat bei Windows-Rechnern mit ⇨ **ARM**-Prozessor (⇨ **Smartphones**, ⇨ **Netbooks** und ⇨ **Tablets**) jedoch keinen Custom Mode vorgesehen und so wird sich dort ohne ⇨ **Jailbreak** kein anderes Betriebssystem wie etwa Linux installieren lassen. Secure Boot ist allerdings auch bei anderen Betriebssystemen und Herstellern üblich, so etwa bei ⇨ **Android** und Smartphones. Auch ⇨ **Apple** schützt ⇨ **iOS** gegen Manipulationen am ⇨ **Bootloader** und das Aufspielen anderer Betriebssysteme.

Secure Digital Card [sprich „sekjur ditschitäll kard"], die; *Subst.*, abgekürzt **SD Card**, ist eine digitale ⇨ **Speicherkarte**, die zu den Flash-Speichern, also zu den nicht flüchtigen Speichern gehört. Die SD Card hat die Maße 24 x 32 x 2,1 mm. Ein Schiebeschalter schützt vor dem Überschreiben, eine mechanische Sperre vor dem versehentlich, falschen Einlegen der Karte. Die Speicherkapazität reicht von 8 MB bis 2 GB, als ⇨ **SDHC** bis 32 GB und ⇨ **SDXC** bis 128 GB, angekündigt bis zu 2 TB.

SDXC-Karte, Class 10 von Lexar mit 128 GB (Bild: Lexar)

Die SD-Card (SD 1.0) mit 1 GB hat eine Datentransferrate von 20 MB/s, die Karten mit kleineren Speicherkapazitäten eine von 10 MB/s. Im Steuerschaltkreis ist

Secure Digital Music Initiativ

ein Kopierschutz für Audio nach den CPRM-Spezifikationen integriert, der ein bis zu dreimaliges Kopieren urheberrechtlich geschützter Titel ermöglicht. Die Zugriffsgeschwindigkeit auf SDXC beträgt bis zu 95 MB/s bei Schreiben und Lesen. Teilweise ist die Geschwindigkeit als Multiplikator zur SD 1.0 angegeben mit 400 x für 60 MB/s und 600 x für 90 MB/s.

Secure Digital Music Initiative ⇨ **SDMI**.

Secure Erase [sprich „sekjur iräis"] ist eine Bezeichnung für das sichere Löschen von Daten. Das funktioniert bei einer ⇨ **Festplatte** durch mehrfaches Überschreiben mit einem einheitlichen oder zufällig gewählten Wert und bei ⇨ **SSDs** gibt es dazu spezielle Löschfunktionen, die alle physischen Blöcke löschen oder bei Verschlüsselung möglicherweise auch nur den Schlüssel; ⇨ **Shredder** zum sicheren Löschen von Daten auf einer Festplatte: https://de.wikipedia.org/wiki/Eraser_(Software), Secure Erase einer SSD unter Linux: http://www.thomas-krenn.com/de/wiki/SSD_Secure_Erase.

Secure Sockets Layer [sprich „sekjur sockets läjer"], das; *Subst.*, abgekürzt ⇨ **SSL**, ist ein 1994 von der Firma Netscape zur Verbesserung der Sicherheit entwickeltes ⇨ **Protokoll** zum verschlüsselten Übertragen von Daten im Internet. Es wird bei der Verbindung zu Webseiten verwendet, deren Adressen mit https:// beginnen. Seit der Version SSL 3.0 wird das Protokoll unter dem neuen Namen **Transport Layer Security** (**TLS**) weiterentwickelt. Version 3.1 von SSL ist somit Version 1.0 von TLS. Alle aktuellen Browser beherrschen TLS, aber auch SSLv2 und SSLv3 zur Kompatibilität mit Webservern, die nur diese älteren Protokolle beherrschen. SSLv2 ist seit Bekanntwerden der Poodle-Sicherheitslücke bei aktuellen Browsern aus Sicherheitsgründen deaktiviert. Aber auch TLS schützt ohne Absicherung durch Zertifikate nicht vor Mann-in-der-Mitte-Angriffen. Zur Sicherheit sollte zudem bei der Verschlüsselung mit einer Schlüssellänge von mindestens 128 Bit gearbeitet werden, was heute allgemein üblich ist.

Security [sprich „sekjuriti"], engl. Sicherheit.

Security-Appliances, [sprich „sekjuriti äpleiensis"], die; *Subst.*, wörtlich übersetzt Sicherheits-Geräte, bezeichnen speziell für die Sicherheit entwickelte Geräte wie ⇨ **Next Generation Firewalls**.

Security Suite [sprich „sekjuriti swieht"], die; *Subst.*, ist ein Programmpaket zum Schutz des PCs, das nicht nur vor Schadprogrammen auf dem Rechner warnen soll, sondern auch vor unerwünschten

Programmen wie ⇨ **Spyware**, vor gefährlichen E-Mails und Webseiten bzw. Downloads aus dem Internet. Dazu ist eine ⇨ **Firewall** enthalten, die Hackerangriffe aus dem Internet abwehren soll. Einige Security Suites liefern zusätzlich noch ein Datensicherungsprogramm und eine Kindersicherung mit oder bieten einen besonderen Schutz bei ⇨ **Online-Banking** und ⇨ **Online-Shopping**.

Security Token [sprich „sekjuriti touken"], das; *Subst.*, ist ein ⇨**Token**, das rechtlich wie ein Wertpapier anzusehen ist und damit den finanzrechtlichen Regelungen unterliegt. Diese sehen unter anderem eine Prospektpflicht vor und einen Hinweis auf die mit der Transaktion verbundenen Risiken. Dazu gehört bei einer ⇨**Kryptowährung** die Gefahr des möglichen Totalverlustes des eingesetzten Kapitals. Es ist daher bei einem ⇨**ICO** wichtig, ob ein **Utility Token** und damit kein Wertpapier oder ein Security Token angeboten wird.

Seed Key, der; *Subst.*, dt. wörtlich Saatschlüssel, **Startwert**, ist ein Schlüssel, mit dem (1.) ein Zufallszahlengenerator initialisiert wird, damit er eine Folge von Zahlen produziert. Im Fall einer ⇨**Kryptowährung** sind die Bedingungen für den Zufallszahlengenerator so vorbestimmt, dass die Zahlenfolge festgelegt ist und ein Seed Key immer dieselbe Zahlenfolge liefert. (2.) Ein Seed Key wird in einem solchen deterministischen System dazu verwendet, um die in einem ⇨**Wallet** gespeicherten Schlüssel einer Kryptowährung wiederherzustellen. Er ist also eine Form der ⇨**Datensicherung**; ⇨**Paper-Wallet**, ⇨**Hardware-Wallet**, ⇨**privater Schlüssel**.

Segregated Witness [sprich „segregäitid witnes"], Abkürzung **SegWit**, ist eine Methode zum Erhöhen der Blockgröße bei der ⇨**Bitcoin-**⇨**Blockchain** von 1 MB auf 4 MB, da die bisherige Blockgröße durch die stark ansteigende Transaktionszahl bei Bitcoin nicht mehr ausreicht und die Transaktionsdauer dadurch immer länger wird. Zusätzlich ermöglich SegWit die Transaktionsverformbarkeit als Vorbereitung einer Second-Layer-Lösung, also dem Ausführen einer zweiten Anwendung über das Bitcoin-Protokoll. Das ist die Voraussetzung für die Einführung des Lightning-Netzwerks. Das Lightning-Netzwerk macht Bitcoin skalierbar, indem ein Teil der Transaktionen **offchain**, also ohne Nutzung der Blockchain erfolgen.

SegWit, Abkürzung für ⇨**Segregated Witness**, eine Methode zum Lösen von Problemen in Zusammenhang mit dem ⇨**Bitcoin**-Quellcode und der von diesem gebildeten ⇨**Blockchain**.

S Seitendrucker

Seitendrucker, der; *Subst.*, ist ein Drucker, der eine Seite auf einmal druckt; vgl. ⇨ **Zeilendrucker**. Zu den Seitendruckern gehören die ⇨ **Laserdrucker**.

Sektor, der; *Subst.*, kleinste adressierbare Einheit einer Diskette oder Festplatte.

Selfie, das; *Subst.*, ist ein meist mit dem ⇨ **Smartphone** aufgenommenes Selbstportrait zur Präsentation in den sozialen Medien, vor allem ⇨**Facebook**, und zum Versand mit einem ⇨**Messenger**, hier vor allem ⇨**WhatsApp**. Die Motive reichen von der Aufnahme der eigenen Person vor dem Spiegel im Badezimmer über Selfies mit Freunden bis hin zu Selfies an ungewöhnlichen Orten und Selfies mit Prominenten. Der Trend zur Selbstdarstellung mit ungewöhnlichen Motiven führt zu gefährlichen Aufnahmen, die immer häufiger zu einem Selfie-Unfall mit schweren Verletzungen bis hin zum Tod führen.

Selfie-Stick, **Selfie-Stab** oder **Selfie-Stange**, der; *Subst.*, ist eine Stange mit Griff an dem einen Ende und Befestigung für ein ⇨**Smartphone**, eine Actioncam oder andere ⇨**Digitalkamera** am anderen Ende. Der Selfie-Stick wird zur Aufnahme eines ⇨**Selfie** verwendet, dient aber auch anderen Zwecken, wie etwa der Nahaufnahme von sonst schwer erreichbaren oder gefährlichen Objekten (zum Beispiel Haien oder Muränen bei Unterwasser-Aufnahmen oder Spinnen, Skorpionen bei Landaufnahmen). Meist handelt es sich um einen ausziehbaren Teleskoparm, der den Arm des Fotografen verlängert und so die notwendige Distanz zur Aufnahme schafft.

selfpowered Hub [sprich „selfpauerd happ"], der; *Subst.*, ist ein ⇨ **USB-Hub** mit eigener Stromversorgung.

SEM, Abkürzung für (1.) **S**ocially-**E**ngineered **M**alware, also Schadprogramme zur zwischenmenschlichen Manipulation und (2.) für **S**earch **E**ngine **M**arketing, also Suchmaschinenmarketing.

Senior Research Group, abgekürzt **SRG**, ist eine Arbeitsgruppe von ca. 15 Seniorinnen und Senioren vom Techniklaien bis zum Technikprofi, die Produktentwickler sowie Hersteller technischer Geräte und Systeme mit dem Ziel einer seniorengerechten Gestaltung, Sicherheit und Nutzerfreundlichkeit im Alltag unterstützen. Die SRG ist als Forschergruppe am Lehrstuhl für Arbeitswissenschaft und Produktergonomie an der Technischen Universität Berlin tätig; http://www.srg-berlin.de/.

SEO [sprich „es i ou"], Abkürzung für (1.) **S**earch **E**ngine **O**ptimiza-

Seriennummer-Liste S

tion [sprich „sörtch endschin optimeisäischen"], also das Optimieren eines Webauftritts, sodass dieser besser von ⇨ **Suchmaschinen**, vor allem von ⇨ **Google**, gefunden wird. Es ist (2.) die Abkürzung für **S**earch **E**ngine **O**ptimizer [sprich „sörtch endschin optimeiser"], ein Programm zum Optimieren der Ergebnisse bei einer oder mehreren Suchmaschinen.

Serial ATA [sprich „siri'ell ata"], abgekürzt **SATA**, ist eine Schnittstelle für den Standard-Anschluss von Festplattenlaufwerken, die in ihrer ersten Version **SATA-150** ⇨ **Datentransferraten** bis zu 150 MB/s ermöglichen soll. Statt der bei IDE verwendeten 40/80-poligen Kabel reicht für SATA ein 8 mm breites und bis zu max. 1 m langes 4-poliges Kabel für den Datentransfer zu bzw. von der Festplatte aus.

Serialz [sprich „siri'ells"], die; *Subst.*, sind Seriennummern zur Freischaltung von kommerzieller Software, deren Nutzung und insbesondere Verbreitung über das Internet illegal sind. Es besteht zudem wie bei allen ⇨ **Warez** die Gefahr, statt der gewünschten Seriennummer einen ⇨ **Virus** oder ⇨ **Dialer** zu erhalten.

Serielle Schnittstelle, die; *Subst.*, überträgt die Daten bitweise über eine Einzelleitung. Eine im PC-Bereich sehr bekannte serielle Schnittstelle ist die RS-232- oder V.24-Schnittstelle; über diese COM-Schnittstelle werden zum Beispiel auch ⇨ **Modems** angeschlossen. Als serielle Standard-Schnittstelle etabliert sich derzeit ⇨ **USB**.

Seriennummer-Generator, der; *Subst.*, ist ein illegales Tool, das die Seriennummer eines Programms berechnet. Damit kann ein Anwender die Vollversion einer ⇨ **Shareware** freischalten, ohne diese kostenpflichtig zu registrieren. Es muss auch nicht mehr die Original-Software gekauft werden, um in die Kenntnis der zur Installation erforderlichen Nummer zu gelangen. Solch eine Umgehung des ⇨ **Kopierschutzes** durch eine Seriennummer ist aber nach dem deutschen Urheberrecht als illegal anzusehen. Die Software bleibt somit eine unlizenzierte ⇨ **Raubkopie**, deren Nutzung zivil- und strafrechtliche Folgen nach sich ziehen kann (⇨ **Schlüsselgenerator**, ⇨ **Warez**).

Seriennummer-Liste, die; *Subst.*, ist eine Datei oder Datenbank mit einer Sammlung von Seriennummern für die Freischaltung einer Software, ohne dazu berechtigt zu sein. Das Verwenden solcher Seriennummer-Listen ist ein Umgehen des ⇨ **Kopierschutzes** und damit nach dem deutschen Urheberrecht als illegal anzusehen. Die Software bleibt somit eine unlizenzierte ⇨ **Raubko-**

pie, deren Nutzung zivil- und strafrechtliche Folgen nach sich ziehen kann (⇨ **Warez**).

SERP, Abkürzung für **S**earch **E**ngine **R**esult **P**age [sprich „sörtch endschin risalt päidsch"], also die Ergebnisseite einer Suchmaschine.

Server [sprich „sörwer"], der; *Subst.*, ist ein Rechner, der den ⇨ **Clients** in einem Netzwerk Daten und/oder Geräte bzw. Dienste zur Verfügung stellt. Durch ein Präfix wird die Aufgabe des Servers verdeutlicht: ⇨ **Datei-Server** für die Bereitstellung von Dateien (im Internet ⇨ **FTP-Server**), ⇨ **Drucker-Server** oder ⇨ **Printer-Server** für Ausdrucke an dem oder den angeschlossenen Druckern, ⇨ **Backup-Server** als Sicherung für den Ausfall des Servers oder Internet-Server, der einen Internet-Dienst bereitstellt.

Zu den Internet-Servern gehören die ⇨ **Web-Server**, ⇨ **E-Mail-Server** und ⇨ **News-Server**. Die Bezeichnung des Servers kann auch auf das verwendete ⇨ **Protokoll** hinweisen wie ⇨ **POP3-** oder ⇨ **SMTP-Server** bei einem E-Mail-Server oder ⇨ **NNTP-Server** bei einem **News-Server**. Ein einzelner Rechner kann mehrere Server-Dienste vereinen.

Server-Blade [sprich „sörwer bläihd"], der; *Subst.*, ist ein extrem flacher Rechner, dessen Komponenten auf einem ⇨ **Mainboard** integriert sind und der in einen ⇨ **Blade-Server** eingeschoben wird.

Service Pack [sprich „sörwis päck"], das; *Subst.*, ist eine Bezeichnung von ⇨ **Microsoft** für eine Sammlung von Fehler bereinigenden, kleinen Updates (⇨ **Bug-Fix**, ⇨ **Fresh-up**, ⇨ **Patch**) für das ⇨ **Betriebssystem** Windows bis zur Version 8.1, Microsoft Office sowie weitere Microsoft-Software. Zu ⇨ **Windows 10** bietet Microsoft keine Service Packs an, sondern das Betriebssystem wird laufend aktualisiert.

Session [sprich „ssäsch'nn"], die; *Subst.*, bezeichnet (1.) eine Arbeitssitzung am PC oder auch einem anderen Rechner und (2.) den Brennvorgang eines CD-Rohlings (siehe auch ⇨ **Single Session-CD**, ⇨ **Multisession-CD**).

Session Layer [sprich „ssäsch'nn läjer"], dt. Kommunikationssteuerungsschicht, fünfte Schicht des ⇨ **OSI**-Referenzmodells.

Set-Top-Box, die; *Subst.*, ist ein spezielles Gerät für den Fernseher, mit dem sich Pay-TV-Sender und/oder ⇨ **Video on Demand** empfangen lassen. Weitere Funktionen der Set-Top-Box können ein Internet-Zugang oder interaktives Fernsehen sein.

Setup [sprich „setapp"], das; *Subst.*, ist (1.) die Bezeichnung für ein Installationsprogramm, ⇨ **Setup.exe**, ⇨ **Install**, und (2.) ein Ausdruck für das Anpassen der einzelnen Komponenten eines Rechners im ⇨ **BIOS**.

Setup.exe ist ein Programm zum Installieren einer Windows-Anwendung.

SFTP, Abkürzung von **S**imple **F**ile **T**ransfer **P**rotocol [sprich „simpel feil tränsför protokoll"], ist eine vereinfachte Form des ⇨ **FTP**-Netzwerkprotokolls.

SGML, Abkürzung für **S**tandard **G**eneralized **M**arkup **L**anguage, wurde wie ⇨ **HTML** für die plattform- und systemunabhängige Übertragung von Informationen über das Internet entwickelt, lässt sich aber ebenso wie HTML auch für die interne Kommunikation per Intranet nutzen. Eine vereinfachte Version von SGML ist ⇨ **XML**.

Shade ist ein ⇨ **Erpressertrojaner**, der die Dateien auf infizierten Windows-PCs verschlüsselt und dann mit der Dateiendung .breaking_bad, .heisenberg, .ytbl oder .xtbl abspeichert. Die Inspiration für die ersten beiden Erweiterungen stammen aus der Netflix-Serie „Breaking Bad", in der ein Chemielehrer durch seine Krebserkrankung auf die schiefe Bahn gerät und als „Heisenberg" mit der Produktion von Methamphetamin (Crystal Meth, eine Club-Droge) in kurzer Zeit mehrere Millionen US-Dollar verdient. Die verschlüsselten Dateien lassen sich mit dem Kaspersky ShadeDecryptor entschlüsseln; http://media.kaspersky.com/utilities/VirusUtilities/EN/ShadeDecryptor.zip.

Shadow-RAM [sprich „schädouw ramm"], das; *Subst.*, RAM-Bereich zwischen 640 KB und 1 MB, in den der Inhalt eines ⇨ **ROMs** kopiert wird. Dadurch wird der Zugriff auf die Daten beschleunigt, da RAM-Bausteine schneller ausgelesen werden können als ROM. ROM und RAM haben dabei die gleichen Adressen. Ist das ROM eingeschaltet, ist das Shadow-RAM für den Prozessor nicht „sichtbar", liegt also sozusagen im „Schatten" des ROM. Daher der Name „Schatten-RAM".

Shared [sprich „schär'd"], *Adj.*, dt. gemeinsam genutzt, wird zum Beispiel für ein „shared file" verwendet, also eine im Netzwerk für die gemeinsame Nutzung freigegebene Datei.

Shareware [sprich „schährwähr"], die; *Subst.*, oder Prüf-vor-Kauf-Software darf frei kopiert und weitergegeben werden. Die Nutzung ist zu Testzwecken für eine bestimmte Zeit oder Anzahl Aufrufe kostenlos. Möchten Sie das Programm danach weiterverwenden, müssen Sie sich für die Nutzungslizenz registrieren lassen und eine Gebühr an den Programmautor zahlen.

SHDSL, Abkürzung für **S**ymmetrical **H**igh-**D**ensity Digital **S**ubscriber **L**ine [sprich „sümmetrikel hei dennsiti ditschitäll sabskreiber leihn"], ermöglicht den symmetrischen Zugriff auf das Internet mit 4,6 Mbit/s (⇨ **ADSL**, ⇨ **SDSL**).

shiften [sprich „schiften"], *Verb*, ist ein unter Programmierern üblicher Anglizismus, der dem englischen „to shift" entstammt und das Verschieben eines Registerinhalts um eine oder mehrere Stellen nach links oder rechts meint.

shift register [sprich „schift redschister"] ⇨ **Schieberegister**.

Shift-Taste [sprich „schift taste"] ⇨ **Umschalttaste**.

Shmup, Abkürzung für **Shoot `em up**, ⇨ **Ballerspiel**.

Shoot `em up ⇨ **Ballerspiel**.

short cut, Shortcut [sprich „schortkatt"], der; *Subst.*, dt. **Abkürzungstaste, Tastaturbefehl, Tastaturschlüssel, Tastenkürzel**; ⇨ **Tastenkombination**.

Shortener, englische Bezeichnung für einen ⇨ **Kurz-URL-Dienst**.

Short Link, short URL ⇨ **Kurzlink**.

SHOUTcast [sprich „schaut kast"], ist ein ⇨ **Streaming**-System auf Basis von ⇨ **WinAMP** mit dem ein Winamp-Benutzer Musik ins Internet senden und damit quasi seinen eigenen Musik-Sender im Internet betreiben kann. Dabei ist allerdings das Urheberrecht zu beachten, denn für das öffentliche Aufführen von Musik sind Gebühren zu entrichten, die in Deutschland von der ⇨ **GEMA** erhoben werden.

shrinken [sprich „schrinken"], *Verb*, dt. schrumpfen, verkleinern, bezeichnet das Schrumpfen des Dateninhalts einer DVD auf einen Umfang, der auf einen DVD-Rohling passt. Dazu empfiehlt sich das kostenlose Programm DVD Shrink; www.dvdshrink.org.

SHTTP, Abkürzung für **S**ecure **H**ypertext **T**ransfer **P**rotocol [sprich „sekjur haipertext tränsför protokoll"], bietet einen Standard zur sicheren Datenübertragung im Internet unter Nutzung des Dienstes ⇨ **WWW**. SHTTP erweitert **HTTP** bei der Authentifizierung und Datenverschlüsselung zwischen Web-Server und Browser durch einen Security-Layer.

Shuffle [sprich „schaffel"], ist eine Funktion eines ⇨ **MP3**- oder **CD-Players** für das zufällige Abspielen der Songs aus der ➪ **Playlist** (➪ **Random**).

Shutdown [sprich „schatt daun"], der; *Subst.*, englische Bezeichnung für das Herunterfahren von Windows oder einem Rechnersystem.

Sicherheitskopie, die; *Subst.*, ist eine Kopie von Daten, die durch eine Datensicherung oder Kopieren angefertigt wird. Einige Programme fertigen Sicherheitskopien an, wenn der Anwender an den damit verwalteten Daten Änderungen durchführt. Solche Dateien haben in den meisten Fällen die Dateinamenserweiterung .BAK; ➪ **Backup**.

SID ➪ **Safer Internet Day**.

Sidebar [sprich „seidbar"], die; *Subst.*, ist (1.) eine Desktop-Leiste, auch als Desktop-Sidebar bezeichnet, die meist Verknüpfungen zum Aufruf von Anwendungen oder Webseiten enthält. Zu Multimedia-Software wie DVD-Playern oder Programmen für den Videoschnitt gibt es auch Sidebars mit Steuerknöpfen, etwa für Vor- und Rücklauf, Pause und Abspielen des Films. ➪ **Windows Vista** hat eine Sidebar, die über Minianwendungen (➪ **Gadgets**) z. B. ständig aktuelle Informationen wie Nachrichten, Wetter und Börsenkurse aus dem Internet anzeigen kann. Diese Sidebar ist bei ➪ **Windows 7** nicht mehr vorhanden, da der gesamte Desktop dort als Ablage für die Gadgets genutzt werden kann. Außerdem lässt sich (2.) bei ➪ **Browsern** ein meist links angeordnetes Fenster mit Informationen wie ➪ **Lesezeichen** einblenden.

Sidepanel [sprich „seidpännel"], das; *Subst.*, ist ein Ausdruck aus der ➪ **Case-Modding**-Szene für ein Gehäuse-Seitenteil mit ➪ **Window**, also Fenster.

SIF, Abkürzung für **S**ource **In**put **F**ormat, ist ein Video mit einer Auflösung von 352 x 288 Pixeln; ➪ **QSIF**.

SIG, Abkürzung für **S**pecial **I**nterest **G**roup, dt. Gruppe mit speziellem Interesse, ist eine Bezeichnung für eine ➪ **Newsgroup** oder ➪ **Mail-Liste**.

Signatur, die; *Subst.*, ist (1.) eine Bezeichnung für die digitale Unterschrift und (2.) eine Art Unterschrift am Ende einer E-Mail mit Angaben zum Verfasser wie Name, Anschrift und im privaten Bereich auch oft mit einem Sprichwort oder persönlichen Lebensmotto. Signaturen lassen sich in E-Mail-Clients meist zum wiederholten Gebrauch abspeichern, sodass sie nicht immer wieder neu eingegeben werden müssen. Es ist durchaus üblich, mehrere Signaturen zu verwenden, zum Beispiel eine für den privaten und eine andere für den geschäftlichen Bereich.

S | Silbentrennung

Silbentrennung, die; *Subst.*, ist eine Funktion eines Textverarbeitungsprogramms zum manuellen und/oder automatischen Trennen von Wörtern.

Silberlot, das; *Subst.*, ist eine Legierung aus Zinn, Silber und Kupfer mit einem Schmelzpunkt von 220° C, die seit 2006 verstärkt als ⇨ **Lötzinn** bei der Fertigung elektronischer Geräte für die EU verwendet wird, da Lötzinn mit einer Blei-Legierung seit Juli 2006 für den kommerziellen Einsatz EU-weit verboten ist.

Silent PC [sprich „seilent pe ce"], dt. leiser/lautloser ⇨ **PC**, ist ein Rechner mit passiver Kühlung ohne Lüfter, speziell leisen Komponenten, also etwa einer ⇨ **SSD** statt einer ⇨ **Festplatte** und/oder einer Schalldämmung. Teilweise wird zwischen Quiet PC, Silent PC mit leiser Kühlung, Ultra-silent PC mit extrem leiser Kühlung und Schalldämmung sowie rein passiv gekühlten PCs mit stromsparenden Komponenten unterschieden. Je leistungsfähiger ein PC oder ⇨ **Notebook** ist, umso relativer ist die Bezeichnung Silent PC zu verstehen. Auch eine leise Hochleistungsgrafikkarte und ein leises Netzteil mit hoher Leistung sind lauter als die meisten Durchschnittsgrafikkarten und Netzteile. Eine Wasserkühlung ist zudem lauter als eine gar nicht akustisch wahrnehmbare passive Kühlung. Dazu werden leise PCs mit aktiven Lüftern nach einiger Zeit lauter, wenn sich die Lagerung der Lüfter abgenutzt hat und durch Verschmutzung eine Unwucht auftritt. Ein wirklich leiser PC ist daher nur durch strikte Verwendung von passiven Bauteilen zu erzielen, auch wenn dies zu Lasten der Leistung geht und die entsprechenden Geräte mitunter deutlich teurer sind als der Durchschnitt. Im Bereich der mobilen Rechner sind lüfterlose ⇨ **Netbooks**, ⇨ **Nettops** und ⇨ **Tablets** mit SSD und ohne optische Laufwerke lautlos, Notebooks dagegen meist relativ laut.

Silent Update [sprich „seilent appdäit"], dt. stilles Update, ist ein automatisiertes ⇨ **Update** einer Anwendung oder eines Betriebssystems über einen im Hintergrund laufenden Dienst, das der Nutzer nicht mehr bestätigt und über das er daher auch häufig gar nicht informiert ist. Die ⇨ **Software** ist so immer aktuell, Sicherheitslücken werden zeitnah geschlossen und Fehler automatisch korrigiert. Beispiele sind ⇨ **Adobe Acrobat Reader** und ⇨ **Windows 10**.

Problematisch sind stille Updates, wenn sie Fehler verursachen oder als Folge eines solchen Updates weitere Maßnahmen erforderlich sind, über die der Nutzer nicht informiert ist. Es ist daher wichtig, dass Anwender sich ständig über aktuelle Entwicklungen informieren und bei Bedarf auch stille Updates unterbinden. Teilweise lässt sich das automatische Update dazu abschalten oder es gibt spezielle ➪ **Patch**es für ein bestimmtes Update, durch die nur dieses Update unterbunden wird. Da sich stille Updates der Kontrolle des Nutzers weitestgehend entziehen, deaktivieren manche Nutzer den entsprechenden Dienst und führen Updates bei Bedarf manuell durch.

Dies birgt jedoch die Gefahr, dass Updates vergessen werden und dadurch Sicherheitslücken und Fehler entstehen, denn spätere Updates setzen möglicherweise Änderungen eines früheren Updates voraus. Es ist daher generell empfehlenswert, die stillen Updates und insbesondere automatische Updates zuzulassen. Durch eine regelmäßige ➪ **Datensicherung** und Vollsicherung der Systemfestplatte kann bei Problemen durch ein Update innerhalb von maximal einer Stunde jederzeit wieder zu einem vorherigen Zustand zurückgekehrt werden.

Silverlight [sprich „silwerleiht"], ist eine Browser-Erweiterung von Microsoft, die nicht mehr eingesetzt werden sollte. Microsoft pflegt Silverlight nicht mehr, und Sicherheitslücken werden somit nicht mehr geschlossen. Eine Nutzung bei Microsoft Edge und Google Chrome ist nicht mehr möglich. Früher war Silverlight erforderlich, um auf Webseiten mit Silverlight-Unterstützung 3D-Effekte und Animationen zu sehen, Videos abzuspielen und interaktive Handlungen vorzunehmen. Heute ist das nicht mehr der Fall, da die meisten Webseiten auf ➪ **HTML5** umgestellt haben.

SIMD, Abkürzung von **S**ingle **I**nstruction **M**ultiple **D**ata, ist eine Funktion von ➪ **MMX**-Prozessoren, bei der mit einer Anweisung mehrere Daten parallel verarbeitet werden.

SIM-Karte, die; *Subst.*, Abkürzung für **S**ubscriber **I**dentity **M**odule [sprich „sabskraiber aidentiti modjul"], ist eine auswechselbare Chipkarte für Daten und Zugangsberechtigung, die zum Beispiel beim GSM-Mobilfunk und dem Online-Banking eingesetzt wird. Auf der SIM-Karte werden die Rufnummer und andere Benutzerdaten abgelegt.

SIM-Lock, ist eine Sperre in einem Mobilfunktelefon, sodass diese nur mit SIM-Karten eines bestimmten Mobilfunkbetreibers benutzt werden kann. Die Sperre kann gegen Gebühr, nach Ablauf des Vertrags über das Internet oder mit ➪ **Hacker**-Tricks aufgehoben werden.

SIMM, Abkürzung für **S**ingle **I**n-line **M**emory **M**odule [sprich „singel inleihn memmori modjul"], oder PS/2-Modul ist ein Speichermodul mit einer 30- oder 72-poligen Kontaktreihe und einer Zugriffszeit zwischen 60 und 100 ns (vergleiche ➪**DIMM**).

S | SIMO

SIMO, Abkürzung für **S**ingle **I**nput **M**ultiple **O**utput [sprich „singel input maltip'l autput"], ist ein Antennensystem für Funknetzwerke wie ⇨ **WLAN** mit einer Sendeantenne und mehreren Antennen für den Empfang. Die Bezeichnungen Input und Output stehen dabei für den Ein- und Ausgangskanal, nicht für Sende- und Empfangsteil.

Simple Stealthing, dt. Einfaches Verbergen, ist eine von ⇨ **Stealth-Viren** angewendete ⇨ **Stealthing-Methode**, um eine Entdeckung durch Antiviren-Programme zu verhindern.

simsen, *Verb*, Schreiben und Verschicken einer ⇨ **SMS**.

since:JJJJ-MM-TT ist ein Suchoperator von ⇨ **Twitter**, mit dem sich nach Tweets suchen lässt, die seit dem angegebenen Datum versendet wurden.

Single Board Computer [sprich „singel bohrd kompjuter"], der; *Subst.*, oder **Blade-Server** ist ein Computer, der alle erforderlichen Komponenten wie Prozessor, Arbeitsspeicher, Schnittstellen usw. auf dem Mainboard integriert hat.

Single-Core Prozessor [sprich „singel kohr prozessor"] der; *Subst.*, ist ein ⇨ **Prozessor** mit einem Prozessorkern im Unterschied zu Mehrkernprozessoren mit 2, 4, 6 oder 8 Prozessorkernen.

Single-File-Assembly [sprich „singel feil ässemblie"] ist bei .NET Framework ein Modul aus einer Datei; ⇨ **Assembly**.

Single-Ink-Drucker der; *Subst.*, [sprich „singel ink drucker"] ist ein ⇨ **Drucker** mit einer ⇨ **Tintenpatrone** für jede Farbe sowie Schwarz. Diese Drucker sind in der Anschaffung meist teurer als vergleichbare Drucker mit nur einer Tintenpatrone für alle Farben, dafür sind die Betriebskosten jedoch deutlich niedriger, da nur die Tintenpatrone der jeweils verbrauchten Farbe ausgetauscht werden kann.

SingleSession-CD [sprich „singel ssäsch'nn ce de"], die; *Subst.*, besteht aus ⇨ **Lead-In**, Programmbereich und ⇨ **Lead-Out**. Bei mehr als einer Session auf einer CD-R wird diese als ⇨ **Multisession-CD** bezeichnet.

single sign-on [sprich „singel sajn on"], abgekürzt **SSO**, dt. Einmalanmeldung, ist eine Erleichterung bei der Nutzung von Internetdiensten. Der Benutzer meldet sich einmal bei einem Portal an und kann dann auf alle dort eingebundenen Dienste zugreifen. Zum Beispiel meldet sich jemand bei ⇨ **Facebook** an und kann dann ohne weitere Anmeldung alle dort vorhandenen Social Apps und Spiele verwenden. Die Gefahr bei SSO besteht in der erheblichen Missbrauchsgefahr, wenn zum Beispiel ein Facebook-, Microsoft- oder Google-Konto gehackt wird und darüber dann auch der Zugang zu vielen weiteren Diensten möglich ist.

Single-TT-Hub [sprich „singel tih tih happ"], der; *Subst.*, ist ein ⇨ **USB** 2.0-Hub, der über nur einen ⇨ **Transaction Translator (TT)** verfügt, weshalb sich beim Anschluss mehrerer USB 1.1-Geräte an einen solchen Hub die Bandbreite von USB 2.0 für alle am Hub angeschlossenen Geräte stark verringert; ⇨ **Multi-TT-Hub**, ⇨ **USB**.

SIP, Abkürzung für **S**ingle **I**nline **P**ackage [sprich „singel inleihn päckädsch"], ist ein ⇨ **RAM**-Steckspeichermodul mit 30 Anschlussstiften in einer Reihe.

Siri, Bezeichnung des sprachgesteuerten Assistenten des ⇨ **iPhone** ab 4s, sowie des ⇨ **iPad** ab der 3. Generation. Über Siri lassen sich Kontakte anwählen, ⇨ **SMS** verschicken, Erinnerungen eintragen und Internetauskünfte einholen. Es gibt seit iOS 6 Wegbeschreibungen, Restaurantempfehlungen und Informationen zu Sportereignissen. Die Spracherkennung erlaubt das Diktieren von Eingaben und ist lernfähig. So erkennt Siri etwa was mit „meine Frau", „meine Freundin", „mein Bruder" usw. gemeint ist oder fragt nach, wenn es einen Kontakt nicht eindeutig zuordnen kann. Abfragen und Aufträge an Siri können weitestgehend umgangssprachlich erfolgen, etwa „Wie ist das Wetter heute in Bochum?" oder „Brauche ich heute einen Regenschirm?".

Dazu ist Siri unterhaltsam, denn mit Siri kann eine eingeschränkte Konversation betrieben werden. So antwortet der Assistent auf Fragen nach der Herkunft, geht auf Liebes- und Heiratserklärungen ein und hat manchen überraschenden Ratschlag parat, etwa wenn man Siri in der amerikanischen Version mitteilt, man hätte eine Leiche zu entsorgen. Damit Siri funktioniert, muss ein Internetzugang bestehen, da die Daten zu einem Apple-Server übertragen und dort ausgewertet werden.

In YouTube gibt es zahlreiche informative und unterhaltsame Videos zu Siri, wie dieser Horrorfilm im Stil von Stephan King mit Siri in der Hauptrolle: https://youtu.be/4KGSi0AoJYs in englischer Sprache.

Site [sprich „sait"] ⇨ **Webseite**.

Size Stealthing, Verbergen der Größenänderung einer Datei durch ein Schadprogramm, eine von ⇨ **Stealth-Viren** angewendete ⇨ **Stealthing-Methode**, um eine Entdeckung durch Antiviren-Programme zu verhindern.

skalieren, *Verb*, Verändern der Größe von Schriften und Bildern in einer Anwendung.

Skimming, dt. wörtlich abschöpfen, Auslesen der Daten aus den Magnetstreifen von Kreditkarten, EC-Karten und anderen Bankkarten, um damit Kopien zu erstellen und mit den gefälschten Karten Geldbeträge abzuheben oder zu bezahlen. Das Kopieren des Magnetstreifens erfolgt beim Bezahlen oder an einem manipulierten Geldautomaten. Die Eingabe der benötigten ⇨ **PIN** wird über eine Kamera aufgenommen oder mit Hilfe eines Pulvers auf der Tastatur die in Frage kommenden Ziffern herausgefunden und dann durch Ausprobieren die richtige Reihenfolge ermittelt. Solange die PIN nicht dreimal hintereinander falsch eingegeben wird, kann der Täter an mehreren Geldautomaten die Eingabe versuchen. Nicht alle Geldautomaten sind vernetzt, sodass Höchstbeträge teilweise mehrfach täglich abgehoben werden können, bevor das ausgebende Geldinstitut aufmerksam wird, das Konto vorsorglich sperrt und die Karte austauscht.

Skins, dt. wörtlich Häute, sind neue Designs für die grafische Oberfläche einer Anwendung, meistens für einen MP3- oder anderen Multimedia-Player. Skins für ⇨ **WinAMP** oder den Windows Media Player von ⇨ **Microsoft** werden im Internet kostenlos zum Download angeboten und können mit geeigneten Werkzeugen auch selbst erstellt werden.

Skriptsprache, die; *Subst.*, ist eine Programmiersprache für Terminalprogramme zur Automatisierung des Verbindungsaufbaus, Steuerung eines entfernten PCs und zum Abruf von darauf befindlichen Daten.

SkyDrive [sprich „skei dreif"], frühere Bezeichnung des ⇨ **Online-Laufwerks** (⇨ **Cloud-Speicher**) ⇨ **OneDrive** von ⇨ **Microsoft**.

Skype [sprich „skeipp"] ermöglicht Instant Messaging sowie Videotelefonate über das Internet (⇨ **VoIP**) zu anderen Teilnehmern des Dienstes zum Nulltarif. Gegen Gebühr lassen sich auch Telefonate zu Teilnehmern im Festnetz und Mobilnetzen führen. Eine ausreichend schnelle Internetverbindung vorausgesetzt, lassen sich über Skype kostenlos oder sehr günstig Anrufe mit ausländischen Teilnehmern oder aus dem Ausland nach Hause führen. Eine Flatrate von 9,99 € im Monat ermöglicht zum Beispiel unbegrenzte Anrufe in alle angeschlossenen Festnetze der Welt.

skypen [sprich „skeippen"], *Verb*, Telefonieren über ⇨ **Skype**.

Slammer ist ein ⇨ **Wurm**.

Slash (/) [sprich „släsch"], der; *Subst.*, dt. **Schrägstrich**, wird (1.)

zur Trennung bei ⇨ **URLs**, (2.) bei ⇨ **Unix**/⇨ **Linux** zur Trennung von Verzeichnissen und Dateien in Pfadangaben, (3.) zu Beginn eines Parameters zu einem DOS-Befehl (⇨ **/?**) und (4.) bei Chats zu Beginn eines Befehls angegeben, ⇨ **Backslash**, ⇨ **Trailing Slash**.

Slave [sprich „släiv"], der; *Subst.*, oder **Slave-Laufwerk**, das; *Subst.*, ist ein Laufwerk in einer ⇨ **Master-/Slave-Konfiguration**, das mithilfe eines ⇨ **Jumpers** als Slave definiert wurde. Die Bezeichnung ⇨ **Master** (Herr) und Slave (Sklave) ist irreführend, denn das Master-Laufwerk steuert das Slave-Laufwerk nicht und sollte es auch nicht beeinflussen. Es gibt daher auch die Bezeichnung ⇨ **Device 0** für Master und ⇨ **Device 1** für Slave.

SLC, Abkürzung für **S**ingle **L**evel **C**ell, dt. Zelle mit einer Speicherebene, und eine Technik für Speicherkarten, bei der immer nur ein Datenbit pro Speicherzelle geschrieben wird. Dies soll die Kompatibilität der Speicherkarten sicherstellen und diese robuster, schneller und energiesparender machen.

Slideshow [sprich „sleitschoh"], die; *Subst.*, Anzeige von Bildern als Diaschau auf dem PC im Internet oder per CD auf einem DVD-Player.

Slimcase [sprich „slimkäis"], das; *Subst.*, ist eine flache Kunststoff-Verpackung für eine CD oder DVD.

Slimline-Gehäuse [sprich „slimlein gehäuse"], das; *Subst.*, ist ein Desktop-Gehäuse mit geringer Bauhöhe, das häufig für Arbeitsstationen im Netzwerk und Mailbox-Rechner verwendet wird. Der Vorteil des geringen Platzbedarfs bringt den Nachteil mit sich, dass diese Gehäuse wenig Platz für Erweiterungskarten und zusätzliche Laufwerke bieten.

Slimming ist eine Funktion einiger ⇨ **Digitalkameras** von HP, mit denen sich aufgenommene Personen schlanker darstellen lassen. Die Wirkung des Effekts ist einstellbar, es wird eine Vorschau gezeigt, sodass der Anwender entscheiden kann, ob das Foto mit oder ohne Slimming speichern möchte.

Slot, der; *Subst.*, dt. ⇨ **Steckplatz**, beispielsweise Erweiterungssteckplatz auf der Hauptplatine.

Slot-Blech, das; *Subst.*, ist eine Blechabdeckung an der Rückseite des PCs, die entfernt werden muss, um eine Steckkarte einbauen zu können. Das Slot-Blech sorgt dafür, dass an dieser Stelle kein Staub in das Gehäuse eindringt und die Luftführung im Gehäuse wie vom PC-Hersteller geplant erfolgt. Zudem dient das Slot-Blech der Verringerung der Strahlungs- und Geräuschemission des laufenden PCs. Daher sollten diese Abdeckungen nach dem ersatzlosen Entfernen einer Steckkarte unbedingt wieder montiert werden.

SM ⇨ **Smart Media**.

s-mail, Abkürzung für **Snail-Mail** ⇨ **Schneckenpost**.

S.M.A.R.T., Abkürzung für **S**elf-**M**onitoring, **A**nalysis and **R**eporting **T**echnology, ist eine Technologie, bei der ⇨ **Festplatten** und ⇨ **SSDs** bestimmte Betriebsparameter selbst überwachen und beim Überschreiten von Grenzwerten Fehler melden. Mögliche Festplattenfehler lassen sich so vor ihrem Auftreten erkennen und Datenverluste durch rechtzeitiges Austauschen der Festplatte verhindern.

Smart Antenna, **Smart Antenne**, dt. „kluge Antenne" ⇨ **Adaptive Antenne**.

Smart Cache [sprich „smart käsch"], Intel Smart Cache oder Intel Advanced Smart Cache, ist eine ⇨ **Intel**-Technologie, bei der den Prozessorkernen von Multikernprozessoren wie Intel Core i3, i5 und i7 sowie einem integrierten Grafikkern nicht wie sonst üblich jeweils ein gleicher Teil des im Prozessor integrierten schnellen Cache-Speichers (⇨ **L2**) zur Verfügung gestellt wird, sondern der Cache-Speicher wird den Kernen dynamisch nach Bedarf zugeteilt. Die wertvolle Ressource Cache-Speicher wird daher effizienter genutzt, da meist nicht alle Kerne eines Multikernprozessors gleichmäßig ausgelastet sind. Arbeitet zum Beispiel nur ein Kern, kann dieser den gesamten L2-Cache beanspruchen.

Smartcard, SmartCard, Smart Card, die; *Subst.*, ist eine Plastikkarte mit integriertem Chip. Solche Karten werden als Kredit- und Bankkarten verwendet sowie zur Freischaltung von Fernsehsendungen und abgerufenen Kinofilmen beim digitalen Fernsehempfang über Kabel und Satellit.

Smart Contract ist ein Programm oder Skript, das einen Vertrag abbildet und zum Beispiel bei ⇨ **Kryptowährungen** für das Übertragen eines Betrags von einer Adresse auf eine andere verwendet wird. Durch Smart Contracts lassen sich jedoch auch Urheberrechte berücksichtigen oder eine Zugangskontrolle durchführen.

SmartErase [sprich „smart irräis"], wörtlich kluges Löschen, ist eine bei DVD-Brennern der Firma Lite-On anzutreffende Technologie zum schnellen und sicheren Löschen bzw. Entfernen von vertraulichen Daten von ⇨ **CD-R**, ⇨ **DVD+R** und ⇨ **DVD-R** (⇨ **DL**).

Die Daten können nach der Bearbeitung mit SmartErase nicht wiederhergestellt werden. SmartErase überschreibt die Originaldaten dazu mit willkürlichem und bedeutungslosem Inhalt, sodass sich die ursprünglichen Daten nicht mehr lesen lassen. Bei mechanischen Maßnahmen wie Schreddern, Zerbrechen oder der Entsorgung im Hausmüll besteht dagegen noch die Gefahr, dass die Daten wiederhergestellt werden. SmartErase ist in der Nero-Version enthalten, die mit den DVD-Brennern von Lite-On gebündelt wird. Der Anwender kann zwischen zwei Löschvorgängen wählen:

1) Beim „Quick Erase" (schnelles Löschen) werden nur die Informationen, die im ⇨ **Lead-In** und in der ersten Spur der Disk gespeichert sind, überschrieben. Nach diesem Vorgang kann die Disk nicht mehr von einem Laufwerk gelesen werden. Mit einer bestimmten Wiederherstellungs-Software besteht jedoch die Möglichkeit, die Daten zu rekonstruieren.

2) Beim „Full Erase" (vollständiges Löschen) werden alle Daten überschrieben. Dies dauert länger als beim „Quick Erase", jedoch sind danach alle Daten vollkommen unlesbar.

Smart Grid, Intelligentes Stromnetz, ist ein Begriff für die im Jahr 2009 gestartete Digitalisierung bei Stromversorgern. Die Kunden erhalten digitale Stromzähler und Programme zum Datenabruf und zur Auswertung. Dadurch lassen sich Geräte mit hohem Stromverbrauch ermitteln, bei denen sich eventuell ein Austausch gegen sparsamere Geräte lohnt. Waschmaschinen, Trockner, Wärmepumpen und andere Geräte mit hohem Strombedarf können, soweit möglich, in kostengünstigeren Zeiten betrieben werden, in denen der Netzbetreiber einen Stromüberschuss hat. Nicht zuletzt kann auch das eigene Verhalten geändert und insgesamt sparsamer mit der Stromenergie umgegangen werden, indem etwa Geräte vom Stromnetz getrennt werden, statt sie im Standby laufen zu lassen, oder nicht benötigte Verbraucher ausgeschaltet werden.

Smart Home [sprich „smart houm"], das; *Subst.*, Intelligentes Wohnen ist eine Gebäude- bzw. Hausautomation mit zum Beispiel Steuerung der Bewässerung im Garten, der Heizung, der Beleuchtung und von Geräten (siehe Bild von Seite 455). Diese Steuerung erfolgt mit dem ⇨ **PC**, ⇨ **Smartphone** oder ⇨ **Tablet** über eine Zentrale oder einen ⇨ **Router** wie die ⇨ **Fritz!Box** sowie im Fall der Steuerung über das ⇨ **Internet** eines Smart-Home-Dienstes eines Anbieters wie der Deutschen Telekom oder innogy.

Die Geräte werden per Funk (433 MHz, 868 MHz) ⇨ **Bluetooth**, ⇨ **DECT**, Infrarot und/oder

Smart Home

⇨ WLAN angebunden, wobei es mehrere, nicht zu einander kompatible Standards gibt wie ⇨ **innogy SmartHome**, ⇨ **HomeMatic**, ⇨ **ZigBee** und ⇨ **Z-Wave**. Einige Smart-Home-Systeme wie etwa ⇨ **Qivicon** der Deutschen Telekom erlauben das Verwenden von Geräten aus unterschiedlichen Systemen (im Fall von Qivicon sind das HomeMatic und ZigBee sowie die Systeme der Partner). Ferner gibt es zum Verbinden der Systeme Gateways wie das Mediola AIO Gateway V4, das zu rund 300 Geräten von 30 Herstellern kompatibel ist.

Bill Gates errichtete schon 1995 ein Smart Home, das er 1997 für rund 82 Millionen US-Dollar fertig stellte (siehe Video der Architekten von 2007 https://youtu.be/9738CIiY41k in englischer Sprache). Die Datenübertragung erfolgt hier per Glasfaserkabel. In jedem Raum ist ein Touchpad zur Steuerung von Beleuchtung, Musik und Temperatur vorhanden. Flachbildschirme zeigen die Lieblingsbilder der Bewohner. In 1997 waren für die Steuerung noch 100 PCs erforderlich.

Jetzt, rund 20 Jahre später ist eine Smart-Home-Steuerung deutlich weniger aufwändig und für jeden erschwinglich. Smart Home lässt sich für Beleuchtung und Heizungsthermostate in jeder Wohnung innerhalb von ein bis zwei Stunden einrichten. Zur Steuerung dient das vorhandene Smartphone. Durch die Funkanbindung per DECT und/oder WLAN sind keine Glasfaserkabel mehr nötig und vor allem keine Handwerksarbeiten. Die zusätzlichen Geräte kosten meist deutlich unter 1.000 €. Bei einigen Systemen entstehen allerdings monatliche Folgekosten für die Dienste-Nutzung, die zum Beispiel bei Qivicon bei 4,99 bis 9,99 € monatlich liegen.

Zum Einrichten des Smart Home wird eine Zentrale aufgestellt oder der vorhandene Router wie die Fritz!Box verwendet. Dann werden die benötigten Schalter, Steckdosen und Thermostate per Funk angebunden. Wahlweise lassen sich auch noch Eingangstür-, Fenster- und Rollädensteuerung über entsprechende Antriebe einbeziehen oder auch die Bewässerung des Gartens. Sensoren wie Bewegungsmelder, Feuchtigkeitssensoren, Rauchmelder, Temperaturfühler und Webcams dienen optional der Überwachung und Steuerung, etwa für Einbruchsalarm oder das Einschalten von Licht und Musik über einen Bewegungsmelder.

Dagegen sind Haushaltsgeräte wie Herd, Kaffeemaschine, Kühlschrank und Waschmaschine mit speziellen Smart-Home-Funktionen noch sehr teuer und entsprechend wenig verbreitet. Solche Herde und Waschmaschinen können mitteilen, wenn ein Vorgang abgeschlossen ist oder

Smart Media

Kühlschränke automatisch benötigte Esswaren nachbestellen.

Heizungen wie Wärmepumpen fragen über das Internet die Wettervorhersage ab und stellen die Heizung dann darauf ein, um zum Beispiel die über Solarthermie auf dem Dach erzeugte Wärme optimal zu nutzen oder durch Solarpanels erzeugten Strom. Intelligente Umwälzpumpen stellen sich von der Leistung her auf den Wärmebedarf ein und werden nur bei Bedarf aktiviert.

Sofern Strom selbst erzeugt wird, ist die Steuerung des Verbrauchs und Speicherung in Akkus eine Aufgabe von Smart-Home-Systemen. Hier und bei der Heizungssteuerung lassen sich durch eine effiziente Steuerung hohe Einsparungen erzielen, wodurch die Kosten für Smart Home aufgefangen werden oder sich sogar innerhalb kürzester Zeit selbst tragen. Ein Vergleich der aktuellen Smart-Home-Angebote liefert diese Webseite von Home & Smart: https://www.homeandsmart.de/smart-home-systeme-vergleich.

Smart Media [sprich „smart midia"], abgekürzt **SM**, **Smart Media Card**, **Smart-Media-Card** oder **SmartMediaCard** ist eine 2 Gramm leichte, flache Speicherkarte mit Flash-Speicher und einer Speicherkapazität von 8 MB bis zu 128 MB. Es gibt Smart Media Cards für 3,3 V und 5 V, wobei letztere wenig verbreitet war. Smart-Media-Karten wurden vor allem in Digitalkameras verwendet. Im Gegensatz zu CompactFlash-Karten enthalten Smart Media Cards keine Steuerelektronik, daher hängt es vom Lesegerät ab, ob die Speicherkapazität der Karte erkannt wird.

Smart Media Card – die Kontakte sind gut sichtbar

Ältere Lesegeräte für Smart Media können daher nur Karten bis 64 MB oder sogar darunter lesen. Da die Kontakte von Smart Media Cards ungeschützt sind und die Karten schnell verbogen oder zerbrochen werden können, sollten sie geschützt transportiert werden.

Angesichts der technischen Grenze von 128 MB konnte dieses Speicherformat nicht gegen CompactFlash, SD-Cards und andere Speicherkarten-Technologien und deren um ein Vielfaches höhere Speicherkapazität bei günstigeren Preisen konkurrieren. Daher stellten die Hersteller die Produktion der Smart Media Card ein; ⇨ **Memory Stick PRO**, ⇨ **SD-Card** und ⇨ **xD-Picture Card**.

S Smartphone

Smartphone [sprich „smartfohn"] 📱, das; *Subst.*, dt. „intelligentes Telefon", ist ein ⇨ **Mobiltelefon** mit einem leistungsfähigen Prozessor, einem hochauflösenden Display, ⇨ **Touchscreen**-Bedienung, Sprachsteuerung, verschiedenen Sensoren, ⇨ **GPS**, zwei ⇨ **Digitalkameras** und einem der ⇨ **Betriebssysteme** ⇨ **Android,** ⇨ **iOS** oder ⇨ **Windows Phone** bzw. ⇨ **Windows 10 mobile**, wobei der Markt von Android und iOS dominiert wird. Es kann über den integrierten ⇨ **Browser** im Internet gesurft werden, Daten lassen sich mit dem Desktop-PC oder anderen Rechnern per ⇨ **Bluetooth**, ⇨ **USB**-Kabelverbindung, ⇨ **WLAN** oder auch ⇨ **Online-Speicher/**⇨ **Cloud** und ⇨ **Speicherkarten** austauschen. Mithilfe von Programmen, die als ⇨ **Apps** bezeichnet und über einen App-Store angeboten werden, sowie reichhaltigem Zubehör ist ein Smartphone universell einsetzbar und kann viele PC-Anwendungen übernehmen sowie etliche Geräte ersetzen, wie etwa ⇨ **Barcode-Leser**, ⇨ **E-Book-Reader**, Geigerzähler, Pulsuhr, ⇨ **MP3**-Player, ⇨ **Scanner** oder Spielekonsole.

SmartTAN optic ⇨ **Flicker-TAN**.

Sm@rtTAN plus ⇨ **Flicker-TAN**.

Smart TV, das; *Subst.*, hat per ⇨ **HbbTV** einen Internetzugang sowie Schnittstellen wie ⇨ **USB** zum Anschluss eines ⇨ **PCs** oder einer externen ⇨ **Festplatte**, ⇨ **WLAN** und/oder ⇨ **Ethernet**. Auf einem Smart TV lassen sich Apps ausführen, die jedoch nicht universell auf jedem Internet-fähigen Fernseher laufen. Samsung bietet mit Samsung Smart TV eigene Apps an, während sich LG, Loewe, Philips und Sharp auf eine gemeinsame ⇨ **App**-Plattform geeinigt haben. Apps sollen für Fernseher zukünftig so wichtig sein wie heute für ⇨ **Smartphones** und ⇨ **Tablets** mit ⇨ **iOS** oder ⇨ **Android**.

Smartwatch, die; *Subst.*, dt. „intelligente Uhr", ist seit dem Erscheinen der ⇨ **AppleWatch** neben dem ⇨ **Fitness-Armband** zum verbreitetsten ⇨ **Wearable**, also am Körper getragenen Computer geworden. Das Betriebssystem ist entweder ⇨ **Android** Wear oder ⇨ **watchOS** im Fall der AppleWatch. Hersteller sind unter anderem Apple, Asus, Casio, Fitbit, Fossil, Huawei, LG, Motorola, Samsung, Sony und Tag Heuer.

Die Auswahl zu treffen ist aufgrund der unterschiedlichen Leistungsmerkmale schwierig. Nur wenige Uhren erfüllen die klassischen Anforderungen an eine Uhr und sind wasserdicht sowie unempfindlich gegen äußere Einwirkungen wie Stöße und Vibrationen (Apple, Casio, Tag Heuer). Ein wichtiges Unterscheidungskriterium bei Smart-

Smartwatch

watches ist die Akkulaufzeit, die teilweise bei unter einem Tag liegt.

Wichtig ist, welche Smartphones eine Smartwatch unterstützt, denn sie lässt sich ohne Smartphone meist nur sehr eingeschränkt nutzen und ist dann kaum mehr als eine Uhr, die Uhrzeit und Datum anzeigt oder eine Fitnessuhr. Während die Apple-Watch nur mit dem iPhone zusammenarbeitet, sind Uhren mit Android Wear nicht so wählerisch und unterstützen mehrere Android-Smartphones und teilweise auch das iPhone.

Auflösung und Qualität der Displays sind zu beachten. Hier sind AMOLED und eine Auflösung von 400 x 400 Pixel mit 286 ppi wie bei Huawei ein guter Wert.

Soll die Smartwatch als Puls- bzw. Fitnessuhr dienen, ist ein integrierter Herzfrequenzsensor wie bei AppleWatch, der Fitbit Blaze und der Huawei-Uhr empfehlenswert. Weitere nützliche Extras sind ein barometrischer Höhenmesser, ein Bewegungssensor, die Wasserdichtigkeit und vor allem ein integriertes GPS.

Die meisten Smartwatches sind eine Ergänzung des Smartphones, zeigen etwa Anrufe, eingehende Nachrichten und Termine an, ohne jedoch selbst als Mobiltelefon nutzbar zu sein oder Apps anzubieten. Modelle wie die AppleWatch erlauben jedoch auch die Installation und Nutzung spezieller Apps, so dass diese zum Beispiel für E-Mails, Navigation und Online-Banking verwendbar sind. In dieser Hinsicht werden die zukünftigen Modelle durch schnellere Prozessoren und mehr integrierten Arbeitsspeicher deutlich leistungsstärker werden.

So wie PCs zunehmend durch Notebooks, Tablets oder auch größere Smartphones ersetzt werden, könnten Smartwatches auch mittelfristig für viele Aufgaben das Smartphone ersetzen. Das kleine Display ist kein Hinderungsgrund mehr, wenn ausziehbare, flexible Displays in der Kleidung und Datenbrillen wie Google Glass am Massenmarkt angekommen sind.

Kurzfristig ist jedoch erst einmal ein Zusammenwachsen von Fitnessarmbändern, Fitnessuhren und Smartwatches zu beobachten, das zum Verdrängen der klassischen Pulsuhren und Fitnessuhren sowie Fitnessarmbänder führen könnte. Entsprechend wird die Zahl der Anbieter und Modelle zunächst deutlich zunehmen, da Anbieter von Fitnessuhren wie Garmin, Polar und TomTom ebenfalls Smartwatches anbieten werden sowie alle bisher noch nicht an diesem neuen Wachstumsmarkt beteiligten Uhrenhersteller wie die von Luxusuhren.

Die AppleWatch soll bis zum Jahr 2020 Schätzungen zufolge einen

S SMD

Absatz von jährlich 40 Millionen Smartwatches erzielen, das wäre ein Marktanteil von 40 Prozent des geschätzten weltweiten Bedarfs von 100 Millionen Geräten. Ein Markt der hart umkämpft sein wird und aus dem wie etwa in der Vergangenheit bei Fernsehern oder Festplatten auch etliche Anbieter wieder aussteigen dürften.

Es ist also bei der Auswahl auch zu überlegen, wie beständig die jeweilige Firma in diesem Segment voraussichtlich über die Nutzungsdauer von drei bis vier Jahren sein wird, um nicht in den nächsten Jahren nach dem Kauf den Support zu verlieren, denn die Updates des Betriebssys-tems sind sowohl bei Android als auch watchOS sehr wichtig, schon allein aus Sicherheitsgründen, aber auch wegen der stürmischen Entwicklung und den damit einhergehenden neuen Funktionen.

Beim Preis sollte berücksichtigt werden, dass eine Smartwatch wie ein Smartphone aufgrund der technischen Entwicklung schnell wieder ausgetauscht und daher im Durchschnitt höchstens vier Jahre genutzt werden wird. Der Kauf eines hochpreisigen oder gar Luxusmodells sollte vor diesem Hintergrund gut überlegt werden.

SMD, Abkürzung für **S**urface **M**ounted **D**evice, bezeichnet ein elektronisches Bauteil ohne Anschlussstifte, das industriell direkt an der Oberfläche einer Platine aufgelötet wird.

SMIL, Abkürzung für **S**ynchronized **M**ultimedia **I**ntegration **L**anguage, ist ein vom World-Wide-Web-Konsortium definierter ⇨ **XML**-Dialekt, eine für die Beschreibung und Formatierung von ⇨ **Streams** verwendete Sprache, die eine einfache, textgesteuerte Synchronisation von Multimedia-Anwendungen ermöglicht, die beim ⇨ **Streaming**-Video erforderlich ist.

Smiley [sprich „smeilieh"], das; *Subst.*, dt. **Bildtextzeichen**, besteht aus ASCII-Zeichen oder ist eine kleine Grafik, die in ⇨ **E-Mails** und ⇨ **Chats** verwendet wird, um Gefühle darzustellen; ⇨ **Emoticon**.

SMS 🔊 , Abkürzung für **S**hort **M**essage **S**ervice, ist ein Dienst in Mobilfunknetzen für den Versand bis zu 160 Zeichen umfassender Textnachrichten. Der Versand von SMS kann auch über den PC mit Hilfe spezieller Anbieter im Internet erfolgen.

smsTAN 🔊 ist eine Sicherheitsfunktion beim ⇨ **Online-Banking**, bei der ein Geldinstitut eine einmal verwendbare ⇨ **TAN** per ⇨ **SMS** an das ⇨ **Mobiltelefon** des Kunden schickt.

SMS to speech [sprich „es em es tu spiech" 🔊 , Vorlesen einer ⇨ **SMS**

durch eine synthetische Computerstimme.

SMTP, Abkürzung für **S**imple **M**ail **T**ransfer **P**rotocol [sprich „simpel mäil tränsför protokoll"], dt. „einfaches Protokoll zum Übertragen von E-Mail", ist ein Protokoll mit dem die ⇨ **SMTP-Server** im Internet ⇨ **E-Mails** versenden.

SMTP-Server [sprich „es em ti pi sörwer"], der; *Subst.*, oder **Postausgangs-Server** ist ein ⇨ **Server**, der zum Versenden der ⇨ **E-Mails** das Protokoll ⇨ **SMTP** verwendet.

snail [sprich „snäil"], dt. Schlange ⇨ **@**.

snail mail, **Snail-Mail** [sprich „snäil mäil"], die; *Subst.*, ⇨ **Schneckenpost**.

Snarfing, das; *Subst.*, Stehlen oder Manipulieren von Daten über ein Funknetz. Eine Spezialform ist das ⇨ **Bluesnarfing**.

Sniffing, dt. „Schnüffeln", Ausspionieren von Informationen. Das kann beim ⇨ **Provider-Sniffing** der ⇨ **Internet Provider** eines anderen Internet-Nutzers sein. Zum Sniffing gehört aber auch das Umleiten von Datenpaketen im Internet an die eigene Adresse mithilfe eines ⇨ **Paket-Sniffers**, um an die darin enthaltenen Informationen zu gelangen oder diese dann in geänderter Form weiterzuleiten (⇨ **Fake**).

SOA, Abkürzung für **S**ervice**o**rientierte **A**rchitektur.

SOAP, Abkürzung für **S**imple **O**bjects **A**ccess **P**rotocol [sprich „simpel obdschekts äcksess protokoll"], ist ein von ⇨ **Microsoft** entwickelter Standard zur Übertragung von Software-Komponenten wie Objekten, der ⇨ **DCOM** ablösen soll. Über das Protokol SOAP können Programme mit in ⇨ **XML**-programmierten Webseiten kommunizieren; ⇨ **Webservices** und ⇨ **Indigo**.

Social Bookmarks [sprich „souschel buckmarks"], dt. „soziale Lesezeichen", sind von einer Gemeinschaft über ein **Social-Bookmark-Netzwerk** gesammelte und gemeinschaftlich mit Schlagworten versehene Lesezeichen. Die bekanntesten Netzwerke Mister Wong und Delicious haben ihre Dienste in den Jahren 2013 und 2017 eingestellt. Noch aktiv ist LinkArena: http://linkarena.com/.

Social Media [sprich „souschel midia"], dt. **Soziale Medien**, sind soziale Netzwerke, die in der Gemeinschaft neue Inhalte generieren. Das gilt etwa für die Videos bei ⇨ **Youtube** oder die Tweets mit neuen Nachrichten bei ⇨ **Twitter**.

S Social media whore

Social media whore [sprich „souschel midia huhr"], dt. „Hure der sozialen Medien", ist jemand, der oder die alles tut, um eine große Anzahl an Kontakten zu generieren, beliebt zu sein und Anerkennung zu erhalten. Dazu werden teilweise Konten in allen bekannten sozialen Netzwerken eröffnet, dort Kontakte zu so vielen Menschen wie möglich gesucht und etwa bei ⇨**Twitter** wird jedem gefolgt.

Soziale Netzwerke sind das Leben einer Social media whore, der oder die rund um die Uhr online ist und ständig über alles berichtet, was er oder sie tut, ihm oder ihr in den Sinn kommt. Die meisten Social media whores machen dies aus privatem Interesse oder wie es das „urban dictionary" formuliert aus „psychologischer Notwendigkeit".

Es gibt jedoch auch Social media whores, die aus beruflichen Gründen eine große Anzahl Kontakte anstreben, da sie in der Werbung beschäftigt sind oder bei ihren Kontakten für eigene Dienstleistungen und Produkte werben möchten.

Eine direkte Einnahmequelle für Social media whores ist ⇨**YouTube**, da sich über häufig angesehene Videos beträchtliche Werbeeinnahmen erzielen lassen. Ein Beispiel ist Blondine Justine Ezarik, die als „iJustine" in Apple Stores tanzte. Mit diesen Tänzen und weiteren Videos, wie etwa einem Video über eine 300seitige Telefonrechnung, hat die junge Frau seit 2006 über 4 Millionen Abonnenten für ihre Videos gewonnen und 716 Millionen Videoabrufe erzielt.

Bei geschätzten 1,50 € pro 1.000 Abrufe an Werbeeinnahmen hat iJustine alleine durch die Videoabrufe etwa 1 Million € Umsatz erzielt. Dazu kommen Einnahmen durch ihren Blog, ihren „offiziellen iJustine Store" und weitere Aktivitäten innerhalb und außerhalb des Internets; Twitter-Konto von iJustine mit rund 1,9 Millionen Followern: https://twitter.com/iJustine.

Social Network [sprich „souschel netwörk"], dt. **Soziales Netzwerk**, sind (1.) Gemeinschaften im Internet, die auch als Netzgemeinschaften bezeichnet werden, und (2.) Webanwendungen oder Portale, die eine solche Gemeinschaft ermöglichen, wie zum Beispiel ⇨ **Facebook** und ⇨ **Twitter**. Sofern über eine solche Gemeinschaft neue Inhalte generiert werden, wird auch von sozialen Medien bzw. ⇨ **Social Media** gesprochen. Die Begriffe Social Network und Social Media werden meist wie Synonyme verwendet, da die meisten sozialen Netzwerke auch Social Media sind.

Social News [sprich „souschel njuhss"], dt. ⇨ **Soziale Nachrichten**, Zusammenstellen von Nach-

Social Trading, Social Investing

richten durch eine ⇨ **Community**, wie es etwa bei Digg unter www.digg.com und personalisierten Online-Zeitungen wie paper.li (https://paper.li/) der Fall ist. Auch ⇨ **Twitter** ist eine solche Nachrichten-Community, auch wenn das soziale Netzwerk nicht dafür entwickelt wurde. Das System des Weiterreichens von Nachrichten, die automatisch erstellten Filter für populäre Themen und die Suche bieten dem kundigen Twitter-Nutzer eine Aktualität, die bislang kein anderes Medium erreicht. Während die meisten Nachrichten-Communities hauptsächlich eine Art menschlicher Filter bereits vorhandener Nachrichten darstellen, werden bei Twitter durch die Nutzer ein beträchtlicher Anteil eigener Nachrichten eingestellt. Nur dadurch können soziale Nachrichten zeitlich aktuell sein. Sie hinken ansonsten den Meldungen der Nachrichtenagenturen und Verlage immer etwas hinterher, wenn auch meist nur wenige Stunden.

Social Search [sprich souschel sörtch"], **Social Search Engine** [sprich souschel sörtch endschin"] ist eine Suche bzw. ⇨ **Suchmaschine**, deren Ergebnisse auf der Bewertung von Links durch die Gemeinschaft beruhen. Das kann eine Sammlung von Lesezeichen sein wie bei ⇨ **Social Bookmarking** oder die Häufigkeit der Nennung oder Empfehlung in einem sozialen Netzwerk wie ⇨ **Facebook** und

⇨ **Twitter**. Es lassen sich auch personalisierte Suchergebnisse beruhend auf den Empfehlungen eigener Kontakte in einem oder mehreren sozialen Netzwerken erstellen.

⇨ **Google** hat eine solche personalisierte Suche 2012 für alle Nutzer eingeführt. In die Bewertung der Webseiten für die Google-Suchergebnisse fließen die Nachrichten aus Facebook, Twitter und ⇨ **Google Plus** ein. Die soziale Suche soll unter anderem Spam ausfiltern und im Fall der personalisierten Suche für den Einzelnen besonders interessante Angebote hervorheben. Für relevante Suchergebnisse wertet Google alle Informationen über den Nutzer aus, die der Suchmaschine über die Google-Dienste zur Verfügung stehen.

Social Software [sprich „souschel softwähr"], **Soziale Software**, sind Softwaresysteme zur Förderung der Kommunikation und Kollaboration, Aufbau sozialer Netzwerke und Communities. Entstanden ist dieser Fachbegriff im Jahr 2002 im Zusammenhang mit den ersten ⇨ **Wikis** und ⇨ **Weblogs**, heute gehören ⇨ **soziale Netzwerke** wie ⇨ **Facebook** und ⇨ **Twitter** dazu; Übersicht von Artikeln zum Thema Social Software von Google scholar: http://bit.ly/Awporq.

Social Trading, auch **Social Investing**, das; *Subst.*, ist die neueste

S Sockel

Entwicklung beim Online-Trading, also dem Handel mit Wertpapieren über das Internet. Das marktführende Netzwerk für Social Trading ist ⇨ **eToro**. Hier können die Käufe und Verkäufe anderer Trader kopiert werden und die Nutzer tauschen ihre Erfahrungen und Informationen aus; ⇨http://etoro.tw/2AcE9zq.

Sockel, der; *Subst.*, engl. **Socket**, bezeichnet den ⇨ **Steckplatz** eines ⇨ **Prozessors**. Häufig ist durch eine Zahl die Anzahl der Kontakte für die Pins des Prozessors angegeben. Daher ist Sockel 1155 (siehe Bild) beispielsweise ein Sockel mit 1155 Kontakten. Das gilt auch, wenn der Sockel alternativ mit LGA bezeichnet wird, also etwa LGA1155 oder PGA, also PGA1155. Es gibt jedoch auch andere Sockelbezeichnungen wie Sockel AM3 und alternative Bezeichnungen wie H für Sockel 1155 und H2 für Sockel 1156; Übersicht von Sockeln mit Bildern https://de.wikipedia.org/wiki/Prozessorsockel.

Socket, (1.) dt. ⇨ **Sockel** und (2.) auch die Bezeichnung eines Software-Moduls zum Austausch von Daten, das von Programmen für den Zugriff auf Daten aus dem Internet oder eines Rechners in einem anderen Netzwerk verwendet wird. Das Software-Modul arbeitet dabei meist bidirektional, kann also sowohl Daten senden als auch empfangen. Windows enthält ein Socket-Modul mit der Bezeichnung Winsock. Tritt bei einem Datenzugriff ein **Socket-Fehler** auf, kann auf dieser Microsoft-Webseite die Bedeutung nachgesehen werden: https://support.microsoft.com/de-de/kb/819124.

Sockel 1155 für Intel Core i3, i5 und i7 (Bild: Artem S. Tashkinov)

Softbounce [sprich „softbauns"] bezeichnet die Unzustellbarkeit einer ⇨ **E-Mail** wegen eines temporären Fehlers. Es wird dann vom ⇨ **E-Mail-Server** eine ⇨ **Bounce Message** verschickt. Siehe auch ⇨ **Hardbounce**.

Soft Fork, **Softfork**, ist eine Änderung am ⇨ **Bitcoin**-Protokoll durch die Blöcke bzw. Transaktionen nachträglich als ungültig bewertet werden. Eine solche Regeländerung ist rückwirkend, so dass das Protokoll auch für nach der Regelände-

Sone

rung durch neue ⇨**Nodes** erzeugte Blöcke gilt. Es wird unterschieden zwischen durch ⇨**Miner** aktivierte Softforks (**miner-activated softfork, MASF**) und durch ⇨**Full Nodes** ohne Unterstützung der Miner aktivierte Softforks (**user-activated softfork, UASF**); vergleiche ⇨**Hard Fork**.

Software [sprich „softwähr"], die; *Subst.*, Gesamtheit aller Computerprogramme.

Software as a Service [sprich „softwähr äs ä sörwis"], dt. Software als Dienstleistung, abgekürzt ⇨ **SaaS**, ist das Angebot zur Nutzung von Anwendungen und Software-Paketen in der ⇨ **Cloud**.

Software Wallet [sprich „softwähr wollet"] ist ein Programm zur Verwaltung der ⇨ **persönlichen Schlüssel** für die ⇨ **Coins** einer oder mehrerer ⇨ **Kryptowährungen**; ⇨ **Wallet**, ⇨ **Hardware-Wallet**, ⇨ **Multi-Coin-Wallet**, ⇨ **Anhang D: Übersicht der Multi-Coin-Wallets**.

Sone ist eine Maßeinheit für die **Lautheit**, also den Lärmpegel wie er vom Benutzer empfunden wird (subjektive Lautheit). Dies ist nicht direkt vergleichbar mit der gemessenen Lautstärke in ⇨ **dB(A)**. Denn das subjektive Empfinden hängt nicht nur von der Lautstärke, sondern auch von der Art und der Intensität des Geräusches ab.

Daher lassen sich Sone und dB(A) nur bei einer konstanten ⇨ **Frequenz** ineinander umrechnen. Während die Hersteller von Geräten die Lautstärke in dB(A) angeben, werden bei Tests oft auch die Angaben in Sone ermittelt. Dabei erfolgt die Messung von Sone durch Vergleich in einem Meter Abstand, bei Geräten mit in der Praxis geringerem Hörabstand wie etwa Notebooks auch darunter. Ferner erfolgt eine Messung bei Ruhe und im Betrieb, was zum Beispiel bei Laufwerken einen sehr großen Unterschied machen kann. Alles unter 1 Sone gilt als leise.

Ursprünglich wurde einem Sinuston mit der Frequenz 1 kHz und einem Schalldruckpegel von 40 dB SPL die Lautheit 1 zugeordnet (nach S. S. Stevenson, 1936). Eine Verdoppelung der empfundenen Lautheit führte damals wie heute zu einer Verdoppelung der Sone-Angabe.

Heutige Messergebnisse beruhen aber nicht auf diesem 1-kHz-Ton, denn das wäre wenig praxisrelevant. Vielmehr werden je nach Gerät und Praxisumfeld unterschiedliche Definitionen verwendet. Dabei kann 1 Sone schon bei weit unter 40 dB(A) als wahrnehmbar empfunden werden.

So liegt etwa bei Notebook-Messungen der Zeitschrift c't ein Sone bei etwa 30 dB(A); eine Lautstärke von 40 dB(A) ergibt schon ein Ergebnis von 2,6 bis 3,0 Sone.

Sone	Wahrnehmung
0,15	Nicht wahrnehmbar
0,3	Kaum wahrnehmbar (Blätterrascheln)
0,5	Kaum wahrnehmbar
1	Wahrnehmbar (leises Ticken eines Weckers)
2	Wahrnehmbar (normale Unterhaltung)
4	Laut (Fernseher auf Zimmerlautstärke)
8	Laut (Schreibmaschine)
16	Sehr laut (Musikanlage auf volle Lautstärke gedreht)

Anhaltspunkte für das Lautstärkeempfinden

Sony Memory Stick, der; *Subst.*, ⇨ **Memory Stick**, ⇨ **Memory Stick Duo**, ⇨ **Memory Stick PRO** und ⇨ **Memory Select**.

Soundblaster [sprich „saundblaster"], die; *Subst.*, ⇨ **Soundkarte**.

Soundkarte [sprich „saundkarte"], die; *Subst.*, bezeichnet heutzutage (1.) eine ⇨ **PCI**-Steckkarte (früher ⇨ **ISA**-Steckkarte), die zur Wiedergabe und Aufzeichnung digitalisierter Töne dient oder (2.) eine in einem ⇨ **Mainboard** über einen Soundchip integrierte Funktion.

Der PC-Anwender kann die Wiedergabe durch die Soundkarte per angeschlossenem Lautsprecher (Anschluss Speakers) oder Kopfhörer hören oder über Mikrofon (Anschluss Mic), Stereoanlage oder andere Klangquellen Töne zur Aufnahme oder Wiedergabe einspeisen (Anschluss Line-in). Zusätzlich ist meist ein kombinierter Anschluss für ⇨ **MIDI** oder ⇨ **Joystick** vorhanden. Dabei hängt die Qualität der Wiedergabe neben dem elektrischen Aufbau von der Anzahl gleichzeitig abspielbarer Töne, den Stimmen ab. Während frühere Soundkarten 8, 16, 32 und 64 Stimmen aufwiesen, leisten aktuelle Soundkarten bereits 128 Stimmen und sind damit in der Lage, Musik qualitativ sehr hochwertig wiederzugeben. Raumklang oder zumindest Stereo-Wiedergabe sind heute Standard.

Spezielle Soundkarten für Musiker ermöglichen den Anschluss mehrerer Instrumente per Klinkenstecker und deren digitale Verarbeitung getrennt über mehrere Kanäle zum Mischen, Bearbeiten und Aufzeichnen. Andere Soundkarten sind spezialisiert auf die Wiedergabe des Raumklangs von Video-DVDs oder unterstützen die Klangeffekte von Videospielen.

Spacefiller S

Der wohl bekannteste Soundkarten-Markenname ist ⇨ **Soundblaster** der Firma Creative Labs.

Sound onboard [sprich „saund on bohrd"], *Adj.*, bedeutet, dass die Funktion der ⇨ **Soundkarte** in das ⇨ **Mainboard** integriert ist. Diese Lösung ist mittlerweile auch bei hochwertigen PCs die Regel. Für spezielle Anwendungen etwa im Musik- oder Spielebereich lässt sich meist eine Soundkarte zusätzlich einbauen und die integrierte Soundkarten-Funktion abschalten.

source [sprich „sors"], dt. ⇨ **Quelle**.

Sourcecode [sprich „sorskohd"], der; *Subst.*, engl. **source code**, ⇨ **Quellcode**.

source file [sprich „sors feil"] ⇨ **Quelldatei**.

SourceForge [sprich „sors fordsch"], dt. wörtlich „Quell-Schmiede", das größte Download-Portal für ⇨ **Open-Source**-Programme und wird von Software-Entwicklern quelloffener Programme sowie kostenlos angebotener Programme (⇨ **Freeware**) zum Anbieten und Verwalten ihrer Programme genutzt. Software-Entwickler werden von SourceForge durch Dienste wie Fehlersuche, Download-Mirror, Mailing-Listen und Wikis zu Dokumentationszwecken unterstützt.

source language [sprich „sors längwidsch"] ⇨ **Quellsprache**.

source text [sprich „sors text"] ⇨ **Quelltext**.

source:Versender ist ein Suchoperator von ⇨ **Twitter**, mit dem sich Tweets herausfiltern lassen, die mit einem bestimmten Twitter-Tool oder -Dienst versendet wurden. Dabei kann als Versender zum Beispiel API (Schnittstelle von Twitter für Anwendungen), txt (Herkunft unbekannt) oder Web (Twitter selbst) eingetragen werden.

Soziale Medien ⇨ **Social Media**.

Soziale Nachrichten ⇨ **Social News**.

Soziales Netzwerk ⇨ **Social Network**.

Soziale Suche, **Soziale Suchmaschine** ⇨ **Social Search**.

SP, Abkürzung von **S**imple **P**rofile und ein Video-Format.

Space [sprich „späiz"] ⇨ **Leerzeichen**.

space bar [sprich „späiz bar"] ⇨ **Leertaste**.

Spacefiller [sprich „späisfiller"] ist eine andere Bezeichnung für ⇨ **CIH**, den ⇨ **Chernobyl-Virus**.

S Space-Key

Space-Key [sprich „späiz kie"] ⇨ **Leertaste**.

Spacer [sprich „späizer"], der; *Subst.*, dt. Abstandshalter, ist (1.) ein Kupferblech, Alublech oder Kupferblech mit Nickel- oder Silberüberzug, das den empfindlichen ⇨ **Die** bei der Montage des ⇨ **Kühlers** schützen, für den sicheren Halt des Kühlers sorgen und die Wärmeableitung verbessern soll. Der Einsatz eines solchen Spacers ist sinnvoll bei ⇨ **CPUs**, die den Die nicht schon serienmäßig durch eine Metallkappe schützen. Als Spacer werden (2.) auch Abstandsschichten zwischen den Layern optischer Datenträger bezeichnet. Ein solcher Spacer findet sich zum Beispiel zwischen ⇨ **Layer** 1 und 2 eines ⇨ **Double-Layer**-Rohlings. Auch beim ⇨ **Webpublishing** gibt es einen Spacer, der (3.) hier ein transparentes Bild darstellt, mit dem sich auf einer Webseite ein gewünschter Abstand zwischen einzelnen Seitenelementen erzielen lässt.

Space-Taste [sprich „späiz taste"], die; *Subst.*, ⇨ **Leertaste**.

Spaghetti-Code, der; *Subst.*, ist unübersichtlicher und unstrukturierter ⇨ **Quellcode** in einer höheren Programmiersprache, der für andere und häufig auch für den Programmierer selbst schwer nachzuvollziehen ist.

Spam [sprich „spähm"] ⇨ **Spam-Mail**, ⇨ **Netspam**.

Spam-Mail [sprich „spähm mäil"], die; *Subst.*, ist massenhaft versendete Werbung als ⇨ **E-Mail** oder mittlerweile auch ⇨ **SMS**, ohne Einwilligung des Empfängers.

Spammer [sprich „spämmer"], der; *Subst.*, ist jemand, der Massenwerbung per ⇨ **E-Mail** oder ein ⇨ **soziales Netzwerk** wie ⇨ **Twitter** versendet; ⇨ **Spam-Mail**. Vergleiche auch ⇨ **Spimmer**.

Spamming [sprich „spämming"], Versenden von ⇨ **Spam-Mail**.

SP/DIF, Abkürzung für **S**ony/**P**hilips **D**igital **I**nter**f**ace, ist ein von den Firmen Sony und Philips entwickeltes Verfahren zur digitalen Tonübertragung per ⇨ **Koaxialkabel** (Kupferkabel) oder optisch per ⇨ **Glasfaserkabel**. Sie finden SP/DIF als Ausgang an CD-, MD- und DVD-Playern und bei manchen ⇨ **Soundkarten** als Ein-/Ausgang.

SP/DIF-Copyright-Bit stellt einen digitalen Kopierschutz bei der Datenübertragung per ⇨ **SP/DIF** dar, der sich aber manipulieren lässt. So bieten etwa Terratec-Soundkarten im oberen Preisbereich diese Option. Ist das Copyright-Bit im SP/DIF-

Sperrbildschirm   S

Datenstrom auf 0 gesetzt, ist diesem ein Copyright zugewiesen. Dagegen wird der Datenstrom als nicht durch ein Copyright geschützt behandelt, wenn das Bit auf 1 gesetzt ist. Erkennt ein Gerät wie etwa ein DAT-Recorder das Copyright-Bit, ist ein Kopieren nicht mehr möglich. Daher wird es zum Kopieren vorher auf dem PC auf 1 gesetzt.

SP/DIF-Kabel, das; *Subst.*, ⇨ **Koaxialkabel**.

Speaker [sprich „spiehker"], der; *Subst.*, ist ein Lautsprecher.

Speicher, der; *Subst.*, ist ein Computerbaustein, der Informationen aufbewahrt (speichert). Es kann sich dabei um ⇨ **Arbeitsspeicher**, Pufferspeicher oder Speichermedien handeln.

Speicherabbild, das; *Subst.*, auch als ⇨ **Dump** oder ⇨ **Speicherauszug** bezeichnet, ist eine Kopie des Speicherinhalts, die bei Windows in einer Datei mit der ⇨ **Dateinamenerweiterung** ⇨ **DMP** gespeichert wird.

Speicherauszug, der; *Subst.*, auch als ⇨ **Dump** oder ⇨ **Speicherabbild** bezeichnet, ist eine Kopie des Speicherinhalts, die bei Windows in einer Datei mit der ⇨ **Dateinamenerweiterung** ⇨ **DMP** gespeichert wird.

Speicherkapazität, die; *Subst.*, gibt die Größe des ⇨ **Arbeitsspeichers** in ⇨ **KByte** oder ⇨ **MByte** oder die eines ⇨ **Massenspeichers** in MByte oder ⇨ **GByte** an. Speicher werden auch bereits in ⇨ **TByte** (TeraByte) gemessen.

Speicherkarte, die; *Subst.*, ist ein Speichermedium für ⇨ **Digitalkameras**, ⇨ **Smartphones** und andere mobile Geräte. Mit einem entsprechenden Schreib-/Lesegerät (⇨ **Card Reader**) kann auch ein PC auf die Speicherkarte zugreifen. Es gibt unterschiedliche Standards wie ⇨ **CompactFlash**, ⇨ **Sony Memory Stick**, ⇨ **MMC/SD** und ⇨ **Smart Media**. Siehe auch ⇨ **Memory Drive** und ⇨ **USB-Stick**.

Sperrbildschirm, engl. **Lock Screen, Lockscreen** [sprich „lockskrien"], der; *Subst.*, bei ⇨ **Windows 10**, ⇨ **Windows 8.1**, ⇨ **Windows 8** sowie Mobiltelefonen angezeigter Bildschirm. Der Sperrbildschirm erscheint nach dem Hochfahren des Rechners und nach dem Abmelden eines Benutzers zum Schutz vor unbefugtem Zugriff.

Auf dem Sperrbildschirm werden vom Benutzer in den Einstellungen freigegebene Informationen wie zum Beispiel die Uhrzeit, das Wetter, der Akkustand und eintreffende Nachrichten angezeigt (siehe Abbildung auf der nächsten Seite).

S Spider

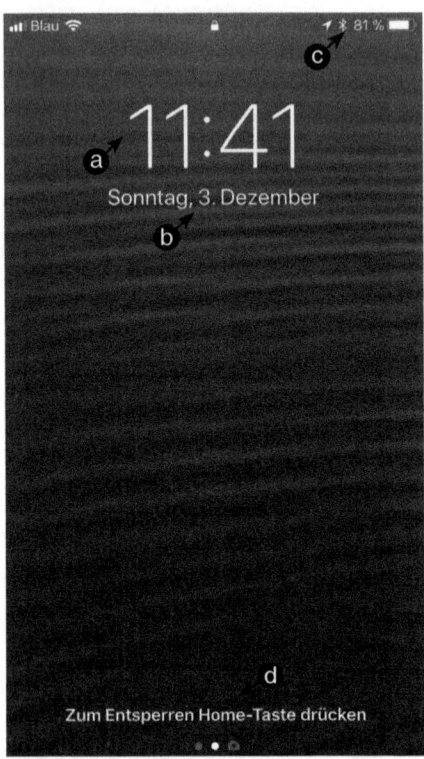

Der Sperrbildschirm eines ⇨ **iPhone** *mit* ⇨ **iOS 11**, *der die Uhrzeit* **ⓐ**, *das Datum* **ⓑ** *sowie den Ladezustand* **ⓒ** *und die Meldung „Zum Entsperren Home-Taste drücken"* **ⓓ** *anzeigt*

Spider [sprich „speider"], der; *Subst.*, ist eine spezialisierte Form eines ⇨ **Robots**, die Informationen für Suchmaschinen zusammenträgt.

Spigot ist ein ⇨ **Browser-Entführer**, der Suchmaschine und Startseite ändert. Der Anbieter verdient an Werbeeinnahmen auf der Seite und den erhobenen Daten. Im Task-Manager ist Spigot an zwei laufenden Prozessen searchprotection.exe zu erkennen; verwendet werden auch die Prozesse SearchSettings.exe und random.exe.

Spim, Abkürzung für **Sp**am over **I**nstant **M**essaging, also den Versand von ⇨ **Spam** über Messenger.

Spimmer, der; *Subst.*, bezeichnet jemanden, der per Instant Messaging massenhaft Werbung versendet. Der Begriff kann leicht mit ⇨ **Spammer** verwechselt werden.

Spindeldose, engl. ⇨ **Cakebox** [sprich „käikbocks"], die; *Subst.*, ist eine Kunststoff-Verpackung für CDs und DVDs, die darin auf einer Spindel aufgestapelt, also nicht einzeln in CD-Hüllen verpackt sind. Diese ⇨ **Spindelware** ist etwas günstiger als die einzeln verpackten optischen Datenträger. Eine Spindeldose enthält meist 25 CDs oder DVDs, es gibt aber auch solche mit 10, 15, 50 oder 100 CDs oder DVDs (siehe Abbildung auf der nächsten Seite).

Spindelware, die; *Subst.*, ist eine Vertriebsform von CD-Rohlingen bei der 10, 15, 25, 50, 100 oder mehr CDs auf einer Spindel sitzen, also nicht einzeln verpackt sind in einem Papierumschlag oder einem **Jewelcase** (Kunststoffverpackung); ⇨ **Spindeldose**.

Kaufen Sie Ihre CDs oder DVDs als Spindelware, denn dann sind die Rohlinge deutlich günstiger als einzeln verpackt im Jewelcase (Bild: Verbatim)

Spin-up [sprich „spin app"], Beschleunigen der Platten einer ⇨ **Festplatte** auf die für den Betrieb erforderliche Umdrehungszahl. Da dafür relativ viel Strom gebraucht wird, lassen sich mehrere Festplatten nur verzögert beschleunigen; ⇨ **Staggered spinup**.

Spionageprogramm, engl. ⇨ **Spyware**.

Splitter 📞, der; *Subst.*, wird an die vorhandene Telefondose angeschlossen und trennt die über die Telefonleitung übertragenen Frequenzen in zwei Frequenzbänder für die Sprach- und Datenkommunikation per Telefonie (bis 3 kHz) sowie ⇨ **DSL** (< 1 MHz) auf. Die Stromversorgung des Splitters erfolgt über die Telefondose. An den Splitter lassen sich ein Telefon sowie ein ⇨ **DSL-Modem** oder wahlweise ein DSL-Router anschließen.

Ein Splitter wird auch als ⇨ **BBAE** bezeichnet.

spon kennzeichnet einen „ge**spon**-serten" ⇨ **Tweet**, also eine bezahlte Werbenachricht, auch als #spon; ⇨ **Hashtag**.

Spoofing [sprich „spuh fing"], das; *Subst.*, steht für eine oft illegale Manipulation, um zum Beispiel beim ⇨ **IP-Spoofing** eine ⇨ **IP-Adresse** zu fälschen oder eine andere E-Mail-Adresse als Absender einer E-Mail oder von Spam einzusetzen. Es gibt aber auch technische Gründe für legales Spoofing. So wird etwa durch Poll-Spoofing der Kommunikationsaufwand gesenkt.

Spooler [sprich „spuhler"], der; *Subst.*, ist ein Hintergrundprogramm, das parallel zu anderen Programmen die Ausgabe von Daten auf dem Drucker durchführt. Durch das Spoolen der Druckdaten wird der Prozessor schneller vom Datentransport entlastet.

SPP, Abkürzung für das Protokoll ⇨ **Virtual COM ports**.

Sprachdigitalisierung, die; *Subst.*, Umwandlung von Sprache in digitale Daten (Binärzahlen), die der Computer verarbeiten kann.

Spreadsheet [sprich „sprädschiet"], das; *Subst.*, ⇨ **Arbeits-**

S Sprungliste

blatt aus einem ⇨ **Tabellenkalkulationsprogramm**.

Sprungliste, engl. **jump list**, ist eine mit ⇨ **Windows 7** neu eingeführte Liste, die direkt zu häufig genutzten Bildern, Dokumenten, Musiktiteln und Websites führt. Dazu klickt der Anwender mit der rechten Maustaste auf das Symbol einer geöffneten Anwendung in der Taskleiste. Unterstützt die Anwendung die Sprunglisten-Funktion, erscheint eine Liste mit den am häufigsten geladenen Dateien oder im Falle eines Browsers eine Liste mit Webseiten. Dazu wird ein Direktzugriff auf häufig benötigte Aufgaben angeboten, das Programm kann an der Taskleiste angeheftet oder geschlossen werden.

Sprungvorhersage oder **Verzweigungsvorhersage**, engl. Branch Prediction oder **Advanced Branch Prediction** ist eine Technologie zur Leistungssteigerung von Prozessoren, die mithilfe von ⇨ **Algorithmen** versucht, den nächsten Sprung und die wahrscheinliche Adresse vorherzusagen, um die Pipelines des Prozessors mit den Verarbeitungsschritten möglichst effizient zu nutzen.

Spyware [sprich „speiwähr"], die; *Subst.*, dt. Spionage-Software oder Spionage-Programm, wird im Regelfall ohne Wissen des Benutzers installiert und sammelt dann Informationen darüber, welche Seiten dieser im Internet besucht und was er dort macht. Teilweise werden die Browser-Einstellungen verändert, sodass zum Beispiel als Startseite eine Werbeseite erscheint. Im Internet wird plötzlich auf Webseiten Werbung angezeigt, auch wenn diese vorher werbefrei waren.

Es gibt auch Varianten, die sämtliche Tasteneingaben mitprotokollieren und Bildschirmkopien anfertigen. Letztere Software soll nach der Werbung der Hersteller dazu dienen, untreue Lebenspartner zu entlarven.

Denkbare Anwendungen sind aber auch ⇨ **Phishing** und die Überwachung von Mitarbeitern. In jedem Fall ist Spyware auf dem Rechner ein Sicherheitsrisiko, kann den Rechner verlangsamen und zu Fehlern und Abstürzen führen. Daher sollte der PC regelmäßig mit Programmen zum Schutz vor Spyware untersucht und bereinigt werden.

Eine Übersicht solcher Programme enthält die Tabelle auf Seite 526. Da Untersuchungen gezeigt haben, dass ein Tool allein bestenfalls etwa 60 % der Spyware findet, sollten mehrere der Programme kombiniert eingesetzt werden. Zusätzlich sind weitere Sicherheitsvorkehrungen zu treffen, wie regelmäßige Updates der verwendeten Windows-Version und aller anderen Microsoft-Programme, ein regelmäßig aktualisiertes ⇨ **An-**

tivirenprogramm und eine leistungsfähige ⇨ **Firewall**.

SQL, Abkürzung für **S**tructured **Q**uery **L**anguage, strukturierte Abfragesprache, ist eine von ⇨ **IBM** entwickelte genormte Abfragesprache für ⇨ **Datenbanken**.

SRAM, Abkürzung für **S**tatic **R**andom **A**ccess **M**emory, sind statische RAM-Bausteine, die ihre Speicherinhalte im Gegensatz zu dynamischen ⇨ **RAM**-Bausteinen (⇨ **DRAM**) auch ohne ständige Refreshzyklen behalten und kürzere Zugriffszeiten (20 bis 30 Nanosekunden) haben (siehe Tabelle auf der nächsten Seite).

S-Register, das; *Subst.*, Status-Register eines ⇨ **Modems**, in dem Einstellungen gespeichert werden.

SRG ⇨ **Senior Research Group**.

SSAA, Abkürzung für **S**uper-**S**ampling-**A**nti-**A**liasing, [sprich „super sämpling anti äläising"] dt. Supersampling, ist ein Verfahren zur Kantenglättung bei Grafikkarten; ⇨ **Anti-Aliasing**.

SSD, Abkürzung für **S**olid **S**tate **D**rive oder **S**olid **S**tate **D**isc, sind die Nachfolger der ⇨ **Festplatte**. SSDs kommen ohne mechanische Bauteile aus, da zur Speicherung der Daten ⇨ **Flash-Speicher** verwendet wird. Die Vorteile gegenüber der Festplatte sind der etwa 90 % geringere Stromverbrauch, die Lautlosigkeit im Betrieb, die geringe Betriebstemperatur, das geringere Gewicht, keine nachlassende Geschwindigkeit, da es keine Fragmentierung gibt, ein wesentlich schnellerer Datenzugriff sowie hohe Datensicherheit. Bislang werden SSDs jedoch kaum bei ⇨ **Desktop-PCs** sondern vor allem bei ⇨ **Notebooks** und ⇨ **Tablets** eingesetzt. Der Grund ist der relativ hohe Preis und die vergleichsweise niedrige Kapazität von maximal 2 TB.

Der nachträgliche Einbau von SSDs ist aufgrund der Standard-Baugrößen von 3,5, 2,5 und 1,8 Zoll bei einem neueren Desktop-PC oder Notebook problemlos möglich, da die meisten SSDs eine ⇨ **SATA**-Schnittstelle vom Typ 1, 2 oder 3 haben.

Für ältere PCs gibt es aber auch SSDs mit P-ATA/IDE. Nach dem Einbau werden SSDs vom ⇨ **BIOS** automatisch als „Festplatten" erkannt. Festplatten-Tools funktionieren jedoch nicht immer, machen auch teilweise keinen Sinn; so sind etwa Defragmentierungstools ⇨ **Defragmentierung** nicht erforderlich.

SSE ist eine Befehlssatzerweiterung der Prozessorfamilie Intel Pentium III.

SSH, Abkürzung für **S**ecure **S**ocket **S**hell, ein Protokoll für einen siche-

S SSH

	Tools gegen Spyware	Beschreibung	Download-Adresse
1.	Ad-Aware Free Antivirus+	Bewährtes AntiSpyware-Tool, das jedoch nicht als Antivirenprogramm verwendet werden sollte	http://www.lavasoft.com/products/ad_aware_free.php
2.	Malwarebytes Anti-Malware	Neben AdwCleaner das führende Programm zum Entfernen unerwünschter Programme	https://de.malwarebytes.org/
3.	Malwarebytes AdwCleaner	Die erste Wahl bei der Prüfung auf Spyware und unerwünschte Programme	https://www.malwarebytes.com/adwcleaner/
4.	O&O ShutUp10	Kostenloses AntiSpyware-Tool für Windows 10	https://www.oo-software.com/de/shutup10
5.	Search & Destroy	Etwas in die Jahre gekommenes, aber immer noch empfehlenswertes Tool gegen Spyware	https://www.safer-networking.org/de/dl/
6.	Spybot Anti-Beacon	Hindert Microsoft daran, die Nutzer von Windows 10 auszuspionieren	https://www.safer-networking.org/de/spybot-anti-beacon/
7.	Spyware Blaster	Erkennt sehr viele Spyware und Cookies, muss jedoch manuell aktualisiert werden	http://www.javacoolsoftware.com/spywareblaster.html
8.	XP AntiSpy	Erleichtert die Privatsphäre-Einstellungen bei Windows	http://xp-antispy.org/

Mit diesen acht Tools schützen Sie Ihre Privatsphäre bei Windows 10, 8.1 und 7 und bekommen Ihr System wieder frei von Datenspionen

Startbit S

ren Zugriff auf einen Rechner in einem Netzwerk mit einer verschlüsselten Datenübertragung.

SSI, Abkürzung für **S**male **S**cale **I**ntegration und bezeichnet einen aus heutiger Sicht wenig integrierten Chip mit unter 100 Schaltfunktionen.

SSID, Abkürzung für **S**ervice **S**et **Id**entifier, ist eine bis zu 32 Zeichen lange Kennung für ein ⇨ **WLAN**, sozusagen der Name des Funknetzes. Diese Kennung wird zusammen mit jedem Paket unverschlüsselt übermittelt. Auf Anforderung wird die SSID einem ⇨ **Client** übermittelt. Dieses SSID Broadcast wird als Sicherheitsrisiko angesehen und sollte daher deaktiviert werden.

SSL, Abkürzung für ⇨ **Secure Sockets Layer**.

SSO, Abkürzung für ⇨ **single sign-on**.

SSU, Abkürzung für ⇨ **Staggered Spinup**.

Staggered Spinup [sprich „stäggerd spinapp"] abgekürzt **SSU**, ist eine Technik für Rechner mit mehreren Festplattenlaufwerken, die nicht gleichzeitig eingeschaltet werden, sondern zeitverzögert oder wenn die vorhergehende Festplatte signalisiert hat, dass sie betriebsbereit ist. Das soll verhindern, dass das Netzteil überlastet wird, denn beim Einschalten braucht ein Festplattenlaufwerk den meisten Strom.

Stand-alone-Gerät [sprich „ständ älohn gerät"], das; *Subst.*, ist ein Gerät, das auch unabhängig vom PC oder einem anderen Gerät betrieben werden kann. Zum Beispiel können mit einem Multifunktionsgerät mit Fax-Funktion auch ohne PC-Anschluss Faxe versendet oder Seiten kopiert werden. Das Gerät kann also „stand-alone" betrieben werden.

Stand-by-Zeit [sprich „ständ bei zeit"] 📱, die; *Subst.*, gibt an, wie lange ein mobiles Gerät, meist ein Mobilfunktelefon oder Tablet, maximal betrieben werden kann. Die konkrete Zeit des aktiven Betriebs, beispielsweise die Gesprächszeit, ist weitaus kürzer.

Stapeldatei, die; *Subst.*, oder **Batchdatei** ist eine Textdatei mit der Namenserweiterung **BAT**, in der Befehle und Programmaufrufe zur automatischen Ausführung zusammengefasst werden. Eine Stapeldatei kann wie eine Windows-Anwendung mit dem Namen aufgerufen werden und läuft in der Eingabeaufforderung ab. Der Inhalt einer Batchdatei besteht aus ⇨ **ASCII**-Text und Steuerzeichen.

Startbit, das; *Subst.*, ist ebenso wie das ⇨ **Stopbit** ein Begrenzungsbit. Das Startbit wird in der ⇨ **asyn-**

Startbutton

chronen **Datenübertragung** eingesetzt, um den Anfang eines Zeichens oder eines Datenpakets zu definieren.

Startbutton [sprich „start baten"], engl. start button, ⇨ **Startknopf**.

Startdiskette, die; *Subst.*, ist eine Diskette mit einem startfähigen (bootfähigen) ⇨ **Betriebssystem**, die bei älteren PCs benötigt wird, wenn sich der Computer nicht mehr von der ⇨ **Festplatte** starten lässt oder nicht von dieser gestartet werden soll. Da aktuelle PCs kein Diskettenlaufwerk mehr enthalten, wird zum Starten im Notfall eine startfähige CD, DVD oder ein startfähiger USB-Stick verwendet.

Starterkartusche, die; *Subst.*, ⇨ **Startertoner**.

Starter-Satz, der; *Subst.*, auch als **Starterset** bezeichnet, ist der erste Satz ⇨ **Tintenpatronen**, der mit einem ⇨ **Tintenstrahldrucker** ausgeliefert wird. Die Tintenfüllmenge ist hier weit geringer als bei einer normalen Tintenpatrone. Der Kunde soll zwar drucken können, aber zur Umsatz- und Gewinnmaximierung des Herstellers möglichst bald dessen Originalpatrone nachkaufen. Durch zwei unterschiedliche Tintenpatronen wollen die Hersteller auch das ⇨ **Unbundling** unterbinden, bei dem die Originalpatronen entnommen und separat verkauft werden. Dabei unterscheidet sich die Tinte in den Startersets teilweise von der Tinte in den nachgekauften Tintenpatronen. HP befüllt die Druckköpfe seiner Tintenstrahldrucker zum Beispiel für den Transport mit schwach konzentrierter Tinte. Die mitgelieferten Host Ink Cartridges enthalten daher stärker konzentrierte Tinte, um die schwächer konzentrierte Tinte bei den ersten Ausdrucken anzureichern. Es ist fragwürdig, ob dieses Verfahren wirklich erforderlich ist oder nur vorgeschoben wird, um das Verhalten des Druckerherstellers gegenüber Verbrauchern und Wettbewerbshütern zu rechtfertigen.

Starterset, das; *Subst.*, ⇨ **Starter-Satz**.

Startertoner, der; *Subst.*, ⇨ **Startertonerkartusche**.

Startertonerkartusche, die; *Subst.*, auch als **Starterkartusche** und **Startertoner** bezeichnet, bei der Auslieferung eines ⇨ **Laserdruckers** enthaltene Tonerkartusche, die meist maximal die Hälfte an Toner im Vergleich zu einer normalen Tonerkartusche enthält. Der Kunde soll zwar drucken können, aber zur Umsatz- und Gewinnmaximierung des Herstellers möglichst bald dessen Originaltoner nachkaufen.

Durch zwei unterschiedliche Tonerkartuschen wollen die Hersteller auch das ⇨ **Unbundling** unterbinden, bei dem die Originalkartuschen aus dem Laserdrucker entnommen und separat verkauft werden. Der Laserdrucker wird in einem solchen Fall ohne Toner oder mit einem Fremdprodukt ausgeliefert. Durch ⇨ **RFID** oder andere technische Maßnahmen soll zudem verhindert werden, dass die geleerte Tonerkartusche bei einem Fremdhersteller nachgefüllt und dann erneut verwendet wird. Das unmoralische Verhalten, das die Umwelt unnötig schädigt und den Geldbeutel der Kunden belastet, wird mitunter mit technischen Notwendigkeiten begründet, die wenig glaubwürdig erscheinen und sicher vermeidbar wären.

Startknopf, auch **Startbutton** ist das Windows-Symbol am linken Rand der Taskleiste, das zum Aufruf des ⇨ **Startmenü** bei ⇨ **Windows 10** oder zum Umschalten zur ⇨ **Startseite** mit den Kacheln bei ⇨ **Windows 8.1** und ⇨ **Windows 8** verwendet wird.

Startleiste, die; *Subst.*, ⇨ **Taskleiste**.

Startmenü, das; *Subst.*, das durch Anklicken des ⇨ **Startknopf**s aufgerufene Menü von ⇨ **Windows 10** und ⇨ **Windows 7** sowie dessen Vorgängern. In ⇨ **Windows 8.1** und ⇨ **Windows 8** hat Microsoft das Startmenü gegen die ⇨ **Startseite** mit den Kacheln ausgetauscht.

Einzelne PC-Hersteller wie Samsung haben PCs mit Windows 8.1 und 8 jedoch mit einem eigenen Startmenü ausgeliefert. Das Startmenü lässt sich auch mit dem Tool Classic Shell (http://classicshell.net/ in englischer Sprache) kostenlos nachrüsten.

Startpage [sprich „startpäidsch"] ist (1.) eine anonyme Suchmaschine aus den Niederlanden, die Suchanfragen zur Suchmaschine Google weiterleitet, ohne die Daten des Nutzers zu übermitteln. Neben Startpage betreibt der Anbieter auch die Suchmaschine **Ixquick**, die abgesehen von Name und Internetadresse jedoch identisch ist; https://www.startpage.com, https://www.ixquick.de/deu/. Ein (2.) Schadprogramm verwendet den Namen der Suchmaschine Startpage, ändert die Browser-Startseite auf eine gefälschte Seite und spioniert den Nutzer aus.

Startseite, die; *Subst.*, engl. start page, ist der Ersatz für das weggefallene ⇨ **Startmenü** bei ⇨ **Windows 8.1** und ⇨ **Windows 8**, bei dem über Kacheln die Apps bzw. Windows-Anwendungen aufgerufen werden.

Startwert ⇨ **Seed Key**.

State of the Art [sprich „stäit of dsi art"], dt. Stand der Technik (von Hardware oder Software).

S — status bar

status bar ⇨ Statusleiste.

StatusBar 📱, die; *Subst.*, Leiste oben auf dem Display eines ⇨ **Smartphones** mit der Feldstärkeanzeige, dem Namen des Mobilfunkproviders, Ladezustand, Datum und Uhrzeit sowie eventuell weiteren Informationen wie etwa Symbole für aktiviertes ⇨ **Bluetooth** oder ⇨ **WLAN**.

Statusleiste, die; *Subst.*, engl. status bar, ist am unteren Rand des Fensters einer ⇨ **Anwendung** angeordnet und zeigt die Statusmeldungen der Anwendung an. Aus Platzgründen handelt es sich dabei meist um Abkürzungen wie „Ze" für „Zeile" oder „ÜB" für „Überschreibmodus". Dies kann in Kombination mit Zahlenangaben erfolgen, zum Beispiel als „Ze 21" für „Zeile 21". Siehe auch ⇨ **Menüleiste**, ⇨ **Symbolleiste** und ⇨ **Titelleiste**.

STD, Abkürzung für **S**uspend **t**o **D**isk, ist ein Energiesparmodus, bei dem der Arbeitsspeicherinhalt auf der Festplatte ausgelagert wird.

Stealth Adress, dt. ⇨ **Tarnadresse**.

Stealth-Virus, dt. **Tarnkappenvirus**, die Bezeichnung kommt von den amerikanischen Stealth-Bombern. Als Stealth-Viren werden Schadprogramme bezeichnet, die mit Hilfe von Tarnmechanismen (⇨ **Stealthing-Methoden**) versuchen, sich der Entdeckung durch Antiviren-Programme zu entziehen.

Stealthing-Methoden, die; *Subst.*, sind von ⇨ **Stealth-Viren** angewendete Methoden, um eine Entdeckung durch ⇨ **Antivirenprogramme** zu verhindern. Dabei werden die Methoden **Read Stealthing** (Verbergen beim Lesen), **Simple Stealthing** (Einfaches Verbergen) und **Size Stealthing** (Verbergen der Größenänderung einer Datei durch ein Schadprogramm).

Steckbrücke, die; *Subst.*, oder ⇨ **Jumper** wird zur Verbindung zweier Kontakte (Stifte) verwendet und dient zum Einstellen von ⇨ **Festplatten**, ⇨ **Hauptplatinen** und ⇨ **Erweiterungskarten**. Eine Steckbrücke hat meist die Form eines kleinen schwarzen Quaders und wird auf die Stifte aufgesetzt, wenn die Konfiguration dies erfordert. Die möglichen Einstellungen sind im Handbuch zum jeweiligen Gerät beschrieben oder auch auf der Komponente aufgedruckt.

Steckkarte, die; *Subst.*, ⇨ **Erweiterungskarte**.

Steckplatz, der; *Subst.*, ist eine Steckerleiste, die den Einbau einer ⇨ **Erweiterungskarte** ermöglicht; ⇨ **Slot**. Aktuelle Steckplätze auf PC-Mainboards sind ⇨ **AGP**, ⇨ **PCI** und Riser-Slot.

Stepper, der; *Subst.*, ist eine Maschine zur Produktion von ⇨ **Wafern**.

Steuerknüppel, der; *Subst.*, ⇨ **Joystick**.

Steuertaste, die; *Subst.*, ist eine Taste, die kein Zeichen erzeugt und eine Aufgabe zur Steuerung der ⇨ **Einfügemarke** bzw. des ⇨ **Cursors** oder ⇨ **Mauspfeils** oder eine andere spezielle Funktion hat, wie etwa eine Eingabe abzuschließen.

Zu den Steuertasten gehören die ⇨ **Alt-Taste**, die ⇨ **Alt Gr-Taste**, die ⇨ **Esc-Taste**, die ⇨ **Rückschritt-** oder **Backspace-Taste**, die ⇨ **Strg-Taste**, die ⇨ **Tabulator-Taste**, die ⇨ **Umschalt-Taste** und die ⇨ **Feststelltaste** sowie die ⇨ **Eingabe-** oder **Enter-Taste**.

Steuerung-Taste, die; *Subst.*, ⇨ **STRG-Taste**, ⇨ **CTRL-Taste**.

STG, Abkürzung für **Shoot `em up**, ⇨ **Ballerspiel**.

Stickware [sprich „stickwähr"] ist eine andere Bezeichnung für ⇨ **portable Programme**, die sich von einem ⇨ **USB-Stick** aus betreiben lassen. Der Name rührt von dem USB-Stick her, die Stickware ist aber wie andere portable ⇨ **Software** bzw. portable ⇨ **Anwendungen** nicht auf einen USB-Stick beschränkt, sondern kann auch auf Speicherkarten aller Art gespeichert werden. Die meisten solcher Programme sind für ⇨ **Windows**, es gibt aber auch portable Software für ⇨ **Linux** und ⇨ **Mac OS**.

Der Vorteil von Stickware besteht darin, dass Sie Ihre gewohnte Programmumgebung und Ihre damit verwalteten bzw. bearbeiteten Daten überall mit hinnehmen und auf jedem Rechner bearbeiten können (sofern dieser nicht gegen die Benutzung von USB-Sticks bzw. nicht freigegebenen Programmen geschützt ist und über einen freien USB-Anschluss verfügt).

Zu Stickware zählen zum Beispiel FileZilla (FTP-Client), FoxitReader (PDF-Reader), freeCommander Portable (Dateiverwaltung), Mozilla Firefox Portable (Browser), Mozilla Thunderbird (E-Mail-Client), Skype portable (Internet-Telefonie) und XnView Portable (Bilderverwaltung). Weitere Stickware finden Sie auf diesen Webseiten, allerdings sind Software und Webseite nicht immer in deutscher Sprache: https://portableapps.com/, https://www.pendriveapps.com/ und http://www.portablefreeware.com.

Stiftscanner [sprich „schtiftskänner"], der; *Subst.*, ist ein spezialisierter ⇨ **Scanner** in Form eines etwas größeren Stifts, bei dem anstelle der Mine ein optischer Sensor das Erfassen kürzerer Texte ermög-

S Stimmen

licht. Der Stiftscanner ist entweder per Kabel mit einem PC verbunden oder hat einen integrierten Speicher zur Zwischenlagerung der Texte bis zur Übertragung auf den PC.

Stimmen, die; *Subst.*, bezeichnen bei ⇨ **Soundkarten** die Anzahl der gleichzeitig abspielbaren Instrumente oder unterschiedlichen Töne.

Stitch-Programm, das; *Subst.*, ist ein Programm zum Zusammenfügen einzelner Bilder zu einem Panoramabild. Ein solches Programm ist zum Beispiel „The Panorama Factory", das auch in deutscher Sprache erhältlich ist; http://bit.ly/2BC3fVo

Stopbit, das; *Subst.*, ist ebenso wie das ⇨ **Startbit** ein Begrenzungsbit. Das Stopbit wird in der ⇨ **asynchronen Datenübertragung** eingesetzt, um das Ende eines Zeichens oder eines Datenpakets zu definieren.

Storage Pool [sprich „stohrridsch puhl"], Bezeichnung für eine Technologie von ⇨ **Windows 10** und ⇨ **Windows 8**, mit der sich mehrere physikalische ⇨ **Festplatten** zu einem Speicherpool zusammenfassen lassen. Dabei können alle am Rechner per ⇨ **USB**, ⇨ **SATA** und ⇨ **SCSII** intern und extern angeschlossenen Festplatten einbezogen werden. Ein solcher Speicherpool lässt sich durch Anstecken einer weiteren USB-Festplatte ganz einfach erweitern. Es ist aber von Windows aus kein direkter Zugriff auf eine der physikalischen Festplatten im Speicherpool mehr möglich, dieser lässt sich nur noch als eine virtuelle Festplatte verwenden, auf der die neuen ⇨ **Storage Spaces** angelegt werden. Dabei ist der verfügbare Speicherplatz weitaus größer als die Summe der einzelnen Festplatten. Microsoft gibt als Beispiel 10 TB bei zwei verbundenen 2-TB-Festplatten an. Das erfolgt über ⇨ **Thin Provisioning**, wobei der Speicherplatz reserviert wird und eine Meldung erscheint, wenn der physikalische Speicher nahezu erschöpft ist. Dann muss der Benutzer entsprechend dem Bedarf entweder weitere Laufwerke hinzufügen oder nicht mehr benötigte Daten löschen.

Storage Spaces [sprich „stohrridsch späissis"] ist eine neue Art der Speicherverwaltung, die ⇨ **Microsoft** mit ⇨ **Windows 8** eingeführt hat und die auch bei ⇨ **Windows 10** vorhanden ist. Damit lassen sich wie bei ⇨ **RAID** mehrere Festplatten als ⇨ **Storage Pool** zu einer gemeinsamen virtuellen Platte zusammenfassen. Erforderlich sind dazu mindestens zwei zusätzliche Festplatten neben der Systemfestplatte mit Windows. Dabei kann es sich um interne oder externe Laufwerke (⇨ **USB**, ⇨ **SATA**, ⇨ **SAS**) handeln. ⇨ **SSD** sind ebenfalls verwendbar.

Streaming

Dieser Speicherpool kann nun zum Anlegen eines oder mehrerer Storage Spaces verwendet werden. Das ist in etwa wie eine virtuelle Festplatte zu verstehen. Das Verwalten eines Storage Space unterscheidet sich kaum von dem einer realen Festplatte; ein Storage Space wird über die Systemsteuerung partitioniert und formatiert und die darauf gespeicherten Daten können über Bitlocker verschlüsselt werden. Die Dateien werden zudem aus Sicherheitsgründen redundant auf zwei oder drei der verbundenen Festplatten gespeichert.

Fällt eine Festplatte aus, wird diese ausgetauscht und Windows reorganisiert die Daten wieder wie bei einem RAID-System. Von einem Storage Space kann jedoch nicht gebootet werden. Die Geschwindigkeit soll der von RAID 0 und RAID 10 entsprechen. Eine Kombination von RAID und Storage Spaces wird nicht empfohlen.

STR, Abkürzung für **S**uspend **t**o **R**AM, ist ein Energiesparmodus für Notebooks.

Stream [sprich „striehm"], der; *Subst.*, dt. Datenstrom, ist eine ⇨ **Client-Server**-Technologie mit der sich Audio- und Videodaten bereits während des Herunterladens anhören bzw. ansehen lassen. Dazu sendet der ⇨ **Server** die Audio-/Videodaten nicht wie beim ⇨ **Download** am Stück, sondern kontinuierlich. Die Multimedia-Datei wird dazu in kleine Stücke, ⇨ **Chunks**, zerteilt.

Diese Chunks werden in Echtzeit nacheinander an den anfragenden ⇨ **Client** geschickt. Mit der ⇨ **Stream**-Technologie funktionieren im Internet Internet-Radio- und TV-Übertragungen, und es können Kinotrailer und Musikvideos angesehen werden. Die Multimedia-Streams lassen sich mit entsprechenden Tools auf der Festplatte abspeichern. Viele Anbieter schließen das Speichern aber in ihren Lizenzbedingungen aus und ergreifen Schutzmaßnahmen dagegen, indem sie die ⇨ **IP-Adresse** des Servers so weit wie möglich verbergen.

Streamer [sprich „striehmer"], der; *Subst.*, ist ein ⇨ **Bandlaufwerk** zur Datensicherung auf Magnetband-Kassetten.

Streaming [sprich „striehming"], das; *Subst.*, bedeutet, dass zum Hören von Audios oder Sehen von Videos aus dem Internet nicht erst eine Datei heruntergeladen werden muss, sondern die Wiedergabe nach einer kurzen Zeitspanne zum Füllen eines Puffers zusammen mit der Datenübertragung läuft. Je höher die Geschwindigkeit des Internetanschlusses ist, umso besser wird die Qualität. Streaming erfolgt meist mit Windows Media Video, QuickTime, Real Audio, Real Video oder MP3.

S | Strg-Taste

Strg-Taste [Strg], die; *Subst.*, oder ⇨ **Steuerung-Taste**, auf englischen Tastaturen ⇨ **Ctrl-** bzw. ⇨ **Control-Taste**, ist eine ⇨ **Steuertaste**. Durch gleichzeitiges Drücken von [Strg] mit einer der Funktionstasten [F1] bis [F12] oder einer anderen Taste können weitere Funktionen, Makros oder Programme abgerufen werden. Außerdem dient [Strg] zusammen mit einer oder mehreren weiteren Tasten gedrückt als ⇨ **Tastenkombination** zum Aufruf eines Makros oder Programms.

strudel ⇨ **@**.

Stylus [sprich „steilus"], der; *Subst.*, Bezeichnung für den Stift, der zur Bedienung eines ⇨ **Smartphones** oder ⇨ **Tablet**-PCs über einen ⇨ **Touchscreen** verwendet wird. Eine veraltete Bezeichnung ist **Pen**. Der Stylus kann zur Bedienung zwingend erforderlich sein oder optional, wenn sich der Touchscreen mit den Fingern bedienen lässt. Ein Stylus wird dann hauptsächlich zum Schreiben, Zeichnen oder Malen verwendet, wo es auf eine feinere Spitze als die der eigenen Finger ankommt. Zu ⇨ **iPhone** und ⇨ **iPad** wird eine große Vielfalt solcher Stifte angeboten, die sich beim verwendeten Material, der Stiftdicke, der Stiftspitze und nicht zuletzt beim Preis deutlich unterscheiden. Hinweise zur Auswahl finden Sie in diesem Artikel des Autors: http://bit.ly/xyyo9e.

Subwoofer [sprich „sab wuhfer"], der; *Subst.*, ist ein Lautsprecher für eine Heimkinoanlage, der die tiefen Töne hervorbringt und an beliebiger Stelle im Raum platziert werden kann. Zusammen mit den ⇨ **Satelliten** erzeugt der Subwoofer einen Raumklang (siehe auch ⇨ **Heimkinoton**).

Suchmaschine, die; *Subst.*, engl. search engine, [sprich „sörtsch enschin"], abgekürzt **SE**, ist ein webbasierter, kostenlos angebotener Dienst, der zu einem eingegebenen Suchbegriff eine Liste von Webseiten anzeigt, die diesen Suchbegriff oder thematisch dazu passende Informationen enthalten. Die mit weitem Abstand am meisten genutzte Suchmaschine ist ⇨ **Google**. Daneben gibt es eine Vielzahl weiterer Suchmaschinen wie ⇨ **Yahoo!** oder ⇨ **Bing** von Microsoft; Liste rund 700 weltweiten Suchmaschinen: http://bit.ly/2jR18G4.

Suchschlitz, der; *Subst.*, Feld zur Eingabe eines Suchbegriffs in Anwendungen und auf Webseiten wie einer ⇨ **Suchmaschine** (siehe Abbildung auf der nächsten Seite).

Sütterlin, die, „deutsche Schrift", bis in die 80er Jahre hinein an deutschen Schulen unterrichtet, ist im Umfang von ⇨ **Windows** nicht enthalten, lässt sich jedoch über ⇨ **TrueType-Fonts** installieren. Die Suche nach *sütterlin* und *font* in ei-

SuperSpeed S

Die Startseite mit dem Suchschlitz wird von Google aktuellen Ereignissen entsprechend ständig neu dekoriert wie hier zum 200. Geburtstag von Charles Dickens

ner Suchmaschine führt zu zahlreichen Angeboten unterschiedlicher Schriften, wobei hier Vorsicht geboten ist und auf den Anbieter geachtet werden sollte, da betrügerische Angebote mit Schadprogrammen nicht ausgeschlossen und nicht alle Angebote kostenlos sind. Ein kostenloses und sicheres Angebot ist der Sütterlin-TrueType-Font von R.G. Arens der Universität Saarbrücken: http://www.giga.de/downloads/suetterlin/.

Suffix, das; *Subst.*, ⇨ **Dateinamenerweiterung**.

SUHD ist eine Bezeichnung von Samsung für ⇨ **4K**-Fernseher mit der ⇨ **Quantum-Dot**-Technologie, bei der winzige Nanokristalle das Bild erzeugen. Es sollen sich dadurch 64mal mehr Farben erzeugen lassen als bei Fernsehern mit herkömmlicher Technik und die Fernseher sind sehr sparsam beim Energieverbrauch. Im Vergleich zu OLED-Displays bieten SUHD-Displays jedoch nicht so viel Kontrast.

SuperSpeed [sprich „superspied"] ist eine andere Bezeichnung für

SuperSpeed+

⇨ **USB 3.0**, das mit geeigneter ⇨ **Hardware** und ⇨ **Software** eine 10-fach höhere ⇨ **Datenübertragungsrate** als USB 2.0 erreichen soll (bis zu 5 Gigabyte pro Sekunde). Welche Geschwindigkeitssteigerung in der Praxis mit SuperSpeed bei der Datenübertragung erreicht werden soll, verdeutlicht das Beispiel der Übertragung eines HD-Filmes mit einem Dateiumfang von 25 Gigabyte:

- USB 1.0: Übertragungsdauer 9,3 Stunden

- USB 2.0: Übertragungsdauer 14 Minuten

- USB 3.0: Übertragungsdauer 70 Sekunden

Dieses Beispiel von Microsoft zeigt den enormen Leistungszuwachs durch SuperSpeed bzw. USB 3.0. USB 3.0 ist Bestandteil vieler aktueller ⇨ **Hauptplatinen** und lässt sich bei älteren Rechnern über eine USB-3.0-Controllerkarte preiswert nachrüsten.

SuperSpeed+ [sprich „superspied plus"] ist eine andere Bezeichnung für ⇨ **USB 3.1**, Gen 2, das mit geeigneter ⇨ **Hardware** und ⇨ **Software** eine doppelt so hohe ⇨ **Datenübertragungsrate** als USB 3.0 bzw. USB 3.1 Gen 1 erreichen soll (10 Gigabyte).

Die Zeitersparnis im Vergleich zu USB 3.0 zeigt sich allerdings erst beim Übertragen großer Datenmengen wie bei der Datensicherung. Dauert das Sichern von 500 MB Daten auf eine externe USB-Festplatte mit SuperSpeed zum Beispiel 23 Minuten und 20 Sekunden, wäre diese Sicherung mit SuperSpeed+ bereits in 11 Minuten und 40 Sekunden beendet, also rund 12 Minuten eher.

Derzeit sind die meisten Geräte auf dem Markt jedoch nur für SuperSpeed oder USB 2.0 ausgelegt, so dass sich bei einem USB-3.1-Anschluss kein oder zumindest kein so großer Zeitvorteil ergibt. Anschlüsse nach USB 3.1 Gen 2 sind auch nur bei neueren Mainboards der oberen Leistungsklasse vorhanden, also auch nicht bei jedem neuen PC und auf jeden Fall nicht bei PCs mit Baujahr vor 2014.

Super-Taste, die; *Subst.*, ist eine spezielle Taste (Befehlstaste) auf Tastaturen für ⇨ **Linux**.

Super-VHS ⇨ **S-VHS**.

Super Video CD, die; *Subst.*, abgekürzt **SVCD**, ist ein Nachfolgesystem auf Basis der ⇨ **Video-CD**. Zunächst wurde dieses System in China als Chaoji VCD entwickelt, später kam es dann unter Einfluss von Philips zu seinem heutigen Namen. Der Vorteil gegenüber ⇨ **VCD** liegt in der doppelten Datentransferrate und dem ⇨ **MPEG-2** Encoder (bei VCD MPEG 1) mit einer Auflösung von 480 x 576 (⇨ **PAL**). Damit kommt die SVCD der ⇨ **DVD** qualitativ schon sehr nahe. Der Nachteil ist der größere Datenumfang, sodass zum Speichern eines Kinofilms 2 bis 3 SVCDs benötigt werden.

Support [sprich „suport"], der; *Subst.*, ⇨ **Hotline**.

surfen [sprich „sörfen"], *Verb*, Betrachten von Internetseiten mit einem ⇨ **Browser**.

Surround Sound ist Raumklang mit 5, 6 oder 8 Lautsprechern plus einem ⇨ **Subwoofer**; ⇨ **Heimkinoton**.

SVCD ⇨ **Super Video CD**.

SVGA ist eine Bezeichnung für einen Grafikmodus mit einer Auflösung von 800 x 600 Pixeln; ⇨ **VGA**.

S-Video ist ein Videosignal, bei dem Helligkeit (Luminanz) und Farbe (Chrominanz) getrennt übertragen werden. Damit wird im Vergleich zum ⇨ **Composite**-Videosignal eine bessere Bildqualität erzielt.

Swapfile [sprich „swäppfeil"], die; *Subst.*, ⇨ **Auslagerungsdatei**.

Sweeple, Kunstwort aus engl. **swee**t und peo**ple**, sind nette/süße/ freundliche ⇨ **Twitter**-Nutzer.

Sweet Page ist ein ⇨ **Browser-Entführer**, der Suchmaschine und Startseite in www.sweet-page.com ändert. Der Anbieter verdient an Werbeeinnahmen auf der Seite und den erhobenen Daten.

Switch [sprich „switsch"], der; *Subst.*, verbindet mehrere Computer in einem ⇨ **LAN**, so wie es auch bei einem ⇨ **Hub** der Fall ist. Im Unterschied zum Hub kann der Switch jedoch die einzelnen Computer direkt ansprechen, da er sich die Port-Zuordnung merkt. So müssen die Daten nicht im Netzwerk an alle Rechner gesendet werden, was einen Zeitvorteil ergibt. Zudem sind Switches meist über einen Uplink-Port kaskadierbar, es lassen sich also mehrere Switches hintereinanderschalten und somit entsprechend mehr Rechner vernetzen. Der Uplink-Port lässt sich auch zum Anschluss eines ⇨ **DSL-Modems** verwenden, um allen Rechnern im Netzwerk einen Internet-Zugang zu ermöglichen. Der Zugang ist jedoch anders als beim ⇨ **Router** nicht gleichzeitig möglich, es kann also immer nur ein Computer im Internet angemeldet sein. Ein Switch ist geringfügig teurer als ein Hub, jedoch wegen der größeren Leistungsfähigkeit meist die bessere Wahl.

SXGA, Abkürzung für **S**uper **E**xtended **G**raphics **A**rray und steht für die Bildauflösung mit 1.280 x 1.204 Pixeln. Teilweise erfolgt diese Anga-

SXGA+ oder SXGA Plus

be auch bei Notebooks mit 1.400 x 1.050 Pixel, obwohl hierfür die richtige Bezeichnung ⇨ **SXGA+** lautet.

SXGA+ oder **SXGA Plus** steht bei Notebooks für die Bildauflösung des TFT-Displays mit 1.400 x 1.050 Pixel bei einem Seitenverhältnis von 4:3 und dient der Unterscheidung zu ⇨ **SXGA**.

Symbol, das; *Subst.*, engl. ⇨ **Icon** ist ein kleines Bild, das für eine Anwendung, eine Datei, eine Verknüpfung, einen Ordner oder ein Laufwerk stehen kann.

syncen, *Verb*, Synchronisieren von Daten zwischen zwei oder mehr Rechnern und Mobilgeräten wie ⇨ **Smartphone** und ⇨ **Tablet**.

Synchrone Datenübertragung, die; *Subst.*, Datenübertragung einzelner Zeichen in festgelegten Zeitintervallen ohne ⇨ **Start-**/⇨ **Stopbit** (⇨ **asynchrone Datenübertragung**).

Sysadmin, Abkürzung für ⇨ **Systemadministrator**.

Sysadminday ist ein jährlich an jedem letzten Freitag im Juli begangener Gedenktag für ⇨ **Systemadministratoren**, der seit dem 28. Juli 2000 stattfindet und vom Systemadministrator Ted Kekatos erfunden wurde.

Sysop, der; *Subst.*, Abkürzung für **Sys**tem-**Op**erator, Betreiber einer ⇨ **Mailbox** (⇨ **Cosysop**) oder eines ⇨ **BBS-Systems**.

Systemabsturz, der; *Subst.*, bezeichnet den Zusammenbruch des Betriebssystems, das dann nicht mehr auf Eingaben des Benutzers oder Anfragen von Anwendungen reagiert. Je nach Einstellung im ⇨ **BIOS** oder des Betriebssystems kann der Rechner sofort neu hochfahren oder einen ⇨ **Blue Screen** anzeigen. Hier hilft nur ein Neustart des PCs per ⇨ **Reset-Taste** oder Ein-/Ausschalter.

Systemadministrator, abgekürzt **Admin** oder **Sysadmin**, der; *Subst.*, hat von der Wortbedeutung her ein Computersystem zu verwalten oder als Netzwerkadministrator ein Netzwerk. In kleineren und mittleren Unternehmen und als Selbstständiger hat ein Sysadmin jedoch ein weites Aufgabenfeld vom Einrichten der Rechner und Aufbau des Netzwerks über dessen Pflege sowie Programmieraufgaben bis hin zum eigentlichen Verwalten der Benutzerrechte und Rechnerressourcen.

Je nach Aufgabengebiet ist dazu ein breites Wissen über verschiedene Betriebssysteme, Plattformen, Programmiersprachen, Datenbanksysteme und Speichersysteme erforderlich. Ein Sysadmin hat häufig eine hohe physische und psychische

Belastung, denn er muss in Problemfällen schnell eine Lösung finden, damit der Betrieb weiter läuft oder die jeweils betroffenen Mitarbeiter weiter arbeiten können.

Laut der Hans-Böckler-Stiftung arbeiten rund 60 Prozent der Systemadministratoren mehr als vertraglich vereinbart und erhalten die Mehrarbeit auch überwiegend bezahlt oder können dafür einen Freizeitausgleich nehmen. Die Bezahlung richtet sich nach Erfahrung, Branche, Größe des Betriebs und Arbeitsumfang. Nach einer Online-Umfrage von Lohn-Spiegel.de erhalten Systemadministratoren auf der Basis einer 38-Stunden-Woche ein monatliches Bruttogehalt zwischen 2.804 und 3.601 € monatlich: https://www.lohnspiegel.de/html/systemadministratiorinnen.php; Übersicht von Wikipedia der Berufsbezeichnungen, Tätigkeiten und Wissensgebiete eines Sysadmins: https://de.wikipedia.org/wiki/Systemadministrator; ➪ **Sysadminday**.

System Administrator Appreciation Day ➪ **Sysadminday**.

Systembus, der; *Subst.*, überträgt die Steuersignale des ➪ **Prozessors** oder eines ➪ **Controllers** zu einer anderen internen Komponente (siehe auch ➪ **Bus**, ➪ **Datenbus**).

Systemdatei, die; *Subst.*, ist eine für das Betriebssystem wichtige Datei, die teilweise auch durch die Dateiattribute System, Versteckt bzw. Hidden und ➪ **Read-only** vor dem Überschreiben geschützt ist. Ein Beispiel für Systemdateien bei ➪ **Windows** ist die ➪ **Auslagerungsdatei**.

system menu, dt. ➪ **Systemmenü**.

Systemmenü, das; *Subst.*, engl. **system menu**, das am linken Rand der ➪ **Titelleiste** hinter dem ➪ **Symbol** der jeweiligen ➪ **Anwendung** verborgene ➪ **Menü** mit den typischen Funktionen ➪ **Wiederherstellen**, ➪ **Verschieben**, ➪ **Größe ändern**, ➪ **Minimieren**, ➪ **Maximieren** und ➪ **Schließen** für das Fenster. Das Systemmenü öffnet sich, wenn Sie das Symbol der Anwendung links in der Titelleiste anklicken.

Systemstart, der; *Subst.*, oder ➪ **Booten** bezeichnet den Vorgang des Hochfahrens eines Computers. Es wird zwischen ➪ **Warmstart** durch Betätigen der ➪ **Reset-Taste** und ➪ **Kaltstart** durch Betätigen des Ein/Aus-Schalters unterschieden, wobei bei Letzterem ein Selbsttest durchgeführt wird.

Systemsteuerung, die; *Subst.*, ist ein Bestandteil von Windows mit ➪ **Utilities** zur Steuerung und Verwaltung. Die Systemsteuerung

Systray

kann vom ⇨ **Desktop** aus über das Symbol ⇨ **Arbeitsplatz** oder das ⇨ **Startmenü** (*Start/Einstellungen/ Systemsteuerung* bei ⇨ **Windows 7** bzw. Suche nach *Systemsteuerung* bei ⇨ **Windows 10** und ⇨ **Windows 8.1**) aufgerufen werden (siehe Abbildungen unten). Der Aufruf der Systemsteuerung ist bei allen aktuellen Windows-Versionen über das Ausführen-Fenster (⊞+R) und die Eingabe von *control* gefolgt von der Eingabetaste ⏎ möglich.

Systray [sprich „süsträj"] oder **System Tray** [sprich „süstem träj"], auch **Taskbar Notification Area (TNA)**, der; *Subst.*, dt. **Benachrichtigungsfeld** oder **Infobereich** (Windows ab Windows XP), ist bei Windows der kleine Bereich mit der Uhr rechts in der ⇨ **Taskleiste**, sofern sich diese am unteren Bildschirmrand befindet. Im Systray sind außerdem meistens die Symbole der automatisch beim Windows-Start aufgerufenen Programme zu finden.

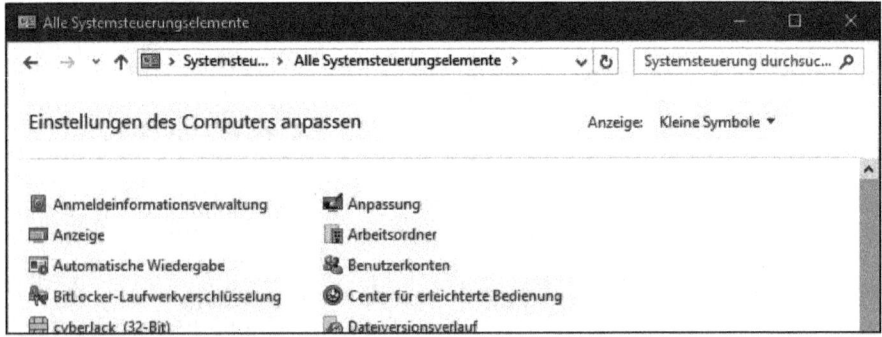

Die Systemsteuerung von Windows 10 in der Kategorienansicht (oben) und der klassischen Ansicht mit Symbolen (unten)

T

T ⇨ **Tera.**

T.37 📖, ist eine Empfehlung der Internationalen Fernmeldeunion zum Übertragen von Faxen über das Internet aus 1998, die aufgrund ihres Alters nicht alle Leistungsmerkmale von Faxgeräten der Gruppe 3 und 4 berücksichtigt. Faxe werden demnach als TIFF-Datei übertragen, die an eine ⇨ **E-Mail** angehängt ist; Dokumente der Internationalen Fernmeldeunion zu T.37 unter http://www.itu.int/rec/T-REC-T.37.

T.38 📖, ist eine Empfehlung der Internationalen Fernmeldeunion zum Übertragen von Faxen über das Internet (Fax over IP, FoIP) mit Hilfe des Netzwerkprotokolls Internet Facsimilé Protocol (IFP). Die Faxübertragung erfolgt in Echtzeit und nicht wie bei ⇨ **T.37** über den Versand einer ⇨ **E-Mail**; Dokumente der Internationalen Fernmeldeunion zu T.38 unter http://www.itu.int/rec/T-REC-T.38.

T9 📱, Abkürzung für **T**ext on **9** keys [sprich „text on nein kies"], dt. „Text auf 9 Tasten", ist eine Hilfe bei der Texteingabe mit einem Mobiltelefon (Tastentelefon ohne ⇨ **Touchscreen**) über die Tasten 2 bis 9. Diese Tasten sind zusätzlich mit drei bzw. im Fall der Taste 9 vier Buchstaben belegt. Nach der Eingabe eines Buchstabens schlägt

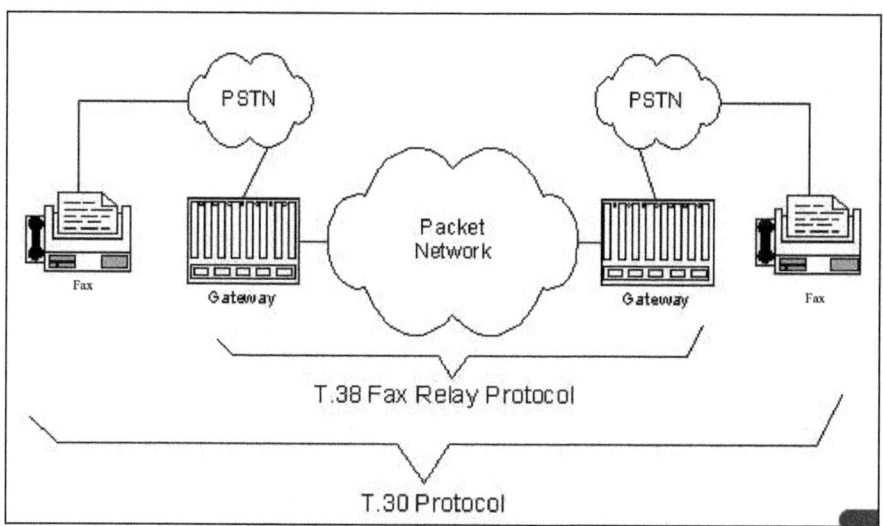

Faxübertragung über das Internet mit dem T.38-Fax-Protokoll (Quelle: Wikipedia)

T tab

der T9-Algorithmus passende Wörter aus einem integrierten Wörterbuch vor. Der Nutzer kann ein passendes Wort auswählen und somit weitere Tasteneingaben sparen. Da Mobiltelefone heute überwiegend mit ⇨ **Bildschirmtastaturen** statt numerischen Tasten bedient werden, werden dort andere Eingabehilfen verwendet wie Wortvorschläge aus einer Datenbank.

tab [sprich „täb"], dt. ⇨ **Tabulator**, ⇨ **Register**.

Tabbed Browsing [sprich „täbbd brausing"], das; *Subst.*, erleichtert das Surfen, indem eine ⇨ **Webseite** im ⇨ **Browser** als zusätzliche Seite in einem Register (engl. tab) geladen wird, statt diese in einem neuen aktiven Fenster anzuzeigen. Die geladenen Webseiten sind über Registerreiter mit einem Mausklick leicht erreichbar, zwischen den Tabs kann hin und her gesprungen werden. Diese Funktion war zuerst bei Opera vorhanden und wurde dann nach und nach von allen anderen Browsern übernommen.

Tabellenkalkulation, die; *Subst.*, ist ein Programm zur Berechnung und meist auch grafischen Darstellung von Zahlenkolonnen. Der Marktführer ist Microsoft Excel.

Tablet [sprich „täblet"], das; *Subst.*, ist ein leichter, dünner, tragbarer Rechner, der über einen ⇨ **Touchscreen** mit den Fingern bedient wird. Die Steuerung erfolgt per Fingergesten, die Texteingabe über eine virtuelle Tastatur auf dem ⇨ **Display** oder optional über eine externe ⇨ **Tastatur**. Ein Tablet verfügt zur Datenspeicherung über einen internen ⇨ **Flash-Speicher** und führt als Programme ⇨ **Apps** aus, die über einen Online-Shop heruntergeladen werden (⇨ **App Store**). Der Datenaustausch mit dem PC erfolgt per Kabel, ⇨ **WLAN** oder über ⇨ **Online-Speicher**.

Vorteile von Tablets sind das geringe Gewicht, die schlanke Bauart, die einfache Bedienung und die lange, netz-unabhängige Betriebsdauer von bis zu 10 Stunden. Den Durchbruch erzielten Tablets im Jahr 2010 mit dem Erscheinen des ⇨ **iPad**. Es folgten eine Vielzahl ähnlicher, später auf den Markt gekommener Geräte mit dem Betriebssystem ⇨ **Android**. Seit ⇨ **Windows 8** gibt es auch Windows-Tablets wie Microsoft Surface, die mit einer Tastatur verbunden wie ein Notebook verwendet werden können und getrennt von der Tastatur wie ein Tablet.

Tablet-PC [sprich „täblet pe ce"], der; *Subst.*, (1.) eine andere Bezeichnung für ein ⇨ **Tablet**, das nicht von ⇨ **Apple** stammt. Ein Tablet-PC hat im Gegensatz zu einem ⇨ **iPad** übliche PC-Schnittstellen wie ⇨ **USB** und ⇨ **HDMI**. Das ⇨ **Betriebssystem** aktueller Tablet-PCs ist

Tagcloud

⇨ **Android**, ⇨ **Linux** oder ⇨ **Windows 10**. Ursprünglich war ein Tablet-PC jedoch (2.) ein von ⇨ **Microsoft** unter dem Codenamen Mira entwickelter, tragbarer PC mit einer Spezialversion von Windows XP als Betriebssystem, der mit einem Stift bedient wurde. Dieser Tablet-PC im Hochpreissegment wurde 2002 vorgestellt, setzte sich am Markt jedoch nicht durch.

Tabulatortaste, die; *Subst.*, Taste [⇄] oberhalb der Feststelltaste [⇩]. Die Tabulatortaste wird zum Ausrichten von Einträgen untereinander verwendet. Innerhalb von lokalen oder Online-Formularen wechseln Sie mit dieser Taste zwischen den Eingabefeldern.

TAE 🔌, Abkürzung für **T**elefon**an**schluss**e**inheit, bezeichnet bei der Deutschen Telekom ein Steckersystem für den Anschluss eines analogen Endgeräts an die Telefonleitung wie bei einem analogen Telefon, Faxgerät oder Modem. Entsprechend wird auch von TAE-Stecker und TAE-Buchse gesprochen.

TAE6 🔌 ist eine Norm der deutschen Telekom für 6-polige Anschlussdosen und Stecker.

Tag [sprich „tägg"], das; *Subst.*, ist (1.) ein Identifizierungskennzeichen in einer Datei. Zum Beispiel kennzeichnet das ⇨ **MP3-ID-Tag**, an welcher Stelle die Textinformationen zu der MP3-Datei abgespeichert sind. Eine weitere Bedeutung ist (2.) die Markierung, meist in Form eines Häkchens, mit der ausgewählte Optionen oder Dateien aus einer Liste gekennzeichnet werden. Das Markieren wird auch als ⇨ **tagging** bezeichnet.

Tagcloud [sprich „tägg klaut"], die; *Subst.*, dt. „Schlagwortwolke", lt. ⇨ **Wikipedia** auch Etikettenwolke, Schlagwortmatrix, Stichwortwolke und Wortwolke, ist ein Verzeichnis gewichteter Schlagworte, das die Suche auf einer ⇨ **Website** erleichtern soll. Dabei sind die Schlagworte alphabetisch sortiert und werden nach der Häufigkeit ihres Vorkommens in unterschiedlicher Größe dargestellt.

Tagcloud eines Artikels mit Tipps zum sicheren Umgang mit dem Internet, die mit dem kostenlosen Internetdienst TagCrowd (https://tagcrowd.com/) erstellt wurde und sofort die wichtigsten Schlagworte zeigt

T taggen

taggen [sprich „täggen"], **Tagging** [sprich „tägging"], *Verb*, ist (1.) das Hinzufügen von Metadaten zu Dateien, also etwa Aufnahmeort und -zeit eines Bilds oder Name von Interpret und Album bei Musiktiteln. Bei ⇨ **Facebook** und ⇨ **Google+** ist (2.) mit Taggen das Kennzeichnen von Freunden auf Bildern gemeint. Als Taggen wird (3.) auch das Auswählen von Optionen per Mausklick verstanden.

Taktfrequenz, die; *Subst.*, gibt die Anzahl der von einem ⇨ **Prozessor** pro Sekunde ausführbaren Arbeitsschritte an und wird in ⇨ **Hertz** angegeben.

Taktik-Shooter, [sprich „taktik schuh ter"], der; *Subst.*, ist ein Computerspiel, bei dem wie bei einem ⇨ **Ego-Shooter** verschiedene virtuelle Feuerwaffen zum Einsatz kommen. Es geht hier jedoch nicht hauptsächlich darum, die Angriffe der Gegner durch reaktionsschnelles Feuern zu überleben, sondern es soll in einem Team ein Ziel erreicht werden. Bekannte Spiele dieser Art sind etwa America's Army, Counter Strike oder Wolfenstein. Siehe auch ⇨ **Abenteuerspiel** und ⇨ **Ballerspiel**.

TAL, Abkürzung für **T**eilnehmer**a**nschlussleitung.

TAN, die; *Subst.*, Abkürzung für **T**rans**a**ktions-**N**ummer, wird beim ⇨ **Online-Banking** für die Identifizierung einer Transaktion eingesetzt. Früher erhielt ein Bankkunde dazu eine TAN-Liste von der Bank, heute werden die TANs aus Sicherheitsgründen über einen ⇨ **TAN-Generator** erstellt. Jede Transaktionsnummer kann nur einmal verwendet werden. Anstelle der TANs wird beim Online-Banking über das ⇨ **HBCI**-Verfahren eine ⇨ **Chipkarte**, früher auch eine Diskette, mit einer einmaligen ⇨ **PIN** als Sicherheitsmedium verwendet.

TAN-Generator, der; *Subst.*, ist ein mobiles, elektronisches Gerät, das für das ⇨ **Online-Banking** eine einmalig verwendbare ⇨ **TAN** errechnet. Dazu werden die Überweisungsdaten zunächst ohne TAN online eingegeben und an das Geldinstitut übermittelt. Das Geldinstitut liefert einen Code zurück. Jetzt wird die Bankkarte in den Karteneinschub des TAN-Generators eingelegt, der Code eingegeben und der Überweisungsbetrag sowie die Kontonummer des Empfängers. Der TAN-Generator berechnet aus diesen Angaben eine einmalig verwendbare TAN, die begrenzte Zeit gültig ist. Diese TAN wird zur Bestätigung online eingegeben. Erst nach Erhalt der TAN führt das Geldinstitut den Auftrag tatsächlich aus. TAN-Generatoren werden teilweise von den Geldinstituten kostenlos abgegeben, andere Banken verlangen dafür rund 10 € bis 15 €. Ein TAN-Generator ist für ⇨ **chipTAN** erforderlich, während bei ⇨ **smsTAN** oder ⇨ **mTAN** ein Mobilfunktelefon und beim ⇨ **HBCI** ein Kartenleser bzw. ein ⇨ **Secoder** erforderlich sind.

Im Vergleich zu smsTAN bzw. mTAN kann sich die Anschaffung schnell bezahlt machen, wenn das Geldinstitut für den SMS-Versand Gebühren erhebt, denn diese Gebühren liegen im Durchschnitt bei rund 10 Cent pro ⇨ **SMS**. Auch im Vergleich zu HBCI ist ein TAN-Generator günstiger, denn ein Kartenleser für HBCI ist weitaus teurer, erlaubt dafür jedoch den Versand mehrerer Überweisungen, ohne bei jeder Überweisung eine TAN berechnen zu lassen.

TAO ⇨ Track-at-Once.

target, dt. ⇨ Ziel.

target address, dt. ⇨ Zieladresse.

target drive, dt. ⇨ Ziellaufwerk.

target file, dt. ⇨ Zieldatei.

target language, dt. ⇨ Zielsprache.

Tarnadresse, die; *Subst.*, engl. **Stealth Adress**, sind besondere Transaktionen der ⇨ **Kryptowährung** ⇨ **Monero**, deren Zahlungsausgänge und Zahlungseingänge nicht über die ⇨ **Blockchain** einsehbar sind. Das ist eine Besonderheit von Monero, um die Anonymität der Nutzer zu wahren. Die Transaktionen sind nur vom Ausführenden bzw. Empfänger über dessen private Schlüssel einsehbar oder wenn ein dafür ausgegebener **Viewkey** zur Verfügung steht.

Task [sprich „tahsk"], der; *Subst.*, ist eine unter Windows laufende Anwendung. Eine Übersicht der laufenden Tasks gibt die ⇨ **Taskleiste**. Verborgen im Hintergrund laufende Programme zeigt der ⇨ **Task-Manager** an.

Taskbar [sprich „tahskbahr"], die; *Subst.*, kommt von der englischen Bezeichnung für die ⇨ **Taskleiste** und wird insbesondere in Computerzeitschriften und von Entwicklern häufig statt der deutschen Bezeichnung verwendet.

Taskbar Notification Area [sprich „tahskbahr notifikäischen äria"], Abkürzung **TNA**, dt. **Benachrichtigungsfeld**, auch als **Infobereich** oder engl. ⇨ **Systray** bezeichnet (siehe Abbildung auf der nächsten Seite).

Taskleiste [sprich „tahskleiste"], die; *Subst.*, oder **Startleiste** ist die voreingestellt am unteren Bildschirmrand befindliche Leiste mit dem ⇨ **Startknopf** an der linken Seite und rechts dem ⇨ **Systray**

T   Task-Manager

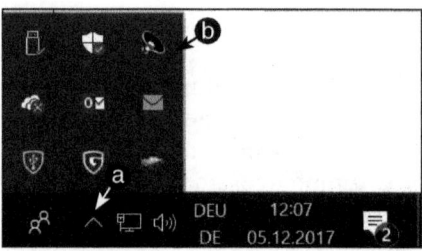

Am rechten Ende der Taskleiste (bei waagerechter Anordnung) befindet sich das Benachrichtigungsfeld bzw. der Systray. Ein Klick auf den Pfeil nach oben ⓐ öffnet die Übersicht der Symbole der mit Windows zusammen gestarteten und im Hintergrund laufenden Programme ⓑ (Systembereich). Dort sind das Lautsprechersymbol, die Symbole der automatisch gestarteten Programme, das Symbol der Bildschirmtastatur (ab Windows 8) sowie der eingestellten Sprache und der Windows-Uhr zu finden. Die Taskleiste lässt sich durch Ziehen mit der Maus auch am linken, rechten oder oberen Bildschirmrand positionieren. Auch die Höhe/Breite lässt sich durch Ziehen mit der Maus ändern, sofern die Taskleiste nicht fixiert ist. Durch einen Klick mit der rechten Maustaste auf eine freie Stelle der Taskleiste und das Auswählen der *Eigenschaften* aus dem ⇨ **Kontextmenü** lässt sich die Taskleiste einstellen (siehe Abbildung unten).

Task-Manager [sprich „tahsk mänedscher"], der; *Subst.*, ist ein Dienstprogramm von Windows, das Ihnen die laufenden Anwendungen (⇨ **Tasks**) und Prozesse anzeigt und Ihnen Informationen über die Speichernutzung und Systemauslastung liefert. Der Task-Manager ermöglicht es Ihnen, nicht mehr antwortende Anwendungen zu beenden und damit nach dem Absturz einer Anwendung weiterzuarbeiten. Zum Aufrufen des Task-Manager wird bei den aktuellen Windows-Versionen die Tastenkombination ⌜Strg⌝⌜Alt⌝⌜Entf⌝ gedrückt und *Task-Manager* angeklickt.

Taskplaner [sprich „tahskplänner"], der; *Subst.*, ist ein Windows-Systemprogramm, mit dem sich Vorgänge auf dem PC automatisieren lassen. Die deutsche Bezeichnung ist bei den aktuellen Windows-Versionen ⇨ **Aufgabenplanung,** aber die Windows-Suche findet auch mit Taskplaner das richtige Programm.

Die Taskleiste von Windows 10 mit dem Startknopf, dem Symbol für Cortana und rechts daneben der Taskansicht für die virtuellen Desktops, gefolgt von App-Symbolen und auf der rechten Seite dem Systembereich mit Lautsprechersymbol, Bildschirmtastatur, der eingestellten Sprache (DEU für Deutsch) und der Uhrzeit

Tastenkürzel　T

Tastaturbefehl, der; *Subst.*, engl. **short cut**, ist eine ⇨ **Tastenkombination**, mit der sich Menübefehle aufrufen lassen.

Tastaturschlüssel, der; *Subst.*, engl. **short cut**, ⇨ **Tastenkombination**.

Taste, die; *Subst.*, engl. ⇨ **button** oder ⇨ **key**, kann (1.) ein Bedienungsknopf an einem ⇨ **Peripheriegerät** (Monitor, Drucker, Maus) sowie dem Computer selbst sein oder (2.) eine der Tasten auf der Tastatur oder auf einem separaten numerischen Ziffernblock, wobei dann die Funktion der Taste gemeint ist. Technisch ist (3.) eine Taste bei heutigen Tastaturen meist eine Funktionseinheit aus ⇨ **Tastenkappe**, Feder und Kontakten.

Tastenkappe, die; *Subst.*, engl. **key cap**, meist aus Kunststoff bestehende Abdeckung einer ⇨ **Taste**. Diese Abdeckung kann zu Reinigungszwecken vorsichtig mit einem Schraubendreher abgehebelt werden.

Die Tastenkappen lassen sich dann in einer zugebundenen Socke in der Waschmaschine reinigen. Dokumentieren Sie die Position der Tastenkappen vor dem Entfernen durch ein Foto, damit sie diese nachher wieder an der richtigen Stelle anbringen können. Nach dem Entfernen der Tastenkappen lassen sich die Zwischenräume der Tasten durch Staubsaugen oder Ausblasen mit Druckluft reinigen.

Tastenkombination, die; *Subst.*, engl. **short cut** oder auch short key [sprich „schort kie"], ermöglicht den direkten Aufruf einer Programmfunktion einer Anwendung oder eines Betriebssystems über mehrere zusammen gedrückte Tasten. Dabei wird zunächst die erste Taste gedrückt und gehalten, während die weiteren Tasten betätigt werden.

Solche Tastenkombinationen ersparen die umständliche Menüauswahl und ermöglichen daher ein wesentlich schnelleres Arbeiten. Es gibt eine Reihe gleich bedeutender Bezeichnungen wie ⇨ **Anwendungsschnelltaste**, **Abkürzungstaste**, **Tastaturbefehl**, **Tastaturschlüssel** und **Tastenkürzel**. Streng genommen handelt es sich hier nicht in jedem Fall um eine Tastenkombination, da teilweise nur eine Taste gedrückt werden muss.

Dies wird aber im allgemeinen Sprachgebrauch nicht so genau genommen. Die Verwechslung erfolgt auch häufig bei der Übersetzung ins Deutsche, da der Unterschied zwischen einer und mehreren Tasten aus den englischen Begriffen nicht ersichtlich ist und daher nur dem Kontext entnommen werden kann.

Tastenkürzel, das; *Subst.*, engl. **short cut**, ⇨ **Tastenkombination**.

T Tasten-Rekorder

Tasten-Rekorder, die deutsche Bezeichnung von ⇨ **Keylogger**, ist ein Programm zum Aufzeichnen der Tasteneingaben am ⇨ **PC**, das von Hackern und Internetkriminellen missbraucht wird, um Anmeldeinformationen und andere sensible Daten eines PC-Anwenders zu ermitteln. Solche Programme werden auch für die Kontrolle der Internetaktivitäten der Kinder durch die Eltern beworben und in den USA häufig aus Eifersuchtsgründen zur Überwachung des Partners verwendet, insbesondere zur Überwachung dessen Internetaktivitäten in Partnerbörsen, bei ⇨ **Facebook** und ⇨ **Messengern**. Eine solche Überwachung ist in Deutschland ohne Zustimmung der Betroffenen nicht zulässig, da personengeschützte Daten erhoben werden. Hier droht eine Freiheitsstrafe bis zu 3 Jahren.

Taster, der; *Subst.*, engl. ⇨ **button** schließt einen Stromkreis so lange, wie der Taster gedrückt wird. Beispiele sind der ⇨ **Reset-Taster** und auch Taster an der Frontseite eines ATX-PCs, über den der PC eingeschaltet wird. Es handelt sich nicht um einen Schalter, denn dieser unterbricht oder schließt einen Stromkreis nach dem Betätigen so lange, bis er erneut betätigt wird.

TB ⇨ **TeraByte**.

TByte ⇨ **TeraByte**.

TCO ist (1.) eine Norm der schwedischen Gewerkschaft, die als TCO 92 Grenzwerte zur elektromagnetischen Strahlung von Monitoren festgelegt hat (⇨ **MPRII**). Mit der TCO 95 wurden zusätzlich Grenzwerte für den Energieverbrauch und die Umweltverträglichkeit eines Computersystems festgelegt. Ab TCO 99 gilt die Norm auch für Tastaturen, Drucker, Mobiltelefone (TCO 01) und Büromöbel (TCO 04).

Aktuell sind ⇨ **TCO 05** für PCs und Notebooks und ⇨ **TCO 06** für Multimediabildschirme. (2.) ist TCO die Abkürzung von **T**jänstemännens **C**entral-**O**rganisation oder in englischer Sprache Swedish Confederation of Professional Employees [sprich „swidisch konfederäischen of profeschionell empleuies"], der schwedischen Gewerkschaft für Angestellte und Beamte, die unter anderem die TCO-Richtlinien herausgegeben hat. Eine weitere Bedeutung von TCO ist (3.) die Abkürzung von ⇨ **Total Cost of Ownership**.

TCO Development ist eine Aktiengesellschaft im Besitz der schwedischen Angestellten- und Beamtengewerkschaft ⇨ **TCO** (Tjänstemännens Central-Organisation). Das Unternehmen hat seinen Sitz in Stockholm (Schweden) und regionale Vertretungen in den USA, in Taiwan, Deutschland, Österreich und Norwegen. Es werden weltweit IT-Produkte nach den TCO-Richtlinien zertifiziert. Die Produkte dürfen nach bestandener Prüfung durch unabhängige Prüflaboratorien das entsprechende Gütesiegel der TCO Development tragen. Dieses Gütesiegel hat nach seiner Einführung im Jahr 1992 zu einer wesentlichen Verbesserung der Bildqualität von Monitoren, der Emission von elektromagnetischen Feldern und mittlerweile auch von Schadstoffen beigetragen.

Die neueren Gütesiegel berücksichtigen auch die Auswirkungen auf die Umwelt und den Energieverbrauch der geprüften Produkte; Übersicht der aktuellen und in Entwicklung befindlichen TCO-Gütesiegel unter http://tcocertified.de/.

TCP [sprich „ti si pi"], Abkürzung von **T**ransmission **C**ontrol **P**rotocol und eines der beiden im ➪ **TCP/IP-Protokoll** vereinten Protokolle.

TCP/IP-Protokoll [sprich „ti si pi ei pi protokoll"], das; *Subst.*, besteht genau genommen aus den zwei Protokollen **TCP**, Abkürzung für **T**ransmission **C**ontrol **P**rotocol, und **IP**, Abkürzung für **I**nternet **P**rotocol, und wird zur Datenübertragung in lokalen Netzwerken (➪ **LAN**) und dem Internet für Dienste wie ➪ **E-Mail**, ➪ **FTP** oder ➪ **WWW** verwendet. Dabei teilt TCP das Datenvolumen vor dem Versand in einzelne Datenpakete auf und setzt diese am Ziel wieder zusammen. IP sorgt dafür, dass die Datenpakete auch am gewünschten Zielort ankommen.

TDP, Abkürzung für **T**hermal **D**esign **P**ower [sprich „sörmel disein pauer"], die maximale thermische Verlustleistung eines Prozessors, also der Anteil der Leistung, der in Wärme umgesetzt wird. Je höher die TDP, umso stärker muss gekühlt werden. Da TDP nicht einheitlich berechnet wird, sondern von Hersteller zu Hersteller unterschiedlich, lässt sich der Wert nicht zum Vergleich der Prozessoreffizienz heranziehen.

Tebi, Abkürzung für **Te**ra **bi**nary, abgekürzt **Ti**, entspricht 2^{40} = 1.099.511.627.776 und wird zur genauen Angabe einer Speicherkapazität in ➪ **TebiByte** verwendet. Tebi ist jedoch umgangssprachlich kaum bekannt; ➪ **Tera** und ➪ **TeraByte**.

TebiByte [sprich „tebibeit"], das; *Subst.*, abgekürzt **TiB**, ist eine Maßeinheit für die Speicherkapazität und bedeutet 2^{40} Byte, also 1.099.511.627.776 Byte. Diese Angabe ist genauer als ➪ **Tera**, da Tebi auf dem Binärsystem und Tera auf dem Dezimalsystem basiert und Speichergrößen binär berechnet werden; ➪ **TeraByte**.

Teddybärenvirus, der; *Subst.*, auch **Microsoft-Bär**, ist ein ➪ **Hoax**, also eine Falschmeldung über E-Mail-Kettenbriefe. In den

Telemetrie

E-Mails wird vor der Datei JDBGM-GR.exe gewarnt, die angeblich ein ⇨ **Computervirus** sein soll. Das Symbol der Datei JDBGMGR.exe ist ein Teddybär 🧸, daher wird auch vom Teddybärenvirus gesprochen. Die Datei soll nach Anleitung der Falschmeldung mit der Windows-Suche gesucht und dann gelöscht werden. JDBGMR.EXE ist jedoch kein Computervirus, sondern ein Bestandteil des Internet Explorer und enthält den Microsoft Debugger Registrar for Java. Das Löschen der Datei verursacht zwar im Normalfall keinen Fehler, sollte jedoch nicht erfolgen. Weitere Informationen auf der Seite der TU Berlin zum Hoax JDBGMGR.EXE: http://hoax-info.tubit.tu-berlin.de/hoax/jdbgmgr.shtml.

Telemetrie, die; *Subst.*, Messen von Daten über entfernt befindliche Sensoren. Die Daten der Sensoren werden dazu per Kabel oder Funk an den Rechner übertragen. Im Haushalt wird Telemetrie etwa zum Messen des Stromverbrauchs oder von Temperaturen zur Steuerung der Heizung oder der Ventile von Heizkörpern verwendet.

Telemetrieblocker ⇨ **Anti-Telemetrie-Tool**.

Teletext, der; *Subst.*, ⇨ **Videotext**.

Telnet, das; *Subst.*, Abkürzung von **Te**rminal over **Net**work [sprich „törminel ouver netwörk"], ist (1.) ein im Internet verwendetes Protokoll, das die Anmeldung bei einem entfernten Computer oder auch bei einem Router erlaubt. (2.) Auch das Programm, mit dem sich Verbindungen zu entfernten Rechnern aufbauen lassen, wird als Telnet bezeichnet. Ferner wird Telnet (3.) auch für das Herstellen einer Telnet-Verbindung verwendet: „Ich mache einen Telnet auf den remote server."

Template [sprich „temmpläit"], das; *Subst.*, ⇨ **Formatvorlage**.

temporäre Datei, die; *Subst.*, ist eine nur vorübergehend von einem Betriebssystem oder einer Anwendung benötigte Datei. Solche Dateien werden meist bei der Installation von Anwendungen angelegt, aber auch während des Betriebs. Nach dem Beenden der Installation oder einer Anwendung werden temporäre Dateien im Normalfall automatisch gelöscht. Dies kann jedoch durch einen Programmfehler, einen Abbruch oder Absturz des Programms oder einen Systemabsturz unterbleiben. Temporäre Dateien sollten regelmäßig manuell oder mit einem geeigneten Tool wie der ⇨ **Datenträgerbereinigung** gelöscht werden. Temporäre Dateien finden sich meist im Ordner \TEMP, \TMP oder dem Ordner der betreffenden Anwendung und lassen sich an Dateinamenerweiterungen wie $$$, ⇨ **BAK** (auch Sicherungskopie) und TMP erkennen. Oft beginnt der Name von temporären Dateien auch mit einem Unterstrich: _löschmich.$$$.

Tera entspricht 10^{12} = 1.000.000.000.000 und wird häufig bei Angaben zur Speicherkapazität in ⇨ **TeraByte** verwendet.

TeraByte [sprich „terra beit"], das; *Subst.*, ist eine Maßeinheit für die Speicherkapazität und bedeutet 10^{12} Byte (1.000. 000.000.000 Byte). Da ⇨ **Tera** jedoch auf dem Dezimalsystem basiert und Speichergrößen binär berechnet werden, müsste ein TeraByte genau genommen 1.099.511.627.776 Byte sein. Diese Differenz besteht bei der Angabe in ⇨ **TebiByte** nicht mehr.

Terminalemulation, die; *Subst.*, bedeutet, der PC verhält sich wie ein Terminal und erlaubt damit die Steuerung eines entfernten Computers. Das erfolgt bei der ⇨ **Datenfernübertragung** und auch bei der Anbindung eines Windows-PCs an einen ⇨ **Linux**-⇨ **Server**.

TeslaCrypt [sprich „teslakrüpt"] ist ein ⇨ **Erpressertrojaner**, der die Dateien auf infizierten Windows-PCs verschlüsselt und dann mit der Dateiendung .ccc oder .cryptowall abspeichert. Diese Endungen verwendet auch ⇨ **Cryptowall**.

TeslaCrypt 3.0 ist ein ⇨ **Erpressertrojaner**, der die Dateien auf infizierten Windows-PCs verschlüsselt und dann mit der Dateiendung .micro oder .mp3 abspeichert. Letztere Dateiendung wird auch für MP3-Audiodateien verwendet, sodass .MP3-Dateien nicht immer ein Anzeichen für TeslaCrypt sind.

Testversion, die; *Subst.*, ist eine Version einer ⇨ **Shareware** oder anderen kommerziellen ⇨ **Software**, die vom Hersteller zu Testzwecken kostenlos oder zu einem relativ niedrigen Preis angeboten wird und meist Einschränkungen der Funktionen (⇨ **Crippleware**), störende Meldungen und Zeitfenster (⇨ **Nagware** und ⇨ **Nagscreen**) und/oder störende Zusätze auf dem Ausdruck wie etwa „Demoversion" aufweist.

tethered [sprich „tesser'd"], *Adj.*, bedeutet wörtlich übersetzt „angebunden" und meint (1.) eine Verbindung zwischen einem Rechner und einem ⇨ **Mobiltelefon** oder auch anderen Geräten per Kabel oder Funk. Diese Verbindung kann verschiedenen Zwecken dienen, zum Beispiel beim tethered ⇨ **Jailbreak** zum Aufheben der durch ⇨ **Apple** beim ⇨ **iPhone** und ⇨ **iPad** vorgenommenen Einschränkungen für die Benutzer. Tethered gibt hier an, dass für diesen Jailbreak eine Verbindung zwischen PC und Mobiltelefon oder ⇨ **Tablet** bestehen muss. In amerikanischen Artikeln kann tethered jedoch auch (2.) ein Diebstahlschutz

T Tethering

per Stahlkabel bedeuten, also wortwörtlich „angebunden".

Tethering [sprich „tessering"] 📱, das; *Subst.*, Bereitstellen der Internetverbindung eines Mobiltelefons per ⇨ **GSM**, ⇨ **UMTS** oder ⇨ **LTE** für einen mobilen Rechner wie ein ⇨ **Tablet**, ⇨ **Tablet-PC**, ⇨ **Netbook** oder ⇨ **Notebook**. Dazu werden Rechner und Mobiltelefon per ⇨ **Bluetooth**, ⇨ **Infrarot** oder Kabel miteinander verbunden.

Je nach Tarif und Mobilfunkanbieter ist Tethering erlaubt oder verboten. Bei von Mobilfunkanbietern angebotenen Mobiltelefonen mit Netlock und/oder Simlock ist Tethering häufig deaktiviert. Stellt das Mobiltelefon ein ⇨ **WLAN** bereit, wird dies als ⇨ **Hotspot** und nicht als Tethering bezeichnet.

Textbaustein, der; *Subst.*, ist eine Textpassage, die immer wieder in der gleichen Form verwendet wird (zum Beispiel eine Anrede oder Grußformel), und sich in einer ⇨ **Textverarbeitung** abspeichern und mit einem Tastaturkürzel abrufen lässt.

Textverarbeitung, die; *Subst.*, ist ein Programm, mit dessen Hilfe sich Texte erfassen, bearbeiten, speichern und ausdrucken lassen. Fortgeschrittene Textverarbeitungsprogramme bieten zusätzlich Funktionen wie die Serienbrieferstellung. Der Marktführer unter diesen Programmen ist derzeit Microsoft Word.

T-Flash [sprich „ti fläsch"] war die erste Bezeichnung für das Speicherkartenformat ⇨ **Transflash** und wird daher immer noch verwendet, teilweise in Klammern hinter Transflash angegeben.

TFT, der; *Subst.*, Abkürzung von **T**hin **F**ilm **T**ransistor, also Dünnfilm-Transistor.

TFT-Bildschirm, der; *Subst.*, arbeitet mit einer ⇨ **LCD-Anzeige** statt einer Bildröhre. Diese Technik ermöglicht flache und relativ leichte ⇨ **Displays** mit geringer Stromaufnahme, geringer Wärmeabgabe und niedriger elektromagnetischer Strahlungsemission. Unterschiede gibt es bei der Auflösung, der Helligkeit, der Reaktionsgeschwindigkeit sowie der Höhenverstellbarkeit. Einige TFT-Bildschirme lassen sich auch um 90 Grad drehen; ⇨ **Pivot-Funktion**.

TFT-Display [sprich „te ef te displäih"], das; *Subst.*, ⇨ **TFT-Bildschirm**.

TGE, Abkürzung für **T**oken **G**enerating **E**vent, also eine Veranstaltung zum Erzeugen von ⇨ **Token** bzw. einer ⇨ **Kryptowährung**.

TGP ⇨ **Thumbnail Gallery Post**.

Threshold

TH1, Abkürzung für **Threshold 1**, Code-Bezeichnung der Version 1507 von Windows 10, die im Juli 2015 erschien.

TH2, Abkürzung für **Threshold 2**, Code-Bezeichnung der Version 1511 von Windows 10, die im November 2015 erschien.

Thermalpad, das; *Subst.*, dt. ⇨ **Wärmeleitpad**.

Thermal Throtteling [sprich „törmel srotteling"], das; *Subst.*, ist eine Drosselung der Leistung, die bei hoher Temperatur zum Schutz des Prozessors und Rechners vorgenommen wird.

Thermosublimationsdrucker, der; *Subst.*, ist ein Drucker, bei dem der Ausdruck mit Hilfe farbiger Folien erfolgt, deren Farbe durch Erhitzen gelöst und auf das Papier aufgedampft wird.

Thermotransferdrucker, der; *Subst.*, ist ein Drucker, bei dem der Ausdruck mit Hilfe farbiger Folien erfolgt, deren Farbe durch Erhitzen gelöst und anschließend auf das Papier übertragen wird.

Thin Provisioning [sprich „sin prowischening"], Abkürzung **TP**, dt. schlanke Speicherzuweisung, spart physikalischen Speicherplatz, indem nur der gerade benötigte Speicher reserviert wird. Im Gegensatz dazu wird beim **Thick Provisioning** Anwendern und Programmen ein fester Speicherplatz zugewiesen.

Third-Level-Cache [sprich „sörd lewel käsch"], der; *Subst.*, ⇨ **Level-3-Cache**.

Thread [sprich „sredd"], der; *Subst.*, ist (1.) die englische Bezeichnung für einen ⇨ **Prozess** eines Programms. Die Bezeichnung ist vor allem in der Programmierung gebräuchlich. Die Prozesse lassen sich unter Windows mit dem ⇨ **Task-Manager** anzeigen. Es ist aber auch (2.) die englische Bezeichnung für einen ⇨ **Diskussionsfaden** in einem ⇨ **Forum**, wobei unter den Forums- und Internet-Nutzern die deutsche Bezeichnung kaum Verwendung findet. Mit einem Thread wird ein neues Thema begonnen oder eine neue Frage gestellt, auf die dann die anderen Nutzer des Forums mit ⇨ **Postings** antworten.

Threshold, [sprich „treschhould"] dt. Schwelle, Codebezeichnung von Microsoft für ⇨ **Windows 10**. Die Updates in der Größenordnung eines früheren Service Packs werden durchnummeriert. Nach dem Erscheinen wurde Windows 10 als **Threshold 1** bezeichnet, im November 2015 kam mit dem Update auf Build 1511 von Windows 10 dann **Threshold 2**. Die ab 2016 verteilten Updates bezeichnet Microsoft intern als ⇨ **Redstone**.

T Thumbnail

Code-Bezeichnung	Threshold 1 (TH1)	Threshold 2 (TH2)	Redstone 1 (RS1)	Redstone 2 (RS2)	Redstone 3 (RS3)
Veröffentlichung	Juli 2015	November 2015	August 2016	April 2017	Oktober 2017
Windows 10 Version	1507	1511	1607	1703	1709
Windows 10 Marketing-Name			Anniversary Update	Creators Update	Fall Creators Update
Build	10240.xxx	10586.xxx	14393.xxx	15063.xxx	16299.xxx

Übersicht der Microsoft-Bezeichnungen für die größeren Windows-10-Updates

Thumbnail [sprich „sambnäil"], dt. wörtlich „Daumennagel", ist ein kleines Bild als Vorschau auf den Inhalt einer Bilddatei. Beispiele für Thumbnails sind die Bildübersichten von Programmen zur Bildbearbeitung und -verwaltung und die Miniaturansicht des Windows-Explorers. Im Internet werden Thumbnails zur Auswahl der anzuzeigenden Bilder im Vollformat verwendet; ⇨ **Thumbnail Gallery Post**.

Thumbnail Gallery Post [sprich „sambnäil gällerie pohst"], abgekürzt **TGP**, ist eine Anordnung kleiner, „daumennagelgroßer" Bilder, also ⇨ **Thumbnails**. Diese Darstellung wird vor allem auf Seiten mit vielen Bildern wie bei Online-Fotoalben und Erotik-Angeboten verwendet. Durch das Anklicken eines der Bildchen wird im Normalfall eine größere Version angezeigt. Es besteht aber auch die Gefahr, dass durch das Anklicken ein ⇨ **Link** auf eine andere ⇨ **Webseite** oder gar der ⇨ **Download** eines ⇨ **Dialers** oder ⇨ **Virus** aktiviert wird.

Thunderbolt [sprich „sanderbolt"], Codename Light Peak, ist eine von ⇨ **Intel** zusammen mit ⇨ **Apple** entwickelte Technologie für High-Speed-Datenübertragung mit einer Datenrate von 40 Gbps (Gigabit pro Sekunde) bei der dritten Version von 2015. Damit ist Thunderbolt viermal schneller als ⇨ **USB 3.1** (max. 10 Gbps). Die hohe Datenübertragungsrate wird durch eine parallele Übertragung von PCI-Express- und

DisplayPort-Daten erreicht. Das **Thunderbolt-Kabel** ist an einem Blitz auf dem Stecker zu erkennen. Zusätzlich zu den derzeit verfügbaren Kupferkabeln sollen später **Thunderbolt-Lichtleiter** angeboten werden. Während die Firma ⇨ **Apple** und Hersteller von Peripheriegeräten wie LaCie und Western Digital seit 2011 Geräte mit Thunderbolt-Unterstützung anbieten, setzen die PC-Hersteller weiterhin auf USB 2.0, 3.0 und 3.1.

THX ist eine Norm, die dafür sorgen soll, dass die für Kinosäle abgemischten Spielfilm-Soundtracks auch vom DVD-Player im Wohnzimmer oder auf dem PC abgespielt optimal klingen. Dafür ist aber die genaue Einhaltung der Vorschriften für die Art und Aufstellung der Lautsprecher wichtig.

Genaueres dazu findet sich in den seit 1998 in **THX Ultra** für Raumgrößen über 30 qm und **THX Select** für Raumgrößen bis 30 qm unterschiedenen THX-Normen. Zur THX-Wiedergabe am PC empfehlen sich THX-zertifizierte Soundkarten oder USB-Boxen von Creative. In deutschen Kinos ist THX jedoch auf dem Rückzug, laut ⇨ **Wikipedia** gab es 2014 nur noch 19 zertifizierte Kinos.

Ti ⇨ **Tebi**.

TiB ⇨ **TebiByte**.

TIF, Abkürzung für **T**ag **I**mage **F**ile [sprich „tägg immidsch feil"], ist (1.) ein vor allem beim Scannen erzeugtes Pixelformat, das ohne Qualitätsverlust komprimiert und in dem die Dateien deutlich kleiner als bei ⇨ **BMP** sind. Es ist (2.) auch die ⇨ **Dateinamenerweiterung** von Dateien in diesem Format.

TIFF, Abkürzung für **T**ag **I**mage **F**ile **F**ormat; ⇨ **TIF**.

Time Bomb [sprich „teim bomb"], die; *Subst.*, dt. Zeitbombe, ist (1.) eine als Kopierschutz gedachte Beschränkung der Nutzung eines Programms, das als Testversion (⇨ **Shareware**) kostenlos angeboten wird. Diese Beschränkung kann in Form einer Zeitdauer (zum Beispiel 30 Tage ab dem ersten Programmaufruf), einem festen Datum, einer Anzahl von Programmaufrufen oder auch einer Kombination dieser Möglichkeiten erfolgen. Nicht immer ist ein Programm nach dem „Zünden" der Time Bomb unbrauchbar; teilweise ist es danach nur funktionell eingeschränkt, oder es erscheinen Aufforderungen zur Registrierung.

In einigen Fällen erfolgt aber auch eine automatische Deinstallation des Programms mit allen damit erstellten Daten. Von Time Bomb wird aber auch (2.) bei ⇨ **Computerviren** gesprochen, wenn diese nach Ablauf einer bestimmten Zeit aktiv

T Timeline

werden oder eine neue Schadfunktion zeigen.

Timeline [sprich „teim leihn"], die; *Subst.*, dt. **Chronik**, ist (1.) bei ⇨ **Facebook** die Bezeichnung einer persönlichen Seite, auf der die Nutzer wichtige Ereignisse ihres Lebens mit Bildern und Videos vorstellen können und ihre Aktivitäten bei Facebook dargestellt werden. Eine entsprechende Timeline gibt es auch für Unternehmensseiten. Der Zugriff ist für Besucher ganz einfach über eine Zeitleiste am Rand der Seite möglich. Die Timeline ist umstritten, da Facebook-Nutzer dadurch animiert werden, in Facebook ihr gesamtes Leben auszubreiten. Datenschützer warnen davor, da Facebook Verstöße gegen europäische Datenschutzbestimmungen vorgeworfen werden und das Unternehmen vom Verkauf der Nutzerdaten lebt. Timeline hat (2.) bei ⇨ **Twitter** eine andere Bedeutung, hier ist es die Bezeichnung für den Twitterstream, also die Folge an Tweets, die bei einem Konto angezeigt werden. Es handelt sich dabei um die eigenen Nachrichten, die Nachrichten der ⇨ **Follower** sowie ⇨ **Retweets**. Es gibt bislang bei Twitter keine deutsche Übersetzung der Timeline.

Timeout [sprich „teim aut"], das; *Subst.*, ist eine Zeitüberschreitung. Erfolgt zum Beispiel bei einer Modemanwahl innerhalb einer voreingestellten Zeitspanne keine Verbindung, kommt es zu einer Timeout-Meldung. Eine solche Meldung erfolgt auch, wenn Windows in der voreingestellten Zeitspanne keine Verbindung zu einem Netzwerk-Server oder einem angeschlossenen Gerät aufbauen kann.

Timeshift [sprich „teim schift"], der; *Subst.*, bezeichnet bei Videorecorder-Software für ⇨ **TV-Karten** die Möglichkeit der zeitversetzten Wiedergabe. Sie können eine Aufzeichnung per Knopfdruck starten und dann später von diesem Moment an den Film zeitversetzt weitersehen. Dazu wird der restliche Teil des Films bis zum Ende weiter aufgezeichnet, damit Sie nachher nicht den Schluss verpassen. Durch Timeshift werden die entscheidenden Szenen nicht mehr verpasst, wenn plötzlich das Telefon klingelt oder Besuch vor der Türe steht.

Time Shifting [sprich „teim schifting"], das; *Subst.*, ⇨ **Timeshift**.

Timeslot [sprich „teim slot"], der; *Subst.*, dt. wörtlich Zeitschlitz, Zeitspanne, für die eine Ressource genutzt werden kann. Das kann zum Beispiel die Zeitspanne sein, die der Prozessor im Multitasking einem Task zur Verfügung stellt, bevor er den nächsten abarbeitet. Es kann auch die Zeitspanne sein, die zur Paketübermittlung in einem Netzwerk zur Verfügung steht.

Time Stamp [sprich „teim stemp"], dt. Zeitstempel, ein Eintrag für Datum und/oder Uhrzeit als Metadaten bei Dateien, zum Protokollieren bei Transaktionen oder Anmelde- und Abmeldedaten von Nutzern.

Tintenstrahldrucker, der; *Subst.*, ist ein Drucker, der auch in Farbe bis zur Fotoqualität drucken kann. Der Ausdruck erfolgt über Düsen, durch die Tinte auf das Papier gespritzt wird. Dies erfolgt nach dem ⇨ **BubbleJet**- oder Piezo-Verfahren. Die Druckqualität hängt stark vom verwendeten Papier ab. Einige Tintenstrahldrucker können auch CD-Rs mit einer geeigneten Oberfläche bedrucken. Die Druckgeschwindigkeit liegt bei leistungsstarken Geräten bei 16 Seiten pro Minute schwarzweiß bzw. 6 Seiten in Farbe. Von Nachteil ist der hohe Preis für das Spezialpapier und die Tintenpatronen.

Tintenstrahlplotter, der; *Subst.*, ist ein ⇨ **Plotter**, der wie ein ⇨ **Tintenstrahldrucker** arbeitet, jedoch präziser druckt und größere Formate bis DIN A0 bearbeiten kann.

Titelleiste, die; *Subst.*, oberste Leiste in einem Programmfenster, die links das Programmsymbol und den Namen des Programms enthält, evtl. auch den Namen eines geöffneten Dokuments. Rechts in der Titelleiste sind die Symbole für das Minimieren, Maximieren/Verkleinern und Schließen des Fensters.

title bar [sprich „teitel bahr"] ⇨ **Titelleiste**.

TKG, das; *Subst.*, Abkürzung für das **T**ele**k**ommunikations**g**esetz; Wortlaut des Gesetzes http://www.gesetze-im-internet.de/tkg_2004/index.html.

TLB, Abkürzung für **T**ranslation **L**ookaside **B**uffers, ⇨ **Pufferspeicher** aus der Recheneinheit von ⇨ **AMD** Athlon-Prozessoren.

TLD ⇨ **Top-Level Domain**.

TLS, Abkürzung für **T**ransport **L**ayer **S**ecurity und ein Netzwerkprotokoll.

TN3270 ist eine Variante von ⇨ **Telnet** zum Zugriff auf IBM-Großrechner.

TNA, Abkürzung für ⇨ **Taskbar Notification Area**.

TOC, Abkürzung für **T**able **O**f **C**ontents, Inhaltsverzeichnis einer CD im ⇨ **LEAD IN**.

Token, das; *Subst.*, ist eine Markierung in Form einer Bitfolge, die bei der Steuerung paralleler Prozesse oder Datenzugriffe verwendet wird. Der Prozess mit dem Token kann in einem Netzwerk Daten senden. Netzwerke mit einer solchen Steuerung tragen die Bezeichnung „Token" im Namen, zum Beispiel

Tonwahl

bei Token-Ring-Netzwerk. Über Token wird auch der parallele Zugriff auf Objekte in einer Datenbank oder der Zugriff auf Speicherbereiche gesteuert.

Tonwahl 📱, die; *Subst.*, ⇨ **MFV** oder ⇨ **DTMF** ist ein Wahlverfahren, bei dem gewählte Rufnummern über unterschiedliche Töne übertragen werden. Moderne, analoge Telefone funktionieren mit diesem Verfahren, ⇨ **ISDN**-Telefone haben meist einen MFV-Modus. Neben dem Wählen wird ⇨ **MFV** zur Steuerung von Anrufbeantwortern, Telefoncomputern zur Vermittlung des gewünschten Gesprächspartners oder seiner Mailbox und Fax-on-Demand-Systemen verwendet. Viele Service-Systeme von großen Elektronikherstellern werden mit Tonwahl gesteuert.

Tool [sprich „tuhl"], das; *Subst.*, dt. Werkzeug, bezeichnet Hilfs- und Zusatzprogramme; ⇨ **Utilities**.

Toothing [sprich „tuhsing"] 📱, das; *Subst.*, Versand von Nachrichten zur Kontaktaufnahme von einem ⇨ **Bluetooth**-Handy zu einem anderen. Da die Reichweite von Bluetooth auf maximal 30 m begrenzt ist, erfolgt dies meist in Sichtweite wie im öffentlichen Nahverkehr, Wartehallen oder Ausstellungen. Solche Nachrichten sowie die Varianten ⇨ **Bluejacking** und ⇨ **Bluespamming** lassen sich einfach unterbinden, indem Bluetooth deaktiviert und nur bei Bedarf eingeschaltet wird.

Top-Level Domain [sprich „top lewel dohmejn"], die; *Subst.*, abgekürzt **TLD**, identifiziert die oberste Adresshierarchie einer Internetadresse und ist entweder ein generischer Code (⇨ **gTLD**) wie .com oder .info oder ein ⇨ **Ländercode** (⇨ **ccTLD**) wie .de oder .ru.

TorentLocker ist ein ⇨ **Erpressertrojaner**, der die Dateien auf infizierten Windows-PCs verschlüsselt.

Tosser, der; *Subst.*, ist ein Programm, das die Nachrichten aus einem Netz einsortiert.

Total Cost of Ownership [sprich „tohtel kost of ohnerschipp"], die; *Subst.*, abgekürzt **TCO**, ist eine Angabe darüber, welche Kosten ein Computersystem über die gesamte Lebensdauer bzw. Nutzungsdauer verursachen soll. Microsoft gibt zum Beispiel vor dem Erscheinen jeder neuen Windows-Version eine Studie in Auftrag, nach der die TCO beim Umstieg auf das neue Windows trotz der damit verbundenen erheblichen Kosten für Hardware, Software und Schulung der Mitarbeiter deutlich günstiger sein soll als bei Beibehaltung des alten Systems. Solche Studien gibt es auch zur Verwendung des kostenlosen ⇨ **Linux** statt des mit recht hohen Anschaffungskosten verbundenen Windows Server. Für Privatanwender und kleinere Unternehmen ist die TCO jedoch kein Entscheidungskriterium, denn die in den Studien angesetzten Wartungskosten und Kostenvorteile durch Zeitersparnis ergeben sich bestenfalls beim Einsatz in mittleren und großen Unternehmen.

Touchpad [sprich „tatsch pätt"], das; *Subst.*, ist ein bei Notebooks üblicher Mausersatz in Form einer Sensorfläche, über die sich mit dem Finger der ⇨ **Cursor** steuern lässt. Durch einfaches Antippen lässt sich ein Klick, durch schnelles, zweifaches Antippen ein Doppelklick erzeugen. Zusätzlich befinden sich am Touchpad Taster als Ersatz für die Maustasten. Der Umgang mit dem Touchpad ist beim Umstieg von der Maus gewöhnungsbedürftig. Durch Verschmutzung und Hautfett kann die Sensibilität des Touchpads abnehmen, und es können Fehler bei der Steuerung auftreten.

Touchscreen [sprich „tatsch skrien"], der; *Subst.*, ist ein bei ⇨ **Smartphones**, ⇨ **Tablets** und ⇨ **Tablet-PCs** gebräuchliches ⇨ **Display**, das auf Berührung reagiert und eine Steuerung per Fingergesten erlaubt. Bildschirme mit Touchscreen sind auch häufig bei öffentlichen Auskunftssystemen und Geldautomaten im Einsatz. Der Benutzer tippt hier mit seinem Finger auf die Optionen, zu denen er etwas wissen oder die er auswählen möchte.

Tower [sprich „tauer"], der; *Subst.*, oder ⇨ **Big-Tower**, Bezeichnung für ein turmartiges PC-Gehäuse und für einen PC mit einem solchen Gehäuse. Das Gehäuse wird häufig für Server und besonders leistungsfähige PCs verwendet, da es viel Platz für Erweiterungen bietet. Ein Tower-PC wird normalerweise unter oder neben den Schreibtisch gestellt. Die heute üblichste Form des PC-Gehäuses ist der ⇨ **Midi-Tower**.

TP, Abkürzung für ⇨ **Thin Provisioning**.

TPM, Abkürzung für **T**rusted **P**latform **M**odule ist ein Chip in PCs, Notebooks, Smartphones und Unterhaltungselektronik, der einen eindeutigen Schlüssel zur Identifikation des Geräts enthält. Das können Software-Anbieter nutzen, um zu überprüfen ob eine Software auf mehreren Rechnern genutzt wird. Da sich ein Rechner durch TPM eindeutig bestimmen lässt, kann jedoch über TPM auch sichergestellt werden, dass nur dieser Rechner auf einen bestimmten Dienst im Internet oder ein Konto zugreifen darf, solange der Nutzer keinen weiteren oder anderen Rechner dafür registriert hat. Das kann als zweite Prüfung neben der Kennwortabfrage dienen und so die Sicherheit des Zugangs

Track-at-Once

erhöhen und vor Hackern schützen; ⇨ **2-Faktor-Authentifizierung**.

Track-at-Once [sprich „träck ät wonz"], abgekürzt **TAO**, ist eine Betriebsart eines ⇨ **CD-Brenners** bei der jeder Track einer CD einzeln geschrieben wird. Im Gegensatz zu ⇨ **Disc-At-Once** wird der Schreiblaser nach jeder Spur abgeschaltet. Dadurch entstehen zwischen den Tracks „Lücken", auch als „undefinierter Bereich" bezeichnet. Da eine Audio-CD aus einer durchgehenden Spur besteht, so wie bei der spiralförmigen Rille einer Schallplatte, können einige Audio-Player mit den „lückenhaften" CDs nicht umgehen und sie nicht lesen. Haben Sie die Wahl, sollten Sie daher Disc-at-Once statt Track-at-Once verwenden, um eine CD zu kopieren.

Trackback [sprich „träckbäck"] ist eine Funktion von ⇨ **Blog**-⇨ **Software**, über die sich ein Artikel im eigenen Blog mit thematisch passenden Artikeln anderer Blogs verlinken lässt. Dazu wird die Trackback-⇨ **URL** eines zu verlinkenden Artikels im eigenen Artikel eingebunden. Sobald der eigene Artikel veröffentlicht wird, erscheint automatisch ein Kommentar unter dem verlinkten Artikel im anderen Blog. Dieser Kommentar verweist von dort aus zurück auf den eigenen Blog, daher Trackback, der Kommentar lässt sich zurückverfolgen; einfache Erklärung erwünschter und unerwünschter Trackbacks mit anschaulichen Beispielen: http://sw-guide.de/webdienste-blogging/was-sind-trackbacks/.

Trackball [sprich „träckbouhl"], der; *Subst.*, ist ein ⇨ **Zeigegerät**, das von der Funktionsweise her eine umgedrehte, mechanische ⇨ **Maus** ist. Während die Maus bewegt wird und sich diese Bewegung auf eine Kugel an der Unterseite überträgt, dreht der Anwender eines Trackballs die Kugel an dessen Oberseite direkt mit seinem Daumen. Der Trackball selbst wird also bewegt, und somit ist auch keine spezielle Unterlage wie eine Mausmatte erforderlich. Wie von einer Maus her bekannt, lassen sich über Tasten spezielle Funktionen abrufen.

Tracking [sprich „träcking"], das; *Subst.*, Nachverfolgen von ⇨ **E-Mails** oder Ereignissen wie externen Anfragen von Anwendungen oder Servern aus dem Internet. Über das Tracking lässt sich bei E-Mails ermitteln, ob und ggf. wann und wo diese gelesen wurden (⇨ **E-Mail-Tracking**). Bei Ereignissen lässt sich der Weg der Anfrage über das Internet zurückverfolgen und so dessen Herkunftsland bestimmen.

Tracking-Dienst [sprich „träcking dienst"], der; *Subst.*, verfolgt ⇨ **E-Mails** (⇨ **E-Mail-Tracking**) oder per ⇨ **GPS**-Tracking den Weg und aktuellen Aufenthaltsort von mobilen Gegenständen (PKW, Boot) oder auch Menschen (Kranke, Kinder, Entführungsopfer). ⇨ **Smartphones** mit den Betriebssystemen ⇨ **Android** und ⇨ **iOS** sowie Notebooks von Markenherstellern enthalten bereits integrierte Tracking-Dienste, die zum Wiederfinden verlorener oder gestohlener Geräte, aber auch zum ständigen Verfolgen der Aufenthaltsorte der Besitzer verwendet werden können.

Tracking Dots [sprich „träcking dots"] sind von Farblaserdruckern auf allen Ausdrucken codiert übermittelte Informationen in Form von Punkten, aus denen Sachkundige die Seriennummer, den Hersteller und evtl. weitere Informationen ablesen können. So lässt sich über diese Punkte die Herkunft eines Schreibens oder auch von gefälschten Banknoten ermitteln. Das FBI soll Zugriff auf die Tracking-Dot-Informationen haben, sicher auch weitere Geheimdienste und Polizeibehörden. Die Tracking Dots lassen sich mit einem Mikroskop und weiteren Hilfsmitteln erkennen. Wie dies funktioniert und die Tracking Dots zu lesen sind, zeigt die Electronic Frontier Foundation am Beispiel eines Xerox-Druckers auf ihrer Webseite: https://w2.eff.org/Privacy/printers/docucolor/.

Trackpad [sprich „träckpätt"], der; *Subst.*, ist ein ⇨ **Zeigegerät**, das meist in Notebooks eingebaut ist und aus einer Sensorfläche besteht. Die Steuerung des Mauszeigers erfolgt über die Bewegung des Fingers über die Sensorfläche. Über ein kurzes Tippen auf die Sensorfläche lassen sich „Mausklicks" auslösen. Zusätzlich gehören zu einem Trackpad meist zwei Funktionstasten, über die sich die Funktionen der linken und rechten Maustaste abrufen lassen.

Trading Bot [sprich „träiding bot"], der; *Subst.*, dt. Handelsroboter, ist ein auf den Handel an den Finanzmärkten spezialisiertes Computerprogramm, das abhängig von der Konfiguration und dem Algorithmus automatisiert Wertpapiere kauft und verkauft.

Traffic [sprich „träffik"], der; *Subst.*, bezeichnet (1.) die Häufigkeit der Benutzung einer Webseite oder (2.) den Datendurchsatz in einem Netzwerk wie dem Internet oder zu/von einem Server. Eine andere Bezeichnung ist **Transfervolumen**.

Trailing Slash [sprich „träiling släsch"], der; *Subst.*, der abschließende Schrägstrich (⇨ **Slash**) einer ⇨ **URL**. Es ist ein wichtiger Bestandteil der URL, ohne den die Adresse auf dem der ⇨ **Domäne** zugeordneten Server nicht gefunden werden kann. Ungeachtet seiner Bedeutung wird der Trailing Slash in Veröffentlichungen häufig weggelassen und auch von Anwen-

Transaction Translator

dern nicht eingegeben. Die meisten Browser zeigen die gewünschte Webseite dann dennoch an, da sie den fehlenden Trailing Slash automatisch ergänzen.

Transaction Translator [sprich „tränsäcktsch'n tränsläit'r"] der; *Subst.*, abgekürzt **TT**, ist eine mit ⇨ **USB** 2.0 neu eingeführte Hardware-Komponente für ⇨ **Hubs**, die im USB-2.0-Hub entweder einmal vorhanden ist und alle ⇨ **Ports** bedient oder mehrfach, dann gibt es einen TT für jeden Port. Der oder die TTs puffern Transaktionen von und zu den direkt am Hub angeschlossenen Low- und Full-Speed-Geräten nach dem USB 1.1-Standard. Dadurch wird verhindert, dass sich durch die langsameren USB-Geräte die ⇨ **Datenübertragungsrate** von 480 MBit/s zwischen Host und Hub verringert. Die Transaktionen vom PC zu den Low- und Full-Speed-Geräten werden in zwei Transaktionen aufgeteilt, eine Start-Split-Transaktion (SS) und eine Complete-Split-Transaktion (CS). Diese Transaktionsteile SS und CS reisen dann zusammen mit High-Speed-Transaktionen im High-Speed-Datenstrom.

Transceiver [sprich „tränssiewer"], der; *Subst.*, ist ein Kunstwort aus ⇨ **Transmitter** und ⇨ **Receiver** und ist somit Sender und Empfänger in einem Gerät.

Transfervolumen, das; *Subst.*, ⇨ **Traffic**.

Transflash [sprich „tränsfläsch"], anfangs als **T-Flash** und seit Juli 2005 als ⇨ **microSD** bezeichnet, derzeit kleinstes Speicherkartenformat (15 x 11 x 1 mm, etwa ¼ der ⇨ **SD-Cards**) mit einer Speicherkapazität von bis zu 32 GB und wurde von der ⇨ **SD Card Association** für die Verwendung in ⇨ **Handys** entwickelt. Da sie auf der ⇨ **SD-Card** basieren, lassen sich Transflash-Speicherkarten über einen Adapter auch in Steckplätzen für SD-Cards nutzen.

Transflash-Speicherkarten heißen heute microSD und haben trotz geringer Größe bis zu 32 GB Speicherkapazität (Quelle: SanDisk)

transiente Befehle ⇨ **externe Befehle**.

Transmitter, der; *Subst.*, ist eine andere Bezeichnung für Sender.

Transport Layer [sprich „tränsport läier"], dt. Transportschicht, 4. Schicht des ⇨ **OSI**-Referenzmodells.

Trapdoor [sprich „träpdohr"], die; *Subst.*, dt. Hintertür, ⇨ **Backdoor**.

Travan sind Bänder nach dem Standard ⇨ **QIC** für ¼-Zoll-Magnetbänder, aber mit einer Bandbreite von 8 statt 6,25 mm und der 1,875 fachen Bandlänge.

Tray [sprich „träj"], **Systray** [sprich „süsträj"] oder **System Tray** [sprich „süstem träj"], auch **Taskbar Notification Area** (**TNA**), der; *Subst.*, dt. ⇨ **Benachrichtigungsfeld** oder **Infobereich** (Windows ab Windows XP), ist bei Windows der kleine Bereich mit der Uhr rechts in der ⇨ **Taskleiste**, sofern sich diese am unteren Bildschirmrand befindet. Im Tray sind die Symbole der automatisch beim Windows-Start aufgerufenen Programme zu finden.

Treiber, der; *Subst.*, ist ein spezielles Programm, mit dem ein Peripheriegerät in ein ⇨ **Betriebssystem** eingebunden wird. Benötigte Treiber finden Sie im Internet z. B. unter www.treiber.de/.

Treppeneffekt, der; *Subst.*, ⇨ **Aliasing**.

Treppeneffektglättung, die; *Subst.*, ⇨ **Anti-Aliasing**.

Trial Version, die; *Subst.*, ⇨ **Testversion**.

Triband 📱, *Adj.*, gibt bei einem Handy an, dass es in den 3 Frequenzbändern 900 MHz (⇨ **D-Netz**), 1.800 MHz (⇨ **E-Netz**) und 1.900 MHz (amerikanische Netze) und damit weltweit im ⇨ **GSM**-Netz eingesetzt werden kann.

Trident, auch als MSHTML bezeichnet, die HTML-Rendering-Engine des ⇨ **Browsers** ⇨ **Internet-Explorer** von ⇨ **Microsoft**. Diese Engine ist auch in anderen Programmen enthalten wie etwa dem Browser Maxthon, Outlook bis Version 2003 oder dem Windows Media Player. Diese Engine wird nicht mehr weiterentwickelt. Die Nachfolge hat **EdgeHTML** des Browsers ⇨ **Microsoft Edge** aus ⇨ **Windows 10** angetreten.

Triple Play [sprich „trippel pläi"] ist eine Marketing-Bezeichnung für das Angebot von Telefon (⇨ **VoIP**), Internet und Fernsehen aus einer Hand. Kommt noch Mobilfunk hinzu, wird auch von Quad Play [sprich „kwad pläi"] oder Quadruple Play [sprich „kwadrupel pläi"] gesprochen, das ist in Deutschland jedoch bislang nicht gebräuchlich.

Trojan, dt. Trojaner, ⇨ **Trojanisches Pferd**.

Trojaner, der; *Subst.*, ⇨ **Trojanisches Pferd**.

Trojan horse

Trojan horse, dt. ⇨ **Trojanisches Pferd**.

Trojanisches Pferd, das; *Subst.*, oder abgekürzt **Trojaner**, engl. **Trojan horse** bzw. **Trojan**. Der Name stammt von der Sage um den Trojanischen Krieg, der durch die List des Odysseus entschieden wurde. Die Griechen zogen scheinbar von der Stadt Troja ab und ließen ein riesiges hölzernes Pferd zurück. Trotz Warnungen brachten die Trojaner das Pferd in ihre Stadt. Im Inneren des Pferdes verbargen sich Griechen, die im Schutze der Nacht das Stadttor öffneten und ihre heimlich zurückgekehrten Truppen einließen. Troja wurde niedergebrannt.

Von dieser Kriegslist inspiriert erfanden Programmierer die moderne Form des „trojanischen Pferdes". Auch wenn es Gemeinsamkeiten mit diesem hat und häufig so bezeichnet wird, ist ein Trojaner kein ⇨ **Computervirus**, denn im Gegensatz zu diesem vermehrt sich ein Trojaner nicht selbst.

Trojaner werden per ⇨ **Datenträger**, ⇨ **E-Mail**, ⇨ **Newsletter** oder ⇨ **Webseiten** aktiv. Wie Computerviren bzw. Würmer nutzen auch einige Trojaner Schwachstellen des Betriebssystems oder wichtiger Anwendungen aus und gelangen beispielsweise über einen ungeschützten Port auf den PC. Andere Trojaner sind Bestandteil eines anderen Programms oder täuschen vor, ein anderes Programm zu sein. Typische Beispiele sind ⇨ **Bildschirmschoner**, Spiele oder ⇨ **Patches**. Auch beliebte Verstecke sind angebliche Seriennummernlisten zum Freischalten geschützter Software oder für angeblich kostenlosen Zugang zu Erotikseiten im Internet (⇨ **Warez**).

Während Computerviren hauptsächlich aus der Geltungssucht oder Frustration des Programmierers entstehen, haben Trojaner oft einen wirtschaftlichen Hintergrund. Sie sollen Passwörter ausspähen, Konto- und Kreditkartendaten ermitteln oder einen ⇨ **Dialer** installieren.

In Firmen werden auch Abrechnungsprogramme verändert, sodass sich der Programmierer des Trojaners bereichern kann. Einige Trojaner verursachen falsche Fehlermeldungen und führen dadurch in die Irre. Es kostet in jedem Fall etliche Zeit, einen Trojaner zu enttarnen und rückstandsfrei zu beseitigen.

Ein Trojaner kann auch beabsichtigt oder unbeabsichtigt erhebliche Systemschäden anrichten, etwa wenn er in Systemdateien eindringt, die dann gelöscht und ersetzt werden müssen. Auch die ⇨ **Registry** wird von Trojanern verändert.

Eine als ⇨ **Keylogger** bezeichnete Variante zeichnet jede Tasteneinga-

True Type Font

be auf. Diese Trojaner werden von Hackern verwendet, um Passwörter auszuspähen.

Eine andere Anwendung findet sich in ⇨ **Spyware**, mit der zum Beispiel Arbeitgeber ihre Angestellten überwachen. Spyware wird auch privat eingesetzt, um zum Beispiel herauszufinden, ob der Lebensgefährte jede Nacht wirklich nur am PC arbeitet oder stattdessen wild in Chats flirtet oder sich Erotikangebote ansieht.

Eine als ⇨ **Backdoor** bezeichnete Variante ermöglicht Hackern den Zugriff auf den PC, um diesen fernzusteuern oder durch Betrachten der Aktivitäten des Benutzers gesuchte Informationen zu erhalten. Dies ist durch zahlreiche Sicherheitslücken in Windows und dem Internet Explorer leider relativ leicht möglich. Entsprechende Programme können im Internet an zahlreichen Stellen heruntergeladen werden.

Trolle, die; *Subst.*, ist (1.) die Bezeichnung der ⇨ **Häcksen** für Männer. Als Trolle werden auch (2.) Personen bezeichnet, die in Foren (⇨ **Forum**), ⇨ **Newsgroups** und anderen Internet-Medien provozieren oder auch einfach anderer Meinung sind als die überwiegende Mehrheit. Die Beiträge der Trolle werden als **Troll-Post** oder **Troll-Posting** bezeichnet und bleiben oft unbeantwortet oder werden mit ⇨ **plonk** (siehe Anhang :-)) beantwortet.

Troubleshooting [sprich „trabbelschuhting"], das; *Subst.*, dt. Fehler suchen und beheben.

Trovi ist ein ⇨ **Browser-Entführer**, der Suchmaschine und Startseite in http://trovi.com, http://www.trovi.com oder http://trovigo.com ändert. Der Anbieter verdient an Werbeeinnahmen auf der Seite und den erhobenen Daten.

True Color [sprich „truh kaller"] ist eine Echtfarbdarstellung mit 16,7 Millionen gleichzeitig darstellbaren Farben, wobei zur Speicherung der Farben 24 Bit verwendet werden.

True Depth [sprich „äppl tru def"], wörtlich übersetzt Apples wahre Tiefe, ist die Bezeichnung der Firma Apple für ihre 3D-Gesichtserkennung, die beim iPhone X ein Freischalten des Smartphones ermöglicht.

True Type Font [sprich „truh teip font"], abgekürzt **TTF**, sind frei skalierbare Schriften (⇨ **Fonts**), bei denen die einzelnen Zeichen als mathematische Funktionen definiert sind (Vektor-Schriften). Die Schriften sind beliebig skalierbar, also in der Größe frei wählbar. Alle aktuellen Windows-Versionen verwenden dieses Schriftformat.

T Truly Invisible Web

Der Empfänger eines Dokuments mit True Type Font muss aber die verwendete Schrift auf seinem PC installiert haben, damit sie richtig dargestellt wird, oder der True Type Font muss in das Dokument eingebettet sein. Ansonsten wird eine Ersatzschrift verwendet, was die Formatierung der Seiten und den Seitenumbruch verändern kann. Zum Lieferumfang von Windows gehören bereits etliche True Type Fonts wie Arial. Werden andere Schriften als die Standardschriften verwendet, sollten diese zur Sicherheit zusammen mit dem Dokument abgespeichert und verschickt werden.

Truly Invisible Web [sprich „truhli inwissibl web"], dt. wirklich unsichtbares Netz, ist ein Teil des Deep Webs und der Teil des Internets, der von Suchmaschinen aufgrund technischer Einschränkungen nicht erfasst und damit auch nicht indexiert werden kann. Nicht indexierbare Bestandteile des Internets sind zum Beispiel Datenbankinhalte, dynamisch generierte Webseiten, Flash-Inhalte, komprimierte Dateien und zumindest teilweise auch PDF-Dateien.

TSR, Abkürzung für **T**erminate and **S**tay **R**esident, ist eine Bezeichnung für speicherresidente Programme, also Programme, die auch nach ihrer Ausführung im Speicher verbleiben.

TSL, Abkürzung für **T**ransport **L**ayer **S**ecurity, ein Protokoll zum sicheren Übertragen von Daten im Internet, das früher als ⇨ **SSL** bezeichnet wurde.

TT, Abkürzung für ⇨ **Transaction Translator**.

TTY, Abkürzung für **T**ele**ty**pe, Abkürzung für Fernschreiber und ein Basisstandard zur Übertragung von Textzeichen.

Turbo Boost Technology ist eine ⇨ **Intel**-Technologie, mit der die Taktfrequenz des Prozessors dynamisch gesteuert wird. Fordert das ⇨ **Betriebssystem** mehr Leistung an und der ⇨ **Prozessor** ist vom Stromverbrauch, der Leistung, der Temperatur und/oder der Anzahl aktiver Kerne noch unterhalb der durch die Spezifikation festgelegten Grenzwerte, wird die Taktfrequenz bis zum Grenzwert erhöht. Die aktuelle Version Turbo Boost Technology 2.0 unterstützt die 2. Generation der Core-i5- und Core-i7-Prozessoren; Informationen von Intel zur Turbo Boost Technology unter http://intel.ly/q9bcIp.

TurboSIM, Turbo SIM 📱, die; Subst., ist eine spezielle Karte zum Aufheben einer Netz- und/oder SIM-Sperre (Unlock von Netlock und/oder Simlock). Mit solchen Sperren wollen Mobilfunkanbieter verhindern, dass die verkauften Mobiltelefone mit SIM-Karten anderer Anbieter verwendet werden. Die TurboSIM ist eine sehr dünne Karte, die unter die eigentliche SIM-Karte geschoben und dann mit dieser in das Mobiltelefon eingelegt wird. Der Chip führt dann das Entsperren (Unlock) des Mobiltelefons durch. Damit dies funktioniert, ist manchmal ein Teil der Original-SIM-Karte abzuschneiden. Das kann zu einem irreparablen Defekt der SIM-Karte führen und somit Kosten für die Anschaffung einer neuen SIM-Karte verursachen.

Zudem nutzen einige dieser Turbo-SIM-Karten eine Sicherheitslücke bei der 112-Rufnummer aus. Ein Missbrauch des Notrufs ist jedoch nach § 145 Strafgesetzbuch (StGB) ein Straftatbestand, der mit einer Geldstrafe oder bis zu einem Jahr Gefängnis bestraft werden kann.

Tuvaro ist ein ⇨ **Browser-Entführer**, der die Startseite in www.search.net und die Suchmaschine in www.bing.com ändert. Der Anbieter verdient an Werbeeinnahmen auf der Seite und den erhobenen Daten.

TV-Blogger, die; *Subst.*, nur in der Mehrzahl vorkommend, Betreiber oder Teilnehmer an einem Blog oder Forum, das Fernsehsendungen zum Gegenstand der Berichterstattung und Diskussion hat. Beispiele: https://www.couchfunk.de.

TV-Karte, die; *Subst.*, bezeichnet eine Erweiterungskarte oder ein ⇨ **USB**-Gerät mit analogem oder digitalem Empfänger für Fernseh- und teilweise auch Rundfunkprogramme zum Anschluss an Antenne, Kabel oder Satelliten-Receiver (sofern dieser nicht bereits in der Karte integriert ist). Damit kann am PC ferngesehen oder auch Rundfunk gehört werden. Über die mitgelieferte Software oder Zusatzsoftware kann ein PC mit einer TV-Karte auch als digitaler Videorecorder eingesetzt werden.

Der meist vorhandene ⇨ **S-VHS**-Eingang ermöglicht den Anschluss eines Camcorders oder Videorecorders zum Überspielen und anschließendem Schneiden eigener Videos. Optional ist oft auch eine ⇨ **IR**-Fernbedienung erhältlich.

TV-Tuner, der; *Subst.*, ist ein Fernsehempfänger.

Twaffair [sprich „twaffähr"], die; *Subst.*, Bezeichnung für eine ⇨ **Twitter**-Affaire.

Twaffic [sprich „twäffik"], der; *Subst.*, zusammengesetzt aus **Tw**itter und Tr**affic**, der durch ⇨ **Twitter** verursachte Zugriff auf eine ⇨ **Webseite** oder der Twitter-⇨ **Traffic** allgemein.

Twain [sprich „twäin"], Standard-Software-Schnittstelle für ⇨ **Scan-**

twaiting

ner, mit der Bild- oder Videodaten in PC-Programme importiert werden. Die Twain-Kompatibilität ist ein wichtiges Kaufkriterium bei Software und Scannern, da durch den Twain-Standard auf ein zusätzliches Scanner-Programm verzichtet werden kann. Der Begriff selbst hat im Gegensatz zum branchenüblichen Verfahren keine besondere Bedeutung. Daher wird er scherzhaft gerne als „**T**oolkit **w**ithout **a**n **i**mportant **n**ame" interpretiert.

twaiting [sprich „twäiting"], zusammengesetzt aus **T**witter und **waiting**, bezeichnet das ⇨ **Twittern**, während man auf etwas wartet, z. B. an der Bushaltestelle oder auf dem Bahnhof; ⇨ **twalking**, ⇨ **twiking** und ⇨ **twitterlooing**.

Twalker [sprich „twohker"], der; *Subst.*, ist ein ⇨ **Twitter**-Stalker.

twalking [sprich „twohking"], *Verb*, zusammengesetzt aus **Tw**itter und **w**alking, bezeichnet das ⇨ **Twittern**, während man läuft; ⇨ **twaiting**, ⇨ **twiking** und ⇨ **twitterlooing**.

Twammers [sprich „twämmers"] sind ⇨ **Twitter-Sp**ammer.

Twannouncement [sprich „twänaunsment"], das; *Subst.*, zusammengesetzt aus **Tw**itter und **announcement**, ist eine Ankündigung über ⇨ **Twitter**, etwa zur Einführung eines neuen Produkts oder einer neuen Software-Version.

Tweak [sprich „twiek"], der; *Subst.*, wörtlich übersetzt „kitzeln" oder „zwicken" ist (1.) ein Trick zur Optimierung von Anwendungen oder von Windows und kann auch (2.) in der Mehrzahl Tweaks als Bezeichnung für Optimierungstools verwendet werden. Es kommt (3.) auch als Namensbestandteil solcher Tools vor, wie etwa bei Microsofts „Tweak UI".

Tweaking [sprich „twieking"], das; *Subst.*, bezeichnet das „Herauskitzeln" von mehr Leistung oder Funktionen aus Hard- und Software. Die als ⇨ **Tweak**s bezeichneten Anleitungen dazu finden Sie in Fachzeitschriften und im Internet auf zahlreichen Webseiten wie https://www.tweaktown.com/, www.windows-tweaks.info oder www.tweakpc.de. Zum Tweaking gehören auch das ⇨ **Overclocking** und damit auch das ⇨ **Cooling**.

Tweaven [sprich „twäfen"], Kunstwort aus **Tw**itter und h**eaven**, die Vorstellung von ⇨ **Twitter** als der Himmel.

Twebinar ist ein ⇨ **Twitter**-⇨ **Webinar**.

Twecoffee [sprich „twikoffie"] ist ein ⇨ **Tweet** darüber, dass sich gerade jemand einen Kaffee holt, einen Kaffee trinkt usw.

Tweducation [sprich „twedjukäischen"], die; *Subst.*, Kunstwort aus **Tw**itter und **Education**, Lernen mit Hilfe von ⇨ **Twitter**.

Tweek [sprich „twiehk"], der; *Subst.*, ein **Tw**itter-**G**eek, jemand, der ⇨ **Twitter** sehr intensiv nutzt, davon besessen ist und/oder sehr viel darüber weiß.

tweepish [sprich „twiepisch"], *Adj.*, von ⇨ **Tweet** und engl. **sheepish**, ist ein dummer Tweet.

Tweeple [sprich „twiepel"], die **Tw**itter pe**ople**, Gesamtheit der ⇨ **Twitter**-Nutzer. Der einzelne Twitter-Nutzer ist ein ⇨ **Twitterer** oder ⇨ **Tweeter**.

Tweeps [sprich „twiehps"] sind treue ⇨ **Twitter**-⇨ **Follower**, die zu anderen sozialen Netzwerken wie etwa ⇨ **Facebook** folgen.

Tweet [sprich „twiet"], der; *Subst.*, auch als ⇨ **Update** bezeichnet, Bezeichnung für eine der Kurznachrichten bei ⇨ **Twitter**.

Tweetaholism [sprich „twietäholism"], ⇨ **Twitter**-Sucht, eine Art „Twitter-Alkoholismus".

tweeten [sprich „twieten"], *Verb*, Versenden von Kurznachrichten über ⇨ **Twitter** bzw. das Nutzen von Twitter. Eine andere Bezeichnung dafür ist ⇨ **twittern**.

Tweeter [sprich „twieter"], der; *Subst.*, ist eine Bezeichnung für einen ⇨ **Twitter**-Nutzer, eine andere Bezeichnung ist ⇨ **Twitterer**.

Tweeting [sprich „twieting"] ist eine Bezeichnung für alle im Zusammenhang mit der Nutzung von ⇨ **Twitter** stehenden Tätigkeiten.

Tweetup [sprich „twietapp"] ist ein persönliches Treffen von ⇨ **Twitter**ern in der ⇨ **RealWorld**.

Twegosearching [sprich „twegosörtsching"], das; *Subst.*, ⇨ **Twitter**-Gegenstück zur ⇨ **Egosuche** bei ⇨ **Google**: Ein Twitter-Nutzer sucht nach der Erwähnung seines Namens und nach seinen ⇨ **Tweets** und ⇨ **Retweets**.

Twellow ist ein als „gelbe Seiten von Twitter" bezeichnetes Verzeichnis von ⇨ **Twitter**-Nutzern, in das sich diese kostenlos eintragen können; https://www.twellow.com/.

Twemment, von **Tw**itter und dem engl. co**mment**, ein ⇨ **Twitter**-Kommentar.

Twerds [sprich „twörds"] sind **Tw**itter **Nerds**, wobei der Begriff ⇨ **Nerd** sowohl für langweilige Fachidioten als auch für Überflieger

Twerminology

mit einem hohen Intelligenzquotienten verwendet wird (oder für Menschen, die sich dafür halten).

Twerminology, die; *Subst.*, die Twitter-Terminologie, also die ⇨ **Twitter**-Begriffswelt.

Twerrible, von **Tw**itter und engl. t**errible**, schlechte oder schreckliche Nachrichten, die über Twitter verbreitet werden.

Tweserved [sprich „twisörwd"], von **Tw**itter und engl. **reserved**, ein sehr zurückhaltender/reservierter ⇨ **Tweeter**.

Twews [sprich „twus"], von **Tw**itter und engl. n**ews**, Neuigkeiten und Nachrichten, die über ⇨ **Twitter** verbreitet werden.

Twibbon, von **Tw**itter und engl. **ribbon**, ist (1.) der Name eines Dienstes (http://twibbon.com) und (2.) die Bezeichnung für ein Symbol, das über diesen Dienst ins eigene ⇨ **Avatar**-Bild kopiert werden kann, um die Unterstützung für ein Projekt zu dokumentieren.

twichteln, *Verb.*, ist ein „Wichteln" über ⇨ **Twitter**, also der Kauf eines Geschenks für einen anderen Twitter-Nutzer; Informationen und Anmeldung zur Teilnahme am Twichteln unter http://twichteln.de.

Twicrisis [sprich „twicreisis"], die; *Subst.*, von **Tw**itter und engl. **crisis**, ist eine ⇨ **Twitter**-Krise in Bezug auf die eigene Einschätzung von Twitter oder die Einschätzung der ⇨ **Follower** zur eigenen Person.

Twictionary [sprich „twiktschenäri"], das; *Subst.*, ist ein Wörterbuch (dictionary) für Twitter-Begriffe, es gibt im Internet eine ganze Reihe davon, keines allerdings ist auch nur ansatzweise vollständig und umfasst jeweils nur einen Bruchteil der in diesem Lexikon genannten Begriffe. Derzeit gibt es im Internet zudem noch kein umfassendes Twictionary in deutscher Sprache.

Twidiot, der; *Subst.*, ein Twitter-Idiot, wird meist für ⇨ **Twitterer** verwendet, deren ⇨ **Tweets** schwere sprachliche Mängel wie häufige Rechtschreib- oder auffällige Grammatikfehler aufweisen.

Twiet, der; *Subst.*, Vorschlag der Webseite Twitkrit.de als deutsche Bezeichnung für ⇨ **Tweet**, die sich bislang jedoch nicht durchgesetzt hat; Diskussion zu Twiets: http://bit.ly/771eGo.

Twi-Five [sprich „twi feif"] das ⇨ **Twitter**-Gegenstück zum „High-Five", ein symbolisches gegenseitiges Klatschen der hochgehobenen Hand (Five steht für die Anzahl der Finger).

Twitter-Anwendungen   T

twiking [sprich „tweiking"], *Verb.*, von **Tw**itter und b**iking**, ⇨ **Twittern** beim Radfahren; ⇨ **twaiting**, ⇨ **twalking** und ⇨ **twitterlooing**.

Twingo, Kunstwort aus **Tw**itter und **Lingo**, ist eine Bezeichnung für die ⇨ **Twitter**-Sprache.

Twips, Abkürzung für **Tw**entieth of **P**oint**s**, sind 1/20 eines Punkts. Da ein Punkt mit 1/72 Zoll definiert ist, lässt sich ein Twip somit zu 0,035 cm berechnen.

Twiral, von **Tw**itter und v**iral**, das virale Marketing über ⇨ **Twitter**.

Twisaster, von **Tw**itter und engl. d**isaster**, ist ein Unglück/eine Katastrophe, zu der Informationen per Twitter verbreitet werden.

Twist ist eine selten verwendete Bezeichnung für eine per ⇨ **Twitter** versendete Kurznachricht; ⇨ **Update**, ⇨ **Tweet** und ⇨ **Post**.

Twitizens [sprich „twitisens"], Kunstwort aus **Twit**ter und engl. cit**izens**, die „Bevölkerung" des ⇨ **Twitterverse**.

Twitophant, ein ⇨ **Twitter**-Nutzer, der wiederholt die Top-100-Tweets postet, die wichtigsten Hashtags und die aktuellen weltweiten Trends in seine Tweets aufnimmt. Dieses Verhalten ist zwar durchschaubar aber dennoch erfolgreich, denn je häufiger gesuchte Hashtags und Trends getwittert werden, umso größer die Chance auf ⇨ **Retweets** und ein rasches Wachstum. Die Zusammensetzung der ⇨ **Follower** ist allerdings auf diese Weise schwer zu steuern und der Anteil der ausländischen ⇨ **Twitterer** und ⇨ **Internet Marketer** daher sehr hoch.

twittastic [sprich „twittästik"], *Adj.*, der ⇨ **Twitter**-Begriff für phantastisch oder faszinierend.

Twitter ist ein seit März 2006 bestehender Online-Dienst, der eine Social Community aus rund 330 Millionen monatlich aktiven Nutzern bildet, die sich über ⇨ **Mikro-Blogging** austauschen. Dazu werden bis zu 280 Zeichen lange Nachrichten per ⇨ **E-Mail** oder auch ⇨ **SMS** versendet, wobei die Textlänge bis 2017 auf 140 Zeichen begrenzt war; https://twitter.com/.

Twitterage [sprich „twitteräitsch"], Kunstwort aus **Twitter** und engl. **rage**, dt. Wut, Empörung eines ⇨ **Twitter**-Nutzers über einen bestimmten ⇨ **Tweet**, die er in seinen Tweets deutlich zum Ausdruck bringt.

Twitter-Anwendungen, engl. **twaplications** [sprich „twäplikäischens"], sind Anwendungen, die Programmschnittstellen (⇨ **APIs**) zu ⇨ **Twitter** nutzen.

Twitterarmy, die; *Subst.*, dt. „Twitterarmee", Gruppe von Twitterern, die gemeinsam agieren, zum Beispiel zum Werben von ⇨ **Followern**.

Twitterati, die; *Subst.*, Bezeichnung für die ⇨ **Twitter**-Anhänger, analog zu Ferraristi bei Ferrari.

Twitteratur, die; *Subst.*, Kunstwort aus **Twitt**er und Lit**eratur**, aus ⇨ **Twitter**/⇨ **Tweets** entstandene Bücher oder Poesie in maximal 140 oder mittlerweile 280 Zeichen.

Twittercharts, die; *Subst.*, sind Top-10-Listen zu Twitter, die es für die Twitterer mit den meisten Follower, mit den meisten Empfehlungen, den meisten Retweets usw. gibt; twitaholic.com/.

Twitterer, dt. Bezeichnung für ⇨ **Tweeple** oder ⇨ **Twitter**-Nutzer.

Twitterholic, der; *Subst.*, Kunstwort aus **Twitter** und engl. alco**holic**, ist ein sehr aktiver ⇨ **Tweeter**, teilweise auch tatsächlich ein ⇨ **Twitter**-Süchtiger, der tagelang ununterbrochen twittert und nach eigenen Angaben über 36, 48 oder auch 72 Stunden nicht geschlafen hat oder innerhalb einer Woche nur wenige Stunden.

Twitter-Lesung, die; *Subst.*, öffentliche Veranstaltung, bei der ⇨ **Twit**terer eigene ⇨ **Tweets** oder die anderer Twitterer zu einem bestimmten Thema vorlesen.

twitterlooing [sprich „twitter luing"], *Verb*, das ⇨ **Twittern** aus einem Badezimmer heraus, wobei den ⇨ **Followern** Bilder oder Videos präsentiert werden; ⇨**twaiting**, ⇨ **twalking** und ⇨ **twiking**.

twittern, *Verb*, ist (1.) die Teilnahme an der Social Community ⇨ **Twitter** und (2.) das Versenden einer der bei Twitter bis zu maximal 280 Zeichen langen Nachrichten auf einem der möglichen Kommunikationswege, also zum Beispiel per SMS.

Twitterphoria, Kunstwort aus **Twitter** und engl. eu**phoria**, dt. Euphorie, Freude darüber, dass jemand zurückfolgt, dem man zuvor gefolgt ist. Teilweise bedanken sich ⇨ **Twitter**-Nutzer tatsächlich euphorisch per ⇨ **DM** und drücken Ihre große Freude darüber aus, dass man ihnen folgt. Diese Freude wird umso größer, je beliebter oder bekannter der „Verfolger" ist bzw. je mehr ⇨ **Follower** er hat.

Wo sonst als bei Twitter kann man es auch als Durchschnittsbürger erleben, dass einem der amerikanische Präsident oder bekannte Schauspieler folgen – Reiner Calmund sorgt zum Beispiel unter deutschen ⇨ **Twitteratis** für reichlich Twitterphoria.

Twitterspeak, eine der Bezeichnungen für die ⇨ „**Twitter**-Sprache".

Twitter-Umfragen sind per ⇨ **Tweets** verbreitete Online-Umfragen, die sich mit Hilfe von Diensten ohne Vorkenntnisse in wenigen Minuten erstellen lassen. Ein Dienst für Twitter-Umfragen ist https://www.twtpoll.com/; Informationen zum Anlegen einer Online-Umfrage aus der Diplom-Arbeit des Webseiten-Betreibers Dipl.-Päd. Axel Pratzer unter https://www.fragebogen.de/.

Twitterverse [sprich „twitter wers"], das; *Subst.*, das Twitter-Universum, die Gesamtheit der Twitter-Welt mit allen ihren „Bewohnern".

Twitterwall [sprich „twitter wohl"], die; *Subst.*, ist eine Sammlung von ⇨ **Tweets** zu einem bestimmten Thema, wie etwa die anlässlich des 20-jährigen Jubiläums des Falls der Berliner Mauer eingerichtete Berlintwitterwall: http://www.berlintwitterwall.com/. Die Auswahl der Tweets erfolgt im Regelfall über einen bestimmten ⇨ **Hashtag**. Eine andere Filterung etwa nach einem bestimmten ⇨ **Twitter**-Namen oder beliebigen Begriffen ist jedoch ebenso möglich. Dargestellt wird die Twitterwall entweder auf einer speziellen ⇨ **Webseite** oder über einen ⇨ **Beamer** bzw. ⇨ **Monitor** vor einem Publikum (Video-Twitterwall).

Das Einrichten einer Twitterwall ist zum Beispiel über socialmediawall (http://www.socialmediawall.me/) in wenigen Sekunden kostenfrei möglich. Dazu wird der gewünschte Hashtag eingegeben und man erhält das Ergebnis oder einen Link zu einer Ergebnisseite.

Sofern der Hashtag jedoch noch nicht eingeführt ist, sind die neue Twitterwall und der Hashtag erst einmal bekannt zu machen und eine größere Anzahl Twitter-Nutzer zur Teilnahme zu bewegen. Das ist für einen Fernsehsender oder ein bekanntes Unternehmen wie ⇨ **Microsoft** relativ einfach, für einen Twitter-Neuling mit wenigen Hundert Followern jedoch eine große Hürde.

twittn, Abkürzung für ⇨ **twittern**.

Twittwoch ist laut dem Initiator Stefan Wolpers „ein ⇨ **Tweetup** für Menschen, die sich beruflich mit Social Media im Allgemeinen und Twitter bzw. Microblogging im Besonderen beschäftigen". Dieses Treffen der ⇨ **Twitter**-Nutzer findet mittwochs in mehreren deutschen Großstädten statt; Twitter-Konto @Twittwoch und Webseite http://www.twittwoch.de/.

Twollower, Abkürzung für **Tw**itter F**ollower**; ⇨ **Twitter**, ⇨ **Follower**.

T Twoogle

Twoogle [sprich „twugl"], Abkürzung für das engl. „**Tw**itter as the human **Google**", dt. „Twitter, das Google von Menschenhand". Wer bei ⇨ **Twitter** eine Frage stellt, erhält zumindest bei einer großen Anzahl amerikanischer ⇨ **Follower** und einem Tweet in englischer Sprache sofort eine oder mehrere Antworten von anderen Twitter-Nutzern. Das funktioniert allerdings bislang in Deutschland kaum, denn von den deutschen Twitter-Nutzern ist nur eine sehr geringe Anzahl zur aktiven Teilnahme, dem Weiterleiten von Nachrichten oder gar einer Hilfestellung bereit.

tworing, *Adj.*, Kunstwort aus **Tw**itter und engl. b**oring**, ein langweiliger ⇨ **Tweet**.

Twouche [sprich „twuch"], von engl. **Tw**at, einem Schimpfwort mit der Bedeutung von Trottel, und engl. d**ouche**, dt. Dusche, wird für jemand verwendet, der ständig belangloses Zeug twittert, selbst das Duschen. Seine aktuelle Tätigkeit zu ⇨ **twittern**, war allerdings ursprünglich genau die Idee für die Entwicklung von ⇨ **Twitter**, nur sind Alltagstätigkeiten wie Duschen, Zähne putzen oder mit dem Hund eine Runde um den Block gehen eben alles andere als spannend.

Twtpoll ist ein Dienst, mit dem sich ⇨ **Twitter**-Umfragen durchführen lassen; https://www.twtpoll.com/.

Twypo, Kunstwort aus **Tw**itter und dem engl. Wort „**typo**", ein Tippfehler in einem ⇨ **Tweet**.

TxD, Abkürzung für transmit data, Datenleitung zwischen ⇨ **Modem** und PC für die Sendedaten.

Typosquatter [sprich „teiposkwotter"], der; *Subst.*, ist jemand, der ⇨ **Typosquatting** anwendet, also seinen ⇨ **Domain-Namen** so wählt, dass sich dieser nur durch ein zusätzliches Zeichen oder einen „Dreher" von einer sehr bekannten Domain unterscheidet. Das Ziel besteht darin, über den ähnlichen Domain-Namen Besucher auf seiner Seite zu erhalten, also mehr oder überhaupt ⇨ **Traffic** zu bekommen.

Typosquatting [sprich „teiposkwotting"], das; *Subst.*, nutzt Fehleingaben bei der Internet-Adresse aus, um Besucher auf eine andere ⇨ **Webseite** mit einer ähnlichen Adresse zu leiten. Es handelt sich dabei um eine Form von ⇨ **Cybersquatting**.

Der Typosquatter meldet dazu eine oder mehrere ⇨ **Domains** an, die sich nur gering von einer bekannten Domain oder der eines Konkurrenzunternehmens unterscheidet bzw. unterscheiden. Geben Internet-Nutzer versehentlich diese Adresse ein, gelangen sie auf die Webseite des Typosquatters, der dies nutzen kann, um zum Beispiel:

Typosquatting

- Werbeeinnahmen über die Besucher zu erzielen; die Seite besteht dann meist vollständig aus Werbung.

- Den Besucher auf Webseiten zu bringen, die dieser von alleine nicht aufrufen würde, zum Beispiel Seiten mit sexuellem Inhalt.

- Auf der Webseite ein Konkurrenzangebot anzubieten und so einem Mitbewerber „das Wasser abzugraben" oder von dessen Erfolg zu profitieren.

- Die Webseite der ursprünglich vom Benutzer gesuchten Webseite täuschend echt nachzuahmen und dann darüber einen ⇨ **Phishing**-Angriff zu starten oder ⇨ **Schadprogramme** zu verbreiten.

- Kostenlose ⇨ **Software** zum Download anzubieten, wobei sich der Besucher zunächst anmelden muss und damit einen Vertrag abschließt. Der Betreiber der Webseite fordert diese Kosten, die meist nur versteckt in den ⇨ **AGBs** stehen, anschließend ein.

Als Abwehr gegen Typosquatting melden größere Firmen ähnlich klingende Domains an und leiten den Besucher auf die eigentlich gewünschte Seite um.

Als Beispiel führt Wikipedia auf, dass Google die Domains www.goolge.de, www.googel.de und www.gogle.de auf www.google.de umleitet.

Laut Wikipedia wird Typosquatting auch bei Telefonnummern angewendet und als Beispiel angeführt, dass AT&T die Telefonnummer „+1-800-OPERATOR" durch „+1-800-CALL-ATT" ersetzt hat, da wohl viele Anrufer statt „OPERATOR" vorher „OPERATER" eintippten und dann bei einem Konkurrenzunternehmen landeten.

U

U, Abkürzung für **rack unit**, dt. ⇨ **Höheneinheit**.

U2F, Abkürzung für **U**niversal **2**nd **F**actor [sprich „junivärsell seckend fäckter"], ein universell verwendbarer, offener Authentifizierungs-Standard; ⇨ **2-Faktor-Authentifizierung**.

UAC, Abkürzung für **U**ser **A**ccount **C**ontrol [sprich „juser äkount kontrohl"], dt. ⇨ **Benutzerkontensteuerung**.

UART, der; *Subst.*, Abkürzung für **U**niversal **A**synchronous **R**eceiver/**T**ransmitter [sprich „junivärsell äsynkronus risiewer tränsmitter"], ist ein Ein-/Ausgabebaustein in seriellen Schnittstellen. Bei höheren ⇨ **Datenübertragungsraten** werden Bausteine mit Datenpuffer (⇨ **FIFO**) eingesetzt (UART 16550).

UASF, Abkürzung für **U**ser **A**ctivated **S**oft **F**ork; ⇨ **Soft Fork**.

UBE, Abkürzung für **U**nsolicited **B**ulk **E-Mail** [sprich „ansolisitäihtid balk ihmäihl"], ist eine unverlangt zugesendete Massen-E-Mail-Sendung, also ⇨ **Spam**.

UC, Abkürzung für **U**nified **C**ommunications [sprich „junifeid komjunikäihschens"], dt. vereinheitlichte Kommunikation, ist die Integration aller Kommunikationsebenen in einer Anwendung mit dem Ziel einer sofortigen Erreichbarkeit.

UCE, Abkürzung für **U**nsolicitated **C**ommercial **E-Mail** [sprich „ansolisitäihtid kommörschel ihmäihl"], ist eine kommerzielle Massen-E-Mail-Sendung, die ohne Zustimmung des Empfängers auch ⇨ **Spam** ist.

UCS, Abkürzung für **U**niversal **C**haracter **S**et [sprich „juniwörsel kärecktter set"], ist ein internationaler Zeichensatz mit über 4 Milliarden Zeichen, von dem der bei den aktuellen Windows-Versionen wie ⇨ **Windows 10** verwendete ⇨ **Unicode** eine Untergruppe bildet.

UDP, Abkürzung für **U**ser **D**atagram **P**rotocol [sprich „juser däihtagräm protokol"], ist ein Transportprotokoll aus der ⇨ **TCP/IP**-Protokollfamilie.

Überbrennen, das; *Subst.*, Beschreiben von CD-Rohlingen mit mehr Daten, als es die Norm mit 640 MB vorsieht und/oder vom Hersteller für den jeweiligen CD-Rohling vorgesehen ist. Für das Überbrennen werden spezielle Rohlinge mit 700, 800 und sogar 900 MB angeboten. Der eingesetzte CD-Brenner und die verwendete Software müssen das Überbrennen ebenso wie der jeweils verwendete Rohling unterstützen.

Übertragungsgeschwindigkeit, die; *Subst.*, Geschwindigkeit, mit der die ⇨ **Datenbits** übertragen werden.

Übertragungsmodus, der; *Subst.*, Art der Datenübertragung, synchron oder asynchron.

Übertragungsprotokoll, das; *Subst.*, ist ein softwaregesteuertes ⇨ **Protokoll** für die Datenübertragung.

UFD, Abkürzung für **U**SB **F**lash **D**rive [sprich „juh es bie fläsch dreif"], also ein USB-Flash-Speicher wie ein ⇨ **JumpDrive,** ein ⇨ **Pen Drive,** ein ⇨ **Pen Card Reader** (in Verbindung mit dem Speichermedium) oder ein ⇨ **USB-Stick.**

UGC, Abkürzung für **U**ser **G**enerated **C**ontent [sprich „juser dscheneräihtid kontent"], durch die Benutzer einer Internetplattform erstellte Inhalte. Die Nutzer von sozialen Netzwerken wie ⇨ **Facebook** oder ⇨ **Twitter** sowie die Autoren von **Content-Farmen** erstellen beispielsweise die Inhalte dieser Plattformen, während die Betreiber von den Werbeeinnahmen leben, die durch die Inhalte generiert werden.

UHD, Abkürzung für **U**ltra **H**igh **D**efinition [sprich „altra hai definischen"] bzw. **UltraHD** [sprich „ultra ha de", englisch „altra äihtsch di"], ist ein Standard für hochauflösendes Fernsehen von Mai 2012, zu dem im Juli 2014 die zwei Formate **UHD-1 Phase 1** mit einer Auflösung von 3.840 x 2.160 Pixel (⇨ **4K UHD**) bei 60 Bildern pro Sekunde und **UHD-1 Phase 2** mit 7.680 x 4.320 Pixel (⇨**8K**) und maximal 120 Bildern pro Sekunde (HFR) und maximal 22.2-Kanal-Ton hinzukamen.

UHDTV, Abkürzung für **U**ltra **H**igh **D**efinition **TV** [sprich „altra hai definischen ti wi"], also ein ⇨ **4K**-Fernseher; siehe ⇨ **UHD.**

UHDV, Abkürzung für **U**ltra **H**igh **D**efinition **V**ideo [sprich „altra hai definischen wideo"], also ein Video mit ⇨ **4K**-Auflösung; siehe ⇨ **UHD.**

UI, Abkürzung für **U**ser **I**nterface [sprich „juser interfäis"], dt. Benutzerschnittstelle bzw. ⇨ **Benutzeroberfläche.**

ULC, Abkürzung für **u**ltra **l**ow **c**ost, dt. äußerst niedriger Preis, gemeint sind Mobiltelephone zu Niedrigstpreisen; siehe auch ⇨ **ULCPC.**

ULCPC, Abkürzung für **u**ltra **l**ow **c**ost **pc**, dt. PC zu äußerst niedrigem Preis.

Ultrabook [sprich „ultrabuk"], das; *Subst.*, ist eine ⇨ **Notebook**-Klasse von ⇨ **Intel** mit stromsparenden Intel-Core-Prozessoren (Low-Vol-

U UMA

tage Haswell-Prozessoren mit TDP 15 W), einer Höhe von maximal 21 mm, einem Gewicht von weniger als 1,4 kg, Akkulaufzeiten von 6 Stunden bei Full-HD-Video-Wiedergabe und 9 Stunden im Windows-10-Leerlauf, Stromeinsparung im Vergleich zu 2011 von 50 Prozent, Touchscreen, Intel Wireless Display, Sprachsteuerung über ein integriertes Zwei-Wege-Mikrofon, mindestens ein USB-3.0-Port. Ein optisches Laufwerk ist nicht vorhanden, dafür meist eine ⇨ **SSD** statt einer ⇨ **Festplatte**.

Elegantes Design, edle Materialien wie ⇨ **Gorilla-Glas**, erstklassige Verarbeitung und besondere Funktionen wie ein Hochfahren aus dem Ruhezustand in nur 2 Sekunden (Instant On bei Acer), eine sich selbst aktivierende Tastaturbeleuchtung, sobald sich der Benutzer nähert (HP Envy 14 Spectre) und lange Akkulaufzeiten wie ein ⇨ **Tablet** machen Ultrabooks für die Käufer interessant. Einer weiten Verbreitung stehen jedoch die im Vergleich zu ⇨ **Android**-Tablets und ⇨ **Netbooks** hohen Preise von deutlich über 1.000 € entgegen; https://de.wikipedia.org/wiki/Ultrabook.

UMA, Abkürzung für **U**pper **Me**mory **A**rea [sprich „apper memorie ärija"], bezeichnet bei ⇨ **DOS** den Speicherbereich zwischen 640 KB und 1 MB, in dem sich auch das Video- und das ⇨ **BIOS**-RAM befinden.

UMB, Abkürzung für **U**pper **M**emory **B**locks [sprich „apper memorie blocks"], bezeichnet bei ⇨ **DOS** freie Speicherbereiche zwischen 640 KB und 1 MB, die zum Hochladen von ⇨ **Treibern** benutzt werden können.

Umgebungsspeicher, der; *Subst.*, ist ein Teil des Arbeitsspeichers, in dem ⇨ **DOS** die Umgebungsvariablen speichert. An der ⇨ **Eingabeaufforderung** zeigt Ihnen der Befehl SET alle aktuellen Umgebungsvariablen an.

UMPC, der; *Subst.*, Abkürzung für **U**ltra **M**obile **PC** [sprich „altra mobeil pi si"].

Umschalttaste, die; *Subst.*, zweifach vorhandene Taste ⇧, einmal links direkt unterhalb der Feststelltaste ⇩ und die zweite rechts davon neben der Taste für den Unterstrich und Gedankenstrich. Die Umschalttaste wird zum Umschalten zwischen Klein- und Großschreibung verwendet.

UMTS, das; *Subst.*, Abkürzung für **U**niversal **M**obile **T**elecommunications **S**ystem [sprich „juniwörsel mohbel telekommjunikäihschens süstem"], 3. Generation der Mobilfunktechnologie, die Übertragungsraten von bis zu 7,2 Mbit/s ermöglicht (ISDN: 64 Kbit/s, DSL: 2 Mbit/s bis 128 Mbit/s im Kabelnetz) und ⇨ **GSM** ablösen soll. Die Übertragungsrate ist jedoch im mobilen Einsatz ab einer Geschwindigkeit von 10 km/h deutlich niedriger. Außerdem steht die Bandbreite nur allen Teilnehmern in einer ⇨ **Funkzelle** gemeinsam zur Verfügung, also kann die Datenübertragung bei vielen gleichzeitigen Teilnehmern sehr langsam werden. Alle großen Mobilfunkanbieter wie die Deutsche Telekom, Vodafone, E-Plus und O2 bieten UMTS an.

Unbundling [sprich „anbandling"], das; *Subst.*, Trennen zusammen verkaufter Artikel, um beim Einzelverkauf einen höheren Gewinn zu erzielen. Zum Beispiel werden bei neuen Druckern die Originalpatronen entnommen und separat verkauft oder die bei bestimmten Verkaufsaktionen zu Grafikkarten mitgelieferten Computerspiele.

Unicode, der; *Subst.*, ist ein 1992 verabschiedeter Standard für einen 16-Bit-Zeichensatz, der 65.536 Zeichen enthält und damit alle weltweit verwendeten Schriftzeichen, also auch solche für Arabisch, Chinesisch, Japanisch, Koreanisch und Kyrillisch sowie viele sonstige Zeichen darstellen kann. Das ist bei ⇨ **ANSI** und ⇨ **ASCII** nicht möglich, die 256 Zeichen umfassen, wovon nicht alle druckbar sind. Dabei ist Unicode wiederum Bestandteil des 32-Bit-Zeichensatzes ⇨ **UCS** mit über 4 Milliarden darstellbaren Zeichen. Unicode wird von ⇨ **Linux** und den aktuellen Windows-Versionen wie ⇨ **Windows 10** unterstützt.

Uninstaller [sprich „aninstohler"], der; *Subst.*, ist ein Programm zur Deinstallation von Windows-Anwendungen, das Sie über *Systemsteuerung/Programme und Features* (Windows 10, 8.1 und 8) oder *Systemsteuerung/Programme und Funktionen* (Windows 7) durch das Anklicken des Programmeintrags und von *Deinstallieren* starten. Der Uninstaller lässt sich teilweise auch über den Programmordner im Start-Menü aufrufen. Benötigt eine Windows-Anwendung keine Installation und lässt sie sich direkt aufrufen, ist kein Uninstaller vorhanden, und die Programmdatei wird dann einfach von der Festplatte bzw. SSD gelöscht.

Unique Visitor [sprich „junihk wisider"], ist eine statistische Größe für die Besucheranzahl einer Webseite, wobei mehrfache Besuche einer Person innerhalb des Berichtszeitraums als ein Besuch gezählt werden; ⇨ **Views**, ⇨ **Visitors**.

Universal-App [sprich „juniwörsel äpp"] ist (1.) eine ⇨ **App**, die sowohl auf einem ⇨ **iPhone** als auch einem ⇨ **iPad** läuft und dabei beide Auflösungen unterstützt, also auf einem iPad das gesamte

Universal Windows Platform

⇨ **Display** ausfüllt; ⇨ **HD-App**. Der Begriff wird auch (2.) von Microsoft für Apps verwendet, die bei ⇨ **Windows 10** über die gesamte ⇨ **Universal Windows Plattform** hinweg auf allen Geräten laufen.

Universal Windows Platform [sprich „juniwörsel windous plätform"], abgekürzt **UWP**, die mit ⇨ **Windows 10** von Microsoft angekündigte Zusammenführung aller Geräteklassen vom ⇨ **Internet der Dinge (IoT)** über Mobilgeräte wie ⇨ **Smartphone** und ⇨ **Tablet** sowie den ⇨ **PC** bis zur Spielekonsole Xbox und den ⇨ **Surface**-Geräten. Das hat für Anwender den Vorteil, dass auf allen Geräten dieselben Universal-Apps laufen, die aus demselben Windows Store bezogen werden. Die Bedienung ist einheitlich, eine Umgewöhnung nicht erforderlich. Entwickler haben den Vorteil, dass mit einem Entwicklungswerkzeug (SDK) eine App für alle Geräte erstellt werden kann.

UNIX ist ein professionelles ⇨ **Betriebssystem**, das auch auf PCs eingesetzt werden kann, zumeist jedoch bei ⇨ **RISC**-Rechnern Verwendung findet. Die Verbreitung ist weitaus geringer als die von ⇨ **Windows**, das System ist jedoch wesentlich leistungsfähiger. Für den PC ist zudem das kostenlose ⇨ **Linux** die bessere Alternative, denn Linux ist besser an aktuelle PC-Komponenten anpassbar, lässt sich mit einer win-

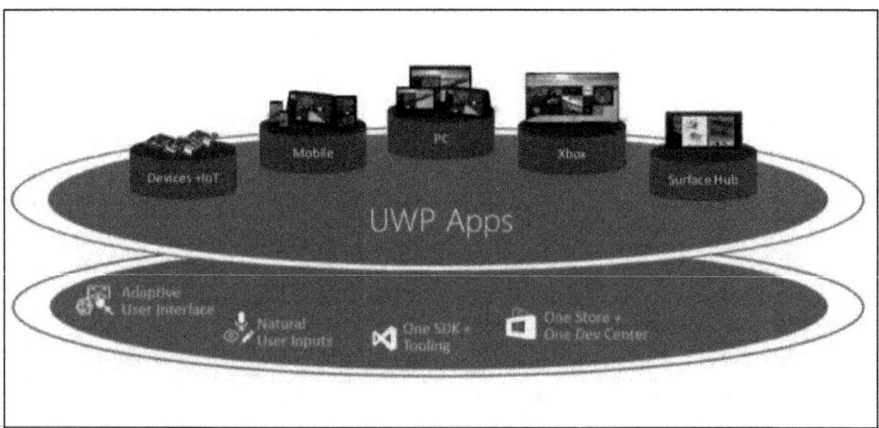

Eine Windows-Plattform für Geräte und Internet der Dinge (Devices + IoT), Mobilgeräte wie Smartphones und Tablets (Mobile), PC und Notebooks, Spielekonsolen (Xbox) und 2-in-1-Geräte (Tablets, die mit angedockter Tastatur wie ein Notebook verwendet werden, Surface Hub), in der zweiten Ebene sind die Vorteile für Anwender und Entwickler dargestellt (Bild: Microsoft)

Upload U

dowsähnlichen, grafischen Oberfläche ausstatten und unterstützt Multimedia-Funktionen und Spiele.

Unlock [sprich „anlock"] 📱, Entsperren oder Freischalten eines ⇨ **Mobiltelefons** wie ein ⇨ **iPhone**; ⇨ **SIM-Lock**.

unpowered Hub [sprich „anpauerd hahb"], der; *Subst.*, ist ein ⇨ **USB-Hub** ohne eigene Stromversorgung.

Untethered Jailbreak [sprich „antässerd dschäihl bräihk"] ⇨ **Jailbreak**.

Unzustellbarkeitsnachricht, die; *Subst.*, ist eine Meldung, die ein ⇨ **E-Mail-Server** verschickt, wenn eine ⇨ **E-Mail** nicht zugestellt werden konnte, etwa weil der Empfänger nicht bekannt, die ⇨ **Domain** nicht existent, das Postfach des Empfängers voll ist oder dieser die Annahme verweigert. Andere Bezeichnungen dafür sind **Bounce**, **Bounce Message**, ⇨ **DSN** oder ⇨ **NDN**. Siehe auch ⇨ **Hardbounce** und ⇨ **Softbounce**.

Update [sprich „appdäiht"], das; *Subst.*, dt. Aktualisierung, bezeichnet (1.) den Wechsel auf eine neue Programmversion und (2.) die neuere Version eines ⇨ **Betriebssystems**, einer ⇨ **Anwendung** oder auch ⇨ **Firmware**.

updaten [sprich „appdäihten"], *Verb*, Aktualisieren von Software.

Update-Server [sprich „appdäiht sörwer"], der; *Subst.*, ist ein ⇨ **Server** im Internet, über den Software-Aktualisierungen bereitgestellt werden. Eine Störung wie etwa eine Überlastung dieses Servers oder Wartungsarbeiten kann zu Fehlermeldungen, blockierten Anwendungen, einem gesperrten Internetzugriff für andere Anwendungen oder gar einem vollständig blockierten Rechner führen.

Solche Fehler treten zum Beispiel beim Update einer Virensignatur bei einem ⇨ **Antivirenprogramm** auf oder beim Update des Betriebssystems ⇨ **iOS**, wenn gleichzeitig Millionen von ⇨ **Apple**-Kunden versuchen, dieses Update kurz nach dem Erscheinen zu installieren.

Upgrade [sprich „appgräihd"], das; *Subst.*, Erweiterung der Funktionalitäten einer ⇨ **Software** durch einen Patch oder eine neue Version. Auch Geräte lassen sich teilweise durch ein Upgrade erweitern, etwa durch die Installation einer Zusatzplatine oder einer Speichererweiterung.

upgraden [sprich „appgräihd'n"], *Verb*, Erweitern der ⇨ **Hardware** oder ⇨ **Software** um neue Funktionen.

Upload [sprich „applohd"], der; *Subst.*, Übertragen einer Datei vom eigenen ⇨ **PC** auf einen ⇨ **Server** in einem ⇨ **Netzwerk** wie dem

U uploaden

⇨ **Internet**. Der umgekehrte Vorgang wird als ⇨ **Download** bezeichnet.

uploaden [sprich „applohden"], *Verb*, Übertragen einer Datei vom eigenen ⇨ **PC** auf einen ⇨ **Server** in einem ⇨ **Netzwerk** wie dem ⇨ **Internet**.

upper case [sprich „apper käiss"], dt. Großbuchstaben.

Upstream [sprich „appstriehm"], der; *Subst.*, dt. entgegen dem Strom, flussaufwärts, bezeichnet die Richtung der Datenübertragung vom lokalen Rechner zum ⇨ **Server**, also zum Beispiel beim Versenden einer ⇨ **E-Mail** oder ⇨ **Hochladen** einer Bilddatei. Die umgekehrte Datenübertragung wird als ⇨ **Downstream** bezeichnet. Die ⇨ **Bandbreite** von Upstream und Downstream kann unterschiedlich sein wie etwa bei ⇨ **ADSL**.

urban legend [sprich „örben ledschend"], die; *Subst.*, dt. ⇨ **Großstadtlegende**.

Urheberrecht, **Urheberrechtsgesetz**, **UrhG**, schützt das Recht auf geistiges Eigentum für zum Beispiel Abbildungen, Design, Fotos, Marken, Patente, Programmcode, Texte und Videos. Zum privaten und sonstigem eigenen Gebrauch sieht das UrhG eine legale Vervielfältigung geschützter Werke vor, etwa von Musikstücken, Texten oder Videos (§53 UrhG). Jedoch darf ein Kopierschutz nicht umgangen werden, wie etwa durch einen ⇨ **Seriennummer-Generator** oder eine ⇨ **Seriennummer-Liste**.

In der Praxis sind aus Unwissenheit oder Gewinnstreben sehr viele Vergehen gegen das UrhG zu beobachten. Das reicht von der Verwendung geschützter Fotos als Profilbild in einem ⇨ **sozialen Netzwerk** und das Hochladen geschützter Fotos in solche Netzwerke über das Verwenden geschützter Fotos ohne Lizenz auf der eigenen ⇨ **Webseite** bis hin zu Tauschbörsen und ⇨ **Raubkopien** von populären Musikstücken und aktuellen Kinofilmen.

Das Veröffentlichen geschützten Materials ohne Lizenz kann im Fall einer Abmahnung oder Strafanzeige teuer werden. Das UrhG sieht ein Strafmaß von bis zu drei Jahren Freiheitsstrafe vor. Auch die rein private Nutzung einer Tauschbörse ohne Einnahmen zu erzielen, kann bereits zu Kosten in fünfstelliger Höhe durch Anwaltskosten, Verfahrenskosten, Geldstrafe und Schadensersatz führen.

Die rechtliche Beurteilung des reinen Konsumierens einer Raubkopie wie bspw. eines Kinofilms per ⇨ **Streaming** ist umstritten. Die Nutzer von Kino.to gingen im Gegensatz zu den ehemaligen Betrei-

Usability Testing

bern straffrei aus. Als der ehemalige Anwalt Thomas Urmann Anfang 2015 rund 36.000 Nutzer von Redtube abmahnte, wurde dies für ihn zum Bumerang: Thomas Urmann wurde Betrug und Insolvenzverschleppung vorgeworfen, er wurde zu Schadensersatz verurteilt, verlor seine Anwaltszulassung und meldete dann tatsächlich Insolvenz an.

Auch wenn der Fall von Thomas Urmann scheinbar das Betrachten illegaler Filme im Internet legitimiert und die Täter zu Opfer macht, muss diese rechtliche Betrachtungsweise keinen Bestand haben oder kann im Einzelfall auch ganz anders bewertet werden. Gesetz über Urheberrecht und verwandte Schutzrechte: http://bit.ly/1R17kqV. Information zu Streaming und der rechtlichen Betrachtungsweise von Rechtsanwalt Sören Siebert: http://bit.ly/1Pz3c0j.

URI, Abkürzung für **U**niform **R**esource **I**dentifier [sprich „juniform resurs aidentifeier"], dt. einheitlicher Bezeichner für Ressourcen, wird zur Bezeichnung von Webseiten, Dateien, Diensten, E-Mail-Adressen und weiteren Ressourcen im ⇨ **Internet** verwendet.

URL, Abkürzung für **U**niversal **R**esource **L**ocator [sprich „juniwörsell resurs lokäihtor"] oder **U**niform **R**esource **L**ocator [sprich „juniform resurs lokäihtor"], Internet-Adresse einer Webseite, eines Bildes, Videos,

Klangs oder Downloads. Diese Adresse geben Sie im Browser zur Anzeige einer ⇨ **Webseite** an oder erreichen sie über einen ⇨ **Link**. Die URL besteht aus der Angabe des ⇨ **Protokolls** (zum Beispiel ⇨ **http** oder ⇨ **ftp**), den Zeichen „://", dem ⇨ **Internetdienst** (zum Beispiel ⇨ **www**), einem Punkt, der ⇨ **Domäne**, einem weiteren Punkt, dem Länder- oder Bereichskürzel (zum Beispiel de oder com), optional einer Pfad- und/oder Dateiangabe (zum Beispiel www.definitionen.de).

Usability Bug [sprich „jusäbiliti back"], der; *Subst.*, ist im Gegensatz zum ⇨ **Bug** kein echter Software-Fehler, aber dennoch für den Anwender unbequem. Der Anwender kommt zu einer Lösung, aber nur auf Umwegen oder mit einer verhältnismässig komplizierten Lösung.

Usability Lab [sprich „jusäbiliti läbb"], **Usability-Labor**, das; *Subst.*, ist eine Einrichtung, die mit wissenschaftlichen Methoden ⇨ **Hardware** und ⇨ **Software** auf ihre Gebrauchstauglichkeit hin untersucht, um ⇨ **Usability Bugs** zu finden und die Gebrauchsfähigkeit des Produkts zu optimieren. Dazu werden Testteilnehmer bei der Nutzung des Produkts beobachtet und Messungen durchgeführt.

Usability Testing [sprich „jusäbiliti testing"], das; *Subst.*, Überprüfen

U Usability Walkthrough

einer Software oder Hardware auf ihre Gebrauchstauglichkeit. Dies erfolgt durch Anwendertests und in ⇨ **Usability Labs**.

Usability Walkthrough [sprich „jusäbiliti woak sruh"], der; *Subst.*, ist beim ⇨ **Usability Testing** die Simulation eines charakteristischen Bedienungsablaufs für eine typische Aufgabe. Dabei wird jeder einzelne Arbeitsschritt begutachtet und beurteilt.

USB, Abkürzung für **U**niversal **S**erial **B**us [sprich „juniwörsel siriell bass"], ist eine Bus-Schnittstelle am PC, an die sich theoretisch max. 127 Geräte wie etwa Maus, Tastatur, Drucker, Scanner oder ⇨ **WebCam** über ein USB-Kabel anschließen lassen. Die maximale Kabellänge beträgt laut USB-Standard 5 m. Durch maximal fünf eingeschleifte ⇨ **USB-Geräte**, ⇨ **USB-Hubs** oder ⇨ **USB-Aktiv-Verlängerungen** lassen sich Entfernungen bis zu 30 m überbrücken, sofern alle Kabel dazwischen und auch das letzte Kabel zum USB-Gerät jeweils die Maximallänge von 5 m haben. Weitere Entfernungen bis zu 100 m lassen sich durch ⇨ **USB-Extender** erzielen. Die USB-Standards ⇨ **USB 1.1**, ⇨ **USB 2.0**, ⇨ **USB 3.0** und ⇨ **USB 3.1** unterscheiden sich in der Geschwindigkeit erheblich. Daher sollte beim Kauf von Geräten auf den unterstützten USB-Standard (empfehlenswert USB 3.0 oder USB 3.1) und beim Anschluss auf eine passende Buchse geachtet werden, da sich an einem PC USB-Anschlüsse unterschiedlicher Standards befinden, zum Beispiel USB 2.0 und 3.0 oder auch USB 2.0, 3.0 und 3.1 bei neueren PCs. USB 1.1 ist nur noch bei sehr alten Geräten anzutreffen.

USB 1.1 ist heute nicht mehr gebräuchlich. Die ⇨ **Datenübertragungsrate** beträgt 1,5 MBit/s bis maximal 12 Mbit/s und damit einen winzigen Bruchteil von weit unter einem Prozent der bis zu 480 Mbit/s von ⇨ **USB 2.0** oder gar der 10 Gbit/s des aktuellen ⇨ **USB 3.1 Gen 2**. Daher eignet sich USB 1.1 nicht für den Anschluss von Digitalkameras, Massenspeichern oder Videogeräten, sondern nur für Eingabegeräte wie Maus oder Tastatur. Dieser alte Standard ist bei aktuellen Geräten nicht mehr anzutreffen.

USB 2.0 erlaubt mit seiner ⇨ **Datenübertragungsrate** von 480 Mbit/s auch das Übertragen größerer Datenmengen wie Daten aus einer Digitalkamera, von Speicherkarten oder USB-Festplatten. Es gibt mit ⇨ **Low Speed USB**, ⇨ **Full Speed USB** und ⇨ **High Speed USB** drei Geschwindigkeitsklassen. Sofern das jeweilige Gerät jedoch ⇨ **USB 3.0** oder ⇨ **USB 3.1** unterstützt und eine entsprechende Buchse vorhanden ist, sollten aus Zeitgründen diese zehn- bis zwan-

USB-Anschluss

zigfach schnelleren, aktuellen USB-Anschlüsse verwendet werden. Weitere Informationen: www.usb.org, in englischer Sprache.

USB 3.0, Nachfolger von ⇨ **USB 2.0,** das im ⇨ **SuperSpeed-**Modus ⇨ **Datenübertragungsraten** von bis zu 5 Gbit/s erreichen kann und damit rund 10-mal mehr als USB 2.0. Dafür war anfangs ein ⇨ **Glasfaserkabel** vorgesehen, jetzt wird jedoch ein Kupferkabel mit fünf zusätzlichen Adern (Datenleitungen SSTX+ und SSTX-, weitere Masse GND, Datenleitungen SSRX+ und SSRX-) verwendet, das in USB-2.0-Buchsen passt.

USB-2.0-Geräte lassen sich an USB-3.0-Buchsen anschließen. In diesen Fällen ist die Datenübertragungsrate dann auf die maximal 480 Mbit/s von USB 2.0 begrenzt. Die Gefahr von Pannen durch eine zu hohe Stromaufnahme eines USB-Geräts verringert sich durch USB 3.0, da hier pro Gerät 150 mA statt 100 mA zur Verfügung stehen, auf Anforderung 900 mA statt 500 mA. Buchsen und Kabel für USB 3.0 sind meist an der blauen Farbe zu erkennen, wobei das nicht genormt ist. In der Anleitung bzw. Gerätebeschreibung sind die USB-Normen angegeben.

USB 3.1 ist ein 2013 neu festgelegter Standard, in den ⇨ **USB 3.0** integriert ist und nun als USB 3.1 Gen 1 bezeichnet wird. Mit USB 3.1 Gen 2 wurde ein neuer ⇨ **SuperSpeed+-**Modus eingeführt mit im Vergleich zu USB 3.0 verdoppelter ⇨ **Datenübertragungsrate** von 10 Gbit/s. USB 3.1 stellt neben den bisherigen 5 V mit 2 A, auch 12 V und 20 V mit bis zu 5 A bereit. Es gibt keine Festlegung mehr, welches Gerät als Spannungsquelle und welches als Verbraucher dient. Ein Monitor kann jetzt zum Beispiel auch einen PC mit Strom versorgen, bei USB 2.0 und 3.0 ist dies nur umgekehrt möglich. Zusammen mit USB 3.1 wurde auch der neue USB-Steckertyp C eingeführt, der beidseitig einsteckbar ist.

Um die hohe Übertragungsgeschwindigkeit mit USB 3.1 Gen 2 zu erreichen, sind für SuperSpeed+ geeignete USB-Kabel mit USB-C-Steckern erforderlich.

USB-Anschluss, der; *Subst.*, wird zum Anschluss von ⇨ **USB-Geräten** oder ⇨ **USB-Hubs** an den PC verwendet. Die USB-Anschlüsse sind an der Gehäuserückseite und auch Vorderseite des PCs zu finden. Beim Anschluss ist auf die Farbe zu achten. Anschlüsse von ⇨ **USB 2.0** sind schwarz oder weiß bzw. elfenbeinfarben, ⇨ **USB 3.0** ist blau.

Neuere PCs und ⇨ **Mainboard**s bieten neben USB 3.0 (⇨ **USB 3.1 Gen 1**) auch die doppelt so schnellen ⇨ **USB-3.1-Gen-2**-Anschlüsse an. Darauf sollte beim Anschluss

USB-Bluetooth-Adapter

von USB-Sticks und USB-Festplatten geachtet werden, um keine unnötige Wartezeiten zu erhalten. Im Zweifelsfall sollte im Handbuch zum Mainboard nachgesehen werden, welche USB-Standards unterstützt werden und wo die Anschlüsse zu finden sind.

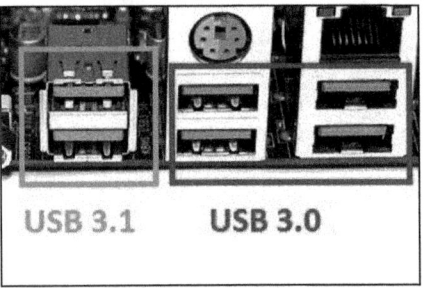

Die unterschiedlichen USB-Anschlüsse sind an den Farben und teilweise an Aufklebern und einer Beschriftung zu erkennen

USB-Bluetooth-Adapter [sprich „juh es bie bluhtuhs adapter"], der; *Subst.*, ermöglicht die drahtlose Anbindung von Geräten mit ⇨ **Bluetooth**-Funktion an einen PC oder ein Notebook. So kann beispielsweise die Adressliste von Outlook auf ein Bluetooth-Handy überspielt oder eine Internetverbindung vom Notebook aus über ein Bluetooth-Handy hergestellt werden. Das spart den Anschluss über Kabel und funktioniert in der nahen Umgebung zuverlässiger als eine ⇨ **IR-Verbindung**, da keine spezielle Ausrichtung erforderlich ist.

USB-Device [sprich „juh es bie diweis"], das; *Subst.*, ⇨ **USB-Gerät**.

USB-Extender, der; *Subst.*, ermöglicht den Anschluss von ⇨ **USB-Geräten** auch über größere Entfernungen zum PC hinweg. Zum Beispiel gibt Lindy für den eigenen USB-Extender eine Entfernung von bis zu 50 m an, für einzelne USB-Geräte wie Mäuse sollen sogar Entfernungen bis zu 100 m realisierbar sein. Die lokale Einheit des USB-Extender soll an einen eigenen ⇨ **USB-Port** am PC angeschlossen werden ohne weitere USB-Geräte oder -Hubs. Über ein Netzwerkkabel (CAT.5 UTP oder STP) wird die ⇨ **Remote**-Einheit mit USB Typ A Buchse für das entfernt stehende USB-Gerät angeschlossen.

USB-Gadget [sprich „juh es bie gädschet"], **USB-Gerät**, das; *Subst.*, ist ein Gerät mit ⇨ **USB-Anschluss**. Es gibt eine Vielzahl solcher mehr oder weniger sinnvollen Geräte vom USB-Aquarium über den USB-Kühlschrank oder die USB-Mikrowelle bis hin zur USB-Zahnbürste. Die Vielfalt zeigt dieses Ergebnis bei der Google-Bildersuche: http://bit.ly/wXGcvp.

USB-Hub [sprich „juh es bie happ"], der; *Subst.*, wird an einen der zwei oder vier USB-Anschlüsse des PCs angeschlossen und bietet dann meist vier zusätzliche Anschlüsse.

USB-Tastatur-Emulator

Es gibt externe Geräte und interne Ausführungen zum Einbau in einen 3,5-Zoll-Steckplatz. Zu unterscheiden ist je nach Stromversorgung zwischen ➪ **selfpowered USB-Hub** und ➪ **unpowered USB-Hub**. Ferner gibt es USB-Hubs für den USB-Standard 1.1, 2.0, 3.0 und 3.1. Heute empfehlenswert ist ein USB-Hub 3.0 oder USB-Hub 3.1, die auch USB 2.0 unterstützen. Möchten Sie an einen USB-Hub für USB 2.0 mehrere USB-Geräte für den älteren Standard 1.1 anschließen, sollten Sie einen ➪ **Multi-TT-Hub** verwenden; siehe auch ➪ **USB**, ➪ **Single-TT-Hub**.

USB-Kabel, das; *Subst.*, ist ein Kabel zum Anschluss eines ➪ **USB-Geräts** an einen Computer oder ➪ **USB-Hub** oder eines USB-Hubs an einen Computer. Laut USB-Standard darf die Länge eines reinen USB-Kabels 5 m nicht überschreiten. Ein USB-Kabel hat Stecker/Buchsen vom Typ A und/oder B oder C für ➪ **USB 3.1**. Bei der Kabelwahl ist zu beachten, für welchen USB-Standard das Kabel zugelassen ist (➪ **USB 1.1**, ➪ **USB 2.0**, ➪ **USB 3.0** oder USB 3.1). Die handelsüblichen vorkonfektionierten Längen liegen im Bereich von 0,5 bis 5 m.

USB-Memorystick [sprich „juh es bie memmorie stick"], der; *Subst.*, ➪ **Speicherkarte**.

USB-Port, der; *Subst.*, ist eine andere Bezeichnung für die USB-Schnittstelle.

USB-Rechner, der; *Subst.*, ist ein Taschenrechner mit USB-Anschluss (zum Beispiel als separater Ziffernblock für ein Notebook).

USB-Stick [sprich „juh es bie stick"], der; *Subst.*, ➪ **Memory Drive**.

USB-Tastatur-Emulator, der; *Subst.*, ist (1.) ein ganz spezieller „Scherzartikel" mit der Bezeichnung Phantom Keystroker, der am USB-Anschluss eines PCs oder Notebooks angesteckt, irritierende Tasteneingaben und Pieptöne auslöst: http://amzn.to/2AWoLrt. Außerdem werden USB-Tastatur-Emulatoren (2.) als Hacker-Werkzeug verwendet, da sie sich beim Anschluss per ➪ **USB** als USB-Tastatur ausgeben und so ohne Meldung an den Benutzer als Eingabegerät angemeldet werden. Ein Hacker kann damit automatisch Tastatureingaben ausführen lassen, um zum Beispiel ein ➪ **Schadprogramm** auf den Rechner zu kopieren und dort zu installieren.

Statt einer USB-Tastatur oder ergänzend dazu kann auch eine USB-Maus emuliert werden. Zum Hacken eines PCs mit Hilfe eines USB-Tastatur-Emulators werden Mikrokontroller-Platinen für Entwickler wie das „Teensy USB Development Board"

USB-Verlängerungskabel

verwendet: http://www.pjrc.com/teensy/, es lässt sich jedoch auch ein ⇨ **Android**-⇨ **Smartphone** dazu einsetzen.

USB-Verlängerungskabel, das; *Subst.*, ist ein meist passives Kabel mit einer Länge von bis zu 5 m und einfacher oder doppelter Abschirmung (USB-Standard) zur Überbrückung größerer Abstände zwischen USB-Port und USB-Gerät. Es lassen sich bis zu fünf USB-Verlängerungskabel hintereinander schalten, um eine Entfernung von bis zu 25 Metern zu überbrücken. Für größere Entfernungen wird eine andere Lösung mit einem aktiven USB-Kabel oder einem ⇨ **USB-Extender** benötigt.

US-Cert, Abkürzung für **U**nited **S**tates **C**omputer **E**mergency **R**eadiness **T**eam [sprich „juneitid stäits kompjutr imördschensi rediness tiem"], übersetzt etwa „Bereitschaftsteam für Computer-Sicherheit der Vereinigten Staaten von Amerika", eine Abteilung des US-Ministeriums für die innere Sicherheit.

Usenet [sprich „jusnet"], das; *Subst.*, ist (1.) ein Internetdienst, in dem in ⇨ **Newsgroups** (⇨ **Forum**) ⇨ **Postings** und ⇨ **News** ausgetauscht werden. Dazu bildet (2.) Usenet einen Verbund von ⇨ **Newsservern**, die über das ⇨ **Protokoll** ⇨ **NNTP** die News-

groups und Postings liefern und untereinander abgleichen.

User [sprich „juser"], der; *Subst.*, englische Bezeichnung für **Anwender**, also den Benutzer eines Computers, Betriebssystems, Computerprogramms oder Internetdienstes.

User Activated Soft Fork, abgekürzt **UASF**, ⇨ **Soft Fork**.

User CAL, Abkürzung für **U**ser **C**lient **A**ccess **L**icense [sprich „juser kleient äksess leissens"], ist eine Server-Zugriffslizenz von ⇨ **Microsoft**. Die Abrechnung erfolgt nach Zahl der Benutzer, unabhängig von welchem Gerät aus diese zugreifen. Diese Form der Lizenz ist für mobile Benutzer gedacht. Siehe auch ⇨ **CAL** und ⇨ **Device CAL**.

UserID [sprich „juser ai di"], dt. Benutzerkennung.

User Level [sprich „juser lewell"], der; *Subst.*, Zugriffsberechtigungsstufe eines Benutzers in einem ⇨ **Netzwerk** oder einer ⇨ **Mailbox**.

USSD 📱, Abkürzung von **U**nstructured **S**upplementary **S**ervice **D**ata [sprich „unstraktscherd supplementäri sörwis däihta"], ein Übermittlungsdienst für GSM-Netze, wobei die Dienste auf einem Mobiltelefon durch die Eingabe eines Codes abgerufen werden. Einer dieser Dienste ist zum Beispiel das Anzeigen der ➪ **IMEI** nach der Eingabe von *#06#; Übersicht von USSD-Codes: http://bit.ly/rtKt10, Information zur Sicherheitsgefahr durch USSD-Codes bei Android-Smartphones: http://bit.ly/TZBor4.

UTC [sprich „juh ti si"], Abkürzung für **U**niversal **T**ime **C**oordinated [sprich „juniwörsel teim koordinäihtid"], dt. Weltzeit, ➪ **GMT**.

Utility [sprich „jutilieti"], das; *Subst.*, dt. ➪ **Dienstprogramm**, ist ein anderer Ausdruck für ein Hilfsprogramm, das lizenzrechtlich häufig als ➪ **Freeware** oder ➪ **Shareware** angeboten wird.

UTRAN ist die Abkürzung für **UMTS T**errestrial **R**adio **A**ccess Network [ju em ti es terrestriel räihdio äcksess netwörk"], ein hierarchisch aufgebautes Funkzugangsnetz zu einem ➪ **UMTS**-➪ **Mobilfunknetz**.

UWP, Abkürzung von ➪ **Universal Windows Platform**.

UXGA ist eine Angabe für die Auflösung eines TFT-Displays mit 1.600 x 1.200 Pixeln; ➪ **WUXGA**, ➪ **SUXGA**, ➪ **QUXGA**, ➪ **WQUXGA** und ➪ **QWUXGA**.

V

V steht für ⇨ **Volt**, die elektrische Maßeinheit für die Spannung.

V.42/V.42bis ist ein ⇨ **Fehlerkorrektur**-Protokoll für die Datenübertragung per analogem ⇨ **Modem**, das beim Zusatz „bis" auch über Datenkompression verfügt. V.42 ist zu ⇨ **MNP** 4 abwärtskompatibel. V.42bis hat eine effizientere ⇨ **Datenkompression** als MNP 5 (Faktor 4 statt 2), ist jedoch zu MNP 5 nicht kompatibel.

VA, Abkürzung für **V**ertical **A**lignment [sprich „wörtikel äleinment"], wird im Zusammenhang mit VA-Panels verwendet. Die stäbchenförmigen Flüssigkeitskristalle der Pixel sind hier senkrecht zur Bildebene (vertikal) ausgerichtet. In dieser Ausrichtung lassen sie das Licht der Hintergrundbeleuchtung durch (hell). Durch Anlegung einer Spannung an die Stäbchen kippen diese analog zur Spannungsstärke in die Waagerechte und lassen so weniger Licht oder auch gar kein Licht mehr durch (dunkel).

Die Vorteile im Vergleich zu einem ⇨ **TN**-Panel (Twisted Nematic, waagerecht zur Bildebene) sind höherer Kontrast, natürlichere Farben und größerer Blickwinkel. Dafür sind die Reaktionszeiten verhältnismäßig lang, so dass sich ein VA-Panel nicht für Computerspieler eignet. Durch die langen Reaktionszeiten kommt es bei schnellen Bewegungen zur Schlierenbildung.

Vanity-Nummer [sprich „wännitie nummer"] 📞, die; *Subst.*, ist eine alphanumerische Rufnummer mit mehr als sechs Buchstaben, die einen Namen oder Begriff ergibt und meist bei ⇨ **0700**-Rufnummern verwendet wird.

Der Vorteil einer Vanity-Nummer besteht vor allem darin, dass sie sich leichter merken lässt. Das hilft aber nur, wenn auf den Tasten des Telefons neben den Ziffern auch die Buchstaben aufgedruckt sind.

Die meisten Anbieter von Vanity-Nummern geben daher zusätzlich die numerische Schreibweise an. Ansonsten kann eine Vanity-Rufnummer auch mit der folgenden Tabelle umgerechnet werden:

1	2 A B C	3 D E F
4 G H I	5 J K L	6 M N O
7 P Q R S	8 T U V	9 W X Y Z
*	0	#

Zuordnung der Buchstaben einer Vanity-Nummer zu den Telefontasten

Vaporware [sprich „wäiperwähr"], die; *Subst.*, Kunstwort aus engl. **va**por für dt. Dampf und Soft**ware**, die Ankündigung für eine ⇨ **Soft-**

ware, die niemals erscheint und daher nicht mehr als „heiße Luft" ist.

Variable, die; *Subst.*, ist ein Platzhalter für Daten innerhalb eines Programms, deren Inhalt sich während des Programmablaufs ändern kann.

VAS, Abkürzung für **V**alue **A**dded **S**ervices [sprich „wälju äddid sörwisis"], die englische Bezeichnung der ⇨ **Mehrwertdienste**.

VB ⇨ **Visual Basic**.

VBA, Abkürzung für **V**isual **B**asic for **A**pplications [sprich „wischuell bäisik for äpplikäischns"], dient dazu, Programme wie Word oder Excel um nützliche, individuelle Funktionen zu erweitern und Vorgänge zu automatisieren. Es handelt sich bei VBA um eine ⇨ **Microsoft**-eigene Programmiersprache, die bei Programmen anderer Hersteller nicht angewendet werden kann. Virenprogrammierer können VBA missbrauchen, um Viren in Office-Dokumenten in Umlauf zu bringen.

VBR, Abkürzung für **V**ariable **Bi**trate **C**oding [sprich „wäriäibel biträit kouding"], ein Verfahren zum Encoden von ⇨ **MP3s**, bei dem die Bitrate dem Bedarf angepasst wird, also ruhige Passagen oder solche mit einem oder wenigen Instrumenten werden weniger aufwendig digitalisiert, als die mit mehreren Instrumenten. Dies soll eine gleichmäßig gute Audioqualität sicherstellen, ohne die Bandbreite insgesamt zu erhöhen.

Derzeit wird VBR aber nur zusammen mit dem Encoder von ⇨ **Xing** verwendet, dessen Wiedergabequalität eher als unterdurchschnittlich einzuordnen ist, sodass die Vorteile von VBR hier nicht zum Tragen kommen. Zudem haben manche mobile MP3-Player, beispielsweise im Auto, Probleme mit der variablen Bitrate, sodass die Verwendbarkeit teilweise eingeschränkt ist.

VBS, Abkürzung für ⇨ **Visual Basic Script**, und die ⇨ **Dateinamenerweiterung** von Programmen in dieser Script-Sprache.

VC-1 ist ein Video-Kompressionsformat von ⇨ **Microsoft**, das als eines von drei Formaten für die ⇨ **Blue-Ray Disc** verwendet wird; ⇨ **VC-9**. Der Standard findet auch Verwendung bei ⇨ **Silverlight** und der nicht mehr verwendeten ⇨ **HD-DVD**.

VC-9 ist ein Video-Kompressionsformat von ⇨ **Microsoft** für die ⇨ **HD-DVD**.

VCD ⇨ **Video-CD**.

VDSL, Abkürzung für **V**ery High Data Rate **D**igital **S**ubscriber **L**ine [sprich „werri hei däita ditschitäll sabskreiber leihn"], ermöglicht

VDSL2

Übertragungsraten von mehr als 50 Mbit/s auf sehr kurzen Glasfaserverbindungen zwischen Netzknoten und Endgerät (⇨ **ADSL**, ⇨ **SHDSL**).

VDSL2, Abkürzung für **V**ery **H**igh **D**ata **R**ate **D**igital **S**ubscriber **L**ine **2** [sprich „werri hei däita ditschitäll sabskreiber leihn tu"], ist eine erweiterte Version von ⇨ **VDSL** (VDSL1) und ermöglicht theoretische Datenübertragungsraten von bis zu 250 Mbit/s an der Datenquelle, die jedoch schon im Abstand von 500 Metern auf 100 Mbit/s und im Abstand von 1 km auf 50 Mbit/s einbrechen. Die Datenübertragungsraten werden jedoch sowohl im ⇨ **Upstream** als auch ⇨ **Downstream** erreicht.

VDI, Abkürzung für **V**irtual **D**evice **I**nterface [sprich „wirtjuäl diweis interfäis"], ⇨ **Dateinamenerweiterung** eines Treibers für eine virtuelle Geräteschnittstelle.

Vektorgrafik, die; *Subst.*, besteht aus Kombinationen von Linien, Kurven und Flächen. Die Definition erfolgt über die Koordinaten von Anfangs-, End- und Verbindungspunkten, Linienenden, -dicke und -farbe sowie Füllfarbe und Füllmuster bei Flächen. Anders als bei einem ⇨ **Bitmap**-Bild treten bei Vergrößerung/Verkleinerung keine Verluste oder Unschärfen auf. Ein weiterer Vorteil ist die geringe Dateigröße.

Verbose Boot, von engl. **verbose** [sprich „vöbous"], dt. geschwätzig, ist ein Rechnerstart (**Boot**, ⇨ **booten**) mit der Anzeige aller Meldungen des Betriebssystems. Diese Meldungen werden normalerweise unterdrückt, um den Benutzer nicht unnötig zu verwirren. Im Fehlerfall ist ein Verbose Boot jedoch hilfreich, um zum Beispiel beim Start auftretende Fehler zu erkennen.

Vergleichsoperator, der; *Subst.*, ist ein Operator wie =, <, >, <=, >= oder <> zum Vergleich zweier Werte.

Verknüpfung, die; *Subst.*, wird von Windows durch ein Symbol mit einem Pfeil dargestellt. Darüber lässt sich eine Anwendung oder ein Dokument referenzieren und bei Bedarf durch Doppelklick öffnen. Bei einer Verknüpfung handelt es sich um einen Verweis auf den Ort (zum Beispiel ⇨ **Festplatte**, ⇨ **CD**), an dem die Anwendung oder das Dokument abgelegt ist. Daher wird mit dem Löschen einer Verknüpfung auch nur die Verknüpfung selbst, nicht aber das Originalabbild gelöscht.

Verlaufsprotokoll, das; *Subst.*, ist eine andere Bezeichnung für **Chronik** oder ⇨ **History**.

verlinken, *Verb*, Hinzufügen eines Verweises über einen ⇨ **Link** zu einem anderen Dokument oder einer ⇨ **Webseite**.

VESA-Halterung, VESA-Display-Befestigung, VESA-Mount   V

Verlustleistung, die; *Subst.*, Differenz zwischen der Leistungsaufnahme und der Leistungsabgabe, die vor allem als Wärmeenergie abgegeben wird. Daher sollte bei PC-Netzteilen auf das ⇨ **PLUS 80**-Logo geachtet werden, das auf einen hohen Wirkungsgrad und somit eine niedrige Verlustleistung hindeutet.

Verschlüsselung, die; *Subst.*, ist eine Kodierung von Daten, sodass diese von Unbefugten nicht gelesen werden können.

Verschlüsselungstrojaner, der; *Subst.*, ist ein ⇨ **Erpressertrojaner**, der die Daten auf dem infizierten PC verschlüsselt, um für die Wiederherstellung der Daten ein Lösegeld zu fordern.

Versionsnummer, die; *Subst.*, Bezeichnung des Entwicklungsstands eines Programms.

Vertriebssteuerungssystem, das; *Subst.*, ist ein IT-System, das die Vertriebsabteilung eines Unternehmens unterstützt.

Verzeichnis, das; *Subst.*, dient der Einteilung von Festplatten und Disketten, etwa wie die Ordner in einem Aktenschrank. Es wird eine Unterscheidung getroffen zwischen **Haupt-** oder ⇨ **Wurzelverzeichnis** und dessen Unterverzeichnissen. Verzeichnisse können Daten und Unterverzeichnisse enthalten. Ab Windows 95 werden Verzeichnisse als ⇨ **Ordner** bezeichnet.

Verzweigungsvorhersage ist ein Synonym für ⇨ **Sprungvorhersage**.

VESA, Abkürzung für **V**ideo **E**lectronics **S**tandards **A**ssociation, im Februar 1988 gegründeter, nicht gewinnorientierter, weltweiter Zusammenschluss von rund 225 führenden Hard- und Software-Firmen, um Videostandards für Computergrafik zu definieren. Im Jahr 1992 wurde der VESA Local Bus als Standard veröffentlicht, im Jahr 2006 der ⇨ **DisplayPort**. Die VESA hat auch Standards für Display-Befestigungen geschaffen ⇨ **VESA-Halterung**; https://www.vesa.org/.

VESA-Halterung, VESA-Display-Befestigung, VESA-Mount ist ein von der ⇨ **VESA** standardisiertes Bildschirmbefestigungssystem, das sich bei PC-Displays und Flachbildschirmen von Fernsehern sowie den dafür verwendeten Wand- und Tischbefestigungen findet. Dabei ist zu beachten, dass es unterschiedliche ⇨ **VESA**-Standards gibt, je nach Bildschirmgröße und Gewicht. Die vier bis sechs quadratisch oder rechteckig angeordneten Gewinde an der Bildschirmrückseite haben unterschiedliche Abstände von 20 mm bis 50 mm. Es ist daher bei einer Bestellung einer Bildschirm-

VGA

befestigung auf eine übereinstimmende Anzahl an Bohrungen, die korrekten Lochabstände und die Lochanordnung zu achten.

VGA, Abkürzung für **V**ideo **G**raphics **A**rray, ist eine Bezeichnung für einen Grafikmodus mit einer Auflösung von 640 x 480 Pixeln bei maximal 256 gleichzeitig darstellbaren Farben aus 300.000 Farben.

VGA onboard, *Adj.*, bedeutet, dass die Funktion der ⇨ **Grafikkarte** in das ⇨ **Mainboard** integriert ist. Meist wird hier ein Teil des Arbeitsspeichers als Grafikspeicher verwendet und steht somit anderweitig nicht zur Verfügung. Diese Lösung ermöglicht den Bau preiswerter Rechner, ist aber nicht für Arbeitsplätze zu empfehlen, wo hohe Grafikleistung gefragt ist und es zu Kompatibilitätsproblemen im Grafikbereich kommen kann (zum Beispiel Videospiele, Videoschnitt und ⇨ **CAD**).

VHD, Abkürzung für **V**irtual **H**ard **D**isk [sprich „wirtjuäl hard disk"], dt. „virtuelle Festplatte". Bei einer virtuellen Festplatte handelt es sich um eine Datei mit der Dateiendung „.VHD". Das Programm Virtual PC [sprich „wirtjuäl pi si"] von Microsoft verwendet diese Datei zur Simulation einer Festplatte für die damit erstellten virtuellen PCs.

Vibrationsalarm, der; *Subst.*, teilt eingehende Anrufe per Vibration des Handys mit.

Video auf Abruf, das; *Subst.*, ⇨ **Video-on-Demand**.

Videobearbeitung, die; *Subst.*, ist ein Oberbegriff für alle erforderlichen Arbeitsgänge zur Nachbearbeitung eines aufgenommenen Videos wie das Einfügen von Titeln, Übergängen, Nachvertonen und den Videoschnitt.

Videoblog, **Video-Blog**, abgekürzt **Vlog** oder **Vog**, ist ein ⇨ **Blog**, dessen Betreiber die Einträge in Form von Videos einstellt, die häufig mit ⇨ **Smartphones** aufgenommen werden. Diese Form der Blogs wird zunehmend populärer, denn der Trend im Internet geht weg von Text und Bildern hin zu Videos. Die Kommentare bei Vogs sind allerdings wie bei herkömmlichen Blogs meist in Textform.

Video-CD, VideoCD, die; *Subst.*, abgekürzt **VCD**, ist ein CD-Format zum Speichern von Filmen, das sich am PC und auch von vielen DVD-Playern wiedergeben lässt.

Video-Clip, der; *Subst.*, ist (1.) ein kurzes Video über einen Sachverhalt, ein Produkt oder eine Person und (2.) beim Schneiden eines Videos die Bezeichnung für eine Szene.

Viewkey V

Video-Community [sprich „wiedeo komjuniti"], die; *Subst.*, ist eine Gemeinschaft bzw. ein ⇨ **soziales Netzwerk** von Menschen, die sich für Videos interessieren. Die Teilnehmer laden eigene Videos hoch, sehen sich die Videos anderer Nutzer an und kommentieren diese oder suchen nach Tipps und Anregungen zu Videos oder auch anderen Themen. Ein Beispiel ist YouTube: https://www.youtube.com/.

Video-Editing, das; *Subst.*, dt. ⇨ **Videobearbeitung**.

Video-Konferenzsystem, das; *Subst.*, ein Computersystem mit Video-Kamera, Sound- und ISDN-Karte, das zur Übertragung von bewegten Bildern und Ton über das ISDN-Telefonnetz verwendet werden kann.

VideoLAN Client [sprich „wiedeo lähn kleient"], der; *Subst.*, abgekürzt **VLC**, ist (1.) ein Decoder und (2.) ein Multimedia-Player für verschiedene Audio- und Video-Formate wie DivX, MP3, MPEG-1, MPEG-2, MPEG-4, Ogg Vorbis sowie DVDs, VCDs und diverse Streaming-Protokolle; www.videolan.org.

Video Memory [sprich „wiedeo memmorie"], der; *Subst.*, dt. ⇨ **Bildschirmspeicher**.

Video-on-Demand [sprich „wiedeo on dimähnd"], das; *Subst.*, abgekürzt **VoD**, dt. **Video auf Abruf**, ist ein Dienst, bei dem Kinofilme und andere Videos gegen Entgelt individuell auswählbar und zu einem gewünschten Zeitpunkt am Fernseher oder PC abrufbar sind.

Video-RAM [sprich „wiedeo rämm"], das; *Subst.*, abgekürzt, **VRAM**, dt. ⇨ **Bildschirmspeicher**.

Video screen [sprich „wiedeo skriehn"], dt. ⇨ **Bildschirm**.

Videotext, der; *Subst.*, oder **Teletext** sind Textinformationen, die in der Austastlücke des Fernsehsignals bestimmter Fernsehsender übertragen werden. Diese Informationen werden auf Textseiten angezeigt, die am PC mit einer ⇨ **TV-Karte** und geeigneter Software betrachtet und abgespeichert werden können. Über Videotext lassen sich zahlreiche Informationen wie Aktienkurse, Nachrichten, Wetter, Sportergebnisse, Begleitinformationen zu Fernsehsendungen und das Fernsehprogramm des jeweiligen Senders ansehen.

Im Vergleich zum Internet ist das Informationsangebot per Videotext gering. Zudem bieten die Fernsehsender mittlerweile auch im Internet umfangreiche Informationen an, die weitaus mehr bieten als Videotext.

Viewkey [sprich „fjuh kie"], wörtlich Ansichtsschlüssel, dient bei

V Vienna

⇨ **Monero** dazu, die ansonsten privaten Zahlungseingänge und -ausgänge zu einer Transaktion einzusehen.

Vienna war (1.) der Codename für ⇨ **Windows 7**, davor lautete der Codename Blackcomb. Warum ⇨ **Microsoft** diese Bezeichnung gewählt hat, ist nicht bekannt. Der englische Name der Stadt Wien lautet Vienna, auch mehrere amerikanische Städte in unterschiedlichen Bundesstaaten tragen diesen Namen. Pikanterweise ist Vienna (2.) aber auch die Bezeichnung eines 1988 in Moskau entdeckten Computervirusses, der von einem Schüler aus Wien geschrieben wurde und ausführbare Dateien (⇨ **COM**, ⇨ **EXE**) unter ⇨ **DOS** infizierte.

Viewer [sprich „wjuer"], der; *Subst.*, zeigt den Inhalt eines bestimmten Dateityps an und ist (1.) meist ein eigenständiges, kostenloses Programm. Bekannte Beispiele sind der „Word-Viewer" von ⇨ **Microsoft** zur Anzeige von Word-Dokumenten oder der ⇨ **Adobe Reader** für PDF-Dokumente. Als Viewer werden (2.) aber auch Funktionen zur Anzeige bestimmter Dateitypen in Anwendungen bezeichnet.

Virales Marketing, das; *Subst.*, ist eine Form der Werbung, die über ⇨ **soziale Netzwerke** und Medien versucht, eine besonders schnelle Verbreitung der Werbebotschaft zu erzielen. Diese Verbreitung erfolgt durch Weiterempfehlung zum Beispiel durch ⇨ **Like**-Buttons bei ⇨ **Facebook** und ⇨ **Retweets** bei ⇨ **Twitter**.

Virenkiller, der; *Subst.*, umgangssprachliche Bezeichnung für ein ⇨ **Antivirenprogramm**.

Virenscanner [sprich „wieren skänner"], der; *Subst.*, ein Bestandteil eines ⇨ **Antivirenprogramms**. Der Virenscanner versucht durch den Abgleich von Dateien, Speicherinhalten und Sektoren mit bekannten ⇨ **Virensignaturen** oder durch heuristische Verfahren vorhandene ⇨ **Computerviren** zu finden.

Virensignaturen sind charakteristische Merkmale von ⇨ **Computerviren**, an denen ein ⇨ **Antivirenprogramm** diese durch einen Vergleich erkennen kann. Daher müssen die Virensignaturen laufend aktualisiert werden, damit neue Computerviren erkannt werden.

VirLocker ist ein seit dem Jahr 2014 bekannter ⇨ **Erpressertrojaner**. Das ⇨ **Schadprogramm** verschlüsselt jede Datendatei auf dem PC und speichert diese als EXE-Datei ab, also als ausführbares Programm. Ein Foto wie bild.jpg wird zu bild.jpg.exe, wobei voreingestellt nur bild.jpg zu sehen ist. Die Dateinamenerweiterung .exe ist bei Windows voreingestellt ausge-

Virtual Desktop

blendet. Die Gefahr dabei: Sobald jemand auf das vermeintliche Bild klickt, wird ein Programm ausgeführt, und VirLocker installiert sich auf dem betreffenden PC. Der PC wird gesperrt und eine Lösegeldforderung in ⇨ **Bitcoins** erhoben. Das Lösegeldprogramm akzeptiert auch die Eingabe von 64 Nullen im Feld Transfer ID ❶. Anschließend ist jede verschlüsselte Datei anzuklicken, damit diese entschlüsselt wird. Dabei ist darauf zu achten, dass kein Programm mit der Dateiendung .exe angeklickt wird, da ansonsten ein erneutes Verschlüsseln der Dateien erfolgt. Das Wiederherstellen von Windows und Daten über eine aktuelle ⇨ **Datensicherung** ist daher schneller und zudem sicherer.

Virtual Desktop [sprich „wirtjuäl desktopp"], der; *Subst.*, ist (1.) ein virtueller Desktop-PC, der in der ⇨ **Cloud** angeboten und über einen ⇨ **Browser** bedient wird. So lässt sich zum Beispiel auch ⇨ **Windows 7** mit Microsoft Office auf einem ⇨ **iPad** von ⇨ **Apple** nutzen. Als virtueller Desktop wird (2.)

Der Sperrbildschirm von VirLocker soll mit Hilfe der Wappen einen amtlichen Eindruck erwecken, und im Text wird behauptet, der verlangte Betrag sei wegen Urheberrechtsverletzungen zu zahlen.

V Virtual Private Network

auch ein weiterer **Windows-Desktop** (⇨ **Desktop**) bezeichnet, auf den umgeschaltet werden kann. So lassen sich etwa bei ⇨ **Windows 10** über die ⇨ **Taskansicht** virtuelle Desktops einrichten. Bei älteren Windows-Versionen wird dazu ein Zusatzprogramm benötigt. ⇨ **Linux** bietet ebenfalls virtuelle Desktops an, die zum Beispiel über einen 3D-Würfel auswählbar sind.

Virtual Private Network [sprich „wirtjuäl preiwäit network"], das; *Subst.*, abgekürzt **VPN**, dt. „virtuelles privates Netzwerk", ist eine in der Regel verschlüsselte Anbindung eines externen Teilnehmers an ein anderes ⇨ **Netzwerk**. Diese Anbindung erfolgt zumeist über das ⇨ **Internet** und wird über eine ⇨ **Software** hergestellt.

Virtual Reality [sprich „wirtjuäl rieliti"], Abkürzung **VR**, dt. virtuelle Realität, ist eine Simulation einer virtuellen Welt in einem Computerspiel oder als Training etwa für Fallschirmspringer, Piloten und Luftaufsichtspersonal. Durch eine spezielle Datenbrille wie ein Head-Mounted Display (HDM) oder eine Shutterbrille sieht der Simulationsteilnehmer eine dreidimensionale Umgebung. Die Simulation ist interaktiv und reagiert in Echtzeit auf die Handlungen des Teilnehmers. Der Teilnehmer kann sich innerhalb der virtuellen Welt bewegen, umsehen und virtuelle Aktionen ausführen.

Für die private Anwendung ist ein ⇨ **VR-Headset** (siehe Tabelle) die preiswerteste Möglichkeit, um die virtuelle Realität zu erleben. Die häufigste Anwendung ist heute in Zusammenspiel mit einer Spielekonsole oder einem ⇨ **Smartphone**.

Es gibt neben den bereits erwähnten Displays und Brillen weitere spezielle Geräte für das Bewegen und das Ausführen von Handlungen in der virtuellen Welt.

Dazu gehören etwa 3D-Mäuse und -Trackballs (z. B. SpaceBall, SpaceMouse), Datenhandschuhe (z. B. CyberGlove II), haptische Geräte (z. B. PHANTOM Omni Haptic Device) oder Laufbänder. Diese finden jedoch eher für Entwicklungs- und Forschungszwecke, Labors und medizinische Zwecke Einsatz und sind für Privatanwender zu kostspielig (siehe Tabelle ab der nächsten Seite).

Virtual Server [sprich „wirtjuäl sörwer"], dt. virtueller Server, ist eine Technologie, mit der sich mehrere virtuelle Server auf einem physikalischen Server betreiben lassen. Das reduziert den Wartungsaufwand sowie die Kosten für die Hardware und schont die Umwelt, da der Stromverbrauch gesenkt wird. Zudem lassen sich alte Programme bei einer Systemumstellung ohne den alten Server weiter betreiben.

Virtual Reality

VR Headset	Beschreibung	Preis
Avegant Glyph	Eine stylische, leichte ⇨ **VR-Brille** zum Anschluss per ⇨ **HDMI** und zur Ausgabe von 3D-Inhalten mit 720p pro Seite, also 1.280 x 720 Pixel pro Auge. Die Optik lässt sich für Brillenträger im Bereich von +1 bis -7 Dioptrien korrigieren.	549,90 € https://avegant.com/
Freefly VR	Kunststoff-Headset, das sicher keinen Design-Preis gewinnt, jedoch dafür sehr günstig ist, Smartphones mit Displays von 4,7 Zoll bis 6 Zoll aufnimmt, 42 mm Linsen enthält und mit 120 Grad einen recht großen Blickwinkel hat. Es ist zudem zu den über 200 ⇨ **Android**-Apps für Google CardBoard kompatibel.	19 € https://www.freeflyvr.com/product/mobile-virtual-reality-headset-glide-controller/
Google Cardboard	Die derzeit preiswerteste Form einer VR-Brille aus Pappkarton mit Linsen zur Aufnahme eines Android-Smartphones. Es gibt ca. 200 Apps, die diese VR-Brille unterstützen.	20 € 30 € das 2er-Pack http://bit.ly/2iv4rCs
HTC Vive Pre	Dieses VR-Headset für PCs und Steam-Online-Spiele enthält 70 Sensoren, bietet eine 360-Grad-Rundumsicht und eine Bildwiederholrate von 90 Hz.	699 € http://www.htcvive.com/us/
Microsoft HoloLens Development Edition	⇨ **Augmented Reality** für Windows-10-Geräte: Der Nutzer sieht die Umgebung durch eine durchsichtige Brille. Die	Entwickler-Version 3.299 € http://bit.ly/2B51eoB

Virtual Reality

VR Headset	Beschreibung	Preis
	virtuellen Objekte werden über Lichtpunkt in der Art von Hologrammen in das Bild projiziert. Siehe ⇨ **Microsoft HoloLens**.	
Oculus Rift	Weit verbreitetes VR-Headset für PCs, das über DVI und USB angeschlossen wird und über die zwei Displays einen 3D-Eindruck erzeugt. Die Steuerung erfolgt per Kopfbewegung.	449 € https://www.oculus.com/
Samsung Gear VR	Von Oculus (siehe Oculus Rift) zusammen mit Samsung entwickelte VR-Brille zur Aufnahme von Samsung-GALAXY-Smartphones. Das Smartphone wird über einen Micro-USB-Anschluss mit der VR-Brille verbunden und	ca. 100 € https://www.oculus.com/gear-vr/
Sony Playstation VR	Das VR-Headset für die PlayStation 4 hat ein 5,7-Zoll-Display (OLED) mit einer Auflösung von 1.920 x RGB x 1.080 Pixel mit einer Bildwiederholrate von 120 Hz enthalten und bietet einen 3D-Raumklang. Die Latenz wurde auf 18ms verringert.	300 € bis 400 € https://www.playstation.com/de-de/explore/playstation-vr/
Zeiss VR One Plus	Diese VR-Brille für Smartphones mit einem Bildschirm von 4,7 bis 5,5 Zoll unterstützt sowohl Apple iPhone als auch Android-Smartphones. Dazu werden spezielle Schalen für	69 € https://www.zeiss.de/virtual-reality/home.html

VR Headset	Beschreibung	Preis
	die unterstützten Modelle angeboten. CAD-Schubladenmodelle lassen sich herunterladen und per 3D-Druck selbst herstellen. Alleinstellungsmerkmal ist die ZEISS-Präzisions-Optik. Es werden die über 200-Cardboard-Spiele für Android-Smartphones unterstützt.	

Mit diesen VR-Headsets lassen sich virtuelle Welten auf PC, Playstation, Smartphone, Tablet und Xbox erleben

Virtueller Speicher, der; *Subst.*, Darstellung des physikalischen Arbeitsspeichers auf der ⇨ **Festplatte**. Der Nachteil ist der im Vergleich zum ⇨ **Arbeitsspeicher** langsame Zugriff. Dafür erlaubt der virtuelle Speicher eine preiswerte Speichererweiterung. Er ist in Form der ⇨ **Auslagerungsdatei** in Windows integriert.

Virus, der; *Subst.*, ⇨ **Computerviren**.

Viruskiller, der; *Subst.*, umgangssprachliche Bezeichnung für ein ⇨ **Antivirenprogramm**.

VirusTotal ist ein kostenloser Dienst von Google, der hochgeladene Dateien und Internet-Adressen auf ⇨ **Schadprogramme** überprüft. Einzige Einschränkung ist die Dateigröße auf 128 MB. Die hochgeladene Datei wird von den Scannern der beteiligten rund 70 Antivirenprogramm-Hersteller überprüft. Daher ist die Wahrscheinlichkeit sehr gering, das etwas übersehen wird; https://www.virustotal.com/de/ (siehe Abbildung auf der nächsten Seite).

Vishing [sprich „wisching"], das; *Subst.*, Abkürzung von **V**oice Ph**ishing**, eine Form des ⇨ **Phishing**-Betrugs, bei der automatisch angerufen und unter einem Vorwand nach persönlichen Daten des Telefonteilnehmers gefragt wird, meist nach Zugangsdaten für das ⇨ **Online-Banking**. Es kann auch eine ⇨ **E-Mail** mit einer Telefonnummer

V Visitenkartenscanner

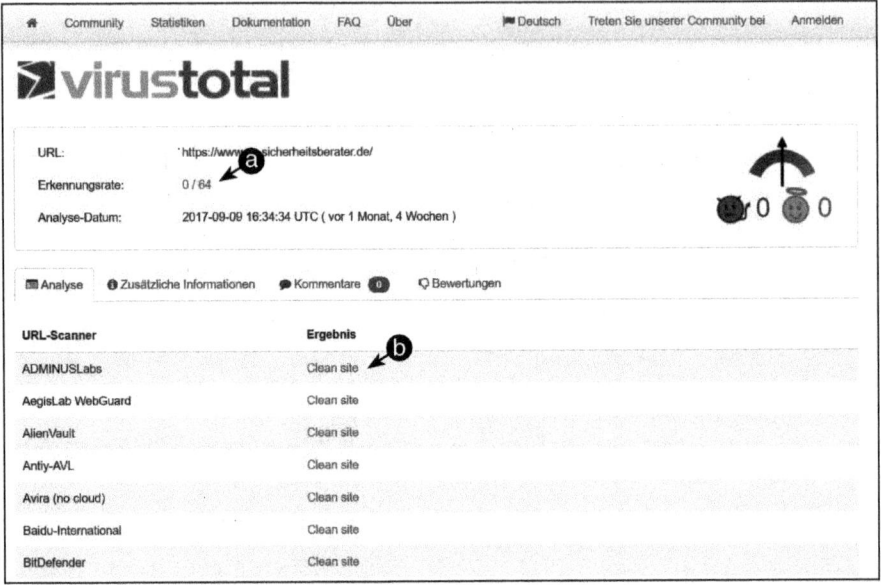

So wie hier am Beispiel von https://www.pc-sicherheitsberater.de/ gezeigt, sieht das Ergebnis bei einer sicheren Webseite aus: Keiner (0) **ⓐ** der Viren-Scanner hat Beanstandungen; hinter jedem Scanner steht „Clean site" in der Spalte Ergebnis **ⓑ**, es ist also eine saubere, sichere Webseite

versendet werden, die der Empfänger der Nachricht anrufen soll.

Visitenkartenscanner [sprich „visitenkarten skänner"], der; *Subst.*, ist ein spezieller ⇨ **Scanner** zum bildlichen Erfassen von Visitenkarten. Das gescannte Bild der Visitenkarte wird mit einem speziellen Texterkennungsprogramm (⇨ **OCR**) analysiert, der Text erkannt und die einzelnen Informationen wie Vor- und Nachname, Firma, Position, Adressdaten, Telefon, E-Mail und soziale Netzwerke in die entsprechenden Felder einer Datenbank eingetragen. Der Benutzer erhält anschließend die Gelegenheit zur manuellen Korrektur, wobei vom Programm als unsicher eingestufte Texte bei einigen Programmen zur Unterstützung markiert sind.

Ein führender Anbieter von Visitenkartenscannern nebst der dazu benötigten Software ist DYMO mit Card-Scan: http://www.dymo.com/de-DE/cardscan-business-card-scanners. Zum Scannen von Visitenkarten lässt sich jedoch auch die Digital-

VoIP

kamera eines ⇨ **Smartphones** wie die eines ⇨ **iPhones** verwenden. Die Texterkennung übernimmt dann eine passende ⇨ **App**.

Visits [sprich „wissitts"], dt. Besuche, bezeichnet die Anzahl der Besuche auf einer ⇨ **Webseite**.

Visual Basic [sprich „wischuell bäisik"], das; *Subst.*, abgekürzt **VB**, ist eine auf ⇨ **BASIC** basierende Programmiersprache der Firma ⇨ **Microsoft**, die aus dem für MS-DOS entwickelten QBasic hervorgegangen ist. Der Name rührt von der visuellen Entwicklungsumgebung her.

Visual Basic Script [sprich „wischuell bäisik skript"], das; *Subst.*, abgekürzt **VBS**, ist eine auf Visual Basic basierende Script-Sprache. Windows kann Programme mit der Dateiendung VBS direkt ausführen.

ViVo [sprich „wiewo"], Abkürzung für **V**ideo **i**n/**V**ideo **o**ut, Video-Ein-/Ausgang einer ⇨ **Grafikkarte**.

VLC ⇨ **VideoLAN Client**.

Vlog, der; *Subst.*, Kunstwort aus **V**ideo und B**log**; ⇨ **Video-Blog**.

vloggen, *Verb*, Betreiben eines ⇨ **Video-Blogs**.

Vlogger, der; *Subst.*, ist jemand, der oder die einen ⇨ **Video-Blog** betreibt; ⇨ **Blogger**.

VoD, Abkürzung für ⇨ **Video-on-Demand**.

Vodcast, Abkürzung für **V**ideo-**Podcast**, ein ⇨ **Podcast** mit Video- statt Audio-Dateien.

Vog, der; *Subst.*, Kunstwort aus **V**ideo und B**log**; ⇨ **Video-Blog**.

Vogging, Betrachten von Videos und Kommentieren derselben in einem ⇨ **Vog** oder auch die Arbeit des Erstellens und Betreibens eines eigenen ⇨ **Video-Blog**s.

Voice-Mail [sprich „wois mäihl"], die; *Subst.*, ist (1.) eine gesprochene Nachricht, die sich etwa mit einem Handy als ⇨ **E-Mail** versenden lässt, und (2.) ein auf einem PC mit Anrufbeantworter-Funktion gespeicherter Anruf.

VoIP, Abkürzung für **Vo**ice over **IP** [sprich „wois ower ei pi"], Telefonieren über das Internet. Dazu ist ein VoIP-Telefon, ein analoges Telefon mit Adapter oder ein PC mit spezieller Software, ⇨ **Headset** oder Mikrofon und Lautsprechern erforderlich. Gespräche über VoIP lassen sich kostenlos führen, sofern derselbe VoIP-Dienst verwendet wird und wegen der Internetverbindung keine zusätzlichen Kosten anfallen

V Vollbildmodus

(⇨ **Flatrate**). Einige VoIP-Anbieter wie Skype bieten gegen Gebühr eine Vermittlung ins Festnetz oder Mobilfunknetz an, was sehr günstige Auslandstelefonate für wenige Cent pro Minute oder zum monatlichen Festpreis ermöglicht; https://www.skype.com/de/new/.

Vollbildmodus, der; *Subst.*, bedeutet, dass ein Programmfenster den gesamten Bildschirm ausfüllt. In den Vollbildmodus wird mit dem Symbol ▣ oben rechts in der ⇨ **Titelleiste** des Fensters umgeschaltet. Sie können ein Fenster auch auf Vollbildgröße aufziehen, indem Sie den ⇨ **Mauspfeil** über einen Rand oder eine Ecke bewegen bis er in einen Doppelpfeil wechselt. Dann ziehen Sie den Rand oder die Ecke mit gedrückter linker Maustaste auf. Je nach Lage und Größe des Fensters müssen Sie es auf mehreren Seiten oder über mehrere Ecken aufziehen bis es die Vollbildgröße erreicht.

Das Symbol ▣ ist daher die schnellste Möglichkeit, um in den Vollbildmodus zu gelangen. Ist ein Programm aber verkleinert in der ⇨ **Taskleiste** abgelegt, sehen Sie das Symbol ▣ nicht, da es nur bei Fenstern vorhanden ist. In diesem Fall klicken Sie mit der rechten Maustaste auf den Programmeintrag in der Taskleiste und wählen aus dem dann erscheinenden ⇨ **Kontextmenü** den Eintrag *Maximieren*.

Vollversion, die; *Subst.*, ist eine Version ohne Einschränkungen oder Störmeldungen, im Gegensatz zu ⇨ **Shareware** oder Lite-Versionen.

Volt, das; *Subst.*, abgekürzt **V**, Einheit für die elektrische Spannung, die 1881 nach dem Physiker Allessandro Giuseppe Antonio Anastasio Volta benannt wurde (* 1745 ✝ 1827).

Volume Control [sprich „woljum kontrohl"], die; *Subst.*, dt. Lautstärkeregelung.

vortex ⇨ @.

Vorwahltaste, die; *Subst.*, ist eine Taste, die nur zusammen mit einer anderen Taste eine Ausgabe bewirkt (⇨ **Dead Key**). Im Gegensatz zu den Tasten bei einer Tastenkombination, die alle festgehalten werden müssen, um die gewünschte Wirkung zu erzielen, wird die Vorwahltaste nur einmal gedrückt und dann losgelassen. Danach wird die zweite Taste gedrückt. Vorwahltasten werden z. B. zum Erzeugen eines Buchstabens mit Akzentzeichen verwendet.

VP8 ist ein ⇨ **Codec**, für den als ⇨ **Open Source** keine Lizenzgebühren zu entrichten sind. Der Codec wird beim WebM-Format für komprimierte Video-Streams genutzt. Damit steht VP8 in Konkurrenz zu ⇨ **H.264**; Webseite zu VP8 https://www.webmproject.org/code/.

VRML

VPN ⇨ **Virtual Private Network**.

VPN-Tunnel, der; *Subst.*, bezeichnet eine Technik, mit der Datenpakete zwischen der VPN-Software des Clients und der VPN-Schnittstelle des angebundenen Netzwerks über ein fremdes Netzwerk als Transportmedium übertragen werden. Durch Verschlüsselung wird verhindert, dass aus dem zum Transport der Datenpakete verwendeten Netzwerk unbefugter Zugriff auf die transportierten Daten erfolgt; ⇨ **Virtual Private Network**.

VR ⇨ **Virtual Reality**.

VR-Brille, die; *Subst.*, oder **VR-Headset** ist ein zur Darstellung von virtueller Realität benötigtes Gerät, das an einen ⇨ **PC**, eine Spielekonsole oder ein ⇨ **Smartphone** angeschlossen wird oder in das ein Smartphone eingesetzt wird. Die VR-Brille ist in diesem Fall lediglich eine Smartphone-Halterung mit Linsen, die am Kopf befestigt wird (Beispiel Google CardBox, siehe Tabelle bei ⇨ **Virtual Reality**).

VR-Headset [sprich „wi ar hedset"], die; *Subst.*, ist eine andere Bezeichnung für ⇨ **VR-Brille**, wobei ein ⇨ **Headset** eine Kombination aus Kopfhörer und Mikrofon ist. Daher sollte ein echtes VR-Headset nicht nur ein Display enthalten. Im Falle eines sehr einfachen VR-Headsets wie der Google CardBox (siehe Tabelle bei ⇨ **Virtual Reality**) dient das eingesetzte ⇨ **Smartphone** als Display, Lautsprecher und Mikrofon. VR-Headsets für den PC bieten auch Tonausgabe bis hin zum 3D-Klang und Spracheingabe. Zusätzlich sind bei aufwändigen VR-Headsets auch verschiedene Sensoren zur Aufnahme der Kopfbewegung oder auch Augenbewegung enthalten.

VRAM, Abkürzung für **V**ideo **R**andom **A**ccess **M**emory bzw. **V**ideo-**RAM**, ist (1.) ein schneller Videospeicher, der über zwei Adressbusse pro Speicherplatz einen Zugriff auf den ⇨ **Bildschirmspeicher** erlaubt, während dieser gerade für den Bildaufbau ausgelesen wird. Es ist (2.) aber auch die englische Abkürzung für den Bildschirmspeicher selbst.

VRML, Abkürzung für **V**irtual **R**eality **M**odeling **L**anguage, ist eine plattform- und applikationsübergreifende Beschreibungssprache für dreidimensionale Datenobjekte und virtuelle Räume, in denen man sich mit dem VRML-Viewer oder einem per Plug-In erweiterten Browser umsehen kann. Die VRML-Dateien enthalten nur eine Beschreibung des 3D-Raums, die Berechnung erfolgt durch den lokalen Rechner. Daher ist eine entsprechend hohe Rechenleistung für gute Ergebnisse erforderlich.

Vxer

VSS ist (1.) die Abkürzung für **Vo**lume **S**hadow **C**opy **S**ervice [woljum schädoh kopi sörwis"], der Systemdienst von ⇨ **Windows** für die Schattenkopien, und (2.) für **V**isual **S**ource**S**afe, eine Client-/Server-Anwendung von ⇨ **Microsoft** zur Versionsverwaltung von Dateien.

Vxer, so bezeichnen sich Programmierer von ⇨ **Computerviren** selbst.

W

W steht für Watt, die Maßeinheit für Leistung.

w00t, ein Begriff aus der ⇨ **Leetspeak**, der für ⇨ **woot** steht, Abkürzung für „**w**e **o**wned the **o**ther **t**eam", dt. „wir haben das andere Team besiegt", ein Ausdruck von Computerspielern in Multiplayer-Online-Spielen. Der Ausdruck wird wegen der phonetischen Ähnlichkeit zum engl. Fragewort „what" auch anstelle von dt. „was" bei überraschenden Ereignissen verwendet.

W3 ⇨ **WWW**.

Wallet, dies; *Subst.*, ist eine digitale Geldbörse zum Verwalten der ⇨ **privaten Schlüssel** von ⇨ **Kryptowährungen** wie ⇨ **Bitcoin**. Eine Wallet kann ein Gerät sein, also eine ⇨ **Hardware-Wallet**, eine Software oder die Wallet wird im Rahmen eines Online-Dienstes angeboten. Übersicht von Bitcoin-Wallets mit Software für Desktop-PCs und Mobilgeräte sowie Hardware-Wallets: https://bitcoin.org/de/waehlen-sie-ihre-wallet.

Hardware-Wallet [sprich „hardwähr wollet"], die; *Subst.*, ist ein kleines USB-Gerät, teilweise mit Display, zumindest mit Taste. In einer Hardware-Wallet werden die privaten Schlüssel von ⇨**Bitcoins** und je nach Modell auch ⇨**Altcoins** sicher gespeichert. Zusätzlich ist eine dazu kompatible ⇨**Software-Wallet** erforderlich, also ein Programm zum Verwalten der digitalen Coins und der Transaktionen. Die Hardware-Wallet wird zum Signieren einer Transaktion mit einem privaten Schlüssel verwendet. Die Transaktion ist dazu per Taste oder auf dem Bildschirm der Hardware-Wallet zu bestätigen. Bekannte Anbieter bzw. Marken von Hardware-Wallets sind Keepkey, Lezor, und Trezor. Die Preise für Hardware-Wallets reichen von 60 € bis 300 €; Übersicht und Testberichte ⇨**https://www.hardware-wallets.de/**.

Wärmeleitkleber, der; *Subst.*, ist eine ⇨ **Wärmeleitpaste** mit Kleberanteil, die bei Prozessoren und anderen Chips verwendet wird, um darauf einen meist passiven Kühler zu kleben. Der Kleber ist nicht erforderlich, wenn der Kühler über einen Haltebügel an den Prozessor gepresst wird.

Wärmeleitpad, das; *Subst.*, engl. ⇨ **Thermalpad**, ist meist bei Kühlern vorhanden, um den Wärmeübergang zwischen Kühler und Prozessor zu verbessern. Der Wärmeübergang ist jedoch bei ⇨ **Wärmeleitpaste** besser, sodass es empfehlenswert ist, das Wärmeleitpad rückstandsfrei zu entfernen und durch Wärmeleitpaste zu ersetzen. Zum Entfernen eignet sich ein organisches Lösungsmittel

W Wärmeleitpaste

wie Waschbenzin, das selbst keine Rückstände hinterlässt und gesundheitlich unbedenklich ist. Zu beachten ist auch, dass ein Wärmeleitpad für den einmaligen Gebrauch vorgesehen ist. Bei jeder Demontage des Kühlers ist das Wärmeleitpad daher ebenfalls rückstandsfrei zu entfernen und durch ein neues Wärmeleitpad oder Wärmeleitpaste zu ersetzen.

Wärmeleitpaste, die; *Subst.*, wird auf dem CPU-Kern aufgebracht und verbessert den Wärmeübergang zwischen CPU und Kühler. Die Zusammensetzung ist unterschiedlich. Es kann sich um Silikon mit einem Klebstoff handeln oder es ist wegen der hohen Wärmeleitfähigkeit Silberoxyd enthalten (⇨ **Arctic Silver**). Bei einem Kleberanteil wird auch von ⇨ **Wärmeleitkleber** gesprochen. Bei der Auswahl sind die Vorgaben des CPU-Herstellers zu beachten. Oft wird zu Kühlern bereits passende Wärmeleitpaste mitgeliefert, ansonsten lässt sich diese über Fachgeschäfte und Versandhandel beziehen.

Ist ein Kühler mit einem ⇨ **Wärmeleitpad** ausgestattet, muss das Wärmeleitpad vor dem Aufbringen der Wärmeleitpaste entfernt werden. Rückstände und sonstige Verschmutzungen wie zum Beispiel alte Wärmeleitpaste sind mit einem geeigneten Reiniger wie Isopropylalkohol vollständig zu entfernen.

Anschließend ist die Wärmeleitpaste einseitig dünn aufzutragen.

Der Profitipp von ⇨ **Overclockern** ist die Wärmeleitpaste ⇨ **Arctic Silver**, die aber bei Überdosierung auch zu schweren Schäden am Prozessor und Mainboard führen kann

WAF, (1.) Abkürzung für **W**oman **A**cceptance **F**actor, **W**oman **A**pproval **F**actor, **W**ife **A**cceptance **F**actor oder **W**ife **A**pproval **F**actor dt. etwa „was die Frau akzeptiert", wird als größter Technologie-Verhinderungsfaktor angesehen. Während „Mann" sich lieber einen neuen PC wünscht, sieht „Frau" andere Anschaffungen als wichtiger an; ⇨ **SAF**. (2.) Abkürzung für ⇨ **Web Application Firewall**.

Wafer [sprich „wäifer"], der; *Subst.*, ist eine runde Scheibe aus gereinigtem Silizium mit einer lichtempfindlichen Beschichtung, aus der lithografisch die Chips produziert werden. Der Durchmesser eines Wafers beträgt heute etwa 300 mm, also die Größe einer normalen Pizza. Auf einem solchen Wafer haben Hunderte von Chips Platz, die somit gleichzeitig produziert werden. Die Produktion erfolgt mit Hilfe eines Laserstrahls, der durch eine Maske auf die Fotoschicht geleitet wird und diese belichtet. Anschließend erfolgt die Entwicklung des Layoutbilds auf chemische Weise. Die Maschinen

Wallhacking

zur Chip-Produktion, die als **Scanner** oder **Stepper** bezeichnet werden, produzieren über hundert Wafer pro Stunde. Um Fehler zu vermeiden, muss die Produktion in einer staubfreien Umgebung erfolgen, einem Reinraum.

Wagenrücklauf, der; *Subst.*, **Carriage Return** oder abgekürzt **CR** ist ein ⇨ **ASCII-Steuerzeichen**, das die aktive Schreibposition auf das erste Zeichen der nächsten Zeile setzt, entspricht der **Zeilenschaltung**.

Waisenkind, das; *Subst.*, ⇨ **Schusterjunge**.

Waitstate [sprich „wäit stäit"], der; *Subst.*, dt. Wartezyklus. Durch das Setzen von Waitstates wird es ermöglicht, dass langsame Systemkomponenten mit dem verhältnismäßig schnellen Prozessor zusammenarbeiten können.

Wake on LAN [sprich „wäik on lähn"], das; *Subst.*, abgekürzt **WOL**, ist eine Technologie, mit der sich PCs über ein Netzwerk bei Bedarf hochfahren lassen, ohne dass ein Benutzer dazu vor Ort vorhanden sein muss. Dies erfordert unter anderem eine Netzwerkkarte mit WOL-Funktion.

Wake on Ring [sprich „wäik on ring"], das; *Subst.*, abgekürzt **WOR**, ist eine Technologie, mit der sich ein PC beim Hereinkommen eines Telefonanrufs aus dem stromsparenden ⇨ **Sleep-Modus** „aufwecken", also hochfahren lässt, um den Anruf zu beantworten oder ein Fax anzunehmen. Das Signal dazu liefert das ⇨ **Modem** oder der ISDN-Adapter. Voraussetzung dafür ist ein PC mit ⇨ **ACPI**, ⇨ **ATX-Netzteil**, Modem oder ISDN-Adapter und entsprechender Software.

Neben dem PC müssen auch das Modem oder der ISDN-Adapter und der verwendete Treiber WOR unterstützen. Außerdem ist WOR im ⇨ **BIOS** einzuschalten. Die Option dazu heißt je nach BIOS-Hersteller und Version „Power-on by Ring", „PWR Up on external Modem", „Resume on Ring" oder ähnlich, und ist zu finden unter „IRQ/Event Activity Detect", „Power", „Power Management Features", „Power Management Setup" oder „Set Wake Up Events".

Im Zweifel hilft ein Blick in das Handbuch zum Mainboard. In der Praxis dauert es allerdings einige Zeit bis ein PC durch WOR erwacht. Daher werden Anrufe bei einem abgeschalteten PC nur dann angenommen, wenn der Anrufer es lange klingeln lässt.

Wallhacking [sprich „woalhäcking"], von den englischen Wörtern „wall", dt. „Mauer", und „to hack" ist eine Betrugstechnik (Cheating),

W Wallpaper

die es Spielern ermöglicht, in Online-Spielen durch Mauern und andere eigentlich nicht durchsichtige Gegenstände hindurchzusehen, also eine Art „Röntgenblick".

So kann zum Beispiel ein gegnerischer Spieler gesehen werden, der sich hinter einem Gegenstand versteckt oder sich in einer anderen Etage eines Hauses befindet. Das verschafft einen großen Vorteil im Spiel. Es gibt spezielle Grafikkartentreiber, die Wallhacking erlauben oder extra dafür modifiziert wurden. Für das Wallhacking werden auch Texturen entfernt oder manipuliert.

Eine Variation sind **WhiteWall**s, wobei hier die Farben oder Texturen von Objekten entfernt werden. Dadurch erhöht sich der Kontrast gegnerischer Objekte, deren Farben bzw. Texturen erhalten bleiben. Diese Gegner lassen sich so besser und schneller erkennen.

In Verbindung mit anderen Hacks kann mit Wallhacking auch durch „massive" Objekte geschossen werden. Es gibt auch Waffen in Spielen, die durch Wände schießen können, und Granaten, mit denen sich Gegner hinter Objekten durch Splitterwirkung ausschalten lassen.

Wallpaper [sprich „woalpäiper"], das; *Subst.*, Hintergrundbild auf dem ⇨ **Windows-Desktop**.

WAN, das; *Subst.*, Abkürzung für **W**ide **A**rea **N**etwork, dt. Weitbereichsnetzwerk ⇨ **LAN**.

WAP, Abkürzung für **W**ireless **A**pplication **P**rotocol, ist ein Standard zum Übermitteln von speziell für WAP erstellten Webseiten auf das ⇨ **Display** eines Handys. Dabei wird die Datenmenge reduziert, die Datenübertragung erfolgt über einen ⇨ **Proxy**. Über WAP ist das Abrechnen von Dienstleistungen und Downloads als **WAP-Billing** möglich, was von einigen Anbietern missbraucht wird. Dies erfolgt über Werbeanzeigen in kostenlosen Apps, die den Nutzer auf eine WAP-Seite leiten. Der Betreiber der WAP-Seite stellt dann über die Telefonrechnung eine monatliche Gebühr für ein Abo in Rechnung; Artikel zu Abofallen bei WAP: http://bit.ly/24mmlJh.

WAPI, Abkürzung für **W**LAN **A**uthentification and **P**rivacy **I**nfrastructure, ein chinesischer Standard für die Verschlüsselung in drahtlosen Netzwerken, der in jedem in China angebotenen ⇨ **Notebook** enthalten sein muss. Für den europäischen Markt ist WAPI ohne Bedeutung, hier erfolgt die Verschlüsselung von ⇨ **WLAN**s mit ⇨ **WEP** oder ⇨ **WPA**.

WAP-Push-Dienst, der; *Subst.*, ist ein abonnierbarer Dienst, der automatisch WAP-Seiten mit den ge-

Wardriving

wünschten Informationen auf ein ⇨ **Handy** sendet.

Warchalking, [sprich „woartschaaking"] das; *Subst.*, Kommunikation über Kreidezeichen an Gebäuden, die den eingeweihten ⇨ **Wardrivern** Hinweise auf Funknetze geben und diese darüber informieren, ob die Netze für den Zugang frei oder geschlossen sind. Ein offenes Funknetz wird durch zwei nach außen zeigende Halbkreise „)(" symbolisiert. Auf ein verschlüsseltes und schwer zu knackendes Funknetz weist ein Kreis hin. Enthält der Kreis jedoch ein W, so ist es ein Funknetz über das man (kostenlos) ins Internet kommt ⇨ **Wardriving**, ⇨ **Warflying**.

Die geheimen Zeichen der Warchalker

 offenes Funknetz

 verschlüsseltes, schwer zu knackendes Funknetz

 Funknetz, über das man kostenlos ins Internet kommt

Diese Symbole weisen als Kreidezeichen auf Gebäuden und Strassen auf offene WLANs hin

Wardriver [sprich „woardreiwer"], der; *Subst.*, ist eine Person, die ungeschützte oder schlecht geschützte Funknetze sucht, diese Funknetze als kostenlosen Internet-Zugang nutzt und die Daten in den gefundenen Funknetzen durchstöbert. Das Finden offener Netze ist nicht strafbar, das Surfen auf anderer Leute Kosten und der unerlaubte Einblick in fremde Daten dagegen schon.

Für seinen fragwürdigen Zeitvertreib benötigt der Wardriver ein Notebook, eine Funknetzkarte, sofern die WLAN-Funktion nicht bereits im Notebook enthalten ist, und ein kostenloses über das Internet zu beziehendes Hacker-Tool.

Die offenen Funknetze werden mit Spezialantennen gesucht und deren Position dann per ⇨ **GPS** genau bestimmt, um diese später wiederzufinden und die Koordinaten für andere Wardriver im Internet bereitzustellen. Oder die gefundenen Netze werden mit Kreidezeichen (⇨ **Warchalking**) markiert. Die Wardriver treffen sich oft in Gruppen an den ⇨ **Wardriving-Days**.

Wardriving [sprich „woardreiwing"], das; *Subst.*, bedeutet, dass man sich zu Fuß, per Fahrrad oder Auto sowie einem ⇨ **Notebook** und einer ⇨ **WLAN**-Antenne auf die Suche nach offenen, möglichst ungesicherten ⇨ **WLAN**-Netzen macht und sich dort kostenlos anmeldet.

W Wardriving-Day

Dies ist in den USA ein beliebter Sport, dort auch als ⇨ **Warflying** betrieben.

Wardriving-Day [sprich „woar dreiwing däj"], der; *Subst.*, ist ein Tag, an dem sich ⇨ **Wardriver** in Gruppen treffen, um Erfahrungen auszutauschen und sich zu Fuß, per Fahrrad, Auto oder mit anderen Transportmitteln auf die Suche nach offenen Funknetzen zu machen. Die Verabredungen dazu erfolgen über das ⇨ **Internet** oder per ⇨ **SMS**, so lassen sich Zeiten und Treffpunkte kurzfristig festlegen und bei Bedarf schnell ändern.

Wardrobing [sprich „woardroubing"], das; *Subst.*, kommt vom englischen Wort „wardrobe" für Kleiderschrank. Es handelt sich um eine Form von Umtauschbetrug, der Online-Shops beträchtlichen Schaden zufügt. Kunden kaufen Kleidung, tragen diese zum Beispiel bei einer Party und schicken die Ware anschließend getragen, verschmutzt und nicht selten beschädigt an den Händler zurück. Möglich macht dies in Deutschland das Widerrufsrecht bei Fernabsatzgeschäften. Innerhalb von 14 Tagen können die meisten online bestellten Waren zurückgeschickt werden, und der Kunde erhält das Geld zurück. Seit Juni 2014 muss der Kunde jedoch den Grund für seinen Umtausch nennen und die Versandkosten für die Rückgabe selbst tragen. Das hat jedoch nicht zu einer Verringerung des Wardrobing geführt. Online-Händler sperren daher Kunden, die besonders häufig Rücksendungen vornehmen.

Warez [sprich „währes"] ist ein Begriff aus dem Hacker-Slang, der vor allem im Internet für Raubkopien von Software, ⇨ **Kopierprogramme**, ⇨ **Seriennummer-Generatoren**, ⇨ **Seriennummern-Listen** und ⇨ **Patches** verwendet wird.

Die Nutzung dieses Materials ist aus Urheberrechtsgründen nicht gestattet. Es lässt sich mit Suchmaschinen durch Eingabe von Warez als Suchbegriff aber leicht finden. Doch auf solchen Webseiten finden sich häufig gefährliche Schadprogramme oder Erotik-Angebote und nicht die erwarteten Medien und Programme.

Warflying [sprich „woarfleiing"], das; *Subst.*, bedeutet, dass man sich mit einem Flugzeug oder einer Drohne auf die Suche nach offenen, möglichst ungesicherten WLAN-Netzen macht und diese katalogisiert oder sich im Fall des Flugzeugs auch dort kostenlos im Flug anmeldet. Eine kostengünstigere und einfachere Möglichkeit ist das ⇨ **Wardriving**. Aktuelle Informationen zu Warflying finden sich bei http://rabbit-hole.org/

Wargame [sprich „woargäim"], das; *Subst.*, dt. Kriegsspiel, ist im

Wasserkühlung W

deutschsprachigen Raum (1.) ein vor allem durch den amerikanischen Spielfilm „Wargames" bekannt gewordener Begriff, in dem ein paar jugendliche Hacker zur Zeit des Kalten Krieg in einem Rechner der amerikanischen Armee ein tödliches Spiel starten, das als Computersimulation eines weltweiten Atomkriegs gedacht war und zu einer tödlichen Bedrohung für die Menschheit wird. Der Ausdruck wird (2.) auch für Computerspiele verwendet, die hauptsächlich eine Kriegshandlung nachspielen, etwa Handlungen des 2. Weltkriegs.

Warmstart, der; *Subst.*, ist ein Neustart des Systems, ohne dieses zuvor auszuschalten; ⇨ **Kaltstart**.

WARP, Abkürzung für **W**indows **A**dvanced **R**asterization **P**latform; ist eine Technologie von Microsoft, die es in ⇨ **Windows 7** und ⇨ **Windows 8** ermöglicht, Grafikfunktionen von ⇨ **DirectX** 10, 11 oder 11.1 (bei Windows 8) ohne eine entsprechende Grafikkarte auszuführen. Dabei übernimmt der ⇨ **Prozessor** die Aufgabe der Grafikkarte. Die Ausführung des betreffenden Programms, meist eines Computerspiels, erfolgt bei Ausführung der Grafikfunktionen über den Prozessor allerdings erheblich langsamer als mit einer DirectX-10- oder DirectX-11-Grafikkarte. Daher ist bei einem Desktop-PC der Austausch der Grafikkarte aus Leistungsgründen zu empfehlen, wenn diese kein DirectX 10 bzw. 11 unterstützt; Warp Guide von Microsoft: https://msdn.microsoft.com/de-de/library/gg615082.aspx.

Warping, das; *Subst.*, ist eine Funktion von Bildbearbeitungsprogrammen, mit denen sich ein Bild verbiegen, verzerren und völlig entstellen lassen kann; ⇨ **Morphing**.

Wasserkühlung, die; *Subst.*, ist eine zur Luftkühlung alternative Methode, um das Überhitzen von PC-Komponenten zu verhindern. Dabei wird Wasser durch eine Pumpe, meist eine Aquariumpumpe, von einem Ausgleichsgefäß durch ein Schlauchsystem zu den Kühlern geleitet, wo das Wasser die Abwärme der Prozessoren teilweise aufnimmt. Anschließend wird das Wasser zum Abkühlen in einen ⇨ **Radiator** geleitet, bevor der Kreislauf von vorne beginnt.

Vorteile der Wasserkühlung sind die hohe Effizienz auch bei übertakteten PC-Systemen und der meist geräuschärmere Betrieb. Nachteilig ist der hohe Anschaffungspreis ab rund 200 € pro PC und die Gefahr von Kurzschlüssen bei Undichtigkeiten. Mit entsprechenden Kühlkörpern können neben ⇨ **CPU** und ⇨ **GPU** auch ⇨ **Festplatten** und sogar das ⇨ **Netzteil** per Wasserkühlung auf Betriebstemperatur gehalten werden.

W Wasserzeichen

Wasserzeichen, das; *Subst.*, ist (1.) ein Hintergrundbild in einem Dokument einer Textverarbeitung oder auch einer Tabelle bei einer Tabellenkalkulation oder (2.) ein digitales Zeichen in einer Bild-, Audio- oder Video-Datei, über das die Herkunft des Bildes bewiesen und/oder ein Kopierschutz realisiert werden kann.

WAT ⇨ **Windows Activation Technologies**.

Watchblog [sprich „wotschblog"], das; *Subst.*, Kunstwort aus engl. to **watch** und ⇨ **Blog**, ist ein Blog, das sich kritisch zu Medien äußert. Das erste Watchblog entstand, weil sich der Amerikaner Tim Withers über einen Artikel einer Kolumnistin der New York Times ärgerte. In Deutschland ist das „BILDblog" recht bekannt und wurde bereits mit Preisen ausgezeichnet; Studienarbeit von Mathias Dachtler zum Thema Watchblogger: http://www.netzthemen.de/dachtler-watchblogger.

watchOS, das; *Subst.*, auf ⇨ **iOS** basierende ⇨ **Betriebssystem** der im Jahr 2015 von ⇨ **Apple** eingeführten ⇨ **Apple Watch**, einer ⇨ **Smartwatch**.

WAV, ⇨ **Dateinamenerweiterung** einer ⇨ **Wave-Datei**. In WAV-Dateien sind zum Beispiel die Systemklänge von Windows abgespeichert. Die Dateien lassen sich mit dem ⇨ **Windows Media Player** abspielen.

Wave-Datei [sprich „wäiv datei"], die; *Subst.*, ist eine Audio-Datei mit der ⇨ **Dateinamenerweiterung** ⇨ **WAV**, die unkomprimiert die digitalisierte Darstellung der ⇨ **Samples** enthält, die mit der ⇨ **Soundkarte** über einen analogen Eingang aufgenommen und digitalisiert wurden oder die direkt auf digitalem Weg (beispielsweise durch Auslesen einer Audio-CD) übertragen wurden. Die Klangqualität hängt von der Höhe der verwendeten Abtastrate und der Genauigkeit der Analog-Digital-Wandlung ab. Daher werden Wave-Dateien mit hoher Klangqualität sehr groß. Ein 3-Minuten-Titel kann in diesem Format 30 MByte oder mehr an Datenumfang annehmen. Enthält das Format Stereo-Samples mit einer Genauigkeit von 16 Bit bei einer Samplerate von 44,1 kHz, kann die Wave-Datei als Ausgangsmaterial für die Erstellung von normgerechten Audio-CDs verwendet werden.

Wavetable [sprich „wäivtäbel"], die; *Subst.*, bezeichnet auf einer ⇨ **Soundkarte** die Gesamtheit der darauf abgespeicherten Samples, also digitalisierte Aufnahmen realer Instrumente. Der Wavetable-Speicher mit den Samples ist entweder auf der Soundkarte integriert, lässt sich über ein Zusatzmodul nachrüsten oder kann teilweise auch von Festplatte/CD in einen RAM-Bereich nachgeladen werden. Dazu benötigt die Soundkarte eine MPU-401-Schnittstelle sowie die entsprechende Steckleiste für den Anschluss des Moduls. Die Größe des Speichers ist ein Anhaltspunkt für den Umfang der Wavetable, üblich sind 1, 2 oder 4 MB. Einige Karten haben auch noch größeren Speicher für die Aufnahme eigener Samples.

Entscheidend für den Klang ist neben der Speichergröße aber vor allem die Herkunft der Samples. Gute Qualität ist bei namhaften Firmen aus der Musikbranche wie Yamaha zu erwarten, allerdings gibt es auch einige kleinere Firmen, die einwandfreie Soundsamples anbieten.

Wear, Bezeichnung der Version 4.4W von ⇨ **Android** für ⇨ **Wearables**.

Wearables [sprich „wärebells"], dt. wörtlich „Tragbare"; die; *Subst.*, sind tragbare Computer wie ⇨ **Activity Tracker**, ⇨ **Datenbrillen** für ⇨ **Augmented Reality** wie ⇨ **Google Glass** oder ⇨ **HoloLens**, Kleidung mit ⇨ **LED**-Anzeigen und Funktionen wie ⇨ **Keyboard** oder ⇨ **Smartwatches**.

Web 2.0, weiterentwickelte Form des Internets, in der die Inhalte nicht nur konsumiert, sondern mitgestaltet werden. Beispiele sind ⇨ **Blogs** sowie soziale Netzwerke wie ⇨ **Facebook**, ⇨ **Twitter** und ⇨ **Youtube**. Dies wurde durch den Wandel von starren Webseiten hin zu Anwendungen ermöglicht. So lässt sich etwa mit WordPress sehr schnell und einfach ein eigener Blog erstellen, in allen Blogs und mittlerweile auf einem Großteil der Webseiten gibt es Kommentar- und Bewertungsfunktionen. Für den Blogger Henning Schürig ist Web 2.0 bereits überholt und durch den Begriff Social Media ersetzt worden: http://www.henningschuerig.de/blog/2010/social-media-statt-web-20/.

Web Blooper [sprich „web bluhper"] oder kurz **Blooper** sind Design-Fehler bei der Gestaltung von Webseiten.

Web Bug, **Web-Bug** oder **Webbug** [sprich „web bagg"], der; *Subst.*, ist eine meist durchsichtige, winzige Grafik von im Regelfall nur 1 x 1 Pixel Größe, die in E-Mails im HTML-Format oder auf Webseiten eingebunden wird. Das kleine Bild wird von einem Server geladen, wenn die Webseite aufgerufen oder die E-Mail geöffnet wird. Dadurch lassen sich die Zugriffe registrieren und zum Beispiel für Statistiken nutzen. Bei Spam werden solche Web Bugs verwendet, um Adressen zu verifizieren.

Webcam [sprich „webkämm"], die; *Subst.*, ist eine digitale Videokamera, die in einem ⇨ **Notebook**,

W webcasten

⇨ **Tablet** oder ⇨ **Smartphone** integriert ist oder an einen PC oder einen mobilen Rechner angeschlossen wird. Es lassen sich damit einzelne Bilder oder Videos aufnehmen, aber eine Webcam ist eigentlich für Video-Chats über das Internet gedacht. Oder die Bilder werden auf die eigene ⇨ **Website** geladen, sodass sie jeder Besucher der Seite sehen kann.

Im Internet finden Sie tausende Bilder solcher Webcams, mit denen Sie virtuell um die Welt reisen und bei vielen Ereignissen live dabei sein können.

webcasten [sprich „webkahsten"], *Verb*, Produzieren und Übertragen von Multimedia- und Text-inhalten für bzw. über das Internet.

Web DAV, Abkürzung für **W**eb **d**istributed **a**uthoring and **V**ersioning, ermöglicht es einem Nutzer eines Mail-Dienstes, seine E-Mails auch von anderen Diensten abzufragen und so zum Beispiel seine E-Mails per Outlook abzurufen.

Webinar, das; *Subst.*, ist ein Kunstwort aus **Web** und Sem**inar**, eine Schulung oder Präsentation über das Internet. Der Vortragende verwendet eine ⇨ **Webcam**, um das Bild und den Ton zu übertragen. Die Teilnehmer können per ⇨ **Chat** schriftlich oder ⇨ **VoIP** telefonisch Rückmeldungen geben.

WebKit ist eine von der Firma ⇨ **Apple** entwickelte Layout-Engine für den ⇨ **Browser** ⇨ **Safari**.

Weblog, das; *Subst.*, abgekürzt ⇨ **Blog** ist ein ⇨ **Web-Tagebuch**.

Webmaster, der; *Subst.*, oder **Webweaver** in der weiblichen Form **Webmistress**, ist der bzw. die Verantwortliche für eine ⇨ **Website** und oft auch Programmierer der Seiten. Ein Webmaster ist per E-Mail meist unter der Adresse webmaster@domain.de zu erreichen, wobei domain.de für die Domain der Website steht.

Webmistress, die; *Subst.*, ist ein weiblicher ⇨ **Webmaster**.

Webpage [sprich „webpäitsch"], **Webpages** [sprich „webpäitschis"], die; *Subst.*, engl. **Web page**, **Web pages**, Bezeichnung für ⇨ **Webseite** bzw. Webseiten, siehe auch ⇨ **Website**.

Webpager [sprich „webpäitscher"], der; *Subst.*, ist eine andere Bezeichnung für einen ⇨ **Messenger**, also ein Tool zum Versand von Nachrichten über das Internet, die der Empfänger direkt auf seinem Messenger angezeigt bekommt, sofern er online ist, sein Messenger kompatibel und gestartet ist.

Web Positioning, Webpositioning [sprich „web posischening"], das; *Subst.*, umfasst alle zur Verbesserung des ⇨ **Ranking** einer Website bei Suchmaschinen erforderlichen Maßnahmen.

Webpublishing [sprich „web pablisching"], das; *Subst.*, Veröffentlichen von ⇨ **Webseiten** im Internet und die satztechnische Aufbereitung der Seiten für die Veröffentlichung.

Webseite, die; *Subst.*, bezeichnet eine Seite aus dem Internet-Angebot eines Anbieters; ⇨ **Website**.

Web-Server [sprich „web sörwer"], der; *Subst.*, ist ein Server im Internet, der über eine feste ⇨ **IP-Adresse** angesprochen werden kann und die HTML-Dokumente für eine oder mehrere ⇨ **Websites** im ⇨ **www** bereitstellt. Der Zugriff auf die Inhalte erfolgt mit einem ⇨ **Browser**.

Web Shield [sprich „web schield"], das; *Subst.*, ist eine andere Bezeichnung für ⇨ **Web Application Firewall**.

Website [sprich „webseid"], die; *Subst.*, Gesamtheit aller Webseiten eines Internet-Angebots, während eine ⇨ **Webseite** nur eine Seite des Angebots bezeichnet.

Webspace [sprich „webspäiz"], der; *Subst.*, Speicherplatz auf dem ⇨ **Server** des ⇨ **Providers** für die eigene ⇨ **Website**.

Web-Tagebuch, das; *Subst.*, **Weblog** oder **Blog** ist ein öffentlich einzusehendes Tagebuch im Internet.

Web TV, das; *Subst.*, Bereitstellen von Fernsehsendungen als Videos oder Live-Stream über das Internet. Das erfolgt sowohl von Fernsehsendern als auch Dienstleistern wie Zattoo; https://zattoo.com/.

Webweaver [sprich „webwiewer"], der; *Subst.*, ist eine andere Bezeichnung für ⇨ **Webmaster**.

Webzine [sprich „websain"], das; *Subst.*, ist eine elektronische Zeitschrift, die über das Internet veröffentlicht wird.

Wechselplatte, die; *Subst.*, ist ein Datenträger, der nicht fest installiert ist, sondern ausgetauscht werden kann. Ein Beispiel ist eine ⇨ **Festplatte** in einem Wechselrahmen.

Wegwerfadresse, die; *Subst.*, ⇨ **Einweg-E-Mail-Adresse**.

Weltweites Warten, das; *Subst.*, scherzhafte Übersetzung von ⇨ **WWW**, also **World Wide Web**.

WEP, die Abkürzung für **W**ired **E**quivalent **P**rivacy, ist ein Verschlüsselungsverfahren für ⇨ **WLAN**s. Die WEP-Verschlüsselung arbeitet mit Schlüssellängen von 64 und 128 Bit, vereinzelt auch 256 Bit,

W Werbebanner

wobei hier Kompatibilitätsprobleme mit Geräten anderer Hersteller auftreten. Es wird der RC4-Algorithmus verwendet, bei dem ein 24 Bit langer Initialisierungsvektor zusammen mit dem Schlüssel übertragen wird.

Der tatsächlich zur Datenverschlüsselung verwendete Schlüssel ist somit um 24 Bit kleiner. Bei einer Schlüssellänge von insgesamt 64 Bit stehen damit netto nur noch 40 Bit für die Verschlüsselung zur Verfügung, was zur Abwehr ernsthafter Hackerangriffe nicht ausreicht. Daher wird bei WEP überwiegend die 128-Bit-Verschlüsselung verwendet.

Zu beachten ist auch, dass WEP nur von Station zu Station verschlüsselt. Daher muss bei Verwendung mehrerer Access Points oder WLAN-Strecken sichergestellt werden, dass die Verschlüsselung zwischen allen Stationen erfolgt. Die meisten WLAN-Geräte stellen für WEP bis zu 4 Schlüssel bereit, sodass für eine erhöhte Sicherheit von Zeit zu Zeit leicht zwischen diesen Schlüsseln umgeschaltet werden kann. Siehe auch ⇨ **WPA**.

Werbebanner, der; *Subst.*, ⇨ **Banner**.

WFP ⇨ **W**indows **F**ile **P**rotection.

WGA ⇨ **W**indows **G**enuine **A**dvantage.

White-Hat [sprich „weit hät"], wörtlich übersetzt Weiß-Hut, guter Hacker, der sich im Unterschied zu ⇨ **Black-Hat** an geltendes Recht und die Hackerethik hält.

WhiteWall [sprich „weit woal"], die; *Subst.*, dt. „weiße Wand" ist eine Form des Betrugs oder Mogelns bei Computerspielen. Durch geeignete Cheats, also Programme oder Dateien zum Manipulieren des Spiels, werden Farben oder Texturen von Objekten wie den Wänden entfernt. Gegner lassen sich dadurch deutlicher oder früher erkennen; ⇨ **Wallhacking**.

WHQL, Abkürzung für **W**indows **H**ardware **Q**uality **L**ab.

WIA, Abkürzung für **W**indows **I**mage **A**quisition, ist wie ⇨ **TWAIN** eine Software-Schnittstelle von Windows zum Anschluss von Digitalkameras und Scannern. Diese Schnittstelle ist jedoch bereits auf Betriebssystemebene vorhanden, während TWAIN nachträglich installiert werden muss. Zur Anbindung an WIA ist wie bei TWAIN ein Treiber für das jeweilige Gerät erforderlich.

Widescreen [sprich „weidskriehn"], der; *Subst.*, ist ein Display im Format 16:9 oder 16:10, mit dem ab einer Bildschirmdiagonalen von 22 Zoll zwei DIN-A4-Seiten im Maßstab 1:1 nebeneinander betrachtet werden können. Das hat Vorteile beim Schreiben, Korrigieren und Setzen von Text. Daneben sind breite Displays interessant für das Betrachten von Kinofilmen.

Widget [sprich „widdschet"], Kunstwort aus **Wi**ndows und **Ga**d**get**, sind einfache Programme, die unter ⇨ **Linux**, Mac OS X und ⇨ **Windows** mit Widget-Engines ausführbar sind. Im Zusammenhang mit ⇨ **Smart-TV** bezeichnen Widgets kleine ⇨ **Apps** für den Zugriff auf Internetdienste oder für einfache Spiele; Übersicht von Widget-Engines für verschiedene Betriebssysteme: https://de.wikipedia.org/wiki/Widget.

WiDi, Abkürzung für **Wi**reless **Di**splay, ist eine von ⇨ **Intel** entwickelte Technologie zum drahtlosen Übertragen der Bildinhalte eines WiDi-kompatiblen Notebooks auf ein großes Display oder einen Fernseher. Zum Empfang des Bildes auf dem Fernseher wird ein WiDi TV-Adapter benötigt. Kompatible Geräte sind am WiDi-Logo von Intel zu erkennen. Intel bietet die benötigte Software für ⇨ **Windows 7** ⇨ **Windows 8**, ⇨ **Windows 8.1** und ⇨ **Windows 10** an. Da der ⇨ **Miracast**-Standard von Windows 10 und Windows 8.1 nativ unterstützt wird, sieht Intel jedoch Marketing und Vertrieb der WiDi-Anwendungen und WiDi-Empfänger eingestellt; intel.ly/1QtekrH.

Wi-Fi, Abkürzung für **Wi**reless **Fi**delity, ist eine Zertifizierung von ⇨ **WLAN**s nach dem IEEE-Standard ⇨ **802.11** durch die internationale „Wi-Fi Alliance". Dies soll die Interoperabilität zwischen WLANs sicherstellen; https://www.wi-fi.org/.

Wiki, Bezeichnung für ein Public-Domain Online-Lexikon, das wie www.wikipedia.de allgemein gehalten ist oder auch einen speziellen Bereich abdecken kann. Der Bereich ist am Namen erkennbar wie zum Beispiel bei WLAN-Wiki, das die drahtlosen Netze behandelt. Die Erklärungen stammen von den Nutzern der Wikis und dürfen unter Beachtung der Lizenzvorschriften unentgeltlich gelesen und auch verteilt werden.

Da es keine Korrektur der Beiträge durch fest angestellte Redakteure gibt und das Fachwissen der Autoren vor der Veröffentlichung nicht geprüft wird, übernehmen die Wiki-Benutzer die sprachliche und fachliche Optimierung der Wiki-Beiträge. Das erste Wiki erstellte Ward Cunningham aus Oregon, USA im Jahr 1995. Der Name kommt aus dem Hawaiianischen und bedeutet „schnell", was wohl für die schnelle Verfügbarkeit von Informationen stehen soll.

Wildcard [sprich „weildkard"], engl. Bezeichnung für ⇨ **Platzhal-**

WiMAX

ter oder ⇨ **Joker**. Es handelt sich dabei meist um eines oder mehrere der Zeichen ⇨ * und ⇨ ?.

WiMAX ☎, Abkürzung für **W**orldwide **I**nteroperability for **M**icrowave **A**ccess, ist ein Funksystem basierend auf dem Standard IEEE 802.16, das in Deutschland regional angeboten wird; Informationen zum WiMAX-Forum: www.wimaxforum.org/home; ⇨ **LTE**.

Win32, Abkürzung für Windows 32 Bit, steht zu Beginn einer Schadprogramm-Bezeichnung wie zum Beispiel bei W32/FinSpy.A, wenn das Schadprogramm ein 32-Bit-Programm für Windows ist.

WinAMP, Abkürzung für **Win**dows **A**udio **M**PEG **P**layer, ⇨ **AMP**, ist ein als ⇨ **Freeware** angebotener und damit kostenloser ⇨ **Mediaplayer** der Spitzenklasse, dessen Oberfläche mit ⇨ **Skins** beliebig verändert werden kann und der ursprünglich zur Wiedergabe von MP3-Dateien erstellt wurde. Mittlerweile spielt WinAMP zahlreiche weitere Musikformate und auch Videos ab. Über ⇨ **Plug-In**s ist WinAMP funktional erweiterbar; www.winamp.com.

Windoof ist eine überwiegend von Mac-Anwendern verwendete, abwertende Bezeichnung für das ⇨ **Betriebssystem** ⇨ **Windows** von ⇨ **Microsoft**.

Window [sprich „windou"], dt. Fenster, bezeichnet beim ⇨ **Case-Modding** das Fenster im Seitenteil des Gehäuses, das einen Einblick in den meist mit ⇨ **Kaltlichtkathoden** oder sonstigen Lichteffekten beleuchteten Innenraum ermöglicht.

Windows [sprich „windous"], der Firma ⇨ **Microsoft** ist der Marktführer für PC-Betriebssysteme. Der Name kommt von den frei verschiebbaren und skalierbaren Fenstern, in denen Anwendungen, Daten oder auch eine DOS-Emulation angezeigt werden und ablaufen.

Die erste Version von Windows hieß 1983 zuerst Interface Manager und sollte im April 1984 auf den Markt kommen. Bedingt durch das Erscheinen des Apple Macintosh im Januar 1984, wurde die Windows-Oberfläche noch einmal völlig neu gestaltet. Das erste Windows kam dann als **Windows 1.01** im November 1985 als 16-Bit-Betriebssystem auf 5,25-Zoll-Disketten für 99 US-Dollar auf den Markt.

Windows 1.01 überforderte jedoch die Leistungsfähigkeit der damaligen Rechner und war auch bezüglich der Hardware nicht so flexibel wie heute. Zusammen mit **Windows 2.0** gab es daher 1987 mit **Windows 386** auch eine Spezialversion von Windows für den 80386-Prozessor von ⇨ **Intel**.

Windows 8

Es dauerte weitere drei Jahre bis **Windows 3.0** im Jahr 1990 erschien und auf den dann aktuellen Rechnern so schnell war, dass damit auch effizient gearbeitet werden konnte. Mit **Windows für Workgroups 3.1 (WfW 3.1)** wurde Windows im Oktober 1992 netzwerkfähig (⇨ **Peer-to-Peer-Netzwerk**).

Die ersten Windows-Versionen bis **Windows 98** waren kein echtes Betriebssystem, sondern nur grafische Benutzeroberflächen für ⇨ **DOS**. So war Windows auch ursprünglich konzipiert. Diese Windows-Versionen waren sehr instabil, denn die dort gleichzeitig im Multitasking-Betrieb laufenden Anwendungen waren im Arbeitsspeicher nicht voneinander getrennt und geschützt.

Erst **Windows Me** leitete für Heimanwender und kleinere Unternehmen eine Wende hin zum eigenständigen Betriebssystem ein, denn der DOS-Betriebsmodus wurde hier gesperrt, war aber immer noch vorhanden.

Die Windows-Versionen **Windows NT**, **Windows 2000** für professionelle Anwender sowie **Windows XP**, ⇨ **Windows 7**, ⇨ **Windows 8**, ⇨ **Windows 8.1** und ⇨ **Windows 10** sind dagegen echte 32-Bit- bzw. in den entsprechenden Versionen auch 64-Bit-Betriebssysteme, die stabil laufen. Einen schönen Überblick der Windows-Geschichte mit zahlreichen Screendumps und Erläuterungen finden Sie auf der Webseite: http://winhistory.de/.

Windows 7 [sprich „windous sieben"], Codename ⇨ **Vienna**, davor ⇨ **Blackcomb**, ist der am 22. Oktober 2009 offiziell erschienene Nachfolger von ⇨ **Windows Vista**. Das ⇨ **Betriebssystem** basiert auf Windows Vista mit einigen Änderungen und Erweiterungen an der Aero-Oberfläche wie ⇨ **Aero Peek** und ⇨ **Aero Snap**.

Dazu kommen weitere Verbesserungen wie die neue Bibliotheks- bzw. ⇨ **Library**-Funktion beim ⇨ **Windows-Explorer**. Etliche Zusatzprogramme von Windows Vista sind bei Windows 7 nicht mehr im Lieferumfang enthalten, lassen sich bei Bedarf aber kostenlos über Windows Live herunterladen. Der Internet Explorer 8 wird mitgeliefert, lässt sich aber deaktivieren. Die Hardware-Anforderungen von Windows 7 sind deutlich niedriger als die für Windows Vista und erlauben daher auch eine Installation von Windows 7 auf einem ⇨ **Netbook** und älteren PC.

Windows 8 [sprich „windous acht"], intern als „Windows.next" bezeichnet, am 26. Oktober 2012 erschiener Nachfolger von ⇨ **Windows 7**, der nicht nur auf Rechnern mit ⇨ **x86**- und ⇨ **x64**-Prozessoren, sondern als **Windows RT** erstmals auch auf Rechnern mit ⇨ **ARM**-Prozessoren läuft.

Windows 8

Die neue Oberfläche **Windows-8-UI** bzw. **Modern UI** wurde anfangs als ⇨ **Metro** bezeichnet und ist für die Bedienung per ⇨ **Touchscreen** konzipiert. Microsoft hat dabei das Design mit den ⇨ **Live Tiles** von Windows Phone übernommen. Windows 8 lässt sich zwar auch mit ⇨ **Maus** und ⇨ **Tastatur** bedienen – doch das ist im Vergleich zu Windows 7 eher umständlich. Die weiteren Neuerungen von Windows 8 waren:

- Microsoft hat ein neues Logo in blauer Farbe vorgestellt. Es ist recht schlicht, nur noch in einer Farbe (helles Blau) und soll einen ⇨ **Tablet-PC** und die Bedienung per Kacheln symbolisieren.

- Der Sperrbildschirm (Lock Screen) zeigt aktuelle Informationen wie Datum und Uhrzeit, einen anstehenden Termin und die Nachrichten von bis zu fünf eingeblendeten Apps.

- Der Anmeldebildschirm von Windows 8 wurde dem von Windows Phone, dem heutigen ⇨ **Windows 10 Mobile** nachempfunden. Die Anmeldung kann wie bisher per Passwort, wie bei einem ⇨ **Smartphone** per ⇨ **PIN** oder mit dem neu eingeführten ⇨ **Bildpasswort** durch Gesten auf einem Bild erfolgen.

- Die Eingabe kann über eine ⇨ **Bildschirmtastatur** erfolgen, von der es unterschiedliche Ausführungen gibt.

- Das bisherige Start-Menü und der Start-Button sind nicht mehr vorhanden und wurden durch die Kacheln der Metro- bzw. Modern-Oberfläche ersetzt.

- Statt auf den Desktop gelangt der Windows-8-Benutzer immer zuerst zu den Kacheln von Metro.

- Charms, dt. „Zaubereien", ersetzen Menübefehle und werden per Gesten aufgerufen.

- Es gibt eine Vielzahl neuer Einstellungen, die auch über mehrere Rechner hinweg erfolgen können.

- Der ⇨ **Task-Manager** wurde komplett neu entwickelt und kann nun als „tm.exe" statt als „taskmgr.exe" an der Eingabeaufforderung aufgerufen werden.

- Der Windows-Explorer hat jetzt die ⇨ **Ribbon**s-Menüs und wurde um einige neue Funktionen erweitert.

- Zu Windows 8 wird mit dem Internet Explorer 10 eine neue Version des Browsers mitgeliefert. Dabei gibt es zwei verschiedene Versionen des Internet Explorers, eine für den Desktop und eine als

Windows 8

- App. Die App-Ausführung erlaubt keine ⇨ **Plug-Ins**.

- Ein Passwort-Tresor erlaubt das sichere Abspeichern der verwendeten Passwörter.

- Abbilder von CDs und DVDs als ISO- und VHD-Dateien lassen sich ohne zusätzliche Software als virtuelle Laufwerke in Windows 8 einbinden.

- Windows Defender wurde vollständig erneuert und beinhaltet nun die Funktion des Antivirenprogramms Microsoft Security Essentials.

- Neben den Windows-Anwendungen gibt es nun auch ⇨ **Apps**, die über einen neuen, in Windows 8 integrierten Windows Store (⇨ **App Store**) heruntergeladen werden. Die Apps lassen sich vor dem Kauf kostenlos testen und durch In-App-Käufe erweitern. Apps werden grundsätzlich im Vollbildmodus ausgeführt, Windows-Anwendungen dagegen auf dem Desktop.

- Der Smartscreen-Schutz blockiert Apps, die nicht aus dem App Store von Microsoft stammen. Das erhöht die Sicherheit, führt jedoch auch dazu, dass Apps nur von Microsoft bezogen werden den können.

- Windows-Anwendungen laufen wie bisher nur auf Rechnern mit x86- und x64-Prozessoren, die Apps dagegen auch auf Rechnern mit ARM-Prozessor.

- Es werden nun erstmals Sensoren direkt vom Betriebssystem unterstützt.

- Die Abrechnung der App-Käufe erfolgt mit MS-Points, eine bei der xBox übliche Art der Bezahlung.

- USB 3.0 wird im Gegensatz zu Windows 7 direkt unterstützt.

- BIOS und ⇨ **UEFI** werden unterstützt, PCs und Tablet-PCs mit Windows 8 haben jedoch häufig UEFI und kein BIOS mehr.

- Als Windows-to-go kann Windows 8 auf einem USB-Stick mitgenommen und bei einem anderen Rechner verwendet werden.

- Eine defekte Windows-8-Installation lässt sich mit den neuen Wiederherstellen-Funktionen Reset und Refresh schnell und einfach reparieren.

- In der Server-Version von Windows 8 lassen sich mehrere Laufwerke ähnlich wie bei RAID zu einem logischen Laufwerk zusammenfassen. Diese Funktion wird als Storage Spaces bezeichnet.

Windows 8.1

- Windows 8 bootet dank Hybrid Boot auf einem Rechner mit UEFI und ⇨ **SSD** in rund 10 Sekunden.

Windows 8 orientiert sich klar an ⇨ **Smartphones** und ⇨ **Tablet-PC**s. Für Anwender mit einem Desktop-PC oder Notebook ohne Touchscreen bringt die Bedienung über die Kacheln keine Vorteile, im Gegenteil, die Umgewöhnung kostet einige Zeit. Daher hat sich die neue Windows-Oberfläche bei Desktop-PCs und Notebooks nicht durchgesetzt.

Windows 8.1 [sprich „windous acht punkt eins"], am 17.10.2013 erschienener Nachfolger von ⇨ **Windows 8**, jedoch eher ein ⇨ **Service Pack** als eine neue Version. Es wurden Fehler durch Windows 8 korrigiert und Hilfen für den Benutzer hinzugefügt, die den Umgang mit den ungewohnten, mit Windows 8 eingeführten Bedienungselementen wie Charms-Bar oder Apps erklären. Die wichtigsten Neuerungen waren:

- Es gibt Hinweise auf die mit Windows 8 neu eingeführten Funktionen der Bildschirmecken.

- Nach einer App-Installation wird nicht mehr automatisch eine Kachel zum Startbildschirm hinzugefügt, um diesen übersichtlich zu halten.

- Die Anzahl der Kachelgrößen wurde von 2 auf 4 erhöht, indem eine neue Großansicht und Miniaturansicht hinzukamen.

- Die Suchleiste ist stets sichtbar und die Suche in der Charms-Bar wurde verbessert.

- Die Apps lassen sich in der Übersicht nach verschiedenen Kriterien wie Installationsdatum, Name oder Häufigkeit der Nutzung sortieren.

- Der Desktop kann dasselbe Hintergrundbild wie der Startbildschirm erhalten und für den Desktop wurden dynamische Hintergrundbilder eingeführt.

- Es lassen sich mehrere Apps auf einmal markieren.

- Skype ist nun fest in Windows integriert und muss nicht als App nachinstalliert oder am Desktop installiert werden.

- Es gibt neue Standard-Apps wie Audiorecorder, Bing Gesundheit & Fitness, Rechner und Wecker.

- Die bereits vorhandenen Apps wurden aktualisiert und zum Beispiel die Wetter-App um interaktive Karten und Informationen zu Wintersportgebieten erweitert.

Windows 10

Windows 8.1 konnte sich ebenso wie Windows 8 am Markt nicht durchsetzen. Mit der Einführung von Windows 10 und dem damit verbundenen kostenlosen Upgrade-Angebot für ein Jahr nahm der Marktanteil deutlich ab. Obwohl der grundlegende Support bis 9. Januar 2018 läuft und der erweiterte Support bis zum 10. Januar 2023, unterstützt Microsoft bei Windows 8.1 nach dem 17. Juli 2017 keine neuen Prozessoren mehr. Damit lässt sich Windows 8.1 auf neuen PCs nicht mehr installieren oder betriebssicher nutzen.

Windows 9 [sprich „windous neun"] war entsprechend der üblichen Zählweise im Dezimalsystem die zu erwartende Bezeichnung für ⇨ **Windows 10**. Microsoft übersprang jedoch diese Versionsnummer aus Marketinggründen. Daher gibt es kein Windows 9. In Microsoft-Texten und an vielen Stellen im Internet erscheint die Angabe Windows 9 jedoch, so dass sich die Suche danach lohnt, wenn Sie technische Informationen zu Windows 10 interessieren.

Windows 10 [sprich „windous zehn"], intern als ⇨ **Threshold** bezeichnet, am 29. Juli 2015 erschienener Nachfolger von ⇨ **Windows 8.1**. Es soll laut Microsoft „das letzte Windows" sein, dem also keine weitere Windows-Version folgt. Laut den Informationen von Microsoft zum Lebenszyklus von Windows 10 läuft der grundlegende Support jedoch am 13. Oktober 2020 und der erweiterte Support am 14. Oktober 2025 ab. Microsoft hat dazu bisher keine Erklärung abgegeben.

Windows 10 wird laufend durch Updates verbessert und um neue Funktionen erweitert. Das ist nicht mehr an einen festen Termin im Monat gebunden. Die Updates lassen sich im Gegensatz zu den Windows-Vorgängern nicht mehr ablehnen, sondern nur die Installation in den Pro- und Enterprise-Versionen verschieben.

Die für viele Anwender sicherlich wesentlichste Neuerung war die Rückkehr des Start-Menüs, wenn auch in einer neuen Form mit integrierten Kacheln. Der Desktop ist bei einem Desktop-PC und Notebook wieder der Standard-Bildschirm und der Benutzer muss nicht mehr zwischen diesem und dem Startbildschirm umschalten.

Windows 10 soll jedoch mit einheitlicher Oberfläche als universelle Plattform für Desktop-PCs, Notebooks, Tablets, Smartphones, Embedded Devices, Einplatinen-Computer wie der Raspberry Pi und die ⇨ **XBox One** dienen (⇨ **Continuum**). Bei Geräten mit Touchscreen ist jedoch nicht der Desktop, sondern die Kachelseite die automatisch gewählte und auch sinnvollere Oberfläche.

Windows 10

Mit Windows 10 wurden einige neue und sehr vielversprechende Funktionen vorgestellt, etwa die persönliche Assistentin ⇨ **Cortana**, ⇨ **HoloLens** und ⇨ **Windows Hello**, die biometrische Anmeldung per Fingerabdruck oder Irisscan.

Kritik wurde an Windows 10 wegen dem Übertragen zahlreicher Benutzerdaten an Microsoft-Server geübt. So bezeichnete die Verbraucherzentrale Rheinland-Pfalz Windows 10 gar als „private Abhöranlage" und mahnte vor der „Überwachung bis zum letzten Klick" (Quelle: Pressemeldung Verbraucherzentrale Rheinland-Pfalz). Windows 10 wird in Berichten auch häufiger als Spionageprogramm bezeichnet.

Tatsächlich überträgt Windows 10 sehr viele Daten und Microsoft hat über das Microsoft-Konto Zugriff auf Informationen über den Benutzer, etwa über seine Einstellungen und Kaufgewohnheiten im Windows Store. Dazu ist als Browser Microsoft Edge voreingestellt und als Suchmaschine Bing. Die Fragen an Cortana werden an Microsoft übertragen und von einem Server ausgewertet. So ist Microsoft über alle Dialoge mit Cortana informiert und womöglich über alles was im Raum gesprochen ist, wenn Cortana ständig aktiv ist.

Microsoft hat jedoch auch zahlreiche Einstellungen vorgesehen, mit denen sich die Datenübertragung unterbinden lässt. Auch Cortana lässt sich abschalten und Windows 10 ohne Microsoft-Konto und Windows Store nutzen. Im Vergleich zu iOS von Apple ist das Notizbuch von Cortana zudem transparent und es lässt sich festlegen, welche Daten gespeichert werden sollen. Die Daten lassen sich dort auch löschen.

Ein weiterer Kritikpunkt an Windows 10 ist die eingeblendete Werbung. Das ist ähnlich wie bei kostenlosen Apps für Smartphones, die sich über Werbung finanzieren. So ist etwa beim kostenlos angebotenen Flipper-Spiel Pinball FX2 Windows 10 Edition nur ein Flippertisch kostenlos nutzbar. Das erkauft sich der Anwender dann mit einer Werbeeinblendung vor jedem Flipperspiel. Zuvor kostenlose, werbefreie Spiele wie Minesweeper kommen nun mit Werbeeinblendungen und Microsoft verlangt eine Gebühr, wenn die Werbung ausgeblendet werden soll.

Klagen gibt es im Zusammenhang mit Windows 10 auch von Anwendern von Windows 7, 8.1 und 8, die durch Microsoft sehr nachdrücklich in Richtung Windows 10 gedrängt wurden. Obwohl der Support für Windows 8.1, 8 und 7 noch läuft, wurde Windows 10 zum regulären, empfohlenen Update und daher wird es als „Zwangsupdate" bezeichnet. Da nach dem Umstieg auf Windows 10 auch bei einem Teil der Anwen-

Windows 10

der schwere Fehler auftraten, gibt es schon Klagen gegen Microsoft.

Ebenso sind jedoch auch viele Anwender sehr zufrieden mit Windows 10. Speziell bei technisch stark interessierten Anwendern und Computerspielern ist der Anteil der Umsteiger sehr hoch. Hier eine Übersicht der wichtigsten neuen Funktionen von Windows 10 im Vergleich zu Windows 8, die teilweise noch durch eigene Einträge hier im Lexikon näher erläutert werden:

- Das Start-Menü ist in überarbeiteter Form zurück, nachdem Microsoft es bei Windows 8 entfernt hatte.

- Dafür wurde die Charm-Leiste entfernt und die Apps sind nun auch auf dem Desktop lauffähig. Der Desktop ist bei PCs wieder die Bedieneroberfläche. Windows 10 wirkt also wie Windows 7, sofern man das als Neuerung bezeichnen kann.

- Die sprachgesteuerte Assistentin ⇨ **Cortana** soll bei der Suche helfen, aber auch Aufgaben übernehmen wie Termine anlegen oder Telefonnummern anwählen. Vergleichbare Assistenten gibt es bei Android und iOS für den Einsatz auf Mobilgeräten schon länger.

- Die ⇨ **Taskansicht** ist ein neues Symbol in der Taskleiste, über das sich virtuelle Desktops anlegen, verwalten und auswählen lassen. Solche virtuellen Desktops ließen sich zuvor nur mit zusätzlichen Tools einrichten.

- Das neue Benachrichtigungscenter oder Info-Center informiert wie bei einem Smartphone über wichtige Nachrichten und Warnungen.

- Zusätzlich zum Internet Explorer 11 wird der neue Browser Microsoft Edge mitgeliefert, der jedoch noch unausgereift scheint und zum Beispiel keine Erweiterungen oder den Export- und Import von Lesezeichen unterstützt.

- Sofern eine RealSense 3D-Kamera von Intel oder ein unterstützter Fingerabdruck-Scanner vorhanden ist, kann die Anmeldung bei Windows per Fingerabdruck und Irisscan erfolgen.

- 3D und Holographie werden von Windows 10 unterstützt. Die neue Datenbrille HoloLens soll ein ganz neues Erlebnis (Augmented Reality) über das Projizieren von 3D-Objekten im Raum ermöglichen. Derzeit ist HoloLens jedoch nur für Entwickler verfügbar.

- Universelle Apps sollen auf allen verwendeten Windows-Geräten

Windows 10 Mobile

laufen und man soll bei einem anderen Gerät genau an der Stelle weiterarbeiten können, wo man vorher aufgehört hat. Noch ist die Auswahl solcher Apps jedoch im Vergleich zur Gesamtheit der Windows-Programme und der Apps für iPhone/iPad und Android-Geräte deutlich geringer.

- Unter Windows 10 sollen zukünftig auch Android- und iOS-Apps laufen. Dazu müssen die Entwickler diese jedoch zunächst anpassen. Obwohl Microsoft dies stark unterstützt, rechnet sich diese Umstellung für viele Entwickler nicht. Windows 10 hat weit weniger Installationen als Android und iOS. Dazu werden die Apps dort auch viel weniger als bei Smartphones und Tablets genutzt. Windows-10-Anwender setzen bislang weiter auf die bewährten und bereits vorhandenen und nicht zuletzt bezahlten Windows-Anwendungen.

- DirectX 12 ist Bestandteil von Windows 10 und derzeit von keinem anderen Windows. Das macht Windows 10 für Computerspieler sehr interessant und erklärt den hohen, prozentualen Anteil der Umsteiger. Es erfordert jedoch sehr leistungsfähige, top-aktuelle Hardware, um von DirectX 12 zu profitieren. Der Vorteil zeigt sich erst bei Spielen in hoher Auflösung bis hin zu 4K.

Windows 10 konnte sich im Gegensatz zu Windows 8 und 8.1 rasch am Markt behaupten und hatte im November 2017 bereits einen Marktanteil von rund 32 % unter den Desktop-Betriebssystemen und dürfte Windows 7 (43 % Marktanteil) im Laufe des Jahres 2018 überholen. Windows 8.1 und Windows XP spielen mit Marktanteilen unter 6 Prozent im Markt der Desktop-Betriebssysteme keine Rolle mehr.

Windows 10 Mobile [sprich „windous zehn mobeil"], zuvor als **Windows Phone 10** bezeichnet, Nachfolger von Windows Phone 8.1 und erschien am 20. November 2015. Dieses Windows für ⇨ **Smartphone**s und ⇨ **Phablet**s unterstützt ⇨ **Continuum** sowie ⇨ **Universal-App**s, hat ein verbessertes Info-Center, erlaubt Multitasking mit bis zu 16 im Hintergrund laufenden Apps und soll es Windows-Anwendern erlauben, unabhängig vom Gerät mit einer Oberfläche zu arbeiten. Der Marktanteil von Windows Mobile lag im November 2017 bei 0,1 Prozent im Vergleich zu 30,25 Prozent bei ⇨ **iOS** und 68,86 Prozent bei ⇨ **Android** (Quelle: Net Marketshare). Wegen des geringen Marktanteils entwickelt Microsoft Windows 10 Mobile nicht mehr weiter, liefert aber noch Sicherheits-Updates. Microsoft-Gründer Bill Gates

Windows Blickpunkt

und weitere führende Microsoft-Mitarbeiter nutzen Android-Smartphones statt Windows 10 Mobile.

Windows as a service [sprich „windous äs äh sörwis"] ist das neue Release-Modell von ➪ **Windows 10**. Updates erfolgen nicht mehr in einem festgelegten Zeitraum (➪ **Patch Day**) und beheben nicht nur Fehler und Sicherheitslücken, sondern stellen auch neue Funktionen bereit, die bei der Einführung von Windows 10 noch nicht vorhanden waren. Ein Beispiel sind die Erweiterungen für ➪ **Microsoft Edge** (➪ **Add-In**s, ➪ **Plug-In**s).

Windows Azure [sprich „windous azur"], wobei Azure die Farbe „himmelblau" bedeutet, ist kein ➪ **Betriebssystem** für den PC, sondern eine seit dem 1. Februar 2010 verfügbare ➪ **Cloud-Computing**-Plattform für Softwareentwickler und IT-Profis im Internet, zu der die Verbindung mit dem Browser hergestellt wird. Seit 2015 ist das Angebot deutlich gewachsen und reicht von Analysen und App-Entwicklung (Mobile Apps und Web Apps) sowie virtuelle Windows- und Linux-PCs bis hin zu Diensten für das Internet der Dinge (IoT) und Netzwerke oder SQL Data Warehouse als Service-Lösung; https://azure.microsoft.com/de-de/.

Windows Blickpunkt, engl. **Windows Spotlight** [sprich „windous spotleiht"] ist eine Funktion des ➪ **Sperrbildschirm**s von ➪ **Windows 10** in den Editionen Professional, Enterprise und Education, die jeden Tag ein neues Hintergrundbild in Abhängigkeit der Vorlieben des Benutzers anzeigt. Die Bilder werden dazu aus dem Internet heruntergeladen und stammen aus der Suchmaschine **Bing**. Der Benutzer wird um die Bewertung der Hintergrundbilder gebeten, um basierend auf diesen Bewertungen Bilder zu finden, die ihm gefallen. Da Microsoft über die Bewertungen Informationen über den Benutzer erhält, ist diese Funktion aus ➪ **Datenschutz**-Sicht bedenklich. Hinzu kommt die Datenmenge für die automatisch heruntergeladenen Bilder, die bei knappem, freiem Speicherplatz und im Mobilfunknetz von Bedeutung sein kann. Windows Spotlight lässt sich durch Auswahl eines anderen Hintergrundbilds für den Sperrbildschirm deaktivieren. Dazu wählen Sie *Start, Einstellungen, Personalisierung, Sperrbildschirm, Hintergrund* und stellen dort statt *Windows-Blickpunkt* entweder *Bild* oder *Diashow* ein. Zusätzlich ist dann noch das gewünschte Hintergrundbild bzw. sind im Fall der Diashow die anzuzeigenden Bilder auszuwählen. Die Windows-Blickpunkt-Einstellung kann bei Windows 10 Enterprise und Windows 10 Education auch durch ➪ **MDM** oder Gruppenrichtlinien verwaltet werden.

Windows-Desktop

Windows-Desktop [sprich „windous däsktopp"], der; *Subst.*, ⇨ **Desktop**.

Windows Embedded [sprich „windous embeddid"] ist eine Familie von ⇨ **Betriebssystemen** für Industriegeräte, mobile Geräte wie Smartphones, Kassensysteme (POS), Bankautomaten und Geräte für das Internet der Dinge. Diese Betriebssysteme und zugehörige Programme stellt Microsoft Hardware-Entwicklern zur Verfügung; http://bit.ly/1RhRiHt.

Windows-Explorer [sprich „windous eksplohrer"], der; *Subst.*, ist ein Programm von Windows, das Ihnen die Dateien und Ordner auf den Laufwerken anzeigt und deren Verwaltung erleichtert.

Windows File Protection [sprich „windous feil protekdschen"], abgekürzt **WFP**, ist eine Technologie von ⇨ **Microsoft** zum Schutz der Systemdateien von Windows. WFP wurde mit Windows 2000 eingeführt und steht auch den Nachfolgern zur Verfügung. Bei der Installation kopiert WFP wichtige Systemdateien wie alle DLL-, EXE-, OCX- und SYS-Dateien in den geschützten Systemordner *\WINDOWS\System32\dllcache*.

Stellt WFP beim ⇨ **Booten** fest, dass Systemdateien ausgetauscht oder verändert wurden, werden diese wieder in der Originalversion hergestellt, indem die Kopien vom geschützten Ordner *\dllcache* der Festplatte in den Windows-Systemordner kopiert werden.

Windows Future Storage [sprich „windous fjutscher storedsch"], ist eine andere Bezeichnung für ⇨ **WinFS**.

Windows Genuine Advantage [sprich „windous dschenjuin ädvantidsch"], abgekürzt **WGA**, ist ein Validierungsprogramm von Microsoft, das am 7. Februar 2005 in Deutschland für Windows XP gestartet und in den Nachfolger Windows Vista integriert wurde. Ab ⇨ **Windows 7** lautet die Bezeichnung dieses Programms ⇨ **Windows Activation Technologies (WAT)**. Microsoft will mit WGA und WAT erreichen, dass nur noch Anwender mit einer registrierten Windows-Version Downloads und Updates erhalten. Zudem muss Windows aktiviert werden, da es sonst nach 30 Tagen nur noch eingeschränkt läuft.

Windows Hello, biometrische Zugangserkennung von ⇨ **Windows 10**, bei der eine Anmeldung per Fingerabdruck oder wahlweise ⇨ **Gesichtserkennung** möglich ist. Für die Gesichtserkennung reicht eine Webcam nicht aus; hier ist aus Sicherheitsgründen eine RealSense-Kamera von Intel erforderlich.

Windows Holographic [sprich „windous hologräfik"] ist (1.) ein Bestandteil von ➪ **Windows 10** zur Darstellung von 3D-Objekten im Raum (Holografie) für ➪ **Augmented Reality**, und ➪ **Virtual Reality**, die mit der ➪ **Datenbrille** ➪ **HoloLens** von ➪ **Microsoft** betrachtet werden, und (2.) eine Entwicklungsplattform für Augmented-Reality-Anwendungen [sprich „riäliti anwendungen"].

Windows Home Server [sprich „windous hohm sörwer"] war ein Server-Betriebssystem von ➪ **Microsoft** für Privatanwender, das nicht mehr weiterentwickelt wird und bei dem der Support ausgelaufen ist. Es erschienen die Versionen **Windows Home Server 2007** und **Windows Home Server 2011**. Windows Server und Windows Home Server wurden 2012 mit dem Erscheinen von Windows Server 2012 zusammengefasst (siehe Tabelle ab Seite 632).

Windows key [sprich „windous kie"], Abkürzung **WinKey**, dt. ➪ **Windows-Taste**.

Windows Media [sprich „windous midia"] ist ein Format zur Videokomprimierung der Firma ➪ **Microsoft**, das sich mit dem Windows Media Player abspielen lässt und digitale Rechte prüft, also einen Kopierschutz beinhaltet. Die aktuelle Version 12 des Windows Media Players ist für Windows 10, 8.1, 8 und 7 verfügbar, die Version 11 für Windows Vista, XP und Server 2008. Videos werden im Internet neben anderen Formaten auch als Windows Media Video angeboten. Windows Media-Dateien haben die ➪ **Dateinamenerweiterung** ➪ **ASF** oder ➪ **WMV**.

Windows Media Player [sprich „windous midia pläjer"] ist ein zum Lieferumfang von Windows gehörender Player.

Windows Media Player 12 [sprich „windous midia pläjer 12" auch „windous media pläier 12"], die zu aktuellen Windows-Versionen mitgelieferte Version des Media Players, dessen Oberfläche nur geringfügig gegenüber Windows Media Player 11 verändert wurde. Die wichtigste Neuerung sind die unterstützten Fremdformate wie ➪ **AAC**, ➪ **DivX**, ➪ **H.264** und ➪ **XviD**. Das erspart das Nachrüsten von Codecs für diese verbreiteten Multimedia-Formate. Zudem lassen sich jetzt auch Daten über das Netzwerk von ➪ **iTunes** abrufen.

Windows Media Video [sprich „windous midia wiedeo"] ➪ **WMV** und ➪ **Windows Media**.

Windows-Ordner [sprich „windous ordner"], der; *Subst.*, heute meist mit \Windows, aber bei älteren Windows-Versionen auch je

Windows Phone

nach Version mit \Win98, \Win2000, \WinMe, \WinNT oder \WinXP bezeichnete Systemordner von Windows, der bei der Installation auf einer Festplatte auf Laufwerk C: zu finden ist, also meist als C:\Windows anzusprechen ist.

Windows Phone [sprich „windous fohn"] 📱, das; *Subst.*, war von 2010 bis zur Einführung von ⇨ **Windows 10 Mobile** im Jahr 2015 die Bezeichnung von ⇨ **Microsoft** für die früher als Windows Mobile Phones bezeichneten ⇨ **Smartphones**. Der Name sollte dem Kunden verdeutlichen, dass er ein „Windows-Handy" vor sich hat. Die Einführung von Windows Phone erfolgte zeitgleich mit Windows Mobile 6.5.

Von Windows Phone erschienen in den Jahren 2010 bis 2014 die Versionen **Windows Phone 7**, **Windows Phone 7.5**, **Windows Phone 7.8**, **Windows Phone 8** und **Windows Phone 8.1**, bevor Windows Phone durch ⇨ **Windows 10 Mobile** abgelöst wurde.

Windows-Registry [sprich „windous redschesstri"], die; *Subst.*, ⇨ **Registrierdatenbank**.

Windows Server [sprich „windous sörwer"], Server-Betriebssystem von ⇨ **Microsoft** für Unternehmen und seit Windows Server 2012 auch für private Anwender. Das erste Server-Betriebssystem von Microsoft war Windows NT 3.1. Daher werden auch die Release-Stände von Windows Server mit NT 5.2 bis 6.3 bezeichnet. Der Sprung von NT 3.10 zu NT 5.2 erklärt sich aus den dazwischen erschienenen Versionen Windows NT 4.0 und Windows 2000 (Release NT 5.0). Die Server-Betriebssysteme für Privatanwender wurden 2007 bis 2011 als ⇨ **Windows Home Server** bezeichnet. Windows Server und Windows Home Server wurden 2012 mit dem Erscheinen von Windows Server 2012 zusammengefasst.

Betriebssystem	Erscheinungstermin
Windows NT 3.1 Abkürzung WinNT 3.1 Release NT 3.1	26. Juli 1993 Support wurde eingestellt.
Windows NT 3.5 Abkürzung WinNT 3.5 Release NT 3.5	21. September 1994 Support wurde eingestellt.
Windows NT 4.0 Abkürzung WinNT 4.0 Release NT 4.0	29. Juli 1996 Support wurde eingestellt.

Windows Server

Betriebssystem	Erscheinungstermin
Windows 2000 Abkürzung Win2000 oder 2K Release NT 5.0	17. Februar 2000 Support wurde eingestellt.
Windows Server 2003 Abkürzung Win2K3 oder 2K3 Release NT 5.2	24. April 2003 Support wurde eingestellt.
Windows Server 2003 R2 Release NT 5.2	6. Dezember 2005 Erweiterter Support am 14.07.2015 eingestellt.
Windows Home Server 2007 Code-Name Quattro Basiert auf Windows Server 2003 R2	4. November 2007 Support wurde eingestellt.
Windows Server 2008 Codename ⇨ **Longhorn** Release NT 6.0	27. Februar 2008 Erweiterter Support bis 14.01.2020
Windows Server 2008 R2 Release NT 6.1	22. Juli 2009 Erweiterter Support bis 14.1.2020
Windows Home Server 2011	6. April 2011 Support wurde eingestellt.
Windows Server 2012 Codename Windows Server 8 Release NT 6.2	4. September 2012 Support bis 9. Januar 2018. Erweiterter Support bis 10.1.2023.
Windows Server 2012 R2 Release NT 6.3	17. Oktober 2013 Support bis 9. Januar 2018 Erweiterter Support bis 10.1.2023.
Windows Server 2016 Release NT 10.0	2016

Übersicht der erschienenen Windows-Server-Betriebssysteme mit den Support-Zeiten im Fall der jüngeren Versionen

Windows RT

Windows RT [sprich „windous er te"], Version von ⇨ **Windows 8** und ⇨ **Windows 8.1**, die auf Rechnern mit ⇨ **ARM**-Prozessoren läuft. Im Unterschied zu Windows 8 und Windows 8.1 lassen sich mit Windows RT keine Windows-Anwendungen (Desktop-Apps), sondern lediglich ein Teil der Modern-Apps ausführen. Microsoft Office gehört in einer speziellen Version zum Lieferumfang. Der Support für Windows RT 8 endete am 12.1.2016. Für Surface mit Windows RT endete der Support am 11.4.2017. Für Windows RT 8.1 läuft der Support am 9.1.2018 aus. Eine Weiterentwicklung für ⇨ **Windows 10** findet nicht statt. Tablets mit Windows RT lassen sich aus technischen Gründen nicht auf Windows 10 aktualisieren.

Windows Spotlight [sprich „windous spotleiht"] ⇨ **Windows-Blickpunkt**.

Windows Store [sprich „windous stor"], der; *Subst.*, ist ein mit ⇨ **Windows 8** von ⇨ **Microsoft** eingeführter ⇨ **App Store** aus dem die ⇨ **App**s für ⇨ **Windows 10**, ⇨ **Windows 8.1**, Windows 8 und ⇨ **Windows RT** geladen werden. Die rund 670.000 angebotenen Programme (Quelle: Statista, März 2017) werden automatisch über den Windows Store aktualisiert und sind sehr einfach per Mausklick zu installieren. Es ist hier allerdings zwischen den verschiedenen App-Arten zu unterscheiden. Neben den Windows-Desktop-Anwendungen werden ⇨ **Universal App**s angeboten und Apps, die nur für Windows RT oder nur für die Windows-Versionen 10, 8.1 und 8 verwendbar sind. Neben den kostenlosen Programmen werden kostenpflichtige Programme zum Preis ab 1,49 € angeboten. Es sind auch In-App-Käufe möglich. Die Abrechnung erfolgt über das Microsoft-Konto. Microsoft überprüft bis zu einem gewissen Grad die Sicherheit der Programme. Das Anbieten von nicht jugendfreien Apps ist nicht gestattet. Der App Store verbessert daher die Sicherheit von Windows und dient dem Jugendschutz. Da jedoch hier nur ein Bruchteil der für Windows-PCs verfügbaren Programme angeboten werden und das Angebote weit unter dem von ⇨ **Google Play** (2,8 Millionen) sowie dem App Store von Apple (2,2 Millionen) liegt, ist es weiter erforderlich, Programme auch von anderen Quellen als dem Windows Store zu beschaffen.

Windows-Taste [sprich „windous taste"], die; *Subst.*, wegen des aufgedruckten Windows-Logos auch als **Windows-Logo-Taste** bezeichnet; ist eine spezielle Taste auf Computertastaturen und Windows-Smartphones. Die Windows-Taste unterscheidet sich im Allgemeinen in Form und Größe nicht von den umgebenden Tasten, kann jedoch bei Multimedia-Tastaturen auch kreisrund sein. Das aufgedruckte Logo entspricht dem der jeweils aktuellen Windows-Version zum Zeitpunkt der Anschaffung der Tastatur, ist also das Logo von Windows 10, Windows 8, Windows 7, Windows Vista oder Windows XP. Die Windows-Taste kann mit einem Tool wie ⇨ **WinKey Killer**, einem Microsoft Fix It (https://support.microsoft.com/en-us/kb/216893) oder über einen Registry-Eintrag aktiviert oder deaktiviert werden. Sie lässt sich auch belegen. Da es für die Windows-Taste jedoch spezielle, praktische Tastenkombinationen gibt, ist es sinnvoll, die Taste aktiviert zu lassen und ihre Belegung nicht zu ändern.

Windows Vista [sprich „windous vista"], Codename Longhorn erschien im Februar 2007 als Nachfolger von ⇨ **Windows XP**. Wesentliche Neuerungen waren die neue ⇨ **Aero**-Oberfläche, ein geändertes Treibermodell, die neue ⇨ **Desktop-Suche**, die erweiterte Benutzerverwaltung ⇨ **NGSCB**, die neue Grafiktechnologie für Desktop-Objekte ⇨ **Avalon**, die Kommunikationsplattform ⇨ **Indigo**, die Unterstützung für den BIOS-Nachfolger ⇨ **EFI** und das neue Hilfesystem ⇨ **Help3**. Im Gegensatz zum Vorgänger Windows XP und Nachfolger ⇨ **Windows 7** wurde Windows Vista vom Markt nicht gut angenommen. Durch fehlende und unausgereifte Treiber brauchte Windows Vista beim Start deutlich länger als Windows XP, lief langsamer, führte bei ⇨ **Notebooks** zu einer wesentlich kürzeren netzunabhängigen Betriebszeit und hatte deutlich höhere Hardware-Anforderungen. Das führte dazu, dass sich Windows Vista auf ⇨ **Netbooks** kaum einsetzen ließ, auf denen daher von den Herstellern meist ⇨ **Linux** vorinstalliert wurde. Dazu fühlen sich Benutzer durch die häufigen Nachfragen der Benutzerverwaltung gestört. Mit dem Service Pack 2 hat ⇨ **Microsoft** viele Mängel abgestellt. Wer bei Windows Vista aktuelle Treiber installiert, kann häufig auch eine deutliche Geschwindigkeitssteigerung erzielen. Es bestand daher bei einem Desktop-PC mit Windows Vista nicht zwingend die Notwendigkeit, auf Windows 7 oder eine Nachfolgeversion umzusteigen; bei einem mobil genutzten Notebook war es dagegen zu empfehlen.

Der erweiterte Support für Windows Vista endete am 4.11.2017. Microsoft schließt daher bekannte Sicherheitslücken nicht mehr. Windows Vista sollte daher aus Sicherheitsgründen nicht mehr verwendet werden und ein Wechsel zu ⇨ **Windows 10** erfolgen.

Windows XP [sprich „windous icks pe"], **XP** steht für e**xp**ierence [sprich „äckspirijens"], dt. Erfahrung, wurde von der Firma ⇨ **Microsoft** im September 2001 vorgestellt und ist

Windows-Zwischenablage

als **Windows XP Home Edition** der Nachfolger von Windows 9x und Windows Me sowie als **Windows XP Professionell** der Nachfolger von ⇨ **Windows** NT und ⇨ **Windows 2000**. Es handelt sich um ein 32-Bit-Betriebssystem auf Basis des Windows 2000-Kernel, also ohne ⇨ **DOS**-Kern wie Windows 9x und Me. Die im April 2005 erschienene **Windows XP 64-Bit-Edition** [sprich „windous icks pe 64 bit edition"] fand nur wenig Verbreitung. Ende 2003 kam mit der **Windows XP Media Center Edition** [sprich „windous icks pe media zenter edition"] in Europa zudem eine Spezialversion von **Windows XP Professional** für spezielle Multimedia-PCs mit der Bezeichnung Media-Center-PC heraus, die nur mit diesen PCs vertrieben wurde.

Nachdem der Europäische Gerichtshof Microsoft zur Entkoppelung von MediaPlayer und Windows XP verurteilt hatte, erschien mit **Windows XP Reduced Media Edition** [sprich „windous icks pe redjusd midia eddischen"] eine abgespeckte Version von Windows XP ohne MediaPlayer. Der erweiterte Support für Windows XP wurde am 8.4.2014 eingestellt. Microsoft schließt daher bekannte Sicherheitslücken nicht mehr. Windows XP sollte daher aus Sicherheitsgründen nicht mehr verwendet werden. PCs mit Windows XP sind technisch für das aktuelle ⇨ **Windows 10** nicht leistungsfähig genug, so dass statt eines Upgrades ein Rechneraustausch erforderlich ist.

Windows-Zwischenablage [sprich „windous zwischenablage"], die; *Subst.*, ⇨ **Zwischenablage**.

WinHelp ist das 1990 eingeführte, erste Hilfeformat von ⇨ **Windows**. Die Dateien haben die Dateinamenerweiterung ⇨ **HLP**. Die Schaltfläche *Inhalt* zeigt das Inhaltsverzeichnis an. Eine eigene Hilfeseite gibt es dafür nicht. Eine weitere Navigationsmöglichkeit sind ⇨ **Links** auf den Seiten. Heute ist WinHelp nur noch bei älteren Windows-Versionen und Anwendungen anzutreffen, da ⇨ **HTMLHelp**, ⇨ **Help2** und ⇨ **Help3** deutlich mehr Möglichkeiten zur Gestaltung der Hilfe bieten.

WinKey [sprich „win kie"], Abkürzung für **Windows key**, dt. ⇨ **Windows-Taste**.

WinKey Killer [sprich „win kie killer"] ist ein älteres Freeware-Tool mit dem sich die ⇨ **Windows-Taste** deaktivieren lässt. Das kann aus Sicherheitsgründen sinnvoll sein, um den Zugriff auf Systemfunktionen einzuschränken, die sich über Tastenkombinationen mit der Windows-Taste aufrufen lassen; http://www.majorgeeks.com/files/details/winkey_killer.html.

Wireless USB   W

WinRE, die, *Subst.*, Abkürzung für **Win**dows **R**ecovery **E**nvironment [sprich „windous rikaferi enweironment"], dt. Windows-Wiederherstellungsumgebung und basiert auf ⇨ **Windows PE**. Im Fall eines schweren Fehlers, durch den ⇨ **Windows** nicht startet, wird diese Wiederherstellungsumgebung automatisch aufgerufen und kann die Diagnose und Reparatur durchführen. Außerdem lässt sich die WinRE über die Setup-DVD aufrufen und stellt dann eine Reihe von Tools zur manuellen Systemwiederherstellung bereit. WinRE ist bei ⇨ **Windows 10**, ⇨ **Windows 8**, ⇨ **Windows 8.1**, ⇨ **Windows 7** und ⇨ **Windows Vista** vorhanden sowie bei ⇨ **Windows Server** ab ⇨ **Windows Server 2008**; https://technet.microsoft.com/de-de/library/cc765966.aspx.

WINS, Abkürzung für **W**indows **I**nternet **N**ame **S**ervice, https://technet.microsoft.com/de-de/library/cc725802(WS.10).aspx.

Wiper [sprich „weiper"], der; *Subst.*, ist ein Schadprogramm, das die Daten auf der ⇨ **Festplatte** des infizierten PCs löscht oder den Zugriff auf diese Daten zum Beispiel durch Verschlüsselung unmöglich macht. Ein Beispiel für einen Wiper ist der ⇨ **Erpresser-Trojaner** Redboot.

Wireless Card [sprich „weierless card"], die; *Subst.*, Kurzform von ⇨ **Wireless SD-Card**.

Wireless Fidelity [sprich „weierless fideliti"] ⇨ **WiFi**.

Wireless Firewire [sprich „weierless feier weier"] ermöglicht die drahtlose Verbindung damit ausgestatteter ⇨ **CE-Geräte** wie DVD-Player oder Soundsysteme, die zusätzlich auch über ein anderes Netzwerk verbunden sein können. Die verwendete Funktechnik kann je nach Hersteller unterschiedlich sein.

Wireless LAN SD [sprich „weierless lähn es di"], ist ein Anfang 2012 vorgestellter Standard für SD-Karten mit ⇨ **WLAN**-Funktion, ⇨ **IEEE** ⇨ **802.11** (a/b/g/n). Die Daten von solchen Speicherkarten lassen sich drahtlos aus einer Digitalkamera oder Videokamera auf den PC oder ein anderes Gerät im WLAN übertragen. Es lassen sich auch Daten von einem Gerät im WLAN drahtlos auf die Speicherkarte herunterladen; https://www.sdcard.org/developers/overview/isdio/wirelesslan/index.html.

Wireless USB [sprich „weierless juh es bie"], **Certified Wireless USB** oder **CWUSB** ermöglicht es, USB-Geräte drahtlos mit einem PC zu vernetzen. Sobald ein Wireless-USB-Gerät in der Nähe eines kompatiblen PCs eingeschaltet wird, erkennt es dieser als Plug&Play-Gerät, so als wäre es per Kabel am USB-Anschluss angeschlossen. USB-Geräte ohne diese Technologie werden über

W Witwe

einen Device Wire Adapter (DWA) [sprich „diweis weier ädäpter"] oder im Fall eines USB-Hosts über einen Host Wire Adapter (HWA) [sprich „houst weier ädäpter"] angeschlossen. Die Datenübertragung erfolgt mit bis zu 480 MBit/s solange die Entfernung 3 Meter nicht übersteigt und entspricht dann der Bandbreite von USB 2.0. Mit der Entfernung nimmt die Datenübertragungsrate aber stark ab und beträgt bei einer Entfernung von 10 Metern maximal 110 MBit/s.

Witwe, die; *Subst.*, ⇨ **Hurenkind**.

Wizard [sprich „wissard"], der; *Subst.*, dt. Zauberer, ist (1.) die amerikanische Bezeichnung für einen Computer-Experten, der sich sehr gut mit Hardware und Software auskennt und schnell eine Lösung findet (siehe auch ⇨ **Computer-Freak**), und (2.) die amerikanische Bezeichnung der Software-Assistenten (⇨ **Assistent**).

WLAN, Abkürzung für **W**ireless **LAN** [sprich „weierless lähn"], dt. drahtloses, lokales Netzwerk.

WLL, Abkürzung für **W**ireless **L**ocal **L**oop, ist eine Technik zur Anbindung von Teilnehmern an Breitbanddienste per Funkübertragung; ⇨ **WiMax**.

WMA, Abkürzung für **W**indows **M**edia **A**udio [sprich „windous media audio"], ⇨ **Dateinamenerweiterung** einer Klangdatei im Format für Musikdateien der Firma ⇨ **Microsoft**.

WME, Abkürzung für **W**ireless **M**edia **E**xtensions, Name des WLAN-Standards ⇨ **802.11e**, der durch zusätzliche Bandbreite und eine Spezifikation für Multimediaübertragungen eine verlustfreie Übertragung von Webseiten, Videos und anderen Multimediainhalten ermöglichen soll. Über ⇨ **Wi-Fi** Scheduled Media [sprich „wai fai skedj'ld midia"] werden die zu übertragenden Daten dabei je nach Art und Größe verschiedenen Bandbreiten zugeordnet.

WMF, Abkürzung für **W**indows **M**eta **F**ile [sprich „windous meta feil"], ⇨ **Dateinamenerweiterung** für Grafikdateien in diesem bei Windows gebräuchlichen Dateiformat für Grafiken. Die maximale Größe einer WMF-Datei beträgt 32.000 ⇨ **Twips**.

WML, Abkürzung für **W**ireless **M**arkup **L**anguage [sprich „weierless markapp längwidsch"], ist eine Seitenbeschreibungssprache für die Darstellung von Webseiten auf dem Display eines Handys.

WMP, der; *Subst.*, Abkürzung für den ⇨ **Windows Media Player**. Diese Abkürzung wird auch in Verbindung mit der Versionsnummer verwendet, also **WMP11** und **WMP12**.

WMV, Abkürzung für **W**indows **M**edia **V**ideo, ist mit ⇨ **ASF** eine der beiden ⇨ **Dateinamenerweiterungen** eines Windows Media-Videos. Die aktuelle Version von Windows Media ist 12. Zum Abspielen wird der Windows Media Player verwendet.

WMV HD, Abkürzung für **W**indows **M**edia **V**ideo **H**igh **D**efinition, ist eine Sammlung von ⇨ **Codecs** für Windows Media Audio 9 und Windows Media Video 9, mit denen sich Video-Filme mit 5.1- oder 7.1-Mehrkanalton und einer Auflösung bis zu 1.920 x 1.080 Pixel wiedergeben lassen. Abgespielt werden die WMV HD-Videos mit dem Windows Media Player ab Version 9.

WOA, Abkürzung für **W**indows **o**n **A**RM [sprich „windous on arm"], in den Markt eingeführt als ⇨ **Windows RT**, ist eine Variante von **Windows 8** und **Windows 8.1** für mobile Rechner mit ⇨ **ARM**-Prozessoren.

Dieses Windows kann die klassischen Windows-Anwendungen (Desktop-Apps) nicht ausführen, sondern nur einen Teil der ⇨ **Apps** für Windows 8 und 8.1. Es wird eine spezielle Office-Version mitgeliefert, damit der Benutzer eines ⇨ **Tablet-PC** mit WOA auch Texte erstellen, eine Tabellenkalkulation nutzen und eine Präsentation erstellen und vorführen kann.

WOL, Abkürzung für ⇨ **Wake on LAN**.

Wollmoppel, das, *Subst.*, ist eine der umgangssprachlichen Bezeichnungen für das Zeichen ⇨ **@**, das bei ⇨ **E-Mail**-Adressen den Namen von der ⇨ **Domain** trennt. Es gibt Dutzende weiterer Namen für das @, von denen in diesem Lexikon noch folgende aufgeführt sind: **Alphazeichen, ape, AT-sign, AT-Zeichen, cabbage, cat, commercial at, cyclone, rose, snail, strudel, vortex,** whirlpool und whorl.

woot, auch ⇨ **w00t**, Abkürzung für „**w**e **o**wned the **o**ther **t**eam", dt. „wir haben das andere Team besiegt", ein Ausdruck von Computerspielern in Multiplayer-Online-Spielen (Mehrspieler-Online-Spiele).

WOR, Abkürzung für ⇨ **Wake on Ring**.

Word [sprich „wöhrt"], offiziell **Microsoft Word**, das mit weitem Abstand marktführende Textverarbeitungsprogramm der Firma ⇨ **Microsoft** für ⇨ **Windows** und ⇨ **Mac** OS, das seit 1983 bis heute weiterentwickelt wird. Den Anfang machte **Word für DOS**, später kam **Word für Windows**. Seit 1995 werden die Word-Versionen nach dem Erscheinungsjahr oder dem darauffolgenden Jahr benannt. Neben der Marketing-Bezeichnung nummerierte Microsoft die Word-Versionen

WordPad

intern weiter durch von Word 7.0 (Word 95) bis Word 16.0 (Word 2016). Die Zahl 13 wurde 2010 übersprungen und Word 2010 die Versionsnummer 14.0 zugewiesen. Die Tabelle auf der nächsten Seite gibt einen Überblick der Versionsnummern und Bezeichnungen von Word (siehe Tabelle unten).

WordPad [sprich „wöhrtpätt"] ist eine kleine Textverarbeitung mit einer ähnlichen Oberfläche und Bedienung wie ⇨ **Word**, aber nur einem Bruchteil dessen Funktionen. Das Programm ist bei ⇨ **Windows 7** unter *Start\Programme\Zubehör* zu finden und bei ⇨ **Windows 8**, ⇨ **Windows 8.1** und ⇨ **Windows**

Jahr	Word-Versionsnummern	Word-Bezeichnung extern
1983	Word 1.0	Word für DOS 1.0
1988	Word 5.0	Word für DOS 5.0
1989	Word 5.5, Word 1.0	Word für DOS 5.5, Word für Windows 1.0
1992	Word 2.0	Word für Windows 2.0
1993	Word 6.0	Word für DOS 6.0
1994	Word 6.0	Word für Windows 6.0
1995	Word 7.0	Word 95
1996	Word 8.0	Word 97
1999	Word 9.0	Word 2000
2001	Word 10.0	Word 2002
2003	Word 11.0	Word 2003
2007	Word 12.0	Word 2007
2010	Word 14.0 (13 wurde übersprungen)	Word 2010
2013	Word 15.0	Word 2013
2015	Word 16.0	Word 2016

10 suchen Sie nach *wordpad* und rufen die ⇨ **Desktop-App** dann über das Suchergebnis auf (siehe Abbildung unten).

Workaround [sprich „wörkeraund"], der; *Subst.*, dt. Behelfslösung, ist eine Lösung zum Vermeiden einer Panne, die zwar die Ursache nicht beseitigt, aber dem Nutzer zumindest temporär weiterhilft. Da ein Nutzer auf viele Fehlerursachen wie etwa Programmfehler und Inkompatibilitäten keinen Einfluss hat, sind Workarounds sehr wichtig, um effizient mit einem Computer zu arbeiten oder im Fall schwerer Pannen auch überhaupt weiter arbeiten zu können. Dabei hängt der Erfolg vor allem von der Erfahrung des Nutzers ab und von seiner Kreativität. Finden Sie keinen Workaround, bitten Sie die Experten und anderen Nutzer im Computerwissen Club um Hilfe; https://club.computerwissen.de/.

Workstation [sprich „wörkstäischen"], die; *Subst.*, ⇨ **Arbeitsplatzrechner.**

World Wide Web [sprich „wörld weid web"], das; *Subst.*, ⇨ **WWW.**

worm, dt. ⇨ **Wurm.**

WORM, Abkürzung von **W**rite **O**nce **R**ead **M**any Times [sprich „wreit wans riehd mäni taims"], Bezeich-

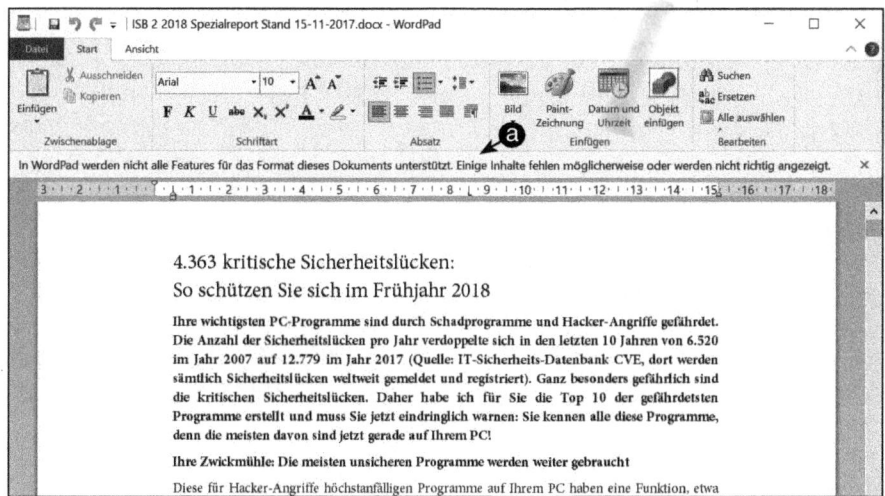

WordPad bietet Ihnen alle grundlegenden Funktionen einer Textverarbeitung, warnt Sie jedoch beim Öffnen neuerer Word-Formate mit umfangreichen Formatierungen wie mehreren Spalten und Textfeldern davor, dass möglicherweise Inhalte fehlen oder nicht richtig angezeigt werden ⓐ

nung für optische Wechselspeicher, die einmal beschrieben und dann beliebig oft gelesen werden können.

WoW, Abkürzung für das Online-Rollenspiel **W**orld **o**f **W**arcraft. Weitere Informationen: https://worldofwarcraft.com/de-de/.

WP ist (1.) die Abkürzung für **Wi**kipedia (https://de.wikipedia.org/), (2.) **W**ord**P**erfect (http://www.wordperfect.com/) und (3.) **W**ord**P**ress (http://wpde.org/).

WPA, die Abkürzung für **W**i-Fi **P**rotected **A**ccess [sprich „wai fai protektid äksess"], ist ein moderneres Verschlüsselungsverfahren für ⇨ **WLAN**s als ⇨ **WEP**. Ältere WLAN-Geräte stellen zwar WEP, aber nicht WPA bereit. In einigen Fällen kann WPA nachträglich durch ein Update der ⇨ **Firmware** eingerichtet werden.

WPA2, die Abkürzung für **W**i-Fi **P**rotected **A**ccess **2** [sprich „wai fai protektid äksess tu"], Nachfolger von ⇨ **WPA** und ein Verschlüsselungsverfahren für ⇨ **WLAN**s. Die internationale Bezeichnung des Standards lautet „802.11i".

WPAN, Abkürzung für **W**ireless **P**ersonal **A**rea **N**etwork [sprich „weierless pörsonell äria netwörk"], also ein drahtloses Netzwerk für den Heimgebrauch. Ein solches Netzwerk ist über den Standard IEEE 802.15.3 definiert.

WQUXGA oder **QWUXGA**, Abkürzung für **W**ide **Q**uad **U**ltra E**x**tended **G**raphics **A**rray und gibt die Bildauflösung von ⇨ **TFT-Displays** mit 3.820 x 2.400 Pixeln bei einem Seitenverhältnis von 16:10 an. Im PC-Bereich suchen Sie entsprechende Displays jedoch vergeblich, obwohl die ersten WQUXGA-Displays mit 22,2 Zoll bereits 2007 vorgestellt wurden. Diese hatten allerdings vier DVI-Anschlüsse und erreichten mit einem oder zwei DVI-Anschlüssen nur unzureichende Bildwiederholraten von 17 Hz bzw. 25 Hz. Anders sieht dies bei ⇨ **Tablet**s aus wie etwa dem Xperia Z4 Tablet Ultra von Sony mit ⇨ **Android**-Betriebssystem und WQUXGA trotz einer Display-Größe von nur 13 Zoll oder ⇨ **Smartphone**s Samsung Galaxy S7 mit Bildschirmdiagonalen von 5,2 Zoll, 5,7 oder 5,8 Zoll.

WQXGA, Abkürzung für **W**ide **Q**uad E**x**tended **G**raphics **A**rray und gibt die Bildauflösung von ⇨ **TFT-Displays** im Breitbildformat mit 2.560 x 1.600 Pixeln bei einem Seitenverhältnis von 16:10 an.

WRI als Abkürzung für **Wri**te, ⇨ **Dateinamenerweiterung** eines Dokuments von Windows Write [sprich „windous wrait"], dem Vorgänger von ⇨ **WordPad**.

WYSIWYG W

write lock [sprich „wrait lock"], engl. für ⇨ **Schreibschutz**.

Writer [sprich „wraiter"], der; *Subst.*, ist ein Schreibgerät, wie zum Beispiel ein ⇨ **DVD-Brenner** oder auch ein ⇨ **Card Reader Writer**.

WSXGA, Abkürzung für **W**ide **S**uper **Ex**tended **G**raphics **A**rray und steht für eine Bildauflösung von TFT-Displays im Breitbildformat mit 1.600 x 900 Pixeln bei einem Seitenverhältnis von 16:9, 1.600 x 1.024 Pixel oder 1.680 x 1.050 Pixeln bei einem Seitenverhältnis von 16:10.

Wurm, der; *Subst.*, engl. worm, ist eine spezielle Form eines ⇨ **Computervirus**, der sich über das Internet verbreitet, indem er sich per eigener ⇨ **SMTP**-Engine oder über Outlook bzw. Outlook Express als E-Mail-Anhang an alle E-Mail-Adressen sendet, die er auf seinem Wirt-Rechner findet.

Wurzelverzeichnis, das; *Subst.*, oder **Hauptverzeichnis**, oberstes Verzeichnis im Verzeichnisbaum zur Verwaltung eines Datenträgers. Handelt es sich bei dem betreffenden Datenträger um das ⇨ **Boot-Laufwerk** und befindet sich das Wurzelverzeichnis in der primären Partition, werden hier Systemdateien für Windows und der ⇨ **Win**dows-Ordner sowie weitere Systemordner angelegt.

WUSB, Abkürzung für ⇨ **Wireless USB**.

WUXGA ist eine Angabe für die Auflösung eines TFT-Displays mit 1.920 x 1.200 Pixeln.

www, **WWW** oder **W3**, das; *Subst.*, Abkürzung für **W**orld **W**ide **W**eb oder scherzhaft „**W**eltweites **W**arten", ist ein ⇨ **Hypertext**-System innerhalb des ⇨ **Internets**, das über einen ⇨ **Browser** bedient wird.

WXGA, Abkürzung für **W**ide **Ex**tended **G**raphics **A**rray ist eine Angabe für die Auflösung eines TFT-Displays mit 1.280 x 800 Pixeln oder 1.440 x 900 Pixel.

WXGA+ ist eine Angabe für die Auflösung eines TFT-Displays mit 1.440 x 900 Pixel bei Notebooks und dient der Unterscheidung zu ⇨ **WXGA**.

WYSIWYG [sprich „wüsiwüg"], Abkürzung für **W**hat **Y**ou **S**ee **I**s **W**hat **Y**ou **G**et, dt. „Was Du siehst, ist, was Du bekommst", bezeichnet eine Ausgabe auf dem Bildschirm, die der späteren Druckausgabe weitestgehend entspricht. Die Seitenlayout-Ansicht von Windows oder die Druckvorschau sind WYSIWYG.

X x64

X

x64 wird zur Kennzeichnung von ⇨ **Software** verwendet, die mit einer Datenbreite von 64 Bit arbeitet und daher einen 64-Bit-Prozessor erfordert. Das kann ein ⇨ **Betriebssystem** sein wie zum Beispiel ⇨ **Windows 10** 64 Bit, eine ⇨ **Anwendung** oder auch ein ⇨ **Treiber**.

x86 ist eine Abkürzung der Prozessorfamilie i80x86 von ⇨ **Intel**. Dabei handelt es sich um 32-Bit-Prozessoren und daher wird „x86" im Unterschied zu „x64" zur Kennzeichnung von ⇨ **Software** verwendet, die mit einer Datenbreite von 32 Bit arbeitet. Diese Programme laufen auch auf den heute üblichen 64-Bit-Prozessoren. Die 32-Bit-Software kann ein ⇨ **Betriebssystem** sein wie zum Beispiel ⇨ **Windows 10** 32 Bit, eine ⇨ **Anwendung** oder auch ein ⇨ **Treiber**.

X-Docs [sprich „icks docks"] ⇨ **InfoPath**.

Xbox [sprich „icks bocks"], die; *Subst.*, ist eine Spielekonsole von Microsoft, die Ende der 90er-Jahre entwickelt und in Europa ab 2002 verkauft wurde. Microsoft hat die Unterstützung für die Xbox am 2. März 2009 eingestellt. Es wurden rund 25 Millionen Geräte bis dahin verkauft. Weitere Informationen: https://de.wikipedia.org/wiki/Xbox.

Xbox 360 [sprich „icks bocks dreihundertsechzig"], die; *Subst.*, ist eine Spielekonsole von Microsoft und der 2005 eingeführte Nachfolger der ⇨ **Xbox**. Ab November 2010 wurde für die Xbox 360 ein Zubehör zur Bewegungssteuerung mit der Bezeichnung ⇨ **Kinect** angeboten, das ab Februar 2012 auch für den ⇨ **PC** verfügbar war. Am 22. November 2013 wurde die Xbox 360 durch die ⇨ **Xbox One** abgelöst. Über einen Adapter ist Kinect für Xbox One und für den PC nutzbar. Xbox-360-Spieler können über das Online-Netzwerk ⇨ **Xbox Live** gegen andere Spieler auf der ganzen Welt antreten. Xbox Live steht auch für ⇨ **Windows 10**, ⇨ **Windows 8.1** und ⇨ **Windows 8** zur Verfügung. Von der Xbox 360 wurden rund 84 Millionen Geräte bis 2014 verkauft, die Produktion der Xbox 360 wurde im April 2016 eingestellt. Weitere Informationen: https://de.wikipedia.org/wiki/Xbox_360.

Xbox Live [sprich „icks bocks laif"] ist ein Online-Netzwerk für Spieler mit ⇨ **Xbox 360**, ⇨ **Xbox One**, ⇨ **Windows 8**, ⇨ **Windows 8.1** und ⇨ **Windows 10**, das in 35 Ländern angeboten wird. Das Netzwerk kann kostenlos genutzt werden (**Xbox Live Gratis**), jedoch stehen die Funktionen uneingeschränkt nur mit dem kostenpflichtigen Zugang **Xbox Live Gold** zur Verfügung. Die Spieler können nicht nur gemeinsam

Xenoblogging

oder gegeneinander spielen, sondern auch per ⇨ **Headset** miteinander sprechen und über das Netzwerk Textnachrichten verschicken. Es gibt Schnittstellen zu ⇨ **Facebook**, ⇨ **Twitter** und ⇨ **Youtube**.

XBT ist die Abkürzung für die ⇨ **Kryptowährung** ⇨**Bitcoin**., es wird aber auch die Abkürzung **BTC** verwendet.

xD-Picture Card [sprich „äcks dieh piktschar kard"], die; *Subst.*, Abkürzung für e**x**treme **D**igital **Picture Card**, ist eine Speicherkarte der Firmen Fujifilm und Olympus für Digitalkameras. Die Betriebsspannung beträgt 3,3 Volt. Die Speicherkapazitäten reichen derzeit von 64 MByte (ältere Modelle ab 16 MByte) bis 2 GByte, wobei ursprünglich Kapazitäten bis 8 GB angekündigt wurden. Es ist derzeit jedoch keine Weiterentwicklung bei xD-Picture Card feststellbar und die Speicherkarten können mit den Speicherkapazitäten und Zugriffsgeschwindigkeiten hochleistungsfähiger SD-Speicherkarten nicht mehr annähernd konkurrieren. Die Lesegeschwindigkeit liegt bei 5 MB/s, die Schreibgeschwindigkeit variiert von 1,3 MB/s bis 3 MB/s. Die Lebensdauer liegt bei etwa 100.000 Schreib- oder Löschvorgängen. Im Vergleich zum allerdings mittlerweile eingestellten Vorgänger ⇨ **SmartMedia** sind xD-Picture Cards mit 20 x 25 x 1,7 mm und einem Gewicht von nur 2 Gramm deutlich kleiner, werden aber von ⇨ **microSD** deutlich unterboten. Durch eine mechanische Sperre wird erreicht, dass die Karte nicht falsch herum eingesetzt werden kann. Jede xD-Picture Card hat eine eigene Identifikationsnummer, sodass sich mit geeigneter Software die damit aufgenommenen Bilder schützen lassen. Zum Lesen der Karten mit dem PC gibt es PC-Card-⇨ **Adapter** und ⇨ **USB**-Lesegeräte. Durch entsprechende Adapter sollen sich xD-Picture Cards auch in Kameras für andere Speichertypen einsetzen lassen.

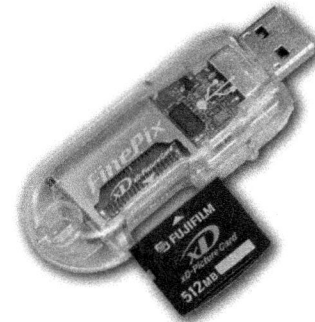

Die xD-Picture Card lässt sich wie hier mit einem USB-Stick als Adapter auch mit dem PC lesen und beschreiben und somit zum Datenaustausch nutzen

Xenoblogging, vom griechischen Wort Xenos, deutsch „Fremder" oder „Alien", bezeichnet die Arbeit, die jemand von außen (ein Besucher/Fremder) in einen ⇨ **Blog** einbringt und damit diesen Blog weiterentwi-

X XGA

ckelt. Das kann zum Beispiel in Form von Kommentaren, vorgeschlagenen Links, Weiterentwicklung von Ideen, Lob oder auch Kritik erfolgen.

XGA ist die Abkürzung von **Ex**tended **G**raphics **A**rray und ein von der Firma ⇨ **IBM** entwickelter Grafikmodus mit einer Auflösung von 1.024 x 768 Pixeln sowie 256 aus 262.144 Farben bzw. 64 Graustufen bei monochromer Darstellung und einer Zeichenmatrix von 9x16 Punkten. ⇨ **QVGA,** ⇨ **VGA,** ⇨ **SVGA,** ⇨ **WXGA,** ⇨ **WXGA+,** ⇨ **SXGA,** ⇨ **WSXGA,** ⇨ **SXGA+,** ⇨ **UXGA,** ⇨ **WUXGA,** ⇨ **WQXGA,** ⇨ **QUXGA,** ⇨ **WQUXGA** und ⇨ **QWUXGA.**

Xing ist ein weit verbreiteter ⇨ **Codec** für ⇨ **MP3**, der jedoch im Vergleich zum Codec des Fraunhofer-Instituts von der Klangqualität her als schlechter beurteilt wird.

XING ist ein Business-Netzwerk auf der Basis einer Internet-Plattform, bei dem laut Unternehmenswebseite 10,1 Millionen Nutzer in Deutschland registriert sind, 0,9 Millionen in der Schweiz und 0,8 Millionen in Österreich (Stand: Dezember 2017). Der Anteil der zahlenden Nutzer mit einem Premium Account ist mit 985.000 weitaus niedriger (Stand: 3. Quartal 2017, Quelle: statista.com). 91 Prozent der rund 31 Millionen Seitenaufrufe kommen aus der DACH-Region (DACH = Akronym aus oder Deutschland, Österreich und Schweiz) (Quelle: Wikipedia).

Ursprünglich im Jahr 2003 als OpenBC bzw. Open Business Club gegründet, wurde das Unternehmen am 18. November 2006 in XING umbenannt. Im Dezember übernahm Xing die Firma amiando (Online-Ticketverkauf). Die Anmeldung ist kostenlos, einige Funktionen wie die Mitgliedersuche sind jedoch zahlenden Nutzern mit einem Premium Account vorbehalten. Die in Hamburg ansässige XING AG erzielte im Jahr 2016 mit rund 900 Mitarbeitern aus 30 Ländern einen Umsatz von 145,9 Mio. €. Größter Anteilseigner des börsennotierten Unternehmens ist mit über 50 Prozent die Burda Digital GmbH. Weitere Informationen: https://www.xing.com/.

XML, Abkürzung für e**X**tended **M**arkup **L**anguage [sprich „ickstendid markapp längwidsch"], ist eine vereinfachte Version von ⇨ **SGML**, die wie ⇨ **HTML** ursprünglich für die plattform- und systemunabhängige Übertragung von Informationen über das Internet entwickelt wurde, sich aber ebenso wie HTML auch für die interne Kommunikation per ⇨ **Intranet** nutzen lässt.

XMT ist die Abkürzung für das Signal Transmit (Übertragen) bei der seriellen Datenübertragung.

XON/XOFF [sprich „icks on icks off"], Abkürzung für transmitter on/transmitter off, ist ein Software-Handshake der seriellen Datenübertragung, bei dem die Übertragung von binären Dateiblöcken durch spezielle Steuerzeichen eingeleitet (**XON**) und beendet (**XOFF**) wird.

Dieses Verfahren sollte nicht zusammen mit ⇨ **MNP 5** und ⇨ **V.42bis** verwendet werden (siehe auch ⇨ **Flusskontrolle** und ⇨ **RTS/CTS**). Außerdem ist es generell nicht empfehlenswert bei höheren Übertragungsgeschwindigkeiten, da es die Datenleitung unnötig belegt.

XQD ist ein im Jahr 2010 von den Firmen Nikon, SanDisk und Sony eingeführtes Speicherkartenformat für leistungsfähige Camcorder und Digitalkameras. Die Speicherkapazität der XQD-Karten mit den Maßen 38,5 x 29,8 x 3,8 mm soll theoretisch über 2 TB erreichen. Die 2017 verfügbaren XQD-Karten von Sony hatten Speicherkapazitäten von 32 GB bis 128 GB. Die Preise beginnen im Fachhandel bei rund 80 € für 32 GB und reichen bis rund 200 € für 128 GB.

Zum Übertragen der Daten auf den PC gibt es einen Kartenleser mit USB-3.0-Anschluss sowie einen ExpressCard-Adapter für Notebooks. Die Schreib- und Lesegeschwindigkeit der XQD-Karten liegt bei bis zu 350 MB/s bzw. 400 MB/s. Da die PCI-Express-Schnittstelle verwendet wird, sind laut CompactFlash Association bis zu 2,5 GT/s (Gigatransfers pro Sekunde) und 5 GT/s mit Einsatz von PCIe 2.0 erreichbar.

X-Schaltfläche, die; *Subst*, ist eine andere Bezeichnung für das ⇨ **Schließfeld** oben rechts in einem Windows-Fenster, das durch ein „X" gekennzeichnet ist. Durch einen Klick auf diese Schaltfläche schließen Sie das betreffende Fenster. Solche Schaltflächen finden sich auch bei eingeblendeter Werbung auf Webseiten.

XTS AES oder **XTS-AES Validation System** (**XTSVS**), der mit Windows 10 neu eingeführte Verschlüsselungsalgorithmus von Bitlocker. Es werden dabei 128-Bit- und 256-Bit-Schlüssel unterstützt. Microsoft weist darauf hin, dass mit XTS AES verschlüsselte Laufwerke von älteren Windows-Versionen nicht gelesen werden können. Weitere Informationen zu XTS AES in Windows 10: http://bit.ly/2ADU0ow. Beschreibung XTSVS: http://bit.ly/2k9Brkb in englischer Sprache.

XVG, Währungssymbol für die ⇨ **Kryptowährung** ⇨**Ripple**.

XviD ist ein ⇨ **Codec**, der auf Grundlage von ⇨ **OpenDivX** von einem unabhängigen Team entwickelt wurde. Den aktuellen Codec finden Sie unter: https://labs.xvid.com/source/#Release.

Y

Y

Y ist (1.) ein Zeichen aus dem ⇨ **ASCII**- oder ⇨ **ANSI**-Zeichensatz und (2.) ein Zeichen für die Helligkeit von Farben (engl. luminescence).

Y-Kabel, das; *Subst.*, ist ein Kabel, das wie der Buchstabe Y aussieht. Ein solches Kabel wird zum Beispiel verwendet, um an den 12-Volt-Stromanschluss vom ⇨ **Netzteil** ein weiteres Gerät anzuschließen, wenn keine Buchse vom Netzteil mehr frei ist. Es wird dann ein Stromanschluss von einem Gerät abgezogen und der 5,25-Stecker des Y-Kabels daran angeschlossen. Über die beiden Kupplungen des Y-Kabels werden anschließend das bisherige und das neue Geräte mit Strom versorgt.

Es gibt Y-Kabel für verschiedenste Zwecke, zum Beispiel mit Cinch- oder USB-Steckern, Audio-Klinken, VGA-Kabeln, SATA-Stromkabeln und Lüfterkabeln. Je nach Einsatzzweck befindet sich an einem Ende ein Stecker oder eine Buchse und an den beiden anderen Enden die benötigten Gegenstücke.

Yahoo [sprich „jahuh"] ist ein Freudenausruf, wenn eine schwierige Arbeit am Computer funktioniert, so wie das „Heureka" des Archimedes.

Yahoo! [sprich „jahuh"], Abkürzung für **y**et **a**nother **h**ierarchical **o**fficious **o**racle, dt. „schon wieder ein anderes hierarchisches, offiziöses Geheimnis", eine andere Deutung ist „**y**et **a**nother **h**ierarchical **o**doriferous **o**racle", „schon wieder ein anderes hierarchisches, gut riechendes Geheimnis", ist eine ⇨ **Suchmaschine** im Internet.

Zudem ist Yahoo! ein Internetportal mit diversen Diensten wie ⇨ **E-Mail** (Yahoo! Mail), ⇨ **Messenger** (Yahoo! Messenger), ⇨ **Chats**, Grußkarten, Online-Spielen (Yahoo! Spiele), News (Yahoo! Schlagzeilen) und sonstigem ⇨ **Content** (Yahoo! Music, Yahoo! Movies). Dazu gibt es Einkaufsmöglichkeiten und Finanzangebote (Yahoo! Shopping, Yahoo! Reisen und Yahoo! Finanzen).

YCC, Abkürzung für luminescence chrominance code [sprich „luminessens krouminens kohd"], ist eine Bezeichnung für das Helligkeits- (⇨ **Y**) und Farbsignal der Grafikkarte.

yellow pages [sprich „jelloh päidsches"] dt. „Gelbe Seiten", bezeichnet ein gedrucktes Branchen-Telefonbuch oder eine entsprechende Online-Datenbank im Internet.

YMCK, Abkürzung für **Y**ellow **M**agenta **C**yan **K**ey [sprich „jelloh magenta seiän kieh"], ist ein Farbmodell aus den vier Grundfarben Gelb, Violett, Türkisblau und Schwarz,

YUV

wobei Key für Black, also Schwarz steht.

Youtube [sprich „juhtjub"], wörtlich übersetzt „deine Röhre", im Sinn von „dein Fernseher", ist ein Internet-Portal, in dem angemeldete Nutzer Videos veröffentlichen und alle Besucher diese Videos im Streaming-Verfahren betrachten können. Es werden mehrere Videoformate für den Upload akzeptiert, unter anderem ⇨ **AVI**, ⇨ **MPEG**, ⇨ **WMV** und ⇨ **Quicktime**. Alle Videos werden von Youtube in das ⇨ **Flash-** und ⇨ **H.264**-Format umgewandelt. Es handelt sich meist um kürzere Clips, da bis Mitte 2010 eine Längenbeschränkung auf 11 Minuten bestand. Privilegierte Nutzer haben auf Antrag mittlerweile die Möglichkeit, Videos in unbegrenzter Länge einzustellen. Neben der Längen- ist noch die Größenbeschränkung auf 2 GB zu beachten. Längere Videos wie Fernseh- und Kinofilme werden daher von den Nutzern auf mehrere Clips aufgeteilt.

Privatnutzer stellen beliebte Filme mitunter in Youtube ein, ohne das Urheberrecht zu beachten. Youtube sperrt solche Videos auf Antrag, wenn gegen das Urheberrecht verstoßen wird. Während die Videos anfangs mit 320 x 240 Pixel bei Flash und 352 x 244 Pixel bei H.264 eine geringe Auflösung hatten, sind heute auch HD-Videos mit 720p und 1.080p im Angebot und sogar 3D-Clips. Vereinzelt werden auch 4K-Videos mit 4.096 x 2.304 Pixel eingestellt. Das Portal ist ein soziales Netzwerk, weil die Zuschauer die Clips kommentieren und die Youtube-Nutzer ihre Videos und Playlists in abonnierbaren Kanälen anbieten können.

Youtube bietet zudem die Möglichkeit, Werbeeinnahmen zu generieren, da in häufig abgerufenen Videos optional Werbung eingeblendet wird und der Urheber daran mit etwa 1 pro 1.000 ⇨ **Views** beteiligt wird. Youtube wurde am 14. Februar 2005 von drei ehemaligen PayPal-Mitarbeitern gegründet, mit Risiko-Kapital in Höhe von 11,5 Millionen US-Dollar bis 2006 betrieben und dann für 1,5 Milliarden US-Dollar von Google übernommen; Webseite von Youtube: https://www.youtube.com/; Selbstdarstellung von Youtube: https://www.youtube.com/intl/de/yt/about/.

YUV ist ein Farbmodell, das von Bildbearbeitungsprogrammen neben anderen Farbmodellen angeboten und für die Farbdarstellung beim analogen Fernsehen nach ⇨ **PAL** und NTSC verwendet wird. Die Farbe wird über die Luminanz, also die Lichtstärke pro Fläche, und die Chrominanz, also den Farbanteil, angegeben. Die Bezeichnung YUV drückt dies durch das ⇨ **Y** als Kürzel für Luminanz und die Unterkomponenten U und V der Chrominanz aus. Dabei stehen U und V für die Werte auf einer x- und y-Achse der Farbfläche.

YY, Abkürzung für „year" [sprich „jiehr"] und Platzhalter für die Angabe der 2stelligen Jahreszahl in einem Datumsformat wie DDMMYY (Tag, Monat, Jahr). In deutschsprachigen Programmen steht statt Y meist J für Jahr.

YYYY, Abkürzung für „year" und Platzhalter für die Angabe der 4stelligen Jahreszahl in einem Datumsformat wie DDMMYYYY (Tag, Monat, Jahr). In deutschsprachigen Programmen steht statt Y meist J für Jahr.

Z

Zattoo [sprich „zatuh"] ist ein Internetdienst, über den 82 Fernsehprogramme bekannter Sender kostenlos mit Werbevorspann beim Senderwechsel zu empfangen sind. Dafür sind weder Antennenanschluss, Kabel oder Satellit erforderlich und auch keine TV-Karte. Die Verbreitung erfolgt per ⇨ **P2PTV**. Es ist lediglich das kostenlose Programm zu installieren. Es gibt Programme bzw. ⇨ **App**s für Amazon Fire, ⇨ **Android**-Smartphones und -Tablets, Apple-TV, ⇨ **iPhone**, ⇨ **iPad**, Rechner mit Mac OS X und ⇨ **Windows**.

Eine bessere Bildqualität in höherer Auflösung (HD) und ohne Werbevorspann sowie weitere rund 40 Programme werden optional gegen eine monatliche Gebühr angeboten. Für den Empfang ist ein breitbandiger Internetanschluss erforderlich, eine ⇨ **Flatrate** aus Kostengründen zu empfehlen. Weitere Informationen: https://zattoo.com/de/.

ZBR, Abkürzung für ⇨ **Zone Bit Recording**.

Z-Buffer [sprich „sed baffer"], der; *Subst.*, speichert in 3D-Grafikkarten die Tiefeninformation.

Zehnerblock, der; *Subst.*, ist ein auf der Tastatur abgesetzter Tastenblock mit den Ziffern 0 bis 9, den Operatoren +, –, x und / sowie dem Komma, einer Umschalt- und einer Eingabetaste. Der Zehnerblock dient der schnellen Eingabe von Zahlen. Außerdem lässt er sich mit der Umschalttaste [Num] zur Cursorsteuerung nutzen.

Zeichensatz, der; *Subst.*, bezeichnet die Gesamtheit der zur Verfügung stehenden Zeichen, also Buchstaben, Ziffern und Sonderzeichen.

Zeichenvorrat, der; *Subst.*, ⇨ **Zeichensatz**.

Zeilenschaltung, die; *Subst.*, setzt die aktive Schreibposition auf das erste Zeichen der nächsten Zeile; ⇨ **Wagenrücklauf**.

Zeilenumbruch, der; *Subst.*, bezeichnet bei einer ⇨ **Textverarbeitung** den Wechsel zur nächsten Zeile. Der harte oder erzwungene Zeilenumbruch erfolgt durch Drücken der Return-Taste (Eingabetaste; ⇨ **Zeilenschaltung**) und bleibt beim Formatieren erhalten, was bei der späteren Formatierung mit der Textverarbeitung oder einer nachfolgenden Weiterverarbeitung mit einem ⇨ **DTP-Programm** sehr viel Zeit kosten kann. Dagegen führt der weiche Zeilenumbruch nur zum Zeilenwechsel, wenn die aktuelle Zeile voll ist bzw. das folgende Wort nicht mehr aufnehmen kann. Dies stört beim späteren Formatieren nicht.

Z Zeitstempel

Zeitstempel, der; *Subst.*, engl. ⇨ **time stamp** [sprich „teim stämp"], ist die Angabe von Zeitpunkt und meist auch Datum, zu dem eine Datei oder Webseite erstellt oder zuletzt geändert wurde. Diese werden in den Metadaten der Dateien abgelegt oder in einem separaten Logbuch bzw. einer Protokolldatei erfasst. Das ist auch bei der Protokollierung von Zugriffen oder Änderungen der Fall, die bei überwachten Systemen, wie etwa Servern, ebenfalls mit einem Zeitstempel versehen werden. Es gibt darüber hinaus auch einen qualifizierten Zeitstempel, zur Dokumentation von Rechtsgeschäften oder der Zustellung von Dokumenten, wie er etwa vom deutschen Signaturgesetz gefordert wird. Hier sind Dokument, Zeitstempel und elektronische Signatur zum Nachweis erforderlich. Die Verknüpfung von Dokument und Zeitstempel erfolgt über einen ⇨ **Hash-Wert**.

Zelle, die; *Subst.*, bezeichnet (1.) ein Feld in einer Tabellenkalkulation und (2.) eine ⇨ **Funkzelle**.

Zentraleinheit, die; *Subst.*, ⇨ **CPU**.

Zentrierteller, der; *Subst.*, dient in einem CD-/DVD-Laufwerk dazu, die CD/DVD im Betrieb zu fixieren.

Ziel, das; *Subst.*, engl. **target**, gibt an, wohin Daten kopiert, gespeichert oder installiert werden sollen. Das kann ein Laufwerk, ein Pfad oder auch eine Adresse sein.

Zieladresse, die; *Subst.*, engl. **target address**, ist die Adresse, an der Daten abgespeichert werden sollen.

Zieldatei, die; *Subst.*, engl. **target file**, Name der Datei in der etwas abgespeichert oder in die eine Datei umbenannt werden soll.

Ziellaufwerk, das; *Subst.*, engl. **target drive**, Name des Laufwerks, auf dem eine Anwendung installiert oder eine oder mehrere Dateien abgespeichert werden sollen.

ZIF, Abkürzung für **Z**ero **I**nsertion **F**orce, ist eine Bauform eines ⇨ **Sockels** für Prozessoren, bei der ein Hebelmechanismus eine Ver- und Entriegelung des Chips ermöglicht. Damit lässt sich der Chip austauschen, ohne Lötarbeiten durchführen zu müssen, die ihn beschädigen könnten und arbeitsintensiv sind.

ZIF-Sockel, der; *Subst.*, engl. ⇨ **ZIF socket**, ist ein ⇨ **Sockel** für Prozessoren (⇨ **ZIF**).

ZIF socket, dt. ⇨ **ZIF-Sockel**.

ZigBee ist ein Funknetz für Industrie, medizinische Geräte und die Steuerung von Haushaltsgeräten und Unterhaltungselektronik, das die Funkfrequenz 2,4 GHz verwendet und auf IEEE 802.15.4 basiert. Im

Heimbereich erfolgt die Steuerung der per ZigBee angebundenen Geräte über einen ⇨ **PC**, ein ⇨ **Smartphone** wie das ⇨ **iPhone** oder ein Tablet wie das ⇨ **iPad**. Eine Übersicht der zertifizierten Geräte und Plattformen finden Sie hier: http://www.zigbee.org/zigbee-products-2/ und http://www.zigbee.org/zigbee-compliant-platforms/.

ZIP, Abkürzung für **Z**ig-Zag **I**n-Line **P**ackage, ist (1.) ein Komprimierungsverfahren, das ZIP-Format, (2.) eine ⇨ **Dateinamenendung** von Archivdateien im ZIP-Format, die sich mit Programmen wie WinZIP und 7-Zip sowie den aktuellen Windows-Versionen 10, 8.1 und 7 erstellen und entpacken lassen.

zippen, *Verb*, bezeichnet das Komprimieren von Daten in einer ⇨ **Archivdatei**, wobei diese nicht unbedingt im ZIP-Format sein muss, auch wenn sich der Name davon ableitet.

Zoll, der; *Subst.*, engl. inch, Symbol", zum Beispiel 24" für 24 Zoll, ist eine im englischen Sprachraum verbreitete Maßeinheit für Längen und Entfernungen, die bei PCs zur Angabe der Diagonalen von ⇨ **Bildschirmen** und der Kantenlänge von Wechselmedien (z. B. ⇨ **3,5-Zoll-Diskette**) dient. Auch Gehäusedetails (5,25-Zoll-Standardschacht) und ⇨ **Festplatten** (3,5-Zoll-HDD) werden üblicherweise in Zoll genannt. 1 Zoll = 2,54 cm.

Zombie oder **Zombie-PC**, der; *Subst.*, ist ein umgangssprachlicher Ausdruck für einen ⇨ **Desktop-PC** oder ein ⇨ **Notebook**, dessen Kontrolle ein entfernter Angreifer aus dem Internet mit Hilfe eines Schadprogramms (⇨ **Virus**, ⇨ **Wurm** oder ⇨ **Trojaner**) übernommen hat, um diesen PC in seinem ⇨ **Botnetz** einzugliedern und für kriminelle Zwecke wie den Versand von ⇨ **Spam** oder ⇨ **DOS**-Attacken zu missbrauchen. Der PC wird dadurch meist langsamer und für den Eigentümer besteht die Gefahr, dass er für die fremden Taten einstehen und auch eventuell Schadenersatz leisten muss.

Zombiefarm, die; *Subst.*, ist ein umgangssprachlicher Ausdruck für den Zusammenschluss mehrerer ferngesteuerter PCs, die als ⇨ **Zombie**s ohne Wissen des Besitzers für kriminelle Zwecke verwendet werden. Ein Synonym dafür ist ⇨ **Botnetz**.

Zone Bit Recording [sprich „sohn bit rikording"], das; *Subst.*, abgekürzt **ZBR**, ist ein Aufzeichnungsverfahren aktueller ⇨ **Festplatten**.

zone-c [sprich „sohn sie"], Abkürzung für **zone c**ontact, ist die Kurzbezeichnung für den ⇨ **Zonenverwalter** oder ⇨ **Administrator** des ⇨ **Name-Servers** des ⇨ **Domain-Inhabers**.

Z Zonenverwalter

Zonenverwalter, der; *Subst.*, abgekürzt **zone-c**, betreut den ⇨ **Name-Server** des ⇨ **Domain-Inhabers** und ist bei der Registrierung der **Domain** bzw. ⇨ **Domäne** als **zone-c** eingetragen.

Zoom [sprich „suhm"], der; *Subst.*, ermöglicht in Anwendungen die meist stufenlose vergrößerte/verkleinerte Ansicht.

Zugangskontrollliste, oder **Zugriffsliste**, die; *Subst.*, engl. **Access Control List** [sprich „äksess kontrohl list"] oder kurz **ACL**, ist eine Liste der Rechner, die in einem Netzwerk auf bestimmte Dienste eines ⇨ **Servers** zugreifen dürfen.

zugreifen, *Verb*, bedeutet Daten von einem Datenträger lesen oder auf diesem abspeichern.

Zugriffsliste, die; *Subst.*, ist eine andere Bezeichnung für ⇨ **Zugangskontrollliste**.

Zugriffszeit, die; *Subst.*, ist die Zeitspanne, um eine angeforderte Informationseinheit von einem Speichermedium auszulesen. Die Zugriffszeit von ⇨ **Festplatten** wird z. B. in ms (Millisekunden) angegeben, die von Arbeitsspeicher in ns (Nanosekunden).

Zuordnungseinheit, die; *Subst.*, oder ⇨ **Cluster** ist die kleinste adressierbare Einheit auf einem Datenträger wie einer ⇨ **Diskette** oder ⇨ **Festplatte**.

ZV Port, der; *Subst.*, Abkürzung für **Z**oomed **V**ideo **Port**, ist eine spezielle ⇨ **PCMCIA**-Schnittstelle bei älteren Notebooks, die einen direkten Zugang zur Grafikkarte bietet.

Z-Wave ist ein von der Firma Sigma Designs und der ⇨ **Z-Wave Allianz** für die Steuerung von Geräten im ⇨ **SmartHome** entwickelter, internationaler Standard für die drahtlose Kommunikation. Das Funknetz verwendet Funkfrequenzen zwischen 850 und 950 MHz. In geschlossenen Räumen soll die Reichweite per Vorgabe mindestens 40 Meter und im Freien 150 m betragen. Es stehen über 1.000 zertifizierte Z-Wave-Geräte zur Funkvernetzung zur Verfügung, mehr als bei jedem anderen Funksystem für SmartHome.

Eine Übersicht des Angebots mit Katalog und Z-Wave-Händlern finden Sie auf der deutschen Z-Wave-Internetseite http://www.zwave.de/. Hier erhalten Sie alle zur Einarbeitung notwendigen Informationen wie Buchtipps, Handbücher, Tutorials und ein Forum zum Austausch mit anderen Z-Wave-Anwendern. Vergleiche ⇨ **ZigBee**.

Z-Wave Allianz ist eine Vereinigung von über 300 Herstellern von SmartHome-Produkten zur Entwicklung und Vermarktung von

Zwischenablage   Z

⇨ **Z-Wave**. Weitere Informationen: https://z-wavealliance.org/.

Zwei-Faktor-Authentifizierung oder **2-Faktor-Authentifzierung** (**2FA**) ist eine Identitäts- oder Zugangskontrolle über zwei voneinander unabhängige Faktoren. Beim ⇨**Online-Banking** mit ⇨ **HBCI** und ⇨ **Secoder** wird zum Beispiel die Bankkarte und eine ⇨ **PIN** zur Bestätigung einer Überweisung benötigt. In anderen Online-Banking-Sicherheitsverfahren sind es die PIN und eine Transaktionsnummer (⇨ **TAN**).

Internet-Konten überprüfen bei der Zwei-Faktor-Authentifizierung zusätzlich zum Kennwort, ob der Zugang über einen registrierten ⇨ **PC**, ein registriertes ⇨ **Tablet** oder ⇨ **Smartphone** erfolgt. Ein neues Gerät muss über eine per ⇨ **SMS** oder ⇨ **E-Mail** versendete PIN erst angemeldet bzw. bestätigt werden, bevor der Dienst oder das Konto damit genutzt werden kann.

Bei ⇨ **Windows 10** kann bei der Anmeldung zusätzlich zum Kennwort für das Microsoft-Konto als zweiter Faktor ein Fingerabdruck oder Irisscan dienen (⇨ **Windows Hello**).

Während die Zwei-Faktor-Authentifizierung bei Online-Banking für Überweisungen und andere Aktionen generell erforderlich ist, ist sie bei E-Mail-, Social-Media- und Online-Shopping-Konten nicht üblich. Verwenden die Kontoinhaber dann noch ein unsicheres Passwort, lassen sich die Konten sehr einfach hacken.

Daher sollte die Zwei-Faktor-Authentifizierung wo immer möglich aktiviert und Anbieter mit einem solchen sicheren Schutz bevorzugt werden. Doch bietet auch die Zwei-Faktor-Authentifizierung keinen hundertprozentigen Schutz gegen Missbrauch. So kann etwa durch das Stehlen eines Smartphones und einer Kreditkarte oder die Beschaffung einer zweiten SIM-Karte und ein Schadprogramm auf dem PC oder Smartphone auch die Zwei-Faktor-Authentifizierung beim Online-Banking überlistet werden.

Einfache Fingerabdruck- und Gesichtserkennungssysteme lassen sich mit einer Fälschung überlisten. Im Fall der Gesichtserkennung reicht dazu teilweise schon ein Foto des Opfers. Bei Smartphones wird von einem Abdruck auf dem Touchscreen ein gefälschter Fingerabdruck erstellt und damit der Fingerabdruckscanner überlistet.

Zwischenablage, die; *Subst.*, ist ein Zwischenspeicher von Windows, der von fast allen Windows-Anwendungen zum ⇨ **Ausschneiden**, ⇨ **Kopieren** und ⇨ **Einfügen** von Daten innerhalb eines Dokuments sowie zum Datenaustausch

Z Zwischenspeicher

zwischen Anwendungen verwendet werden kann. Dies ist über entsprechende Menübefehle der jeweiligen Anwendung (meist im Menü *Bearbeiten* zu finden) und folgende, bei Windows einheitliche Tastenkombinationen möglich:

[Strg]+[C] kopiert die markierten Daten in die Zwischenablage.

[Strg]+[X] schneidet die markierten Daten aus und kopiert sie in die Zwischenablage, verschiebt sie also vom Ursprungsort in die Zwischenablage.

[Strg]+[V] fügt die Daten aus der Zwischenablage an der aktuellen Cursorposition ein.

Zwischenspeicher, der; *Subst.*, ⇨ **Buffer**.

Zynga ist ein amerikanischer Anbieter von rund 50 Computerspielen, die über den Browser gespielt und über soziale Netzwerke wie ⇨ **Facebook** aufgerufen werden. Die bekanntesten Spiele sind CityVille, FarmVille, FrontierVille, Mafia Wars und ZyngaPoker.

Die Spiele werden kostenlos angeboten, jedoch lassen sich virtuelle Währungen erwerben und damit Spielelemente kaufen. Weitere Informationen: https://www.zynga.com/about.

Sonderzeichen

.Net [sprich „dot net"] ist eine Programmier- und Laufzeitumgebung von ⇨ **Microsoft** für ⇨ **Windows**. Damit entwickelte Programme benötigen .Net Framework, das von Microsoft kostenlos zum Download angeboten wird. Das Open-Source-Projekt Mono macht .Net zumindest teilweise auch unter ⇨ **Linux** verfügbar.

" ist die Abkürzung für ⇨ **Zoll**.

$$$ ist eine Dateinamenerweiterung von ⇨ **temporären Dateien**. Diese Dateien werden normalerweise automatisch gelöscht, bleiben bei Programm- und Betriebssystemabstürzen aber erhalten.

/ oder **Slash** [sprich „släsch"], der; *Subst.*, dt. **Schrägstrich** wird (1.) zur Trennung bei ⇨ **URLs**, (2.) bei ⇨ **Unix**/⇨ **Linux** zum Trennen von Verzeichnissen und Dateien in Pfadangaben, (3.) zu Beginn eines Parameters zu einem DOS-Befehl (⇨ **/?**) und (4.) bei ⇨ **Chats** zu Beginn eines Befehls angegeben.

/? ist ein Parameter zu einem DOS-Befehl, der das Anzeigen einer kurzen Hilfe mit der Befehlssyntax bewirkt.

** oder **Backslash [sprich „bäcksläsch"], der; *Subst.*, dt. **Rück**wärtsschrägstrich wird zur Trennung in Pfaden bei ⇨ **DOS** und Windows verwendet.

* ist (1.) das Multiplikationszeichen wie bei „1*1=1", (2.) ein ⇨ **Joker**, also ein Platzhalter für ein oder mehrere andere Zeichen (siehe auch ⇨ **Wildcard** und ⇨ **?**) und (3.) ein Ersatzzeichen für nicht schickliche Wörter wie zum Beispiel als Ersatz für den Buchstaben „u" bei „f*ck". Auch Namen von auf den Index gesetzten Computerspielen werden teilweise auf diese Weise „getarnt".

** ist das Zeichen für Potenzierung wie bei „2**3" für 2^3.

*nix ist eine Sammelbezeichnung für ⇨ **Unix**-Varianten und ⇨ **Linux**-Distributionen wie AIX, BSD, Easy Linux, FreeBSD, HP-UX, IRIX, KNOPPIX, Linux Mandrake, OSF1, Red Hat Linux, Slackware, SunOS oder S.u.S.E. Linux. Eine Übersicht von Linux-Distributionen finden Sie unter: http://www.tuxfutter.de/wiki/Linux_Distributionen.

< ist der relationale Operator ⇨ **kleiner als**. Das Ergebnis ist wahr, wenn der Wert links vom Operator kleiner als der rechts angegebene Wert ist.

<= ist der relationale Operator ⇨ **kleiner gleich**. Das Ergebnis ist wahr, wenn der Wert links vom Operator kleiner oder gleich dem rechts angegebenen Wert ist.

Sonderzeichen @ =

= ist der relationale Operator ⇨ **gleich**. Das Ergebnis ist wahr, wenn der Wert links vom Operator gleich dem rechts stehenden Wert ist.

> ist der relationale Operator ⇨ **größer als**. Das Ergebnis ist wahr, wenn der Wert links vom Operator größer als der rechts angegebene Wert ist.

>= ist der relationale Operator ⇨ **größer gleich**. Das Ergebnis ist wahr, wenn der Wert links vom Operator größer oder gleich dem rechts angegebenen Wert ist.

^ ist das Carret-Zeichen, das (1.) als Akzentzeichen (⇨ **Dead Key**) und (2.) als Zeichen für die Potenzierung verwendet wird wie bei „2^3" für 2^3. Eine weitere Bedeutung ist (3.) die Steuerfunktion „Control" bzw. die Taste [Strg] wie bei ^C, der Tastenkombination zum Abbruch einer Anwendung unter ⇨ **DOS**.

^B [sprich „kontrohl be"], oder Break steht (1.) für die Tastenkombination [Strg]+[B], mit der sich unter ⇨ **DOS** und in der ⇨ **Eingabeaufforderung** Programme unterbrechen lassen. Daraus leitet sich (2.) die Bedeutung „Unterbrechung" her, wenn dieses Zeichen in ⇨ **E-Mails** oder ⇨ **Chats** Verwendung findet.

^C [sprich „kontrohl ce"], steht (1.) für die Tastenkombination [Strg]+[C], mit der sich unter ⇨ **DOS** und in der ⇨ **Eingabeaufforderung** manche Programme und ⇨ **Stapeldateien** abbrechen lassen. Daraus leitet sich auch (2.) die Bedeutung „Abbruch" her, wenn dieses Zeichen in ⇨ **E-Mails** oder ⇨ **Chats** Verwendung findet.

^H [sprich „kontrohl ha"], steht (1.) für das Steuerzeichen Ctrl+H, das einen ⇨ **Rückschritt** bewirkt, und (2.) für die Tastenkombination [Strg]+[H], mit der sich der Cursor unter ⇨ **DOS** und in der ⇨ **Eingabeaufforderung** um ein Zeichen nach links versetzen lässt. In ⇨ **Chats** bedeutet ^H (3.), dass das davor stehende Zeichen gelöscht werden soll oder nicht gilt.

^P [sprich „kontrohl pe"], steht (1.) für die Tastenkombination [Strg]+[P], die eine Unterbrechung eines Programms bewirkt und in Spielen meist als „Pause" bezeichnet wird. In ⇨ **Chats** bedeutet ^P (2.), dass jemand das Chatten für eine Pause unterbricht.

<ethnic> ist ein Platzhalter für eine Personengruppe oder eine bestimmte Nationalität, die in ⇨ **E-Mails**, ⇨ **Chats** und ⇨ **Newsgroups** verwendet wird, um bei Witzen niemanden speziell zu beleidigen. In Deutschland könnte <ethnic> also zum Beispiel für „Blondine", „Bayer" oder „Ostfriese" stehen, aber auch für Angehörige anderer Nationalitäten und Volksgruppen.

µm Sonderzeichen @

<g> bzw. **<G>** steht für grin bzw. big grin, dt. Grinsen bzw. breites Grinsen. Es handelt sich um eine in ⇨ **E-Mails**, ⇨ **Chats** und ⇨ **Newsgroups** verwendete Abkürzung.

&c ist eine in ⇨ **E-Mails**, ⇨ **Chats** und ⇨ **Newsgroups** verwendete Abkürzung von „et cetera", also „und so weiter".

? ist ein ⇨ **Wildcard** [sprich „weildkard"], also ein Platzhalter für genau ein Zeichen (siehe auch ⇨ **Joker** und ⇨ *).

! wird (1.) gerne an den Anfang eines Ordnernamens gestellt, damit dieser Ordner im Windows-Explorer am Anfang angezeigt wird. In ⇨ **E-Mails**, ⇨ **Chats** und ⇨ **Newsgroups** bedeutet das Ausrufezeichen (2.) eine Negation, also steht z. B. !expected für unexpected, dt. unerwartet. Weiterhin benutzt Windows das Ausrufezeichen im Geräte-Manager (3.) als Hinweis, um auf Geräte-Konflikte aufmerksam zu machen. (4.) Zur Kennzeichnung wichtiger E-Mails in Outlook.

@ [sprich „ätt"], ist eine amerikanische, ursprünglich rein kaufmännische Abkürzung für „at" (5 @ $ 3,50; 5 (Stück) zu je $ 3,50) und wird deshalb auch **at-Sign**, **at-Zeichen** und in Deutschland wegen der Form **Klammeraffe** genannt. Es gibt im Hacker- und Internet-Slang sowie in anderen Sprachen noch Dutzende weiterer Namen für das @: Alphazeichen, ape, cabbage, cat, commercial at, cyclone, rose, snail, strudel, vortex, whirlpool, whorl und Wollmoppel. Das @ wird hauptsächlich als Trennzeichen zwischen Namen und ⇨ **Domain** in einer E-Mail-Adresse verwendet. Weniger bekannt ist, dass sich mit dem @ auch bei der Adressangabe eines ⇨ **FTP-Servers** der Benutzername in der ⇨ **URL** angeben lässt: ftp://*benutzername*@domainname.de. Das @ wird über die Tastenkombination [AltGr]+[Q] oder [Strg]+[Alt]+[Q] erzeugt. Die Eingabe ist auch über die numerische Tastatur möglich: [Alt]+[6]+[4].

| ist das **Pipe-Symbol** [sprich „peip sümbol"], das über die Tastenkombination [AltGr]+[<|] erzeugt wird. Es dient dazu, Ausgaben eines DOS-Befehls als Eingabe in einen anderen DOS-Befehl zu leiten. Ein Beispiel: dir | print leitet die Ausgabe des Befehls ⇨ **DIR** zum Druck in den Befehl ⇨ **PRINT**.

Å, das, *Subst.*, ist die Abkürzung für **Å**ngström, eine Maßeinheit für die Wellenlänge von Lichtwellen und Strahlungen, wobei 1 Å = 10^{-10} m ist. Der Name kommt vom schwedischen Astronomen und Physiker Anders Jonas Angström (1814 – 1874).

µm [sprich „müh"], der, *Subst.*, ist die Abkürzung für Mikrometer, also 10^{-6} m oder 1 Millionstelmeter bzw. 1 Tausendstelmillimeter.

Dateiendungen .* !UT

Dateiendungen

Das Scherensymbol ✂ kennzeichnet Dateien, die Sie meist löschen können. Steht das Scherensymbol in eckigen Klammern [✂], müssen Sie sich vor dem Löschen auf jeden Fall davon überzeugen, dass Sie den Inhalt der Datei nicht mehr benötigen. Seien Sie beim Löschen stets vorsichtig und fertigen Sie zuvor immer eine aktuelle Datensicherung an, damit Sie den alten Zustand wiederherstellen können, falls Sie einmal eine Datei aus Versehen gelöscht haben.

Extension	Dateityp	Beschreibung
!UT	Unvollständiger Download [✂]	Endung von mit µTorrent heruntergeladenen Filesharing-Dateien, solange diese noch nicht vollständig heruntergeladen sind. Kann gelöscht werden, wenn der Download nicht mehr benötigt wird. Ansonsten kann versucht werden, den Download mit der !UT-Datei vollständig abzuschließen.
$$$	Temporäre Datei ✂	Hilfsdatei von Programmen, die normalerweise automatisch gelöscht wird, bei Programm- und Betriebssystemabstürzen aber erhalten bleibt.
000	Komprimiertes Laufwerk	Mit DoubleSpace, DriveSpace oder Winrar komprimiertes Laufwerk bzw. komprimierte ISO-Datei in mehreren Teilen (...rar.000, ...rar.001 usw.).
123	Tabelle	Spreadsheet von Lotus 1-2-3 bzw. der Lotus Smart Suite.
1ST	Readme-Datei [✂]	Abkürzung für „first" in der Bedeutung „zuerst lesen" eine Textdatei mit Informationen zu einem Programm, den letzten Änderungen an der vorliegenden Programmversion und/oder zur Installation des Programms. Eine solche Datei heißt meist README.1ST.

ANS — Dateiendungen .*

Extension	Dateityp	Beschreibung
3GP	Multimedia-Datei [✂<]	Enthält im 3GPP-Standard komprimierte Multimedia-Daten wie Video, Audio sowie Text und wird mit dem QuickTime-Player abgespielt.
7z	Archivdatei [✂<]	Archivdatei, die mit dem Packer 7-Zip im 7-ZIP-Format erstellt wurde.
A01 bis A99	Archivdatei [✂<]	Teile eines ARJ-Archivs, das auf mehrere Dateien verteilt wurde, damit es z. B. per E-Mail versendet werden kann.
ABK	Sicherungskopie [✂<]	Sicherungsdatei von Corel Draw!.
ACE	Archivdatei [✂<]	Archivdatei, die mit dem Packer ACE erstellt wurde.
ACV	Codec, Treiber	DirectX-Audio-Codec.
AD	Bildschirmschoner	Bildschirmschoner im Format von After Dark.
AFM	Schrift	Adobe Postscript-Font Metric.
AI	Vektorgrafik	Grafikdatei von Adobe Illustrator.
AIF AIFF	Sounddatei	Audio Interchange File Format: Format für Klangdateien, ursprünglich für Apple-Computer entwickelt, sehr ähnlich dem bei Windows verwendeten WAV-Format.
AIR	Anwendung	Anwendung, die auf Adobe Integrated Runtime (AIR) basiert.
AMX	Treiberdatei	Windows-Treiber.
ANI	Cursor/Mauszeiger	Animierter Cursor bzw. Mauszeiger für Windows.
ANS	Grafikdatei [✂<]	ANSI-Grafik, also eine aus den Zeichen des ANSI-Zeichensatzes aufgebaute Grafik.

Dateiendungen .* — APE

Extension	Dateityp	Beschreibung
APE	Audiodatei [ℹ<]	Komprimierte Musikdatei mit optimaler Klangqualität.
APP	Anwendung	Ausführbare Datei für iOS von Apple.
ARJ	Archivdatei [ℹ<]	Archivdatei im Format ARJ, die gepackte Dateien enthält.
ASC	Textdatei	Text im ASCII-Zeichensatz, der sich mit vielen Textverarbeitungen lesen und bearbeiten lässt.
ASD	Dokument [ℹ<]	Automatisch gespeichertes Word-Dokument.
ASF	Stream-Datei [ℹ<]	Abkürzung für „Advanced Streaming Format": ein komprimiertes Datenformat für das Streaming im Internet und neben WMV eine weitere Dateinamenerweiterung von Windows Media Video.
ASM	Quellcode	Assembler-Programm im Quellcode.
ASP	1. Script	Script zum Generieren von Active Server Pages.
	2. Textdatei [ℹ<]	Informationsdatei bei Shareware zu der Association of Shareware Professionals, abgekürzt ASP.
	3. Video [ℹ<]	Video im Format „Advanced Simple Profile".
ASX	Stream-Datei [ℹ<]	Active Stream-Datei zum Abspielen von Videos über das Internet oder Intranet. Die Dateien können Befehle enthalten und stellen daher ein potentielles Sicherheitsrisiko dar.
AVI	Video-Clip [ℹ<]	„Audio-Video-Interleave", Datei als Container für Audio- und Videodaten. Zum Abspielen werden verschiedene Codecs benötigt. Auch komprimierte DivX-Dateien haben den Dateityp AVI.

C — Dateiendungen .*

Extension	Dateityp	Beschreibung
B~K	Sicherungskopie ✂	Sicherungskopie einer Sicherungskopie.
BAK	Sicherungskopie [✂]	Backup, Sicherungskopie einer Datei.
BAT	Stapeldatei	Unter DOS und der Eingabeaufforderung von Windows ausführbares Programm im Textformat, das Befehle für die Eingabeaufforderung enthält und mit einem Editor oder einer Textverarbeitung bearbeitet werden kann.
BFC	Aktenkoffer	Abkürzung für „briefcase": ist eine Datei des mit Windows 95 eingeführten und in Windows 10 immer noch vorhandenen Aktenkoffers.
BIF	Binärdaten	Abkürzung für „Binary Image File": ist eine binäre Bilddatei.
BIN	Binärdaten	Einige ausführbare Programme benötigen solche Dateien, die daher nur gelöscht werden sollten, wenn das zugehörige Programm nicht mehr benötigt wird.
BK$	Sicherungskopie [✂]	Backup, Sicherungskopie einer Datei.
BMK	Lesezeichen	Abkürzung für „bookmark file": Lesezeichen zu einer Windows-Hilfedatei.
BMP	Bild [✂]	Bitmap, Grafikdatei, die mit einem Bildbearbeitungsprogramm betrachtet und bearbeitet werden kann. Windows und Windows-Anwendungen setzen solche Grafiken beispielsweise als Symbole und Hintergrundbilder ein.
C	Quellcode	Quellcode eines C- oder C++-Programms.

Dateiendungen .* C++

Extension	Dateityp	Beschreibung
C++	Quellcode	Quellcode eines C++-Programms.
CAB	Kabinettdatei	Archiv für die Installation von Windows-Komponenten mit komprimierten Betriebssystemdateien.
CAL	Kalenderdatei	Kalenderdatei von Microsoft Outlook.
CBL	Quellcode	Quellcode eines Cobol-Programms.
CBT	Lernprogrammdaten	Abkürzung für „Computer Based Training": Datendatei eines Lernprogramms.
CC	Quellcode	Quellcode eines C++-Programms.
CCH	Diagramm	Business-Grafik aus CorelChart.
CDA	CD-Titel	Mit dieser Endung stellt Windows die Audiospuren einer CD dar. Es handelt sich hierbei aber nicht um Dateien und somit auch nicht um einen wirklichen Dateityp.
CDR	Grafik [✂]	Vektorgrafik-Datei aus CorelDraw!.
CDT	Vorlage	Vorlage von CorelDraw!.
CDX	Komprimierte Grafik	Komprimierte CorelDraw!-Vektorgrafik.
CFG	Konfigurationsdatei	Konfigurationsdaten eines Programms.
CGM	Grafik [✂]	Computer-Grafik-Metadatei, ein Vektorformat.
CHK	Verlorene Cluster ✂	Inhalt von nicht mehr zugeordneten Clustern, die von CHKDSK /F in diesen Dateien gespeichert werden.
CLP	Zwischenablage [✂]	Gespeicherter Inhalt der Zwischenablage (Clipboard).

DAS **Dateiendungen .***

Extension	Dateityp	Beschreibung
COM	Programm	Programm, das unter DOS und meist auch in der Eingabeaufforderung von Windows ausführbar ist. Oft handelt es sich bei COM-Dateien um relativ kleine Systemdateien.
COR	Sicherungsdatei [✂]	Sicherungsdatei für CorelDraw!.
CPL	Treiber	Treiberdatei für Windows.
CPS	Checksummen	Checksummen der Dateien im aktuellen Verzeichnis: wird von Anti-Virus-Programmen angelegt.
CPT	Bild [✂]	Pixelbild aus CorelPhotoPaint.
CSV	Daten [✂]	ASCII-Text, Datenaustauschformat, Datenfelder durch Komma getrennt (Comma Separated Values). In den neueren Windows-Versionen verwendet Microsoft nicht mehr das Komma, sondern das als Trennzeichen in der Systemsteuerung definierte Zeichen, in der Regel das Semikolon. Das führt beispielsweise dazu, dass neue Excel-Versionen nicht mehr ohne Weiteres mit alten CSV-Dateien klarkommen, in denen die Felder tatsächlich durch Kommata getrennt sind.
CTX	Signatur	Signaturdatei von PGP.
CUR	Cursor/ Mauszeiger	Cursor-Grafikdatei.
DAS	LIES.DAS	Info-Text zu einem Programm oder dem Inhalt eines Datenträgers, meist im ASCII-Format.

Dateiendungen .* DAT

Extension	Dateityp	Beschreibung
DAT	1. Daten 2. MPEG-Datei 3. Registry-Datei	1. Daten eines Programms. 2. MPEG-Dateien auf einer VCD oder SVCD. 3. Registrierungsdatenbank von Windows (Dateien SYSTEM.DAT, USER.DAT und POLICIES.DAT).
DB	Datenbank	Daten im Format von Paradox, Thumbnail-Datenbank von Windows.
DB$	Temporäre Datenbankdatei ✀	Temporäre Datenbankdatei von dBASE.
DBA	Datendatei	Paradox-Tabelle.
DBF	Datenbank	Abkürzung für Data Base File: Daten im dBASE-Format.
DBS	Druckerbeschreibung	Datei einer Datenbank im Windows-SQL-Format.
DEF	Konfigurationsdatei	„Defaults", Standardeinstellungen und Einstellungen für ein Programm.
DEV	Gerätetreiber	Abkürzung von „device", dt. Gerät.
DEX	Android-App	Anwendung für Android.
DFV	Druckformatvorlage	Druckformatvorlage von Microsoft Word.
DIB	Bild [✀]	Windows-DIB-Format, das auf dem BMP-Format basiert.
DIC	Wörterbuch	Bestandteil eines Programms für die Rechtschreibprüfung.
DIF	Tabelle [✀]	Data Interchange Format: Format zum Austausch von Daten, das nur Zahlen und Texte ohne Formatierungen enthält.
DIVX	Video [✀]	Komprimiertes Video im DivX-Format mit Audio im MP3-Format.

Extension	Dateityp	Beschreibung
DIZ	Archivbeschreibung [✄]	Programmkurzbeschreibung für den Inhalt eines Archivs; häufig bei Shareware zu finden.
DLL	Dynamische Laufzeitbibliothek	Ausgelagerter, gemeinsam nutzbarer Programmcode von Windows sowie Windows-Anwendungen.
DMP	Speicherauszug [✄]	Dump: Datei mit einer Kopie des Arbeitsspeicherinhalts zur Fehlersuche.
DOC	Dokument	1. Word-Dokument. 2. ASCII-Text eines älteren DOS-Programms.
DOCHTML	Dokument	Dokument von Word 2007, 2010, 2013 und 2016 im HTML-Format.
DOCM	Dokument	Dokument von Word 2007, 2010, 2013 und 2016 mit Makros im Open-XML-Format.
DOCMHTML	Dokument	Dokument von Word 2007, 2010, 2013 und 2016 mit Makros im HTML-Format.
DOCX	Dokument	Dokument von Word 2007, 2010, 2013 und 2016.
DOT	Dokumentenvorlage	Word-Dokumentenvorlage.
DOTM	Dokumentenvorlage	Word-Dokumentenvorlage mit Makros im Open-XML-Format.
DRF	Grafik [✄]	Vektorformat von Micrografx Draw.
DRV	Gerätetreiber für Windows	Abkürzung von „driver", dt. Treiber. Es handelt sich nicht um eine startbare Datei, sondern die Datei muss über eine entsprechende Installationsroutine in das System eingebunden werden.

Dateiendungen .* — DTA

Extension	Dateityp	Beschreibung
DTA	Daten	Datendatei diverser Programme.
DXF	Grafik [ɜ<]	Vektorgrafik im Datenaustauschformat von AutoCAD.
ELM	Regeln	Regelbeschreibung für Outlook.
EMF	Grafik [ɜ<]	Grafikdatei.
EPS	Grafik [ɜ<]	PostScript-Grafik (Encapsulated Postscript).
ERR	Fehlerdatei [ɜ<]	Datei mit aufgetretenen Fehlern; wird zum Beispiel beim Erzeugen einer Windows-Hilfedatei erstellt.
EVT	Ereignisprotokoll [ɜ<]	Abkürzung von „event", abgespeichertes Ereignisprotokoll von Windows.
EX_	Gepacktes Programm	Gepacktes Programm bei einer Installationsroutine.
EXE	Programm	Ausführbares Programm, auch selbst entpackendes Archiv.
F	Quellcode	Quellcode eines Fortran-Programms.
F77	Quellcode	Quellcode eines Fortran 77-Programms.
FAQ	Support-Datei	Abkürzung von „frequent asked questions", Datei mit den am häufigsten gestellten Fragen.
FAX	Fax [ɜ<]	Pixelbild eines empfangenen Faxes.
FOR	Quellcode	Quellcode eines Fortran-Programms.
FPX	Bild [ɜ<]	Bild im Dateiformat FlashPix.
FTP	Konfigurationsdatei	Datei mit Konfigurationsdaten für ein FTP-Programm.
GER	Konfigurationsdatei	Deutsche Konfiguration eines amerikanischen Programms.
GIF	Bild [ɜ<]	Graphics Interchange Format, Pixelgrafik mit bis zu 256 Farben.

JPE — Dateiendungen .*

Extension	Dateityp	Beschreibung
HEX	Hexdump [ℽ]	Datei, die einen Speicherauszug im Hexadezimalformat enthält.
HGL	Grafik [ℽ]	Vektorgrafik, in Harvard Graphics Language beschrieben.
HIS	History-Daten	Abkürzung für „history", enthält die zuletzt genutzten Dateien, Webseiten oder ähnliche Daten.
HLP	Hilfedatei	1. Hilfedatei zu Windows oder einer Windows-Anwendung. 2. Hilfe eines DOS-Programms.
HTA	Anwendung	HTML-Anwendung für den Internet Explorer.
HTM, HTML	Internet-Datei	Dokument aus dem oder für das World Wide Web.
ICO	Icon-/Symboldatei	Datei mit dem Symbol für eine Windows-Anwendung.
IDX	Indexdatei	Index einer Datenbank.
IMG	1. Bild [ℽ] 2. Speicherinhalt	1. Unkomprimierte Pixelgrafik im Format von GEM Paint. 2. Binär-Image eines Speicherbereichs.
IN_	Gepackte INI-Datei	Komprimierte INI-Datei, wie sie für Programminstallationen verwendet wird.
INF	Infodatei	Setup-Informationen und Script-Dateien für Windows und Windows-Anwendungen.
JAR	Java-Datei	Abkürzung für „Java archive", die Bezeichnung des plattformunabhängigen JAR-Dateiformats von Java.
JPE	Bild [ℽ]	Bild im Format JPEG-Extended.

Dateiendungen .* — JPG

Extension	Dateityp	Beschreibung
JPG	Bild [✂]	JPEG-Format (Joint Photographers Expert Group): speziell zur Komprimierung von Fotos.
JTF	Bild [✂]	Bild im TIFF-Format mit JPEG-Kompression.
KBD	Tastaturbelegung	Tastaturbelegungs-Modul.
LCK	Lockdatei	Datei zur Sperre des Datenbankzugriffs.
LDA	Systemdatei	Systemdatei von Microsoft Access.
LDB	Daten	Datenbank von Microsoft Access.
LEX	Lexikon/ Wörterbuch	Lexikon oder Wörterbuch einer Anwendung.
LNK	Link	Link mit einer Verknüpfung zu einem Programm, einer Datei oder Webseite.
LOG	Protokolldatei [✂]	Logbuch von Windows bei einer versuchten Installation/Systemstart oder Fehleraufzeichnung bei Systemabstürzen (Dr. Watson, Winspector).
MAD	Verknüpfung	Access-Module-Verknüpfung.
MAM	Verknüpfung	Access-Formular-Verknüpfung.
MAP	Verknüpfung	Access-Abfrage-Verknüpfung.
MAT	Verknüpfung	Access-Tabellen-Verknüpfung.
MCC	Systemdatei	Datei des MSN-Wählprogramms.
MDA	Systemdatei	MS-Access-systemspezifische Tabelle.
MDB	Daten	Datenbank im Format von MS Access.
MDN	Systemdatei	MS-Access-Systemdatei.
MDT	Access-Add-In	MS-Access-Add-In-Datei.
MDW	Access-Workgroup	MS-Access-Workgroup.

OLB — Dateiendungen .*

Extension	Dateityp	Beschreibung
MDZ	Access-Assistent	Eine Art Hilfedatei mit Access-Assistent.
ME	READ.ME-Datei	Erklärender Text zu einem Programm oder Inhalt eines Datenträgers, meist im ASCII-Format.
MFF	MIDI-Daten	Sequenzer-Datei im MIDI-Dateiformat.
MID	MIDI-Daten	MIDI-Klänge zur Wiedergabe und Bearbeitung durch Multimediaprogramme.
MNG	Animiertes Bild	Abkürzung für „Multiple Image Network Graphics", das „Ming-Format", eine Erweiterung von PNG, die Animationen mit Bildern im PNG-Format ermöglicht, so wie es auch bei GIF möglich ist.
MOV	Videodatei [⊰]	Move ist ein Multimedia-Format, das für Apple-Computer entwickelt wurde. Es findet sich heute auch auf PCs und wird meist für Filme eingesetzt. Zum Abspielen ist der Player Apple QuickTime erforderlich.
MP3	Audiodatei [⊰]	Musik im MP3-Format.
MPA	Audiodatei [⊰]	MPEG-Audio-Datei.
MPEG, MPG	MPEG-Film [⊰]	Komprimierte Bild- und Tondaten zum Abspielen eines Videos.
MSG	Nachricht [⊰]	Nachricht (Message) aus einem E-Mail-System.
OBJ	Objektcode	Objektcode eines Programms.
OCX	Programmteile	Visual Basic: DLLs, die speziell für Visual Basic entwickelt wurden.
OGG	Audiodatei [⊰]	Musik im Kompressionsformat ähnlich wie MP3.
OLB	Objektbibliothek	Teil eines ausführbaren Programms.

Dateiendungen .* OLD

Extension	Dateityp	Beschreibung
OLD	Sicherungskopie [≽<]	Alte Version einer Datei, eines Programms oder Treibers.
OVL, OVR	Overlay	Bedarfsweise nachgeladener Code eines älteren, ausführbaren Programms.
PCD	Bild [≽<]	Foto-CD-Format.
PCL	Bild [≽<]	HP LaserJet-PCL-Format.
PCT	Bild [≽<]	Grafikformat des Macintosh.
PCX	Bild [≽<]	Pixelgrafik aus Paintbrush.
PDF	Dokument [≽<]	Dokument, das mit dem Adobe Acrobat Reader oder einem anderen PDF-Reader angezeigt werden kann.
PNG	Bild [≽<]	Abkürzung für „Portable Network Graphics", gesprochen „Ping", ein für die Verwendung im Internet entwickeltes Grafikformat.
POL	Konfigurationen	Policy Files, durch die Einträge in der Registrierungsdatenbank temporär neue Werte erhalten oder deaktiviert werden, um anwenderspezifische Konfigurationen vorzunehmen.
PPT	Präsentation	Präsentationsdatei von PowerPoint.
PRN	Druckdatei [≽<]	Text, der für die Druckausgabe aufbereitet ist.
PS	Druckdatei [≽<]	Anweisungen in PostScript zum Ausdruck auf einem PostScript-Drucker.
QT	Multimedia-Datei [≽<]	Format von QuickTime.
REG	Registrierungsdatei	Textdatei mit Registry-Werten, die durch einen Doppelklick auf die Datei in die Registry importiert werden.

TIF Dateiendungen.*

Extension	Dateityp	Beschreibung
RLE	Bild [✂]	Nach dem Lauflängenverfahren (Run Length Encoded) komprimiertes BMP-Bild, das von vielen Windows-Anwendungen gelesen werden kann.
RTF	Text	Formatierter Text im Rich-Text-Format, unter anderem auch von Word verwendet.
SAM	Passwortdatei	Zugriffsrechte und Passwort der Anwender von Windows.
SCR	1. Bildschirmschoner [✂] 2. Script	1. Bildschirmschoner für Windows. 2. Ausführbare Script-Datei, die häufig zum Start von Trojanern verwendet wird.
SIC, SIK	Sicherungskopie [✂]	Manuell und von vielen Programmen erstellte Sicherheitskopien, die meist gelöscht werden können.
SLK	Tabellen und andere Daten	SYLK-Format (Symbolic Link), hauptsächlich zum Austausch von Tabellenkalkulationsdaten verwendet.
SWP	Auslagerungsdatei	Auslagerungs- oder Swap-Datei, in der Windows Programme und Daten aus dem Hauptspeicher ablegt, wenn diese gerade nicht benötigt werden.
SYS	Systemdaten	1. Treiber. 2. Betriebssystemkern. 3. Konfigurationsdatei.
TIF	Bild [✂]	Tag Image File Format, Pixelformat, vor allem beim Scannen erzeugt.

Dateiendungen .* TMP

Extension	Dateityp	Beschreibung
TMP	Temporäre Datei [ॐ<]	Datei von Windows und dessen Anwendungen sowie einigen DOS-Programmen, die normalerweise automatisch gelöscht wird, jedoch bei Programm- und Betriebssystemabstürzen erhalten bleibt.
TTF	TrueType-Font [ॐ<]	Zeichensatz für Windows.
TXT	Text [ॐ<]	Text im ASCII- oder ANSI-Format, der mit dem Notizblock und fast allen Textverarbeitungen gelesen werden kann.
VBS	Visual Basic Script	Programm in Visual Basic Script.
VBX	Visual-Basic-Erweiterung	DLL, die zu einem mit Visual Basic erstellten Programm gehört.
VDI	Treiber	Abkürzung für „Virtual Device Interface", Treiber als virtuelle Geräteschnittstelle.
VOC	Klang [ॐ<]	Sample, per Mikrofon oder CD-Ausgang aufgezeichnete Töne, Wiedergabe über eine Multimedia-Anwendung.
VXD	Gerätetreiber	Virtueller 32-Bit-Gerätetreiber.
WAV	Klang [ॐ<]	Klangdaten (Sounds, Samples) für Windows-Ereignisse oder zur Wiedergabe durch Multimediaprogramme.
WKS	Arbeitsblatt	1. Tabellenformat von MS Works. 2. Lotus 1-2-3.
WMA	Audiodatei	Format für Musikdateien der Firma Microsoft (Windows Media Audio).
WMF	Bild [ॐ<]	„Windows Metafile Format", Vektorformat.
WMV	Videodatei [ॐ<]	Format für Videodateien der Firma Microsoft (Windows Media Video).

ZIP — Dateiendungen .*

Extension	Dateityp	Beschreibung
WRI	Text	Dokument aus Windows Write.
XLA	Add-In	Excel-Add-In für älteres Excel.
XLAM	Add-In	Excel-Add-In.
XLK	Sicherung	Excel-Sicherungskopie.
XLL	Makros	Excel-Makrobibliothek.
XLS	Arbeitsblatt	Excel-Tabelle älterer Excel-Versionen.
XLSB	Binärformat	Binärformat einer Excel-Tabelle.
XLSM	Arbeitsblatt	Excel-Tabelle mit Makros von Excel 2007, 2010, 2013 und 2016.
XLSX	Arbeitsblatt	Excel-Tabelle von Excel 2007, 2010, 2013 und 2016.
XLT	Mustervorlage	Mustervorlage für Excel-Tabellen.
XLTX	Mustervorlage	Mustervorlage für Excel-Tabellen ab Version 2007.
XLW	Arbeitsmappe	Excel-Arbeitsmappe.
ZIP	Archiv [✂]	Komprimierte Dateien, die sich mit WinZIP oder einem ähnlichen Tool wieder entpacken lassen. Windows unterstützt das ZIP-Format auch direkt.

Top-Level-Domains // .abc

Top-Level-Domains (Ländercodes und generische Codes)

Die Anzahl der Top-Level-Domains hat sich explosionsartig vermehrt. Dabei sollten Sie bei neuen Top-Level-Domains sehr vorsichtig sein. Ein Teil dieser Endungen wie .link oder .zip werden bevorzugt von Internetkriminellen verwendet (Quelle: Sicherheitsbericht „Do not enter", http://dc.bluecoat.com/2015_NAM_Shady_TLD_Reg).

Die gefährlichsten und die vertrauenswürdigsten dieser Top-Level-Domains sind in der nachfolgenden Tabelle mit einem Totenkopf-Symbol bzw. einem Daumen-hoch-Symbol und einem Hinweis auf den prozentualen Anteil gefährlicher Webseiten gekennzeichnet.

TLD	Land/Bereich
.abc	Keine Zuordnung
.abogado	Anwälte (spanisch)
.ac	Akademische Webseiten, Ascension, Kfz-Kennzeichen AC von Aachen
.academy	Akademien, Schulen, Schulungsangebote
.accountant	Buchhaltung
.accountants	Buchhaltung
.active	Keine Zuordnung
.actor	Schauspieler
.ad	Andorra
.ads	Keine Zuordnung
.adult	Unterhaltung für Erwachsene
.ae	Vereinigte Arabische Emirate
.aero	Fluggesellschaften und Luftfahrtindustrie

TLD	Land/Bereich
.af	Afghanistan
.africa	Afrika
.ag	Antigua und Barbuda, Aktiengesellschaft (AG)
.agency	Agentur
.ai	Anguilla
.airforce	Luftwaffe
.al	Albanien
.alsace	Elsass
.am	Armenien, Rundfunkstationen (AM)
.amsterdam	Amsterdam
.an	Niederländische Antillen
.analytics	Keine Zuordnung
.ao	Angola
.apartments	Wohnungen
.app	Apps für Mobilgeräte wie Smartphones

.bio Top-Level-Domains //

TLD	Land/Bereich
.aq	Antarktis
.ar	Argentinien
.archi	Architekten
.army	Armee
.art	Kunst
.as	Amerikanisch-Samoa, Asturien (Spanien)
.asia	Asien
.associates	Sozietäten
.at	Österreich, erlaubt Namen mit Umlauten
.attorney	Rechtsanwälte
.au	Australien
.auction	Auktionen, Auktionshäuser
.audio	Musik, Unterhaltungsgeräte
.auto	Kfz-Anbieter und -Hersteller
.autos	Kfz-Anbieter und -Hersteller
.aw	Aruba
.aws	Keine Zuordnung
.ax	Åland
.az	Aserbaidschan
.ba	Bosnien-Herzegowina
.baby	Babyartikel
.banana republic	Keine Zuordnung

TLD	Land/Bereich
.band	Bands
.bank	Geldinstitute, Banken
.bar	Bars und Pubs
.barcelona	Barcelona
.barefoot	Keine Zuordnung
.bargains	Schnäppchen, Händler
.baseball	Baseball
.basketball	Basketball
.bayern	Bayern
.bb	Barbados
.bd	Bangladesch
.be	Belgien
.beauty	Schönheitsprodukte und -dienstleistungen
.beer	Bier, Brauereien
.berlin	Berlin
.best	Angebote
.bet	Sportwetten und Online-Spiele
.bf	Burkina Faso
.bg	Bulgarien
.bh	Bahrain
.bi	Burundi
.bible	Bibel, Kirche
.bid	Auktionen
.bike	Fahrräder
.bingo	Bingo
.bio	Bioangebote

Top-Level-Domains // .biz

TLD	Land/Bereich
.biz	Kommerzielle Anbieter, international
.bj	Benin
.bl	Saint-Barthélemy
.black	Alles rund um die Farbe Schwarz
.blackfriday	Angebote rund um den Black Friday
.blog	Blogs
.blue	Alles rund um die Farbe Blau
.bm	Bermuda
.bn	Brunei
.bo	Bolivien
.booking	Buchen von Reisen, Konzertkarten
.boutique	Boutiquen
.box	Verpackungen
.bq	Bonaire, Sint Eustatius, Saba, zu den Niederlanden gehörende Inseln
.br	Brasilien
.brussels	Brüssel
.bs	Bahamas
.bt	Bhutan
.build	Bauen
.builders	Bauunternehmen
.business	Unternehmen
.buzz	Blogger, Journalisten, Produkt-Manager

TLD	Land/Bereich
.bv	Bouvetinsel
.bw	Botswana
.by	Weißrussland, Bayern
.bz	Belize
.bzh	Bretagne und bretonische Gemeinde
.ca	Kanada
.cab	Taxis und Taxiunter-nehmen
.cafe	Cafés, Kaffee
.camera	Unternehmen rund um Kameras
.camp	Camps und Camping
.capetown	Kapstadt, Südafrika
.capital	Finanzunternehmen
.car	Auto
.cards	Karten aller Art wie Postkarten und Grußkarten
.care	Gesundheitsunternehmen
.career	Karriere
.careers	Karriere
.cars	Autos
.casa	Haus
.cash	Finanzen
.casino	Casinos
.cat	Katalanische Sprache und Kultur
.catering	Catering

.cooking — Top-Level-Domains //

TLD	Land/Bereich
.cc	Kokosinseln
.cd	Demokratische Republik Kongo
.center	Geschäftliche Angebote
.ceo	Netzwerke für Führungskräfte
.cf	Zentralafrikanische Republik
.cg	Republik Kongo
.ch	Schweiz, erlaubt Namen mit Umlauten
.chat	Chats, Kontaktangebote
.cheap	Händler
.christmas	Weihnachten
.church	Kirchen, ↯ 0,84 Prozent
.ci	Elfenbeinküste
.city	Stadt
.ck	Cookinseln, ↯ 0,52 Prozent
.cl	Chile
.claims	Ansprüche, gemeint sind die Ansprüche der Klienten von Rechtsanwälten und Versicherungen
.cleaning	Reinigungsunternehmen
.click	Fotografie, Partnervermittlungen, Spiele-Websites, Technologie-Firmen und alles, wo es Klick macht

TLD	Land/Bereich
.clinic	Kliniken
.clothing	Bekleidung
.cloud	Cloud-Angebote
.club	Clubs, Interessengruppen
.cm	Kamerun
.cn	China
.co	Kolumbien, auch als .com-Ersatz verwendet
.coach	Coaching
.codes	Gutscheincodes
.coffee	Kaffee
.college	Ausbildungsangebote, Schulen
.cologne	Köln
.com	Kommerzielle Anbieter, international, erlaubt Namen mit Umlauten
.community	Communities
.company	Kommerzielle Anbieter
.computer	Technologie
.condos	Wohneigentum bauen, vermieten oder verkaufen
.construction	Bauunternehmen
.consulting	Beratungsangebote
.contractors	Bauunternehmen, Subunternehmen
.cooking	Kochrezepte

Top-Level-Domains // .cool

TLD	Land/Bereich
.cool	Besondere Angebote
.coop	Genossenschaftlich organisierte und betriebene Unternehmen und Organisationen
.country	☠, 99,97 Prozent schädliche Inhalte!
.coupons	Gutscheine
.courses	Kurse, Schulungen
.cr	Costa Rica
.credit	Finanzangebote
.creditcard	Finanzangebote
.cricket	☠, 99,57 Prozent schädliche Inhalte!
.cruises	Kreuzfahrten
.cs	Serbien und Montenegro
.cu	Kuba
.cv	Kap Verde
.cw	Curaçao
.cx	Weihnachtsinsel
.cy	Zypern
.cymru	Unternehmen aus Wales
.cz	Tschechische Republik
.dance	Tanzen
.date	Partnervermittlung
.dating	Partnervermittlung
.de	Deutschland, erlaubt Namen mit Umlauten
.deals	Angebote

TLD	Land/Bereich
.degree	Bildungsangebote
.delivery	Lieferservice, Vor-Ort-Service
.democrat	Demokraten, US-Partei
.dental	Zahnärzte
.dentist	Zahnärzte
.desi	Angebote für die 1,7 Millionen Desis, die Bewohner von Bangladesh, Indien, Nepal und Pakistan.
.design	Design-Angebote
.diamonds	Diamanten, Schmuck
.diet	Diäten
.digital	Digitaltechnik
.direct	Direktangebote
.directory	Verzeichnis
.discount	Händler
.dj	Dschibuti
.dk	Dänemark
.dm	Dominica
.do	Dominikanische Republik
.dog	Alles rund um den Hund
.domains	Domain-Registrierung
.download	Download-Angebote, Technologie
.durban	Durban, Südafrika
.dz	Algerien

TLD	Land/Bereich
.earth	Erde
.eat	Restaurants
.ec	Ecuador
.edu	Bildungseinrichtungen
.education	Bildungseinrichtungen
.ee	Estland
.eg	Ägypten
.eh	West-Sahara
.email	E-Mail-Anbieter
.energy	Energieunternehmen
.engineer	Ingenieure
.engineering	Ingenieurswesen
.enterprises	Unternehmen
.equipment	Ausrüstung
.er	Eritrea
.es	Spanien
.estate	Makler
.et	Äthiopien
.eu	Europäische Union
.eus	Kurzform vom Euskara, der baskischen Sprache
.events	Veranstaltungen, Tickets
.example	Reserviert für Beispiele in Texten, wird wie example.com, example.net nicht verwendet
.exchange	Geldwechsel, Austausch
.expert	Experte
.exposed	Für Zeitungen, Fernsehen, Whistle-Blower
.express	Schnelle Lieferung/Ausführung
.fail	Zeigt Fehler auf, wie zum Beispiel in YouTube-Videos
.faith	Kirchen, Religionen, religiöse Vereinigungen
.family	Angebote für Familien
.fans	Fan-Angebote
.farm	Landwirtschaft
.fashion	Bekleidungsindustrie
.fi	Finnland
.finance	Finanzangebote
.financial	Finanzangebote
.fish	Angelsport und Fischerei
.fishing	Angelsport und Fischerei
.fit	Fitness und Sport
.fitness	Fitness und Sport
.fj	Fidschi
.fk	Falkland-Inseln
.flights	Flüge und Reiseindustrie
.florist	Floristen
.flowers	Floristen und Gartenbau
.fly	Flüge, Flugreisen, alles rund ums Fliegen

Top-Level-Domains // .fm

TLD	Land/Bereich
.fm	Mikronesien, Rundfunk (FM)
.fo	Färöer-Inseln, Dänemark
.football	American Football, Fußball
.forsale	Zu verkaufen
.foundation	Gemeinnützige Einrichtungen, Stiftungen
.fr	Frankreich
.fx	Exterritoriale Gebiete von Frankreich
.ga	Gabun
.gallery	Ausstellungen
.garden	Garten
.gb	Großbritannien, hauptsächlich jedoch .uk gebräuchlich
.gd	Grenada
.ge	Georgien
.gf	Französisch-Guayana
.gg	Guernsey, Kanalinsel
.gh	Ghana
.gi	Gibraltar, ♦ 1,26 Prozent
.gift, .gifts	Geschenkartikel
.gl	Grönland
.glass	Glaserzeugnisse
.global	Globale Angebote, die Domain unterstützt dazu Sonderzeichen verschiedenster Sprachen

TLD	Land/Bereich
.gm	Gambia
.gn	Guinea
.gold	Gold
.golf	Golf
.gov	Regierungseinrichtungen der USA, ♦ 0,96 Prozent
.gp	Guadeloupe
.gq	Äquatorialguinea
.gr	Griechenland
.graphics	Grafik
.gratis	Kostenlose Angebote
.green	Alles rund um die Farbe Grün
.gs	Südgeorgien und Südliche Sandwich-Inseln
.gt	Guatemala
.gu	Guam
.guide	Ratgeberseiten mit Hilfen und Anleitungen
.guitars	Gitarren
.guru	Experten
.gw	Guinea-Bissau
.gy	Guyana
.hamburg	Hamburg
.haus	Haus
.healthcare	Gesundheit
.help	Hilfe

.kaufen Top-Level-Domains //

TLD	Land/Bereich
.hiphop	Hiphop, eine Musikrichtung
.hk	Hongkong
.hm	Heard und McDonald-Inseln
.hn	Honduras, Kfz-Kennzeichen HN von Heilbronn
.hockey	Hockey
.holdings	Holdings
.holiday	Ferien
.horse	Pferd
.host, .hosting	Internet-Diensteanbieter, Webhoster
.hotel	Hotels, Übernachtungen
.house	Haus
.how	Anleitungen
.hr	Kroatien
.ht	Haiti
.hu	Ungarn
.id	Indonesien
.ie	Irland
.il	Israel
.il.us	Illinois, USA
.im	Isle of Man, Großbritannien, Instant-Messenger-Dienste
.immo	Immobilien
.immobilien	Immobilien
.in	Indien

TLD	Land/Bereich
.industries	Firmen
.info	Allgemeine Informationen, erlaubt Namen mit Umlauten
.ink	Tinte
.institute	Institute
.insure	Versicherungen
.int	Internationale Anbieter
.international	Internationale Angebote
.invalid	Ungültig, nicht vorhandene Domain, reserviert für Software-Tests
.investments	Investment-Angebote
.io	Britisches Territorium im Indischen Ozean
.iq	Irak
.ir	Iran
.irish	Angebote aus Irland
.is	Island
.it	Italien
.je	Jersey, Kanalinsel
.jetzt	Aktuelle Angebote
.jewelry	Juweliere
.jm	Jamaika
.jo	Jordanien
.jobs	Stellenangebote, ✎ 0,36 Prozent
.jp	Japan, ✎ 1,95 Prozent
.kaufen	Händler

Top-Level-Domains // .ke

TLD	Land/Bereich
.ke	Kenia
.kg	Kirgisistan
.kh	Kambodscha
.ki	Kiribati
.kim	☠, 99,74 Prozent schädliche Inhalte!
.kitchen	Küche
.kiwi	Kiwi, Neuseeland
.km	Komoren
.kn	St. Kitts und Nevis
.koeln	Köln
.kp	Nordkorea
.kr	Südkorea
.krd	Kurdistan
.kw	Kuwait, ♦ 1,61 Prozent
.ky	Kaimaninseln
.kz	Kasachstan
.la	Laos, Kfz-Kennzeichen LA von Landshut
.land	Land
.law	Recht
.lawyer	Rechtsanwalt
.lb	Libanon
.lc	Saint Lucia
.lease	Mietangebote, Leasing
.li	Liechtenstein, erlaubt Namen mit Umlauten

TLD	Land/Bereich
.life	Angebote zum Stichwort Leben, Lifestyle
.lightning	Beleuchtung
.limited	Unternehmen, limitierte Angebote
.limo	Limosinen-Service
.link	☠, 96,98 Prozent schädliche Inhalte!
.live	Live-Angebote
.lk	Sri Lanka
.loan, .loans	Darlehen
.lol	Comedy, Humor, Lachen, Witze
.london	London, ♦ 1,85 Prozent
.lotto	Gewinnspiele, Lotterien
.love	Liebe
.lr	Liberia
.ls	Lesotho
.lt	Litauen
.lu	Luxemburg
.luxury	Luxus
.lv	Lettland
.ly	Libyen
.ma	Marokko
.makeup	Alles rund um die Schönheit
.management	Management
.market, .markets	Finanzmärkte und Börsen

.ninja — Top-Level-Domains //

TLD	Land/Bereich
.marketing	Marketing
.mba	Master of Business Administration
.mc	Monaco
.md	Moldawien
.me	Montenegro
.media	Medienanbieter
.melbourne	Melbourne, Australien
.men	Angebote für Männer
.menu	Menü
.mf	St. Martin
.mg	Madagaskar
.mh	Marshall-Inseln
.miami	Miami, Florida
.mil	Amerikanische Militäreinrichtungen, ⚐ 0,24 Prozent
.mk	Mazedonien
.ml	Mali
.mm	Myanmar
.mn	Mongolei
.mo	Macao
.mobi	Dienste für mobile Endgeräte
.money	Alles rund ums Geld
.mortgage	Hypothekendarlehen
.moscow	Moskau, Russland
.movie	Kino

TLD	Land/Bereich
.mp	Nördliche Marianen
.mq	Martinique
.mr	Mauretanien
.ms	Montserrat
.mt	Malta
.mu	Mauritius
.museum	Museen und Ausstellungen
.mv	Malediven
.mw	Malawi
.mx	Mexiko
.my	Malaysia
.mz	Mosambik
.na	Namibia
.name	Privatpersonen
.nc	Neukaledonien
.ne	Niger
.net	Netzwerkanbieter, erlaubt Namen mit Umlauten
.network	Netzwerke
.news	Nachrichten
.nf	Norfolk-Inseln
.ng	Nigeria
.ni	Nicaragua
.ninja	Kampfsport, Aufmerksamkeitserregende Domain für verschiedenste Zwecke

Top-Level-Domains // .nl

TLD	Land/Bereich
.nl	Niederlande
.no	Norwegen
.np	Nepal
.nr	Nauru
.nrw	Nordrhein-Westfalen
.nu	Niue
.nyc	New York City, New York, USA
.nz	Neuseeland
.okinawa	Okinawa, Japan
.om	Oman
.onion	Versteckter Dienst in der TOR-Anonymisierung
.online	Online-Angebote
.opr	Operations
.org	Nichtkommerzielle Organisationen
.osaka	Osaka, Japan
.pa	Panama
.paris	Paris, Frankreich
.parts	Bauteile, Ersatzteile
.party	☠, 98,07 Prozent schädliche Inhalte!
.pe	Peru
.pet	Haustiere
.pf	Französisch-Polynesien
.pg	Papua-Neuguinea
.ph	Philippinen
.photo, .photos	Fotografie
.photography	Fotografie
.physio	Physiotherapie
.pics	Fotos
.pictures	Fotos
.pink	Alles rund um die Farbe Rosa
.pizza	Pizzerien
.pk	Pakistan
.pl	Polen
.place	Orte
.pm	Saint-Pierre und Miquelon
.pn	Pitcairn-Inseln
.poker	Poker
.porn	Unterhaltung für Erwachsene
.post	Post und Logistikunternehmen
.pr	Puerto Rico
.press	Verlage, Zeitungen, Presseerzeugnisse
.pro	Freiberufler wie Ärzte, Rechtsanwälte und Steuerberater
.productions	Auftragsfertiger, Produktionsunternehmen
.protection	Schutzanbieter wie Kampfsportschulen, Wach- und Schließgesellschaften

.sex Top-Level-Domains //

TLD	Land/Bereich
.ps	Palästinensische Autonomiegebiete
.pt	Portugal
.pub	Bars und Pubs
.pw	Palau
.py	Paraguay
.qa	Katar
.quebec	Quebec, Kanada
.qq	☠, 97,68 Prozent schädliche Inhalte!
.racing	Rennsport
.re	Réunion
.recipes	Rezepte
.red	Alles rund um die Farbe Rot
.reise, .reisen	Reiseunternehmen, Verwendung für Reiseangebote
.repair	Handwerker, Reparaturbetriebe
.republican	Republikaner
.rest	Restaurants
.restaurant	Restaurants
.review	☠, 100 Prozent schädliche Inhalte!
.rich	Geld verdienen, Reich werden
.rip	Erinnerungsseiten, digitale Friedhöfe
.ro	Rumänien

TLD	Land/Bereich
.rocks	Alles rund um Steine und Mineralien, daher zum Beispiel geeignet für Baubetriebe und Baustoffhandlungen, Geologen, Juweliere, Mineralienhändler und Mineralogen
.rodeo	Rodeos
.rs	Serbien
.ru	Russland
.ruhr	Ruhrgebiet, Ruhr
.run	Laufsport
.rw	Ruanda
.sa	Saudi Arabien
.saarland	Saarland
.sale	Zu verkaufen
.sb	Salomon-Inseln
.sc	Seychellen
.school	Schule
.schule	Schule
.science	☠, 99,35 Prozent schädliche Inhalte!
.sd	Sudan
.se	Schweden
.security	Sicherheit, Sicherheitsunternehmen
.services	Dienstleistungsangebote
.sex	Unterhaltung für Erwachsene

Top-Level-Domains // .sg

TLD	Land/Bereich
.sg	Singapur
.sh	St. Helena, Unternehmen aus Schleswig-Holstein
.shoes	Schuhe
.shop	Online-Shop
.show	Veranstaltungen
.si	Slowenien
.singles	Angebote für Alleinstehende
.site	Websites beliebiger Art
.sj	Svalbard und Jan Mayen
.sk	Slowakei
.ski	Ski
.sl	Sierra Leone
.sm	San Marino
.sn	Senegal
.so	Somalia
.soccer	Fußball
.social	Soziale Angebote
.software	Software
.solar	Solarenergie
.solutions	Lösungsanbieter
.space	Klingt nach Weltraum, meint jedoch allgemeine Angebote
.sr	Suriname
.srl	Unternehmen mit beschränkter Haftung in Italien und Lateinamerika

TLD	Land/Bereich
.ss	Südsudan
.st	São Tomé und Príncipe
.studio	Ateliers und Studios
.style	Stil in Mode, Design, Architektur
.su	frühere Sowjetunion, die auch als Union der Sozialistischen Sowjetrepubliken (UdSSR) bezeichnet wurde, Rhein-Sieg-Kreis (Kfz-Kennzeichen SU)
.sucks	Protest gegen Missstände oder Marketing für Produkte wie als Beispiel cancer.sucks für Informationen zu Krebserkrankungen.
.supplies	Dienstleister, Handwerker
.supply	Lieferanten
.support	Kunden-, Produkt- oder Systemsupport
.surf	Angebote für Surf-Begeisterte
.surgery	Chirurgen, Chirurgiegeräte, OP-Zubehör
.sv	El Salvador
.swiss	Angebote aus der Schweiz
.sx	Sint Maarten, Niederlande
.sy	Syrien
.sydney	Sydney, Australien

.tv Top-Level-Domains //

TLD	Land/Bereich
.systems	Systeme
.sz	Swasiland
.taipei	Taiwan
.tattoo	Tattoo-Studios
.tax	Steuern
.taxi	Taxis, Taxiunternehmen
.tc	Turks- und Caicos-Inseln
.td	Tschad
.team	Teamangebote
.tech	Technologie
.technology	Technologie
.tel	Telefonie, ✎ 1,60 Prozent
.tennis	Tennis
.test	Reserviert für Testzwecke, kann lokal genutzt werden.
.tf	Französische Süd- und Antarktis-Gebiete
.tg	Togo
.th	Thailand
.theater	Theater
.theatre	Theater
.tickets	Konzert- und Veranstaltungskarten
.tips	Tipps
.tires	Reifen
.tirol	Tirol

TLD	Land/Bereich
.tj	Tadschikistan
.tk	Tokelau
.to	Tonga
.tp	Osttimor, für eine Übergangszeit parallel zu .tl genutzt
.tl	Osttimor
.tm	Turkmenistan
.tn	Tunesien
.to	Tonga, auch verwendet für Torrent, Turin, Toronto, Tokyo und Tocantins (Brasilien), für Wortspiele wie come.to
.today	Angebote für heute
.tokyo	Tokyo, Japan
.tools	Werkzeug
.top	Top-Angebote
.tours	Reisen, Touren, Ausflüge
.town	Stadt
.toys	Spielwaren
.tr	Türkei
.trade	Handel
.training	Schulungsangebote
.travel	Reisebüros, Fluggesellschaften
.tt	Trinidad und Tobago
.tv	Tuvalu, ein Inselstaat im Pazifik, wird von TV-Sendern verwendet.

Top-Level-Domains // .tw

TLD	Land/Bereich
.tw	Taiwan
.tz	Tansania
.ua	Ukraine
.ug	Uganda
.uk	Großbritannien und Nordirland
.um	United States Minor Outlying Islands
.university	Bildungsangebote, Universitäten
.us	Vereinigte Staaten von Amerika (USA)
.uy	Uruguay
.uz	Usbekistan
.va	Vatikan
.vacations	Reisen, Reiseunternehmen
.vc	St. Vincent und Grenadinen
.ve	Venezuela
.vegas	Las Vegas
.ventures	Unternehmen, Risikokapital, Spekulation
.versicherung	Versicherungen, Verrsicherungsvertretungen
.vet	Veterinäre, Tierärzte
.vg	Britische Jungferninseln
.vi	Amerikanische Jungferninseln

TLD	Land/Bereich
.video	Video
.villas	Villas
.vin	Wein, französischer
.vision	Visionen, Geistesblitze, Optiker
.vlaanderen	Flanders, Belgien
.vn	Vietnam
.vodka	Vodka
.vote	Wahlen, Umfragen
.voting	Wahlen, Umfragen
.voyage	Reisen
.vu	Vanuatu
.wales	Wales
.watch	Uhren, Schmuck
.webcam	Webcams
.website	Website beliebiger Art
.wedding	Hochzeitsangebote
.wf	Wallis und Futuna
.wien	Wien
.wiki	Wikis wie Wikipedia
.win	Angebote für Gewinner
.wine	Wein
.work	☠, 98,20 Prozent schädliche Inhalte!
.works	Arbeitsangebote
.world	Weltweite Angebote

.zw Top-Level-Domains //

TLD	Land/Bereich
.wow	Für erstaunliche Dinge, die den Besucher überraschen (vom Ausruf „wow")
.ws	Samoa
.wtf	Für unglaubliche Dinge, die den Besucher überraschen (vom Ausruf „what the fuck")
.xk	Kosovo
.xxx	Angebote für Erwachsene
.xyz	Allgemein
.yachts	Boote
.ye	Jemen

TLD	Land/Bereich
.yk.ca	Yukon, Kanada
.yt	Mayotte
.yoga	Yoga
.yokohama	Yokohama
.you	Keine Zuordnung
.za	Südafrika
.zero	Keine Zuordnung
.zip	☠, 100 Prozent schädliche Inhalte!
.zm	Sambia
.zone	Allgemein
.zw	Simbabwe

Wir sind bei der Erstellung mit größtmöglicher Sorgfalt vorgegangen. Sollten Sie dennoch einen Fehler bei den Länderbezeichnungen oder eine fehlende Top-Level-Domain feststellen, informieren Sie uns bitte per E-Mail an pc-lexikon@computerwissen.de, damit wir die Liste in der nächsten Auflage korrigieren.

Netlingo :-)   <Reaktion>

Netlingo – die Internetsprache für Chats, Foren und Newsgroups

In Chats, Blogs, Foren, Newsgroups und teilweise auch in E-Mails werden für Außenstehende unverständliche Kürzel verwendet. Deren Bedeutung können Sie jetzt in dieser übersichtlichen, alphabetisch geordneten Tabelle schnell nachschlagen. Zu den Abkürzungen englischer Herkunft finden Sie die Übersetzung und wo erforderlich auch eine zusätzliche Erklärung. Die Abkürzungen werden auch teilweise in eckige Klammern oder in Sternchen gesetzt. Die Bedeutung bleibt dabei jedoch gleich.

Abkürzung	Abkürzung von	Bedeutung
<Reaktion>	Handlungen oder Reaktionen, z. B. <heul> oder <kicher>	
<!>	Wichtiger Teil des Satzes.	
<?>	Teil des Satzes mit fragwürdiger Äußerung.	
<BG>	big grin	breites Grinsen
<EG>	evil grin	fieses Grinsen
<ETHNIC>	Ethnic	Ersatz für eine ethnische Gruppe.
<G>	grin	Grinsen
<GG>	grin grin	breites Grinsen
<GGG>	grin grin grin	sehr breites Grinsen
<VBG>	very big grin	sehr breites Grinsen
*$	Starbucks	die Restaurantkette Starbucks
*@!?$	*@!?$	Schimpfen
FG	fat grin	fettes Grinsen, fieses Grinsen
G	grin	Grinsen
.oO	think bubbles	Denke nach, kommt von den Comic-Sprechblasen.
====~~~		Ich gehe jetzt eine Zigarette rauchen.
!	Negation	Das Nachfolgende wird verneint.

ASAP — Netlingo :-)

Abkürzung	Abkürzung von	Bedeutung
$0.02	my 2 cents	Mein bescheidener Beitrag dazu.
&C	et cetera	und so weiter
143	I love you	Ich liebe Dich.
1432	I love you too	Ich liebe Dich auch.
14AA41	one for all and all for one	Einer für alle und alle für einen.
182	I hate you	Ich hasse Dich.
2L8	too late	zu spät
2MORO	tomorrow	morgen
3N	nie, niemals, nirgendwo	
3ST	Das war dreist.	
4FREE	for free	kostenlos
4GET IT	forget it	Vergiss es.
4U	for you	für dich
8ung	Achtung	
AAMOF	as a matter of fact	Tatsache ist
ACK	acknowledge	Zustimmung
AFAIC	As far as I am concerned.	Soweit es mich betrifft.
AFAIK	As far as I know.	Soweit ich weiß.
AFK	away from keyboard	Bin mal eben weg (vom Rechner).
AGA	aus gegebenem Anlass	
AHEM	Räuspern (bevor man sich kontrovers äußert)	
AKA	also known as	auch bekannt als; alias
ANWS	Auf Nimmerwiedersehen	
ASAP	as soon as possible	so bald wie möglich

Netlingo :-)   A/S/L / ASL?

Abkürzung	Abkürzung von	Bedeutung
A/S/L / ASL?	age/sex/land or location	Alter, Geschlecht und Nationalität / Wohnort
AWHFY	Are we having fun yet?	Ist das noch Spaß? Ist das noch lustig?
AWS	Auf Wiedersehen.	Abschiedsgruß
B4	before	vorher
B4N	Bye for now.	Tschüss für heute/den Moment.
BAB	Bussi aufs Bauchi; Zärtlichkeit.	
BABA	Bye, bye	Auf Wiedersehen.
BAK	Back at keyboard.	Zurück an der Tastatur.
BANG	bang	Knall, lautmalerisch
BB	Bye, bye.	Tschüss!
BBB	Bis bald Baby.	
BC	before christ	total veraltet
BCNU	Be seeing you.	Wir sehen uns.
BEAM	beam	Schicke es rüber
BFN	Bye for now.	Für jetzt erst einmal tschüss.
BHB	Bis hoffentlich bald.	
BIBABU	Bis bald, Bussi; zärtlicher Abschiedsgruß.	
BIHOBA	Bis hoffentlich bald.	
BILD	Bierchen, ich liebe dich.	
BL	Bitte lächeln.	
BLZARD	Blizzard, Gewittersturm	
BM	Bis morgen! oder Blödmann	
BOUNCE	Das Zurückweisen wie bei einer E-Mail	
BQ	beyond question	Es steht außer Frage.
BRB	Be right back.	Ich bin gleich zurück.

Abkürzung	Abkürzung von	Bedeutung
BS	Bis später! oder Bullshit	Abschiedsgruß oder Unfug (deftiger Ausdruck)
BTDT	Been there, done that.	Das habe ich auch schon gemacht/hinter mir.
BTT	Back to topic.	Zurück zum Thema.
BTW	by the way	übrigens
BUEM	Bis übermorgen!	
BVL	brüllt vor Lachen	
BWAI	Bis wann auch immer.	
BWD	Bin wieder da.	
CLD	cold	kalt
CU	See you	Tschüss, wir sehen uns.
CU2 / CU (2)	See you too	Auch Tschüss, bis bald. (Antwort auf CU)
CUL / CUL8ER / CUL8R	See you later	Bis später.
CYA	Cover your ass.	Auf Wiedersehen und pass auf dich auf.
CYL	See you later.	Bis später.
DAA	dusseligster anzunehmender Administrator	
DAD	Denk an Dich.	
DAM	„Denk an mich." oder „Denk an Murphy."	
DAU	dümmster anzunehmender User	
DBBE	Du bist ein Engel.	
DBMTM	Du bist mein Traummann.	
DFA	Danke für alles.	
DFTT	Don't feed the troll.	Bitte den Störer nicht beachten.

Netlingo :-) — DG

Abkürzung	Abkürzung von	Bedeutung
DG	dumm gelaufen	
DIV	Danke im Voraus.	
DK	Dummkopf	
DKMMK	Du kannst mich mal kreuzweise.	
DL	Download	Herunterladen
DN	Du nervst!	
DTSL	Don't talk so loud.	Schalte die Großbuchstaben ab.
DWB	dumm wie Brot	
EB	echt blöd	
EIDU	Erwarte immer das Unmögliche.	
F?	Freunde?	
FAKE	fake	gefälscht, nicht echt
FAQ	frequently asked questions	häufig gestellte Fragen (Rubrik auf Support-Seiten)
FEED	feed	füttern mit Informationen
FF	Fortsetzung folgt.	
FG	frech grinsen	
FGD	falsch gedacht	
FIB	Flugzeuge im Bauch.	
FLAME	flame	persönliche Beleidigung
FLOTUS	First Lady of the United States	First Lady der Vereinigten Staaten von Amerika, aktuell Michelle Obama
FOAF	friend of a friend	vom Hörensagen
FOC	free of charge	kostenlos
FRZN	freezing	friere, es gefriert
G	Grinsen	
G&K	Gruß und Kuss.	

HDML — Netlingo :-)

Abkürzung	Abkürzung von	Bedeutung
GAFK	Go away from keyboard.	Bin mal kurz weg.
GB!	Genau Baby!	
GGG	ganz groß grins, breites Grinsen	
GIGGLE	Kichern, lautmalerisch	
GIGO	Garbage in, garbage out.	Wie man in den Wald hineinruft, so schallt es heraus.
GLUG	Trinken, lautmalerisch	
GLYASDI	God loves you and so do I.	Gott liebt dich und ich tue es auch.
GN	geht nicht	
GN8	Gute Nacht!, Abschiedsgruß	
GNGN	Geht nicht, gibt's nicht.	
GR	Guten Rutsch!	
GRMBL	grumble	Grummeln
GRTNX	greetings	Grüße
GUK	Gruß und Kuss	
GZ	Gute Zeit!, freundlicher Wunsch	
GZT	Geh zum Teufel!	
HD	Halte durch!	
HDAL	Ich habe Dich auch lieb.	
HDDMA	Heul doch den Mond an.	
HDG	Hab dich gern.	
HDGDL	Hab dich ganz doll lieb.	
HDL	Hab dich lieb.	
HDLAS	Hast Du Lust auf Sex?	
HDLFIU	Habe Dich für immer und ewig lieb.	
HDML	Habe Dich mega lieb.	

Netlingo :-) HDOS

Abkürzung	Abkürzung von	Bedeutung
HDOS	Halte die Ohren steif.	
HDR	Halt den Rand!	
HG	hämisches Grinsen oder Herzlichen Glückwunsch!	
HHIS	head hangs in shame	Schäme mich.
HINDIK	Habe immer nur dich im Kopf.	
HRCN	hurricane	ein tropischer Wirbelsturm
HSIK	How should I know?	Wie soll ich das wissen?
HTH	Hope that helps.	Ich hoffe, das hilft.
HUA	Hallo und auf Wiedersehen.	
IAMIDN	Im Augenblick mag ich dich noch.	
IAN	Ich auch nicht.	
IBM	Ich bin müde.	
IBNB	Ich bin nicht blöd.	
IDAD	Ich denk an Dich.	
IHA	Ich hasse Abkürzungen.	
IHDL	Ich hab dich lieb.	
IHDZFG	Ich hab dich zum Fressen gern.	
IHKBM	Ich habe keinen Bock mehr.	
IKMNMEVL	Ich kriege mich nicht mehr ein vor Lachen.	
ILD	Ich liebe dich.	
ILY	I love you.	Ich liebe Dich.
IME	In my experience.	Meiner Erfahrung nach.
IMHO	In my humble opinion.	Meiner bescheidenen Meinung nach.
INA?	Ist niemand anwesend?	
IRL	In real life.	Im wirklichen Leben.
ISP	Internet Service Provider	

Abkürzung	Abkürzung von	Bedeutung
ITDV	Ich träum von Dir.	
IWBDGB	Ich warte, bis du groß bist.	
KA	keine Ahnung	
KB	Korrespondenz beendet.	
KC	keine Chance	
KD	Knuddel Dich.	
KGW	Komme gleich wieder.	
KHZM	Kommst heute zu mir?	
KISS	Keep it simple, stupid.	Es einfach halten.
KK	„Kein Kommentar." oder „Kluges Kerlchen."	
KLKRKL	Küsschen links, Küsschen rechts, Küsschen links.	
KLM	Keine Lust mehr.	
KMYF	Kiss me you fool.	Küss mich, du Idiot.
KNUBU	Knuddelbussi	liebevolle Begrüßung
KOZ	Kopf oder Zahl?	
KP	Kein Problem.	
KSF	Können Schweine fliegen?	
KV	Kannste vergessen.	
L8ER	later	später
LAMITO	Lache mich tot.	
LDNU	Lass Dich nicht unterkriegen.	
LDVH	Lies das verdammte Handbuch! Siehe RTFM.	
LIDUMI?	Liebst Du mich?	
LG	Liebe Grüße	
LMIF	Lass mich in Frieden.	
LMIR	Lass mich in Ruhe.	

Netlingo :-)   LOL

Abkürzung	Abkürzung von	Bedeutung
LOL	laughing out loud	lautes Lachen, Gelächter
LTNS	Long time no see.	Lange nicht gesehen.
LU	liebevolle Umarmung	
LUTVL	Liege unter dem Tisch vor Lachen.	
LZ	loser	Verlierer
MAD	Mag Dich.	
MAG	mit amüsierten Grüßen	
MAK	Muss aufs Klo.	
MBMN	Meiner bescheidenen Meinung nach.	
MDT	Mag Dich trotzdem.	
MFG	Mit freundlichen Grüßen.	
MG	Mega-Grinsen	
MINZIG	minimal und winzig	
MISC	miscellaneous	verschiedenes
MMN	Meiner Meinung nach.	
MOF	matter of fact	Tatsache
MOM	Moment	
MOMBITEL	Moment mal bitte, das Telefon klingelt.	
MORF?	Male or female?	Männlich oder weiblich?
MOW?	Männlich oder weiblich?	
MSG, MSGS	message, messages	Nachricht, Nachrichten
MTSBWY	may the Schwartz be with you	ein Zitat aus dem Film „Spaceballs" von Mel Brooks, das auf „Möge die Macht mit Dir sein" aus Star Wars anspielt, wobei „Möge der Saft mit Dir sein." gemeint ist.
MUSEN	Meinem unmaßgeblichen Sprachempfinden nach.	

PLONK — Netlingo :-)

Abkürzung	Abkürzung von	Bedeutung
MWN	„Meinem Wissen nach." oder „Meines Wissens nicht."	
NBD	No big deal.	Keine große Sache.
NC	No comment.	Kein Kommentar.
NFA	Need fast answer.	Brauche schnelle Antwort.
NIH	Not invented here.	Gibt es hier noch nicht.
NOK	Nicht ohne Kondom.	
NRN	No reply necessary.	Keine Antwort erforderlich.
NTK	Nice to know.	Gut zu wissen.
OBTW	Oh, by the way	Ach, übrigens
OMG	Oh mein Gott!	
ONU	Otto-Normal-User	Otto-Normal-Anwender
OOTB	Out of the box.	Wie aus der Verpackung.
OT	off topic	Gehört nicht zum Thema.
OTB	off to bed	gehe schlafen, schläft
P?	Pardon?	Pardon?, Verzeihung
PCE	Present company excepted.	Die Anwesenden ausgenommen.
PDQ	Pretty damned quick.	Aber ganz schnell.
PESSIMAL	pessimistisch und maximal	Schlechter geht es nicht mehr.
PEST	Please excuse slow typing.	Entschuldige mein langsames Tippen.
PG	Pech gehabt.	
POTUS	President of the United States, Präsident der Vereinigten Staaten von Amerika, aktuell also Barack Obama	
PP	persönliches Pech	
PPL	people	Menschen
PLONK	Leave our newsgroup kid!	„Kind, verlasse bitte unsere Newsgroup!"

Netlingo :-) PLZ

Abkürzung	Abkürzung von	Bedeutung
PLZ	please	bitte
PM	persönliche Mail	E-Mail
POV	point of view	Standpunkt, Blickwinkel
PWUHL	Passt, wackelt und hat Luft.	
QD!	Quiet down!	Beruhige dich!
QG	Quälgeist	Im Sinne von „Hör endlich auf!".
QK	Quatschkopf	Meist im Sinne von „Hör auf!".
QMS	Quatsch mit Soße	
QT	cutie	Cleverle
QUES	question	Frage
QY	query	Anfrage
R4U	Roses for you.	Rosen für dich.
RE	returned	Bin wieder da.
RFC	Request for comments.	Bitte um Stellungnahme.
RFDI	Reif für die Insel.	
RFP	Request for proposals.	Bitte um Vorschläge.
RGDS	regards	Grüße
RIP	Rest in peace.	Ruhe in Frieden.
RL	real life	Das Leben außerhalb des Internets.
RNY	rainy	es regnet, regnerisch
ROFL	Rolling on floor laughing.	Wälze mich auf dem Boden vor Lachen.
ROK	real online kiss	ein echter Online-Kuss
ROTF	Rolling on the floor.	Wälze mich auf dem Boden (vor Lachen).

Abkürzung	Abkürzung von	Bedeutung
ROTFL	Rolling on the floor laughing.	Wälze mich auf dem Boden vor Lachen.
RQWF	Right question, wrong forum.	Gute Frage, aber falsches Forum.
RR	Reply requested.	Antwort erbeten.
RTBS	Reason to be single.	Ein Grund dafür, Single zu sein.
RTDOX	Read the documentation!	Lies die Dokumentation!
RTFAQ	Read the FAQs!	Lies die FAQs!
RTFM	Read the f*cking manual!	Lies das verdammte Handbuch!
RTM	Read the manual!	Lies das Handbuch!
RYS	Read your screen!	Lies deine Bildschirmanzeige!
SCNR	Sorry, could not resist.	Entschuldigung, aber ich konnte nicht widerstehen.
SEC	Just a second.	Nur eine Sekunde.
SF	Science Fiction	
SFG	sehr fettes Grinsen	
SFH	Schluss für heute.	Abschied
SFX	self extracting file	selbst entpackende Datei
SH	Shit happens.	Mist passiert eben.
SHT	so hot	sehr heiß
SIB	Schmetterlinge im Bauch; die Steigerung ist FIB.	
SITD	still in the dark	immer noch unklar
SMIDAK	Schau mir in die Augen Kleines.	
SMN	Schlag mich nicht.	
SMO	Serious mode on.	Der „Seriös-Modus" wird eingeschaltet.

Netlingo :-) SMOff

Abkürzung	Abkürzung von	Bedeutung
SMOff	Serious mode off.	Der „Seriös-Modus" wird ausgeschaltet.
SNNY	sunny	sonnig
SO	significant other	Lebensabschnittsgefährte
SOB	son of a bitch	Hurensohn; Beschimpfung
SOFA	Sonntagsfahrer	
SOHF	Sense of humor failure.	nicht lustig
SOS	Same old stuff.	Immer derselbe alte Kram.
SOT	Short of time.	Habe nicht viel Zeit.
SOTMG	Short of time must go.	Habe nicht viel Zeit, muss gehen.
SOW	Speaking of which?	Wir sprechen von was?
SOY!	Shame on you!	Schäm dich!
SP	Sendepause	
SS	„so süß" oder „Schreib zurück."	
SSDD	Same stuff, different day.	Ein neuer Tag, aber immer noch der alte Kram.
SSEWBA	Someday soon everything will be acronyms.	Irgendwann in naher Zukunft wird es nur noch Akronyme geben.
SSZ	Schreib schnell zurück.	
STN	Schönen Tag noch.	
SWMBO	She, who must be obeyed.	Meine Frau/Freundin, der ich gehorchen muss/die es tun muss.
SYSOP	system operator	Leiter eines Forums
TABU	Tausend Bussis.	
TABYAS	Thinking all but you are stupid?	Denkst du, alle außer dir sind blöd?

Abkürzung	Abkürzung von	Bedeutung
TAFN	That's all for now.	Das ist alles für heute.
TAL	Thanks a lot.	Vielen Dank.
TANJ	There ain't no justice!	Es gibt keine Gerechtigkeit!
TCOY	Take care of yourself!	Pass auf dich auf!
TD	Trau dich!	
TF	total fies	
TFS	three finger salute	„Affengriff"
THX	Thanks.; Thank you.	Danke.
TIA	Thanks in advance.	Danke im Voraus.
TIE	Take it easy!	Nimm's leicht!
TINWIS	That is not what I said.	Das habe ich (so) nicht gesagt!
TM	total mies	
TML	Tut mir leid.	
TNDP	Traue nie deinem PC.	
TNX	Thanks.	Danke.
TRNDO	tornado	Tornado, Windhose
TS	Träume süss	
TW	Themenwechsel	
U	you	Du
U2, U2?	You too, you too?	Du auch, du auch?
UAWG	Um Antwort wird gebeten.	
URR	Urgent reply requested.	Dringend Antwort erbeten.
UU	unter Umständen	
VAT	Völlig anderes Thema.	
VL	virtual life	virtuelles Leben
VMN	Vergiss mich nicht.	
VR	virtual reality	virtuelle Realität

Netlingo :-) WASA

Abkürzung	Abkürzung von	Bedeutung
WASA	Warte auf schnelle Antwort.	
WB	Welcome/write back	Willkommen /schreib zurück
WBIGB	Warte, bis ich groß bin.	
WBS	Write back soon.	Schreib bald zurück.
WC	Who cares?	Wen kümmert das schon?
WDMMG	Willst Du mit mir gehen?	
WE	Wochenende	
WG	wicked grin	teuflisches Grinsen
WIDMIHEI	Willst Du mich heiraten?	
WNDY	windy	windig
WOMBAT	waste of money, brains and time	Geld-, Gehirn- und Zeitverschwendung
WRM	warm	warm
WSWUW	Wann sehen wir uns wieder?	
WT	without thinking	gedankenlos
WUF	Where are you from?	Wo kommst du her?
XOXO	hugs and kisses	Umarmungen und Küsse
YHBT	You have been trolled.	Du wurdest reingelegt.
YHBW	You have been warned.	Du wurdest gewarnt.
YW	You are welcome.	Gern geschehen.
ZA	Zickenalarm	
ZK	zum Kotzen	
ZKN	zur Kenntnisnahme	
ZL	Zieh Leine!	
ZLU	zärtliche, liebevolle Umarmung	
ZZ	zur Zeit	
ZZZ	Schlafe, bin gelangweilt, bin müde.	

Multi-Coin-Wallets

In den Anfängen der ⇨ **Kryptowährungen** wurde für jeden ⇨ Coin eine eigene ⇨ **Wallet** benötigt. Es waren daher zur Verwaltung unterschiedlicher Coins mehrere Programme zu installieren, die sich von der Bedienung her unterschieden.

Heute ersetzt eine Multi-Coin-Wallet im Idealfall alle dieser einzelnen Wallets. So verwaltet zum Beispiel die Coinomi-App über 60 Kryptowährungen. Doch auch bei Coinomi fehlen noch wichtige Coins wie zum Beispiel Ripple (Stand: 30. Dezember 2017).

Die nachfolgende Tabelle liefert einen Überblick der abgedeckten Kryptowährungen durch die vier bekannten Multi-Coin-Wallets Coinomi, Exodus, Jaxx und Ledger. Die Ledger Wallets arbeiten mit der Ledger-Hardware zusammen (⇨ **Hardware-Wallet**).

Achten Sie bei der Auswahl der richtigen Multi-Coin-Wallet auch auf das Betriebssystem, da nicht alle Wallets Windows unterstützen. Coinomi ist zum Beispiel nur für Android-Smartphones verfügbar, wobei eine App für iOS in Vorbereitung ist.

Coin	Wallet Coin-Symbol	Coinomi[1]	Exodus 4,5,6	Jaxx 1,2,3,4,5,6	Ledger Wallets 1,2,3,4,5,6
Abncoin		✓			
Adcoin		✓			
Aion				✓	
Aragon			✓	✓	

Multi-Coin-Wallets — Ark

Coin	Wallet Coin-Symbol	Coinomi[1]	Exodus 4,5,6	Jaxx 1,2,3,4,5,6	Ledger Wallets 1,2,3,4,5,6
Ark					✓
Asiacoin	AC	✓			
Augur			✓	✓	
Auroracoin	F	✓			
Bancor				✓	
Basic Attention Token	▲		✓		
Bata	b	✓			
Belacoin	○	✓			
Bitcoin	₿	✓	✓	✓	✓
Bitcoin Cash	Ⓑ	✓	✓	✓	✓
Bitcoin Gold	₿	✓			✓
Bitcoin Plus	₿+	✓			
Bitcore	₿	✓			
BitSend	●	✓			

DA PowerPlay — Multi-Coin-Wallets

Coin	Wallet Coin-Symbol	Coinomi[1]	Exodus 4,5,6	Jaxx 1,2,3,4,5,6	Ledger Wallets 1,2,3,4,5,6
Blackcoin	🅱	✓			
Blockchain-Capita				✓	
Britcoin	✠	✓			
Blockmason	Ⓑ			✓	
Canada eCoin	🍁	✓			
Cannacoin	🌿	✓			
Civic	●		✓	✓	
Clams	🦪	✓			
Clubcoin	cc	✓			
Cofoindit				✓	
Compcoin	🗲	✓			
Creditbit				✓	
Crown	👑	✓			
DA PowerPlay				✓	

Das Lexikon der PC-Fachbegriffe mit richtiger Aussprache

Multi-Coin-Wallets — Dash

Coin	Wallet Coin-Symbol	Coinomi[1]	Exodus 4,5,6	Jaxx 1,2,3,4,5,6	Ledger Wallets 1,2,3,4,5,6
Dash	●	✓	✓	✓	✓
Decred			✓		
Defcoin	●	✓			
Denarius	●	✓			
Diamond	●	✓			
Digibyte	●	✓			✓
Digitalcoin	●	✓			
DigixDAO				✓	
District0x			✓		
Dogecoin	●	✓		✓	✓
DomRaider				✓	
Ecoin	●	✓			
Edgeless				✓	
EDRcoin	●	✓			

FunFair — Multi-Coin-Wallets

Coin	Wallet Coin-Symbol	Coinomi[1]	Exodus 4,5,6	Jaxx 1,2,3,4,5,6	Ledger Wallets 1,2,3,4,5,6
EGulden		✓			
Einsteinium		✓			
Enjin Ethereum				✓	
EOS			✓	✓	
Ethereum		✓	✓	✓	✓
Ethereum Classic		✓	✓	✓	✓
EuropeCoin		✓			
Expanse		✓			✓
Feathercoin		✓			
Firstcoin		✓			
Flashcoin		✓			
Fuel				✓	
Fujicoin		✓			
FunFair			✓		

Multi-Coin-Wallets   Game Credits

Coin	Wallet Coin-Symbol	Coinomi[1]	Exodus 4,5,6	Jaxx 1,2,3,4,5,6	Ledger Wallets 1,2,3,4,5,6
Game Credits	G	✓			
GCRcoin	G	✓			
Gnosis			✓	✓	
Golem			✓	✓	
Gridcoin	G	✓			
Gulden	G	✓			
Hcash					✓
Helleniccoin		✓			
Hempcoin	HC	✓			
Iconomi				✓	
iExec				✓	
Insanecoin		✓			
Internet of People		✓			
IXCoin		✓			

Neocoin — Multi-Coin-Wallets

Coin	Wallet / Coin-Symbol	Coinomi[1]	Exodus 4,5,6	Jaxx 1,2,3,4,5,6	Ledger Wallets 1,2,3,4,5,6
Komodo					✓
Landcoin	L	✓			
LBRY Credits		✓			
Linx		✓			
Litecoin	L	✓	✓	✓	✓
Maecenas				✓	
Matchpool				✓	
Melon				✓	
Monaco		✓		✓	
Musiconomi				✓	
Myriadcoin	m	✓			
Namecoin	N	✓			
Navcoin	N	✓			
Neocoin		✓			✓

Multi-Coin-Wallets — Neurocoin

Coin	Wallet / Coin-Symbol	Coinomi[1]	Exodus 4,5,6	Jaxx 1,2,3,4,5,6	Ledger Wallets 1,2,3,4,5,6
Neurocoin		✓			
Novacoin		✓			
NuBits		✓			
NuShares		✓			
OKCash		✓			
OmiseGo			✓		
Peercoin		✓			
Pesobit		✓			
Pinkcoin		✓			
PIVX		✓			
Poet				✓	
POSW		✓			
Potcoin		✓			
Putincoin		✓			

Stellar — Multi-Coin-Wallets

Coin	Wallet Coin-Symbol	Coinomi[1]	Exodus 4,5,6	Jaxx 1,2,3,4,5,6	Ledger Wallets 1,2,3,4,5,6
Qtum					✓
Quantum				✓	
Reddcoin	●	✓			
Ripple				✓	
Rubycoin	♦	✓			
Salt			✓	✓	
Santiment				✓	
Shadowcash	⬢	✓			
Smileycoin	☺	✓			
Solarcoin	Ⓢ	✓			
SONM				✓	
Status				✓	
Stealthcoin					✓
Stellar					

Multi-Coin-Wallets — Storm

Coin	Wallet / Coin-Symbol	Coinomi[1]	Exodus 4,5,6	Jaxx 1,2,3,4,5,6	Ledger Wallets 1,2,3,4,5,6
Storm				✓	
STOX				✓	
Stratis	📚	✓			
Swarm				✓	
Syscoin	🌀	✓			
TenX				✓	
TOACoin	TOA	✓			
TokenCard				✓	
Ubiq					
Ultimate Secure Cash	⬢	✓			✓
Unicorn Gold				✓	
Unobtanium	Un	✓			
Vcash	V	✓			
Verge	▼	✓			

Bitcoin Test — Multi-Coin-Wallets

Coin	Wallet Coin-Symbol	Coinomi[1]	Exodus 4,5,6	Jaxx 1,2,3,4,5,6	Ledger Wallets 1,2,3,4,5,6
Vertcoin	✓	✓			
Viacoin	✓	✓			✓
Vibrate				✓	
Vivo	✓	✓			
Voxels	✓	✓			
Vpncoin	✓	✓			
Wax				✓	
Whitecoin	✓	✓			
Wings				✓	
Worldcore	✓			✓	
ZCash	✓	✓		✓	✓
ZCoin	✓	✓			
Zencash	✓	✓			
Bitcoin Test	✓	✓			

Multi-Coin-Wallets — Dogecoin Test

Coin	Wallet Coin-Symbol	Coinomi[1]	Exodus 4,5,6	Jaxx 1,2,3,4,5,6	Ledger Wallets 1,2,3,4,5,6
Dogecoin Test	D	✓			
Litecoin Test	L	✓			
RSK Testnet				✓	

1 Android
2 Chrome, Browser-Erweiterung
3 iOS
4 Linux
5 MacOS X
6 Windows

Diese 145 Coins werden von den führenden vier Multi-Coin-Wallets unterstützt